Cobol 2002 de Luxe

Raouf Habib, Uwe Rozanski

Cobol 2002 de Luxe

Uli Gall
Zeisigweg 6
72213 Altensteig

Bibliografische Information Der Deutschen Bibliothek –
Die Deutsche Bibliothek verzeichnet diese Publikation in der
Deutschen Nationalbibliografie; detaillierte bibliografische
Daten sind im Internet über <http://dnb.ddb.de> abrufbar.

ISBN 3-8266-0945-X
1. Auflage 2003

Printed in Germany
© Copyright 2003 by mitp-Verlag /Bonn,
ein Geschäftsbereich der verlag moderne industrie Buch AG & Co.KG/Landsberg

Lektorat: Sabine Schulz
Sprachkorrektorat: Petra Heubach-Erdmann
Satz und Layout: G&U e.Publishing Services GmbH, Flensburg
Druck: Media-Print, Paderborn

Inhaltsverzeichnis

Kapitel 17: Zeichenkettenverarbeitung   367

Kapitel 18: Bit-Manipulationen   385

Kapitel 19: Index-sequenzielle Dateiorganisation   397

Kapitel 20: Konkurrierende Dateizugriffe 439

Kapitel 21: Grundlagen objektorientierter Programmierung 463

Kapitel 22: Definition von Klassen, Objekten und Attributen, Properties 497

Kapitel 23: Definition und Aufruf von Methoden, Instanzenbildung 521

Kapitel 29: SORT-MERGE-Modul 701

Kapitel 30: Intrinsic-Funktionen 717

Kapitel 34: Web Services   825

Kapitel 35: COBOL und Application Server (EJB)   845

Anhang A: Übungen   909

Anhang B: Lösungen   921

Anhang C: Testhilfe   933

Anhang D: Einführung in NetExpress   935

Stichwortverzeichnis   941

Über die Autoren

Raouf Habib

Nach dem Studium der Betriebswirtschaft bildete sich Raouf Habib zum Wirtschaftsinformatiker weiter. Er entwickelte Software für den kommerziellen Bereich und hat viele Jahre als Dozent für Programmiersprachen und Betriebssyteme Berufsbildungskurse und Firmenseminare abgehalten. Heute ist er schwerpunktmäßig in der Beratung für Finanz- und Versicherungsinstitutionen tätig. Raouf Habib hat bereits zahlreiche Bücher zu Cobol veröffentlicht, u.a. das Buch Cobol Workbench, Professional COBOL.

Uwe Rozanski

Uwe Rozanski ist seit über 15 Jahren als Dozent im Seminarbereich tätig und erwarb sein fachübergreifendes Wissen in den vielen EDV Projekten, an denen er mitgearbeitet hat. Dabei ist er in der Großrechnerwelt ebenso zu Hause wie in der PC Welt und damit in der Lage, beide sinnvoll miteinander zu verbinden. Beschäftigte er sich anfangs mit der Erstellung von COBOL Programmen unter CICS mit IMS Datenbanken, so ist es heute das Design und die Entwicklung komplexer Application Server Systeme. Das Wissen über modernste Technologien und seine praktische Erfahrung haben ihm immer wieder gezeigt, dass es gerade in der EDV niemals entweder oder (z.B. COBOL oder JAVA) heißen darf, sondern stets sowohl als auch. Wirklich schlagfertige Systeme entstehen seiner Meinung nach nur aus der Integration der Stärken der unterschiedlichen Systemwelten.

Einleitung

Zielgruppe

Das vorliegende Buch behandelt umfassend den aktuellsten COBOL Standard und versteht sich durchaus als Lehrbuch sowohl für den Neueinsteiger als auch für den erfahrenen COBOL Programmierer, der seine Kenntnisse auf den neuesten Stand der Technik bringen will. Fast jedes Kapitel endet mit einem komplexeren Programmbeispiel, das über die üblichen »Dreizeiler« hinausgeht und so den Stoff dieses Kapitels noch einmal in einem umfangreicheren Kontext darstellt.

Dadurch, dass zu den ersten 18 Kapiteln Übungen und Lösungen als Buchanhang aufgenommen wurden, bietet es sich auch als Unterlage zu Seminaren und Ausbildungen zum Thema COBOL an.

Da die einzelnen Kapitel thematisch gegliedert sind, eignet sich dieses Buch gut als Nachschlagewerk für die tägliche Arbeit. Nicht jeder COBOL Programmierer hat immer die gesamte Syntax aller COBOL Anweisungen im Kopf.

Inhalt

Das vorliegende Werk lässt sich grob in zwei Hälften teilen. Im ersten Teil werden der grundsätzliche Aufbau eines COBOL Programms, die Syntax der Datendefinitionen sowie die einzelnen COBOL Befehle ausführlich erklärt. Dabei wurde besonders darauf geachtet, die einzelnen COBOL Anweisungen thematisch gegliedert darzustellen. Dies schlägt sich in Kapiteln wie Datenübertragungen, interne Unterprogramme oder sequentielle Dateiorganisation nieder, um nur wenige als Beispiel zu nennen.

Im zweiten Teil geht es dann um Themen wie die Grundlagen objektorientierter Programmierung und die Erstellung objektorientierter COBOL Programme. Auch der Integration von COBOL und JAVA wurden eigene Kapitel gewidmet. Weitere wichtige Themen sind aber auch der Zugriff auf XML Dateien und die Programmierung von Web Services in COBOL. Ein weiteres, ebenfalls sehr wichtiges Kapitel aus diesem Teil beschäftigt sich mit der Programmierung von COBOL-Enterprise JAVA Beans für Application Server.

Die thematischen Schwerpunkte lassen sich somit wie folgt aufzählen:

❏ Grundlegender Aufbau eines modernen COBOL Programms.
❏ Definitionen von Datenfeldern und Strukturen.

❏ Einfache COBOL Anweisungen für Datenübertragungen, Verzweigungen, Programmschleifen und arithmetische Operationen.

❏ Programmierung interner und externer Unterprogramme und Funktionen.

❏ Aufbau von COPY Bibliotheken.

❏ Sequenzielle und indexsequenzielle Dateiverarbeitung.

❏ Verarbeitung von Tabellen und Zeichenketten.

❏ Einführung in die objektorientierte Programmierung.

❏ Programmierung von Klassen, Objekten, Attributen und Methoden in COBOL.

❏ Programmierung von Einfach- und Mehrfachvererbungen und Überladen von Methoden.

❏ Prototypdefinitionen.

❏ Arbeiten mit Interfaces.

❏ JAVA Integration.

❏ Verarbeiten von XML Dateien.

❏ Web Service Programmierung.

❏ Programmierung von EJB Anwendungen in COBOL und die Einbindung von COBOL Modulen in Application Server.

Quellcode und weitere Kapitel im Web

Die in diesem Buch abgedruckten Programmbeispiele stehen im Internet unter www.mitp.de zum freien Download zur Verfügung. Außerdem finden sich dort noch weitere Kapitel über erweiterte Testhilfen oder zum Beispiel eine Kurzeinführung in JAVA.

Die allgemeine COBOL-Programmstruktur

1.1 Vorbemerkung

Die meisten Programmiersprachen erlauben die Definition von Variablen, Konstanten und Dateien, aber auch die Codierung von ausführbaren Anweisungen an beliebigen Stellen im Quellprogramm. Dies führt dann zu einer aufwendigen Programmpflege, wenn man sich nicht an bestimmte Konventionen für die übersichtliche Gestaltung von Programmen hält. In COBOL sieht es dagegen anders aus. In diesem Kapitel werden die Struktur und die Elemente eines COBOL-Programms beschrieben.

1.2 COBOL-Programmstruktur

In der Programmiersprache COBOL hat man für Übersicht im Quellprogramm gesorgt, indem man das Quellprogramm in vier Programmteile, *DIVISIONs* genannt, untergliedert hat. Jedem Programmteil wurde ein fester Name als Überschrift und ein Verwendungszweck gegeben:

```
IDENTIFICATION DIVISION.
ENVIRONMENT DIVISION.
DATA DIVISION.
PROCEDURE DIVISION.
```

Listing 1.1: Die vier Teile eines COBOL-Programms

Diese DIVISIONs müssen in der hier angegebenen Reihenfolge im Programm erscheinen. Manche sind optional und können weggelassen werden.

1.3 Die Bedeutung der Programmteile

Der Erkennungsteil IDENTIFICATION DIVISION enthält eine Reihe von Informationen zur Benennung und Dokumentation des Quellprogramms. Dieser Teil hat wenig Einfluss auf das Programm. Die hier gemachten Angaben werden – für spätere Bezugnahme – Kommentareinstellungen genannt.

Der Maschinenteil ENVIRONMENT DIVISION beschreibt die für das Programm notwendige Umgebung. Zusätzlich werden Beziehungen zwischen den logischen Dateien, die im Quellprogramm definiert sind, und den tatsächlichen Ein/Ausgabeeinheiten, auf denen sich diese Dateien befinden, hergestellt. Die an dieser Stelle gemachten Angaben werden *Klauseln* genannt.

Der Datenteil DATA DIVISION dient dazu, die Daten zu beschreiben, die im Programm verarbeitet werden sollen. Das umfasst Dateisatzbeschreibungen, Konstanten und Variablen. Diese Angaben werden Definitionen und Klauseln genannt.

Der Prozedurteil PROCEDURE DIVISION enthält eine Reihe von ausführbaren Anweisungen, die zusammen mit den definierten Daten das Objektprogramm bilden. Die in diesem Teil gemachten Angaben werden *Anweisungen* genannt.

1.4   Das COBOL-Programm im Überblick

```
(1)     IDENTIFICATION DIVISION.
                Kommentareintragungen ...


(2)     ENVIRONMENT DIVISION.
        CONFIGURATION SECTION.
        SOURCE-COMPUTER.
                Name des Umwandlungssystems
        OBJECT-COMPUTER.
                Name des ausführenden Systems
        SPECIAL-NAMES.
                Speziell vom Programmierer
                festzulegende Namen und Regeln
        REPOSITORY.
                Namen von objektorientierten Klassen,
                Funktionen, Interfaces, die in diesem
                Programm benutzt werden sollen
        INPUT-OUTPUT SECTION.
        FILE-CONTROL.
                Klauseln zur Definition von Dateien
        I-O-CONTROL.
                Klauseln zu speziellen Ein/Ausgabetechniken


(3)     DATA DIVISION.
        FILE SECTION.
                Definition von Datensätzen
        WORKING-STORAGE SECTION.
                Definition von Konstanten und Variablen
        LOCAL-STORAGE SECTION.
                Definition von Variablen, die bei jedem
                Programmaufruf dynamisch angelegt werden
        LINKAGE SECTION.
                Felder für den Datenaustausch in einem
```

```
                Unterprogramm
        REPORT SECTION.
                Für Definitionen für den REPORT-WRITER
        SCREEN SECTION.
                Definition von Eingabemasken


(4)     PROCEDURE DIVISION.
                Anweisungen für die Verarbeitung
```

Listing 1.2: Aufbau eines COBOL-Programms

1.5 Die Hierarchie in einem COBOL-Programm

```
IDENTIFICATION DIVISION
    |--> Paragraphen
          |--> Kommentare


ENVIRONMENT DIVISION
    |--> SECTIONs
          |--> Paragraphen
                |--> Sätze
                      |--> Klauseln
                            |--> Wörter


DATA DIVISION
    |--> SECTIONs
          |--> Definitionen
                |--> Sätze
                      |--> Klauseln
                            |--> Wörter


PROCEDURE DIVISION
    |--> SECTIONs
          |--> Paragraphen
                |--> Sätze
                      |--> Anweisungen
                            |--> Wörter
```

Listing 1.3: COBOL-Hierarchie

Alle Namen der SECTIONs und der Paragraphen in den ersten drei DIVISIONs sind von COBOL fest vorgegeben. In der PROCEDURE DIVISION können Sie beliebige Namen verwenden.

1.6 COBOL-Sprachelemente

Sie haben im vorangehenden Abschnitt gesehen, dass ein COBOL-Programm letztendlich aus Wörtern besteht.

COBOL-reservierte Wörter

Unter einem *reservierten Wort* versteht man ein Wort, das für die Darstellung einer Klausel oder einer Anweisung reserviert worden ist. Diese Wörter umfassen:

Schlüsselwörter

Dies sind Wörter, die vorhanden sein müssen, wenn das Format, in dem die Wörter vorkommen, im Quellprogramm verwendet wird. Es gibt drei Arten von Schlüsselwörtern:

❑ Verben wie MOVE, PERFORM, COMPUTE
❑ Notwendige Wörter, die in den Klauseln und Anweisungen vorkommen, z.B. TO, FROM
❑ Wörter, die eine besondere funktionelle Bedeutung haben, z.B. NEGATIVE, NUMERIC

Kontextsensitive Schlüsselwörter

Verschiedene Schlüsselwörter sind nur dann reserviert, wenn sie innerhalb einer Anweisung verwendet werden, für die sie als Schlüsselwort vorgesehen sind. Wird dasselbe Wort in einem anderen Zusammenhang genutzt, wird es als Programmiererwort betrachtet. Beispiele für solche Wörter sind ARITHMETIC, BACKGROUND-COLOR, BYTE-LENGTH.

Wahlwörter

Die Wahlwörter können wahlweise, wo sie erlaubt sind, verwendet werden. Sie haben keinen Einfluss auf die Wirkung einer Klausel oder einer Anweisung und dienen ausschließlich der besseren Lesbarkeit des Programms, z.B. IS, ARE.

Verknüpfer

Ein Verknüpfer kann sein

❑ ein Kennzeichnerbindewort: IN, OF verknüpft einen Datennamen oder Paragraphennamen mit seinem Kennzeichner, z.B. NAME IN KUNDENSATZ
❑ oder ein boolescher Operator: AND, OR, AND NOT, OR NOT wird verwendet zur Herstellung von zusammengesetzten Bedingungen.

Programmiererwörter

Ein Programmiererwort ist ein COBOL-Wort, das vom Programmierer selbst gewählt werden kann. Es wird als symbolische Adresse zur Benennung von Datenbereichen, Dateien oder Programm-Verzweigungszielen verwendet.

Aufbau:

1. Ein Wort besteht aus 1 bis 31 Zeichen des folgenden Vorrates: A bis Z, 0 bis 9, – (Bindestrich) und _ (Unterstrich).
2. Ein Wort darf nicht mit einem Bindestrich beginnen oder enden.
3. Es darf kein Leerzeichen enthalten.

4. Alle Programmiererwörter, ausgenommen Segmentnummern, Stufennummern und Paragraphennamen in der PROCEDURE DIVISION, müssen eindeutig sein. Paragraphennamen innerhalb einer einzigen SECTION dürfen sich dagegen nicht wiederholen.

   Es ist zwar möglich, mehrere Variable mit demselben Namen zu definieren, um sie dann aber auch verwenden zu können, müssen sie sich eindeutig qualifizieren lassen, also zum Beispiel innerhalb verschiedener Datengruppen angelegt worden sein.

5. Alle Programmiererwörter, ausgenommen Paragraphennamen, Kapitelnamen, Stufennummern und Segmentnummern müssen mindestens ein alphabetisches Zeichen enthalten.

Beispiele

```
Datennamen     ----->    BETRAG   MWST   KUNDEN-SATZ
Kapitel u. Paragraphennamen ----> VERARBEITUNG LESEN
```

Listing 1.4: Beispiele für Programmiererwörter

Literale

Ein Literal ist eine Konstante, die in der Form einer Zeichenfolge angegeben wird. Diese kann mittels einer MOVE-Anweisung übertragen oder für die Vorbesetzung eines Datenfeldes mittels der VALUE-Klausel verwendet werden.

Nicht numerische Literale

Ein nicht numerisches Literal ist eine Zeichenfolge von 1 bis 160 Zeichen, die in einfachen oder doppelten Anführungszeichen eingeschlossen ist.

Das Literal kann alle Zeichen aus dem aktuellen Zeichenvorrat enthalten. Sollen die Anführungszeigen selbst Bestandteil der Zeichenkette sein, müssen sie verdoppelt werden.

Beispiele:

```
"Nachricht ""in Anführungszeichen"""
'16%'
"Umsatzliste"
```

Listing 1.5: Beispiele für nicht numerische Variable

Hexadezimale Literale

Damit Sie jeden Wert aus der aktuellen Codetabelle von 0 bis 255 in einem Literal im Programm verwenden können, bietet COBOL die Möglichkeit, ein hexadezimales Literal von X"00" bis X"FF" anzugeben. Das Literal wird als nicht numerisches betrachtet und muss für jedes Byte zwei hexadezimale Ziffern beinhalten.

Beispiele:

```
X"00000F"          (3 Byte)
X"2020202020"      (5 Byte)
X'313233343536'    (6 Byte)
```

Listing 1.6: Beispiele für hexadezimale Literale

Verketten von nicht numerischen Literalen

Mit dem Ambersandzeichen "&" lassen sich nicht numerische und hexadezimale Literale in verschiedenen Befehlen verketten.

Beispiele:

```
01 EINGABE-NAME    PIC X(40) VALUE "PETER" & " SCHULZ".
```

Auch in der MOVE- oder in jeder anderen Anweisung lässt sich die Verkettung anwenden:

```
MOVE "PETER" & " SCHULZ" TO EINGABE-NAME
DISPLAY "PETER" & " SCHULZ" AT 1001
```

Listing 1.7: Beispiele für das Verketten nicht numerischer Literale

Numerische Literale (Festkommazahlen)

Ein numerisches Literal ist eine Folge aus den Zeichen:

1. Ziffern von 0 bis 9
2. Vorzeichen + oder –
3. Dezimalpunkt .

Aufbau:

1. Das Literal darf maximal 1 bis 31 Ziffern enthalten.
2. Das Literal darf nur ein Vorzeichen enthalten und muss dann auch mit diesem beginnen. Wird das Vorzeichen weggelassen, so wird + angenommen.
3. Das Literal darf nur einen Dezimalpunkt enthalten, der nie als letztes Zeichen angegeben werden darf.
4. Es muss mindestens eine Ziffer verwendet werden.

Beispiele:

```
-123.45
+9876
.99
00000
```

Listing 1.8: Beispiele für numerische Literale

Numerische Literale (Fließkommazahlen)

Ein solches Literal besteht aus zwei Festpunktzahlen, die durch den Buchstaben E getrennt sind.

Aufbau:

1. Das erste Literal darf maximal 1 bis 31 Ziffern enthalten und kann mit einem Vorzeichen und einem Dezimalpunkt ausgestattet sein.
2. Das zweite Literal ist der Exponent. Es kann vorzeichenbehaftet sein, darf aber maximal drei Ziffern umfassen. Die Angabe eines Dezimalpunktes ist nicht erlaubt.
3. Es muss jeweils mindestens eine Ziffer verwendet werden.

Beispiele:

```
-123.45E5
ı9876E123
.99E-3
0E0
```

Listing 1.9: Beispiele für Fließkommazahlen

Boolesche Literale

Ein boolesches Literal besteht aus den Zeichen »0« und »1« oder einer hexadezimalen Ziffer »0« bis »F« und kann eine Gesamtlänge von 160 Zeichen annehmen. Es beginnt mit einem »B« bzw. »BX« und ist in einfachen oder doppelten Anführungszeichen eingeschlossen.

Boolesche Literale können zusammen mit den booleschen Operatoren B-XOR, B-AND, B-OR und B-NOT verwendet werden.

Beispiele:

```
B"1100"
B'11110000'
BX"8"
```

Listing 1.10: Beispiele für boolesche Literale

Nationale Literale

COBOL kennt neben den alphanumerischen Literalen (USAGE DISPLAY) auch nationale Literale (USAGE NATIONAL). Letztere kennzeichnen sich besonders dadurch, dass sie für die interne Darstellung jedes Zeichens mehr Speicherplatz benötigen als alphanumerische Zeichen. Bei Verwendung von UTF-16 ist jedes Zeichen zwei Byte groß.

Nationale Literale lassen sich auch in hexadezimaler Form darstellen.

Beispiele:

```
N"Text mit nationalem Zeichensatz"
N'123'
NX"02A102A2"
```

Listing 1.11: Beispiele für nationale Literale

Figurative Konstanten

Eine figurative Konstante ist ein COBOL-Wort, für das vom Compiler ein bestimmter Wert erzeugt wird.

ZERO bzw. ZEROS bzw. ZEROES

Der Inhalt des Datenfeldes, das diese figurative Konstanten enthält, hängt von seinem Attribut ab:

Beispiel:

Feldbeschreibung	Binär	entpackt	Gepackt
Inhalt (hex)	"000000"	"303030"	"00000F"

SPACE bzw. SPACES

Eine oder mehrere Wiederholungen des Zeichens »Leerzeichen«.

Beispiel:

Löschen des Bereiches KUNDEN-SATZ

```
MOVE SPACE TO KUNDEN-SATZ
```

Inhalt des Bereiches:

```
X"202020202020202020202020202020"
```

Die MOVE-Anweisung überträgt Daten zu einem Feld und wird im Kapitel *Übertragungen* detailliert ausgeführt.

HIGH-VALUE bzw. HIGH-VALUES

Damit ist das Zeichen mit der höchsten Ordnungsnummer im aktuell verwendeten Zeichensatz gemeint. Im ASCII-Zeichensatz entspricht das X"FF".

Beispiel:

```
MOVE HIGH-VALUE TO KENNZEICHEN
```

Inhalt des Datenfeldes:

```
X"FFFFFF"
```

LOW-VALUE bzw. LOW-VALUES

Eine oder mehrere Wiederholungen des Zeichens X"00".

Beispiel:

```
MOVE LOW-VALUE TO KENNZEICHEN.
```

Inhalt des Datenfeldes:

```
X"000000"
```

QUOTE bzw. QUOTES

Eine oder mehrere Wiederholungen des Zeichens »Anführungszeichen«.

Beispiel:

```
MOVE QUOTE TO DATENFELD
```

ALL Literal

Die figurative Konstante ALL Literal wurde für den Programmierer freigelassen. Er kann damit bestimmen, welches Zeichen hier eingesetzt werden soll.

Beispiel 1:

Aufbauen einer Linie

```
MOVE ALL "-" TO LINIE
```

Inhalt des Datenfeldes:

```
"------------------------"
```

Beispiel 2:

Aufbauen einer Tabulatorzelle

```
MOVE ALL "I----" TO TABZEILE
```

Inhalt des Datenfeldes:

```
"I----I----I----I----I----I"
```

Sie können anhand dieses Beispiels sehen, dass dies so lange wiederholt wird, bis die Feldlänge nicht mehr ausreicht.

Trennsymbole

Interpunktion

Leerzeichen

Das Leerzeichen muss immer nach jedem COBOL-Element angegeben werden. Wo ein Leerzeichen vorhanden ist, können auch mehrere angegeben werden.

Beispiel:

```
COMPUTE SUMME = ZAHL1 + ZAHL2
```

Komma und Semikolon

Diese Zeichen haben keine Bedeutung für die Interpretation des Quellprogramms. Sie verbessern lediglich die Lesbarkeit der Klauseln und Anweisungen.

Beispiel:

```
ADD 1 TO ZAHL1, ZAHL2, ZAHL3.
01 STEUER PIC S9(0); COMP;    VALUE ZERO.
```

Listing 1.12: Interpunktionsbeispiel

Punkt

Der Punkt stellt das Endkriterium einer Aussage dar, z.B. das Ende

- ❏ einer Teil- oder Kapitelüberschrift
- ❏ einer Dateibeschreibung
- ❏ einer Feldbeschreibung
- ❏ einer Anweisung

Beispiel:

```
WORKING-STORAGE SECTION.
01 SCHALTER      PIC 9 VALUE ZERO.


PROCEDURE DIVISION.
VERARBEITUNG SECTION.
    IF SCHALTER = 1
        DISPLAY "ENDE"
        STOP RUN.
```

Listing 1.13: Korrekte Verwendung des COBOL-Punktes

Insbesondere zeigt sich die Bedeutung des Punktes in der Beendigung von bedingten Anweisungen, wie in Listing 1.14.

```
IF ZZ = 50
    MOVE ZERO TO ZZ
    ADD 1 TO SZ
    WRITE A-SATZ AFTER PAGE.

WRITE A-SATZ FROM POSTENZEILE
```

Listing 1.14: Fehlerhafte Verwendung des COBOL-Punktes

Der Punkt beendet in diesem Beispiel die IF-Anweisung; eine nachfolgende Anweisung wird in jedem Fall ausgeführt.

Anweisungsbegrenzer

In ANSI85 wurden einige Anweisungen um einen Anweisungsbegrenzer erweitert. Dieser Begrenzer hat die Aufgabe, eine Anweisung zu beenden und syntaxmäßig von der nachfolgenden Anweisung zu trennen. Der Begrenzer ersetzt damit die Funktion des Punktes, wie in Listing 1.15.

```
IF ZZ = 50
    MOVE ZERO TO ZZ
    ADD 1 TO SZ
    WRITE A-SATZ AFTER PAGE
END-IF
WRITE A-SATZ FROM POSTENZEILE
```

Listing 1.15: Verwendung von Anweisungsbegrenzern

Ohne Anweisungsbegrenzer war es oft problematisch, ein nicht so sauber geschriebenes COBOL-Programm richtig zu lesen. Wenn der Entwickler nicht auf korrekte Einrückungen in seinem Quellcode geachtet hat, konnte ein COBOL-Punkt schnell mal überlesen werden.

```
IF ZZ = 50
    MOVE ZERO TO ZZ
    ADD 1 TO SZ.
    WRITE A-SATZ AFTER PAGE.    *> ACHTUNG !!
WRITE A-SATZ FROM POSTENZEILE.
```

Listing 1.16: Gefährliche Verwendung des COBOL-Punktes

Verwendet man für jede entsprechende Anweisung ihren Anweisungsbegrenzer, so wird man vom Compiler auf fehlerhaft eingesetzte COBOL-Punkte aufmerksam gemacht. Beispiel: Am Ende eines Befehls einer IF-Anweisung wird versehentlich ein Punkt gesetzt. Außerdem wird das IF durch ein END-IF beendet. Der COBOL-Compiler wird nun dieses END-IF als fehlerhaft markieren, weil das IF ja bereits durch den Punkt beendet wurde.

Wird also ein Anweisungsbegrenzer als fehlerhaft betrachtet, muss man den darüber liegenden Block auf versehentlich gesetzte COBOL-Punkte oder natürlich auch auf fehlerhaft benutzte Anweisungsbegrenzer hin untersuchen.

```
IF ZZ = 50
    MOVE ZERO TO ZZ
    ADD 1 TO SZ.
    WRITE A-SATZ AFTER PAGE
END-IF.                         *> Syntaxfehler !!
WRITE A-SATZ FROM POSTENZEILE.
```

Listing 1.17: Syntaktisch fehlerhafte Verwendung des COBOL-Punktes

Die Tabelle 1.1 enthält alle Anweisungsbegrenzer.

Begrenzer	Anweisung
END-ACCEPT	ACCEPT
END-ADD	ADD
END-CALL	CALL
END-COMPUTE	COMPUTE
END-DELETE	DELETE
END-DISPLAY	DISPLAY
END-DIVIDE	DIVIDE
END-EVALUATE	EVALUATE
END-IF	IF
END-MULTIPLY	MULTIPLY
END-PERFORM	PERFORM
END-READ	READ
END-RECEIVE	RECEIVE

Tabelle 1.1: Die Anweisungsbegrenzer von COBOL

Begrenzer	Anweisung
END-RETURN	RETURN
END-REWRITE	REWRITE
END-SEARCH	SEARCH
END-START	START
END-STRING	STRING
END-SUBTRACT	SUBTRACT
ENO-UNSTRING	UNSTRING
END-WRITE	WRITE

Tabelle 1.1: Die Anweisungsbegrenzer von COBOL (Forts.)

Anführungszeichen

Diese dürfen nur paarweise zur Begrenzung von nicht numerischen Literalen auftreten, außer wenn das Literal fortgesetzt wird.

Es können wahlweise die doppelten oder das einfache Anführungszeichen paarig verwendet werden.

Einem öffnenden Anführungszeichen muss ein Leerzeichen oder eine runde Klammer unmittelbar vorausgehen. Einem schließenden Anführungszeichen muss eines der folgenden Trennzeichen unmittelbar folgen:

Leerzeichen, Komma, Semikolon, Punkt oder schließende runde Klammer.

Beispiel:

```
MOVE "FALSCHES KENNZEICHEN" TO FEHLER-MELDUNG.
```

Linke und rechte Rundklammern

Diese dürfen nur paarweise als Begrenzer von Normal- und Spezialindizes, arithmetischen Ausdrücken oder Bedingungen verwendet werden.

Runden Klammern können Leerzeichen vorausgehen und/oder folgen; sie müssen es aber nicht.

Den Rundklammern kommt beim Aufruf von Funktionen eine besondere Bedeutung zu, da sie hier dazu verwendet werden können, die Parameterliste der Funktion zu umschließen.

Arithmetische Operatoren

Folgende arithmetische Operatoren sind in COBOL bekannt:

- ❏ + Addition
- ❏ - Subtraktion
- ❏ * Multiplikation
- ❏ / Division
- ❏ ** Potenzierung

Außerdem kann das Additions- und Subtraktionszeichen auch als Vorzeichen für eine Konstante oder Variable verwendet werden.

Boolesche Operatoren

Diese Operatoren dienen zur bitweisen Verknüpfung zweier boolescher Datenfelder beziehungsweise Konstanten.

❏ B-AND   Boolesche UND-Verknüpfung
❏ B-OR   Boolesche ODER-Verknüpfung
❏ B-XOR   Boolesche EXKLUSIV-ODER-Verknüpfung
❏ B-NOT   Boolesche Negation (nur ein Operand erlaubt)

Vergleichsoperatoren

Auch hier muss vor und nach jedem Operator ein Leerzeichen vorhanden sein.

❏ >   größer
❏ <   kleiner
❏ =   gleich
❏ >=   größer gleich
❏ <=   kleiner gleich

Sonderregister

Sonderregister sind Datenfelder, in denen bei Verwendung bestimmter Bestandteile von COBOL die dort angefallene Information abgelegt wird. Die Attribute und Namen dieser Sonderregister sind vorgegeben, z.B. LINAGE-COUNTER, TALLY, RETURN-CODE, CURRENT-DATE, TIME-OF-DAY, WHEN-COMPILED usw.

1.7   COBOL-Zeichensatz

Es geht hier um die Zeichen, die in einem COBOL-Quellprogramm verwendet werden können. Der COBOL-Zeichensatz enthält 81 Codezeichen:

❏ 52 Buchstaben (26 Großbuchstaben und 26 Kleinbuchstaben)
❏ 10 arabische Ziffern
❏ 19 Sonderzeichen

Dies sind die Zeichen, aus denen Klauseln und Anweisungen zusammengesetzt sind. Außerdem können Kleinbuchstaben benutzt werden, was aber nicht zu empfehlen ist. Die restlichen Zeichen können nur in Kommentaren und nicht numerischen Literalen verwendet werden.

Zeichenvorrat	Bedeutung
0 bis 9	Ziffern
A bis Z	Großbuchstaben
a bis z	Kleinbuchstaben
	Leerzeichen
+	Pluszeichen
-	Minuszeichen (Bindestrich)
*	Stern
/	Schrägstrich
=	Gleichheitszeichen
$	Währungszeichen (Dollarsymbol)

Tabelle 1.2: COBOL-Zeichensatz

Zeichenvorrat	Bedeutung
,	Komma
.	Punkt
;	Semikolon
"	Anführungszeichen
'	Apostroph
(	öffnende runde Klammer
)	schließende runde Klammer
>	größer als
<	kleiner als
&	Verkettungszeichen für Literale
:	Doppelpunkt
_	Unterstrich

Tabelle 1.2: COBOL-Zeichensatz (Forts.)

1.8 Interpretation der COBOL-Klausel- und Anweisungsformate

Jede Klausel oder Anweisung wird von COBOL in einem bestimmten Format vorgegeben. Der Programmierer hat diese Formate genauestens zu beachten, das heißt, er darf nichts hinzufügen und kein »Muss-Wort« auslassen.

```
DIVIDE {Bezeichner-1}  INTO {Bezeichner-2 [ROUNDED]}...
       {Literal-1   }

 [[ ON SIZE ERROR unbedingte-Anweisung-1     ]]
 [[ NOT ON SIZE ERROR unbedingte-Anweisung-2 ]]

 [END-DIVIDE]
```

Abbildung 1.1: Beispiel zur COBOL-Syntax

Wie werden nun die einzelnen Elemente eines Formats interpretiert?

Wörter in Großbuchstaben:

Dies sind reservierte COBOL-Wörter. Sie dürfen nur in dem Zusammenhang verwendet werden, in dem sie aufgetreten sind, z.B. DIVIDE, ROUNDED und ON.

Wörter in Kleinbuchstaben:

Dies sind Programmiererwörter, die vom Programmierer selbst gewählt werden können. Sie dürfen nicht mit einem der reservierten Wörter identisch sein, z.B. KUNDEN-SATZ, EINKOMMEN-STEUER, LAGER-STAMMDATEI usw.

Pflichteintrag:

Pflichteinträge müssen codiert werden; sie können COBOL-Schlüsselwörter oder Bezeichner sein, z.B. DIVIDE, INTO usw. Alle in der Syntax unterstrichenen Wörter sind Pflichteinträge.

Wahlfreier Eintrag:

Es handelt sich hier um eine zusätzliche Angabe, deren Wirkung manchmal, jedoch nicht immer, bei der Programmierung gewünscht wird. Es können auch Wahlwörter sein, die angegeben oder ausgelassen werden können. Sie dienen lediglich der besseren Lesbarkeit des Programms und haben keinen Einfluss auf die Wirkung der Anweisungen oder Klauseln. Wahlwörter sind z.B. ON, IS und ARE. Alle reservierten COBOL-Wörter, die nicht unterstrichen sind, gehören zu dieser Gruppe.

Alternative:

Hier werden mehrere Angaben zur Wahl angeboten: Sie müssen eine dieser Angaben wählen. Alternativen werden durch geschweifte Klammern gekennzeichnet.

Wahlfreie Alternative:

Bei wahlfreien Alternativen stehen dem Programmierer mehrere Angaben zur Verfügung, von denen eine gewählt werden kann; man kann aber auch alle weglassen. Sie werden in der Syntaxbeschreibung in eckige Klammern eingeschlossen.

Wiederholungen:

Drei aufeinander folgende Punkte zeigen an, dass der jeweils letzte Term wiederholt angegeben werden darf. In der DIVIDE-Anweisung ist dies der Bezeichner zusammen mit der optionalen ROUNDED-Angabe.

Zwei senkrechte Striche zeigen an, dass mehrere der angegebenen Alternativen verwendet werden dürfen. Für die DIVIDE-Anweisung bedeutet das, dass sowohl die ON SIZE ERROR- als auch die NOT ON SIZE ERROR-Angabe verwendet werden darf. Beide sind jedoch optional.

1.9   Das Codieren

Fixed-form reference format

Klassische COBOL-Programme sind in Zeilen zu je maximal 80 Zeichen geschrieben worden, wobei verschiedenen Spaltenbereichen besondere Bedeutungen zukamen. Dieses Spaltenkonzept kann nach wie vor verwendet werden und sorgt für einen übersichtlichen Quellcode. Jede Zeile wird wie folgt eingeteilt:

Zeilennummerierung (Spalte 1 bis 6)

Dieser Bereich enthält eine fortlaufende Zahl zur Nummerierung der Programmzeilen oder Leerzeichen.

A-Bereich (Spalte 8 bis 11)

Im A-Bereich müssen die nachfolgenden COBOL-Elemente begonnen werden:

❏ Teilüberschriften (DIVISIONs)
❏ Kapitelüberschriften (SECTIONs)
❏ Paragraphennamen
❏ Stufenbezeichnungen FD, SD
❏ Stufennummern 01 und 77

Die Stufennummern 66 und 88 können im A-Bereich beginnen.

B-Bereich (Spalte 12 bis 72)

Im B-Bereich müssen die nachfolgenden COBOL-Elemente begonnen werden:

- ❑ Klauseln
- ❑ Datennamen
- ❑ Stufennummern 02 bis 49
- ❑ Anweisungen

Die Stufennummern 66 und 88 können im B-Bereich beginnen.

Programmtextbereich (Spalten 8 bis 72)

Moderne Compiler unterscheiden nicht mehr zwischen A-Bereich und B-Bereich, sondern haben diese in dem so genannten Programmtextbereich zusammengefasst. Aus Gründen der besseren Lesbarkeit empfiehlt es sich aber, die ehemals vorgeschriebene Einrückung beizubehalten.

Fortsetzungsbereich (Spalte 7)

In diesem Bereich kann eines der nachfolgenden Zeichen für den jeweils angegebenen Verwendungszweck eingetragen werden:

* In jede Zeile, die in Spalte 7 das Stern-Zeichen enthält, kann ein Kommentar geschrieben werden. Solche Zeilen werden bei der Übersetzung des COBOL-Programms nicht übersetzt.

/ Der Schrägstrich in Spalte 7 hat den gleichen Verwendungszweck wie der Stern; der Schrägstrich bewirkt hier jedoch zusätzlich einen Seitenvorschub im Quellprogrammprotokoll.

D Das Zeichen D in Spalte 7 kennzeichnet eine Testhilfezeile. Eine solche Zeile enthält Testhilfe-Anweisungen, die nur dann übersetzt werden, wenn die Klausel WITH DEBUGGING MODE im SOURCE-COMPUTER-Eintrag angegeben wird.

– Der Bindestrich in Spalte 7 zeigt eine Fortsetzungszeile an. Er wird notwendig, wenn ein COBOL-Element in zwei Zeilen getrennt werden muss. Unter einem COBOL-Element verstehen wir hier ein COBOL-Wort oder ein Literal. In diesem Fall wird der erste Teil des COBOL-Elements bis einschließlich Spalte 72 geschrieben und der Rest in Spalte 12 der Fortsetzungszeile. Nur ein alphanumerisches Literal darf auch nach Spalte 12 fortgesetzt werden. Zwischen einer fortgesetzten Zeile und einer Fortsetzungszeile dürfen keine Leerzeilen vorhanden sein.

Beispiel 1:

Das Trennen einer Anweisung erfordert kein Fortsetzungszeichen.

```
7 8  12                                                      72
     MOVE RECHNUNGS-DATUM TO A-RECH-DAT.  MOVE
     PERSONAL-NUMMER TO AUSGABE-PERSONAL-NUMMER.
```

Abbildung 1.2: Codierformular

Beispiel 2:

```
7 8  12                                                      72
     MOVE RECHNUNGS-DATUM TO A-RECH-DAT.             MO
  -  VE PERSONAL-NUMMER TO AUSGABE-PERSONAL-NUMMER.
```

Abbildung 1.3: Fortsetzen eines COBOL-Elements

Beispiel 3:

```
7|8   12                                                        72
     MOVE  "Name           Strasse          PLZ          O
|    "rt"    TO AUSGABE-BEREICH.
|
```

Abbildung 1.4: Fortsetzen eines Literals

Beispiel 4:

```
7|8   12                                                        72
*|****|****************************************************
*|Programmbeschreibung:                                 *
*|                                                       *
*|****|****************************************************
```

Abbildung 1.5: Angabe eines Kommentars

Programmidentifikationsbereich (Spalte 73 bis 80)

Dieser Bereich ist für die Aufnahme des Programmnamens vorgesehen. Er kann auch Leerzeichen oder beliebige Zeichen zur Identifikation eines Teiles des Programms enthalten.

Free-form reference format

Moderne COBOL-Programme werden in frei aufgeteilte Zeilen mit einer maximalen Länge von 255 Zeichen geschrieben. Es gibt keinerlei Bestimmungen, wo in welcher Zeile ein bestimmtes COBOL-Wort verwendet werden darf.

Standardmäßig ist der Compiler jedoch auf die Interpretation des festen COBOL-Formates programmiert. Um das freie Format benutzen zu können, muss es mit Hilfe einer Compiler-Direktive eingeschaltet werden. Wie das gemacht werden kann, zeigt eines der folgenden Beispiele.

Kommentare mit *>

Mit dieser Zeichenkombination kann man in der gleichen Zeile am Ende des Befehls einen Kommentar angeben. Der Kommentar beginnt mit *> und gilt bis zum Ende der Zeile.

Beispiel:

```
COMPUTE ZB = KAPITAL * ZINSSATZ / 100 *> Berechnung
                                      *> Zinsbetrag
```

Listing 1.18: Inlinekommentare

Compiler-Direktiven mit >>

Um den Übersetzer mit besonderen Angaben zu steuern, können entsprechende Direktiven nach dem doppelten Größer-Zeichen angegeben werden. Damit wird zum Beispiel auch die ehemalige Spaltenaufteilung von COBOL aufgehoben.

Beispiel:

```
        >>SOURCE FORMAT IS FREE
IDENTIFICATION DIVISION.
PROGRAM-ID. BEISPIEL.
*> Jede Zeile beginnt ab Spalte 1 und kann bis zu
*> 255 Zeichen lang sein.
```

Listing 1.19: Setzen einer Compiler-Direktive

Literale mit "- oder '- fortsetzen

Passt ein Literal nicht ganz in eine Zeile, kann es mit diesen Zeichenkombinationen beliebig fortgesetzt werden. Diese Fortsetzung kann sich über mehrere Zeilen erstrecken.

Beispiel:

```
        >>SOURCE FORMAT IS FREE
IDENTIFICATION DIVISION.
PROGRAM-ID. BEISPIEL.
DATA DIVISION.
WORKING-STORAGE SECTION.
01  FELD   PIC X(100)  VALUE "Das ist ein Feld, das"-
        " mit einem sehr langen Literal vorbelegt we"-
        "rden soll.".
```

Listing 1.20: Literale fortsetzen

Testhilfezeilen mit >>D

Zeilen, die mit dieser Zeichenkombination beginnen, werden nur übersetzt, wenn die Klausel WITH DEBUGGING MODE im SOURCE-COMPUTER-Eintrag angegeben wird.

Beispiel:

```
        >>SOURCE FORMAT IS FREE
IDENTIFICATION DIVISION.
PROGRAM-ID. BEISPIEL.
DATA DIVISION.
WORKING-STORAGE SECTION.
01  FELD1      PIC 9(5).
   :
PROCEDURE DIVISION.
   :
 >>D DISPLAY "Programmanfang"  *> Debug-Zeile
   :
```

Listing 1.21: Testzeilen einbinden

1.10 Programmbeispiel: DEMO1: Zinsen

Aufgabenstellung

Es ist ein Programm für die Berechnung des Endkapitals zu entwickeln. Die benötigten Werte Kapital, Anzahl der Jahre und Zinssatz werden am Bildschirm eingegeben.

Das Endkapital errechnet sich nach der Formel

```
kn  = k x qn
q   = 1 + p/100
k   = Anfangskapital
n   = Anzahl der Jahre
p   = Zinssatz


 1 IDENTIFICATION DIVISION.
 2 PROGRAM-ID.           DEMO1-ZINSEN.
 3 AUTHOR.               R. HABIB.
 4 DATE-WRITTEN.
 5 DATE-COMPILED.
 6**************************************************
 7* PROGRAMMFUNKTION:                             *
 8*                                               *
 9* DIESES PROGRAMM  BERECHNET DAS ENDKAPITAL NACH *
10* DER EINGABE EINES KAPITALS, EINES ZINSSATZES  *
11* UND EINER ANSPARZEIT IN JAHREN.               *
12*                                               *
13**************************************************
14 ENVIRONMENT DIVISION.
15 CONFIGURATION SECTION.
16 SOURCE-COMPUTER.  IBM-PC.
17 OBJECT-COMPUTER.  IBM-PC.
18 SPECIAL-NAMES.
19    DECIMAL-POINT IS COMMA,
20    CONSOLE IS CRT.
21 INPUT-OUTPUT SECTION.
22 FILE-CONTROL.
23*-----------------------------------------------*
24 DATA DIVISION.
25
26 WORKING-STORAGE SECTION.
27
28 01  E-KAPITAL            PIC ZZZ.ZZ9,99.
29 01  E-ZINSSATZ           PIC Z9,99.
30
31
32 01  KAPITAL              PIC 9(6)V99.
33 01  ANZAHL-JAHRE         PIC 99.
```

```
34 01   ZINSSATZ              PIC 99V99.
35 01   Q                     PIC 999V9999.
36
37 01   END-KAPITAL           PIC ZZZ.ZZZ.ZZZ.ZZ9,99.
38 01   ENDE-MELDUNG          PIC X(15) VALUE
39      "Ende (J/N) ===>".
40 01   ENDE-KENNZEICHEN      PIC X     VALUE SPACE.
41*-------------------------------------------------*
42 PROCEDURE DIVISION.
43 PROGRAMM-STEUERUNG SECTION.
44 PR-1000.
45     PERFORM VERARBEITUNG WITH TEST AFTER
46             UNTIL ENDE-KENNZEICHEN = "J" OR "j".
47 PR-9999.
48     STOP RUN.
49*-------------------------------------------------*
50 VERARBEITUNG SECTION.
51 VER-1000.
52     DISPLAY SPACE UPON CRT.
53     DISPLAY "Kapital   --->"  AT 0510.
54     DISPLAY "Zinssatz  --->"  AT 0610.
55     DISPLAY "Jahre     --->"  AT 0710.
56
57     ACCEPT  E-KAPITAL       AT 0525.
58     ACCEPT  E-ZINSSATZ      AT 0630.
59     ACCEPT  ANZAHL-JAHRE    AT 0733.
60
61     MOVE E-KAPITAL   TO KAPITAL.
62     MOVE E-ZINSSATZ  TO ZINSSATZ.
63
64     COMPUTE Q = 1 + ZINSSATZ / 100.
65   COMPUTE END-KAPITAL = KAPITAL * Q **
66             ANZAHL-JAHRE.
67
68     DISPLAY "Endkapital >>>"  AT 0910.
69     DISPLAY END-KAPITAL       AT 0925.
70
71     DISPLAY ENDE-MELDUNG      AT 2401.
72     ACCEPT  ENDE-KENNZEICHEN AT 2416.
73 VER-9999.
74     EXIT.
```

Listing 1.22: DEMO1*: ZINSEN*

2

Programmüberblick

2.1 Vorbemerkung

Die folgende Darstellung zeigt das allgemeine Format für den Aufbau eines COBOL-Quellprogramms; die einzelnen Angaben werden in den entsprechenden Kapiteln systematisch erläutert:

```
[IDENTIFICATION DIVISION.]

⎧ program-id-Paragraph   ⎫
⎪ function-id-Paragraph  ⎪
⎪ class-id-Paragraph     ⎪
⎨ factory-Paragraph      ⎬
⎪ object-Paragraph       ⎪
⎪ method-id-Paragraph    ⎪
⎩ interface-id-Paragraph ⎭

[options-Paragraph]

[environment-division]

[data-division]

[procedure division [Programm-Definition] ...]

[END PROGRAM Programmname1.]
```

Abbildung 2.1: COBOL-Quellprogramm

2.2 IDENTIFICATION DIVISION

Wirkung

In der IDENTIFICATION DIVISION werden Kommentareintragungen gemacht, die zu Dokumentationszwecken dienen.

```
[IDENTIFICATION DIVISION.]
                                            ⎡  ⎧COMMON ⎫ ⎤
PROGRAM-ID. Programmname1[AS Literal-1] IS ⎢  ⎨INITIAL⎬ ⎥ PROGRAM .
                                            ⎣  ⎩RECURSIVE⎭ ⎦
```

Abbildung 2.2: IDENTIFICATION DIVISION

Erläuterung

Die IDENTIFICATION DIVISION besteht lediglich aus einer der Angaben PROGRAM-ID, FUNCTION-ID, CLASS-ID, FACTORY, OBJECT, METHOD-ID oder INTERFACE-ID, die als einzige unbedingt angegeben werden müssen. Mit Hilfe der FUNCTION-ID werden in COBOL Funktionen programmiert, wie man sie aus anderen Sprachen wie C kennt. Da Funktionen ein eigenes Kapitel gewidmet ist, wird hier nicht näher darauf eingegangen. CLASS-ID, FACTORY, OBJECT, METHOD-ID und INTERFACE-ID gehören zur objektorientierten Programmierung. Auch sie werden in separaten Kapiteln ausführlich behandelt.

Mit der PROGRAM-ID werden klassische COBOL-Programme eingeleitet. Programmname1 bezeichnet den Namen dieses Programms. Geschachtelte COBOL-Programme müssen sich durch diesen Namen unterscheiden.

Literal-1 ist optional und weist auf den physischen Programmnamen hin. In geschachtelten COBOL-Programmen ist diese Angabe nicht erlaubt.

COMMON darf nur angegeben werden, wenn mehrere COBOL-Programme geschachtelt wurden. In einem solchen Fall kann ein »inneres« Programm nur von einem es umgebenden Programm aufgerufen werden. Der Zusatz COMMON hingegen erlaubt den Aufruf des entsprechend definierten Programms von jeder Stelle aus.

Komplexe Anwendungen bestehen oft aus mehreren einzelnen Unterprogrammen, die sich gegenseitig aufrufen. In einem COBOL-Programm können mit Hilfe der WORKING-STORAGE SECTION sehr viele statische Datenfelder definiert und mit beliebigen Werten vorbelegt werden. Diese Vorbelegung wirkt aber quasi nur einmal. Wurde das Programm gerufen und wurden dadurch die Feldinhalte verändert, bleiben diese Änderungen für den nächsten Aufruf bestehen. Der INITIAL-Zusatz der PROGRAM-ID schreibt dagegen vor, dass sich alle Datenfelder und Dateiverknüpfungen bei jedem Programmaufruf immer wieder in dem Zustand befinden müssen, wie sie der Programmierer vorbelegt hat.

Beispiel:

```
IDENTIFICATION DIVISION.
PROGRAM-ID. VERTRETER.
```

Listing 2.1: IDENTIFICATION DIVISION

Lange Zeit war es nicht möglich, dass sich ein aktives COBOL-Programm direkt oder indirekt selbst als Unterprogramm aufrufen konnte. Ein solcher rekursiver Aufruf macht auch wenig Sinn, wenn man ausschließlich über statische Datenfelder, wie sie in der WORKING-STORAGE SECTION definiert werden, verfügt. Seit Einführung der LOCAL-STORAGE SECTION ist das anders. Dort definierte Variablen werden zum Zeitpunkt eines jeden Programmaufrufs erzeugt und nach Verlassen des Programms mit Hilfe von EXIT PROGRAM oder GOBACK wieder zerstört. Damit ein COBOL-Programm rekursiv gerufen werden kann, benötigt es die zusätzliche Angabe RECURSIVE in der PROGRAM-ID.

2.3 ENVIRONMENT DIVISION

Wirkung

In der ENVIRONMENT DIVISION wird die Hardware-Umgebung des Programms beschrieben.

```
ENVIRONMENT DIVISION.

[ configuration section ]

[ input-output-section ]
```

Abbildung 2.3: ENVIRONMENT DIVISION

CONFIGURATION SECTION

Die CONFIGURATION SECTION beschreibt die Hardware-Konfiguration des Programms und stellt wahlweise Beziehungen zwischen den systemintern definierten Namen und dem Programm her. Darüber hinaus können Programm-individuelle Anforderungen gestellt werden.

```
CONFIGURATION SECTION.

[ source-computer-Paragraph ]

[ object-computer-Paragraph ]

[ special-names-Paragraph ]

[ repository-Paragraph ]
```

Abbildung 2.4: CONFIGURATION SECTION

SOURCE-COMPUTER

Soll auf den Rechnertyp hinweisen, für den das Programm geschrieben wurde. COBOL versteht es besser als andere Sprachen, Hardware-Unterschiede auszugleichen. Hält sich der Programmierer an den hier beschriebenen Sprachstandard, kann er seinen Quellcode auf nahezu jede Plattform kompilieren. Die Angabe eines Computernamens hat daher eher dokumentarischen Charakter.

```
SOURCE-COMPUTER. [Computername1][WITH DEBUGGING MODE].
```

Abbildung 2.5: SOURCE COMPUTER

WITH DEBUGGING MODE

Während der Testphase eines COBOL-Programms kann es notwendig sein. Testbefehle im Programm zur Kontrolle des Programmablaufs einzufügen. Diese Befehle werden jedoch in der Endphase nicht benötigt.

Solche Befehle können im Programm als Testhilfezeilen eingefügt werden, wenn diese Zeilen in Spalte 7 das Zeichen D enthalten.

Die DEBUGGING MODE-Klausel bewirkt, dass alle Testhilfezeilen als normale Zeilen des Quellprogramms übersetzt werden (Testphase).

Fehlt diese Klausel, so werden alle Testhilfezeilen als Kommentarzeilen betrachtet (Endphase).

OBJECT-COMPUTER

Beschreibt den Rechner, der das COBOL-Programm ausführt.

```
OBJECT-COMPUTER.

[computername1]

     ⎡⎡                            ⎧ IS local-phrase-1 locale-phrase-2      ⎫ ⎤⎤
     ⎢⎢ CHARACTER CLASSIFICATION   ⎨ FOR ALPHANUMERIC IS locale-phrase-1    ⎬ ⎥⎥
     ⎢⎢                            ⎩ FOR NATIONAL is locale-phrase-2        ⎭ ⎥⎥ .
     ⎢⎢                            ⎧ IS alphabet-name-1 alphabet-name-2      ⎫ ⎥⎥
     ⎢⎢ PROGRAM COLLATING SEQUENCE ⎨ FOR ALPHANUMERIC IS alphabet-name-1    ⎬ ⎥⎥
     ⎣⎣                            ⎩ FOR NATIONAL IS alphabet-name-2         ⎭ ⎦⎦


locale-phrase-1:

     ⎧ locale-name-1    ⎫
     ⎪ LOCALE           ⎪
     ⎨ SYSTEM-DEFAULT   ⎬
     ⎩ USER-DEFAULT     ⎭


locale-phrase-2:

     ⎧ locale-name-2    ⎫
     ⎪ LOCALE           ⎪
     ⎨ SYSTEM-DEFAULT   ⎬
     ⎩ USER-DEFAULT     ⎭
```

Abbildung 2.6: OBJECT COMPUTER

PROGRAM COLLATING SEQUENCE

Mit dieser Klausel kann der Programmierer eine bestimmte Sortierfolge, die im SPECIAL-NAMES-Paragraphen mit einem bestimmten Alphabetnamen verknüpft wurde, als maßgebliche Sortierfolge für alle alphanumerischen Vergleiche festlegen. Fehlt diese Klausel, so wird die Sortierfolge des Rechners (ASCII, ANSI oder EBCDIC) verwendet (siehe auch *Alphabetname*).

SPECIAL-NAMES

Aus dem Namen des Paragraphen ist erkenntlich, dass dieser Paragraph für die Festlegung von programmindividuellen Anforderungen benutzt wird. So kann es z.B. der Fall sein, dass der Benutzer die Dezimalstelle in einer Druckliste durch ein Komma kennzeichnen will und nicht durch das dafür gedachte Standardzeichen, nämlich den Punkt.

```
SPECIAL-NAMES.
⎡switch-name-1
⎢
⎢    ⎧                ⎡⎢ON  STATUS IS Bedingungsname1⎢⎤ ⎫
⎢    ⎪ IS Merkname1  ⎢⎢OFF STATUS IS Bedingungsname2⎢⎥ ⎪
⎢    ⎨                                                 ⎬ ...
⎢    ⎪ ⎧⎢ON  STATUS IS Bedingungsname1⎢⎫              ⎪
⎢    ⎩ ⎩⎢OFF STATUS IS Bedingungsname2⎢⎭              ⎭
⎢
⎢feature-name-1 IS Merkname2
⎣device-name-1 IS Merkname3

[alphabet-name-Klausel]...

[symbolic-characters-Klausel]...

⎡LOCALE locale-name-1 IS ⎧external-locale-name-1⎫⎤ ...
⎣                        ⎩literal-4             ⎭⎦

[ORDER TABLE Sortiername1 IS literal-9]

⎡CLASS Klassenname1 ⎡FOR ⎧ALPHANUMERIC⎫⎤                          ⎤
⎢                   ⎣    ⎩NATIONAL    ⎭⎦                          ⎥ ...
⎣   IS ⎧literal-5 ⎡⎧THROUGH⎫ literal-6⎤⎫ ... [IN Alphabetname4]⎦
      ⎩          ⎣⎩THRU   ⎭          ⎦⎭

[CURRENCY SIGN IS literal-7 [WITH PICTURE SYMBOL literal-8]]...

[DECIMAL-POINT IS COMMA]

[CURSOR IS Datenname1]

[CRT STATUS IS Datenname2] .


alphabet-name-Klausel:
                                                    ⎧LOCALE [locale-name-2]⎫
                                                    ⎪NATIVE                ⎪
                  ⎧Alphabetname1[FOR ALPHANUMIRIC]IS⎨STANDARD-1            ⎬
                  ⎪                                 ⎪STANDARD-2            ⎪
                  ⎪                                 ⎪code-name-1           ⎪
          ALPHABET⎨                                 ⎩{literal-phrase}...   ⎭
                  ⎪                                 ⎧LOCAL [locale-name-2] ⎫
                  ⎪                                 ⎪NATIVE                ⎪
                  ⎪Alphabetname2 FOR NATIONAL IS    ⎨UCS-4                 ⎬
                  ⎪                                 ⎪UTF-8                 ⎪
                  ⎩                                 ⎪UTF-16                ⎪
                                                    ⎪code-name-2           ⎪
                                                    ⎩{literal-phrase}...   ⎭

literal-phrase:

          literal-1 ⎡⎧THROUGH⎫ literal-2⎤
                    ⎢⎩THRU   ⎭          ⎥
                    ⎣{ALSO literal-3}...⎦


symbolic-characters-Klausel:

 SYMBOLIC CHARACTERS

    ⎡FOR ⎧ALPHANUMERIC⎫⎤
    ⎣    ⎩NATIONAL    ⎭⎦

    ⎧{symbolic-character-1}... ⎡IS ⎤{Ganzzahl-1}...⎫...
    ⎩                         ⎣ARE⎦                ⎭
    [IN Alphabetname3]
```

Abbildung 2.7: SPECIAL-NAMES

DECIMAL-POINT IS COMMA-Klausel

Das Standardzeichen zur Darstellung der Dezimalstelle in Literalen und druckaufbereiteten Datenfeldern ist der Punkt. Mit der DECIMAL-POINT IS COMMA-Klausel können die Funktionen des Kommas und des Dezimalpunktes ausgetauscht werden.

Beispiel:

```
Standardangabe          DECIMAL-POINT IS COMMA.
MOVE 677.56 TO WERT.    MOVE 677,56 TO WERT.
PIC 999,999.99          PIC 999.999,99
```

Listing 2.2: Auswirkungen von DECIMAL-POINT IS COMMA

CURRENCY SIGN-Klausel

Das Standard-Währungzeichen, das in einer PIC-Klausel erscheinen darf, ist das Dollarsymbol »$«. Mit Hilfe der CURRENCY SIGN-Klausel kann der Benutzer ein beliebiges Zeichen als Währungszeichen festlegen, sofern es sich nicht um eine figurative Konstante handelt. Soll das Währungszeichen aus mehr als einem Zeichen bestehen, muss zusätzlich über PICTURE SYMBOL dasjenige Zeichen angegeben werden, das stellvertretend für das Währungszeichen in der PIC-Klausel verwendet werden soll.

Beispiel:

```
CURRENCY SIGN IS "F".
```

CURSOR IS Datenname-1

Nach Abschluss der Bildschirmeingabe einer ACCEPT-Anweisung ist es oftmals wünschenswert, die aktuelle Position des Cursors zu erfahren. Die CURSOR IS-Klausel verwendet ein Datenfeld, in dem die aktuelle Cursorposition, ausgedrückt in Zeilen und Spalten, übertragen wird. Datenname-1 ist ein vierstelliges Datenfeld, das in der WORKING-STORAGE SECTION definiert werden muss.

CRT STATUS IS Datenname-2

Im Datenname-2 wird der Code der Taste geliefert, die die Eingabe durch die ACCEPT-Anweisung beendet hat (siehe *ACCEPT-Anweisung*).

Datenname-2 ist ein dreistelliges Datenfeld, das in der WORKING-STORAGE SECTION definiert werden muss.

Feature-name und device-name

Jeder Compilerhersteller definiert sich im Compiler so genannte Funktionsnamen. Hinter jedem Funktionsnamen verbirgt sich eine bestimmte Funktion oder ein Verwendungszweck. Jeder Funktionsname kann im Programm benutzt werden, wenn er gleich einem vergleichbaren Namen (Merkname) gesetzt wird. Das allgemeine Format hierzu lautet:

```
Funktionsname IS Merkname
```

wobei:

1. Funktionsname ein COBOL-Wort ist, das eine bestimmte Bedeutung hat

2. Merkname ein Programmiererwort ist, das dann in den entsprechenden Anweisungen verwendet werden kann. Bei einem MicroFocus-Compiler sind beispielsweise die folgenden Funktionsnamen vorhanden:

Funktionsname	Verwendungszweck
C01 bis C12	in der WRITE-Anweisung als Vorschub
CONSOLE	in den Anweisungen ACCEPT/DISPLAY
SYSIN SYSIPT	in der ACCEPT-Anweisung als logische Systemeingabeeinheit
SYSOUT SYSLST SYSLIST SYSPUNCH SYSPNCH	in der DISPLAY-Anweisung als logische Systemausgabeeinheit
TAB	in der WRITE-Anweisung für Zeilenvorschub in Druckdateien
FORMFEED	in der WRITE-Anweisung für Seitenvorschub in Druckdateien
ARGUMENT-NUMBER	für ACCEPT/DISPLAY, liefert Argumentnummer für die Kommandozeile
ARGUMENT-VALUE	für ACCEPT, liefert den Inhalt der Kommandozeile
ENVIRONMENT-NAME	für DISPLAY, Name der Umgebungsvariablen
ENVIRONMENT-VALUE	für ACCEPT/DISPLAY, liefert den Inhalt der Umgebungsvariablen
SYSERR	für DISPLAY, Fehlernachrichten

Beispiel:

```
SPECIAL-NAMES.
    SYSIN    IS TASTATUR,
    SYSOUT   IS BILDSCHIRM,
    TAB      IS ZEILENVORSCHUB,
    FORMFEED IS BLATTVORSCHUB.
```

Listing 2.3: Beispiel für SPECIAL-NAMES-Angaben

SWITCHNAME

Diese Klausel ermöglicht dem Programmierer die Verwendung von einem der acht COBOL-Schalter (SWITCH 0-7). Jeder der zwei möglichen Zustände eines Schalters (EIN oder AUS) kann einem Bedingungsnamen zugeordnet werden.

Jeder Schalter kann bei Aufruf des Programms auf »EIN« oder »AUS« gesetzt werden.

In der PROCEDURE DIVISION wird der Zustand eines Schalters mit der IF-Anweisung abgefragt.

Sinn und Zweck dieser Schalter ist das Gewinnen von Informationen im aktuellen Programm über Zustände aus Vorprogrammen. (Für weitere Informationen siehe Bediener-Handbuch »Ausführen eines Programms«.)

Beispiel:

```
SPECIAL-NAMES.
    SWITCH 5 IS DEZEMBER-UMSATZ,
            ON STATUS IS DEZ-VORHANDEN,
            OFF STATUS IS DEZ-NICHT-VORHANDEN.
```

Listing 2.4: Beispiel für SWITCH

In diesem Beispiel soll im Programm eine bestimmte Situation gekennzeichnet und erkennbar gemacht werden, nämlich ob eine bestimmte Datei während der Programmausführung vorhanden ist oder nicht. Der ON-Status wurde mit dem Bedingungsnamen DEZ-VORHANDEN und der OFF-Status mit dem Bedingungsnamen DEZ-NICHT-VORHANDEN verknüpft. In der PROCEDURE DIVISION kann der Zustand eines Schalters mit Hilfe der IF-Anweisung abgefragt werden:

```
IF DEZ-VORHANDEN THEN .....
```

bzw.

```
IF DEZ-NICHT-VORHANDEN THEN .....
```

ALPHABET Alphabet-name IS

Diese Klausel wird benötigt, um eine andere Sortierfolge oder einen anderen Zeichensatz als den, der vom Rechner standardmäßig verwendet wird, festzulegen. Die Angabe STANDARD-1 oder ASCII spezifiziert den ASCII-Code als Zeichensatz mit Sortierfolge gemäß American National Standard X3.4-1968.

Die Angabe STANDARD-2 spezifiziert den ISO-7-Bit-Code als Zeichensatz mit Sortierfolge gemäß International Standard 646.

EBCDIC spezifiziert den EBCDI-Code als Zeichensatz mit Sortierfolge gemäß Extended Binary-Coded Decimal Interchange Code.

Können Sie zum Zeitpunkt der Codierung noch nicht entscheiden, ob ASCII- oder EBCDI-Code verwendet werden soll, so codieren Sie NATIVE. Spätestens jedoch zum Zeitpunkt der Übersetzung muss mit Hilfe der Übersetzungsdirektive NATIVE festgelegt werden, welcher Code verwendet werden soll.

Die Steuerung kann bei MicroFocus wie folgt vorgenommen werden:

```
A>COBOL CHECK BEISPIEL NATIVE"ASCII"
```

bzw.

```
A>COBOL CHECK BEISPIEL NATIVE"EBCDIC"
```

Sortierfolge anderer Systeme

Weiterhin kann der Programmierer mit Hilfe dieser Klausel systemeigene Sortierfolgen festlegen. Dies kann erforderlich sein, wenn Daten auf einer Anlage erstellt wurden, die mit einem anderen Zeichensatz arbeitet. Zusätzlich sollen alle Datenvergleiche so durchgeführt werden, als ob sie auf der gleichen Anlage verarbeitet werden, auf der sie erstellt wurden.

Beispiel:

```
OBJECT-COMPUTER. IBM-PC,
     PROGRAM COLLATING SEQUENCE IS ANLAGEN-CODE.


SPECIAL-NAMES.

     ALPHABET ANLAGEN-CODE IS "a" THRU "z"
                             "A" THRU "Z"
                             "0" THRU "9".
```

Listing 2.5: Eigenes Alphabet definieren

In Listing 2.5 werden sämtliche Zeichen der anderen Anlage in eine Beziehung (Sortierfolge) miteinander gebracht, die der Sortierfolge dieser Anlage entspricht.

Sollen bestimmte Zeichen einen anderen Sortierrang innerhalb der ASCII-Code-Sortierfolge einnehmen, so gibt man lediglich diese Zeichen im Alphabetnamen an.

Beispiel:

```
OBJECT-COMPUTER. IBM-PC.
     PROGRAM COLLATING SEQUENCE IS RANG.
SPECIAL-NAMES.
     ALPHABET RANG IS "Z" "Y" "X" "W" "V" "U" "T" "S".
```

Listing 2.6: Rangfolgen von einzelnen Zeichen

In Listing 2.6 haben die aufgeführten Zeichen eine niedrigere Sortierfolge als alle andere Zeichen, wobei

❑ Z kleiner ist als Y und
❑ Y kleiner ist als X.

Gleichsetzen verschiedener Zeichen

Das Gleichsetzen ist oft wünschenswert bei einem Vergleich von zwei Datenfeldern, die zwar den gleichen Inhalt aufweisen, jedoch das eine Mal in Großbuchstaben und das andere Mal in Kleinbuchstaben geschrieben sind. In diesem Fall müssen diese Zeichen gleichwertig gemacht werden.

Beispiel:

```
OBJECT-COMPUTER. IBM-PC,
     PROGRAM COLLATING SEQUENCE IS GLEICH.
SPECIAL-NAMES.
     ALPHABET GLEICH IS "A" ALSO "a" "B" ALSO "b"
                        "C" ALSO "c" "D" ALSO "d"
                        "E" ALSO "d" "F" ALSO "f"
                        ...
WORKING-STORAGE SECTION.
01  FELD1     PIC X(5)  VALUE "HUBER".
01  FELD2     PIC X(5)  VALUE "Huber".
```

Listing 2.7: Gleichwertige Zeichen definieren

In Listing 2.7 wird das "A" gleich dem "a" gesetzt. Somit sind die folgenden Feldinhalte von FELD1 und FELD2 identisch.

SYMBOLIC CHARACTERS

Diese Klausel verwendet man, um eine benutzereigene figurative Konstante zu definieren. Ohne den Zusatz IN Alphabetname bezieht sich die angegebene Ganzzahl auf die Position des gewünschten Zeichens im Standard-Zeichensatz. Andernfalls bezieht sich Ganzzahl auf die Position innerhalb des angegebenen Alphabetnamens.

Beispiel:

Das Zeichen »*« liegt auf Position 42 in der ASCII-Codetabelle und wird wie in Listing 2.8 zugeordnet.

```
SYMBOLIC CHARACTERS STERN IS  42.

01 AUSGABEZEILE        PIC X(80).

MOVE ALL STERN TO AUSGABEZEILE
```

Listing 2.8: Zeichen mit symbolischen Namen versehen

CLASS IS

Mit CLASS lassen sich benutzereigene Klassen festlegen. Hier sind jedoch keine Klassen im objektorientierten Sinn gemeint, sondern lediglich Datenklassen. Eine Datenklasse ist lediglich ein Begriff, dem eine Menge zulässiger Zeichen logisch zugeordnet werden. Nun können Sie mit einer IF-Abfrage den Inhalt eines Feldes mit Hilfe dieser Klasse auf die zulässigen Zeichen hin überprüfen.

Beispiel:

```
ENVIRONMENT DIVISION.
CLASS IS DEUTSCHES-ALPHABET IS "A" THRU "Z"
                            "a" THRU "z"
                            "äöÜÄÖÜß".
DATADIVISION.
01  NAME           PIC X(30).
PROCEDURE DIVISION.
    IF NAME DEUTSCHES-ALPHABET THEN .....
```

Listing 2.9: Eigene Datenklassen definieren

REPOSITORY

An dieser Stelle werden die Namen aller objektorientierten Klassen, Interfaces, Funktionen und Programmprototypen definiert, die in diesem COBOL-Programm verwendet werden sollen. Außerdem werden hier die Namen aller Properties aufgelistet, über die eine Klasse verfügt.

Die Bedeutung der einzelnen Angaben wird in den Kapiteln zu Klassen und Funktionen näher erklärt.

INPUT-OUTPUT SECTION

In der INPUT-OUTPUT SECTION werden dateispezifische Eintragungen codiert. Eine ausführliche Beschreibung dafür finden Sie im Kapitel über die Dateiverarbeitung. An dieser Stelle beschreiben wir die wichtigsten Klauseln im Überblick.

```
REPOSITORY.

  ⎡ ⎧ class-specifier     ⎫      ⎤
  ⎢ ⎪ interface-specifier ⎪      ⎥
  ⎢ ⎨ function-specifier  ⎬ ... . ⎥
  ⎢ ⎪ program-specifier   ⎪      ⎥
  ⎣ ⎩ property-specifier  ⎭      ⎦


class-specifier:

    CLASS Klassenname-1 [AS Literal-1]

      ⎡                          ⎧ Klassenname-3  ⎫     ⎤
      ⎢ EXPANDS Klassenname-2 USING ⎨ Interfacename-1 ⎬ ... ⎥
      ⎣                          ⎩                ⎭     ⎦

interface-specifier:

    INTERFACE Interfacename-2 [AS Literal-2]

      ⎡                             ⎧ Klassenname-4   ⎫     ⎤
      ⎢ EXPANDS Interfacename-3 USING ⎨ Interfacename-4 ⎬ ... ⎥
      ⎣                             ⎩                 ⎭     ⎦

function-specifier:
 Format-1 (user-defined):

    FUNCTION Funktionsprototypname-1 [AS Literal-3]

 Format-2 (intrinsic):
    FUNCTION ⎧ {Intrinsic-Function-name-1} ... ⎫ INTRINSIC
             ⎩ ALL                          ⎭

program-specifier:

    PROGRAM Programmprototypname-1 [AS Literal-4]


property-specifier:

    PROPERTY Propertyname-1 [AS Literal-5]
```

Abbildung 2.8: Repository

```
INPUT-OUTPUT SECTION.

[FILE-CONTROL. [file-control-Eintrag]... ]

[I-O-CONTROL. [i-o-control-Eintrag]...]
```

Abbildung 2.9: INPUT-OUTPUT SECTION

FILE-CONTROL

Der FILE-CONTROL-Paragraph beinhaltet die notwendigen Dateidefinitionen. Jede Datei, die im Programm verwendet werden soll, muss mit einer SELECT-Klausel definiert werden.

Beispiel:

```
FILE-CONTROL.
        SELECT DRUCKER-DATEI ASSIGN TO "PRN:".
```

Listing 2.10: Dateidefinition

In Listing 2.10 wird eine Datei definiert. Die Datei erhält den logischen Namen DRUCKER-DATEI und den physischen Namen »PRN:«. Alle Anweisungen, die sich auf den Dateinamen beziehen, wie z.B. OPEN-Anweisung bzw. CLOSE-Anweisung, müssen sich immer auf den logischen Namen der Datei beziehen.

Beispiel:

```
OPEN OUTPUT DRUCKER-DATEI.
```

Hier wird oben genannte Datei für die Ausgabe geöffnet.

I-O-CONTROL

Dieser Paragraph enthält Eintragungen zur Steuerung der Ein/Ausgabe-Operationen, wie z.B. SAME AREA.

2.4 DATA DIVISION

Die DATA DIVISION ist der einzige Programmteil, in dem Datendefinitionen erfolgen können.

```
DATA DIVISION.
[                  [                      [Konstantendefinition   ]...   ]   ]
[                  [ Dateibeschreibung    [Datensatzbeschreibung  ]      ]   ]
[ FILE SECTION.    [                                                     ]...]
[                  [                          {Konstantendefinition  }   ]   ]
[                  [ sort-merge-Beschreibung  {Datensatzbeschreibung }...]   ]

[                              [Datenelementbeschreibung]   ]
[ WORKING-STORAGE SECTION.     [Konstantendefinition    ]...]
[                              [Datensatzbeschreibung   ]   ]

[                              [Datenelementbeschreibung]   ]
[ LOCAL-STORAGE SECTION.       [Konstantendefinition    ]...]
[                              [Datensatzbeschreibung   ]   ]

[                              [Datenelementbeschreibung]   ]
[ LINKAGE SECTION.             [Konstantendefinition    ]...]
[                              [Datensatzbeschreibung   ]   ]

[ SCREEN SECTION.  [Konstantendefinition  ]   ]
[                  [Bildschirmbeschreibung]...]
```

Abbildung 2.10: DATA DIVISION

Erläuterung FILE SECTION

Für jede Datei, die in einer SELECT-Klausel definiert wurde, muss in der FILE SECTION ein FD-Eintrag erfolgen. Hier wird unter anderem der Aufbau der Datensätze, die in der Datei gespeichert sind, beschrieben. Eine genauere Beschreibung findet sich im Kapitel über die Dateiverarbeitung.

```
FD DRUCKER.
01 DRUCKER-SATZ      ..........
```

Listing 2.11: Notwendige Einträge in der DATA DIVISION

WORKING-STORAGE SECTION

In der WORKING-STORAGE SECTION werden alle statischen Datenfelder definiert. Sie existieren während der Programmausführung nur einmal und stehen von Programmstart bis Programmende zur Verfügung. Der von ihnen reservierte Speicherbereich bleibt also auch dann belegt, wenn gerade ein anderes COBOL-Modul die Steuerung hat.

LOCAL-STORAGE SECTION

Diese SECTION erscheint im Programm zwischen WORKING-STORAGE und LINKAGE SECTION und ist als SECTION für lokale Daten in einem Unterprogramm anstelle von bzw. zusätzlich zur WORKING-STORAGE SECTION gedacht.

Daten in der LOCAL-STORAGE SECTION werden jedes Mal neu angelegt, wenn das betreffende Programm durch eine CALL-Anweisung aufgerufen wird. Die Daten bleiben auch nur so lange erhalten, wie die CALL-Anweisung (das Unterprogramm) aktiv ist. Diese SECTION ist für rekursive CALLs in einem COBOL-Programm vorgesehen, oder besser gesagt, ein rekursiver Aufruf ist nur sinnvoll, wenn die LOCAL-STORAGE SECTION vorhanden ist.

LINKAGE SECTION

Struktur und Inhalt der LINKAGE SECTION entsprechen ebenfalls denen der WORKING-STORAGE SECTION, jedoch werden hier die Daten eines Unterprogramms beschrieben.

2.5   PROCEDURE DIVISION

Erläuterung

In der PROCEDURE DIVISION werden alle ablauffähigen Befehle (COBOL-Anweisungen) codiert, das heißt also, dass hier nur Befehle codiert werden dürfen, die eine bestimmte Aktion bewirken, wie z.B. Übertragen, Addieren, Ausführen oder Verzweigen.

USING-Zusatz

Der USING-Zusatz darf nur in externen Unterprogrammen vorkommen, die in einem Hauptprogramm mit Hilfe der CALL-Anweisung aufgerufen werden. Er hat die Aufgabe, Daten des Hauptprogramms im Unterprogramm zugänglich zu machen. Dem Thema »Externe Unterprogramme« haben wir ein eigenes Kapitel gewidmet.

RAISING-Zusatz

Dieser Zusatz dient dem Exceptionhandling, das zwar im Standard beschlossen, aber derzeit noch von keinem Compilerhersteller umgesetzt wurde.

```
PROCEDURE DIVISION [using-phrase] [RETURNING Bezeichner2]

  ⎡            ⎧ exception-name-1          ⎫     ⎤
  ⎢ RAISING    ⎨ [FACTORY OF] Klassenname1 ⎬ ... ⎥ .
  ⎣            ⎩ Interfacename1            ⎭     ⎦



[DECLARATIVES.

  ⎧ section-name-1 SECTION.

       USE-Anweisung.

       [COBOL-Satz]...[ paragraphen-name-1.[COBOL-Satz]...]...⎬...
  END DECLARATIVES.]


[⎧ section-name-1 SECTION.

       [COBOL-Satz]...[ paragraphen-name-1.[COBOL-Satz]...]...⎬...]



using-phrase:
              ⎧ [BY REFERENCE] {[OPTIONAL]Bezeichner1} ... ⎫
  USING       ⎨                                            ⎬ ...
              ⎩ BY VALUE {Bezeichner1}...                  ⎭
```

Abbildung 2.11: PROCEDURE DIVISION

DECLARATIVES (Sondervereinbarungen)

Die Eintragung des DECLARATIVES-Teils ist wahlfrei und abhängig von den Programmanforderungen. Dieser Teil beinhaltet zentrale Fehlerbehandlungsroutinen, die automatisch ausgeführt werden, wenn der entsprechende Fehler auftritt.

END PROGRAM

Diese Anweisung teilt dem Übersetzer das Ende des Programms mit. Als Programmname muss der Name, der im Paragraphen PROGRAM-ID festgelegt wurde, angegeben werden. Sie ist aber nur dann notwendig, wenn noch im selben Source ein weiteres COBOL-Programm folgt oder COBOL-Programme ineinander geschachtelt werden sollen.

Beispiel:

```
PROGRAM-ID. DEMO1.
  .

  .
END PROGRAM DEMO1.
```

Listing 2.12: Die Verwendung von END PROGRAM

Aufbau der **PROCEDURE DIVISION**

Die PROCEDURE DIVISION ist die einzige DIVISION in einem COBOL-Programm, deren Aufbau und Gestaltung allein vom Programmierer abhängt; der Compiler schreibt hier nichts vor. COBOL-Anweisungen können also theoretisch in beliebiger Reihenfolge codiert werden.

Die Praxis jedoch empfiehlt die Strukturierung dieser DIVISION. Die PROCEDURE DIVISION sollte also in Kapitel (SECTIONs) unterteilt werden. Jedes Kapitel kann weiter in Paragraphen aufgeteilt werden.

Ein Kapitel ist gekennzeichnet durch das Auftreten eines Namens, gefolgt von dem Wort SECTION. Bei einem Paragraphen darf das Wort SECTION nicht vorkommen. Ein Paragraph definiert sich ausschließlich durch seinen Namen.

Ein Kapitel umfasst alle nachfolgenden Paragraphen, bis ein weiteres Kapitel codiert wird (gekennzeichnet durch SECTION). Spätestens vor dem Auftreten eines neuen Paragraphen muss ein Punkt angegeben werden.

Beispiel:

```
PROCEDURE DIVISION.
VERARBEITUNG SECTION.
VER-1000.
    (COBOL-Anweisungen)
    (COBOL-Anweisungen)
    (COBOL-Anweisungen)
VER-2000.
    (COBOL-Anweisungen)
    (COBOL-Anweisungen)
    (COBOL-Anweisungen)
VER-9999.
LESEN    SECTION.
```

Listing 2.13: Beispielhafter Aufbau einer PROCEDURE DIVISION

COBOL-Anweisungen im Überblick

Nachfolgend werden Ihnen die wichtigsten COBOL-Anweisungen in Kurzfassung vorgestellt. Diese Anweisungen und alle anderen werden noch in den restlichen Kapiteln thematisch eingeordnet und dort ausführlich beschrieben.

Anweisung	Wirkung
COMPUTE	Auflösen arithmetischer Ausdrücke
ADD	Addieren
SUBTRACT	Subtrahieren
MULTIPLY	Multiplizieren
DIVIDE	Dividieren
READ	Lesen aus einer Eingabedatei
WRITE	Schreiben in eine Ausgabedatei
ACCEPT	Eingabe über die Tastatur

Anweisung	Wirkung
DISPLAY	Ausgabe am Bildschirm
IF	Prüfen einer Bedingung
PERFORM	Ausführen von internen Unterprogrammen
GO TO	Verzweigen zu einer Prozedur
STOP RUN	Beenden des Programms

Beispiele: Übertragungen

```
MOVE A TO B
```

Überträgt den Inhalt von A nach B.

```
MOVE EINGABE-SATZ TO AUSGABE-SATZ1, AUSGABE-SATZ2
```

Überträgt den Inhalt von EINGABE-SATZ in die Felder AUSGABE-SATZ1 und AUSGABE-SATZ2.

Beispiele: Arithmetische Anweisungen

```
COMPUTE A = (B + C) / D
```

Ermittelt das Endergebnis dieses Ausdruckes und speichert es in das Feld A.

```
ADD 1 TO ZAEHLER
```

Addiert eine 1 zum Inhalt des Feldes ZAEHLER.

```
SUBTRACT 2 FROM COUNT-DOWN
```

Vermindert den Inhalt vom COUNT-DOWN um den Wert 2.

```
MULTIPLY EINZEL-PREIS BY MENGE
```

Multipliziert EINZEL-PREIS mit MENGE und speichert das Produkt in das Feld MENGE ab.

```
DIVIDE 5 INTO ZAHL
```

Dividiert ZAHL durch 5 und speichert den Quotienten in das Feld ZAHL.

Beispiele: Ein/Ausgabe-Anweisungen

READ-Anweisung

```
FILE-CONTROL.
SELECT EINGABE    ASSIGN TO "B:EINGABE.DAT".
DATA DIVISION.
FILE SECTION.
FD EINGABE.
01 EINGABE-SATZ      PIC X(100).
PROCEDURE DIVISION.
    READ EINGABE
```

Listing 2.14: Beispiel für die READ-Anweisung

Die READ-Anweisung liest einen Datensatz in den Dateipuffer EINGABE-SATZ.

WRITE-Anweisung

```
FILE-CONTROL.
    SELECT AUSGABE    ASSIGN TO "B:AUSGABE.DAT".
        :
DATA DIVISION.
FILE SECTION.
FD  AUSGABE.
01  AUSGABE-SATZ     PIC X(IOO).
        :
WRITE AUSGABE-SATZ AFTER 1 LINE
```

Listing 2.15: Beispiel für die WRITE-Anweisung

Die WRITE-Anweisung schreibt einen Datensatz in die Datei AUSGABE.

ACCEPT-Anweisung

```
DATA DIVISION.
01  ZAHL            PIC 999.
PROCEDURE DIVISION.
    ACCEPT ZAHL AT 1020
```

Listing 2.16: Beispiel für die ACCEPT-Anweisung

Die ACCEPT-Anweisung liest eine Zahl von der Tastatur, dabei kann der Benutzer die Zahl auf der 20. Spalte der 10. Zeile am Bildschirm eingeben.

DISPLAY-Anweisung

```
DATA DIVISION.
01  MELDUNG         PIC 999.
PROCEDURE DIVISION.
    DISPLAY MELDUNG AT 2401
```

Listing 2.17: Beispiel für die DISPLAY-Anweisung

Die DISPLAY-Anweisung zeigt das Feld MELDUNG auf dem Bildschirm (Bildschirmposition: Zeile 24, Spalte l).

Beispiele: Steuer-Anweisungen

IF-Anweisung

```
IF A = B
    THEN MOVE A TO X
    ELSE MOVE A TO Y
END-IF
```

Listing 2.18: Beispiel für die IF-Anweisung

Die IF-Anweisung prüft die Bedingung »A = B«. Ist die Bedingung erfüllt (wahr), so wird der THEN-Block ausgeführt; ist die Bedingung nicht erfüllt (falsch), so wird der ELSE-Block ausgeführt.

PERFORM-Anweisung ohne UNTIL-Bedingung

```
      PERFORM LESEN
          :
  LESEN SECTION.
  LES-1000.
        READ EINGABE.
          :
          :
  LES-9999.
  SCHREIBEN SECTION.
```

Listing 2.19: Beispiel für die PERFORM–Anweisung

Die PERFORM-Anweisung führt das Unterprogramm LESEN aus und verzweigt anschließend zurück.

PERFORM-Anweisung mit UNTIL-Bedingung

```
      MOVE 1 TO ZAHL.
      PERFORM ANZEIGEN UNTIL ZAHL > 10.
          :
          :
  ANZEIGEN SECTION.
  ANZ-1000.
        DISPLAY ZAHL.
        ADD 1 TO ZAHL.
          :
  ANZ-9999.
  WEITER SECTION.
```

Listing 2.20: Beispiel für die PERFORM UNTIL-Anweisung

Die PERFORM-Anweisung führt das Unterprogramm ANZEIGEN so lange aus, bis die angegebene Bedingung »ZAHL > 10« erfüllt wird. Anschließend erfolgt eine Rückverzweigung zu der Anweisung, die nach PERFORM folgt. Man kann also mit PERFORM so genannte Programmschleifen bilden. In unserem Beispiel wird das Unterprogramm ANZEIGEN 10-mal ausgeführt.

STOP RUN-Anweisung

```
  DISPLAY "PROGRAMMENDE".
  STOP RUN.
```

Listing 2.21: Beispiel für die STOP RUN-Anweisung

Die STOP RUN-Anweisung beendet die Ausführung des Programms und gibt die Steuerung wieder an das Betriebssystem zurück.

Ein einfaches COBOL-Programm

```
IDENTIFICATION DIVISION.
PROGRAM-ID. BEISPIEL.


ENVIRONMENT DIVISION.


DATA DIVISION.
WORKING-STORAGE SECTION.
01 MELDUNG        PIC X(30).


PROCEDURE DIVISION.
ANFANG.
   MOVE "Das war's eigentlich schon!" TO MELDUNG
   DISPLAY MELDUNG AT LINE 12 COL 30.
ENDE.
   STOP RUN.
```

Listing 2.22: Ein einfaches COBOL-Programm

2.6 Programmbeispiel: DEMO2: Schreibmaschine

Aufgabenstellung

Es ist ein Programm zu entwickeln, mit dessen Hilfe der Drucker als Schreibmaschine umfunktioniert werden kann (z.B. zum Briefschreiben).

Dabei ist darauf zu achten, dass eine Zeile erst gedruckt werden darf, wenn sie vollständig am Bildschirm geschrieben ist.

Programmlisting:

```
 1 IDENTIFICATION DIVISION.
 2 PROGRAM-ID.          DEMO2-SCHREIBMASCHINE.
 3 AUTHOR.              R. HABIB.
 4 DATE-WRITTEN.
 5 DATE-COMPILED.
 6****************************************************
 7* PROGRAMMFUNKTION:                               *
 8*                                                 *
 9* MIT HILFE DIESES PROGRAMMS KANN DER DRUCKER     *
10* ALS SCHREIBMASCHINE BENUTZT WERDEN.             *
11*                                                 *
12****************************************************
13 ENVIRONMENT DIVISION.
14 CONFIGURATION SECTION.
15 SOURCE-COMPUTER.  IBM-PC.
16 OBJECT-COMPUTER.  IBM-PC.
```

```
17 SPECIAL-NAMES.
18      CONSOLE IS CRT.
19 INPUT-OUTPUT SECTION.
20 FILE-CONTROL.
21      SELECT   DRUCKER ASSIGN TO PRINTER.
22*-------------------------------------------------*
23 DATA DIVISION.
24
25 FILE SECTION.
26 FD   DRUCKER.
27 01  DRUCKER-SATZ          PIC X(50).
28
29 WORKING-STORAGE SECTION.
30 01  MELDUNG-1            PIC X(35) VALUE
31     "*** Drucker on line einschalten ***".
32 01  MELDUNG-2            PIC X(29) VALUE
33     "Bitte geben Sie den Text ein:".
34 01  ENDE-MELDUNG         PIC X(15) VALUE
35     "Ende (J/N) ===>".
36 01  ENDE-KENNZEICHEN    PIC X VALUE SPACE.
37*-------------------------------------------------*
38 PROCEDURE DIVISION.
39 PROGRAMM-STEUERUNG SECTION.
40 PR-1000.
41      PERFORM VORLAUF.
42      PERFORM VERARBEITUNG WITH TEST AFTER
43             UNTIL ENDE-KENNZEICHEN = "J" OR "j".
44      PERFORM NACHLAUF.
45 PR-9999.
46      STOP RUN.
47*-------------------------------------------------*
48 VORLAUF SECTION.
49 VOR-1000.
50      OPEN OUTPUT DRUCKER.
51      DISPLAY SPACE.
52      DISPLAY MELDUNG-1 AT 0120.
53      DISPLAY MELDUNG-2 AT 0301.
54      DISPLAY ">"        AT 0510.
55      DISPLAY "<"        AT 0561.
56 VOR-9999.
57      EXIT.
58*-------------------------------------------------*
59 VERARBEITUNG SECTION.
60 VER-1000.
61      MOVE SPACE TO DRUCKER-SATZ.
62      ACCEPT  DRUCKER-SATZ     AT 0511 FROM CRT.
```

```
63      WRITE    DRUCKER-SATZ.
64      DISPLAY ENDE-MELDUNG      AT 2401.
65      ACCEPT   ENDE-KENNZEICHEN AT 2416.
66 VER-9999.
67      EXIT.
68*----------------------------------------------*
69 NACHLAUF SECTION.
70 NAC-1000.
71      CLOSE DRUCKER.
72      DISPLAY SPACE.
73 NAC-9999.
74      EXIT.
```

Listing 2.23: DEMO2 : Schreibmaschine

3

Definitionen von Datenfeldern

3.1   Vorbemerkung

Ein Datenfeld ist ein Teil des Hauptspeichers, der zur Aufnahme von Daten vorgesehen ist. Aus der Sicht eines COBOL-Programms ist das Datenfeld, syntaktisch gesehen, ein symbolischer Name, der nach bestimmten Regeln und mit bestimmten Eigenschaften definiert wird. Die Eigenschaften eines Feldes werden durch Vergabe von bestimmten Klauseln festgelegt.

Die Definition eines Datenfeldes muss immer mit einer Stufennummer beginnen.

3.2   Stufennummer 77

Die Stufennummer 77 wird verwendet, um unabhängige Datenfelder zu definieren. Solche Datenfelder werden als Datenelemente im Sinne der COBOL-Sprache verstanden und dürfen daher nicht in einem Datensatz beschrieben werden. Die Stufennummer 77 darf nur in der WORKING-STORAGE SECTION, der LOCAL-STORAGE SECTION und LINKAGE SECTION angegeben werden.

Beispiel:

```
77    BETRAG     .......
77    GEHALT     .......
77    KONSTANTE .......
```

Listing 3.1: Felder mit Stufennummer 77

3.3   PICTURE-Klausel

Wirkung

Die PICTURE-Klausel beschreibt ein Datenfeld hinsichtlich seiner Datenklasse und seiner Länge.

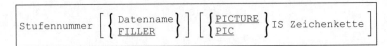

Abbildung 3.1: PICTURE-Klausel

Erläuterung

Ein Datenelement muss mit einer PICTURE-Klausel beschrieben werden. Es gibt jedoch bestimmte Elementtypen, die von dieser Regel ausgeschlossen sind. Dazu gehören Indexdatenelemente, Zeiger oder auch Instanzreferenzen.

Soweit eine Abkürzung im Format ausdrücklich erlaubt ist, kann diese hier verwendet werden. Wir sehen dies am Beispiel der PICTURE-Klausel:

❑ PIC kann also gleichwertig wie PICTURE verwendet werden.

❑ Die Zeichenkette kann maximal 50 Zeichen lang sein, die Feldlänge selbst kann viel größer sein.

❑ Die Zeichenkette muss eine Kombination aus den folgenden 21 Zeichen aufweisen:

A N X B   1 9 E S V P . , - + * Z $ 0 / CR DB

Beispiel:

    77 DATENFELD PIC 9999

definiert ein vierstelliges numerisches Datenfeld, das heißt also, dass jede »9« ein Byte reserviert.

Sollte das gleiche Symbol mehrfach in der PICTURE-Zeichenkette aufeinander folgen, so braucht dies nur einmal codiert zu werden, gefolgt von Klammem, in denen die Anzahl der Wiederholungen des Symbols angegeben wird.

Beispiel:

    77 DATENFELD PIC 9(4)

Die Zeichen S, V, ., CR, DB dürfen nur einmal in der PIC-Zeichenkette auftreten.

Wenigstens eines der Symbole A, N, X, Z, 1, 9, * oder wenigstens zwei der Symbole +, -, $ müssen in der Zeichenfolge vorkommen.

Die Kombination der PIC-Zeichenkette bestimmt die Datenkategorie eines Datenfeldes.

Klasse	Kategorie
Alphabetisch	Alphabetisch
Alphanumerisch	Alphanumerisch Alphanumerisch-druckaufbereitet Numerisch-druckaufbereitet (falls USAGE DISPLAY)
Boolean	Boolean
Index	Index
National	National National-druckaufbereitet Numerisch-druckaufbereitet (falls USAGE NATIONAL)

Tabelle 3.1: Klassen und Kategorien von Datenfeldern

Klasse	Kategorie
Numerisch	Numerisch
Objekt	Objektreferenz
Zeiger	Datenzeiger
	Programmzeiger

Tabelle 3.1: Klassen und Kategorien von Datenfeldern (Forts.)

Die Klassifizierung der Datenfelder in der Tabelle 3.1 ist notwendig, weil sich bestimmte Anweisungen auf bestimmte Datenkategorien beziehen müssen.

In den nachfolgenden Erläuterungen und Beispielen werden Sie erfahren, welchen Verwendungszweck das jeweilige Symbol der PICTURE-Zeichenkette hat.

Alphabetische Datenfelder

Alphabetische Datenfelder sind zur Aufnahme von allen Groß- und Kleinbuchstaben und des Leerzeichens vorgesehen. Die PIC-Zeichenkette eines alphabetischen Datenfeldes darf nur aus den Symbolen A und B bestehen.

A   Das Symbol A in einer PIC-Zeichenkette kann einen Buchstaben des Alphabets oder ein Leerzeichen aufnehmen.

B   Das Symbol B kann nur ein Leerzeichen aufnehmen.

Beispiel:

```
77  ALPHABET        PIC   A(10)
```

Beispiele:

Sie werden sich jetzt eine Reihe von gleich gestalteten Beispielen ansehen. Man sollte sich dabei vorstellen, dass der Inhalt eines Datenfeldes SENDEFELD mit der MOVE-Anweisung zu einem Empfangsfeld übertragen wird. Es ist dann einfach, die Wirkung der PICTURE-Klausel auf den Inhalt eines Feldes zu sehen, nachdem dieses übertragen wurde.

```
working-storage section.

01  sendefeld-1      pic A(5).      *> Inhalt: IBMPC
01  empfangsfeld-1   pic A(3)BAA.   *> Inhalt: IBM_PC

01  sendefeld-2      pic A(5).      *> Inhalt: COBOL
01  empfangsfeld-2   pic ABABABABA. *> Inhalt: C_O_B_O_L

procedure division.

   move sendefeld-1 to empfangsfeld-1
   move sendefeld-2 to empfangsfeld-2
```

Listing 3.2: Alphabetische Datenfelder

Alphanumerische Datenfelder

Alphanumerische Datenfelder sind zur Aufnahme aller Zeichen des aktuellen Zeichenvorrats vorgesehen. Die PIC-Zeichenkette eines alphanumerischen Datenfeldes darf nur aus den Symbolen X, N, A, 9 bestehen. Dabei muss mindestens ein X, N oder eine 9 mit einem A vorhanden sein, um das Feld als alphanumerisches zu interpretieren.

X   Das Symbol X in einer PIC-Zeichenkette kann jedes Zeichen des aktuellen Zeichenvorrats aufnehmen.

N   Das Symbol N dient ebenfalls zur Aufnahme eines beliebigen Zeichens. Da hier jedoch die Zeichen eines nationalen Zeichensatzes gemeint sind, benötigt jedes Zeichen unter Umständen mehr als ein Byte Speicherplatz.

9   Das Symbol 9 kann nur eine Ziffer von 0 bis 9 aufnehmen.

A   Das Symbol A kann einen Buchstaben des Alphabets oder ein Leerzeichen annehmen.

```
working-storage section.

01  sendefeld-1    pic x(5).      *> Inahlt: IBMPC
01  empfangsfeld-1 pic x(7).      *> Inhalt: IBMPC__


01  sendefeld-2    pic x(6).      *> Inhalt: IBM-PC
01  empfangsfeld-2 pic x(6).      *> Inhalt: IBM-PC__


01  sendefeld-3    pic x(9).      *> Inhalt: 08:30 UHR
01  empfangsfeld-3 pic x(9).      *> Inhalt: 08:30_UHR


01  sendefeld-4    pic x(9).      *> Inhalt: 08:30 UHR
01  empfangsfeld-4 pic 99x99xxxx. *> Inhalt: 08:30_UHR


01  sendefeld-5    pic x(9).      *> Inhalt: 08:30 UHR
01  empfangsfeld-5 pic 99x99aaaa. *> Inhalt: 08:30_UHR


01  sendefeld-6    pic x(6).      *> Inhalt: 456XYZ
01  empfangsfeld-6 pic 999aaa.    *> Inhalt: 456XYZ__


procedure division.

    move sendefeld-1 to empfangsfeld-1
    move sendefeld-2 to empfangsfeld-2
    move sendefeld-3 to empfangsfeld-3
    move sendefeld-4 to empfangsfeld-4
    move sendefeld-5 to empfangsfeld-5
    move sendefeld-6 to empfangsfeld-6
```

Listing 3.3: Alphanumerische Datenfelder

Numerische Datenfelder

Numerische Datenfelder sind ausschließlich für die Durchführung von Rechenoperationen vorgesehen. Die PICTURE-Zeichenkette eines numerischen Datenfeldes darf nur aus den Symbolen 9, V, S, P bestehen. Dabei muss mindestens eine 9 vorhanden sein, um das Feld als numerisches zu interpretieren.

9   Das Symbol 9 kann nur eine Ziffer von 0 bis 9 aufnehmen, wobei maximal 31 Stellen angegeben werden können.

Beispiel:

```
77 RECHNUNGSSUMME        PIC 9(4)
```

Dieses Feld ist 4 Byte lang und kann nur positive, ganzzahlige Werte von 0 bis 9999 annehmen.

V   Das Symbol V kennzeichnet einen fiktiven Dezimalpunkt. Das heißt also, wenn Sie ein Datenfeld mit Nachkommastellen definieren wollen, zählen Sie die Nachkommastellen und geben das Symbol V davor an. Das Symbol V benötigt keinen Speicherplatz und darf nur einmal vorkommen.

Beispiel:

```
77 RECHNUNGSSUMME        PIC 9(4)V99
```

Dieses Feld ist 6 Byte lang und kann nur positive Werte von 0000.00 bis 9999.99 annehmen, z.B. Euro-Beträge mit Cent.

S   Das Symbol S ist immer zu verwenden, wenn das Datenfeld negative Werte aufnehmen soll. Dieses Symbol kennzeichnet also das Vorhandensein eines Vorzeichens, es reserviert keinen Speicherplatz und darf nur einmal vorkommen, gegebenenfalls muss es als erstes in der PICTURE-Zeichenkette erscheinen.

Beispiel:

```
77 FEHL-STUNDEN          PIC S99
```

Dieses Feld ist 2 Byte lang und kann nur ganzzahlige Werte von -99 bis +99 aufnehmen.

P   Das Symbol P erweitert das Fassungsvermögen eines Datenfeldes, ohne Speicherplatz dafür reservieren zu müssen. Ein P erweitert den Wert eines Datenfeldes um eine Zehnerpotenz. Das Symbol P darf nur nebeneinander, ganz links oder ganz rechts in der Zeichenkette erscheinen.

Beispiel:

```
77 GRAMM                 PIC 99PPP
```

Dieses Feld ist 2 Byte lang und kann zwar nur ganzzahlige Werte von 0 bis 99 aufnehmen, der rechnerische Wert wird jedoch um das 1000fache höher angenommen. Nehmen wir an, das Feld GRAMM enthält den Wert 5 (5 Kilo), so wird dieser bei einer Rechenoperation als 5000 (5000 Gramm) interpretiert.

Beispiel:

```
77 KILO                  PIC PPP99
```

Dieses Feld ist 2 Byte lang und kann zwar nur Nachkommastellen von .00 bis .99 aufnehmen, der rechnerische Wert wird jedoch um das 1000fache weniger angenommen. Nehmen wir also an, das Feld KILO enthält den Wert .8 (8 Gramm), so wird dieser bei einer Rechenoperation als 0,008 interpretiert.

```
working-storage section.

01  sendefeld-1     pic 9(4).     *> Inhalt: 1234
01  empfangsfeld-1  pic 9(6).     *> Inhalt: 001234__

01  sendefeld-2     pic 9(4).     *> Inhalt: 1234
01  empfangsfeld-2  pic 9(3).     *> Inhalt: 234
```

```
01  sendefeld-3    pic 9(4)v99.    *> Inhalt: 123456
01  empfangsfeld-3 pic 9(6)v999.   *> Inhalt: 001234560


01  sendefeld-4    pic 9(4)v99.    *> Inhalt: 123456
01  empfangsfeld-4 pic 9(6)v9.     *> Inhalt: 0012345


01  sendefeld-5    pic v9(3).      *> Inhalt: 567
01  empfangsfeld-5 pic 9(6).       *> Inhalt: 000000


procedure division.

    move sendefeld-1 to empfangsfeld-1
    move sendefeld-2 to empfangsfeld-2
    move sendefeld-3 to empfangsfeld-3
    move sendefeld-4 to empfangsfeld-4
    move sendefeld-5 to empfangsfeld-5
```

Listing 3.4: Numerische Datenfelder

Boolesche Datenfelder

Datenfelder dieser Klasse werden mit Hilfe des PICTURE-Symbols 1 definiert. Sie können zusätzlich mit der Angabe USAGE BIT versehen werden, was dann zur Folge hat, dass für jede 1 auch wirklich nur ein Bit Hauptspeicher reserviert wird. Fehlt die USAGE-Angabe, wird auch hier USAGE DISPLAY angenommen, womit es möglich wird, die Bitkombination anzuzeigen, die das Datenfeld repräsentiert.

Die USAGE-Angabe hat keinen Einfluss auf die Verwendbarkeit boolescher Datenfelder.

Die Operatoren B-AND, B-OR, B-XOR und B-NOT wurden geschaffen, um boolesche Felder bitweise zu verknüpfen.

1 Das Symbol 1 kann nur eine der Ziffern 0 oder 1 aufnehmen, wobei bis zu 160 Stellen angegeben werden können.

Beispiel:

```
working-storage section.

01  flag-1    pic 1111 usage bit  value b"0000".
01  flag-2    pic 1111 usage bit.


01  schalter pic 1    usgae bit.

procedure division.

    move b"0011" to flag-2
    compute flag-1 = flag-2 b-or b"1000"
    *> Inhalt von flag-1: b"1011"


    if schalter    *> Gültiger boolescher Ausdruck
```

```
    call "Upro"
  end-if
```

Listing 3.5: Boolesche Datenfelder

Alphanumerische druckaufbereitete Datenfelder

Alphanumerische Datenfelder sind zum Drucken in eine Liste bzw. zu deren Anzeige auf dem Bildschirm vorgesehen. Die PICTURE-Zeichenkette eines alphanumerischen Datenfeldes darf nur aus den Symbolen X, N, A, 9, B, 0, / bestehen. Dabei muss mindestens eine der Kombinationen (X und B), (X und 0), (X und /) usw. vorhanden sein, um das Feld als alphanumerisches zu interpretieren.

Die Symbole X, N, A, 9 haben den gleichen Zweck, wie bereits in den anderen Datenkategorien aufgeführt.

Einfügungssymbole (B 0 /)

Einfügungssymbole werden dann benutzt, wenn der Inhalt eines Feldes in einer anderen Form aufbereitet werden soll. Sollen z.B. Leerzeichen an beliebigen Stellen in einem Datenfeld eingefügt werden, so gibt man an diesen Stellen das Symbol B an usw.

```
working-storage section.

01 sendefeld-1     pic x(6).        *> Inhalt: UMSATZ
01 empfangsfeld-1 pic XBXBXBXBXBX.*> Inhalt: U_M_S_A_T_Z

01 sendefeld-2     pic x(6).        *> Inhalt: 111111
01 empfangsfeld-2 pic X0X0X0X0X0X.*> Inhalt: 10101010101

01 sendefeld-3     pic x(6).        *> Inhalt: 190586
01 empfangsfeld-3 pic XX/XX/XX.     *> Inhalt: 19/05/86


procedure division.

  move sendefeld-1 to empfangsfeld-1
  move sendefeld-2 to empfangsfeld-2
  move sendefeld-3 to empfangsfeld-3
```

Listing 3.6: Alphanumerische druckaufbereitete Felder

Numerische druckaufbereitete Datenfelder

Diese Datenkategorie wird benutzt, um numerische Felder (Rechenfelder und Ergebnisse) druckfähig zu machen. Sie wird ebenfalls für die Aufbereitung von Ein/Ausgabedatenfeldern für den Bildschirm genommen. Die PICTURE-Zeichenkette eines numerischen Datenfeldes darf nur aus den folgenden Symbolen bestehen:

9 Zifferstelle
Z Zifferstelle mit Nullenunterdrückung
* Zifferstelle mit Nullenunterdrückung
, Einfügungszeichen oder Dezimalkomma
. Dezimalpunkt oder Einfügungszeichen
- Minus-Vorzeichen
+ Plus-Vorzeichen
B Einfügungszeichen (Blank)

0   Einfügungszeichen (Null)

/   Einfügungszeichen (Schrägstrich)

CR Einfügungszeichen (Kreditor-Zeichen)

DB Einfügungszeichen (Debitor-Zeichen)

$ Zifferstelle mit Nullenunterdrückung

V   Ausrichtung der Dezimalstelle

P   Ausrichtung der Zehnerpotenzen

Bei der Zusammenstellung der PICTURE-Zeichenkette sind jedoch die folgenden Regeln zu beachten:

❏ Die maximale Anzahl der Symbole, die als Ziffernstellen vorgesehen sind, beträgt 31.

❏ Die maximale Länge eines numerischen druckaufbereiteten Datenfeldes beträgt 160 Zeichen.

❏ Die PICTURE-Zeichenkette muss mindestens eines der Symbole 0, B, /, Z, *, +, -, ,, ., CR, DB, $ enthalten, damit das Feld als druckaufbereitet anerkannt wird.

Beschreibung der einzelnen PICTURE-Symbole im Detail:

Festlegung der Dezimalstelle:

Im Standardfall gilt der Punkt als Dezimalzeichen und das Komma als Einfügungssymbol. Im deutschsprachigen Raum werden jedoch die zwei Symbole mit vertauschten Funktionen verwendet. Dies ist einfach im eigenen Programm zu realisieren, wenn im SPECIAL-NAMES-Paragraph die Klausel DECIMAL-POINT IS COMMA codiert wird.

Mit Hilfe des Dezimalzeichens kann der Wert des Sendefeldes innerhalb des Empfangsfeldes ausgerichtet werden. Das Einfügungszeichen hat die Aufgabe, als Symbol im Druckbild zu erscheinen, z.B. für die Kennzeichnung der Tausenderstelle innerhalb eines größeren Betrages.

Das Dezimalzeichen darf nur einmal vorkommen; das Einfügungszeichen darf so oft vorkommen, wie es erforderlich ist, jedoch nur links vom Dezimalzeichen.

In den nachfolgenden Beispielen wollen wir davon ausgehen, dass die Klausel DECIMAL-POINT IS COMMA codiert wurde. Wir wollen weiter annehmen, dass der Inhalt eines Sendefeldes BETRAG zu einem Empfangsfeld DRUCK-FELD übertragen werden soll, und dabei die Arbeitsweise der Aufbereitung üben.

```
working-storage section.

01 betrag-1    pic 999v99.    *> Inhalt: 12345
01 druckfeld-1 pic 999,99.    *> Inhalt: 123,45


01 betrag-2    pic 999v99.    *> Inhalt: 00345
01 druckfeld-2 pic 999,99.    *> Inhalt: 003,45


01 betrag-3    pic v9(5).     *> Inhalt: 12345
01 druckfeld-3 pic 999,99.    *> Inhalt: 000,12


01 betrag-4    pic 9(5)v99.   *> Inhalt: 1234567
01 druckfeld-4 pic 99.999,99. *> Inhalt: 12.345,67


01 betrag-5    pic 999v99.    *> Inhalt: 12345
01 druckfeld-5 pic 999.99.    *> Inhalt: 001.23
```

```
procedure division.

    move betrag-1 to druckfeld-1
    move betrag-2 to druckfeld-2
    move betrag-3 to druckfeld-3
    move betrag-4 to druckfeld-4
    move betrag-5 to druckfeld-5
```

Listing 3.7: Numerische druckaufbereitete Datenfelder

Unterdrückung der führenden Nullen

Das Symbol 9 kann eine Ziffer aus dem Sendefeld aufnehmen und aufbereiten, jedoch werden hier die führenden Nullen nicht unterdrückt. Die Symbole Z und * haben die gleiche Aufgabe wie die 9, die führenden Nullen werden aber unterdrückt. Ein Z ersetzt also eine führende Null durch ein Leerzeichen und * durch ein Sternsymbol. Bei der Nullenunterdrückung müssen die folgenden Regeln beachtet werden:

❏ Man kann Z und 9 kombiniert verwenden oder * und 9.

❏ Die 9 kann nur rechts vom Z oder vom * vorkommen.

❏ Alle Einfügungszeichen und das Dezimalzeichen, deren Positionen innerhalb der führenden Nullen anfallen, werden entsprechend durch Z oder * unterdrückt.

❏ Das Auftreten des Dezimalzeichens in der PICTURE-Zeichenkette bewirkt die Aufhebung der Unterdrückung der führenden Nullen, alle nachfolgenden Nullen werden dann im Druckbild erscheinen. Die Aufhebung erfolgt ausnahmsweise nicht, wenn der gesamte Wert des Sendefeldes, einschließlich Dezimalstellen, gleich null ist.

❏ Handelt es sich bei dem Unterdrückungssymbol um einen Stern, so erscheint in jedem Fall das Dezimalzeichen.

```
working-storage section.

01 betrag-01    pic 999v99.     *> Inhalt: 12345
01 druckfeld-01 pic zz9,99.     *> Inhalt: 123,45


01 betrag-02    pic 999v99.     *> Inhalt: 12345
01 druckfeld-02 pic zzz,zz.     *> Inhalt: 123,45


01 betrag-03    pic 999v99.     *> Inhalt: 00340
01 druckfeld-03 pic zzz,zz.     *> Inhalt: __3,40


01 betrag-04    pic 9(5)v99.    *> Inhalt: 0000000
01 druckfeld-04 pic zz.zzz,zz.  *> Inhalt: _____


01 betrag-05    pic 999v99.     *> Inhalt: 00040
01 druckfeld-05 pic zzz,zz.     *> Inhalt: ___,40


01 betrag-06    pic 9(6).       *> Inhalt: 000004
01 druckfeld-06 pic zzzz,zz.    *> Inhalt: _____4


01 betrag-07    pic 9(5)v99.    *> Inhalt: 0003456
01 druckfeld-07 pic zz999,99.   *> Inhalt: __034,56
```

```
01 betrag-08     pic 999v99.      *> Inhalt: 00040
01 druckfeld-08 pic zzz,99.       *> Inhalt: ___,40


01 betrag-09     pic 999v99.      *> Inhalt: 12345
01 druckfeld-09 pic **9,99.       *> Inhalt: 123,45


01 betrag-10     pic 999v99.      *> Inhalt: 12345
01 druckfeld-10 pic ***,**.       *> Inhalt: 123,45


01 betrag-11     pic 999v99.      *> Inhalt: 00340
01 druckfeld-11 pic ***,**.       *> Inhalt: **3,40


01 betrag-12     pic 9(5)v99.     *> Inhalt: 0000000
01 druckfeld-12 pic **.***,**.    *> Inhalt: ******,**


01 betrag-13     pic 999v99.      *> Inhalt: 00040
01 druckfeld-13 pic ***,**.       *> Inhalt: ***,40


01 betrag-14     pic 9(6).        *> Inhalt: 000004
01 druckfeld-14 pic ****.**.       *> Inhalt: ******4


01 betrag-15     pic 9(5)v99.     *> Inhalt: 0003456
01 druckfeld-15 pic **999,99.     *> Inhalt: **034,56


01 betrag-16     pic 999v99.      *> Inhalt: 00040
01 druckfeld-16 pic **9,99.       *> Inhalt: **0,40


procedure division.

   move betrag-01 to druckfeld-01
   move betrag-02 to druckfeld-02
   move betrag-03 to druckfeld-03
   move betrag-04 to druckfeld-04
   move betrag-05 to druckfeld-05
   move betrag-06 to druckfeld-06
   move betrag-07 to druckfeld-07
   move betrag-08 to druckfeld-08
   move betrag-09 to druckfeld-09
   move betrag-10 to druckfeld-10
   move betrag-11 to druckfeld-11
   move betrag-12 to druckfeld-12
   move betrag-13 to druckfeld-13
   move betrag-14 to druckfeld-14
   move betrag-15 to druckfeld-15
   move betrag-16 to druckfeld-16
```

Listing 3.8: Führende Nullen unterdrücken

Die Symbole + und - als Vorzeichen

Diese Symbole werden in der PICTURE-Zeichenkette benutzt, um negative und positive Beträge im Druckbild zu unterscheiden.

Bei der Verwendung des Vorzeichens müssen die folgenden Regeln beachtet werden:

❑ Es darf nur ein + oder ein - verwendet werden.

❑ Das Vorzeichen kann am Anfang oder am Ende der PICTURE-Zeichenkette angegeben werden.

❑ Sinnvollerweise sollte das Sendefeld ein S in seiner PICTURE-Klausel aufweisen, da sonst der Inhalt des Feldes immer als positiv angesehen wird.

❑ Das Ergebnis der Aufbereitung ist vom Inhalt des Feldes abhängig und ergibt sich aus Tabelle 3.2.

PICTURE-Symbol	Ergebnis bei positivem Inhalt	Ergebnis bei negativem Inhalt
+	+	-
-	Leerzeichen	-

Tabelle 3.2: Vorzeichenaufbereitung

```
working-storage section.

01 betrag-01     pic s9999.    *> Inhalt: (+)1234
01 druckfeld-01  pic +9999.    *> Inhalt: +1234

01 betrag-02     pic s9999.    *> Inhalt: (+)1234
01 druckfeld-02  pic 9999+.    *> Inhalt: 1234+

01 betrag-03     pic s9999.    *> Inhalt: (-)1234
01 druckfeld-03  pic +9999.    *> Inhalt: -1234

01 betrag-04     pic s9999.    *> Inhalt: (-)0034
01 druckfeld-04  pic +zz99.    *> Inhalt: -__34

01 betrag-05     pic s9999.    *> Inhalt: (+)1234
01 druckfeld-05  pic -9999.    *> Inhalt: _1234

01 betrag-06     pic s9999.    *> Inhalt: (+)1234
01 druckfeld-06  pic 9999-.    *> Inhalt: 1234_

01 betrag-07     pic s9999.    *> Inhalt: (-)1234
01 druckfeld-07  pic -9999.    *> Inhalt: -1234

01 betrag-08     pic s9999.    *> Inhalt: (-)0034
01 druckfeld-08  pic -zz99.    *> Inhalt: -__34

procedure division.

  move betrag-01 to druckfeld-01
  move betrag-02 to druckfeld-02
```

```
move betrag-03 to druckfeld-03
move betrag-04 to druckfeld-04
move betrag-05 to druckfeld-05
move betrag-06 to druckfeld-06
move betrag-07 to druckfeld-07
move betrag-08 to druckfeld-08
```

Listing 3.9: Felder mit Vorzeichen

Die Symbole CR und DB

Diese Symbole werden in der PICTURE-Zeichenkette benutzt, um negative und positive Beträge im Druckbild zu unterscheiden.

Bei der Verwendung dieser Symbole müssen die folgenden Regeln beachtet werden:

❑ Es darf entweder CR oder DB verwendet werden und zwar nur an den letzten beiden Stellen.

❑ Das Ergebnis der Aufbereitung ist vom Inhalt des Feldes abhängig und ergibt sich aus Tabelle 3.3.

PICTURE-Symbol	Ergebnis bei positivem Inhalt	Ergebnis bei negativem Inhalt
DB	2 Leerzeichen	DB
CR	2 Leerzeichen	CR

Tabelle 3.3: Aufbereitung der Symbole CR und DB

```
working-storage section.

01 betrag-01    pic s9999.    *> Inhalt: (+)1234
01 druckfeld-01 pic 9999CR.   *> Inhalt: 1234__

01 betrag-02    pic s9999.    *> Inhalt: (-)1234
01 druckfeld-02 pic 9999CR.   *> Inhalt: 1234CR

01 betrag-03    pic s9999.    *> Inhalt: (+)1234
01 druckfeld-03 pic 9999DB.   *> Inhalt: 1234

01 betrag-04    pic s9999.    *> Inhalt: (-)1234
01 druckfeld-04 pic 9999DB.   *> Inhalt: 1234DB

01 betrag-05    pic s9999.    *> Inhalt: (+)0000
01 druckfeld-05 pic ZZZZDB.   *> Inhalt: _____


procedure division.

   move betrag-01 to druckfeld-01
   move betrag-02 to druckfeld-02
   move betrag-03 to druckfeld-03
   move betrag-04 to druckfeld-04
   move betrag-05 to druckfeld-05
```

Listing 3.10: Felder mit CR und DB

Einfügungssymbole B 0 /

Die Einfügungszeichen haben schlicht die Aufgabe, im Druckbild an den angegebenen Positionen zu erscheinen.

```
working-storage section.

01 betrag-01    pic 9999.      *> Inhalt: 1234
01 druckfeld-01 pic 99BB99.    *> Inhalt: 12__34

01 betrag-02    pic 9999.      *> Inhalt: 1234
01 druckfeld-02 pic 9B9B9B9.   *> Inhalt: 1_2_3_4

01 betrag-03    pic 9999.      *> Inhalt: 1234
01 druckfeld-03 pic 990099.    *> Inhalt: 120034

01 betrag-04    pic 9999.      *> Inhalt: 1234
01 druckfeld-04 pic 9090909.   *> Inhalt: 1020304

01 betrag-05    pic 9(6).      *> Inhalt: 123456
01 druckfeld-05 pic 99/99/99.  *> Inhalt: 12/34/56

01 betrag-06    pic 9999.      *> Inhalt: 1234
01 druckfeld-06 pic 99/99/99.  *> Inhalt: 00/12/34

01 betrag-07    pic 9999.      *> Inhalt: 1234
01 druckfeld-07 pic ZZ0BZZ0.   *> Inhalt: 120_340

procedure division.

    move betrag-01 to druckfeld-01
    move betrag-02 to druckfeld-02
    move betrag-03 to druckfeld-03
    move betrag-04 to druckfeld-04
    move betrag-05 to druckfeld-05
    move betrag-06 to druckfeld-06
    move betrag-07 to druckfeld-07
```

Listing 3.11: Felder mit Einfügungssymbolen B, 0 und /

Gleitendes Vorzeichen + -

Sie haben bereits die Symbole + und - (plus und minus) als Vorzeichen gesehen. Diese Art von Vorzeichen weist einen Nachteil auf, wenn der Inhalt des Sendefeldes führende Nullen enthält; hier wird dann das Vorzeichen durch Leerzeichen von den Ziffern getrennt dargestellt.

Bei gleitendem Vorzeichen müssen mindestens zwei Symbole (+ oder -) verwendet werden; das Symbol rückt dann nach rechts ein bis zur ersten Ziffer.

```
working-storage section.
```

```
01 betrag-01     pic s9999.    *> Inhalt: (+)1234
01 druckfeld-01 pic +++++.     *> Inhalt: +1234


01 betrag-02     pic s9999.    *> Inhalt: (+)0034
01 druckfeld-02 pic +++++.     *> Inhalt: __+34


01 betrag-03     pic s9999.    *> Inhalt: (-)0034
01 druckfeld-03 pic +++++.     *> Inhalt: __-34


01 betrag-04     pic s9999.    *> Inhalt: (+)1234
01 druckfeld-04 pic -----.     *> Inhalt: _1234


01 betrag-05     pic s9999.    *> Inhalt: (+)0034
01 druckfeld-05 pic -----.     *> Inhalt: ___34


01 betrag-06     pic s9999.    *> Inhalt: (-)0034
01 druckfeld-06 pic -----.     *> Inhalt: __-34


procedure division.

   move betrag-01 to druckfeld-01
   move betrag-02 to druckfeld-02
   move betrag-03 to druckfeld-03
   move betrag-04 to druckfeld-04
   move betrag-05 to druckfeld-05
   move betrag-06 to druckfeld-06
```

Listing 3.12: Felder mit gleitenden Vorzeichen

Das Währungssymbol $

Das Währungssymbol kann in der PICTURE-Zeichenkette als Zifferstelle oder als gleitende Zifferstelle verwendet werden. Im zweiten Fall müssen mindestens zwei Symbole verwendet werden.

```
working-storage section.

01 betrag-01     pic 9999.     *> Inhalt: 1234
01 druckfeld-01 pic $9999.     *> Inhalt: $1234


01 betrag-02     pic 9999.     *> Inhalt: 1234
01 druckfeld-02 pic $$$$$.     *> Inhalt: $1234


01 betrag-03     pic 9999.     *> Inhalt: 0034
01 druckfeld-03 pic $$$$$.     *> Inhalt: __$34


01 betrag-04     pic 99v9.     *> Inhalt: 123
01 druckfeld-04 pic $$$,$.     *> Inhalt: $12,3
```

```
01 betrag-05     pic 9999.        *> Inhalt: 1234
01 druckfeld-05 pic $$.$$9,$$. *> Inhalt: $1.234,00

01 betrag-06     pic 9999.        *> Inhalt: 0034
01 druckfeld-06 pic $$.$$9,$$. *> Inhalt: ___$34,00

procedure division.

    move betrag-01 to druckfeld-01
    move betrag-02 to druckfeld-02
    move betrag-03 to druckfeld-03
    move betrag-04 to druckfeld-04
    move betrag-05 to druckfeld-05
    move betrag-06 to druckfeld-06
```

Listing 3.13: Felder mit Währungssymbol

3.4 VALUE-Klausel

Wirkung

Die VALUE-Klausel wird benutzt, um ein Datenfeld bereits bei der Definition mit einem Anfangswert zu versehen.

```
VALUE IS Literal1
```

Abbildung 3.2: VALUE-Klausel

Erläuterung

Die VALUE-Klausel macht nur in der WORKING-STORAGE SECTION und LOCAL-STORAGE SECTION Sinn.

Man kann einem Datenelement oder einer Datengruppe einen Anfangswert zuweisen. Bei einer Datengruppe muss das angegebene Literal zur alphanumerischen Klasse gehören. Datenelemente solcher Gruppen dürfen nicht die Klausel JUSTIFIED, SYNCHRONIZED und USAGE (außer DISPLAY) enthalten.

Die VALUE-Klausel darf nicht verwendet werden bei Datenfeldern, die mit der REDEFINES-Klausel beschrieben sind oder die bereits wegen ihrer Zugehörigkeit zu einer Gruppe mit einem Anfangswert versehen wurden.

Beispiele:

```
01  zeile-1     pic  X(20) VALUE  "Umsatzliste".
01  zeile-2     pic  X(08) VALUE  "Rechnung"
01  zeile-3     pic  X(99) VALUE  ALL "=".
01  MwSt        pic  99V99 VALUE  14.
01  Klein-Druck pic  XX    VALUE  X"1B0F".
```

Listing 3.14: Felder mit VALUE vorbelegen

3.5   USAGE-Klausel

Wirkung

Mit Hilfe der USAGE-Klausel kann die Abspeicherung unterschiedlicher Datenformate realisiert werden.

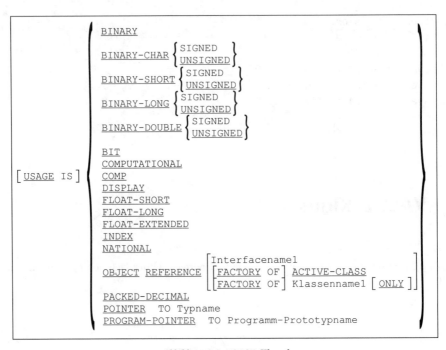

Abbildung 3.3: USAGE-Klausel

Erläuterung

Diese Klausel ist wahlweise einzutragen. Fehlt die Klausel, so wird USAGE IS DISPLAY angenommen.

Sie kann im Zusammenhang mit einem Datenelement oder einer Datengruppe definiert werden. Im zweiten Fall werden alle untergliederten Elemente so interpretiert, als wären sie selbst mit der USAGE-Klausel beschrieben.

DISPLAY

Diese interne Datendarstellung wird für Felder benutzt, die ausgedruckt oder am Bildschirm angezeigt werden sollen.

Sie muss für alphanumerische Felder implizit oder explizit angegeben werden; sie kann auch für numerische Felder angegeben werden.

Numerische Felder, die mit USAGE DISPLAY beschrieben wurden, werden auch »entpackt« oder »extern dezimal« genannt (Kurzbezeichnung: ED). Bei der Speicherplatzreservierung wird für jedes Zeichen ein Byte reserviert.

Beispiel 1:

```
01 ALPHA-FELD  PIC X(4) VALUE "ABCD".

   *> Feldinhalt ASCII hexadezimal: 41 42 43 44
```

Listing 3.15: Felder mit USAGE DISPLAY

Beispiel 2:

```
01 BETRAG      PIC 9(4) VALUE 5678.
*> oder:
01 BETRAG      PIC 9(4) VALUE 5678 USAGE DISPLAY.

   *> Feldinhalt ASCII hexadezimal: 35 36 37 38
```

Listing 3.16: Felder mit USAGE DISPLAY

Das Feld BETRAG in diesem Beispiel ist zwar rechenfähig, jedoch nicht optimal dafür definiert.

PACKED-DECIMAL (manchmal auch COMP-3)

Diese interne Datendarstellung wird für numerische Felder verwendet, die in Rechenoperationen benutzt werden sollen.

Numerische Felder, die mit USAGE PACKED-DECIMAL beschrieben wurden, werden auch »gepackt« oder »intern dezimal« genannt (Kurzbezeichnung: ID). Bei der Speicherplatzreservierung wird für jede Ziffer ein Halbbyte reserviert.

Beispiel:

```
01 ANZAHL-1   PIC 9(4) VALUE 5678 PACKED-DECIMAL.
   *> Feldinhalt ASCII hexadezimal: 05 67 8F

01 ANZAHL-2   PIC S9(4) VALUE 5678 PACKED-DECIMAL.
   *> Feldinhalt ASCII hexadezimal: 05 67 8C

01 ANZAHL-3   PIC S9(4) VALUE -5678 PACKED-DECIMAL.
   *> Feldinhalt ASCII hexadezimal: 05678D
```

Listing 3.17: Felder mit USAGE PACKED-DECIMAL

COMP oder BINARY

Diese interne Datendarstellung empfiehlt sich für numerische Felder, die an rechenintensiven Operationen beteiligt sind.

Numerische Felder, die mit USAGE COMP beschrieben wurden, werden auch binäre Felder genannt (Kurzbezeichnung: BI). Bei der Speicherplatzreservierung geht man nach der Tabelle 3.4 vor.

PICTURE-Klausel	Anzahl der reservierten Bytes
S9(01) bis S9(02)	1
S9(03) bis S9(04)	2
S9(05) bis S9(06)	3
S9(07) bis S9(09)	4
S9(10) bis S9(11)	5
S9(12) bis S9(14)	6
S9(15) bis S9(16)	7
S9(17) bis S9(18)	8

Tabelle 3.4: Größe von binären Feldern

Beispiel:

```
01 B-1          PIC S9(4) VALUE 14 COMP.
   *> Feldinhalt hexadezimal: 00 0E


01 B-2          PIC S9(4) VALUE -4 COMP.
   *> Feldinhalt hexadezimal: FF FC
   *> (Zweierkomplement)


01 B-2          PIC S9(4) VALUE ZERO COMP.
   *> Feldinhalt hexadezimal: 00 00
```

Listing 3.18: Felder mit USAGE COMP

BINARY-CHAR

Damit werden binäre Datenfelder definiert, die standardmäßig vorzeichenbehaftet sind. Soll die Variable kein Vorzeichen haben, muss sie in der Form BINARY-CHAR UNSIGNED programmiert werden.

Die Größe und die interne Darstellung solcher Felder sind abhängig vom Compilerhersteller und von der Plattform, auf der das Programm ausgeführt werden soll. Der COBOL-Standard fordert für Variablen vom Typ BINARY-CHAR eine Mindestgröße von einem Byte.

```
BINARY-CHAR SIGNED    -128 bis +127
BINARY-CHAR UNSIGNED     0 bis  255
```

Listing 3.19: Mögliche Wertebereiche für BINARY-CHAR-Felder

BINARY-SHORT

Damit werden binäre Datenfelder definiert, die standardmäßig vorzeichenbehaftet sind. Soll die Variable kein Vorzeichen haben, muss sie in der Form BINARY-SHORT UNSIGNED programmiert werden.

Die Größe und die interne Darstellung solcher Felder sind abhängig vom Compilerhersteller und von der Plattform, auf der das Programm ausgeführt werden soll. Der COBOL-Standard fordert für Variablen vom Typ BINARY-SHORT eine Mindestgröße von zwei Byte.

```
BINARY-SHORT SIGNED    -32768 bis +32767
BINARY-SHORT UNSIGNED       0 bis  65535
```

Listing 3.20: Mögliche Wertebereiche für BINARY-SHORT-Felder

Auf einem Rechner, der mit einer CPU der Firma Intel ausgestattet ist, sollte die interne Darstellung solcher Felder byteweise verdreht sein.

Beispiel:

```
01  B-1        BINARY-SHORT VALUE 25.


     *> Feldinhalt hexadezimal: 19 00
```

Listing 3.21: Feld mit USAGE BINARY-SHORT

BINARY-LONG

Damit werden binäre Datenfelder definiert, die standardmäßig vorzeichenbehaftet sind. Soll die Variable kein Vorzeichen haben, muss sie in der Form BINARY-LONG UNSIGNED programmiert werden.

Die Größe und die interne Darstellung solcher Felder sind abhängig vom Compilerhersteller und von der Plattform, auf der das Programm ausgeführt werden soll. Der COBOL-Standard fordert für Variablen vom Typ BINARY-LONG eine Mindestgröße von vier Byte.

```
BINARY-LONG SIGNED    -2**31 bis +2**31
BINARY-LONG UNSIGNED       0 bis  2**32
```

Listing 3.22: Mögliche Wertebereiche für BINARY-LONG-Felder

Auf einem Rechner, der mit einer CPU der Firma Intel ausgestattet ist, sollte die interne Darstellung solcher Felder byteweise verdreht sein.

Beispiel:

```
01  B-1        BINARY-LONG VALUE 1025.


     *> Feldinhalt hexadezimal: 01 04 00 00
```

Listing 3.23: Feld mit USAGE BINARY-LONG

BINARY-DOUBLE

Damit werden binäre Datenfelder definiert, die standardmäßig vorzeichenbehaftet sind. Soll die Variable kein Vorzeichen haben, muss sie in der Form BINARY-DOUBLE UNSIGNED programmiert werden.

Die Größe und die interne Darstellung solcher Felder sind abhängig vom Compilerhersteller und von der Plattform, auf der das Programm ausgeführt werden soll. Der COBOL-Standard fordert für Variablen vom Typ BINARY-DOUBLE eine Mindestgröße von acht Byte.

```
BINARY-DOUBLE SIGNED    -2**63 bis +2**63
BINARY-DOUBLE UNSIGNED       0 bis  2**64
```

Listing 3.24: Mögliche Wertebereiche für BINARY-DOUBLE-Felder

Auf einem Rechner, der mit einer CPU der Firma Intel ausgestattet ist, sollte die interne Darstellung solcher Felder byteweise verdreht sein.

Beispiel:

```
01  B-1          BINARY-DOUBLE VALUE 1234567.

  *> Feldinhalt hexadezimal: 87 D6 12 00 00 00 00 00
```

Listing 3.25: Feld mit USAGE BINARY-DOUBLE

FLOAT-SHORT

Bei Datenfeldern, die mit USAGE FLOAT-SHORT beschrieben sind, handelt es sich um Fließkommazahlen mit einfacher Genauigkeit. Ihre Größe und interne Darstellung ist abhängig vom Hersteller des Compilers und von der Plattform, auf der die Anwendung läuft.

Die Firma MicroFocus reserviert für Variablen dieses Typs vier Byte Hauptspeicher und organisiert die Zahlen nach dem IEEE-Standard.

Beispiel:

```
01  B-1          FLOAT-SHORT VALUE -1.

  *> Feldinhalt hexadezimal: 00 00 80 BF
```

Listing 3.26: Feld mit USAGE FLOAT-SHORT

FLOAT-LONG

Bei Datenfeldern, die mit USAGE FLOAT-LONG beschrieben sind, handelt es sich um Fließkommazahlen mit doppelter Genauigkeit. Ihre Größe und interne Darstellung sind abhängig vom Hersteller des Compilers und von der Plattform, auf der die Anwendung läuft.

Die Firma MicroFocus reserviert für Variablen dieses Typs acht Byte Hauptspeicher und organisiert die Zahlen nach dem IEEE-Standard.

Beispiel:

```
01  B-1          FLOAT-LONG VALUE -1.

  *> Feldinhalt hexadezimal: 00 00 00 00 00 00 F0 BF
```

Listing 3.27: Feld mit USAGE FLOAT-LONG

FLOAT-EXTENDED

Bei Datenfeldern, die mit USAGE FLOAT-EXTENDED beschrieben sind, handelt es sich um Fließkommazahlen mit erweiterter Genauigkeit. Ihre Größe und interne Darstellung ist abhängig vom Hersteller des Compilers und von der Plattform, auf der die Anwendung läuft.

Die Firma MicroFocus reserviert für Variablen dieses Typs acht Byte Hauptspeicher und organisiert die Zahlen nach dem IEEE-Standard. MicroFocus macht keinen Unterschied zwischen FLOAT-EXTENDED und FLOAT-LONG.

Beispiel:

```
01  B-1          FLOAT-EXTENDED VALUE -1.

    *> Feldinhalt hexadezimal: 00 00 00 00 00 00 F0 BF
```

Listing 3.28: Feld mit USAGE FLOAT-EXTENDED

INDEX

Datenfelder mit USAGE INDEX dienen der Tabellenverarbeitung und werden in dem entsprechenden Kapitel ausführlich behandelt.

NATIONAL

In Datenfeldern, die mit dem Zusatz USAGE NATIONAL beschrieben sind, werden Zeichen im so genannten Unicode-Zeichensatz gespeichert, bei dem jedes Zeichen eine Länge von zwei Byte hat. Für solche Felder wurde auch das neue PICTURE-Symbol N eingeführt.

Beispiel:

```
01  TEXT1        PIC X(5) USAGE NATIONAL.
01  TEXT2        PIC N(5) USAGE NATIONAL.

PROCEDURE DIVISION.

    MOVE "TEXT" TO TEXT1 TEXT2
    *> FELDINHALT TEXT1: 54 00 45 00 58
    *> FELDINHALT TEXT2: 54 00 45 00 58 00 54 00 20 00
```

Listing 3.29: Felder mit USAGE NATIONAL

OBJECT REFERENCE

Alle Variablen des Typs OBJECT REFERENCE dienen der Speicherung von Referenzen auf Instanzen objektorientierter Klassen, beziehungsweise von Referenzen auf die Klassen selbst. Sie werden in den Kapiteln über objektorientierte Programmierung ausführlich erläutert.

POINTER

Diese Angabe definiert Felder zur Aufnahme der Adresse anderer Datenfelder. Solche Adressfelder werden mittels der SET-Anweisung Format 3 versorgt. Die hauptsächliche Anwendung für Adressfelder findet in externen Unterprogrammen statt.

Beispiel:

```
01  ZEIGER-1        POINTER.
01  ZEIGER-2        POINTER.
01  PERSONALSATZ.
    05 PR-NR         PIC X(06).
    05 NAME          PIC X(30).
    05 STR           PIC X(30).
    05 PLZ           PIC X(04).
    05 ORT           PIC X(30).
```

Listing 3.30: Felder mit USAGE POINTER

Diese Anweisung überträgt die Adresse von ZEIGER-2 nach ZEIGER-1:

```
SET ZEIGER-1 TO ZEIGER-2.
```

Diese Anweisung setzt die Adresse der Struktur PERSONALSATZ gleich dem Inhalt von ZEIGER-2:

```
SET ADDRESS OF PERSONALSATZ TO ZEIGER-2.
```

Dazu muss die Struktur PERSONALSATZ zwingend in der LINKAGE SECTION definiert sein, da nur solche Variablen auf eine bestimmte Adresse gesetzt werden können.

PROGRAM POINTER

Diese Angabe definiert ein Adressfeld (POINTER), das ausschließlich zur Aufnahme einer Prozeduradresse vorgesehen ist. Unter einer Prozeduradresse verstehen wir hier die Adresse des primären Eingangspunktes im Programm (Adresse des ersten Befehls in der PROCEDURE DIVISION) oder aber auch die Adresse eines beliebigen anderen Programms, dessen Prototypdefinition in die REPOSITORY-Klausel der CONFIGURATION SECTION aufgenommen wurde.

Beispiel:

```
WORKING-STORAGE SECTION.
01 BEFEHLSADRESSE      USAGE PROGRAM-POINTER.
PROCEDURE DIVISION.
   SET BEFEHLSADRESSE TO UNTERPROGRAMM-5
```

Listing 3.31: Feld mit USAGE PROGRAM-POINTER

3.6   BLANK WHEN ZERO-Klausel

Wirkung

Diese Klausel bewirkt, dass in ein numerisches Datenfeld, in dem nur noch Nullen stehen, Leerzeichen übertragen werden.

```
BLANK WHEN ZERO
```

Abbildung 3.4: BLANK WHEN ZERO-Klausel

Erläuterung

Die Klausel darf nur für numerische oder numerisch aufbereitete Datenelemente verwendet werden.

Die Klausel ist sinnvoll einzusetzen bei Datenfeldern, deren PICTURE-Klausel nicht nur aus dem Symbol Z besteht.

Beispiel:

```
01  UEBER-FEHL-STD      PIC -Z9.99   BLANK WHEN ZERO.

    MOVE  ZERO TO UEBER-FEHL-STD.
```

Listing 3.32: Feld mit BLANK WHEN ZERO

Diese Anweisung setzt den Inhalt des Feldes `UEBER-FEHL-STD` auf Null; damit stehen nur noch Leerzeichen in diesem Feld.

3.7 JUSTIFIED

Wirkung

Diese Klausel bewirkt die rechtsbündige Abspeicherung der Daten in einem alphabetischen bzw. alphanumerischen Datenfeld.

Abbildung 3.5: JUSTIFIED-Klausel

Erläuterung

Gewöhnlich werden Daten in alphanumerischen Feldern linksbündig abgespeichert, in der Programmierung ist es jedoch manchmal erforderlich, dass die Daten rechtsbündig abgespeichert werden. Dies ist mit Hilfe der `JUSTIFIED`-Klausel in COBOL möglich.

Diese Klausel darf nur für Datenelemente angegeben werden, die zu einer alphabetischen oder alphanumerischen Klasse gehören.

Beispiel:

```
01   TEXT-1              PIC  X(6)  VALUE "SEITE:".
01   ZEILE-1             PIC  X(10).
01   ZEILE-2             PIC  X(10) JUST.
     .
     .
     .
     MOVE TEXT-1 TO AUSGABE-ZEILE-1
     MOVE TEXT-1 TO AUSGABE-ZEILE-2

     *> Stellen:            1234567890
     *> Feldinhalt ZEILE-1: SEITE:____
     *> Feldinhalt ZEILE-2: ____SEITE:
```

Listing 3.33: Feld mit JUST

3.8 SYNCHRONIZED-Klausel

Wirkung

Diese Klausel richtet Felder auf erforderliche Hauptspeichergrenzen aus. Dabei handelt es sich um Byte-, Wort- oder Halbwortgrenzen.

Abbildung 3.6: SYNCHRONIZED-Klausel

3.9   SIGN-Klausel

Wirkung

Die SIGN-Klausel beschreibt die Position und die Darstellungsart des Vorzeichens innerhalb eines numerischen Datenfeldes.

Abbildung 3.7: SIGN-Klausel

Erläuterung

Die SIGN-Klausel darf nur für numerische Felder, deren PICTURE-Klausel das Symbol S enthält, spezifiziert werden. Die Datendefinition solcher Datenfelder muss mit USAGE IS DISPLAY beschrieben sein. LEADING bewirkt, dass das Vorzeichen am Anfang des Feldes abgespeichert wird.

TRAILING bewirkt, dass das Vorzeichen am Ende des Feldes abgespeichert wird.

Die SEPARATE CHARACTER-Angabe bewirkt, dass das Vorzeichen in einem zusätzlichen Byte angelegt wird.

Fehlt die SEPARATE CHARACTER-Angabe, so wird kein zusätzliches Byte für das Vorzeichen reserviert.

Beispiel:

```
working-storage section.

01  eingabe-1  PIC S9999.
01  eingabe-2  PIC S9999 SIGN IS LEADING.
01  eingabe-3  PIC S9999 SIGN IS TRAILING.
01  eingabe-4  PIC S9999 SIGN IS LEADING SEPARATE.
01  eingabe-5  PIC S9999 SIGN IS TRAILING SEPARATE.


procedure division.

   move -1234 to eingabe-1, eingabe-2, eingabe-3,
                 eingabe-4, eingabe-5.

   *> Feldinhalt ASCII hexadezimal:

   *> eingabe-1:    31 32 33 74
   *> eingabe-2:    71 32 33 34
```

```
*> eingabe-3:    31 32 33 74
*> eingabe-4: 2D 31 32 33 34
*> eingabe-5: 31 32 33 34 2D
```

Listing 3.34: Felder mit SIGN-Klausel

Das negative Vorzeichen wird bei entpackten Zahlen durch das Zeichen 7 dargestellt.

3.10 Programmbeispiel: DEMO3: Liste von Zweierpotenzen

Aufgabenstellung

Es ist ein Programm für die Erstellung einer Liste der Zweier-Potenzen von 2^0 bis 2^{32} zu entwickeln.

Programmlisting:

```
 1 IDENTIFICATION DIVISION.
 2 PROGRAM-ID.          DEMO3-ZWEIERPOTENZEN-LISTE.
 3 AUTHOR.              R. HABIB.
 4 DATE-WRITTEN.
 5 DATE-COMPILED.
 6***************************************************
 7* PROGRAMMFUNKTION:                              *
 8*                                                *
 9* DAS PROGRAMM ERSTELLT EINE LISTE DER ZWEIER-   *
10* POTENZEN VON 2 ** 0 BIS 2 ** 32.               *
11*                                                *
12***************************************************
13 ENVIRONMENT DIVISION.
14 CONFIGURATION SECTION.
15 SOURCE-COMPUTER.  IBM-PC.
16 OBJECT-COMPUTER.  IBM-PC.
17 SPECIAL-NAMES.
18     DECIMAL-POINT IS COMMA.
19 INPUT-OUTPUT SECTION.
20 FILE-CONTROL.
21     SELECT AUSGABE ASSIGN TO "POTENZEN.AUS".
22*-----------------------------------------------*
23 DATA DIVISION.
24 FILE SECTION.
25 FD  AUSGABE.
26 01  A-SATZ              PIC X(30).
27*-----------------------------------------------*
28 WORKING-STORAGE SECTION.
29
30 01  EXPONENT            PIC 99.
```

```
31
32 01  AUSGABE-ZEILE-1.
33     05 FILLER            PIC X(30) VALUE
34     "LISTE DER 2-ER POTENZEN 2 ** n".
35
36 01 AUSGABE-ZEILE-2.
37     05 FILLER            PIC X(30) VALUE
38     " n          POTENZEN".
39
40 01 AUSGABE-ZEILE-3.
41     05 A-EXPONENT        PIC Z9.
42     05 FILLER            PIC X(5).
43     05 A-POTENZ          PIC ZBZZZBZZZBZZZ.
44*-------------------------------------------------*
45 PROCEDURE DIVISION.
46 PROGRAMM-STEUERUNG SECTION.
47 PR-1000.
48     PERFORM VORLAUF.
49     PERFORM VERARBEITUNG UNTIL EXPONENT > 32.
50     PERFORM NACHLAUF.
51 PR-9999.
52     STOP RUN.
53*-------------------------------------------------*
54 VORLAUF SECTION.
55 VOR-1000.
56     OPEN OUTPUT AUSGABE.
57     WRITE A-SATZ FROM AUSGABE-ZEILE-1 AFTER PAGE.
58     WRITE A-SATZ FROM AUSGABE-ZEILE-2 AFTER 2.
59     MOVE 0 TO EXPONENT.
60 VOR-9999.
61     EXIT.
62*-------------------------------------------------*
63 VERARBEITUNG SECTION.
64 VER-1000.
65     MOVE EXPONENT TO A-EXPONENT.
66     COMPUTE A-POTENZ  = 2 ** EXPONENT.
67     ADD 1 TO EXPONENT.
68     WRITE A-SATZ FROM AUSGABE-ZEILE-3 AFTER 1.
69 VER-9999.
70     EXIT.
71*-------------------------------------------------*
72 NACHLAUF SECTION.
73 NAC-1000.
74     CLOSE AUSGABE.
75 NAC-9999.
76     EXIT.
```

Listing 3.35: DEMO03: Zweier-Potenzen

Druckliste »POTENZEN.AUS«

```
LISTE DER 2-ER POTENZEN 2 ** n

n           POTENZEN
0                  1
1                  2
2                  4
3                  8
4                 16
5                 32
6                 64
7                128
8                256
9                512
10             1 024
11             2 048
12             4 096
13             8 192
14            16 384
15            32 768
16            65 536
17           131 072
18           262 144
19           524 288
20         1 048 576
21         2 097 152
22         4 194 304
23         8 388 608
24        16 777 216
25        33 554 432
26        67 108 864
27       134 217 728
28       268 435 456
29       536 870 912
30     1 073 741 824
31     2 147 483 648
32     4 294 967 296
```

Listing 3.36: Druckliste

4

Definitionen von Strukturen und Sätzen

4.1   Vorbemerkung

In der Programmierung ist es oft erforderlich, einzelne Datenfelder zu einer Datengruppe zusammenzufassen bzw. mehrere Datengruppen zu einem Datensatz. Man spricht dann in diesem Fall grundsätzlich von einer Datenstruktur.

In diesem Kapitel befassen wir uns nun mit dem Aufbau einer Struktur und den dazu notwendigen Stufennummern bzw. Klauseln.

4.2   Stufennummern 01 bis 49

Wirkung

Mit Hilfe der Stufennummern 01 bis 49 können Sie den Aufbau einer Struktur und die Zusammenhänge deren einzelner Felder beschreiben.

Abbildung 4.1: Stufennummern

Erläuterung

Sie haben bereits erfahren, dass jede Datendefinition grundsätzlich mit einer Stufennummer beginnen muss. Mit der Stufennummer 77 konnte man z.B. nur Datenelemente beschreiben, die nicht weiter unterteilt werden durften.

Die Stufennummern 01 bis 49 beschreiben jedoch Datensätze und Datengruppen, die beliebig untergliedert werden können. Machen Sie sich zunächst einmal mit einigen Begriffen vertraut, die in diesem Zusammenhang vorkommen.

Datenstruktur bzw. Datensatz

Unter einer Datenstruktur bzw. einem Datensatz versteht man einen Datenbereich, der üblicherweise in Datenelemente unterteilt wird. Der Datensatz beginnt auf Stufennummer 01 und gilt grundsätzlich als übergeordneter Bereich mehrerer Datenfelder.

Datengruppe

Eine oder mehrere Datengruppen können als Bestandteile in einem Datensatz vorkommen. Eine Gruppe kann weitere Gruppen und/oder Datenelemente umfassen. Sie darf daher nicht mit einer PICTURE-Klausel beschrieben werden. Datengruppen werden vom COBOL-Compiler immer als alphanumerische Datenfelder behandelt.

Datenelement

Ein oder mehrere Datenelemente können als Bestandteile in einer Datengruppe vorkommen. Ein Datenelement kann nicht weiter untergliedert werden. Es muss daher mit einer PICTURE-Klausel beschrieben werden und wird auf der Stufennummer 02 bis 49 angegeben. Datenelemente werden bezüglich ihrer Datenklasse je nach PICTURE-Klausel in die entsprechende Klasse eingeordnet.

Bei alphanumerischen oder booleschen Datenfeldern kann die PICTURE-Klausel entfallen, wenn diese Felder bei ihrer Definition mit VALUE vorbelegt werden. In diesen Fällen ermittelt der Compiler die Länge des Feldes aus dem für die Vorbelegung verwendeten Literal.

Datenname

Ein Datenname ist lediglich eine symbolische Adresse, die die Bezugnahme auf einen Datensatz, eine Datengruppe oder ein Datenelement ermöglicht.

FILLER

FILLER ist ein COBOL-Wort, das anstelle des Datennamens angegeben werden kann. Es kann immer dann für einen Bereich angegeben werden, wenn dieser Bereich in der aktuellen Satzstruktur nicht angesprochen werden soll.

Diese Einrichtung in COBOL entlastet den Programmierer davon, sich unnötige und willkürlich gewählte Datennamen auszudenken, wenn diese doch nicht angesprochen werden.

FILLER kann – im Gegensatz zu Datennamen – nicht angesprochen werden. Es kann auf den Stufennummern 01 bis 49 vorkommen.

Es ist aber auch möglich, einem Datenelement oder einer Datengruppe gar keinen Namen zu geben. Natürlich kann es dann auch nicht benutzt werden.

Feldbeschreibung

Unter Feldbeschreibung versteht man jede Klausel, die für die Festlegung bestimmter Feldeigenschaften nötig ist.

Beispiel 1:

In einem Programm sollen die Felder VORNAME und NACHNAME gleichzeitig unter einem Datennamen angesprochen werden. Die Felder haben jeweils eine Länge von 20 Byte.

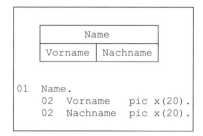

Abbildung 4.2: Struktur NAME

Aus dieser einfachen Struktur können Sie ersehen, dass

❏ NAME eine Datenstruktur ist, die keine PICTURE-Klausel enthalten darf und eine Länge von 40 Byte aufweist

❏ VORNAME und NACHNAME Datenelemente sind, die eine PICTURE-Klausel enthalten müssen

❏ das Einrücken von Stufennummern und Datennamen ausschließlich der besseren Übersichtlichkeit und Lesbarkeit des Programms dient

Beispiel 2:

In einem Programm soll für die Bezugnahme auf bestimmte Bereiche eines Datensatzes die folgende Struktur beschrieben werden.

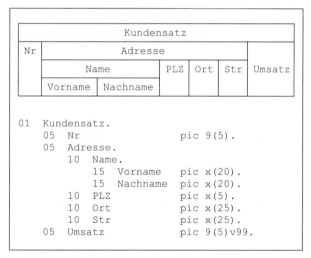

Abbildung 4.3: Struktur KUNDENSATZ

Aus dieser Struktur können Sie ersehen, dass

❏ die Stufennummern mit einer Schrittweite von 5 gewählt wurden, um eine nachträgliche Veränderung der Struktur leichter vornehmen zu können

❏ die Datengruppe ADRESSE eine Länge von 94 Byte aufweist

❏ die Datengruppe NAME eine Länge von 40 Byte aufweist

Beispiel 3:

Wir beschreiben den Datensatz einer Auftrags-Datei.

AuftragSatz								
KDNR	Artikel			Liefer		Rueck		FILLER
	Nr	Bestand	Preis	Menge	Wert	Menge	Wert	
		Alt	Neu					

```
01  AuftragSatz.
    05  Auf-KDNR                        pic 9(5).
    05  Auf-Artikel.
        10  Auf-Artikel-Nr              pic 9(4).
        10  Auf-Artikel-Bestand.
            15  Auf-Artikel-Bestand-Alt pic 9(6).
            15  Auf-Artikel-Bestand-Neu pic 9(6).
        10  Auf-Artikel-Preis           pic 9(5)v99.
    05  Auf-Liefer.
        10  Auf-Liefer-Menge            pic 9(6).
        10  Auf-Liefer-Wert             pic 9(10)v99.
    05  Auf-Rueck.
        10  Auf-Rueck-Menge             pic 9(6).
        10  Auf-Rueck-Wert              pic 9(10)v99.
    05  FILLER                          pic x(20).
```

Abbildung 4.4: Struktur AuftragSatz

Aus dieser Struktur können Sie ersehen, dass

❑ Datennamen einen Bezugspunkt haben sollen, wonach sie schnell im Programm lokalisiert werden können; wir haben in diesem Fall die ersten drei Buchstaben des Satznamens gewählt. Darüber hinaus sollen hauptsächlich nur aussagefähige Namen verwendet werden.

❑ FILLER dann benutzt werden kann, wenn ein Datenbereich innerhalb des Datensatzes nicht benötigt wird.

4.3   REDEFINES-Klausel

Wirkung

Die REDEFINES-Klausel wird verwendet, um Datenfelder, die bereits definiert worden sind, neu zu definieren.

```
Stufennummer  [ { Datenname }  ]  REDEFINES Datenname2
              [ { FILLER    }  ]
```

Abbildung 4.5: REDEFINES-Klausel

Erläuterung

Der Vorteil der REDEFINES-Klausel liegt darin, dass man bei der neuen Definition die Eigenschaften eines Feldes verändern kann. Somit ist es möglich, ein Datenfeld unter verschiedenen Namen bzw. Eigenschaften (z.B. Datenklasse oder PICTURE-Klausel) anzusprechen.

```
01 AUSGABE-FELD-1                        PIC X(10).
01 AUSGABE-FELD-2 REDEFINES AUSGABE-FELD-1
                  PIC XBXBXBXBXB.
```

Listing 4.1: Beispiel 1 REDEFINES

Durch die vorliegenden Definitionen wird ein Datenbereich in einer Länge von insgesamt 10 Byte angelegt.

Der hier angelegte Datenbereich kann sowohl unter AUSGABE-FELD-1 als auch unter AUSGABE-FELD-2 angesprochen werden, wobei das erste ein alphanumerisches Feld, das zweite ein alphanumerisches druckaufbereitetes Feld ist.

```
05 PERSONAL-NR                           PIC 9(6).
05 PERSONAL-NR-ALPHA REDEFINES PERSONAL-NR PIC X(6).
```

Listing 4.2: Beispiel 2 REDEFINES

Hier kann das Feld einmal als numerisches und einmal unter dem Namen PERSONAL-NR-ALPHA als alphanumerisches Feld angesprochen werden.

Die gleiche Ausgabezeile soll für die Verarbeitung in verschiedenen Strukturen benötigt werden.

```
01 AUSGABE-ZEILE.
   05  ERSTE-FELD      PIC X(20).
   05  ZWEITE-FELD     PIC X(30).
   05  DRITTE-FELD     PIC X(40).
   05  VIERTE-FELD     PIC X(20).
01 AUSGABE-ZEILE-NEU-1  REDEFINES AUSGABE-ZEILE.
   05  A               PIC X(20).
   05  B               PIC X(20).
   05  C               PIC X(20).
   05  D               PIC X(20).
01 AUSGABE-ZEILE-NEU-2  REDEFINES AUSGABE-ZEILE.
   05  F1              PIC X(10).
   05  F2              PIC X(10).
   05  F3              PIC X(10).
   05  F4              PIC X(40).
   05  F5              PIC X(40).
```

Listing 4.3: Beispiel 3 REDEFINES

Durch die vorliegenden Definitionen wird ein Datenbereich in einer Länge von insgesamt 110 Byte angelegt.

Aus diesem Beispiel können Sie Folgendes entnehmen:

Soll ein Datenbereich mehrfach redefiniert werden, so beziehen sich alle Redefinitionen immer auf den gleichen Namen (hier AUSGABE-ZEILE).

Redefinitionen sind nur auf den Stufennummern 01 bis 49 erlaubt. Die gesamte Länge einer Redefinition darf nicht länger als der ursprüngliche Bereich sein, außer wenn die Redefinition auf der Stufennummer 01 erfolgt.

Allgemeines

Eine Redefinition in der FILE SECTION auf der Stufennummer 01 ist nicht möglich.

Ein Datenfeld darf nur unmittelbar nach seiner Beschreibung redefiniert werden.

In der Redefinition selbst darf die VALUE-Klausel nicht benutzt werden.

Die Redefinition (Datenname-1) und das zu redefinierende Datenfeld (Datenname-2) müssen die gleiche Stufennummer aufweisen.

4.4   Stufennummer 88

Wirkung

Die Stufennummer 88 ist – im Gegensatz zu allen anderen Stufennummern – nicht für die Reservierung von Datenbereichen vorgesehen, sondern für die Definition von internen Schaltern. Diese Schalter werden hier Bedingungsnamen genannt.

$$
88 \text{ condition-name} \begin{Bmatrix} \underline{VALUE} \text{ IS} \\ \underline{VALUES} \text{ ARE} \end{Bmatrix} \left\{ \text{Literal-1} \left[\begin{Bmatrix} \underline{THROUGH} \\ \underline{THRU} \end{Bmatrix} \text{Literal-2} \right] \right\} \dots
$$

$$
\left[\text{ IN Alphabetname} \right]
$$

$$
\left[\text{ WHEN SET TO } \underline{FALSE} \text{ IS Literal-3} \right]
$$

Abbildung 4.6: Stufennummer 88

Erläuterung

Bedingungsnamen werden verwendet, um IF-Abfragen in der PROCEDURE DIVISION so weit wie möglich zu vereinfachen.

Ein Bedingungsname ist lediglich ein Schalter, der mit einem bestimmten Wert verbunden wird.

Beispiel 1:

Die Definitionen aus Listing 4.4 werden in der WORKING-STORAGE SECTION angegeben.

```
01  DATEI-ENDE-KZ         PIC 9 VALUE 0.
    88 DATEI-ENDE         VALUE 1.
```

Listing 4.4: Feld mit Bedingungsname

Wir nennen hier das Feld DATEI-ENDE-KZ eine Bedingungsvariable und das Feld DATEI-ENDE einen Bedingungsnamen.

In der PROCEDURE DIVISION kann die normalerweise wie folgt zu formulierende Abfrage

```
IF DATEI-ENDE-KZ = 1 THEN ....
```

so vereinfacht werden:

```
IF DATEI-ENDE THEN ....
```

Einer Bedingungsvariablen können mehrere Bedingungsnamen zugeordnet werden, wie das Programm es erfordert.

Beispiel 2:

```
01  VERTRETER-UMSATZ      PIC 9(5)V99.
    88 UMSATZ-1           VALUE 1     THRU 9999.
    88 UMSATZ-2           VALUE 10000 THRU 19999.
    88 UMSATZ-3           VALUE 20000 THRU 29999.
    88 UMSATZ-4           VALUE 30000 THRU 39999.
    88 UMSATZ-5           VALUE 40000 THRU 49999.
    88 UMSATZ-6           VALUE 50000 THRU 59999.
    88 UMSATZ-7           VALUE 60000 THRU 99999.99.
```

Listing 4.5: Bedingungen mit mehreren Wertebereichen

Besonders interessant für die Programmierung sind die Bedingungsnamen, wenn ein ähnlicher Fall wie in diesem Beispiel vorliegt.

Wollen Sie z.B. feststellen, ob das Feld VERTRETER-UMSATZ einen Wert zwischen 40000 und 49999 – jeweils einschließlich – beinhaltet, so können Sie die folgende Abfrage in der PROCEDURE DIVISION codieren:

```
IF UMSATZ-5 THEN ....
```

Das Wort THRU ist lediglich die Abkürzung für THROUGH und kann gleichbedeutend als Alternative benutzt werden.

Mit Hilfe der THROUGH-Angabe kann einem Bedingungsnamen ein Wertebereich zugeordnet werden. In diesem Fall muss Literal-2 größer als Literal-1 sein.

Bedingungsnamen können auch als Schalter verwendet werden. Bei der Definition ist es auch möglich, einen FALSE-Wert anzugeben, der als Beispiel für einen ungültigen Wert betrachtet wird. Mit Hilfe der SET-Anweisung kann die Bedingung dann quasi ein- und ausgeschaltet werden.

```
WORKING-STORAGE SECTION.

01  SCHALTER       PIC 9.
    88 AN          VALUE 1 THRU 9 FALSE 0.

PROCEDURE DIVISION.

    SET AN TO TRUE   *> Entspricht MOVE 1 TO SCHALTER

    SET AN TO FALSE  *> Entspricht MOVE 0 TO SCHALTER
```

Listing 4.6: Bedingungen ein- und ausschalten

Tatsächlich führt die SET-Anweisung dazu, dass die mit dem Bedingungsnamen verknüpfte Variable inhaltlich geändert wird.

Allgemeines

Bedingungsnamen können in allen SECTIONs der DATA DIVISION angegeben werden.

Für ein Literal kann auch eine figurative Konstante verwendet werden.

4.5 Stufennummer 66

Wirkung

Mit Hilfe der Stufennummer 66 und der RENAMES-Klausel können bereits definierte Datenfelder neu benannt oder umgruppiert werden.

```
66 Bezeichner-1 RENAMES Bezeichner-2 [ {THROUGH / THRU} Bezeichner-3 ] .
```

Abbildung 4.7: Stufennummer 66

Erläuterung

Ähnlich wie bei der REDEFINES-Klausel belegt die Neubenennung den gleichen Speicherplatz des bereits definierten Datenfeldes.

AuftragSatz								
KDNR	Artikel			Liefer		Rueck		FILLER
	Nr	Bestand	Preis	Menge	Wert	Menge	Wert	
		Alt	Neu					
		Neu-Gruppe						

```
01  AuftragSatz.
      05  Auf-KDNR                       pic 9(5).
      05  Auf-Artikel.
          10  Auf-Artikel-Nr             pic 9(4).
          10  Auf-Artikel-Bestand.
              15  Auf-Artikel-Bestand-Alt  pic 9(6).
              15  Auf-Artikel-Bestand-Neu  pic 9(6).
          10  Auf-Artikel-Preis          pic 9(5)v99.
      05  Auf-Liefer.
          10  Auf-Liefer-Menge           pic 9(6).
          10  Auf-Liefer-Wert            pic 9(10)v99.
      05  Auf-Rueck.
          10  Auf-Rueck-Menge            pic 9(6).
          10  Auf-Rueck-Wert             pic 9(10)v99.
      05  FILLER                         pic x(20).

66  Neu-Gruppe     RENAMES Auf-Artikel-Bestand-Neu
                       THRU Auf-Rueck-Menge.
```

Abbildung 4.8: Beispiel Stufennummer 66

An diesem Beispiel können Sie sehen, dass die neue Datengruppe 5 Datenelemente umfasst. Eine PICTURE-Klausel darf dabei nicht benutzt werden.

Das Datenfeld NEU-GRUPPE hat hier die Eigenschaft einer Datengruppe.

4.6   Datengruppen mit BIT-Feldern

Solange für die Definition von Datenfeldern nur »normale« Feldtypen verwendet werden, lässt sich die Länge einer Datengruppe relativ einfach durch Abzählen ermitteln. Sobald sich innerhalb einer Gruppe jedoch Felder mit USAGE BIT befinden, ist dies nicht mehr so einfach möglich. Werden zwei solche Variablen innerhalb einer Datengruppe unmittelbar hintereinander definiert, legt COBOL auch die Bitpositionen im Hauptspeicher unmittelbar aneinander. Folgt jedoch die Definition einer Datengruppe oder eines Feldes, das nicht USAGE BIT ist, wird auf Bytegrenze aufgefüllt.

```
                                        Bit-Position        Bytenummer
                                        1 2 3 4 5 6 7 8
01  Gruppe-1.                                               1 bis 6
    05  Feld-1      PIC 11    USAGE BIT. 1 1                1
    05  Feld-2      PIC 1     USAGE BIT.   1                1
        *> Eingefügter FILLER                1 1 1 1 1      1
    05  Feld-3      PIC X(3).                               2 bis 4
    05  Feld-4      PIC 1     USAGE BIT. 1                  5
        *> Eingefügter FILLER               1 1 1 1 1 1 1   5
    05  Gruppe-2.                                           6
        10  Feld-5  PIC 1     USAGE BIT. 1                  6
        10  Feld-6  PIC 1(4)  USAGE BIT.   1 1 1 1          6
        *> Eingefügter FILLER                       1 1 1   6
```

Abbildung 4.9: Struktur mit BIT-Feldern

Mit Hilfe der ALIGNED-Klausel kann für eine BIT-Variable dafür gesorgt werden, dass sie selbst auf Bytegrenze beginnt und nicht einer vorhergehenden BIT-Variablen angehängt wird.

4.7   Konstante

Mit dem Zusatz CONSTANT wird auf Stufennummer 01 eine Konstante definiert.

```
{ 1  }                                             { Ausdruck               }
{ 01 } Konstantenname CONSTANT [ IS GLOBAL ]   AS  { BYTE-LENGTH OF Bez-1   } .
                                                   { Literal-1              }
                                                   { LENGTH OF Bez-2        }
                                                   { FROM Compilervariable  }
```

Abbildung 4.10: Definition einer Konstanten

Erläuterung

Solche Konstanten dürfen an jeder Stelle innerhalb des Quellcodes verwendet werden, wo auch ein Literal erlaubt ist. Eine Konstante erhält bereits bei ihrer Definition einen Wert und bleibt auf Programmdauer unverändert. Sie kann also nicht als Zielfeld verwendet werden. Bei der Definition einer Konstanten dürfen nur der Konstantenname und die VALUE-Klausel benutzt werden. Jede Konstante erhält automatisch eine Datenklasse und eine Feldlänge, die vom verwendeten Literal oder dem Ergebnis des Ausdrucks abhängig sind.

```
01  MWST          CONSTANT VALUE 16.
01  UEBERSCHRIFT CONSTANT VALUE "L I S T E".
PROCEDURE DIVISION.
    MOVE MWST TO RECHEN-MWST.
    IF WERT > MWST .....
```

Listing 4.7: Definition und Verwendung von Konstanten

Der Zusatz LENGTH bzw. BYTE-LENGTH

Oft ist es nützlich, sich auf die Länge einer Variablen oder eines Bereichs zu beziehen. Über den Zusatz LENGTH bzw. BYTE-LENGTH kann nun eine Konstante mit dieser speziellen Information vorbelegt werden. Ist die Länge des entsprechenden Feldes variabel, wird die maximale Länge angenommen.

Bei der Verwendung von LENGTH entspricht der Wert dem Ergebnis der COBOL-eigenen Intrinsic Function LENGTH, bei BYTE-LENGTH dem der Intrinsic Function BYTE-LENGTH.

```
01  NAME.
    02  VORNAME       PIC X(20).
    02  NACHNAME      PIC X(20).
01  LAENGE-VON-NAME    CONSTANT LENGTH OF NAME.
01  LAENGE-VON-VORNAME CONSTANT LENGTH OF VORNAME.
```

Listing 4.8: Feldlängen als konstante Werte

Konstanten können auch für die Steuerung des Compilers verwendet werden, wie in dem Kapitel zur bedingten Übersetzung beschrieben ist. Dort ist dann auch die Angabe einer Compilervariablen sinnvoll.

4.8   Programmbeispiel: DEMO4: Artikelliste

Aufgabenstellung

Alle Artikel der Datei »ARTIKEL.EIN«, die zu der Artikelgruppe »F« gehören, sind in einer Artikelliste aufzulisten.

Entwickeln Sie ein Programm für dieses Problem.

Aufbau der Artikeldatei »ARTIKEL.EIN«:

Anzahl Stellen	Feldverwendung
5	Artikelnummer
1	Artikelgruppe
20	Artikelbezeichnung
5	Lagerbestand
3	Lagernummer
4V2	Einkaufspreis
4V4	Verkaufspreis

up ...

... up ... update

Programmlisting:

```
 1 IDENTIFICATION DIVISION.
 2 PROGRAM-ID.         DEMO4-ARTIKELLISTE.
 3 AUTHOR.             R. HABIB.
 4 DATE-WRITTEN.
 5 DATE-COMPILED.
 6***************************************************
 7* PROGRAMMFUNKTION:                              *
 8*                                                *
 9* DAS PROGRAMM ERSTELLT FÜR ALLE ARTIKEL  DER    *
10* ARTIKELGRUPPE "F" EINE ARTIKELLISTE            *
11*                                                *
12***************************************************
13 ENVIRONMENT DIVISION.
14 CONFIGURATION SECTION.
15 SOURCE-COMPUTER.   IBM-PC.
16 OBJECT-COMPUTER.   IBM-PC.
17 SPECIAL-NAMES.
18     DECIMAL-POINT IS COMMA,
19     CONSOLE IS CRT.
20 INPUT-OUTPUT SECTION.
21 FILE-CONTROL.
22
23     SELECT  EINGABE ASSIGN TO "ARTIKEL.EIN",
24             ORGANIZATION IS LINE SEQUENTIAL.
25
26     SELECT  AUSGABE ASSIGN TO "ARTIKEL.AUS".
27*------------------------------------------------*
28 DATA DIVISION.
29 FILE SECTION.
30 FD  EINGABE.
31 01  E-SATZ.
32     05 E-ANR           PIC X(5).
33     05 E-AGRUPPE       PIC X.
34     05 E-ABEZ          PIC X(20).
35     05 E-LAGERBESTAND  PIC 9(5).
36     05 E-LAGERNR       PIC 9(3).
37     05 E-EIN-PREIS     PIC 9(4)V99.
38     05 E-VER-PREIS     PIC 9(4)V99.
39
40 FD  AUSGABE.
41 01  A-SATZ            PIC X(56).
42*------------------------------------------------*
43 WORKING-STORAGE SECTION.
44 01  UEBERSCHRIFT-1.
45     05 FILLER          PIC X(17) VALUE SPACE.
```

```
46    05 FILLER            PIC X(23) VALUE
47    "ARTIKELLISTE (GRUPPE=F)".
48
49 01 UEBERSCHRIFT-2.
50    05 FILLER            PIC X(08) VALUE
51    "ART.-NR".
52    05 FILLER            PIC X(22) VALUE
53    "ART.BEZEICHNUNG".
54    05 FILLER            PIC X(10) VALUE
55    "LAG-BES.".
56    05 FILLER            PIC X(09) VALUE
57    "LAG-NR.".
58    05 FILLER            PIC X(07) VALUE
59    "E-PREIS".
60
61 01 UEBERSCHRIFT-3.
62    05 FILLER            PIC X(56) VALUE ALL "=".
63
64 01 POSTEN-ZEILE.
65    05 A-ANR             PIC X(05).
66    05 FILLER            PIC X(03).
67    05 A-ABEZ            PIC X(20).
68    05 FILLER            PIC X(05).
69    05 A-LAGERBESTAND    PIC ZZZ99.
70    05 FILLER            PIC X(05).
71    05 A-LAGERNR         PIC Z99.
72    05 FILLER            PIC X(02).
73    05 A-EIN-PREIS       PIC Z.ZZ9,99.
74
75 01 SCHLUSS-ZEILE.
76    05 FILLER            PIC X(21) VALUE SPACE.
77    05 FILLER            PIC X(14) VALUE
78    "ENDE DER LISTE".
79
80 01 SCHALTER            PIC 9 VALUE 0.
81 88 DATEI-ENDE          VALUE 1.
82*--------------------------------------------------*
83 PROCEDURE DIVISION.
84 PROGRAMM-STEUERUNG SECTION.
85 PR-1000.
86    PERFORM VORLAUF.
87    PERFORM VERARBEITUNG UNTIL DATEI-ENDE.
88    PERFORM NACHLAUF.
89 PR-9999.
90    STOP RUN.
```

```
 91*-------------------------------------------------*
 92 VORLAUF SECTION.
 93 VOR-1000.
 94     OPEN INPUT EINGABE OUTPUT AUSGABE.
 95     WRITE A-SATZ FROM UEBERSCHRIFT-1 AFTER PAGE.
 96     WRITE A-SATZ FROM UEBERSCHRIFT-2 AFTER 1.
 97     WRITE A-SATZ FROM UEBERSCHRIFT-3 AFTER 2.
 98     PERFORM LESEN.
 99 VOR-9999.
100     EXIT.
101*-------------------------------------------------*
102 VERARBEITUNG SECTION.
103 VER-1000.
104     IF E-AGRUPPE = "F"
105         MOVE E-ANR            TO A-ANR,
106         MOVE E-ABEZ           TO A-ABEZ,
107         MOVE E-LAGERBESTAND   TO A-LAGERBESTAND,
108         MOVE E-LAGERNR        TO A-LAGERNR,
109         MOVE E-EIN-PREIS      TO A-EIN-PREIS,
110         WRITE A-SATZ FROM POSTEN-ZEILE AFTER 2,
111     END-IF
112
113     PERFORM LESEN.
114 VER-9999.
115     EXIT.
116*-------------------------------------------------*
117 NACHLAUF SECTION.
118 NAC-1000.
119     WRITE A-SATZ FROM SCHLUSS-ZEILE  AFTER 3.
120     CLOSE EINGABE AUSGABE.
121 NAC-9999.
122     EXIT.
123*-------------------------------------------------*
124 LESEN SECTION.
125 LES-1000.
126     READ EINGABE AT END  MOVE 1 TO SCHALTER.
127 LES-9999.
128     EXIT.
```

Listing 4.9: DEMO4 : Artikelliste

Testdaten »ARTIKEL.EIN«:

```
11111FEinbaulautsprecher   0009810001230018000
22222FCD-Player            0003420008090013800
33333FCassetten-Recorder   00023360030000059895
44444FHIFI-Turm            00012455090000189850
55555Fernsehgerät          00234577118000219800
```

```
12345SKochtopf              0005345510056001l240
66666FElektro-Gitarre       0l223344044560022290
77777FCD-Player D/100       00344500060900146000
88888FAuto-CB-Funk          03000573008900029870
99999FVHS-Video-Recorder    03220445209800260090
34656DTelefontisch          00055566700770020950
```

Listing 4.10: Testdaten für DEMO4

Druckliste »ARTIKELAUS«:

```
                 ARTIKELLISTE (GRUPPE=F)

ART.-NR ART.BEZEICHNUNG     LAG-BES.  LAG-NR.  E-PREIS


=====================================================

11111   Einbaulautsprecher      98     100    123,00

22222   CD-Player               34     200    809,00

33333   Cassetten-Recorder      23     360    300,00

44444   HIFI-Turm               12     455    900,00

55555   Fernsehgerät           234     577  1.180,00

66666   Elektro-Gitarre       1223     344    445,60

77777   CD-Player D/100        344     500    609,00

88888   Auto-CB-Funk          3000     573     89,00

99999   VHS-Video-Recorder    3220     445  2.098,00

                 ENDE DER LISTE
```

Listing 4.11: Druckdatei

5

Datenübertragungen

5.1 MOVE-Anweisung

Wirkung

Mit Hilfe der MOVE-Anweisung werden Informationen von einem Feld in ein anderes übertragen.

```
Format 1:

MOVE  {Bezeichner-1}  TO  {Bezeichner-2} ...
      {Literal-1    }


Format 2:

MOVE  {CORRESPONDING}  Bezeichner-1 TO Bezeichner-2
      {CORR         }
```

Abbildung 5.1: MOVE-Anweisung

Erläuterung

Unter Datenübertragung versteht man im Allgemeinen die Erzeugung einer Kopie eines Feldes in ein anderes.

Bezeichner-1 gilt hier als Sendefeld, Bezeichner-2 als Empfangsfeld.

Je nach Eigenschaft der an der Übertragung beteiligten Datenfelder werden bestimmte Aktionen automatisch durchgeführt, z.B. Datenumwandlung oder Druckaufbereitung. Dies wird in den anschließenden Beispielen im Detail beschrieben.

Die MOVE-Anweisung berücksichtigt grundsätzlich:

❏ die Datenklasse
❏ die interne Darstellung
❏ die Länge eines Datenfeldes

Eine Übersicht, welche Feldkategorie in welche übertragen werden darf, gibt Abbildung 5.2.

Kategorie des Sendefeldes	Kategorie des empfangenden Feldes				
	Alphabetisch	Alphanumerisch, Alphanumerisch druckaufbereitet, Alphanumerisch	Boole	National druckaufbereitet, National	Numerisch druckaufbereitet, Numerisch
Alphabetisch	Ja	Ja	Nein	Ja	Nein
Alphanumerisch	Ja	Ja	Ja	Ja	Ja
Alphanumerisch druckaufbereitet	Ja	Ja	Nein	Ja	Nein
Boole	Nein	Ja	Ja	Ja	Nein
National	Nein	Nein	Ja	Ja	Ja
National druckaufbereitet	Nein	Nein	Nein	Ja	Nein
Numerisch (ganzzahlig)	Nein	Ja	Nein	Ja	Ja
Numerisch (nicht ganzzahlig)	Nein	Nein	Nein	Nein	Ja
Numerisch druckaufbereitet	Nein	Ja	Nein	Ja	Ja

Abbildung 5.2: Zulässige MOVE-Operationen

Beispiel 1:

Das Beispiel zeigt die Übertragung eines alphanumerischen Feldes in ein anderes alphanumerisches Feld.

Ist das Empfangsfeld länger als das Sendefeld, so werden die restlichen Stellen mit Leerzeichen nach rechts aufgefüllt.

```
working-storage section.

01   text-1          pic x(5).      *> Inhalt: "SUMME"
01   hilf-feld       pic x(6).      *> Inhalt: "SUMME "

procedure division.

   move text-1 to hilf-feld
```

Listing 5.1: Beispiel 1 zur MOVE-Anweisung

Beispiel 2:

Ist das Empfangsfeld kürzer als das Sendefeld, so werden die rechten Stellen des Sendefeldes abgeschnitten.

```
working-storage section.
```

```
01  text-1          pic x(5).    *> Inhalt: "SUMME"
01  hilf-feld       pic x(3).    *> Inhalt: "SUM"


procedure division.

    move text-1 to hilf-feld
```

Listing 5.2: Beispiel 2 zur MOVE-Anweisung

Beispiel 3:

Ist das Empfangsfeld mit der JUSTIFIED-Klausel versehen, so werden die Daten grundsätzlich rechtsbündig übertragen.

```
working-storage section.

01  text-1          pic x(5).       *> Inhalt: "SUMME"
01  hilf-feld       pic x(3) JUST.  *> Inhalt: "MME"


procedure division.

    move text-1 to hilf-feld
```

Listing 5.3: Beispiel 3 zur MOVE-Anweisung

Beispiel 4:

Handelt es sich bei dem Sendefeld oder Empfangsfeld um eine Datengruppe, so werden diese als alphanumerische Felder betrachtet. In diesem Fall können durchaus numerische Felder, die als Bestandteil des Empfangsfeldes definiert sind, mit nicht numerischen Daten versorgt werden. Die Eigenschaften der Elemente einer Gruppe bleiben hier also unberücksichtigt.

```
working-storage section.

01  text-1          pic x(5).    *> Inhalt: "SUMME"
01  ausgabe-text.
    05  dm          pic x(2).    *> Inhalt: "SU"
    05  betrag      pic 99v99.   *> Inhalt: "MME "


procedure division.

    move text-1 to ausgabe-text
```

Listing 5.4: Beispiel 4 zur MOVE-Anweisung

Obwohl das Feld BETRAG numerisch definiert ist, gelangen trotzdem durch die Übertragung in eine Datengruppe nicht numerische Zeichen in das Feld.

Beispiel 5:

Bei der Übertragung von numerischen Datenelementen werden grundsätzlich die dezimalen Stellen in den beteiligten Feldern berücksichtigt. Die Übertragung erfolgt also kommagerecht.

```
working-storage section.

01  umsatz          pic 9999v99.    *> Inhalt: 405098
01  gesamt-umsatz   pic 9(5)v99.    *> Inhalt: 0405098


procedure division.

   move umsatz to gesamt-umsatz
```

Listing 5.5: Beispiel 5 zur MOVE-Anweisung

Beispiel 6:

Ist die PICTURE-Klausel des Empfangsfeldes ohne das Symbol S definiert, so wird nur der absolute Wert des Sendefeldes übernommen.

```
working-storage section.

01  differenz       pic s9999v99.   *> Inhalt: (-)003350
01  gesamt          pic 9(5)v99.    *> Inhalt: (+)0003350


procedure division.

   move differenz to gesamt
```

Listing 5.6: Beispiel 6 zur MOVE-Anweisung

Der negative Inhalt des Feldes DIFFERENZ wird in das Feld GESAMT als positiver Inhalt übertragen.

Beispiel 7:

Haben die numerischen Datenelemente eine unterschiedliche interne Datendarstellung (USAGE-Klausel), so werden die Daten des Sendefeldes gemäß denen des Empfangsfeldes umgewandelt.

```
working-storage section.

01  nettowert          pic 9(6).
    *> Feldinhalt ASCII hexadezimal: 30 30 32 33 34 35


01  gesamt-umsatz      pic 9(5)v99 PACKED-DECIMAL.
    *> Feldinhalt ASCII hexadezimal: 02 34 50 0F

procedure division.

   move nettowert to gesamt-umsatz
```

Listing 5.7: Beispiel 7 zur MOVE-Anweisung

MOVE CORRESPONDING-Anweisung

Die MOVE CORRESPONDING-Anweisung wird benutzt, um mehrere Datenelemente einer Datengruppe gleichzeitig mit der gleichen Anweisung in die dazu korrespondierenden Elemente einer anderen Datengruppe zu übertragen.

Als korrespondierend betrachtet man alle Datenelemente, die denselben Namen im Bezeichner-1 und Bezeichner-2 haben. Darüber hinaus müssen die Datenelemente die gleichen übergeordneten Datengruppen aufweisen.

Beispiel:

```
01   VERT-SATZ.
     05 NR                        PIC 9(5).
     05 VERKAUF.
         10 VERKAUF-BEZIRK        PIC X(3).
         10 VERKAUF-TOUR          PIC 99.
         10 VERKAUF-ANZ           PIC 9(4).
     05 PROV-SATZ                 PIC 99V99.
     05 UMSATZ                    PIC 9(6)V99.
     05 FILLER                    PIC X(8).
     05 NAME                      PIC X(20).
01   DRUCKER-SATZ.
     05 NR                        PIC 9(5).
     05 FILLER                    PIC X(8).
     05 NAME                      PIC X(20).
     05 FILLER                    PIC X(8).
     05 UMSATZ                    PIC 9(6)V99.
     05 FILLER                    PIC X(8).
     05 PROV-SATZ                 PIC 99V99.
     05 VERKAUF-BEZIRK            PIC X(3).
```

Listing 5.8: Beispiel einer Datendefinition

Will man bei den vorliegenden Satzstrukturen mehrere Felder übertragen, so muss man codieren:

```
MOVE NR       IN VERT-SATZ TO NR        IN DRUCKER-SATZ
MOVE NAME     IN VERT-SATZ TO NAME      IN DRUCKER-SATZ
MOVE UMSATZ   IN VERT-SATZ TO UMSATZ    IN DRUCKER-SATZ
MOVE PROV-SATZ IN VERT-SATZ TO PROV-SATZ IN DRUCKER-SATZ
```

Listing 5.9: Übertragung bei nicht eindeutigen Feldnamen

Die oben angegebenen MOVE-Anweisungen können nun mit Hilfe der MOVE CORRESPONDING-Anweisung wie folgt verkürzt werden.

```
MOVE CORR     VERT-SATZ TO DRUCKER-SATZ
```

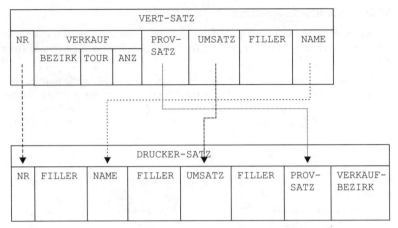

Abbildung 5.3: Beispiel für MOVE CORR

Aus diesem Beispiel können Sie Folgendes entnehmen:

❑ FILLER werden nicht übertragen

❑ nur Namen, die den gleichen Kennzeichner haben, werden übertragen

❑ die Datennamen auf der Stufennummer 01 müssen eindeutig sein

❑ Bezeichner-1 und Bezeichner-2 müssen Datengruppen sein

5.2 INITIALIZE-Anweisung

Wirkung

Die INITIALIZE-Anweisung wird zum Initialisieren von Datenfeldern mit vordefinierten Werten verwendet.

Erläuterung

In dieser Anweisung gilt Literal-1 bzw. Bezeichner-2 als Sendefeld, das in das Empfangsfeld Bezeichner-1 übertragen wird.

Überschneidung mit der MOVE-Anweisung

Die INITIALIZE-Anweisung entspricht einer MOVE-Anweisung, solange Bezeichner-1 ein Datenelement ist. Das heißt, hier wird eine Operation nach Regeln der MOVE-Anweisung ausgeführt.

Beispiel 1:

```
working-storage section.

01  summe          pic 9(5)v99.
    *> Inhalt nach INITIALIZE:   0000000

procedure division.

   initialize summe
```

Listing 5.10: Beispiel 1 zur INITIALIZE-Anweisung

```
INITIALIZE { Bezeichner-1 } ... [ WITH FILLER ]

      [ {  ALL         }  TO VALUE ]
        {  Kategorie   }

      [ THEN REPLACING { Kategorie DATA BY  { Bezeichner-2 } } ... ]
                                           { Literal-1    }

      [ THEN TO DEFAULT ]

Kategorie:
           (  ALPHABETIC            )
           |  ALPHANUMERIC          |
           |  ALPHANUMERIC-EDITED   |
           |  BOOLEAN               |
           |  DATA-POINTER          |
           {  NATIONAL              }
           |  NATIONAL-EDITED       |
           |  NUMERIC               |
           |  NUMERIC-EDITED        |
           |  OBJECT-REFERENCE      |
           (  PROGRAM-POINTER       )
```

Abbildung 5.4: INITIALIZE-Anweisung

Ist Bezeichner-1 eine Datengruppe oder eine Tabelle, so werden die darin enthaltenen Datenelemente bzw. Tabellenelemente einzeln angesprochen. Die INITIALIZE-Anweisung entspricht dann einer Serie von MOVE-Anweisungen, die sich auf diese Elemente beziehen. Felder innerhalb einer Datengruppe bzw. einer Tabelle, die mit FILLER bezeichnet worden sind, bleiben durch die INITIALIZE-Anweisung unverändert, solange nicht über den Zusatz WITH FILLER explizit etwas anderes gewünscht wird.

Beispiel 2:

```
working-storage section.

01  summenfelder.
    05   std-summe          pic s9(5)v99.
    05   ueber-std-summe    pic s9(5)v99 packed-decimal.
    05   fehl-std-summe     pic s9(5)v99 comp.

procedure division.

    initialize summenfelder
```

Listing 5.11: Beispiel 2 zur INITIALIZE-Anweisung

Nach der Initialisierung der Summenfelder enthält jedes Feld die Nullen in seinem Format, das heißt entpackt, gepackt oder binär. Die Anweisung aus Listing 5.11 entspricht den Anweisungen aus Listing 5.12.

```
move zero to std-summe
move zero to ueber-std-summe
move zero to fehl-std-summe
```

Listing 5.12: Explizite Initialisierung von Datenfeldern

Hier zeigt die INITIALIZE-Anweisung einen deutlichen Unterschied zu der MOVE-Anweisung auf. Die Anweisung MOVE ZERO TO SUMMENFELDER würde den gesamten Bereich als alphanumerisches Feld behandeln und somit nur entpackte Nullen dorthin übertragen.

TO VALUE-Angabe

Mit der Angabe TO VALUE werden alle Felder innerhalb der Datengruppe wieder auf den Wert gesetzt, den sie anfänglich durch die Vorbelegung mit der VALUE-Klausel hatten. Felder des Typs POINTER und OBJECT REFERENCE, für die keine explizite VALUE-Klausel definiert wurde, werden zusätzlich auf NULL gesetzt.

Ohne den Zusatz REPLACING

Ohne den Zusatz REPLACING werden alphabetische, alphanumerische und alphanumerisch aufbereitete Datenfelder mit Leerzeichen (SPACE) initialisiert, numerische und numerisch aufbereitete Datenfelder mit Nullen (ZERO).

Beispiel 3:

```
working-storage section.

01  hilfsfelder.
    05  h-anr        pic x(5).       *> Inhalt: "     "
    05  h-abez       pic b/x(4)/b. *> Inhalt: " /    / "
    05  filler       pic x(3).       *> Inhalt unbekannt
    05  h-bestand    pic 9(5).       *> Inhalt: 00000
    05  h-ein-preis  pic 9(4)v99 comp. *> Inhalt: 000000
    05  h-ver-preis  pic *.**9,99.  *> Inhalt: ****0,00
    05  leer         pic a(5).       *> Inhalt: "     "

procedure division.

    initialize hilfsfelder
```

Listing 5.13: Beispiel 3 zur INITIALIZE-Anweisung

Die Feldinhalte bestätigen noch mal die Arbeitsweise der INITIALIZE-Anweisung; hier ist auch die Druckaufbereitung zu erkennen.

Mit dem Zusatz REPLACING

Mit dem Zusatz REPLACING werden nur Datenfelder der angegebenen Gruppe initialisiert. Außerdem kann auch der Anfangswert für die Initialisierung bestimmt werden.

Beispiel 4:

```
working-storage section.

01  hilfsfelder.
    05  h-anr        pic x(5).       *> Inhalt unbekannt
    05  h-abez       pic b/x(4)/b. *> Inhalt unbekannt
    05  filler       pic x(3).       *> Inhalt unbekannt
    05  h-bestand    pic 9(5).          *> Inhalt: 00000
```

```
    05  h-ein-preis   pic 9(4)v99 comp. *> Inhalt: 000000
    05  h-ver-preis   pic *.**9,99. *> Inhalt unbekannt
    05  leer          pic a(5).      *> Inhalt unbekannt


procedure division.

  initialize hilfsfelder
       replacing numeric data by zero
```

Listing 5.14: Beispiel 4 zur INITIALIZE-Anweisung

Initialisiert werden durch diese Anweisung nur die numerischen Datenfelder H-BESTAND und H-EIN-PREIS.

Beispiel 5:

```
working-storage section.

01  hilfsfelder.
    05  f1      pic x(5).    *> Inhalt: "*****"
    05  filler  pic x(2).    *> Inhalt unbekannt
    05  f2      pic x(5).    *> Inhalt: "*****"
    05  filler  pic x(2).    *> Inhalt unbekannt
    05  f3      pic 9(6)v99. *> Inhalt unbekannt


procedure division.

  initialize hilfsfelder
       replacing alphanumeric data by "*"
```

Listing 5.15: Beispiel 5 zur INITIALIZE-Anweisung

Hier werden die alphanumerischen Datenfelder F1 und F2 mit »*« versorgt.

INITIALIZE für Tabellen

Besonders effektiv einzusetzen ist die INITIALIZE-Anweisung bei der Initialisierung von Tabellen. Eine solche Tabelle wie im folgenden Beispiel konnte bis ANSI74 nur mit einer Programmschleife initialisiert werden.

Mit Hilfe der INITIALIZE-Anweisung werden hier jedoch die 12 Felder UMSATZSUMME(1) bis UMSATZSUMME(12) auf gepackte Nullen gesetzt.

Beispiel 6:

```
working-storage section.

01  tabelle.
    05  element            occurs 12 indexed i.
        10  monat          pic x(10).
        10  umsatzsumme    pic 9(6)v99 packed-decimal.
```

```
procedure division.

   initialize tabelle
       replacing numeric data by 0
```

Listing 5.16: Beispiel 6 zur INITIALIZE-Anweisung

Auch hier ist das Ansprechen eines einzelnen Tabellenelements erlaubt, wie Listing 5.17 zeigt.

```
initialize element(3).
initialize monat(1) replacing alphanumeric by "JANUAR".
initialize monat(2) replacing alphanumeric by "FEBRUAR".
```

Listing 5.17: Initialisierung einzelner Tabellenelemente

5.3   SET-Anweisung

Wirkung

Die SET-Anweisung wird in 12 verschiedenen Formaten angegeben, von denen in diesem Kapitel nur die ersten 4 beschrieben werden. Sie wird verwendet, um einen Merknamen auf »EIN« bzw. auf »AUS« zu setzen, um einen Bedingungsnamen auf »WAHR« oder »FALSCH« zu setzen oder um Adressfelder zu übertragen.

```
Format 1:

    SET { {Mnemonischer-Name} ... TO { ON  } }  ...
                                    { OFF }


Format 2:

    SET { {Bedingungsname    } ... TO { TRUE  } }  ...
                                    { FALSE }


Format 3:

    SET { ADDRESS OF Bezeichner-1 } ... TO Bezeichner-4
        { Bezeichner-2           }

Format 4:

    SET { Bezeichner-5 } ... { UP   BY } Arithmetischer-Ausdruck
                             { DOWN BY }
```

Abbildung 5.5: SET-Anweisung

Erläuterung zu Format 1

Mit Format 1 kann ein mnemonischer Name (Merkname), der im SPECIAL-NAMES-Paragraph festgelegt worden ist, auf »EIN« bzw. auf »AUS« gesetzt werden. Der Merkname muss in diesem Fall mit SWITCH 0 bis SWITCH 7 verknüpft worden sein. Die Angabe ON setzt den Merknamen auf »EIN« und OFF setzt ihn auf »AUS«.

Beispiel:

```
special-names.
    switch 2 is schalter-2 on status is eingeschaltet
                        off status is ausgeschaltet,
    switch 7 is schalter-7 on status is aktiv,
                        off status is inaktiv.
procedure division.
```

Listing 5.18: Definition mnemonischer Namen

In der PROCEDURE DIVISION können die Schalter unabhängig von ihrem aktuellen Status wie folgt gesetzt werden:

```
    set schalter-2 to on schalter-7 to off.
```

Eine spätere Bezugnahme auf einen Schalter könnte so formuliert werden:

```
    if eingeschaltet then    .....
```

oder

```
    if inaktiv       then    .....
```

Erläuterung zu Format 2

Format 2 der SET-Anweisung verwendet man, um einen Bedingungsnamen auf »WAHR« (TRUE) oder »FALSCH« (FALSE) zu setzen. Durch diese Operation wird das Literal, das mit dem Bedingungsnamen verknüpft worden ist, automatisch in die zugehörigen Bedingungsvariablen übertragen. Wurde der Bedingungsname mit mehreren Literalen oder mit Literalbereichen verknüpft, so wird immer das erste Literal übertragen.

Beispiel:

```
01  schalter        pic 9.
    88  datei-ende       value 1.


procedure division.
```

Listing 5.19: Definition eines Bedingungsnamens

In der PROCEDURE DIVISION wird der Bedingungsname DATEI-ENDE auf »WAHR« gesetzt. Dies bewirkt die Übertragung des Wertes 1 in die Bedingungsvariable SCHALTER.

```
    read eingabe at end set datei-ende to true.
```

Beispiel:

```
01  kennzeichen     pic x.
    88  kz-gueltig       value "A" "L" "S" "E".
```

```
procedure division.

    set kz-gueltig to true.
```

Listing 5.20: Setzen eines Bedingungsnamens

In diesem Beispiel wird das Zeichen A in die Bedingungsvariable KENNZEICHEN übertragen.

Erläuterung zu Format 3

Mit diesem Format kann die Adresse eines Feldes in ein anderes übertragen werden. Bezeichner-2 und Bezeichner-4 müssen mit USAGE IS POINTER definiert sein und spezifizieren damit so genannte Adressfelder.

Bezeichner-1 muss in der LINKAGE SECTION auf Stufennummer 01 oder 77 definiert sein, da nur solche Felder auf eine fremde Adresse gesetzt werden können.

Beispiel 1:

Übertragen von selbst definierten Adressfeldern.

```
01 zeiger-1            pointer.
01 zeiger-2            pointer.


procedure division.

   set zeiger-1 to zeiger-2.
```

Listing 5.21: Zuweisung von Zeigerwerten

Hier wird die Adresse aus dem Adressfeld ZEIGER-2 in das Adressfeld ZEIGER-1 übertragen. Das Objekt der Übertragung ist also der Inhalt von ZEIGER-2.

Beispiel 2:

Übertragen von automatisch angelegten Adressfeldern in ebensolche.

```
working-storage section.

01  zeiger-1           pointer.

linkage section.

01  satz-1.
    05  f1             pic x(10).

procedure division.

    set address of satz-1 to zeiger-1.
```

Listing 5.22: Füllen eines Zeigers

Hier wird der Inhalt von ZEIGER-1 (eine Adresse) in das automatisch angelegte Adressfeld von SATZ-1 übertragen.

Beispiel 3:

```
        set address of satz-1 to null.
```

Mit dieser Anweisung wird die Adresse von SATZ-1 auf eine ungültige Adresse (Null) gesetzt. In diesem Fall kann ein Zugriff auf SATZ-1 nicht mehr erfolgen.

Erläuterung zu Format 4

Dieses Format können Sie benutzen, um den Inhalt eines Adressfeldes (POINTER) zu erhöhen (BY) bzw. zu vermindern (DOWN). Hier muss also Bezeichner-5 ein POINTER oder das Sonderregister ADDRESS OF sein.

Beispiele:

```
01  zeiger-1           pointer.


procedure division.


    set zeiger-1   up by 80
    set zeiger-1   up by length of kundensatz
    set zeiger-1   down by laengenfeld
```

Listing 5.23: Zeigerinhalte verändern

5.4   Referenz-Modifikation

Wirkung

Eine Referenz-Modifikation ermöglicht es, einen Teil des Feldes zu adressieren.

```
Datenname-1 ( Startposition : [Länge] )
```

Abbildung 5.6: Referenz-Modifikation

Erläuterung

Der angegebene Datenname-1 muss USAGE DISPLAY oder USAGE NATIONAL implizit oder explizit aufweisen. Eine Referenz-Modifikation darf in jeder Anweisung verwendet werden, in der ein USAGE DISPLAY- oder USAGE NATIONAL-Feld vorkommen kann.

Startposition und Länge sind arithmetische Ausdrücke.

```
01  feld1       pic x(20) value "VS COBOL II".
01  ausgabefeld pic x(5). *> Inhalt: "COBOL"


procedure division.


    move   feld1(4:5) to ausgabefeld
```

Listing 5.24: Beispiel 1 für Referenz-Modifikation

Mit dem Beispiel aus Listing 5.25 lässt sich der Inhalt eines Feldes bei gleicher Länge rechtsbündig darstellen.

```
working-storage section.

01 l                    pic x(20).
01 r                    pic x(20) just right.
01 i                    pic s9(9) binary.


procedure division.

    move space      to l
    move 'SCHMIDT'  to r
    move 0 to I

    inspect r tallying i for leading space
    if i < length of r
        move r(i + 1 : length of r - i) to l
    end-if
    display "L=(" l "),R=(" r ")"
```

Listing 5.25: Beispiel 2 für Referenz-Modifikation

Die Ausgabe von Listing 5.25:

```
L=(SCHMIDT              ),R=(             SCHMIDT)
```

5.5   Programmbeispiel: DEMO5: Gehaltsstatistik

Aufgabenstellung

Es ist ein Programm für die Erstellung einer Gehaltsstatistik zu entwickeln.

In der Statistik sollen das niedrigste Gehalt, das höchste Gehalt, die Differenz dazwischen und der Durchschnitt aller Gehälter erscheinen.

Aufbau der Mitarbeiterdatei »MITARB.EIN«:

Anz. Stellen	Feldverwendung
4	Mitarbeiternummer
20	Mitarbeitername
5v2	Mitarbeitergehalt

Aufbau der Gehaltsstatistik-Liste: siehe Druckliste

Programmlisting:

```
1 IDENTIFICATION DIVISION.
2 PROGRAM-ID.        DEMO5-GEHALT-STATISTIK.
```

```
 3 AUTHOR.                 R. HABIB.
 4 DATE-WRITTEN.
 5 DATE-COMPILED.
 6*************************************************
 7* PROGRAMMFUNKTION:                            *
 8*                                              *
 9* DIESES PROGRAMM ERSTELLT EINE GEHALTSSTATISTIK *
10* FÜR DIE MITARBEITER EINES UNTERNEHMENS.      *
11*                                              *
12*************************************************
13 ENVIRONMENT DIVISION.
14 CONFIGURATION SECTION.
15 SOURCE-COMPUTER.   IBM-PC.
16 OBJECT-COMPUTER.   IBM-PC.
17 SPECIAL-NAMES.
18    DECIMAL-POINT IS COMMA.
19 INPUT-OUTPUT SECTION.
20 FILE-CONTROL.
21
22    SELECT  MITARBEITER ASSIGN TO "MITARB.EIN",
23            ORGANIZATION IS LINE SEQUENTIAL.
24
25    SELECT  AUSGABE ASSIGN TO "MITARB.AUS".
26*-------------------------------------------------*
27 DATA DIVISION.
28 FILE SECTION.
29 FD  MITARBEITER.
30 01  M-SATZ.
31     05 M-NR          PIC X(4).
32     05 M-NAME        PIC X(20).
33     05 M-GEHALT      PIC 9(5)V99.
34
35 FD  AUSGABE.
36 01  A-SATZ           PIC X(56).
37*-------------------------------------------------*
38 WORKING-STORAGE SECTION.
39 01  UEBERSCHRIFT-1.
40     05 FILLER        PIC X(14) VALUE SPACE.
41     05 FILLER        PIC X(20) VALUE
42     "GEHALTSSTATISTIK VOM ".
43     05 A-DATUM.
44        10 TAG        PIC 99.
45        10 FILLER     PIC X VALUE ".".
46        10 MONAT      PIC 99.
47        10 FILLER     PIC XXX VALUE ".20".
48        10 JAHR       PIC 99.
49
```

```
50 01  AUSGABE-ZEILE.
51      05 A-TEXT          PIC X(30).
52      05 A-WERT          PIC ZZ.ZZ9,99.
53
54 01  SCHLUSS-ZEILE.
55      05 FILLER          PIC X(21) VALUE SPACE.
56      05 FILLER          PIC X(18) VALUE
57      "ENDE DER STATISTIK".
58
59 01  TAGES-DATUM.
60      05  JAHR           PIC 99.
61      05  MONAT          PIC 99.
62      05  TAG            PIC 99.
63
64 01  NIEDRIG            PIC 9(5)V99 VALUE 99999,99.
65 01  HOCH               PIC 9(5)V99 VALUE 0.
66 01  GEHALT-SUMME       PIC 9(7)V99 VALUE 0.
67 01  ANZAHL             PIC 9(5)V99 VALUE 0.
68 01  DURCHSCHNITT       PIC 9(5)V99 VALUE 0.
69
70 01  SCHALTER           PIC 9 VALUE 0.
71 88  DATEI-ENDE         VALUE 1.
72*-------------------------------------------------*
73 PROCEDURE DIVISION.
74 PROGRAMM-STEUERUNG SECTION.
75 PR-1000.
76      PERFORM VORLAUF.
77      PERFORM VERARBEITUNG UNTIL DATEI-ENDE.
78      PERFORM NACHLAUF.
79 PR-9999.
80      STOP RUN.
81*-------------------------------------------------*
82 VORLAUF SECTION.
83 VOR-1000.
84      OPEN INPUT MITARBEITER OUTPUT AUSGABE.
85      ACCEPT TAGES-DATUM FROM DATE.
86      MOVE CORR TAGES-DATUM TO A-DATUM.
87      WRITE A-SATZ FROM UEBERSCHRIFT-1 AFTER PAGE.
88      PERFORM LESEN.
89 VOR-9999.
90      EXIT.
91*-------------------------------------------------*
92 VERARBEITUNG SECTION.
93 VER-1000.
94      ADD M-GEHALT TO GEHALT-SUMME.
95      ADD 1 TO  ANZAHL.
96
```

```
 97      IF  M-GEHALT < NIEDRIG
 98          MOVE M-GEHALT TO NIEDRIG.
 99
100      IF  M-GEHALT > HOCH
101          MOVE M-GEHALT TO HOCH.
102
103      PERFORM LESEN.
104 VER-9999.
105      EXIT.
106*---------------------------------------------------*
107 NACHLAUF SECTION.
108 NAC-1000.
109      MOVE "GEHALTSDURCHSCHNITT = " TO A-TEXT.
110      COMPUTE A-WERT = GEHALT-SUMME / ANZAHL.
111      WRITE A-SATZ FROM AUSGABE-ZEILE  AFTER 2.
112
113      MOVE "NIEDRIGSTES GEHALT  = " TO A-TEXT.
114      MOVE NIEDRIG  TO A-WERT.
115      WRITE A-SATZ FROM AUSGABE-ZEILE  AFTER 2.
116
117      MOVE "HÖCHSTES    GEHALT  = " TO A-TEXT.
118      MOVE HOCH     TO A-WERT.
119      WRITE A-SATZ FROM AUSGABE-ZEILE  AFTER 2.
120
121      MOVE "DIFFERENZ         = " TO A-TEXT.
122      COMPUTE A-WERT = HOCH - NIEDRIG.
123      WRITE A-SATZ FROM AUSGABE-ZEILE  AFTER 2.
124
125      WRITE A-SATZ FROM SCHLUSS-ZEILE  AFTER 3.
126      CLOSE MITARBEITER AUSGABE.
127 NAC-9999.
128      EXIT.
129*---------------------------------------------------*
130 LESEN SECTION.
131 LES-1000.
132      READ MITARBEITER AT END
133                      SET DATEI-ENDE TO TRUE
134      END-READ.
135 LES-9999.
136      EXIT.
```

Listing 5.26: DEMO5: Gehaltsstatistik

Testdaten »MITARB.EIN«

```
12345SCHULZ            0300000
34567MAIER             0400000
34567KADE              0500000
```

```
45437SCHMIDT              0633000
34543RÖHRIG               0700000
65624JAHN                 0844400
67567FRITZ               0900000
87873BAUER               0950000
78324MEHRINGER           0200000
62367HEINEMANN           0180000
67567KIRCHER             0750000
```

Listing 5.27: Testdaten

Gehaltsstatistik-Liste: »MITARB.AUS«

```
              GEHALTSSTATISTK VOM  11.08.2002


   GEHALTSDURCHSCHNITT =        5.779,45
   NIEDRIGSTES GEHALT   =        1.800,00
   HÖCHSTES    GEHALT   =        9.500,00
   DIFFERENZ            =        7.700,00



              ENDE DER STATISTIK
```

Listing 5.28: Programmausgabe

6

Bildschirmsteuerung

6.1 DISPLAY-Anweisung

Wirkung

Mit Hilfe der DISPLAY-Anweisung können Informationen am Bildschirm angezeigt werden. Zusammen mit der ACCEPT-Anweisung können Sie einen Dialog mit dem Rechner durchführen.

```
Format 1:

    DISPLAY { Bezeichner-1 } ... [UPON Merkname][WITH NO ADVANCING]
            { Literal-1    }

    [END-DISPLAY]


Format 2 (nicht standardisiert):

    DISPLAY

    { { Bezeichner-1 } [ AT { { LINE NUMBER { Bezeichner-2 }  } } ] } ...
    { { Literal-1    }        {      NUMBER { Ganzzahl-1    }  }   }
                              {                                   }
                              { { COLUMN }        { Bezeichner-3} }
                              { { COL    } NUMBER { Ganzzahl-2  } }

    [ { ON EXCEPTION unbedingte-Anweisung-1     } ]
    [ { NOT ON EXCEPTION unbedingte-Anweisung-2 } ]

    [END-DISPLAY]
```

Abbildung 6.1: DISPLAY-Anweisung

Erläuterung

Die DISPLAY-Anweisung Format 1 wird für die Anzeige mehrerer Datenfelder und/oder Literale benutzt. In diesem Fall darf die CONSOLE IS CRT-Klausel im SPECIAL-NAMES-Paragraph nicht benutzt werden.

```
working-storage section.

01  display-text  PIC X(13) value "Kapital: ===>".

procedure division.

    display display-text
```

Listing 6.1: Beispiel 1 zur DISPLAY-Anweisung

Diese Anweisung zeigt den Inhalt des Feldes DISPLAY-TEXT an der aktuellen Cursor-Position an.

AT-Zusatz

Die DISPLAY-Anweisung Format 2 wird für die Anzeige eines einzigen Datenfeldes bzw. einer Struktur benutzt. Dabei können die anzuzeigenden Informationen an einer beliebigen Bildschirmstelle positioniert werden.

Soll der Text in Beispiel 1 an einer bestimmten Stelle am Bildschirm positioniert werden, so muss man sich des Format 2 bedienen. Der anzugebende Bezeichner-2 in Format 2 beinhaltet die gewünschte Zeilennummer, Bezeichner-3 die Spaltennummer, an der der Text angezeigt werden soll. Die Anweisung lautet dann z.B.

```
display display-text at line 5 col 15.
```

Diese Anweisung positioniert den Text auf Spalte 15 der 5. Zeile des Bildschirms. Manche Compiler erlauben auch eine etwas kürzere Schreibweise:

```
display display-text at 0515.
```

Erweiterte Eigenschaften der DISPLAY-Anweisung

In den hier beschriebenen Compilern wurde festgelegt, dass Datenelemente einer Struktur, die den Namen FILLER aufweisen, nicht angezeigt werden.

```
working-storage section.

01  ausgabe-zeile.
    05 filler    pic X(30).
    05 a-1       pic X(20) value "*** TILGUNGSPLAN ***".
    05 filler    pic X(30).
    05 filler    pic X(240).
    05 a-2       pic X(07) value "Kredit:".
    05 filler    pic X(25).
    05 a-3       pic X(09) value "Zinssatz:".
    05 filler    pic X(24).
    05 a-4       pic X(09) value "Laufzeit:".
    05 filler    pic X(6).
```

```
procedure division.

    display ausgabe-zeile at line 01 col 01.
```

Listing 6.2: Beispiel 2 zur DISPLAY-Anweisung

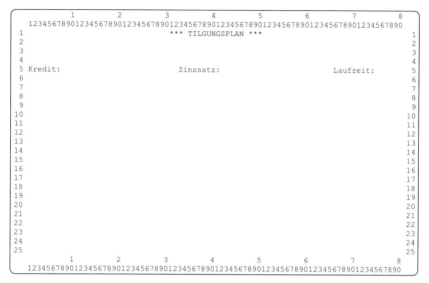

Abbildung 6.2: Bildschirmausgabe

Bei der Entwicklung von Satzstrukturen für die DISPLAY-Anweisung sollte man die folgenden Punkte berücksichtigen:

❏ Die Bildschirmgröße beträgt 2000 Byte (25 Zeilen à 80 Spalten). Satzstrukturen sollten die genannte Größe nicht überschreiten.

❏ Bei umfangreichen Satzstrukturen sollten die Datenfelder zu einer Zeile in der Länge von 80 Spalten oder einem Mehrfachen davon gruppiert werden. Dies verbessert die Übersicht einer Struktur und erleichtert eine nachträgliche Veränderung.

❏ Datenfeldern, die angezeigt werden sollen, haben wir einen Namen gegeben; andere Bereiche, die nicht angezeigt werden sollen, erhalten den Namen FILLER.

❏ In unserem Beispiel haben wir eine Zeile für die Überschrift, 3 Leerzeilen und eine Zeile für die Leittexte definiert.

UPON-Zusatz

In Format 1 wurde dieser Zusatz aus Gründen der Kompatibilität zu anderen Compilern beibehalten. Der Zusatz macht lediglich deutlich, dass der Text über Konsole angezeigt werden soll. Merkname kann jeder Name sein, der einem der gültigen Begriffe (Funktionsnamen) im SPECIAL-NAMES-Paragraph gleichgesetzt worden ist.

ON EXCEPTION

Der ON EXCEPTION-Zusatz kann eine Fehlersituation abfangen, die zum Beispiel auftritt, wenn eine DISPLAY-Anweisung mit ENVIRONMENT-VALUE ausgeführt wird, ohne vorher eine DISPLAY-Anweisung mit ENVIRONMENT-NAME für die Festlegung des Namens der Umgebungsvariablen ausgeführt zu haben. Konnte eine Umgebungsvariable wegen zu geringem Speicherplatz nicht definiert werden, so kann dieser Fehler ebenfalls mit ON EXCEPTION behandelt werden. Weitere Fehlerquellen sind ungültige Spalten- und Zeilennummern.

Löschen des Bildschirmes

Ein Sonderformat der DISPLAY-Anweisung kann zum Löschen des Bildschirms verwendet werden. Es lautet:

```
DISPLAY SPACE UPON CRT.
```

Hat man im SPECIAL-NAMES-Paragraph die Klausel CONSOLE IS CRT festgelegt, so reicht es auch, wenn man codiert:

```
DISPLAY SPACE.
```

Vorpositionierung des Cursors

Die Anweisung DISPLAY LOW-VALUES AT ... bewirkt, dass der Cursor auf die angegebene Position gestellt wird. Eine nachfolgende DISPLAY-Anweisung ohne den AT-Zusatz würde sich implizit auf die aktuelle Cursor-Position beziehen.

Allgemeines

Eine figurative Konstante (außer ALL) kann das Literal-1 in Format 1 oder Datenname-1 in Format 2 ersetzen. In diesem Fall wird ein einziges Zeichen angezeigt. Die Anweisung DISPLAY SPACE ist also gleichbedeutend mit der Anweisung DISPLAY " ".

Werden alle Zusätze weggelassen, so wird Format 1 standardmäßig angenommen, es sei denn, die Klausel CONSOLE IS CRT wurde im SPECIAL-NAMES-Paragraphen angegeben.

6.2   ACCEPT-Anweisung

Wirkung

Die ACCEPT-Anweisung erlaubt dem Benutzer, Daten über die Tastatur einzugeben.

Erläuterung

Wenn eine ACCEPT-Anweisung ausgeführt wird, wird das Programm so lange angehalten, bis der Benutzer die gewünschten Daten eingegeben und die Eingabe mit der ⌈RETURN⌉- bzw. ⌈ENTER⌉-Taste abgeschlossen hat.

Die ACCEPT-Anweisung Format 1 bewirkt keine spezielle Positionierung des Eingabefeldes; die Eingabe wird lediglich an der aktuellen Cursor-Position erwartet. Diese Eigenschaft gilt standardmäßig, wenn die CONSOLE IS CRT-Klausel im SPECIAL-NAMES-Paragraphen nicht angegeben wird.

```
working-storage section.

01   eingabe            pic x(10).

procedure division.

     accept eingabe
```

Listing 6.3: Beispiel 1 zur ACCEPT-Anweisung

```
Format 1:

    ACCEPT Bezeichner-1 [FROM Merkname]


    [END-ACCEPT]



Format 2 (nicht standardisiert):

    ACCEPT


                      ⎡  ⎧ LINE NUMBER ⎧Bezeichner-2⎫   ⎫ ⎤
                      ⎢  ⎪             ⎩Ganzzahl-1  ⎭   ⎪ ⎥
    Bezeichner-1 | AT |  ⎨                                ⎬ |
                      ⎢  ⎪ ⎧COLUMN⎫ NUMBER ⎧Bezeichner-3⎫⎪ ⎥
                      ⎣  ⎩ ⎩COL   ⎭        ⎩Ganzzahl-2  ⎭⎭ ⎦

    ⎡⎪ ON EXCEPTION unbedingte-Anweisung-1     ⎪⎤
    ⎢⎪ NOT ON EXCEPTION unbedingte-Anweisung-2 ⎪⎥

    [END-ACCEPT]
```

Abbildung 6.3: ACCEPT-Anweisung

Bei der Ausführung dieser Anweisung wird der Cursor an der aktuellen Cursor-Position positioniert. Der Benutzer wird dann aufgefordert, die gewünschten Daten einzugeben. Die Eingabe wird mit der RETURN-Taste abgeschlossen; das Programm setzt die Verarbeitung mit der nächsten Anweisung fort.

AT-Zusatz

Im Rahmen der Gestaltung von Bildschirm-Masken wurde die ACCEPT-Anweisung in Format 2 erweitert. Dieses Format kann das Eingabefeld an eine beliebige Bildschirmstelle positionieren. Die Cursor-Position selbst ist wie bei der DISPLAY-Anweisung anzugeben.

Wollen Sie also das Feld EINGABE in Beispiel 1 auf der Spalte 20 in Zeile 10 positionieren, so müssen Sie codieren:

```
accept eingabe at line 10 col 20.
```

Auch hier erlauben verschiedene Compiler eine kürzere Schreibweise:

```
accept eingabe at 1020.
```

Gleichzeitige Eingabe in mehrere Felder

Soll eine Bildschirm-Maske mit mehreren Eingabefeldern benutzt werden, so braucht man nicht für jedes Eingabefeld eine eigene ACCEPT-Anweisung zu codieren.

In diesem Fall müssen die Eingabefelder ihren Positionen entsprechend in eine Struktur integriert werden. Die nicht benötigten Eingabebereiche in dieser Struktur müssen den Namen FILLER aufweisen. Eine einzige ACCEPT-Anweisung für diese Struktur ist dann ausreichend, um alle Eingabefelder über die Tastatur zu versorgen.

Wird eine solche ACCEPT-Anweisung ausgeführt, so wird der Cursor auf das erste Feld in der Struktur positioniert, und die Eingabe kann beginnen. Der Cursor wird automatisch auf das nächste Feld gesetzt, wenn das aktuelle Feld vollständig eingeben wurde. Will man jedoch während der Eingabe den Cursor auf das nächste Feld positionieren, so kann man dazu die Tabulator- oder Cursorbewegungstasten benutzen. Die [Home]- bzw. [Pos1]-Taste stellt den Cursor wieder auf das erste Feld in der Struktur. Zu beachten ist dabei, dass eine einmalige Betätigung der [RETURN]-Taste ausreichend ist, um die Eingabe für alle Felder abzuschließen.

Sie können diese Eigenschaften der ACCEPT-Anweisung anhand des nächsten Beispiels kennen lernen.

Beispiel 2:

Bezogen auf Beispiel 2 für die DISPLAY-Anweisung wollen wir nun die Eingabefelder definieren. Legen wir die DISPLAY-Struktur und die darin enthaltenen Positionen zugrunde, so ergibt sich die ACCEPT-Struktur wie in Listing 6.4.

```
working-storage section.

01  eingabe-zeile.
    05 filler     pic x(320).
    05 filler     pic x(07).
    05 kredit     pic zzz.zzz,zz.
    05 filler     pic x(24).
    05 zinssatz   pic zz,zz.
    05 filler     pic x(28).
    05 laufzeit   pic zz.
    05 filler     pic x(04).

procedure division.

    accept eingabe-zeile at line 01 col 01.
```

Listing 6.4: Beispiel 2 zur ACCEPT-Anweisung

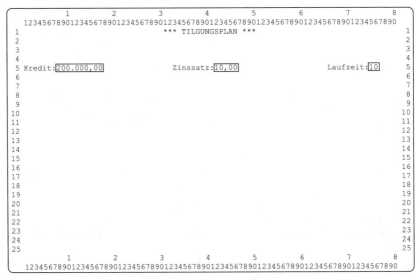

Abbildung 6.4: Bildschirm-Eingabe/Ausgabe

Eingabe in numerische Felder

Die Eingabe in numerische Felder ist unproblematisch. Bei der Durchführung einer solchen ACCEPT-Anweisung wird der Cursor auf der dezimalen Stelle positioniert, und man kann dann die gewünschten Ziffern eingeben.

Bei einer solchen Eingabe werden nur Ziffern von 0 bis 9 zugelassen: Die Betätigung jeder anderen Taste wird mit einem Signalton zurückgewiesen.

Bei numerisch druckaufbereiteten Feldern erfolgt zusätzlich eine sofortige Aufbereitung jeder eingegebenen Ziffer.

ON EXCEPTION

Beide Begriffe sind gleichbedeutend und definieren eine oder mehrere Anweisungen, die nur dann zur Ausführung kommen, wenn die ACCEPT-Anweisung nicht normal beendet wird. Dabei verstehen wir hier unter »nicht normal beendet«, dass die ACCEPT-Anweisung durch eine benutzerdefinierte bzw. im COBOL-System integrierte Funktionstaste oder aber auch mit einem Fehler beendet worden ist. Das heißt, im Zusammenhang mit der CRT STATUS-Klausel wird im ersten Byte ein Wert ungleich null geliefert (siehe *CRT STATUS*).

ACCEPT-Anweisung und CURSOR-Klausel

In Kapitel 2 haben wir die CURSOR-Klausel im Detail beschrieben. Diese Klausel wird im SPECIAL-NAMES-Paragraphen angegeben, um ein Datenfeld für die aktuelle Cursor-Position festzulegen. Diese Klausel ist nur sinnvoll im Zusammenhang mit der ACCEPT-Anweisung zu verwenden. Die ACCEPT-Anweisung versorgt nämlich das in der CURSOR-Klausel genannte Datenfeld mit der aktuellen Cursor-Position. Man kann also unmittelbar nach der Ausführung der ACCEPT-Anweisung die aktuelle Cursor-Position erfragen.

Diese Möglichkeit ist nur dann gegeben, wenn das genannte Feld vor der Ausführung der ACCEPT-Anweisung einen Wert ungleich null aufweist.

```
spezial-names.
    cursor is cursor-numeric.

working-storage section.
01   cursor-position.
     05 zeilen-nr            pic 99.
     05 spalten-nr           pic 99.
01   cursor-numeric redefines cursor-position pic 9(4).
01   eingabe-zeile.
     05 filler     pic x(80).

     05 filler     pic x(30).
     05 name       pic x(20).
     05 filler     pic x(30).

     05 filler     pic x(30).
     05 strasse    pic x(20).
     05 filler     pic x(30).
     05 filler     pic x(30).
     05 plz        pic x(05).
```

```
        05 filler    pic x(45).
        05 filler    pic x(30).
        05 ort       pic x(20).
        05 filler    pic x(30).

    procedure division.

        move 0101 to cursor-numeric.
        accept eingabe-zeile at cursor-numeric.
        if zeilen-nr = 3 then
            ....
        else
            if zeilen-nr = 4 then
                ....
            end-if
        end-if
        .
        .
```

Listing 6.5: Beispiel 3 zur ACCEPT-Anweisung

Stellt man fest, dass das Feld ZEILEN-NR den Wert 3 beinhaltet, so kann man davon ausgehen, dass der Benutzer noch mit der Eingabe in das Feld STRASSE beschäftigt war; eine entsprechende Aktion kann daraufhin vorgenommen werden.

Weiterhin hat die CURSOR-Klausel eine wichtige Bedeutung für den Ablauf der ACCEPT-Anweisung. Vor der Ausführung der ACCEPT-Anweisung wird der Inhalt des Cursor-Feldes geprüft. Der Cursor wird dann auf das Feld positioniert, dessen Cursor-Position innerhalb der Struktur dem Wert des Cursor-Feldes am nächsten liegt.

Beispiel 4:

Diese Eigenschaft der CURSOR-Klausel kann sehr sinnvoll eingesetzt werden, besonders bei Datenprüfung nach einer erfolgten Eingabe. Wollen Sie z.B. prüfen, ob der Benutzer in Beispiel 3 eine Eingabe in das Feld ORT gemacht hat oder nicht und gegebenenfalls den Cursor erneut auf diesem Feld positionieren, so können Sie wie in Listing 6.6 codieren.

```
    if ort = space
        move 05 to zeilen-nr
        accept eingabe-zeile
    end-if
```

Listing 6.6: Einfache Eingabeprüfung

Eine umfassende Prüfung für alle Datenfelder findet sich in Listing 6.7.

```
    if name = space
        move 02 to zeilen-nr
    else
        if strasse = space
            move 03 to zeilen-nr
        else
```

```
        if plz = space
            move 04 to zeilen-nr
        else
            if ort = space
                move 05 to zeilen-nr
            end-if
        end-if
    end-if
end-if
accept eingabe-zeile.
```

Listing 6.7: Prüfung mehrerer Eingabefelder

Entspricht der Wert des Cursor-Feldes einer Position, ab der kein Feld mehr innerhalb der Struktur liegt, so wird der Cursor automatisch auf das erste Feld gestellt. Dies ist der Fall in Beispiel 4, wenn wie in Listing 6.8 codiert wird.

```
move 08 to zeilen-nr.
accept eingabe-zeile.
```

Listing 6.8: Positionieren auf das erste Eingabefeld

ACCEPT-Anweisung und CRT STATUS-Klausel

Der Compiler COBOL/2 erlaubt zusätzlich die Angabe der CRT STATUS-Klausel. Diese Klausel legt ein dreistelliges Datenfeld fest, das für die Abspeicherung bestimmter Informationen nach Ausführung der ACCEPT-Anweisung benutzt wird.

Wenn eine ACCEPT-Anweisung ausgeführt wird, sind normalerweise so genannte Funktionstasten (F1 , ... F12) nicht nutzbar. Solche Funktionstasten können jedoch mit Hilfe einer Assembler-Unterroutine (X"AF"), deren Beschreibung jetzt zu weit führen würde, zugänglich gemacht werden.

Wenn diese Funktionstasten zugänglich sind, wird die Eingabe während der ACCEPT-Anweisung sofort beendet, sobald eine solche Taste gedrückt wird (ähnlich wie bei der RETURN -Taste).

Nun zurück zur CRT STATUS-Klausel: Hier bekommen Sie im angegebenen Feld Informationen darüber, welche Taste die ACCEPT-Anweisung beendet hat. Wir demonstrieren das am besten gleich an einem Beispiel.

```
special-names.
    crt status is crt-status-feld.
    :
working-storage section.
01  crt-status-feld        pic xxx.
01  tasten redefines crt-status-feld.
    05    byte-1            pic x.
    05    byte-2            pic 99 comp.
    05    byte-3            pic x.
01  auswahl-kz             pic x.
01  auswahl-menue.
    05    filler            pic x(80).
    05    filler            pic x(25).
    05    a-1               pic x(30)
          value "Verwaltung Kunden-Stammdaten".
```

```
    05   filler           pic x(25).
    05   filler           pic x(240).
    05   filler           pic x(25).
    05   a-2              pic x(30)
         value "F1 = Hilfsinformationen".
    05   filler           pic x(25).
    05   filler           pic x(25).
    05   a-3              pic x(30)
         value "F2 = Anzeigen".
    05   filler           pic x(25).
    05   filler           pic x(25).
    05   a-4              pic x(30)
         value "F3 = Erfassen".
    05   filler           pic x(25).
    05   filler           pic x(25).
    05   a-5              pic x(30)
         value "F4 = Aktualisieren".
    05   filler           pic x(25).
    05   filler           pic x(25).
    05   a-6              pic x(30)
         value "F5 = Auswerten".
    05   filler           pic x(25).
    05   filler           pic x(25).
    05   a-7              pic x(30)
         value "ESC= Programm beenden".
    05   filler           pic x(25).
procedure division.
    display auswahl-menue at 0101.
    accept auswahl-kz at 2501
    if byte-1 = 1
       if byte-1 = 0
          perform nachlauf
          stop run
       else
          if byte-2 = 1
             perform hilfe
          else
             if byte-2 = 2
                perform anzeigen
             else
                if byte-2 = 3
                   perform erfassen
                else
                   if byte-2 = 4
                      perform aktualisieren
                   else
```

```
            if byte-2 = 5
                perform auswerten
            else
                perform fehler
            end-if
          end-if
        end-if
      end-if
    end-if
  end-if
end-if
```

Listing 6.9: Beispiel 5 zur ACCEPT-Anweisung

```
              1         2         3         4         5         6         7         8
     1234567890123456789012345678901234567890123456789012345678901234567890
  1                                                                          1
  2                    Verwaltung Kunden-Stammdaten                          2
  3                                                                          3
  4                                                                          4
  5                                                                          5
  6                    F1 = Hilfsinformationen                               6
  7                    F2 = Anzeigen                                         7
  8                    F3 = Erfassen                                         8
  9                    F4 = Aktualisieren                                    9
 10                    F5 = Auswerten                                       10
 11                                                                         11
 12                                                                         12
 13                                                                         13
 14                                                                         14
 15                                                                         15
 16                                                                         16
 17                                                                         17
 18                                                                         18
 19                                                                         19
 20                                                                         20
 21                                                                         21
 22                                                                         22
 23                                                                         23
 24                                                                         24
 25                                                                         25
              1         2         3         4         5         6         7         8
     1234567890123456789012345678901234567890123456789012345678901234567890
```

Abbildung 6.5: Ablauf des Dialogs in Beispiel 5

Hat man die CRT STATUS-Klausel codiert und eine ACCEPT-Anweisung ausgeführt, so wird das CRT STATUS-Feld wie folgt aktualisiert:

Das Feld BYTE-1 enthält:

0   wenn die ACCEPT-Anweisung durch die RETURN -Taste beendet wurde

1   wenn eine Funktionstaste gedrückt wird. In diesem Fall wird die Nummer der Funktionstaste in das Feld BYTE-2 geliefert. Diese Nummer liegt zwischen 0 und 127 und ist einer bestimmten Funktionstaste zugeordnet. Für die ESC -Taste wird die Nummer 0 geliefert, für die F1 -Taste die Nummer 1 usw.

2   wenn eine im COBOL-System selbst definierte Funktionstaste gedrückt wurde. Auch hier wird die Nummer der Funktionstaste (0 bis 26) in das Feld BYTE-2 geliefert

9   wenn ein Fehler auftritt

Vergleichen wir noch mal die Codierung der IF-Abfrage in diesem Beispiel anhand der hier gewonnenen Erfahrung.

Allgemeines zur ACCEPT-Anweisung

Werden alle Zusätze weggelassen, so wird standardmäßig Format 1 angenommen, es sei denn, die Klausel CONSOLE IS CRT wurde im SPECIAL-NAMES-Paragraphen angegeben, in diesem Fall wird Format 2 angenommen.

Spezielle Dialogtechniken mit DISPLAY und ACCEPT

Betrachten Sie die Ausgabe- und die Eingabe-Struktur in Beispiel 2 zu der DISPLAY- und ACCEPT-Anweisung, so stellen Sie fest, dass in einer Struktur Bereiche benötigt werden, die in der anderen Struktur mit FILLER bezeichnet werden und umgekehrt. Wollen Sie diese optimieren, so können Sie wie in Listing 6.10 vorgehen.

```
working-storage section.

01   ausgabe-zeile.
     :
01   eingabe-zeile redefines ausgabe-zeile.

procedure division.

     display ausgabe-zeile at 0101.
     accept-eingabe-zeile at 0101.
```

Listing 6.10: Datenbereiche für Ein- und Ausgabe benutzen

In diesem Fall würde man hier einen Datenbereich von 400 Byte einsparen.

6.3   Programmbeispiel: DEM06: Darlehen

Aufgabenstellung

Es ist ein Programm für die Erstellung eines Tilgungsplans zu entwickeln.

Am Bildschirm werden das Darlehen, der Zinssatz, die monatliche Rate und das Datum der ersten Rückzahlung eingegeben.

Programmlisting:

```
 1 IDENTIFICATION DIVISION.
 2 PROGRAM-ID.        DEM06-DARLEHEN.
 3 AUTHOR.            R. HABIB.
 4 DATE-WRITTEN.
 5 DATE-COMPILED.
 6***************************************************
 7* PROGRAMMFUNKTION:                              *
 8*                                                *
 9* DAS PROGRAMM FORDERT VOM BENUTZER DIE EINGABE  *
10* EINES DARLEHENS, EINES ZINSSATZES, EINER MONAT-*
11* LICHEN RATE UND DES RÜCKZAHLUNGSDATUMS.        *
12* FÜR DIE EINGEGEBENEN DATEN WIRD NUN EIN        *
```

```
13* TILGUNGSPLAN ERSTELLT.                                *
14*                                                       *
15*******************************************************
16 ENVIRONMENT DIVISION.
17 CONFIGURATION SECTION.
18 SOURCE-COMPUTER.  IBM-PC.
19 OBJECT-COMPUTER.  IBM-PC.
20 SPECIAL-NAMES.
21     DECIMAL-POINT IS COMMA,
22     CONSOLE IS CRT.
23*--------------------------------------------------*
24 DATA DIVISION.
25 WORKING-STORAGE SECTION.
26
27 01  E-DARLEHEN          PIC ZZZ.ZZ9,99.
28 01  E-ZINSSATZ          PIC Z9,9(4).
29 01  E-MONATLICHE-RATE   PIC ZZ.ZZ9,99.
30 01  E-BEGINN-RUECKZAHL  PIC ZZ.ZZ.
31
32 01  DARLEHEN            PIC S9(6)V99.
33 01  ZINSSATZ            PIC 99V9(4).
34 01  MONATLICHE-RATE     PIC 9(6)V99.
35 01  BEGINN-RUECKZAHL.
36     05  MONAT           PIC 99.
37     05  FILLER          PIC X.
38     05  JAHR            PIC 99.
39 01  ZINSBETRAG          PIC 9(5)V99.
40 01  TILGUNG             PIC 9(5)V99.
41 01  TILG-SUM            PIC 9(6)V99.
42
43 01  CURSOR-POSITION.
44     05  ZEILE           PIC 99.
45     05  SPALTE          PIC 99.
46
47 01 AUSGABE-ZEILE.
48     05 A-MONAT          PIC Z9.
49     05 A-PUNKT          PIC X  VALUE ".".
50     05 A-JAHR           PIC 99.
51     05 FILLER           PIC X(5).
52     05 A-ZINSBETRAG     PIC ZZ.ZZ9,99.
53     05 FILLER           PIC X.
54     05 A-TILGUNG        PIC ZZ.ZZ9,99.
55     05 FILLER           PIC XX.
56     05 A-RESTSCHULD     PIC ----.--9,99.
57
58 01  WEITER-ANZEIGEN     PIC X     VALUE SPACE.
```

```
59 88  ENDE-DER-ANZEIGE      VALUE "J", "j".
60 01  ENDE-MELDUNG          PIC X(25) VALUE
61        "Programmende? (J/N) ===>".
62 01  ENDE-KENNZEICHEN      PIC X      VALUE SPACE.
63*-------------------------------------------------*
64 PROCEDURE DIVISION.
65 PROGRAMM-STEUERUNG SECTION.
66 PR-1000.
67     PERFORM VERARBEITUNG WITH TEST AFTER
68            UNTIL ENDE-KENNZEICHEN = "J" OR "j".
69 PR-9999.
70     STOP RUN.
71*-------------------------------------------------*
72 VERARBEITUNG SECTION.
73 VER-1000.
74     DISPLAY SPACE UPON CRT.
75     DISPLAY "Erstellung eines Tilgungsplanes"
76            AT 0120.
77     DISPLAY "Darlehen  --->"  AT 0501.
78     DISPLAY "Zinssatz  --->"  AT 0601.
79     DISPLAY "Monatliche Rate --->"  AT 0701.
80     DISPLAY "Beginn der Rückzahlung (mm jj) --->"
81                     AT 0801.
82
83     ACCEPT  E-DARLEHEN         AT 0536.
84     ACCEPT  E-ZINSSATZ         AT 0636.
85     ACCEPT  E-MONATLICHE-RATE  AT 0736.
86     ACCEPT  E-BEGINN-RUECKZAHL AT 0836.
87
88     MOVE E-DARLEHEN  TO DARLEHEN.
89     MOVE E-ZINSSATZ  TO ZINSSATZ.
90     MOVE E-MONATLICHE-RATE TO MONATLICHE-RATE.
91     MOVE E-BEGINN-RUECKZAHL TO BEGINN-RUECKZAHL.
92     DIVIDE  12  INTO ZINSSATZ ROUNDED.
93     MOVE SPACE TO  WEITER-ANZEIGEN.
94
95     PERFORM UEBERSCHRIFT.
96
97     PERFORM WITH TEST BEFORE
98            UNTIL DARLEHEN NOT > ZERO OR
99                  ENDE-DER-ANZEIGE
100
101    COMPUTE ZINSBETRAG = DARLEHEN * ZINSSATZ / 100
102    COMPUTE TILGUNG = MONATLICHE-RATE - ZINSBETRAG
103    COMPUTE DARLEHEN = DARLEHEN - TILGUNG
104    MOVE MONAT        TO A-MONAT
```

```
105     MOVE JAHR        TO A-JAHR
106     MOVE ZINSBETRAG  TO A-ZINSBETRAG
107     MOVE TILGUNG     TO A-TILGUNG
108     MOVE DARLEHEN    TO A-RESTSCHULD
109     DISPLAY AUSGABE-ZEILE AT CURSOR-POSITION
110
111     ADD  1 TO ZEILE
112     ADD  TILGUNG TO TILG-SUM
113
114     IF ZEILE = 24
115        DISPLAY "Ende der Anzeige? (j/n)" AT 2501,
116        ACCEPT  WEITER-ANZEIGEN AT 2530,
117        PERFORM UEBERSCHRIFT
118     END-IF
119
120     IF MONAT = 12  MOVE 1 TO MONAT
121                    ADD  1 TO JAHR
122     ELSE ADD 1 TO MONAT
123     END-IF
124
125     END-PERFORM
126
127     DISPLAY ENDE-MELDUNG    AT 2501.
128     ACCEPT  ENDE-KENNZEICHEN AT 2530.
129 VER-9999.
130     EXIT.
131*-------------------------------------------------*
132 BERECHNUNG SECTION.
133 BER-1000.
134 BER-9999.
135     EXIT.
136*-------------------------------------------------*
137 UEBERSCHRIFT SECTION.
138 UEB-1000.
139     DISPLAY SPACE UPON CRT.
140     DISPLAY "*** TILGUNGSPLAN ***"  AT 0130.
141     DISPLAY
142     "RÜCKZAHL.   ZINSEN   TILGUNG   RESTSCHULD"
143        AT 0320.
144
145     MOVE 0520  TO CURSOR-POSITION.
146 UEB-9999.
147     EXIT.
```

Listing 6.11: DEMO6: Darlehen

Bildschirmeingabe

```
         1         2         3         4         5         6         7         8
 1234567890123456789012345678901234567890123456789012345678901234567890
 1                        Erstellung eines Tilgungsplanes                    1
 2                                                                           2
 3                                                                           3
 4                                                                           4
 5 Darlehen  --->                    100.000,00                             5
 6 Zinssatz  --->                    6,0000                                 6
 7 Monatliche Rate --->              1.500,00                               7
 8 Beginn der Rückzahlung (mm jj) --->  7.86                                8
 9                                                                           9
10                                                                          10
11                                                                          11
12                                                                          12
13                                                                          13
14                                                                          14
15                                                                          15
16                                                                          16
17                                                                          17
18                                                                          18
19                                                                          19
20                                                                          20
21                                                                          21
22                                                                          22
23                                                                          23
24                                                                          24
25                                                                          25
         1         2         3         4         5         6         7         8
 1234567890123456789012345678901234567890123456789012345678901234567890
```

Abbildung 6.6: Dialog-Testlauf

Ausgabe des Tilgungsplans

```
         *** TILGUNGSPLAN ***
  RÜCKZAHL.     ZINSEN    TILGUNG    RESTSCHULD
    7.86        500,00   1.000,00    99.000,00
    8.86        495,00   1.005,00    97.995,00
    9.86        489,97   1.010,03    96.984,97
   10.86        484,92   1.015,08    95.969,89
   11.86        479,84   1.020,16    94.949,73
   12.86        474,74   1.025,26    93.924,47
    1.87        469,62   1.030,38    92.894,09
    2.87        464,47   1.035,53    91.858,56
    3.87        459,29   1.040,71    90.817,85
    4.87        454,08   1.045,92    89.771,93
    5.87        448,85   1.051,15    88.720,78
    6.87        443,60   1.056,40    87.664,38
    7.87        438,32   1.061,68    86.602,70
    8.87        433,01   1.066,99    85.535,71
    9.87        427,67   1.072,33    84.463,38
   10.87        422,31   1.077,69    83.385,69
   11.87        416,92   1.083,08    82.302,61
   12.87        411,51   1.088,49    81.214,12
    1.88        406,07   1.093,93    80.120,19
 Ende der Anzeige? (j/n)
```

Listing 6.12: Tilgungsplan

7

Systeminformationen, Systembeendigung

7.1 ACCEPT Anweisung Format 2

Wirkung

Die ACCEPT-Anweisung stellt dem Programm bestimmte Systeminformationen zur Verfügung.

```
                          ⎧ DATE [YYYYMMDD] ⎫
                          ⎪ DAY  [YYYYDDD]  ⎪
ACCEPT Bezeichner FROM    ⎨                 ⎬ [END-ACCEPT]
                          ⎪ DAY-OF-WEEK     ⎪
                          ⎩ TIME            ⎭
```

Abbildung 7.1: ACCEPT-Anweisung Format 2

Erläuterung

Beim Systemstart kann der Benutzer das Tagesdatum und die Uhrzeit eingeben. Im eigenen Anwendungsprogramm können diese Informationen zur Verfügung gestellt werden.

DATE, DAY und TIME sind interne Datenfelder, die in COBOL mit bestimmten Eigenschaften und Verwendungszwecken automatisch angelegt sind. Diese dürfen nicht vom Programmierer definiert werden.

DATE

DATE beinhaltet das Tagesdatum in der amerikanischen Schreibweise »JJMMTT«. DATE hat die implizite PICTURE-Klausel *PIC 9(6)*, wobei TT der Tag innerhalb eines Monats, MM der Monat innerhalb eines Jahres und JJ das Jahr innerhalb eines Jahrhunderts ist. Durch den Zusatz YYYYMMDD wird eine vierstellige Jahreszahl geliefert, das Empfangsfeld muss dann zwei Stellen größer definiert werden.

Beispiel 1:

Wurde das Tagesdatum, z.B. 31.12.2003, beim Systemstart eingegeben, so kann mit Hilfe von Listing 7.1 auf das Tagesdatum zugegriffen werden.

```
working-storage section.

01  tagesdatum      pic 9(6). *> Inhalt: 031231
```

```
procedure division.

    accept tagesdatum from date
```

Listing 7.1: Tagesdatum abfragen

DAY

DAY beinhaltet das Tagesdatum in der Schreibweise »JJTTT«. DAY hat die implizite PICTURE-Klausel *PIC 9(5)*, wobei

- ❏ TTT der Tag innerhalb eines Jahres ist
- ❏ JJ das Jahr innerhalb eines Jahrhunderts ist

Auch hier kann ein Zusatz in der Form YYYYDDD mitgegeben werden, um eine vierstellige Jahreszahl zu bekommen.

Beispiel 2:

Für den 31.12.2003 würde man nach der ACCEPT-Anweisung die Werte laut Listing 7.2 bekommen.

```
working-storage section.

01  datum          pic 9(5). *> Inhalt: 03365

procedure division.

    accept datum from day
```

Listing 7.2: Aktuellen Tag abfragen

DAY-OF-WEEK

DAY-OF-WEEK liefert eine Ziffer für die Tagesnummer innerhalb der Woche, 1 ist Montag, 2 ist Dienstag usw.

Beispiel 3:

```
working-storage section.

 01  wochentag    pic 9(1). *> Inhalt: 5 (falls Freitag)

procedure division.

    accept wochentag from day-of-week
```

Listing 7.3: Aktuellen Wochentag abfragen

TIME

TIME beinhaltet die Uhrzeit in der Schreibweise »SSMMSSHH«. TIME hat die implizite PICTURE-Klausel *PIC 9(8)*, wobei

- ❏ SS die Stunde innerhalb eines Tages ist
- ❏ MM die Minute innerhalb einer Stunde ist

- SS die Sekunde innerhalb einer Minute ist
- HH Hundertstel einer Sekunde sind

Beispiel 4:

Für die Uhrzeit 12:30:10:99 würde man nach der ACCEPT-Anweisung die Werte aus Listing 7.4 bekommen.

```
working-storage section.

01  uhrzeit    pic 9(8). *> Inhalt: 12301099

procedure division.

    accept uhrzeit from time
```

Listing 7.4: Aktuelle Uhrzeit abfragen

7.2 STOP-Anweisung

Wirkung

Die STOP-Anweisung beendet die Ausführung des Objektprogramms.

```
STOP RUN [WITH {ERROR } STATUS [Bezeichner]]
               {NORMAL}        [Literal   ]
```

Abbildung 7.2: STOP-Anweisung

Erläuterung

Codiert man STOP RUN, so wird die Ausführung des Objektprogramms endgültig beendet. Die vom Betriebssystem erhaltene Steuerung geht an dieses wieder zurück.

Beispiel 1:

```
steuerungs-ende.
    stop run.
```

Listing 7.5: Programm beenden

7.3 Programmbeispiel: DEMO7: Degressive Abschreibung

Aufgabenstellung

Es ist ein Programm für die Ermittlung der Abschreibungsbeträge einer Anlage nach dem Verfahren der degressiven Abschreibung zu entwickeln.

Bei diesem Verfahren wird zunächst der Degressionsbetrag ermittelt:

```
D = B / N
```

❏ D = Degressionsbetrag
❏ N = Summe der Werte 1+2+3....+ n Nutzungsjahre
❏ B = Basiswert

Die jährlichen Abschreibungsbeträge sind dann wie folgt zu ermitteln:

```
At = D x R
```

❏ R = Rest-Nutzungsdauer

Für jede Anlage ist in der Datei ANLAGEN.EIN ein Datensatz vorhanden.

Aufbau der Datei »ANLAGEN.EIN«

Anz. Stellen	Feldverwendung
15	Anlagenbezeichnung
2	Nutzungsdauer
6V2	Basiswert

Tabelle 7.1: Aufbau der Eingabedatei

Programmlisting

```
 1 IDENTIFICATION DIVISION.
 2 PROGRAM-ID.          DEMO7-DEGRESSIVE-ABSCHREIBUNG.
 3 AUTHOR.              R. HABIB.
 4 DATE-WRITTEN.
 5 DATE-COMPILED.
 6******************************************************
 7* PROGRAMMFUNKTION:                                 *
 8*                                                   *
 9* DAS PROGRAMM ERSTELLT EINE LISTE DER ANLAGEN-     *
10* ABSCHREIBUNGEN.                                   *
11*                                                   *
12******************************************************
13 ENVIRONMENT DIVISION.
14 CONFIGURATION SECTION.
15 SOURCE-COMPUTER.  IBM-PC.
16 OBJECT-COMPUTER.  IBM-PC.
17 SPECIAL-NAMES.
18     DECIMAL-POINT IS COMMA.
19 INPUT-OUTPUT SECTION.
20 FILE-CONTROL.
21
22     SELECT  ANLAGEN ASSIGN TO "ANLAGEN.EIN",
23             ORGANIZATION IS LINE SEQUENTIAL.
```

```
24
25     SELECT  AUSGABE ASSIGN TO "ANLAGEN.AUS".
26*-----------------------------------------------*
27 DATA DIVISION.
28 FILE SECTION.
29 FD  ANLAGEN.
30 01  AN-SATZ.
31     05 AN-BEZ          PIC X(15).
32     05 AN-NUTZUNGSDAUER PIC 99.
33     05 AN-BASISWERT     PIC 9(6)V99.
34
35 FD  AUSGABE.
36 01  A-SATZ             PIC X(56).
37*-----------------------------------------------*
38 WORKING-STORAGE SECTION.
39 01  UEBERSCHRIFT-1.
40     05 FILLER          PIC X(16) VALUE SPACE.
41     05 FILLER          PIC X(20) VALUE
42     "ABSCHREIBUNGSLISTE".
43
44 01  UEBERSCHRIFT-2.
45     05 FILLER          PIC X(17) VALUE
46     "ANLAGE".
47     05 FILLER          PIC X(12) VALUE
48     "BASISWERT".
49     05 FILLER          PIC X(10) VALUE
50     "N-DAUER".
51     05 FILLER          PIC X(17) VALUE
52     "DEGRESSIONSBETRAG".
53
54 01  AUSGABE-ZEILE-1.
55     05 AUS-BEZ         PIC X(15).
56     05 FILLER          PIC X(4).
57     05 AUS-BASISWERT   PIC ZZZ.ZZ9,99.
58     05 FILLER          PIC X(5).
59     05 AUS-NUTZ-DAUER  PIC Z9.
60     05 FILLER          PIC X(10).
61     05 AUS-DEG-BETRAG  PIC ZZZ.ZZ9,99.
62
63 01  AUSGABE-ZEILE-2.
64     05 FILLER          PIC X(30) VALUE
65     "ABSCHREIBUNGSBETRÄGE:".
66
67 01  AUSGABE-ZEILE-3.
68     05 FILLER          PIC X(20) VALUE SPACE.
69     05 AUS-JAHR        PIC Z9.
```

```
70     05 FILLER            PIC X(5)   VALUE ".JAHR".
71     05 FILLER            PIC X(5)   VALUE SPACE.
72     05 AUS-ABSCH-BETRAG PIC ZZZ.ZZ9,99.
73     05 FILLER            PIC X(5)   VALUE " EURO".
74
75 01 DEG-BETRAG           PIC 9(6)V99 VALUE 0.
76 01 ANZAHL               PIC 9(5)V99 VALUE 0.
77 01 I                    PIC 99      VALUE 0.
78 01 N                    PIC 99      VALUE 0.
79
80 01 SCHALTER             PIC 9 VALUE 0.
81 88 DATEI-ENDE           VALUE 1.
82*-------------------------------------------------*
83 PROCEDURE DIVISION.
84 PROGRAMM-STEUERUNG SECTION.
85 PR-1000.
86     PERFORM VORLAUF.
87     PERFORM VERARBEITUNG UNTIL DATEI-ENDE.
88     PERFORM NACHLAUF.
89 PR-9999.
90     STOP RUN.
91*-------------------------------------------------*
92 VORLAUF SECTION.
93 VOR-1000.
94     OPEN INPUT ANLAGEN OUTPUT AUSGABE.
95 VOR-9999.
96     EXIT.
97*-------------------------------------------------*
98 VERARBEITUNG SECTION.
99 VER-1000.
100    READ ANLAGEN AT END SET DATEI-ENDE TO TRUE
101
102              NOT  AT END
103
104    PERFORM BLATTWECHSEL
105    MOVE 1 TO I
106    MOVE 0 TO N
107
108    PERFORM UNTIL I > AN-NUTZUNGSDAUER
109        ADD I TO N
110        ADD 1 TO I
111    END-PERFORM
112
113    COMPUTE DEG-BETRAG = AN-BASISWERT / N
114
115    MOVE AN-BEZ           TO AUS-BEZ
```

```
116     MOVE AN-BASISWERT      TO AUS-BASISWERT
117     MOVE AN-NUTZUNGSDAUER TO AUS-NUTZ-DAUER
118     MOVE DEG-BETRAG        TO AUS-DEG-BETRAG
119     WRITE A-SATZ FROM AUSGABE-ZEILE-1 AFTER 2
120     WRITE A-SATZ FROM AUSGABE-ZEILE-2 AFTER 1
121
122     MOVE 1 TO I
123
124     PERFORM UNTIL AN-NUTZUNGSDAUER = ZERO
125        COMPUTE AUS-ABSCH-BETRAG = DEG-BETRAG *
126                              AN-NUTZUNGSDAUER
127        MOVE  I TO AUS-JAHR
128        WRITE A-SATZ FROM AUSGABE-ZEILE-3 AFTER 1
129        SUBTRACT 1 FROM AN-NUTZUNGSDAUER
130        ADD 1 TO I
131     END-PERFORM
132     END-READ.
133 VER-9999.
134     EXIT.
135*-----------------------------------------------*
136 NACHLAUF SECTION.
137 NAC-1000.
138     CLOSE ANLAGEN AUSGABE.
139 NAC-9999.
140     EXIT.
141*-----------------------------------------------*
142 BLATTWECHSEL SECTION.
143 BLA-1000.
144     WRITE A-SATZ FROM UEBERSCHRIFT-1 AFTER PAGE.
145     WRITE A-SATZ FROM UEBERSCHRIFT-2 AFTER 3.
146 BLA-9999.
147     EXIT.
```

Listing 7.6: DEMO7 : Degressive Abschreibung

Testdaten »ANLAGEN.EIN«

```
KOPIERMASCHINE 0913500000
LKW            0503000000
```

Listing 7.7: Testdaten

Abschreibungsliste »ANLAGEN.AUS«

```
                ABSCHREIBUNGSLISTE


ANLAGE           BASISWERT   N-DAUER   DEGRESSIONSBETRAG
```

```
KOPIERMASCHINE     135.000,00        9              3.000,00

ABSCHREIBUNGSBETRÄGE:
                   1.JAHR        27.000,00 EURO
                   2.JAHR        24.000,00 EURO
                   3.JAHR        21.000,00 EURO
                   4.JAHR        18.000,00 EURO
                   5.JAHR        15.000,00 EURO
                   6.JAHR        12.000,00 EURO
                   7.JAHR         9.000,00 EURO
                   8.JAHR         6.000,00 EURO
                   9.JAHR         3.000,00 EURO


                   ABSCHREIBUNGSLISTE



ANLAGE             BASISWERT   N-DAUER   DEGRESSIONSBETRAG

LKW                30.000,00      5            2.000,00

ABSCHREIBUNGSBETRÄGE:
                   1.JAHR        10.000,00 EURO
                   2.JAHR         8.000,00 EURO
                   3.JAHR         6.000,00 EURO
                   4.JAHR         4.000,00 EURO
                   5.JAHR         2.000,00 EURO
```

Listing 7.8: Programmausgabe

8

Arithmetische Operationen

8.1 COMPUTE-Anweisung

Wirkung

Mit Hilfe der COMPUTE-Anweisung können arithmetische Ausdrücke aufgelöst werden.

```
Format 1:

    COMPUTE {Bezeichner-1 [ROUNDED]} ... = arithmetischer-Ausdruck
    [ ON SIZE ERROR unbedingte-Anweisung-1  ]
    [ NOT ON SIZE ERROR unbedingte-Anweisung-2 ]
    [END-COMPUTE]

Format 2:

    COMPUTE {Bezeichner-2} ... = boolescher-Ausdruck [END-COMPUTE]
```

Abbildung 8.1: COMPUTE-Anweisung

Erläuterung

Hauptsächlich wird die COMPUTE-Anweisung für die Auflösung eines arithmetischen Ausdruckes eingesetzt, man kann sie aber auch für eine einfache Wertzuweisung benutzen. Außerdem kann sie verwendet werden, um boolesche Ausdrücke zu bilden (bitweise UND-, ODER- bzw. Exklusiv-ODER-Verknüpfungen).

Beispiel 1:

```
COMPUTE SUMME = A * B
```

Listing 8.1: Beispiel 1 zur COMPUTE-Anweisung

Das Endergebnis des Ausdruckes A * B wird intern ermittelt und anschließend im Feld SUMME abgespeichert. Beachten Sie hier, dass der Inhalt in SUMME vor der Ausführung der COMPUTE-Anweisung nicht von Bedeutung ist.

Beispiel 2:

```
COMPUTE SUMME = BETRAG
```

Listing 8.2: Beispiel 2 zur COMPUTE-Anweisung

Der Inhalt des Feldes BETRAG wird dem Feld SUMME zugewiesen. Diese Operation entspricht der folgenden MOVE-Anweisung:

```
MOVE BETRAG TO SUMME.
```

Bei der COMPUTE-Anweisung unterscheidet man zwischen Empfangsfeldern und Rechenfeldern.

Empfangsfelder werden ausschließlich zur Aufnahme des Endergebnisses verwendet. Sie können numerische oder numerisch aufbereitete Datenelemente sein. Sie werden laut Format durch `Bezeichner-1` und dessen Wiederholungen dargestellt.

Rechenfelder sind direkt an den Rechenoperationen beteiligt. Sie müssen numerische Datenelemente sein. Sie werden laut Format durch alle Angaben, die rechts vom Gleichheitszeichen liegen, dargestellt.

Operatoren

In einem arithmetischen Ausdruck können die folgenden Operatoren verwendet werden:

Operator	Bedeutung
-	Subtrahieren
+	Addieren
/	Dividieren
*	Multiplizieren
**	Potenzieren

Tabelle 8.1: Mögliche Operatoren für arithmetische Ausdrücke

Auflösung arithmetischer Ausdrücke

Bei der Auflösung eines arithmetischen Ausdruckes werden die darin enthaltenen Rechenoperationen in einer bestimmten Reihenfolge (Prioritäten) ausgeführt. Diese sind im Folgenden aufgeführt:

1. von links nach rechts
2. evtl. vorhandene Klammerpaare werden von innen nach außen aufgelöst
3. Vorzeichen (+ und -)
4. Potenzierung
5. Multiplikation und Division
6. Addition und Subtraktion

Beispiel 3:

```
COMPUTE A = B * (C + D) - E / (F + G)
               ---1---        ---2---
             -----3-----    -----4-----
                 -------5-------
```

Listing 8.3: Beispiel 3 zur COMPUTE-Anweisung

Das Endergebnis wird in der angegebenen Reihenfolge ermittelt und im Feld A abgespeichert.

Der ROUNDED-Zusatz

Der ROUNDED-Zusatz kann in jeder arithmetischen Operation als zusätzlicher Eintrag benutzt werden. Er wird immer dann benötigt, wenn ein Ergebnisfeld so kurz definiert ist, dass Dezimalstellen abgeschnitten werden.

Beispiel 4:

Berechnen des Verzinsungsfaktors nach vorgegebener Formel

```
q = 1 + p / 100


working-storage section.

01  q                    pic 99v9(4).
01  p                    pic 99v999.


procedure division.

    move 4,875 to p
    compute q rounded = 1 + p / 100
```

Listing 8.4: Beispiel 4 zur COMPUTE-Anweisung

Ablauf der COMPUTE-Anweisung

```
1.      4,875
        /100
        --------
        0,04875
2.      +1
        --------
        1,04875    Zwischenergebnis
3.      +0,00005   ROUNDED
        --------
        1,0488     Endergebnis
```

Listing 8.5: Ablauf der COMPUTE-Anweisung

Wie aus diesem Beispiel zu ersehen ist, hat das Zwischenergebnis 5 Dezimalstellen, das Ergebnisfeld Q ist jedoch nur mit 4 Dezimalstellen definiert. Hier wird also die erste abgeschnittene Stelle durch die Zahl 0,00005 aufgerundet. Ein evtl. auftretender Übertrag wird immer auf die nächsthöhere Stelle aufaddiert.

Hätten wir den ROUNDED-Zusatz nicht angegeben, wäre der Wert 1,0487 als Endergebnis abgespeichert.

Der ON SIZE ERROR-Zusatz

Der ON SIZE ERROR-Zusatz spezifiziert eine unbedingte Anweisung, die dann ausgeführt wird, wenn ein Überlauf auftritt.

Ein Überlauf tritt auf, wenn ein Zwischenergebnis ermittelt wird, das mehr Vorkommastellen aufweist, als das Endergebnisfeld aufnehmen kann.

Das Auftreten eines Überlaufs sollte in jedem Fall vermieden werden, indem auf die Größe der beteiligten Felder geachtet und eine entsprechende Größe für das Ergebnisfeld gewählt wird.

Tritt jedoch ein Überlauf auf, so kann dieser mit Hilfe des ON SIZE ERROR-Zusatzes festgestellt werden. In diesem Fall bleibt der Inhalt des Empfangsfeldes unverändert und die unbedingte Anweisung, die auf ON SIZE ERROR folgt, wird ausgeführt. Die COMPUTE-Anweisung wird dann als NICHT AUSGE-FÜHRT betrachtet.

Beispiel 5:

```
working-storage section.

01  summe                      pic 9(5)v99.
01  menge                      pic 9(3).
01  preis                      pic 9(3)v99.


procedure division.

    move 900 to menge
    move 400,5 to preis
    compute summe = menge * preis
        on size error perform fehler
    end-compute
```

Listing 8.6: Beispiel 5 zur COMPUTE-Anweisung

Ablauf der COMPUTE-Anweisung

```
1.       900
    *    400,5
    --------
         360450,00  Zwischenergebnis
```

Listing 8.7: Ablauf von Beispiel 5

Da das Zwischenergebnis 6 Vorkommastellen aufweist, das Endergebnisfeld jedoch nur mit 5 Vorkommastellen definiert ist, tritt hier ein Überlauf auf. Das Zwischenergebnis wird nicht abgespeichert, das Ergebnisfeld bleibt unverändert und die Fehlerroutine wird aufgerufen.

Der NOT ON SIZE ERROR-Zusatz

Diese Erweiterung in ANSI85 spezifiziert eine unbedingte Anweisung, die nur dann ausgeführt wird, wenn kein Überlauf auftritt.

Überlauf bei mehreren Ergebnisfeldern

In einer COMPUTE-Anweisung ist es möglich, gleichzeitig mehrere Ergebnisfelder links vor dem Zuweisungszeichen zu definieren. In einem solchen Fall kann es vorkommen, dass nur eine der angegebenen Zielvariablen zu klein ist, um das Ergebnis aufzunehmen, alle anderen jedoch den Anforderungen genügen.

Hier gilt, dass das zu kleine Feld unverändert bleibt, während die restlichen Ergebnisfelder versorgt werden. Außerdem werden die Anweisungen des ON SIZE ERROR-Zusatzes ausgeführt.

```
working-storage section.
```

```
01  feld1       pic 999   value 123.
01  feld2       pic 9999  value 123.
01  rechenfeld  pic 999   value 999.

procedure division.

    compute feld1 feld2 = rechenfeld * 10
      on size error
         display feld1 space feld2 *> Ausgabe: 123 9990
    end-compute
```

Listing 8.8: Überlauf bei mehreren Ergebnisfeldern

8.2   ADD-Anweisung

Wirkung

Die ADD-Anweisung wird für die Addition mehrerer Operanden benutzt.

```
Format 1:

    ADD {Bezeichner-1} ... TO {Bezeichner-2 [ROUNDED]} ...
        {Literal-1    }

    [|ON SIZE ERROR unbedingte-Anweisung-1     |]
    [|NOT ON SIZE ERROR unbedingte-Anweisung-2 |]

    [END-ADD]


Format 2:

    ADD {Bezeichner-1} ... TO {Bezeichner-2}
        {Literal-1    }       {Literal-2    }

       GIVING {Bezeichner-3 [ROUNDED]}...

    [|ON SIZE ERROR unbedingte-Anweisung-1     |]
    [|NOT ON SIZE ERROR unbedingte-Anweisung-2 |]

    [END-ADD]
```

Abbildung 8.2: ADD-Anweisung

Erläuterung zu Format 1

Die Summe aller Operanden, die vor dem Wort TO angegeben sind, wird jeweils zu dem Wert aller Operanden, die dem Wort TO folgen, hinzuaddiert.

Beispiel 1:

```
ADD    SOZ-VER-ABZUEGE   KIRCHEN-STEUER TO GESAMT-ABZUEGE.
Vorher  -->       500                90                 200
Nachher -->       500                90                 790
```

Listing 8.9: Beispiel 1 zur ADD-Anweisung

Diese ADD-Anweisung aus Listing 8.9 entspricht der COMPUTE-Anweisung aus Listing 8.10.

```
COMPUTE GESAMT-ABZUEGE = GESAMT-ABZUEGE +
                         SOZ-VER-ABZUEGE +
                         KIRCHEN-STEUER.
```

Listing 8.10: Alternative COMPUTE-Anweisung

Merken Sie sich bitte hier, dass alle beteiligten Operanden in Format 1 eine numerische Datenklasse aufweisen müssen.

Zu Format 2

Die Summe aller Operanden, die vor dem Wort GIVING angegeben sind, wird gebildet und in die Operanden, die nach dem Wort GIVING angegeben sind, übertragen.

Beispiel 2:

```
ADD SOZ-VER-ABZUEGE KIRCHEN-STEUER GIVING GESAMT-ABZUEGE
Vorher  -->      500              90                 200
Nachher -->      500              90                 590
```

Listing 8.11: Beispiel 2 zur ADD-Anweisung

Aus dem Beispiel sieht man, dass ein evtl. vorhandener Wert im Feld GESAMT-ABZUEGE nicht berücksichtigt wird. Dieses Feld in Format 2 wird also ausschließlich als Empfangsfeld für das Endergebnis verwendet.

Die ADD-Anweisung aus Listing 8.11 entspricht somit der COMPUTE-Anweisung aus Listing 8.12.

```
COMPUTE GESAMT-ABZUEGE = SOZ-VER-ABZUEGE +
                         KIRCHEN-STEUER.
```

Listing 8.12: Alternative COMPUTE-Anweisung

Einen wesentlichen Unterschied zu Format 1 sollte man sich hier merken, nämlich dass das GIVING-Feld (in unserem Beispiel: GESAMT-ABZUEGE) numerisch oder numerisch druckaufbereitet sein kann. Alle anderen Operanden müssen jedoch numerische Datenfelder sein.

Die Zusätze ON SIZE ERROR und NOT ON SIZE ERROR haben dieselbe Bedeutung wie bei der COMPUTE-Anweisung.

8.3   SUBTRACT-Anweisung

Wirkung

Die SUBTRACT-Anweisung subtrahiert einen oder mehrere Operanden von einem oder mehreren Operanden.

```
Format 1:

    SUBTRACT {Bezeichner-1}... FROM {Bezeichner-2 [ ROUNDED ]} ...
             {Literal-1   }

        [|ON SIZE ERROR unbedingte-Anweisung-1      |]
        [|NOT ON SIZE ERROR unbedingte-Anweisung-2  |]

    [ END-SUBTRACT ]


Format 2:

    SUBTRACT {Bezeichner-1}... FROM {Bezeichner-2}
             {Literal-1   }        {Literal-2   }

        GIVING {Bezeichner-3 [ROUNDED ]}...

        [|ON SIZE ERROR unbedingte-Anweisung-1      |]
        [|NOT ON SIZE ERROR unbedingte-Anweisung-2  |]

    [ END-SUBTRACT ]
```

Abbildung 8.3: SUBTRACT-Anweisung

Erläuterung zu Format 1

Die Summe aller Operanden, die vor dem Wort TO angegeben sind, wird jeweils vom Wert aller Operanden, die nach dem Wort FROM erscheinen, subtrahiert.

Beispiel 1:

```
SUBTRACT GESAMT-ABZUEGE FROM BRUTTO-LOHN.
Vorher  -->       1100          3500
Nachher -->       1100          2400
```

Listing 8.13: Beispiel 1 zur SUBTRACT-Anweisung

Die SUBTRACT-Anweisung aus Listing 8.13 entspricht der COMPUTE-Anweisung aus Listing 8.14.

```
COMPUTE BRUTTO-LOHN = BRUTTO-LOHN - GESAMT-ABZUEGE.
```

Listing 8.14: Alternative COMPUTE-Anweisung

Beispiel 2:

```
SUBTRACT LOHN-STEUER KIR-STEUER SOZ-VER FROM BRUTTO-LOHN
Vorher  -->      600        100      400              3500
Nachher -->      600        100      400              2400
```

Listing 8.15: Beispiel 2 zur SUBTRACT-Anweisung

Hier wird die Summe aller Felder vor dem Wort FROM vom Inhalt des Feldes BRUTTO-LOHN subtrahiert.

Listing 8.15 und Listing 8.16 sind gleichbedeutend.

```
COMPUTE BRUTTO-LOHN = BRUTTO-LOHN - LOHN-STEUER -
                      KIR-STEUER  - SOZ-VER
```

Listing 8.16: Alternative COMPUTE-Anweisung

Zu Format 2

Die Summe aller Operanden, die vor dem Wort FROM angegeben sind, wird gebildet und vom Operanden, der nach dem Wort FROM angegeben ist, subtrahiert, die Differenz wird in alle GIVING-Felder abgespeichert.

Beispiel 3:

```
SUBTRACT GES-ABZUEGE FROM BRUTTO-LOHN GIVING NETTO DR-NE
Vorher  -->      1100             3500       0000 000000
Nachher -->      1100             3500       2400 2.400
```

Listing 8.17: Beispiel 3 zur SUBTRACT-Anweisung

Listing 8.17 und Listing 8.18 sind gleichbedeutend.

```
COMPUTE NETTO,  DR-NE = BRUTTO-LOHN - GES-ABZUEGE.
```

Listing 8.18: Alternative COMPUTE-Anweisung

Der Vorteil des zweiten Formates der arithmetischen Anweisungen sei hier nochmals betont. Das Endergebnis wird sowohl im Feld NETTO als auch im Feld DR-NE abgespeichert, wobei das erste ein rechenfähiges Feld ist, das in weiteren Rechenoperationen verwendet werden kann, und das zweite ein druckaufbereitetes Feld ist, das für die Ausgabe vorgesehen ist.

Korrespondierendes Addieren und Subtrahieren

```
Format 3:

ADD {CORRESPONDING} Bezeichner-1 TO Bezeichner-2 [ROUNDED]
    {CORR}

   [ON SIZE ERROR unbedingte-Anweisung-1      ]
   [NOT ON SIZE ERROR unbedingte-Anweisung-2  ]

[END-ADD]
```

Abbildung 8.4: ADD-Anweisung Format 3

```
Format 3:

    SUBTRACT  { CORRESPONDING }  Bezeichner-1 FROM Bezeichner-2 [ ROUNDED ]
              {     CORR       }

    [| ON SIZE ERROR unbedingte-Anweisung-1     |]
    [| NOT ON SIZE ERROR unbedingte-Anweisung-2 |]

    [ END-SUBTRACT ]
```

Abbildung 8.5: SUBTRACT-Anweisung Format 3

Erläuterung

Mit Hilfe des dritten Formates der ADD- und SUBTRACT-Anweisungen können mehrere Datenfelder gleichzeitig addiert bzw. subtrahiert werden. Der Ablauf dieser Anweisungen ist ähnlich wie bei der MOVE CORR-Anweisung. Im Übrigen handelt es sich hier um Anweisungen, die selten in der Praxis benutzt werden.

Die Zusätze ON SIZE ERROR und NOT ON SIZE ERROR haben dieselbe Bedeutung wie bei der COMPUTE-Anweisung.

Beispiel:

```
ADD CORR ARTIKEL-ZEILE-1 TO ARTIKEL-ZEILE-2.
```

Listing 8.19: Beispiel für ADD CORR

8.4 MULTIPLY-Anweisung

Wirkung

Die MULTIPLY-Anweisung wird für die Multiplikation zweier Operanden benutzt.

Erläuterung zu Format 1

Bei der Multiplikation wird Bezeichner-1 mit Bezeichner-2 multipliziert, das entstandene Produkt wird in Bezeichner-2 abgespeichert. Dies wird für jeden Bezeichner der BY-Angabe wiederholt.

Beispiel 1:

```
MULTIPLY ANZ-STUNDEN BY STUNDENLOHN.
Vorher  -->       10          12
Nachher -->       10         120
```

Listing 8.20: Beispiel 1 zur MULTIPLY-Anweisung

Die Anweisungen aus Listing 8.20 und Listing 8.21 entsprechen sich.

```
COMPUTE STUNDENLOHN = STUNDENLOHN * ANZ-STUNDEN.
```

Listing 8.21: Alternative COMPUTE-Anweisung

```
Format 1:

    MULTIPLY {Bezeichner-1}  BY {Bezeichner-2 [ROUNDED]} ...
             {Literal-1   }

        [|ON SIZE ERROR unbedingte-Anweisung-1    |]
        [|NOT ON SIZE ERROR unbedingte-Anweisung-2|]

    [END-MULTIPLY]


Format 2:

    MULTIPLY {Bezeichner-1}  BY {Bezeichner-2}
             {Literal-1   }     {Literal-2   }

        GIVING {Bezeichner-3 [ROUNDED]}...

        [|ON SIZE ERROR unbedingte-Anweisung-1    |]
        [|NOT ON SIZE ERROR unbedingte-Anweisung-2|]
    [END-MULTIPLY]
```

Abbildung 8.6: MULTIPLY-Anweisung

Beispiel 2:

```
MULTIPLY KOST-FAKTOR BY KOSTEN-ST1 KOSTEN-ST2 KOSTEN-ST3
Vorher  -->      5          20         25         40
Nachher -->      5         100        125        200
```

Listing 8.22: Beispiel 2 zur MULTIPLY-Anweisung

Diese Anweisung spricht dafür, dass eine einfache MULTIPLY-Anweisung manchmal effektiver ist als eine COMPUTE-Anweisung. Um diese MULTIPLY-Anweisung durch COMPUTE zu ersetzen, müssten Sie wie in Listing 8.23 vorgehen.

```
COMPUTE KOSTEN-ST1 = KOSTEN-ST1 * KOST-FAKTOR.
COMPUTE KOSTEN-ST2 = KOSTEN-ST2 * KOST-FAKTOR.
COMPUTE KOSTEN-ST3 = KOSTEN-ST3 * KOST-FAKTOR.
```

Listing 8.23: Alternative COMPUTE-Anweisungen

Wenn Sie alle drei Endergebnis-Felder in einer einzigen COMPUTE-Anweisung angeben, so haben diese immer den gleichen Inhalt.

Zu Format 2

Der Ablauf des zweiten Formates unterscheidet sich wesentlich vom ersten Format. Hier wird Bezeichner-1 mit dem einzigen Bezeichner-2 multipliziert, das entstandene Produkt in Bezeichner-3 und wahlweise in Bezeichner-4 abgespeichert.

Beispiel 3:

```
MULTIPLY STUECKZAHL BY STUECKPREIS GIMNG SUMME AUSGABE.
Vorher  -->      200            30      0000 00000000
Nachher -->      200            30      6000 6.000,00
```

Listing 8.24: Beispiel 3 zur MULTIPLY-Anweisung

Für die MULTIPLY-Anweisung aus Listing 8.24 können Sie auch wie in Listing 8.25 codieren.

```
COMPUTE SUMME, AUSGABE = STUECKZAHL * STUECKPREIS.
```

Listing 8.25: Alternative COMPUTE-Anweisung

Die Zusätze ON SIZE ERROR und NOT ON SIZE ERROR haben dieselbe Bedeutung wie bei der COMPUTE-Anweisung.

8.5   DIVIDE-Anweisung

Wirkung

Die DIVIDE-Anweisung wird für die Division zweier Operanden benutzt.

Erläuterung zu Format 1

In Format 1 wird der Dividend (Bezeichner-2) durch den Divisor (Bezeichner-1) dividiert, der Quotient in Bezeichner-2 abgespeichert. Der gleiche Vorgang wird für Bezeichner-3 genauso ausgeführt, wenn dieser angegeben ist.

Beispiel 1:

```
DIVIDE      ANZAHL INTO GEWINN.
Vorher  -->     5        10000
Nachher -->     5         2000
```

Listing 8.26: Beispiel 1 zur DIVIDE-Anweisung

Listing 8.26 und Listing 8.27 sind gleichwertig.

```
COMPUTE GEWINN = GEWINN / ANZAHL.
```

Listing 8.27: Alternative COMPUTE-Anweisung

Zu Format 2

Beim zweiten Format muss man sich entscheiden, ob man das Wort INTO oder das Wort BY verwenden will.

Mit INTO wird Bezeichner-2 als Dividend und Bezeichner-1 als Divisor angesehen.

Mit BY wird Bezeichner-1 als Dividend und Bezeichner-2 als Divisor angesehen.

Der Quotient wird jedenfalls in Bezeichner-3 abgespeichert.

```
Format 1:

    DIVIDE { Bezeichner-1 } INTO { Bezeichner-2 [ ROUNDED ]} ...
           { Literal-1    }

        [|ON SIZE ERROR unbedingte-Anweisung-1        |]
        [|NOT ON SIZE ERROR unbedingte-Anweisung-2    |]

        [ END-DIVIDE ]


Format 2:

    DIVIDE { Bezeichner-1 } { INTO } { Bezeichner-2 }
           { Literal-1    } { BY   } { Literal-2    }

        GIVING { Bezeichner-3 [ ROUNDED ]} ...

        [|ON SIZE ERROR unbedingte-Anweisung-1        |]
        [|NOT ON SIZE ERROR unbedingte-Anweisung-2    |]
        [ END-DIVIDE ]


Format 3:

    DIVIDE { Bezeichner-1 } { INTO } { Bezeichner-2 }
           { Literal-1    } { BY   } { Literal-2    }

        GIVING Bezeichner-3 [ ROUNDED ]
        REMAINDER Bezeichner-4

        [|ON SIZE ERROR unbedingte-Anweisung-1        |]
        [|NOT ON SIZE ERROR unbedingte-Anweisung-2    |]
        [ END-DIVIDE ]
```

Abbildung 8.7: DIVIDE-Anweisung

Beispiel 2:

```
DIVIDE ANSCHAFFUNGSKST BY NUTZ-DAUER GIVING ABSCHREIB.
Vorher  -->    100000           10           00000
Nachher -->    100000           10           10000
```

Listing 8.28: Beispiel 2 zur DIVIDE-Anweisung

Die COMPUTE-Anweisung aus Listing 8.29 könnte anstelle der DIVIDE-Anweisung von Listing 8.28 codiert werden.

```
COMPUTE ABSCHREIB = ABSCHAFFUNGSKOSTEN / NUTZ-DAUER.
```

Listing 8.29: Alternative COMPUTE-Anweisung

Zu Format 3

Der wesentliche Unterschied zwischen Format 3 und Format 2 liegt darin, dass in Format 3 mit Hilfe des REMAINDER-Zusatzes der Divisionsrest gebildet werden kann.

Wenn man die Syntax des dritten Formates genau betrachtet, stellt man fest, dass für den Quotienten nur ein einziges Feld (Bezeichner-3) vorgesehen ist. Dies bestätigt die Tatsache, dass der Rest aufgrund der PICTURE-Klausel des Quotienten-Feldes gebildet wird.

Die Zusätze ON SIZE ERROR und NOT ON SIZE ERROR haben dieselbe Bedeutung wie bei der COMPUTE-Anweisung.

Rest der Division

Der Rest einer Division entsteht, wenn der Dividend nicht ohne Rest durch den Divisor teilbar ist.

Er wird wie folgt ermittelt: Rest = Dividend - (Quotient * Divisor)

Beispiel 3:

In einer Programmschleife soll festgestellt werden, ob die Variable DIVIDEND restlos durch 50 teilbar ist. In einem solchen Beispiel ist es sinnvoll, die PICTURE-Klausel der beteiligten Felder anzugeben.

```
DIVIDE
    DIVIDEND BY DIVISOR GIVING QUOTIENT REMAINDER REST

PIC      999       99         99           99

Vorher  830       50         00           00
Nachher 830       50         16           30
```

Listing 8.30: Beispiel 3 zur DIVIDE-Anweisung

Nach der Division kann die IF-Anweisung zu der genannten Feststellung wie folgt codiert werden:

```
IF REST = ZERO THEN ....
```

Würde man hier die PICTURE-Klausel des Quotienten-Feldes ändern, so erhielte man die Werte aus Listing 8.31.

```
DIVIDE
    DIVIDEND BY DIVISOR GIVING QUOTIENT REMAINDER REST

PIC      999       99         99V99        99

Vorher  830       50         00 00        00
Nachher 830       50         16 60        00
```

Listing 8.31: Werte bei geänderten Ergebnisfeldern

Sie sehen hier eindeutig, dass der Rest von der PICTURE-Klausel des Quotienten-Feldes abhängig ist.

Der Divisionsrest wird nach der bereits genannten Formel ermittelt, bevor das Ergebnis eventuell gerundet wird!

```
DIVIDE
        10 BY 6 GIVING QUOTIENT ROUNDED REMEINDER REST

PIC                     99                    99

Nachher                 02                    04
```

Listing 8.32: Ermittlung des Divisionsrestes

8.6 Programmbeispiel: DEMO8: Fahrkartenautomat

Aufgabenstellung

Es ist ein Programm zu entwickeln, das den Kaufvorgang einer Fahrkarte vom Fahrkartenautomaten simuliert. Der Fahrpreis wird vom eingeworfenen Betrag abgezogen, der Rest soll nun in einzelne Münzen zerlegt und am Bildschirm angezeigt werden (siehe den Dialog-Testlauf dieses Programms).

Dabei kann davon ausgegangen werden, dass jeder Betrag eingeworfen werden kann, die Fahrkarte einen beliebigen Preis hat und dass der Automat über alle Münzarten (2 Euro, 1 Euro, 50 Cent, 20 Cent, 10 Cent, 5 Cent, 2 Cent, 1 Cent) verfügt.

Programmlisting

```
 1 IDENTIFICATION DIVISION.
 2 PROGRAM-ID.          DEMO8-FAHRKARTEN-AUTOMAT.
 3 AUTHOR.             R. HABIB.
 4 DATE-WRITTEN.
 5 DATE-COMPILED.
 6***********************************************************
 7* PROGRAMMFUNKTION:                              *
 8*                                                *
 9* DAS PROGRAMM ZERLEGT DEN REST EINES BETRAGES   *
10* IN EINZELNE MÜNZ-STÜCKE.                       *
11*                                                *
12***********************************************************
13 ENVIRONMENT DIVISION.
14 CONFIGURATION SECTION.
15 SOURCE-COMPUTER.  IBM-PC.
16 OBJECT-COMPUTER.  IBM-PC.
17 SPECIAL-NAMES.
18     DECIMAL-POINT IS COMMA,
19     CONSOLE IS CRT.
20*--------------------------------------------------*
21 DATA DIVISION.
22 WORKING-STORAGE SECTION.
23 01  E-ZU-BEZ-BETRAG    PIC Z9,99.
24 01  E-BEZ-BETRAG       PIC Z99.
25
26 01  ZU-BEZ-BETRAG      PIC   S99V99.
27 01  BEZ-BETRAG         PIC   S999.
28
29 01  BETRAG-REST        PIC   S999V99.
30 01  REST-NEU    REDEFINES BETRAG-REST.
31     05 EURO            PIC   999.
32     05 CENT            PIC   99.
33
34 01  QUOT               PIC   999.
35 01  REST               PIC   999.
36
37 01 AUSGABE-ZEILE.
38     05 A-WERT          PIC ZZ9.
```

```
39     05 A-FILLER           PIC X(9) VALUE
40        " Stück a".
41     05 A-TEXT             PIC X(20).
42
43 01 A-REST.
44     05 A-FILLER           PIC X(15) VALUE
45        "Rückbetrag -->".
46     05 A-RUECK-BETRAG        PIC ---9,99.
47
48 01  ENDE-MELDUNG         PIC X(25) VALUE
49     "Programmende? (J/N) ===>".
50 01  ENDE-KENNZEICHEN   PIC X     VALUE SPACE.
51*-------------------------------------------------*
52 PROCEDURE DIVISION.
53 PROGRAMM-STEUERUNG SECTION.
54 PR-1000.
55     PERFORM VERARBEITUNG WITH TEST AFTER
56           UNTIL ENDE-KENNZEICHEN = "J" OR "j".
57 PR-9999.
58     STOP RUN.
59*-------------------------------------------------*
60 VERARBEITUNG SECTION.
61 VER-1000.
62     DISPLAY SPACE UPON CRT.
63     DISPLAY "Fahrkarten-Automat " AT LINE 01 COL 30.
64
65     DISPLAY "Zu bezahlender Betrag --->" AT LINE 05 COL 01.
66     DISPLAY "Bezahlter  Betrag --->" AT LINE 05 COL 41.
67
68     MOVE ZERO TO ZU-BEZ-BETRAG, BEZ-BETRAG.
69
70     ACCEPT  E-ZU-BEZ-BETRAG AT LINE 05 COL 30.
71     ACCEPT  E-BEZ-BETRAG     AT LINE 05 COL 65.
72
73     MOVE    E-ZU-BEZ-BETRAG TO ZU-BEZ-BETRAG.
74     MOVE    E-BEZ-BETRAG    TO BEZ-BETRAG.
75
76     SUBTRACT ZU-BEZ-BETRAG FROM BEZ-BETRAG
77            GIVING BETRAG-REST.
78
79     MOVE BETRAG-REST TO A-RUECK-BETRAG.
80     DISPLAY A-REST AT LINE 07 COL 01.
81
82     IF BETRAG-REST POSITIVE PERFORM ZERLEGEN.
83
84     DISPLAY ENDE-MELDUNG     AT LINE 25 COL 01.
85     ACCEPT  ENDE-KENNZEICHEN AT LINE 25 COL 30.
86 VER-9999.
87     EXIT.
88*-------------------------------------------------*
```

```
 89 ZERLEGEN SECTION.
 90 ZER-1000.
 91     DIVIDE EURO BY 2 GIVING QUOT REMAINDER REST.
 92     MOVE QUOT  TO A-WERT.
 93     MOVE "2-EURO" TO A-TEXT.
 94     DISPLAY AUSGABE-ZEILE AT LINE 08 COL 30.
 95     MOVE REST  TO EURO.
 96
 97     MOVE REST  TO A-WERT.
 98     MOVE "1-EURO" TO A-TEXT.
 99     DISPLAY AUSGABE-ZEILE AT LINE 09 COL 30.
100
101     DIVIDE CENT BY 50 GIVING QUOT REMAINDER REST.
102     MOVE QUOT  TO A-WERT.
103     MOVE "50-CENT" TO A-TEXT.
104     DISPLAY AUSGABE-ZEILE AT LINE 10 COL 30.
105     MOVE REST  TO CENT.
106
107     DIVIDE CENT BY 20 GIVING QUOT REMAINDER REST.
108     MOVE QUOT  TO A-WERT.
109     MOVE "20-CENT" TO A-TEXT.
110     DISPLAY AUSGABE-ZEILE AT LINE 11 COL 30.
111     MOVE REST  TO CENT.
112
113     DIVIDE CENT BY 10 GIVING QUOT REMAINDER REST.
114     MOVE QUOT  TO A-WERT.
115     MOVE "10-CENT" TO A-TEXT.
116     DISPLAY AUSGABE-ZEILE AT LINE 12 COL 30.
117     MOVE REST  TO CENT.
118
119     DIVIDE CENT BY 5 GIVING QUOT REMAINDER REST.
120     MOVE QUOT  TO A-WERT.
121     MOVE "5-CENT" TO A-TEXT.
122     DISPLAY AUSGABE-ZEILE AT LINE 13 COL 30.
123     MOVE REST  TO CENT.
124
125     DIVIDE CENT BY 2 GIVING QUOT REMAINDER REST.
126     MOVE QUOT  TO A-WERT.
127     MOVE "2-CENT" TO A-TEXT.
128     DISPLAY AUSGABE-ZEILE AT LINE 14 COL 30.
129     MOVE REST  TO CENT.
130
131     MOVE REST  TO A-WERT.
132     MOVE "1-CENT" TO A-TEXT.
133     DISPLAY AUSGABE-ZEILE AT LINE 15 COL 30.
134 ZER-9999.
135     EXIT.
```

Listing 8.33: DEMO8: Fahrkartenautomat

9

Programmverzweigungen

9.1 GO TO-Anweisung

Wirkung

Mit Hilfe der GO TO-Anweisung kann man zu einer beliebigen Stelle im Programm verzweigen. Die Programmausführung wird dann an dieser Stelle fortgesetzt.

```
Format 1:

    GO TO Prozedur-Name-1
```

Abbildung 9.1: GO TO-Anweisung

Erläuterung

Der anzugebende Prozedurname kann ein Paragraphen- oder ein Kapitelname (SECTION) sein, wobei in der GO TO-Anweisung selbst nur der Name, ohne das Wort SECTION, erscheinen darf.

Beispiel 1: Verzweigen zu einem Paragraphen

```
PROCEDURE DIVISION.
VERARBEITUNG SECTION.
VERARBEITUNGSANFANG.
    :
    GO TO VERARBEITUNGSENDE
    :
VERARBEITUNGSENDE.
    :
```

Listing 9.1: Beispiel 1 zur GO TO-Anweisung

Beispiel 2: Verzweigen zu einem Kapitel (SECTION)

```
PROCEDURE DIVISION.
    :
    GO TO VERARBEITUNG
    :
VERARBEITUNG SECTION.
    :
```

Listing 9.2: Beispiel 2 zur GO TO-Anweisung

Strukturiertes Programmieren

Eines der wichtigsten Ziele der strukturierten Programmierung ist die Entwicklung von verständlichen und änderungsfreundlichen Programmen. Bei solchen Programmen sind die Wirkungen der einzelnen Anweisungen und deren Zusammenhänge klar formuliert und leicht nachvollziehbar.

Zunächst sei gesagt, dass strukturierte Programme nicht nur solche sind, die keine GO TO-Anweisungen enthalten, sondern auch Programme, in denen die GO TO-Anweisung so eingesetzt ist, dass sie nicht gegen die Regeln der strukturierten Programmierung verstößt.

Man wird gegen die Regeln der strukturierten Programmierung verstoßen, wenn man z.B. einen Programmteil so codiert, dass er keinem Struktogramm-Block entspricht.

In der strukturierten Programmierung verwendet man bekanntermaßen 6 Struktogramm-Blöcke. Wir werden auf die einzelnen Blöcke an verschiedenen Stellen dieses Buches zurückkommen.

Einer dieser Blöcke ist der CYCLE-Block, der hier vorgestellt werden soll.

Betrachten wir den Aufbau des CYCLE-Blockes etwas näher:

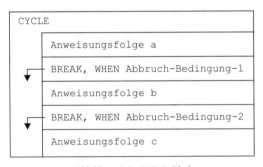

Abbildung 9.2: CYCLE-Block

Erst seit COBOL 2002 ist es möglich, diesen Block direkt zu programmieren, indem man ein Inline-PERFORM zusammen mit der Anweisung EXIT PERFORM verwendet.

```
PROCEDURE DIVISION.
    :
    PERFORM UNTIL ENDEBEDINGUNG
        *> Anweisungsfolge a
        IF ABBRUCH-BEDINGUNG-1
            EXIT PERFORM
        END-IF
        *> Anweisungsfolge b
```

```
        IF ABBRUCH-BEDINGUNG-2
            EXIT PERFORM
        END-IF
        *> Anweisungsfolge c
    END-PERFORM
    :
```

Listing 9.3: Programmierung eines CYCLE-Blocks in COBOL

Der CYCLE-Block beginnt mit einer Anweisungsfolge und enthält meistens mehrere Abbruchbedingungen. In der Schleife selbst werden die Abbruchbedingungen geprüft. Ist eine Bedingung erfüllt, wird die Schleife abgebrochen.

Will man den CYCLE-Block, der auch »Schleife mit freier Endbedingung« genannt wird, in der ursprünglichen Form codieren, so muss man mit GO TO arbeiten.

```
CYCLE-BLOCK SECTION.
ANWEISUNGSFOLGE-A.
    :
    IF ABBRUCH-BEDINGUNG-1
        GO TO CYCLE-BLOCK-ENDE
    END-IF.
ANWEISUNGSFOLGE-B.
    :
    IF ABBRUCH-BEDINGUNG-2
        GO TO CYCLE-BLOCK-ENDE
    END-IF.
ANWEISUNGSFOLGE-C.
    :
    GO TO CYCLE-BLOCK.
CYCLE-BLOCK-ENDE.
EXIT.
```

Listing 9.4: CYCLE-Block mit GO TO-Anweisung

Ein klassisches Beispiel für eine solche CYCLE-Schleife ist das Lesen der Sätze einer Datei und deren Verarbeitung, bis das Dateiende (EOF) oder ein anderes Abbruchkriterium auftritt. Wenn Sie das Beispiel genau betrachten, sehen Sie, dass als Erstes aus der Datei gelesen werden muss, um anschließend das Dateiende finden zu können oder um ein weiteres Abbruchkriterium festzustellen, das erst nach dem Lesen auftreten kann.

Es sei aber trotzdem gesagt, dass in vielen Fällen die Umformulierung der Anweisungsfolge möglich ist und dass man dafür eine Anweisung verwenden kann, die grundsätzlich für die strukturierte Programmierung gedacht ist. Wir meinen hier die PERFORM UNTIL-Anweisung.

Bei der PERFORM UNTIL-Anweisung wird zwar die Abbruchbedingung als Erstes geprüft, aber dies hat in manchen Fällen keinen Einfluss auf die Ausführung des Schleifeninhalts. In jedem Fall sollte das Verzichten auf die GO TO-Anweisung die Laufzeiteffizienz nicht in Frage stellen.

Wir haben hier zwar demonstriert, dass die GO TO-Anweisung nicht unbedingt gegen die strukturierte Programmierung arbeitet, trotzdem wollen wir darauf achten, dass GO TO so weit wie möglich vermieden wird und auf keinen Fall an der falschen Stelle im Programm erscheint.

9.2   GO TO ... DEPENDING ON

Wirkung

Die GO TO ... DEPENDING ON-Anweisung verzweigt zu einer von mehreren angegebenen Prozeduren aufgrund des Wertes einer Variablen.

```
Format 2:

    GO TO {Prozedur-Name-1} ... DEPENDING ON Bezeichner
```

Abbildung 9.3: GO TO-Anweisung Format 2

Erläuterung

Diese Anweisung kann für die Realisierung des CASE-Blockes sinnvoll eingesetzt werden. Hierzu wird eine numerische ganzzahlige Variable benötigt, die nach DEPENDING ON angegeben wird. In der GO TO-Anweisung selbst können mehrere Sprungziele angegeben werden, wobei die Verzweigung jedoch nur zu einem der angegebenen Sprungziele stattfinden kann.

Die Verzweigung erfolgt in Abhängigkeit vom Wert der angegebenen Variablen. Ist der Wert = 1, so erfolgt eine Verzweigung zum ersten Sprungziel, ist der Wert = 2, so erfolgt die Verzweigung zum zweiten Sprungziel usw.

Ist der Wert der Variablen zum Zeitpunkt der Ausführung der GO TO-Anweisung kleiner als 1 oder größer als die Anzahl der angegebenen Sprungziele, so erfolgt keine Verzweigung.

Beispiel 1:

Es soll aufgrund des Wertes, der in der Variablen AUSWAHL-KZ enthalten ist, zu einem Verarbeitungsmodul verzweigt werden. Im Falle einer 1 ANZEIGEN, bei einer 2 ERFASSEN, bei einer 3 AENDERN und bei einer 4 LOESCHEN.

```
WORKING-STORAGE SECTION.

01   AUSWAHL-KZ                    PIC 9.

PROCEDURE DIVISION.
CASE-AUSWAHL-KZ.
      GO TO ANZEIGEN, ERFASSEN, AENDERN, LOESCHEN,
           DEPENDING ON AUSWAHL-KZ.
      :
      GO TO CASE-ENDE.
ANZEIGEN.
      :
      GO TO CASE-ENDE.
ERFASSEN.
      :
      GO TO CASE-ENDE.
AENDERN.
      :
```

```
        GO TO CASE-ENDE.
    LOESCHEN.
        :
        GO TO CASE-ENDE.
    CASE-ENDE.
        EXIT.
```

Listing 9.5: Beispiel 1 zu GO TO DEPENDING ON

Enthält die Variable AUSWAHL-KZ zur Ausführungszeit der GO TO-Anweisung den Wert 1, so verzweigt die GO TO-Anweisung zum ANZEIGEN usw., ist der Wert = 0 oder > 4, so erfolgt keine Verzweigung. In jedem Fall verzweigt man am Ende der Verarbeitung einer Routine zu dem gleichen Paragraphen.

Zu beachten ist auch hier, dass die Paragraphen zwar in beliebiger Reihenfolge codiert werden dürfen, jedoch der Einfachheit halber codiert man sie in der Reihenfolge, in der sie in der GO TO-Anweisung aufgetreten sind.

Beispiel 2:

Ändert man das erste Beispiel so, dass eine entsprechende Fehlerroutine durchgeführt werden soll, falls keiner der erwarteten Werte auftritt, so ergibt sich Listing 9.6.

```
    CASE-AUSWAHL-KZ.
        GO TO ANZEIGEN, ERFASSEN, AENDERN, LOESCHEN,
            DEPENDING ON AUSWAHL-KZ.
    FEHLER.
        :
        GO TO CASE-ENDE.
    ANZEIGEN.
        :
        GO TO CASE-ENDE.
    ERFASSEN.
        :
        GO TO CASE-ENDE.
    AENDERN.
        :
        GO TO CASE-ENDE.
    LOESCHEN.
        :
        GO TO CASE-ENDE.
    CASE-ENDE.
        EXIT.
```

Listing 9.6: Beispiel 2 zu GO TO DEPENDING ON

Die Modifizierung ist hier ganz einfach. Man braucht lediglich die Fehlerroutine nach der GO TO-Anweisung zu platzieren, denn hierzu erfolgt eine automatische Verzweigung, wenn der Wert der Variablen = 0 oder > 4 ist.

Strukturiertes Programmieren

Die gezeigten Beispiele sind zwar strukturiert, denn sie entsprechen dem CASE-Block der strukturierten Programmierung. Es wäre aber auch möglich, solche Routinen ohne GO TO-Anweisungen zu realisieren.

```
CASE-AUSWAHL-KZ.
      EVALUATE AUSWAHL-KZ
        WHEN 1
           PERFORM ANZEIGEN
        WHEN 2
           PERFORM ERFASSEN
        WHEN 3
           PERFORM AENDERN
        WHEN 4
           PERFORM LOESCHEN
      END-EVALUATE.
CASE-ENDE.
```

Listing 9.7: CASE-Auswahl mit EVALUATE-Anweisung

```
CASE-AUSWAHL-KZ.
      EVALUATE AUSWAHL-KZ
        WHEN 1
           PERFORM ANZEIGEN
        WHEN 2
           PERFORM ERFASSEN
        WHEN 3
           PERFORM AENDERN
        WHEN 4
           PERFORM LOESCHEN
        WHEN OTHER
           PERFORM FEHLER
      END-EVALUATE.
CASE-ENDE.
```

Listing 9.8: CASE-Auswahl mit Fehlerroutine und EVALUATE-Anweisung

Die EVALUATE-Anweisung wird ausführlich im Kapitel über die Bedingungen erklärt.

9.3 Programmbeispiel: DEMO9: Einstufiger Gruppenwechsel

Aufgabenstellung

Ein Unternehmen will die Belastung der verschiedenen Kostenstellen in einer Übersichtsliste darstellen.

Dazu führt das Unternehmen die Kostenbelastungsdatei KOSTENST.EIN, deren Aufbau anschließend beschrieben wird. Die Datei ist nach dem Kostenanfallsdatum aufsteigend sortiert.

Entwickeln Sie dafür ein einstufiges Gruppenwechselprogramm mit den Anforderungen der am Ende dieses Programms gezeigten Druckliste.

Aufbau der Kostenbelastungsdatei »KOSTENST.EIN«

Anz. Stellen	Feldverwendung
15	Kostenstellenbezeichnung
6	Kostenanfallsdatum (Format: jjmmtt)
4v2	Kosten

Tabelle 9.1: Dateiaufbau

Programmlisting

```
 1 IDENTIFICATION DIVISION.
 2 PROGRAM-ID.            DEMO9-1-STUFIGER-GRUPPENWECHS.
 3 AUTHOR.                R. HABIB.
 4 DATE-WRITTEN.
 5 DATE-COMPILED.
 6*****************************************************
 7* PROGRAMMFUNKTION:                                *
 8*                                                  *
 9* DAS PROGRAMM DEMONSTRIERT DIE STEUERUNG EINES    *
10* 1-STUFIGEN GRUPPENWECHSELS UND ERSTELLT DABEI    *
11* EINE ÜBERSICHT FÜR DIE BELASTUNG DER KOSTEN-     *
12* STELLEN.                                         *
13*                                                  *
14*****************************************************
15 ENVIRONMENT DIVISION.
16 CONFIGURATION SECTION.
17 SOURCE-COMPUTER.  IBM-PC.
18 OBJECT-COMPUTER.  IBM-PC.
19 SPECIAL-NAMES.
20     DECIMAL-POINT IS COMMA.
21 INPUT-OUTPUT SECTION.
22 FILE-CONTROL.
23
24     SELECT  EINGABE ASSIGN TO "KOSTENST.EIN",
25             ORGANIZATION IS LINE SEQUENTIAL.
26
27     SELECT  AUSGABE ASSIGN TO "KOSTENST.AUS".
28*-------------------------------------------------*
29 DATA DIVISION.
30 FILE SECTION.
31 FD  EINGABE.
32 01  E-SATZ.
33     05 E-KST-BEZ          PIC X(15).
```

```
34     05 E-DATUM.
35        10 JAHR          PIC 99.
36        10 MONAT         PIC 99.
37        10 TAG           PIC 99.
38     05 E-BETRAG         PIC 9(4)V99.
39
40 FD  AUSGABE.
41 01  A-SATZ             PIC X(56).
42*-------------------------------------------------*
43 WORKING-STORAGE SECTION.
44 01  UEBERSCHRIFT-1.
45     05 FILLER           PIC X(12) VALUE SPACE.
46     05 FILLER           PIC X(23) VALUE
47     "KOSTENSTELLEN-STATISTIK".
48     05 FILLER           PIC X(13) VALUE SPACE.
49     05 FILLER           PIC X(6)  VALUE "SEITE".
50     05 A-SEITEN-NR      PIC Z9.
51
52 01  UEBERSCHRIFT-2.
53     05 FILLER           PIC X(17) VALUE "KOSTENSTELLE".
54     05 FILLER           PIC X(17) VALUE "DATUM".
55     05 FILLER           PIC X(17) VALUE "BETRAG".
56     05 FILLER           PIC X(05) VALUE "SUMME".
57
58 01  UEBERSCHRIFT-3.
59     05 FILLER           PIC X(56) VALUE ALL "=".
60
61 01  POSTEN-ZEILE.
62     05 AUS-KST          PIC X(15).
63     05 FILLER           PIC X(02).
64     05 AUS-DATUM.
65        10 TAG           PIC Z9.
66        10 FILLER        PIC X VALUE ".".
67        10 MONAT         PIC 99.
68        10 FILLER        PIC X VALUE ".".
69        10 JAHR          PIC 99.
70     05 FILLER           PIC X(09).
71     05 AUS-BETRAG       PIC Z.ZZ9,99.
72
73 01  SCHLUSS-ZEILE-1.
74     05 FILLER           PIC X(10) VALUE
75     "SUMME KST.".
76     05 FILLER           PIC X(05) VALUE SPACE.
77     05 SCHL-KST         PIC X(15).
78     05 FILLER           PIC X(16) VALUE SPACE.
79     05 AUS-SUMME        PIC **.**9,99.
```

```
80      05 FILLER           PIC X(1) VALUE "*".
81
82 01  SCHLUSS-ZEILE-2.
83      05 FILLER           PIC X(44) VALUE
84      "GESAMTKOSTEN".
85      05 AUS-GESAMTKOSTEN PIC ***.**9,99.
86      05 FILLER           PIC X(2) VALUE "**".
87*-------------------------------------------------*
88 01 KSTSUMME             PIC 9(5)V99 VALUE ZERO.
89 01 GESAMTSUMME          PIC 9(6)V99 VALUE ZERO.
90*-------------------------------------------------*
91 01 ZEILEN-Z             PIC 99      VALUE 26.
92 01 SEITEN-Z             PIC 99      VALUE 0.
93*-------------------------------------------------*
94 01 ALT-GR1.
95      05 ALT-DATEI-ENDE  PIC 9      VALUE 0.
96      05 ALT-KST         PIC X(15) VALUE SPACE.
97*-------------------------------------------------*
98 01 NEU-GR1.
99      05 NEU-DATEI-ENDE  PIC 9      VALUE 0.
100     05 NEU-KST         PIC X(15) VALUE SPACE.
101*-------------------------------------------------*
102 PROCEDURE DIVISION.
103 PROGRAMM-STEUERUNG SECTION.
104 PR-1000.
105     PERFORM VORLAUF.
106     PERFORM VERARBEITUNG
107             UNTIL ALT-DATEI-ENDE NOT = NEU-DATEI-ENDE.
108     PERFORM NACHLAUF.
109 PR-9999.
110     STOP RUN.
111*-------------------------------------------------*
112*-------------------------------------------------*
113 VORLAUF SECTION.
114 VOR-1000.
115     OPEN INPUT EINGABE OUTPUT AUSGABE.
116     PERFORM LESEN.
117     MOVE NEU-KST   TO ALT-KST.
118 VOR-9999.
119     EXIT.
120*-------------------------------------------------*
121 VERARBEITUNG SECTION.
122 VER-1000.
123     PERFORM GR1-VORLAUF.
124     PERFORM GR1-VERARBEITUNG
125             UNTIL NEU-GR1  NOT = ALT-GR1.
```

```
126      PERFORM GR1-NACHLAUF.
127 VER-9999.
128      EXIT.
129*-------------------------------------------------*
130 NACHLAUF SECTION.
131 NAC-1000.
132      MOVE GESAMTSUMME  TO AUS-GESAMTKOSTEN.
133      WRITE A-SATZ FROM SCHLUSS-ZEILE-2 AFTER 3.
134      CLOSE EINGABE AUSGABE.
135 NAC-9999.
136      EXIT.
137*-------------------------------------------------*
138*-------------------------------------------------*
139 GR1-VORLAUF SECTION.
140 GR1-VOR-1000.
141      MOVE ZERO      TO KSTSUMME.
142      MOVE E-KST-BEZ TO AUS-KST.
143      MOVE NEU-KST   TO ALT-KST.
144
145      MOVE SPACE TO A-SATZ.
146      WRITE A-SATZ AFTER  1.
147 GR1-VOR-9999.
148      EXIT.
149*-------------------------------------------------*
150 GR1-VERARBEITUNG SECTION.
151 GR1-VER-1000.
152      IF ZEILEN-Z > 25 PERFORM BLATTWECHSEL.
153
154      MOVE CORR E-DATUM TO AUS-DATUM.
155      MOVE E-BETRAG TO AUS-BETRAG.
156
157      WRITE A-SATZ FROM POSTEN-ZEILE AFTER 1.
158      ADD 1 TO ZEILEN-Z.
159
160      ADD E-BETRAG TO KSTSUMME.
161      MOVE SPACE TO AUS-KST.
162      PERFORM LESEN.
163 GR1-VER-9999.
164      EXIT.
165*-------------------------------------------------*
166 GR1-NACHLAUF SECTION.
167 GR1-NAC-1000.
168      MOVE ALt-KST TO  SCHL-KST,
169      MOVE KSTSUMME TO AUS-SUMME.
170      WRITE A-SATZ FROM SCHLUSS-ZEILE-1 AFTER  1.
171      ADD 1 TO ZEILEN-Z.
```

```
172      ADD   KSTSUMME TO GESAMTSUMME.
173 GR1-NAC-9999.
174      EXIT.
175*-----------------------------------------------*
176*-----------------------------------------------*
177 LESEN SECTION.
178 LES-1000.
179      READ EINGABE AT END MOVE 1 TO NEU-DATEI-FNDE.
180
181      IF NEU-DATEI-ENDE = 1 THEN NEXT SENTENCE
182      ELSE MOVE E-KST-BEZ TO NEU-KST.
183 LES-9999.
184      EXIT.
185*-----------------------------------------------*
186 BLATTWECHSEL SECTION.
187 BLA-1000.
188      ADD  1 TO SEITEN-Z.
189      MOVE 5 TO ZEILEN-Z.
190      MOVE SEITEN-Z TO A-SEITEN-NR.
191
192      WRITE A-SATZ FROM UEBERSCHRIFT-1 AFTER PAGE.
193      WRITE A-SATZ FROM UEBERSCHRIFT-2 AFTER 3.
194      WRITE A-SATZ FROM UEBERSCHRIFT-3 AFTER 1.
195 BLA-9999.
196      EXIT.
```

Listing 9.9: DEMO9 : Einstufiger Gruppenwechsel

Testdaten »KOSTENST.EIN«:

```
DREHEREI           860403100000
DREHEREI           860405200000
DREHEREI           860406300000
DREHEREI           860409400000
DREHEREI           860412500000
DREHEREI           860414600000
DREHEREI           860416700000
DREHEREI           860424800000
DREHEREI           860428900000
FRÄSEREI           860402200000
FRÄSEREI           860404400000
FRÄSEREI           860406600000
FRÄSEREI           860407800000
FRÄSEREI           860419200000
FRÄSEREI           860422100000
FRÄSEREI           860424100000
FRÄSEREI           860426500000
FRÄSEREI           860429700000
```

```
FUHRPARK          860412100000
FUHRPARK          860413200000
FUHRPARK          860418400000
FUHRPARK          860419500000
FUHRPARK          860422700000
FUHRPARK          860427800000
FUHRPARK          860430900000
GEBÄUDE           860403600000
GEBÄUDE           860404500000
GEBÄUDE           860408400000
GEBÄUDE           860410300000
GEBÄUDE           860419200000
GEBÄUDE           860424100000
GEBÄUDE           860427100000
GEBÄUDE           860429200000
MATERIAL          860404300000
MATERIAL          860405500000
MATERIAL          860407700000
MATERIAL          860409900000
MATERIAL          860415100000
MATERIAL          860416200000
MATERIAL          860417300000
MATERIAL          860428400000
MATERIAL          860429500000
VERWALTUNG        860410400000
VERWALTUNG        860412500000
VERWALTUNG        860413600000
VERWALTUNG        860414700000
VERWALTUNG        860415100000
VERWALTUNG        860416200000
VERWALTUNG        860417300000
VERWALTUNG        860426400000
VERWALTUNG        860429500000
```

Listing 9.10: Testdaten

Druckliste »KOSTENSTAUS«:

```
          KOSTENSTELLEN-STATISTIK              SEITE  1


KOSTENSTELLE    DATUM              BETRAG          SUMME

==================================================================
DREHEREI          3.04.86          1.000,00
                  5.04.86          2.000,00
                  6.04.86          3.000,00
                  9.04.86          4.000,00
                 12.04.86          5.000,00
```

```
                    14.04.86          6.000,00
                    16.04.86          7.000,00
                    24.04.86          8.000,00
                    28.04.86          9.000,00
SUMME KST.    DREHEREI                              45.000,00*

FRÄSEREI         2.04.86          2.000,00
                     4.04.86          4.000,00
                     6.04.86          6.000,00
                     7.04.86          8.000,00
                    19.04.86          2.000,00
                    22.04.86          1.000,00
                    24.04.86          1.000,00
                    26.04.86          5.000,00
                    29.04.86          7.000,00
SUMME KST.    FRÄSEREI                             36.000,00*

FUHRPARK        12.04.86          1.000,00
```

Listing 9.11: Erste Druckausgabe

```
              KOSTENSTELLEN-STATISTIK              SEITE  2


KOSTENSTELLE    DATUM             BETRAG              SUMME
==========================================================
                    13.04.86          2.000,00
                    18.04.86          4.000,00
                    19.04.86          5.000,00
                    22.04.86          7.000,00
                    27.04.86          8.000,00
                    30.04.86          9.000,00
SUMME KST.    FUHRPARK                              36.000,00*

GEBÄUDE          3.04.86          6.000,00
                     4.04.86          5.000,00
                     8.04.86          4.000,00
                    10.04.86          3.000,00
                    19.04.86          2.000,00
                    24.04.86          1.000,00
                    27.04.86          1.000,00
                    29.04.86          2.000,00
SUMME KST.    GEBÄUDE                               24.000,00*

MATERIAL          4.04.86          3.000,00
                     5.04.86          5.000,00
                     7.04.86          7.000,00
```

```
                    9.04.86          9.000,00
                   15.04.86          1.000,00
```

Listing 9.12: Zweite Druckausgabe

```
            KOSTENSTELLEN-STATISTIK              SEITE   3


KOSTENSTELLE    DATUM            BETRAG              SUMME
========================================================
                16.04.86         2.000,00
                17.04.86         3.000,00
                28.04.86         4.000,00
                29.04.86         5.000,00
SUMME KST.      MATERIAL                         39.000,00*

VERWALTUNG      10.04.86         4.000,00
                12.04.86         5.000,00
                13.04.86         6.000,00
                14.04.86         7.000,00
                15.04.86         1.000,00
                16.04.86         2.000,00
                17.04.86         3.000,00
                26.04.86         4.000,00
                29.04.86         5.000,00
SUMME KST.      VERWALTUNG                       37.000,00*


GESAMTKOSTEN                                    217.000,00**
```

Listing 9.13: Dritte Druckausgabe

10

Interne Unterprogramme

10.1 Vorbemerkung

Wenn eine Anweisungsfolge mehrfach im Programm benötigt wird, muss man rechtzeitig während der Programmierung überlegen, wie man eine solche Anweisungsfolge so aufbaut, dass man sie nur einmal zu codieren braucht. Eine unumgängliche Methode dafür ist die Realisierung der Anweisungsfolge als Prozedur (Unterprogramm).

Wenn solche Prozeduren nur intern benötigt werden (d.h. also nur in dem Programm, mit dem man gerade beschäftigt ist und nicht in weiteren Anwendungen), so ist es ausreichend, wenn die Prozedur als internes Unterprogramm aufgebaut wird.

10.2 PERFORM-Anweisung

Wirkung

Die PERFORM-Anweisung führt eine Prozedur (internes Unterprogramm) aus.

Allgemeines zu PERFORM

Eine Prozedur, die mit der PERFORM-Anweisung ausgeführt werden soll, kann grundsätzlich überall in der PROCEDURE DIVISION auftreten. Die ausführende PERFORM-Anweisung selbst kann ebenfalls überall in der PROCEDURE DIVISION codiert werden. Es ist lediglich eine Frage der Übersichtlichkeit des Programms, wo und in welcher Reihenfolge die Prozeduren angeordnet werden sollen.

OUT-OF-LINE PERFORM

In ANSI85 unterscheidet man zwischen OUT-OF-LINE PERFORM und IN-LINE PERFORM.

In einer OUT-OF-LINE PERFORM wird der Name des auszuführenden Unterprogramms angegeben. Dieses Unterprogramm kann dann an verschiedenen Stellen des Programms aufgerufen werden. Hier darf der Zusatz END-PERFORM nicht verwendet werden.

```
Format 1 (out-of-line):

                                    ⎧ THROUGH ⎫                     ⎡ times-phrase    ⎤
    PERFORM Procedurname-1 ⎢ ⎨         ⎬ Prozedurname-2 ⎢ ⎢ until-phrase    ⎢
                                    ⎩ THRU    ⎭                     ⎣ varying-phrase  ⎦

Format 2 (inline):

              ⎡ times-phrase   ⎤
    PERFORM ⎢ until-phrase   ⎢ unbedingte-Anweisung  END-PERFORM
              ⎣ varying-phrase ⎦


times-phrase:

    ⎧ Bezeichner-1 ⎫
    ⎨ Ganzzahl-1   ⎬ TIMES
    ⎩             ⎭

until-phrase:

    ⎡              ⎧ BEFORE ⎫ ⎤
    ⎢ WITH TEST ⎨        ⎬ ⎢ UNTIL Bedingung-1
    ⎣              ⎩ AFTER  ⎭ ⎦

varying-phrase:

    ⎡              ⎧ BEFORE ⎫ ⎤
    ⎢ WITH TEST ⎨        ⎬ ⎢
    ⎣              ⎩ AFTER  ⎭ ⎦

              ⎧ Bezeichner-2 ⎫       ⎧ Bezeichner-3 ⎫
    VARYING ⎨ Index-Name-1 ⎬ FROM ⎨ Index-Name-2 ⎬
              ⎩             ⎭       ⎩ Literal-1    ⎭

                   ⎡      ⎧ Bezeichner-4 ⎫ ⎤
                   ⎢ BY ⎨ Literal-2    ⎬ ⎢ UNTIL Bedingung-1
                   ⎣      ⎩             ⎭ ⎦

    ⎡           ⎧ Bezeichner-5 ⎫       ⎧ Bezeichner-6 ⎫
    ⎢ AFTER ⎨ Index-Name-3 ⎬ FROM ⎨ Index-Name-4 ⎬
    ⎣           ⎩             ⎭       ⎩ Literal-3    ⎭

                   ⎡      ⎧ Bezeichner-7 ⎫ ⎤
                   ⎢ BY ⎨ Literal-4    ⎬ ⎢ UNTIL Bedingung-2 ⎢ ...
                   ⎣      ⎩             ⎭ ⎦
```

Abbildung 10.1: PERFORM-Anweisung

Beispiel 1:

Eine Überschrift-Routine wird in einem Programm mehrfach benötigt und soll deshalb als Prozedur gestaltet werden, die man mit der PERFORM-Anweisung ausführen kann.

```
PROCEDURE DIVISION.
    :
    :
    PERFORM UEBERSCHRIFT-ROUTINE. *>      -->Verzweigung
    :                             *>      <--Rücksprung
    :
UEBERSCHRIFT-ROUTINE.
    WRITE AUSGABE-SATZ FROM UEBER-ZEILE-1 AFTER PAGE.
```

```
      WRITE AUSGABE-SATZ FROM UEBER-ZEILE-2 AFTER 5.
      WRITE AUSGABE-SATZ FROM UEBER-ZEILE-3 AFTER 2.
      WRITE AUSGABE-SATZ FROM UEBER-ZEILE-4 AFTER 1.
      MOVE ZERO TO ZEILENZAEHLER. ADD 1 TO SEITENZAEHLER.
  ENDE-UEBERSCHRIFT-ROUTINE.
```

Listing 10.1: Beispiel 1 zur PERFORM-Anweisung

Das Beispiel 1 zeigt eindeutig, dass die PERFORM-Anweisung die Verzweigung zu dem Paragraphen UEBERSCHRIFT-ROUTINE bewirkt. Die hier vorhandenen Anweisungen werden in ihrer Reihenfolge ausgeführt, bis ein neuer Prozedurname auftritt (hier ENDE-UEBERSCHRIFT-ROUTINE). Es erfolgt nun ein Rücksprung zu der Anweisung, die nach PERFORM codiert ist.

Es ist unbedingt darauf zu achten, dass solche Routinen auch sequenziell ausgeführt werden können, wenn sie die Steuerung des Programms erhalten, d.h. also ohne von einer PERFORM-Anweisung aufgerufen zu werden.

Beispiel 2:

In allen Formaten der PERFORM-Anweisung gibt es den Zusatz THRU Prozedurname-2, von dem Sie auch Gebrauch machen können. Dieser Zusatz wird dann benutzt, wenn man eine Reihe von Prozeduren, die hintereinander liegen, ausführen möchte.

Wenn dieser Zusatz benutzt wird, besagt die PERFORM-Anweisung wörtlich: »Führe alle Anweisungen aus, die ab Prozedurname-1 vorhanden sind, bis einschließlich aller Anweisungen, die in Prozedurname-2 noch vorhanden sind.« Demzufolge muss darauf geachtet werden, dass der genannte Prozedurname-2 erst nach Prozedurname-1 vorkommen darf.

```
PROCEDURE DIVISION.
    :
    :
    PERFORM RECHNEN THRU DRUCKEN. *> -->Verzweigung
    :                             *> <--Rücksprung
    :
RECHNEN.
    COMPUTE RABATT-BETRAG - PREIS * RABATT / 100.
    COMPUTE NETTO-BETRAG   = PREIS - RABATT-BETRAG.
    COMPUTE MWST           = NETTO-BETRAG * 14 / 100.
    COMPUTE GES-BETRAG     - NETTO-BETRAG + MWST. ENDE-RECHNEN.
DRUCKEN.
    MOVE   ......
    MOVE   ......
    WRITE DRUCK-SATZ   FROM POSITIONSZEILE AFTER 1.
    ADD 1 TO ZEILENZAEHLER.
ENDE-DRUCKEN.
```

Listing 10.2: Beispiel 2 zur PERFORM-Anweisung

In Beispiel 2 können Sie genau nachvollziehen, wie der Rücksprung in einer solchen Situation erfolgt. Erst nachdem alle Anweisungen des Paragraphen DRUCKEN ausgeführt wurden, erfolgt ein Rücksprung zu der Anweisung, die nach der PERFORM-Anweisung codiert ist.

Beispiel 3:

Sie haben bis jetzt zwei Beispiele zur PERFORM-Anweisung gesehen, in denen man sich bei den Prozedurnamen lediglich der Paragraphennamen bedient hat.

Sie erinnern sich jedoch, dass Sie bei der Codierung der PROCEDURE DIVISION die freie Wahl haben, wie diese strukturiert werden soll. Es ist in jedem Fall zu empfehlen, die PROCEDURE DIVISION aus einfachen Unterprogrammen aufzubauen. Jedes Unterprogramm sollte hier als ein Kapitel (SECTION) angegeben werden. Dies wird realisiert, indem man das Wort SECTION nach dem Paragraphennamen angibt.

Als SECTION betrachtet man nun eine Einheit, die aus mehreren Paragraphen besteht und deren Ende dann erreicht wird, wenn eine neue SECTION auftritt.

Nun zurück zu PERFORM: Wenn Sie also den Namen einer SECTION in der PERFORM-Anweisung angeben, wird die Ausführung dieser SECTION erst beendet, nachdem eine neue SECTION aufgetreten ist.

```
PROCEDURE DIVISION.
     :
     :
     PERFORM ERFASSEN.            *> -->Verzweigung
     :                           *> <--Rücksprung
     :
ERFASSEN SECTION.
ERF-EINGABE.
     DISPLAY SPACE.
     DISPLAY AUSGABE-FELDER AT 0101.
     ACCEPT EINGABE-FELDER AT 0101.
ERF-PRUEFEN.
     PERFORM PRUEFEN.
     IF PRUEF-SCHALTER = 1 PERFORM FEHLER-1.
ERF-UEBERTRAGEN.
     IF PRUEF-SCHALTER NOT = 1 PERFORM UEBERTRAGEN.
ERF-SICHERN.
     IF PRUEF-SCHALTER NOT = 1
          WRITE EINGABE-SATZ INVALID KEY PERFORM FEHLER-2.
ENDE-ERFASSEN.
LESEN SECTION.
LES-1000.
     DISPLAY SPACE UPON CRT.
     :
     :
```

Listing 10.3: Beispiel 3 zur PERFORM-Anweisung

Wie aus dem Beispiel 3 zu ersehen ist, haben wir die erfassungsspezifischen Verarbeitungen in einer einzigen SECTION zusammengefasst. Der Rücksprung erfolgt einzig durch das Auftreten der neuen SECTION LESEN.

IN-LINE PERFORM

Ein IN-LINE PERFORM beinhaltet die auszuführende Anweisungsfolge direkt nach PERFORM und sollte stets mit END-PERFORM beendet werden. Hier kann dann eine Anweisungsfolge mehrfach und abhängig von einer Bedingung ausgeführt werden.

PERFORM TIMES

Abgesehen von den bisher beschriebenen allgemeinen Regeln, die für alle PERFORM-Anweisungen gelten, wollen wir einige weitere Erkenntnisse für die Erleichterung der Programmierung gewinnen.

Mit der TIMES-Angabe kann ein Unterprogramm beliebig oft ausgeführt werden. Vor der Ausführung der PERFORM-Anweisung muss die Anzahl der Durchläufe feststehen.

Beispiel 4:

Nachdem die Eingabedatei eröffnet wurde, sollen die ersten zehn Sätze gelesen und angezeigt werden.

```
PROCEDURE DIVISION.
    :
    :
    OPEN INPUT EINGABE.
    MOVE 10 TO ANZAHL.
    PERFORM LESEN ANZAHL TIMES.   *> -->Verzweigung
    :                             *> <--Rücksprung
    :
LESEN SECTION.
LES-1000.
    READ EINGABE AT END MOVE 1 TO ENDE-SCHALTER.
    IF ENDE-SCHALTER NOT = 1
        DISPLAY EINGABE-SATZ.
LES-9999.
VERARBEITUNG SECTION.
```

Listing 10.4: Beispiel 4 zur PERFORM-Anweisung

Das Unterprogramm LESEN wird genau zehnmal ausgeführt. Selbst wenn man den Wert des Feldes ANZAHL innerhalb des Unterprogramms verändern würde, hätte dies keinen Einfluss mehr auf die Anzahl der Durchläufe. Wir hätten ebenso anstatt der Variablen ANZAHL das Literal 10 angeben können.

PERFORM UNTIL

Hierbei handelt es sich um eine bedingte PERFORM-Anweisung, deren Ausführung von der angegebenen Bedingung abhängig ist.

WITH TEST BEFORE/AFTER

Mit diesem Zusatz kann bestimmt werden, ob die Bedingung vor (BEFORE) oder nach (AFTER) der Ausführung des Unterprogramms getestet werden soll. Fehlt dieser Zusatz, so wird WITH TEST BEFORE angenommen.

Wurde WITH TEST BEFORE angegeben oder impliziert, so wird die Bedingung vor der Ausführung des Unterprogramms getestet. Ist die Bedingung bereits am Anfang erfüllt, so wird das Unterprogramm kein einziges Mal ausgeführt. Ist die Bedingung nicht erfüllt, so wird das Unterprogramm einmal ausgeführt und anschließend die Bedingung erneut geprüft. Dieser Vorgang wiederholt sich so lange, bis die Bedingung erfüllt wird; erst dann erfolgt der Rücksprung zu der Anweisung, die nach PERFORM steht.

Wir folgern hieraus, dass das Unterprogramm niemals ausgeführt werden kann, wenn die Bedingung bereits am Anfang erfüllt ist, bzw. dass wir eine Endlosschleife erhalten, wenn die Bedingung nie erfüllt wird.

Beispiel 5:

In einem Programm sollen die Sätze einer Datei gelesen und verarbeitet werden.

```
PROCEDURE DIVISION.
    :
    :
    OPEN INPUT EINGABE.
    MOVE 0 TO ENDE-SCHALTER
    PERFORM VERARBEITUNG              *> -->Verzweigung
            WITH TEST BEFORE
            UNTIL ENDE-SCHALTER = 1.
    :                                 *> <--Rücksprung
    :
    :
VERARBEITUNG SECTION.
VER-1000.
    READ EINGABE AT END MOVE 1 TO ENDE-SCHALTER.
    IF ENDE-SCHALTER NOT = 1
        DISPLAY EINGABE-SATZ.
VER-9999.
NACHLAUF SECTION.
```

Listing 10.5: Beispiel 5 zur PERFORM-Anweisung

Das Unterprogramm VERARBEITUNG wird so lange ausgeführt, bis das Dateiende erreicht ist.

Strukturiertes Programmieren mit PERFORM UNTIL

Die PERFORM UNTIL-Anweisung ist die wichtigste Anweisung für die Unterstützung der strukturierten Programmierung in COBOL. Man muss jedoch beachten, dass es in COBOL nur UNTIL-Schleifen gibt, die so lange durchlaufen werden, bis die angegebene Bedingung erfüllt ist. Bei dem in der strukturierten Programmierung verwendeten Schleifensymbol ist aber eine WHILE-Schleife gemeint, die so lange ausgeführt wird, solange die Bedingung wahr ist. Der verwendete Bedingungsausdruck muss also negiert werden. Aus Beispiel 5 ergibt sich also ein Struktogramm wie in Listing 10.2.

Benutzt man die Angabe WITH TEST AFTER, so will man die Bedingung nach der ersten Ausführung des Unterprogramms testen. Die PERFORM-Anweisung entspricht dann der Logik einer DO UNTIL-Schleife, weil alle fußgesteuerten Schleifen in Struktogrammen eine Abbruchbedingung haben, also nur so lange laufen, bis diese erfüllt ist.

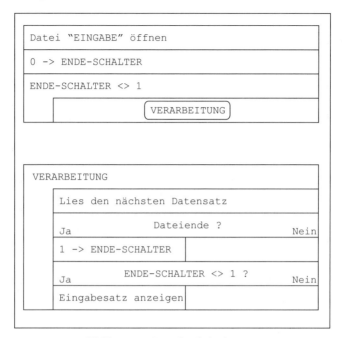

Abbildung 10.2: Beispiel 5 als Struktogramm

Anweisung a
Anweisung b
Anweisung c
Abbruchbedingung

Abbildung 10.3: Fußgesteuerte Schleife

Beispiel 6:

In diesem Beispiel soll das Unterprogramm LESEN mindestens einmal und so lange ausgeführt werden, bis die angegebene Bedingung erfüllt ist.

```
PROCEDURE DIVISION.
    :
    :
    PERFORM LESEN WITH TEST AFTER
            UNTIL ART-GR = 5 OR ENDE-SCHALTER = 1.
    :
    :
LESEN.
    READ EINGABE-DATEI AT END MOVE 1 TO ENDE-SCHALTER.
```

Listing 10.6: Beispiel 6 zur PERFORM-Anweisung

```
    PERFORM WITH TEST AFTER
            UNTIL ART-GR = 5 OR ENDE-SCHALTER = 1
            READ EINGABE-DATEI
                AT END MOVE 1 TO ENDE-SCHALTER
            END-READ
    END-PERFORM
```

Listing 10.7: Alternative Programmierung von Beispiel 6

PERFORM VARYING

Das PERFORM VARYING ist vom Ablauf her ähnlich wie das PERFORM UNTIL und wird auch als bedingte PERFORM-Anweisung bezeichnet, denn die Ausführung des genannten Unterprogramms hängt ebenfalls davon ab, ob die angegebene Bedingung erfüllt (wahr) oder nicht erfüllt (falsch) ist.

Der Unterschied liegt hier jedoch darin, dass VARYING für die Bildung von Programmschleifen mit Laufvariablen benutzt wird. Unter Laufvariable versteht man hier zum Beispiel ein numerisches Feld, das bei der erstmaligen Ausführung des Unterprogramms einen Anfangswert erhält und bei jeder weiteren Ausführung um eine Schrittweite verändert wird, bis ein bestimmter Endwert erreicht ist.

Die PERFORM VARYING-Analyse

Wir wollen nun die verschiedenen Angaben im Format der PERFORM-Anweisung in Anbetracht der hier beschriebenen Logik untersuchen. Die folgenden PERFORM-Angaben definieren die nebenstehenden Werte bzw. Felder.

PERFORM-Angabe	Werte/Felder
VARYING	Laufvariablenfeld
FROM	Anfangswert
BY	Schrittweite
UNTIL	Endwert

Tabelle 10.1: Teile einer PERFORM VARYING-Anweisung

Beispiel 7:

Nehmen Sie an, Sie wollen in einem Programm die Werte 1 bis 25 erzeugen und am Bildschirm anzeigen, etwa um die Bildschirmzeilen zu nummerieren. In diesem Fall haben Sie:

ZEILEN-NR	als	Laufvariablenfeld
1	"	Anfangswert
1	"	Schrittweite
25	"	Endwert

Tabelle 10.2: Eckdaten für Beispiel 7

```
    WORKING-STORAGE SECTION.

    01  CURSOR-POSITION.
        05 ZEILEN-NR        PIC 99.
        05 SPALTEN-NR       PIC 99 VALUE 01.
```

```
PROCEDURE DIVISION.

    PERFORM ANZEIGEN VARYING ZEILEN-NR
            FROM 1 BY 1 UNTIL ZEILEN-NR > 25.

ANZEIGEN.
  DISPLAY ZEILEN-NR
     AT LINE ZEILEN-NR COL SPALTEN-NR
     UPON CRT.
ANZEIGEN-ENDE.
```

Listing 10.8: Beispiel 7 zur PERFORM-Anweisung

Dieses Unterprogramm ANZEIGEN wird genau 25-mal ausgeführt, die Variable ZEILEN-NR erhält dabei die Werte 1, 2, 3, ... 25. Sobald die Laufvariable den Wert 26 erhält, ist die Bedingung erfüllt (wahr); das Unterprogramm wird dann nicht mehr ausgeführt.

```
PERFORM VARYING ZEILEN-NR
            FROM 1 BY 1 UNTIL ZEILEN-NR > 25
        DISPLAY ZEILEN-NR
            AT LINE ZEILEN-NR COL SPALTEN-NR
            UPON CRT
    END-PERFORM.
```

Listing 10.9: Alternative Programmierung von Beispiel 7

Der AFTER-Zusatz

Oftmals ist es in der Programmierung erforderlich, so genannte geschachtelte Programmschleifen zu bilden. Hierunter versteht man eine Schleife wie im siebten Beispiel, wobei zusätzlich in jedem Durchlauf dieser Schleife wiederum eine innere Schleife programmiert ist.

Mit Hilfe des AFTER-Zusatzes können nun solche inneren Schleifen realisiert werden. Bis zu sechs geschachtelte Schleifen (insgesamt sieben Schleifen) können nach ANSI85-Konventionen angegeben werden. Der erste auftretende AFTER-Zusatz definiert die erste geschachtelte Schleife usw.

Zu beachten ist dabei, dass für jede Schleife eine Laufvariable, ein Anfangswert, eine Schrittweite und ein Endwert angegeben werden müssen.

Wird die IN-LINE PERFORM-Anweisung benutzt, so darf der AFTER-Zusatz erst seit COBOL 2002 verwendet werden.

Beispiel 8:

Wir beziehen uns auf Beispiel 7 und wollen nun das Beispiel so erweitern, dass zusätzlich in jeder Zeile der Inhalt des Feldes AUSGABEFELD in den Spalten 11, 21, 31, 41, 51, 61 und 71 angezeigt werden soll. Es handelt sich hierbei um verschiedene Inhalte, die sich aus bestimmten Berechnungen ergeben und hier nicht weiter erläutert werden sollen. In diesem Fall muss eine zweifache Schleife programmiert werden:

ZEILEN-NR als 1. Schleife		Laufvariable 1. Schleife	ZEILEN-NR als 2. Schleife		Laufvariable 2. Schleife
1	"	Anfangswert	1	"	Anfangswert
1	"	Schrittweite	10	"	Schrittweite
25	"	Endwert	71	"	Endwert

Tabelle 10.3: Eckdaten für Beispiel 8

Als Anfangswert für SPALTEN-NR wurde hier 1 gewählt, da wir an dieser Stelle die Zeilennummer anzeigen wollen.

```
WORKING-STORAGE SECTION.


01  CURSOR-POSITION.
    05 ZEILEN-NR        PIC 99.
    05 SPALTEN-NR       PIC 99.
01  AUSGABE-FELD        PIC Z.ZZZ,ZZ.


PROCEDURE DIVISION.


    PERFORM ANZEIGEN
      VARYING
        ZEILEN-NR  FROM 1 BY 1  UNTIL ZEILEN-NR  > 25
      AFTER
        SPALTEN-NR FROM 1 BY 10 UNTIL SPALTEN-NR > 71.


ANZEIGEN.
    :
    :
    IF SPALTEN-NR = 1
        DISPLAY ZEILEN-NR
            AT LINE ZEILEN-NR COL SPALTEN-NR
    ELSE
        DISPLAY AUSGABE-FELD
            AT LINE ZEILEN-NR COL SPALTEN-NR
    END-IF.
ANZEIGEN-ENDE.
```

Listing 10.10: Beispiel 8 zur PERFORM-Anweisung

Das Unterprogramm ANZEIGEN wird hier 200-mal ausgeführt (25 x 8), die Variable ZEILEN-NR erhält dabei die Werte 1, 2, 3, ... 25. Während die Variable ZEILEN-NR 8-mal konstant bleibt, verändert sich die Variable SPALTEN-NR und erhält dabei die Werte 1, 11, 21, 31, 41, 51, 61 und 71.

```
            1         2         3         4         5         6         7         8
   1234567890123456789012345678901234567890123456789012345678901234567890
 1 01        1.234,00  2.987,00  6.345,98  4.285,83  9.163,63  5.173,84  9.003,11   1
 2 02        2.987,00  6.345,98  4.285,83  9.163,63  5.173,84  9.003,11  1.234,00   2
 3 03        6.345,98  4.285,83  9.163,63  5.173,84  9.003,11  1.234,00  4.285,83   3
 4 04        4.285,83  9.163,63  5.173,84  9.003,11  1.234,00  4.285,83  5.173,84   4
 5 05        9.003,11  1.234,00  4.285,83  6.345,98  4.285,83  9.163,63  5.173,84   5
 6 06        5.173,84  9.003,11  1.234,00  4.285,83  5.173,84  9.003,11  1.234,00   6
 7 07        1.234,00  2.987,00  6.345,98  4.285,83  5.173,84  9.163,63  9.003,11   7
 8 08        2.987,00  6.345,98  4.285,83  9.163,63  5.173,84  9.003,11  1.234,00   8
 9 09        6.345,98  4.285,83  9.163,63  5.173,84  9.003,11  1.234,00  4.285,83   9
10 10        4.285,83  9.163,63  5.173,84  9.003,11  1.234,00  4.285,83  5.173,84  10
11 11        9.003,11  1.234,00  4.285,83  6.345,98  4.285,83  9.163,63  5.173,84  11
12 12        5.173,84  9.003,11  1.234,00  4.285,83  5.173,84  9.003,11  1.234,00  12
13 13        1.234,00  2.987,00  6.345,98  4.285,83  9.163,63  5.173,84  9.003,11  13
14 14        2.987,00  6.345,98  4.285,83  9.163,63  5.173,84  9.003,11  1.234,00  14
15 15        6.345,98  4.285,83  9.163,63  5.173,84  9.003,11  1.234,00  4.285,83  15
16 16        4.285,83  9.163,63  5.173,84  9.003,11  1.234,00  4.285,83  5.173,84  16
17 17        9.003,11  1.234,00  4.285,83  6.345,98  4.285,83  9.163,63  5.173,84  17
18 18        5.173,84  9.003,11  1.234,00  4.285,83  5.173,84  9.003,11  1.234,00  18
19 19        1.234,00  2.987,00  6.345,98  4.285,83  9.163,63  5.173,84  9.003,11  19
20 20        2.987,00  6.345,98  4.285,83  9.163,63  5.173,84  9.003,11  1.234,00  20
21 21        6.345,98  4.285,83  9.163,63  5.173,84  9.003,11  1.234,00  4.285,83  21
22 22        4.285,83  9.163,63  5.173,84  9.003,11  1.234,00  4.285,83  5.173,84  22
23 23        9.003,11  1.234,00  4.285,83  6.345,98  4.285,83  9.163,63  5.173,84  23
24 24        5.173,84  9.003,11  1.234,00  4.285,83  5.173,84  9.003,11  1.234,00  24
25 25        3.867,19  5.164,92  9.017,74  1.873,92  7.912,27  6.016,44  4.823,82  25
            1         2         3         4         5         6         7         8
   1234567890123456789012345678901234567890123456789012345678901234567890
```

Abbildung 10.4: Beispiel für Ausgabedaten am Bildschirm

An dieser Stelle muss auf eine Besonderheit der geschachtelten COBOL-Schleifen hingewiesen werden. In obigem Beispiel werden zunächst die Laufvariablen ZEILEN-NR und SPALTEN-NR mit ihren Anfangswerten (jeweils 1) initialisiert. Danach wird die äußere Abbruchbedingung ZEILEN-NR größer 25 überprüft. Da sie nicht erfüllt ist, wird als Nächstes festgestellt, ob SPALTEN-NR größer 71 ist. Da auch dies verneint werden kann, wird der Schleifenkörper ANZEIGEN einmal abgearbeitet und danach die innere Laufvariable SPALTEN-NR um 10 erhöht. Wieder wird die innere Bedingung geprüft und ANZEIGEN aufgerufen. Interessant wird es, wenn SPALTEN-NR größer als 71 ist. In diesem Fall wird die äußere Laufvariable ZEILEN-NR um 1 erhöht und die innere Laufvariable SPALTEN-NR wieder auf ihren Anfangswert gesetzt, also auf 1. Erst jetzt prüft COBOL, ob auch die äußere Laufbedingung erfüllt ist.

Dieses Verhalten hat zur Folge, dass am Ende einer mit AFTER geschachtelten COBOL-Schleife lediglich der äußerste Bezeichner seinen Endwert überschritten hat, alle anderen Laufvariablen sich aber auf ihrem jeweiligen Anfangswert befinden.

Die Abbildung 10.5 stellt noch einmal den internen Ablauf der PERFORM-Anweisung dar.

Beispiel 9:

In einem Programm für die Erzeugung einer Umsatz-Statistik der Filialen eines Unternehmens werden drei Laufvariablen bei der Ausführung des entsprechenden Unterprogramms benötigt. Im Unterprogramm wird eine dreifache Schleife benötigt, deren Aufbau anschließend beschrieben wird:

1. Schleife

❑ Name der Laufvariablen: JAHR.
❑ Ihr Anfangswert wird am Bildschirm eingegeben.
❑ Ihre Schrittweite beträgt 1.
❑ Ihr Endwert wird ebenfalls am Bildschirm eingegeben.

2. Schleife

❑ Name der Laufvariablen: MONAT.
❑ Ihr Anfangswert ist 1.
❑ Die Schrittweite liegt ebenfalls bei 1.
❑ Ihr Endwert beträgt 12.

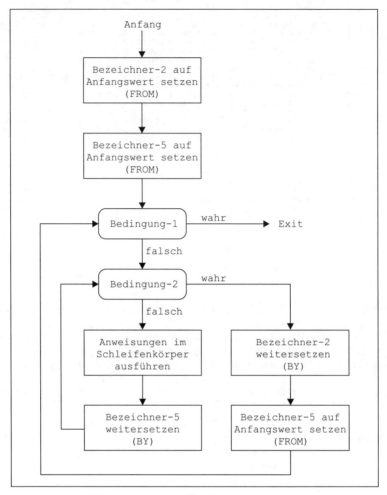

Anfang

Bezeichner-2 auf
Anfangswert setzen
(FROM)

Bezeichner-5 auf
Anfangswert setzen
(FROM)

Bedingung-1 — wahr → Exit

falsch

Bedingung-2 — wahr

falsch

| Anweisungen im Schleifenkörper ausführen | Bezeichner-2 weitersetzen (BY) |

| Bezeichner-5 weitersetzen (BY) | Bezeichner-5 auf Anfangswert setzen (FROM) |

Abbildung 10.5: Interner Ablauf der PERFORM-Anweisung

3. Schleife

❏ Name der Laufvariablen: FILIAL-NR.
❏ Anfangswert: 1.
❏ Schrittweite: 1.
❏ Endwert: 6.

```
WORKING-STORAGE SECTION.

01   JAHR              PIC 9(4).
01   MONAT             PIC 99.
01   FILIAL-NR         PIC 99.
01   VON-JAHR          PIC 9(4).
01   BIS-JAHR          PIC 9(4).
```

```
PROCEDURE DIVISION.

    ACCEPT VON-JAHR AT LINE 10 COL 05.
    ACCEPT BIS-JAHR AT LINE 10 COL 15.
    PERFORM STATISTIK-ROUTINE VARYING
        JAHR FROM VON-JAHR BY 1 UNTIL JAHR > BIS-JAHR
        AFTER MONAT FROM 1 BY 1 UNTIL MONAT > 12
        AFTER FILIAL-NR FROM 1 BY 1 UNTIL FILIAL-NR > 6.
    :
STATISTIK-ROUTINE.
    :
    :
STATISTIK-ENDE.
```

Listing 10.11: Programmausschnitte zu Beispiel 9

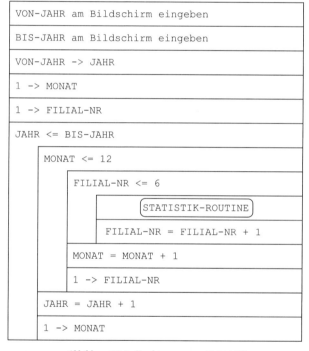

Abbildung 10.6: Struktogramm zu Beispiel 9

Geschachtelte PERFORM-Anweisungen

Unter einer geschachtelten PERFORM-Anweisung versteht man eine PERFORM-Anweisung, die in einem Unterprogramm vorhanden ist, das selbst mit einer PERFORM-Anweisung ausgeführt werden soll.

Grundsätzlich können alle PERFORM-Anweisungen geschachtelt werden. Es erhebt sich lediglich die Frage, ob die Schachtelung der PERFORM-Anweisungen notwendig ist und ob sie den Überblick im Programm stark beeinflusst. Dies muss jedenfalls rechtzeitig bei der Programmierung gut überlegt und durchdacht werden.

Beispiel 10:

In einem Programm soll eine Eingabe-Datei gelesen und verarbeitet werden. Nach dem Lesen eines jeden Datensatzes soll eine bestimmte Prüfroutine für die Eingabefelder durchgeführt werden. Zur Vereinfachung des Unterprogramms VERARBEITUNG codieren wir die Lese- und die Prüfroutine in einem gesonderten Unterprogramm, das direkt in der Verarbeitung aufgerufen wird. Im Übrigen sollen hier sonstige Aspekte nicht Bestandteil des Beispiels sein.

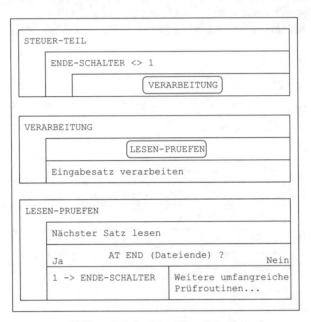

Abbildung 10.7: Struktogramm zu Beispiel 10

```
STEUER-TEIL SECTION.
ST-0001.
    PERFORM VERARBEITUNG UNTIL ENDE-SCHALTER = 1.
    :
ST-9999.
    EXIT.
VERARBEITUNG SECTION.
VER-1000.
    PERFORM LESEN-PRUEFEN.
    *> Eingabesatz verarbeiten
VER-9999.
    EXIT.
LESEN-PRUEFEN SECTION.
LES-1000.
    READ EINGABE AT END MOVE 1 TO ENDE-SCHALTER.
    IF ENDE-SCHALTER NOT = 1 .....
LES-9999.
WEITERE SECTION.
```

Listing 10.12: Programmausschnitte zu Beispiel 10

10.3 EXIT-Anweisung

Wirkung

Mit Hilfe der EXIT-Anweisung kann das Ende eines Unterprogramms sichergestellt werden.

```
Format 1 (simpel):

    EXIT
```

Abbildung 10.8: EXIT-Anweisung Format 1

Erläuterung

Die EXIT-Anweisung hatte ursprünglich den oben genannten Verwendungszweck. Dies ist jedenfalls die Regel nach ANSI-COBOL-Standard, denn im Standard-COBOL können geschachtelte Unterprogramme, die mit der PERFORM-Anweisung ausgeführt werden sollen, nicht am gleichen Endpunkt enden. So konnte man hier einen »quasi« zusätzlichen Paragraphen angeben, um den Endpunkt beider Unterprogramme zu differenzieren. In diesem sollte nun die EXIT-Anweisung platziert werden.

Beispiel 11:

```
        PERFORM A THRU D.
        :
    A.
        :
    B.
        PERFORM D.
    C.
        :
    D.
        :
```

Listing 10.13: Fehlerhafte Programmsteuerung

Die Darstellung in Listing 10.13 ist nach den Regeln des ANSI-COBOL-Standards falsch, da die geschachtelten PERFORM-Anweisungen den gleichen Endpunkt haben. In einem solchen Fall muss der Endpunkt einer PERFORM-Anweisung verändert werden. Wir fügen also einen Paragraphen ENDE ein, der die EXIT-Anweisung enthält.

```
        PERFORM A THRU ENDE.
        :
    A.
        :
    B.
        PERFORM D.
    C.
        :
    D.
        :
```

```
ENDE.
    EXIT.
```

Listing 10.14: Korrekte Programmsteuerung

In Listing 10.14 konnte die falsche Darstellung mit Hilfe der EXIT-Anweisung verbessert werden. Am Umfang der auszuführenden Anweisung bezüglich ihrer Wirkung auf die Anwendung hat sich dennoch nichts verändert.

Heutzutage verwendet man die EXIT-Anweisung lediglich aus Kompatibilitätsgründen mit anderen Compilern bzw. mit bereits vorhandener Software oder schlicht aus Gewohnheit, um ausdrücklich zu betonen, dass das Unterprogramm an dieser Stelle endet.

10.4 EXIT PERFORM-Anweisung

```
Format 5 (inline-perform):

    EXIT PERFORM [CYCLE]
```

Abbildung 10.9: EXIT-Anweisung Format 5

Erläuterung

Eine EXIT PERFORM-Anweisung ohne den Zusatz CYCLE beendet ein In-line-PERFORM und übergibt die Steuerung an die unmittelbar nach END-PERFORM vorhandene Anweisung. Sind mehrere In-line-PERFORM ineinander geschachtelt, so wird immer die innerste Anweisung verlassen.

Der Zusatz CYCLE übergibt die Steuerung an eine implizite CONTINUE-Anweisung, die unmittelbar vor END-PERFORM gedacht ist. Besser gesagt: Man kann einen Durchlauf einer In-line-PERFORM frühzeitig durch EXIT PERFORM CYCLE beenden und die folgenden Anweisungen bis END-PERFORM überspringen. Die Schleife läuft weiter.

Beispiel 1:

```
PERFORM UNTIL EOF
    READ EINGABE
    IF EOF THEN
        EXIT PERFORM  *> Schleife verlassen
    END-IF
    DISPLAY EINGABESATZ
    :
    :
END-PERFORM
```

Listing 10.15: Beispiel 1 zu EXIT PERFORM

Beispiel 2:

```
PERFORM VARYING I FROM 1 BY 1 UNTIL I > 100
    IF UMSATZ(I) < 5000 THEN

        EXIT PERFORM CYCLE *> Weiter mit nächstem
                          *> Durchlauf
    END-IF
    *> Verarbeiten aller Umsätze >= 5000
    :
END-PERFORM
```

Listing 10.16: Beispiel 2 zu EXIT PERFORM

10.5 EXIT SECTION-Anweisung

```
Format 6 (procedure):

EXIT  ⎧ PARAGRAPH ⎫
      ⎩ SECTION   ⎭
```

Abbildung 10.10: EXIT-Anweisung Format 6

Erläuterung

Diese Anweisung beendet die Ausführung eines Paragraphen bzw. einer SECTION und übergibt die Steuerung an die folgende Anweisung nach diesem Paragraphen bzw. nach dieser SECTION. Folgt dieser Anweisung kein weiterer Paragraph bzw. keine SECTION mehr, so wird die Steuerung an das physische Ende des Programms übergeben.

Beispiel:

```
    PERFORM LESEN-VERARBEITUNG UNTIL EOF
    :
    :
LESEN-VERARBEITUNG SECTION.
    READ EINGABE
    IF EOF THEN
        EXIT SECTION *> Schleife verlassen
    END-IF
    DISPLAY EINGABESATZ
    :
    :
LESVER-ENDE.
    EXIT.
```

Listing 10.17: Beispiel zu EXIT SECTION

10.6 Programmbeispiel: DEMO10: Zweistufiger Gruppenwechsel

Aufgabenstellung

Entwickeln Sie nach der Logik des Programms DEMO9 ein zweistufiges Gruppenwechselprogramm für die folgende Aufgabenstellung:

Die Umsatzdatei eines Unternehmens soll für die Erstellung einer Umsatzstatistik verwendet werden. Die Umsatzstatistik soll dabei die Summe aller getätigten Umsätze in einem Monat bzw. in einem Jahr zeigen.

Die Umsätze sind in der Datei UMSATZ10.EIN vorhanden. Die Datensätze dieser Datei sind aufsteigend nach Verkaufsdatum sortiert.

Aufbau der Umsatzdatei »UMSATZ.EIN«:

Anz. Stellen	Feldverwendung
6	Verkaufsdatum (Format: jjmmtt)
4v2	Umsatz

Tabelle 10.4: Dateiaufbau

Programmlisting

```
 1 IDENTIFICATION DIVISION.
 2 PROGRAM-ID.            DEMO10-2-STUFIGER-GRUPPENWECHS.
 3 AUTHOR.               R. HABIB.
 4 DATE-WRITTEN.
 5 DATE-COMPILED.
 6****************************************************
 7* PROGRAMMFUNKTION:                               *
 8*                                                 *
 9* DAS PROGRAMM DEMONSTRIERT DIE STEUERUNG EINES   *
10* 2-STUFIGEN GRUPPENWECHSELS UND ERSTELLT DABEI   *
11* EINE VERKAUFSSTATISTIK FÜR EIN UNTERNEHMEN.     *
12*                                                 *
13****************************************************
14 ENVIRONMENT DIVISION.
15 CONFIGURATION SECTION.
16 SOURCE-COMPUTER.  IBM-PC.
17 OBJECT-COMPUTER.  IBM-PC.
18 SPECIAL-NAMES.
19    DECIMAL-POINT IS COMMA.
20 INPUT-OUTPUT SECTION.
21 FILE-CONTROL.
22
23    SELECT  EINGABE ASSIGN TO "UMSATZ10.EIN",
24            ORGANIZATION IS LINE SEQUENTIAL.
25
```

```
26     SELECT  AUSGABE ASSIGN TO "UMSATZ10.AUS".
27*--------------------------------------------------*
28 DATA DIVISION.
29 FILE SECTION.
30 FD  EINGABE.
31 01  E-SATZ.
32     05 E-VERKAUFSDATUM.
33        10 E-JAHR         PIC 99.
34        10 E MONAT        PIC 99.
35        10 E-TAG          PIC 99.
36     05 E-UMSATZ          PIC 9(4)V99.
37
38 FD  AUSGABE.
39 01  A-SATZ              PIC X(56).
40*--------------------------------------------------*
41 WORKING-STORAGE SECTION.
42 01  UEBERSCHRIFT-1.
43     05 FILLER           PIC X(06) VALUE SPACE.
44     05 FILLER           PIC X(20) VALUE
45     "UMSATZSTATISTIK VOM ".
46     05 A-DATUM.
47        10 TAG           PIC Z9.
48        10 FILLER        PIC X VALUE ".".
49        10 MONAT         PIC 99.
50        10 FILLER        PIC XXX VALUE ".19".
51        10 JAHR          PIC 99.
52     05 FILLER           PIC X(11) VALUE SPACE.
53     05 FILLER           PIC X(7)  VALUE "SEITE:".
54     05 A-SEITEN-NR      PIC Z9.
55
56 01  UEBERSCHRIFT-2.
57     05 FILLER           PIC X(15) VALUE "JAHR".
58     05 FILLER           PIC X(15) VALUE "MONAT".
59     05 FILLER           PIC X(17) VALUE "TAG".
60     05 FILLER           PIC X(06) VALUE "UMSATZ".
61
62 01  UEBERSCHRIFT-3.
63     05 FILLER           PIC X(56) VALUE ALL "=".
64
65 01  POSTEN-ZEILE.
66     05 AUS-JAHR         PIC ZZ.
67     05 FILLER           PIC X(13).
68     05 AUS-MONAT        PIC ZZ.
69     05 FILLER           PIC X(13).
70     05 AUS-TAG          PIC Z9.
71     05 FILLER           PIC X(13).
```

```
72      05 AUS-UMSATZ         PIC Z.ZZ9,99.
73
74 01 SCHLUSS-ZEILE-1.
75      05 FILLER            PIC X(15) VALUE SPACE.
76      05 FILLER            PIC X(29) VALUE
77      "MONATSUMSATZ:".
78      05 AUS-MONATSUMSATZ PIC **.**9,99.
79      05 FILLER            PIC X(1) VALUE "*".
80
81 01 SCHLUSS-ZEILE-2.
82      05 FILLER            PIC X(43) VALUE
83      "JAHRESUMSATZ:".
84      05 AUS-JAHRESUMSATZ PIC ***.**9,99.
85      05 FILLER            PIC X(2) VALUE "**".
86
87 01 SCHLUSS-ZEILE-3.
88      05 FILLER            PIC X(41) VALUE
89      "GESAMTUMSATZ:".
90      05 AUS-GESAMTUMSATZ PIC *.***.**9,99.
91      05 FILLER            PIC X(3) VALUE "***".
92
93 01 SCHLUSS-ZEILE-4.
94      05 FILLER            PIC X(44) VALUE SPACE.
95      05 FILLER            PIC X(11) VALUE ALL "-".
96
97 01 SCHLUSS-ZEILE-5.
98      05 FILLER            PIC X(44) VALUE SPACE.
99      05 FILLER            PIC X(12) VALUE ALL "=".
100*---------------------------------------------*
101 01 TAGES-DATUM.
102     05  JAHR             PIC 99.
103     05  MONAT            PIC 99.
104     05  TAG              PIC 99.
105*---------------------------------------------*
106 01 MONATSSUMME           PIC 9(5)V99 VALUE ZERO.
107 01 JAHRESSUMME           PIC 9(6)V99 VALUE ZERO.
108 01 GESAMTSUMME           PIC 9(7)V99 VALUE ZERO.
109*---------------------------------------------*
110 01 ZEILEN-Z              PIC 99     VALUE 31.
111 01 SEITEN-Z              PIC 99     VALUE 0.
112*---------------------------------------------*
113 01 A-GR1.
114     05 A-GR2.
115        10 A-DATEI-ENDE  PIC 9  VALUE 0.
116        10 A-JAHR        PIC 99 VALUE 0.
117     05 A-MONAT          PIC 99 VALUE 0.
118*---------------------------------------------*
```

```
119 01 N-GR1.
120     05 N-GR2.
121         10 N-DATEI-ENDE   PIC 9  VALUE 0.
122         10 N-JAHR         PIC 99 VALUE 0.
123     05 N-MONAT            PIC 99 VALUE 0.
124*----------------------------------------------*
125 PROCEDURE DIVISION.
126 PROGRAMM-STEUERUNG SECTION.
127 PR-1000.
128     PERFORM VORLAUF.
129     PERFORM VERARBEITUNG
130             UNTIL A-DATEI-ENDE NOT = N-DATEI-ENDE.
131     PERFORM NACHLAUF.
132 PR-9999.
133     STOP RUN.
134*----------------------------------------------*
135*----------------------------------------------*
136 VORLAUF SECTION.
137 VOR-1000.
138     OPEN INPUT EINGABE OUTPUT AUSGABE.
139     ACCEPT TAGES-DATUM FROM DATE.
140     MOVE CORR TAGES-DATUM TO A-DATUM.
141     PERFORM LESEN.
142     MOVE N-JAHR  TO A-JAHR.
143     MOVE N-MONAT TO A-MONAT.
144 VOR-9999.
145     EXIT.
146*----------------------------------------------*
147 VERARBEITUNG SECTION.
148 VER-1000.
149     PERFORM GR2-VORLAUF.
150     PERFORM GR2-VERARBEITUNG
151             UNTIL N-GR2 NOT = A-GR2.
152     PERFORM GR2-NACHLAUF.
153 VER-9999.
154     EXIT.
155*----------------------------------------------*
156 NACHLAUF SECTION.
157 NAC-1000.
158     MOVE GESAMTSUMME  TO AUS-GESAMTUMSATZ.
159     WRITE A-SATZ FROM SCHLUSS-ZEILE-3 AFTER 3.
160     CLOSE EINGABE AUSGABE.
161 NAC-9999.
162     EXIT.
163*----------------------------------------------*
```

```
164*-------------------------------------------------*
165 GR2-VORLAUF SECTION.
166 GR2-VOR-1000.
167     MOVE ZERO TO JAHRESSUMME.
168     MOVE E-JAHR TO AUS-JAHR.
169     MOVE N-JAHR TO A-JAHR.
170 GR2-VOR-9999.
171     EXIT.
172*-------------------------------------------------*
173 GR2-VERARBEITUNG SECTION.
174 GR2-VER-1000.
175     PERFORM GR1-VORLAUF.
176     PERFORM GR1-VERARBEITUNG
177             UNTIL N-GR1  NOT = A-GR1.
178     PERFORM GR1-NACHLAUF.
179 GR2-VER-9999.
180     EXIT.
181*-------------------------------------------------*
182 GR2-NACHLAUF SECTION.
183 GR2-NAC-1000.
184     MOVE JAHRESSUMME  TO AUS-JAHRESUMSATZ.
185     WRITE A-SATZ FROM SCHLUSS-ZEILE-5 AFTER  1.
186     WRITE A-SATZ FROM SCHLUSS-ZEILE-2 AFTER  1.
187     ADD 2 TO ZEILEN-Z.
188     ADD  JAHRESSUMME  TO GESAMTSUMME.
189 GR2-NAC-9999.
190     EXIT.
191*-------------------------------------------------*
192*-------------------------------------------------*
193 GR1-VORLAUF SECTION.
194 GR1-VOR-1000.
195     MOVE ZERO    TO MONATSSUMME.
196     MOVE E-MONAT TO AUS-MONAT.
197     MOVE N-MONAT TO A-MONAT.
198 GR1-VOR-9999.
199     EXIT.
200*-------------------------------------------------*
201 GR1-VERARBEITUNG SECTION.
202 GR1-VER-1000.
203
204     IF ZEILEN-Z > 30 PERFORM BLATTWECHSEL.
205
206     MOVE E-TAG    TO AUS-TAG.
207     MOVE E-UMSATZ TO AUS-UMSATZ.
208     ADD  E-UMSATZ TO MONATSSUMME.
209
```

```
210     WRITE A-SATZ FROM POSTEN-ZEILE AFTER 1.
211     ADD 1 TO ZEILEN-Z.
212
213     MOVE 0 TO AUS-JAHR, AUS-MONAT.
214     PERFORM LESEN.
215 GR1-VER-9999.
216     EXIT.
217*------------------------------------------------*
218 GR1-NACHLAUF SECTION.
219 GR1-NAC-1000.
220     MOVE MONATSSUMME  TO AUS-MONATSUMSATZ.
221     WRITE A-SATZ FROM SCHLUSS-ZEILE-4 AFTER  1.
222     WRITE A-SATZ FROM SCHLUSS-ZEILE-1 AFTER  1.
223     ADD 2 TO ZEILEN-Z.
224     ADD  MONATSSUMME  TO JAHRESSUMME.
225 GR1-NAC-9999.
226     EXIT.
227*------------------------------------------------*
228*------------------------------------------------*
229 LESEN SECTION.
230 LES-1000.
231     READ EINGABE AT END MOVE 1 TO N-DATEI-ENDE.
232
233     IF N-DATEI-ENDE = 1 THEN NEXT SENTENCE
234     ELSE MOVE E-JAHR  TO N-JAHR
235         MOVE E-MONAT TO N-MONAT.
236 LES-9999.
237     EXIT.
238*------------------------------------------------*
239 BLATTWECHSEL SECTION.
240 BLA-1000.
241     ADD  1 TO SEITEN-Z.
242     MOVE 5 TO ZEILEN-Z.
243     MOVE SEITEN-Z TO A-SEITEN-NR.
244
245     WRITE A-SATZ FROM UEBERSCHRIFT-1 AFTER PAGE.
246     WRITE A-SATZ FROM UEBERSCHRIFT-3 AFTER 3.
247     WRITE A-SATZ FROM UEBERSCHRIFT-2 AFTER 1.
248     WRITE A-SATZ FROM UEBERSCHRIFT-3 AFTER 1.
249
250 BLA-9999.
251     EXIT.
```

Listing 10.18: DEMO10: Zweistufiger Gruppenwechsel

Testdaten »UMSATZ10.EIN«

830501300000	840816340000
830503100000	840824550000
830504200000	840826466000
830505400000	850201220000
830506500050	850203550000
830509800000	850204900000
830511900050	850205000000
830514300000	850413900050
830616340000	850414550000
830623400000	850516767050
830628500000	850517500000
840401220000	850518340000
840403550000	850829550000
840404900000	850830466000
840501234500	860201220000
840506900050	860203150000
840609700000	860204910000
840812767050	860205110000
840814500000	860520905650

Listing 10.19: Testdaten

Druckliste »UMSATZ.AUS«

```
        UMSATZSTATISTIK VOM 31.08.2002              SEITE:  1



==========================================================
JAHR          MONAT         TAG               UMSATZ
==========================================================

83             5             1             3.000,00
                             3             1.000,00
                             4             2.000,00
                             5             4.000,00
                             6             5.000,50
                             9             8.000,00
                            11             9.000,50
                            14             3.000,00
                                          -----------
               MONATSUMSATZ:             35.001,00*
               6            16             3.400,00
                            23             4.000,00
                            28             5.000,00

                                          -----------
               MONATSUMSATZ:             12.400,00*
                                          ===========
```

```
JAHRESUMSATZ:                                    *47.401,00**
84              4              1                   2.200,00
                               3                   5.500,00
                               4                   9.000,00
                                                 -----------
                MONATSUMSATZ:                     16.700,00*
                5              1                   2.345,00
                               6                   9.000,50
                                                 -----------
                MONATSUMSATZ:                     11.345,50*
```

Listing 10.20: Erste Druckausgabe

```
        UMSATZSTATISTIK VOM 31.08.2002              SEITE:  2


        ===================================================
        JAHR           MONAT         TAG              UMSATZ
        ===================================================
                        6             9             7.000,00
                                                  -----------
                MONATSUMSATZ:                     *7.000,00*
                        8            12             7.670,50
                                     14             5.000,00
                                     16             3.400,00
                                     24             5.500,00
                                     26             4.660,00
                                                  -----------
                MONATSUMSATZ:                     26.230,50*
                                                  ===========
        JAHRESUMSATZ:                             *61.276,00**
        85              2             1             2.200,00
                                      3             5.500,00
                                      4             9.000,00
                                      5                 0,00
                                                  -----------
                MONATSUMSATZ:                     16.700,00*
                        4            13             9.000,50
                                     14             5.500,00
                                                  -----------
                MONATSUMSATZ:                     14.500,50*
                        5            16             7.670,50
                                     17             5.000,00
                                     18             3.400,00
                                                  -----------
                MONATSUMSATZ:                     16.070,50*
```

Listing 10.21: Zweite Druckausgabe

```
        UMSATZSTATISTIK VOM 31.08.2002              SEITE:  3


==================================================
JAHR           MONAT          TAG            UMSATZ
==================================================
               8              29             5.500,00
                              30             4.660,00
                                             -----------
               MONATSUMSATZ:                 10.160,00*
                                             ===========
JAHRESUMSATZ:                                *57.431,00**
86             2              1              2.200,00
                              3              1.500,00
                              4              9.100,00
                              5              1.100,00
                                             -----------
               MONATSUMSATZ:                 13.900,00*
               5              20             9.056,50
                                             -----------
               MONATSUMSATZ:                 *9.056,50*
                                             ===========
JAHRESUMSATZ:                                *22.956,50**


GESAMTUMSATZ:                                **189.064,50***
```

Listing 10.22: Dritte Druckausgabe

Bedingungen

11.1 Vorbemerkung

In fast allen Anwendungen müssen wir laufend Entscheidungen treffen, um eine bestimmte Aktion im Programm durchführen zu dürfen. So ist z.B. die Berechnung von Überstunden in einem Lohn/Gehalts-programm davon abhängig, ob überhaupt Überstunden vorliegen. In einer anderen Anwendung mag die Bearbeitung eines Kundenauftrages von der verfügbaren Lagermenge eines Artikels abhängig sein usw.

Es ergeben sich Fragen über Fragen, die während der Ausführung des Objektprogramms beantwortet werden müssen, bevor eine Aktion unternommen werden kann.

In diesem Kapitel wollen wir uns nun damit beschäftigen, wie solche Fragen (Bedingungen) gestellt werden können, wie die Wahrheit einer Bedingung festgestellt wird, wie entsprechende Aktionen angegeben und vor allem wie komplizierte Entscheidungen überschaubar und vereinfacht dargestellt werden können.

11.2 IF-Anweisung

Wirkung

Mit Hilfe der IF-Anweisung kann die Wahrheit einer Bedingung festgestellt werden.

Abbildung 11.1: IF-Anweisung

Erläuterung

Nach Prüfung der angegebenen Bedingung durch eine IF-Anweisung wird das Objektprogramm an einer bestimmten Stelle (von ursprünglich zwei Stellen) fortgesetzt. Sie hängt von der Erfüllung der angegebenen Bedingung ab.

Wenn die Bedingung erfüllt ist (wahr), wird der THEN-Zweig (Anweisung-1) ausgeführt. Ist die Bedingung nicht erfüllt (falsch), so wird der ELSE-Zweig ausgeführt.

Nach Ausführung des entsprechenden Zweiges wird die weitere Ausführung des Programms beim nächsten COBOL-Satz, der auf die IF-Anweisung folgt, fortgesetzt. Dies gilt allerdings nur dann, wenn der auszuführende Zweig keine GO TO-Anweisung enthält, die möglicherweise die Programmsteuerung an eine andere Stelle im Programm übergibt.

END-IF

Hier sollte der Begriff »COBOL-Satz« nochmals erwähnt werden, denn dieser hat eine sehr wichtige Bedeutung für die Codierung der IF-Anweisung. Ein COBOL-Satz besteht aus einer oder mehreren Anweisungen und wird normalerweise mit einem Punkt abgeschlossen. Bei einigen Anweisungen kann der Anweisungsbegrenzer END-Anweisung verwendet werden, so z.B. bei der IF-Anweisung, die mit END-IF beendet werden kann. Der END-IF-Zusatz begrenzt also die Anweisungsfolge des THEN- bzw. des ELSE-Zusatzes von den nachfolgenden Anweisungen, die unabhängig von der IF-Anweisung ausgeführt werden sollen. Der hauptsächliche Einsatz von END-IF findet jedoch in der Schachtelung der IF-Anweisung statt.

Die IF-Anweisung selbst, samt aller Anweisungen im THEN- und im ELSE-Zweig, bildet einen COBOL-Satz, der auf jeden Fall mit einem Punkt oder mit END-IF abgeschlossen werden muss.

Beispiel 1:

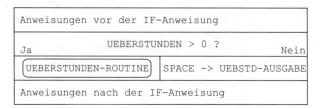

Abbildung 11.2: Struktogramm zu Beispiel 1

```
IF UEBERSTUNDEN > 0 THEN
     PERFORM UEBERSTUNDEN-ROUTINE
ELSE
     MOVE SPACE TO UEBSTD-AUSGABE.
```

oder

```
IF UEBERSTUNDEN > 0 THEN
     PERFORM UEBERSTUNDEN-ROUTINE
ELSE
     MOVE SPACE TO UEBSTD-AUSGABE
END-IF
```

Listing 11.1: Beispiel 1

Der ELSE-Zusatz

In vielen Entscheidungen wollen Sie eine bestimmte Aktion durchführen, aber nur dann, wenn die Bedingung wahr ist. In diesem Fall können Sie auf die Codierung des ELSE-Zweigs verzichten, denn hier ist nichts anzugeben. Wird bei der Prüfung der Bedingung festgestellt, dass die Bedingung nicht erfüllt (falsch) ist, und ist kein ELSE-Zweig angegeben, so wird das Programm mit der nächsten Anweisung fortgesetzt.

Beispiel 2:

In einem Programm für das Versandwesen werden die anfallenden Transportkosten nach Kilometern erhoben; jedoch wird ein Mindestbetrag von 30,00 EURO angenommen.

Abbildung 11.3: Struktogramm zu Beispiel 2

```
IF TRANSPORT-KOSTEN < 30 THEN
    MOVE 30 TO TRANSPORT-KOSTEN.

*> oder

IF TRANSPORT-KOSTEN < 30 THEN
    MOVE 30 TO TRANSPORT-KOSTEN
END-IF
```

Listing 11.2: Beispiel 2

Das Wahl-Wort THEN

Das Wort THEN kann ausschließlich zur besseren Lesbarkeit benutzt werden; es hat hier keine weitere Bedeutung für die Logik der IF-Anweisung.

Die NEXT SENTENCE-Angabe

Diese Angabe kann im THEN- oder im ELSE-Zweig gemacht werden, wenn im entsprechenden Zweig keine Anweisungen codiert werden sollen. Sie bewirkt dann, dass das Programm mit dem nächsten COBOL-Satz fortgesetzt wird. Achtung: Das ist nicht unbedingt die Anweisung, die unmittelbar auf das END-IF folgt, sondern vielmehr die erste Anweisung nach dem nächsten COBOL-Punkt, wo immer der auch steht.

Die NEXT SENTENCE-Angabe kann im THEN-Zweig codiert werden, wenn hier keine Aktion durchgeführt werden soll, sondern nur im ELSE-Zweig.

Da der ELSE-Zweig grundsätzlich wahlfrei ist, kann er weggelassen werden, wenn hier keine weitere Aktion durchgeführt werden soll. Infolgedessen erübrigt sich die NEXT SENTENCE-Angabe.

Es wird empfohlen, diese Angabe möglichst nicht zu benutzen, sondern lieber auf die CONTINUE-Anweisung zurückzugreifen. Mit CONTINUE ist sichergestellt, dass in jedem Fall die der IF-Anweisung folgende Anweisung als Nächstes ausgeführt wird, unabhängig vom COBOL-Punkt.

Schachtelung von IF-Anweisungen

Die IF-Anweisungen können beliebig geschachtelt werden, sie bilden dann gemeinsam einen einzigen COBOL-Satz.

Eine geschachtelte IF-Anweisung liegt vor, wenn diese selbst im THEN- bzw. ELSE-Zweig einer anderen IF-Anweisung codiert wird.

Alles, was man zu einer IF-Schachtelung gut beachten muss, ist die Arbeitsweise des Compilers, wie also die ELSE-Zweige zu den codierten IF-Anweisungen zugeordnet werden.

Beispiel 3:

Die Vergabe eines Rabattes wird abhängig vom Rabattsystem und von den Warengruppen gewährt.

Ja	RABATTSYSTEM = 1 ?	Nein
Ja WARENGRUPPE = "A" ? Nein		RABATT-SYS2-ROUTINE
5 -> RAB-SATZ	7 -> RAB-SATZ	

Abbildung 11.4: Struktogramm zu Beispiel 3

```
IF RABATTSYSTEM = 1
    IF WARENGRUPPE = "A"
        MOVE 5 TO RAB-SATZ
    ELSE
        MOVE 7 TO RAB-SATZ
    END-IF
ELSE
    PERFORM RABATT-SYS2-ROUTINE
END-IF
```

Listing 11.3: Beispiel 3

Es sei dazu noch erwähnt, dass die codierten ELSE-Zweige von innen nach außen den vorhandenen IF-Anweisungen zugeordnet werden. Das heißt, dass der erste vorkommende ELSE-Zweig der zuletzt angegebenen IF-Anweisung zugeordnet wird usw.

Der Übersichtlichkeit halber sollten die ELSE-Zweige eingerückt unter den zugehörigen IF-Anweisungen codiert werden. Dies hat zwar für die IF-ELSE-Zuordnung keine Bedeutung, wird aber empfohlen. Insbesondere bei umfangreicher Schachtelung.

Angenommen, es wäre keine Anweisung im ersten ELSE-Zweig notwendig, so hätte der ELSE-Zweig lauten müssen ELSE CONTINUE oder das innere IF mit END-IF beendet werden müssen. Wenn dieser ELSE-Zweig fehlt, wird der nächste ELSE-Zweig der Abfrage (IF WARENGRUPPE = "A") zugeordnet, dies stimmt jedoch nicht mit dem Struktogramm überein.

Beispiel 4:

In einem Unternehmen erhalten die Mitarbeiter abhängig von der Betriebszugehörigkeitsdauer und der belegten Kostenstelle eine bestimmte Prämie.

J	BETRIEBSZUGEHOERIGKEIT > 10 ?		N
J KOSTENSTELLE = 1 ? N		J KOSTENSTELLE = 2 ? N	
FAKTOR-1 -> PRAEMIEN-FAKTOR	FAKTOR-2 -> PRAEMIEN-FAKTOR	FAKTOR-3 -> PRAEMIEN-FAKTOR	FEHL

Abbildung 11.5: Struktogramm zu Beispiel 4

```
IF BETRIEBSZUGEHOERIGKEIT > 10
    IF KOSTENSTELLE = 1
        MOVE FAKTOR-1 TO PRAEMIEN-FAKTOR
```

```
        ELSE
            MOVE FAKTOR-2 TO PRAEMIEN-FAKTOR
        END-IF
    ELSE
        IF KOSTENSTELLE = 2
            MOVE FAKTOR-3 TO PRAEMIEN-FAKTOR
        ELSE
            PERFORM FEHL
        END-IF
    END-IF
```

Listing 11.4: Beispiel 4

Beispiel 5:

J	FELD1 > FELD2 ?		N
J	FELD-A NICHT = FELD-B ? N		FELD1 ANZEIGEN
FELD-A ANZEIGEN			

Abbildung 11.6: Struktogramm zu Beispiel 5

```
IF FELD1 > FELD2
    IF FELD-1 NOT = FELD-B
        DISPLAY FELD-A
    END-IF
ELSE
    DISPLAY FELD1
END-IF
```

Listing 11.5: Beispiel 5

In diesem Beispiel fehlt für die geschachtelte IF-Anweisung der ELSE-Zweig, weshalb sie mit END-IF beendet wird; der nachfolgende ELSE-Zweig wird der äußeren IF-Anweisung automatisch zugeordnet.

Beispiel 6:

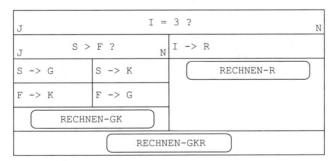

Abbildung 11.7: Struktogramm zu Beispiel 6

```
IF I = 3 THEN
    IF S > F THEN
        MOVE S TO G
        MOVE F TO K
    ELSE
        MOVE S TO K
        MOVE F TO G
    END-IF
    PERFORM RECHNEN-GK
ELSE
    MOVE I TO R
    PERFORM RECHNEN-R
END-IF
PERFORM RECHNEN-GKR
```

Listing 11.6: Beispiel 6

Nach dem Struktogramm in Beispiel 6 soll die Aktion PERFORM RECHNEN-GK sowohl im THEN- als auch im ELSE-Zweig der geschachtelten IF-Anweisung ausgeführt werden; in einem solchen Fall muss die geschachtelte IF-Anweisung mit END-IF beendet werden, damit die nächste Anweisung dem THEN-Zweig der äußeren IF-Anweisung zugeordnet werden kann.

Einfache Bedingungen

In COBOL unterscheidet man zwischen den folgenden Bedingungen:

❏ Vergleichsbedingung
❏ Vorzeichenbedingung
❏ Klassenbedingung
❏ Bedingungsnamen-Bedingung

Vergleichsbedingung

```
                        IS [NOT] GREATER THAN

                        IS [NOT] >

                        IS [NOT] LESS THAN

                        IS [NOT] <

Bezeichner-1            IS [NOT] EQUAL TO          Bezeichner-2
Literal-1                                          Literal-2
arithm.-Ausdruck-1      IS [NOT] =                 arithm.-Ausdruck-2
Index-Name-1                                       Index-Name-2

                        IS GREATER THAN OR EQUAL TO

                        IS >=

                        IS LESS THAN OR EQUAL TO

                        IS <=
```

Abbildung 11.8: Vergleichsbedingungen Format 1

Erläuterung

Bei einer Vergleichsbedingung werden zwei Operanden verglichen. Dabei wird der erste Operand »Subjekt« und der zweite Operand »Objekt« genannt. Beide Operanden können eine beliebige Kombination bilden, wie aus dem Format ersichtlich ist. Sie dürfen jedoch nicht gleichzeitig Literale sein.

Der Vergleich zwischen numerischen Operanden

Bei der Durchführung eines solchen Vergleichs werden die algebraischen Größen beider Operanden verglichen; dabei können die Längen und die internen Darstellungen beider Operanden unterschiedlich sein.

Beispiel 7:

Abbildung 11.9: Struktogramm zu Beispiel 7

```
IF KAPITAL > 0
    PERFORM TILGUNG-BERECHNEN
ELSE
    PERFORM ENDE-ROUTINE
END-IF
```

Listing 11.7: Beispiel 7

Der Vergleich zwischen nicht numerischen Operanden

Der Vergleich zwischen nicht numerischen Operanden wird anhand der binären Sortierfolge des verwendeten Codes (hier ASCII-Code) durchgeführt. Die hier beteiligten Operanden müssen die interne Darstellung USAGE IS DISPLAY aufweisen.

Beispiel 8:

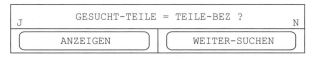

Abbildung 11.10: Struktogramm zu Beispiel 8

```
WORKING-STORAGE SECTION.

01  GESUCHT-TEILE    PIC X(13). *> Inhalt: STOSSSTANGE H
01  TEILE-BEZ        PIC X(13). *> Inhalt: STOSSSTANGE V

PROCEDURE DIVISION.

    IF GESUCHT-TEILE = TEILE-BEZ
        PERFORM ANZEIGEN
    ELSE
```

```
        PERFORM WEITER-SUCHEN
    END-IF
```

Listing 11.8: Beispiel 8

Diese IF-Bedingung ist nicht erfüllt, da der Inhalt des ersten Feldes – alphabetisch gesehen – kleiner als der des zweiten Feldes ist.

Nicht numerische Operanden mit unterschiedlichen Längen

Wenn zwei nicht numerische Operanden mit unterschiedlicher Länge verglichen werden, wird der kürzere Operand so behandelt, als hätte er so viele Leerzeichen, wie der Längenunterschied zwischen beiden Operanden ausmacht.

Beispiel 9:

Abbildung 11.11: Struktogramm zu Beispiel 9

```
WORKING-STORAGE SECTION.

01  B-NAME    PIC X(8).  *> Inhalt: "KIRCHNER"
01  E-NAME    PIC X(12). *> Inhalt: "KIRCHNER    "

PROCEDURE DIVISION.

    IF B-NAME = E-NAME THEN
        PERFORM AUSGABE
    ELSE
        PERFORM SUCH-NAECHSTER
    END-IF
```

Listing 11.9: Beispiel 9

Diese Bedingung ist erfüllt, da bei der Auswertung der Bedingung das kürzere Feld B-NAME ergänzt um Leerzeichen bis zur Länge des zweiten Feldes E-NAME verglichen wird.

Der Vergleich zwischen numerischen und nicht numerischen Operanden

Bei einem solchen Vergleich muss der nicht numerische Operand ganzzahlig sein. Er wird wie ein alphanumerisches Feld behandelt. Der Vergleich wird ebenfalls anhand der binären Sortierfolge des verwendeten Codes durchgeführt.

Die USAGE-Klausel bei den Operanden muss USAGE IS DISPLAY, BIT oder NATIONAL lauten.

Beispiel 10:

Abbildung 11.12: Struktogramm zu Beispiel 10

```
WORKING-STORAGE SECTION.

01  KFZ-KENNZEICHEN-NR PIC 9(4). *> Inhalt: 3428
01  VER-KFZ-NR         PIC X(4). *> Inhalt: "346 "

PROCEDURE DIVISION.

    IF KFZ-KENNZEICHEN-NR < VER-KFZ-NR
        PERFORM VERARBEITUNG
    ELSE
        PERFORM ENDE
    END-IF
```

Listing 11.10: Beispiel 10

Diese Bedingung ist erfüllt, da die »2« im dritten Byte des ersten Feldes kleiner ist als die »6« im dritten Byte des zweiten Feldes.

Verneinung einer Bedingung (NOT)

Die NOT-Angabe

Die NOT-Angabe kann benutzt werden, um verneinte Bedingungen zu erzeugen. Sie kann als Bestandteil des Vergleichsoperators oder zum Verneinen der gesamten Bedingung benutzt werden.

Beispiel 11:

Abbildung 11.13: Struktogramm zu Beispiel 11

Die IF-Anweisung aus Listing 11.11 verwendet die NOT-Angabe als Bestandteil des Vergleichsoperators (NOT >).

```
IF EINKOMMEN NOT > 4536
    MOVE ZERO TO STEUER
ELSE
    PERFORM WEITER
END-IF
```

Listing 11.11: Beispiel 11

Die IF-Anweisung aus Listing 11.12 verwendet die NOT-Angabe zum Verneinen der Bedingung (EINKOMMEN > 4536).

```
IF NOT (EINKOMMEN > 4536)
    MOVE ZERO TO STEUER
ELSE
    PERFORM WEITER
END-IF
```

Listing 11.12: Alternative für Beispiel 11

Die vorliegenden IF-Anweisungen können für die Lösung des Problems als Alternativen benutzt werden.

Vorzeichenbedingung

Wirkung

Mit Hilfe dieser Bedingung kann festgestellt werden, ob der Inhalt eines Feldes positiv, negativ oder gleich null ist.

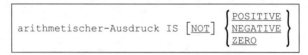

Abbildung 11.14: Vorzeichenbedingung

Erläuterung

Anstelle des Bezeichners kann auch ein arithmetischer Ausdruck angegeben werden, dessen Endergebnis intern ermittelt und anschließend mit null verglichen wird.

Die Vorzeichenbedingung ist in den folgenden Fällen erfüllt (wahr):

Bedingung	Wenn der Bezeichner oder das Endergebnis
POSITIVE	> 0
NEGATIVE	< 0
ZERO	= 0

Tabelle 11.1: Mögliche Vorzeichenbedingungen

Beispiel 12:

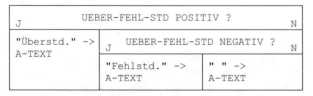

Abbildung 11.15: Struktogramm zu Beispiel 12

```
IF UEBER-FEHL-STD POSITIVE
    MOVE "Überstd." TO A-TEXT
ELSE
    IF UEBER-FEHL-STD NEGATIVE
        MOVE "Fehlstd." TO A-TEXT
    ELSE
        MOVE SPACE TO A-TEXT
    END-IF
END-IF
```

Listing 11.13: Beispiel 12

Klassenbedingung

Wirkung

Mit Hilfe dieser Bedingung kann festgestellt werden, ob der Inhalt eines Feldes zu der numerischen oder zur alphabetischen Klasse gehört.

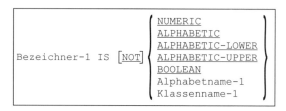

Abbildung 11.16: Klassenbedingung

Erläuterung

Die Klassenbedingung ist in den folgenden Fällen erfüllt (wahr):

Bedingung	Wenn der Inhalt des Bezeichners ...
NUMERIC	eine Kombination aus den Ziffern 0 bis 9 ist.
ALPHABETIC	eine Kombination aus den Buchstaben A bis Z, a bis z und dem Leerzeichen ist.
ALPHABETIC-LOWER	eine Kombination aus den Kleinbuchstaben a bis z und dem Leerzeichen ist.
ALPHABETIC-UPPER	eine Kombination aus den Großbuchstaben A bis Z und dem Leerzeichen ist.
BOOLEAN	eine Kombination aus den Ziffern 0 und 1 ist.

Tabelle 11.2: Mögliche Klassenbedingungen

Es ist nicht zulässig, dass ein Datenfeld auf eine beliebige Datenklasse hin geprüft wird. Die erlaubte Prüfung kann der Tabelle 11.3 entnommen werden.

Klasse des zu prüfenden Feldes	Erlaubte Prüfung
Numerisch	NUMERIC NOT NUMERIC
Alphabetisch	ALPHABETIC NOT ALPHABETIC ALPHABETIC-LOWER NOT ALPHABETIC-LOWER ALPHABETIC-UPPER NOT ALPHABETIC-UPPER BOOLEAN NOT BOOLEAN
Alphanumerisch Alphanumerisch aufbereitet	NUMERIC NOT NUMERIC ALPHABETIC NOT ALPHABETIC ALPHABETIC-LOWER NOT ALPHABETIC-LOWER ALPHABETIC-UPPER NOT ALPHABETIC-UPPER BOOLEAN NOT BOOLEAN
Boolean	BOOLEAN NOT BOOLEAN

Tabelle 11.3: Erlaubte Klassenprüfungen

Beispiel 13:

Abbildung 11.17: Struktogramm zu Beispiel 13

```
IF EINGABE NUMERIC
     PERFORM RECHNEN
ELSE
     PERFORM FEHLER
END-IF
```

Listing 11.14: Beispiel 13

Bedingungsnamen-Bedingung

Wirkung

Diese Bedingung ist eine Alternative zur Vergleichsbedingung. Sie wird verwendet, um aussagefähige Namen als Bedingungsnamen zu definieren.

```
88 Bedingungsname value-Klausel .
```

Abbildung 11.18: Bedingungsnamen

Erläuterung

Diese Bedingung ist besonders sinnvoll einzusetzen, wenn ein Datenfeld auf verschiedene Inhalte abgefragt werden soll.

Beispiel 14:

Aufgrund des vorhandenen Kennzeichens im Feld K-ANREDE-KZ soll ein entsprechendes Wort im Ausgabefeld A-ANREDE übertragen werden.

```
01  KUNDEN-SATZ.
    05  K-NAME              PIC X(25).
    05  K-ANREDE-KZ         PIC X.
        88 FIRMA            VALUE "M".
        88 HERR             VALUE "H".
        88 FRAU             VALUE "F".
        88 FRL              VALUE "R".
    05  FILLER              PIC X(130).
01 AUSGABE-SATZ.
    05  A-ANREDE            PIC X(10).
    05  A-NAME              PIC X(25).
```

Listing 11.15: Datendefinitionen zu Beispiel 14

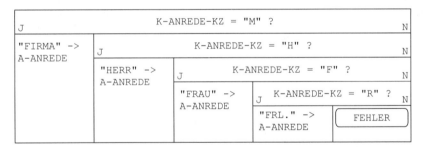

Abbildung 11.19: Struktogramm zu Beispiel 14

```
IF FIRMA
    MOVE "FIRMA" TO A-ANREDE
ELSE
    IF HERR
        MOVE "HERR" TO A-ANREDE
    ELSE
        IF FRAU
            MOVE "FRAU" TO A-ANREDE
        ELSE
            IF FRL
```

```
                    MOVE "FRL." TO A-ANREDE
              ELSE
                    PERFORM FEHLER
              END-IF
         END-IF
      END-IF
   END-IF
```

Listing 11.16: Beispiel 14

Abfragen eines Pointers

Auch ein POINTER kann mit einer IF-Anweisung abgefragt werden; es dürfen aber nur Adressfelder (POINTER, ADDRESS OF-Sonderregister bzw. NULL) miteinander auf Gleichheit oder Ungleichheit verglichen werden.

Beispiele:

```
IF ADRFELD = ADDRESS OF KUNDENSATZ THEN ....
IF SATZADR = NULL THEN ....
IF PTR1 not = PTR2 THEN ....
```

Zusammengesetzte Bedingungen

Wenn in einer IF-Anweisung mehrere einfache Bedingungen mit den logischen Operatoren AND und/ oder OR verknüpft werden, sprechen wir von zusammengesetzten Bedingungen. Die Ausführung des THEN- oder des ELSE-Zweiges in einer IF-Anweisung hängt allein vom Wahrheitswert der zusammengesetzten Bedingung ab. Ob nun eine solche zusammengesetzte Bedingung erfüllt oder nicht erfüllt ist, ist abhängig davon, welche Verknüpfungsoperatoren angegeben wurden und ob die einfachen Bedingungen selbst erfüllt oder nicht erfüllt sind.

$$[\underline{NOT}] \ \text{Bedingung-1} \left\{ \left\{ \begin{array}{c} \underline{AND} \\ \underline{OR} \end{array} \right\} [\underline{NOT}] \ \text{Bedingung-2} \right\} \ ...$$

Abbildung 11.20: Zusammengesetzte Bedingung

Erläuterung

Die Codierung einer solchen Bedingung ist immer dann erforderlich. wenn die Ausführung einer bestimmten Aktion von mehreren Bedingungen abhängt.

Die AND-Verknüpfung

Müssen zwei oder mehrere Bedingungen erfüllt sein, um eine bestimmte Aktion durchzuführen, so werden diese Bedingungen mit dem logischen Operator AND verknüpft, in diesem Fall wird die zusammengesetzte Bedingung als erfüllt betrachtet, wenn alle mit AND verknüpften Bedingungen erfüllt sind.

Beispiel 15:

Selbstverständlich kann das folgende Struktogramm mit einer geschachtelten IF-Anweisung codiert werden, jedoch ist eine zusammengesetzte Bedingung, die mit AND verknüpft wird, effektiver.

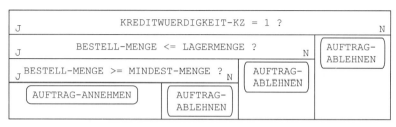

Abbildung 11.21: Struktogramm zu Beispiel 15

```
IF KREDITWUERDIGKEIT-KZ = 1 AND
    BESTELL-MENGE <= LAGERMENGE AND
    BESTELL-MENGE >= MINDEST-MENGE
        PERFORM AUFTRAG-ANNEHMEN
ELSE
        PERFORM AUFTRAG-ABLEHNEN
END-IF
```

Listing 11.17: Beispiel 15

Die OR-Verknüpfung

Hängt die Ausführung einer bestimmten Aktion von der Erfüllung einer von mehreren Bedingungen ab, so verknüpft man solche Bedingungen mit dem logischen Operator OR. In diesem Fall betrachtet man die zusammengesetzte Bedingung als erfüllt, wenn mindestens eine der mit OR verknüpften Bedingungen erfüllt ist.

Beispiel 16:

Abbildung 11.22: Struktogramm zu Beispiel 16

```
IF BESTELL-ART = ANGEBOTS-ART OR
    BESTELL-MENGE <= 3000
        MOVE 5 TO RABATT
ELSE
        MOVE ZERO TO RABATT
END-IF
```

Listing 11.18: Beispiel 16

Die Auswertung zusammengesetzter Bedingungen

Bei der Auswertung der Wahrheit einer zusammengesetzten Bedingung werden zunächst die einzelnen einfachen Bedingungen, die zusammen logisch verknüpft worden sind, ausgewertet. Die Auswertung erfolgt stets von links nach rechts. Klammern können benutzt werden, um die Auswertungspriorität zu verändern; in diesem Fall werden die in Klammern gesetzten Bedingungen zuerst ausgewertet. Bei der Verwendung von geschachtelten Klammern erfolgt die Auswertung von innen nach außen. Die Tabelle 11.4 zeigt im Überblick, welche Elemente in einer zusammengesetzten Bedingung mit welchem Rang versehen werden.

Rang	Elemente einer zusammengesetzten Bedingung
1	Auflösen der Klammern
2	Auflösen aller arithmetischer Ausdrücke
3	Auswerten der Vergleichsbedingungen
4	Auswerten der Klassenbedingungen
5	Auswerten der Bedingungsnamen-Bedingungen
6	Auswerten der Vorzeichenbedingungen
7	Bearbeitung des NOT-Operators
8	Auswerten der mit AND verknüpften Bedingungen
9	Auswerten der mit OR verknüpften Bedingungen

Tabelle 11.4: Auflösen zusammengesetzter Bedingungen

Die Tabelle 11.5 zeigt den Wahrheitswert einer zusammengesetzten Bedingung unter Einbeziehung unterschiedlicher Verknüpfungen:

A	B	A AND B	A OR B	NOT A	NOT (A AND B)	NOT A AND B	NOT (A OR B)	NOT A OR B
W	W	W	W	F	F	F	F	W
F	W	F	W	W	W	W	F	W
W	F	F	W	F	W	F	F	F
F	F	F	F	W	W	F	W	W

Tabelle 11.5: Wahrheitswerte zusammengesetzter Bedingungen

- ❏ A = erste Bedingung
- ❏ B = zweite Bedingung
- ❏ W = erfüllt (wahr)
- ❏ F = nicht erfüllt (falsch)

Implizierte Vergleichssubjekte und Vergleichsoperatoren

Soll eine Vergleichsbedingung, die sich auf das gleiche Subjekt und/oder den gleichen Vergleichsoperator bezieht, codiert werden, so hat man die Möglichkeit, auf Codierung des Subjektes und/oder des Vergleichsoperators zu verzichten und jeweils den zuletzt angegebenen zu implizieren.

Erläuterung

Diese verkürzte Schreibweise von Bedingungen ist nur bei Vergleichsbedingungen zulässig. Kommt das Wort NOT unmittelbar vor einem Vergleichsoperator (etwa NOT <, NOT =, NOT >), so wird es als Teil des Vergleichsoperators interpretiert und so mit ihm impliziert. In allen anderen Fällen wird es als Operator zum Negieren einer Bedingung betrachtet und damit nicht impliziert.

Beispiel 17:

Es soll festgestellt werden, ob die gesuchte PLZ zwischen 80000 und 89999 (jeweils einschließlich) liegt.

```
IF PLZ NOT < 80000 AND PLZ NOT > 89999 THEN .....
```

Die vorliegende Bedingung kann in ihrer Schreibweise wie folgt verkürzt werden:

```
IF PLZ NOT < 80000 AND NOT > 89999 THEN .....
```

Beispiel 18:

Es soll festgestellt werden, ob das Feld RABATT-SATZ den Wert 4 oder 6 beinhaltet.

```
IF RABATT-SATZ = 4 OR RABATT-SATZ = 6 THEN .....
```

Diese Bedingung kann wie folgt verkürzt werden:

```
IF RABATT-SATZ = 4 OR 6 THEN .....
```

11.3 CONTINUE-Anweisung

Wirkung

Die CONTINUE-Anweisung gilt als »NO-OPERATION« und spezifiziert damit eine nicht ausführbare Anweisung.

```
CONTINUE
```

Abbildung 11.23: CONTINUE-Anweisung

Erläuterung

Die CONTINUE-Anweisung kann anstelle einer bedingten oder unbedingten Anweisung codiert werden. Sie dient ausschließlich der Klarheit der Codierung, wie in den folgenden Beispielen zu sehen ist.

Beispiel 19:

```
IF A = B AND C = D AND NOT X THEN
    CONTINUE
ELSE
    MOVE K TO M
END-IF
```

Listing 11.19: Beispiel 19

In diesem Beispiel kennzeichnet die CONTINUE-Anweisung, dass es im THEN-Zweig keine ausführbaren Anweisungen gibt und dass das Programm in jedem Fall beim nächsten COBOL-Satz fortgesetzt werden soll.

Beispiel 20:

```
READ EINGABE-DATEI AT END CONTINUE.
```

Hier sehen Sie eine typische Anwendung der CONTINUE-Anweisung. Der AT END-Zusatz kann codiert werden, um einen Programmabbruch bei Dateiende zu unterbinden, auch wenn an dieser Stelle nichts ausgeführt werden soll. Um aber eine ordnungsgemäße Codierung zu erreichen, wird die CONTINUE-Anweisung angegeben.

11.4 EVALUATE-Anweisung

Wirkung

Die EVALUATE-Anweisung wird verwendet, um eine Steuerleiste, bestehend aus komplexen Bedingungen, auszuwerten und die zugehörigen Aktionen auszuführen.

Erläuterung

Da die EVALUATE-Anweisung unzählige Möglichkeiten an Codierformen erlaubt, ist es sinnvoll, wenn zunächst die grobe Struktur dieser Anweisung erläutert wird. In der Syntax der EVALUATE-Anweisung dominieren drei wichtige Angaben:

1. Auswahlsubjekt
2. Auswahlobjekt
3. Aktion

Zum besseren Verständnis würde eine EVALUATE-Anweisung so gelesen, wie in Listing 11.1 codiert ist.

```
EVALUATE   Subjekt
    WHEN   Objekt-1    Aktion-1
    WHEN   Objekt-2    Aktion-2
END-EVALUATE
```

Listing 11.20: Elemente einer EVALUATE-Anweisung

Und frei übersetzt heißt dies: »Werte dieses Subjekt aus; wenn Objekt-1 auf dieses Subjekt zutrifft, dann führe Aktion-1 aus. Wenn Objekt-2 auf dieses Subjekt zutrifft, dann führe Aktion-2 aus.«

Die Auswahlsubjekte

Subjekte werden vor dem Wort WHEN angegeben und dienen als Auswahlkriterien für eine bevorstehende Selektion in den WHEN-Zusätzen.

Die Auswahlobjekte

Objekte werden nach dem Wort WHEN angegeben. Sie stellen Bezugnahmen auf die Subjekte dar und müssen zutreffen, um die nebenstehende Aktion ausführen zu können.

```
EVALUATE Selektions-Subjekt [ ALSO Selektions-Subjekt ] ...

   {{WHEN Selektions-Objekt [ ALSO Selektions-Objekt] ...} ...

           Unbedingte-Anweisung-1 }...

   [WHEN OTHER Unbedingte-Anweisung-2]

   [END-EVALUATE]


Selections-Subjekt:

   ⎧Bezeichner-1              ⎫
   ⎪Literal-1                 ⎪
   ⎪Arithmetischer-Ausdruck-1 ⎪
   ⎨Boolscher-Ausdruck-1      ⎬
   ⎪Bedingung-1               ⎪
   ⎪TRUE                      ⎪
   ⎩FALSE                     ⎭


Selektions-Objekt:

   ⎧[NOT] Bezeichner-2              ⎫
   ⎪[NOT] Literal-2                 ⎪
   ⎪[NOT] Arithmetischer-Ausdruck-2 ⎪
   ⎪[NOT] Boolscher-Ausdruck-2      ⎪
   ⎨[NOT] Bereichsausdruck          ⎬
   ⎪      Bedingung-2               ⎪
   ⎪      TRUE                      ⎪
   ⎪      FALSE                     ⎪
   ⎩      ANY                       ⎭


Bereichsausdruck:

   ⎧Bezeichner-3              ⎫⎧THROUGH⎫⎧Bezeichner-4              ⎫
   ⎨Literal-3                 ⎬⎨THRU   ⎬⎨Literal-4                 ⎬
   ⎩Arithmetischer-Ausdruck-3 ⎭⎩       ⎭⎩Arithmetischer-Ausdruck-4 ⎭
```

Abbildung 11.24: EVALUATE-Anweisung

Die Aktion

Aktion ist eine beliebige Anweisung oder Anweisungsfolge, die dann ausgeführt wird, wenn alle Objekte des zugehörigen WHEN-Zusatzes zutreffen. In der EVALUATE-Anweisung können mehrere WHEN-Zusätze angegeben werden, es kann jedoch nur die Aktion eines einzigen WHEN-Zusatzes ausgeführt werden. Hierzu werden die WHEN-Zusätze in der Reihenfolge der Codierung einzeln geprüft. Treffen alle Objekte eines WHEN-Zusatzes zu, so wird die zugehörige Aktion ausgeführt, die restlichen WHEN-Zusätze werden nicht mehr ausgewertet und die EVALUATE-Anweisung ist damit beendet.

Bevor wir jedoch auf die vollständige Syntax der EVALUATE-Anweisung eingehen, betrachten wir zunächst ein einfaches Beispiel.

Beispiel 21:

In einem Programm soll eine bestimmte Verarbeitung abhängig vom Inhalt der Variablen VERARBEI-TUNGS-KZ ausgeführt werden.

```
WORKING-STORAGE SECTION.

01  VERARBEITUNGS-KZ        PIC9(3).

PROCEDURE DIVISION.

    EVALUATE VERARBEITUNGS-KZ
        WHEN 1      PERFORM VERARB-1
        WHEN 2      PERFORM VERARB-2
        WHEN 3      PERFORM VERARB-3
        WHEN 4      PERFORM VERARB-4
        WHEN OTHER PERFORM FEHLER-ROUTINE
    END-EVALUATE
```

Listing 11.21: Beispiel 21

Erläuterung zu Beispiel 21:

Die EVALUATE-Anweisung prüft den Inhalt des Feldes VERARBEITUNGS-KZ; ist dieser 1, wird VERAR-BEITUNG-1 ausgeführt. Ist dieser 2, wird VERARBEITUNG-2 ausgeführt usw. Trifft keiner der angegebenen WHEN-Zusätze zu, so wird FEHLER-ROUTINE – falls dieser Zusatz codiert ist – ausgeführt, andernfalls wird das Programm nach END-EVALUATE fortgesetzt.

Allgemein gilt Folgendes: Subjekt der EVALUATE-Anweisung ist das Datenfeld VERARBEITUNGS-KZ, das Objekt im ersten WHEN-Zusatz ist 1, das Objekt im zweiten WHEN-Zusatz ist 2 usw.

Die ALSO-Angabe

Das Wort ALSO erlaubt die Spezifikation eines neuen Auswahl-Subjektes bzw. -Objektes in der EVALUATE-Anweisung.

Beispiel 22:

```
EVALUATE A  ALSO B  ALSO C
    WHEN 5  ALSO 30 ALSO 67 MOVE "X" TO KENNZEICHEN
    WHEN 23 ALSO 45 ALSO 90 MOVE "Y" TO KENNZEICHEN
    WHEN 20 ALSO 30 ALSO 40 MOVE "Z" TO KENNZEICHEN
    WHEN OTHER              MOVE "N" TO KENNZEICHEN
END-EVALUATE
```

Listing 11.22: Beispiel 22

Erläuterung zu Beispiel 22:

In dieser EVALUATE-Anweisung werden drei Subjekte A, B, C und entsprechend drei Objekte in jedem WHEN-Zusatz angegeben. Die Aktion MOVE "X" TO KENNZEICHEN wird dann ausgeführt, wenn A=5, B=30 und C=67 ist; andere WHEN-Zusätze sind entsprechend zu interpretieren. Enthalten die Felder A, B und C andere Wertkombinationen als in den ersten drei WHEN-Zusätzen angegeben ist, so wird die Aktion MOVE "N" TO KENNZEICHEN ausgeführt. Wir stellen also Folgendes fest:

1. Die Anzahl der Objekte in einem WHEN-Zusatz muss mit der der Subjekte übereinstimmen.
2. Die Objekte in jedem WHEN-Zusatz werden den Subjekten der Reihenfolge nach zugeordnet, d.h. 5 zu A, 30 zu B und 67 zu C.

Die TRUE- und FALSE-Angabe

Diese Angaben können als Subjekt oder als Objekt in einer EVALUATE-Anweisung verwendet werden. Sie müssen in jedem Fall mit Bedingungen korrespondieren. Das heißt, wenn TRUE als Subjekt angegeben wird, muss das entsprechende Objekt eine Bedingung sein. TRUE bedeutet, dass die korrespondierende Bedingung erfüllt sein muss (WAHR), FALSE bedeutet, dass die Bedingung nicht erfüllt sein darf (FALSCH).

Beispiel 23:

```
EVALUATE
      A ALSO ENDE  ALSO B > C ALSO K = L ALSO TRUE

WHEN 4 ALSO TRUE  ALSO TRUE  ALSO 6     ALSO X = "A"

      MOVE "J" TO KENNZEICHEN

WHEN 9 ALSO FALSE ALSO TRUE  ALSO 9     ALSO X = "B"

      MOVE "N" TO KENNZEICHEN

END-EVALUATE
```

Listing 11.23: Beispiel 23

Erläuterung zu Beispiel 23:

Hier wird die Aktion MOVE "J" TO KENNZEICHEN nur dann ausgeführt, wenn die folgenden Bedingungen zutreffen:

1. A muss gleich 4 sein.
2. ENDE muss wahr sein (ENDE ist ein Bedingungsname »Stufennummer 88«).
3. Die Bedingung B > C muss wahr sein.
4. Der Ausdruck K - L muss einen Wert gleich 6 ergeben.
5. Die Bedingung (X = "A") muss wahr sein.

Die ANY-Angabe

Wenn das Wort ANY anstelle eines Objektes benutzt wird, so kann das mit diesem Objekt korrespondierende Subjekt einen beliebigen Ausgang erhalten. Die zu prüfende Situation (Bedingung, Bezeichner, Ausdruck usw.) wird in jedem Fall als wahr betrachtet. Diese Angabe ist dann notwendig, wenn die Prüfung eines bestimmten Subjektes in einem WHEN-Zusatz erforderlich ist, in einem anderen WHEN-Zusatz jedoch keine Rolle spielt und beide WHEN-Zusätze in einer einzigen EVALUATE-Anweisung vorkommen. Das nachfolgende Beispiel verdeutlicht dies.

Beispiel 24:

```
EVALUATE UMSATZ        ALSO KUNDEN-GRUPPE
    WHEN 3000 THRU 5000 ALSO 3    MOVE 2 TO RABATT
```

```
       WHEN 5001 THRU 9000 ALSO 3    MOVE 4 TO RABATT
       WHEN 9001 THRU 9999 ALSO ANY  MOVE 5 TO RABATT
   END-EVALUATE
```

Listing 11.24: Beispiel 24

Erläuterung zu Beispiel 24:

Im dritten WHEN-Zusatz sehen Sie die Aktion MOVE 5 TO RABATT, die dann ausgeführt wird, wenn es sich um eine beliebige Kundengruppe handelt, jedoch um einen Umsatz zwischen 9001 und 9999.

Das Objekt ANY wurde also dem Subjekt KUNDEN-GRUPPE zugeordnet. Da das Subjekt in den anderen WHEN-Zusätzen eine Rolle spielt, konnte dieses in der EVALUATE-Anweisung nicht weggelassen werden.

Die THRU-Angabe

Die THRU-Angabe stellt eine wertvolle Einrichtung in der EVALUATE-Anweisung dar. Sie bietet dem Benutzer die Möglichkeit, sich auf einen Wertebereich in einem Bezeichner (Subjekt) zu beziehen. THRU darf nur als Objekt verwendet werden. In jedem Fall muss der Wertebereich die gleiche Datenkategorie wie die des Subjektes aufweisen.

Beispiel 25:

```
   EVALUATE WARENGRUPPE      ALSO MINDESTBESTAND
       WHEN 3 THRU 5         ALSO 0 THRU 199
       WHEN 6                ALSO 0 THRU 799
       WHEN NOT 9 THRU 12    ALSO 0 THRU 549


          PERFORM BESTELLUNG


   END-EVALUATE
```

Listing 11.25: Beispiel 25

Erläuterung zu Beispiel 25:

In diesem Beispiel wird die Auflösung der EVALUATE-Anweisung noch deutlicher. Man kann die Verknüpfung zwischen den Objekten eines einzigen WHEN-Zusatzes als AND-Verknüpfung betrachten. Alle WHEN-Zusätze sind jedoch mit einer OR-Verknüpfung verbunden. Wenn also in einem WHEN-Zusatz keine Aktion angegeben wurde, wird die Aktion des nachfolgenden WHEN-Zusatzes angenommen.

Hier soll abhängig von der Warengruppe und vom Mindestbestand eine Bestellung ausgelöst werden. Das Objekt (3 THRU 5) ist dann wahr, wenn die Warengruppe = 3, 4 oder 5 ist. Die Formulierung NOT 9 THRU 12 schließt das Vorhandensein eines Wertes zwischen 9 und 12 (jeweils einschließlich) in der Warengruppe aus.

Beispiel 26:

```
   EVALUATE   A ALSO B
       WHEN 1 ALSO 2    PERFORM VERARBEITUNG-1
       WHEN 3 ALSO 4    PERFORM VERARBEITUNG-2
   END-EVALUATE
```

Listing 11.26: Beispiel 26

In diesem Beispiel wird VERARBEITUNG-1 ausgeführt, wenn A=1 und B=2 ist, VERARBEITUNG-2 wird ausgeführt, wenn A=3 und B=4 ist.

Entscheidungstabellen mit EVALUATE

Entscheidungstabellen sind Hilfsmittel für die Software-Entwicklung. In einer Entscheidungstabelle mit n Bedingungen können maximal bis 2^n Regeln vorkommen.

Beispiel 27:

Bedingungen	Regeln			
	R1	R2	R3	R4
Beschäftigungszeit > 3 Jahre	J	J	N	N
Abwesenheit < 5 Tage	J	N	J	N
Aktionen				
Dienstprämie vergeben	X	X	-	-
Anwesenheitsprämie vergeben	X	-	X	-
100 Euro Prämie vergeben	-	-	-	X

Legende:
J bedeutet   die Bedingung muss zutreffen
N bedeutet   die Bedingung darf nicht zutreffen
X bedeutet   die Aktion wird ausgeführt
- bedeutet   die Aktion wird nicht ausgeführt

Abbildung 11.25: Entscheidungstabelle zu Beispiel 27

```
EVALUATE   BESCHAEFTIGUNGSZEIT > 3 ALSO ABWESENHEIT < 5
       WHEN   TRUE              ALSO   TRUE
              PERFORM DIENSTPRAEMIE
              PERFORM ANWESENHEITSPRAEMIE
       WHEN   TRUE              ALSO   FALSE
              PERFORM DIENSTPRAEMIE
       WHEN   FALSE             ALSO   TRUE
              PERFORM ANWESENHEITSPRAEMIE
       WHEN   FALSE             ALSO   FALSE
              PERFORM 100-EURO-PRAEMIE
       END-EVALUATE
```

Listing 11.27: Beispiel 27

Beispiel 28:

In einem Programm ist die Vergabe von Rabatt und Bonus von den folgenden Bedingungen abhängig:

Bedingungen	Regeln				
	R1	R2	R3	R4	SONST
Umsatz	>5000	>5000	>9999	>9999	...
Stammkunde	J	N	J	N	...
Warengruppe < 7	J	J	N	N	...
Warengruppe >= 7	N	N	J	J	...
Aktionen					
3% Rabatt vergeben	X	–	–	X	–
5% Rabatt vergeben	–	X	X	–	–
1% Bonus vergeben	X	–	X	X	–
Rabatt und Bonus auf 0 setzen	–	–	–	–	X

Abbildung 11.26: Entscheidungstabelle zu Beispiel 28

```
WORKING-STORAGE SECTION.

01  UMSATZ              PIC 9(5).
01  KUNDENSCHLUESSEL    PIC 9(1).
    88  STAMMKUNDEN     VALUE 2.
01  W-GR                PIC 9(2).


PROCEDURE DIVISION.

EVALUATE      UMSATZ    ALSO    STAMMKUNDE ALSO
              W-GR < 7  ALSO    W-GR >= 7

    WHEN   5000 THRU 9999  ALSO TRUE  ALSO TRUE ALSO FALSE
           MOVE  3 TO RABATT
           MOVE  1 TO BONUS
    WHEN   5000 THRU 9999  ALSO FALSE ALSO TRUE ALSO FALSE
           MOVE  5 TO RABATT
    WHEN   9999 THRU 99999 ALSO TRUE  ALSO FALSE ALSO TRUE
           MOVE  5 TO RABATT
           MOVE  1 TO BONUS
    WHEN   9999 THRU 99999 ALSO FALSE ALSO FALSE ALSO TRUE
           MOVE  3 TO RABATT
           MOVE  1 TO BONUS
    WHEN OTHER
           MOVE  0 TO RABATT
           MOVE  0 TO BONUS
    END-EVALUATE
```

Listing 11.28: Beispiel 28

11.5 Programmbeispiel: DEMO11: Kontostand

Aufgabenstellung

Es ist ein Programm für die Erstellung einer Kontostandsliste für eine Bank zu entwickeln. Die Verarbeitung dieses Programms umfasst das Drucken der einzelnen Datensätze der Kontodatei; Soll- und Haben-Beträge sollen jeweils getrennt aufgelistet werden. Darüber hinaus werden die Summen aller Soll- und Haben-Beträge und die Differenz als Schlusszeilen am Ende der Verarbeitung ausgedruckt.

Aufbau der Kontodatei »KONTO.EIN«

Anz. Stellen	Feldverwendung
10	Kontonummer
6V2	Saldo
1	Saldokennzeichen (S = Soll, H = Haben)

Tabelle 11.6: Dateiaufbau

Programmlisting

```
 1 IDENTIFICATION DIVISION.
 2 PROGRAM-ID.           DEMO11-KONTOSTAND.
 3 AUTHOR.               R. HABIB.
 4 DATE-WRITTEN.
 5 DATE-COMPILED.
 6****************************************************
 7* PROGRAMMFUNKTION:                               *
 8*                                                 *
 9* DAS PROGRAMM ERSTELLT EINE ÜBERSICHTSLISTE FÜR *
10* DEN KONTOSTAND DER BANKKUNDEN.                  *
11*                                                 *
12****************************************************
13 ENVIRONMENT DIVISION.
14 CONFIGURATION SECTION.
15 SOURCE-COMPUTER.   IBM-PC.
16 OBJECT-COMPUTER.   IBM-PC.
17 SPECIAL-NAMES.
18     DECIMAL-POINT IS COMMA.
19 INPUT-OUTPUT SECTION.
20 FILE-CONTROL.
21
22     SELECT  KONTO       ASSIGN TO "KONTO.EIN",
23             ORGANIZATION IS LINE SEQUENTIAL.
24
25     SELECT  AUSGABE ASSIGN TO "KONTO.AUS".
26*-------------------------------------------------*
27 DATA DIVISION.
28 FILE SECTION.
```

```
29 FD  KONTO.
30 01  K-SATZ.
31        05 K-KONTO-NR        PIC X(10).
32        05 K-SALDO           PIC 9(6)V99.
33        05 K-SALDO-KZ        PIC X.
34
35 FD  AUSGABE.
36 01  A-SATZ                  PIC X(56).
37*-----------------------------------------------*
38 WORKING-STORAGE SECTION.
39 01  UEBERSCHRIFT-1.
40        05 FILLER            PIC X(8) VALUE SPACE.
41        05 FILLER            PIC X(20) VALUE
42        "KONTOSTAND VOM ".
43        05 A-DATUM.
44           10 TAG            PIC 99.
45           10 FILLER         PIC X VALUE ".".
46           10 MONAT          PIC 99.
47           10 FILLER         PIC XXX VALUE ".20".
48           10 JAHR           PIC 99.
49
50 01  UEBERSCHRIFT-2.
51        05 FILLER            PIC X(26) VALUE
52        "KONTO-NR.".
53        05 FILLER            PIC X(14) VALUE
54        "SOLL".
55        05 FILLER            PIC X(10) VALUE
56        "HABEN".
57
58 01  AUSGABE-ZEILE.
59        05 A-KONTO-NR        PIC X(10).
60        05 FILLER            PIC X(10).
61        05 A-SOLL            PIC ZZZ.ZZZ,ZZ.
62        05 FILLER            PIC X(05).
63        05 A-HABEN           PIC ZZZ.ZZZ,ZZ.
64
65 01  SCHLUSS-ZEILE.
66        05 A-TEXT            PIC X(18).
67        05 A-SOLL-SUMME      PIC Z.ZZZ.ZZ9,99.
68        05 A-SOLL-DIFF REDEFINES A-SOLL-SUMME
69                            PIC -.---.---,--.
70        05 FILLER            PIC X(03).
71        05 A-HABEN-SUMME     PIC Z.ZZZ.ZZ9,99.
72        05 A-HABEN-DIFF REDEFINES A-HABEN-SUMME
73                            PIC +.+++.+++,++.
74
```

```
75 01  TAGES-DATUM.
76     05  JAHR          PIC 99.
77     05  MONAT         PIC 99.
78     05  TAG           PIC 99.
79
80 01  SOLL-SUMME        PIC 9(7)V99 VALUE 0.
81 01  HABEN-SUMME       PIC 9(7)V99 VALUE 0.
82 01  DIFFERENZ         PIC 9(7)V99 VALUE 0.
83
84 01  SCHALTER          PIC 9 VALUE 0.
85 88  DATEI-ENDE        VALUE 1.
86*------------------------------------------------*
87 PROCEDURE DIVISION.
88 PROGRAMM-STEUERUNG SECTION.
89 PR-1000.
90     PERFORM VORLAUF.
91     PERFORM VERARBEITUNG UNTIL DATEI-ENDE.
92     PERFORM NACHLAUF.
93 PR-9999.
94     STOP RUN.
95*------------------------------------------------*
96 VORLAUF SECTION.
97 VOR-1000.
98     OPEN INPUT KONTO OUTPUT AUSGABE.
99     ACCEPT TAGES-DATUM FROM DATE.
100    MOVE CORR TAGES-DATUM TO A-DATUM.
101    WRITE A-SATZ FROM UEBERSCHRIFT-1 AFTER PAGE.
102    WRITE A-SATZ FROM UEBERSCHRIFT-2 AFTER 2.
103    MOVE SPACE TO A-SATZ.
104    WRITE A-SATZ AFTER 1.
105    PERFORM LESEN.
106 VOR-9999.
107    EXIT.
108*------------------------------------------------*
109 VERARBEITUNG SECTION.
110 VER-1000.
111    MOVE K-KONTO-NR TO A-KONTO-NR.
112
113    EVALUATE  K-SALDO-KZ
114       WHEN   "S"
115             MOVE K-SALDO TO A-SOLL,
116             MOVE ZERO    TO A-HABEN,
117             ADD  K-SALDO TO SOLL-SUMME,
118       WHEN   "H"
119             MOVE K-SALDO TO A-HABEN,
120             MOVE ZERO    TO A-SOLL,
```

```
121              ADD  K-SALDO TO HABEN-SUMME
122      END-EVALUATE
123
124      WRITE A-SATZ FROM AUSGABE-ZEILE  AFTER 1.
125
126      PERFORM LESEN.
127 VER-9999.
128      EXIT.
129*-------------------------------------------------*
130 NACHLAUF SECTION.
131 NAC-1000.
132      MOVE "SUMMEN" TO A-TEXT.
133      MOVE SOLL-SUMME TO A-SOLL-SUMME.
134      MOVE HABEN-SUMME TO A-HABEN-SUMME.
135      WRITE A-SATZ FROM SCHLUSS-ZEILE  AFTER 3.
136
137      MOVE SPACE TO SCHLUSS-ZEILE.
138      MOVE "DIFFERENZ" TO A-TEXT.
139      SUBTRACT SOLL-SUMME FROM HABEN-SUMME
140              GIVING DIFFERENZ.
141
142      IF DIFFERENZ NEGATIVE
143        MOVE DIFFERENZ TO A-SOLL-DIFF
144      ELSE IF DIFFERENZ POSITIVE
145            MOVE DIFFERENZ TO A-HABEN-DIFF
146        ELSE MOVE SPACE TO A-TEXT.
147
148      WRITE A-SATZ FROM SCHLUSS-ZEILE  AFTER 2.
149      CLOSE KONTO, AUSGABE.
150 NAC-9999.
151      EXIT.
152*-------------------------------------------------*
153 LESEN SECTION.
154 LES-1000.
155      READ KONTO AT END  MOVE 1 TO SCHALTER.
156 LES-9999.
157      EXIT.
```

Listing 11.29: DEMO11: Kontostand

Testdaten »KONTO.EIN«:

```
123456789000050000S
222222222200050000H
333333333300040000H
444444444400030000H
888888888800020000S
565656565601060000S
```

```
999999999901000000H
252525252503500001H
323232323220000000H
989898989808000000S
```

Listing 11.30: Testdaten

Druckliste »KONTO.AUS«:

```
          KONTOSTAND VOM      15.09.2002

KONTO-NR.                SOLL          HABEN

  1234567890           500,00
  2222222222                          500,00
  3333333333                          400,00
  4444444444                          300,00
  8888888888           200,00
  5656565656        10.600,00
  9999999999                       10.000,00
  2525252525                       35.000,01
  3232323232                      200.000,00
  9898989898        80.000,00


  SUMMEN             91.300,00     246.200,01

  DIFFERENZ                       +154.900,01
```

Listing 11.31: Druckausgabe

12

COPY-Bibliothek

12.1 COPY-Anweisung

Wirkung

Mit Hilfe der COPY-Anweisung können bereits erstellte Programmteile in ein COBOL-Quellprogramm kopiert werden.

```
COPY {Literal-1  } [{OF}  {Literal-2       }] [SUPPRESS PRINTING]
     {Textname-1 }  [{IN}  {Bibliotheksname }]


     ┌            ┌ ┌ ==Pseudotext-1== ┐    ┌ ==Pseudotext-2== ┐ ┐    ┐
     │            │ │ Text-1           │    │ Text-2           │ │    │
     │            │ │ Literal-3        │ BY │ Literal-4        │ │ ...│ .
     │ REPLACING  │ │ Wort-1           │    │ Wort-2           │ │    │
     │            │ └                  ┘    └                  ┘ │    │
     │            │                                             │    │
     │            │ {LEADING }                                  │    │
     │            │ {TRAILING} ==Teilwort-1== BY ==Teilwort-2== │    │
     └            └                                             ┘    ┘
```

Abbildung 12.1: COPY-Anweisung

Erläuterung

Die COPY-Anweisung kann in jeder DIVISION des COBOL-Programms eingesetzt werden. Der Einsatz der COPY-Anweisung erspart die mehrmalige Erstellung gleicher oder ähnlicher Programmteile. Solche Teile, wie z.B. Satzstrukturen oder Dateidefinitionen, brauchen nur ein einziges Mal geschrieben zu werden, sie können dann mit Hilfe der COPY-Anweisung in jedes weitere Programm kopiert werden.

Textname ist der externe Name einer Datei, die das COPY-Element beinhaltet. Der Name ist nach den allgemeinen Regeln für Dateinamen unter dem aktuellen Betriebssystem zu bilden. Er kann mit oder ohne Dateierweiterung angegeben werden.

Beispiel 1:

Ausschnitt aus einem Programm:

```
FD UMSAETZE.
COPY    "U-SATZ.CPY".
FD AUSGABE.
```

Listing 12.1: Beispiel 1 zur COPY-Anweisung

Nach der Übersetzung wird der Inhalt des COPY-Elements im Quellprogramm nach der COPY-Anweisung eingefügt und das Übersetzungsprotokoll weist den folgenden Inhalt auf:

```
FD UMSAETZE.
COPY    "U-SATZ.CPY".
01  U-SATZ.
        05  U-VERTRETER-NR    PIC X(4).
        05  U-SOLL-MENGE      PIC 9(3).
        05  U-SOLL-UMSATZ     PIC 9(6).
        05  U-IST-MENGE       PIC 9(3).
        05  U-IST-UMSATZ      PIC 9(6).
FD AUSGABE.
```

Listing 12.2: Beispiel 2 zur COPY-Anweisung

Beispiel 2:

Wenn ein Name ohne Dateierweiterung angegeben wird, sucht der Compiler automatisch nach einem der folgenden Namen in der angegebenen Reihenfolge:

```
COPY ARTIKEL.        1.) ARTIKEL.CBL
                     2.) ARTIKEL.CPY
                     3.) ARTIKEL
```

Listing 12.3: Suchreihenfolge der COPY-Anweisung

Beispiel 3:

Dem Textnamen kann auch die Laufwerksbezeichnung vorangestellt werden; in diesem Fall wird das COPY-Element gezielt auf dem angegebenen Laufwerk gesucht.

```
COPY A:TEILE.SAT
```

Wenn ein Literal verwendet wird, muss dieses ein alphanumerisches sein. Der Inhalt des Literals ist der externe Name des zu kopierenden COPY-Elements.

Beispiel 4:

```
COPY "B:RECHEN.DEF"
```

12.2 COPY-Bibliotheken

Der Compiler erlaubt zusätzlich den Aufbau von COPY-Bibliotheken. Mit Hilfe des Zusatzes IN/OF kann man sich auf eine bestimmte Bibliothek beziehen, aus der das COPY-Element zu kopieren ist.

Beispiel 5:

Das COPY-Element mit dem Namen A-SATZ-1.DEF wird aus der Bibliothek SATZ-DEF.UB kopiert.

```
COPY "A-SATZ-1.DEF" IN "SATZ-DEF.LIB".
```

Beispiel 6:

Will man praxisgerecht hinsichtlich der Auslagerung von COPY-Dateien gewissermaßen »Ordnung schaffen«, so ist das problemlos zu realisieren, indem z.B. die COPY-Dateien in eigenen Unterverzeichnissen oder in COPY-Bibliotheken aufbewahrt werden. Sowohl beim Textnamen als auch beim Bibliotheksnamen ist die Angabe einer Laufwerksbezeichnung und/oder eines Pfadnamens erlaubt.

Folgende Angaben sind am PC möglich:

```
COPY COPY-DAT IN COPYBIB.
COPY "COPY-DAT" IN "COPYBIB".
COPY "COPY-DAT" IN "A:COPYBIB".
COPY COPY-DAT IN "A:".
COPY "A:COPY-DAT".
COPY "\COPY-DAT".
COPY "B:\SUBDIREC\COPY-DAT".
COPY "B:\SUBDIREC\COPY-DAT".
COPY \SUBDIREC\COPY-DAT.
COPY COPY-DAT IN "\SUBDIREC\COPYBIB".
COPY COPY-DAT IN "A:\SUBDIREC\COPYBIB".
COPY COPY-DAT IN "\SUBDIREC\".
```

Listing 12.4: Arbeiten mit COPY-Bibliotheken

Der REPLACING-Zusatz

Der REPLACING-Zusatz erlaubt die Änderung eines Wortes im COPY-Element, bevor dieses im Quellprogramm kopiert wird. Die Änderungen werden nur in den erzeugten Kopien durchgeführt, so dass das COPY-Element für nachfolgende COPY-Operationen unverändert bleibt.

Beispiel 7:

Listing 12.5 beinhaltet Definitionen für die Aufbereitung des Tagesdatums und soll daher im laufenden Programm kopiert werden.

```
Inhalt des COPY-Elementes "DAT-DEF.CPY":

01  TAGES-DATUM.
    05  JAHR        PIC 99.
    05  MONAT       PIC 99.
    05  TAG         PIC 99.
01 DRUCK-DATUM.
```

```
10  TAG           PIC 99.
10  FILLER        PIC X VALUE ".".
10  MONAT         PIC 99.
10  FILLER        PIC X VALUE ".".
10  JAHR          PIC 99.
```

Listing 12.5: Die COPY-Strecke DAT-DEF.CPY

```
WORKING-STORAGE SECTION.
COPY "DAT-DEF.CPY"
    REPLACING DRUCK-DATUM BY AUSGABE-DATUM-1
              "."          BY   "-"
                TAG        BY   TT.
```

Listing 12.6: Verwendung der COPY-Strecke DAT-DEF.CPY

```
Inhalt des Übersetzungsprotokolls:


01 TAGES-DATUM.
   05  JAHR          PIC 99.
   05  MONAT         PIC 99.
   05  TT            PIC 99.
01 AUSGABE-DATUM-1.
   10  TT            PIC 99.
   10  FILLER        PIC X VALUE "-".
   10  MONAT         PIC 99.
   10  FILLER        PIC X VALUE "-".
   10  JAHR          PIC 99.
```

Listing 12.7: Auswirkung der REPLACING-Angabe aus Listing 12.6

Im REPLACING-Zusatz können die folgenden Elemente angegeben werden:

❏ ein Bezeichner, z.B. GESAMT-SOLL
❏ ein COBOL-Wort, wie z.B. READ
❏ ein Literal, z.B. SOLL-IST-VERGLEICH
❏ ein Pseudotext
❏ der Anfang oder das Ende eines Wortes (LEADING-bzw. TRAILING-Zusatz)

Ein Pseudotext ist eine Folge aus mehreren Wörtern und/oder Interpunktionszeichen, die in zwei aufeinander folgenden Gleichheitszeichen (==) eingeschlossen werden müssen, wie z.B.

```
== MOVE "SUMMEN" TO A-VERTRETER-NR ==.
```

Dabei darf der zu ersetzende Pseudotext-1 nicht nur aus einer Null-Kette (====), aus Leerzeichen (== ==) oder aus Kommentarzeilen bestehen. Als Pseudotext-2 kann jedoch alles angegeben werden. Beim Vergleichsvorgang, der notwendig ist, um den Pseudotext-1 im COPY-Element zu finden, spielen Leerzeichen am Anfang und am Ende des angegebenen Pseudotextes keine Rolle. Leerzeichen zwischen den Wörtern müssen jedoch übereinstimmen.

Die SUPPRESS-Angabe

Die Anwendung des Wortes SUPPRESS erweist sich als sinnvoll, wenn Zeit bei der Übersetzung gespart werden soll. Sie bewirkt nämlich, dass das angeforderte COPY-Element nicht im Übersetzungsprotokoll aufgelistet oder ausgedruckt wird. Das COPY-Element ist aber wohl Bestandteil des Objektprogramms.

12.3 REPLACE-Anweisung

Wirkung

Mit der REPLACE-Anweisung können Sie beliebige Programmtexte (Begriffe, Klauseln und Anweisungen jeder Art) im Quellprogramm modifizieren.

```
Format 1 (replacing):

                       ┌                                      ┐
                       │  ==Pseudotext-1== BY ==Pseudotext-2==│
    REPLACE [ ALSO ]  <   ┌LEADING ┐                           > ... .
                       │   │TRAILING│ ==Teilwort-1== BY ==Teilwort-2==│
                       └                                      ┘


Format 2 (off):

    REPLACE [LAST] OFF.
```

Abbildung 12.2: REPLACE-Anweisung

Erläuterung

Die Modifikation des Quelltextes erfolgt gemäß dem Zusatz REPLACING in der COPY-Anweisung. Diese Modifikation beginnt mit der REPLACE-Anweisung und endet mit der REPLACE OFF-Anweisung.

12.4 Programmbeispiel: DEMO12: Vertriebs-soll-ist-Vergleich

Aufgabenstellung

Für die Erfolgskontrolle im Vertrieb soll ein SOLL-IST-Vergleich für die Handelsvertreter erstellt werden. Im SOLL-IST-Vergleich sollen die Mengen- und Umsatzabweichungen dargestellt werden. Als Endkontrolle für den Vertrieb soll ebenfalls die Abweichung vom gesamten Soll aller Handelsvertreter dargestellt werden.

Abweichungen werden in Prozent vom Soll ausgedrückt.

Aufbau der Umsatzdatei »UMSAETZE.EIN«

Anz. Stellen	Feldverwendung
4	Vertreternummer
3	Soll-Menge
6	Soll-Umsatz
3	Ist-Menge
6	Ist-Umsatz

Tabelle 12.1: Dateiaufbau

Die Satzdefinition ist in einem COPY-Element unter dem Namen U-SATZ.CPY vorhanden.

Programmlisting:

```
 1 IDENTIFICATION DIVISION.
 2 PROGRAM-ID.          DEMO12-SOLL-IST-VERGLEICH.
 3 AUTHOR.              R. HABIB.
 4 DATE-WRITTEN.
 5 DATE-COMPILED.
 6****************************************************
 7* PROGRAMMFUNKTION:                               *
 8*                                                 *
 9* DIESES PROGRAMM STELLT DIE ABWEICHUNG BEIM      *
10* SOLL-IST-VERGLEICH FÜR DIE VERTRETERUMSÄTZE DAR*
11*                                                 *
12****************************************************
13 ENVIRONMENT DIVISION.
14 CONFIGURATION SECTION.
15 SOURCE-COMPUTER.  IBM-PC.
16 OBJECT-COMPUTER.  IBM-PC.
17 SPECIAL-NAMES.
18     DECIMAL-POINT IS COMMA.
19 INPUT-OUTPUT SECTION.
20 FILE-CONTROL.
21
22
23    SELECT  UMSAETZE   ASSIGN TO "UMSAETZE.EIN",
24            ORGANIZATION IS LINE SEQUENTIAL.
25
26    SELECT  AUSGABE    ASSIGN TO "UMSAETZE.AUS".
27*------------------------------------------------*
28 DATA DIVISION.
29 FILE SECTION.
30 FD  UMSAETZE.
31 COPY   "U-SATZ.CPY".
```

```
32 01  U-SATZ.
33     05  U-VERTRETER-NR            PIC x(4).
34     05  U-SOLL-MENGE              PIC 9(3).
35     05  U-SOLL-UMSATZ            PIC 9(6).
36     05  U-IST-MENGE              PIC 9(3).
37     05  U-IST-UMSATZ            PIC 9(6).
38
39 FD  AUSGABE.
40 01  A-SATZ          PIC X(56).
41*---------------------------------------------*
42 WORKING-STORAGE SECTION.
43 01  UEBERSCHRIFT-1.
44     05 FILLER         PIC X(56) VALUE
45 "ABWEICHUNG BEIM SOLL-IST-VERGLEICH JE VERTRETER".
46
47 01  UEBERSCHRIFT-2.
48     05 FILLER         PIC X(38) VALUE
49     "V-NR.    SOLL              IST      ".
50     05 FILLER         PIC X(16) VALUE
51     "  ABWEICHUNG ".
52
53 01  UEBERSCHRIFT-3.
54     05 FILLER         PIC X(38) VALUE
55     "  MENGE    UMSATZ  MENGE     UMSATZ".
56     05 FILLER         PIC X(16) VALUE
57     "  MENGE  UMSATZ".
58
59 01  UEBERSCHRIFT-4.
60     05 FILLER         PIC X(38) VALUE
61     "     ST.      EURO    ST.       EURO".
62     05 FILLER         PIC X(16) VALUE
63     "     %        %".
64
65 01  AUSGABE-ZEILE.
66     05 A-VERTRETER-NR  PIC X(5).
67     05 FILLER          PIC X(1).
68     05 A-SOLL-MENGE    PIC ZZZZ.
69     05 FILLER          PIC X(3).
70     05 A-SOLL-UMSATZ   PIC Z(7).
71     05 FILLER          PIC X(03).
72     05 A-IST-MENGE     PIC ZZZZ.
73     05 FILLER          PIC X(3).
74     05 A-IST-UMSATZ    PIC Z(7).
75     05 FILLER          PIC X(02).
76     05 A-ABWEICH-MENGE PIC +++9,9
77                        BLANK WHEN ZERO.
```

```
78      05 FILLER           PIC X(2).
79      05 A-ABWEICH-UMSATZ PIC +++9,9
80                          BLANK WHEN ZERO.
81 01  SCHLUSS-ZEILE.
82      05 FILLER           PIC X(6).
83      05 FILLER           PIC X(31) VALUE ALL "=".
84
85 01  GES-SOLL-MENGE       PIC S9(7)    VALUE 0.
86 01  GES-SOLL-UMSATZ      PIC S9(7)V99 VALUE 0.
87 01  GES-IST-MENGE        PIC S9(7)    VALUE 0.
88 01  GES-IST-UMSATZ       PIC S9(7)V99 VALUE 0.
89 01  MENGEN-DIFFERENZ     PIC S9(5)    VALUE 0.
90 01  UMSATZ-DIFFERENZ     PIC S9(7)V99 VALUE 0.
91
92 01  SCHALTER             PIC 9 VALUE 0.
93 88  DATEI-ENDE           VALUE 1.
94*--------------------------------------------------*
95 PROCEDURE DIVISION.
96 PROGRAMM-STEUERUNG SECTION.
97 PR-1000.
98      PERFORM VORLAUF.
99      PERFORM VERARBEITUNG UNTIL DATEI-ENDE.
100     PERFORM NACHLAUF.
101 PR-9999.
102     STOP RUN.
103*--------------------------------------------------*
104 VORLAUF SECTION.
105 VOR-1000.
106     OPEN INPUT UMSAETZE OUTPUT AUSGABE.
107
108     WRITE A-SATZ FROM UEBERSCHRIFT-1 AFTER PAGE.
109     WRITE A-SATZ FROM UEBERSCHRIFT-2 AFTER 2.
110     WRITE A-SATZ FROM UEBERSCHRIFT-3 AFTER 1.
111     WRITE A-SATZ FROM UEBERSCHRIFT-4 AFTER 1.
112     MOVE SPACE TO A-SATZ.
113     WRITE A-SATZ AFTER 1.
114     PERFORM LESEN.
115 VOR-9999.
116     EXIT.
117*--------------------------------------------------*
118 VERARBEITUNG SECTION.
119 VER-1000.
120     MOVE U-VERTRETER-NR TO A-VERTRETER-NR.
121     MOVE U-SOLL-MENGE   TO A-SOLL-MENGE.
122     MOVE U-SOLL-UMSATZ  TO A-SOLL-UMSATZ.
123     MOVE U-IST-MENGE    TO A-IST-MENGE.
```

```
124      MOVE U-IST-UMSATZ    TO A-IST-UMSATZ.
125
126      SUBTRACT U-SOLL-MENGE FROM U-IST-MENGE
127            GIVING MENGEN-DIFFERENZ.
128
129      COMPUTE A-ABWEICH-MENGE =
130           MENGEN-DIFFERENZ / U-SOLL-MENGE * 100.
131
132      SUBTRACT U-SOLL-UMSATZ FROM U-IST-UMSATZ
133            GIVING UMSATZ-DIFFERENZ.
134
135      COMPUTE A-ABWEICH-UMSATZ =
136           UMSATZ-DIFFERENZ / U-SOLL-UMSATZ * 100.
137
138      WRITE A-SATZ FROM AUSGABE-ZEILE  AFTER 1.
139
140      ADD U-SOLL-MENGE     TO GES-SOLL-MENGE.
141      ADD U-SOLL-UMSATZ    TO GES-SOLL-UMSATZ.
142      ADD U-IST-MENGE      TO GES-IST-MENGE.
143      ADD U-IST-UMSATZ     TO GES-IST-UMSATZ.
144
145      PERFORM LESEN.
146 VER-9999.
147      EXIT.
148*-----------------------------------------------*
149 NACHLAUF SECTION.
150 NAC-1000.
151      MOVE "SUMMEN" TO A-VERTRETER-NR.
152
153      MOVE GES-SOLL-MENGE   TO A-SOLL-MENGE.
154      MOVE GES-SOLL-UMSATZ  TO A-SOLL-UMSATZ.
155      MOVE GES-IST-MENGE    TO A-IST-MENGE.
156      MOVE GES-IST-UMSATZ   TO A-IST-UMSATZ.
157
158      SUBTRACT GES-SOLL-MENGE FROM GES-IST-MENGE
159            GIVING MENGEN-DIFFERENZ.
160      COMPUTE A-ABWEICH-MENGE =
161           MENGEN-DIFFERENZ / GES-SOLL-MENGE * 100.
162
163      SUBTRACT GES-SOLL-UMSATZ FROM GES-IST-UMSATZ
164            GIVING UMSATZ-DIFFERENZ.
165      COMPUTE A-ABWEICH-UMSATZ =
166           UMSATZ-DIFFERENZ / GES-SOLL-UMSATZ * 100.
167
168      WRITE A-SATZ FROM SCHLUSS-ZEILE  AFTER 1.
169      WRITE A-SATZ FROM AUSGABE-ZEILE  AFTER 2.
```

```
170      CLOSE UMSAETZE, AUSGABE.
171 NAC-9999.
172      EXIT.
173*--------------------------------------------------*
174 LESEN SECTION.
175 LES-1000.
176      READ UMSAETZE AT END  MOVE 1 TO SCHALTER.
177 LES-9999.
178      EXIT.
```

Listing 12.8: DEMO12: Soll-Ist-Vergleich

Testdaten »UMSAETZE.EIN«

```
1111200100000300200000
2222200800000220700000
3333400820000800820000
4444500200000300500000
5555200500000300800000
6666300500000300600000
7777400450000200555000
8888500500000770400000
9999900600000700200000
```

Listing 12.9: Testdaten

Druckliste »UMSAETZE.AUS«

```
ABWEICHUNG BEIM SOLL-IST-VERGLEICH JE VERTRETER

V-NR.    SOLL              IST          ABWEICHUNG
       MENGE   UMSATZ  MENGE   UMSATZ  MENGE   UMSATZ
        ST.     EURO    ST.     EURO     %       %


1111    200   100000   300   200000   +50,0  +100,0
2222    200   800000   220   700000   +10,0   -12,5
3333    400   820000   800   820000  +100,0
4444    500   200000   300   500000   -40,0  +150,0
5555    200   500000   300   800000   +50,0   +60,0
6666    300   500000   300   600000          +20,0
7777    400   450000   200   555000   -50,0   +23,3
8888    500   500000   770   400000   +54,0   -20,0
9999    900   600000   700   200000   -22,2   -66,6

       ===============================================

SUMME  3600  4470000  3890  4775000   +8,0    +6,8
```

Listing 12.10: Druckliste

13

Sequenzielle Dateiorganisation

13.1 Vorbemerkung

Jede Datei, die in einem COBOL-Programm definiert werden soll, muss mit einer entsprechenden Organisationsform beschrieben werden. Dies ist notwendig, damit der Compiler die zugehörige Zugriffsroutine im Objektprogramm hinzufügt. Die Organisationsform einer Datei gibt Informationen darüber, wie die Datensätze in der Datei abgespeichert werden sollen.

Wann immer eine Datei mit einer bestimmten Organisationsform generiert werden soll, muss sie weiterhin für jede Bezugnahme in einem anderen Programm mit der gleichen Organisationsform beschrieben werden.

In diesem Kapitel wollen wir uns ausschließlich mit sequenziellen Dateien beschäftigen.

In der sequenziellen Organisationsform werden die Datensätze in der Reihenfolge ihrer Erzeugung (fortlaufend) in die Datei aufgenommen. Dabei können die Datensätze sortiert oder unsortiert sein, dies wird jedenfalls nicht vom Compiler geprüft.

Die sequenzielle Organisationsform muss gewählt werden, wenn z.B. eine Druckdatei erstellt werden soll.

Der Vorteil dieser Organisationsform besteht darin, dass ein solcher Datenbestand geringfügige Verwaltungsinformationen benötigt und damit eine effektive Ausnutzung des externen Speichermediums erreicht wird.

Der Nachteil dieser Organisationsform liegt darin, dass solch eine Datei nur sequenziell verarbeitet (ACCESS MODE SEQUENTIAL) werden kann. Das bedeutet, dass die Datensätze dieser Datei nur in der Reihenfolge, in der sie das erste Mal in der Datei abgespeichert worden sind, gelesen bzw. geschrieben werden können.

Die vollständige Beschreibung einer Datei im Programm erfordert bestimmte Eintragungen in der ENVIRONMENT DIVISION und der DATA DIVISION.

13.2 Eintragungen in der ENVIRONMENT DIVISION

```
SELECT [OPTIONAL] Dateiname-1

            ⎧    ⎧Gerätename-1⎫           ⎫
    ASSIGN  ⎨ TO ⎨Literal-1   ⎬ ... [USING Bezeichner-1] ⎬
            ⎩    ⎩USING Bezeichner-1                      ⎭

    [ACCESS MODE IS SEQUENTIAL]

    [FILE STATUS IS Bezeichner-4]

    [LOCK MODE IS ⎧MANUAL   ⎫ [WITH LOCK ON ⎧RECORD ⎫]]
                  ⎩AUTOMATIC⎭                ⎩RECORDS⎭

    [[ORGANIZATION IS] SEQUENTIAL]

    [PADDING CHARACTER IS ⎧Bezeichner-8⎫]
                          ⎩Literal-2   ⎭

    [RECORD DELIMITER IS ⎧STANDARD-1        ⎫]
                         ⎩Assignment-Name-2 ⎭

    [RESERVE Ganzzahl-1 ⎡AREA ⎤]
                        ⎣AREAS⎦

    [SHARING WITH ⎧ALL OTHER⎫ ].
                  ⎨NO OTHER ⎬
                  ⎩READ ONLY⎭
```

Abbildung 13.1: SELECT-Klausel

SELECT-Klausel

Mit Hilfe der SELECT-Klausel kann der logische Dateiname festgelegt werden. Dieser Name muss immer in den Anweisungen, die den Dateinamen verwenden, angegeben werden.

Der OPTIONAL-Zusatz kann für Dateien, die im Eingabemodus eröffnet werden, benutzt werden, um anzugeben, dass diese Dateien nicht unbedingt für die Verarbeitung notwendig sind.

Ist eine mit OPTIONAL beschriebene Datei zum Zeitpunkt der Programmausführung nicht vorhanden, so verursacht dies keinen Programmabbruch; vielmehr kann das Nichtvorhandensein einer OPTIONAL-Datei beim ersten Lesen durch den AT END-Zusatz festgestellt werden.

Beispiel 1:

```
SELECT KUNDEN ....
```

ASSIGN-Klausel

Die ASSIGN-Klausel stellt die Verbindung zwischen dem logischen Dateinamen und dem eigentlichen Datenbestand, der verarbeitet werden soll, her.

Der externe Dateiname

Literal-1 ist der Name einer Datei. Er kann auf einem PC die folgenden Elemente enthalten:

Laufwerksbezeichnung:\Verzeichnis\Dateiname.Dateierweiterung

```
                    "C:\TESTDAT\KUNDEN.DAT"
```

Der externe Dateiname kann auch mehrere Unterverzeichnisse beinhalten.

Beispiel 2:

```
SELECT KUNDEN ASSIGN TO "C:KUNDEN.DAT"
```

Einige Namen wurden für das Betriebssystem Windows mit einer bestimmten Bedeutung reserviert. Diese sind in Tabelle 13.1 aufgeführt.

Name	Bedeutung
AUX	Erste serielle Schnittstelle
COM1	Erste serielle Schnittstelle
COM2	Zweite serielle Schnittstelle
CON	Bei Eingabeoperationen wird die Tastatur angesprochen, bei Ausgabeoperationen wird der Bildschirm angesprochen.
LPT	Erster Drucker
LPT1	Erster Drucker
PRN	Erster Drucker
LPT2	Zweiter Drucker
LPT3	Dritter Drucker
NUL	Dummy-Einheit für die Simulation von E/A-Operationen. (Bei der Ausgabe wird die Operation simuliert, aber nichts ausgegeben. Bei der Eingabe wird das Dateiende festgestellt.)

Tabelle 13.1: Vordefinierte Dateinamen unter Windows

Dynamische Dateizuweisung

Wenn der Name der Datei zum Zeitpunkt der Codierung noch nicht bekannt ist bzw. nicht festgelegt werden soll, kann man eine Variable als Datei-Datennamen benutzen. Vor der Ausführung einer OPEN-Anweisung auf diese Datei muss die Variable mit dem vorgesehenen Dateinamen versorgt werden.

Beispiel 3:

```
FILE-CONTROL.
    SELECT LISTE ASSIGN USING DATEI-NAME ...
    .
    .
    .
WORKING-STORAGE SECTION.
01 DATEI-NAME          PIC X(14).
    .
    .
    .
PROCEDURE DIVISION.
    .
```

```
 .
ACCEPT DATEI-NAME AT 1010.
OPEN OUTPUT LISTE.
```

Listing 13.1: Beispiel 3: Dynamische Dateizuordnung

Direkte Ein/Ausgabe

In der ASSIGN-Klausel können Gerätebezeichnungen verwendet werden, wonach eine direkte Ein/Ausgabe von bzw. zu diesem Gerät erfolgen kann.

Diese sind:

❏ KEYBOARD: spezifiziert die Tastatur als Eingabequelle

❏ DISPLAY: spezifiziert den Bildschirm als Ausgabeziel

❏ PRINTER: spezifiziert den ersten Drucker als Ausgabeziel

❏ PRINTER-1: spezifiziert den zweiten Drucker als Ausgabeziel

ORGANIZATION-Klausel

Die ORGANIZATION-Klausel spezifiziert die Organisationsform der Datei. Fehlt diese Klausel, so wird ORGANIZATION SEQUENTIAL angenommen.

ACCESS MODE-Klausel

Die ACCESS MODE-Klausel spezifiziert den Zugriffsmodus für diese Datei. Eine sequenzielle Datei kann jedoch nur sequenziell verarbeitet werden; daher kann diese Klausel auch weggelassen werden.

FILE STATUS-Klausel

Die FILE STATUS-Klausel ordnet der Datei ein zweistelliges Datenfeld zu, in das nach jeder Ein/Ausgabeoperation für diese Datei ein Fehlercode übertragen wird.

Die Angabe der FILE STATUS-Klausel unterbindet den Programmabbruch, der aufgrund eines Fehlers in der Datei auftreten kann; nach der Ausführung der E/A-Operation muss jedoch sichergestellt werden, dass die Operation erfolgreich verlaufen ist. Das Datenfeld Datenname-1 kann numerisch oder alphanumerisch sein und muss in der WORKING-STORAGE SECTION, LOCAL-STORAGE SECTION oder LINKAGE SECTION definiert werden. Der Fehlercode gibt Informationen über den Dateizustand nach der Ausführung der E/A-Operation. Im Folgenden sind die wichtigsten Codes aufgeführt:

1. Byte	Bedeutung	
0	E/A-Anweisung wurde erfolgreich ausgeführt.	
	2. Byte	**Bedeutung**
	0	Keine weitere Information
	4	Die Länge des soeben geschriebenen Satzes entspricht nicht der festen Satzlänge der Datei.
	5	Kennzeichnet, dass die soeben eröffnete Optional-Datei nicht vorhanden war.
	7	Eine CLOSE REEL/UNIT wurde für eine Datei benutzt, die nicht als REEL-Datei interpretiert werden kann, z.B. eine Drucker-Datei.

Tabelle 13.2: File-Status 0

1. Byte	Bedeutung	
1	AT END-Bedingung	
	2. Byte	**Bedeutung**
	0	Kein logischer Satz mehr vorhanden, weil das Dateiende aufgetreten ist oder die READ-Anweisung auf eine Optional-Datei ausgeführt wurde, die nicht existiert.

Tabelle 13.3: File-Status 1

1. Byte	Bedeutung	
3	Permanenter Fehler	
	2. Byte	**Bedeutung**
	0	Keine weiteren Informationen
	4	Dateigröße überschritten
	5	Es wurde versucht, eine NOT OPTIONAL-Datei, die nicht existiert, mit OPEN INPUT, I-O oder EXTEND zu öffnen.
	7	OPEN-Modus für eine Datei ist nicht möglich.
	8	Die Datei kann nicht eröffnet werden, da sie mit CLOSE WITH LOCK geschlossen worden ist.
	9	Satzlängen-Fehler

Tabelle 13.4: File-Status 3

1. Byte	Bedeutung	
4	Logischer Fehler	
	2. Byte	**Bedeutung**
	1	Datei bereits eröffnet
	2	Datei bereits geschlossen
	3	Eine REWRITE-Anweisung kann nicht im sequenziellen Zugriffsmodus ohne vorausgehendes Lesen ausgeführt werden.
	4	Überschreitung der Dateigröße. Ursache dafür ist der Versuch, einen Satz zu schreiben oder zurückzuschreiben, dessen Länge nicht innerhalb der erlaubten Grenzen gemäß dem Zusatz RECORD IS VARYING liegt.
	6	Der für das sequenzielle Lesen zuständige Satzzeiger (current record pointer) ist undefinierbar. Ursache dafür ist eine erfolglose READ-Anweisung.
	7	Der aktuelle Eröffnungsmodus erlaubt das Lesen nicht.
	8	Der aktuelle Eröffnungsmodus erlaubt das Schreiben nicht.
	9	Der aktuelle Eröffnungsmodus erlaubt das Löschen oder das Zurückschreiben nicht.

Tabelle 13.5: File-Status 4

1. Byte	Bedeutung	
5	Satzverarbeitung konnte nicht durchgeführt werden.	
	2. Byte	**Bedeutung**
	1	Ein Satz kann nicht gelesen oder geschrieben werden, weil er gesperrt ist.
	2	Ein Deadlock ist aufgetreten. Ursache dafür ist, dass zwei Anwendungen auf Datensätze zugreifen wollen, die durch die jeweils andere Anwendung gesperrt wurden.
	3	Durch die Dateioperation soll ein weiterer Satz gesperrt werden, die Anwendung hat aber bereits das Maximum an Satzsperren erreicht.
	4	Durch die Dateioperation soll ein weiterer Satz gesperrt werden, diese Datei hat aber bereits das Maximum an Satzsperren erreicht.

Tabelle 13.6: File-Status 5

1. Byte	Bedeutung	
6	File-Sharing-Konflikt	
	2. Byte	**Bedeutung**
	1	Eine OPEN-Anweisung versucht, eine Datei zu öffnen, die bereits von einer anderen Anwendung geöffnet ist, und ein gemeinsamer Zugriff ist nicht möglich. Ursache dafür kann sein, dass die Datei von der anderen Anwendung in einem Modus geöffnet wurde, der keinen gemeinsamen Zugriff erlaubt, oder die Datei soll für Ein- und Ausgabeoperationen geöffnet werden, während die andere Anwendung sie nur für lesende Zugriffe geöffnet hat. Auch der Versuch, eine Datei mit OPEN OUTPUT zu öffnen, die bereits von einer anderen Anwendung geöffnet ist, liefert diesen Statuscode.

Tabelle 13.7: File-Status 6

1. Byte	Bedeutung	
9	Runtime-System-Fehler	
	2. Byte	**Bedeutung**
	xxx	Das zweite Byte enthält eine 3-stellige Zahl im binären Format. Die Werte sind herstellerabhängig.

Tabelle 13.8: File-Status 9

Enthält das erste Byte eine 9, so handelt es sich hier um einen Systemfehler. In diesem Fall wird im zweiten Byte ein dreistelliger Fehlercode im binären Format geliefert. Da dieser herstellerabhängig ist, wird auf die entsprechende Herstellerliteratur verwiesen.

Beispiel 4:

Das Beispiel zeigt, wie man sich vergewissern kann, ob eine Anweisung ordnungsgemäß ausgeführt wurde oder einen Fehler verursacht hat.

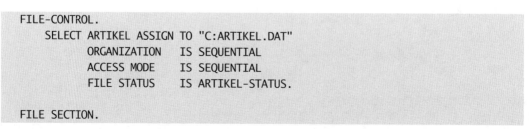

```
FILE-CONTROL.
    SELECT ARTIKEL ASSIGN TO "C:ARTIKEL.DAT"
             ORGANIZATION   IS SEQUENTIAL
             ACCESS MODE    IS SEQUENTIAL
             FILE STATUS    IS ARTIKEL-STATUS.


FILE SECTION.
```

```
FD ARTIKEL.
01 A-SATZ              PIC X(200).


WORKING-STORAGE SECTION.
01 ARTIKEL-STATUS.
    05 STELLE-1        PIC 9.
    05 STELLE-2        PIC 9.
01 STATUS-BINAER REDEFINES ARTIKEL-STATUS PIC 9(4) COMP.
01 AUSGABE-STATUS.
    05 A-STELLE-1      PIC 9.
    05 A-STELLE-2      PIC /999.


PROCEDURE DIVISION.
    OPEN INPUT ARTIKEL.
    IF  STELLE-1 = 9
        MOVE STELLE-1      TO A-STELLE-1,
        MOVE LOW-VALUE      TO STELLE-1,
        MOVE STATUS-BINAER TO A-STELLE-2,
        DISPLAY AUSGABE-STATUS AT 2501
    END-IF.
```

Listing 13.2: Beispiel 4: File-Status überprüfen

RESERVE-Klausel

Die RESERVE-Klausel bestimmt die Anzahl der E/A-Puffer.

LOCK MODE-Klausel

Diese Klausel wird für die Multiuser-Umgebung benutzt; wir werden dieses Thema ausführlich und zentral in einem späteren Kapitel (*Index-sequenzielle Dateiorganisation*) beschreiben.

PADDING CHARACTER-Klausel

Dieser Zusatz ist veraltet.

RECORD DELIMITER-Klausel

Für Dateien mit variabel langen Sätzen kann hierüber ein besonderer Datensatzbegrenzer festgelegt werden. Im Allgemeinen bezieht man sich aber auf STANDARD.

13.3 Eintragungen in der DATA DIVISION

Jede Datei, die im Programm definiert wird, muss unter FD (File Description) in der FILE SECTION beschrieben werden. Die Beschreibung umfasst Details über den Aufbau der Datei und deren Satzaufbau.

```
FD Dateiname

  [IS EXTERNAL [AS Literal-1]]

  [IS GLOBAL]

  ⎡        ⎧ BIT       ⎫        ⎤
  ⎢ FORMAT ⎨ CHARACTER ⎬ DATA   ⎥
  ⎣        ⎩ NUMERIC   ⎭        ⎦

  ⎡                                      ⎧ CHARACTERS ⎫ ⎤
  ⎢ BLOCK CONTAINS [Ganzzahl-1 TO] Ganzzahl-2 ⎨ RECORDS ⎬ ⎥
  ⎣                                      ⎩            ⎭ ⎦
  ⎡        ⎧ CONTAINS Ganzzahl-3 CHARACTERS                          ⎫
  ⎢        ⎪ IS VARYING IN SIZE [[FROM Ganzzahl-4][TO Ganzzahl-5]   ⎪
  ⎢ RECORD ⎨      CHARACTERS]                                        ⎬
  ⎢        ⎪    [DEPENDING ON Bezeichner-1]                          ⎪
  ⎣        ⎩ CONTAINS Ganzzahl-6 TO Ganzzahl-7 CHARACTERS            ⎭

  ⎡           ⎧ Bezeichner-2 ⎫                         ⎧ Bezeichner-3 ⎫ ⎤
  ⎢ LINAGE IS ⎨ Ganzzahl-8   ⎬ LINES [WITH FOOTING AT ⎨ Ganzzahl-9   ⎬] ⎥
  ⎣           ⎩              ⎭                         ⎩              ⎭ ⎦

  ⎡ ⎡              ⎧ Bezeichner-4  ⎫⎤                ⎧ Bezeichner-5  ⎫ ⎤
  ⎢ ⎢ LINES AT TOP ⎨ Ganzzahl-10   ⎬⎥ [LINES AT BOTTOM ⎨ Ganzzahl-11   ⎬] ⎥
  ⎣ ⎣              ⎩               ⎭⎦                ⎩               ⎭ ⎦

  ⎡          ⎧ IS Alphabetname-1 [Alphabetname-2]          ⎫ ⎤
  ⎢ CODE-SET ⎨ ⎧ FOR ALPHANUMERIC IS Alphabetname-1 ⎫     ⎬ ⎥ .
  ⎣          ⎩ ⎩ FOR NATIONAL IS Alphabetname-2     ⎭     ⎭ ⎦
```

Abbildung 13.2: FD-Klausel

RECORD CONTAINS-Klausel

Die RECORD CONTAINS-Klausel spezifiziert die Länge des Datensatzes. Wird z.B. RECORD CONTAINS 130 CHARACTERS angegeben, darf keine Satzbeschreibung, die zu dieser gehört, die angegebene Länge überschreiten.

Variable Satzlänge

Wird die Angabe RECORD IS VARYING IN SIZE verwendet, so spezifiziert man damit eine variable Satzlänge. Dabei gibt Ganzzahl-4 die minimale Satzlänge und Ganzzahl-5 die maximale Satzlänge an. Die angegebene Ganzzahl-4 muss kleiner als Ganzzahl-5 sein. Wird die minimale Satzlänge nicht angegeben, so wird die Länge des kleinsten Satzes, der in der FD-Beschreibung dieser Datei definiert wurde, als minimale Satzlänge festgesetzt. Wird die maximale Satzlänge nicht angegeben, so wird die Länge des längsten definierten Satzes genommen.

Verarbeitung der variablen Satzlänge

Die jeweils zu verarbeitende variable Satzlänge geht aus dem Inhalt des Feldes `Bezeichner-1` hervor. `Bezeichner-1` bestimmt also die aktuelle Satzlänge und muss als numerische und vorzeichenlose Ganzzahl definiert werden.

Ein/Ausgabe-Anweisungen für eine Datei mit variabler Satzlänge beziehen sich automatisch auf den Inhalt dieses Datennamens bzw. beeinflussen dessen Inhalt.

Noch vor der Ausführung einer WRITE-, REWRITE- oder RELEASE-Anweisung muss die aktuelle Länge des zu schreibenden Satzes in `Bezeichner-1` gebracht werden. Eine WRITE-Anweisung bezieht sich dann auf den aktuellen Inhalt von `Bezeichner-1` und schreibt tatsächlich nur so viele Zeichen vom Datensatz in die Datei, wie aus `Bezeichner-1` hervorgeht.

Im Gegensatz zu diesen Anweisungen liefert eine erfolgreich ausgeführte READ- oder RETURN-Anweisung die aktuelle Satzlänge des gerade gelesenen Satzes in den `Bezeichner-1`.

Es ist darauf zu achten, dass eine WRITE-, REWRITE- oder RELEASE-Anweisung bzw. eine missglückte READ- oder RETURN-Anweisung den Inhalt des Bezeichners nicht beeinflusst.

Ist `Bezeichner-1` nicht angegeben, so werden so viele Zeichen geschrieben, wie aus der Satzbeschreibung hervorgeht. Eine evtl. in der Satzbeschreibung definierte Tabelle mit variabler Elementanzahl wird berücksichtigt. Das heißt, die aktuelle Anzahl der Tabellenelemente wird zur Festlegung der zu schreibenden Länge herangezogen.

Beispiel 5:

```
FILE SECTION.
FD  UMSAETZE
    RECORD IS VARYING IN SIZE
         FROM 20 TO 240 CHARACTERS
         DEPENDING ON SATZLAENGE.
01 UMSAETZE-SATZ        PIC X(240).

WORKING-STORAGE SECTION.
01 SATZLAENGE           PIC 9(3).

PROCEDURE DIVISION.
    .

    MOVE 160 TO SATZLAENGE.
    WRITE UMSAETZE-SATZ.
```

Listing 13.3: Beispiel 5: Datei mit variabler Satzlänge

BLOCK CONTAINS-Klausel

Die BLOCK CONTAINS-Klausel gibt den Blockungsfaktor der Datei an. Bei einem Lesezugriff wird immer ein ganzer Block aus Sätzen von dem Speichermedium in den Hauptspeicher übertragen, von denen dann einer dem COBOL-Programm übergeben wird. Für den nächsten Lesezugriff muss dann nicht sofort wieder auf das Speichermedium zugegriffen werden. Dies ist erst wieder nötig, wenn alle Sätze aus dem Block verarbeitet wurden. Auf PC-Systemen spielt diese Angabe keine Rolle, da der Blockungsfaktor hier immer eine feste Anzahl Byte umfasst, die vom Betriebssystem und der Hardware vorgegeben ist.

LINAGE-Klausel

Die LINAGE-Klausel kann für Druckdateien verwendet werden, um logische Seiten aufzubauen.

Ganzzahl-8 spezifiziert die Anzahl der Zeilen pro Seite. Der Bereich dieser Zeilen wird Seitenrumpf genannt. Er umfasst Zeilen, die geschrieben und/oder freigehalten werden.

Die FOOTING-Klausel

Die FOOTING-Klausel spezifiziert die erste Zeilennummer innerhalb des Seitenrumpfes, bei der die Fußzone beginnt. Die Zeilennummer darf nicht größer als die Anzahl der Zeilen in Ganzzahl-8 sein. Wird die FOOTING-Angabe weggelassen, so wird ihr Wert gleich dem des Seitenrumpfes angenommen.

Die TOP-Klausel

Die TOP-Klausel spezifiziert die Anzahl der Zeilen im oberen Bereich einer Seite (Kopfzone). Wird die TOP-Angabe weggelassen, so wird 0 angenommen.

Die BOTTOM-Klausel

Die BOTTOM-Klausel spezifiziert die Anzahl der Zeilen im unteren Rand einer Seite (Fußzone). Wird die BOTTOM-Angabe weggelassen, so wird 0 angenommen.

Die logische Seitengröße ist die Summe von Ganzzahl-8, Ganzzahl-10 und Ganzzahl-11.

Beispiel 6:

```
FD   LISTE,
     LINAGE          40 LINES,
     WITH   FOOTING  40,
     LINES  AT TOP   12,
     LINES  AT BOTTOM 20.
```

Listing 13.4: Beispiel 6: Definition einer Druckseite

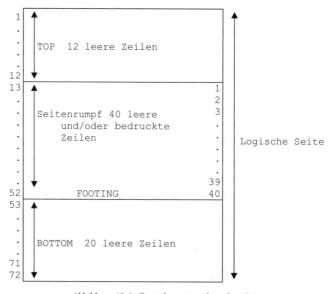

Abbildung 13.3: Einteilung einer logischen Seite

Wird in diesem Beispiel die FOOTING-Angabe mit 35 angegeben, so verkürzt sich der Seitenrumpf auf 35 Zeilen.

CODE-SET-Klausel

In Anbetracht der Praxisgegebenheiten hinsichtlich der Kommunikation und des Datentransfers zwischen PC und Großrechner stellt diese Klausel eine wichtige Anwendung im COBOL-Programm dar. Die Klausel muss einen Alphabetnamen spezifizieren, der im SPECIAL-NAMES-Paragraphen mit EBCDIC verknüpft worden ist.

Beim Schreiben in eine solche Datei werden dann die zu schreibenden Daten vom ASCII in den EBCDIC umgewandelt, und die erstellte Datei liegt somit im EBCDIC für den Großrechner bereit.

Beim Lesen aus einer solchen Datei werden die Daten vom EBCDIC in den ASCII umgewandelt, und der eingelesene Satz ist somit für weitere Verarbeitungen in der PC-Umgebung im ASCII vorhanden.

Es ist darauf zu achten, dass die Satzbeschreibung einer solchen Datei ausschließlich aus Feldern besteht, die implizit oder explizit mit USAGE DISPLAY definiert worden sind.

Wird der Alphabetname mit dem Wort STANDARD-1, STANDARD-2, NATIVE oder ASCII verknüpft, so erfolgt keine Umwandlung.

Beispiel 7:

```
ENVIRONMENT DIVISION.
CONFIGURATION SECTION.
SPECIAL-NAMES.
    ALPHABET CODE-UMWANDLUNG IS EBCDIC.

INPUT-OUTPUT SECTION.
FILE-CONTROL.
    SELECT ARTIKEL ASSIGN TO "ARTIKEL.DAT"

DATA DIVISION.
FILE SECTION.
FD ARTIKEL CODE-SET IS CODE-UMWANDLUNG.
```

Listing 13.5: Beispiel 7: Datei mit festgelegter Code-Tabelle

Datensatzbeschreibung

Nachdem die notwendigen Klauseln unter FD angegeben worden sind, muss nun die Datensatzbeschreibung unter der Stufennummer 01 folgen.

Dieser Datensatz wird für die Abwicklung der E/A-Operationen verwendet. Werden mehrere unterschiedlich strukturierte Datensätze für eine Datei benötigt, so können diese hintereinander jeweils auf der Stufennummer 01 beschrieben werden. Sie benötigen immer den gleichen Speicherplatz.

Beispiel 8:

```
DATA DIVISION.
FILE SECTION.
FD  ARTIKEL.
```

```
01  ARTIKEL-SATZ.
    05  ART-NR          PIC   999.
    05  ART-BEZ         PIC   X(25).
    05  ART-PREIS       PIC   9(5)V99.
    05  ART-M-EINHEIT   PIC   X.
    05  FILLER          PIC   X(100).
```

Listing 13.6: Beispiel 8: Beschreibung eines Datensatzes

13.4 Anweisungen in der PROCEDURE DIVISION

Für die Verarbeitung einer sequenziellen Datei können die nachfolgenden Anweisungen benutzt werden:

❏ OPEN – Öffnen der Datei
❏ READ – Lesen aus der Datei
❏ WRITE – Schreiben in die Datei
❏ REWRITE – Ersetzen eines Satzes in der Datei
❏ CLOSE – Schließen der Datei
❏ USE – Behandlung von Fehlern

OPEN-Anweisung

Wirkung

Die OPEN-Anweisung öffnet die Dateien für die Verarbeitung.

```
OPEN   ┌ ┌ INPUT  ┐                                    ┐
       │ │ OUTPUT │ [sharing-phrase] [retry-phrase]    │
       │ │ I-O    │                                    │
       │ └ EXTEND ┘                                    │
       │                                               │
       │      ┌                            ┐           │
       │      │ Dateiname-1 [WITH NO REWIND] │ ...      │  ...
       └      └                            ┘           ┘

sharing-phrase:
                        ┌ ALL OTHER ┐
       SHARING WITH     │ NO OTHER  │
                        └ READ ONLY ┘

retry-phrase:
              ┌ arithmetischer-Ausdruck-1  TIMES            ┐
       RETRY  │ FOR arithmetischer-Ausdruck-2 SECONDS        │
              └ FOREVER                                     ┘
```

Abbildung 13.4: OPEN-Anweisung

Erläuterung

Jede Datei, die im Programm angesprochen wird, muss mit der OPEN-Anweisung geöffnet werden, ehe ein Zugriff auf diese Datei ausgeführt wird. Bei der Eröffnung einer Datei werden, abhängig vom Eröffnungsmodus, verschiedene Funktionen ausgeführt. So wird z.B. bei OPEN INPUT geprüft, ob eine Datei für die Eingabe vorhanden ist. Bei OPEN OUTPUT wird der Dateiname im Inhaltsverzeichnis angelegt.

Der Eingabemodus

Wenn eine Datei mit OPEN INPUT eröffnet wird, kann sie ausschließlich durch die READ-Anweisung eingelesen werden (so genannter Eingabemodus). Dabei wird vorausgesetzt, dass die Datei vorhanden sein muss, es sei denn, sie wurde in der SELECT-Klausel mit OPTIONAL beschrieben.

Beispiel 1:

```
OPEN INPUT ARTIKEL.
```

Der Ausgabemodus

Wird eine Datei mit OPEN OUTPUT geöffnet, kann sie ausschließlich durch die WRITE-Anweisung das erste Mal erstellt werden (so genannter Ausgabemodus). Eine evtl. vorhandene Datei mit dem gleichen Namen wird überschrieben, es sei denn, die Datei ist vom Betriebssystem schreibgeschützt. In diesem Fall tritt ein Fehler auf.

Beispiel 2:

```
OPEN OUTPUT LISTE.
```

Der Update-Modus

OPEN I-O eröffnet die Datei im Update-Modus. Die Sätze der Datei können nun mit der READ-Anweisung gelesen, aktualisiert und anschließend mit der REWRITE-Anweisung zurückgeschrieben werden. Dabei wird die Existenz der Datei vorausgesetzt, wenn für diese Datei die OPTIONAL-Angabe in der SELECT-Klausel nicht gemacht worden ist.

Beispiel 3:

```
OPEN I-O LAGER.
```

Der Erweiterungsmodus

Eine Datei, die mit OPEN EXTEND eröffnet wird, befindet sich im Erweiterungsmodus, das heißt, eine eventuell bestehende Datei kann um weitere Datensätze ergänzt werden. Die Sätze werden am Ende der Datei hinzugefügt.

Ist die Datei nicht vorhanden, so wird sie beim erstmaligen Eröffnen erstellt.

Beispiel 4:

```
OPEN EXTEND ADRESSEN.
```

Der NO REWIND-Zusatz

Der NO REWIND-Zusatz bewirkt, dass der Datenträger nicht zurückgespult wird.

READ-Anweisung

Wirkung

Die READ-Anweisung liest jeweils den nächsten Datensatz einer Datei.

```
READ Dateiname-1 {NEXT    } RECORD [INTO Bezeichner-1]
                 {PREVIOUS}

    [ADVANCING ON LOCK]
    [IGNORING LOCK    ]
    [retry-phrase     ]

    [WITH LOCK   ]
    [WITH NO LOCK]

    [[AT END unbedingte-Anweisung-1     ]]
    [[NOT AT END unbedingte-Anweisung-2 ]]

    [END-READ]

    retry-phrase:

              {arithmetischer-Ausdruck-1 TIMES          }
        RETRY {FOR arithmetischer-Ausdruck-2 SECONDS     }
              {FOREVER                                   }
```

Abbildung 13.5: READ-Anweisung

Erläuterung

Das Einlesen eines Datensatzes aus einer Datei bedeutet, dass der Datensatz vom Datenträger in den zugehörigen Datenpuffer dieser Datei übertragen wird.

Der INTO-Zusatz bewirkt, dass der Inhalt des Eingabepuffers zusätzlich in den Datensatz übertragen wird, der durch den Bezeichner angegeben ist. Der Datensatz selbst kann beliebig in der WORKING-STORAGE SECTION, LOCAL-STORAGE SECTION oder FILE SECTION definiert werden.

Beispiel 5:

```
     ENVIRONMENT DIVISION.
     INPUT-OUTPUT SECTION.
     FILE-CONTROL.
         SELECT ARTIKEL ASSIGN TO "ARTIKEL.DAT".

     DATA DIVISION.
     FILE SECTION.
     FD   ARTIKEL.
     01   ARTIKEL-SATZ.
          05   ART-NR         PIC   999.
          05   ART-BEZ        PIC   X(25).
          05   ART-PREIS      PIC   9(5)V99.
          05   ART-M-EINHEIT  PIC   X.
```

```
    05  FILLER           PIC   X(100).

WORKING-STORAGE SECTION.
01 AUSGABE-SATZ          PIC   X(136).

PROCEDURE DIVISION.
    .
    .
    OPEN INPUT ARTIKEL.
    READ ARTIKEL INTO AUSGABE-SATZ.
```

Listing 13.7: Beispiel 5: Lesen aus einer Datei

Die gelesenen Daten befinden sich sowohl in ARTIKEL-SATZ als auch in AUSGABE-SATZ.

Der AT END-Zusatz

Der AT END-Zusatz spezifiziert eine Anweisung bzw. Anweisungsfolge, die dann ausgeführt wird, wenn das Dateiende festgestellt wird. Das Dateiende wird festgestellt, wenn alle Sätze der Datei gelesen worden sind und kein Satz mehr vorhanden ist. In diesem Fall wird – falls vorhanden – das FILE STATUS-Feld automatisch auf den Wert 10 gesetzt.

Beispiel 6:

```
WORKING-STORAGE SECTION.
01 DATEIENDE-KZ          PIC   9 VALUE 0.

PROCEDURE DIVISION.
    .
    READ ARTIKEL AT END MOVE 1 TO DATEIENDE-KZ.
    .
    IF DATEIENDE-KZ = 1
        DISPLAY "DATEIENDE ERREICHT"
        CLOSE ARTIKEL
    END-IF.
```

Listing 13.8: Beispiel 6: Dateiende über AT END abfragen

Ist die FILE STATUS-Klausel angegeben, so kann der AT END-Zusatz weggelassen werden, das Dateiende kann mit Hilfe des FILE STATUS-Feldes festgestellt werden, z.B.

```
    READ ARTIKEL.
    IF ARTIKEL-STATUS = 10
        DISPLAY "DATEIENDE ERREICHT"
        CLOSE ARTIKEL
    END-IF.
```

Listing 13.9: Dateiende über Dateistatus abfragen

Der Zusatz NOT AT END

Dieser Zusatz spezifiziert eine Anweisung, die dann ausgeführt wird, wenn das Dateiende noch nicht festgestellt worden ist. Diese Anweisung erhält in jedem Fall die Steuerung, wenn das Dateiende nicht auftritt, auch dann, wenn aus irgendeinem Grund – außer Dateiende – kein Datensatz gelesen worden ist.

WITH LOCK-Zusatz

Dieser Zusatz wird für die Multiuser-Umgebung benutzt. Wir werden dieses Thema ausführlich in einem späteren Kapitel (*Index-sequenzielle Dateiorganisation*) beschreiben.

WRITE-Anweisung

Wirkung

Die WRITE-Anweisung wird benutzt, um Datensätze in einer Datei auszugeben.

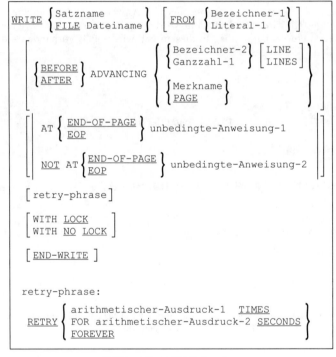

Abbildung 13.6: WRITE-Anweisung

Erläuterung

Das Schreiben in eine Datei bedeutet, dass der Datensatz aus dem Ausgabepuffer, der für diese Datei vereinbart worden ist, auf den Datenträger übertragen wird.

Der Datensatzname ist der Name des Ausgabepuffers in der FILE SECTION, auf den sich die WRITE-Anweisung immer beziehen muss, außer wenn der FILE-Zusatz verwendet wird.

Die Zusätze FILE und FROM

Der FROM-Zusatz bewirkt, dass der Inhalt des Bezeichners noch vor Ausführung der WRITE-Anweisung in den Ausgabepuffer übertragen wird. Da Sie die VALUE-Klausel in der FILE SECTION nicht verwenden dürfen, etwa für die Definition von Datensätzen mit Anfangswerten für die Ausgabe in einer Druckdatei, können Sie diese Datensätze in der WORKING-STORAGE SECTION definieren und im FROM-Zusatz angeben.

Noch einfacher geht das, wenn man zusätzlich den FILE-Zusatz verwendet. Dann ist es möglich, ohne den Umweg über eine Datensatzbeschreibung, direkt den Inhalt einer Variablen oder eines Literals in eine Datei zu schreiben.

Beispiel 7:

```
ENVIRONMENT DIVISION.
INPUT-OUTPUT SECTION.
FILE-CONTROL.
    SELECT LISTE ASSIGN TO "PRN".

DATA DIVISION.
FILE SECTION.
FD LISTE.
01 L-SATZ           PIC   X(70).

WORKING-STORAGE SECTION.
01 SATZ-1.
    05 FILLER       PIC   X(25).
    05 FILLER       PIC   X(20) VALUE "UMSATZLISTE".

PROCEDURE DIVISION.
    OPEN OUTPUT LISTE.
    WRITE L-SATZ FROM SATZ-1.
*> oder:
    WRITE FILE LISTE FROM SATZ-1.
```

Listing 13.10: Beispiel 7: Schreiben eines Datensatzes

Der Inhalt von SATZ-1 wird nach L-SATZ kopiert und dann in die Datei geschrieben.

Die WRITE-Anweisung und Druck-Dateien

Druck-Dateien sind Bestände, die entweder direkt über den Drucker ausgegeben werden (z.B. ASSIGN TO "PRN") oder permanent auf einer Diskette gespeichert werden und anschließend mit dem Print-Befehl vom Betriebssystem ausgedruckt werden.

Der ADVANCING-Zusatz

Der ADVANCING-Zusatz wird verwendet, um eine Zeile in einer Druck-Datei mit einer bestimmten Anzahl von Zeilenvorschüben zu drucken. Der AFTER-Zusatz bedeutet, dass das Drucken der Zeile erst nach dem Vorschub erfolgen soll. Codiert man z.B. WRITE AUSGABE-SATZ AFTER 4, erzeugt man damit 3 Leerzeilen.

Der BEFORE-Zusatz bewirkt, dass das Drucken der Zeile noch vor dem Vorschub erfolgen soll. Er bewirkt eine Vorpositionierung für die nächste Zeile.

```
┌──────────────────────────────────────┬──────────────────────────┐
│ Aktuelle Druckkopfposition           │        UMSATZLISTE        │
│                                       ├──────────────────────────┤
│                                    1  │                          │
│                                       ├──────────────────────────┤
│                                    2  │                          │
│                                       ├──────────────────────────┤
│                                    3  │                          │
│                                       ├──────────────────────────┤
│ WRITE AUSGABE-SATZ AFTER 4         4  │ NÄCHSTE ZEILE            │
│                                       ├──────────────────────────┤
│                                       │                          │
│                                       ├──────────────────────────┤
│                                       │                          │
└───────────────────────────────────────┴──────────────────────────┘
```

Abbildung 13.7: Funktion des AFTER-Zusatzes

In jedem Fall kann das Wort PAGE verwendet werden, um einen Seitenvorschub zu erzeugen. Man kann auch jeden Merknamen verwenden, der im SPECIAL-NAMES-Paragraphen mit dem Wort FORMFEED oder TAB verknüpft worden ist.

FORMFEED ist in der Funktion gleichwertig mit PAGE. TAB ist eine Alternative für AFTER 1.

Ist die Datei mit ORGANIZATION IS SEQUENTIAL beschrieben und fehlt bei der WRITE-Anweisung der ADVANCING-Zusatz, so wird jede Zeile automatisch mit einzeiligem Vorschub geschrieben, wenn die WRITE-Anweisung den Drucker direkt anspricht (z.B. ASSIGN TO PRINTER).

Die WRITE-Anweisung und die LINAGE-Klausel

Der AT END-OF-PAGE-Zusatz darf nur für Dateien verwendet werden, die in der FILE SECTION mit der LINAGE-Klausel beschrieben worden sind. Die dort angegebene unbedingte Anweisung wird dann aktiviert, wenn der zugehörige LINAGE-COUNTER den Wert der FOOTING-Angabe erreicht oder überschritten hat.

Eine WRITE-Anweisung mit dem Zusatz AFTER bzw. BEFORE PAGE bewirkt, dass der LINAGE-COUNTER auf 1 zurückgesetzt wird. Wird beim Vorschub eine bestimmte Anzahl von Zeilen verwendet, so erhöht sich der LINAGE-COUNTER automatisch um diese Anzahl.

Druckersteuerung

Um eine bestimmte Schriftart oder eine Funktion des Druckers zu aktivieren, muss eine entsprechende ESCAPE-Sequenz an den Drucker geleitet werden. Diese beginnt immer mit dem ESCAPE-Zeichen (X"1B"), gefolgt vom gewünschten Steuerzeichen. Steuerzeichen sind von Drucker zu Drucker unterschiedlich und können dem jeweiligen Drucker-Bedienungshandbuch entnommen werden. Ein Steuerzeichen braucht nur ein einziges Mal aktiviert zu werden, es bleibt so lange aktiv, bis es durch ein Gegen-Steuerzeichen deaktiviert wird. Die ESCAPE-Sequenz kann wie folgt im hexadezimalen Format angegeben werden:

Beispiel 8:

```
ENVIRONMENT DIVISION.
INPUT-OUTPUT SECTION.
FILE-CONTROL.
    SELECT LISTE ASSIGN TO PRINTER.

DATA DIVISION.
FILE SECTION.
FD LISTE.
```

```
01  L-SATZ              PIC   X(70).

    WORKING-STORAGE SECTION.
01  SATZ-1.
    05  STEUER-ZEICHEN PIC   XX.
    05  FILLER         PIC   X(25).
    05  FILLER         PIC   X(20) VALUE "UMSATZLISTE".

    PROCEDURE DIVISION.
    MOVE X"1B0F" TO STEUER-ZEICHEN.
    WRITE L-SATZ FROM SATZ-1 AFTER PAGE.
```

Listing 13.11: Beispiel 8: Direkte Druckersteuerung

Diese ESCAPE-Sequenz erzeugt bei den meisten Druckern eine Schmalschrift.

REWRITE-Anweisung

Wirkung

Die REWRITE-Anweisung verwendet man, um bestehende Sätze einer Datei zurückzuschreiben.

```
REWRITE  {Satzname        }  RECORD  [FROM  {Bezeichner-1}]
         {FILE Dateiname   }                {Literal-1   }

         [retry-phrase]

         [WITH LOCK    ]
         [WITH NO LOCK ]

         [END-REWRITE]

retry-phrase:
                 {arithmetischer-Ausdruck-1  TIMES   }
         RETRY   {FOR arithmetischer-Ausdruck-2 SECONDS}
                 {FOREVER                        }
```

Abbildung 13.8: REWRITE-Anweisung

Erläuterung

Die Verwendung der REWRITE-Anweisung erfordert das Öffnen der Datei im Update-Modus (OPEN I-O). Darüber hinaus muss die Datei mit ORGANIZATION SEQUENTIAL beschrieben worden sein.

Das Zurückschreiben eines Satzes in eine Datei bedeutet, dass der Datensatz aus dem Ausgabepuffer, der für diese Datei vereinbart worden ist, auf den Datenträger übertragen wird. Dabei wird vorausgesetzt, dass der Datensatz schon in der Datei existiert. Er muss gelesen werden, bevor er zurückgeschrieben werden kann.

Die Zusätze FILE und FROM

Diese Zusätze haben die gleiche Bedeutung wie bei der WRITE-Anweisung.

Beispiel 9:

Das Beispiel demonstriert lediglich die Arbeitsweise und das Zusammenspiel zwischen der READ- und der REWRITE-Anweisung.

```
ENVIRONMENT DIVISION.
INPUT-OUTPUT SECTION.
FILE-CONTROL.
    SELECT LOHN-DATEN ASSIGN TO "LOHN.DAT"
            ORGANIZATION     IS SEQUENTIAL.


DATA DIVISION.
FILE SECTION.
FD  LOHN-DATEN.
01  LOHN-SATZ.
      05  L-ARB-NR      PIC   999.
      05  L-VORSCHUSS   PIC   9(4).
      05  FILLER        PIC   X(100).


WORKING-STORAGE SECTION.
01  VORSCHUSS          PIC   9(4).


PROCEDURE DIVISION.
      .
    OPEN I-O LOHN-DATEN.
      .
    READ LOHN-DATEN.
      .
    ADD VORSCHUSS TO L-VORSCHUSS.
      .
    REWRITE LOHN-SATZ.
```

Listing 13.12: Beispiel 9: Ändern eines Datensatzes

CLOSE-Anweisung

Wirkung

Die CLOSE-Anweisung wird verwendet, um eine Datei zu schließen.

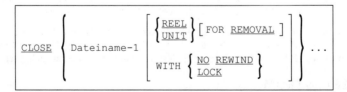

Abbildung 13.9: CLOSE-Anweisung

Erläuterung

Beim Schließen einer Datei werden die Verwaltungsinformationen für diese Datei aktualisiert; anschließend wird die Datei freigegeben.

Nach dem Schließen der Datei dürfen keine E/A-Operationen mehr für diese Datei ausgeführt werden.

Der REEL/UNIT-Zusatz muss für Dateien angegeben werden, die in der SELECT-Klausel mit MULTIPLE REEL bzw. UNIT definiert worden sind. Er darf nicht für andere Dateien verwendet werden.

Der LOCK-Zusatz bewirkt, dass die Datei in demselben Programmlauf nicht mehr geöffnet werden kann.

Beispiel 10:

```
CLOSE ARTIKEL, LISTE.
```

Zusammenfassung

Die Tabelle 13.9 zeigt die zulässigen E/A-Anweisungen in den verschiedenen Eröffnungsmodi für sequenzielle Dateien.

Anweisung	Eröffnungsmodus			
	INPUT	OUTPUT	EXTEND	I-O
READ	X			X
WRITE		X	X	
REWRITE				X

Tabelle 13.9: Zulässige E/A-Anweisungen

USE-Anweisung

Wirkung

Die USE-Anweisung wird benutzt, um zentrale Fehlerbehandlungs-Routinen für eine bestimmte Datei zu definieren.

Abbildung 13.10: USE-Anweisung

Erläuterung

In vielen Situationen treten bei Dateizugriffen bestimmte Fehler auf, z.B. wenn beim Erstellen einer Datei die Diskette voll wird oder wenn ein falscher Dateiname verwendet wird usw.

Nun erhebt sich die Frage, wie solche Fehler festgestellt werden können, um eine entsprechende Mitteilung an den Benutzer zu geben.

Es ist durchaus möglich, dass nach jedem Dateizugriff eine Fehlerbehandlungs-Routine codiert werden kann, um den Fehler festzustellen. Dies wäre jedoch zu umfangreich. In COBOL hat man dafür den DECLARATIVES-Teil vorgesehen.

Der DECLARATIVES-Teil beginnt unmittelbar nach der PROCEDURE DIVISION mit dem Wort DECLARATIVES und endet mit END DECLARATIVES.

Er kann eine oder mehrere SECTIONs beinhalten. Jede SECTION enthält nun eine USE-Anweisung, die sich auf eine oder mehrere Dateien bezieht.

Der DECLARATIVES-Teil wird bei der Programmausführung nicht aktiviert, sondern nur dann, wenn für eine Datei, die dort in einer USE-Anweisung angegeben wurde, ein Fehler auftritt.

Die USE-Anweisung selbst teilt dem System mit, dass die nachfolgenden Anweisungen, die noch in dieser SECTION codiert sind, ausgeführt werden sollen, wenn für die in dieser SECTION definierte Datei ein Zugriffsfehler auftritt.

Codiert man z.B. in einer SECTION im DECLARATIVES-Teil:

```
    USE AFTER STANDARD ERROR PROCEDURE ON ARTIKEL
```

so werden die hier noch in dieser SECTION vorhandenen Anweisungen ausgeführt, wenn für die Datei ARTIKEL ein Fehler auftritt. Die Anweisungen selbst können beliebig sein. Sinnvollerweise sind es jedoch solche, die sich auf das FILE STATUS-Feld dieser Datei beziehen, um den Fehler zu analysieren.

Verursacht z.B. die Anweisung (OPEN INPUT ARTIKEL) einen Fehler, weil möglicherweise die Datei nicht vorhanden ist, so wird die für diese Datei festgelegte SECTION automatisch ausgeführt. Anschließend wird das Programm nach der OPEN-Anweisung fortgesetzt.

Die Wörter ERROR und EXCEPTION können mit gleicher Bedeutung verwendet werden.

Bezieht man sich nicht explizit in der USE-Anweisung auf einen bestimmten Dateinamen, sondern auf eine der Möglichkeiten INPUT, OUTPUT, I-O oder EXTEND, so werden die entsprechend eröffneten Dateien in dieser USE-Anweisung impliziert. In diesem Fall ist darauf zu achten, dass eine Datei nur in einer SECTION implizit oder explizit vorkommen kann.

Beispiel 11:

Das Beispiel beschränkt sich auf die Auswertung einiger Fehler. Tritt keiner der vorgesehenen Fehler auf, so wird allgemein kommentiert: "DATEIFEHLER".

```
ENVIRONMENT DIVISION.
INPUT-OUTPUT SECTION.
FILE-CONTROL.
    SELECT ARTIKEL ASSIGN TO "C:ARTIKEL.DAT"
            ORGANIZATION    IS SEQUENTIAL,
            ACCESS MODE      IS SEQUENTIAL,
            FILE STATUS      IS ARTIKEL-STATUS.

DATA DIVISION.
FILE SECTION.
FD  ARTIKEL.
01  A-SATZ            PIC X(200).

WORKING-STORAGE SECTION.
01  ARTIKEL-STATUS.
```

```
    05  STELLE-1        PIC 9.
    05  STELLE-2        PIC 9.
01  FEHLER-CODE REDEFINES ARTIKEL-STATUS PIC 9(4) COMP.
01  FEHL-1              PIC X(30) VALUE
    "DISKETTE VOLL".
01  FEHL-2              PIC X(30) VALUE
    "INHALTSVERZEICHNIS VOLL".
01  FEHL-3              PIC X(30) VALUE
    "FALSCHER DATEINAME".
01  FEHL-4              PIC X(30) VALUE
    "DATEI NICHT VORHANDEN".
01  FEHL-TEXT           PIC X(30).
01  WARTEN              PIC X.


PROCEDURE  DIVISION.
DECLARATIVES.
ART-FEHL-BEHANDLUNG SECTION.
    USE AFTER STANDARD ERROR PROCEDURE ON ARTIKEL.
    IF STELLE-1 = 9
        MOVE LOW-VALUE TO STELLE-1

        IF FEHLER-CODE = 007
           MOVE FEHL-1 TO FEHL-TEXT
        ELSE
           IF FEHLER-CODE = 009
              MOVE FEHL-2 TO FEHL-TEXT
           ELSE
              IF FEHLER-CODE = 004
                 MOVE FEHL-3 TO FEHL-TEXT
              ELSE
                 IF FEHLER-CODE = 013
                    MOVE FEHL-4 TO FEHL-TEXT
                 ELSE
                    MOVE "DATEI FEHLER" TO FEHL-TEXT
                 END-IF
              END-IF
           END-IF
        END-IF
    END-IF.
    DISPLAY FEHL-TEXT AT 2501.
    ACCEPT  WARTEN    AT 2531.
ART-9999.
    EXIT.
END DECLARATIVES.


PROGRAMM-STEUERUNG SECTION.
```

```
PRO-1000.
    .
    .
    .
```

Listing 13.13: Beispiel 11: Fehlerhandling mit DECLARATIVES

13.5   Programmbeispiel: DEMO13: Überweisungen

Aufgabenstellung

Das Unternehmen »Mustermann« will seine Zahlungen auf EDV umstellen. Für alle Zahlungen sollen nun Überweisungsaufträge erstellt werden.

Die Zahlungsempfänger sind in der Datei EMPFAENG.EIN vorhanden.

Die Auftraggeber-Datei AUFT-GEB.EIN enthält einen einzigen Datensatz mit den Daten des Auftraggebers.

Aufbau der Zahlungsempfänger-Datei »EMPFAENG.EIN«

Anz. Stellen	Feldverwendung
15	Empfängername
15	Empfängerstraße
4	Empfänger-PLZ
15	Empfängerort
10	Empfängerkontonummer
15	Empfängerbank
10	Empfängerbankleitzahl
15	Verwendungszweck
5V2	Überweisungsbetrag

Tabelle 13.10: Dateiaufbau von EMPFAENG.EIN

Aufbau der Auftraggeber-Datei »AUFT-GEB.EIN«

Anz. Stellen	Feldverwendung
15	Auftraggebername
10	Auftraggeberkontonummer
15	Auftraggeberbank
10	Auftraggeberbankleitzahl

Tabelle 13.11: Dateiaufbau von AUFT-GEB.EIN

Programmlisting

```
 1 IDENTIFICATION DIVISION.
 2 PROGRAM-ID.         DEMO13-UEBERWEISUNGEN.
 3 AUTHOR.             R. HABIB.
 4 DATE-WRITTEN.
 5 DATE-COMPILED.
 6****************************************************
 7* PROGRAMMFUNKTION:                               *
 8*                                                 *
 9* DIESES PROGRAMM DRUCKT EINE ÜBERWEISUNGSLISTE   *
10* AUS.                                            *
11****************************************************
12 ENVIRONMENT DIVISION.
13 CONFIGURATION SECTION.
14 SOURCE-COMPUTER.   IBM-PC.
15 OBJECT-COMPUTER.   IBM-PC.
16 SPECIAL-NAMES.
17    DECIMAL-POINT IS COMMA.
18 INPUT-OUTPUT SECTION.
19 FILE-CONTROL.
20
21    SELECT EMPFAENGER ASSIGN TO "EMPFAENG.EIN",
22          ORGANIZATION IS LINE SEQUENTIAL,
23          FILE STATUS  IS EMP-STATUS.
24
25    SELECT AUFTRAGGEBER ASSIGN TO "AUFT-GEB.EIN"
26          ORGANIZATION IS LINE SEQUENTIAL.
27
28    SELECT AUSGABE ASSIGN TO "UEBERW.AUS".
29*------------------------------------------------*
30 DATA DIVISION.
31 FILE SECTION.
32 FD  EMPFAENGER.
33 01  E-SATZ.
34    05 E-NAME          PIC X(15).
35    05 E-STR           PIC X(15).
36    05 E-PLZ           PIC X(4).
37    05 E-ORT           PIC X(15).
38    05 E-KONTO-NR       PIC X(10).
39    05 E-BANK          PIC X(15).
40    05 E-BLZ           PIC X(10).
41    05 E-VERWEND-ZWECK PIC X(15).
42    05 E-BETRAG        PIC 9(5)V99.
43
44 FD AUFTRAGGEBER.
45 01  AUF-SATZ.
```

```
46      05 A-NAME           PIC X(15).
47      05 A-KONTO-NR       PIC X(10).
48      05 A-BANK           PIC X(15).
49      05 A-BLZ            PIC X(10).
50
51 FD   AUSGABE
52              LINAGE   20 LINES
53                       FOOTING 20
54                       TOP 0
55                       BOTTOM 5.
56 01  A-SATZ              PIC X(56).
57*--------------------------------------------------*
58 WORKING-STORAGE SECTION.
59 01  EMP-STATUS          PIC 99.
60 88  DATEI-ENDE          VALUE 10.
61
62 01  UEBERWEISUNGSZEILE-1.
63      05 U-NAME           PIC X(15).
64      05 FILLER           PIC X(28) VALUE SPACE.
65      05 U-BLZ            PIC X(10).
66
67 01  UEBERWEISUNGSZEILE-2.
68      05 U-STR            PIC X(15).
69      05 FILLER           PIC X(2) VALUE ",".
70      05 U-PLZ            PIC X(4).
71      05 FILLER           PIC X    VALUE SPACE.
72      05 U-ORT            PIC X(15).
73
74 01  UEBERWEISUNGSZEILE-3.
75      05 U-KONTO-NR       PIC X(10).
76      05 FILLER           PIC X(6) VALUE SPACE.
77      05 U-BANK           PIC X(15).
78
79 01  UEBERWEISUNGSZEILE-4.
80      05 U-VERWEND-ZWECK  PIC X(15).
81      05 FILLER           PIC X(28) VALUE SPACE.
82      05 U-BETRAG         PIC *(7),99.
83      05 FILLER           PIC X(2) VALUE "**".
84
85 01  UEBERWEISUNGSZEILE-5.
86      05 U-AUF-KONTO-NR   PIC X(10).
87      05 FILLER           PIC X(6) VALUE SPACE.
88      05 U-AUF-NAME       PIC X(15).
89
90*--------------------------------------------------*
91 PROCEDURE DIVISION.
```

```
 92 PROGRAMM-STEUERUNG SECTION.
 93 PR-1000.
 94     PERFORM VORLAUF.
 95     PERFORM VERARBEITUNG UNTIL DATEI-ENDE.
 96     PERFORM NACHLAUF.
 97 PR-9999.
 98     STOP RUN.
 99*-------------------------------------------------*
100 VORLAUF SECTION.
101 VOR-1000.
102     OPEN INPUT  EMPFAENGER,
103                 AUFTRAGGEBER,
104          OUTPUT AUSGABE.
105     READ AUFTRAGGEBER.
106     PERFORM LESEN.
107 VOR-9999.
108     EXIT.
109*-------------------------------------------------*
110 VERARBEITUNG SECTION.
111 VER-1000.
112     MOVE E-NAME          TO U-NAME.
113     MOVE E-BLZ           TO U-BLZ.
114     WRITE A-SATZ FROM UEBERWEISUNGSZEILE-1 AFTER 0.
115
116     MOVE E-STR           TO U-STR.
117     MOVE E-PLZ           TO U-PLZ.
118     MOVE E-ORT           TO U-ORT.
119     WRITE A-SATZ FROM UEBERWEISUNGSZEILE-2 AFTER 1.
120
121     MOVE E-KONTO-NR      TO U-KONTO-NR.
122     MOVE E-BANK          TO U-BANK.
123     WRITE A-SATZ FROM UEBERWEISUNGSZEILE-3 AFTER 2.
124
125     MOVE E-VERWEND-ZWECK TO U-VERWEND-ZWECK.
126     MOVE E-BETRAG        TO U-BETRAG.
127     WRITE A-SATZ FROM UEBERWEISUNGSZEILE-4 AFTER 4.
128
129     MOVE SPACE TO A-SATZ.
130     WRITE A-SATZ AFTER 7.
131
132     MOVE A-NAME          TO U-AUF-NAME.
133     MOVE A-KONTO-NR      TO U-AUF-KONTO-NR.
134     WRITE A-SATZ FROM UEBERWEISUNGSZEILE-5 BEFORE PAGE.
135
136
137     PERFORM LESEN.
```

```
138 VER-9999.
139     EXIT.
140*--------------------------------------------------*
141 NACHLAUF SECTION.
142 NAC-1000.
143     CLOSE EMPFAENGER, AUFTRAGGEBER, AUSGABE.
144 NAC-9999.
145     EXIT.
146*--------------------------------------------------*
147 LESEN SECTION.
148 LES-1000.
149     READ EMPFAENGER.
150 LES-9999.
151     EXIT.
```

Listing 13.14: DEMO13: Überweisungen

Testdaten »EMPFAENG.EIN«

```
PETER SCHMEIDERSONNENSTR. 123 8000MÜNCHEN 2        1234098765HYPO-
BANK       700 200 01RECH.-NR. 86/240183650
C. RIECHERT      LEOPOLDSTR. 72 8000MÜNCHEN 40      5676677889RAIFFE1SENBANK 750 505
  86MIETE 2/86        0950000
BERGMANN        SENSERSTR. 56 8000MÜNCHEN 70      2224446666VOLKSBANK       700 300
20RECH-.NR. 4583 0450000
```

Listing 13.15: Testdaten aus Datei EMPFAENG.EIN

Testdaten »AUFT-GEB.EIN«

```
MUSTERMANN       9988776655B. VEREINSBANK 70020270
```

Listing 13.16: Testdaten aus Datei AUFT-GEB.EIN

Druckliste »UEBERW.AUS«

```
PETER SCHNEIDER                          700 200 01
SONNENSTR. 123 , 8000 MÜNCHEN 2

1234098765        HYPO-BANK



RECH.-NR. 86/24                    ***1836,50**




9988776655        MUSTERMANN
```

```
.........................................................

C. RIECHERT                                  750 505 86
LEOPOLDSTR. 72 , 8000 MÜNCHEN 40

5676677889        RAIFFEISENBANK




MIETE 2/86                                   ***9500,00**




9988776655        MUSTERMANN

.........................................................

BERGMANN                                     700 300 20
SENSERSTR. 56  , 8000 MÜNCHEN 70

2224446666        VOLKSBANK




RECH-.NR. 4583                               ***4500,00**




9988776655        MUSTERMANN
```

Listing 13.17: Druckliste

14

Externe
Unterprogramme

14.1 Vorbemerkung

Die Gestaltung von externen Unterprogrammen bringt einige unentbehrliche Vorteile für die Praxis mit sich:

❑ Modularisierung umfangreicher Programme

❑ Programmroutinen, die in unterschiedlichen Programmen benötigt werden, brauchen nur noch einmal geschrieben zu werden.

❑ Effektive Verwaltung des Speicherplatzes bei der Gestaltung von dynamischen externen Unterprogrammen, die freigegeben werden können, sobald sie nicht mehr benötigt werden.

❑ Wenn eine Routine – z.B. ein Zugriff auf Hardware-Ebene – in COBOL nicht realisiert werden kann, so kann diese Routine in einer anderen Programmiersprache codiert werden.

Nachdem alle benötigten Unterprogramme codiert und jeweils separat übersetzt wurden, müssen sie mit dem Hauptprogramm zu einem Programmsystem gebunden werden. Das Ergebnis dieses Bindevorganges ist ein Lademodul, das nun im Hauptspeicher geladen und ausgeführt werden kann.

14.2 Sprachelemente für Unterprogramm-Technik

Die Programmiersprache COBOL unterstützt die Unterprogramm-Technik mit dem folgenden Sprachvorrat:

Im aufrufenden Programm

❑ CALL-Anweisung
❑ CANCEL-Anweisung
❑ CALL-CONVENTION

Im aufgerufenen Programm

❑ LINKAGE SECTION
❑ USING-Zusatz der PROCEDURE DIVISION
❑ EXIT PROGRAM/GOBACK

14.3 Die Programmverbindung

Das Hauptprogramm (aufrufend) übergibt die Steuerung an das Unterprogramm (aufgerufen) mit Hilfe der CALL-Anweisung. Das Unterprogramm wird nun ausgeführt. Anschließend wird die Steuerung an das Hauptprogramm mit Hilfe der EXIT PROGRAM- oder GOBACK-Anweisung zurückgegeben.

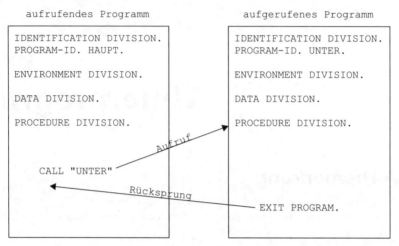

Abbildung 14.1: Programmverbindungen

Geschachtelte Programmaufrufe

Ein aufgerufenes Programm kann gleichzeitig ein aufrufendes Programm sein, wenn dieses weitere Unterprogramme aufruft. In der folgenden Darstellung sind die Unterprogramme »A« und »B« gleichzeitig aufrufende und aufgerufene Programme.

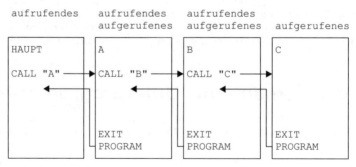

Abbildung 14.2: Geschachtelte Programmaufrufe

14.4 CALL-Anweisung

Wirkung

Die CALL-Anweisung wird benutzt, um die Programmsteuerung an ein separat übersetztes Programm zu übergeben (aufrufen).

```
Format 1 (on-overflow):


    CALL {Bezeichner-1} [USING {[BY REFERENCE]{Bezeichner-2}...}    ]
         {Literal-1   }        {BY CONTENT {Bezeichner-2}...      }...

       [RETURNING Bezeichner-3]

       [ON OVERFLOW unbedingte-Anweisung-1]

       [END-CALL]


Format 2 (on-exception):


    CALL {Bezeichner-1} [USING {[BY REFERENCE]{Bezeichner-2}...}    ]
         {Literal-1   }        {BY CONTENT {Bezeichner-2}...      }...

       [RETURNING Bezeichner-3]

       [| ON EXCEPTION unbedingte-Anweisung-1       |]
        | NOT ON EXCEPTION unbedingte-Anweisung-2   |

       [END-CALL]


Format 3 (program-prototype):


    CALL [{Bezeichner-1} AS]  {NESTED                   }
         [{Literal-1   }   ]  {program-prototype-name-1 }


    [
              {               {Bezeichner-2 }                        }
              { [BY REFERENCE] {OMITTED      }                       }
              {                                                      }
              {               {arithmetischer-Ausdruck-1}           }
      USING   { [BY CONTENT]  {boolscher-Ausdruck-1     }           }...
              {               {Bezeichner-4             }           }
              {               {Literal-2                }           }
              {                                                      }
              {               {arithmetischer-Ausdruck-1}           }
              { [BY VALUE ]   {Bezeichner-4             }           }
              {               {Literal-2                }           }
    ]

       [RETURNING Bezeichner-3]

       [| ON EXCEPTION unbedingte-Anweisung-1       |]
        | NOT ON EXCEPTION unbedingte-Anweisung-2   |

       [END-CALL]
```

Abbildung 14.3: CALL-Anweisung

Erläuterung

In der CALL-Anweisung können Sie den Namen des Unterprogramms, das aufgerufen werden soll, in einem nicht numerischen Literal angeben. In diesem Fall haben Sie sich für ein bestimmtes Programm entschieden.

Beispiel 1:

```
CALL "BILANZ".
```

Es besteht jedoch die Möglichkeit, den Namen des Unterprogramms erst zum Zeitpunkt der Ausführung zu bestimmen. Hierzu muss der Bezeichner als Variable benutzt werden. Rechtzeitig vor der Ausführung der CALL-Anweisung muss der Bezeichner mit dem Namen des Unterprogramms, das aufgerufen werden soll, versorgt werden.

Beispiel 2:

```
WORKING-STORAGE SECTION.

01  UNTERPROGRAMM         PIC X(8).

PROCEDURE DIVISION.

    MOVE "ZINSEN" TO UNTERPROGRAMM
    CALL UNTERPROGRAMM.
```

Listing 14.1: Beispiel 2: Dynamischer Unterprogrammaufruf

Eingangspunkt im Unterprogramm

Ein Unterprogramm beginnt mit der ersten Anweisung in der PROCEDURE DIVISION; diese wird die primäre Eingangsstelle im Unterprogramm genannt.

Status des Unterprogramms

Ein aufgerufenes Unterprogramm befindet sich in seinem ursprünglichen Status, sowohl wenn es das erste Mal aufgerufen wird als auch beim erstmaligen Aufruf, nachdem es mit einer CANCEL-Anweisung freigegeben wurde. Bei allen anderen Eintritten in das aufgerufene Unterprogramm ist es in dem zuletzt benutzten Zustand. Wurden also Variablen, die mit VALUE vorbelegt sind, verändert, findet man bei einem erneuten Aufruf des Unterprogramms innerhalb eines Programmlaufs die veränderten Variablenwerte vor und nicht die durch VALUE ursprünglich gesetzten. Dieses Verhalten kann im Unterprogramm über den Zusatz IS INITIAL PROGRAM der PROGRAM-ID-Angabe geändert werden. Wurde diese Angabe gemacht, werden bei jedem Aufruf die Variablen in ihren ursprünglichen Zustand zurückversetzt.

Zu Format 1

Der Zusatz ON OVERFLOW bewirkt, dass die angegebene unbedingte Anweisung-1 ausgeführt wird, wenn die Ausführung einer CALL-Anweisung beginnt und nicht genügend Speicher für die Unterbringung des Unterprogramms zur Verfügung steht.

Zu Format 2

Der Zusatz ON EXCEPTION bewirkt, dass die angegebene unbedingte Anweisung-1 ausgeführt wird, wenn die Ausführung einer CALL-Anweisung aus irgendeinem Grund unmöglich wird, z.B. wenn kein Objektmodul mit dem aufgerufenen Namen vorhanden ist.

Der USING-Zusatz

Die bisher gezeigten Beispiele haben jeweils bewirkt, dass ein Unterprogramm angesteuert und ausgeführt wurde, ohne dass es Zugriff zu den Daten des Hauptprogramms hatte. Wie werden nun Datenfelder (Parameter) an ein Unterprogramm übergeben?

Der USING-Zusatz wird dazu verwendet, Datenfelder des Hauptprogramms an das Unterprogramm zu übergeben. Die zu übergebenden Datenfelder müssen aus der FILE SECTION, der WORKING-STORAGE SECTION oder der LOCAL-STORAGE SECTION des aufrufenden Programms stammen. Datenfelder der LINKAGE SECTION können ebenso an ein Unterprogramm übergeben werden, jedoch nur dann, wenn das aufrufende Programm selbst ein aufgerufenes ist.

Beispiel 3:

```
WORKING-STORAGE SECTION.
01  EINKOMMEN            PIC 9(6)V99.
01  STEUER-BETRAG        PIC 9(6)V99.
```

Listing 14.2: Datenfelder für die Programmübergabe

Beim Aufruf des Unterprogramms STEUER sollen die Felder EINKOMMEN und STEUER-BETRAG übergeben werden.

```
CALL "STEUER" USING EINKOMMEN STEUER-BETRAG.
```

Listing 14.3: Unterprogrammaufruf mit Parameterübergabe

14.5 LINKAGE SECTION

Wirkung

Die LINKAGE SECTION erlaubt die Definition der Parameter, die vom Hauptprogramm an das Unterprogramm übergeben werden.

```
LINKAGE SECTION.        ⎡ Datenelementbeschreibung ⎤
                        ⎢ Konstantendefinition     ⎥ ...
                        ⎣ Datensatzbeschreibung    ⎦
```

Abbildung 14.4: LINKAGE SECTION

Erläuterung

Für keines der Datenfelder, die in der LINKAGE SECTION definiert werden, wird Speicherplatz reserviert. Solche Datenfelder sind als Dummy-Felder zu bezeichnen; sie sind lediglich als symbolische Adressen vorhanden, nicht jedoch als echte Speicherstellen. Sie »vertreten vorläufig« die im Hauptprogramm definierten Datenfelder, bis das Programm gebunden wird. Zur Ausführungszeit des Unterprogramms hat man die Möglichkeit, auf Datenfelder zuzugreifen, die im Hauptprogramm definiert sind.

Der allgemeine Aufbau der LINKAGE SECTION entspricht im Wesentlichen dem der WORKING-STORAGE SECTION. Die VALUE-Klausel darf in der LINKAGE SECTION zwar verwendet werden, wird aber ignoriert, da den Feldern erst beim Programmaufruf eine Adresse zugewiesen wird und die Feldinhalte vom rufenden Programm stammen. Diese Regelung erleichtert die exakte Übergabe komplexer Datenstrukturen, da diese in eine COPY-Strecke ausgelagert werden und sowohl vom rufenden Programm (in die WORKING-

STORAGE SECTION) als auch vom gerufenen Programm (in die LINKAGE SECTION) eingefügt werden können. Eventuelle VALUE-Angaben wirken sich dann für das rufende Programm aus. Es gibt jedoch eine Ausnahme. Die INITIALIZE-Anweisung mit dem TO VALUE-Zusatz berücksichtigt die VALUE-Klauseln für Felder der LINKAGE SECTION. Man muss beachten, dass diese Felder nur dann initialisiert werden können, wenn sie auch tatsächlich von einem Hauptprogramm aus übergeben wurden. Die LINKAGE SECTION wird nur im aufgerufenen Programm benötigt.

In der LINKAGE SECTION wird für jedes Datenfeld auf der Stufennummer 01 oder 77 ein Adressfeld automatisch generiert. Die Generierung erfolgt, sobald das Adressfeld in einer Anweisung angesprochen wird, z.B.

```
WORKING-STORAGE SECTION.


01   SATZ.
     05 ADRESSFELD         POINTER.
     05 DATEN              PIC X(200).


LINKAGE SECTION.


01   SATZ-A               PIC X(35).


PROCEDURE DIVISION.


     SET ADDRESS OF SATZ-A TO ADRESSFELD.
```

Listing 14.4: Datenfeld mit Hauptspeicheradresse verbinden

Beispiel 4:

Die in Beispiel 3 vom Hauptprogramm übergebenen Datenfelder sollen nun im Unterprogramm beschrieben werden.

```
LINKAGE SECTION.
01   EINKOMMEN            PIC 9(6)V99.
01   STEUER-BETRAG        PIC 9(6)V99.
```

Listing 14.5: Parameter im Unterprogramm definieren

14.6 USING-Zusatz der PROCEDURE DIVISION

Wirkung

Der USING-Zusatz der PROCEDURE DIVISION erlaubt die Zuordnung zwischen den Parametern, die vom Hauptprogramm übergeben werden, und den Datenfeldern, die im Unterprogramm in der LINKAGE SECTION definiert werden.

```
PROCEDURE DIVISION [using-phrase][RETURNING Bezeichner2]

using-phrase:

        ⎧[ BY REFERENCE] {[OPTIONAL]Bezeichner1} ...⎫
USING   ⎨                                          ⎬ ...
        ⎩ BY VALUE {Bezeichner1}...                ⎭
```

Abbildung 14.5: USING-Zusatz der PROCEDURE DIVISION

Erläuterung

Der USING-Zusatz darf nur verwendet werden, wenn das Unterprogramm durch eine CALL-Anweisung aufgerufen wird, die auch einen USING-Zusatz enthält.

Als Datennamen dürfen nur solche verwendet werden, die im Unterprogramm in der LINKAGE SECTION definiert sind.

Im Allgemeinen müssen genauso viele Datenfelder in diesem Zusatz angegeben werden, wie im USING-Zusatz der CALL-Anweisung angegeben sind. Es ist jedoch erlaubt, manche Felder als OPTIONAL zu definieren. Diese können dann in der CALL-Anweisung weggelassen werden, indem anstelle eines echten Wertes das Wort OMITTED angegeben wird. Dies ist jedoch nur für Parameter erlaubt, die BY REFERENCE übergeben werden.

Beispiel 5:

Für die CALL-Anweisung in Beispiel 3 sollen nun entsprechende Felder zugeordnet werden.

```
PROCEDURE DIVISION USING EINKOMMEN STEUER-BETRAG.
```

Listing 14.6: Parameter im Unterprogramm übernehmen

Die Auswahl der USING-Parameter in der CALL-Anweisung

Wird einer der Zusätze BY REFERENCE oder BY CONTENT verwendet, so bezieht sich dieser auf alle nachfolgend angegebenen Bezeichner, bis ein anderer Zusatz spezifiziert wird.

BY REFERENCE

Dieser Zusatz wird standardmäßig in der USING-Angabe angenommen, wenn keiner der Zusätze BY CONTENT oder BY VALUE verwendet wird.

Wird der Zusatz BY REFERENCE direkt vor einem Datenfeld angegeben oder impliziert, wird das Datenfeld im Unterprogramm so behandelt, als würde es den gleichen Speicherplatz belegen, der im Hauptprogramm vom angegebenen Datenfeld belegt ist.

Beispiel 6:

```
IDENTIFICATION DIVISION.
PROGRAM-ID.  HAPRO.
ENVIRONMENT DIVISION.
DATA DIVISION.
WORKING-STORAGE SECTION.
01  BETRAG               PIC 9(6)V9(2).
01  MWST                 PIC 9(6)V9(2).
PROCEDURE DIVISION.
    CALL "UPRO" USING
            BY REFERENCE BETRAG MWST.

    .
STOP RUN.
```

Listing 14.7: Hauptprogramm

```
IDENTIFICATION DIVISION.
PROGRAM-ID.  UPRO.
ENVIRONMENT DIVISION.
```

```
DATA DIVISION.
WORKING-STORAGE SECTION.
01   RECHENFELD                PIC 9(8)V9(2).
LINKAGE SECTION.
01   BETRAG                    PIC 9(6)V9(2).
01   MWST                      PIC 9(6)V9(2).
PROCEDURE DIVISION USING  BETRAG MWST.
     .
     MOVE BETRAG TO RECHENFELD.
     .
     GOBACK.
```

Listing 14.8: Unterprogramm

BY REFERENCE ADDRESS OF

Dieser Zusatz kann verwendet werden, um die Adresse eines Datensatzes an ein Unterprogramm weiterzuleiten. In diesem Fall muss der übergebene Parameter mit einem POINTER-Feld korrespondieren. Das POINTER-Feld wird im Unterprogramm mit USAGE POINTER beschrieben und im USING-Zusatz der PROCEDURE DIVISION angegeben.

Diese Art von Parameterübergabe verwendet man insbesondere im Zusammenhang mit POINTER-Feldern zum Verketten von Datensätzen.

Jeder der zu verkettenden Datensätze enthält am Anfang ein Adressfeld, in dem die Adresse des nächsten zu verarbeitenden Datensatzes abgespeichert wird. Im letzten Datensatz wird lediglich eine ungültige Adresse (figurative Konstante NULL) abgespeichert, um anzudeuten, dass keine Sätze mehr vorkommen. Die nachfolgende Abbildung zeigt das Prinzip:

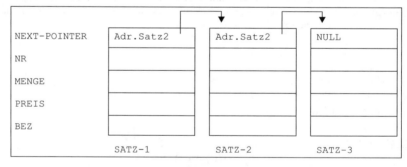

Abbildung 14.6: Verkettete Liste

Beispiel 7:

```
IDENTIFICATION DIVISION.
PROGRAM-ID.  HAPRO.
ENVIRONMENT DIVISION.
DATA DIVISION.
WORKING-STORAGE SECTION.
01   SATZ-1.
     05 NEXT-POINTER-1        POINTER.
     05 DATEN                 PIC X(34).
```

```
01  SATZ-2.
    05 NEXT-POINTER-2        POINTER.
    05 DATEN                 PIC X(34).


01  SATZ-3.
    05 NEXT-POINTER-3        POINTER.
    05 DATEN                 PIC X(34).


PROCEDURE DIVISION.
    SET NEXT-POINTER-1 TO ADDRESS OF SATZ-2.
    SET NEXT-POINTER-2 TO ADDRESS OF SATZ-3.
    SET NEXT-POINTER-3 TO NULL.

    CALL "UPRO" USING
        BY REFERENCE ADDRESS OF SATZ-1.
    STOP RUN.
```

Listing 14.9: Beispiel 7: Hauptprogramm

```
IDENTIFICATION DIVISION.
PROGRAM-ID.  UPRO.
ENVIRONMENT DIVISION.
DATA DIVISION.
WORKING-STORAGE SECTION.
01  GESAMT                 PIC 9(7)V9(2).
01  SUMME                  PIC 9(8)V9(2).
LINKAGE SECTION.

01  ANFANG-PTR             POINTER.


01  DATENSATZ.
    05 NEXT-POINTER         POINTER.
    05 NR                   PIC 9(3).
    05 MENGE                PIC 9(4).
    05 BEZ                  PIC X(20).
    05 PREIS                PIC 9(5)V9(2).


PROCEDURE DIVISION USING  ANFANG-PTR.

    SET ADDRESS OF DATENSATZ TO
        ADDRESS OF ANFANG-PTR.

    PERFORM WITH TEST BEFORE
        UNTIL NEXT-POINTER = NULL

        MULTIPLY MENGE BY PREIS GIVING GESAMT
```

```
        ADD GESAMT TO SUMME
        SET ADDRESS OF DATENSATZ TO
                    NEXT-POINTER


    END-PERFORM


    GOBACK.
```

Listing 14.10: Beispiel 7: Unterprogramm

BY CONTENT

Bei Verwendung dieses Zusatzes kann zwar das Unterprogramm den Inhalt des korrespondierenden Feldes verändern, dies hat jedoch keinen Einfluss auf den Inhalt des Feldes im aufrufenden Programm. COBOL legt eine Kopie des übergebenen Wertes an und reicht die Adresse der Kopie an das Unterprogramm weiter. Wenn man den USING-Zusatz der PROCEDURE DIVISION betrachtet, fällt auf, dass es hier kein BY CONTENT gibt. Vielmehr werden solche Parameter BY REFERENCE übernommen. Es ist also ausschließlich Sache des rufenden Programms, den Wert tatsächlich BY REFERENCE oder nur BY CONTENT zu übergeben.

Literale können BY CONTENT nur dann übergeben werden, wenn der Prototyp des Unterprogramms im rufenden Programm bekannt ist. Näheres dazu erfahren Sie im Kapitel *Prototypdefinitionen*.

Beispiel 8:

```
CALL "UPRO" USING BY CONTENT FELD-1.
```

BY CONTENT LENGTH OF

Mit diesem Zusatz in der USING-Angabe kann die Länge eines Feldes im Hauptprogramm an ein Unterprogramm weitergegeben werden. Für die Übernahme der Länge im Unterprogramm muss ein Feld mit der Beschreibung PIC 9(9) USAGE COMP definiert werden.

Beispiel 9:

```
CALL "UPRO" USING BY REFERENCE SATZ-1
                  BY CONTENT LENGTH OF SATZ-1.



    IDENTIFICATION DIVISION.
    PROGRAM-ID.  UPRO.
    ENVIRONMENT DIVISION.
    DATA DIVISION.
    WORKING-STORAGE SECTION.
    .

    .

    LINKAGE SECTION.
    01  SATZ-LAENGE           PIC 9(9) COMP.
    01  DATENSATZ             PIC X(34).
    PROCEDURE DIVISION USING DATENSATZ
                        SATZ-LAENGE.
```

```
    .
    .
    MOVE SATZ-LAENGE TO LAENGE
    DISPLAY SATZ-LAENGE
    ADD  SATZ-LAENGE TO X
    .
    .
    GOBACK.
```

Listing 14.11: Beispiel 9: Übergabe BY CONTENT

BY VALUE

Wird in der USING-Angabe der Zusatz BY VALUE verwendet, so kann das Unterprogramm den Inhalt des Feldes zwar verändern, da aber in diesem Fall eine Kopie des Wertes übergeben wird, wirkt sich eine Änderung niemals auf das rufende Programm aus. Dieser Zusatz muss unter anderem immer verwendet werden, wenn das aufgerufene Programm nicht in COBOL geschrieben ist, sondern z.B. in der Programmiersprache C.

Eine Parameterübergabe BY VALUE ist nur möglich, wenn der Prototyp des gerufenen Programms dem rufenden Programm bekannt ist. Auch hier wird nochmals auf das Kapitel *Prototypen* verwiesen.

Beispiel:

```
CALL "UPRO" USING BY VALUE 20 END-CALL
```

14.7 EXIT PROGRAM-Anweisung

Wirkung

Die EXIT PROGRAM-Anweisung beendet die Ausführung des Unterprogramms und gibt die Steuerung an das Hauptprogramm zurück.

Abbildung 14.7: EXIT PROGRAM-Anweisung

Erläuterung

Die EXIT PROGRAM-Anweisung wird nur aktiviert, wenn das Programm, das die EXIT PROGRAM-Anweisung beinhaltet, durch eine CALL-Anweisung angesteuert wird.

Beispiel 10:

Es soll ein Unterprogramm für die Berechnung der Formel aus Listing 14.12 codiert werden. Die benötigten Werte werden im Hauptprogramm vom Bildschirm eingelesen und an das Unterprogramm übergeben.

```
JAHRESZINS = (DISKONT-BETRAG +
              WECHSEL-STEUER +
```

```
                    DISKONT-SPESEN)
            / KREDIT-BETRAG
            *(360
            / WECHSEL-LAUFZEIT)
            * 100
```

Listing 14.12: Zu berechnende Formel

```
IDENTIFICATION DIVISION.
PROGRAM-ID. HAUPT.
ENVIRONMENT DIVISION.
DATA DIVISION.
WORKING-STORAGE SECTION.
01 DISKONT-BETRAG      PIC 9(5)V99.
01 WECHSEL-STEUER      PIC 9(3)V99.
01 KREDIT-BETRAG       PIC 9(5)V99.
01 DISKONT-SPESEN      PIC 9(3)V99.
01 WECHSEL-LAUFZEIT    PIC 9(3).
01 JAHRESZINS          PIC 9(2)V99.


PROCEDURE DIVISION.
EINGABE SECTION.
EIN-1000.
*> ROUTINE ZUM ANZEIGEN DER LEITTEXTE. HIER NICHT
*> BESTANDTEIL DES BEISPIELES.
    ACCEPT DISKONT-BETRAG    AT 1015.
    ACCEPT WECHSEL-STEUER    AT 1115.
    ACCEPT KREDIT-BETRAG     AT 1215.
    ACCEPT DISKONT-SPESEN    AT 1315.
    ACCEPT WECHSEL-LAUFZEIT AT 1415.
*> AUFRUF DES UNTERPROGRAMMS
    CALL "DISKONT" USING DISKONT-BETRAG WECHSEL-STEUER
                         KREDIT-BETRAG  DISKONT-SPESEN
                         WECHSEL-LAUFZEIT JAHRESZINS.
    DISPLAY JAHRESZINS AT 1015.
EIN-9999.
    STOP RUN.
```

Listing 14.13: Beispiel 10: Hauptprogramm

```
IDENTIFICATION DIVISION.
PROGRAM-ID. DISKONT.
ENVIRONMENT DIVISION.
DATA DIVISION.
WORKING-STORAGE SECTION.

LINKAGE SECTION.
01 DISKONT-BETRAG      PIC 9(5)V99.
```

```
01 WECHSEL-STEUER      PIC 9(3)V99.
01 KREDIT-BETRAG       PIC 9(5)V99.
01 DISKONT-SPESEN      PIC 9(3)V99.
01 WECHSEL-LAUFZEIT    PIC 9(3).
01 JAHRESZINS          PIC 9(2)V99.


PROCEDURE DIVISION USING DISKONT-BETRAG WECHSEL-STEUER
                        KREDIT-BETRAG  DISKONT-SPESEN
                        WECHSEL-LAUFZEIT JAHRESZINS.
BERECHNUNG SECTION.
BER-1000.
    COMPUTE JAHRESZINS =
        (DISKONT-BETRAG + WECHSEL-STEUER  +
        DISKONT-SPESEN) / KREDIT-BETRAG *
        360 / WECHSEL-LAUFZEIT * 100.
BER-9999.
    EXIT PROGRAM.
```

Listing 14.14: Beispiel 10: Unterprogramm

14.8 Rekursive COBOL-Programme

Es war lange Zeit nicht möglich, rekursive Programme in COBOL zu schreiben. Hauptgrund dafür dürfte die Tatsache sein, dass alle Variablen der WORKING-STORAGE SECTION statische Felder sind. Diese werden einmal bei Programmstart angelegt und stehen bis zum Programmende zur Verfügung. Statische Felder können für eine rekursive Programmlogik nicht sinnvoll verwendet werden, da diese spezielle Form der Programmierung darauf setzt, ständig sich selbst als Unterprogramm mit CALL aufzurufen und bei jedem Aufruf physisch andere Datenfelder mit anderen Hauptspeicheradressen vorzufinden, die zufällig alle denselben Namen haben.

Alle Felder der LOCAL-STORAGE SECTION werden auch *automatische Felder* genannt, da sie bei jedem Programmaufruf (auch Unterprogrammaufruf) dynamisch im Hauptspeicher angelegt und dabei jedes Mal mit ihrer VALUE-Klausel vorbelegt werden. Durch ein EXIT PROGRAM oder GOBACK, spätestens aber bei Programmende, verschwinden sie dann wieder.

Damit ein COBOL-Programm rekursiv gerufen werden kann, muss es über den Zusatz IS RECURSIVE der PROGRAM-ID-Angabe verfügen.

Beispiel 11:

Die Höhe eines Kapitals mit Zinseszinsen soll ermittelt werden. Dies kann zwar viel einfacher über eine simple Formel erfolgen, dient aber als sehr gutes Beispiel, um die Programmierung einer rekursiven Anwendung aufzuzeigen.

```
1 identification division.
2 program-id. haupt.
3 author.    U. Rozanski.
4*
5 environment division.
6*
```

```
 7 data division.
 8 working-storage section.
 9 01   kap          pic 999v99.
10 01   zins         pic 9v99.
11 01   jahre        pic 9.
12 01   erg          pic 9(9)v999.
13 01   derg         pic z(8)9.999.
14*
15 procedure division.
16 anfang.
17      display spaces at 0101.
18      move 100     to kap.
19      move 0.05    to zins.
20      move 3       to jahre.
21      call "zinsen" using kap zins jahre erg.
22      move erg to derg.
23      display derg.
24 ende.
25      stop run.
```

Listing 14.15: Hauptprogramm zur Zinseszinsberechnung

Ein normales COBOL-Programm dient als Hauptprogramm, das die Berechnung anstößt. In vorliegendem Beispiel soll das verzinste Kapital nach drei Jahren bei einem Zinssatz von fünf Prozent ermittelt werden, in der Praxis werden diese Werte entweder vom Benutzer eingegeben oder aus einer Datei gelesen.

Das Hauptprogramm ruft das Unterprogramm ZINSEN auf, um den gewünschten Wert zu bekommen.

```
 1 identification division.
 2 program-id. zinsen is recursive.
 3 author.     U. Rozanski.
 4*
 5 environment division.
 6*
 7 data division.
 8 local-storage section.
 9 01   ls-jahre     pic 9.
10*
11 linkage section.
12 01   lnk-kap      pic 999v99.
13 01   lnk-zins     pic 9v99.
14 01   lnk-jahre    pic 9.
15 01   lnk-erg      pic 9(9)v999.
16*
17 procedure division using lnk-kap lnk-zins
18                            lnk-jahre lnk-erg.
19 anfang.
20      move lnk-jahre to ls-jahre.
21
```

```
22    if ls-jahre > 0
23      subtract 1 from ls-jahre
24      display ls-jahre
25      call "zinsen" using lnk-kap lnk-zins
26                          ls-jahre lnk-erg
27      compute lnk-erg = lnk-erg * ( 1 + lnk-zins )
28    else
29      move lnk-kap to lnk-erg
30    end-if.
31 ende.
32    exit program.
```

Listing 14.16: Rekursives Unterprogramm

Erst das Unterprogramm lässt erkennen, dass diese Aufgabe rekursiv gelöst werden soll. Der entsprechende Zusatz bei der PROGRAM-ID wurde gemacht. Sinnvollerweise wurde das benötigte Hilfsfeld LS-JAHRE in der LOCAL-STORAGE SECTION definiert. Das Programm ruft sich selbst rekursiv so lange auf, bis die Anzahl Jahre gleich 1 ist. Dann ist kein weiterer rekursiver Abstieg mehr notwendig, und das Ergebnis kann beim Abbauen der Rekursionen mit Hilfe der COMPUTE-Anweisung nach dem rekursiven CALL berechnet werden.

Das Unterprogramm ZINSEN wird für jedes zu berechnende Jahr einmal mehr rekursiv gerufen, der Inhalt der LOCAL-STORAGE SECTION ein weiteres Mal angelegt. Wie bei allen Rekursionen muss auch in COBOL darauf geachtet werden, dass die Rekursionstiefe nicht zu groß wird, weil bei einer umfangreichen LOCAL-STORAGE SECTION eventuell nicht genügend Hauptspeicher zur Verfügung steht.

14.9 CANCEL-Anweisung

Wirkung

Die CANCEL-Anweisung gibt den durch ein aufgerufenes Unterprogramm belegten Speicherplatz frei.

```
           ┌                             ┐
           │ Bezeichner-1                │
  CANCEL   │ Literal-1                   │ ...
           │ program-prototype-name-1    │
           └                             ┘
```

Abbildung 14.8: CANCEL-Anweisung

Erläuterung

Literal-1 oder Bezeichner-1 benennt ein Unterprogramm, das bereits mit der CALL-Anweisung aufgerufen sein muss.

Eine CANCEL-Anweisung darf nicht auf ein Unterprogramm angewendet werden, das noch nicht zu Ende ausgeführt worden ist.

Beispiel 12:

```
WORKING-STORAGE SECTION.
```

```
01  UNTERPROGRAMM          PIC X(8).

PROCEDURE DIVISION.
    .
    .
    MOVE "ZINSEN" TO UNTERPROGRAMM.
    CANCEL UNTERPROGRAMM.
```

Listing 14.17: Beispiel 12: CANCEL-Anweisung

14.10 GOBACK-Anweisung

Wirkung

Wurde das aktuelle COBOL-Programm von einem anderen mit CALL aufgerufen, so gibt die GOBACK-Anweisung die Steuerung an das rufende Programm zurück. In diesem Fall entspricht GOBACK einem EXIT PROGRAM.

Wurde das aktuelle COBOL-Programm dagegen nicht als Unterprogramm gerufen, wird die Steuerung an das Betriebssystem zurückgegeben. Hier entspricht das GOBACK einem STOP RUN.

Abbildung 14.9: GOBACK-Anweisung

14.11 Weitere Angaben zur Programmkommunikation

CALL-CONVENTION

Wirkung

CALL-CONVENTION beschreibt die Art und Weise, wie Parameter zwischen Programmen in zwei verschiedenen Programmiersprachen ausgetauscht werden.

Abbildung 14.10: CALL-CONVENTION-Direktive

PROCEDURE DIVISION USING BY VALUE ...

Dieser Zusatz berücksichtigt die Konventionen der BY VALUE-Angabe (siehe auch die CALL-Anweisung).

RETURNING

Im Zusammenspiel zwischen CALL RETURNING und PROCEDURE DIVISION RETURNING können Daten aus dem aufgerufenen Unterprogramm an das aufrufende Programm zurückgeliefert werden. Bezeichner-2 muss im Unterprogramm in der LINKAGE SECTION auf Stufennummer 01 oder 77 definiert worden sein. Im rufenden Programm wird eine Variable passenden Typs in einer beliebigen SECTION definiert und in der CALL-Anweisung über den RETURNING-Zusatz quasi an das Unterprogramm übergeben.

Im Allgemeinen hat der RETURNING-Zusatz die Aufgabe, auf den Rückgabewert eines Unterprogramms explizit hinzuweisen. Lediglich selbst geschriebene Funktionen müssen zwingend über eine RETURNING-Angabe verfügen, da diese das Funktionsergebnis repräsentiert. Näheres dazu findet sich im Kapitel *Eigene Funktionen.*

14.12 EXTERNAL-Klausel

Wirkung

Die EXTERNAL-Klausel gibt an, dass eine Datei oder ein Datenfeld extern definiert ist, und ermöglicht somit anderen Programmen in der gleichen Runtime-Unit den Zugriff auf diese Dateien und Datenfelder.

```
IS EXTERNAL [AS Literal-1]
```

Abbildung 14.11: EXTERNAL-Klausel

Erläuterung

Diese Klausel kommt zum Einsatz bei Programmverbindungen zwischen separat übersetzten Programmen als Alternative für die Verwendung der USING-Zusätze in der CALL-Anweisung und im Zusatz der PROCEDURE DIVISION. Ferner ist hier der Vorteil gegeben, eine Datei ansprechen zu können, die in einem anderen Programm definiert ist.

EXTERNAL darf nur für Datenfelder in der WORKING-STORAGE SECTION auf der Stufennummer 01 oder für eine Datei definiert werden. Ein mit EXTERNAL beschriebenes Feld darf keine VALUE- bzw. REDEFINES-Klausel enthalten.

Voraussetzung für das Auffinden eines EXTERNAL-Feldes in einem anderen Programm ist die Verwendung der gleichen Definition in beiden Programmen.

Beispiel 12:

Das Beispiel zeigt die Kommunikation zwischen separat übersetzten Programmen mit Hilfe der EXTERNAL-Klausel.

```
IDENTIFICATION DIVISION.
PROGRAM-ID.  MAIN.
ENVIRONMENT DIVISION.
DATA DIVISION.
WORKING-STORAGE SECTION.
01  EINGABE-FELD  PIC X(30) EXTERNAL.
PROCEDURE DIVISION.
    MOVE "EXTERNAL-BEISPIEL"  TO  EINGABE-FELD
```

```
      CALL "SUB"
STOP RUN.
```

Listing 14.18: Hauptprogramm mit globaler Variablen

```
IDENTIFICATION DIVISION.
PROGRAM-ID.  SUB.
ENVIRONMENT DIVISION.
DATA DIVISION.
WORKING-STORAGE SECTION.
01  EINGABE-FELD  PIC X(30) EXTERNAL.
PROCEDURE DIVISION.
    DISPLAY EINGABE-FELD
    GOBACK.
```

Listing 14.19: Unterprogramm mit Bezug auf globale Variable

Beispiel 13:

Dieses Beispiel demonstriert den Zugriff auf eine externe Datei.

```
IDENTIFICATION DIVISION.
PROGRAM-ID.           HAUPT.
ENVIRONMENT DIVISION.
CONFIGURATION SECTION.
SPECIAL-NAMES.
    DECIMAL-POINT IS COMMA.
INPUT-OUTPUT SECTION.
FILE-CONTROL.
    SELECT EINGABE ASSIGN TO EINGABE
        ORGANIZATION IS SEQUENTIAL.
    ***********************************************************
DATA DIVISION.
FILE SECTION.
FD  EINGABE EXTERNAL.
01  E-SATZ                PIC X(80).
WORKING-STORAGE SECTION.
01  SCHALTER              PIC 9 VALUE ZERO.
    88  EOF               VALUE 1.
    ***********************************************************
PROCEDURE DIVISION.
STEUER SECTION.
    OPEN INPUT EINGABE
    READ EINGABE AT END SET EOF TO TRUE
        NOT AT END DISPLAY E-SATZ
    END-READ
    CALL 'UPRO'
    STOP RUN.
```

Listing 14.20: Hauptprogramm mit globaler Dateidefinition

```
IDENTIFICATION DIVISION.
PROGRAM-ID.          UPRO.
ENVIRONMENT DIVISION.
CONFIGURATION SECTION.
SPECIAL-NAMES.
    DECIMAL-POINT IS COMMA.
INPUT-OUTPUT SECTION.
FILE-CONTROL.
    SELECT EINGABE ASSIGN TO EINGABE
        ORGANIZATION IS SEQUENTIAL.
*********************************************************
DATA DIVISION.
FILE SECTION.
FD  EINGABE EXTERNAL.
01  E-SATZ                PIC X(80).
WORKING-STORAGE SECTION.
01  SCHALTER              PIC 9 VALUE ZERO.
    88  EOF               VALUE 1.
*********************************************************
PROCEDURE DIVISION.

    PERFORM UNTIL EOF
        READ EINGABE AT END SET EOF TO TRUE
            NOT AT END DISPLAY E-SATZ
        END-READ
    END-PERFORM
    GOBACK.
```

Listing 14.21: Unterprogramm mit Bezug auf globale Datei

14.13 Schachtelung von Programmen

COBOL unterstützt die Schachtelung bzw. die Aneinanderreihung mehrerer COBOL-Programme in einer Sequenz. Dabei werden diese Programme gemeinsam in einem Übersetzungsvorgang umgewandelt und erzeugen damit ein einziges Objektmodul.

```
IDENTIFICATION DIVISION.
PROGRAM-ID.   PGM1.
.
.
END PROGRAM PGM1.
IDENTIFICATION DIVISION.
PROGRAM-ID.   PGM2.
.
END PROGRAM PGM2.
```

Listing 14.22: Die Aneinanderreihung mehrerer Programme

```
IDENTIFICATION DIVISION.
PROGRAM-ID.   PGM1.
.
.
STOP RUN.
  IDENTIFICATION DIVISION.
  PROGRAM-ID.  PGM2.
      .
      .
  EXIT PROGRAM.
  END PROGRAM PGM2.
END PROGRAM PGM1.
```

Listing 14.23: Die Schachtelung mehrerer Programme

Die Schachtelungsebene eines Unterprogramms

Wenn das Programm H das Programm U1 enthält und das Programm U1 das Programm U2 enthält, so ist das Programm U1 direkt und das Programm U2 indirekt in H geschachtelt.

```
PROGRAM-ID. H.
:
:      PROGRAM-ID. U1.
:      :
:      :       PROGRAM-ID. U2.
:      :       :
:      :       END PROGRAM U2.
:      :
:      END PROGRAM U1.
:
END PROGRAM H.
```

Listing 14.24: Beispiel für Programmschachtelung

Der Aufruf eines geschachtelten Unterprogramms

In einem Komplex von mehreren Programmen, die geschachtelt und aneinander gereiht sind, kann ein Programm das andere aufrufen, wenn das aufgerufene Programm direkt im aufrufenden Programm geschachtelt ist. Ein indirekt geschachteltes oder aneinander gereihtes Programm kann nur aufgerufen werden, wenn in diesem Programm die COMMON-Klausel im Paragraphen PROGRAM-ID codiert ist.

```
PROGRAM-ID. HAUPT.
:
:      PROGRAM-ID. U1.
:      :
:      :       PROGRAM-ID. U11.
:      :       :
:      :       :       PROGRAM-ID. U111.
:      :       :       END PROGRAM U111.
:      :       :
:      :       END PROGRAM U11.
```

```
:        :
:        :      PROGRAM-ID. U12 COMMON.
:        :      END PROGRAM U12.
:        :
:      END PROGRAM U1.
:
:      PROGRAM-ID. U2 COMMON.
:      END PROGRAM U2.
:
:      PROGRAM-ID. U3 COMMON.
:      END PROGRAM U3.
:
:      PROGRAM-ID. U4 COMMON.
:      END PROGRAM U4.
:
END  PROGRAM HAUPT.
```

Listing 14.25: Geschachtelte Programme mit COMMON-Angabe

In Listing 14.25 können die in Tabelle 14.1 aufgeführten Programmaufrufe erfolgen.

Aufrufendes Programm	Aufgerufene Programme
HAUPT	U1, U2, U3. U4
U1	U11, U12, U2, U3
U111	U111, U12, U2, U3
U12	U2, U3
U2	U3
U3	U2
U4	U2, U3

Tabelle 14.1: Mögliche Programmaufrufe

14.14 GLOBAL-Klausel

Wirkung

Mit Hilfe dieser Klausel kann ein Datenfeld als globale Variable definiert werden. Die Klausel gilt auch für Dateien.

```
IS GLOBAL
```

Abbildung 14.12: GLOBAL-Klausel

Erläuterung

Eine globale Variable ist jedem Programm zugänglich, das in dem Programm geschachtelt wird, das die GLOBAL-Klausel enthält. Des Weiteren darf es in der gleichen DATA DIVISION keine anderen mit der GLOBAL-Klausel definierten Datenfelder geben, die gleiche Namen haben.

14.15 INITIAL-Klausel

Die INITIAL-Klausel neben dem Namen des Unterprogramms im PROGRAM-ID-Paragraphen bewirkt die Wiederinitialisierung des Programms und aller darin enthaltenen Unterprogramme. Dies bedeutet, dass alle WORKING-STORAGE-Datenfelder auf die in der VALUE-Klausel vorhandenen Werte zurückgesetzt werden.

In diesem Zusammengang sei nochmals auf die besondere Bedeutung der Felder in der LOCAL-STORAGE SECTION hingewiesen. Diese Felder werden erst beim Aufruf eines Programms oder Unterprogramms dynamisch im Speicher erzeugt und dann auch wieder freigegeben, wenn das Unterprogramm mit EXIT PROGRAM oder GOBACK verlassen wird. Alle Felder mit einer VALUE-Klausel werden dabei auch jedes Mal neu initialisiert, unabhängig davon, ob die INITIAL-Angabe der PROGRAM-ID gemacht wurde oder nicht.

Moderne COBOL-Programme sollten viel mehr Felder in der LOCAL-STORAGE SECTION definieren als in der WORKING-STORAGE SECTION. Letztere ist eigentlich nur für wirklich statische Daten gedacht, die in einer Anwendung eher selten vorkommen.

14.16 Programmbeispiel: DEMO14: Wurzelziehen

Aufgabenstellung

Es ist ein externes Unterprogramm für die Berechnung der Quadratwurzel mit Hilfe des Newtonschen Näherungsverfahrens zu entwickeln.

Die Formel dazu lautet:

$$X_{n+1} = 1/2 \; X \; (X_n + a \; / \; x_n)$$

- ❏ a = Radikand
- ❏ n = 1, 2, 3 ...

Diese Annäherung wird so lange fortgesetzt, bis

$$x_n = x_{n+1} < 0,1$$

ist. Die Wurzel ist dann x_{n+1}.

Das Unterprogramm soll schließlich mit Hilfe eines Hauptprogramms ausgeführt und getestet werden.

Programmlisting

```
2 IDENTIFICATION DIVISION.
3 PROGRAM-ID.        DEMO14-H-WURZEL-ZIEHEN.
4 AUTHOR.            R. HABIB.
5 DATE-WRITTEN.
6 DATE-COMPILED.
7****************************************************
8* PROGRAMMFUNKTION:                              *
```

```
 9*                                                    *
10* DAS PROGRAMM DEMONSTRIERT DEN AUFRUF DES           *
11* UNTERPROGRAMMS "DEMO14-U".                         *
12*                                                    *
13*****************************************************
14 ENVIRONMENT DIVISION.
15 CONFIGURATION SECTION.
16 SOURCE-COMPUTER.   IBM-PC.
17 OBJECT-COMPUTER.   IBM-PC.
18 SPECIAL-NAMES.
19      CONSOLE IS CRT,
20      DECIMAL-POINT IS COMMA.
21*-------------------------------------------------*
22 DATA DIVISION.
23 WORKING-STORAGE SECTION.
24 01   EINGABE-ZAHL      PIC 9(12),9(6).
25 01   RECHEN-ZAHL       PIC S9(12)V9(6).
26 88   PROGRAMM-ENDE     VALUE ZERO.
27 01   WURZEL            PIC S9(12)V9(6).
28 01   ANZEIGE-WURZEL    PIC -(11)99,9(6).
29 01   UNTERPROGRAMM     PIC X(8).
30 01   WARTEN            PIC X.
31*-------------------------------------------------*
32 PROCEDURE DIVISION.
33 PROGRAMM-STEUERUNG SECTION.
34 PR-1000.
35      PERFORM EINGABE.
36      PERFORM VERARBEITUNG WITH TEST BEFORE
37              UNTIL RECHEN-ZAHL = ZERO.
38 PR-9999.
39      STOP RUN.
40*-------------------------------------------------*
41 EINGABE   SECTION.
42 EIN-1000.
43      DISPLAY SPACE.
44      DISPLAY "WURZEL-BERECHNUNG" AT 0525.
45      DISPLAY "Zahl   --->" AT 0820.
46      ACCEPT  EINGABE-ZAHL  AT 0835.
47      MOVE    EINGABE-ZAHL  TO RECHEN-ZAHL.
48 EIN-9999.
49      EXIT.
50*-------------------------------------------------*
51 VERARBEITUNG SECTION.
52 VER-1000.
53      MOVE "DEMO14-U" TO UNTERPROGRAMM.
54
```

```
55     CALL UNTERPROGRAMM  USING
56
57         BY CONTENT RECHEN-ZAHL
58         BY REFERENCE WURZEL
59
60         ON OVERFLOW
61             DISPLAY "FEHLER BEIM LADEN" AT 2501,
62             ACCEPT  WARTEN AT 0101.
63
64     CANCEL UNTERPROGRAMM.
65     MOVE WURZEL TO ANZEIGE-WURZEL.
66     DISPLAY "Wurzel --->" AT 1020.
67     DISPLAY ANZEIGE-WURZEL  AT 1035.
68     ACCEPT  WARTEN          AT 0101.
69     PERFORM EINGABE.
70 VER-9999.
71     EXIT.
```

Listing 14.26: DEMO14: Hauptprogramm Wurzelziehen

Programmlisting

```
 2 IDENTIFICATION DIVISION.
 3 PROGRAM-ID.          DEMO14-U-WURZEL-ZIEHEN.
 4 AUTHOR.              R. HABIB.
 5 DATE-WRITTEN.
 6 DATE-COMPILED.
 7***************************************************
 8* PROGRAMMFUNKTION:                              *
 9*                                                *
10* DIESES PROGRAMM WURDE ALS EXTERNES UNTERPRO-   *
11* GRAMM FÜR DIE BERECHNUNG DER QUADRATISCHEN     *
12* WURZEL KONZIPIERT UND VOM HAUPTPROGRAMM        *
13* "DEMO14-H" AUFGERUFEN.                         *
14*                                                *
15***************************************************
16 ENVIRONMENT DIVISION.
17 CONFIGURATION SECTION.
18 SOURCE-COMPUTER.  IBM-PC.
19 OBJECT-COMPUTER.  IBM-PC.
20 SPECIAL-NAMES.
21     CONSOLE IS CRT,
22     DECIMAL-POINT IS COMMA.
23*-----------------------------------------------*
24 DATA DIVISION.
25 WORKING-STORAGE SECTION.
26 01  X1              PIC S9(12)V9(6).
27 01  XI              PIC S9(12)V9(6).
```

```
28 01  DELTA              PIC S9(12)V9(6).
29*-------------------------------------------------*
30 LINKAGE SECTION.
31 01  RECHEN-ZAHL        PIC S9(12)V9(6).
32 01  WURZEL             PIC S9(12)V9(6).
33*-------------------------------------------------*
34 PROCEDURE DIVISION USING RECHEN-ZAHL WURZEL.
35 PROGRAMM-STEUERUNG SECTION.
36 PR-1000.
37     COMPUTE X1 = (RECHEN-ZAHL + 1 ) / 2.
38
39     PERFORM WURZEL-ZIEHEN WITH TEST AFTER
40                         UNTIL DELTA < 0,1.
41     PERFORM WURZEL-ZIEHEN.
42
43     MOVE XI TO WURZEL.
44 PR-9999.
45     EXIT PROGRAM.
46*-------------------------------------------------*
47 WURZEL-ZIEHEN SECTION.
48 WU-1000.
49     COMPUTE XI = (X1 + RECHEN-ZAHL / X1) / 2.
50     COMPUTE DELTA = X1 - XI.
51     MOVE XI TO X1.
52 WU-9999.
53     EXIT.
```

Listing 14.27: DEMO14 : Unterprogramm Wurzelziehen

15

Eigene Funktionen

15.1 Vorbemerkung

COBOL verfügt bereits seit geraumer Zeit über fest eingebaute Funktionen, den so genannten INTRIN-SIC FUNCTIONS, die in einem späteren Kapitel noch ausführlich vorgestellt werden. Daneben ist es nun aber auch möglich, eigene Funktionen zu schreiben und diese in Bibliotheken zusammenzufassen.

Selbst geschriebene Funktionen entsprechen in ihrem Wesen externen Unterprogrammen, da sie für sich übersetzt werden und anderen Programmen zur Verfügung stehen. Es gibt aber einen wesentlichen Unterschied zwischen externen Programmen und Funktionen. Letztere liefern immer genau ein Ergebnis zurück, was sie durch den Zusatz RETURNING bei ihrer PROCEDURE DIVISION ausdrücken. Aus diesem Grund werden Funktionen auch nicht mit Hilfe der Anweisung CALL aufgerufen, sondern innerhalb beliebiger COBOL-Anweisungen verwendet. Ein Funktionsaufruf kann überall dort stehen, wo auch eine Variable des Typs geschrieben werden dürfte, den die entsprechende Funktion als Ergebnis zurückliefert.

15.2 FUNCTION-ID

Eine selbst geschriebene Funktion beginnt im Gegensatz zu einem klassischen COBOL-Programm nicht mit einer PROGRAM-ID, sondern mit einer FUNCTION-ID, die vom Namen der Funktion gefolgt wird.

```
Format 1 (Definition):

    FUNCTION-ID. Funktionsname [ AS Literal-1 ] .

Format 2 (Prototyp):

    FUNCTION-ID. Funktionsprototypname [ AS Literal-1] IS PROTOTYPE.
```

Abbildung 15.1: FUNCTION-ID

Wird an den Funktionsnamen über den Zusatz AS ein Literal angehängt, so handelt es sich dabei um den physischen Funktionsnamen, also demjenigen, unter dem die Funktion nach außen hin der Laufzeitumgebung bekannt ist. Bei Systemen, die in der maximalen Anzahl ihrer Modulnamen begrenzt sind, macht dies Sinn. Der eigentliche Funktionsname wird sprechend gewählt, während der externe Name auf die notwendige Anzahl Stellen gekürzt wird.

Steht der Gesamtanwendung der Quellcode einer Funktion nicht zur Verfügung, weil diese von einem Fremdanbieter eingekauft wurde, so muss sie mindestens die Definition der erwarteten Parameter und den Typ des Rückgabewertes kennen, um sie benutzen zu können. Zu diesem Zweck kann der Fremdanbieter die Prototypdefinition der eigentlichen Funktion im Quellcode liefern, da dieser lediglich aus der Beschreibung der Schnittstellen besteht. Die Programmierung und Verwendung von Prototypen wird in einem eigenen Kapitel behandelt.

Alle weiteren Definitionen innerhalb der Funktion entsprechen denen externer Unterprogramme. Dazu gehört auch die Programmierung der LINKAGE SECTION und die Angaben bei der PROCEDURE DIVI-SION. Da eine Funktion aber immer einen Rückgabewert haben muss, ist es zwingend notwendig, dass die PROCEDURE DIVISION über die RETURNING-Angabe verfügt.

```
PROCEDURE DIVISION [using-phrase][RETURNING Bezeichner2]

using-phrase:

    USING  {[ BY REFERENCE] {[OPTIONAL]Bezeichner1} ... } ...
           { BY VALUE {Bezeichner1}...                   }
```

Abbildung 15.2: USING-Zusatz der PROCEDURE DIVISION

Es lassen sich durchaus Funktionen denken, die keinen einzigen Parameter erwarten und somit auch über keine USING-Klausel verfügen. Eine Funktion ohne Rückgabewert ist jedoch undenkbar.

```
function-id. summe.
linkage section.
01  para1          binary-short.
01  para2          binary-short.
01  erg            binary-short.
procedure division using para1 para2
                returning erg.
    compute erg = para1 + para2
    exit function.
```

Listing 15.1: Eine einfache Summenfunktion

Funktionen sind typischerweise eher kürzere Programme, die für die Ermittlung eines ganz speziellen Wertes zuständig sind. Je nachdem, ob sie für diese Tätigkeit Parameter erwarten oder nicht, werden diese innerhalb der LINKAGE SECTION definiert und über die USING-Klausel erwartet.

Wie allen COBOL-Programmen auch ist es einer Funktion möglich, ihre PROCEDURE DIVISION in Sections und Paragraphen einzuteilen und diese innerhalb der Funktion aufzurufen.

15.3 EXIT FUNCTION-Anweisung

Hat die Funktion ihr Ergebnis ermittelt, gibt sie die Steuerung an das rufende Modul zurück. Dies erreicht sie über die Anweisung EXIT FUNCTION.

```
          ┌                ┌ EXCEPTION Ausname-1 ┐ ┐
EXIT FUNCTION │ RAISING │ Bezeichner-1         │ │
          └                └ LAST EXCEPTION      ┘ ┘
```

Abbildung 15.3: EXIT FUNCTION-Anweisung

Da eine Funktion nicht als Hauptprogramm gestartet werden kann, stellt sich hier auch nicht die Frage, wann die EXIT FUNCTION-Anweisung aktiv ist und wann nicht. Anders als die EXIT PROGRAM-Anweisung, die nur dann ausgeführt wird, wenn das zugehörige Modul auch tatsächlich mit Hilfe von CALL aufgerufen wurde, bedeutet EXIT FUNCTION immer das logische Ende der Funktion.

15.4 Funktionsaufruf

Da eine Funktion immer einen Rückgabewert haben muss, steht der Aufruf einer Funktion quasi stellvertretend für das von ihr zurückgegebene Ergebnis. Liefert eine Funktion einen Wert vom Typ PIC 9(2)V99, so darf sie überall dort aufgerufen werden, wo auch eine Variable eben dieses Typs verwendet werden kann. Es gibt also keine eigene Anweisung für den Aufruf einer Funktion, wie beispielsweise die CALL-Anweisung für den Aufruf externer Unterprogramme oder die INVOKE-Anweisung für den Aufruf einer objektorientierten Methode. Vielmehr findet der Funktionsaufruf inmitten einer üblichen COBOL-Anweisung wie zum Beispiel MOVE, PERFROM, IF oder jeder beliebigen anderen statt.

Damit der Compiler weiß, dass es sich um eine selbst geschriebene Funktion handelt, muss sie in der ENVIRONMENT DIVISION innerhalb der CONFIGURATION SECTION als Funktion deklariert werden. Dazu wurde die CONFIGURATION SECTION extra um den Paragraphen REPOSITORY erweitert.

Die Abbildung 15.4 beschränkt sich auf die Syntax der Funktionsspezifikation. Die restlichen Inhalte des REPOSITORY-Paragraphen werden in den entsprechenden Kapiteln über objektorientierte Klassen, Interfaces und Prototypdefinitionen behandelt.

```
REPOSITORY.

  ┌ ┌ class-specifier     ┐     ┐
  │ │ interface-specifier │     │
  │ │ function-specifier  │ ... │ .
  │ │ program-specifier   │     │
  └ └ property-specifier  ┘     ┘


function-specifier:

 Format 1 (user-defined):

   FUNCTION Funktionsprototypname-1 [ AS Literal-3 ]

 Format 2 (intrinsic):

   FUNCTION │ { intrinsic-function-name-1 } ... │ INTRINSIC
            │ ALL                               │
```

Abbildung 15.4: REPOSITORY-Paragraph

Eigentlich ist es nur notwendig, eigene Funktionen in dieser Form zu deklarieren. Die in COBOL fest integrierten INTRINSIC FUNCTIONS sind dem Compiler automatisch bekannt. Um sie aufzurufen, muss ihnen aber dennoch immer das Wort FUNCTION vorangestellt werden. Will man dies in Zukunft nicht mehr, kann man sie nun auch in der REPOSITORY-Angabe definieren, wobei es möglich ist, mehrere Namen von INTRINSIC FUNCTIONS anzugeben oder sich über das Schlüsselwort ALL sogar auf alle eingebauten Funktionen zu beziehen.

Dagegen ist für jede selbst geschriebene Funktion eine eigene FUNCTION-Spezifikation erforderlich. Entspricht der dabei angegebene Funktionsname nicht dem physischen Namen, unter dem die Funktion dem System bekannt ist, muss dieser durch den AS-Zusatz genau so definiert werden, wie er sich auch in der FUNCTION-ID-Angabe der zugehörigen Funktion befindet.

Nachdem alle Funktionsnamen eingeführt sind, können sie direkt über ihren Namen aufgerufen werden. Erwartet die Funktion Parameter, so werden diese in einem Paar runde Klammern mitgegeben.

```
MOVE SUMME(A B) TO ERGEBNIS
```

Listing 15.2: Beispiel für den Aufruf der Funktion summe()

Erwartet eine Funktion dagegen keine Parameter, so wird entweder ein leeres Klammernpaar verwendet oder die Klammern werden beim Aufruf sogar ganz weggelassen.

```
MOVE ENDEWERT() TO FELDA
MOVE ENDEWERT TO FELDA
```

Listing 15.3: Mögliche Aufrufe der parameterlosen Funktion endewert()

Funktionsaufrufe können auch nach Belieben geschachtelt werden. Soll jedoch das Ergebnis einer parameterlosen Funktion an eine andere übergeben werden, die noch weitere Parameter erwartet, so muss die parameterlose Funktion entweder mit einem leeren Paar runder Klammern gerufen werden oder der Funktionsname selbst geklammert sein. Listing 15.4 zeigt als Beispiel den Aufruf der fiktiven Funktion QUERSUMME, die insgesamt drei Parameter erwartet. Als erster Parameter soll ihr dabei das Ergebnis der parameterlosen Funktion ENDEWERT übergeben werden.

```
QUERSUMME(ENDEWERT   A B) *> Syntaktisch falsch!
QUERSUMME(ENDEWERT() A B) *> Syntaktisch korrekt
QUERSUMME((ENDEWERT) A B) *> Ebenfalls korrekt
```

Listing 15.4: Geschachtelter Funktionsaufruf

Aufgrund der RETURNING-Angabe in der PROCEDURE DIVISION der Funktion ist es unbedingt erforderlich, dass das rufende Programm den Rückgabewert einer Funktion abholt und weiter verarbeitet. COBOL-Funktionen können nur aus COBOL-Anweisungen heraus benutzt werden. Es ist nicht möglich, einen Funktionsaufruf für sich alleine zu codieren.

Wie bei einem externen Unterprogramm wird auch bei einem Funktionsaufruf die Steuerung von einem Hauptprogramm aus an die Funktion übergeben. Nachdem diese abgearbeitet wurde, gibt sie die Steuerung an das Hauptprogramm mit der schon beschriebenen Anweisung EXIT FUNCTION zurück. Bei dem Hauptprogramm kann es sich um ein normales COBOL-Programm, eine Funktion oder eine Methode einer objektorientierten COBOL-Klasse handeln.

Eine Funktion kann weitere Funktionen aufrufen, um ihr Ergebnis zu ermitteln. Dies setzt dann wieder voraus, dass in der REPOSITORY-Angabe der rufenden Funktion der Name der zu rufenden Funktion definiert ist. Geschachtelte Funktionsaufrufe verhalten sich genau so wie geschachtelte Unterprogrammaufrufe, auf die bereits in dem Kapitel über externe Unterprogramme ausführlich eingegangen wurde.

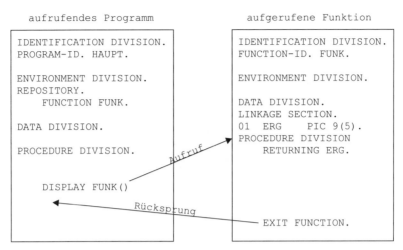

Abbildung 15.5: Aufruf einer Funktion

Um die Unterschiede zwischen einem externen Unterprogramm und einer Funktion zu verdeutlichen, wird hier noch einmal das Beispiel zur Berechnung des Jahreszinses aus dem Kapitel über externe Unterprogramme aufgegriffen. Er soll nach folgender Formel errechnet werden:

```
JAHRESZINS = (DISKONT-BETRAG +
              WECHSEL-STEUER +
              DISKONT-SPESEN)
           / KREDIT-BETRAG
           *(360
           / WECHSEL-LAUFZEIT)
           * 100
```

Listing 15.5: Formel für die Jahreszinsberechnung

Aufrufendes Programm

```
IDENTIFICATION DIVISION.
PROGRAM-ID. HAUPT.
ENVIRONMENT DIVISION.
REPOSITORY.
     FUNCTION DISKONT.
DATA DIVISION.
WORKING-STORAGE SECTION.
01 DISKONT-BETRAG     PIC 9(5)V99.
01 WECHSEL-STEUER     PIC 9(3)V99.
01 KREDIT-BETRAG      PIC 9(5)V99.
01 DISKONT-SPESEN     PIC 9(3)V99.
01 WECHSEL-LAUFZEIT   PIC 9(3).

PROCEDURE DIVISION.
EINGABE SECTION.
EIN-1000.
```

```
*> ROUTINE ZUM ANZEIGEN DER LEITTEXTE. HIER NICHT
*> BESTANDTEIL DES BEISPIELES.
    ACCEPT DISKONT-BETRAG    AT 1015.
    ACCEPT WECHSEL-STEUER    AT 1015.
    ACCEPT KREDIT-BETRAG     AT 1015.
    ACCEPT DISKONT-SPESEN    AT 1015.
    ACCEPT WECHSEL-LAUFZEIT AT 1015.
*> ANZEIGEN DES FUNKTIONSERGEBNISSES
    DISPLAY DISKONT(DISKONT-BETRAG WECHSEL-STEUER
                    KREDIT-BETRAG  DISKONT-SPESEN
                    WECHSEL-LAUFZEIT).
EIN-9999.
    STOP RUN.
```

Listing 15.6: Rufendes Hauptprogramm

Aufgerufene Funktion

```
$SET REPOSITORY "UPDATE ON"
 IDENTIFICATION DIVISION.
 FUNCTION-ID. DISKONT.
 ENVIRONMENT DIVISION.
 DATA DIVISION.
 WORKING-STORAGE SECTION.

 LINKAGE SECTION.
 01 DISKONT-BETRAG     PIC 9(5)V99.
 01 WECHSEL-STEUER     PIC 9(3)V99.
 01 KREDIT-BETRAG      PIC 9(5)V99.
 01 DISKONT-SPESEN     PIC 9(3)V99.
 01 WECHSEL-LAUFZEIT   PIC 9(3).
 01 JAHRESZINS         PIC 9(2)V99.

 PROCEDURE DIVISION USING DISKONT-BETRAG WECHSEL-STEUER
                          KREDIT-BETRAG  DISKONT-SPESEN
                          WECHSEL-LAUFZEIT
               RETURNING JAHRESZINS.
 BERECHNUNG SECTION.
 BER-1000.
     COMPUTE JAHRESZINS =
         (DISKONT-BETRAG + WECHSEL-STEUER  +
         DISKONT-SPESEN) / KREDIT-BETRAG *
         360 / WECHSEL-LAUFZEIT * 100.
 BER-9999.
     EXIT FUNCTION.
```

Listing 15.7: Aufgerufene Funktion

Damit der Compilerhersteller alle relevanten Informationen über eine selbst geschriebene Funktion in ein externes Repository schreibt, übersetzt man diese mit der Compilerdirektive REPOSITORY "UPDATE ON". Es entsteht nun eine eigene Datei mit dem Namen DISKONT.RDF, die beim Übersetzen des Hauptprogramms ausgewertet wird.

15.5 Funktionsbibliothek

Es ist möglich, innerhalb einer Quellcodedatei mehrere Funktionen hintereinander weg zu programmieren. Dies bedingt aber, dass jede einzelne Funktion durch die Angabe END FUNCTION beendet wird, bevor die nächste Funktion beginnt.

```
END  { FUNCTION Funktionsname
       FUNCTION Funktionsprototypname }  .
```

Abbildung 15.6: end function-Angabe

Je nachdem, ob es sich um die tatsächliche Programmierung der Funktion handelt, muss bei END FUNCTION entweder der Name der Funktion oder der Name des Funktionsprototyps geschrieben werden. Die END FUNCTION-Angabe wiederholt also noch einmal den Funktionsbezeichner aus der FUNCTION-ID.

Damit lassen sich mehrere Funktionen zu einem Quellcode zusammenfassen, der für sich übersetzt werden muss. Eine komplexe Anwendung kann aus mehreren solcher Funktionsbibliotheken bestehen und somit ähnlich strukturiert werden, wie dies bei anderen Programmiersprachen der Fall ist, die ausschließlich über Funktionen verfügen, siehe die Programmiersprache C. Wie bereits erwähnt, müssen jedoch die Rückgabewerte von COBOL-Funktionen immer abgeholt werden, indem sie von den COBOL-Anweisungen weiterbenutzt werden, die die Funktionen aufrufen. Soll eine Funktion keinen Rückgabewert haben, was in der Programmiersprache C tatsächlich der Fall sein kann, kann sie in COBOL nicht als Funktion, sondern nur als externes Unterprogramm implementiert werden, da es sich ja auch um ein solches handelt.

```
1$set repository "update on"
2*>---------------------------------------------
3 function-id. summe.
4 linkage section.
5 01  para1          binary-short.
6 01  para2          binary-short.
7 01  erg            binary-short.
8 procedure division using para1 para2
9              returning erg.
10     compute erg = para1 + para2
11     exit function.
12 end function summe.
13*>---------------------------------------------
14 function-id. minimum.
15 linkage section.
16 01  para1          pic 9(5).
17 01  para2          pic 9(5).
18 01  erg            pic 9(5).
19 procedure division using para1 para2
```

```
20                      returning erg.
21     if para1 < para2
22         move para1 to erg
23     else
24         move para2 to erg
25     end-if
26     exit function.
27 end function minimum.
28*>----------------------------------------------
29 function-id. maximum.
30 linkage section.
31 01   para1          pic 9(5).
32 01   para2          pic 9(5).
33 01   erg            pic 9(5).
34 procedure division using para1 para2
35                      returning erg.
36     if para1 > para2
37         move para1 to erg
38     else
39         move para2 to erg
40     end-if
41     exit function.
42 end function maximum.
43*>----------------------------------------------
```

Listing 15.8: Beispiel einer einfachen Funktionsbibliothek

Durch die Compilerdirektive in Zeile 1 aus Listing 15.8 erstellt der Compilerhersteller MicroFocus für jede einzelne Funktion eine eigene Repository-Datei. Ein unabhängiges Testprogramm kann daher jede einzelne Funktion benutzen.

```
1 program-id. FunktionAufrufen.
2
3 repository.
4     function summe
5     function minimum
6     function maximum
7     .
8
9 data division.
10 working-storage section.
11 01   a              binary-short.
12 01   b              binary-short.
13 01   c              binary-short.
14 01   a2             pic 9(5).
15 01   a3             pic 9(5).
16 01   a4             pic 9(5).
17
```

```
18 procedure division.
19
20     move 3 to a
21     move 5 to b
22     move function summe (a, b) to c
23     display c    *> Ergibt den Wert 8
24
25     move 5 to a2
26     move 8 to a3
27     move minimum(a2 a3) to a4
28     display a4   *> Ergibt den Wert 5
29
30     move 3 to a2
31     move 7 to a3
32     move maximum(a2 a3) to a4
33     display a4   *> Ergibt den Wert 7
34
35     move minimum(100, 200) to a4
36     display a4   *> Ergibt den Wert 100
37
38     stop run
```

Listing 15.9: Testprogramm für die Funktionsbibliothek

15.6 Rekursive Funktionsaufrufe

Eine Funktion kann von überall aus aufgerufen werden, auch aus einer anderen Funktion heraus. Es ist sogar möglich, dass sich eine Funktion selbst aufruft, um ihr Ergebnis zu errechnen. In diesem Fall spricht man von einem rekursiven Funktionsaufruf.

In der Mathematik gibt es viele rekursive Probleme, die sich durchaus auch mit iterativen Mitteln, also durch die Verwendung von Schleifenkonstruktionen berechnen lassen. Aber auch das Durchlaufen von einfach verketteten Listen oder baumartig angeordneten Strukturen ist eine sinnvolle Aufgabe von rekursiv geschriebenen Programmen.

Damit sich eine Funktion rekursiv aufrufen kann, sind zwei Dinge notwendig. Zum einen muss die Funktion über eine LOCAL-STORAGE SECTION verfügen, da nur die Variablen dieser SECTION bei jedem Aufruf neu angelegt werden. Zum anderen benötigt sie in ihrem REPOSITORY-Paragraphen einen Verweis auf sich selbst.

Die Arbeitsweise von rekursiven COBOL-Programmen wurde in dem Kapitel über externe Unterprogramme bereits behandelt. Um den Einsatz rekursiver Funktionen zu zeigen, soll daher noch einmal das Beispiel für die Berechnung des Zinseszinses aus eben diesem Kapitel dienen.

Auch hier dient ein normales COBOL-Programm als Hauptprogramm, das die Berechnung anstößt. In vorliegendem Beispiel soll erneut das verzinste Kapital nach drei Jahren bei einem Zinssatz von fünf Prozent ermittelt werden.

Das Hauptprogramm ruft die Funktion ZINSEN auf, um das Ergebnis zu ermitteln.

```
 1 identification division.
 2 program-id. zinsrech.
 3*
 4 environment division.
 5 repository.
 6     function zinsen.
 7*
 8 data division.
 9 working-storage section.
10 01   kap          pic 999v99.
11 01   zins         pic 9v99.
12 01   jahre        pic 9.
13 01   derg         pic z(8)9.999.
14*
15 procedure division.
16 anfang.
17     display spaces at 0101.
18     move 100      to kap.
19     move 0.05     to zins.
20     move 3        to jahre.
21     move zinsen(kap, zins, jahre) to derg.
22     display derg.
23 ende.
24     stop run.
```

Listing 15.10: Hauptprogramm zur Zinseszinsberechnung

Die Funktion ZINSEN ruft sich selbst für jedes zu berechnende Jahr einmal auf. Erst wenn dann das verzinste Kapital eines Jahres berechnet wurde, findet ein Rücksprung statt, wodurch dann das bereits verzinste Kapital erneut verzinst wird. Jeder rekursive Aufruf muss irgendwann enden. In diesem Beispiel ist die Anzahl der Jahre für die Rekursionstiefe verantwortlich.

```
 1$set repository "update on"
 2 function-id. zinsen.
 3 repository.
 4     function zinsen.
 5 data division.
 6 local-storage section.
 7 01   ls-jahre         pic 9.
 8 linkage section.
 9 01   lnk-kap          pic 999v99.
10 01   lnk-zins         pic 9v99.
11 01   lnk-jahre        pic 9.
12 01   lnk-erg          pic 9(9)v999.
13 procedure division using lnk-kap lnk-zins
14                          lnk-jahre
15              returning lnk-erg.
16 anfang.
```

```
17        move lnk-jahre to ls-jahre
18
19        if ls-jahre > 0
20            subtract 1 from ls-jahre
21            display ls-jahre
22            move zinsen(lnk-kap, lnk-zins, ls-jahre)
23                to lnk-erg
24            compute lnk-erg = lnk-erg * ( 1 + lnk-zins )
25        else
26            move lnk-kap to lnk-erg
27        end-if.
28 ende.
29      exit function.
```

Listing 15.11: Die rekursive Funktion `zinsen()`

Wie bereits erwähnt, braucht die rekursive Funktion in ihrem REPOSITORY-Paragraphen eine Referenz auf sich selbst. Ruft sie sich dann schließlich auf, so will der Compiler die Repository-Informationen bereits auslesen. Bei MicroFocus kommt es dabei zu einem Henne/Ei-Problem, da bei der ersten Übersetzung das Repository noch nicht geschrieben ist. Aus diesem Grund übersetzt man eine rekursive Funktion zunächst einmal ohne rekursiven Aufruf. Danach ist das Repository gefüllt und kann vom Compiler verwendet werden.

15.7 Programmbeispiel: Falschgeld

Aufgabenstellung:

Es soll anhand der Seriennummer eines Geldscheins überprüft werden, ob er echt ist oder nicht. Dazu wird folgender Algorithmus verwendet. Die einzelnen Ziffern der Seriennummer werden ihrem Wert entsprechend aufaddiert. Sollte ein Buchstabe enthalten sein, wird ermittelt, um den wievielten Buchstaben im Alphabet es sich handelt. Dieser Wert wird ebenfalls zur Gesamtsumme addiert. Am Ende wird noch die Quersumme der Gesamtsumme ermittelt. Ist die Quersumme gleich 8, dann scheint der Schein gültig zu sein.

Das Programm überprüft so lange Seriennummern, bis lauter Leerzeichen eingegeben werden.

Programmlisting Hauptprogramm:

```
1 program-id. scheintest.
2 author. Ulrich Rozanski.
3 repository.
4     function falschgeld.
5 working-storage section.
6 01  seriennummer       pic x(12) value all "?".
7 01  ergebnis           pic x(25).
8 procedure division.
9 anfang.
10     display spaces at line 01 col 01
11     perform until seriennummer = space
```

```
12        display "Seriennummer:" at line 05 col 10
13        accept seriennummer at line 05 col 25
14        if seriennummer > space
15            move falschgeld(seriennummer)
16                to ergebnis
17            display ergebnis at line 07 col 10
18        end-if
19     end-perform.
20 ende.
21     stop run.
```

Listing 15.12: Hauptprogramm

Programmlisting Funktion falschgeld():

```
1$set repository "update on"
2*>------------------------------------------------
3*> An die Funktion falschgeld() wird die
4*> Seriennummer eines Geldscheins übergeben.
5*> Sie liefert in Textform zurück, ob der
6*> Schein gültig ist oder nicht.
7*>------------------------------------------------
8 function-id. falschgeld.
9 author. Ulrich Rozanski.
10 repository.
11     function zeichenwert
12     .
13 local-storage section.
14 01  zeichen            pic x.
15 01  wert               pic s99.
16 01  summe              pic 9(5) value 0.
17 01  tabelle redefines summe.
18     05  ziffer         pic 9 occurs 5.
19 01  quersumme          pic 9(5) value 0.
20 01  i                  binary-short.
21 linkage section.
22 01  lnkNummer          pic x(12).
23 01  lnkErgebnis        pic x(25).
24 procedure division using lnkNummer
25             returning lnkErgebnis.
26     *> Zunächst muss die Summe der einzelnen
27     *> Ziffern und Buchstaben der Seriennummer
28     *> ermittelt werden. Den Wert eines
29     *> einzelnen Zeichens ermittelt dabei die
30     *> Funktion zeichenwert()
31     perform varying i from 1 by 1 until i > 12
32         move lnkNummer(i:1) to zeichen
33         move zeichenwert(zeichen)
```

```
34              to wert
35          if wert < 0
36              move "Ungültige Seriennummer"
37                  to lnkErgebnis
38              exit function
39          end-if
40          add wert to summe
41      end-perform
42
43      *> Im zweiten Schritt muss die Quersumme
44      *> der eben ermittelten Summe errechnet
45      *> werden. Ist die Quersumme 8, dann
46      *> ist der Geldschein gültig.
47      perform varying i from 1 by 1 until i > 5
48          add ziffer(i) to quersumme
49      end-perform
50
51      if quersumme = 8
52          move "Der Schein ist echt" to lnkErgebnis
53      else
54          move "Der Schein ist falsch" to lnkErgebnis
55      end-if
56
57      exit function.
58 end function falschgeld.
```

Listing 15.13: Die Funktion `falschgeld()`

Programmlisting Funktion zeichenwert():

```
1$set repository "update on"
2*>-------------------------------------------
3*> Die Funktion zeichenwert() ermittelt für
4*> jedes übergebene Zeichen einen numerischen
5*> Wert, wobei jede Ziffer ihrem Wert entspricht
6*> und jeder Buchstabe seiner Stellung im
7*> Alphabet.
8*>-------------------------------------------
9 function-id. zeichenwert.
10 author. Ulrich Rozanski.
11 linkage section.
12 01  lnkZeichen          pic x.
13 01  lnkWert             pic s99.
14 procedure division using lnkZeichen
15              returning lnkWert.
16      evaluate lnkZeichen
17          when "0" move  0 to lnkWert
18          when "1" move  1 to lnkWert
```

```
19          when "2" move  2 to lnkWert
20          when "3" move  3 to lnkWert
21          when "4" move  4 to lnkWert
22          when "5" move  5 to lnkWert
23          when "6" move  6 to lnkWert
24          when "7" move  7 to lnkWert
25          when "8" move  8 to lnkWert
26          when "9" move  9 to lnkWert
27          when "A" move  1 to lnkWert
28          when "B" move  2 to lnkWert
29          when "C" move  3 to lnkWert
30          when "D" move  4 to lnkWert
31          when "E" move  5 to lnkWert
32          when "F" move  6 to lnkWert
33          when "G" move  7 to lnkWert
34          when "H" move  8 to lnkWert
35          when "I" move  9 to lnkWert
36          when "J" move 10 to lnkWert
37          when "K" move 11 to lnkWert
38          when "L" move 12 to lnkWert
39          when "M" move 13 to lnkWert
40          when "N" move 14 to lnkWert
41          when "O" move 15 to lnkWert
42          when "P" move 16 to lnkWert
43          when "Q" move 17 to lnkWert
44          when "R" move 18 to lnkWert
45          when "S" move 19 to lnkWert
46          when "T" move 20 to lnkWert
47          when "U" move 21 to lnkWert
48          when "V" move 22 to lnkWert
49          when "W" move 23 to lnkWert
50          when "X" move 24 to lnkWert
51          when "Y" move 25 to lnkWert
52          when "Z" move 26 to lnkWert
53          when other
54              move -1 to lnkWert
55      end-evaluate
56      exit function.
57 end function zeichenwert.
```

Listing 15.14: Die Funktion zeichenwert()

Beispielsitzung:

```
                1         2         3         4         5         6         7         8
      12345678901234567890123456789012345678901234567890123456789012345678901234567890
    1                                                                                    1
    2                                                                                    2
    3                                                                                    3
    4                                                                                    4
    5          Seriennummer:  [X04989711287]                                            5
    6                                                                                    6
    7          Der Schein ist echt                                                       7
    8                                                                                    8
    9                                                                                    9
   10                                                                                   10
   11                                                                                   11
   12                                                                                   12
   13                                                                                   13
   14                                                                                   14
   15                                                                                   15
   16                                                                                   16
   17                                                                                   17
   18                                                                                   18
   19                                                                                   19
   20                                                                                   20
   21                                                                                   21
   22                                                                                   22
   23                                                                                   23
   24                                                                                   24
   25                                                                                   25
                1         2         3         4         5         6         7         8
      12345678901234567890123456789012345678901234567890123456789012345678901234567890
```

Abbildung 15.7: Beispieldialog

16

Tabellenverarbeitung

16.1 Vorbemerkung

Stellen Sie sich vor, Sie benötigen für die Verarbeitung eines bestimmten Programms eine Reihe von Datenfeldern, die die gleichen Längen und gleiche sonstige Merkmale aufweisen. Wie sollen nun solche Datenfelder definiert werden?

Ohne Tabellendefinitionen müsste man jedes Datenfeld einzeln, entsprechend seinen Eigenschaften, definieren; die Felder erhielten dann unterschiedliche Namen. Für zwölf Umsatzfelder würden die Definitionen wie in Listing 16.1 aussehen.

```
01  UMSATZ-1    PIC 9(6),99.
01  UMSATZ-2    PIC 9(6),99.
 :
 :
01  UMSATZ-11   PIC 9(6),99.
01  UMSATZ-12   PIC 9(6),99.
```

Listing 16.1: Definition von zwölf einzelnen Umsatzfeldern

Diese Art, eine Reihe von gleichartigen Datenfeldern festzulegen, erhöht die Programmier- und Kompilierzeit und führt zur Codierung einer komplexen und umfangreichen PROCEDURE DIVISION.

Eine solche Folge von Datenfeldern muss im Programm als Tabelle definiert werden. Mit Hilfe eines Index (Elementnummer) hat man dann Zugriff zu einem bestimmten Element.

16.2 OCCURS-Klausel

Wirkung

Die OCCURS-Klausel wird verwendet, um Datenfelder mehrfach (OCCURS = wiederhole) zu definieren; wir sprechen dann von einer Tabelle.

```
Format 1 (fixed-table):

    OCCURS Ganzzahl-2 TIMES

     ⎡ ⎧ASCENDING ⎫                          ⎤
     ⎢ ⎨          ⎬ KEY IS {Bezeichner-2} ... ⎥ ...
     ⎣ ⎩DESCENDING⎭                          ⎦

     ⎡ INDEXED BY {Indexname-1} ...⎤


Format 2 (variable-table):

    OCCURS Ganzzahl-1 TO Ganzzahl-2 TIMES DEPENDING ON Bezeichner-1

     ⎡ ⎧ASCENDING ⎫                          ⎤
     ⎢ ⎨          ⎬ KEY IS {Bezeichner-2} ... ⎥ ...
     ⎣ ⎩DESCENDING⎭                          ⎦

     ⎡ INDEXED BY {Indexname-1} ...⎤
```

Abbildung 16.1: OCCURS-Klausel

Erläuterung

Die OCCURS-Klausel kann überall in der DATA DIVISION codiert werden.

Nach ANSI-Standard COBOL ist die OCCURS-Klausel nur auf den Stufennummern 02–49 erlaubt, mancher Compiler erlaubt jedoch die Definition dieser Klausel auf der Stufennummer 01.

Definition einer eindimensionalen Tabelle

Beispiel 1:

Es soll eine Tabelle zur Aufnahme von zwölf Umsatzfeldern definiert werden.

```
01  UMSATZ-TABELLE.
    05 UMSATZ-FELD   PIC 9(6),99 OCCURS 12 TIMES.
UMSATZ-FELD   (1)    330000,00
UMSATZ-FELD   (2)    456000,00
UMSATZ-FELD   (3)    345666,00
UMSATZ-FELD   (4)    789500,00
UMSATZ-FELD   (5)    156980,00
UMSATZ-FELD   (6)    439801,00
UMSATZ-FELD   (7)    399987,00
UMSATZ-FELD   (8)    298763,00
UMSATZ-FELD   (9)    563830,00
UMSATZ-FELD (10)     982538,00
UMSATZ-FELD (11)     098240,00
UMSATZ-FELD (12)     487400,00
```

Listing 16.2: Tabelle mit zwölf Umsatzfeldern

Adressierung von Elementen einer Tabelle

In diesem Beispiel wurde eine Tabelle mit zwölf Elementen definiert. Jedes Element dieser Tabelle hat eine Länge von neun Byte. Die Tabelle selbst hat eine Länge von insgesamt 108 Byte (12 x 9). Wie werden Tabellenelemente im Programm angesprochen?

Jedes Tabellenelement ist einfach über seine Nummer innerhalb der Tabelle anzusprechen. Das erste Element in der Tabelle hat die Nummer 1, das zweite Nummer 2 usw. Wollen Sie sich auf die Umsatzfelder in Beispiel 1 beziehen, so können Sie codieren:

```
MOVE EINGABE-UMSATZ TO UMSATZ-FELD (1)
```

In diesem Fall wird der Inhalt des Feldes EINGABE-UMSATZ in das Element Nummer 1 übertragen.

```
MOVE UMSATZ-FELD (9) TO AUSGABE-UMSATZ
```

In diesem Fall wird der Inhalt des neunten Elementes UMSATZ-FELD(9) in das Feld AUSGABE-UMSATZ übertragen.

Selbstverständlich will man oft in einem Programm alle Elemente einer Tabelle verarbeiten. In diesem Fall können Sie auch anstelle der Nummer eines Elementes in den Klammern eine Variable angeben. Diese Variable muss numerisch und ganzzahlig definiert werden. Der aktuelle Inhalt der Variablen zum Zeitpunkt des Zugriffs auf die Tabelle bestimmt dann, welches Element hier angesprochen wird.

```
WORKING-STORAGE SECTION.

01  VARIABLE          PIC 99.

PROCEDURE DIVISION.

    MOVE 3 TO VARIABLE.
    MOVE EINGABE-UMSATZ TO UMSATZ-FELD(VARIABLE)
```

Listing 16.3: Verwendung einer Indexvariablen

Hier wird die Variable auf den Inhalt »3« gesetzt und anschließend als variable Elementnummer in Klammern benutzt. In diesem Fall wird das dritte Element angesprochen.

Beispiel 2:

Nehmen Sie an, Sie wollen für jedes der zwölf Elemente in Beispiel 1 weitere Datenfelder anlegen. Diese sind ARTIKEL-NR, ARTIKEL-BEZ und ARTIKEL-UMSATZ. In diesem Fall muss das Tabellenelement als Datengruppe definiert werden, die dann die aufgeführten Felder umfasst. Die Tabellendefinition nimmt somit die Struktur aus Listing 16.4 an.

```
01  ARTIKEL-UMSATZ-TABELLE.
    05  ARTIKEL-ELEMENT      OCCURS 12 TIMES.
        10  ARTIKEL-NR       PIC 9(4).
        10  ARTIKEL-BEZ      PIC X(30).
        10  ARTIKEL-UMSATZ   PIC 9(6).
```

```
                    NR    BEZ                       UMSATZ

ARTIKEL-ELEMENT  (1) 1234 WOHNZIMMERSCHRANK M198 001900
ARTIKEL-ELEMENT  (2) 3498 SCHLAFZIMMER M1452       029870
:
:
ARTIKEL-ELEMENT (11) 5588 TISCH M7522              054982
ARTIKEL-ELEMENT (12) 2344 SCHREIBTISCH I772        629857
```

Listing 16.4: Tabelle aus Datengruppe

Erläuterung zu Beispiel 2:

Die vorliegende Tabelle umfasst zwölf Elemente; jedes Element hat eine Länge von 40 Byte (4+30+6), die Tabelle selbst hat eine Länge von insgesamt 480 Byte (40 x 12). Das definierte Tabellenelement ARTIKEL-ELEMENT gilt in unserem Beispiel als Datengruppe, denn dieses wird in weitere Datenfelder unterteilt.

Beispiele für die Bezugnahme auf Tabellenelemente und deren Bestandteile:

```
ADD E-UMSATZ TO ARTIKEL-UMSATZ (4)
```

Addiere den Inhalt des Feldes E-UMSATZ auf den Inhalt des Feldes ARTIKEL-UMSATZ des vierten Elements.

```
WORKING-STORAGE SECTION.
01  ARTIKEL-UMSATZ-TABELLE.
    05  ARTIKEL-ELEMENT     OCCURS 12 TIMES.
        10  ARTIKEL-NR      PIC 9(4).
        10  ARTIKEL-BEZ     PIC X(30).
        10  ARTIKEL-UMSATZ  PIC 9(6).
01  I            PIC 99.

PROCEDURE DIVISION.

    IF ARTIKEL-NR (I) = EINGABE-NR
        MOVE ARTIKEL-BEZ (I) TO AUSGABE-BEZ
        DISPLAY AUSGABE-BEZ AT 2001
    END-IF
```

Listing 16.5: Zugriff auf Tabellenelemente

Wenn die Artikelnummer des gerade zu bearbeitenden Tabellenelements gleich der des Feldes EINGABE-NR ist, dann übertrage die Artikelbezeichnung des Elements in das Feld AUSGABE-BEZ und zeige dieses am Bildschirm an.

```
WORKING-STORAGE SECTION.
01  ARTIKEL-UMSATZ-TABELLE.
    05  ARTIKEL-ELEMENT     OCCURS 12 TIMES.
        10  ARTIKEL-NR      PIC 9(4).
        10  ARTIKEL-BEZ     PIC X(30).
        10  ARTIKEL-UMSATZ  PIC 9(6).
```

```
01  ELEMENT-NR      PIC 99.
01  EINGABE-SATZ    PIC X(40).


PROCEDURE DIVISION.

    MOVE ARTIKEL-ELEMENT (ELEMENT-NR) TO EINGABE-SATZ.
```

Listing 16.6: Zugriff auf eine Elementgruppe

Übertrage den gesamten Inhalt des Elements, dessen Nummer gerade im Feld ELEMENT-NR vorhanden ist, in die Struktur EINGABE-SATZ.

Definition einer mehrdimensionalen Tabelle

Sie haben verschiedene Beispiele zur Definition und Adressierung von eindimensionalen Tabellen gesehen. Nun sollen mehrdimensionale Tabellen erklärt werden. Eine mehrdimensionale Tabelle liegt vor, wenn die Elemente dieser Tabelle weiter unterteilt und mit der OCCURS-Klausel erneut beschrieben werden.

Beispiel 3:

Angenommen, Sie wollen die in Beispiel 1 definierte Tabelle so beschreiben, dass die Umsätze eines jeden Monats der letzten fünf Jahre abgespeichert werden können, so muss der dafür vorgesehene Bereich als zweidimensionale Tabelle beschrieben werden.

```
01  UMSATZ-TABELLE.
    05  UMSATZ-MONAT      OCCURS 12 TIMES.
        10 UMSATZ-JAHR    OCCURS 5  TIMES PIC 9(6).
```

Listing 16.7: Definition einer zweidimensionalen Tabelle

	1981	1982	1983	1984	1985
1	(1, 1)	(1, 2)	(1, 3)	(1, 4)	(1, 5)
2	(2, 1)	(2, 2)	(2, 3)	(2, 4)	(2, 5)
3	(3, 1)	(3, 2)	(3, 3)	(3, 4)	(3, 5)
4	(4, 1)	(4, 2)	(4, 3)	(4, 4)	(4, 5)
5	(5, 1)	(5, 2)	(5, 3)	(5, 4)	(5, 5)
6	(6, 1)	(6, 2)	(6, 3)	(6, 4)	(6, 5)
7	(7, 1)	(7, 2)	(7, 3)	(7, 4)	(7, 5)
8	(8, 1)	(8, 2)	(8, 3)	(8, 4)	(8, 5)
9	(9, 1)	(9, 2)	(9, 3)	(9, 4)	(9, 5)
10	(10, 1)	(10, 2)	(10, 3)	(10, 4)	(10, 5)
11	(11, 1)	(11, 2)	(11, 3)	(11, 4)	(11, 5)
12	(12, 1)	(12, 2)	(12, 3)	(12, 4)	(12, 5)

Abbildung 16.2: Der Aufbau einer zweidimensionalen Tabelle

Beschreibung der Tabelle

Die Tabelle hat zwei Dimensionen; das Tabellenelement der ersten Dimension hat eine Länge von 30 Byte (6 x 5). Es gilt als Datengruppe hinsichtlich seiner Einordnung in die Datenkategorie. Dieses Element wird zwölfmal wiederholt.

Das Tabellenelement der zweiten Dimension hat eine Länge von fünf Byte; es gilt als numerisches Feld hinsichtlich seiner Einordnung in die Datenkategorie. Dieses Element wird fünfmal wiederholt. Die Tabelle selbst hat eine Länge von insgesamt 360 Byte (5 x 6 x 12).

Adressierung von mehrdimensionalen Tabellen

Um ein Tabellenelement adressieren zu können, stellt man sich zunächst die Frage: In welcher Dimension liegt das zu adressierende Element? Will man z.B. das Element der ersten Dimension (äußere Dimension) adressieren, so benötigt dieses nur eine Elementnummer. Liegt das zu adressierende Element in der zweiten Dimension, so benötigt dieses zwei Elementnummern.

```
MOVE UMSATZ-MONAT (7) TO HILFSBEREICH
```

Hier wird das siebte Element der ersten Dimension angesprochen.

```
ADD UMSATZ-JAHR (3, 5) TO GESAMT-UMSATZ
```

Hier wird das fünfte Element der zweiten Dimension innerhalb des dritten Elementes der ersten Dimension angesprochen.

```
      WORKING-STORAGE SECTION.
      01  UMSATZ-TABELLE.
          05  UMSATZ-MONAT        OCCURS 12 TIMES.
              10 UMSATZ-JAHR      OCCURS 5  TIMES PIC 9(6).
      01  ZWISCHEN-TABELLE            PIC X(360).


      PROCEDURE DIVISION.

          MOVE UMSATZ-TABELLE TO ZWISCHEN-TABELLE
```

Listing 16.8: Ansprechen der gesamten Tabelle

Sollte der übergeordnete Name UMSATZ-TABELLE jemals angesprochen werden, so benötigt er keine Elementnummer für seine Adressierung, denn dieser umfasst alle vorhandenen Elemente.

Beispiel 4:

Nehmen Sie weiter an, die in Beispiel 3 definierte Tabelle soll so beschrieben werden, dass in jedem Element der ersten Dimension ein Datenfeld zur Aufnahme des Monatstextes vorgesehen wird; dieses Datenfeld muss dann – wie aus der Definition der Tabelle zu sehen ist – Bestandteil dieses Tabellenelements sein.

```
      01  UMSATZ-TABELLE.
          05  UMSATZ-MONAT        OCCURS 12 TIMES.
              10 MONATSTEXT        PIC X(12).
              10 UMSATZ-JAHR       OCCURS 5 TIMES PIC 9(6).
```

Listing 16.9: Zweidimensionale Tabelle mit zusätzlichem Element

MONATSTEXT	1981	1982	1983	1984	1985
1	(1)	(1, 1)	(1, 2)	(1, 3)	(1, 4)	(1, 5)
2	(2)	(2, 1)	(2, 2)	(2, 3)	(2, 4)	(2, 5)
3	(3)	(3, 1)	(3, 2)	(3, 3)	(3, 4)	(3, 5)
4	(4)	(4, 1)	(4, 2)	(4, 3)	(4, 4)	(4, 5)
5	(5)	(5, 1)	(5, 2)	(5, 3)	(5, 4)	(5, 5)
6	(6)	(6, 1)	(6, 2)	(6, 3)	(6, 4)	(6, 5)
7	(7)	(7, 1)	(7, 2)	(7, 3)	(7, 4)	(7, 5)
8	(8)	(8, 1)	(8, 2)	(8, 3)	(8, 4)	(8, 5)
9	(9)	(9, 1)	(9, 2)	(9, 3)	(9, 4)	(9, 5)
10	(10)	(10, 1)	(10, 2)	(10, 3)	(10, 4)	(10, 5)
11	(11)	(11, 1)	(11, 2)	(11, 3)	(11, 4)	(11, 5)
12	(12)	(12, 1)	(12, 2)	(12, 3)	(12, 4)	(12, 5)

Abbildung 16.3: Struktur einer zweidimensionalen Tabelle

Beschreibung der Tabelle

Die Tabelle hat nach wie vor zwei Dimensionen, das Tabellenelement der ersten Dimension hat jedoch eine Länge von 42 Byte ((6 x 5) + 12).

Wie in den letzten Beispielen gezeigt wurde, benötigt jedes Tabellenelement eine Elementnummer (Index), um gezielt auf ein bestimmtes Element zugreifen zu können. Diese Methode, Tabellenelemente anzusprechen, wird Indizierung genannt. In COBOL wird zwischen Normal- und Spezialindizierung unterschieden.

16.3 Normalindizierung (Subskribierung)

Die Normalindizierungsmethode ist auch in COBOL unter dem Begriff »Subskribierung« bekannt. Sie beruht auf der Verwendung des so genannten Normalindex.

Ein Normalindex kann in Form eines Datenfeldes oder eines arithmetischen Ausdrucks angegeben werden. Er wird auch »Subscript« genannt. Wird das Subscript in Form eines Datenfeldes angegeben, so muss dieses Feld numerisch und ganzzahlig definiert werden.

In jedem Fall ist das Subscript nichts anderes als eine Elementnummer, die den Tabellenplatz angibt, auf den zugegriffen werden soll. In den bisher aufgeführten Beispielen haben wir die Subskribierungsmethode angewandt, um Tabellenelemente zu adressieren.

Erläuterung

Jedes Tabellenelement einer Tabelle, die nicht mit dem Zusatz INDEXED BY beschrieben wurde, muss subskribiert werden, d.h. mit einem Subscript bzw. Normalindex versehen werden.

```
{ Bedingungsname }     ( { ALL                                          }
{ Bezeichner-1   }       { arithmetischer-Ausdruck              } ... )
                         { Indexname [ {+} Ganzzahl ]           }
                         {           {-}                        }
```

Abbildung 16.4: Normalindizierung

Bezeichner-1 muss das Tabellenelement oder eines seiner Bestandteile sein. Bedingungsname kann jeder Name sein, der sich auf das Tabellenelement oder eines seiner Bestandteile bezieht. Falls eine Qualifikation mit IN/OF erforderlich wird, so muss diese, bezogen auf seinen Qualifier (Strukturname), noch vor der Subskribierung angegeben werden.

Für jede Tabellendimension, in der das zu adressierende Element liegt, muss ein Subscript angegeben werden.

```
ELEMENT ( Subskript-1   Subskript-2   Subskript-3 )
         für die 1.     für die 2.    für die 3.
         Dimension      Dimension     Dimension
```

Listing 16.10: Pro Dimension ein Index

Beispiel 5:

```
01  EINWOHNER-TAB.
    05  LAND                OCCURS 10.
        10  KREIS           OCCURS 15.
            15  NAME        PIC X(20).
            15  MERKMALE    PIC 9(8).
01  LAND-SUB                PIC 99.
01  KREIS-SUB               PIC 99.
```

Listing 16.11: Definitionen für Beispiel 5

Vor Verwendung der Subscripte müssen diese auf entsprechende Werte gesetzt werden.

```
MOVE 3 TO LAND-SUB
MOVE 5 TO KREIS-SUB
```

Listing 16.12: Initialisieren der Subscripte

Für die Adressierung der ersten Dimension LAND benötigt man ein Subscript.

```
LAND (LAND-SUB)
```

Listing 16.13: Element aus erster Dimension ansprechen

Für die Adressierung der zweiten Dimension KREIS benötigt man zwei Subscripte.

```
KREIS (LAND-SUB KREIS-SUB)
```

Listing 16.14: Element aus zweiter Dimension ansprechen

Subskribieren mit ALL

Anstelle einer Ganzzahl bzw. eines Datenfeldes als Subscript kann auch das COBOL-Wort ALL verwendet werden; es darf jedoch nur im Zusammenhang mit Argumenten für Intrinsic-Funktionen oder bei der SORT-Anweisung angegeben werden. ALL gilt aber nicht für Bedingungsnamen.

16.4 Spezialindizierung

Eine weitere Methode für die Adressierung von Tabellenelementen ist in COBOL die Spezialindizierung. Sie bietet einige Vorteile gegenüber der Subskribierungsmethode. Am Ende dieser Erläuterung zeigen wir eine Gegenüberstellung der beiden Methoden zum Vergleich. Die Spezialindizierung beruht auf der Verwendung des so genannten Spezialindex.

Der INDEXED BY-Zusatz

Jede OCCURS-Klausel kann um den Zusatz INDEXED BY erweitert werden. Dieser Zusatz gibt den Namen eines Spezialindex an, der für den Zugriff auf diese Tabelle verwendet werden soll.

Es können auf einer OCCURS-Ebene bis zu zwölf Indexnamen angegeben werden. Sie können alle, wenn die Programmlogik es erfordert, gleichzeitig für den Zugriff auf die Tabellenelemente verwendet werden. Der Spezialindex darf im Gegensatz zum Normalindex nicht wie alle anderen Datenfelder in der DATA DIVISION definiert werden. Seine Definition erfolgt ausschließlich durch den INDEXED BY-Zusatz.

Der Spezialindex ist ein vier Byte großes Feld und ausschließlich für den Zugriff auf die Tabellenelemente vorgesehen. Er darf nur durch die folgenden Anweisungen verwendet werden: SET, SEARCH, PERFORM und IF.

Vorteile der Spezialindizierungsmethode

Der Vorteil dieser Spezialindizierungsmethode liegt darin, dass der Spezialindex die relative Adresse des zu verarbeitenden Elements enthält und daher etwas schneller beim Zugriff auf dieses ist. Aus der Sicht des Programmierers ist jedoch der Umgang mit dem Spezialindex dem Umgang mit dem Normalindex ähnlich. Der Programmierer arbeitet in jedem Fall mit der Elementnummer, die auf einen bestimmten Tabellenplatz verweist; die relative Adresse dieses Tabellenplatzes errechnet das System selbst.

Ein weiterer Vorteil der Spezialindizierungsmethode liegt in der Möglichkeit, solche Tabellen mit der SEARCH-Anweisung zu durchsuchen. Die SEARCH-Anweisung wird etwas später erläutert.

Beispiel 6:

```
01  VERKAUFSTABELLE.
   05  VERKAUFSGEBIET    OCCURS 12 INDEXED BY GEB-INDEX.
      10  VERKAUFSBEZIRK OCCURS 5  INDEXED BY BEZ-INDEX.
         15 VER-ART-NR   PIC 9(3).
         15 VER-UMSATZ   PIC 9(6).
```

Listing 16.15: Tabelle mit Spezialindex

Erläuterung zu Beispiel 6:

Hier wurde eine zweidimensionale Tabelle definiert. Wenn eine Dimension mit INDEXED BY beschrieben wird, müssen alle anderen Dimensionen ebenfalls mit INDEXED BY beschrieben werden. Vor dem Zugriff auf die Tabellenelemente mit Hilfe der Spezialindizes müssen diese mit einem entsprechenden Wert versehen werden. Die MOVE-Anweisung darf dazu nicht benutzt werden; das Versorgen der Spezialindizes geschieht mit Hilfe der SET-Anweisung.

```
SET GEB-INDEX TO 5.
MOVE VERKAUFSGEBIET (GEB-INDEX) TO HILFSFELD.
```

Listing 16.16: Versorgen eines INDEX-Feldes

In Listing 16.16 wird das fünfte Element der ersten Dimension in ein Hilfsfeld übertragen.

```
SET GEB-INDEX TO 12.
SET BEZ-INDEX TO 1.
IF VER-ART-NR(GEB-INDEX BEZ-INDEX) = ZERO
    MOVE UMSATZ TO VER-UMSATZ(GEB-INDEX BEZ-INDEX)
END-IF
```

Listing 16.17: Verwendung mehrerer INDEX-Felder

In Listing 16.17 bezieht man sich mit einer Abfrage auf das erste Element der zweiten Dimension, das im letzten Element der ersten Dimension liegt.

Die relative Adresse im Spezialindex

Die relative Adresse im Spezialindex lässt sich nach der folgenden Formel ermitteln:

```
Relative Adresse = (Elementnummer - 1) x Elementlänge
```

Beispiel 7:

```
01  UMSAETZE.
    05 UMSATZ  PIC 9(3) OCCURS 6 INDEXED BY UMSATZ-INDEX.
```

Listing 16.18: Eindimensionale Tabelle mit Spezialindex für Beispiel 7

Setzt man den Spezialindex wie folgt:

```
SET UMSATZ-INDEX TO 4
```

so erhält man die relative Adresse im UMSATZ-INDEX wie folgt:

Relative Adresse $= (4 - 1) * 3 = 9$

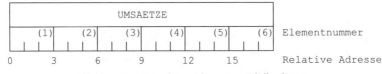

Abbildung 16.5: Die relative Adresse eines Tabellenelementes

Beispiel 8:

```
01  PERSONENWAGEN.
    05  MODELL-BEZ   OCCURS 9 INDEXED BY MOD-INDEX
                     PIC X(10).
```

Listing 16.19: Eindimensionale Tabelle mit Spezialindex für Beispiel 8

Um auf ein Element dieser Tabelle zugreifen zu können, muss der zugehörige Spezialindex wie in Listing 16.20 vorher auf eine entsprechende Elementnummer gesetzt werden.

```
SET MOD-INDEX TO 3
MOVE MODELL-BEZ (MOD-INDEX) TO AUSG-MODELL.
```

Listing 16.20: Zugriff auf ein Tabellenelement

Relative Spezialindizierung

Die Normal- bzw. Spezialindizierung erlaubt die Angabe eines Literals neben dem Spezialindex in Klammern. Vorteil dieser Methode ist die Möglichkeit, auf ein Tabellenelement zuzugreifen, ohne den Inhalt des Spezialindex zu verändern.

Angenommen, Sie wollen in Beispiel 8 relativ zu dem aktuellen Inhalt des Spezialindex auf das vierte oder das erste Element zugreifen, dann können Sie codieren:

```
MOVE MODELL-BEZ (MOD-INDEX + 1) TO AUSG-MODELL
```

Diese Anweisung wird das vierte Element ansprechen, ohne dass der Inhalt des Spezialindex verändert wird.

```
MOVE MODELL-BEZ (MOD-INDEX - 2) TO AUSG-MODELL
```

Diese Anweisung wird das erste Element ansprechen, ohne dass der Inhalt des Spezialindex verändert wird.

Der DEPENDING ON-Zusatz

Dieser Zusatz kann in der OCCURS-Klausel verwendet werden, um eine Tabelle mit variabler Anzahl von Elementen zu definieren. Der Compiler reserviert zwar immer die in der OCCURS-Klausel geforderte maximale Anzahl von Elementen, jedoch kann während der Programmausführung die Variable (Datenname-1) so variiert werden, dass man nur auf so viele Elemente zugreifen kann, wie in diesem Datennamen-1 gerade vorhanden sind.

```
01  ANZAHL            PIC 99. 01 AUFTRAEGE.
     05  AUFTRAG    OCCURS 1 TO 20 DEPENDING ON ANZAHL.
         10 AUF-NR       PIC 9(5).
         10 AUF-KUND     PIC X(25).
         10 AUF-TERMIN   PIC 9(6).
```

Listing 16.21: Definition einer dynamischen Tabelle

16.5 SET-Anweisung

Wirkung

Die SET-Anweisung wird benutzt, um Spezialindizes mit Anfangswerten zu versehen; Format 2 erhöht oder vermindert den Inhalt eines Spezialindex.

Erläuterung

Format 1 wird verwendet, um den Spezialindex auf eine Elementnummer zu setzen, d.h. also, dass der Index mit einer Elementnummer versorgt wird.

```
Format 1:

    SET  { Indexname-1  }  ... TO  { arithmetischer-Ausdruck }
         { Bezeichner-1 }          { Indexname-3             }
                                   { Bezeichner-3            }


Format 2:

    SET { Indexname-1 }  ...  { UP BY   }  arithmetischer-Ausdruck
                              { DOWN BY }
```

Abbildung 16.6: SET-Anweisung

Format 2 wird verwendet, um den Inhalt eines Spezialindex zu erhöhen (wenn UP benutzt wird) oder zu vermindern (wenn DOWN benutzt wird).

Nachdem bei der Spezialindizierung nicht die Elementnummer, sondern die relative Adresse eines Elementes im Spezialindex abgespeichert wird, findet bei der Ausrührung der SET-Anweisung eine Konvertierung statt, die die Elementnummer in eine relative Adresse umwandelt.

Die Tabelle 16.1 zeigt die gültigen Kombinationen der Operanden in einer SET-Anweisung und gibt an, wann eine Konvertierung stattfindet.

Sendefeld	Empfangsfeld		
	Datenfeld	Indexname	Indexdatenname
Literal	Ungültig	Gültig (mit Konvertierung)	Ungültig
Datenfeld	Ungültig	Gültig (mit Konvertierung)	Ungültig
Indexname	Gültig (mit Konvertierung)	Gültig (mit Konvertierung)	Gültig
Indexdatenname	Ungültig	Gültig	Gültig

Tabelle 16.1: Gültige Operanden einer SET-Anweisung

Beispiel 9:

```
01  ZINS-TAB.
    05  ZINSFELD    OCCURS 300 INDEXED BY Z-INDEX
                    PIC 9(4)V99.
01  TILGUNGSTAB.
    05  TILGFELD    OCCURS 300 INDEXED BY T-INDEX
                    PIC 9(6)V99.


01  SUBSCRIPT       PIC 999 VALUE 5.
```

Listing 16.22: Zwei eindimensionale Tabellen

Mit folgender Anweisung wird die Zahl 100 in relative Adressen umgewandelt und in den beiden Indizes abgespeichert.

```
SET Z-INDEX T-INDEX    TO 100.
```

Im nächsten wird die Elementnummer in SUBSCRIPT in relative Adressen umgewandelt und in Z-INDEX abgespeichert.

```
SET Z-INDEX TO SUBSCRIPT.
```

Aufgrund der unterschiedlichen Längen der Tabellenelemente findet schließlich eine Adressenumrechnung von T-INDEX nach Z-INDEX statt.

```
SET Z-INDEX TO T-INDEX.
```

16.6 USAGE INDEX-Klausel

[USAGE IS] INDEX

Abbildung 16.7: USAGE INDEX-Klausel

Erläuterung

Diese Klausel definiert Datenfelder mit den Eigenschaften von Spezialindizes, jedoch als unabhängige Indizes, die mit keiner bestimmten Tabelle in Beziehung gebracht werden, z.B.:

```
01  INDEXFELD    USAGE IS INDEX.
```

Ein auf diese Art definierter Index wird *Indexdatenname* genannt. Er kann im Gegensatz zu den Spezialindizes an ein Unterprogramm als Parameter übergeben werden.

Ein Indexdatenname wird hauptsächlich für die Zwischensicherung der Spezialindizes benutzt.

Beispiel 10:

Bezogen auf Beispiel 9 können Sie nun codieren:

```
SET INDEXFELD TO Z-INDEX.
```

um den Inhalt von Z-INDEX in INDEXFELD zu sichern.

Vergleich zwischen Normal- und Spezialindizierung

Die nachfolgenden Listings zeigen einige Unterschiede und Gemeinsamkeiten der zwei Methoden zur Tabellenverarbeitung.

```
*> Normalindizierung:

*> 1.) Definition:

01  AUFTRAEGE.
    05  AUFTRAG   PIC 999 OCCURS 5.

*> 2.) Index-Definition:

01 AUF-IND      PIC 9.

*> 3.) Index setzen:
```

```
PROCEDURE DIVISION.

    MOVE 4 TO AUF-IND    *> Inhalt = 4

*> 4.) Index erhöhen:

    ADD 1 TO AUF-IND

*> 5.) Index vermindern:

    SUBSTRACT 1 FROM AUF-IND

*> 6.) Addressierung:

    MOVE AUFTRAG (AUF-IND) TO AUSGABE-BEREICH

*> 7.) SEARCH-Anweisung:

    *> Keine Anwendung der SEARCH-Anweisung möglich.

*> 8.) PERFORM VARYING:

    PERFORM VERARB VARYING AUF-IND FROM 1 BY 1
                    UNTIL AUF-IND > 5

*> 9.) Index auswerten:

    IF AUF-IND = 3 THEN …

*> 10.) Relative Adressierung:

    MOVE AUFTRAG(AUF-IND + 2) TO SUMME
    MOVE AUFTRAG(AUF-IND - 2) TO SUMME
```

Listing 16.23: Normalindizierung

```
*> Spezialindizierung:

*> 1.) Definition:

01  AUFTRAEGE.
    05  AUFTRAG   PIC 999 OCCURS 5 INDEXED AUF-IND.

*> 2.) Index-Definition:

    *> Keine weitere Definition für AUF-IND möglich.
```

```
*> 3.) Index setzen:

PROCEDURE DIVISION.

    SET AUF-IND TO 4    *> Inhalt = 9 ((4 - 1) * 3)

*> 4.) Index erhöhen:

    SET AUF-IND UP BY 1

*> 5.) Index vermindern:

    SET AUF-IND DOWN BY 1

*> 6.) Addressierung:

    MOVE AUFTRAG (AUF-IND) TO AUSGABE-BEREICH

*> 7.) SEARCH-Anweisung:

    *> Die SEARCH-Anweisung kann zum Durchsuchen der
    *> Tabelle benutzt werden.

*> 8.) PERFORM VARYING:

    PERFORM VERARB VARYING AUF-IND FROM 1 BY 1
                   UNTIL AUF-IND > 5

*> 9.) Index auswerten:

    IF AUF-IND = 3 THEN …

*> 10.) Relative Adressierung:

    MOVE AUFTRAG(AUF-IND + 2) TO SUMME
    MOVE AUFTRAG(AUF-IND - 2) TO SUMME
```

Listing 16.24: Spezialindizierung

Initialisieren von Tabellen mit der VALUE-Klausel

In COBOL ist es möglich, eine Tabelle bereits bei ihrer Definition mit einem Anfangswert zu versehen. Hierzu kann die VALUE-Klausel benutzt werden. Die mittels VALUE-Klausel vorgenommene Initialisierung gilt allerdings für alle Elemente einer Tabelle.

Beispiel 11: Belegt alle 12 Elemente mit gepackten Nullen

```
01  TABELLE.
    05 UMSATZ OCCURS 12 PIC S9(5)V9(2)
                       PACKED-DECIMAL VALUE ZERO.
```

Listing 16.25: Vorbelegen einer Tabelle mit VALUE

Initialisieren von Tabellen mit der REDEFINES-Klausel

Nachdem die VALUE-Klausel sämtliche Tabellenelemente mit dem gleichen Anfangswert vorbelegt, muss man sich fragen, wie nun eine Tabelle bereits bei der Definition mit unterschiedlichen Anfangswerten versehen werden kann. Ein einfaches Verfahren hierfür ist die Verwendung der REDEFINES-Klausel. Die benötigten Anfangswerte werden zunächst in einer Reihe von Datenfeldern angelegt, anschließend werden diese gemäß der gewünschten Tabelle redefiniert. Das folgende Beispiel zeigt die Handhabung eines solchen Verfahrens.

Beispiel 12:

In diesem Beispiel soll eine Tabelle mit den Monatstexten definiert werden.

```
01  MONATE.
    05  FILLER   PIC X(9) VALUE "JANUAR".
    05  FILLER   PIC X(9) VALUE "FEBRUAR".
    05  FILLER   PIC X(9) VALUE "MÄRZ".
    05  FILLER   PIC X(9) VALUE "APRIL".
    05  FILLER   PIC X(9) VALUE "MAI".
    05  FILLER   PIC X(9) VALUE "JUNI".
    05  FILLER   PIC X(9) VALUE "JULI".
    05  FILLER   PIC X(9) VALUE "AUGUST".
    05  FILLER   PIC X(9) VALUE "SEPTEMBER".
    05  FILLER   PIC X(9) VALUE "OKTOBER".
    05  FILLER   PIC X(9) VALUE "NOVEMBER".
    05  FILLER   PIC X(9) VALUE "DEZEMBER".

01  MONATS-TAB  REDEFINES MONATE.
    05 MONAT     PIC X(9) OCCURS 12.
```

Listing 16.26: Vorbelegen einer Tabelle durch Redefinition

Anwendung

Angenommen, es soll in einer Liste der Monatstext aufgrund einer Zahl, die im Feld MM steht, ausgegeben werden, so können Sie wie in Listing 16.27 codieren.

```
WORKING-STORAGE SECTION.

01  DATUM.
    05 JJ     PIC 99.
    05 MM     PIC 99.
    05 TT     PIC 99.
```

```
PROCEDURE DIVISION.

    ACCEPT DATUM FROM DATE.
    MOVE MONAT (MM) TO AUSG-MONAT.
```

Listing 16.27: Verwendung der Tabelle aus Listing 16.26

Ist das Tagesdatum z.B. 860430, so erhält man den Text APRIL im Feld AUSG-MONAT übertragen.

Sequenzielles Durchsuchen einer Tabelle

Wenn die Programmlogik es erfordert, eine Tabelle aufgrund eines Suchargumentes zu durchsuchen, so kann dies mit Hilfe der SEARCH-Anweisung ausgeführt werden.

16.7 SEARCH-Anweisung

Wirkung

Die SEARCH-Anweisung im Format 1 wird benutzt, um Tabellen sequenziell zu durchsuchen.

```
Format 1:

    SEARCH Bezeichner-1 [ VARYING { Bezeichner-2  } ]
                                  { Indexname-1   }

        [ AT END unbedingte-Anweisung-1]

        { WHEN Bedingung-1 { unbedingte-Anweisung-2 } } } ...
                           { NEXT SENTENCE           }

        [ END-SEARCH ]
```

Abbildung 16.8: SEARCH-Anweisung

Erläuterung

Frei übersetzt lautet die Anweisung: »Durchsuche die Tabelle, deren Elementname Bezeichner-1 ist, variiere dabei den Inhalt von Bezeichner-2 oder Indexname-1, wenn das Ende der Tabelle erreicht ist; ohne das gesuchte Element gefunden zu haben, führe Anweisung-1 aus, ansonsten, wenn Bedingung-1 erfüllt ist, führe Anweisung-2 aus.«

Bezeichner-1 ist der Name eines Elements, der mit OCCURS und INDEXED BY beschrieben sein muss. Bei seiner Angabe in der SEARCH-Anweisung darf er nicht mit einem Index versehen werden.

Der VARYING-Zusatz

Der VARYING-Zusatz braucht nicht angegeben zu werden, denn die Tabelle muss in jedem Fall mit INDEXED BY beschrieben sein. Infolgedessen wird der erste oder einzige Spezialindex zum Variieren herangezogen. Eine sinnvolle Anwendung für diesen Zusatz ist die Angabe eines Spezialindex einer anderen Tabelle, der parallel zum Index der zu durchsuchenden Tabelle variiert werden soll. In jedem Fall wird der Index mit einer Schrittweite von +1 variiert.

Der AT END-Zusatz

Der AT END-Zusatz kann angegeben werden, um eine Anweisung oder eine Folge von Anweisungen zu spezifizieren, die dann ausgeführt werden, wenn die Tabelle erfolglos durchsucht wurde. Fehlt dieser Zusatz und wurde die Tabelle erfolglos durchsucht, so wird die Ausführung des Programms bei der nächsten Anweisung nach der SEARCH-Anweisung fortgesetzt.

Der WHEN-Zusatz

Der WHEN-Zusatz muss mindestens einmal angegeben werden, um eine Bedingung zu spezifizieren, die dann den Abbruch der SEARCH-Schleife veranlasst. Wenn diese Bedingung erfüllt wird, hat der Index dieser Tabelle die Elementnummer des gefundenen Elementes, und die zugehörige Anweisung-2 wird ausgeführt. Es können mehrere unterschiedliche und voneinander unabhängige Bedingungen angegeben werden.

CONTINUE

Wenn auf die Spezifikation einer Anweisung im WHEN-Zusatz verzichtet wird, kann CONTINUE angegeben werden, was dann bewirkt, dass das Programm mit der nächsten Anweisung fortgesetzt wird, die der SEARCH-Anweisung folgt.

Beispiel 12:

```
01  AUFTRAEGE.
    05  AUFTRAG OCCURS 50 INDEXED BY AUF-INDEX.
        10 AUF-NR      PIC 9(5).
        10 AUF-KUND    PIC X(25).
        10 AUF-TERMIN  PIC 9(6).
```

Listing 16.28: Eine eindimensionale Tabelle

Wir suchen den Termin eines bestimmten Auftrages.

Der Index muss auf einen Anfangswert gesetzt werden, da dies nicht Bestandteil der SEARCH-Anweisung ist.

```
SET AUF-INDEX TO 1.
SEARCH AUFTRAG
    AT END DISPLAY "AUFTRAGSNUMMER NICHT VORHANDEN",
    WHEN AUF-NR (AUF-INDEX) = 10000
        DISPLAY AUF-TERMIN (AUF-INDEX)
END-SEARCH
```

Listing 16.29: Durchsuchen der eindimensionalen Tabelle aus Listing 16.28

Durchsuchen einer mehrdimensionalen Tabelle

Wenn eine mehrdimensionale Tabelle durchsucht werden soll, muss für jede Dimension eine eigene SEARCH-Anweisung codiert werden.

Beispiel 13:

```
01  AUFTRAEGE.
    05  AUFTRAG        OCCURS 50 INDEXED BY AUF-INDEX.
        10 AUF-NR          PIC 9(5).
        10 AUF-KUND        PIC X(25).
```

```
        10 AUF-TERMIN      PIC 9(6).
        10 VORGANG         OCCURS 10 INDEXED BY VOR-INDEX.
            15 VOR-NR      PIC 999.
            15 VOR-BEZ     PIC X(20).
            15 VOR-TERMIN  PIC 9(6).
```

Listing 16.30: Eine zweidimensionale Tabelle

Wir suchen den Termin eines Vorganges eines bestimmten Auftrages.

```
SUCH-AUFTRAG.
    SET AUF-INDEX TO 1.
    SEARCH AUFTRAG
        AT END
            DISPLAY "AUFTRAGSNUMMER NICHT VORHANDEN",
        WHEN AUF-NR (AUF-INDEX) = 10000
            PERFORM SUCH-VORGANG
    END-SEARCH
    .
    .
SUCH-VORGANG.
    SET VOR-INDEX TO 1.
    SEARCH VORGANG
        AT END
            DISPLAY "VORGANGSBEZEICHNUNG NICHT VORHANDEN",
        WHEN VOR-BEZ (AUF-INDEX VOR-INDEX) =
            "GEWINDESCHNEIDEN"
            DISPLAY VOR-TERMIN (AUF-INDEX VOR-INDEX)
    END-SEARCH.
```

Listing 16.31: Durchsuchen der zweidimensionalen Tabelle aus Listing 16.30

Binäres Durchsuchen einer Tabelle

Wenn eine große Tabelle durchsucht werden soll, muss überlegt werden, wie man den Suchvorgang zeitlich verkürzen kann.

Dieses Verfahren wird *binäres Suchen* genannt, da hier die Tabelle halbiert wird (binär bezieht sich also auf Basis 2). Unter Halbieren der Tabelle versteht man die Addition des ersten und des letzten Index einer Tabelle; anschließend wird die Summe durch 2 geteilt. Der somit entstandene Index verweist auf das mittlere Element der Tabelle. Dieses Element wird nun mit dem Suchargument verglichen, bei Gleichheit war die Suche erfolgreich und das Verfahren wird beendet. Bei Ungleichheit wird festgestellt, ob das Suchargument kleiner oder größer als das mittlere Element ist. Abhängig davon, wie die Tabelle nun sortiert ist (aufsteigend oder absteigend), geht die Suche in einer der zwei Hälften der Tabelle weiter.

Ist die Tabelle z.B. aufsteigend sortiert und das Suchargument größer als das mittlere Element, so ist es eindeutig, dass das gesuchte Element in der zweiten Hälfte der ursprünglichen Tabelle liegt. Der Vorgang wiederholt sich bezogen auf die jeweils neu entstandene Tabelle so lange, bis das gesuchte Element gefunden ist oder bis der Anfangsindex gleich dem Endindex ist; in diesem Fall endet das Verfahren, das gesuchte Element wurde nicht gefunden.

Die Anzahl der Suchschritte verkürzt sich bei diesem Verfahren auf n Suchschritte, wenn eine Tabelle zugrunde gelegt wird, deren Elementanzahl $2^n - 1$ ist. Bei einer Tabelle mit 15 Elementen (OCCURS 15) werden maximal 4 Suchschritte durchgeführt ($2^4 - 1 = 15$).

Die folgende Darstellung zeigt die möglichen Suchschritte bei 15 Elementen:

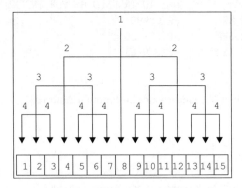

Abbildung 16.9: Binäres Suchen in einer Tabelle

Die Verwendung dieses Verfahrens setzt voraus, dass die Tabelle aufsteigend oder absteigend sortiert ist.

Der ASCENDING/DESCENDING KEY-Zusatz

Dieser Zusatz muss nach der OCCURS-Klausel angegeben werden, wenn die beschriebene Tabelle mit dem binären Suchen durchsucht werden soll.

Der Zusatz spezifiziert Schlüsselfelder, die dem Compiler mitteilen, wie die Tabelle sortiert ist. ASCENDING bedeutet, dass die Elemente nach dem angegebenen Schlüsselfeld aufsteigend sortiert ist, DESCENDING bedeutet absteigend.

Die hier angegebenen Schlüsselfelder müssen Bestandteil des Tabellenelements sein. Eine Tabelle kann nach mehreren Sortierbegriffen aufsteigend und/oder absteigend sortiert sein. Bei der Codierung der Sortierschlüssel legt man die Ordnungshierarchie zwischen den einzelnen Sortierbegriffen fest.

Es wird nicht geprüft, ob die Tabelle tatsächlich entsprechend den angegebenen Sortierbegriffen sortiert ist; dies liegt ausschließlich in der Verantwortung des Programmierers.

Beispiel 14:

```
01  AUFTRAEGE.
    05  AUFTRAG         OCCURS 50,
                        ASCENDING KEY AUF-NR,
                        INDEXED BY AUF-INDEX.
        10 AUF-NR       PIC 9(5).
        10 AUF-KUND     PIC X(25).
        10 AUF-TERMIN   PIC 9(6).
```

Listing 16.32: Eindimensionale Tabelle mit Sortierangabe und Spezialindex

Sortieren einer Tabelle mit der SORT-Anweisung

Mit Format 2 der SORT-Anweisung aus dem Sort-Merge-Modul lassen sich Tabellen einfach sortieren.

```
Format 2 (Tabellen):

    SORT Bezeichner-2 [ ON { ASCENDING  } KEY [Bezeichner-1] ... ] ...
                             { DESCENDING }

       [ WITH DUPLICATES IN ORDER ]

       [                      { IS Alphabetname-1 [Alphabetname-2]        } ]
       [ COLLATING SEQUENCE   {{ FOR ALPHANUMERIC IS Alphabetname-1 }}      ]
       [                      {{ FOR NATIONAL IS Alphabetname-2     }}      ]
```

Abbildung 16.10: SORT-Anweisung Format 2

Als `Bezeichner-2` kann nur das Element einer Tabelle (der Name, der mit `OCCURS` beschrieben wurde) angegeben werden. `Bezeichner-1` (das Sortierkriterium) kann jedes Datenfeld innerhalb des Elementes sein.

Beispiel:

```
SORT AUFTRAG ASCENDING KEY AUF-KUND
```

Beispiel:

Ist die Tabelle mit `ASCENDING/DESCENDING KEY` beschrieben, so kann dieser Zusatz in der SORT-Anweisung wegfallen.

```
SORT AUFTRAG
```

Sortiert die Tabelle aufsteigend nach Auftragsnummer.

16.8 SEARCH ALL-Anweisung

Wirkung

Die SEARCH-Anweisung im Format 2 wird benutzt, um Tabellen nach der Halbierungsmethode (binäres Suchen) zu durchsuchen.

Erläuterung

Es gelten hier die allgemeinen Regeln der ersten SEARCH-Anweisung.

Im WHEN-Zusatz dürfen nur Vergleichsbedingungen mit Gleichheitsrelation angegeben werden; dabei muss einer der Vergleichsoperanden (Subjekt oder Objekt) der Sortierbegriff (ASCENDING/DESCENDING KEY) sein.

Es können auch Bedingungsnamen-Bedingungen verwendet werden, wenn sie mit einem einzigen Literal versehen sind; dabei muss immer die zugehörige Bedingungsvariable der Sortierbegriff sein.

Der Ablauf dieser Anweisung entspricht der in der Einleitung zum binären Durchsuchen einer Tabelle angegebenen Beschreibung.

```
Format 2:

    SEARCH ALL Bezeichner-1 [AT END unbedingte-Anweisung-1]

         WHEN  { Datenname-1 {IS EQUAL TO} {Bezeichner-3
                             {IS =       } {Literal-1
                                            arithmetischer-Ausdruck-1}}
                Bedingungsname-1                                      }

       [
         AND  { Datenname-2 {IS EQUAL TO} {Bezeichner-4
                            {IS =       } {Literal-2
                                           arithmetischer-Ausdruck-2}}]  ...
               Bedingungsname-2                                      }

         { unbedingte-Anweisung-2 }
         { NEXT SENTENCE          }

       [ END-SEARCH ]
```

Abbildung 16.11: SEARCH-Anweisung Format 2

Beispiel 15:

Bezogen auf das letzte Beispiel suchen wir den Kundennamen eines bestimmten Auftrages.

```
SUCH-AUFTRAG.
    SEARCH ALL AUFTRAG
      AT END
        DISPLAY "AUFTRAGSNUMMER NICHT VORHANDEN",
      WHEN   AUF-NR (AUF-INDEX) = 10000
        DISPLAY AUF-KUND (AUF-INDEX)
    END-SEARCH.
```

Listing 16.33: Binäre Suche in der Tabelle aus Listing 16.32

Beispiel 16:

```
01  MODELLE.
    05 MODELL            OCCURS 10,
                         ASCENDING KEY M-HUBRAUM,
                         M-LEISTUNG-PS, M-TYP,
                         INDEXED BY M-INDEX.
       10 M-TYP          PIC X(5).
       10 M-BAUART       PIC X(10).
       10 M-HUBRAUM      PIC 9(4).
       10 M-LEISTUNG-PS  PIC 9(3).
       10 M-MERK-PREIS   PIC 9(6).
01  EINGABE-TYP          PIC X(5).
01  EINGABE-HUBRAUM      PIC 9(4).
```

Listing 16.34: Eindimensionale Tabelle mit zusammengesetztem Sortierbegriff

Es soll nach der Halbierungsmethode durchsucht werden, ob die über den Bildschirm eingegebenen Daten in der vorliegenden Tabelle vorhanden sind. Wird das gesuchte Element gefunden, so sollen die Felder BAUART, LEISTUNG, WERK-PREIS angezeigt werden.

```
EINGABE SECTION.
    ACCEPT EINGABE-TYP.
    ACCEPT EINGABE-HUBRAUM.
SUCHEN SECTION.
    SEARCH ALL MODELL
      AT END
        PERFORM NICHT-GEFUNDEN
      WHEN    M-TYP     (M-INDEX) = EINGABE-TYP AND
              M-HUBRAUM (M-INDEX) = EINGABE-HUBRAUM,
        PERFORM GEFUNDEN
    END-SEARCH
    .

    .
NICHT-GEFUNDEN SECTION.
    DISPLAY "EINGEGEBENER TYP: "      EINGABE-TYP
            "UND HUBRAUM: "           EINGABE-HUBRAUM
            "SIND NICHT VORHANDEN".

GEFUNDEN SECTION.
    DISPLAY M-BAUART       (M-INDEX)
            M-LEISTUNG-PS (M-INDEX)
            M-WERK-PREIS (M-INDEX).
```

Listing 16.35: Durchsuchen der Tabelle aus Listing 16.34

16.9 Programmbeispiel: DEMO15: Aufzinsungsfaktor

Aufgabenstellung

Es ist ein Programm für die Erstellung einer Liste des Aufzinsungsfaktors nach der folgenden Formel zu entwickeln:

$$Q = (1 + p/100)^n$$

p = Zinssatz, soll die Werte 3, 4, 5, 6 und 7 annehmen.

n = Anzahl der Jahre, soll die Werte l, 2, ... 30 annehmen.

Programmlisting:

```
1 IDENTIFICATION DIVISION.
2 PROGRAM-ID.          DEMO15-AUFZINSUNGSFAKTOR-TAB.
3 AUTHOR.              R. HABIB.
4 DATE-WRITTEN.
5 DATE-COMPILED.
```

```
 6**********************************************************
 7* PROGRAMMFUNKTION:                                      *
 8*                                                        *
 9* DAS PROGRAMM ERSTELLT EINE TABELLE FÜR DIE AUF-*
10* ZINSUNGSFAKTOREN IM ZINSSATZBEREICH 3%-7% UND  *
11* BIS ZU EINER SPARZEIT VON 30 JAHREN.           *
12**********************************************************
13 ENVIRONMENT DIVISION.
14 CONFIGURATION SECTION.
15 SOURCE-COMPUTER.  IBM-PC.
16 OBJECT-COMPUTER.  IBM-PC.
17 SPECIAL-NAMES.
18     DECIMAL-POINT IS COMMA.
19 INPUT-OUTPUT SECTION.
20 FILE-CONTROL.
21     SELECT AUSGABE ASSIGN TO "VERZINS.AUS".
22*--------------------------------------------------*
23 DATA DIVISION.
24 FILE SECTION.
25 FD  AUSGABE.
26 01  A-SATZ              PIC X(56).
27*--------------------------------------------------*
28 WORKING-STORAGE SECTION.
29
30 01  UEBERSCHRIFT-1.
31     05 FILLER           PIC X(5)  VALUE SPACE.
32     05 FILLER           PIC X(45) VALUE
33     "POTENZEN DES AUFZINSUNGSFAKTORS (1+P/100)**n".
34
35 01  UEBERSCHRIFT-2.
36     05 FILLER           PIC XXB(6) VALUE " n".
37     05 FILLER           PIC X(45) VALUE
38     "3%        4%       5%        6%        7%".
39
40 01  AUSGABE-ZEILE.
41     05 A-N              PIC Z9BB.
42     05 A-FAKTOR         PIC Z9,9(6)B OCCURS 5.
43
44 01  SUB                 PIC 9.
45
46 01  N                   PIC 99       VALUE 0.
47 01  P                   PIC 99       VALUE 0.
48 01  Q                   PIC 99V99    VALUE 0.
49 01  X                   PIC 9        VALUE 0.
50 01  REST                PIC 99V99    VALUE 0.
51*--------------------------------------------------*
52 PROCEDURE DIVISION.
```

```
53 PROGRAMM-STEUERUNG SECTION.
54 PR-1000.
55     PERFORM VORLAUF.
56     PERFORM VERARBEITUNG VARYING N FROM 1 BY 1
57              UNTIL N > 30.
58     PERFORM NACHLAUF.
59 PR-9999.
60     STOP RUN.
61*--------------------------------------------------*
62 VORLAUF SECTION.
63 VOR-1000.
64     OPEN OUTPUT AUSGABE.
65     WRITE A-SATZ FROM UEBERSCHRIFT-1 AFTER PAGE.
66     WRITE A-SATZ FROM UEBERSCHRIFT-2 AFTER 2.
67     MOVE SPACE TO A-SATZ.
68     WRITE A-SATZ AFTER 2.
69 VOR-9999.
70     EXIT.
71*--------------------------------------------------*
72 VERARBEITUNG SECTION.
73 VER-1000.
74     MOVE N TO A-N.
75     MOVE 1 TO SUB.
76     PERFORM RECHNEN VARYING P FROM 3 BY 1
77              UNTIL P > 7.
78     WRITE A-SATZ FROM AUSGABE-ZEILE AFTER 1.
79     DIVIDE N BY 5 GIVING X REMAINDER REST.
80     IF REST = ZERO MOVE SPACE TO A-SATZ
81                    WRITE A-SATZ AFTER 1.
82 VER-9999.
83     EXIT.
84*--------------------------------------------------*
85 NACHLAUF SECTION.
86 NAC-1000.
87     CLOSE AUSGABE.
88 NAC-9999.
89     EXIT.
90*--------------------------------------------------*
91 RECHNEN SECTION.
92 REC-1000.
93     COMPUTE A-FAKTOR (SUB) ROUNDED =
94                     (1 + P / 100) ** N.
95     ADD 1 TO SUB.
96 REC-9999.
97     EXIT.
```

Listing 16.36: DEMO15: Aufzinsungsfaktor

Druckliste: »VERZINS.AUS«

```
     POTENZEN DES AUFZINSUNGSFAKTORS (1+P/100)**n


   n      3%        4%        5%        6%        7%


   1    1,030000  1,040000  1,050000  1,060000  1,070000
   2    1,060900  1,081600  1,102500  1,123600  1,144900
   3    1,092727  1,124864  1,157625  1,191016  1,225043
   4    1,125509  1,169859  1,215506  1,262477  1,310796
   5    1,159274  1,216653  1,276282  1,338226  1,402552


   6    1,194052  1,265319  1,340096  1,418519  1,500730
   7    1,229874  1,315932  1,407100  1,503630  1,605781
   8    1,266770  1,368569  1,477455  1,593848  1,718186
   9    1,304773  1,423312  1,551328  1,689479  1,838459
  10    1,343916  1,480244  1,628895  1,790848  1,967151


  11    1,384234  1,539454  1,710339  1,898299  2,104852
  12    1,425761  1,601032  1,795856  2,012196  2,252192
  13    1,468534  1,665074  1,885649  2,132928  2,409845
  14    1,512590  1,731676  1,979932  2,260904  2,578534
  15    1,557967  1,800944  2,078928  2,396558  2,759032


  16    1,604706  1,872981  2,182875  2,540352  2,952164
  17    1,652848  1,947900  2,292018  2,692773  3,158815
  18    1,702433  2,025817  2,406619  2,854339  3,379932
  19    1,753506  2,106849  2,526950  3,025600  3,616528
  20    1,806111  2,191123  2,653298  3,207135  3,869684


  21    1,860295  2,278768  2,785963  3,399564  4,140562
  22    1,916103  2,369919  2,925261  3,603537  4,430402
  23    1,973587  2,464716  3,071524  3,819750  4,740530
  24    2,032794  2,563304  3,225100  4,048935  5,072367
  25    2,093778  2,665836  3,386355  4,291871  5,427433


  26    2,156591  2,772470  3,555673  4,549383  5,807353
  27    2,221289  2,883369  3,733456  4,822346  6,213868
  28    2,287928  2,998703  3,920129  5,111687  6,648838
  29    2,356566  3,118651  4,116136  5,418388  7,114257
  30    2,427262  3,243398  4,321942  5,743491  7,612255
```

Listing 16.37: Druckliste

16.10 Programmbeispiel: DEMO16: Rechnung

Aufgabenstellung

Es ist ein Programm für die Erstellung von Rechnungen zu entwickeln.

Die Verarbeitung dieses Programms umfasst dabei das Lesen aller Datensätze der Auftragsdatei, um für jeden Datensatz eine Rechnung zu erstellen.

Die Auftragsdatei AUFTRAG.EIN ist nach Kundennummern aufsteigend sortiert. Ein Auftrag enthält bis zu fünf Artikelpositionen, die im Einzelnen aufgelistet werden sollen.

Am Ende einer Rechnung sollen 5% Rabatt und 14% MwSt. berechnet und die Rechnungssumme gebildet werden.

Für den Zugriff auf die Kundendaten wird die Kundendatei KUNDEN.EIN vorgegeben, die ebenfalls nach Kundennummern aufsteigend sortiert ist.

Wird für einen Auftrag kein Kundensatz in der Kundendatei gefunden, so soll dies protokolliert werden.

Aufbau der Auftragsdatei »AUFTRAG.EIN«:

Anz. Stellen	Feldverwendung
4	Kundennummer
2	Anzahl der Artikelpositionen
Maximal 5 mal:	
4	Artikelnummer
15	Artikelbezeichnung
2	Artikelmenge
4V2	Artikelpreis

Tabelle 16.2: Dateiaufbau AUFTRAG.EIN

Aufbau der Auftragsdatei »KUNDEN.EIN«:

Anz. Stellen	Feldverwendung
4	Kundennummer
1	Kundenanrede
15	Kundenname
15	Straße
5	Postleitzahl
15	Ort

Tabelle 16.3: Dateiaufbau KUNDEN.EIN

Programmlisting:

```
1 IDENTIFICATION DIVISION.
2 PROGRAM-ID.        DEMO16-RECHNUNG.
3 AUTHOR.            R. HABIB.
```

```
 4 DATE-WRITTEN.
 5 DATE-COMPILED.
 6***************************************************
 7* PROGRAMMFUNKTION:                              *
 8*                                                *
 9* DIESES PROGRAMM ERSTELLT RECHNUNGEN FÜR DIE IN *
10* DER AUFTRAGSDATEI VORHANDENEN AUFTRÄGE.        *
11*                                                *
12***************************************************
13 ENVIRONMENT DIVISION.
14 CONFIGURATION SECTION.
15 SOURCE-COMPUTER.  IBM-PC.
16 OBJECT-COMPUTER.  IBM-PC.
17 SPECIAL-NAMES.
18    DECIMAL-POINT IS COMMA,
19    FORMFEED      IS NEUSEITE.
20 INPUT-OUTPUT SECTION.
21 FILE-CONTROL.
22
23    SELECT AUFTRAG   ASSIGN TO "AUFTRAG.EIN",
24           ORGANIZATION IS LINE SEQUENTIAL,
25           FILE STATUS  IS AUF-STATUS.
26
27    SELECT KUNDEN    ASSIGN TO "KUNDEN.EIN",
28           ORGANIZATION IS LINE SEQUENTIAL,
29           FILE STATUS  IS KUND-STATUS.
30
31    SELECT RECHNUNG  ASSIGN TO "RECHNUNG.AUS".
32
33    SELECT FEHLER    ASSIGN TO "FEHLER.AUS".
34*-------------------------------------------------*
35 DATA DIVISION.
36 FILE SECTION.
37 FD  AUFTRAG.
38 01  A-SATZ.
39     05 A-KUND-NR       PIC 9(4).
40     05 A-ANZ-POS       PIC 9(2).
41     05 A-POSITION      OCCURS 1 TO 5
42                        DEPENDING ON A-ANZ-POS.
43        10 A-ART-NR     PIC X(4).
44        10 A-ART-BEZ    PIC X(15).
45        10 A-ART-MENGE  PIC 9(2).
46        10 A-ART-PREIS  PIC 9(4)V99.
47
48 FD  KUNDEN.
49 01  K-SATZ.
```

```
50      05 K-NR              PIC 9(4) BLANK WHEN ZERO.
51      05 K-ANREDE          PIC X(1).
52      05 K-NAME            PIC X(15).
53      05 K-STR             PIC X(15).
54      05 K-PLZ             PIC X(5).
55      05 K-ORT             PIC X(15).
56
57 FD   RECHNUNG.
58 01   R-SATZ               PIC X(56).
59
60 FD   FEHLER.
61 01   F-SATZ.
62      05 FE-TEXT           PIC X(38).
63      05 FE-KUND-NR        PIC 9(4).
64*-------------------------------------------------*
65 WORKING-STORAGE SECTION.
66 01   KUND-STATUS          PIC 99.
67 88   KUND-ENDE            VALUE 10.
68 01   AUF-STATUS           PIC 99.
69 88   AUF-ENDE             VALUE 10.
70
71 01   R-ZEILE-2.
72      05 FILLER            PIC X(40) VALUE SPACE.
73      05 R-DATUM.
74         10 TAG            PIC 99.
75         10 FILLER         PIC X VALUE ".".
76         10 MONAT          PIC 99.
77         10 FILLER         PIC XXX VALUE ".19".
78         10 JAHR           PIC 99.
79
80 01   R-ZEILE-3.
81      05 R-ART-NR          PIC X(4).
82      05 FILLER            PIC X(4).
83      05 R-ART-BEZ         PIC X(15).
84      05 FILLER            PIC X(4).
85      05 R-ART-MENGE       PIC Z9.
86      05 FILLER            PIC X(4).
87      05 R-ART-PREIS       PIC Z.ZZZ,ZZ.
88      05 FILLER            PIC X(4).
89      05 R-BETRAG          PIC ZZZ.ZZZ,ZZ.
90
91 01   R-ZEILE-4.
92      05 FILLER            PIC X(20).
93      05 SCHLUSS-TEXT      PIC X(23).
94      05 R-WERT            PIC Z.ZZZ.ZZZ,ZZ.
95
```

```
 96 01  ANREDE            PIC X(6).
 97 01  BETRAG            PIC 9(6)V99 VALUE ZERO.
 98 01  RABATT            PIC 9(6)V99 VALUE ZERO.
 99 01  MWST             PIC 9(6)V99 VALUE ZERO.
100 01  GESAMT            PIC 9(7)V99 VALUE ZERO.
101 01  I                PIC 9.
102
103 01  TAGES-DATUM.
104     05  JAHR         PIC 99.
105     05  MONAT        PIC 99.
106     05  TAG          PIC 99.
107*--------------------------------------------------*
108 PROCEDURE DIVISION.
109 PROGRAMM-STEUERUNG SECTION.
110 PR-1000.
111     PERFORM VORLAUF.
112     PERFORM VERARBEITUNG UNTIL AUF-ENDE.
113     PERFORM NACHLAUF.
114 PR-9999.
115     STOP RUN.
116*--------------------------------------------------*
117 VORLAUF SECTION.
118 VOR-1000.
119     OPEN INPUT  AUFTRAG, KUNDEN,
120          OUTPUT RECHNUNG, FEHLER.
121     ACCEPT TAGES-DATUM FROM DATE.
122
123     PERFORM LESEN.
124 VOR-9999.
125     EXIT.
126*--------------------------------------------------*
127 VERARBEITUNG SECTION.
128 VER-1000.
129     EVALUATE A-KUND-NR = K-NR
130
131      WHEN TRUE
132
133          PERFORM KOPF
134          MOVE ZERO TO GESAMT
135          PERFORM POSTEN VARYING I FROM 1 BY 1
136                  UNTIL I > A-ANZ-POS
137          PERFORM SCHLUSS
138
139      WHEN FALSE   PERFORM FEHLER-UPRO
140
141     END-EVALUATE
```

```
142
143     PERFORM LESEN.
144 VER-9999.
145     EXIT.
146*-------------------------------------------------*
147 NACHLAUF SECTION.
148 NAC-1000.
149     CLOSE AUFTRAG, KUNDEN, RECHNUNG, FEHLER.
150 NAC-9999.
151     EXIT.
152*-------------------------------------------------*
153 LESEN SECTION.
154 LES-1000.
155     PERFORM AUF-LESEN.
156
157     IF NOT AUF-ENDE
158         PERFORM KUND-LESEN
159                 UNTIL K-NR NOT < A-KUND-NR OR
160                       KUND-ENDE.
161 LES-9999.
162     EXIT.
163*-------------------------------------------------*
164 AUF-LESEN SECTION.
165 AUF-LES-1000.
166     READ AUFTRAG.
167 AUF-LES-9999.
168     EXIT.
169*-------------------------------------------------*
170 KUND-LESEN SECTION.
171 KUND-LES-1000.
172     READ KUNDEN.
173 KUND-LES-9999.
174     EXIT.
175*-------------------------------------------------*
176 KOPF SECTION.
177 KO-1000.
178     EVALUATE K-ANREDE
179
180         WHEN  "F"     MOVE "FRAU"  TO ANREDE
181         WHEN  "L"     MOVE "FRL."  TO ANREDE
182         WHEN  "H"     MOVE "HERRN" TO ANREDE
183         WHEN  "M"     MOVE "FIRMA" TO ANREDE
184         WHEN  OTHER   MOVE SPACE   TO ANREDE
185
186     END-EVALUATE
187
```

```
188     MOVE SPACE TO R-SATZ.
189     STRING ANREDE DELIMITED BY SPACE,
190          " "  K-NAME   DELIMITED BY SIZE,
191          INTO R-SATZ.
192     WRITE R-SATZ AFTER NEUSEITE.
193
194     MOVE K-STR  TO R-SATZ.
195     WRITE R-SATZ AFTER 1.
196
197     MOVE SPACE TO R-SATZ.
198     STRING K-PLZ  " " K-ORT DELIMITED BY SIZE,
199          INTO R-SATZ.
200     WRITE R-SATZ AFTER 2.
201
202     MOVE CORR TAGES-DATUM TO R-DATUM.
203     WRITE R-SATZ FROM R-ZEILE-2 AFTER 5.
204     MOVE SPACE TO R-SATZ.
205     WRITE R-SATZ AFTER 4.
206 KO-9999.
207     EXIT.
208*-------------------------------------------------*
209 POSTEN SECTION.
210 POS-1000.
211     MOVE A-ART-NR    (I)  TO  R-ART-NR.
212     MOVE A-ART-BEZ   (I)  TO  R-ART-BEZ.
213     MOVE A-ART-MENGE (I)  TO  R-ART-MENGE.
214     MOVE A-ART-PREIS (I)  TO  R-ART-PREIS.
215     COMPUTE BETRAG = A-ART-MENGE (I) *
216                      A-ART-PREIS (I).
217
218     MOVE BETRAG  TO  R-BETRAG.
219     WRITE R-SATZ FROM R-ZEILE-3 AFTER 1.
220
221     ADD  BETRAG  TO  GESAMT.
222 POS-9999.
223     EXIT.
224*-------------------------------------------------*
225 SCHLUSS SECTION.
226 SCH-1000.
227     MOVE "SUMME" TO SCHLUSS-TEXT.
228     MOVE GESAMT    TO R-WERT.
229     WRITE R-SATZ FROM R-ZEILE-4 AFTER 3.
230
231     MOVE "- 5% RABATT" TO SCHLUSS-TEXT.
232     COMPUTE RABATT = GESAMT * 5 / 100.
233     MOVE RABATT  TO R-WERT.
```

```
234      WRITE R-SATZ FROM R-ZEILE-4 AFTER 1.
235
236      MOVE "NETTO" TO SCHLUSS-TEXT.
237      SUBTRACT RABATT   FROM GESAMT.
238      MOVE GESAMT   TO R-WERT.
239      WRITE R-SATZ FROM R-ZEILE-4 AFTER 2.
240
241      MOVE "+ 16% MWST" TO SCHLUSS-TEXT.
242      COMPUTE MWST   = GESAMT * 16 / 100.
243      MOVE MWST      TO R-WERT.
244      WRITE R-SATZ FROM R-ZEILE-4 AFTER 1.
245
246      MOVE "RECHNUNGSBETRAG" TO SCHLUSS-TEXT.
247      ADD  MWST      TO GESAMT.
248      MOVE GESAMT    TO R-WERT.
249      WRITE R-SATZ FROM R-ZEILE-4 AFTER 2.
250 SCH-9999.
251      EXIT.
252*-------------------------------------------------*
253 FEHLER-UPRO SECTION.
254 FEH-1000.
255      MOVE "KEIN KUNDENSATZ VORHANDEN, KUNDEN-NR= "
256           TO FE-TEXT.
257      MOVE  A-KUND-NR TO FE-KUND-NR.
258      WRITE F-SATZ AFTER 1.
259 FEH-9999.
260      EXIT.
```

Listing 16.38: DEMO16: Rechnung

Ausgabe des Fehlerprotokolls »FEHLER.AUS«:

```
KEIN KUNDENSATZ VORHANDEN, KUNDEN-NR= 2500
```

Listing 16.39: Fehlerprotokoll

Druckliste »RECHNUNGAUS« (komprimiert)

```
HERRN HANS  SCHNEIDER
SONNENSTR. 123

91126 SCHWABACH
                                    13.10.1902

1234    CD-PLAYER          1      800,00         800,00
6789    HIFI-TURM 707     10    5.000,00      50.000,00

                SUMME                         50.800,00
                - 5% RABATT                    2.540,00
```

```
                    NETTO                       48.260,00
                    + 16% MWST                   7.721,60

                    RECHNUNGSBETRAG             55.981,60
.....................................................
FIRMA KALBL GMBH
SENSERSTR. 56

90321 NUERNBERG

                                    13.10.1902

8899     FERNSEHGERÄT      5    1.998,00      9.990,00
3456     ELEKTRO-GITARRE   8      600,00      4.800,00

                    SUMME                      14.790,00
                    - 5% RABATT                   739,50

                    NETTO                      14.050,50
                    + 16% MWST                   2.248,08

                    RECHNUNGSBETRAG            16.298,58
```

Listing 16.40: Komprimierte Druckliste

16.11 Programmbeispiel: DEMO 17: Balkendiagramm

Aufgabenstellung

Der Umsatzanteil jeder Warengruppe vom gesamten Umsatz soll prozentual ermittelt und in Form eines Balkendiagramms dargestellt werden.

Am Bildschirm werden bis zu vier Warengruppen und deren Umsatzanteile in EURO-Beträgen eingegeben. Das Balkendiagramm wird zunächst am Bildschirm dargestellt und anschließend ausgedruckt.

Entwickeln Sie für dieses Problem ein Programm.

Programmlisting

```
 1 IDENTIFICATION DIVISION.
 2 PROGRAM-ID.          DEMO17-BALKENDIAGRAMM.
 3 AUTHOR.              R. HABIB.
 4 DATE-WRITTEN.
 5 DATE-COMPILED.
 6*****************************************************
 7* PROGRAMMFUNKTION:                                *
 8*                                                  *
 9* DAS PROGRAMM ERSTELLT EIN BALKENDIAGRAMM FÜR     *
10* DIE UMSATZVERTEILUNG IN EINEM VERSANDHAUS.       *
```

```
11*                                                     *
12***************************************************
13 ENVIRONMENT DIVISION.
14 CONFIGURATION SECTION.
15 SOURCE-COMPUTER.  IBM-PC.
16 OBJECT-COMPUTER.  IBM-PC.
17 SPECIAL-NAMES.
18     DECIMAL-POINT IS COMMA,
19     CONSOLE IS CRT.
20 INPUT-OUTPUT SECTION.
21 FILE-CONTROL.
22     SELECT AUSGABE ASSIGN TO "BALKEN.AUS".
23*-------------------------------------------------*
24 DATA DIVISION.
25 FILE SECTION.
26 FD  AUSGABE.
27 01  A-SATZ              PIC X(56).
28*-------------------------------------------------*
29 WORKING-STORAGE SECTION.
30 01  M1-AUSGABE.
31     05 FILLER           PIC X(0012).
32     05 M1-TEXT-1        PIC X(0033) VALUE
33     "Umsatzverteilung auf Warengruppen".
34     05 FILLER           PIC X(0209).
35     05 M1-TEXT-2        PIC X(0023) VALUE
36     "Warengruppe     Umsatz".
37     05 FILLER           PIC X(0683).
38
39 01  M1-EINGABE REDEFINES  M1-AUSGABE.
40     05 FILLER           PIC X(0414).
41     05 M1-GR-1          PIC X(0010).
42     05 FILLER           PIC X(0007).
43     05 M1-UMS-1         PIC ZZZ.ZZ9,99.
44     05 FILLER           PIC X(0133).
45     05 M1-GR-2          PIC X(0010).
46     05 FILLER           PIC X(0007).
47     05 M1-UMS-2         PIC ZZZ.ZZ9,99.
48     05 FILLER           PIC X(0133).
49     05 M1-GR-3          PIC X(0010).
50     05 FILLER           PIC X(0007).
51     05 M1-UMS-3         PIC ZZZ.ZZ9,99.
52     05 FILLER           PIC X(0133).
53     05 M1-GR-4          PIC X(0010).
54     05 FILLER           PIC X(0007).
55     05 M1-UMS-4         PIC ZZZ.ZZ9,99.
56
```

```
57 01  M1-TAB      REDEFINES  M1-AUSGABE.
58      05 FILLER           PIC X(400).
59      05 M1-ELEMENT    OCCURS 4.
60         10 FILLER        PIC X(14).
61         10 M1-GRUPPE    PIC X(10).
62         10 FILLER        PIC X(07).
63         10 M1-UMSATZ    PIC ZZZ.ZZ9,99.
64         10 FILLER        PIC X(119).
65
66 01  M2-AUSGABE.
67      05 GR-PROZENTE      PIC X(0160).
68      05 M2-TEXT1         PIC X(0005) VALUE "50% ¦".
69      05 FILLER           PIC X(0079).
70      05 M2-TEXT2         PIC X(0001) VALUE "¦".
71      05 FILLER           PIC X(0075).
72      05 M2-TEXT3         PIC X(0005) VALUE "45% ¦".
73      05 FILLER           PIC X(0079).
74      05 M2-TEXT4         PIC X(0001) VALUE "¦".
75      05 FILLER           PIC X(0075).
76      05 M2-TEXT5         PIC X(0005) VALUE "40% ¦".
77      05 FILLER           PIC X(0079).
78      05 M2-TEXT6         PIC X(0001) VALUE "¦".
79      05 FILLER           PIC X(0075).
80      05 M2-TEXT7         PIC X(0005) VALUE "35% ¦".
81      05 FILLER           PIC X(0079).
82      05 M2-TEXT8         PIC X(0001) VALUE "¦".
83      05 FILLER           PIC X(0075).
84      05 M2-TEXT9         PIC X(0005) VALUE "30% ¦".
85      05 FILLER           PIC X(0079).
86      05 M2-TEXT10        PIC X(0001) VALUE "¦".
87      05 FILLER           PIC X(0075).
88      05 M2-TEXT11        PIC X(0005) VALUE "25% ¦".
89      05 FILLER           PIC X(0079).
90      05 M2-TEXT12        PIC X(0001) VALUE "¦".
91      05 FILLER           PIC X(0075).
92      05 M2-TEXT13        PIC X(0005) VALUE "20% ¦".
93      05 FILLER           PIC X(0079).
94      05 M2-TEXT14        PIC X(0001) VALUE "¦".
95      05 FILLER           PIC X(0075).
96      05 M2-TEXT15        PIC X(0005) VALUE "15% ¦".
97      05 FILLER           PIC X(0079).
98      05 M2-TEXT16        PIC X(0001) VALUE "¦".
99      05 FILLER           PIC X(0075).
100     05 M2-TEXT17        PIC X(0005) VALUE "10% ¦".
101     05 FILLER           PIC X(0079).
102     05 M2-TEXT18        PIC X(0001) VALUE "¦".
```

```
103     05 FILLER          PIC X(0076).
104     05 M2-TEXT19       PIC X(0004) VALUE "5% ¦".
105     05 FILLER          PIC X(0079).
106     05 M2-TEXT20       PIC X(0001) VALUE "¦".
107     05 FILLER          PIC X(0079).
108     05 M2-TEXT21       PIC X(0043) VALUE
109     "+-------------------------------------------".
110     05 M2-TEXT22       PIC X(0009) VALUE
111     "---------".
112     05 FILLER          PIC X(0113).
113     05 M2-TEXT23       PIC X(0033) VALUE
114     "Umsatzverteilung auf Warengruppen".
115
116 01 M2-TABELLEN REDEFINES  M2-AUSGABE.
117     05 FILLER          PIC X(5).
118     05 GR-TAB          OCCURS 4.
119        10 FILLER       PIC X(2).
120        10 GRUPPE       PIC X(10).
121     05 FILLER          PIC X(27).
122
123     05 FILLER          PIC X(2).
124     05 PRO-TAB         OCCURS 4.
125        10 FILLER       PIC X(7).
126        10 PROZ         PIC Z9,9.
127        10 PROZ-ZEICH   PIC X.
128     05 FILLER          PIC X(30).
129
130     05 ZEILE           OCCURS 20
131                        INDEXED BY BAL-IND1.
132        10 FILLER       PIC X(2).
133        10 SPALTEN      OCCURS 4
134                        INDEXED BY BAL-IND2.
135           15 FILLER    PIC X(7).
136           15 SPALTE    PIC X(5).
137        10 FILLER       PIC X(30).
138
139 01 M2-BILD REDEFINES  M2-AUSGABE PIC X(2000).
140
141 01 M2-LISTE REDEFINES M2-AUSGABE.
142     05 AUSGABE-TAB     OCCURS 25
143                        INDEXED BY AUS-IND.
144        10 AUSGABE-ZEILE PIC X(56).
145        10 FILLER       PIC X(24).
146
147 01 RECH-TAB.
148     05 RECH-ELEMENT    OCCURS 4.
```

```
149        10 RECH-UMSATZ  PIC 9(6)V99.
150        10 RECH-PROZENT PIC 99V9.
151 01 RECH-S1           PIC 99.
152 01 GESAMT-UMSATZ     PIC S9(7)V99.
153 01 Y                 PIC S999.
154
155 01 DRUCK-MELDUNG     PIC X(16)    VALUE
156    "DRUCKEN (J/N)==>".
157 01 DRUCK-KENNZEICHEN PIC X        VALUE SPACE.
158 88 GEDRUCKT VALUE "J", "j".
159
160 01 ENDE-MELDUNG      PIC X(25)    VALUE
161    "Programmende? (J/N) ===>".
162 01 ENDE-KENNZEICHEN  PIC X        VALUE SPACE.
163*--------------------------------------------------*
164 PROCEDURE DIVISION.
165 PROGRAMM-STEUERUNG SECTION.
166 PR-1000.
167    PERFORM VERARBEITUNG WITH TEST AFTER
168            UNTIL ENDE-KENNZEICHEN = "J" OR "j".
169 PR-9999.
170    STOP RUN.
171*--------------------------------------------------*
172 VERARBEITUNG SECTION.
173 VER-1000.
174    DISPLAY SPACE UPON CRT.
175    DISPLAY M1-AUSGABE AT 0101.
176    ACCEPT  M1-EINGABE AT 0101.
177    MOVE ZERO TO GESAMT-UMSATZ.
178
179    PERFORM LOESCHEN     VARYING BAL-IND1
180            FROM 1 BY 1 UNTIL BAL-IND1 > 20
181      AFTER BAL-IND2
182            FROM 1 BY 1 UNTIL BAL-IND2 > 4.
183
184    PERFORM MOVE-ADD  VARYING RECH-S1
185            FROM 1 BY 1 UNTIL RECH-S1 > 4.
186
187    PERFORM PROZENT-RECH VARYING RECH-S1
188            FROM 1 BY 1 UNTIL RECH-S1 > 4.
189
190    MOVE 50 TO Y.
191    PERFORM VERSORGEN     VARYING BAL-IND1
192            FROM 1 BY 2 UNTIL BAL-IND1 > 19
193      AFTER BAL-IND2
194            FROM 1 BY 1 UNTIL BAL-IND2 > 4.
195
```

```
196      DISPLAY SPACE UPON CRT.
197      DISPLAY M2-BILD    AT 0101.
198      DISPLAY DRUCK-MELDUNG      AT 1258.
199      ACCEPT  DRUCK-KENNZEICHEN AT 1275.
200      IF GEDRUCKT PERFORM DRUCKEN.
201
202      DISPLAY SPACE UPON CRT.
203      DISPLAY ENDE-MELDUNG      AT 2501.
204      ACCEPT  ENDE-KENNZEICHEN AT 2530.
205 VER-9999.
206      EXIT.
207*-------------------------------------------------*
208 LOESCHEN   SECTION.
209 LO-1000.
210      SET RECH-S1 TO BAL-IND2.
211      MOVE SPACE  TO SPALTE  (BAL-IND1, BAL-IND2),
212                      PRO-TAB (RECH-S1),
213                      GR-TAB(RECH-S1).
214
215      MOVE ZERO   TO  RECH-UMSATZ   (RECH-S1)
216                      RECH-PROZENT (RECH-S1).
217 LO-9999.
218      EXIT.
219*-------------------------------------------------*
220 MOVE-ADD SECTION.
221 MA-1000.
222      MOVE M1-UMSATZ (RECH-S1) TO
223                              RECH-UMSATZ (RECH-S1).
224      ADD RECH-UMSATZ (RECH-S1) TO GESAMT-UMSATZ.
225 MA-9999.
226      EXIT.
227*-------------------------------------------------*
228 PROZENT-RECH SECTION.
229 PRO-1000.
230      EVALUATE M1-GRUPPE (RECH-S1)
231
232        WHEN   NOT SPACE
233
234           COMPUTE RECH-PROZENT (RECH-S1) ROUNDED =
235                   RECH-UMSATZ (RECH-S1) /
236                   GESAMT-UMSATZ * 100
237
238           MOVE RECH-PROZENT (RECH-S1) TO
239                           PROZ (RECH-S1)
240           MOVE M1-GRUPPE  (RECH-S1) TO
241                           GRUPPE (RECH-S1)
```

```
242           MOVE "%" TO PROZ-ZEICH (RECH-S1)
243
244       WHEN OTHER CONTINUE
245
246     END-EVALUATE.
247 PRO-9999.
248     EXIT.
249*-------------------------------------------------*
250 VERSORGEN SECTION.
251 VE-1000.
252     SET RECH-S1 TO BAL-IND2.
253
254     EVALUATE
255
256         RECH-PROZENT (RECH-S1) > Y - 5 AND > 0
257
258     WHEN TRUE
259             MOVE "¦¦¦¦¦¦" TO
260             SPALTE (BAL-IND1, BAL-IND2)
261             SPALTE (BAL-IND1 + 1, BAL-IND2)
262
263     END-EVALUATE
264
265     IF BAL-IND2 = 4 SUBTRACT 5 FROM Y.
266 VE-9999.
267     EXIT.
268*-------------------------------------------------*
269 DRUCKEN SECTION.
270 DRU-1000.
271     OPEN OUTPUT AUSGABE.
272
273     PERFORM WITH TEST BEFORE
274             VARYING AUS-IND
275             FROM 1
276             BY 1
277             UNTIL AUS-IND > 25
278
279         MOVE AUSGABE-ZEILE (AUS-IND) TO A-SATZ
280         WRITE A-SATZ AFTER 1
281
282     END-PERFORM
283
284     CLOSE AUSGABE.
285 DRU-9999.
286     EXIT.
```

Listing 16.41: DEMO17: Balkendiagramm

Dialog-Testlauf:

```
Umsatzverteilung auf Warengruppen

Warengruppe          Umsatz

   Elektro           100.000,00
   Haushalt          325.000,00
   Bekleidung        400.000,00
   Sonstiges         209.990,00
```

Listing 16.42: Beispieldialog

16.12 Programmbeispiel: DEMO18: Altersstatistik

Aufgabenstellung

Es soll anhand der vorliegenden Einwohnerdatei eine Altersstatistik für die folgenden Altersgruppen erstellt werden:

- ❑ 00–06 Jahre
- ❑ 07–18 Jahre
- ❑ 19–20 Jahre
- ❑ 21–30 Jahre
- ❑ 31–45 Jahre
- ❑ 46–65 Jahre
- ❑ 66–80 Jahre
- ❑ 81–99 Jahre
- ❑ Ab 100 Jahre

Aufbau der Einwohnerdatei »ALTER.EIN«:

Anz. Stellen	Feldverwendung
4	Einwohnernummer
1	Leer
8	Geburtsdatum (Format: jjjjmmtt)

Tabelle 16.4: Dateiaufbau ALTER.EIN

Programmlisting:

```
1 IDENTIFICATION DIVISION.
2 PROGRAM-ID.          DEMO18-ALTERS-STATISTIK.
3 AUTHOR.              R. HABIB.
4 DATE-WRITTEN.
5 DATE-COMPILED.
6********************************************************
7* PROGRAMMFUNKTION:                                  *
```

```
 8*                                               *
 9* DAS PROGRAMM ERSTELLT EINE ALTERSGRUPPEN-      *
10* STATISTIK.                                     *
11* DABEI WIRD DAS ABARBEITEN, DAS DURCHSUCHEN      *
12* UND AUSDRUCKEN EINER TABELLE DEMONSTRIERT.      *
13*                                               *
14*************************************************
15 ENVIRONMENT DIVISION.
16 CONFIGURATION SECTION.
17 SOURCE-COMPUTER.  IBM-PC.
18 OBJECT-COMPUTER.  IBM-PC.
19 SPECIAL-NAMES.
20    DECIMAL-POINT IS COMMA,
21    CONSOLE IS CRT.
22 INPUT-OUTPUT SECTION.
23 FILE-CONTROL.
24
25    SELECT  EINWOHNER ASSIGN TO "ALTER.EIN",
26            ORGANIZATION IS LINE SEQUENTIAL
27            FILE STATUS EINW-STATUS.
28
29    SELECT  AUSGABE ASSIGN TO "ALTER.AUS".
30*-------------------------------------------------*
31 DATA DIVISION.
32 FILE SECTION.
33 FD   EINWOHNER.
34 01   E-SATZ.
35      05 E-NR            PIC X(4).
36      05 FILLER          PIC X.
37      05 E-GEBURTSDATUM   PIC 9(8).
38
39 FD   AUSGABE.
40 01   A-SATZ            PIC X(56).
41*-------------------------------------------------*
42 WORKING-STORAGE SECTION.
43 01   UEBERSCHRIFT-1.
44      05 FILLER          PIC X(20) VALUE
45      "ALTERSSTATISTIK VOM ".
46      05 A-DATUM.
47         10 TAG          PIC 99.
48         10 FILLER       PIC X VALUE ".".
49         10 MONAT        PIC 99.
50         10 FILLER       PIC XXX VALUE ".20".
51         10 JAHR         PIC 99.
52
53 01   UEBERSCHRIFT-2.
```

```
54      05 FILLER           PIC X(30) VALUE
55      "ALTER VON-BIS    ANZAHL    %".
56
57 01  AUSGABE-ZEILE.
58      05 FILLER           PIC X(6) VALUE SPACE.
59      05 A-VON            PIC BZ9.
60      05 FILLER           PIC X VALUE "-".
61      05 A-BIS            PIC 99.
62      05 FILLER           PIC X(6) VALUE SPACE.
63      05 A-ANZAHL         PIC ZZ9.
64      05 FILLER           PIC X(5) VALUE SPACE.
65      05 A-PROZENT        PIC Z9,9.
66 66 AB-HUNDERT    RENAMES A-VON THRU A-BIS.
67
68 01  SCHLUSS-ZEILE.
69      05 FILLER           PIC X(16) VALUE
70      "GESAMT".
71      05 A-GESAMT         PIC **999.
72
73 01  ALTERSGRUPPEN.
74      05 FILLER           PIC X(10) VALUE "0006000000".
75      05 FILLER           PIC X(10) VALUE "0718000000".
76      05 FILLER           PIC X(10) VALUE "1920000000".
77      05 FILLER           PIC X(10) VALUE "2130000000".
78      05 FILLER           PIC X(10) VALUE "3145000000".
79      05 FILLER           PIC X(10) VALUE "4665000000".
80      05 FILLER           PIC X(10) VALUE "6680000000".
81      05 FILLER           PIC X(10) VALUE "8199000000".
82      05 FILLER           PIC X(10) VALUE "0000000000".
83 01  ALTERS-TAB REDEFINES ALTERSGRUPPEN.
84      05 GRUPPE              OCCURS 9 INDEXED BY G-IND.
85          10 VON-ALTER    PIC 99.
86          10 BIS-ALTER    PIC 99.
87          10 ANZAHL       PIC 999.
88          10 PROZENT      PIC 99V9.
89
90 01  DIFFERENZ           PIC S9(8).
91 01  DIFF-NEU REDEFINES DIFFERENZ.
92      05 EINW-ALTER       PIC 9(4).
93      05 FILLER           PIC 9(4).
94
95 01  DATUM.
96      05 FILLER           PIC 99 VALUE 19.
97      05 TAGES-DATUM.
98          10 JAHR         PIC 99.
99          10 MONAT        PIC 99.
```

```
100        10 TAG           PIC 99.
101 01  RECHEN-DATUM REDEFINES DATUM    PIC 9(8).
102
103 01  GESONDERT          PIC 9(2)    VALUE 0.
104 01  GESAMT-ANZAHL      PIC 9(4)    VALUE 0.
105
106 01  EINW-STATUS        PIC 99.
107 88  DATEI-ENDE         VALUE 10.
108*---------------------------------------------------*
109 PROCEDURE DIVISION.
110 PROGRAMM-STEUERUNG SECTION.
111 PR-1000.
112     PERFORM VORLAUF.
113     PERFORM VERARBEITUNG UNTIL DATEI-ENDE.
114     PERFORM NACHLAUF.
115 PR-9999.
116     STOP RUN.
117*---------------------------------------------------*
118 VORLAUF SECTION.
119 VOR-1000.
120     OPEN INPUT EINWOHNER.
121     ACCEPT TAGES-DATUM FROM DATE.
122     MOVE CORR TAGES-DATUM TO A-DATUM.
123     PERFORM LESEN.
124 VOR-9999.
125     EXIT.
126*---------------------------------------------------*
127 VERARBEITUNG SECTION.
128 VER-1000.
129     SUBTRACT E-GEBURTSDATUM FROM RECHEN-DATUM
130             GIVING   DIFFERENZ.
131
132     SET G-IND TO 1
133
134     SEARCH GRUPPE VARYING G-IND,
135           AT END ADD 1 TO ANZAHL (9)
136       WHEN EINW-ALTER NOT < VON-ALTER (G-IND)
137           AND       NOT > BIS-ALTER (G-IND)
138         ADD 1 TO ANZAHL (G-IND)
139
140     END-SEARCH
141
142     ADD 1 TO  GESAMT-ANZAHL.
143     PERFORM LESEN.
144 VER-9999.
145     EXIT.
146*---------------------------------------------------*
```

```
147 NACHLAUF SECTION.
148 NAC-1000.
149
150     OPEN OUTPUT AUSGABE.
151     WRITE A-SATZ FROM UEBERSCHRIFT-1 AFTER PAGE.
152     WRITE A-SATZ FROM UEBERSCHRIFT-2 AFTER 2.
153     MOVE SPACE TO A-SATZ.
154     WRITE A-SATZ AFTER 1.
155
156     PERFORM DRUCK VARYING G-IND FROM 1 BY 1
157             UNTIL G-IND > 9.
158     MOVE GESAMT-ANZAHL TO A-GESAMT.
159     WRITE A-SATZ FROM SCHLUSS-ZEILE  AFTER 3.
160     CLOSE EINWOHNER AUSGABE.
161 NAC-9999.
162     EXIT.
163*------------------------------------------------*
164 LESEN SECTION.
165 LES-1000.
166     READ EINWOHNER.
167 LES-9999.
168     EXIT.
169*------------------------------------------------*
170 DRUCK SECTION.
171 DR-1000.
172     COMPUTE A-PROZENT ROUNDED = ANZAHL (G-IND) /
173             GESAMT-ANZAHL * 100.
174     MOVE VON-ALTER (G-IND) TO A-VON.
175     MOVE BIS-ALTER (G-IND) TO A-BIS.
176     MOVE ANZAHL     (G-IND) TO A-ANZAHL.
177     IF G-IND = 9 MOVE "AB 100" TO AB-HUNDERT.
178     WRITE A-SATZ FROM AUSGABE-ZEILE  AFTER 1.
179 DR-9999.
180     EXIT.
```

Listing 16.43: DEMO18: Altersstatistik

Druckliste »ALTER.AUS«:

```
ALTERSSTATISTIK VOM 13.10.2002


ALTER VON-BIS    ANZAHL    %


         0-06       4     10,3
         7-18       4     10,3
        19-20       2      5,1
        21-30       1      2,6
        31-45       5     12,8
```

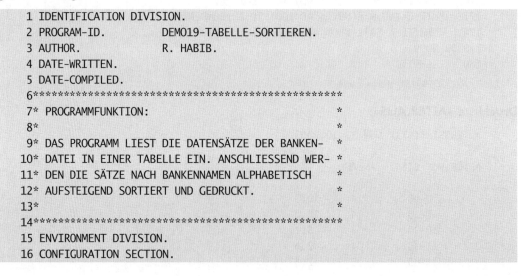

46-65	13	33,3
66-80	2	5,1
81-99	8	20,5
AB 100	0	0,0
GESAMT	**039	

Listing 16.44: Druckliste

16.13 Programmbeispiel: DEMO19: Tabelle sortieren

Aufgabenstellung

Die Bankendatei BANKEN.EIN soll in eine Tabelle eingelesen, alphabetisch nach Bankennamen aufsteigend sortiert und gemäß beiliegender Druckliste ausgedruckt werden.

Aufbau der Bankendatei »BANKEN.EIN«:

Anz. Stellen	Feldverwendung
8	Bankleitzahl
2	Leer
25	Bankname
2	Leer
15	Ort

Tabelle 16.5: Dateiaufbau BANKEN.EIN

Programmlisting:

```
 1 IDENTIFICATION DIVISION.
 2 PROGRAM-ID.          DEMO19-TABELLE-SORTIEREN.
 3 AUTHOR.              R. HABIB.
 4 DATE-WRITTEN.
 5 DATE-COMPILED.
 6**************************************************
 7* PROGRAMMFUNKTION:                             *
 8*                                               *
 9* DAS PROGRAMM LIEST DIE DATENSÄTZE DER BANKEN- *
10* DATEI IN EINER TABELLE EIN. ANSCHLIESSEND WER- *
11* DEN DIE SÄTZE NACH BANKENNAMEN ALPHABETISCH   *
12* AUFSTEIGEND SORTIERT UND GEDRUCKT.            *
13*                                               *
14**************************************************
15 ENVIRONMENT DIVISION.
16 CONFIGURATION SECTION.
```

```
17 SOURCE-COMPUTER.  IBM-PC.
18 OBJECT-COMPUTER.  IBM-PC.
19 SPECIAL-NAMES.
20 INPUT-OUTPUT SECTION.
21 FILE-CONTROL.
22
23     SELECT  BANKEN    ASSIGN TO "BANKEN.EIN",
24               ORGANIZATION IS LINE SEQUENTIAL
25               FILE STATUS BANK-STATUS.
26
27     SELECT  AUSGABE   ASSIGN TO "BANKEN.AUS".
28*-------------------------------------------------*
29 DATA DIVISION.
30 FILE SECTION.
31 FD  BANKEN.
32 01  B-SATZ.
33     05 B-BANKLEITZAHL   PIC 9(8).
34     05 FILLER           PIC XX.
35     05 B-BANKNAME        PIC X(25).
36     05 FILLER           PIC XX.
37     05 B-ORT             PIC X(15).
38
39 FD  AUSGABE.
40 01  A-SATZ             PIC X(56).
41*-------------------------------------------------*
42 WORKING-STORAGE SECTION.
43 01  UEBERSCHRIFT-1.
44     05 FILLER           PIC X(56) VALUE
45     "          BANKENLISTE".
46
47 01  UEBERSCHRIFT-2.
48     05 FILLER           PIC X(56) VALUE
49     "BLZ        NAME                        ORT".
50
51 01  BANK-TABELLE.
52     05 BANK             OCCURS 20
53                         INDEXED BY I1, I2.
54        10 T-BANKLEITZAHL   PIC 9(8).
55        10 FILLER           PIC XX.
56        10 T-BANKNAME        PIC X(25).
57        10 FILLER           PIC XX.
58        10 T-ORT             PIC X(15).
59
60 01  HILF              PIC X(52).
61 01  ANZAHL            PIC 99 VALUE 0.
62 01  TAUSCH-SCHALTER   PIC 9  VALUE 1.
```

```
63 01   BANK-STATUS          PIC 99.
64 88   NOCH-SATZ-VORHANDEN VALUE 00.
65 88   DATEI-ENDE           VALUE 10.
66*-----------------------------------------------*
67 PROCEDURE DIVISION.
68 PROGRAMM-STEUERUNG SECTION.
69 PR-1000.
70      PERFORM LADEN.
71      PERFORM SORTIEREN.
72      PERFORM DRUCKEN.
73 PR-9999.
74      STOP RUN.
75*-----------------------------------------------*
76 LADEN SECTION.
77 LAD-1000.
78      OPEN INPUT BANKEN.
79      MOVE SPACE TO BANK-TABELLE.
80      PERFORM LESEN   VARYING  I1
81              FROM 1 BY 1 UNTIL I1 > 20 OR
82                                   DATEI-ENDE.
83      CLOSE BANKEN.
84 LAD-9999.
85      EXIT.
86*-----------------------------------------------*
87 LESEN SECTION.
88 LES-1000.
89      READ BANKEN.
90      IF NOCH-SATZ-VORHANDEN
91         MOVE B-SATZ  TO BANK (I1)
92         ADD 1 TO ANZAHL.
93 LES-9999.
94      EXIT.
95*-----------------------------------------------*
96 SORTIEREN SECTION.
97 SOR-1000.
98      PERFORM SORTIERE VARYING
99              I1 FROM ANZAHL BY -1 UNTIL I1 = 0 OR
100                 TAUSCH-SCHALTER  = 0.
101 SOR-9999.
102     EXIT.
103*-----------------------------------------------*
104 SORTIERE SECTION.
105 SR-1000.
106     MOVE 0 TO TAUSCH-SCHALTER.
107     PERFORM TAUSCHEN VARYING I2
108             FROM 1 BY  1 UNTIL I2 = I1.
```

```
109 SR-9999.
110     EXIT.
111*-------------------------------------------------*
112 TAUSCHEN SECTION.
113 TA-1000.
114     IF   T-BANKNAME (I2) > T-BANKNAME (I2 + 1)
115          MOVE BANK (I2)        TO HILF
116          MOVE BANK (I2 + 1)    TO BANK (I2)
117          MOVE HILF             TO BANK (I2 + 1)
118          MOVE 1 TO TAUSCH-SCHALTER.
119 TA-9999.
120     EXIT.
121*-------------------------------------------------*
122 DRUCKEN  SECTION.
123 DRU-1000.
124     OPEN OUTPUT AUSGABE.
125     WRITE A-SATZ FROM UEBERSCHRIFT-1 AFTER PAGE.
126     WRITE A-SATZ FROM UEBERSCHRIFT-2 AFTER 2.
127     MOVE SPACE TO A-SATZ.
128     WRITE A-SATZ AFTER 1.
129
130     PERFORM DRUCK VARYING I1 FROM 1 BY 1
131             UNTIL I1 > ANZAHL.
132
133     CLOSE AUSGABE.
134 DRU-9999.
135     EXIT.
136*-------------------------------------------------*
137 DRUCK SECTION.
138 DR-1000.
139     WRITE A-SATZ FROM BANK (I1) AFTER  1.
140 DR-9999.
141     EXIT.
```

Listing 16.45: DEMO19: Tabelle sortieren

Druckliste »BANKEN.AUS«:

```
            BANKENLISTE


BLZ        NAME                     ORT


80060050   Banco di Sicilia        München 20
60050010   Commerzbank             München 90
20030077   DSK-Bank                München 86
54060044   Deutsche Bank           München 16
45530088   Dresdner Bank           München 11
99933374   KKB-Bank                München 30
```

```
30087030   Kreissparkasse          München 59
45030066   Raiffeisenbank          München 22
45560011   Thurn und Taxis Bank    München 44
77730067   Volksbank               München 2
```

Listing 16.46: Druckliste

17

Zeichenkettenverarbeitung

17.1 Vorbemerkung

In diesem Kapitel wenden wir uns einigen zusätzlichen Anweisungen in COBOL zu, die das Programmieren wesentlich erleichtern.

Es handelt sich hierbei um bestimmte Situationen, die in der Programmierpraxis häufig vorkommen.

Oft will man variable Satzlängen für eine bestimmte Datei erzeugen, um das externe Speichermedium besser auszunutzen, also müssen hier die Datenfelder des Datensatzes komprimiert werden. Bei der Wiederverarbeitung eines solchen Datensatzes sollen schließlich die Felder getrennt werden.

Umsetzung und Verschlüsselung von Datenfeldern sind selbstverständlich wichtige Bestandteile der Zeichenkettenverarbeitung – nicht zuletzt, wenn es um die Überprüfung eines Datenfeldes auf das Vorhandensein eines bestimmten Zeichens oder einer Zeichenfolge geht.

17.2 INSPECT-Anweisung

Wirkung

Die INSPECT-Anweisung verwendet man, um bestimmte Zeichen eines Datenfeldes zu zählen und/oder zu ersetzen.

Erläuterung zu Format 1 bis 3

Soll gezählt werden, wie oft ein bestimmtes Zeichen oder eine Zeichenkette in einem Feld vorkommt, so muss der TALLYING-Zusatz verwendet werden. Will man nur dieses Zeichen oder diese Zeichenkette durch eine andere ersetzen, so muss der REPLACING-Zusatz verwendet werden. Sollen die beiden Funktionen Zählen und Ersetzen gleichzeitig verwendet werden, so können diese innerhalb einer einzigen INSPECT-Anweisung benutzt werden. In diesem Fall wird zuerst das Zählen, dann das Ersetzen durchgeführt.

Bezeichner-1 ist das Datenfeld, in dem ein Zeichen zu zählen oder zu ersetzen ist. Dieses Feld darf kein gepacktes oder binäres Feld sein.

```
Format 1 (tallying):

   INSPECT Bezeichner-1 TALLYING tallying-phrase

Format 2 (replacing):

   INSPECT Bezeichner-1 REPLACING replacing-phrase

Format 3 (tallying und replacing):

   INSPECT Bezeichner-1 TALLYING tallying-phrase REPLACING replacing-phrase

tallying-phrase:

   ⎧                ⎧ CHARACTERS [after-before-phrase]                          ⎫     ⎫
   ⎪                ⎪ ALL ⎧Bezeichner-3⎫ [after-before-phrase] ⎫...              ⎪     ⎪
   ⎨ Bezeichner-2 FOR ⎨     ⎩Literal-1   ⎭                                       ⎬ ... ⎬ ...
   ⎪                ⎪ LEADING⎧Bezeichner-3⎫ [after-before-phrase]⎫...            ⎪     ⎪
   ⎩                ⎩        ⎩Literal-1   ⎭                                      ⎭     ⎭

replacing-phrase:

   ⎧ CHARACTERS BY replacement-item [after-before-phrase]                        ⎫
   ⎪ ALL ⎧Bezeichner-3⎫ BY replacement-item [after-before-phrase]⎫ ...           ⎪
   ⎪     ⎩Literal-1   ⎭                                                          ⎪
   ⎨ LEADING⎧Bezeichner-3⎫ BY replacement-item [after-before-phrase]⎫ ...        ⎬ ...
   ⎪        ⎩Literal-1   ⎭                                                       ⎪
   ⎪ FIRST⎧Bezeichner-3⎫ BY replacement-item [after-before-phrase]⎫ ...          ⎪
   ⎩      ⎩Literal-1   ⎭                                                         ⎭

after-before-phrase:

   ⎧‖ AFTER INITIAL ⎧Bezeichner-4⎫ ‖⎫
   ⎪‖               ⎩Literal-2   ⎭ ‖⎪
   ⎨‖                              ‖⎬
   ⎪‖ BEFORE INITIAL⎧Bezeichner-4⎫ ‖⎪
   ⎩‖               ⎩Literal-2   ⎭ ‖⎭

replacement-item:

   ⎧ Bezeichner-5 ⎫
   ⎨ Literal-3    ⎬
   ⎩              ⎭
```

Abbildung 17.1: INSPECT-Anweisung Format 1 bis 3

```
Format 4 (converting):

    INSPECT Bezeichner-1 CONVERTING {Bezeichner-6}  TO {Bezeichner-7}
                                    {Literal-4   }     {Literal-5   }

       ⎡ ⎧ ⎡              ⎧Bezeichner-4⎫  ⎤ ⎫ ⎤
       ⎢ ⎪ ⎢ AFTER  INITIAL ⎨Literal-2   ⎬  ⎥ ⎪ ⎥
       ⎢ ⎨ ⎢              ⎩            ⎭  ⎥ ⎬ ⎥
       ⎢ ⎪ ⎢              ⎧Bezeichner-4⎫  ⎥ ⎪ ⎥
       ⎣ ⎩ ⎣ BEFORE INITIAL ⎨Literal-2   ⎬  ⎦ ⎭ ⎦
                            ⎩            ⎭
```

Abbildung 17.2: INSPECT-Anweisung Format 4

Zählen mit TALLYING

Beispiel 1:

Es soll gezählt werden, wie oft das Zeichen »&« in dem Datenfeld E-TEXT vorkommt.

```
WORKING-STORAGE SECTION.

01  E-TEXT          PIC X(26).
01  ZAEHLER         PIC 99 VALUE ZERO.


PROCEDURE DIVISION.

    INSPECT E-TEXT TALLYING ZAEHLER FOR ALL "&"

*> Inhalt E-TEXT:    "&&&.INSERT&?&&&&. RESTORE&"
*> Gezählte Zeichen: ***       * ****          *

*> Inhalt ZAEHLER: 09
```

Listing 17.1: Beispiel 1: INSPECT TALLYING

Es ist darauf zu achten, dass das Zählerfeld vorher auf den Wert Null gesetzt wird, da die INSPECT-Anweisung lediglich den Inhalt dieses Feldes erhöht.

Beispiel 2:

Die führenden Zeichen »&« im Datenfeld E-TEXT sollen gezählt werden. Unter führenden Zeichen versteht man solche, die nur am Anfang des Feldes vorkommen.

```
WORKING-STORAGE SECTION.

01  E-TEXT          PIC X(26).
01  ZAEHLER         PIC 99 VALUE ZERO.


PROCEDURE DIVISION.

    INSPECT E-TEXT TALLYING ZAEHLER FOR LEADING "&"
```

```
*> Inhalt E-TEXT:    "&&&.INSERT&?&&&&. RESTORE&"
*> Gezählte Zeichen: ***

*> Inhalt ZAEHLER: 03
```

Listing 17.2: Beispiel 2: INSPECT TALLYING

Beispiel 3:

Ändert man in Beispiel 1 das zu zählende Zeichen in der Zeichenkette in »&&« und durchsucht man den gesamten Text, so erhält man ebenfalls den Wert 3.

```
WORKING-STORAGE SECTION.

01  E-TEXT          PIC X(26).
01  ZAEHLER         PIC 99 VALUE ZERO.

PROCEDURE DIVISION.

    INSPECT E-TEXT TALLYING ZAEHLER FOR ALL "&&"

*> Inhalt E-TEXT:    "&&&.INSERT&?&&&&. RESTORE&"
*> Gezählte Zeichen: **          ****

*> Inhalt ZAEHLER: 03
```

Listing 17.3: Beispiel 3: INSPECT TALLYING

BEFORE und AFTER

BEFORE und AFTER können benutzt werden, um das Zählen oder das Ersetzen auf einen Teil des Feldes zu beschränken.

BEFORE besagt: »Zähle oder ersetze vom Anfang des Feldes an, bis das INITIAL Zeichen (Bezeichner-4) vorkommt.«

AFTER besagt: »Beginne mit dem Zählen oder mit dem Ersetzen erst, nachdem das INITIAL-Zeichen (Bezeichner-4) vorgekommen ist.«

Beispiel 4:

Es sollen alle Zeichen, die bis zum Auftreten eines Leerzeichens vorkommen, gezählt werden.

```
WORKING-STORAGE SECTION.

01  E-TEXT          PIC X(26).
01  ZAEHLER         PIC 99 VALUE ZERO.

PROCEDURE DIVISION.

    INSPECT E-TEXT TALLYING ZAEHLER
            FOR CHARACTERS BEFORE SPACE
```

```
*> Inhalt E-TEXT:    "&&&.INSERT&?&&&&. RESTORE&"
*> Gezählte Zeichen:  *****************

*> Inhalt ZAEHLER: 17
```

Listing 17.4: Beispiel 4: INSPECT TALLYING BEFORE

Beispiel 5:

Es soll gezählt werden, wie oft das Zeichen »&« im Datenfeld E-TEXT vorkommt, nachdem das Zeichen »?« vorgekommen ist.

```
WORKING-STORAGE SECTION.

01  E-TEXT          PIC X(26).
01  ZAEHLER         PIC 99 VALUE ZERO.

PROCEDURE DIVISION.

    INSPECT E-TEXT TALLYING ZAEHLER
            FOR ALL "&" AFTER "?"

*> Inhalt E-TEXT:    "&&&.INSERT&?&&&&. RESTORE&"
*> Gezählte Zeichen:              ****      *

*> Inhalt ZAEHLER: 05
```

Listing 17.5: Beispiel 5: INSPECT TALLYING AFTER

Ersetzen mit REPLACING

Beim Ersetzen von Zeichenketten müssen die auszutauschenden Zeichenketten gleich lang sein oder die neue Zeichenkette (Literal-4 bzw. Bezeichner-6) darf nur 1 Byte lang sein.

Beispiel 6:

Das Feld GEHALT soll gemäß Listing 17.6 verschlüsselt werden.

```
WORKING-STORAGE SECTION.

01  GEHALT         PIC 9(5).

PROCEDURE DIVISION.

    INSPECT GEHALT REPLACING ALL
            "1" BY "A",     "2" BY "B",
            "3" BY "C",     "4" BY "D",
            "5" BY "E",     "6" BY "F",
            "7" BY "G",     "8" BY "H",
            "9" BY "I",     "0" BY "J"
```

```
*> Inhalt GEHALT vorher:   "08575"
*> Inhalt GEHALT nachher:  "JHEGE"
```

Listing 17.6: Beispiel 6: INSPECT REPLACING

Soll das Feld entschlüsselt werden, so können wir wie in Listing 17.7 codieren.

```
INSPECT GEHALT REPLACING ALL
        "A" BY "1",      "B" BY "2",
        "C" BY "3",      "D" BY "4",
        "E" BY "5",      "F" BY "6",
        "G" BY "7",      "H" BY "8",
        "I" BY "9",      "J" BY "0"
```

Listing 17.7: Feldinhalt zurücksetzen

Beispiel 7:

Alle vorhandenen Leerzeichen im Feld ZEILE sollen durch das Zeichen »-« ersetzt werden.

```
WORKING-STORAGE SECTION.

01  ZEILE          PIC X(26).

PROCEDURE DIVISION.

    INSPECT ZEILE REPLACING ALL SPACE BY "-"

*> Inhalt ZEILE vorher:  "F1=SICHERN   ESC=ENDE  ALT"
*> Inhalt ZEILE nachher: "F1=SICHERN---ESC=ENDE--ALT"
```

Listing 17.8: Beispiel 7: INSPECT REPLACING

Beispiel 8:

Ab dem Zeichen »:« im Feld E-A-TEXT sollen alle Zeichen durch Punkte ersetzt werden. Die ersten zwei Bytes nach dem Zeichen »:« sollen in jedem Fall Leerzeichen enthalten.

```
WORKING-STORAGE SECTION.

01  E-A-TEXT       PIC X(26).

PROCEDURE DIVISION.

*> Inhalt E-A-TEXT: "NAME : PETER  SCHNEIDER "

    INSPECT E-A-TEXT REPLACING CHARACTERS BY "."
            AFTER INITIAL ":"

*> Inhalt E-A-TEXT: "NAME :..................."
```

```
        INSPECT E-A-TEXT REPLACING FIRST ".." BY " "
                AFTER INITIAL ":"

*> Inhalt E-A-TEXT:  "NAME  :  ................"
```

Listing 17.9: Beispiel 8: Mehrere INSPECT-Anweisungen

Erläuterung zu Format 4

Die Arbeitsweise von Format 4 ist vergleichbar mit Format 2 und 3, wenn dort eine Serie von ALL-Zusätzen spezifiziert wird, um bestimmte Zeichen durch andere zu ersetzen. Dabei bietet Format 4 mehr Komfort in der Formulierung der zu ersetzenden Zeichen und wird hauptsächlich für die Umwandlung von Daten benutzt. Bezeichner-6 oder Literal-4 enthält die zu ersetzenden Zeichen in einer Folge hintereinander, Bezeichner-7 oder Literal-5 enthält die Ersatzzeichen.

```
*> Inhalt Bezeichner-6:  "ABCD"
*> Inhalt Bezeichner-7:  "WXYZ"

*> Folge: Aus "A" wird "W", aus "B" wird "X",
          aus "C" wird "Y", aus "D" wird "Z"
```

Listing 17.10: Arbeitsweise von INSPECT Format 4

Aus der Darstellung geht also hervor, dass die Umwandlung zeichenweise durchgeführt wird. Bezeichner-6 und Bezeichner-7 müssen demzufolge die gleiche Länge aufweisen. Wenn eine figurative Konstante verwendet wird, wird ein einziges Zeichen dafür eingesetzt. In diesem Fall werden alle Zeichen im anderen Operanden durch die figurative Konstante ersetzt.

Beispiel 9:

```
WORKING-STORAGE SECTION.

01  ZEILE           PIC X(4).

PROCEDURE DIVISION.

    INSPECT ZEILE CONVERTING "3456" TO "WXYZ"

*> Inhalt ZEILE vorher:  "6483"
*> Inhalt ZEILE nachher: "ZX8W"
```

Listing 17.11: Beispiel 9: INSPECT CONVERTING

Syntaxbeispiele:

Listing 17.12 zeigt verschiedene Möglichkeiten, wie die INSPECT-Anweisung noch formuliert werden kann.

```
INSPECT DATENFELD TALLYING Z FOR ALL "TEXTE".
INSPECT DATENFELD TALLYING Z FOR ALL "TE ".
INSPECT DATENFELD TALLYING Z FOR LEADING "/".
INSPECT DATENFELD TALLYING Z FOR ALL "TEXTE".
INSPECT DATENFELD TALLYING Z FOR ALL "TEXTE" BEFORE "/".
```

```
INSPECT DATENFELD TALLYING Z FOR ALL "TEXTE" AFTER "/".
INSPECT DATENFELD TALLYING Z FOR ALL "TEXTE"
        BEFORE "?" AFTER "?".
INSPECT DATENFELD TALLYING Z FOR CHARACTERS
        AFTER "??".
INSPECT DATENFELD TALLYING Z
        FOR CHARACTERS AFTER "??"
            ALL "T"
            LEADING "TE" AFTER "? ".
INSPECT DATENFELD
        TALLYING Z1
                 FOR CHARACTERS AFTER "??"
                 ALL "T"
                 Z2
                 LEADING "TE" AFTER "? ".
INSPECT DATENFELD TALLYING Z
        FOR CHARACTERS AFTER "ABC" BEFORE "&".
INSPECT DATENFELD REPLACING ALL "TEXTE" BY "*****".
INSPECT DATENFELD CONVERTING "T" TO "Y".
INSPECT DATENFELD CONVERTING "XTE" TO "YTE".
INSPECT DATENFELD CONVERTING SPACE TO "+"
        AFTER "/" BEFORE "A".
INSPECT DATENFELD CONVERTING "TE" TO "ET".
INSPECT DATENFELD REPLACING ALL "TE" BY "ET".
INSPECT DATENFELD CONVERTING "XTE" TO SPACE.
```

Listing 17.12: Syntaxbeispiele zur INSPECT-Anweisung

17.3 STRING-Anweisung

Wirkung

Die STRING-Anweisung wird verwendet, um die Inhalte mehrerer Datenfelder in einem einzigen Datenfeld aneinander zu fügen.

```
                                               { Bezeichner-2 }
STRING { { Bezeichner-1 } ... [ DELIMITED BY   { Literal-2    } ] } ...
       { { Literal-1    }                      { SIZE         }
    INTO Bezeichner-3
    [ WITH POINTER Bezeichner-4 ]
    [ ON OVERFLOW unbedingte-Anweisung-1
      NOT ON OVERFLOW unbedingte-Anweisung-2 ]
    [ END-STRING ]
```

Abbildung 17.3: STRING-Anweisung

Erläuterung

Die Sendefelder

Als Sendefelder bezeichnet man Felder, die zusammengefügt werden sollen. Sie werden laut Format der STRING-Anweisung durch Bezeichner-1 und dessen Wiederholungen dargestellt.

Dabei wird der Inhalt des Feldes in vollem Umfang benutzt, wenn die SIZE-Angabe verwendet wird. Verwendet man z.B. die Angabe DELIMITED BY "=", so werden alle Zeichen, die vom Beginn des Feldes bis zu dem Zeichen »=« auftreten, zusammengefügt.

Das Empfangsfeld

Das Empfangsfeld ist das Datenfeld, in dem die Sendefelder zusammengefügt werden sollen. Es wird durch Bezeichner-3 dargestellt und muss alphanumerisch sein.

Beispiel 1:

Die Inhalte der Felder VORNAME und NACHNAME sollen im Feld AUSGABE zusammengefügt werden.

```
WORKING-STORAGE SECTION.

01  VORNAME          PIC X(10).
01  NACHNAME         PIC X(10).
01  AUSGABE          PIC X(25).

PROCEDURE DIVISION.

    MOVE ALL "." TO AUSGABE

*> Inhalt von AUSGABE:  "........................."

    STRING VORNAME NACHNAME DELIMITED BY SIZE
           INTO AUSGABE

*> Inhalt von VORNAME:  "RALPH     "
*> Inhalt von NACHNAME: "HERMANN   "

*> Inhalt von AUSGABE:  "RALPH     HERMANN   ....."
```

Listing 17.13: Beispiel 1: STRING

Der nicht benutzte Rest des Empfangsfeldes AUSGABE wird nicht verändert.

Beispiel 2:

Wir verändern das Beispiel 1 so, dass die Namen unmittelbar hintereinander und getrennt durch ein Leerzeichen zusammengefügt werden.

```
WORKING-STORAGE SECTION.

01  VORNAME          PIC X(10).
01  NACHNAME         PIC X(10).
```

```
01  AUSGABE            PIC X(25).

PROCEDURE DIVISION.

    MOVE ALL "." TO AUSGABE

*> Inhalt von AUSGABE:  "........................"

    STRING VORNAME  DELIMITED BY SPACE
           SPACE    DELIMITED BY SIZE
           NACHNAME DELIMITED BY SPACE
           INTO AUSGABE

*> Inhalt von VORNAME:  "RALPH       "
*> Inhalt von NACHNAME: "HERMANN     "

*> Inhalt von AUSGABE:  "RALPH HERMANN............"
```

Listing 17.14: Beispiel 2: STRING

Der POINTER-Zusatz

Der POINTER-Zusatz kann verwendet werden, um die Übertragungsposition innerhalb des Empfangsfeldes variabel zu halten, oder für den Fall, dass man wissen möchte, wie viele Zeichen durch eine STRING-Anweisung in das Empfangsfeld übertragen wurden.

Beispiel 3:

Stellen Sie sich vor, Sie wollen die folgenden Felder zusammenfügen und anschließend die gesamte Länge des tatsächlich dafür benötigten Speicherbereiches erfahren. Sie müssen dann einen Zeiger definieren, diesen vor der STRING-Anweisung auf 1 setzen und nachher auswerten. Damit sie für spätere Verarbeitung wieder identifiziert werden können, trennen Sie alle Inhalte jeweils durch das Zeichen »&« voneinander.

```
WORKING-STORAGE SECTION.

01  KUNDEN-SATZ.
    05 K-VORNAME       PIC X(10).
    05 K-NAME          PIC X(10).
01  ZEIGER             PIC 99.
01  AUSGABE-SATZ       PIC X(50).

PROCEDURE DIVISION.

    MOVE SPACE TO AUSGABE-SATZ.
    MOVE 1     TO ZEIGER.
    STRING K-VORNAME    "&"
           K-NAME       "&" DELIMITED BY  SPACE.
           INTO  AUSGABE-SATZ
           WITH  POINTER ZEIGER.
```

```
      SUBTRACT 1 FROM ZEIGER.

  *> Inhalt von K-VORNAME:    "ANTON      "
  *> Inhalt von K-NAME:       "DIETL     "


  *> Inhalt von AUSGABE-SATZ: "ANTON&DIETEL&          "
  *> Inhalt von ZEIGER:       12 (nach Subtraktion)
```

Listing 17.15: Beispiel 3: STRING WITH POINTER

Die Länge des benötigten Bereiches beträgt nun 12 Byte.

Der Überlauf in der STRING-Anweisung (OVERFLOW)

Existieren noch Sendefelder oder Zeichen aus einem Sendefeld, die nicht mehr übertragen werden konnten (weil das Empfangsfeld zu kurz ist), so tritt die Überlaufbedingung in Kraft und die zugehörige unbedingte Anweisung wird nun ausgeführt.

17.4 UNSTRING-Anweisung

Wirkung

Die UNSTRING-Anweisung trennt den Inhalt eines Feldes und überträgt die getrennten Teile in verschiedene Felder.

```
UNSTRING Bezeichner-1

 [                    {Bezeichner-2}         {Bezeichner-3}    ]
 [DELIMITED BY [ALL]  {Literal-1   } [OR [ALL]{Literal-2   }]...]

 INTO {Bezeichner-4 [DELIMITER IN Bezeichner-5][COUNT IN Bezeichner-6]}...

 [WITH POINTER Bezeichner-7]

 [TALLYING IN Bezeichner-8]

 [ ON OVERFLOW unbedingte-Anweisung-1      ]
 [ NOT ON OVERFLOW unbedingte-Anweisung-2  ]

 [END-UNSTRING]
```

Abbildung 17.4: UNSTRING-Anweisung

Erläuterung

Das Sendefeld

Das Sendefeld ist das Datenfeld, dessen Inhalt getrennt werden soll; es wird durch Bezeichner-1 dargestellt.

Die Empfangsfelder

Die Empfangsfelder sind die Felder, in die die zerlegten Teile aus dem Sendefeld übertragen werden sollen. Sie werden laut Format der UNSTRING-Anweisung durch Bezeichner-4, Bezeichner-7 usw. dargestellt. Die restlichen Stellen der Empfangsfelder, die nicht für die Übertragung benutzt werden, werden mit Leerzeichen bzw. führenden Nullen gefüllt, wenn das Empfangsfeld alphanumerisch bzw. numerisch definiert ist.

Beispiel 1:

Die in einem früheren Beispiel zusammengefügten Felder sollen in ihren ursprünglichen Zustand zerlegt werden.

```
WORKING-STORAGE SECTION.

01  KUNDEN-SATZ.
    05 K-VORNAME      PIC X(10).
    05 K-NAME         PIC X(10).
01  ZEIGER            PIC  99.
01  AUSGABE-SATZ      PIC X(50).


PROCEDURE DIVISION.

    UNSTRING  AUSGABE-SATZ DELIMITED BY "&"
              INTO K-VORNAME, K-NAME

*> Inhalt von AUSGABE-SATZ: "ANTON&DIETEL&           "

*> Inhalt von K-VORNAME:    "ANTON     "
*> Inhalt von K-NAME:       "DIETEL    "
```

Listing 17.16: Beispiel 1: UNSTRING

Die Begrenzer

In der UNSTRING-Anweisung können beliebig viele unterschiedliche Begrenzer verwendet werden. Sie können beliebig lang sein. Für jedes Empfangsfeld kann ein Datenfeld (Bezeichner-5) zur Aufnahme des jeweils für das Empfangsfeld gefundenen Begrenzers angegeben werden.

Die Zähler

Ähnlich wie die Begrenzer können Sie auch für jedes Empfangsfeld einen Zähler angeben (Bezeichner-8). In diesem Zähler wird die Länge der zu übertragenden Zeichenkette abgespeichert.

Der TALLYING-Zusatz

Der TALLYING-Zusatz kann benutzt werden, um die Anzahl der durch die UNSTRING-Anweisung benutzten Empfangsfelder abzuspeichern. Der Zähler dafür (Bezeichner-8) wird nicht von der UNSTRING-Anweisung initialisiert, sondern immer um 1 erhöht, wenn ein Empfangsfeld benutzt wird.

Beispiel 2:

Das Datenfeld DATEINAME enthält einen vollständigen Dateinamen nach den Regeln eines PC-Betriebssystems. Der Dateiname soll nun in seine Bestandteile zerlegt und nach den allgemeinen Regeln geprüft werden.

```
WORKING-STORAGE SECTION.
```

```
01  DATEINAME          PIC X(14).
01  LAUFWERK           PIC X.
01  NAME               PICX(8).
01  ERW                PIC X(3).
01  D1                 PIC X.
01  D2                 PIC X.
01  D3                 PIC X.
01  Z1                 PIC 99.
01  Z2                 PIC 99.
01  Z3                 PIC 99.
01  ANZAHL-FELDER      PIC 99.
01  FEHLER-KZ          PIC 9 VALUE 0.


PROCEDURE DIVISION.

    MOVE ZERO TO ANZAHL-FELDER.
    UNSTRING DATEINAME DELIMITED BY ":" OR "." OR " "
            INTO LAUFWERK DELIMITER IN D1 COUNT IN Z1
                 NAME      DELIMITER IN D2 COUNT IN Z2
                 ERW       DELIMITER IN D3 COUNT IN Z3
             TALLYING IN ANZAHL-FELDER.

*> Inhalt von DATEINAME: "C:ARTIKEL.DAT "

*> Inhalt von LAUFWERK: "C"
*> Inhalt von D1:        ":"
*> Inhalt von Z1:        01

*> Inhalt von NAME:      "ARTIKEL "
*> Inhalt von D2:        "."
*> Inhalt von Z2:        07

*> Inhalt von ERW:       "DAT"
*> Inhalt von D3:        " "
*> Inhalt von Z3:        03


*> Inhalt von ANZAHL-FELDER: 03

    IF D1 NOT = ":" OR D2 NOT = "." OR
       Z1    >  1  OR Z2    > 8   OR
       Z3    >  3  OR ANZAHL-FELDER < 3
        MOVE 1 TO FEHLER-KZ
    END-IF
```

Listing 17.17: Beispiel 2: UNSTRING TALLYING

Der ALL-Zusatz

Wird ALL angegeben, so legt man damit fest, dass alle hintereinander vorkommenden Begrenzer als ein einziger Begrenzer betrachtet werden sollen. Wird ALL nicht angegeben und folgen zwei Begrenzer hintereinander, so wird eine Null-Zeichenkette für das betroffene Empfangsfeld angenommen.

Beispiel 3:

Im Feld EINGABE-TEXT können maximal 4 Wörter mit jeweils einer maximalen Länge von 15 Stellen vorkommen. Dabei können die Wörter voneinander mit einer unterschiedlichen Anzahl von Leerzeichen getrennt sein. Die Wörter sollen nun in einem Feld AUSGABE-TEXT so übertragen werden, dass sie nur noch durch ein Leerzeichen voneinander getrennt sind.

```
WORKING-STORAGE SECTION.

01  EINGABE-TEXT        PIC X(80).
01  AUSGABE-TEXT        PIC X(63).
```

Listing 17.18: Datendefinition für Beispiel 3

Hinweis für die Lösung

Wir trennen das Feld in vier Empfangsfelder und verwenden dabei den ALL-Zusatz, damit aufeinander folgende Leerzeichen als ein einziges interpretiert werden. Anschließend fügen wir diese mit Hilfe der STRING-Anweisung wieder zusammen.

```
WORKING-STORAGE SECTION.

01  EINGABE-TEXT        PIC X(80).
01  AUSGABE-TEXT        PIC X(63).
01  WORT-1              PIC X(15) VALUE SPACE.
01  WORT-2              PIC X(15) VALUE SPACE.
01  WORT-3              PIC X(15) VALUE SPACE.
01  WORT-4              PIC X(15) VALUE SPACE.


PROCEDURE DIVISION.

*> Anfang EINGABE-TEXT: "PC    PROFESSIONAL       COBOL

    UNSTRING EINGABE-TEXT DELIMITED BY ALL SPACE
            INTO WORT-1 WORT-2 WORT-3 WORT-4

*> Inhalt WORT1: "PC                "
*> Inhalt WORT2: "PROFESSIONAL      "
*> Inhalt WORT3: "COBOL             "
*> Inhalt WORT4: "                  "

    MOVE SPACE TO AUSGABE-TEXT
    STRING WORT-1 DELIMITED BY SPACE
           " "      DELIMITED BY SIZE
           WORT-2 DELIMITED BY SPACE
```

```
              " "    DELIMITED BY SIZE
         WORT-3 DELIMITED BY SPACE
              " "    DELIMITED BY SIZE
         WORT-4 DELIMITED BY SPACE
      INTO AUSGABE-TEXT


  *> Anfang AUSGABE-TEXT: "PC PROFESSIONAL COBOL
```

Listing 17.19: Beispiel 3

Der POINTER-Zusatz

Der POINTER-Zusatz kann verwendet werden, um die Anfangsposition innerhalb des Sendefeldes selbst zu bestimmen.

Die OVERFLOW-Bedingung

Die OVERFLOW-Bedingung tritt auf, wenn das Sendefeld noch Zeichen enthält, die nicht mehr übertragen werden konnten (da zu wenig Empfangsfelder angegeben sind).

17.5 Programmbeispiel: DEMO20: Variable Satzlänge

Aufgabenstellung

Die Personaldatei PERSONAL.EIN soll komprimiert und in eine neue Datei mit variabler Satzlänge PERSONAL.AUS übertragen werden.

Die Datenfelder eines jeden Datensatzes dieser Datei sollen ohne Leerzeichen hintereinander abgespeichert werden. Damit eine Identifizierung der Grenzen der Datenfelder bei einer späteren Verarbeitung gewährleistet wird, werden die Datenfelder durch Kommazeichen », « voneinander getrennt.

Aufbau der Personaldatei »PERSONAL.EIN«:

Anz. Stellen	Feldverwendung
3	Personalnummer
15	Name
15	Straße
5	Postleitzahl
15	Ort
4	Gehalt

Tabelle 17.1: Dateiaufbau PERSONAL.EIN

Programmlisting:

```
1 IDENTIFICATION DIVISION.
2 PROGRAM-ID.        DEMO20-VARIABLE-SATZLAENGE.
3 AUTHOR.           R. HABIB.
4 DATE-WRITTEN.
```

```
 5 DATE-COMPILED.
 6***************************************************
 7* PROGRAMMFUNKTION:                               *
 8*                                                 *
 9* DAS PROGRAMM ERSTELLT AUS DEN DATENSÄTZEN DER   *
10* PERSONAL-DATEI EINE NEUE DATEI MIT VARIABLER    *
11* SATZLÄNGE. DABEI WERDEN DIE IM DATENSATZ VOR-   *
12* HANDENEN LEERZEICHEN AUSGEFILTERT.              *
13*                                                 *
14***************************************************
15 ENVIRONMENT DIVISION.
16 CONFIGURATION SECTION.
17 SOURCE-COMPUTER.   IBM-PC.
18 OBJECT-COMPUTER.   IBM-PC.
19 SPECIAL-NAMES.
20     DECIMAL-POINT IS COMMA.
21 INPUT-OUTPUT SECTION.
22 FILE-CONTROL.
23     SELECT  PERSONAL ASSIGN TO "PERSONAL.EIN",
24             ORGANIZATION IS LINE SEQUENTIAL
25             FILE STATUS PERS-STATUS.
26
27     SELECT  AUSGABE  ASSIGN TO "PERSONAL.AUS"
28             ORGANIZATION IS LINE SEQUENTIAL.
29*-------------------------------------------------*
30 DATA DIVISION.
31 FILE SECTION.
32 FD   PERSONAL.
33 01   E-SATZ.
34      05 E-NR          PIC X(3).
35      05 E-NAME        PIC X(15).
36      05 E-STR         PIC X(15).
37      05 E-PLZ         PIC X(5).
38      05 E-ORT         PIC X(15).
39      05 E-GEHALT      PIC 9(4).
40
41 FD   AUSGABE.
42 01   A-SATZ           PIC X(65).
43*-------------------------------------------------*
44 WORKING-STORAGE SECTION.
45 01   PERS-STATUS      PIC 99.
46 88   DATEI-ENDE       VALUE 10.
47 01   VORNAME          PIC X(15).
48 01   NACHNAME         PIC X(15).
49 01   STR              PIC X(15).
50 01   HAUSNR           PIC X(3).
```

```
51 01  ORT                 PIC X(15).
52 01  STADTTEIL           PIC XX.
53*-------------------------------------------------*
54 PROCEDURE DIVISION.
55 PROGRAMM-STEUERUNG SECTION.
56 PR-1000.
57     PERFORM VORLAUF.
58     PERFORM VERARBEITUNG UNTIL DATEI-ENDE.
59     PERFORM NACHLAUF.
60 PR-9999.
61     STOP RUN.
62*-------------------------------------------------*
63 VORLAUF SECTION.
64 VOR-1000.
65     OPEN INPUT PERSONAL,
66          OUTPUT AUSGABE.
67     PERFORM LESEN.
68 VOR-9999.
69     EXIT.
70*-------------------------------------------------*
71 VERARBEITUNG SECTION.
72 VER-1000.
73     UNSTRING E-NAME DELIMITED BY ALL SPACE
74             INTO VORNAME NACHNAME.
75     UNSTRING E-STR  DELIMITED BY ALL SPACE
76             INTO STR     HAUSNR.
77     UNSTRING E-ORT  DELIMITED BY ALL SPACE
78             INTO ORT     STADTTEIL.
79
80     MOVE SPACE TO A-SATZ.
81     STRING E-NR      ","
82            VORNAME   ","
83            NACHNAME  ","
84            STR       ","
85            HAUSNR    ","
86            E-PLZ     ","
87            ORT       ","
88            STADTTEIL ","
89            E-GEHALT  "," DELIMITED BY SPACE
90            INTO A-SATZ.
91     WRITE A-SATZ.
92     PERFORM LESEN.
93 VER-9999.
94     EXIT.
95*-------------------------------------------------*
96 LESEN SECTION.
```

```
 97 LES-1000.
 98     READ PERSONAL.
 99 LES-9999.
100     EXIT.
101*-------------------------------------------------*
102 NACHLAUF SECTION.
103 NAC-1000.
104     CLOSE PERSONAL, AUSGABE.
105 NAC-9999.
106     EXIT.
```

Listing 17.20: DEMO20:   Variable Satzlänge

Testdaten »PERSONAL.EIN«:

```
111EMIL MAYER      HERZOGSTR. 2    40875RATINGEN       2000
222HANS GERBL      HANSASTR.    45 29732KLEINSTADT     3450
333KURT BIEK       LOTHSTR. 1      28464DORFEN         6770
444PETER HÖNER     LANDSTR. 78     91126SCHWABACH      9860
555KARL HARTL      LERCHENSTR. 90 92734KNAAST          5040
```

Listing 17.21: Testdaten

Inhalt der Datei »PERSONAL.AUS«:

```
111,EMIL,MAYER,HERZOGSTR.,2,40875,RATINGEN,,2000,
222,HANS,GERBL,HANSASTR.,45,29732,KLEINSTADT,,3450,
333,KURT,BIEK,LOTHSTR.,1,28464,DORFEN,,6770,
444,PETER,HÖNER,LANDSTR.,78,91126,SCHWABACH,,9860,
555,KARL,HARTL,LERCHENSTR.,90,92734,KNAAST,,5040,
```

Listing 17.22: Ausgabedatei

18

Bit-Manipulationen

18.1 Vorbemerkung

Lange Zeit war es in COBOL nicht möglich, und auch nur in den aller-allerseltensten Fällen nötig, Variable auf Bitebene zu untersuchen, beziehungsweise zu verändern. Bitmanipulationen gehören eher in den Bereich der Systemprogrammierung, die wiederum eher in Assembler oder Programmiersprachen wie C zu Hause ist. Da COBOL schon immer offen für den Aufruf von Modulen war, die nicht in COBOL geschrieben sind, hat man entsprechende Routinen als externe Unterprogramme angebunden und einfach von COBOL aus mit Hilfe der CALL-Anweisung aufgerufen.

Nachdem nun aber auch COBOL über Operatoren zur Bitmanipulation verfügt, sollen sie in diesem Kapitel vorgestellt und angewendet werden. Der COBOL-Standard sieht sogar in einer Erweiterung der PICTURE-Klausel die Möglichkeit vor, Felder vom Typ PIC 1111 zu definieren, ein Feld, das vier Bit groß ist. Bitoperationen lassen sich aber auch auf klassische Datenfelder anwenden.

Der COBOL-Standard sieht für die Bitverarbeitung die Operatoren B-NOT, B-AND, B-XOR und B-OR vor, deren Vorrangstufen der Reihenfolge dieser Aufzählung entsprechen. Die höchste Priorität genießt also die bitweise Negation B-NOT. Sie würde in einem zusammengesetzten booleschen Ausdruck immer vor allen anderen Bitoperatoren ausgeführt werden, insofern durch eine explizite Klammerung nichts anderes gewünscht ist. Gleich nach der Negation kommt das bitweise Und, gefolgt vom bitweisen Exklusiv-Oder. Auf der niedrigsten Vorrangstufe ist schließlich das bitweise Oder zu finden. Die Arbeitsweisen der einzelnen Operatoren werden in den folgenden Abschnitten erklärt.

Die Regeln, nach denen boolesche Ausdrücke mit Hilfe von Bitoperatoren gebildet werden dürfen, zeigt Abbildung 18.1.

Ebenfalls im Standard enthalten sind boolesche Literale, die besonders bequem mit den Bitoperatoren verarbeitet werden können. Ein Beispiel für ein solches Literal ist B"1101", das für den Wert 13 steht. Ebenso ist die Schreibweise B'1101' erlaubt. Außerdem lassen sich die Inhalte solcher Literale auch mit Hilfe von Hexadezimalzahlen beschreiben. Der Wert 13 entspricht dann dem Literal BX"D" oder BX'D'.

Erstes Symbol	Zweites Symbol				
	Bezeichner oder Literal	B-AND B-OR B-XOR	B-NOT	(	)
Bezeichner oder Literal	✗	✓	✗	✗	✓
B-AND, B-OR, B-XOR	✓	✗	✓	✓	✗
R-NOT	✓	✗	✗	✓	✗
(	✓	✗	✓	✓	✗
)	✗	✓	✗	✗	✓

✓ = Erlaubte Kombination

✗ = Nicht erlaubte Kombination

Abbildung 18.1: Mögliche Kombinationen bitweiser Operatoren

18.2 Bitweise Negation

Mit dem Operator B-NOT lassen sich alle Bits eines Wertes herumdrehen. Aus einer 0 wird eine 1 und umgekehrt. War der Wert vorher positiv, ist er jetzt negativ, vorausgesetzt, die Zielvariable ist mit Vorzeichen definiert worden.

```
B-NOT B"0" ergibt B"1"
B-NOT B"1" ergibt B"0"
```

Listing 18.1: Mögliche Kombinationen mit B-NOT

```
working-storage section.
01  f1              binary-short.
01  f2              binary-short.
procedure division.
    move b"1101" to f1    *> f1 =  13
    compute f2 = b-not f1 *> f2 = -14
```

Listing 18.2: Beispiel 1 für B-NOT

In dem Beispiel aus Listing 18.2 wurden zwei Variablen vom Typ BINARY-SHORT definiert. Damit sind sie jeweils zwei Byte groß und vorzeichenbehaftet. Die erste Variable wird dann mit dem Wert B"1101", also 13, gefüllt. Da sie aber zwei Byte groß ist, entspricht dies dem Wert B"0000 0000 0000 1101". Dabei gibt es zwei Dinge zu beachten. Zum Ersten dienen die Leerzeichen in dem booleschen Literal der besseren Lesbarkeit, sie sind in COBOL nicht erlaubt, zum Zweiten werden binäre Variable auf einem Computer, der mit einer CPU der Firma Intel ausgestattet ist, immer byteweise verdreht gespeichert, was aber nur auffällt, wenn man sich den Inhalt eines solchen Feldes im Debugger in hexadezimaler Form ansieht. Beides soll in den folgenden Ausführungen ignoriert werden.

Das Ergebnis von B-NOT B"0000000000001101" ist B"1111111111110010", was dem Wert -14 entspricht, da eine BINARY-SHORT-Variable stets vorzeichenbehaftet ist.

Aus einer 0 (B"0000") wird eine -1 (B"1111"), aus einer 127 (B"01111111") wird eine -128 (B"10000000") und so weiter.

Die Operatoren B-NOT und NOT dürfen also nicht verwechselt werden. Während B-NOT den Wert einer Variablen verändert, dreht NOT den Wahrheitswert eines Vergleiches um. B-NOT ist quasi das NOT auf Bitebene.

18.3 Bitweises Und

Der Operator B-AND verknüpft zwei Operanden auf Bitebene und liefert das Ergebnis der Verknüpfung zurück. Dabei gilt, dass das entsprechende Bit im Ergebnis nur dann auf 1 steht, wenn die zugehörigen Bits in beiden Operanden ebenfalls auf 1 standen.

```
B"0" B-AND B"0" ergibt B"0"
B"0" B-AND B"1" ergibt B"0"
B"1" B-AND B"0" ergibt B"0"
B"1" B-AND B"1" ergibt B"1"
```

Listing 18.3: Mögliche Kombinationen mit B-AND

Mit Hilfe dieses Operators kann man testen, ob ein ganz bestimmtes Bit in einer Variablen gesetzt ist oder nicht. Möchte man beispielsweise feststellen, ob der Inhalt einer binären Variablen gerade oder ungerade ist, so genügt es, sie mit dem Literal B"0001" (auch Maske genannt) und dem Operator B-AND zu verknüpfen. Im Ergebnis können dann maximal die Bits auf 1 stehen, die auch in der Maske auf 1 standen. Alle anderen müssen zwangsweise den Wert 0 haben. Ist nun das zu testende Bit in der Variablen gesetzt, so bleibt das auch im Ergebnis so, das dadurch einen Wert ungleich 0 bekommt. Verläuft der Test negativ, ist das Ergebnis immer 0. Die Verknüpfung von B"1101" B-AND B"0001" ergibt B"0001", was aussagt, dass der erste Operand ungerade ist. B"1101" entspricht dem Wert 13. Verknüpft man dagegen B"1100" B-AND B"0001" so erhält man B"0000", der erste Operand ist also gerade. B"1100" entspricht dem Wert 12.

Die zweite Anwendung des Operators B-AND besteht darin, bestimmte Bits in einer Variablen zu löschen. Dazu schaltet man alle Bits, die gelöscht werden sollen, in der Maske aus, während man alle anderen an lässt. Nach der Verknüpfung sind alle Bits, die in der Maske aus waren, mit Sicherheit auch im Ergebnis aus. Was die restlichen Bits betrifft, ist es davon abhängig, ob sie im Ergebnis an oder aus sind, ob sie bereits in der zu verändernden Variablen an oder aus waren. Will man unbedingt dafür sorgen, dass der Inhalt einer binären Variablen gerade ist, genügt es, das niederwertigste Bit in der Variablen zu löschen. Dazu verknüpft man sie mit einer Maske, die den Wert -2 (B"111111111111110") hat. Alle Bits, außer dem letzten bleiben unverändert, während das letzte mit Sicherheit auf 0 stehen wird.

Betrachtet man die einzelnen Bits einer binären Variablen als Schalter, so lassen sich diese mit Hilfe des B-AND-Operators abfragen und ausschalten. Um sie einzuschalten, ist der Operator B-OR erforderlich, der später erläutert wird.

```
working-storage section.
01  zahl          binary-short.
01  maske         binary-short.
01  anzahl        binary-short.
procedure division.
    display "Bitte geben Sie eine Zahl ein: "
    accept zahl
    move 1 to maske
    move 0 to anzahl
```

```
      perform until maske = 0
          if not zahl b-and maske = 0
              add 1 to anzahl
          end-if
          compute maske = maske * 2
      end-perform
      display "In der Zahl " zahl
              " sind " anzahl " Bit(s) an."
```

Listing 18.4: Beispiel: Bits zählen

In dem Beispiel aus Listing 18.4 wird gezählt, wie viel Bits in einer eingegebenen Zahl an sind. Dazu wird die Zahl permanent mit einer Maske verglichen, in der jeweils immer nur ein Bit an ist. Die Maske startet mit dem Wert 1 (B"0001"), der dann nach jedem Schleifendurchlauf mit 2 multipliziert wird, wodurch das Testbit in der Maske jeweils um eine Stelle nach links rückt (2 entspricht B"0010", 4 entspricht B"0100", 8 entspricht B"1000"). Hat man die Maske schließlich so oft mit 2 multipliziert, dass sie das Ergebnis nicht mehr aufnehmen kann, bekommt sie den Wert 0 und die Schleife ist zu Ende. Man muss jetzt nur noch die Zahl in jedem Durchlauf mit der neuen Maske verknüpfen und für den Fall, dass das Ergebnis der Verknüpfung ungleich 0 ist, die Variable, in der man die Anzahl der gesetzten Bits zählt, um 1 erhöhen.

18.4 Bitweises Exklusiv-Oder

Auch der Operator B-XOR verknüpft zwei Operanden bitweise und liefert das Ergebnis dieser Verknüpfung zurück. Dabei gilt, dass ein Bit im Ergebnis nur dann an ist, wenn ihre entsprechenden Bits in den Operanden unterschiedliche Werte haben. Sind sie dagegen beide an oder beide aus, ist das entsprechende Bit im Ergebnis immer 0.

```
B"0" B-XOR B"0" ergibt B"0"
B"0" B-XOR B"1" ergibt B"1"
B"1" B-XOR B"0" ergibt B"1"
B"1" B-XOR B"1" ergibt B"0"
```

Listing 18.5: Mögliche Kombinationen mit B-XOR

Eine mögliche Anwendung des B-XOR-Operators könnte darin bestehen, Daten zu verschlüsseln. Dazu verknüpft man die zu verschlüsselnde Variable mit einer beliebigen Maske (also einer beliebigen Bitkombination). Es entsteht ein neuer Wert, der mit dem ursprünglichen nicht viel zu tun hat. Verknüpft man das unleserliche Ergebnis erneut mit derselben Maske, bekommt man wieder den ursprünglichen Inhalt geliefert. B"11011001" B-XOR B"00111100" ergibt B"11100101". Verknüpft man danach das Ergebnis erneut mit der Maske, erhält man B"11100101" B-XOR B"00111100" = B"11011001". Das ist zwar keine sehr sichere Art, Daten zu verschlüsseln, aber für eine einfache Anwendung durchaus gebräuchlich.

Eine weitere Anwendung für die Exklusiv-Oder-Verknüpfung ist das Tauschen zweier Felder ohne Hilfsfeld. Sobald man zwei Variablen selben Typs und selber Länge hat, was bei Tabellen ständig der Fall ist, kann man den Inhalt zweier Felder austauschen, ohne ein zusätzliches Hilfsfeld zu benutzen. Wie das funktioniert, zeigt das Listing 18.6.

```
working-storage section.
01  z1              binary-short.
01  z2              binary-short.
procedure division.
```

```
move 17 to z1          *> z1 = B"00010001"
move 35 to z2          *> z2 = B"00100011"


compute z1 = z1 b-xor z2 *> z1 = B"00110010"
compute z2 = z2 b-xor z1 *> z2 = B"00010001"
compute z1 = z1 b-xor z2 *> z1 = B"00100011"
```

Listing 18.6: Vertauschen mit Hilfe von B-XOR

Um auch alphanumerische Felder tauschen zu können, lässt sich eine COBOL-Funktion schreiben, wie sie im Listing 18.7 abgedruckt ist. Listing 18.8 enthält das dazu passende Testprogramm.

```
1$set repository"update on"
 2 function-id. XorPicX as "xorpicx".
 3 local-storage section.
 4 01  i                    binary-short.
 5 01  lsText1              pic x(80).
 6 01  tabelle1 redefines lsText1.
 7     05  z1               binary-char occurs 80.
 8 01  lsText2              pic x(80).
 9 01  tabelle2 redefines lsText2.
10     05  z2               binary-char occurs 80.
11 01  lsErgebnis           pic x(80).
12 01  tabelle3 redefines lsErgebnis.
13     05  z3               binary-char occurs 80.
14 01  wert1                binary-char.
15 01  wert2                binary-char.
16 linkage section.
17 01  text1                pic x(80).
18 01  text2                pic x(80).
19 01  ergebnis             pic x(80).
20 procedure division using text1 text2
21               returning ergebnis.
22     move text1 to lsText1
23     move text2 to lsText2
24     perform varying i from 1 by 1 until i > 80
25         move z1(i) to wert1
26         move z2(i) to wert2
27         compute wert1 = wert1 b-xor wert2
28         move wert1 to z3(i)
29     end-perform
30     move lsErgebnis to ergebnis
31     exit function.
```

Listing 18.7: Funktion zur bitweisen XOR-Verknüpfung

```
 1 program-id. bittest.
 2 repository.
 3     function XorPicX as "xorpicx"
 4         .
 5 working-storage section.
 6 01  t1                  pic x(80).
 7 01  t2                  pic x(80).
 8 procedure division.
 9
10     move "Anton" to t1
11     move "Gerd " to t2
12
13     move xorpicx(t1 t2) to t1
14     move xorpicx(t2 t1) to t2
15     move xorpicx(t1 t2) to t1
16
17     display t1     *> Gerd
18     display t2     *> Anton
19
20     stop run.
```

Listing 18.8: Testprogramm

Betrachtet man die Bits eines Datenfeldes als einzelne Schalter, so hat man mit dem B-XOR-Operator die Möglichkeit, einzelne dieser Bits umzuschalten. Waren sie vorher aus, sind sie jetzt an und umgekehrt. Dazu muss der Schalter mit einer Maske Exklusiv-Oder-verknüpft werden, in der nur das Bit für den zu manipulierenden Schalter auf 1 gesetzt ist, alle anderen Bits in der Maske stehen auf 0. Als Beispiel dient die Schalterleiste B"01001011". Der dritte Schalter von rechts soll umgesetzt werden. Dies erreicht man mit der Anweisung B"01001011" B-XOR B"00000100", aus der sich B"01001111" ergibt. Wie Sie sehen, ist das entsprechende Bit jetzt gesetzt, da es vorher aus war. Verknüpft man das Ergebnis erneut, ist der Schalter wieder aus, B"01001111" B-XOR B"00000100" ergibt B"01001011".

18.5 Bitweises Oder

Der letzte der Bitoperatoren ist B-OR. Auch er verknüpft zwei Operanden zu einem Ergebnis, und zwar nach der Regel, dass ein Bit im Ergebnis immer dann an ist, wenn das jeweils zugehörige Bit in einem der beiden Operanden auf 1 steht.

```
B"0" B-OR B"0" ergibt B"0"
B"0" B-OR B"1" ergibt B"1"
B"1" B-OR B"0" ergibt B"1"
B"1" B-OR B"1" ergibt B"1"
```

Listing 18.9: Mögliche Kombinationen mit B-OR

Eine Anwendung für diesen Operator findet sich wieder bei der Verwaltung einer Schalterleiste, wobei jedes einzelne Bit als eigener Schalter betrachtet wird. Mit Hilfe des B-OR-Operators kann nun ein beliebiger Schalter auf 1 gesetzt werden, unabhängig von seinem vorhergehenden Wert. Dazu verknüpft man die Schalterleiste mit einer Maske, in der nur das Bit gesetzt ist, das eingeschaltet werden soll.

Wenn in der Schalterleiste B"0101" die beiden letzten Bits gesetzt werden sollen, so verknüpft man B"0101" B-OR B"0011" und erhält B"0111".

18.6 Programmbeispiel: Speicherdump

Aufgabenstellung

Um bei einem Programmabbruch den Fehler leichter finden zu können, kann es durchaus sinnvoll sein, einen Auszug aus einem bestimmten Bereich des Hauptspeichers auszugeben oder ihn wahlweise in eine Datei zu schreiben. Es soll daher ein Programm geschrieben werden, das die nächsten 128 Byte einer beliebigen Variablen in Dumpform auf dem Bildschirm ausgibt.

Programmlisting

```
 1 program-id. memdump.
 2 working-storage section.
 3 01  testfeld           pic x(80).
 4 01  zeile              pic 99.
 5 01  zeichen            pic 99.
 6 01  offset             pic 999.
 7 01  einDruckzeichen    pic x.
 8 01  einZeichen redefines einDruckzeichen
 9                        binary-char.
10 01  einHalbbyte        binary-char unsigned.
11 01  einHexzeichen      pic x.
12 01  einHexwert         pic xx.
13 linkage section.
14 01  adressbereich      pic x(128).
15 procedure division.
16 anfang.
17     *> Zunächst wird die Testvariable mit ihrem
18     *> Inhalt gefüllt. Da dieser genau 16 Zeichen
19     *> lang ist, passt er exakt fünfmal in das
20     *> Zielfeld.
21     move all "Das ist ein Test" to testfeld
22     *> Um nun die nächsten 128 Byte Hauptspeicher
23     *> auslesen zu können, wird die Adresse einer
24     *> Variablen aus der LINKAGE SECTION auf die
25     *> Adresse der Variablen gesetzt, bei der der
26     *> Dump beginnen soll.
27     set address of adressbereich
28      to address of testfeld
29     *> Die erste Schleife sorgt dafür, dass
30     *> insgesamt 16 Zeilen ausgegeben werden.
31     perform zeile-ausgeben varying zeile
32         from 1 by 1 until zeile > 16
33      .
```

```
34 ende.
35     stop run.
36 zeile-ausgeben.
37     *> Jede Zeile hat zwei Bestandteile. Zunächst
38     *> sollen 16 Byte in hexadezimaler Form und
39     *> danach dieselben 16 Zeichen in lesbarer
40     *> Form ausgegeben werden.
41     perform hexwerte-ausgeben
42     display "  " with no advancing
43     perform zeichen-ausgeben
44     display space
45     .
46 hexwerte-ausgeben.
47     perform varying zeichen from 1 by 1
48                       until zeichen > 16
49        *> Zunächst muss der Offset des
50        *> aktuellen Zeichens innerhalb
51        *> von adressbereich ermittelt werden.
52        compute offset = (zeile - 1) * 16
53                        + zeichen
54        *> Das aktuelle Zeichen wird für die
55        *> weitere Untersuchung in die Variable
56        *> einDruckzeichen übertragen, die von
57        *> der binären Variablen einZeichen
58        *> redefiniert ist.
59        move adressbereich(offset:1)
60            to einDruckzeichen
61        *> Die hexadezimale Darstellung des
62        *> Zeichens wird ermittelt und angezeigt.
63        *> Der Zusatz WITH NO ADVANCING sorgt
64        *> dafür, dass der Cursor nach der Ausgabe
65        *> nicht an den Anfang der nächsten Zeile
66        *> springt.
67        perform ermittle-hexwert
68        display einHexwert with no advancing
69        *> Nachdem 8 Zeichen ausgegeben wurden,
70        *> sollen sie durch einen Bindestrich,
71        *> sonst durch ein Leerzeichen getrennt
72        *> werden.
73        if zeichen = 8
74            display "-" with no advancing
75        else
76            display " " with no advancing
77        end-if
78    end-perform
79    .
```

```
 80 ermittle-hexwert.
 81     *> Um an den Hexadezimalwert eines Zeichens
 82     *> zu kommen, muss dieses halbbyteweise
 83     *> betrachtet werden. Durch eine b-and-
 84     *> Verknüpfung mit der Maske b"11110000"
 85     *> bleiben nur die Bits des ersten Halbbytes
 86     *> übrig.
 87     compute einHalbbyte =
 88         einZeichen b-and b"11110000"
 89     *> Durch eine Division durch 16 werden die
 90     *> vier linken Bits um vier Stellen nach
 91     *> rechts verschoben.
 92     compute einHalbbyte = einHalbbyte / 16
 93     *> Jetzt kann das zugehörige Hexzeichen
 94     *> ermittelt und abgestellt werden.
 95     perform ermittle-hexzeichen
 96     move einHexzeichen to einHexwert(1:1)
 97
 98     *> Das zweite Halbbyte erhält man durch
 99     *> eine b-and-Verknüpfung mit der Maske
100     *> b"00001111". Da es nicht weiter ver-
101     *> schoben werden muss, kann sofort das
102     *> zugehörige Hexzeichen ermittelt und
103     *> abgestellt werden.
104     compute einHalbbyte =
105         einZeichen b-and b"00001111"
106     perform ermittle-hexzeichen
107     move einHexzeichen to einHexwert(2:1)
108     .
109 ermittle-hexzeichen.
110     *> Die Ermittlung des Hexzeichens mit Hilfe
111     *> der EVALUATE-Anweisung hat den Vorteil,
112     *> dass sie auf jeder Plattform (auch EBCDIC)
113     *> funktioniert.
114     evaluate einHalbbyte
115         when  0 move "0" to einHexzeichen
116         when  1 move "1" to einHexzeichen
117         when  2 move "2" to einHexzeichen
118         when  3 move "3" to einHexzeichen
119         when  4 move "4" to einHexzeichen
120         when  5 move "5" to einHexzeichen
121         when  6 move "6" to einHexzeichen
122         when  7 move "7" to einHexzeichen
123         when  8 move "8" to einHexzeichen
124         when  9 move "9" to einHexzeichen
125         when 10 move "A" to einHexzeichen
```

```
126          when 11 move "B" to einHexzeichen
127          when 12 move "C" to einHexzeichen
128          when 13 move "D" to einHexzeichen
129          when 14 move "E" to einHexzeichen
130          when 15 move "F" to einHexzeichen
131      end-evaluate
132      .
133  zeichen-ausgeben.
134      *> Nachdem die 16 Zeichen einer Zeile in
135      *> hexadezimaler Form ausgegeben wurden,
136      *> sollen sie nun noch in lesbarer Form
137      *> ausgegeben werden. Dabei muss man
138      *> berücksichtigen, dass es sich bei allen
139      *> Zeichen, die kleiner als das Leerzeichen
140      *> sind, um Leitungssteuerzeichen handelt,
141      *> die sich nicht ohne weiteres am Bild-
142      *> schirm darstellen lassen. Aus diesem
143      *> Grund werden sie durch die Ausgabe eines
144      *> Punktes ersetzt.
145      perform varying zeichen from 1 by 1
146                        until zeichen > 16
147          compute offset = (zeile - 1) * 16
148                          + zeichen
149          move adressbereich(offset:1)
150              to einDruckzeichen
151          if einDruckzeichen >= " "
152              display einDruckzeichen
153                  with no advancing
154          else
155              display "." with no advancing
156          end-if
157      end-perform
158      .
159
```

Listing 18.10: Hauptprogramm memdump

Beispielausgabe

```
           1         2         3         4         5         6         7         8
  1234567890123456789012345678901234567890123456789012345678901234567890
 1 44 61 73 20 69 73 74 20-65 69 6E 20 54 65 73 74   Das ist ein Test      1
 2 44 61 73 20 69 73 74 20-65 69 6E 20 54 65 73 74   Das ist ein Test      2
 3 44 61 73 20 69 73 74 20-65 69 6E 20 54 65 73 74   Das ist ein Test      3
 4 44 61 73 20 69 73 74 20-65 69 6E 20 54 65 73 74   Das ist ein Test      4
 5 44 61 73 20 69 73 74 20-65 69 6E 20 54 65 73 74   Das ist ein Test      5
 6 30 36 20 20 20 20 20 20-30 30 20 20 20 20 20 20   06      00            6
 7 30 39 39 20 20 20 20 20-20 20 20 20 20 20 20 20   099                   7
 8 00 20 20 20 20 20 20 20-30 20 20 20 20 20 20 20   .       0             8
 9 32 32 20 20 20 20 20 20-20 20 20 20 00 00 00 00   00          ....      9
10 20 20 20 20 20 20 20 20-20 20 20 20 20 20 20 20                        10
11 20 20 20 20 20 20 20 20-20 20 20 20 20 20 20 20                        11
12 00 00 00 00 00 00 20 20-20 20 20 20 20 20 20 20   ......               12
13 00 CA 8D 00 20 20 20 20-20 20 20 20 20 20 20 20   .-i.                 13
14 20 20 20 20 20 20 20 20-20 20 20 20 20 20 20 20                        14
15 20 20 20 20 20 20 20 20-20 20 20 20 20 20 20 20                        15
16 20 20 20 20 20 20 20 20-20 20 20 20 20 20 20 20                        16
17                                                                        17
18                                                                        18
19                                                                        19
20                                                                        20
21                                                                        21
22                                                                        22
23                                                                        23
24                                                                        24
25                                                                        25
           1         2         3         4         5         6         7         8
  1234567890123456789012345678901234567890123456789012345678901234567890
```

Abbildung 18.2: Beispielausgabe

19

Index-sequenzielle Dateiorganisation

19.1 Vorbemerkung

Alle Organisationsformen in COBOL haben einige Gemeinsamkeiten hinsichtlich der Definitionen der betroffenen Dateien und ihrer Verarbeitung.

Wir haben jedoch dieses Kapitel ausschließlich der Datei-Organisationsform »Index-sequenziell« gewidmet. Wir werden in diesem Kapitel auf die ausführliche Erläuterung verschiedener Klauseln oder Anweisungen verzichten, die bereits detailliert beschrieben sind. Dazu verweisen wir auf das Kapitel für die sequenzielle Dateiorganisation.

Der Übersicht wegen wollen wir das Thema »Alternative Schlüssel für Index-sequenzielle Dateien« in einem gesonderten Abschnitt am Ende dieses Kapitels behandeln. Das Thema »Dateien in Multiuserumgebungen« wird in einem eigenen Kapitel über konkurrierende Dateizugriffe vorgestellt.

Der Vorteil der Index-sequenziellen Dateien liegt darin, Datensätze einer solchen Datei sequenziell oder wahlfrei verarbeiten zu können. Der Aufbau einer Index-sequenziellen Datei bedarf der Angabe eines Schlüsselfeldes, das innerhalb des Datensatzes liegen muss. Dieser Schlüssel ist der Ordnungsbegriff des Datensatzes, der für das Aufsuchen eines Satzes im wahlfreien Zugriffsmodus verwendet wird.

Für eine Index-sequenzielle Datei, die in COBOL erstellt wird, werden zwei Datenbestände erzeugt. Der erste Datenbestand enthält logische Datensätze, die vom Anwender erfasst werden. Der zweite Datenbestand enthält Verwaltungsinformationen, die automatisch vom System generiert und gepflegt werden; er wird daher als *Indexbestand* bezeichnet.

19.2 Eintragungen in der ENVIRONMENT DIVISION

Erläuterung

Die folgenden Klauseln haben die gleichen Bedeutungen wie bereits im Kapitel der sequenziellen Dateiverarbeitung beschrieben:

❏ SELECT-Klausel
❏ ASSIGN-Klausel
❏ RESERVE-Klausel

```
SELECT [OPTIONAL] Dateiname

ASSIGN  { TO {Device-name-1}  ...[USING Datenname-1] }
        {    {Literal-1     }                         }
        { USING Datenname-1                           }

 [                {DYNAMIC   }  ]
 [ ACCESS MODE IS {RANDOM    }  ]
 [                {SEQUENTIAL}  ]

 [                          {Datenname-2                              } ]
 [ ALTERNATE RECORD KEY IS  {Record-Key-1 SOURCE IS { Datenname-3 }...} ]
      [WITH DUPLICATES]]...
 [ Collating-Sequence-Klausel ]
 [ FILE STATUS IS Datenname-4 ]
 [                {MANUAL   } [                        {RECORD }]]
 [ LOCK MODE IS   {AUTOMATIC} [WITH LOCK ON [MULTIPLE] {RECORDS}]]
 [ ORGANIZATION IS ] INDEXED

 RECORD KEY IS {Datenname-5                              }
               {Record-Key-2 SOURCE IS {Datenname-6}... }

 [            {AREA } ]
 [ RESERVE Ganzzahl-1 {AREAS} ]

 [              {ALL OTHER } ]
 [ SHARING WITH {NO OTHER  } ] .
 [              {READ ONLY } ]


Collating-Sequence-Klausel:

                    {IS Alphabetname-1 [Alphabetname-2]      }
 COLLATING SEQUENCE {{|FOR ALPHANUMERIC IS Alphabetname-1|}  }
                    {{|FOR NATIONAL IS Alphabetname-2    |}  }
```

Abbildung 19.1: SELECT-Klausel

Die ORGANIZATION-Klausel

Wenn eine Index-sequenzielle Datei spezifiziert werden soll, muss ORGANIZATION IS INDEXED angegeben werden.

ACCESS MODE-Klausel

Die ACCESS MODE-Klausel spezifiziert den Zugriffsmodus für diese Datei. Im Gegensatz zu sequenziellen Dateien können Index-sequenzielle Dateien wahlfrei verarbeitet werden.

ACCESS MODE IS SEQUENTIAL erlaubt einen sequenziellen Zugriff auf die Datensätze dieser Datei. Dieser Zugriffsmodus wird empfohlen, wenn die Datei das erste Mal erstellt wird bzw. wenn viele Sätze aus dieser Datei verarbeitet werden sollen.

ACCESS MODE IS RANDOM erlaubt einen wahlfreien Zugriff für eine Index-sequenzielle Datei. Beim wahlfreien Zugriff hat man die Möglichkeit, anhand eines Schlüsselwertes einen Datensatz aus der Datei direkt zu lesen oder zu schreiben.

Wird ACCESS MODE IS DYNAMIC angegeben, so hat man gleichzeitig die Möglichkeit, sowohl sequenziell als auch wahlfrei auf die Datei zuzugreifen. Dieser Zugriffsmodus wird dann empfohlen, wenn im gleichen Programm unterschiedliche Verarbeitungen für die Sätze einer Datei stattfinden, die den sequenziellen oder den wahlfreien Zugriffsmodus erfordern.

Die RECORD KEY-Klausel

Diese Klausel teilt dem System mit, welches Datenfeld innerhalb des Datensatzes dieser Datei als Satzschlüssel (RECORD KEY) verwendet werden soll. Mit Hilfe dieses Datenfeldes wird nun der wahlfreie Zugriffsmodus auf eine Index-sequenzielle Datei realisiert. Der Satzschlüssel stellt den Sortierbegriff der Datei dar; daher befinden sich die Sätze einer Index-sequenziellen Datei zu jedem Zeitpunkt in einer – nach diesem Satzschlüssel – sortierten Reihenfolge.

Der Wert des Satzschlüssels muss für jeden Datensatz innerhalb dieser Datei eindeutig sein. Das Schlüsselfeld muss numerisch oder alphanumerisch definiert werden; es kann gekennzeichnet, aber nicht indiziert werden und darf eine Länge von 127 Byte nicht überschreiten.

Beispiel 1:

Dieses Beispiel zeigt den Aufbau des Satzschlüssels einer Auftragsdatei.

```
ENVIRONMENT DIVISION.
INPUT-OUTPUT SECTION.
FILE-CONTROL.
    SELECT AUFTRAG ASSIGN TO  "C:AUFTRAG.DAT",
            ORGANIZATION  IS  INDEXED,
            RECORD  KEY   IS  AUF-KEY,
            ACCESS  MODE  IS  RANDOM,
            FILE    STATUS IS  AUF-STATUS.
    :
    :
DATA DIVISION.
FILE SECTION.
FD  AUFTRAG.
01  AUFTRAG-SATZ.
    05  AUF-KEY.
        10 AUF-NR      PIC X(5).
        10 AUF-DATUM   PIC X(6).
        10 KUNDEN-NR   PIC X(6).
    05  AUFTRAGSDATEN  PIC X(150).
WORKING-STORAGE  SECTION.
01  AUF-STATUS      PIC 99.
```

Listing 19.1: Aufbau eines Satzschlüssels

Split-Schlüssel

COBOL erlaubt dem Benutzer die Definition des Satzschlüssels als sog. *Split-Schlüssel.* Der Split-Schlüssel ist eine logische Verkettung von einem oder mehreren Datenfeldern, aus denen der Schlüssel aufgebaut werden soll. Diese Datenfelder müssen – auch in beliebiger Reihenfolge – innerhalb der Satzbeschreibung der Index-sequenziellen Datei vorkommen.

Die Einrichtung des Split-Schlüssels hat lediglich den Vorteil, dass das Schlüsselfeld aus mehreren Datenfeldern bestehen kann, die nicht unbedingt hintereinander vorkommen müssen, sondern an beliebiger Stelle im Datensatz. Es ist also darauf zu achten, dass der Name des Split-Schlüssels nur als solcher in der RECORD KEY- oder ALTERNATE RECORD KEY-Klausel angegeben wird und nirgendwo definiert werden darf.

Das COBOL-System interpretiert den Split-Schlüssel so, als hätte man eine Datengruppe definiert, die aus einzelnen Datenfeldern in bestimmter Reihenfolge besteht, in der die Datenfelder in der RECORD KEY- oder ALTERNATE RECORD KEY-Klausel hinter SOURCE angegeben sind.

Der Split-Schlüssel darf in der READ- bzw. START-Anweisung zum Lesen bzw. Positionieren verwendet werden.

Beispiel 2:

```
        SELECT ANGEBOT ASSIGN TO "C:\DATEN\ANGEBOT.DAT",
               ORGANIZATION IS INDEXED,
               RECORD KEY IS SCHLUESSEL
               SOURCE IS ANGEBOTSNR
                         KUNDENNR
                         AKTIONSNR
                         ANGEBOTSDATUM
               ACCESS MODE IS RANDOM.


   DATA DIVISION.
   FILE SECTION.
   FD  ANGEBOT.
   01  ANGEBOT-SATZ.
       05 ANGEBOTSNR       PIC X(4).
       05 ANGEBOTSDATUM     PIC X(6).
       05 RABATTSATZ        PIC 9(2)V9(2).
       05 ANGEBOTSMENGE     PIC 9(6).
       05 PREIS             PIC 9(6)V9(2).
       05 LIEFERTERMIN      PIC 9(6).
       05 KUNDENNR          PIC 9(5).
       05 AKTIONSNR         PIC 9(3).
       05 VERSANDART        PIC X(2).
```

Listing 19.2: Zusammengesetzter Schlüssel

Die Datenfelder ANGEBOTSNR, KUNDENNR, AKTIONSNR und ANGEBOTSDATUM bilden in der angegebenen Reihenfolge den Satzschlüssel (RECORD KEY).

FILE STATUS-Klausel

Die FILE STATUS-Klausel findet die gleiche Anwendung wie bei sequenziellen Dateien. Bei der Verarbeitung einer Index-sequenziellen Datei können jedoch weitere Fehlersituationen auftreten. In den folgenden Tabellen sind die wichtigsten Fehlercodes aufgeführt.

1. Byte	Bedeutung
0	E/A-Anweisung wurde erfolgreich ausgeführt.
	2. Byte Bedeutung
	0 Keine weiteren Informationen

Tabelle 19.1: File-Status 0

1. Byte	Bedeutung	
	2. Byte	**Bedeutung**
2		Es wurde mit einer READ-Anweisung ein Datensatz gelesen, für dessen alternativen Schlüssel noch weitere Sätze mit dem gleichen Inhalt in der Datei existieren. Eine WRITE- oder REWRITE-Anweisung bearbeitete einen Satz, für dessen alternativen Schlüssel noch weitere Sätze mit dem gleichen Inhalt in der Datei existieren.
4		Die Länge des soeben geschriebenen Satzes entspricht nicht der festen Satzlänge der Datei.
5		Kennzeichnet, dass die soeben eröffnete Optional-Datei nicht vorhanden war.

Tabelle 19.1: File-Status 0 (Forts.)

1. Byte	Bedeutung	
1	AT END-Bedingung	
	2. Byte	**Bedeutung**
0		Kein logischer Satz mehr vorhanden, weil das Dateiende aufgetreten ist oder die READ-Anweisung auf einer Optional-Datei ausgeführt wurde, die nicht existiert.

Tabelle 19.2: File-Status 1

1. Byte	Bedeutung	
2	Schlüsselfehler (INVALID KEY)	
	2. Byte	**Bedeutung**
1		Sortierfehler: Tritt auf, wenn bei der sequenziellen Erstellung der Datei ein nicht sortierter Satz vorkommt. Der Satzschlüssel (RECORD KEY) wurde zwischen dem Lesen und dem Zurückschreiben im sequenziellen Zugriffsmodus geändert.
2		Satz bereits vorhanden Es wurde versucht, mit einer WRITE-Anweisung einen Datensatz zu schreiben, dessen Schlüssel bereits für einen anderen verwendet worden ist. Trifft auch zu, wenn für alternative Schlüssel die WITH DUPLICATES-Klausel weggelassen wird und der Schlüssel doppelt vorkommt. In diesem Fall kann die REWRITE-Anweisung diesen Fehler verursachen.
3		Kein Satz vorhanden Es wurde im wahlfreien Zugriffsmodus versucht, auf einen Datensatz zuzugreifen, der nicht existiert. Eine START- bzw. READ-Anweisung wurde auf einer Optional-Datei ausgeführt, die nicht existiert.
4		Dateigröße überschritten

Tabelle 19.3: File-Status 2

1. Byte	Bedeutung	
3	Permanenter Fehler	
	2. Byte	**Bedeutung**
0		Keine weiteren Informationen
5		Es wurde versucht, eine NOT OPTIONAL-Datei, die nicht existiert, mit OPEN INPUT, I-O oder EXTEND zu eröffnen.
7		Der OPEN-Modus für eine Datei ist nicht möglich.

Tabelle 19.4: File-Status 3

1. Byte	Bedeutung	
	2. Byte	**Bedeutung**
8		Die Datei kann nicht eröffnet werden, da sie mit CLOSE WITH LOCK geschlossen worden ist.
9		Satzlängen-Fehler

Tabelle 19.4: File-Status 3 (Forts.)

1. Byte	Bedeutung	
4	Logischer Fehler	
	2. Byte	**Bedeutung**
	1	Datei bereits geöffnet
	2	Datei bereits geschlossen
	3	Eine DELETE- oder REWRITE-Anweisung kann nicht im sequenziellen Zugriffsmodus ohne vorausgehendes Lesen ausgeführt werden.
	4	Überschreitung der Dateigröße
	6	Der Satzzeiger für das sequenzielle Lesen (current record pointer) ist undefinierbar. Ursache dafür ist eine erfolglose READ- oder START-Anweisung.
	7	Der aktuelle Eröffnungsmodus erlaubt das Lesen nicht.
	8	Der aktuelle Eröffnungsmodus erlaubt das Schreiben nicht.
	9	Der aktuelle Eröffnungsmodus erlaubt das Löschen oder das Zurückschreiben nicht.

Tabelle 19.5: File-Status 4

1. Byte	Bedeutung	
5	Satzverarbeitung konnte nicht durchgeführt werden.	
	2. Byte	**Bedeutung**
	1	Ein Satz kann nicht gelesen oder geschrieben werden, weil er gesperrt ist.
	2	Ein Deadlock ist aufgetreten. Ursache dafür ist, dass zwei Anwendungen auf Datensätze zugreifen wollen, die durch die jeweils andere Anwendung gesperrt wurden.
	3	Durch die Dateioperation soll ein weiterer Satz gesperrt werden, die Anwendung hat aber bereits das Maximum an Satzsperren erreicht.
	4	Durch die Dateioperation soll ein weiterer Satz gesperrt werden, diese Datei hat aber bereits das Maximum an Satzsperren erreicht.

Tabelle 19.6: File-Status 5

1. Byte	Bedeutung	
6	File-Sharing-Konflikt	
	2. Byte	**Bedeutung**
	1	Eine OPEN-Anweisung versucht, eine Datei zu öffnen, die bereits von einer anderen Anwendung geöffnet ist, und ein gemeinsamer Zugriff ist nicht möglich. Ursache dafür kann sein, dass die Datei von der anderen Anwendung in einem Modus geöffnet wurde, der keinen gemeinsamen Zugriff erlaubt oder die Datei soll für Ein- und Ausgabeoperationen geöffnet werden, während die andere Anwendung sie nur für lesende Zugriffe geöffnet hat. Auch der Versuch, eine Datei mit OPEN OUTPUT zu öffnen, die bereits von einer anderen Anwendung geöffnet ist, liefert diesen Statuscode.

Tabelle 19.7: File-Status 6

1. Byte	Bedeutung	
9	Runtime-Systemfehler	
	2. Byte	Bedeutung
	xxx	Das zweite Byte enthält eine 3-stellige Zahl im binären Format. Die Werte sind herstellerabhängig.

Tabelle 19.8: File-Status 9

19.3 Eintragungen in der DATA DIVISION

```
FD Dateiname-1
    [ IS EXTERNAL [ AS Literal-1] ]
    [ IS GLOBAL ]
    [ BLOCK CONTAINS [ Ganzzahl-1 TO ] Ganzzahl-2 { CHARACTERS }
                                                   { RECORDS    } ]
    [        { CONTAINS Ganzzahl-3 CHARACTERS                              }
      RECORD { IS VARYING IN SIZE[[FROM Ganzzahl-4][ TO Ganzzahl-5] CHARACTERS] } ] .
             {          [DEPENDING ON Datenname-1]                         }
             { CONTAINS Ganzzahl-6 TO Ganzzahl-7 CHARACTERS               }
```

Abbildung 19.2: FD-Klausel

Erläuterung

Alle Klauseln haben die bereits im Kapitel der sequenziellen Dateiorganisation beschriebenen Bedeutungen.

19.4 Anweisungen in der PROCEDURE DIVISION

Für die Verarbeitung einer Index-sequenziellen Datei können die nachfolgenden Anweisungen benutzt werden:

❏ OPEN – Eröffnen der Datei
❏ READ – Lesen aus der Datei
❏ WRITE – Schreiben in die Datei
❏ REWRITE – Ersetzen eines Satzes in der Datei
❏ DELETE – Löschen eines Satzes aus der Datei
❏ START – Positionieren auf einen Satz in der Datei
❏ CLOSE – Schließen der Datei
❏ USE – Behandlung von Fehlern.

OPEN-Anweisung

Erläuterung

Die OPEN-Anweisung wird mit gleicher Wirkung verwendet wie bei sequenziellen Dateien.

```
         ⎧ ⎧ INPUT  ⎫                                     ⎫
         ⎪ ⎪ OUTPUT ⎪                                     ⎪
  OPEN   ⎨ ⎨ I-O    ⎬ [sharing-phrase] [retry-phrase]     ⎬
         ⎪ ⎩ EXTEND ⎭                                     ⎪
         ⎪                                                ⎪  ...
         ⎪                                                ⎪
         ⎪       { Dateiname-1 [WITH NO REWIND] } ...     ⎪
         ⎩                                                ⎭


  sharing-phrase:

                            ⎧ ALL OTHER ⎫
          SHARING WITH      ⎨ NO OTHER  ⎬
                            ⎩ READ ONLY ⎭


  retry-phrase:

                  ⎧ arithmetischer-Ausdruck-1   TIMES       ⎫
          RETRY   ⎨ FOR arithmetischer-Ausdruck-2 SECONDS   ⎬
                  ⎩ FOREVER                                 ⎭
```

Abbildung 19.3: OPEN-Anweisung

Der Update-Modus

Wenn Datensätze in einer Index-sequenziellen Datei ersetzt (REWRITE) bzw. gelöscht werden sollen, muss die Datei mit OPEN I-O eröffnet werden.

Wird eine Datei mit OPEN I-O eröffnet und sie existiert noch nicht bzw. ist noch leer, so kann sie das erste Mal erstellt werden, es sei denn, der NOT OPTIONAL-Zusatz wurde in der SELECT-Klausel angegeben. In diesem Fall muss die Datei existieren, ansonsten tritt ein Fehler auf.

SHARING

Dieser Zusatz bestimmt, ob die Datei gleichzeitig von einem anderen User geöffnet werden kann. Der SHARING-Zusatz der OPEN-Anweisung überschreibt eine eventuelle SHARING-Angabe der SELECT-Klausel.

SHARING WITH NO OTHER versucht, die Datei exklusiv zu öffnen, während SHARING WITH ALL OTHER einen konkurrierenden Zugriff erlaubt. SHARING WITH READ ONLY erlaubt einem anderen User, die Datei gleichzeitig zu öffnen, wenn er ausschließlich lesend zugreift. Abbildung 19.4 listet auf, wann welche konkurrierenden OPEN-Anweisungen zulässig sind.

Mehr zum Thema gemeinsamer Dateiverarbeitung findet sich in dem Kapitel über konkurrierende Dateizugriffe.

OPEN Anweisung im aktuellen Programm		Bereits von einer anderen Anwendung durchgeführte OPEN Anweisung				
		SHARING WITH NO OTHER	SHARING WITH READ ONLY		SHARING WITH ALL OTHER	
		extend i-o input output	extend i-o output	input	extend i-o output	input
SHARING WITH NO OTHER	extend i-o input output	nicht erlaubt	nicht erlaubt	nicht erlaubt	nicht erlaubt	nicht erlaubt
SHARING WITH READ ONLY	extend i-o	nicht erlaubt	nicht erlaubt	nicht erlaubt	nicht erlaubt	erlaubt
	input	nicht erlaubt	nicht erlaubt	erlaubt	nicht erlaubt	erlaubt
	output	nicht erlaubt	nicht erlaubt	nicht erlaubt	nicht erlaubt	nicht erlaubt
SHARING WITH ALL OTHER	extend i-o	nicht erlaubt	nicht erlaubt	nicht erlaubt	erlaubt	erlaubt
	input	nicht erlaubt	erlaubt	erlaubt	erlaubt	erlaubt
	output	nicht erlaubt	nicht erlaubt	nicht erlaubt	nicht erlaubt	nicht erlaubt

Abbildung 19.4: Erlaubte konkurrierende OPEN-Anweisungen

READ-Anweisung

```
READ Dateiname-1 {NEXT    } RECORD [INTO Bezeichner-1]
                 {PREVIOUS}

   [ADVANCING ON LOCK ]
   [IGNORING LOCK     ]
   [retry-phrase      ]

   [WITH LOCK   ]
   [WITH NO LOCK]

   [[AT END unbedingte-Anweisung-1      ]]
   [[NOT AT END unbedingte-Anweisung-2  ]]

   [END-READ]

   retry-phrase:

         {arithmetischer-Ausdruck-1    TIMES        }
   RETRY {FOR arithmetischer-Ausdruck-2 SECONDS      }
         {FOREVER                                    }
```

Abbildung 19.5: READ-Anweisung für sequenzielles Lesen

```
READ Dateiname-1 RECORD [INTO Bezeichner-1]

     ┌ IGNORING LOCK ┐
     │ retry-phrase  │
     └               ┘

     ┌ WITH LOCK     ┐
     │ WITH NO LOCK  │
     └               ┘

     ┌ KEY IS ┌ Datenname-1   ┐ ┐
     │        │ Record-Key-1  │ │
     └        └               ┘ ┘

     ┌ ┌ INVALID KEY unbedingte-Anweisung-1     ┐ ┐
     │ │ NOT INVALID KEY unbedingte-Anweisung-2 │ │
     └ └                                        ┘ ┘

     [ END-READ ]

retry-phrase:
              ┌ arithmetischer-Ausdruck-1  TIMES      ┐
     RETRY    │ FOR arithmetischer-Ausdruck-2 SECONDS │
              └ FOREVER                               ┘
```

Abbildung 19.6: READ-Anweisung für wahlfreies Lesen

Erläuterung

Die READ-Anweisung im Format 1 kann für das sequenzielle Lesen einer Index-sequenziellen Datei nur dann verwendet werden, wenn ACCESS MODE IS SEQUENTIAL oder ACCESS MODE IS DYNAMIC angegeben wurde. Der Ablauf dieser Anweisung entspricht dem der READ-Anweisung für sequenzielle Dateien.

Die NEXT/PREVIOUS-Zusätze

Da beim dynamischen Zugriffsmodus (ACCESS MODE DYNAMIC) das sequenzielle, aber auch das wahlfreie Lesen möglich ist, muss dem COBOL-System syntaktisch mitgeteilt werden, ob die READ-Anweisung sequenziell oder wahlfrei lesen soll. Dies geschieht mit Hilfe des NEXT/PREVIOUS-Zusatzes.

Wenn NEXT angegeben wird, liest die READ-Anweisung ausgehend von der aktuellen Dateiposition sequenziell den nächsten Datensatz.

Wenn PREVIOUS angegeben wird, liest die READ-Anweisung ausgehend von der aktuellen Dateiposition sequenziell in Richtung auf den Dateianfang; es wird also rückwärts gelesen.

Der Zusatz AT END/NOT AT END

AT END spezifiziert die unbedingte Anweisung-1, die in den folgenden Fällen ausgeführt wird:

1. Im Zusammenhang mit ACCESS MODE SEQUENTIAL wurde durch eine READ-Anweisung das Dateiende erreicht.
2. Im Zusammenhang mit ACCESS MODE DYNAMIC wurde durch eine READ NEXT-Anweisung das Dateiende erreicht.
3. Im Zusammenhang mit ACCESS MODE DYNAMIC wurde durch eine READ PREVIOUS-Anweisung der Dateianfang erreicht.

Wahlfreies Lesen

Besonders interessant ist jedoch das wahlfreie Lesen aus einer Index-sequenziellen Datei, denn hier kann ein Datensatz direkt aus der Datei gelesen werden. Dies kann mit Hilfe des zweiten Formats der READ-Anweisung vorgenommen werden. Dabei setzt das wahlfreie Lesen die Bereitstellung eines Schlüsselwertes für den zu lesenden Datensatz voraus.

Beispiel 2:

Wir beziehen uns auf Beispiel 1 der Dateidefinitionen und wollen nun den Datensatz eines Auftrags, dessen Nummer zur Verfügung gestellt wird, direkt lesen.

```
PROCEDURE DIVISION.

    MOVE "45678" TO AUF-NR.
    MOVE "880118" TO AUF-DATUM.
    MOVE "123456" TO KUNDEN-NR.
    READ AUFTRAG.
```

Listing 19.3: Wahlfreies Lesen

Der INVALID KEY-Zusatz

Nachdem es nicht sicher ist, ob ein Datensatz mit diesem Schlüsselwert in der Datei vorhanden ist, kann der INVALID KEY-Zusatz verwendet werden, um dies festzustellen. Frei übersetzt lautet dieser Zusatz: »Bei Schlüsselfehler soll die angegebene unbedingte Anweisung ausgeführt werden.« Ein Schlüsselfehler kann bei der Ausführung der READ-Anweisung nur dann auftreten, wenn der zu lesende Datensatz nicht vorhanden ist.

Wir können also die Codierung wie in Listing 19.4 verbessern.

```
PROCEDURE DIVISION.

    MOVE -45678" TO AUF-NR.
    MOVE "880118" TO AUF-DATUM.
    MOVE "123456" TO KUNDEN-NR.

    READ AUFTRAG INVALID KEY
        DISPLAY "AUFTRAG NICHT VORHANDEN"
    END-READ
```

Listing 19.4: Wahlfreies Lesen mit Ergebnisprüfung

Soll das Vorhandensein des Datensatzes nicht direkt in der READ-Anweisung, sondern an einer beliebigen Stelle im Programm festgestellt werden, so können Sie sich auf den Inhalt des FILE STATUS-Feldes beziehen und diesen erfragen. Das System liefert den Fehlercode 23, wenn eine READ-Anweisung den gewünschten Datensatz nicht findet.

```
PROCEDURE DIVISION.

    MOVE "45678" TO AUF-NR.
    MOVE "880118" TO AUF-DATUM.
    MOVE "123456" TO KUNDEN-NR.
    READ AUFTRAG.
    IF AUF-STATUS = 23
        DISPLAY "AUFTRAG NICHT VORHANDEN"
    END-IF
```

Listing 19.5: Abfragen des Dateistatusfeldes

END-READ

END-READ beendet die READ-Anweisung und begrenzt damit syntaktisch die im Zusatz AT END bzw. INVALID KEY enthaltenen Anweisungen von den nachfolgenden Anweisungen.

WRITE-Anweisung

```
WRITE {Satzname        } [FROM {Bezeichner-1}]
      {FILE Dateiname   }       {Literal-1   }

[retry-phrase]

[WITH LOCK    ]
[WITH NO LOCK ]

[[INVALID KEY unbedingte-Anweisung-1     ]]
[[NOT INVALID KEY unbedingte-Anweisung-2 ]]

[END-WRITE]

retry-phrase:
        {arithmetischer-Ausdruck-1 TIMES          }
RETRY   {FOR arithmetischer-Ausdruck-2 SECONDS    }
        {FOREVER                                  }
```

Abbildung 19.7: WRITE-Anweisung

Erläuterung

Die WRITE-Anweisung kann nur benutzt werden, wenn die Index-sequenzielle Datei mit OPEN OUTPUT bzw. OPEN I-O eröffnet wurde. Die WRITE-Anweisung kann im sequenziellen Zugriffsmodus verwendet werden, wenn die Datei das erste Mal erstellt wird. In allen anderen Fällen bedarf die Verwendung der WRITE-Anweisung eines wahlfreien Zugriffsmodus (ACCESS MODE RANDOM bzw. ACCESS MODE DYNAMIC).

Der INVALID KEY-Zusatz

Der INVALID KEY-Zusatz kann angegeben werden, um festzustellen, ob der Datensatz erfolgreich in der Datei abgespeichert werden konnte oder nicht.

Ein Schlüsselfehler tritt in der WRITE-Anweisung auf, wenn beim Laden der Datei (ACCESS MODE SEQUENTIAL) der Versuch gemacht wird, einen nicht sortierten Datensatz zu schreiben (Sortierfehler, Fehlercode = 21), oder wenn sich die Datei im wahlfreien bzw. dynamischen Zugriffsmodus befindet und ein Datensatz geschrieben werden soll, dessen Schlüsselwert bereits für einen anderen Satz verwendet wurde (Satz bereits vorhanden, Fehlercode = 22).

Beispiel 4:

Nach erfolgter Eingabe am Bildschirm soll nun der Auftrag im wahlfreien Zugriffsmodus abgespeichert werden.

```
PROCEDURE DIVISION.

    ACCEPT AUF-NR    AT 0620.
    ACCEPT AUF-DATUM AT 0720.
```

```
ACCEPT KUNDEN-NR AT 0820.
*> Eingabe sonstiger Daten

WRITE AUFTRAG-SATZ

IF AUF-STATUS = 22
    DISPLAY "AUFTRAG BEREITS VORHANDEN"
END-IF
```

Listing 19.6: Schreiben eines Datensatzes

REWRITE-Anweisung

```
┌─────────────────────────────────────────────────────────────────┐
│         ⎧Satzname        ⎫            ⎡      ⎧Bezeichner-1⎫⎤     │
│ REWRITE ⎨FILE Dateiname  ⎬ RECORD ⎢FROM ⎨Literal-1   ⎬⎥     │
│         ⎩                ⎭            ⎣      ⎩            ⎭⎦     │
│                                                                   │
│   [retry-phrase]                                                  │
│                                                                   │
│   ⎡WITH LOCK    ⎤                                                 │
│   ⎢WITH NO LOCK ⎥                                                 │
│                                                                   │
│   ⎡│INVALID KEY unbedingte-Anweisung-1    │⎤                     │
│   ⎢│NOT INVALID KEY unbedingte-Anweisung-2│⎥                     │
│                                                                   │
│   [END-REWRITE]                                                   │
│                                                                   │
│                                                                   │
│   retry-phrase:                                                   │
│         ⎧arithmetischer-Ausdruck-1 TIMES         ⎫               │
│   RETRY ⎨FOR arithmetischer-Ausdruck-2 SECONDS   ⎬               │
│         ⎩FOREVER                                 ⎭               │
└─────────────────────────────────────────────────────────────────┘
```

Abbildung 19.8: REWRITE-Anweisung

Erläuterung

Befindet sich eine Datei im sequenziellen Zugriffsmodus (ACCESS MODE SEQUENTIAL) und soll dort ein vorhandener Datensatz aktualisiert werden, so muss dieser vor der Ausführung der REWRITE-Anweisung gelesen werden, denn die REWRITE-Anweisung im sequenziellen Zugriffsmodus schreibt immer den zuletzt gelesenen Datensatz zurück. Das Lesen des Datensatzes ist also hier, bedingt durch den technischen Ablauf der REWRITE-Anweisung, im sequenziellen Zugriffsmodus erforderlich. Wird der Schlüsselwert zwischen dem Lesen und dem Zurückschreiben verändert, so tritt ein Systemfehler auf.

Befindet sich die Datei im wahlfreien bzw. dynamischen Zugriffsmodus (ACCESS MODE RANDOM bzw. ACCESS MODE DYNAMIC), so muss der Datensatz vorher nicht gelesen werden; der Datensatz soll lediglich bedingt durch die Logik eines Aktualisierungsvorganges gelesen werden. Bei der Aktualisierung bestimmter Datenfelder darf das Schlüsselfeld nicht verändert werden. Wird der Schlüssel trotzdem verändert, ist es möglich, dass für den neuen Schlüssel bereits ein Datensatz vorhanden ist. In diesen neuen Schlüssel würde die REWRITE-Anweisung den Satz zurückschreiben.

Beispiel 5:

Das Beispiel demonstriert den Ablauf eines Aktualisierungsvorgangs im Dialog; auf die Aufbereitung in Bildschirm-Masken wird hier verzichtet.

```
ENVIRONMENT DIVISION.
INPUT-OUTPUT SECTION.
FILE-CONTROL.
    SELECT ADRESSEN ASSIGN TO "ADRESSEN.DAT"
        ORGANISATION    IS  INDEXED,
        RECORD  KEY     IS  A-NR,
        ACCESS  MODE    IS  RANDOM,
        FILE STATUS     ADR-STATUS.

DATA DIVISION.
FILE SECTION.
FD  ADRESSEN.
01  ADR-SATZ.
    05  A-NR            PIC   X(6).
    05  A-NAME          PIC   X(20).
    05  A-STRASSE       PIC   X(25).
    05  A-PLZ           PIC   X(4).
    05  A-ORT           PIC   X(25).
    05  SONSTIGES       PIC   X(200).

WORKING-STORAGE SECTION.

01  ADR-STATUS          PIC 99.

PROCEDURE DIVISION.

    *> ERÖFFNEN DER DATEI FÜR DIE AKTUALISIERUNG
    OPEN I-O ADRESSEN.

    *> EINGABE DES SCHLÜSSELS
    ACCEPT A-NR AT 0820.

    *> LESEN DES ZUGEHÖRIGEN DATENSATZES
    READ ADRESSEN.

    *> FESTSTELLEN, OB DER SATZ VORHANDEN IST
    IF ADR-STATUS = ZERO
        PERFORM EINGABE
        PERFORM ZURUECKSCHREIBEN
    ELSE
        DISPLAY "SATZ NICHT VORHANDEN"
    END-IF.

EINGABE SECTION.
EIN-1000.
```

```
*> ANZEIGEN DER VORHANDENEN DATEN
DISPLAY A-STRASSE AT 1020.
DISPLAY A-PLZ     AT 1120.
DISPLAY A-ORT     AT 1220.

*> EINGABE DER NEUEN DATEN
ACCEPT  A-STRASSE AT 1020.
ACCEPT  A-PLZ     AT 1120.
ACCEPT  A-ORT     AT 1220.


EIN-9999.


ZURUECKSCHREIBEN SECTION.
ZU-1000.


    REWRITE  ADR-SATZ.


ZU-9999.
```

Listing 19.7: Ändern eines vorhandenen Datensatzes

DELETE-Anweisung

Wirkung

Die DELETE-Anweisung wird benutzt, um einen Datensatz aus der Datei zu löschen.

```
DELETE Dateiname-1 RECORD

[ retry-phrase ]

[| INVALID KEY unbedingte-Anweisung-1     |]
[| NOT INVALID KEY unbedingte-Anweisung-2 |]

[ END-DELETE ]


retry-phrase:
        ⎧ arithmetischer-Ausdruck-1 TIMES        ⎫
  RETRY ⎨ FOR arithmetischer-Ausdruck-2 SECONDS  ⎬
        ⎩ FOREVER                                ⎭
```

Abbildung 19.9: DELETE-Anweisung

Erläuterung

Wenn eine DELETE-Anweisung im sequenziellen Zugriffsmodus (ACCESS MODE SEQUENTIAL) ausgeführt wird, muss der zu löschende Datensatz bereits vorher mit der READ-Anweisung gelesen worden sein.

Im wahlfreien bzw. dynamischen Zugriffsmodus (ACCESS MODE RANDOM bzw. ACCESS MODE DYNAMIC) kann die DELETE-Anweisung einen Datensatz direkt aus der Datei löschen. Hierzu ist die Angabe eines

Schlüssels notwendig. Beim Löschen eines Datensatzes werden der Wert seines Schlüssels und der Speicherplatz, der vom Satz belegt wurde, freigegeben. Der Wert des Schlüssels kann wieder für die Aufnahme eines weiteren Datensatzes verwendet werden.

Der INVALID KEY-Zusatz kann angegeben werden, um festzustellen, ob der zu löschende Datensatz vorhanden war oder nicht. Dies kann auch mit Hilfe des FILE STATUS-Feldes geschehen.

Beispiel 6:

Wir beziehen uns auf Beispiel 4 und wollen nun den Datensatz mit Schlüssel 100999 löschen.

```
PROCEDURE DIVISION.

    MOVE    "100999" TO A-NR.
    DELETE ADRESSEN.
    IF ADR-STATUS = 23
        DISPLAY "SATZ NICHT VORHANDEN"
    END-IF
```

Listing 19.8: Löschen eines Datensatzes

START-Anweisung

Wirkung

Die START-Anweisung positioniert in der Datei auf einen bestimmten Datensatz.

```
START Dateiname

    ⎡ FIRST                                                                      ⎤
    ⎢                            ⎧ Datenname-1 ⎫                                 ⎢
    ⎢ KEY Bedingungsoperator     ⎨ Record-Key-1 ⎬ [WITH LENGTH arithm.-Ausdruck] ⎢
    ⎢                            ⎩             ⎭                                 ⎢
    ⎣ LAST                                                                       ⎦

    ⎡ ⎡ INVALID KEY unbedingte-Anweisung-1     ⎤ ⎤
    ⎣ ⎣ NOT INVALID KEY unbedingte-Anweisung-2 ⎦ ⎦

    [ END-START ]
```

Abbildung 19.10: START-Anweisung

Erläuterung

Die Positionierung in einer Datei auf einen bestimmten Datensatz ist nur dann sinnvoll, wenn die Datei anschließend sequenziell gelesen werden soll. Daher ist die START-Anweisung nur im sequenziellen oder dynamischen Zugriffsmodus erlaubt.

Der KEY-Zusatz kann verwendet werden, um genau zu bestimmen, auf welchen Datensatz in der Datei positioniert werden soll. Dabei bedeutet:

❏ EQUAL oder =, dass auf dem Satz positioniert werden soll, dessen Schlüsselwert dem aktuellen Inhalt des angegebenen Datennamens entspricht.

❏ GREATER oder >, dass auf dem Satz positioniert werden soll, dessen Schlüsselwert größer ist als der aktuelle Inhalt des angegebenen Datennamens.

❏ NOT LESS, NOT < oder >=, dass auf dem Satz positioniert werden soll, dessen Schlüsselwert größer oder gleich dem aktuellen Inhalt des angegebenen Datennamens ist.

Der anzugebende Datenname kann sein:

❏ der primäre Schlüssel (RECORD KEY). Dieser kann auch der Split-Schlüssel sein
❏ ein Datenfeld, das dem primären Schlüssel untergeordnet ist und dessen linke Position mit der linken Position des primären Schlüssels übereinstimmt
❏ ein beliebiger sekundärer Schlüssel (ALTERNATE KEY) (siehe auch den nächsten Abschnitt)

FIRST positioniert auf den ersten, LAST auf den letzten Datensatz in der Datei, unabhängig von dem aktuellen Inhalt der Schlüsselfelder der Datensatzstruktur.

Wenn der KEY-Zusatz nicht verwendet und auch weder FIRST noch LAST angegeben wird, wird angenommen, dass der RECORD KEY in Gleichheitsrelation mit dem KEY gebracht worden ist.

Konnte auf einen Datensatz nicht positioniert werden, so ist die aktuelle Dateiposition undefinierbar, und das FILE STATUS-Feld enthält den Fehlercode 23. Außerdem werden die Anweisungen einer eventuell vorhandenen INVALID KEY-Angabe ausgeführt.

Der Zusatz WITH LENGTH

Wenn WITH LENGTH angegeben wird, benutzt die START-Anweisung nur so viele Zeichen aus dem angegebenen Schlüssel zum Positionieren, wie aus dem arithmetischen Ausdruck hervorgeht. In jedem Fall muss das Ergebnis ganzzahlig sein.

Beispiel 8:

```
        MOVE SPACE TO AUF-KEY.
        START AUFTRAG KEY NOT < AUF-KEY.
```

Listing 19.9: Positionieren auf den ersten Datensatz

Beispiel 9:

AUF-NR ist der erste Teil des Satzschlüssels AUF-KEY (RECORD KEY).

```
        MOVE "20000" TO AUF-NR.
        START AUFTRAG KEY NOT < AUF-KEY WITH LENGTH 5.
```

Listing 19.10: Positionieren aufgrund eines Teilschlüssels

Siehe hierzu auch das Programmbeispiel am Ende dieses Kapitels.

CLOSE-Anweisung

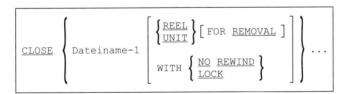

Abbildung 19.11: CLOSE-Anweisung

Die CLOSE-Anweisung findet die gleiche Anwendung wie bei sequenziellen Dateien.

Zusammenfassung

Die Tabelle 19.9 zeigt die zulässigen E/A-Anweisungen in den verschiedenen Eröffnungsmodi für Index-sequenzielle Dateien.

ACCESS MODE	Anweisung	Eröffnungsmodus			
		INPUT	OUTPUT	I-O	EXTEND
SEQUENTIAL	READ	X		X	
	WRITE		X		X
	REWRITE			X	
	START	X		X	
	DELETE			X	
RANDOM	READ	X		X	
	WRITE		X	X	
	REWRITE			X	
	START				
	DELETE			X	
DYNAMIC	READ	X		X	
	WRITE		X	X	
	REWRITE			X	
	START	X		X	
	DELETE			X	

Tabelle 19.9: Zulässige Anweisungen

USE-Anweisung

Abbildung 19.12: USE-Anweisung

Die USE-Anweisung wurde ausführlich bei den sequenziellen Dateien beschrieben. Sie kann für die gleiche Anwendung unter Beachtung der gleichen Regeln benutzt werden.

19.5 Alternative Schlüssel für Index-sequenzielle Dateien

ALTERNATE RECORD KEY-Klausel

```
ALTERNATE RECORD KEY IS { Datenname-2
                          Record-Key-1 SOURCE IS { Datenname-3 } ... }

       [ WITH DUPLICATES ]
```

Abbildung 19.13: ALTERNATE RECORD KEY-Klausel

Erläuterung

Für eine Index-sequenzielle Datei können bis zu 80 alternative Schlüssel angegeben werden.

Ein alternativer Schlüssel definiert einen weiteren Zugriffspfad zu den Sätzen einer Index-sequenziellen Datei. Das heißt, der Benutzer einer Kundendatei muss nicht mehr die Kundennummer (wenn diese als RECORD KEY verwendet wurde) eingeben, um den Datensatz lesen zu können, sondern er kann den Kundennamen (wenn dieser als ALTERNATE KEY verwendet wurde) oder ein anderes Merkmal des Kunden eingeben.

Im Gegensatz zu primären Schlüsseln (RECORD KEY) muss der sekundäre Schlüssel (ALTERNATE KEY) nicht eindeutig sein. Das heißt, es können in einer Datei mehrere Datensätze mit dem gleichen Ordnungsbegriff vorhanden sein, vorausgesetzt, der Zusatz WTTH DUPLICATES ist angegeben. Ein alternativer Schlüssel ist immer Bestandteil des Datensatzes.

Anwendungen des alternativen Schlüssels ALTERNATE KEY in der READ-Anweisung

Für die Anwendung eines alternativen Schlüssels in der READ-Anweisung für das wahlfreie Lesen ist der Zusatz KEY IS Datenname zu verwenden.

Diesen Zusatz nutzt man, um einen so genannten Bezugsschlüssel für das Lesen festzulegen.

Der Bezugsschlüssel

Der Bezugsschlüssel dient als Suchkriterium für den zu lesenden Datensatz. Spezifiziert man z.B. KEY IS KUNDENNAME in einer READ-Anweisung für eine Datei, die mit ALTERNATE RECORD KEY IS KUNDEN-NAME WITH DUPLICATES beschrieben wurde, so verwendet die READ-Anweisung den Inhalt des Feldes KUNDENNAME als Suchkriterium zum direkten Lesen des Datensatzes. Sind in der Datei mehrere Datensätze mit dem gleichen Kundennamen vorhanden, so wird der Satz gelesen, der den niedrigsten Ordnungsbegriff im primären Schlüssel (RECORD KEY) aufweist, und das FILE STATUS-Feld wird vom System auf den Wert 02 gesetzt.

Sollen die anderen Datensätze mit dem gleichen Kundennamen auch verarbeitet werden, so können diese nur sequenziell gelesen werden. Eine nachfolgende READ-Anweisung zum sequenziellen Lesen dieser Datensätze bezieht sich automatisch auf den zuletzt verwendeten Bezugsschlüssel. Sie liefert immer wieder den Wert 02 im FILE STATUS-Feld, solange Datensätze mit dem gleichen Ordnungsbegriff vorhanden sind, oder den Wert 00, wenn kein Datensatz dieser Art mehr vorhanden ist. Eine solche READ-Anweisung liest aus der Datei weiter – und zwar in aufsteigender Reihenfolge – nach dem Bezugsschlüssel, in Richtung auf das Dateiende, auch wenn kein Datensatz mehr mit dem gleichen Ordnungsbegriff vorhanden ist.

Beispiel 10:

Nehmen Sie an, Sie wollen eine Statistik für die Kunden eines bestimmten Wohnortes (z.B. München) erstellen, und es soll deswegen auf die Sätze dieser Kunden zugegriffen werden. In diesem Fall muss der Ort als alternativer Schlüssel (ALTERNATE KEY) definiert werden.

```
ENVIRONMENT DIVISION.
INPUT-OUTPUT SECTION.
FILE-CONTROL.
    SELECT KUNDEN ASSIGN TO "KUNDEN.DAT",
            ORGANIZATION   IS INDEXED,
            RECORD  KEY    IS K-NR,
            ALTERNATE RECORD KEY K-ORT WITH DUPLICATES,
            ACCESS MODE    IS DYNAMIC,
            FILE    STATUS IS K-STATUS.
DATA DIVISION.
FILE SECTION.
FD  KUNDEN.
01  K-SATZ.
        05 K-NR          PIC X(6).
        05 K-NAME        PIC X(25).
        05 K-STRASSE     PIC X(25).
        05 K-PLZ         PIC X(5).
        05 K-ORT         PIC X(25).
        05 K-SONSTIGES   PIC X(150).

WORKING-STORAGE SECTION.
01 K-STATUS          PIC 99.

PROCEDURE DIVISION.
    OPEN I-O KUNDEN.
    MOVE "München" TO K-ORT.
    READ KUNDEN KEY IS K-ORT.              *> (1)
    IF K-STATUS = 23                       *> (2)
        DISPLAY "KEIN KUNDE IN MÜNCHEN VORHANDEN"
    ELSE
        PERFORM STATISTIK                  *> (3)
        PERFORM STATISTIK
                UNTIL K-STATUS NOT = 02    *> (4)
    END-IF.

STATISTIK SECTION.
STA-1000.
    *> BEI JEDEM DURCHLAUF DIESES UNTERPROGRAMMS    ****
    *> WIRD DER SATZ EINES KUNDEN, DESSEN WOHNORT   ****
    *> MÜNCHEN IST, VERARBEITET.                    ****
    *> DIE ERSTELLUNG DER STATISTIK SOLL HIER NICHT ****
    *> BESTANDTEIL DES BEISPIELES SEIN.             ****
```

```
        .
        .
        .
    READ KUNDEN NEXT.                              *> (5)
STA-9999.
    EXIT.
```

Listing 19.11: Beispiel 10: Verarbeiten aller Kunden eines Ortes

Erläuterung

1. Wahlfreies Lesen mit ALTERNATE KEY K-ORT. Gleichzeitig wird K-ORT als Bezugsschlüssel für das sequenzielle Lesen in Punkt (5) festgelegt.

2. Beinhaltet der Dateistatus K-STATUS den Wert 23, so war kein einziger Kunde, dessen Wohnort München ist, in der Datei vorhanden.

3. Im ELSE-Zweig kann man davon ausgehen, dass mindestens ein Kunde vorhanden war, deshalb wird das Unterprogramm STATISTIK einmal ausgeführt.

4. Abhängig davon, ob noch weitere Datensätze (mit Wohnort = München) vorhanden sind (K-STATUS = 02), wird nun das Unterprogramm STATISTIK weiter ausgeführt.

5. Sequenzielles Lesen im dynamischen Zugriffsmodus und Bezugsschlüssel K-ORT.

ALTERNATE KEY in der START-Anweisung

In vielen Situationen in der Praxis will man mit Hilfe eines Suchbegriffes, der nicht als RECORD KEY definiert wurde, einen Datensatz direkt lesen. Dabei kann es manchmal der Fall sein, dass man diesen Ordnungsbegriff nicht genau kennt oder dass man gerade eine Abkürzung dafür eingeben will. In diesem Fall ist es möglich, den sekundären Schlüssel (ALTERNATE KEY) als Datennamen im KEY-Zusatz der START-Anweisung zu verwenden. Denn auch hier kann mit Hilfe der START-Anweisung ein Bezugsschlüssel festgelegt werden.

19.6 Programmbeispiel: DEMO21: Adressen verwalten

Aufgabenstellung

Es ist ein Programm für die Erstellung und die vollständige Pflege einer Adressendatei zu entwickeln.

Die Datei soll Index-sequenziell organisiert werden. Als Primärschlüssel (RECORD KEY) ist eine vierstellige Adressennummer zu verwenden. Weiterhin sollen die Felder NAME, ORT und GEBURTSDATUM als alternative Schlüssel (ALTERNATE RECORD KEY) definiert werden.

Das Programm soll das Erfassen, das Löschen und das Ändern von Adressen erlauben. Sämtliche Funktionen werden im Dialog ausgeführt.

Am Beginn der Verarbeitung wird eine Bildschirmmaske mit den auszuwählenden Funktionen angezeigt.

Alle ausgeführten Funktionen sollen in einer Protokolldatei PROTOK.AUS protokolliert werden.

Aufbau der Adressendatei »ADRESSEN.ISA«:

Anz. Stellen	Feldverwendung
4	Adressennummer
15	Name
15	Straße
5	Postleitzahl
15	Ort
14	Telefon
6	Geburtsdatum
20	Bemerkung
1	Kennzeichen

Tabelle 19.10: Dateiaufbau ADRESSEN.ISA

Aufbau der Protokolldatei »PROTOK.AUS«:

Anz. Stellen	Feldverwendung
4	Adressennummer
1	Leer
10	Funktion (Erfassen, Löschen bzw. Ändern)

Tabelle 19.11: Dateiaufbau PROTOK.AUS

Programmlisting:

```
 1 IDENTIFICATION DIVISION.
 2 PROGRAM-ID.        DEMO21-VERWALTEN-ADRESS-DATEI.
 3 AUTHOR.            R. HABIB.
 4 DATE-WRITTEN.
 5 DATE-COMPILED.
 6*****************************************************
 7* PROGRAMMFUNKTION:                                *
 8*                                                  *
 9* DIESES PROGRAMM ERSTELLT UND AKTUALISIERT EINE *
10* ADRESS-DATEI, DIE INDEX-SEQUENZIELL ORGANISIERT*
11* WIRD.                                            *
12*                                                  *
13*****************************************************
14 ENVIRONMENT DIVISION.
15 CONFIGURATION SECTION.
16 SOURCE-COMPUTER.  IBM-PC.
17 OBJECT-COMPUTER.  IBM-PC.
18 SPECIAL-NAMES.
19     DECIMAL-POINT IS COMMA,
```

```
20      CONSOLE IS CRT.
21 INPUT-OUTPUT SECTION.
22 FILE-CONTROL.
23      SELECT  ADRESSEN ASSIGN TO "ADRESSEN.ISA"
24              ORGANIZATION    IS INDEXED,
25              ACCESS MODE     IS DYNAMIC,
26              RECORD KEY      IS A-NR   IN A-SATZ
27      ALTERNATE RECORD KEY IS A-NAME    IN A-SATZ
28              WITH DUPLICATES,
29      ALTERNATE RECORD KEY IS A-ORT     IN A-SATZ
30              WITH DUPLICATES,
31      ALTERNATE RECORD KEY IS A-G-DATUM IN A-SATZ
32              WITH DUPLICATES,
33              FILE STATUS IS ADR-STATUS.
34
35      SELECT  PROTOKOLL ASSIGN TO "PROTOK.AUS".
36*-------------------------------------------------*
37 DATA DIVISION.
38 FILE SECTION.
39 FD  ADRESSEN.
40 01  A-SATZ.
41     05 A-NR           PIC 9(4).
42     05 A-NAME         PIC X(15).
43     05 A-STR          PIC X(15).
44     05 A-PLZ          PIC X(5).
45     05 A-ORT          PIC X(15).
46     05 A-TELEFON      PIC X(14).
47     05 A-G-DATUM      PIC 9(6).
48     05 A-BEMERKUNG    PIC X(20).
49     05 A-KENNZEICHEN  PIC X(1).
50
51 FD  PROTOKOLL.
52 01  PROTOKOLL-SATZ    PIC X(56).
53*-------------------------------------------------*
54 WORKING-STORAGE SECTION.
55
56 01  UEBERSCHRIFT-1.
57     05 FILLER         PIC X(36) VALUE
58     "ADRESSENVERWALTUNGS-PROTOKOLL VOM ".
59     05 A-DATUM.
60        10 TAG         PIC 99.
61        10 FILLER      PIC X VALUE ".".
62        10 MONAT       PIC 99.
63        10 FILLER      PIC XXX VALUE ".19".
64        10 JAHR        PIC 99.
65
```

```
66 01  DRUCK-ZEILE.
67      05 D-NR              PIC 9(4).
68      05 FILLER            PIC X.
69      05 D-FUNKTION        PIC X(20).
70
71 01  TAGES-DATUM.
72      05   JAHR            PIC 99.
73      05   MONAT           PIC 99.
74      05   TAG             PIC 99.
75
76 01  ADR-STATUS           PIC 99.
77      88 DATEI-OK          VALUE 00, 02.
78      88 DATEI-ENDE        VALUE 10.
79      88 SATZ-NICHT-DA     VALUE 23.
80      88 SATZ-BEREITS-DA   VALUE 22.
81
82 01  AUSWAHL-KZ           PIC 9 VALUE 0.
83 88  DIALOG-ENDE          VALUE 9.
84
85
86 78  NEUAUFNAHME          VALUE 1.
87 78  AENDERUNG            VALUE 2.
88 78  LOESCHUNG            VALUE 3.
89 78  WAHLFREI-LESEN       VALUE 4.
90 78  VOR-LESEN            VALUE 5.
91 78  RUECK-LESEN          VALUE 6.
92 78  STARTEN              VALUE 7.
93
94 01  AUSGABE-MASKE.
95      05 TEXT1    PIC X(80) VALUE "Name:".
96      05 TEXT2    PIC X(80) VALUE "Straße:".
97      05 TEXT3    PIC X(80) VALUE "PLZ:".
98      05 TEXT4    PIC X(80) VALUE "Ort:".
99      05 TEXT5    PIC X(80) VALUE "Telefon:".
100     05 TEXT6    PIC X(80) VALUE "Geburtsdatum:".
101     05 TEXT7    PIC X(80) VALUE "Bemerkung:".
102     05 TEXT8    PIC X(80) VALUE "Kennzeichen:".
103
104 01  EINGABE-MASKE REDEFINES AUSGABE-MASKE.
105     05 FILLER            PIC X(15).
106     05 A-NAME            PIC X(15).
107     05 FILLER            PIC X(50).
108
109     05 FILLER            PIC X(15).
110     05 A-STR             PIC X(15).
111     05 FILLER            PIC X(50).
112
```

```
113    05 FILLER           PIC X(15).
114    05 A-PLZ            PIC X(5).
115    05 FILLER           PIC X(60).
116
117    05 FILLER           PIC X(15).
118    05 A-ORT            PIC X(15).
119    05 FILLER           PIC X(50).
120
121    05 FILLER           PIC X(15).
122    05 A-TELEFON        PIC X(14).
123    05 FILLER           PIC X(51).
124
125    05 FILLER           PIC X(15).
126    05 A-G-DATUM        PIC 99.99.99.
127    05 FILLER           PIC X(57).
128
129    05 FILLER           PIC X(15).
130    05 A-BEMERKUNG      PIC X(20).
131    05 FILLER           PIC X(45).
132
133    05 FILLER           PIC X(15).
134    05 A-KENNZEICHEN    PIC X(1).
135    05 FILLER           PIC X(64).
136
137 01 FEHL-1             PIC X(60) VALUE
138    "Satz bereits vorhanden".
139 01 FEHL-2             PIC X(60) VALUE
140    "Satz nicht vorhanden".
141 01 FEHL-3             PIC X(60) VALUE
142    "Systemfehler aufgetreten".
143 01 FEHL-4             PIC X(60) VALUE
144    "Falsches Kennzeichen".
145 01 FEHL-5             PIC X(60) VALUE
146    "Datei nicht positioniert".
147 01 FEHL-6             PIC X(60) VALUE
148    "Dateiende erreicht".
149 01 FEHL-7             PIC X(60) VALUE
150    "Dateianfang erreicht".
151
152 01 MELD-1             PIC X(60) VALUE
153    "Satz gespeichert".
154 01 MELD-2             PIC X(60) VALUE
155    "Satz geändert".
156 01 MELD-3             PIC X(60) VALUE
157    "Soll der Satz gelöscht werden(J/N)? ( )".
158 01 MELD-4             PIC X(60) VALUE
```

```
159      "Satz gelöscht".
160 01   MELD-5              PIC X(60) VALUE
161      "Satz nicht gelöscht".
162 01   MELD-6              PIC X(60) VALUE
163      "Datei positioniert".
164 01   MELDUNG             PIC X(60).
165 01   WARTEN              PIC X.
166 01   LOESCH-KZ           PIC X.
167 01   ADRESSEN-NR         PIC 9(4).
168 01   FUNKTION            PIC X(20).
169 01   START-KZ            PIC X.
170*-------------------------------------------------*
171 PROCEDURE DIVISION.
172 PROGRAMM-STEUERUNG SECTION.
173 PR-1000.
174      PERFORM VORLAUF.
175      PERFORM AUSWAHL UNTIL DIALOG-ENDE.
176      PERFORM NACHLAUF.
177 PR-9999.
178      STOP RUN.
179*-------------------------------------------------*
180 VORLAUF SECTION.
181 VOR-1000.
182      OPEN I-O ADRESSEN OUTPUT PROTOKOLL.
183      ACCEPT TAGES-DATUM FROM DATE.
184      MOVE CORR TAGES-DATUM TO A-DATUM.
185      WRITE PROTOKOLL-SATZ FROM UEBERSCHRIFT-1
186           AFTER PAGE.
187      PERFORM EINGABE.
188 VOR-9999.
189      EXIT.
190*-------------------------------------------------*
191 EINGABE SECTION.
192 EIN-1000.
193      DISPLAY SPACE.
194      DISPLAY "ADRESSEN VERWALTUNG" AT 0130.
195      DISPLAY "ADRESSEN-NR:   "     AT 0301.
196      DISPLAY "1. NEUAUFNAHME "     AT 0535.
197      DISPLAY "2. ÄNDERN      "     AT 0735.
198      DISPLAY "3. LÖSCHEN     "     AT 0935.
199      DISPLAY "4. LESEN DIREKT"     AT 1135.
200      DISPLAY "5. LESEN VORWÄRTS"   AT 1335.
201      DISPLAY "6. LESEN RÜCKWÄRTS"  AT 1535.
202      DISPLAY "7. STARTEN        "  AT 1735.
203
204      DISPLAY "9. ENDE        "     AT 1935.
205
```

```
206      DISPLAY "IHRE WAHL ( )  "      AT 2401.
207      MOVE    ZERO TO AUSWAHL-KZ.
208      ACCEPT ADRESSEN-NR            AT 0316.
209      ACCEPT AUSWAHL-KZ             AT 2412.
210      MOVE    ADRESSEN-NR TO A-NR IN A-SATZ, D-NR.
211 EIN-9999.
212      EXIT.
213*--------------------------------------------------*
214 AUSWAHL SECTION.
215 AUS-1000.
216      EVALUATE AUSWAHL-KZ
217      WHEN 1 THRU 4 PERFORM LESEN
218      END-EVALUATE
219
220      EVALUATE AUSWAHL-KZ
221
222      WHEN NEUAUFNAHME
223
224          EVALUATE SATZ-NICHT-DA
225          WHEN TRUE  MOVE "ERFASSEN" TO FUNKTION,
226                                        D-FUNKTION,
227                    PERFORM NEUANLAGE,
228
229          WHEN FALSE MOVE FEHL-1 TO MELDUNG
230                    PERFORM ANZEIGE
231
232          END-EVALUATE
233
234      WHEN AENDERUNG
235
236          EVALUATE SATZ-NICHT-DA
237
238          WHEN FALSE MOVE "ÄNDERN" TO FUNKTION,
239                                        D-FUNKTION,
240                    PERFORM AENDERN
241
242          WHEN TRUE  MOVE FEHL-2 TO MELDUNG
243                    PERFORM ANZEIGE
244
245          END-EVALUATE
246
247      WHEN LOESCHUNG
248
249          EVALUATE SATZ-NICHT-DA
250
251          WHEN FALSE MOVE "LÖSCHEN" TO FUNKTION,
```

```
252                                     D-FUNKTION,
253                  PERFORM LOESCHEN,
254
255        WHEN TRUE   MOVE FEHL-2 TO MELDUNG
256                    PERFORM ANZEIGE
257
258        END-EVALUATE
259
260
261    WHEN  WAHLFREI-LESEN
262
263        EVALUATE SATZ-NICHT-DA
264
265        WHEN FALSE MOVE "LESEN DIREKT" TO FUNKTION,
266                                    D-FUNKTION,
267                  PERFORM LESEN-DIREKT
268
269        WHEN TRUE   MOVE FEHL-2 TO MELDUNG
270                    PERFORM ANZEIGE
271
272        END-EVALUATE
273
274    WHEN   VOR-LESEN PERFORM VORWAERTS-LESEN
275
276    WHEN   RUECK-LESEN PERFORM RUECKWAERTS-LESEN
277
278    WHEN   STARTEN PERFORM POSITIONIEREN
279
280    WHEN OTHER MOVE FEHL-4 TO MELDUNG
281             PERFORM ANZEIGE
282
283    END-EVALUATE
284
285    PERFORM EINGABE.
286 AUS-9999.
287    EXIT.
288*--------------------------------------------------*
289 LESEN SECTION.
290 LES-1000.
291    READ ADRESSEN.
292 LES-9999.
293    EXIT.
294*--------------------------------------------------*
295 NACHLAUF SECTION.
296 NAC-1000.
297    CLOSE ADRESSEN, PROTOKOLL.
```

```
298 NAC-9999.
299     EXIT.
300*------------------------------------------------*
301 NEUANLAGE SECTION.
302 NEU-1000.
303     PERFORM KOPF.
304     DISPLAY "Ctrl+Z = Feld löschen" AT 2401.
305     ACCEPT  EINGABE-MASKE       AT 0501.
306     MOVE CORR EINGABE-MASKE TO A-SATZ.
307     WRITE A-SATZ.
308     IF DATEI-OK  MOVE MELD-1 TO MELDUNG,
309                     PERFORM DR-PROTOKOLL
310     ELSE         MOVE FEHL-3 TO MELDUNG.
311     PERFORM ANZEIGE.
312 NEU-9999.
313     EXIT.
314*------------------------------------------------*
315 AENDERN SECTION.
316 AEN-1000.
317     PERFORM KOPF.
318     MOVE CORR A-SATZ TO EINGABE-MASKE.
319     DISPLAY AUSGABE-MASKE       AT 0501.
320     DISPLAY "Ctrl+Z = Feld löschen" AT 2401.
321     ACCEPT  EINGABE-MASKE       AT 0501.
322     MOVE CORR EINGABE-MASKE TO A-SATZ.
323     REWRITE A-SATZ.
324     IF DATEI-OK  MOVE MELD-2 TO MELDUNG
325                     PERFORM DR-PROTOKOLL
326     ELSE         MOVE FEHL-3 TO MELDUNG.
327     PERFORM ANZEIGE.
328 AEN-9999.
329     EXIT.
330*------------------------------------------------*
331 LOESCHEN SECTION.
332 LOE-1000.
333     PERFORM KOPF.
334     MOVE CORR A-SATZ TO EINGABE-MASKE.
335     DISPLAY AUSGABE-MASKE       AT 0501.
336     DISPLAY MELD-3              AT 2401.
337     MOVE SPACE TO LOESCH-KZ.
338     ACCEPT  LOESCH-KZ          AT 2438.
339
340     EVALUATE LOESCH-KZ = "J" OR "j"
341     WHEN TRUE
342         DELETE ADRESSEN
343         IF DATEI-OK  MOVE MELD-4 TO MELDUNG
```

```
344                         PERFORM DR-PROTOKOLL
345          ELSE           MOVE FEHL-3 TO MELDUNG
346            END-IF
347
348      WHEN FALSE MOVE MELD-5 TO MELDUNG
349
350      END-EVALUATE
351
352      PERFORM ANZEIGE.
353 LOE-9999.
354      EXIT.
355*--------------------------------------------------*
356 KOPF SECTION.
357 KO-1000.
358      DISPLAY SPACE.
359      DISPLAY FUNKTION          AT 0135.
360      DISPLAY "ADRESSEN-NR:   "  AT 0301.
361      DISPLAY ADRESSEN-NR       AT 0316.
362
363      DISPLAY AUSGABE-MASKE      AT 0501.
364 KO-9999.
365      EXIT.
366*--------------------------------------------------*
367 ANZEIGE SECTION.
368 ANZ-1000.
369      DISPLAY MELDUNG AT 2501.
370      ACCEPT  WARTEN  AT 2561.
371      MOVE SPACE TO MELDUNG.
372      DISPLAY MELDUNG AT 2501.
373 ANZ-9999.
374      EXIT.
375*--------------------------------------------------*
376 DR-PROTOKOLL SECTION.
377 DR-1000.
378      WRITE PROTOKOLL-SATZ FROM DRUCK-ZEILE AFTER 1.
379 DR-9999.
380      EXIT.
381*--------------------------------------------------*
382 LESEN-DIREKT SECTION.
383      PERFORM KOPF.
384      MOVE CORR A-SATZ TO EINGABE-MASKE.
385      DISPLAY AUSGABE-MASKE      AT 0501.
386      ACCEPT WARTEN AT 2501.
387*--------------------------------------------------*
388 VORWAERTS-LESEN SECTION.
389
```

```
390     READ ADRESSEN NEXT
391         AT END
392             MOVE FEHL-6 TO MELDUNG
393             PERFORM ANZEIGE
394
395         NOT AT END
396             PERFORM KOPF
397             MOVE CORR A-SATZ TO EINGABE-MASKE
398             DISPLAY A-NR                AT 0316
399             DISPLAY AUSGABE-MASKE       AT 0501
400             ACCEPT WARTEN AT 2501
401     END-READ.
402*--------------------------------------------------*
403 RUECKWAERTS-LESEN SECTION.
404
405     READ ADRESSEN PREVIOUS
406         AT END
407             MOVE FEHL-7 TO MELDUNG
408             PERFORM ANZEIGE
409
410         NOT AT END
411             PERFORM KOPF
412             MOVE CORR A-SATZ TO EINGABE-MASKE
413             DISPLAY A-NR                AT 0316
414             DISPLAY AUSGABE-MASKE       AT 0501
415             ACCEPT WARTEN AT 2501
416     END-READ.
417*--------------------------------------------------*
418 POSITIONIEREN  SECTION.
419     MOVE "99" TO ADR-STATUS.
420
421     DISPLAY "SCHLÜSSEL = ( )" AT  2001.
422
423     DISPLAY "1=NR, 2=NAME, 3=ORT, 4=GEB.-DATUM"
424                             AT 2017.
425     ACCEPT START-KZ         AT 2014.
426
427     EVALUATE START-KZ
428
429     WHEN  1
430
431         DISPLAY "NR:"           AT 2101
432         ACCEPT  A-NR IN A-SATZ    AT 2120
433         START ADRESSEN KEY NOT < A-NR IN A-SATZ
434
435     WHEN  2
436
```

```
437          DISPLAY "NAME:"          AT 2101
438          ACCEPT  A-NAME IN A-SATZ  AT 2120
439          START ADRESSEN KEY NOT < A-NAME IN A-SATZ
440
441     WHEN  3
442
443          DISPLAY "ORT:"           AT 2101
444          ACCEPT  A-ORT IN A-SATZ   AT 2120
445          START ADRESSEN KEY NOT < A-ORT IN A-SATZ
446
447     WHEN  4
448
449          DISPLAY "GEB.-DATUM"      AT 2101
450          ACCEPT  A-G-DATUM IN A-SATZ AT 2120
451          START ADRESSEN KEY NOT < A-G-DATUM
452                               IN A-SATZ
453
454     WHEN OTHER MOVE FEHL-4 TO MELDUNG
455                PERFORM ANZEIGE
456
457     END-EVALUATE
458
459     IF DATEI-OK  MOVE MELD-6 TO MELDUNG
460     ELSE         MOVE FEHL-5 TO MELDUNG
461     END-IF
462     PERFORM ANZEIGE.
```

Listing 19.12: DEMO21: Verwalten Adressdatei

19.7 Programmbeispiel: DEMO22: Telefonliste

Aufgabenstellung

Für die im Programmbeispiel DEMO22 gegebene Index-sequenzielle Datei ADRESSEN.ISA soll eine alphabetisch sortierte Telefonliste erstellt werden.

Aufbau der Telefonliste:

Siehe Druckliste am Ende dieses Programms.

Lösungshinweis

Da das Feld NAME als alternativer Schlüssel definiert worden ist, befinden sich die Datensätze der Datei zu jedem Zeitpunkt in aufsteigend sortierter Reihenfolge nach diesem Feld.

Die Datei soll daher auf den alphabetisch niedrigsten Namen positioniert und anschließend sequenziell gelesen werden. Nachdem aber der alphabetisch niedrigste Name nicht bekannt ist, werden zum Positionieren Leerzeichen benutzt.

Programmlisting:

```
 1 IDENTIFICATION DIVISION.
 2 PROGRAM-ID.           DEMO22-TELEFONLISTE.
 3 AUTHOR.               R. HABIB.
 4 DATE-WRITTEN.
 5 DATE-COMPILED.
 6*****************************************************
 7* PROGRAMMFUNKTION:                              *
 8*                                                *
 9* DAS PROGRAMM ERSTELLT AUS DEN SÄTZEN EINER     *
10* INDEX-SEQUENZIELLEN DATEI EINE TELEFONLISTE.   *
11*                                                *
12*****************************************************
13 ENVIRONMENT DIVISION.
14 CONFIGURATION SECTION.
15 SOURCE-COMPUTER.  IBM-PC.
16 OBJECT-COMPUTER.  IBM-PC.
17 SPECIAL-NAMES.
18     DECIMAL-POINT IS COMMA,
19     CONSOLE IS CRT.
20 INPUT-OUTPUT SECTION.
21 FILE-CONTROL.
22     SELECT  ADRESSEN ASSIGN TO "ADRESSEN.ISA",
23             ORGANIZATION    IS INDEXED,
24             ACCESS MODE      IS DYNAMIC,
25             RECORD KEY        IS A-NR    IN A-SATZ,
26     ALTERNATE RECORD KEY IS A-NAME     IN A-SATZ
27             WITH DUPLICATES,
28     ALTERNATE RECORD KEY IS A-ORT      IN A-SATZ
29             WITH DUPLICATES,
30     ALTERNATE RECORD KEY IS A-G-DATUM IN A-SATZ
31             WITH DUPLICATES,
32             FILE STATUS IS ADR-STATUS.
33
34     SELECT  TELEFONLISTE ASSIGN TO "TELEFON.AUS".
35*-------------------------------------------------*
36 DATA DIVISION.
37 FILE SECTION.
38 FD  ADRESSEN.
39 01  A-SATZ.
40     05 A-NR          PIC 9(4).
41     05 A-NAME        PIC X(15).
42     05 A-STR         PIC X(15).
43     05 A-PLZ         PIC X(5).
44     05 A-ORT         PIC X(15).
45     05 A-TELEFON     PIC X(14).
```

```
46      05 A-G-DATUM          PIC 9(6).
47      05 A-BEMERKUNG        PIC X(20).
48      05 A-KENNZEICHEN      PIC X(1).
49
50 FD  TELEFONLISTE.
51 01  TELEFON-SATZ          PIC X(56).
52*-------------------------------------------------*
53 WORKING-STORAGE SECTION.
54 01  UEBERSCHRIFT-1.
55      05 FILLER             PIC X(40) VALUE
56      "          TELEFONLISTE ".
57
58 01  UEBERSCHRIFT-2.
59      05 FILLER             PIC X(40) VALUE
60      "NR    NAME              TELEFON".
61
62 01  DRUCK-ZEILE.
63      05 D-NR               PIC 9(4).
64      05 FILLER             PIC X(2).
65      05 D-NAME             PIC X(15).
66      05 FILLER             PIC X(2).
67      05 D-TELEFON          PIC X(14).
68
69 01  ADR-STATUS            PIC 99.
70      88 DATEI-OK           VALUE 00, 02.
71      88 DATEI-ENDE         VALUE 10.
72      88 SATZ-NICHT-DA      VALUE 23.
73      88 SATZ-BEREITS-DA    VALUE 22.
74*-------------------------------------------------*
75 PROCEDURE DIVISION.
76 PROGRAMM-STEUERUNG SECTION.
77 PR-1000.
78      PERFORM VORLAUF.
79      PERFORM VERARBEITUNG UNTIL NOT DATEI-OK.
80      PERFORM NACHLAUF.
81 PR-9999.
82      STOP RUN.
83*-------------------------------------------------*
84 VORLAUF SECTION.
85 VOR-1000.
86      OPEN I-O ADRESSEN OUTPUT TELEFONLISTE.
87      WRITE TELEFON-SATZ FROM UEBERSCHRIFT-1 AFTER 1.
88      WRITE TELEFON-SATZ FROM UEBERSCHRIFT-2 AFTER 1.
89      MOVE SPACE TO A-NAME.
90      START ADRESSEN KEY NOT < A-NAME.
91      IF DATEI-OK PERFORM LESEN.
```

```
 92 VOR-9999.
 93     EXIT.
 94*--------------------------------------------------*
 95 VERARBEITUNG SECTION.
 96 VER-1000.
 97     MOVE A-NR        TO D-NR.
 98     MOVE A-NAME      TO D-NAME.
 99     MOVE A-TELEFON   TO D-TELEFON.
100     WRITE TELEFON-SATZ FROM DRUCK-ZEILE AFTER 1.
101     PERFORM LESEN.
102 VER-9999.
103     EXIT.
104*--------------------------------------------------*
105 LESEN SECTION.
106 LES-1000.
107     READ ADRESSEN NEXT.
108 LES-9999.
109     EXIT.
110*--------------------------------------------------*
111 NACHLAUF SECTION.
112 NAC-1000.
113     CLOSE ADRESSEN, TELEFONLISTE.
114 NAC-9999.
115     EXIT.
116*--------------------------------------------------*
```

Listing 19.13: DEMO22: Telefonliste

Inhalt der Druckliste »TELEFON.AUS«:

```
        TELEFONLISTE

    NR    NAME               TELEFON

    2222  MAEIR   KLAUS       089/23849
    1111  SCHMIDT PETER       089/5626566
    5555  SCHULZ ALOIS        089/326547
    3333  SCHULZ GEHARD       089/83873
    6666  SCHULZ GÜNTER       089/3646778
    7777  SCHULZ GÜNTER       089/878993
    4444  SCHULZ HANS         089/98263
    8888  SCHULZ ROSA         0637/9834432
    9999  SCHULZ ROSA         06879/654231
```

Listing 19.14: Telefonliste

19.8 Programmbeispiel: DEMO23: Auskunftssystem

Aufgabenstellung

Ein Auskunftssystem soll für die im Programmbeispiel DEMO22 erstellte Index-sequenzielle Datei ADRES-SEN.ISA entwickelt werden.

Dabei soll der Benutzer die Möglichkeit haben, einen oder mehrere Buchstaben des Namens (als Abkürzung) einzugeben, um anschließend die alphabetisch nächsten fünf Datensätze in Kurzform am Bildschirm zu erhalten.

Der Benutzer kann dann anhand anderer Datenfelder des Satzes (z.B. Geburtsdatum) bestimmen, welchen Satz er für die Verarbeitung bzw. zum Anzeigen benötigt.

Die Auswahl des benötigten Satzes wird vom Benutzer vorgenommen, indem er den Cursor auf den entsprechenden Datensatz am Bildschirm positioniert. Wird die $\boxed{\text{RETURN}}$-Taste gedrückt, so erscheint anschließend der vollständige Satz am Bildschirm.

Programmlisting:

```
 1 IDENTIFICATION DIVISION.
 2 PROGRAM-ID.          DEMO23-AUSKUNFT-SYSTEM.
 3 AUTHOR.             R. HABIB.
 4 DATE-WRITTEN.
 5 DATE-COMPILED.
 6**********************************************
 7* PROGRAMMFUNKTION:                          *
 8*                                            *
 9* DAS PROGRAMM ERMÖGLICHT DEM BENUTZER DAS AUF- *
10* SUCHEN EINES SATZES IN EINER INDEX-SEQUEN- *
11* ZIELLEN DATEI MIT HILFE EINES ODER MEHRERER *
12* BUCHSTABEN DES NAMENS.                     *
13*                                            *
14**********************************************
15 ENVIRONMENT DIVISION.
16 CONFIGURATION SECTION.
17 SOURCE-COMPUTER.  IBM-PC.
18 OBJECT-COMPUTER.  IBM-PC.
19 SPECIAL-NAMES.
20     DECIMAL-POINT IS COMMA,
21     CURSOR IS CURSOR-POSITION,
22     CONSOLE IS CRT.
23 INPUT-OUTPUT SECTION.
24 FILE-CONTROL.
25     SELECT  ADRESSEN ASSIGN TO "ADRESSEN.ISA",
26             ORGANIZATION    IS INDEXED,
27             ACCESS MODE     IS DYNAMIC,
28             RECORD KEY      IS A-NR   IN A-SATZ,
29     ALTERNATE RECORD KEY IS A-NAME   IN A-SATZ
30             WITH DUPLICATES,
```

```
31      ALTERNATE RECORD KEY IS A-ORT       IN A-SATZ
32            WITH DUPLICATES,
33      ALTERNATE RECORD KEY IS A-G-DATUM IN A-SATZ
34            WITH DUPLICATES,
35             FILE STATUS IS ADR-STATUS.
36*-------------------------------------------------*
37 DATA DIVISION.
38 FILE SECTION.
39 FD  ADRESSEN.
40 01  A-SATZ.
41     05 A-NR           PIC 9(4).
42     05 A-NAME         PIC X(15).
43     05 A-STR          PIC X(15).
44     05 A-PLZ          PIC X(5).
45     05 A-ORT          PIC X(15).
46     05 A-TELEFON      PIC X(14).
47     05 A-G-DATUM      PIC 9(6).
48     05 A-BEMERKUNG    PIC X(20).
49     05 A-KENNZEICHEN  PIC X(1).
50*-------------------------------------------------*
51 WORKING-STORAGE SECTION.
52
53 01  ADR-STATUS        PIC 99.
54     88 DATEI-OK       VALUE 00, 02.
55     88 DATEI-ENDE     VALUE 10.
56     88 SATZ-NICHT-DA  VALUE 23.
57     88 SATZ-BEREITS-DA VALUE 22.
58
59 01  AUSWAHL-MASKE.
60     05 FILLER   PIC X(10).
61     05 TEXT1    PIC X(02) VALUE "Nr".
62     05 FILLER   PIC X(08).
63     05 TEXT2    PIC X(04) VALUE "Name".
64     05 FILLER   PIC X(21).
65     05 TEXT3    PIC X(35) VALUE "Geburtsdatum".
66     05 FILLER   PIC X(10).
67     05 TEXT4    PIC X(47) VALUE ALL "=".
68
69 01  NAMEN-MASKE.
70     05 FILLER   PIC X(10).
71     05 A-NR     PIC 9(4).
72     05 FILLER   PIC X(06).
73     05 A-NAME   PIC X(15).
74     05 FILLER   PIC X(10).
75     05 A-G-DATUM PIC 99.99.99.
76
```

```
77 01  POSITION-MASKE.
78       05 FILLER      OCCURS 5.
79         10 FILLER    PIC X(9).
80         10 TEXT1     PIC X.
81         10 FILLER    PIC X(70).
82
83 01  AUSGABE-MASKE.
84       05 TEXT0     PIC X(80) VALUE "Nr".
85       05 TEXT1     PIC X(80) VALUE "Name:".
86       05 TEXT2     PIC X(80) VALUE "Straße:".
87       05 TEXT3     PIC X(80) VALUE "PLZ:".
88       05 TEXT4     PIC X(80) VALUE "Ort:".
89       05 TEXT5     PIC X(80) VALUE "Telefon:".
90       05 TEXT6     PIC X(80) VALUE "Geburtsdatum:".
91       05 TEXT7     PIC X(80) VALUE "Bemerkung:".
92       05 TEXT8     PIC X(80) VALUE "Kennzeichen:".
93
94 01  EINGABE-MASKE REDEFINES AUSGABE-MASKE.
95       05 FILLER        PIC X(15).
96       05 A-NR          PIC 9(4).
97       05 FILLER        PIC X(61).
98
99       05 FILLER        PIC X(15).
100      05 A-NAME        PIC X(15).
101      05 FILLER        PIC X(50).
102
103      05 FILLER        PIC X(15).
104      05 A-STR         PIC X(15).
105      05 FILLER        PIC X(50).
106
107      05 FILLER        PIC X(15).
108      05 A-PLZ         PIC X(5).
109      05 FILLER        PIC X(60).
110
111      05 FILLER        PIC X(15).
112      05 A-ORT         PIC X(15).
113      05 FILLER        PIC X(50).
114
115      05 FILLER        PIC X(15).
116      05 A-TELEFON     PIC X(14).
117      05 FILLER        PIC X(51).
118
119      05 FILLER        PIC X(15).
120      05 A-G-DATUM     PIC 99.99.99.
121      05 FILLER        PIC X(57).
122
```

```
123       05 FILLER           PIC X(15).
124       05 A-BEMERKUNG       PIC X(20).
125       05 FILLER           PIC X(45).
126
127       05 FILLER           PIC X(15).
128       05 A-KENNZEICHEN     PIC X(1).
129       05 FILLER           PIC X(64).
130
131 01 CURSOR-POSITION.
132       05 ZEILE            PIC 99 VALUE 07.
133       05 SPALTE           PIC 99 VALUE 01.
134
135 01 NR-TAB.
136       05 NR               PIC 9(4) OCCURS 5.
137
138 01 MELDUNG               PIC X(60).
139 01 WARTEN                PIC X.
140 01 I                     PIC 99.
141
142 01 ENDE-KENNZEICHEN      PIC X  VALUE SPACE.
143       88 DIALOG-ENDE       VALUE "J", "j".
144 01 ENDE-MELDUNG          PIC X(25) VALUE
145       "Programmende (J/N) ===>".
146*-------------------------------------------------*
147 PROCEDURE DIVISION.
148 PROGRAMM-STEUERUNG SECTION.
149 PR-1000.
150       PERFORM VORLAUF.
151       PERFORM AUSWAHL UNTIL DIALOG-ENDE.
152       PERFORM NACHLAUF.
153 PR-9999.
154       STOP RUN.
155*-------------------------------------------------*
156 VORLAUF SECTION.
157 VOR-1000.
158       OPEN I-O ADRESSEN.
159       PERFORM EINGABE.
160 VOR-9999.
161       EXIT.
162*-------------------------------------------------*
163 EINGABE SECTION.
164 EIN-1000.
165       DISPLAY SPACE.
166       DISPLAY "ADRESSEN AUSKUNFT"    AT 0130.
167       MOVE SPACE TO A-NAME IN A-SATZ.
168       DISPLAY    "NAME:"             AT 0314.
```

```
169      ACCEPT    A-NAME IN A-SATZ     AT 0320.
170      DISPLAY   ENDE-MELDUNG         AT 2401.
171      ACCEPT    ENDE-KENNZEICHEN     AT 2425.
172 EIN-9999.
173      EXIT.
174*-------------------------------------------------*
175 AUSWAHL SECTION.
176 AUS-1000.
177      START ADRESSEN KEY NOT < A-NAME IN A-SATZ.
178      IF DATEI-OK PERFORM VERARBEITUNG
179      ELSE
180         DISPLAY "Kein Satz mehr vorhanden" AT 2501
181         ACCEPT  WARTEN  AT 2561.
182
183      PERFORM EINGABE.
184 AUS-9999.
185      EXIT.
186*-------------------------------------------------*
187 NACHLAUF SECTION.
188 NAC-1000.
189      CLOSE ADRESSEN.
190 NAC-9999.
191      EXIT.
192*-------------------------------------------------*
193 VERARBEITUNG SECTION.
194 VER-1000.
195      PERFORM KOPF.
196      MOVE ZERO  TO NR-TAB.
197      READ ADRESSEN NEXT.
198      MOVE 0 TO I.
199      MOVE 01 TO SPALTE.
200      PERFORM LESEN VARYING ZEILE   FROM 7 BY 1
201              UNTIL ZEILE  > 11 OR
202                    NOT DATEI-OK.
203      DISPLAY
204        "Cursor auf die gewünschte Zeile bewegen"
205        AT 2501.
206
207      PERFORM ACCEPT-NR.
208      PERFORM ACCEPT-NR UNTIL NR (I) NOT = ZERO.
209      MOVE NR(I) TO A-NR IN A-SATZ.
210      READ ADRESSEN.
211      DISPLAY SPACE.
212      MOVE CORR A-SATZ TO EINGABE-MASKE.
213      DISPLAY AUSGABE-MASKE      AT 0501.
214      DISPLAY EINGABE-MASKE      AT 0501.
```

```
215      ACCEPT WARTEN.
216 VER-9999.
217      EXIT.
218*---------------------------------------------*
219 LESEN SECTION.
220 LES-1000.
221      ADD 1 TO I.
222      MOVE CORR A-SATZ TO NAMEN-MASKE.
223      DISPLAY NAMEN-MASKE AT CURSOR-POSITION.
224      MOVE A-NR IN A-SATZ TO NR (I).
225      READ ADRESSEN NEXT.
226 LES-9999.
227      EXIT.
228*---------------------------------------------*
229 KOPF SECTION.
230 KO-1000.
231      DISPLAY SPACE.
232      DISPLAY AUSWAHL-MASKE      AT 0301.
233 KO-9999.
234      EXIT.
235*---------------------------------------------*
236 ACCEPT-NR SECTION.
237 ACC-1000.
238      MOVE 0701 TO CURSOR-POSITION.
239      ACCEPT  POSITION-MASKE  AT CURSOR-POSITION.
240      SUBTRACT 6 FROM ZEILE GIVING I.
241 ACC-9999.
242      EXIT.
```

Listing 19.15: DEMO23: Auskunft-System

20

Konkurrierende Dateizugriffe

20.1 Vorbemerkung

In den vorangegangenen Kapiteln wurde bereits ausführlich darauf eingegangen, wie in COBOL Dateien definiert und verarbeitet werden. Neben der rein sequenziellen Dateiverarbeitung wurde auch insbesondere die Index-sequenzielle Organisationsform erklärt, der in Multiuserumgebungen eine besondere Rolle zukommt. Dieses Kapitel beschäftigt sich mit der Frage, wie Dateien zu definieren und zu verarbeiten sind, wenn sie gleichzeitig von mehreren Anwendern benutzt werden sollen.

Dabei lassen sich grundsätzlich drei verschiedene Vorgehensweisen unterscheiden: Verarbeitung ohne Satzsperren, pessimistische Satzsperren und optimistische Satzsperren. Um die Unterschiede aufzuzeigen, werden sie im Folgenden zusammen mit immer dem gleichen Beispiel erläutert. Dabei soll es darum gehen, von unterschiedlichen Programmen aus Daten in eine Testdatei zu schreiben, deren numerischer Primärschlüssel lückenlos aufsteigend vergeben werden soll. In einer zweiten Datei mit dem Namen Counter findet sich der jeweils aktuelle Wert für den Schlüssel der Testdatei. Um also einen Satz zu erzeugen, liest die Anwendung die Counter-Datei und legt mit dem dort gefundenen Wert einen neuen Satz in der Testdatei an. Daraufhin erhöht sie den Wert um 1 und schreibt ihn in die Counter-Datei zurück. Lesen nun zwei konkurrierende Anwendungen denselben Datensatz zur selben Zeit, werden sie ebenso gleichzeitig versuchen, einen Satz in der Testdatei mit demselben Primärschlüssel anzulegen, was in mindestens einem Fall zu einer Schlüsselverletzung führt. Am Ende soll jede Anwendung ausgeben, wie oft es zu diesem Fehler kam. Schon jetzt ist klar, dass dieser Wert für eine professionelle Anwendung immer null sein muss.

20.2 File connector

Ein *file connector* ist ein interner Speicherbereich, der einem Dateinamen zugeordnet und für den Anwendungsentwickler nicht zugänglich ist. Er wird von der COBOL-Laufzeitumgebung für die aktuelle Anwendung erzeugt und verwaltet unterschiedliche Informationen über die zugehörige Datei. Dazu gehören neben dem aktuellen Dateistatus auch die aktuelle Dateiposition oder beispielsweise der OPEN-Modus. Vor allem aber, und das ist für dieses Kapitel von besonderem Interesse, verwaltet der file connector auch die Liste aller Datensätze, die er in der Datei gesperrt hat. Jede gestartete Anwendung, die eine Datei öffnet, hat einen eigenen file connector pro Datei. Dadurch ist es möglich, dass mehrere Anwendungen gleichzeitig unterschiedliche Satzsperren auf ein und dieselbe Datei halten können, selbst wenn sie im selben Hauptspeicher ausgeführt werden und es sich letztendlich immer um dasselbe COBOL-Programm handelt, das mehrfach gestartet wurde.

20.3 Verarbeitung ohne Satzsperren

Um sicherzustellen, dass immer nur ein User gleichzeitig die Daten eines Kunden ändern kann, muss die Anwendung wissen, ob der gewünschte Datensatz derzeit von einem anderen Benutzer bearbeitet wird oder nicht. Damit wird die Programmierung aufwendiger, da man sich Gedanken für den Fall machen muss, dass man aktuell nicht alleine zugreift. Dieser Abschnitt möchte aufzeigen, was passiert, wenn man sich um den konkurrierenden Zugriff keine Gedanken macht.

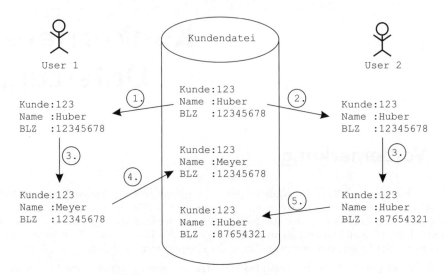

Abbildung 20.1: Gemeinsamer Zugriff ohne Satzsperren

In Abbildung 20.1 sind zwei User dargestellt, die gleichzeitig den Kunden mit der Nummer 123 bearbeiten wollen.

1. User 1 liest den Satz und bekommt ihn in seine Anwendung übertragen. Der Kunde heißt Huber und hat die Bankleitzahl 12345678.

2. User 2 greift ebenfalls auf diesen Satz zu und bekommt genau dieselben Daten.

3. Beide Anwender ändern die ihnen zur Verfügung gestellten Informationen. User 1 verändert den Namen, der Kunde heißt jetzt Meyer. User 2 nimmt Einfluss auf die Bankleitzahl und ändert sie auf 87654321.

4. User 1 schreibt den Datensatz zurück, was auch problemlos funktioniert. Er ist der Überzeugung, seine Änderung erfolgreich durchgebracht zu haben. In der Datei steht tatsächlich der Kunde Meyer mit der Bankleitzahl 12345678.

5. Danach schreibt auch User 2 seine Daten. Auch er bekommt die Information, dass alles ordnungsgemäß funktioniert hat. Das Problem ist nur, dass der Kunde in der Datei jetzt wieder Huber heißt, weil User 2 nichts von der Änderung von User 1 mitbekommen hat.

In einer professionellen Anwendung darf es niemals zu der eben beschriebenen Situation kommen.

Beispiel: Counter

Hier soll aufgezeigt werden, was passiert, wenn man das aus dem Anfang des Kapitels bekannte Problem mit der Counter-Datei ohne Satzsperren realisiert. Werden weder bei der Dateibeschreibung in der SELECT-Klausel, noch bei irgendeiner Anweisung für den Dateizugriff, irgendwelche Angaben für den Fall des konkurrierenden Zugriffs gemacht, bedeutet dies, dass eine Anwendung eine Datei exklusiv öffnen will. Für das vorliegende Problem würde dies bedeuten, dass eine zweite konkurrierende Anwendung erst gar nicht gestartet werden kann, beziehungsweise diese eine Fehlermeldung erhält, wenn sie versucht, die Datei zu öffnen. Das bedeutet, dass ein User alle Datensätze aller Dateien, mit denen er arbeitet, gleichzeitig sperrt.

Um ein gemeinsames Arbeiten überhaupt zu ermöglichen, ist es daher notwendig, bei der OPEN-Anweisung eine entsprechende SHARE-Angabe zu machen.

```
OPEN { { INPUT
          OUTPUT
          I-O     } [sharing-phrase] [retry-phrase]
          EXTEND



        { Dateiname-1 [WITH NO REWIND] } ...  } ...


  sharing-phrase:

          SHARING WITH { ALL OTHER
                         NO OTHER
                         READ ONLY }


  retry-phrase:

          RETRY { arithmetischer-Ausdruck-1  TIMES
                  FOR arithmetischer-Ausdruck-2 SECONDS
                  FOREVER }
```

Abbildung 20.2: OPEN-Anweisung

SHARING WITH ALL OTHER

Öffnet eine Anwendung eine Datei mit diesem Zusatz, erlaubt sie es anderen Anwendungen, sie gleichzeitig zu öffnen. Versucht die konkurrierende Anwendung die Datei mit OPEN OUTPUT anzulegen, bekommt sie eine Fehlermeldung.

SHARING WITH NO OTHER

Hier öffnet eine Anwendung die Datei exklusiv. Jeder Versuch einer konkurrierenden Anwendung, die Datei ebenfalls zu öffnen, wird als fehlerhaft zurückgewiesen.

SHARING WITH READ ONLY

Damit erlaubt die öffnende Anwendung ihren Konkurrenten, gleichzeitig lediglich lesend zuzugreifen. Nur wenn diese einen OPEN INPUT versuchen, können sie Erfolg haben.

In Abbildung 20.3 sind alle erlaubten beziehungsweise nicht erlaubten Möglichkeiten für einen konkurrierenden Zugriff beschrieben. Sollte eine OPEN-Anweisung aufgrund eines Konfliktes mit einer anderen Anwendung nicht ausgeführt werden, kann mit Hilfe der RETRY-Angabe bestimmt werden, ob und wie viele weitere Versuche unternommen werden sollen. Auf die Syntax der RETRY-Angabe wird im Folgenden noch genauer eingegangen.

OPEN Anweisung im aktuellen Programm		Bereits von einer anderen Anwendung durchgeführte OPEN Anweisung				
		SHARING WITH NO OTHER	SHARING WITH READ ONLY		SHARING WITH ALL OTHER	
		extend i-o input output	extend i-o output	input	extend i-o output	input
SHARING WITH NO OTHER	extend i-o input output	nicht erlaubt	nicht erlaubt	nicht erlaubt	nicht erlaubt	nicht erlaubt
SHARING WITH READ ONLY	extend i-o	nicht erlaubt	nicht erlaubt	nicht erlaubt	nicht erlaubt	erlaubt
	input	nicht erlaubt	nicht erlaubt	erlaubt	nicht erlaubt	erlaubt
	output	nicht erlaubt	nicht erlaubt	nicht erlaubt	nicht erlaubt	nicht erlaubt
SHARING WITH ALL OTHER	extend i-o	nicht erlaubt	nicht erlaubt	nicht erlaubt	erlaubt	erlaubt
	input	nicht erlaubt	erlaubt	erlaubt	erlaubt	erlaubt
	output	nicht erlaubt	nicht erlaubt	nicht erlaubt	nicht erlaubt	nicht erlaubt

Abbildung 20.3: Erlaubte konkurrierende OPEN-Anweisungen

Soll eine Datei mit einer SHARING-Angabe geöffnet werden, ist es zusätzlich notwendig, in ihrer SELECT-Klausel eine Angabe darüber zu treffen, wie die einzelnen Datensätze gesperrt werden sollen.

LOCK MODE IS { MANUAL / AUTOMATIC } [WITH LOCK ON [MULTIPLE] { RECORD / RECORDS }]

Abbildung 20.4: LOCK MODE-Zusatz der SELECT-Klausel

LOCK MODE IS MANUAL

Bei dieser Angabe wird nur dann ein Datensatz gesperrt, wenn dies explizit in der entsprechenden IO-Anweisung verlangt wird. Ein Beispiel dafür wäre ein READ WITH LOCK.

LOCK MODE IS AUTOMATIC

Ohne dass sich der Anwendungsentwickler weiter darum kümmert, würde bei dieser Angabe ein Datensatz in der Datei alleine dadurch gesperrt werden, dass er gelesen wird. Eine normale READ-Anweisung reicht aus, um eine Satzsperre anzubringen. Dies kann bei fortlaufender Verarbeitung dazu führen, dass immer mehr Sätze von einem User gesperrt werden und ein konkurrierender Zugriff immer weniger möglich wird. In einem Testumfeld mag dies noch nicht besonders ins Gewicht fallen. Sobald das Programm dann aber stundenlang in der Praxis eingesetzt wird, tritt dieser unangenehme Effekt auf.

LOCK ON RECORDS

Diese Angabe gilt standardmäßig und sorgt dafür, dass eine Anwendung gleichzeitig immer nur einen Datensatz der zugehörigen Datei sperren kann. Jede folgende Dateioperation (außer START), hebt die Satzsperre auf. Damit kann das gefährliche Verhalten von LOCK MODE AUTOMATIC zwar entschärft werden, es ist jedoch genau zu prüfen, ob es für die Programmlogik genügt, immer nur einen Satz gleichzeitig im Zugriff zu haben.

LOCK ON MULTIPLE RECORDS

Damit wird es möglich, dass eine Anwendung gleichzeitig mehrere Datensätze einer Datei sperrt. Diese können dann entweder einzeln durch ein REWRITE WITH NO LOCK oder alle mit Hilfe der UNLOCK-Anweisung wieder freigegeben werden.

```
 1 identification division.
 2 program-id. OhneSperre.
 3 environment division.
 4 input-output section.
 5 file-control.
 6     select counter assign to "counter1"
 7         organization is indexed
 8         access dynamic
 9         record key schluessel
10         lock mode is manual
11         file status is count-stat.
12     select testdatei assign to "test1"
13         organization is indexed
14         access dynamic
15         record key testkey
16         lock mode is manual
17         file status is test-stat.
18 data division.
19 file section.
20 fd   counter.
21 01   counter-satz.
22     05   schluessel          pic 999.
23     05   wert                pic 9(5).
24 fd   testdatei.
25 01   testsatz.
26     05   testkey             pic 9(5).
27     05   testdaten           pic x(20).
28 working-storage section.
29 01   count-stat              pic xx.
30     88   count-ok            value "00" thru "09".
31 01   test-stat               pic xx.
32     88   test-ok             value "00" thru "09".
33 01   anzahlFehlversuche      pic 9(5) value 0.
34 procedure division.
35 counter-auslesen.
36     open i-o
37         sharing with all other
38         counter testdatei
39     if count-ok and test-ok
40         move 100 to schluessel
41         perform 10000 times
42             read counter
```

```
43                     invalid key
44                         perform counter-satz-erzeugen
45                 end-read
46                 if count-ok
47                     perform testsatz-erzeugen
48                 else
49                     display "Read counter:" count-stat
50                 end-if
51             end-perform
52             close counter testdatei
53         else
54             display "Open counter:" count-stat
55                     " Open test: " test-stat
56         end-if
57         display "Anzahl Fehlversuche:" anzahlFehlversuche
58         stop run.
59  counter-satz-erzeugen.
60         *> Wenn die Datei noch nicht vorhanden war, wird
61         *> hier der Datensatz mit der Nummer 100 und dem
62         *> Anfangswert 1 erzeugt.
63         move 1 to wert
64         write counter-satz
65         if not count-ok
66             display "Write-counter:"
67                 count-stat
68         end-if
69         .
70  testsatz-erzeugen.
71         move wert to testkey
72         move "Testdaten" to testdaten
73         write testsatz
74         if test-ok
75             display "ok:" testkey
76             add 1 to wert
77             rewrite counter-satz
78         else
79             display "Write-testsatz:"
80                 test-stat
81             add 1 to anzahlFehlversuche
82         end-if
83         .
```

Listing 20.1: Konkurrierender Zugriff ohne Satzsperren

Das Beispiel aus Listing 20.1 zeigt den Versuch, das Counter-Problem ohne Satzsperren zu lösen. Sobald man es gleichzeitig mehrfach startet, wird deutlich, dass immer nur ein User in der Lage ist, einen Testdatensatz zu schreiben. Obwohl pro Programm 10.000 Sätze geschrieben werden sollen, werden es am Ende weit weniger sein, weil jeder Fehlversuch abgezogen werden muss.

20.4 Pessimistische Satzsperren

Um das Problem des konkurrierenden Zugriffs vernünftig zu lösen, ist es unabdingbar, Datensätze zu sperren, um so sicherzustellen, dass immer nur ein Anwender gleichzeitig einen Datensatz bearbeitet.

Diese Satzsperren können entweder pessimistisch oder optimistisch angebracht werden. Von pessimistischer Satzsperre (oder pessimistischem Locking) spricht man, wenn ein Datensatz schon beim ersten Lesen für einen User gesperrt wird. Erst wenn er ihn geändert zurückschreibt oder explizit angibt, dass er ihn nicht weiter bearbeiten will, wird der Satz wieder freigegeben. Der Vorteil dieser Vorgehensweise liegt darin, dass die Programmlogik relativ einfach bleibt. Der Hauptnachteil ist jedoch, dass ein Satz so lange nicht bearbeitet werden kann, wie er bei einem anderen Anwender auf dem Bildschirm steht. Dabei muss durchaus berücksichtigt werden, dass dieser in die Mittagspause geht oder sich sein Rechner »aufgehängt« hat.

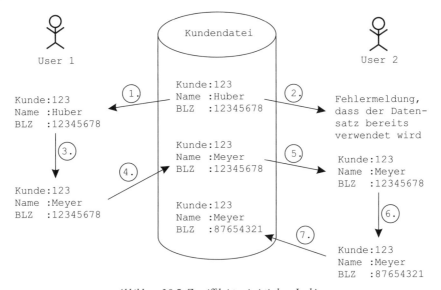

Abbildung 20.5: Zugriff bei pessimistischem Locking

In Abbildung 20.5 ist dargestellt, was bei pessimistischen Satzsperren passiert, wenn zwei Benutzer gleichzeitig den Kundensatz 123 bearbeiten wollen.

1. User 1 liest den Kunden mit der Nummer 123. Er heißt Huber und hat die Bankleitzahl 12345678.
2. User 2 versucht ebenfalls diesen Kundensatz zu lesen. Nun kommt es ganz darauf an, wie die Anwendung programmiert ist. Bei einer Online-Anwendung macht es keinen Sinn, so lange zu warten, bis der Satz wieder frei ist. Der Benutzer müsste eventuell minutenlang (oder noch länger) warten, bis seine Anwendung auf die Anforderung des Kundensatzes reagiert. Er wird den Eindruck bekommen, dass seine Anwendung nicht mehr richtig funktioniert und unter Umständen das Programm oder den ganzen Computer neu starten. Daher scheint es besser zu sein, ihm sofort mitzuteilen, dass der Datensatz gerade nicht zur Verfügung steht.
3. User 1 kann die Daten in Ruhe ändern.
4. Erst wenn der Datensatz ordentlich in die Datei zurückgeschrieben wurde, ist er freigegeben.
5. Nun kann auch User 2 zugreifen. Eventuell hat er so lange gewartet oder er versucht es nach einiger Zeit erneut.
6. Durch dieses Verfahren ist in jedem Fall sichergestellt, dass User 2 die aktuellste Version des Datensatzes bekommt, die die Änderungen von User 1 beinhaltet. Während er nun die Daten seinerseits manipuliert, sperrt er den Satz für alle anderen.

7. Schließlich schreibt auch User 2 den Satz zurück, an dem sich insgesamt sowohl der Name als auch die Bankleitzahl geändert haben.

Um ein solches Verhalten programmieren zu können, ist es notwendig, die Datei in der SELECT-Klausel mit einer LOCK MODE-Angabe zu versehen. Außerdem muss die Datei bei der OPEN-Anweisung mit einer geeigneten SHARING-Angabe geöffnet werden. Die entsprechenden Syntaxbeschreibungen befinden sich in dem Abschnitt über die Verarbeitung ohne Satzsperren.

Manuelle Einzelsatzsperre

Wurde die Datei mit LOCK MODE MANUAL und dem optionalen Zusatz LOCK ON RECORDS versehen, wird erst dann ein Satz gesperrt, wenn dies explizit in der entsprechenden Anweisung verlangt wird. Relevant ist das bei den Anweisungen READ, WRITE und REWRITE, deren Syntax hinsichtlich des Sperrens von Datensätzen im Folgenden beleuchtet werden soll. Außerdem kann immer nur ein Satz pro file connector gesperrt werden. Eine erfolgreiche Beendigung einer beliebigen IO-Anweisung (außer START) hebt eine eventuell vorhandene Sperre dieses file connectors auf einen beliebigen Satz der zugehörigen Datei auf.

```
READ Dateiname-1 {NEXT    } RECORD [INTO Bezeichner-1]
                 {PREVIOUS}

  ┌ ADVANCING ON LOCK ┐
  │ IGNORING LOCK      │
  └ retry-phrase       ┘

  ┌ WITH LOCK    ┐
  └ WITH NO LOCK ┘

  ┌┌ AT END unbedingte-Anweisung-1       ┐┐
  ││ NOT AT END unbedingte-Anweisung-2   ││
  └└                                     ┘┘

  [ END-READ ]

  retry-phrase:

          ┌ arithmetischer-Ausdruck-1  TIMES            ┐
   RETRY  │ FOR arithmetischer-Ausdruck-2  SECONDS      │
          └ FOREVER                                     ┘
```

Abbildung 20.6: READ-Anweisung zum sequenziellen Lesen

In READ NEXT oder READ PREVIOUS können verschiedene Angaben im Zusammenhang mit Datensatzsperren gemacht werden.

ADVANCING ON LOCK

Damit wird definiert, dass der eigentlich nächste Datensatz übersprungen werden soll, wenn er von einer anderen Anwendung gesperrt ist. Dies wird so lange angewendet, bis ein freier Satz oder das Dateiende gefunden wird. Damit ist es möglich, dass mehrere Programme parallel eine Anforderungsdatei abarbeiten, wobei jeder einzelne den Satz sperrt, den er gerade gelesen hat.

IGNORING LOCK

Ein READ IGNORING LOCK liest den gewünschten Satz auch dann, wenn er gleichzeitig von jemand anderem gesperrt wurde. Damit kann man einen Datensatz auch dann lesen, wenn er gerade in Bearbeitung ist. Ein gleichzeitiges Sperren mit der Angabe WITH LOCK ist jedoch in keinem Fall möglich.

RETRY

Sollte der gewünschte Datensatz oder die gesamte Datei gesperrt sein, kann mit diesem Zusatz festgelegt werden, wie zu verfahren ist.

Anzahl TIMES

Nachdem der Zugriff gescheitert ist, sollen so viele weitere Versuche unternommen werden, wie der arithmetische Ausdruck angibt. Wie viel Zeit zwischen jedem Versuch liegen soll, wird vom Compilerhersteller bestimmt. Sind alle Versuche gescheitert, wird die zugehörige IO-Anweisung beendet und der Dateistatus auf den Wert 51 gesetzt.

FOR Anzahl SECONDS

Nachdem der erste Versuch gescheitert ist, soll die hier angegebene Zeit lang weiter versucht werden, auf den Satz zuzugreifen. Wie viele Zugriffe pro Sekunde ausgeführt werden, legt der Compilerhersteller fest. Sind alle Versuche gescheitert, wird die zugehörige IO-Anweisung beendet und der Dateistatus auf den Wert 51 gesetzt.

FOREVER

Es soll so lange auf den Datensatz gewartet werden, bis er verfügbar ist.

WITH LOCK

Bestimmt ausdrücklich, dass der gewünschte Satz gesperrt werden soll. Bei manueller Einzelsatzsperre hebt dieser Zusatz eine eventuell vorhandene Satzsperre für dieselbe Datei auf, so dass pro file connector nur maximal ein Satz gesperrt bleibt.

WITH NO LOCK

Der Satz soll zwar gelesen, aber nicht gesperrt werden. Bei manueller Einzelsatzsperre hebt dieser Zusatz eine eventuell vorhandene Satzsperre für dieselbe Datei auf, so dass jetzt kein einziger Satz mehr von dem entsprechenden file connector gesperrt ist. Fehlt die LOCK-Angabe, wird bei manueller Satzsperre immer WITH NO LOCK postuliert.

```
READ Dateiname-1 RECORD [INTO Bezeichner-1]

[IGNORING LOCK ]
[retry-phrase  ]

[WITH LOCK    ]
[WITH NO LOCK ]

[KEY IS {Datenname-1  } ]
[       {Record-Key-1 } ]

[|INVALID KEY unbedingte-Anweisung-1     |]
[|NOT INVALID KEY unbedingte-Anweisung-2 |]

[END-READ]

retry-phrase:

        {arithmetischer-Ausdruck-1  TIMES       }
RETRY   {FOR arithmetischer-Ausdruck-2 SECONDS  }
        {FOREVER                                }
```

Abbildung 20.7: READ-Anweisung zum wahlfreien Lesen

Auch bei der READ-Anweisung zum wahlfreien Lesen finden sich die Angaben IGNORING LOCK, RETRY und WITH LOCK beziehungsweise WITH NO LOCK. Sie haben dieselbe Bedeutung wie bei einem sequenziellen READ.

```
WRITE {Satzname          } [FROM {Bezeichner-1}]
      {FILE Dateiname    }        {Literal-1   }

      [retry-phrase]

      [WITH LOCK    ]
      [WITH NO LOCK ]

      [|INVALID KEY unbedingte-Anweisung-1    |]
      [|NOT INVALID KEY unbedingte-Anweisung-2|]

      [END-WRITE]

retry-phrase:

            {arithmetischer-Ausdruck-1    TIMES  }
      RETRY {FOR arithmetischer-Ausdruck-2 SECONDS}
            {FOREVER                             }
```

Abbildung 20.8: WRITE-Anweisung

Bei der WRITE-Anweisung regelt die RETRY-Angabe, wie verfahren werden soll, wenn der zu schreibende Satz von einer anderen Anwendung gesperrt ist. Wurde die Sperre von dem eigenen file connector angebracht, kann in jedem Fall geschrieben werden. Wird der Zusatz WITH LOCK definiert, wird der Datensatz gesperrt, wenn er erfolgreich geschrieben werden konnte. Im Fall der manuellen Einzelsperre wird ein eventuell bereits von diesem file connector gesperrter Satz in derselben Datei aufgehoben. WITH NO LOCK schreibt den Satz ohne weitere Sperre, was dem Standardverhalten entspricht, wenn bei manueller Einzelsperre keinerlei LOCK-Angabe gemacht wurde. Dann liegt auch keine weitere Satzsperre für den zugehörigen file connector vor.

```
REWRITE {Satzname          } RECORD [FROM {Bezeichner-1}]
        {FILE Dateiname    }              {Literal-1   }

        [retry-phrase]

        [WITH LOCK    ]
        [WITH NO LOCK ]

        [|INVALID KEY unbedingte-Anweisung-1    |]
        [|NOT INVALID KEY unbedingte-Anweisung-2|]

        [END-REWRITE]


retry-phrase:

            {arithmetischer-Ausdruck-1    TIMES  }
      RETRY {FOR arithmetischer-Ausdruck-2 SECONDS}
            {FOREVER                             }
```

Abbildung 20.9: REWRITE-Anweisung

Hinsichtlich des Verhaltens bei gesperrten Sätzen und des Veranlassens eigener Sperren unterscheidet sich die REWRITE-Anweisung nicht von der WRITE-Anweisung.

Spätestens durch die CLOSE-Anweisung oder bei Programmende werden alle Satzsperren der betreffenden Anwendung wieder freigegeben.

Manuelle Mehrfachsatzsperre

Wurde eine Datei in der SELECT-Klausel mit dem Zusatz LOCK MODE IS MANUAL WITH LOCK ON MULTIPLE RECORDS angegeben, so definiert das manuelle Mehrfachsatzsperren für diese Datei. Um einen Satz zu sperren, muss dies wie bei der manuellen Einzelsatzsperre durch die explizite Angabe von WITH LOCK bei der entsprechenden IO-Anweisung verlangt werden.

Der wesentliche Unterschied zur Einzelsatzsperre liegt darin, dass pro file connector beliebig viele Sätze in einer Datei gleichzeitig gesperrt sein können. Jede IO-Anweisung, die den Zusatz WITH LOCK trägt, erweitert die Menge der gesperrten Sätze um eins. Wurde keine LOCK-Angabe gemacht oder ist explizit WITH NO LOCK angegeben und wurde der Satz von der aktuellen Anwendung gesperrt, so wird nur dieser eine Datensatz wieder freigegeben.

Arbeitet eine Anwendung mit Mehrfachsatzsperren, muss sie sehr genau aufpassen, wann sie welche Sätze sperrt und vor allem, wann sie sie wieder freigibt. Um sicherzugehen, dass für eine Datei keinerlei Sperren mehr existieren, kann die UNLOCK-Anweisung verwendet werden.

Abbildung 20.10: UNLOCK-Anweisung

Auch hier gilt, dass spätestens durch die CLOSE-Anweisung oder durch das Programmende alle Sperren der betreffenden Anwendung wieder gelöscht werden.

Automatische Einzelsatzsperre

Soll eine Datei mit Hilfe der automatischen Einzelsatzsperre verarbeitet werden, muss sie in ihrer SELECT-Klausel den Zusatz LOCK MODE IS AUTOMATIC und optional LOCK ON RECORDS tragen. In diesem Fall gilt, dass keine IO-Anweisung, die auf diese Datei ausgeführt wird, einer der Zusätze IGNORING LOCK, WITH LOCK oder WITH NO LOCK tragen darf. Jede erfolgreiche READ-Anweisung sperrt den soeben gelesenen Satz, und da es sich um Einzelsatzsperre handelt, gibt sie einen eventuell vorher durch den file connector gesperrten Satz wieder frei. Durch Anweisungen wie WRITE oder REWRITE werden keine weiteren Sätze gesperrt, sondern vielmehr eine eventuell vorhandene Sperre eines beliebigen Satzes der entsprechenden Datei freigegeben. Programmiert man also ein READ und dann ein REWRITE für denselben Satz, wird dieser zunächst durch das READ gesperrt und dann mittels REWRITE zurückgeschrieben und freigegeben.

UNLOCK hebt, wie CLOSE, alle Sperren in einer Datei auf, die durch den zugehörigen file connector erzeugt wurden. Spätestens durch das Programmende ist sichergestellt, dass die entsprechende Anwendung keinen Satz mehr gesperrt hat.

Automatische Mehrfachsatzsperre

Eine automatische Mehrfachsperre definiert man durch den Zusatz LOCK MODE IS AUTOMATIC WITH LOCK ON MULTIPLE RECORDS in der SELECT-Klausel.

Auch hier gilt, dass keine IO-Anweisung, die auf die Datei ausgeführt wird, einen der Zusätze IGNORING LOCK, WITH LOCK oder WITH NO LOCK tragen darf, und dass ein Satz immer dann gesperrt wird, wenn eine erfolgreiche READ-Anweisung durchgeführt werden konnte. Eine automatische Freigabe gesperrter Sätze durch ein weiteres READ oder eine beliebige andere IO-Anweisung findet jedoch nicht statt. Erst durch die UNLOCK- oder CLOSE-Anweisung werden Satzsperren aufgehoben. Bei Programmende sind alle Sperren der entsprechenden Anwendung obsolet.

Beispiel: Counter

In folgendem Beispiel soll das Counter-Problem, das am Anfang des Kapitels beschrieben wurde, mit Hilfe pessimistischer Satzsperren gelöst werden. Da es sich um eine reine Batch-Anwendung handelt, macht dies durchaus Sinn. Sobald jedoch ein Benutzer im Spiel ist, sollte überlegt werden, ob optimistische Satzsperren nicht besser wären.

Das Beispiel arbeitet mit manuellen Einzelsatzsperren. Außerdem wird durch die OPEN-Anweisung bestimmt, dass bei einem Zugriff stets so lange gewartet werden soll, bis der entsprechende Datensatz wieder frei ist. Erreicht wird dies durch den Zusatz RETRY FOREVER bei der OPEN-Anweisung.

Hinweis: Übersetzt man das abgedruckte Beispiel mit dem aktuellen Compiler der Firma MicroFocus, so kommt es bei Drucklegung dieses Buches bei dem Zusatz RETRY FOREVER zu einer Fehlermeldung, weil er noch nicht unterstützt wird. Sollte dies noch immer der Fall sein, muss die entsprechende Zeile auskommentiert und in das aktuelle Verzeichnis, aus dem heraus die Anwendung gestartet wird, eine Datei mit dem Namen EXTFH.CFG mit dem ebenfalls abgedruckten Inhalt aufgenommen werden.

```
 1 identification division.
 2 program-id. Pessimistisch.
 3 environment division.
 4 input-output section.
 5 file-control.
 6     select counter assign to "counter2"
 7         organization is indexed
 8         access dynamic
 9         record key schluessel
10         lock mode is manual
11         file status is count-stat.
12     select testdatei assign to "test2"
13         organization is indexed
14         access dynamic
15         record key testkey
16         lock mode is manual
17         file status is test-stat.
18 data division.
19 file section.
20 fd  counter.
21 01  counter-satz.
22     05  schluessel          pic 999.
23     05  wert                pic 9(5).
24 fd  testdatei.
25 01  testsatz.
26     05  testkey             pic 9(5).
```

```
27      05  testdaten                pic x(20).
28 working-storage section.
29 01  count-stat                    pic xx.
30      88  count-ok                 value "00" thru "09".
31 01  test-stat                     pic xx.
32      88  test-ok                  value "00" thru "09".
33 01  anzahlFehlversuche           pic 9(5) value 0.
34 procedure division.
35 counter-auslesen.
36     open i-o
37         sharing with all other
38         retry forever
39         counter testdatei
40     if count-ok and test-ok
41         move 100 to schluessel
42         perform 10000 times
43             read counter with lock
44                 invalid key
45                     perform counter-satz-erzeugen
46             end-read
47             if count-ok
48                 perform testsatz-erzeugen
49             else
50                 display "Read counter:" count-stat
51             end-if
52         end-perform
53         close counter testdatei
54     else
55         display "Open counter:" count-stat
56                 " Open test: " test-stat
57     end-if
58     display "Anzahl Fehlversuche:" anzahlFehlversuche
59     stop run.
60 counter-satz-erzeugen.
61     *> Wenn die Datei noch nicht vorhanden war, wird
62     *> hier der Datensatz mit der Nummer 100 und dem
63     *> Anfangswert 1 erzeugt.
64     move 1 to wert
65     write counter-satz
66     if not count-ok
67         display "Write-counter:"
68             count-stat
69     end-if
70     .
71 testsatz-erzeugen.
72     move wert to testkey
```

```
73      move "Testdaten" to testdaten
74      write testsatz
75      if test-ok
76          display "ok:" testkey
77          add 1 to wert
78          rewrite counter-satz
79      else
80          display "Write-testsatz:"
81              test-stat
82          add 1 to anzahlFehlversuche
83      end-if
84      .
```

Listing 20.2: Konkurrierender Zugriff mit pessimistischen Satzsperren

```
[XFH-DEFAULT]
RETRYTIME=OFF
RETRYLOCK=ON
```

Listing 20.3: Notwendige Steuerdatei EXTFH.CFG für MicroFocus

Bei der Ausführung des vorliegenden Beispiels darf es am Ende zu keinem einzigen Fehlversuch gekommen sein. Außerdem müssen sich exakt 10.000 Sätze pro gestarteter Anwendung in der Testdatei befinden. Lässt man das Beispiel also zweifach parallel laufen, befinden sich am Ende in der Testdatei 20.000 Datensätze.

20.5 Optimistische Satzsperren

Wie aus den vorangegangenen Ausführungen deutlich geworden ist, stellt eine Online-Anwendung besondere Ansprüche an das Sperren von Datensätzen. Es ist dem Anwender nicht zumutbar, dass er eine unbestimmte Zeit lang warten muss, bis seine Anwendung ihm den gewünschten Datensatz präsentiert. Aber auch die sofortige Information, dass der Satz gerade von einem Kollegen »bearbeitet« wird, ist nicht immer befriedigend. Derart programmierte Systeme unterscheiden häufig, ob Informationen nur angezeigt oder eventuell auch verändert werden sollen. Bei Ersterem wird man mit einem READ IGNORING LOCK arbeiten und von der Programmlogik her dafür sorgen, dass keine Änderungen zurückgeschrieben werden können. Stellt der Anwender bei der Betrachtung der Daten jedoch fest, dass er sie ändern muss, ist er gezwungen, die aktuelle Verarbeitung abzubrechen, um den Satz erneut, diesmal jedoch für die Bearbeitung, zu laden. Passiert dies pro Tag öfter, wird er irgendwann dazu übergehen, den Satz sofort im Bearbeitungsmodus anzusehen, weil er dann meist auch ohne Änderungen durchzuführen abbrechen kann.

Optimistische Satzsperren gehen davon aus, dass permanent Daten abgefragt werden, es jedoch nur sehr selten vorkommt, dass zwei Benutzer zeitgleich denselben Satz ändern wollen. Daher werden die Informationen zunächst ohne jegliche Sperren gelesen und dem User angezeigt. Nur wenn er tatsächlich eine Änderung durchgeführt hat und diese speichern will, wird der Datensatz vom Programm gelesen und gesperrt und unmittelbar danach mit den Änderungen wieder zurückgeschrieben und dadurch freigegeben. Der Satz war für weniger als eine Sekunde gesperrt.

Was ist aber, wenn doch ein anderer User den Satz zwischenzeitlich geändert hat? Um dies festzustellen, fügt man in die Satzstruktur häufig eine Versionsnummer oder einen Timestamp ein. Soll dann eine Änderung zurückgeschrieben werden, kann man aufgrund dieses Kennzeichens feststellen, dass die eigene Datenbasis nicht mehr aktuell ist, und dies dem Anwender mitteilen. Er kann nun die Daten neu lesen und seine Änderungen auf dem aktuellen Stand durchführen. Passiert ihm das pro Tag öfter, wird er aber auch unzufrieden sein. Die Art des Sperrverhaltens ist also sehr stark von der konkreten Anwendung abhängig.

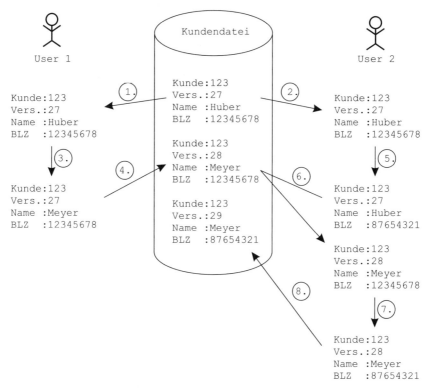

Abbildung 20.11: Zugriff bei optimistischem Locking

Die Vorgänge bei optimistischen Satzsperren lassen sich wie folgt erklären:

1. User 1 liest den Kunden mit der Nummer 123, ohne den Satz zu sperren.

2. Auch User 2 bekommt den gewünschten Satz, der von ihm nicht gesperrt wird.

3. User 1 ändert den Namen Huber auf Meyer.

4. Sobald der geänderte Datensatz gespeichert werden soll, liest ihn das COBOL-Programm und sperrt ihn. Daraufhin wird die Versionsnummer verglichen. Da es sich immer noch um Version 27 handelt, werden die Änderungen durchgeführt und die Versionsnummer erhöht. Der ganze Vorgang dauert wenige Millisekunden. Der Satz ist jetzt nicht mehr gesperrt.

5. User 2 ändert unterdessen die Bankleitzahl.

6. Nun versucht User 2 seine Änderungen durchzukommen. Auch seine Anwendung liest den Datensatz und sperrt ihn. Da sich die Versionsnummer aber geändert hat, informiert er den Benutzer und gibt den Satz, ohne ihn geändert zu haben, wieder frei.

7. User 2 kann erneut die Bankleitzahl ändern. Es wäre jedoch besser, wenn sich die Anwendung seine Änderungen gemerkt hätte, um sie automatisch auf den neu gelesenen Satz mit der Version 28 anzuwenden. Der Benutzer bräuchte die Daten lediglich noch zu kontrollieren, bevor er der Änderung zustimmt.

8. Erneut versucht User 2, seine Änderungen zu speichern. Es läuft das bereits bekannte Prozedere ab: Der Satz wird gelesen und gesperrt. Da die Versionsnummer übereinstimmt, werden die Änderungen durchgeführt und die Version erhöht. Der Satz wird als Ganzes zurückgeschrieben und freigegeben.

Beispiel: Counter

Abermals soll das Counter-Beispiel vom Anfang des Kapitels programmiert werden. Da es diesmal mit Hilfe optimistischer Satzsperren gelöst wird, wurde der Datensatz der Counter-Datei um das Feld Version erweitert. Es ist fünfstellig numerisch, was jederzeit ausreicht, weil für die Logik nicht die tatsächliche Version wichtig ist, sondern lediglich die Tatsache, dass sich die Versionsnummer verändert hat. Irgendwann wird das Feld überlaufen und die Zählung beginnt wieder mit null.

Um festzustellen, dass sich die Versionsnummer seit dem ersten Lesen geändert hat, werden die Daten in einen Bereich der WORKING-STORAGE SECTION kopiert. Dies kann elegant über einen READ INTO erfolgen.

Hinweis: Übersetzt man das abgedruckte Beispiel mit dem aktuellen Compiler der Firma MicroFocus, so kommt es bei dem Zusatz RETRY FOREVER zu einer Fehlermeldung, weil er zur Zeit der Drucklegung dieses Buches noch nicht unterstützt wird. Sollte dies noch immer der Fall sein, muss die entsprechende Zeile auskommentiert und in das aktuelle Verzeichnis, aus dem heraus die Anwendung gestartet wird, eine Datei mit dem Namen EXTFH.CFG mit dem ebenfalls abgedruckten Inhalt aufgenommen werden.

```
 1 identification division.
 2 program-id. Pessimistisch.
 3 environment division.
 4 input-output section.
 5 file-control.
 6     select counter assign to "counter3"
 7         organization is indexed
 8         access dynamic
 9         record key schluessel
10         lock mode is manual
11         file status is count-stat.
12     select testdatei assign to "test3"
13         organization is indexed
14         access dynamic
15         record key testkey
16         lock mode is manual
17         file status is test-stat.
18 data division.
19 file section.
20 fd   counter.
21 01   counter-satz.
22      05   schluessel        pic 999.
23      05   version           pic 9(5).
24      05   wert              pic 9(5).
25 fd   testdatei.
26 01   testsatz.
27      05   testkey           pic 9(5).
28      05   testdaten         pic x(20).
29 working-storage section.
30 01   count-stat             pic xx.
31      88   count-ok          value "00" thru "09".
32 01   test-stat              pic xx.
```

```
33      88  test-ok              value "00" thru "09".
34 01  anzahlFehlversuche       pic 9(5) value 0.
35 01  anzahlVersionskonflikte pic 9(5) value 0.
36 01  ws-counter-satz.
37      05  ws-schluessel        pic 999.
38      05  ws-version           pic 9(5).
39      05  ws-wert              pic 9(5).
40 procedure division.
41 counter-auslesen.
42     open i-o
43          sharing with all other
44          retry forever
45          counter testdatei
46     if count-ok and test-ok
47         move 100 to schluessel
48         perform 10000 times
49             read counter into ws-counter-satz
50                 invalid key
51                     perform counter-satz-erzeugen
52             end-read
53             if count-ok
54                 perform testsatz-erzeugen
55             else
56                 display "Read counter:" count-stat
57             end-if
58         end-perform
59         close counter testdatei
60     else
61         display "Open counter:" count-stat
62                 " Open test: " test-stat
63     end-if
64     display "Anzahl Fehlversuche:"
65         anzahlFehlversuche
66     display "Anzahl Versionskonflikte:"
67         anzahlVersionskonflikte
68     stop run.
69 counter-satz-erzeugen.
70     *> Wenn die Datei noch nicht vorhanden war, wird
71     *> hier der Datensatz mit der Nummer 100 und dem
72     *> Anfangswert 1 erzeugt.
73     move 1 to wert version
74     write counter-satz
75     if not count-ok
76         display "Write-counter:"
77             count-stat
78     end-if
79     .
```

```
 80 testsatz-erzeugen.
 81     move ws-wert to testkey
 82     move "Testdaten" to testdaten
 83     add 1 to ws-wert
 84     *> Nachdem die Änderungen durchgeführt wurden,
 85     *> wird der Counter noch einmal gelesen und
 86     *> diesmal gesperrt.
 87     read counter with lock
 88     if count-ok
 89         *> Wenn die Versionsnummer passt, können
 90         *> alle Änderungen durchgeführt und der
 91         *> Testsatz geschrieben werden. Ansonsten
 92         *> wird der Versuch in diesem Beispiel
 93         *> einfach abgebrochen.
 94         if version = ws-version
 95             write testsatz
 96             if test-ok
 97                 display "ok:" testkey
 98             else
 99                 display "Write-testsatz:"
100                     test-stat
101                 add 1 to anzahlFehlversuche
102             end-if
103             move ws-wert to wert
104             add 1 to version
105             rewrite counter-satz
106         else
107             display "Ungültige Version"
108             add 1 to anzahlVersionskonflikte
109             unlock counter
110         end-if
111     else
112         display "Read counter:" count-stat
113     end-if
114     .
```

Listing 20.4: Konkurrierender Zugriff mit optimistischen Satzsperren

```
[XFH-DEFAULT]
RETRYTIME=OFF
RETRYLOCK=ON
```

Listing 20.5: Notwendige Steuerdatei EXTFH.CFG für MicroFocus

Obwohl es sich um eine reine Batch-Anwendung handelt, ist es dennoch erstaunlich, wie selten es vorkommt, dass die gelesene Version nicht mit der aktuellen übereinstimmt, wenn man das Programm zweifach parallel auf demselben Rechner startet. Bei immerhin 20.000 Zugriffen passiert es etwa nur 60- bis 70-mal.

20.6 Konkurrierende Zugriffe in rekursiven Programmen

Wurde in einem COBOL-Programm eine Datei definiert und ruft sich dieses Programm direkt oder indirekt rekursiv auf, so verfügt es nach wie vor lediglich über einen einzigen file connector für die Datei. Ein weiterer Versuch, die Datei zu öffnen, wird mit dem Dateistatus 41, also einer Fehlermeldung beantwortet.

Rekursive Programme unterscheiden sich hinsichtlich der Verwaltung von Satzsperren nicht von iterativen. Im Fall von Einzelsatzsperren bedeutet dies, dass immer nur ein Satz maximal gesperrt bleibt, gleichgültig in der wievielten Rekursion sich das Programm auch befindet. Arbeitet die Datei mit Mehrfachsatzsperren, hebt eine einzeige UNLOCK-Anweisung alle Sperren aller Rekursionen auf.

20.7 Konkurrierende Zugriffe in objektorientierten Programmen

Man kann das Thema der konkurrierenden Dateizugriffe nicht erschöpfend behandeln, wenn man sich nicht auch mit dem Verhalten innerhalb objektorientierter Klassen beschäftigt. In der Kapitelreihenfolge dieses Buches stellt dies einen Vorgriff auf die noch folgenden Kapitel dar, in denen die Grundlagen und die Syntax objektorientierter COBOL-Programme ausführlich erläutert werden.

Man kann Dateien in einer objektorientierten Klasse sowohl innerhalb von FACTORY als auch innerhalb von OBJECT beschreiben. Über Ersteres gibt es nichts Neues zu sagen. Da auch jede Klasse, wie jedes Modul, genau einmal innerhalb der Anwendung vorhanden ist, verhalten sich die Dateien der FACTORY genau so wie die aller anderen COBOL-Programme auch. Sie verfügen lediglich über einen file connector.

Ganz anders sieht es aus, wenn die Datei als Teil des Objektes beschrieben wird, aus dem zur Laufzeit beliebig viele Instanzen erzeugt werden. Hier entstehen tatsächlich so viele file connector wie Instanzen. Jede Instanz ist daher für das Öffnen und Schließen seiner Datei selbst verantwortlich und kann auch eigene Satzsperren anbringen, obwohl alle Instanzen zur selben gestarteten Anwendung gehören.

Der Sachverhalt soll auch hier mit dem hinlänglich bekannten Beispiel Counter erläutert werden, das am Anfang dieses Kapitels beschrieben wurde. Dazu wird eine Klasse OOCounter geschrieben, die über die zentrale Methode TestsatzSchreiben verfügen soll. In der Methode wird zunächst festgestellt, ob die beteiligten Dateien für diese Instanz bereits geöffnet wurden. Ist dies nicht der Fall, wird das nachgeholt. Danach entscheidet die Methode anhand des Schalters satzGesperrt, was sie in diesem Durchlauf machen soll. Steht der Schalter auf false, versucht sie einen READ WITH LOCK. Nur wenn ihr dies gelingt, setzt sie den Schalter auf true. Wird die Methode dann ein weiteres Mal aufgerufen, erzeugt sie einen Testsatz mit dem seinerzeit aus der Counter-Datei gelesenen Wert, erhöht diesen um eins und schreibt den geänderten Satz in die Counter-Datei zurück, womit sie ihn freigibt. Dieses Beispiel erhebt nicht den Anspruch, jemals Teil einer echten Anwendung zu werden, ist aber sehr gut geeignet, den konkurrierenden Zugriff innerhalb von objektorientierten Klassen aufzuzeigen.

Um die Klasse zu testen, wird ein einfaches COBOL-Programm geschrieben, das zunächst vier Instanzen von OOCounter erzeugt, um ihnen dann in einer Schleife, die 10.000-mal läuft, jeweils die Methode TestsatzSchreiben zuzurufen. Am Ende gibt es die vier Instanzen wieder frei, wodurch diese jeweils ihre Dateien schließen und auf dem Bildschirm ausgeben, zu wie vielen Fehlversuchen es beim Schreiben in die Testdatei kam.

Aufgrund der Implementierung der Methode TestsatzSchreiben kann immer nur eine Instanz den Satz aus der Counter-Datei sperren. Die drei anderen gehen leer aus. Damit das Beispiel funktioniert, wurde weder in der OPEN- noch in irgendeiner READ-Anweisung ein RETRY-Zusatz definiert. Kann dann der gewünschte Satz nicht gelesen werden, weil er von einem anderen file connector gesperrt ist, teilt die READ-Anweisung dies über den Dateistatus mit.

Hinweis für MicroFocus-Anwender: Damit das Beispiel auch mit dem aktuellen Compiler von Micro-Focus funktioniert, darf sich in dem Projektverzeichnis, aus dem die Anwendung heraus gestartet wird, keine Datei mit dem Namen EXTFH.CFG befinden, und wenn doch, so muss sie mindestens den hier abgedruckten Inhalt haben, der bestimmt, dass eine READ-Anweisung nicht warten soll, bis der gewünschte Satz freigegeben ist.

```
[counter4]
RETRYTIME=OFF
RETRYLOCK=OFF
```

Listing 20.6: Notwendige Steuerdatei EXTFH.CFG für MicroFocus

Es genügt, das Beispielprogramm OOMain einmal zu starten, da der konkurrierende Zugriff über die vier erzeugten Instanzen funktioniert.

```
 1 identification division.
 2 class-id. OOCounter as "oocounter"
 3           inherits from base.
 4
 5 repository.
 6     class base as "base"
 7     .
 8
 9 factory.
10 working-storage section.
11
12 end factory.
13
14 object.
15 environment division.
16 input-output section.
17 file-control.
18     select counter assign to "counter4"
19         organization is indexed
20         access dynamic
21         record key schluessel
22         lock mode is manual
23         file status is count-stat.
24     select testdatei assign to "test4"
25         organization is indexed
26         access dynamic
27         record key testkey
28         lock mode is manual
29         file status is test-stat.
30 data division.
31 file section.
32 fd  counter.
33 01  counter-satz.
34     05  schluessel         pic 999.
```

```
35     05  wert                pic 9(5).
36 fd  testdatei.
37 01  testsatz.
38     05  testkey             pic 9(5).
39     05  testdaten           pic x(20).
40 working-storage section.
41 01  count-stat              pic xx.
42     88  count-ok            value "00" thru "09".
43 01  test-stat               pic xx.
44     88  test-ok             value "00" thru "09".
45 01  anzahlFehlversuche      pic 9(5) value 0.
46 01                          pic 9 value 0.
47     88  dateien-geoeffnet   value 1.
48 01                          pic 9 value 0.
49     88  satzGesperrt        value 1 false 0.
50
51*>-----------------------------------------------
52 method-id. "TestsatzSchreiben" .
53 local-storage Section.
54 linkage Section.
55 procedure division.
56 dateien-oeffnen.
57     if not dateien-geoeffnet
58         open i-o
59             sharing with all other
60             counter testdatei
61         if count-ok and test-ok
62             set dateien-geoeffnet to true
63         else
64             display "Open counter:" count-stat
65                     " Open test: " test-stat
66             exit method
67         end-if
68     end-if
69         .
70 naechster-satz.
71     if not satzGesperrt
72         *> In diesem Durchlauf soll versucht
73         *> werden, einen Datensatz zu sperren.
74         read counter with lock
75             invalid key
76                 perform counter-satz-erzeugen
77                 exit method
78         end-read
79         if count-ok
80             set satzGesperrt to true
81         else
```

```
 82              display "Satz bereits gesperrt"
 83          end-if
 84      else
 85          *> Das bedeutet, dass in einem
 86          *> vorhergehenden Durchlauf ein Satz
 87          *> erfolgreich gesperrt werden konnte
 88          *> und diesmal ein Testsatz erzeugt
 89          *> werden muss.
 90          perform testsatz-erzeugen
 91      end-if
 92      exit method.
 93  counter-satz-erzeugen.
 94      *> Wenn die Datei noch nicht vorhanden war, wird
 95      *> hier der Datensatz mit der Nummer 100 und dem
 96      *> Anfangswert 1 erzeugt.
 97      move 1 to wert
 98      write counter-satz
 99      if not count-ok
100          display "Write-counter:"
101              count-stat
102      end-if
103      .
104  testsatz-erzeugen.
105      move wert to testkey
106      move "Testdaten" to testdaten
107      write testsatz
108      if test-ok
109          display "ok:" testkey
110          add 1 to wert
111          rewrite counter-satz
112          set satzGesperrt to false
113      else
114          display "Write-testsatz:"
115              test-stat
116          add 1 to anzahlFehlversuche
117      end-if
118      .
119  end method "TestsatzSchreiben".
120 *>---------------------------------------------
121
122 *>---------------------------------------------
123  method-id. "finalize" .
124  local-storage Section.
125  linkage Section.
126  01  lnkInstanz                object reference.
127  procedure division returning lnkInstanz.
128      if dateien-geoeffnet
```

```
129          close counter testdatei
130     end-if
131     display "Anzahl Fehlversuche:"
132          anzahlFehlversuche
133     invoke super "finalize"
134          returning lnkInstanz
135     exit method.
136 end method "finalize".
137*>----------------------------------------------
138
139 end object.
140
141 end class OOCounter.
```

Listing 20.7: Die Klasse OOCounter

```
 1 identification division.
 2 program-id. OOMain.
 3 repository.
 4     class OOCounter as "oocounter"
 5        .
 6 working-storage section.
 7 01  Instanzen.
 8     05  eineInstanz     object reference
 9                         occurs 4.
10 01 i                   pic 99.
11 procedure division.
12 instanzen-erzeugen.
13     perform varying i from 1 by 1 until i > 4
14         invoke OOCounter "new"
15             returning eineInstanz(i)
16     end-perform
17     .
18 methoden-aufrufen.
19     perform 10000 times
20         invoke eineInstanz(1) "TestsatzSchreiben"
21         invoke eineInstanz(2) "TestsatzSchreiben"
22         invoke eineInstanz(3) "TestsatzSchreiben"
23         invoke eineInstanz(4) "TestsatzSchreiben"
24     end-perform
25     .
26 instanzen-freigeben.
27     perform varying i from 1 by 1 until i > 4
28         invoke eineInstanz(i) "finalize"
29             returning eineInstanz(i)
30     end-perform
31     .
```

Listing 20.8: Das Hauptprogramm OOMain

21

Grundlagen objektorientierter Programmierung

21.1 Vorbemerkung

Dieses Kapitel ist dazu gedacht, dem Leser einen kurzen, aber umfassenden Überblick über die Ideen der objektorientierten Programmierung und den Aufbau von objektorientierten Systemen zu geben. Damit Sie gleich einen Eindruck davon bekommen, wie die einzelnen Bestandteile in COBOL realisiert wurden, finden sich an allen relevanten Stellen Codefragmente, die sich auf das Wesentliche beschränken. In den folgenden Kapiteln werden dieselben Themen einzeln noch einmal aufgegriffen und die Syntax ausführlich erklärt. Dadurch kommt es zwar zu redundanten Erklärungen, aber diese Vorgehensweise ermöglicht es, dass Sie zunächst einen Überblick bekommen, um sich dann den Details zu widmen. Außerdem sind die folgenden Kapitel auch dazu geeignet, sich schnell konkrete Informationen zu jedem Aspekt objektorientierter Programmierung zu verschaffen.

21.2 OOP

Die Ideen der objektorientierten Programmierung gehen auf die späten sechziger Jahre zurück und wurden erstmals im Zusammenhang mit der Programmiersprache SIMULA erwähnt. Die erste reine objektorientierte Programmiersprache erschien 1980 unter dem Namen SmallTalk. Andere funktionsorientierte Sprachen wurden im Laufe der Zeit zu objektorientierten Sprachen weiterentwickelt. Dazu zählt auch COBOL. Obwohl es weiterhin möglich ist, in COBOL funktionsorientierte Programme zu schreiben, ist man ebenfalls in der Lage, komplexe objektorientierte Anwendungen zu entwickeln. Aus diesem Grund zählt COBOL zu den hybriden, also nicht reinen objektorientierten Sprachen. Der Vorteil dieses Konzeptes liegt in der einfacheren Möglichkeit, klassische Anwendungsteile mit modernen objektorientierten Teilen zu verbinden.

Die objektorientierte Programmierung (OOP) gliedert sich in drei Phasen: die objektorientierte Analyse (OOA), das objektorientierte Design (OOD) und die objektorientierte Implementierung (OOI). Der wichtigste Ansatz bei dieser Art der Entwicklung ist die Tatsache, dass hier nicht das zu lösende Problem im Mittelpunkt steht, sondern vielmehr die an dem Problem beteiligten Daten. Dabei werden zusammengehörende Daten zu Einheiten zusammengefasst, die dann als Objekte bezeichnet werden. Der Name *objektorientiertes Programmieren* weist bereits auf die besondere Bedeutung dieser Objekte hin.

Bei der funktionsorientierten Programmierung werden die Anforderungen an ein System gesammelt und dann in Form von Modulen realisiert. Dies scheint der direkteste Weg zu sein, um von einer konkreten

Anforderung zu einer konkreten Anwendung zu kommen. Hier macht die Objektorientierung scheinbar einen Umweg, indem sie zunächst die Gegenstände des zu realisierenden Systems untersucht und diese dann mit den notwendigen Funktionalitäten ausstattet. Der Vorteil dieser Vorgehensweise liegt darin, dass sich die gefundenen und programmierten Gegenstände auch dann noch verwenden lassen, wenn sich die Anforderungen an das System verändern. Solche Anpassungen sind in der funktionsorientierten Programmierung oft nur mit großem Aufwand möglich. Die Wiederverwendbarkeit einmal entwickelter Module ist eines der wichtigsten Ziele objektorientierter Programmierung. Dadurch können neue Anwendungen kostengünstiger produziert werden. Außerdem bauen neue Funktionalitäten auf getestete und dadurch robuste Module auf.

Alle modernen Systeme sind heutzutage objektorientiert realisiert. Es ist daher nur logisch, dass sich auch die Programmiersprache COBOL in diese Richtung entwickelte. Objektorientiertes Programmieren bedeutet aber weit mehr, als nur das Erlernen einer neuen Syntax. Vielmehr greift es ganz tief in den Entstehungsprozess einer Software ein. Für einen erfahrenen Entwickler ist es oft nicht einfach, sich diese neue Denkweise anzueignen. Dieses Kapitel wird einen Überblick über die wichtigsten Begriffe verschaffen. Am Ende findet sich ein komplettes Beispiel, das versucht, alle Zusammenhänge aufzuzeigen.

Objektorientierte Analyse (OOA)

Am Anfang einer objektorientierten Entwicklung steht die objektorientierte Analyse. Ihre Aufgabe ist es, alle Gegenstände des zu realisierenden Systems zu sammeln und sie in Form von Klassen abzubilden. Dazu ist es notwendig, alle Daten zu analysieren, mit denen die zu programmierende Anwendung in Berührung kommt. Die einzelnen Daten werden gesammelt und in zusammengehörende Gruppen aufgeteilt. Dabei bilden all diejenigen Daten eine Gruppe, die gemeinsam einen Gegenstand beschreiben. Beispiele für solche Gegenstände sind alle Daten eines Kunden, die Beschreibung eines Artikels, das Bestelldatum, die Bankverbindung oder die Lieferadresse. Besonders wichtig dabei ist es, die Gegenstände so zu designen, wie sie auch in der Realität vorkommen.

Ein Kunde beschreibt sich durch seine Kundennummer, seinen Namen, Vornamen und eventuell sein Geburtsdatum. Die Adresse des Kunden beschreibt ihn hingegen nicht. Vielmehr benutzt ein Kunde nur seine Adresse. Es ist in der objektorientierten Analyse daher wichtig, die Klasse Kunde von der Klasse Adresse zu trennen. Nur dann ist man später, vielleicht erst in der nächsten Anwendung, in der Lage, einem Kunden auch mehrere Adressen zuzuordnen. Selbst wenn die aktuell anstehende Anwendung von einer festen Eins-zu-Eins-Zuordnung zwischen Kunde und Adresse ausgeht, wäre es ein Fehler, die Adressdaten in die Klasse Kunde mit aufzunehmen. Auch das Geburtsdatum des Kunden würde man in einer eigenen Klasse abbilden. Diese allgemeine Klasse Datum, die aus Attributen wie Tag, Monat und Jahr bestünde, ließe sich dann auch für die Abbildung des Bestell- oder des Lieferdatums verwenden.

Das Ergebnis der objektorientierten Analyse ist eine Liste aller Klassen (Gegenstände), die in dem zu realisierenden System enthalten sind. Zu jeder Klasse werden die Attribute (Daten) notiert, durch die sie sich beschreibt. Dabei kann es vorkommen, dass verschiedene Klassen über identische Attribute verfügen. Analysiert man die Klassen Kunde, Mitarbeiter und Lieferant, so stellt man fest, dass alle drei über die Attribute Name und Vorname verfügen. Außerdem scheint es verschiedene Arten von Kunden, Mitarbeitern und Lieferanten zu geben. Neben natürlichen Personen gibt es auch Firmen, die Waren bestellen oder liefern. In Wirklichkeit unterscheidet sich ein Kunde von einem Lieferanten lediglich durch seine Tätigkeit. Ein Kunde bestellt, während ein Lieferant liefert. Es könnte aber durchaus sein, dass ein Kunde auch Lieferant ist. Auch ein Mitarbeiter ist eigentlich nur eine besondere Form eines Lieferanten. Es wäre sogar möglich, dass ein und dieselbe Person gleichzeitig alle drei Rollen einnimmt. Ein Mitarbeiter, der im Fabrikverkauf Waren auf Raten bezieht und gleichzeitig die Kantine mit frischer Milch beliefert, würde zu dieser Gruppe gehören.

Es ist wichtig, in der objektorientierten Analyse zu erkennen, dass es sich bei verschiedenen Gegenständen manchmal doch um ein und dieselbe Klasse handelt. Die Bezeichnung Kunde weist lediglich auf ein besonderes Verhalten hin. Es ist sinnvoll, eine Klasse Person oder Partner zu designen, die dann über die Attribute Partnernummer, Nachname, Vorname, Geburtsdatum und Ähnliches verfügt. Die Klasse Kunde wäre dann von Partner abgeleitet und würde Informationen über die getätigten Bestellungen beinhalten.

Die objektorientierte Analyse liefert die Grundlage für die komplette künftige Entwicklung. Fehler in der Analyse können sich später fatal auswirken. Es braucht einige Zeit, um genügend Erfahrung für die Erstellung einer objektorientierten Analyse zu sammeln. Wichtigster Grundsatz ist, dass die gefundenen Klassen reale Gegenstände darstellen müssen. Künstliche Hilfskonstrukte sind zu vermeiden. Dazu gehören Klassen, die sich allzu sehr nach der fachlichen Vorgabe richten. Selbst wenn feststeht, dass ein Kunde nur eine Adresse hat, sind zwei getrennte Klassen zu designen.

Leider gibt es keine feste Gesetzmäßigkeit, mit der sich die Klassen finden lassen. Oft sind die von der Fachabteilung verwendeten Substantive erste Hinweise. Auch ein Versicherungsvertrag, ein Inkassoauftrag oder eine Bankverbindung sind reale Klassen. Ebenfalls gehören der bestellte Artikel, die gebuchte Fernreise oder die bestellte Dienstleistung dazu.

Objektorientiertes Design (OOD)

Nach der Analysephase beginnt die Designphase. Ziel ist es, die in der objektorientierten Analyse gefundenen Klassen zu ordnen. Weiterhin soll festgestellt werden, welche dieser Klassen tatsächlich für die Realisierung des anstehenden Problems notwendig sind.

Die einzelnen Klassen stehen oft in Beziehung zueinander. Diese zu finden und zu konkretisieren ist wichtige Aufgabe des objektorientierten Designs. Bei vielen dieser Relationen handelt es sich um einfache Verwendungsbeziehungen. So verwendet ein Kunde seine Adresse, außerdem kann es sein, dass an einer Adresse mehrere Kunden wohnen. Eine gegenseitige Verwendung ist so möglich. Eine andere Form der Verbindung liegt immer dann vor, wenn eine Klasse aus anderen besteht. So setzt sich ein Motor aus vielen Einzelteilen zusammen. Erst durch die Kombination dieser Teile kann der Motor entstehen. Eine solche Bestandteilsbeziehung ist immer einseitig, da sie ansonsten endlos rekursiv wäre. Auch ein Fahrzeug ist ein Aggregat aus vielen Einzelteilen, von denen eines der Motor ist.

In der objektorientierten Programmierung gibt es aber eine noch viel engere Form der Beziehung als die eben geschilderten. Es gibt Klassen, die eine Weiterentwicklung einer bestehenden Klasse darstellen. Wie in der Evolution entsteht ein neuer Gegenstand aus einem alten. So könnte die Klasse Pkw von der Klasse `Fahrzeug` abgeleitet sein. Bei dieser Form der Relation geht die Basisklasse, hier `Fahrzeug`, vollständig in der abgeleiteten Klasse Pkw auf. Man sagt auch, ein Pkw ist ein `Fahrzeug`. Spätestens im objektorientierten Design müssen solche Vererbungshierarchien erkannt werden.

Ein ebenfalls wichtiger Bestandteil des objektorientierten Designs ist das so genannte *Prototyping*. Darunter versteht man das Design der Oberflächen und Listen. Es ist durchaus sinnvoll, mit der Programmierung der Oberflächen zu beginnen, selbst wenn die darin eingegebenen Daten noch nicht weiter verarbeitet werden. Ein potenzieller Anwender könnte bereits in dieser frühen Phase feststellen, dass notwendige Informationen aufgrund fehlender Eingabefelder nirgends erfasst werden können, weil sie bei der Erstellung der Fachvorgaben schlichtweg vergessen wurden. Nicht selten kommt es vor, dass eine Fachabteilung unvollständige Vorgaben abliefert. Außerdem kann mit einem Prototyp sehr leicht festgestellt werden, ob alle Geschäftsprozesse korrekt erkannt wurden.

Neben den reinen Fachklassen wie zum Beispiel `Partner` oder `Artikel` ist es ebenso wichtig, alle relevanten Geschäftsprozesse zu analysieren. Dazu dienen Use Case-Diagramme. Auch Geschäftsprozesse lassen sich mit Hilfe von Klassen darstellen. Sie unterhalten Beziehungen zu den beteiligten Fachklassen. Hierarchische Verknüpfungen zwischen den Geschäftsprozessen kommen vor. So macht es Sinn, das übliche Vorgehen beim Abschluss eines Versicherungsvertrages in einer Klasse zu beschreiben. Eine spezielle Form des Vertragsabschlusses lässt sich dann als abgeleitete Klasse sehr gut darstellen.

Objektorientierte Implementierung (OOI)

Unter dem Begriff objektorientierte Implementierung versteht man die Überführung der im objektorientierten Design gefundenen Klassen in eine konkrete Programmiersprache wie COBOL. Zu dieser relativ späten Projektphase sollten sowohl alle Klassen als auch alle Klassenbeziehungen stabil definiert sein. Werden während der Implementierungsphase Designfehler entdeckt, so ist deren Korrektur unter Umständen mit sehr großem Aufwand verbunden. Ein nicht minder schwer wiegendes Problem ergibt sich, wenn im objektorientierten Design notwendige Methoden vergessen wurden. Üblicherweise werden nicht alle Klassen von ein und derselben Person programmiert. In solch einem Fall muss dann ein Entwickler warten, bis sein Kollege die fehlenden Methoden nachimplementiert hat. Eine gründliche Analyse und ein gründliches Design sind wichtiger Bestandteil jeder objektorientierten Entwicklung. Ihnen muss ein größerer Anteil an der Gesamtprojektlaufzeit zugeordnet werden, als dies bei klassischen Projekten der Fall ist. Die wichtigste Programmiertätigkeit findet während der Analyse- und Design-Phase statt. Die Implementierung darf nur noch die Codierung der Vorgaben sein.

Im Idealfall sollten sowohl die Analyse als auch das Design vollkommen unabhängig von der später verwendeten Programmiersprache durchgeführt werden. Leider muss man jedoch feststellen, dass sich die verschiedenen objektorientierten Sprachen in ihren Möglichkeiten unterscheiden. So sind nicht alle Sprachen in der Lage, Mehrfachvererbungen abzubilden. Hat man in der Design-Phase sehr stark auf dieses Konstrukt gesetzt, stellt man eventuell später fest, dass es sich mit der gewählten Programmiersprache nicht umsetzen lässt. Ein anderes Beispiel ist die so genannte *Garbage Collection*. Dabei handelt es sich um die Fähigkeit einer Programmiersprache, selbst zu erkennen, wann ein einmal verwendetes Objekt nicht mehr verändert werden kann, um es dann automatisch freizugeben. Fehlt der Zielsprache diese Funktionalität, muss sich der Entwickler selbst um die Freigabe seiner Instanzen kümmern. Wieder andere Sprachen ermöglichen es, so genannte *Interfaces* zu implementieren. Damit gehört dann eine Klasse automatisch auch zu der Gruppe der Interfaces, die sie implementiert, und kann somit überall dort verwendet werden, wo eigentlich nur ein Interface erwartet wird. Ähnlich wie bei der fehlenden Mehrfachvererbung ließe sich ein System, das mit der Verwendung von Interfaces designt wurde, nur sehr schwer umsetzen, wenn die verwendete Sprache dieses Konstrukt nicht kennt. Ein weiteres Beispiel sind die so genannten *Templates*. Ein Template ist eine halb fertige Vorlage einer Klasse, die erst bei ihrer Verwendung durch die Angabe eines konkreten Datentyps vom Compiler für diesen erzeugt wird.

COBOL kennt all diese Konstrukte. Neben Einfachvererbungen sind hier auch Mehrfachvererbungen zugelassen. Ebenso verfügt diese Sprache über einen Garbage Collector. Interfaces können sowohl auf Klassen- als auch auf Objektebene implementiert werden. Die Templates werden in COBOL parametrisierte Klassen genannt und stehen ebenfalls zur Verfügung.

Verschiedene objektorientierte Möglichkeiten werden heute kritisch diskutiert. Allen voran die Mehrfachvererbung. Andere Sprachen lösen dieses Problem, indem sie nur über Einfachvererbung, aber eben auch über die Möglichkeit der Implementierung von Interfaces verfügen. Es ist bezeichnend, dass eine so mächtige Programmiersprache wie COBOL auch hier alle Spielweisen unterstützt. Nur weil COBOL über Mehrfachvererbung verfügt, bedeutet das nicht zwingend, dieses Feature auch einsetzen zu müssen.

21.3 Klassen

Wie bereits erwähnt, ist es notwendig, alle realen Gegenstände des zu programmierenden Systems zu ordnen und in Form von Klassen abzubilden. Eine Klasse stellt in COBOL ein eigenständiges Modul dar. Eine Klasse wird für sich übersetzt und kann mit anderen zu einer komplexeren Anwendung gebunden werden. Den wichtigsten Teil einer Klasse bilden ihre Attribute. Dabei handelt es sich um diejenigen Daten, die die Klasse beschreiben. Bei einem Tagesdatum sind dies der Tag, der Monat und das Jahr. Ein Artikel identifiziert sich durch seine Artikelnummer, seine Bezeichnung und eventuell seinen aktuellen Preis. Da all diese Daten in der working-storage section der Klasse definiert werden, sind sie auch nur innerhalb dieser verwendbar. Ein anderes Modul hat in COBOL keine Möglichkeit, direkt verändernd auf diese Datenfelder zuzugreifen. Man sagt auch, dass die Attribute in einer Klasse gekapselt und somit vor der Außenwelt geschützt sind. Damit ist bereits ein wichtiges Ziel der Objektorientierung erreicht. Da die Daten eines Kunden einmal im System in der Klasse Kunde definiert wurden, können sie auch nur über den Aufruf dieser Klasse verändert werden. Es ist nun nicht mehr notwendig, in jedem Programm dieselbe Logik immer wieder neu zu programmieren, um festzustellen, ob ein gegebenes Datum korrekt ist. Ganz im Gegenteil. Dem objektorientierten Anwendungsentwickler stehen die notwendigen Informationen für die Überprüfung gar nicht zur Verfügung. Sie sind in der Klasse Tagesdatum vor seinem direkten Zugriff geschützt. Listing 21.1 zeigt, wie die Attribute durch die schützende Hülle der Klasse vor der Außenwelt verborgen werden.

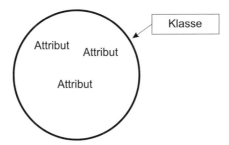

Abbildung 21.1: Klasse mit Attributen

Da nur noch eine Klasse in der Lage ist, verändernd auf die Attribute einzuwirken, muss sie auch alle Funktionalitäten zur Verfügung stellen, die sich mit den verwalteten Attributen durchführen lassen. Zu den Daten wird also noch die Logik programmiert, die sich auf sie anwenden lässt. Diese kleinen und kleinsten Programme werden *Methoden* genannt. Nur durch den Aufruf dieser Methoden ist der Anwendungsentwickler in der Lage, Attributinhalte abzufragen und zu verändern. Man erreicht dadurch eine sehr starke Modularisierung und die Möglichkeit, jedes noch so kleine Modul für sich zu testen. Eine objektorientierte Anwendung besteht überwiegend aus dem Aufruf von Methoden. Eine Klasse mit ihren Attributen und Methoden wird somit zu einem Baustein, der immer wieder dann verwendet wird, wenn seine Funktionalität gefragt ist. Für die Verwaltung des Geburtsdatums, des Bestell- und Lieferdatums wird immer dieselbe Klasse benutzt. Listing 21.2 zeigt, wie über den Aufruf der Methoden auf die Attribute zugegriffen werden kann.

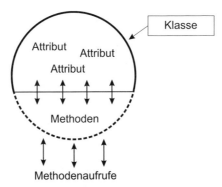

Abbildung 21.2: Klasse mit Attributen und Methoden

Am Beispiel der simplen Klasse DATUM soll die notwendige Syntax in COBOL aufgezeigt werden. Es fällt auf, dass eine Klasse nicht mit einer PROGRAM-ID, sondern mit einer CLASS-ID beginnt. Außerdem endet jede Klasse in COBOL mit END CLASS. Dazwischen befindet sich die Definition der Attribute.

```
class-id. datum inherits base.
environment division.
configuration section.
repository.
    class base.
object.
data division.
```

```
working-storage section.
01  tag            pic 99.
01  monat          pic 99.
01  jahr           pic 9999.
end object.
end class datum.
```

Listing 21.1: COBOL-Klasse mit Attributen

21.4 Objekte

Wie an obigem Beispiel aufgefallen ist, befindet sich innerhalb der Klasse noch ein weiteres Konstrukt, nämlich das des Objekts. COBOL unterscheidet wie SmallTalk sehr genau zwischen den Begriffen Klasse und Objekt, ganz im Gegensatz zu anderen Programmiersprachen, die Objekt mit Instanz gleichsetzen. Um genau zu sein, stellt die Klasse in COBOL eine zweite Hülle um die Attribute dar. Man bezeichnet die Klasse auch gerne als *Factory*. Sie kann ebenso wie das beinhaltete Objekt über eigene Attribute und Methoden verfügen. Während die Methoden des Objektes sich um die Manipulation der Attribute kümmern, besteht die Hauptaufgabe der Methoden der Klasse darin, einzelne Instanzen der Klasse oder auch die Klasse selbst zu verwalten. Eine Instanz ist dabei eine konkrete Abbildung des Objektes im Hauptspeicher. Gleichzeitig können beliebig viele Instanzen ein und desselben Objektes bestehen. Sie unterscheiden sich jeweils durch den Inhalt ihrer Attribute. Braucht man neben einem Geburtsdatum auch ein Bestelldatum und ein Lieferdatum, so hat man bereits drei Instanzen der Klasse `Datum` erzeugt. Sie existieren gleichzeitig und unabhängig voneinander. Alle entsprechen in ihrem Aufbau jedoch exakt dem Bauplan, der durch die Objektdefinition der Klasse `Datum` vorgegeben wurde. Dabei ist es Aufgabe der Klassenmethoden, sich um die korrekte Erzeugung einer Datumsinstanz zu kümmern.

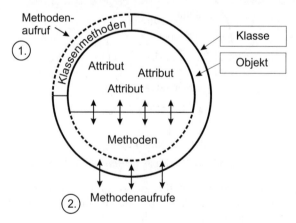

Abbildung 21.3: Klasse mit Klassenmethoden und Objektdefinition

Der Begriff Factory (Fabrik) für eine Klasse kommt nicht von ungefähr. Auch im wirklichen Leben muss ein Fahrzeug zunächst in einer Fabrik erzeugt werden, bevor man damit herumfahren kann. Man erteilt also zunächst der Fabrik den Auftrag, ein Fahrzeug zusammenzubauen, bevor man dann schließlich die konkrete Instanz eines Fahrzeuges übergeben bekommt. In COBOL bedeutet dies, dass man zunächst eine Klassenmethode aufrufen muss, bevor man eine konkrete Ausprägung der Datumsklasse verwenden kann. Danach kommen jedoch nur noch Objektmethoden zum Einsatz, da ausschließlich diese die beinhalteten Attribute manipulieren können. Es ist letztendlich auch das Fahrzeug und nicht die Fabrik, mit der man von München nach Hamburg fährt. Hat die Instanz ihre Schuldigkeit getan, wird sie wieder freigegeben, das Fahrzeug verschrottet. Dies hat auf die Fabrik jedoch keinen Einfluss. Es können jederzeit durch den Aufruf einer geeigneten Klassenmethode weitere Instanzen der Klasse erzeugt und verwendet werden.

Wie in Listing 21.3 zu sehen, sind die Klassenmethoden von den Objektmethoden getrennt. Nachdem eine Klassenmethode für die Erzeugung der Instanz benutzt wurde, können die Objektmethoden für deren Manipulation verwendet werden.

21.5 Attribute

Bei den Attributen einer Klasse oder eines Objektes handelt es sich nicht zwangsläufig um klassische Datenfelder im Sinne von COBOL. Es ist ebenso gut denkbar, dass es sich dabei selbst wieder um Instanzen anderer Klassen handelt. Es ist sogar so, dass der Grad der Objektorientierung in einem mit einer hybriden Programmiersprache erstellten System daran gemessen werden kann, wie viele konkrete, also klassische Datentypen für die Darstellung der Attribute verwendet worden sind. Je höher dieser Anteil, desto weniger Objektorientierung liegt vor. Im Idealfall sind alle Attribute Instanzen anderer Klassen. Diese intelligenten Datentypen, und nichts anderes sind unsere Klassen, lassen sich viel einfacher in dynamischen Gruppen zusammenfassen und an andere Methoden übergeben. Attribute besitzen neben ihren Informationen auch Zustände. Es könnte durchaus sein, dass der Wert eines Attributes fachlich falsch ist und die konkrete Instanz sich deshalb nicht speichern lässt.

Alle Klassen, die während der objektorientierten Analyse- und Designphase gefunden werden, bezeichnet man auch als abstrakte Datentypen. Das Erzeugen einer Instanz kommt der Definition einer solchen Variablen gleich. Im Gegensatz zu einem konkreten Datentyp enthält ein abstrakter Datentyp mehrere Informationen und eine gewisse Intelligenz in Form von Methoden.

In COBOL werden Instanzen als Referenzen adressiert. Dafür wurde extra der Datentyp OBJECT REFE-RENCE eingeführt. Variable diesen Typs können entweder fest mit der Referenz auf eine bestimmte Klasse oder auch ganz allgemein angelegt werden. Letztere sind dann in der Lage, Referenzen auf alle möglichen Klassen verwalten zu können, was aber die Gefahr birgt, auch einmal Referenzen auf Klassen zu verwalten, die eigentlich gar nicht gemeint sind. Ein solcher Fehler ist an sich nur schwer zu finden. Nehmen Sie an, es existiert eine Klasse mit dem Namen Integer, dann könnte die COBOL-Implementierung unserer Datumsklasse mit abstrakten Attributen so aussehen wie in Listing 21.2.

```cobol
class-id. datum inherits base.
environment division.
configuration section.
repository.
    class base
    class integer.
object.
data division.
working-storage section.
01  tag              object reference integer.
01  monat            object reference integer.
01  jahr             object reference integer.
end object.
end class datum.
```

Listing 21.2: COBOL-Klassen mit abstrakten Attributen

Die Attribute eines Objektes werden in der WORKING-STORAGE SECTION des Objektes definiert. Alle Variablen, die hier definiert sind, werden jedes Mal neu im Hauptspeicher erzeugt, wenn eine weitere Instanz dieser Klasse angelegt wird. Diese Variablen existieren also exakt so oft, wie aktuell Instanzen dieser Klasse vorhanden sind. Dies ist keinmal, einmal oder beliebig oft.

Da die Methoden in einer Klasse, der Factory, jederzeit aufgerufen werden können, es aber sein kann, dass die Attribute des Objektes noch gar nicht existieren, ist es einzusehen, dass den Klassenmethoden ein direkter Zugriff auf die Objektattribute versagt ist. Sollen die Attribute beim Erstellen einer neuen Instanz mit bestimmten Werten initialisiert werden, so muss dazu innerhalb der Klassenmethode unmittelbar nach Erzeugen der Instanz eine entsprechende Objektmethode aufgerufen werden.

21.6 Methoden

Die Methoden sind die Funktionen einer Klasse oder eines Objektes. Sie haben uneingeschränkten Zugriff auf ihre Attribute und sind auch für sie verantwortlich. Da man Klassen- und Objektmethoden unterscheidet, können Klassenmethoden lediglich auf Klassenattribute, Objektmethoden lediglich auf Objektattribute zugreifen. Syntaktisch sieht eine Methode aus wie ein eigenständiges COBOL-Programm. An Stelle der PROGRAM-ID findet sich hier eine METHOD-ID. Außerdem endet eine Methode immer mit END METHOD. Wie an ein normales Programm können auch an eine Methode Parameter übergeben werden. So hat eine Methode also eine LINKAGE SECTION. Dateidefinitionen sind ebenfalls möglich. Eine Methode lässt sich ebenso in Sections und Paragraphen unterteilen wie jedes andere Programm. Da eine Methode jedoch relativ kurz gehalten werden soll, ist eine solche Unterteilung oft nicht notwendig. Das Besondere einer Methode liegt darin, dass sie immer in einer Klasse oder einem Objekt enthalten ist und dass es neben ihr noch viele weitere Methoden im selben Modul gibt.

Wenn eine Methode die Aufgabe hat, Attribute zu verändern, muss unbedingt sichergestellt sein, dass diese Attribute nicht ungültig werden. Es ist oberste Pflicht einer jeden Methode, dafür zu sorgen, dass alle Attribute stets inhaltlich korrekt bleiben. Sollte dies auf Grund der an die Methode übergebenen Werte nicht möglich sein, muss die Methode einen entsprechenden Fehler melden, darf die Attribute jedoch nicht verändern. Nur dadurch können robuste Klassen geschaffen werden.

Um eine Klasse mit ihren Attributen und Methoden innerhalb der Analyse darstellen zu können, bedient man sich heutzutage einer einheitlichen Darstellungsform, die *UML* genannt wird. Die Abkürzung UML steht für Unified Modeling Language. Abbildung 21.4 zeigt die Klasse Datum mit ihren Attributen Tag, Monat und Jahr und beispielhaft eine Methode getTag. Im oberen Teil befindet sich der Name der Klasse. Im Mittelteil werden die Attribute aufgelistet und im unteren Teil die Methoden.

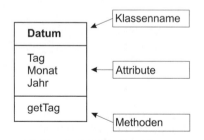

Abbildung 21.4: UML Klassendiagramm

Innerhalb einer Methode können alle Anweisungen verwendet werden, die auch sonst in einem COBOL-Programm üblich sind. Auch hier können Instanzen anderer Klassen erzeugt, Methoden aufgerufen oder normale Berechnungen durchgeführt werden. Die Variablen, die die Methode für ihre Arbeit braucht, werden in der LOCAL-STORAGE SECTION definiert. Sie werden jedes Mal in dem Moment erzeugt, in dem in die Methode verzweigt wird, und existieren nur solange, bis aus der Methode wieder herausgesprungen wird. Außerdem kann eine Methode dann auch rekursiv verwendet werden.

Das Listing 21.3 zeigt die Klasse Datum mit der Methode getTag, die den Wert des aktuellen Tages zurückliefert. Der Einfachheit halber wurden hier die Attribute in Form von konkreten Datentypen definiert.

```
class-id. datum inherits base.
environment division.
configuration section.
repository.
    class base.
object.
data division.
working-storage section.
01  tag             pic 99.
01  monat           pic 99.
01  jahr            pic 9999.

method-id. "getTag".
data division.
linkage section.
01  lnkTag          pic 99.
procedure division returning lnkTag.
    move tag to lnkTag
    exit method.
end method "getTag".
end object.
end class datum.
```

Listing 21.3: Klasse DATUM mit Methode getTag

21.7 Instanzen

Der Begriff Instanz, der nun schon mehrfach erwähnt wurde, soll an dieser Stelle noch einmal etwas genauer beleuchtet werden. Von einer konkreten Klasse können gleichzeitig mehrere Instanzen existieren. Eigentlich sagt man, dass von der Klasse Artikel so viele Instanzen existieren, wie es Datensätze in der Artikeldatei gibt. Manche davon befinden sich für die aktuelle Verarbeitung im Hauptspeicher. Es macht Sinn, nur so viele Artikelinstanzen zu laden, wie für die Verarbeitung einer Bestellung notwendig sind. Da für einen Entwickler nur die aktuell geladenen Instanzen von Interesse sind, beschränkt sich im Sprachgebrauch der Begriff Instanz oftmals auf diese. Man versteht unter dem Erzeugen einer Instanz das Laden der notwendigen Informationen aus einer Datei oder über einen Dialog. Wird eine Instanz freigegeben, so meint man damit lediglich das Freigeben des Hauptspeichers. Im eigentlichen, objektorientierten Sinn wird eine Artikelinstanz erst dann freigegeben, wenn es den Artikel selbst nicht mehr gibt. Um für einen einheitlichen Sprachgebrauch zu sorgen, soll im Weiteren der Begriff Instanz nur für die technische Abbildung im Hauptspeicher verwendet werden.

Selbst wenn gleichzeitig mehrere Instanzen einer Klasse existieren, sind alle Methoden dieser Klasse für alle Instanzen gleich. Die Instanzen unterscheiden sich voneinander durch den Inhalt ihrer Attribute. Sobald mehr als eine Instanz existiert, ist es für den Aufruf einer Methode notwendig, genau anzugeben, für welche Instanz die Methode gerufen werden soll. Der Methodenaufruf kann mit dem Aufruf eines normalen Programms verglichen werden. Da die CALL-Anweisung jedoch nur den Namen des zu rufenden Moduls und die Parameter enthält, wurde der neue Befehl INVOKE eingeführt. Nach dem Wort INVOKE folgt stets der Name der Klasse oder die Referenz auf die aktuelle Instanz, für die die Methode, deren Name als dritte Angabe folgt, aufgerufen werden soll.

Auch für das Erzeugen einer Instanz ist in COBOL der Aufruf einer Methode notwendig. Der Name dieser Methode lautet zunächst NEW und ist in der Klasse BASE bereits vorhanden. Jede Klasse, die in COBOL programmiert werden soll, muss direkt oder indirekt von der Klasse BASE abgeleitet sein. Damit erbt sie alle Methoden, die auch in BASE definiert sind. Somit verfügt jede Klasse automatisch auch über die Methode NEW, die eine Referenz auf eine gültige Instanz zurückliefert.

Eine Methode, deren Aufgabe darin besteht, neue Instanzen zu erzeugen, wird auch als *Konstruktor* bezeichnet. Eigene Klassen können über eigene Konstruktoren verfügen, die nicht immer zwangsläufig NEW heißen müssen. Außerdem erwarten diese Art von Konstruktoren verschiedene Parameter, mit denen sie die zu erzeugende Instanz initialisieren werden. Konstruktoren sind immer Klassenmethoden. Sie können jederzeit aufgerufen werden, auch wenn noch keine einzige Instanz der Klasse existiert.

Da zu jeder Zeit sichergestellt sein soll, dass alle Attribute einer Instanz gültige Inhalte besitzen, kommt den Konstruktoren eine ganz besondere Bedeutung zu. Es gibt Instanzen, die sinnvoll mit einem Default-Wert initialisiert werden können. Dazu zählt beispielsweise die Klasse Datum. Wird kein weiterer Parameter übergeben, so könnte sich die Instanz mit dem heutigen Tagesdatum belegen. Daneben kann es auch sinnvoll sein, das Tagesdatum gleich auf einen bestimmten Wert zu setzen. Für diesen Fall müsste also ein Konstruktor programmiert werden, an den sich die entsprechenden Werte übergeben lassen. Solche Konstruktoren sind für alle Klassen notwendig, die nicht mit einem Standardwert vorbelegbar sind.

In Listing 21.4 wird gezeigt, wie eine Instanz der Klasse Datum erzeugt wird. Dazu muss die Methode NEW der Klasse Datum aufgerufen und der Rückgabewert in einer Referenzvariablen gespeichert werden.

```
working-storage section.
01  aktDatum        object reference datum.


procedure division.


    invoke datum "new" returning aktDatum.
```

Listing 21.4: Instanz erzeugen

Garbage Collection

Jede Instanz, die im Hauptspeicher angelegt wird, verbraucht Ressourcen. Daher spielt die Frage, wann die Instanzen wieder freigegeben werden, eine wichtige Rolle. Je nach Umfang der in den Klassen definierten Attribute ist ein normales PC-System in der Lage, mindestens 50 bis 100.000 Instanzen und mehr gleichzeitig zu verwalten. Jeder Instanz wird eine eindeutige Nummer zugewiesen, die sie bis zu ihrer Freigabe behält. Danach wird diese Referenznummer für Instanzen ganz anderer Klassen wieder verwendet. So ist COBOL in der Lage, gleichzeitig über 2 Milliarden Instanzen zu adressieren. Diese Anzahl ist so hoch ausgelegt, dass sie wohl selbst durch die komplexeste Anwendung niemals erreicht wird. Man muss sich viel eher Gedanken über die Größe des realen oder virtuellen Hauptspeichers machen, in dem die Anwendung laufen soll.

Eine große Gefahr in einem objektorientiert programmierten System liegt darin, dass der Entwickler vergisst, nicht mehr benötigte Instanzen wieder freizugeben. Moderne objektorientierte Sprachen, zu denen auch COBOL gehört, verwalten daher ihre Instanzen selbst. Dieses, unter dem Namen Garbage Collection bekannte Feature, ist in der Lage, selbstständig zu erkennen, wann eine einmal erzeugte Instanz vom System nicht mehr verwendet werden kann. In diesem Fall wird die Instanz automatisch freigegeben. Jeder Instanz wird eine eindeutige Referenznummer zugeordnet, die in einer Variablen vom Typ OBJECT REFERENCE gespeichert wird. Es ist natürlich möglich, diesen Wert in andere Variablen desselben Typs zu übertragen, beispielsweise dann, wenn eine Instanz an eine Methode übergeben werden soll. Der Garbage Collector von COBOL achtet nun darauf, welche Referenzvariablen auf welche Instanzen verweisen. Wird eine Variable ungültig, weil eventuell die Methode verlassen wird, in der sie definiert wurde, verringert sich die Anzahl der aktuellen Referenzen auf eine bestimmte Instanz um eins. Stellt das System fest, dass es keine einzige Referenzvariable mehr gibt, die auf eine bestimmte Instanz verweist, so kann es diese freigeben.

Es kommt vor, dass sich Instanzen gegenseitig referenzieren. Ein vernünftiger Garbage Collector muss in der Lage sein, eine solche Beziehungsform zu erkennen, um die Instanzen dennoch freizugeben. Abbildung 21.5 zeigt die beiden Klassen `Partner` und `Adresse`. Beide Instanzen enthalten jeweils eine Referenz auf die andere. Es könnte für eine Anwendung durchaus interessant sein, zu wissen, welcher oder welche Partner an einer bestimmten Adresse wohnen. In solch einem Fall baut man eine gegenseitige Referenz auf. Wird nun sowohl die Adresse als auch der Partner von keiner anderen Stelle aus mehr referenziert, dürfen beide freigegeben werden.

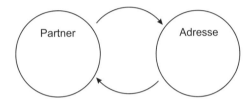

Abbildung 21.5: Zwei Instanzen referenzieren sich gegenseitig.

Dieses Beispiel macht aber auch deutlich, dass alle Partnerinstanzen so lange gehalten werden, wie die dazugehörige Adresse vom System noch ansprechbar ist.

Die COBOL-Norm schreibt die exakte Implementierung des Garbage Collectors nicht vor. Nach welchen Strategien die Instanzverwaltung aufgebaut ist, bleibt daher dem Compiler-Hersteller überlassen. Oft läuft der Garbage Collector in einem eigenen Thread mit niedrigerer Priorität als die Anwendung. Das kann dann zu dem Problem führen, dass die Anwendung die Instanzen schneller erzeugt, als COBOL in der Lage ist, diese wieder freizugeben. Wird es im Hauptspeicher eng, legt die Anwendung eine kurze Pause ein, was für den Benutzer kaum verständlich ist. Leider gibt es in COBOL, ähnlich wie in vergleichbaren Sprachen, keine Möglichkeit, eine Instanz zu einem festgelegten Zeitpunkt durch den Entwickler freigeben zu lassen. Löscht man den Inhalt einer Referenzvariablen, so ermöglicht man dem System zwar, die Instanz jetzt freizugeben, wann dies aber geschieht, bleibt ungewiss. Spätestens bei Programmende werden alle verbliebenen Instanzen entfernt. Auch wenn die Anwendung ungeregelt abstürzen sollte, stellt das Betriebssystem die Ressourcen wieder zur Verfügung.

21.8 Methodenaufruf

Da eine Klasse alle ihre Funktionalitäten in Form von Methoden zur Verfügung stellt, besteht die Hauptaufgabe eines Entwicklers darin, diese aufzurufen. Oberflächlich kann man eine Methode mit einem Modul vergleichen, wie es in konventionellen Programmen vorkommt. Keine Klasse umfasst jedoch mehrere Methoden und stellt somit eine breitere Schnittstelle zur Verfügung. An jede Methode können Parameter übergeben werden.

Da es gleichzeitig von einer Klasse beliebig viele Instanzen geben kann, ist es notwendig, beim Aufruf einer Methode klar festzuschreiben, für welche Instanz sie aufgerufen werden soll. So könnte die Klasse `Tagesdatum` über eine Methode `getTag` verfügen. Will man eine komplexe Bestellung abbilden, so hat man es gleichzeitig mit mehreren Instanzen dieser Klasse zu tun. Wer sich nur für den Tag des Geburtsdatums interessiert, muss ganz gezielt diese Instanz ansprechen.

Listing 21.5 zeigt den entsprechenden Aufruf der Methode für eine Instanz mit dem Namen Geburts-datum. Über den Zusatz RETURNING wird der entsprechende Wert geliefert.

```
working-storage section.
01  geburtsdatum    object reference datum.
01  tag             pic 99.


procedure division.


    invoke geburtsdatum "getTag" returning tag.
```

Listing 21.5: Aufruf der Methode getTag

Es ist noch einmal wichtig festzuhalten, dass nach dem Wort INVOKE immer die Referenz auf das Objekt folgen muss, für das die Methode ausgeführt werden soll. Findet sich nach dem Wort INVOKE der Name einer Klasse, so handelt es sich bei der zu rufenden Methode um eine Klassenmethode, also um einen Teil der Factory. Nach dem Namen der Methode folgt die von der CALL-Anweisung her bekannte USING- bzw. RETURNING-Klausel.

Signatur einer Methode

Bei den vielen Klassen, die im Laufe der Zeit bei einem umfangreichen Projekt entstehen, wird es nicht ausbleiben, dass es in verschiedenen Klassen Methoden mit gleichem Namen geben wird. Dies ist sogar erwünscht. Wenn zwei Methoden in unterschiedlichen Klassen für dieselbe Funktionalität stehen, sollten sie nach Möglichkeit auch gleich heißen. Dabei kann es sein, dass die eine Methode mehr oder weniger Parameter als die andere benötigt. Da sich jede Methode fest im Kontext ihrer Klasse befindet, ist es nicht notwendig, ständig neue Namen für sie zu finden. In einer Klassenbibliothek für die Programmierung gra-fischer Oberflächen verfügen die unterschiedlichsten Klassen über eine Methode mit dem Namen SHOW. Dies gilt für Eingabefelder ebenso wie für Pushbuttons. Es würde einfach keinen Sinn machen, dieser doch sehr zentralen Funktion immer wieder eine neue Bezeichung geben zu wollen. Es ist sogar denkbar, dass eine Klasse über mehrere verschiedene Varianten ein und derselben Methode verfügt. So lassen sich un-terschiedliche Möglichkeiten denken, ein Eingabefeld darzustellen.

Innerhalb einer Klasse darf es nur eine Methode mit einer bestimmten Signatur geben. Alle Methoden müssen sich also in ihrer Signatur unterscheiden. Da in COBOL zur Signatur einer Methode lediglich der Methodenname gehört, ist es nicht möglich, innerhalb einer Klasse mehrere Methoden gleichen Namens zu codieren.

Wird eine neue Klasse dadurch gebildet, dass sie von einer bestehenden Klasse abgeleitet ist, so erbt die neue Klasse alle Methoden ihrer Basisklasse. Durch die in COBOL mögliche Mehrfachvererbung kann das eine ganz beachtliche Anzahl an Methoden sein. Nicht selten kommt es in solchen Vererbungshierarchien vor, dass eine ganz bestimmte Funktionalität, also eine Methode, anderes abgearbeitet werden muss. Dazu ist es lediglich notwendig, in der abgeleiteten Klasse die geerbte Methode zu überschreiben. Auch hier spielt wieder die Signatur einer Methode eine wichtige Rolle. Es genügt also in COBOL, in einer abgeleite-ten Klasse eine Methode mit dem gleichen Namen wie in der Basisklasse zu definieren, um dafür zu sorgen, dass fortan nur noch die in der abgeleiteten Klasse neu definierte Methode ausgeführt werden kann.

Methoden sind keine Module

Für das richtige Verständnis einer objektorientierten Sprache ist es notwendig, sich den Unterschied zwi-schen einer Methode und einem Modul oder einer Funktion klar zu machen. Anstatt eine Klasse Tages-datum zu entwickeln, lässt sich natürlich auch ein Modul denken, das, gesteuert über seine Parameter, alle notwendigen Funktionen für ein Datum bereitstellt. Es könnte überprüfen, ob es sich um ein gültiges

Datum handelt, zwei Daten miteinander vergleichen oder ermitteln, wie viele Tage sie trennen. Auch das Addieren von Tagen auf ein bestehendes Datum könnte eine solche Funktion sein. An diesem Beispiel soll der Unterschied zwischen einer Methode und einem Modul aufgezeigt werden. Um eine beliebige Anzahl Tage auf ein Datum aufaddieren zu können, würde ein entsprechendes Datumsmodul mindestens zwei Parameter benötigten, neben dem eigentlichen Datum auch die Anzahl der Tage. Diese Informationen würden von dem rufenden Programm zur Verfügung gestellt. Bei dem Datum könnte es sich um eine Datengruppe handeln, die aus den Feldern Tag, Monat und Jahr besteht. Das aufgerufene Modul könnte das übergebene Datum entsprechend manipulieren und dieses Ergebnis an das rufende Programm zurückliefern. Danach könnte dasselbe Modul mit einem ganz anderen Datum und einer anderen Anzahl von Tagen erneut aufgerufen werden.

Betrachtet man eine entsprechende Methode, so wäre es lediglich notwendig, als einzigen Parameter die Anzahl Tage zu übergeben, um die sich ein Datum erhöhen soll. Der Grund dafür liegt in der Tatsache, dass die Methode fest in der Klasse Tagesdatum codiert wurde. Bei dem eigentlichen Datum, das manipuliert werden soll, handelt es sich um die Attribute dieser Klasse. Das rufende Programm besitzt nur eine Referenz auf die entsprechende Instanz, kann aber auf die einzelnen Attribute nicht zugreifen. Wie für eine Methode üblich, würde sie die Attribute ihrer eigenen Instanz, das Datum, um die übergebene Anzahl Tage erhöhen.

Dieses Verhalten findet sich bei allen Gegenständen einer objektorientierten Anwendung. Jede Instanz ist für sich autark, ihre Attributwerte lassen sich ausschließlich durch Methodenaufrufe verändern.

Klassenmethoden

Der Vollständigkeit halber sei noch einmal erwähnt, dass es in COBOL zwei Arten von Methoden gibt. Neben den Objektmethoden, die sich auf einzelne Instanzen einer Klasse anwenden lassen, finden sich noch die Klassenmethoden. Sie erledigen Aufgaben, die für eine Klasse als Ganzes gelten, also nicht speziell für eine einzelne Instanz. Ihre häufigste Anwendung liegt in der Erzeugung neuer Instanzen der eigenen Klasse. Daneben lassen sich aber auch übergreifende Verwaltungstätigkeiten denken.

Klassenmethoden werden zwischen den Angaben FACTORY und END FACTORY programmiert. Sie können in abgeleiteten Klassen sinnvoll überladen werden. Bestes Beispiel dafür ist die Methode NEW. Sie ist in der Klasse BASE bereits vorhanden und wird daher von jeder Klasse geerbt. Für die Klasse Tagesdatum ist es sinnvoll, dass diese Methode neben dem reinen Erzeugen der Instanz auch deren Initialisierung übernimmt. Dazu ist es nötig, die Methode NEW in der Klasse Tagesdatum erneut zu programmieren. Wie in Listing 21.6 dargestellt, ruft die Methode zunächst die Methode NEW ihrer Basisklasse BASE auf, von der sie nun bereits eine gültige Referenz auf eine Instanz der Klasse Tagesdatum erhält. Damit COBOL weiß, dass hier die überladene Methode einer Basisklasse ausgeführt werden soll, ist es notwendig, sie mit der Anweisung INVOKE SUPER aufzurufen. Danach ist die Klassenmethode in der Lage, die Attributwerte der erhaltenen Instanz mit Hilfe ihrer Objektmethoden zu setzen.

```
class-id. tagesdatum inherits base.
environment division.
configuration section.
repository.
    class base.
factory.
method-id. "new" override.
data division.
local-storage section.
01  aktDatum.
    05  jahr        pic 9999.
    05  monat       pic 99.
```

```
    05  tag             pic 99.
linkage section.
01  instanz             object reference active-class.
procedure division.
    invoke super "new" returning instanz

    accept aktDatum from date yyyymmdd
    invoke instanz "setDatum" using tag monat jahr

    exit method.
end method "new".
end factory.


object.
data division.
working-storage section.
01  tag             pic 99.
01  monat           pic 99.
01  jahr            pic 9999.


method-id. "setDatum".
data division.
linkage section.
01  lnkTag          pic 99.
01  lnkMonat        pic 99.
01  lnkJahr         pic 9999.
procedure division using lnkTag lnkMonat lnkJahr.
    move lnkTag to tag
    move lnkMonat to monat
    move lnkJahr to jahr
    exit method.
end method "setDatum".
end object.
end class tagesdatum.
```

Listing 21.6: Überladen des Konstruktors new

21.9 Beziehungen

Assoziation

Wie bereits erwähnt, stehen die Klassen in einer ganzen Reihe von Beziehungen zueinander. Die lockerste davon ist die Assoziation. Hier verwendet die Instanz einer Klasse Instanzen einer anderen Klasse, um ihre Aufgaben zu erledigen. Eine solche Verwendungsbeziehung kann auch gegenseitig bestehen. Sie wird bei Bedarf aufgebaut und nur so lange gehalten, wie es für die Erfüllung der Aufgabe notwendig ist.

Es gibt in COBOL keine Syntax, mit der man diese Form der Beziehung ausdrücken könnte. Sie entsteht ganz einfach dadurch, dass eine Referenzvariable der einen Instanz auf eine andere Instanz verweist. Das kann der Partner mit seiner Adresse ebenso sein wie die Bestellung mit ihren Artikeln.

Auch die Menge der Beziehungen ist nicht begrenzt. So benutzt ein Partner entweder keine, eine oder beliebig viele Adressen. Im Gegenzug können an einer Adresse kein, ein oder beliebig viele Partner wohnen. Außerdem lässt sich ein Partner auch völlig unabhängig von seiner Adresse verwenden.

Ein Partner benutzt lediglich seine Adresse, er besteht nicht aus ihr oder ist gar von ihr abgeleitet.

Die Assoziation ist die in einem objektorientierten System am häufigsten anzutreffende Form der Beziehung. Abbildung 21.6 zeigt, wie sie in UML dargestellt wird.

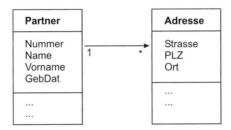

Abbildung 21.6: Assoziation

Assoziative Klasse

Manchmal kommt es vor, dass die Verwendungsbeziehung selbst über Attribute verfügt. Dies ist immer dann der Fall, wenn die Beziehung unter bestimmten Eckdaten zu Stande kommt. Ein Partner, der mehrere Adressen benutzt, weist diesen oftmals unterschiedliche Rollen zu. So kann sich die Lieferadresse eines Auftrags von der Wohnadresse des Partners unterscheiden. Auch kann die Rechnungsadresse eines Partners mit mehreren Filialen wieder eine andere sein.

Ein wichtiger Bestandteil einer Bestellung sind die durch sie georderten Artikel. Neben der reinen Information, welche Artikel zu einer Bestellung gehören, ist es ebenso wichtig festzuhalten, zu welchem Preis und in welcher Menge der Artikel geliefert werden soll.

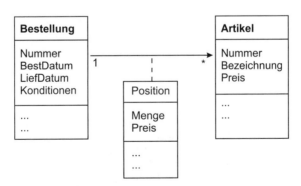

Abbildung 21.7: Beziehung über assoziative Klasse `Position`

Wenn eine Beziehung selbst über Attribute verfügt, so wird sie ebenfalls in Form einer Klasse dargestellt. Man bezeichnet sie als assoziative Klasse. Ihre Aufgabe ist es, Auskunft über die Art und Weise einer Beziehung zu geben. Assoziative Klassen sind keine Fachklassen im eigentlichen Sinn. Sie beschreiben keine konkreten Gegenstände.

Abbildung 21.7 zeigt ein UML-Diagramm, aus dem ersichtlich ist, wie sich die Beziehung zwischen einer Bestellung und dem bestellten Artikel darstellt.

Aggregat

Eine engere Form der Beziehung ist die so genannte Aggregation. Sie stellt eine Bestandteilsbeziehung zwischen verschiedenen Instanzen dar. Eine Aggregatklasse braucht zu ihrem Entstehen Instanzen anderer Klassen. Ein beliebtes Beispiel dafür ist ein Motor, der aus vielen Einzelteilen besteht. Erst wenn diese Einzelteile zusammen gebracht werden, entsteht der Motor. Ein anderes Beispiel ist ein Flugzeug, das ein Aggregat aus Fahrzeug und Flügel darstellt.

Auch für die Aggregation gibt es in COBOL keine spezielle Syntax. Ein Aggregat entsteht dadurch, dass der Entwickler der Klasse den Konstruktor so programmiert, dass er sofort alle notwendigen Instanzen der anderen Klassen erzeugt, aus denen dieses Aggregat besteht.

Ein erster wichtiger Unterschied zwischen einer Aggregation und einer Assoziation liegt also im Zeitpunkt, zu dem die Beziehungen zu den anderen Klassen aufgenommen werden. Auch die Dauer dieser Beziehungen ist verschieden. Ein Aggregat hält sie typischerweise so lange, wie das Aggregat selbst besteht.

Ein anderer Unterschied liegt in der Tatsache, dass eine Aggregatbeziehung immer nur einseitig sein kann. Besteht ein Aggregat aus einem Teil, so darf dieses Teil nicht wiederum aus dem Aggregat bestehen, weil dies endlos rekursiv und somit nicht darstellbar wäre.

Oft ist es dem Designer überlassen, eine Aggregation oder eine Assoziation zu definieren. Man kann sagen, dass eine Bestellung ein Aggregat aus den bestellten Artikeln ist, man muss es aber nicht. Legt man hier eine Aggregation fest, so zwingt dies in der Implementierung dazu, in dem Moment, in dem die Instanz der Bestellung entsteht, auch alle beteiligten Artikel zu instanzieren.

Abbildung 21.8 zeigt mit Hilfe von UML eine mögliche Aggregatbeziehung.

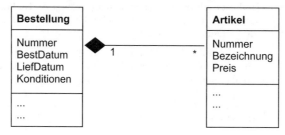

Abbildung 21.8: Bestellung als Aggregat aus Artikeln

Generalisierung

Die engste Form einer Beziehung, die zwei Klassen unterhalten können, liegt bei der Generalisierung vor. Damit soll ausgedrückt werden, dass eine Klasse eine Weiterentwicklung einer anderen Klasse ist. Bei einer solchen Vererbungsbeziehung erhält die neue Klasse alle Eigenschaften ihrer Basisklasse. Diese Beziehungsform folgt den Prinzipien der Evolution. Die abgeleitete Klasse ist ein neuer Gegenstand, der aus dem der Basisklasse entstanden ist. Er hat alle Eigenschaften des bisherigen Gegenstandes und eventuell neue, darüber hinausgehende. Ebenso ist es möglich, dass sich die eine oder andere Eigenschaft des neuen Gegenstandes gegenüber dem alten verändert hat.

Wenn man eine Vererbungsbeziehung betrachtet, ist es wichtig zu verstehen, dass die Basisklasse völlig in der abgeleiteten Klasse aufgegangen ist. Wird eine neue Instanz der abgeleiteten Klasse erzeugt, so entsteht tatsächlich nur eine einzige Instanz. Oberflächlich betrachtet sagt man, dass der Mensch vom Affen abstammt. Wird ein Mensch geboren, bedeutet dies aber nicht, dass damit auch gleichzeitig ein Affe auf die Welt kommt. Es entsteht vielmehr nur ein einziges neues Lebewesen, das aber alle Eigenschaften seiner Vorfahren in sich vereinigt.

Eine Generalisierung liegt immer dann vor, wenn verschiedene Fachklassen einen gemeinsamen Ursprung haben. Untersucht man die Klassen Pkw und Lkw, so kommt man zu dem Schluss, dass es sich bei beiden Klassen um Fahrzeuge handelt. Es macht daher Sinn, alle Eigenschaften, die Pkw und Lkw gemeinsam haben, in eine gemeinsame Basisklasse mit dem Namen Fahrzeug auszulagern. Pkw und Lkw werden dann jeweils von Fahrzeug abgeleitet. In der objektorientierten Programmierung ist es wichtig, eine bestimmte Funktionalität einmal in einer Klasse zu programmieren. Es ist unsinnig, zwei Klassen nebeneinander zu programmieren, wenn sie sich in einer Vielzahl ihrer Methoden entsprechen.

Auch ein Fahrzeug lässt sich noch weiter generalisieren. Als Oberbegriff könnte man eine Klasse Transportmittel finden, von der dann wieder eine Klasse Bahn abgeleitet sein könnte. In Abbildung 21.9 ist eine solche Vererbungshierarchie dargestellt.

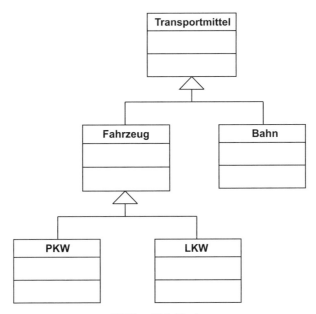

Abbildung 21.9: Vererbung

Diese Form der Beziehung ist für COBOL sehr wichtig. Deshalb ist es notwendig, sie bei der Definition einer Klasse noch in der CLASS-ID über den Zusatz INHERITS FROM anzugeben. Nur dann ist COBOL in der Lage, einer abgeleiteten Klasse auch wirklich alle Methoden ihrer Basisklassen zur Verfügung zu stellen. Ist eine Klasse von mehreren anderen abgeleitet, so müssen die Namen der Basisklassen nacheinander angegeben werden. Die Reihenfolge, in der die Basisklassen benannt werden, ist wichtig, wenn eine geerbte Methode aufgerufen werden soll. Diese Methode wird dann in der Reihenfolge in den Basisklassen gesucht, wie sie bei der Vererbungsdefinition angegeben wurde. Sobald die Methode in einer der Basisklassen gefunden wird, wird sie ausgeführt, womit die Suche beendet ist. Sollte eine andere Basisklasse über eine identische Methode verfügen, käme diese nicht zum Zuge.

In Listing 21.7 sind die Klassen aus der Abbildung 21.9 grob skizziert. Sobald von einer Klasse weitere Klassen abgeleitet werden, ist es notwendig, die Basisklasse stets als Erstes zu übersetzen. Wenn man nicht über eine entsprechende Entwicklungsumgebung verfügt, die alle Klassen in einem Projekt zusammenfasst, ist der Entwickler selbst dafür verantwortlich, die Klassen in der korrekten Reihenfolge zu übersetzen. Dies wird allerdings durch die Tatsache entschärft, dass es in COBOL nicht möglich ist, Attribute von der einen Klasse auf eine abgeleitete Klasse sichtbar, also von der abgeleiteten Klasse veränderbar, zu vererben.

```
class-id. transportmittel inherits base.
environment division.
configuration section.
repository.
    class base.
factory.
    :
    :
end factory.
object.
    :
    :
end object.
end class transportmittel.


class-id. fahrzeug inherits transportmittel.
environment division.
configuration section.
repository.
    class transportmittel.
factory.
    :
    :
end factory.
object.
    :
    :
end object.
end class fahrzeug.


class-id. bahn inherits transportmittel.
environment division.
configuration section.
repository.
    class transportmittel.
factory.
    :
    :
end factory.
object.
    :
    :
end object.
end class bahn.
```

```
class-id. pkw inherits fahrzeug.
environment division.
configuration section.
repository.
    class fahrzeug.
factory.
    :
    :
end factory.
object.
    :
    :
end object.
end class pkw.


class-id. lkw inherits fahrzeug.
environment division.
configuration section.
repository.
    class fahrzeug.
factory.
    :
    :
end factory.
object.
    :
    :
end object.
end class lkw.
```

Listing 21.7: Vererbungsdefinition

Jedes objektorientierte System kennt das Prinzip der Vererbung. Dabei werden aber üblicherweise nicht nur die Methoden, sondern auch alle Attribute vererbt. Oft ist es möglich, zu jedem einzelnen Attribut anzugeben, ob und wie es vererbt werden soll. Man unterscheidet in der objektorientierten Welt die drei Sichtbarkeiten public, protected und private. Ein Attribut oder eine Methode, die als public gekennzeichnet ist, kann von jedem direkt verwendet werden. Was für Methoden Sinn macht, sollte auf Attribute so jedoch nicht angewendet werden. Ein solches Attribut wäre nicht geschützt, was einer wesentlichen Forderung der objektorientierten Programmierung widerspricht. Oft sind es konstante Attribute, die auf diese Weise zur Verfügung gestellt werden. Definiert man ein Attribut dagegen als protected, so ist es in seiner Klasse gekapselt und somit vor der Außenwelt geschützt. Es wird jedoch an eine abgeleitete Klasse weitervererbt, wodurch diese den Inhalt des Attributs direkt manipulieren kann. Findet sich also in der Klasse Fahrzeug ein Attribut Kennzeichnen, so könnte dieses innerhalb der Klasse Pkw, die von Fahrzeug abgeleitet ist, direkt manipuliert werden. Erst wenn ein Attribut als private deklariert wird, kann es ausschließlich in der Klasse verändert werden, in der es definiert ist.

In COBOL gibt es diese Unterscheidung in public, protected oder private nicht. Alle Methoden in COBOL sind public. Alle Attribute in COBOL sind private.

21.10 Klassenbibliotheken

Durch den Einsatz der Vererbung entstehen hierarchische, baumartige Strukturen innerhalb der Klassen. Es gilt, diese Klassen zu sammeln und in einer Klassenbibliothek zu organisieren. Wichtig dabei ist, nicht nur die Klassen eines Projekts zu betrachten, sondern vielmehr alle Klassen, die im Unternehmen entstehen. Auch wenn diese Klassen zunächst völlig verschiedenen Fachbereichen zugeordnet sind, lassen sich später dennoch Anwendungen denken, die fachübergreifend diese Pakete benutzen wollen. Es gibt Klassen, die von fast jedem objektorientierten System verwendet werden. Nahezu jeder muss mit einem Datum operieren, viele benötigen eine Schnittstelle in das Partnersystem oder Drucksystem. Es ist daher empfehlenswert, solche allgemein verwendbaren Klassen oder Schnittstellen im Vorfeld unternehmensweit einheitlich zu implementieren, bevor dann in den verschiedenen Abteilungen mit der Entwicklung der eigentlichen, fachspezifischen Anwendung begonnen wird. Um ein Höchstmaß an Wiederverwendbarkeit der von den einzelnen Abteilungen geschaffenen Klassen zu erreichen, ist es notwendig, diese von einer zentralen Stelle aus zu sammeln und zu protokollieren. Ähnlich wie man heute für relationale Datenbanken die Institution des Datenbankadministrators geschaffen hat, ist es notwendig, eine Abteilung oder eine Person als Klassenadministrator zu benennen. Seine Hauptaufgabe besteht darin, die unternehmensweiten objektorientierten Entwicklungen zu ordnen. So wird verhindert, dass in unterschiedlichen Abteilungen immer wieder dieselben Klassen programmiert werden. Setzt man ein neues Projekt auf, so kann mit seiner Hilfe festgestellt werden, wie sich am besten die unternehmensweite Klassenbibliothek eingliedern lässt.

Nicht alle Klassen sind gleich wichtig. Reine Anwendungsklassen, die ausschließlich dazu dienen, einen bestimmten Dialog anzuzeigen, müssen nicht unbedingt in die unternehmensweite Klassenbibliothek aufgenommen werden. Es gibt genügend Tools, die es erlauben, solche Dialoge mit wenigen Mausklicks zu erstellen. Es lohnt sich kaum, diese Klassen zu warten und einem größeren Publikum bekannt zu machen. Andere Klassen, allen voran die Fachklassen des Unternehmens, spielen eine erheblich wichtigere Rolle.

Durch die baumartige Struktur der Klassenhierarchie entsteht eine Pyramide, an deren Spitze sich besonders systemnahe Klassen befinden. Diese sind teilweise bereits durch die Klassenbibliothek des Compiler-Herstellers abgedeckt. Sie werden vereinzelt durch eigene Systemklassen erweitert. Abbildung 21.10 zeigt, dass sich diese Klassen im oberen Drittel der Klassenpyramide konzentrieren.

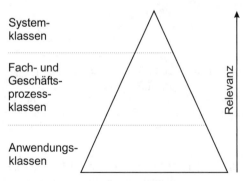

Abbildung 21.10: Klassenpyramide

Im mittleren Teil finden sich die Fachklassen und Geschäftsprozessklassen. Die Fachklassen bilden das Rückgrat der gesamten Bibliothek. Sie bilden ab, womit sich ein Unternehmen beschäftigt. Sie sind die mit Abstand wichtigsten Klassen und sollten von Leuten entwickelt werden, die sowohl über sehr viel fachliches, als auch objektorientiertes Know-how verfügen. Die Fachklassen sind hierarchisch aufgebaut.

Aus sehr allgemeinen Beschreibungen werden mit Hilfe der Vererbung immer feinere Klassen, die schließlich exakt auf die Bedürfnisse eines Unternehmens zugeschnitten sind. Dies führt zu der Idee, generelle Fachklassen unternehmensübergreifend zu entwickeln. So lässt sich problemlos eine Klassenbibliothek für das Versicherungswesen oder für Unternehmen der Textilbranche oder auch jede andere denken. Die grundsätzliche Funktion einer Versicherung ist in allen Häusern gleich und kann mit Hilfe der Vererbung im Haus auf die eigenen Bedürfnisse ausgerichtet werden.

Im unteren Teil der Pyramide finden sich schließlich die Anwendungsklassen. Sie greifen direkt oder über Geschäftsprozessklassen indirekt auf die Fachklassen zu und haben die Aufgabe, diese mit Hilfe einer Anwendung für den Benutzer verwendbar zu machen. Dabei spielt es bei einem guten Design keine Rolle, ob es sich bei der Anwendung um ein Programm mit grafischer Oberfläche handelt, eine Internetanwendung oder ein Batchprogramm. In COBOL ist eine Fachklasse ein eigenständiges Modul, das eine ganze Reihe von Methoden für seine Bearbeitung zur Verfügung stellt. Diese Methoden erscheinen im Quellcode vollkommen zusammenhangslos. Unter Umständen sind sie einfach nur alphabetisch geordnet, was aber eigentlich nicht notwendig ist. Aufgabe des Anwendungsentwicklers ist es, diese Methoden in einer für ihn sinnvollen Reihenfolge aufzurufen. Eine Geschäftsprozessklasse übernimmt genau diese Aufgabe. Der Entwickler muss dann nur noch die notwendigen Informationen sammeln, zum Beispiel mittels eines Dialoges, und den entsprechenden Geschäftsprozess anstoßen.

Aus der Pyramide der Klassenbibliothek ergibt sich auch, wie unternehmenskritisch die verschiedenen Klassen sind. Die Klassen am unteren Rand der Pyramide sind völlig unwichtig. Sie können jederzeit sehr einfach und sehr schnell durch andere ersetzt werden. Da es sich dabei hauptsächlich um Präsentationsklassen handelt, die kaum fachliches Wissen voraussetzen, sind sie sehr gut geeignet, von solchen Mitarbeitern erstellt zu werden, die frisch von der Universität kommen und dem Unternehmen erst kurz angehören. Im Lauf der Zeit werden sie über immer mehr Branchen-Know-how verfügen und somit ganz automatisch andere Aufgaben in der Klassenbibliothek übernehmen.

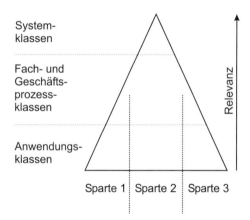

Abbildung 21.11: Klassenpyramide mit Sparten

Die Pyramide lässt sich aber nicht nur horizontal, sondern auch vertikal gliedern. So werden sich die Fachklassen und die Geschäftsprozessklassen irgendwann in verschiedene Sparten aufteilen. Auch die darauf aufsetzenden Anwendungsklassen werden zu diesen Sparten gehören. Dennoch wird es aber auch eine ganze Reihe von spartenübergreifenden Klassen geben.

Wenn ein Unternehmen an die Einführung der objektorientierten Programmierung denkt, so ist es, ebenso wie bei der Einführung relationaler Datenbanken, unbedingt notwendig, auch an die Schaffung der entsprechenden Administration zu denken. Ziel muss es sein, eine und wirklich nur eine, unternehmensweite Klassenbibliothek aufzubauen, da nur dadurch ein Höchstmaß an Wiederverwendbarkeit und damit an Kostenersparnis erreicht werden kann.

21.11 Methoden überladen

Es kommt immer wieder vor, dass beim Einsatz der Vererbung Methoden von der abgeleiteten Klasse überschrieben werden, die sie von einer Basisklasse geerbt hat. Ist dies der Fall, muss sichergestellt sein, dass bei Verwendung der neuen Klasse auch immer die neue Version der überladenen Methode ausgeführt wird.

Wird eine Methode für eine bestimmte Instanz einer Klasse aufgerufen, sucht COBOL zunächst in der Klasse nach der Methode, von der die Instanz erzeugt wurde. Kann sie hier nicht gefunden werden, wird die Suche in der unmittelbaren Basisklasse fortgeführt. Ist sie auch hier nicht vorhanden, werden schließlich alle Hierarchiestufen bis ganz nach oben, also bis in die Klasse BASE, durchsucht. Bleibt auch hier die Suche erfolglos, wird eine Exception ausgelöst, was zum sofortigen Programmende führt, wenn der Entwickler auf diese nicht reagiert (Exception Handling).

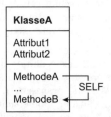

Abbildung 21.12: Methodenaufruf über SELF

Es ist ganz normal, dass sich die Methoden einer Klasse gegenseitig benutzen. Jede noch so kleine Funktionalität soll ja in Form einer eigenen Methode implementiert werden. Natürlich macht es Sinn, diese auch innerhalb der eigenen Klasse zu nutzen. Ganz im Gegenteil: Es wäre ein Designfehler, eine Funktionalität in verschiedenen Methoden immer wieder neu zu programmieren. Damit sich die Methoden einer Klasse gegenseitig aufrufen können, enthält jede Instanz automatisch eine Referenz auf sich selbst, auf die sie sich über das Schlüsselwort SELF beziehen kann. Wie in Abbildung 21.12 zu sehen ist, sorgt die Anweisung INVOKE SELF "Methodenname" dafür, dass COBOL nach der Methode innerhalb der eigenen Instanz sucht.

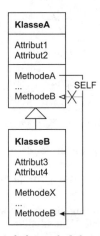

Abbildung 21.13: Aufruf einer überladenen Methode mit SELF

Tatsächlich muss man sich vorstellen, dass die Suche nach der Methode dynamisch durchgeführt wird, und nicht etwa statisch gebunden ist. Diese Tatsache ist besonders dann wichtig, wenn später einmal eine neue Klasse in das System kommt, die sich von einer bestehenden Klasse ableitet und ausgerechnet die mit SELF gerufene Methode überlädt.

```
class-id. klasseA inherits base.
environment division.
configuration section.
repository.
    class base.
object.

method-id. "methodeA".
procedure division.
    :
    invoke self "methodeB"
    :
end method "methodeA".

method-id. "methodeB".
procedure division.
    display "methodeB in KlasseA
end method "methodeB".

end object.
end class klasseA.


class-id. klasseB inherits klasseA.
environment division.
configuration section.
repository.
    class klasseA.
object.

method-id. "methodeB" override.
procedure division.
    display "methodeB in KlasseB"
end method "methodeB".

end object.
end class klasseB.
```

Listing 21.8: Klasse mit überladener Methode

Wird nun eine neue Instanz der abgeleiteten KlasseB erzeugt und die Methode aus der Basisklasse verwendet, die nun die überladene Methode mit SELF aufruft, ist tatsächlich sichergestellt, dass COBOL die Methode aus der abgeleiteten Klasse, also die neue Version, verwenden wird. Um anzuzeigen, dass eine Methode der abgeleiteten Klasse eine Methode der Basisklasse überladen will, wird der METHOD-ID der neuen Methode das Schlüsselwort OVERRIDE mit angefügt.

Anwendung der Methodenpolymorphie

Die Tatsache, dass ein und dieselbe Methode in verschiedenen Klassen oder auch innerhalb einer Klassenhierarchie unterschiedliche Aufgaben erledigt, wird als Methodenpolymorphie bezeichnet. Eine Methode kann also durchaus verschiedene Bedeutungen haben, je nachdem, in welchem Kontext sie benutzt wird.

Am Beispiel einer Geschäftsprozessklasse lässt sich sehr schön zeigen, wie mit Hilfe der Methodenpolymorphie ganze Systeme realisiert werden können. Die Abbildung 21.14 enthält ein UML-Diagramm, das ganz oben mit der Klasse Liste beginnt.

Die Klasse Liste enthält ganz allgemeine Methoden, die für das Drucken einer Liste relevant sind. Beispielhaft finden Sie dort Methoden wie Kopfzeile, ZeileDrucken, Fußzeile, Summenzeile oder AnzahlZeilen. Jede dieser Methoden steht für eine kleine Aufgabe, die beim Listendruck ausgeführt werden muss. Die Klasse Liste ist aber so abstrakt, dass noch unklar ist, welche Art von Liste gedruckt werden soll. Da noch gar nicht feststeht, wie die konkrete Kopfzeile aussehen soll, bleibt nichts weiter übrig, als die entsprechende Methode ohne jegliche Logik zu implementieren. Die Methode bleibt einfach leer. Ähnlich sieht es mit fast jeder Methode dieser Klasse aus. Lediglich die Methode Drucken könnte mit einem sinnvollen Inhalt gefüllt werden, wie in Listing 21.9 zu sehen ist. Hier wird festgelegt, wie der Geschäftsprozess *Drucken einer Liste* grundsätzlich im Unternehmen durchgeführt werden soll. Sie ruft dazu verschiedene Methoden in einer bestimmten Reihenfolge auf, weshalb diese, wenn auch leer, in der Klasse Liste implementiert sein müssen.

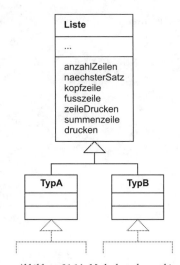

Abbildung 21.14: Methodenpolymorphie

```
method-id. "drucken".
data division.
local-storage section.
01  anzZeilen        pic 99.
01  aktZeile         pic 99.
01  naechsterSatz    object reference.
procedure division.
    invoke self "anzahlZeilen" returning anzZeilen
    move 1 to aktZeile
    invoke self "kopfzeile"
    invoke self "naechsterSatz" returning naechsterSatz
```

```
        perform until naechsterSatz = null
            if aktZeile > anzZeilen
                invoke self "fusszeile"
                invoke self "kopfzeile"
                move 1 to aktZeile
            end-if
            invoke self "zeileDrucken" using naechsterSatz
            add 1 to aktZeile
            invoke self "naechsterSatz"
                returning naechsterSatz
        end-perform
        invoke self "summenzeile"
        exit method.
    end method "drucken".
```

Listing 21.9: Beispiel für die Methode drucken

Unterhalb der Klasse Liste lassen sich nun weitere, immer noch sehr abstrakte Klassen denken, die bereits verschiedene Typen von Drucklisten beschreiben. Wenn feststeht, wie die Kopfzeilen der Listen des Typs A aussehen, könnte hier die entsprechende Methode überladen und mit der notwendigen Logik ausgestattet werden. Je feiner die Klassen innerhalb der Hierarchie beschrieben werden, desto klarer zeichnet sich ab, wie eine bestimmte Liste inhaltlich gedruckt werden soll. Welche Teilfunktionalitäten dabei eine Rolle spielen, wurde bereits in der Basisklasse definiert.

Soll irgendwann die 15. Variante ein und derselben Liste entstehen, ist es nun nicht mehr notwendig, ein im Hause bestehendes Druckprogramm zu kopieren und anzupassen, sondern es ist lediglich eine neue Klasse in das Drucksystem einzufügen, die die Methode überlädt, in der sich die konkrete Liste von den bereits bestehenden unterscheidet.

21.12 Basisklassenreferenz

Überlädt eine abgeleitete Klasse eine geerbte Methode, dann entweder, um die geerbte Funktionalität komplett durch eine neue zu ersetzen oder sie lediglich zu erweitern. Hat sich eine Aufgabe so grundlegend geändert, dass es keinen Sinn mehr macht, die bisherige Methode zu verwenden, ist es die Aufgabe des Entwicklers der Klasse, die überladene Methode komplett neu in der abhängigen Klasse zu implementieren.

Immer dann jedoch, wenn die geerbte Methode nur erweitert werden muss, hat die überladende Methode die Möglichkeit, die Methode ihrer Basisklasse direkt aufzurufen. Dazu verfügt jede Instanz über eine Referenz auf ihre unmittelbare Basisklasse. Diese wird durch das Schlüsselwort SUPER repräsentiert. Genauer gesagt wird mit der Angabe INVOKE SUPER mit der Suche nach der aufzurufenden Methode in der unmittelbaren Basisklasse begonnen.

Am Beispiel der Klassenmethode NEW wurde bereits gezeigt, wie das Schlüsselwort SUPER sinnvoll eingesetzt werden kann. Der überladene Konstruktor ruft zunächst mit INVOKE SUPER NEW den Konstruktor seiner Basisklasse auf, von dem er die Referenz auf die entstandene Instanz zurückbekommt. Dabei spielt es keine Rolle, ob die unmittelbare Basisklasse über diese Methode verfügt. Sie wird in jedem Fall dort gesucht. Bleibt die Suche erfolglos, wird sie in den Basisklassen der Basisklasse fortgeführt. Es ist syntaktisch nicht möglich, eine bestimmte Hierarchieebene beim Aufruf einer Methode zu überspringen. Das kommt einer sauberen Anwendungsentwicklung sehr entgegen.

Für eine abgeleitete Klasse ist es unwichtig, ob sie eine eigene oder eine geerbte Methode aufruft. Sie sollte sich in jedem Fall über das Schlüsselwort SELF auch auf die geerbten Methoden beziehen. Man könnte auf die Idee kommen, grundsätzlich alle geerbten Methoden über SUPER aufzurufen. Dies birgt jedoch eine große Gefahr in sich. Sollte später ein Kollege eine neue Klasse implementieren, die sich von Ihrer ableitet, und in dieser eine der Methoden überladen, die Sie selbst geerbt haben, so würden Sie die neue Methode des Kollegen niemals benutzen, weil Sie sie über SUPER statt über SELF aufgerufen haben.

Es gibt nur eine einzige Situation, in der man das Schlüsselwort SUPER sinnvoll einsetzen kann. Nämlich immer dann, wenn man sich in einer überladenen Methode befindet und ganz gezielt die geerbte Methode aus der Basisklasse aufrufen möchte. Würde man hier mit SELF operieren, hätte dies einen rekursiven Aufruf der eigenen Methode zur Folge.

```cobol
method-id. "new" override.
data division.
linkage section.
01  instanz      object reference active-class.
procedure division.
    invoke super "new" returning instanz
    :
    exit method.
end method "new".
```

Listing 21.10: Aufruf einer überladenen Methode

21.13 Mehrfachvererbung

COBOL erlaubt das Programmieren von Systemen mit Mehrfachvererbung. Dadurch können jedoch Strukturen geschaffen werden, die sehr unübersichtlich sind, weil viele Methoden gleich von mehreren Basisklassen vererbt werden können. Ein besonderes Problem stellt dabei die wiederholte Vererbung von Methoden und Attributen dar. Auch wenn Attribute nicht sichtbar vererbt werden, müssen sie dennoch angelegt werden, wenn eine Instanz einer abgeleiteten Klasse erzeugt wird.

Wiederholte Vererbung liegt immer dann vor, wenn mindestens zwei Basisklassen, von denen eine neue Klasse abgeleitet wird, selbst über eine gemeinsame Basisklasse verfügen. So sind die Klassen Pkw und Lkw von Fahrzeug abgeleitet. Findet man nun eine neue Klasse, die sowohl Pkw als auch Lkw erweitert, würde man alle Methoden und Attribute der Klasse Fahrzeug wiederholt erben. Außerdem könnte es sein, dass sich sowohl in der Klasse Pkw als auch in der Klasse Lkw Methoden befinden, die denselben Namen tragen.

Um diesen Konflikt zu lösen, muss jede wiederholt geerbte Methode in der abgeleiteten Klasse neu implementiert werden, in der dann festgelegt werden kann, ob die Methode aus Pkw oder aus Lkw gemeint ist. COBOL erkennt selbst, dass die Klasse Fahrzeug in diesem Beispiel ebenfalls wiederholt geerbt wird. In einem solchen Fall stellt COBOL sicher, dass es die Attribute dieser Klasse dennoch nur einmal geben wird. Damit ist eine der größten Schwierigkeiten bei Systemen mit Mehrfachvererbung auf sehr elegante Weise gelöst. Dennoch bleibt stets genau zu prüfen, ob in einem System tatsächlich eine Mehrfachvererbung vorliegt. Eine Fachklasse befindet sich neben ihrer Fachlichkeit auch oft in dem einen oder anderen technischen Kontext. So gehört sie zum Beispiel auch zu der Gruppe der druckbaren Klassen. Eine Programmiersprache, die nicht über Interfaces verfügt, stellt diesen Zusammenhang gerne mit Hilfe der Mehrfachvererbung dar. So ist diese Fachklasse eben auch von einer technischen Klasse *Drucksystem* abgeleitet. Es bleibt in COBOL dem Designer überlassen, dieses Problem eventuell durch die Implementierung eines Interfaces zu lösen.

SUPER

Hat man sich in COBOL für eine Mehrfachvererbung entschieden und will eine geerbte Methode mit Hilfe von SUPER aufrufen, so ist es wichtig zu wissen, auf welche Weise COBOL die entsprechende Methode sucht.

Egal wer auch immer eine Methode aufruft und egal wie er es macht, COBOL sucht nach dieser Methode innerhalb der Hierarchie stets von unten nach oben und von links nach rechts. Leitet sich eine Klasse innerhalb der Hierarchie von zwei Basisklassen ab, so wird zunächst die erste Basisklasse bis zu ihren Wurzeln durchsucht und dann nach erfolgloser Suche die zweite Basisklasse betrachtet. Daher kann es wichtig sein, in welcher Reihenfolge die Basisklassen bei der INHERITS FROM-Angabe der CLASS-ID angegeben wurden.

Wurde eine Methode überladen, weil sie wiederholt geerbt wurde, kann es wichtig sein anzugeben, welche dieser Methoden verwendet werden soll. Aus diesem Grund wurde die Angabe von SUPER um die Möglichkeit erweitert, sich auf eine ganz bestimmte Klasse zu beziehen. Allerdings muss es sich bei dieser Klasse um eine der Basisklassen handeln, von der die aktuelle Klasse direkt abgeleitet wurde. Im Prinzip wird durch die Klassenangabe bei dem Schlüsselwort SUPER nur festgelegt, in welchem Strang die Suche nach der Methode durchgeführt werden soll. Kann die Methode dann dort nicht gefunden werden, wird eine Exception ausgelöst.

Würde man eine Klasse Kleintransporter sowohl von Pkw als auch von Lkw ableiten und würden beide Basisklassen über eine Methode parken verfügen, wäre es notwendig, diese Methode in Kleintransporter zu überladen. Ansonsten ist es von der Reihenfolge der INHERITS FROM-Angabe abhängig, welche der beiden Methoden ausgeführt wird, wenn ein Anwendungsentwickler für eine Instanz der Klasse Kleintransporter die Methode parken aufruft. In Listing 21.11 ist gezeigt, wie die Methode parken von Kleintransporter explizit die Methode parken von Lkw mit Hilfe von SUPER aufruft.

```
class-id. Kleintransporter inherits Pkw, Lkw.
environment division.
configuration section.
repository.
    class Pkw
    class Lkw.
object.
    :
    :
method-id. "parken" override.
procedure division.
    :
    invoke Lkw of super "parken"
    :
end method "parken".
    :
    :
end object.
end class Kleintransporter.
```

Listing 21.11: Expliziter Aufruf einer mehrfach geerbten Methode

21.14 Zuweisungskompatibilität

Jede Klasse in COBOL muss direkt oder indirekt von der Klasse BASE abgeleitet sein. Damit ist sichergestellt, dass jede Klasse in COBOL mindestens eine Basisklasse hat, mit Ausnahme von BASE eben. In COBOL gilt, dass jede abgeleitete Klasse auch automatisch vom Typ ihrer Basisklasse ist. Wenn Pkw von Fahrzeug abgeleitet ist, kann man sagen, Pkw ist ein Fahrzeug. Andersherum gilt diese Aussage jedoch nicht. Ein Fahrzeug ist nicht zwangsläufig auch ein Pkw. Es könnte sich ebenso gut um einen Lkw handeln. Für die Klasse Fahrzeug wiederum lässt sich sagen, dass sie auch vom Typ Transportmittel ist, sofern sie direkt oder indirekt von dieser Klasse abgeleitet wurde. Damit ist dann aber auch automatisch jeder Pkw ein Transportmittel.

Wegen dieser Zuweisungskompatibilität ist es beispielsweise möglich, eine Instanz der Klasse Pkw an solche Methoden zu übergeben, die lediglich eine Instanz der Klasse Fahrzeug oder gar der Klasse Transportmittel erwarten würden. Dieses Verhalten macht man sich immer dann zu Nutze, wenn man eine allgemeine Verwaltung für Fahrzeuge jeglicher Art programmieren möchte, die alle übergebenen Instanzen auch nur als Fahrzeuge betrachtet. Das meint, dass sie nur solche Methoden aufrufen kann, die in der Klasse Fahrzeug bereits enthalten sind. Abbildung 21.15 zeigt ein UML-Diagramm mit den Klassen Fahrzeug, Pkw und Lkw, die alle drei über eine Methode mit dem Namen fahren verfügen.

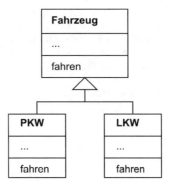

Abbildung 21.15: Zuweisungskompatibilität

In Listing 21.12 ist eine Methode dargestellt, die als Parameter eine Instanz der Klasse Fahrzeug erwartet. Übergibt nun ein Anwendungsentwickler an diese Methode eine Instanz der Klasse Pkw, so kann die Methode weiterhin gefahrlos die Methode fahren aufrufen, da Pkw diese ja mindestens von Fahrzeug geerbt hat. In dem konkret vorliegenden Fall wurde diese Methode in Pkw sogar überladen. Natürlich stellt sich jetzt die Frage, ob nun die Methode fahren von Pkw oder von Fahrzeug aufgerufen wird.

```
method-id. "rufeFahren".
data division.
linkage section.
01  einFahrzeug          object reference fahrzeug.
procedure division using einFahrzeug.
    :
    invoke einFahrzeug "fahren"
    :
end method "rufeFahren".
```

Listing 21.12: Aufruf der Methode fahren

Tatsächlich bleibt die Objektidentität einer jeden Instanz in COBOL immer erhalten, gleichgültig unter welchem Typ eine Instanz aktuell betrachtet wird. Wird also eine Instanz der Klasse Pkw an eine Methode übergeben, die nur eine Referenz auf Fahrzeug erwartet, und dann eine Methode aufgerufen, die in Pkw überladen wurde, so kommt tatsächlich die Methode in Pkw zur Ausführung. Der Pkw behält seine Identität, auch wenn er innerhalb der gerufenen Methode lediglich als Fahrzeug betrachtet wird. Im vorliegenden Beispiel würde also die Methode fahren aus Pkw aufgerufen werden.

In einem objektorientierten System hat man es gleichzeitig mit vielen Instanzen verschiedenster Klassen zu tun. Eine Bestellung umfasst eben mehr als nur einen Artikel. Oft kann man gar nicht sagen, wie viele Artikel in einer Bestellung zusammengefasst werden. Dennoch muss man in der Lage sein, eine variable Anzahl an Instanzen einer Klasse verwalten zu können. Eine Klasse, die dies leistet, wird als *Container* bezeichnet. Solch eine Containerklasse verwaltet ihre Instanzen je nach Implementierung als Tabelle, in Form einer Liste, mit Hilfe eines Hashcodes oder über beliebige Schlüsselwerte. Es wäre mühselig, für jede Fachklasse eine eigene Containerklasse zu programmieren. So würde ein Container für Fahrzeuge völlig genügen, um beliebige Instanzen von Pkw oder Lkw zu verwalten. Wenn notwendig, ist ein solcher Container auch in der Lage, gleichzeitig Instanzen beider Klassen zu halten. Hat man einmal einen Container für die Verwaltung von Instanzen der Klasse BASE programmiert, so lässt sich dieser für alle Klassen verwenden, die es jemals in COBOL geben wird. Jede Klasse muss ja direkt oder indirekt von BASE abgeleitet sein.

Auch wenn eine abgeleitete Klasse zu jeder ihrer Basisklassen zuweisungskompatibel ist, behält sie doch immer ihre Objektidentität, gleichgültig unter welchem Typ sie angesprochen wird. Darüber hinaus ist jede Klasse auch automatisch vom Typ aller Interfaces, die sie oder eine ihrer Basisklassen jemals implementiert haben.

21.15 Interfaces

Mit Hilfe der Vererbung wird in einem objektorientierten System angezeigt, dass eine Klasse die Weiterentwicklung einer anderen Klasse ist. Dabei soll die abgeleitete Klasse die bestehende fachlich erweitern. Die neue Klasse ist immer eine spezialisierte Variante ihrer Basisklasse, wie eben ein Pkw eine spezielle Form eines Fahrzeugs darstellt. Gleichgültig über wie viele Ebenen eine solche Vererbung realisiert ist, bleibt festzuhalten, dass sich alle Klassen einer Vererbungslinie grundsätzlich mit demselben Gegenstand beschäftigen. Je weiter oben man in die Vererbungshierarchie schaut, umso genereller ist dieser Gegenstand beschrieben, am unteren Ende findet man häufig mehrere speziellere Ausprägungen.

In einem ordentlichen Design kommt es nicht vor, dass aus einem Gegenstand plötzlich ein ganz anderer entsteht. Aus einem Fahrzeug wird kein Fahrzeugbrief und aus einer Lebensversicherung keine Police. Auch die Vererbungshierarchien müssen sich an der Realität orientieren, und da ist eine Police nun mal keine Weiterentwicklung einer bestimmten Versicherung. Da es aber beim Ausdruck einer Police wichtig ist, auf die Attribute der Versicherung zuzugreifen, könnte man auf die Idee kommen, die Klasse Police von der Klasse Versicherung abzuleiten, um diesen Zugriff technisch zu realisieren. Dies ist dennoch falsch. Vielmehr müsste die Klasse Versicherung entsprechende Methoden vorhalten, um alle policenrelevanten Daten oder gar die Police selbst von ihr zu erhalten.

Vererbungen sollten stets aus fachlichen und nicht aus technischen Gründen entstehen. Sie sind daher eigentlich immer mit einer simplen Einfachvererbung zu realisieren. Dabei darf man jedoch nicht übersehen, dass eine Fachklasse oft auch mehrere technische Bezüge hat, unter denen sie verwendet werden kann. So gehören zum Beispiel verschiedene Versicherungsklassen zu einer Gruppe, die es ermöglicht, Policen zu drucken. Ist eine Versicherungsklasse innerhalb ihrer Hierarchie genügend genau beschrieben, um aus ihr eine Police zu drucken, so gehört sie der Gruppe der policierbaren Versicherungen an. Andere Klassen aus derselben Hierarchie gehören nicht zu dieser Gruppe, da sie eventuell noch nicht über ausreichend Informationen verfügen. Meist dienen sie als Basisklassen. Wie in Abbildung 21.16 zu sehen ist, macht es also nicht für alle Klassen Sinn, über eine Methode getPolice zu verfügen.

Der Policendruck ist im Versicherungswesen eine wichtige und komplexe Angelegenheit. Es ist nahe liegend, ein entsprechendes Drucksystem zu realisieren, das im Idealfall mit allen Klassen arbeiten kann, für die sich Policen drucken lassen. Selbst solche, von denen heute noch gar nichts bekannt ist, sollten berücksichtigt sein. Diese scheinbar unlösbare Aufgabe kann nur dadurch bewältigt werden, dass man eine gemeinsame Basis für alle Klassen schafft, die am Policendruck beteiligt sein wollen.

Um diese Basis herzustellen, gibt es in COBOL zwei Möglichkeiten. Die erste besteht darin, eine Klasse `Policendruck` zu schreiben, die über die Methode `getPolice` verfügt, um dann einfach alle entsprechenden Versicherungsklassen davon abzuleiten. Abbildung 21.17 zeigt dieses Vorgehen.

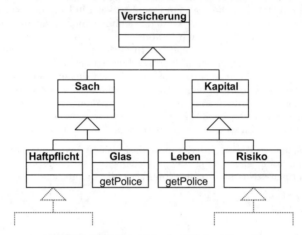

Abbildung 21.16: Beispiel für eine Vererbungshierarchie

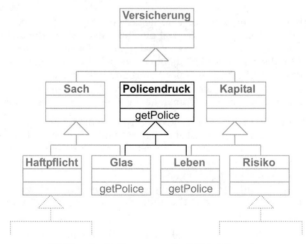

Abbildung 21.17: Gruppierung durch Mehrfachvererbung

Ein denkbares Drucksystem müsste nun lediglich über eine Methode verfügen, die eine Referenz auf die Klasse `Policendruck` erwartet. Wegen der Zuweisungskompatibilität sind alle von `Policendruck` abgeleiteten Klassen in der Lage, an diese Methode übergeben zu werden. Es ist zwar ein System mit Mehrfachvererbung entstanden, allerdings lässt sich die technische Vererbung von der fachlichen sehr gut trennen. Ein viel größeres Problem liegt in der Tatsache, dass die Methode `getPolice` bereits in der Klasse `Policendruck` programmiert werden muss. Aber wie will diese Klasse die gestellte Aufgabe lösen? Sie kann nur auf ihre eigenen Attribute zugreifen, niemals aber auf die von abgeleiteten Klassen. Es sind aber gerade die abgeleiteten Klassen, die die eigentlichen Informationen enthalten. Es bleibt also nur, die Methode getPolice in der Klasse Policendruck als leere Methode zu implementieren. Außerdem bietet sich an, die Klasse Policendruck als abstrakt zu definieren, da aus ihr keine sinnvolle Instanz gebildet werden kann. Um Policen drucken zu können, müssen alle von Policendruck abgeleiteten Klassen die Methode getPolice überladen. Man kann sich vorstellen, was passiert, wenn diese einmal in einem Zweig vergessen wird. Zwar würde das System nicht abstürzen, aber eine vernünftige Police bekäme man dennoch nicht.

Wie bereits erwähnt, gibt es in COBOL eine zweite Möglichkeit, eine technische Basis für verschiedene Fachklassen zu schaffen. Dabei handelt es sich um die so genannten Interfaces. Ein solches Interface sieht zunächst aus wie eine normale Klasse, beginnt jedoch nicht mit einer CLASS-ID, sondern mit einer IN-TERFACE-ID. Außerdem fällt bei genauerer Betrachtung auf, dass alle Methoden nur aus einer leeren Hülle bestehen. Es handelt sich sozusagen nur um den Prototyp einer Methode, der durch den Methodennamen und ihre Parameter beschrieben wird. Listing 21.13 zeigt ein mögliches Interface Policendruck mit nur einer Methode getPolice. Da sie eine Referenz auf eine Instanz der Klasse Police zurückliefern soll, muss die LINKAGE SECTION und der PROCEDURE DIVISION-Header angegeben werden.

```
interface-id. Policendruck.
environment division.
configuration section.
repository.
    class Police.
method-id. "getPolice".
linkage section.
01 instanz        object reference Police.
procedure division returning instanz.
end method "getPolice".
end interface Policendruck.
```

Listing 21.13: Interface Policendruck

Das Besondere an einem Interface ist die Tatsache, dass sich verschiedenste Fachklassen bereit erklären können, dieses zu implementieren. Dabei können Interfaces entweder auf Klassen- oder auf Objektebene eingebunden werden. Je nachdem müssen dann innerhalb der FACTORY oder innerhalb des OBJECTs alle Methoden programmiert werden, deren Prototypen im Interface enthalten sind. Die Implementierung eines Interfaces kommt dem Versprechen gleich, alle Methoden in der eigenen Klasse wirklich zur Verfügung zu stellen, die durch das Interface vorgegeben sind. Kommt man diesem Versprechen nicht nach, lässt sich die Fachklasse nicht übersetzen. Listing 21.14 zeigt den Ausschnitt aus einer Versicherungsklasse, die das Interface Policendruck implementiert und pflichtgemäß über eine Methode getPolice verfügt.

```
class-id. Leben inherits Kapital.
environment division.
configuration section.
repository.
    class Kapital
    class Police
    interface Policendruck.
    :
object implements Policendruck.
working-storage section.
    :
method-id. "getPolice".
local-storage section.
```

```
     :
linkage section.
01  instanz           object reference Police.
procedure division returniug instanz.
     :
     exit method.
end method "getPolice".
     :
end object.
end class Leben.
```

Listing 21.14: Klasse Leben implementiert Policendruck.

Ein Interface wird in COBOL von seinem Typ her wie eine Klasse betrachtet. Es ist daher möglich, eine Methode zu programmieren, die als Parameter eine Referenz auf das Interface Policendruck erwartet. Genauer gesagt wird bei einer OBJECT REFERENCE gar nicht unterschieden, ob es sich um eine Referenz auf eine Klasse oder auf ein Interface handelt. Listing 21.15 zeigt eine mögliche Methode aus dem Drucksystem, an die Instanzen aller Klassen übergeben werden können, die das Interface Policendruck enthalten. Um dies genauer zu verstehen, muss man wissen, dass in COBOL alle Klassen zuweisungskompatibel zu allen Interfaces sind, die sie implementiert haben.

```
class-id. Drucksystem inherits ...
environment division.
configuration section.
repository.
     :
     interface Policendruck
     class Police
     :
object.
working-storage section.
     :
method-id. "drucken".
local-storage section.
01  einePolice          object reference Police.
     :
linkage section.
01  versicherung        object reference Policendruck.
procedure division using versicherung.
     :
     invoke versicherung "getPolice"
         returning einePolice
     :
     exit method.
end method "drucken".
     :
end object.
end class Drucksystem.
```

Listing 21.15: Die Klasse Drucksystem verarbeitet Referenzen auf Policendruck.

Um das anfangs geschilderte Problem der technischen Gruppierung von Fachklassen am besten zu lösen, sollte man zu diesem Zweck stets auf Interfaces zurückgreifen. Solche Systeme kommen dann eigentlich immer mit Einfachvererbungen aus, was sie erheblich verständlicher und realer macht.

Wenn also eine Klasse ein Interface implementiert, so verspricht sie, alle Methoden aus diesem Interface zu programmieren. Der Vorteil ist, dass sie nun auch zur Gruppe des implementierten Interfaces gehört und somit technisch überall dort verwendet werden kann, wo ein Mitglied dieser Gruppe erwartet wird. Obwohl an die in Listing 21.15 gezeigte Methode in Wirklichkeit eine Instanz einer Versicherungsklasse übergeben wird, kann diese Methode dennoch bedenkenlos für die übergebene Versicherung die Methode getPolice aufrufen, da durch das Implementierungsversprechen sichergestellt ist, dass die übergebene Instanz auch tatsächlich über diese Methode verfügt.

Listing 21.16 zeigt noch einmal im Zusammenhang, wie eine Instanz der aus Listing 21.14 bekannten Versicherungsklasse an die aus Listing 21.15 stammende Methode des Drucksystems übergeben wird.

```
*> Definition einer Versicherungsklasse, die das
*> Interface Policendruck implementiert:
class-id. Leben inherits Kapital.
environment division.
configuration section.
repository.
    class Kapital
    class Police
    interface Policendruck.
    :
object implements Policendruck.
working-storage section.
    :
method-id. "getPolice".
local-storage section.
    :
linkage section.
01  instanz              object reference Police.
procedure division returniung instanz.
    :
    exit method.
end method "getPolice".
    :
end object.
end class Leben.


*> Nachstehendes Drucksystem kann alle Instanzen
*> verarbeiten, die das Interface Policendruck
*> implementiert haben:
class-id. Drucksystem inherits ...
environment division.
configuration section.
repository.
    :
```

```
      interface Policendruck
      class Police
      :
object.
working-storage section.
      :
method-id. "drucken".
local-storage section.
01  einePolice           object reference Police.
      :
linkage section.
01  versicherung          object reference Policendruck.
procedure division using versicherung.
      :
      invoke versicherung "getPolice"
          returning einePolice
      :
      exit method.
end method "drucken".
      :
end object.
end class Drucksystem.



*> Beispiel für eine Methode, die für eine Lebens-
*> versicherung den Policendruck auslöst:
method-id. "druckePolice".
linkage section.
01  einDrucksystem        object reference Drucksystem.
01  eineVersicherung      object reference Leben.
procedure division using einDrucksystem
                          eineVersicherung
      invoke einDrucksystem "drucken"
          using eineVersicherung
      exit method.
end method "druckePolice".
```

Listing 21.16: Policendruck für eine Lebensversicherung

22

Definition von Klassen, Objekten und Attributen, Properties

Dieses Kapitel beschäftigt sich ausführlich mit der Syntax, in COBOL objektorientierte Klassen samt ihrer Attribute zu definieren. Jede Klasse stellt eine selbstständige Übersetzungseinheit dar, weshalb man pro Klasse einen eigenen Quellcode schreiben sollte. Eine Klasse ist aber nur ein Rahmen, in dem Attribute und Methoden angesiedelt sind. Wie man Methoden programmiert, wird in einem eigenen Kapitel erläutert.

22.1 CLASS-ID

Anstelle der PROGRAM-ID, über die jedes normale COBOL-Programm verfügt, findet man bei Klassen eine CLASS-ID, die den logischen Klassennamen repräsentiert. Die CLASS-ID ist Teil der IDENTIFICA-TION DIVISION und wird anstelle der PROGRAM-ID geschrieben.

```
[IDENTIFICATION DIVISION.]

CLASS-ID. Klassenname1 [AS Literal-1][IS FINAL]

    [INHERITS FROM {Klassenname2} ...]

    [USING {Parametername1} ...].

[options-paragraph]

[environment-division]

[factory-definition]

[object-definition]

END CLASS Klassenname-1.
```

Abbildung 22.1: CLASS-ID

Wenn der logische Klassenname1 vom physischen Namen der Quellcodedatei und somit vom Namen des übersetzten Moduls abweicht, ist es notwendig, über den Zusatz AS mit Literal-1 den tatsächlichen,

---

physischen Namen zu definieren, der bei manchen Systemen case sensitive sein kann (zwischen Groß- und Kleinschreibung unterscheidet). Eine Unterscheidung zwischen logischem und physischem Namen trifft man vor allem auf solchen Systemen an, die keine Dateinamen beliebiger Länge unterstützen. Dazu zählen beispielsweise heutige Großrechnersysteme. Während der logische Klassenname möglichst sprechend sein soll, gute Beispiele sind Fahrzeug, Personenwagen, Lastwagen, Lebensversicherung, muss der verkürzte physische Name immer noch sprechend genug sein, um eine Beziehung zum eigentlichen Klassennamen herstellen zu können. Ist man auf maximal achtstellige Namen reduziert, bieten sich nachfolgende Verkürzungen an: fahrzg für Fahrzeug, pkw für Personenwagen, lkw für Lastwagen, lebenvrs für Lebensversicherung. Die Firma MicroFocus kürzt standardmäßig alle ihre Klassennamen auf diese Art ab, um von vornherein unabhängiger von Namenseinschränkungen unterschiedlicher Systeme zu sein. Die abgekürzten, physischen Klassennamen werden obendrein immer komplett kleingeschrieben, was zur einfacheren Handhabbarkeit und auch ein Stück zu mehr Portabilität beiträgt.

```
identification division.
class-id. EigeneKlasse as "eigene"
            .
```

Listing 22.1: Beginn einer Klassendefinition

Finale Klassen

Bei manchem Entwickler mag der Wunsch aufkommen, eine Klasse zu programmieren, von der niemand mehr eine neue Klasse ableiten kann. Das bedeutet dann aber auch, dass die aktuelle Implementierung allumfassend ist und es ausgeschlossen werden kann, dass sie aufgrund neuer Anforderungen doch in einem Sinn weiterentwickelt werden muss, der das Entstehen einer neuen Klasse fordert.

Bei manchen objektorientierten Sprachen findet man tatsächlich solche Klassen. In JAVA ist beispielsweise die Klasse String, mit der allgemeine Zeichenketten verwaltet werden, als finale Klasse definiert. Der Grund dafür liegt aber mehr in der technischen Implementierung des JAVA-Interpreters, der die JAVA-Programme ausführen muss. Man sagt, dass ihm alle Methoden von String bestens bekannt sind, und meint, dass er diese ohne lange Suche innerhalb von Klassenhierarchien direkt aufrufen kann. Letztlich bringt das dem JAVA-Interpreter einen entscheidenden Performancevorteil.

Will man in COBOL eine solche Klasse programmieren, muss ihr in der CLASS-ID der Zusatz FINAL mitgegeben werden.

```
identification division.
class-id. CobolString as "cobstr" is final
            .
```

Listing 22.2: Definition einer finalen Klasse

Vererbungen ausdrücken

Zu jedem objektorientierten System gehört das Prinzip der Vererbung unbedingt dazu. Es ist fester Grundbaustein einer jeden objektorientierten Analyse, und es bleibt stets zu erwarten, dass es auch Teil der objektorientierten Implementierung wird. Die Vererbung ist ein mächtiges Werkzeug, das in funktionsorientiert geschriebenen Anwendungen nicht vorkommt. Es lässt sich auch nur sehr schwer mit klassischen Mitteln einer funktionsorientierten Sprache nachbilden.

Eine Klassenvererbung liegt immer dann vor, wenn eine neue Klasse von einer bestehenden abgeleitet wird. In COBOL müssen alle Klassen direkt oder indirekt von BASE abgeleitet werden, da diese Klasse weiß, wie Instanzen erzeugt und auch wieder vernichtet werden.

In COBOL ist es möglich, Systeme mit Mehrfachvererbung zu programmieren, in denen einzelne Klassen von mehr als einer Basisklasse abgeleitet sind. Dies hat erhebliche Konsequenzen auf die Menge der geerbten Methoden, weswegen der Mehrfachvererbung ein eigenes Kapitel gewidmet wurde.

Sobald eine Klasse von einer anderen abgeleitet wird, erbt die neue Klasse alle Methoden ihrer Basisklasse, können also all diese Methoden auf die neu entstandene Klasse angewendet werden, auch wenn diese selbst vielleicht gar keine eigenen Methoden vorsieht. In der Realität ist es jedoch häufig der Fall, dass abgeleitete Klassen den geerbten Methodenumfang noch durch eigene Methoden erweitern, wodurch immer komplexere Bausteine entstehen.

Die Namen aller Klassen, von denen die aktuelle abgeleitet sein soll, müssen bei der INHERITS FROM-Klausel der CLASS-ID angegeben werden. Dabei spielt die Reihenfolge dieser Namen eine wichtige Rolle. In Systemen mit Mehrfachvererbung kommt es durchaus vor, dass man ein und dieselbe Methode aus verschiedenen Klassen erbt. Beim Aufruf einer solchen Methode ist es also wichtig zu wissen, wo das COBOL-System nach ihr sucht. Konnte eine gerufene Methode in der abgeleiteten Klasse selbst nicht gefunden werden, durchsucht COBOL die Basisklassen in eben der Reihenfolge, die bei der INHERITS FROM-Klausel gewählt wurde, bis die Methode in irgendeiner Klasse gefunden werden konnte. Sie wird ausgeführt und es findet keine weitere Suche statt.

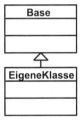

Abbildung 22.2: Klassische Einfachvererbung

```
identification division.
class-id. EigeneKlasse as "eigene"
    inherits from base

    .
```

Listing 22.3: COBOL-Klasse mit einfacher Vererbung

Mehrfachvererbungen liegen häufig dann vor, wenn eine neue Klasse nicht nur eine bestimmte Fachlichkeit weiterentwickeln soll, sondern gleichzeitig auch über Methoden verfügen muss, die sie aus technischen Gründen benötigt. Ein in diesem Buch immer wieder gerne genommenes Beispiel ist die Forderung, dass eine Fachklasse auch Methoden für die Unterstützung eines Drucksystems aufweisen muss und dieses Drucksystem fachübergreifend eingesetzt werden kann.

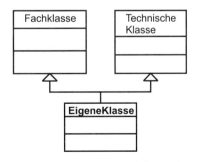

Abbildung 22.3: System mit Mehrfachvererbung

```
identification division.
class-id. EigeneKlasse as "eigene"
      inherits from Fachklasse, TechnischeKlasse
      .
```

Listing 22.4: COBOL-Klasse mit mehrfacher Vererbung

Parametrisierte Klassen

Oft schreibt man Klassen, die sich nicht um eine bestimmte Fachlichkeit kümmern, sondern mehr damit beschäftigt sind, Instanzen anderer Klassen zu verwalten. Dabei kann man oft auf eine Menge bereits existierender Klassen, wie beispielsweise Dictionary oder TreeMap, zurückgreifen, die aber ausschließlich mit typenlosen OBJECT REFERENCE-Variablen arbeiten. Sie dienen dazu, jegliche Instanzen zu verwalten, sind aber unhandlich und fehleranfällig, wenn es sich um Instanzen bestimmter Typen handeln muss.

Will man also Verwaltungsklassen für eigene Fachklassen schreiben, wird man OBJECT REFRENCE-Variablen vom Typ dieser Fachklasse erwarten. Übergibt man versehentlich Referenzen auf andere Klassen, so wird das vom COBOL-Runtime-System bemerkt und abgewiesen. Bei näherer Betrachtung solcher Verwaltungsklassen fällt auf, dass sie im Prinzip immer gleich aufgebaut sind. Es ist daher etwas mühselig, für jede neue Fachklasse im Prinzip immer wieder eine Kopie derselben Verwaltungsklasse anlegen zu müssen, die sich letztendlich nur durch den Typ der verwalteten Klasse unterscheidet.

Genau für solche Anforderungen wurden in COBOL die parametrisierten Klassen geschaffen. Sie erhalten in der USING-Klausel der CLASS-ID eine Liste von beliebigen Parameternamen, die als Stellvertreter für Klassen oder Interfaces verstanden werden dürfen. Sie müssen daher im REPOSITORY-Paragraphen auch als Klassen oder Interfaces deklariert und können dann im gesamten Programm wie solche verwendet werden. Insbesondere lassen sich auch OBJECT REFERENCE-Variablen vom Typ solcher Parameterklassen definieren.

Für jede konkrete Ausprägung, die dann von einer parametrisierten Klasse angelegt werden soll, ist bei MicroFocus die Angabe der Compilerdirektive ACTUAL-PARAMS() notwendig, die in ihren runden Klammern mindestens zwei Einträge hat. Der erste Eintrag ist der Name der generisch erzeugten Klasse und dient lediglich dazu, einen im System eindeutigen Namen für das übersetzte Modul zu finden, der zweite und alle weiteren Eintragungen repräsentieren Namen konkreter Klassen, mit denen die Parameternamen ersetzt werden sollen. Dadurch lassen sich sehr leicht von ein und derselben Vorlage beliebig viele konkrete Klassen erzeugen. Das Beispiel aus Listing 22.5 zeigt eine parametrisierte Klasse Liste. Um aus ihr eine konkrete Klasse FListe für Fahrzeuge und beispielsweise PListe für Personen anzulegen, muss sie bei MicroFocus einmal mit der Direktive actual-params(FListe Fahrzeuge) und ein weiteres Mal mit der Angabe actual-params(PListe Personen) übersetzt werden.

```
$set repository(update on)
 identification division.
 class-id. Liste as "liste"
            inherits from base
            using para1
            .

. repository.
      class base as "base"
      class para1
      .

 factory.
```

```
    working-storage section.

    end factory.

    object.
    working-storage section.
    01  eineInstanz          object reference para1.

    end object.

    end class Liste.
```

Listing 22.5: Rumpf einer parametrisierten Klasse

```
$set  actual-params(FListe Fahrzeuge)
copy "Liste.cbl".

$set  actual-params(PListe Personen)
copy "Liste.cbl".
```

Listing 22.6: Mögliche Datei zum Erzeugen von FListe und PListe

Will eine Anwendung eine derartige Klasse benutzen, muss sie sie in ihren REPOSITORY-Paragraphen, wie in Listing 22.7 dargestellt, definieren.

```
repository.
    class Fahrzeuge
    class Liste
    class FListe expands Liste using Fahrzeuge
    .
```

Listing 22.7: Verwendung einer parametrisierten Klasse

22.2 OPTIONS

Unmittelbar auf den CLASS-ID-Eintrag kann die OPTIONS-Angabe folgen. Sie definiert, nach welchen Regeln arithmetische Ausdrücke aufgelöst und nach welcher Technik die Methoden dieser Klasse aufgerufen werden sollen.

```
OPTIONS.

[ ARITHMETIC IS { NATIVE    } ]
                { STANDARD  }

[ ENTRY-CONVENTION IS Konventionsname-1 ] .
```

Abbildung 22.4: OPTIONS-Angabe

ARITHMETIC

Hier kann festgelegt werden, nach welchen Regeln arithmetische Ausdrücke vom Compiler gebildet werden. Die Angabe NATIVE, bei der es sich um die Defaulteinstellung handelt, bedeutet, dass die Regeln vom Hersteller des Compilers aufgestellt werden. STANDARD bestimmt dagegen, dass die Berechnungen nach den vom COBOL-Standard vorgegebenen Regeln zu erfolgen haben. Diese rechnen stets mit einem internen Zwischenergebnisfeld mit einer Genauigkeit von 32 Stellen. Alle Zwischenergebnisse werden auf diese 32 Stellen exakt ermittelt, eine eventuelle Rundung des Ergebnisses findet aber maximal am Ende der Berechnung statt, wenn der Programmierer dies durch den ROUNDED-Zusatz explizit wünscht.

ENTRY-CONVENTION

Hier kann festgelegt werden, nach welchen Konventionen die Methoden dieser Klasse technisch aufgerufen werden sollen. Damit ist beispielsweise gemeint, ob die Parameter von links nach rechts oder von rechts nach links auf den Stack gelegt werden sollen und ob das rufende oder das gerufene Modul den Stack wieder bereinigt. Verschiedene Programmiersprachen wenden hier unterschiedliche Techniken an, und um mit diesen in beiden Richtungen kommunizieren zu können, ist COBOL in der Lage, sich auf unterschiedliche Techniken rufen zu lassen. Welche Technik standardmäßig benutzt wird, ist herstellerabhängig, weshalb an dieser Stelle auf die Systemliteratur verwiesen wird.

22.3 REPOSITORY

Ähnlich wie alle Dateien, die von einem COBOL-Programm verwendet werden sollen, in der ENVIRON-MENT DIVISION erklärt werden müssen, ist es notwendig, die Namen aller Klassen, Interfaces und Funktionen anzugeben, mit denen gearbeitet werden soll. Auch die Prototypnamen von Programmen und die Bezeichnungen verschiedener Properties werden über den REPOSITORY-Eintrag eingeführt.

Der Name einer Klasse wird einfach durch das Schlüsselwort CLASS, gefolgt vom logischen Klassennamen, definiert. Weicht der logische Name vom physischen Namen des Load-Moduls der Klasse ab, muss der physische Name durch den AS-Zusatz angegeben werden. Der Zusatz EXPANDS darf nur bei der Definition einer parametrisierten Klasse verwendet werden und klärt, mit welchen konkreten Klassen sie hier verwendet werden soll. Die Namen der konkreten Klassen müssen hinter dem USING-Zusatz in derselben Reihenfolge angegeben werden, wie sie auch im USING-Zusatz der CLASS-ID der parametrisierten Klasse erwartet werden.

Die Definition eines zu verwendenden Interfaces unterscheidet sich eigentlich nicht von der einer Klasse. Alle Angaben haben dieselbe Bedeutung. Interfaces werden letztlich wie normale Klassen verwendet, in Wirklichkeit stellen sie jedoch eine Liste von Methoden dar, die von einer Klasse erwartet wird, die dieses Interface implementiert hat. Auf die Bedeutung und Verwendung von Interfaces wird in einem eigenen Kapitel ausführlich Bezug genommen.

22.4 FACTORY

Jede Klasse in COBOL teilt sich zunächst in zwei große Bereiche auf: in die Klassenbeschreibung und in die Objektbeschreibung. Alle Methoden und Attribute, die zur Klasse selbst gehören, also auch dann aufgerufen und verwendet werden können, wenn noch keine Instanz erzeugt wurde, werden innerhalb der FACTORY definiert.

```
REPOSITORY.

   ⎡⎧class-specifier    ⎫     ⎤
   ⎢⎪interface-specifier⎪     ⎥
   ⎢⎨function-specifier ⎬ ... ⎥ .
   ⎢⎪program-specifier  ⎪     ⎥
   ⎣⎩property-specifier ⎭     ⎦

class-specifier:

    CLASS Klassenname-1 [AS Literal-1]

       ⎡                         ⎧Klassenname-3  ⎫     ⎤
       ⎢EXPANDS Klassennam-2 USING⎨               ⎬ ... ⎥
       ⎣                         ⎩Interfacename-1⎭     ⎦

interface-specifier:

    INTERFACE Interfacename-2 [AS Literal-2]

       ⎡                            ⎧Klassenname-4  ⎫     ⎤
       ⎢EXPANDS Interfacename-3 USING⎨               ⎬ ... ⎥
       ⎣                            ⎩Interfacename-4⎭     ⎦

function-specifier:

 Format 1 (user-defined):

    FUNCTION Funktionsprototypname-1 [AS Literal-3]

 Format 2 (intrinsic):

                ⎧{intrinsic-function-name-1} ...⎫
    FUNCTION    ⎨                               ⎬ INTRINSIC
                ⎩ALL                            ⎭


program-specifier:

    PROGRAM Programmprototypname-1 [AS Literal-4]


property-specifier:

    PROPERTY Propertyname-1 [AS Literal-5]
```

Abbildung 22.5: REPOSITORY-Eintrag

Bei der FACTORY-Angabe kann zusätzlich definiert werden, welche Interfaces von dieser Klasse implementiert wurden. Damit kann diese Klasse überall dort verwendet werden, wo eigentlich eines der implementierten Interfaces erwartet wird. Interfaces wurde ein eigenes Kapitel in diesem Buch gewidmet.

Innerhalb der FACTORY kann eine WORKING-STORAGE SECTION angelegt werden, in der man die Attribute der Klasse definiert. Wie alle Attribute können sie nur über Methoden dieser Klasse angesprochen und verändert werden. Selbst den Methoden des eigenen Objekts, die sich im OBJECT-Teil der Klasse befinden, bleibt der Zugriff verwehrt.

Klassenattribute findet man eher selten, da sie nur einmal für alle Instanzen gleichzeitig existieren.

```
[IDENTIFICATION DIVISION.]

FACTORY. [ IMPLEMENTS {Interfacename-1 } ... . ]

[options-paragraph]

[environment-division]

[data-division]

[procedure-division]

END FACTORY.
```

Abbildung 22.6: FACTORY-Angabe

Weit wichtiger ist die Tatsache, dass es sich bei fast allen Methoden, die innerhalb der FACTORY programmiert werden, um die Konstruktoren der Klasse handelt. Es lassen sich zwar auch Klassenmethoden denken, die allgemeine Tätigkeiten für eine Klasse ausführen, üblicherweise sind sie jedoch dafür verantwortlich, Instanzen der Klasse zu erzeugen und diese an den Aufrufer zurückzureichen. Jede Klasse in COBOL muss direkt oder indirekt von der Klasse BASE abgeleitet sein. Dort findet sich eine Klassenmethode new, die keine Parameter erwartet und eine Instanz der aktuellen Klasse liefert. Mehr über Methodendefinition und Instanzenbildung findet sich in den folgenden Kapiteln.

OPTIONS

Auch innerhalb der FACTORY kann ein OPTIONS-Paragraph programmiert werden. Hier ist allerdings nur die ARITHMETIC-Angabe erlaubt.

ENVIRONMENT DIVISION

In der ENVIRONMENT DIVISION der FACTORY können nur bestimmte Einträge gemacht werden. So ist aus der CONFIGURATION SECTION nur der Paragraph SPECIAL-NAMES erlaubt.

Dagegen ist es möglich, eine komplette INPUT-OUTPUT SECTION zu definieren, also Dateien zu beschreiben, die von allen Klassenmethoden benutzt werden können. Sinnvoll ist dies beispielsweise, wenn sich eine umfangreiche Klasse zur Repräsentation von Stammdaten eben aus einer solchen Datei initialisiert. Es lassen sich unabhängige Klassenmethoden für das Öffnen, Verarbeiten und Schließen der Datei denken.

DATA DIVISION

Aus der DATA DIVISION sind nur folgende SECTIONs innerhalb einer FACTORY erlaubt: FILE SECTION für die weitere Beschreibung der Dateien, WORKING-STORAGE SECTION für alle Klassenattribute, REPORT SECTION und SCREEN SECTION. Alle anderen sind verboten.

PROCEDURE DIVISION

Die PROCEDURE DIVISION in einer FACTORY dient nicht dazu, COBOL-Anweisungen aufzunehmen. Sie leitet lediglich als optionale Überschrift die Programmierung der Klassenmethoden ein.

END FACTORY

Eine Klassenbeschreibung wird durch die Angabe von END FACTORY beendet.

```
END FACTORY.
```

Abbildung 22.7: END FACTORY-Angabe

22.5 OBJECT

Die Objektbeschreibung ist der wichtigste Teil einer objektorientierten Klasse. In ihr werden alle Attribute und Methoden aufgelistet, die eine Instanz dieser Klasse repräsentieren.

```
[IDENTIFICATION DIVISION.]

OBJECT. [IMPLEMENTS {Interfacename-1 }...  . ]

[options-paragraph]

[environment-division]

[data-division]

[procedure-division]

END OBJECT.
```

Abbildung 22.8: OBJECT-Angabe

Ebenso wie die Klasse selbst kann auch ein Objekt ein oder mehrere Interfaces implementieren, um dadurch zuweisungskompatibel zu jedem dieser Interfaces zu werden. Ebenso wie die Klasse muss auch das Objekt alle Methoden vorsehen, die durch die jeweiligen Interfaces gefordert werden. Es kann dann überall dort verwendet werden, wo eigentlich eine Instanz eines der Interfaces erwartet wird. Wie bereits mehrfach erwähnt, wurden die Interfaces in einem eigenen Kapitel erklärt.

Unmittelbar auf die OBJECT-Angabe folgt eine WORKING-STORAGE SECTION, in der die Attribute des Objekts definiert werden. Jede dieser Variablen existiert später genau so oft, wie gleichzeitig Instanzen dieser Klassen angelegt sind. Zwei Instanzen unterscheiden sich ausschließlich durch den Inhalt ihrer Attribute, die hier definiert wurden.

Auf die Attributdefinitionen folgt dann die Liste der Objektmethoden, die jede für sich die Attribute abfragen und/oder manipulieren.

OPTIONS

Auch innerhalb von OBJECT kann ein OPTIONS-Paragraph programmiert werden. Hier ist allerdings nur die ARITHMETIC-Angabe erlaubt.

ENVIRONMENT DIVISION

In der ENVIRONMENT DIVISION von OBJECT können nur bestimmte Einträge gemacht werden. So ist aus der CONFIGURATION SECTION nur der Paragraph SPECIAL-NAMES erlaubt.

Dagegen ist es wie in der FACTORY möglich, eine komplette INPUT-OUTPUT SECTION zu definieren, also Dateien zu beschreiben, die von allen Objektmethoden benutzt werden können. Jede hier angegebene Datei muss pro Instanz neu geöffnet und von dieser auch wieder geschlossen werden. Dabei ist es durchaus möglich, dass mehrere Instanzen dieselbe Datei, jedoch völlig unabhängig voneinander, bearbeiten.

DATA DIVISION

Wie bereits aus der FACTORY bekannt, dürfen nur bestimmte SECTIONs aus der DATA DIVISION innerhalb von OBJECT verwendet werden. Auch hier sind es die FILE SECTION für die weitere Beschreibung der Dateien, die WORKING-STORAGE SECTION für alle Objektattribute, die REPORT SECTION und die SCREEN SECTION. Alle anderen sind auch hier verboten.

PROCEDURE DIVISION

Innerhalb von OBJECT spielt die PROCEDURE DIVISION praktisch keine Rolle. Als ebenfalls optionale Überschrift leitet sie die Programmierung der Objektmethoden ein.

END OBJECT

Jede Objektbeschreibung endet mit END OBJECT.

```
END OBJECT.
```

Abbildung 22.9: END OBJECT-Angabe

22.6 Definition von Attributen und Properties

Klassenattribute

Klassenattribute werden, wie bereits angedeutet, innerhalb der WORKING-STORAGE SECTION der FACTORY definiert. Dabei ist jede Art von Variablendefinition erlaubt, die auch jeweils mit VALUE vorbelegt werden dürfen. Ähnlich wie die WORKING-STORAGE SECTION klassischer COBOL-Programme, existieren diese Variablen während der gesamten Programmlaufzeit, und es gibt sie genau einmal.

Klassenattribute können nur innerhalb solcher Methoden verwendet werden, die innerhalb der FACTORY-Angabe programmiert wurden.

```
identification division.
class-id. EineKlasse as "eineklasse"
          inherits from base.

repository.
    class base as "base"
        .

factory.
working-storage section.
01 klassenname        pic x(80) value "EineKlasse".

end factory.                    Klassenattribut

object.
working-storage section.


end object.

end class EineKlasse.
```

Abbildung 22.10: Definition eines Klassenattributs

Objektattribute

Die zweite WORKING-STORAGE SECTION einer Klasse befindet sich innerhalb der Objektdefinition, folgt also unmittelbar der OBJECT-Angabe. Auch hier ist die Definition aller möglichen Datentypen erlaubt, und jede Variable (besser jedes Attribut) kann mit VALUE vorbelegt werden. Der große Unterschied zur WORKING-STORAGE SECTION der FACTORY oder zu der eines herkömmlichen COBOL-Programms ist, dass die hier angelegten Felder bei Programmstart noch nicht existieren. Erst wenn explizit eine Instanz dieser Klassen angefordert wurde, wird so viel Hauptspeicher reserviert, wie die hier versammelten Variablen benötigen, und jede einzelne wird mit ihrer VALUE-Klausel initialisiert.

```
identification division.
class-id. EineKlasse as "eineklasse"
          inherits from base.

repository.
    class base as "base"
        .

factory.
working-storage section.

end factory.

object.
working-storage section.
01  tag              pic 99.
01  monat            pic 99.
01  jahr             pic 9999.
                        Objektattribute
end object.

end class EineKlasse.
```

Abbildung 22.11: Definition von Objektattributen

Wird eine weitere Instanz erzeugt, wiederholt sich der Vorgang und jedes Attribut existiert nun zweimal, einmal pro Instanz.

Wird eine Instanz freigegeben, so wird auch der für die Attribute reservierte Hauptspeicher an das Betriebssystem zurückgegeben. Auf die Attribute einer freigegebenen Instanz kann nicht mehr zugegriffen werden.

Hier werden typischerweise die Attribute definiert, die ein Objekt auszeichnen. Repräsentiert es ein Datum, so sind es die Attribute Tag, Monat und Jahr. Bei einer Bestellung wird es mindestens aus der Bestellnummer, dem Bestelldatum, einer Referenz auf die bestellten Artikel, auf den Besteller und die Lieferadresse und eventuell aus dem Lieferdatum bestehen.

Properties

Jedes Attribut, unabhängig davon, ob es innerhalb der Klassendefinition oder der Objektdefinition angelegt wurde, kann als Property der Klasse definiert werden. Solche Eigenschaften lassen sich typischerweise von außen abfragen und eventuell auch verändern.

Um aus einem Attribut eine Property zu machen, muss es über die PROPERTY-Klausel verfügen.

Abbildung 22.12: PROPERTY-Klausel

Ist nichts weiter angegeben, kann die mit der PROPERTY-Klausel definierte Eigenschaft sowohl abgefragt als auch gesetzt werden. Über den Zusatz WITH NO GET lässt sich das Abfragen, mit WITH NO SET das Setzen der Property von außen verhindern.

Damit eine Variable zur Property werden kann, müssen verschiedene Voraussetzungen erfüllt sein. Zunächst muss sie entweder in der WORKING-STORAGE SECTION der FACTORY oder in der WORKING-STORAGE SECTION von OBJECT definiert sein. Sie darf über keine OCCURS-Klausel verfügen, und es muss sich um ein elementares Datenelement handeln, das eindeutig, ohne Zusätze wie OF oder IN, angesprochen werden kann. Außerdem darf der Name einer Property nicht mit einer solchen kollidieren, die von einer Basisklasse geerbt wurde.

Für jede Property, die definiert wurde, erzeugt der Compiler automatisch eine SET- und/oder eine GET-Methode, die einen Parameter des Typs der Property erwartet beziehungsweise zurückliefert. Die Syntax dieser Methodendefinitionen weicht jedoch leicht von denen üblicher Methoden ab, die in einem der folgenden Kapitel dargestellt werden.

Abbildung 22.13: Definition einer Methode

Statt nach der METHOD-ID einen Methodennamen zu vergeben, wird mit GET beziehungsweise SET der Name der Property definiert, die entsprechend manipuliert werden soll. Wie bereits erwähnt, ist es nicht notwendig, diese Methoden selbst zu schreiben. Sie werden von COBOL automatisch hinzugefügt. Man kann sie aber in abgeleiteten Klassen überladen und zu diesem Zweck müssen sie in der abgeleiteten Klasse von Hand programmiert und mit dem Zusatz OVERRIDE versehen werden. Eine Property-Methode endet einfach mit END METHOD.

Um auf eine Property zuzugreifen, hat man zwei Möglichkeiten. Die erste besteht darin, einfach die entsprechende GET- oder SET-Methode aufzurufen, deren vollständiger Name sich aus GET beziehungsweise SET und dem Namen des Attributs zusammensetzt. Die Eigenschaft Farbe kann also über die Methoden GetFarbe und SetFarbe manipuliert werden.

Besser ist es jedoch, die Property als solche im rufenden Programm bekannt zu machen, und sich dann mit MOVE oder SET darauf zu beziehen. Properties werden im REPOSITORY-Paragraphen wie Klassen und Interfaces definiert und können dann über Property OF Klassenname oder Property OF Instanz-variable angesprochen werden.

```
 1$set repository(update on )
 2 identification division.
 3 class-id. EineKlasse as "eineklasse"
 4            inherits from base.
 5
 6 repository.
 7    class base as "base"
 8    .
 9
10 factory.
11 working-storage section.
12 01 klassenname     object reference  property.
13
14 end factory.
15
16 object.
17 working-storage section.
18 01 tag            pic 99     property.
19 01 monat          pic 99     property.
20 01 jahr           pic 9999   property.
21
22*>---------------------------------------------
23 method-id. "finalize" override.
24 linkage Section.
25 01 instanz            object reference active-class.
26
27 procedure division returning instanz.
28     invoke super "finalize"
29          returning instanz
30     exit method.
31 end method "finalize".
32*>---------------------------------------------
33
34 end object.
35
36 end class EineKlasse.
```

Listing 22.8: Eine sinnfreie Klasse mit verschiedenen Properties

Die Compiler-Direktive REPOSITORY(UPDATE ON) sorgt bei MicroFocus dafür, dass zu jeder Klasse und zu jedem Programm, für die diese Direktive angegeben ist, vom Compiler eine zusätzliche Datei mit der Erweiterung RDF erzeugt wird, in der Informationen über alle Methoden und eben auch die Properties dieser Klasse enthalten sind. Damit kann MicroFocus sicherstellen, dass die vom rufenden Programm abgefragten Properties auch wirklich vorhanden sind.

```
 1 identification division.
 2 program-id. haupt.
 3
 4 repository.
 5     class EineKlasse as "eineklasse"
 6     property klassenname
 7     property tag
 8     property monat
 9     property jahr
10     .
11
12 working-storage section.
13 01   instanz          object reference EineKlasse.
14
15 procedure division.
16     invoke eineKlasse "new"
17         returning instanz
18
19     set klassenname of EineKlasse to null
20
21     set tag of instanz to 10
22
23     invoke instanz "setmonat" using by content 10
24
25     move 0 to jahr of instanz
26
27     invoke instanz "finalize"
28         returning instanz
29     .
```

Listing 22.9: Mögliche Formen, Properties zu verwenden

22.7 Ende einer Klassendefinition

Jede Klasse endet mit der Angabe END CLASS, die noch einmal den Namen der Klasse erwartet, wie er bei CLASS-ID angegeben wurde.

```
END CLASS Klassenname-1.
```

Abbildung 22.14: END CLASS-Angabe

22.8 Programmbeispiel: Dynamischer Vektor

Aufgabenstellung

Es soll eine Klasse für die Organisation eines dynamisch wachsenden Vektors geschrieben werden, die Elemente vom Typ PIC X(80) verwalten kann. Die Elemente selbst werden in eine eigene Klasse gekapselt, die in der Lage ist, eine einfach verkettete Liste von Elementen zu erzeugen. Einzelne Elemente sollen gezielt über ihren Index angesprochen werden. Daneben muss es auch möglich sein, die Liste aller Elemente auszugeben.

Der dynamische Vektor soll über eine Property Auskunft darüber geben, wie viele Elemente er aktuell beherbergt. Auch die einzelnen Elemente besitzen eine Property, über die das jeweils nächste Element der Liste identifiziert werden kann.

Programmlisting der Klasse »EinElement«

```
 1$set repository (update on)
 2 identification division.
 3 class-id. EinElement as "einelement"
 4          inherits from base.
 5
 6 repository.
 7     class base as "base"
 8     .
 9
10 factory.
11 working-storage section.
12
13*>-------------------------------------------
14*> Der Konstruktor erzeugt zunächst eine neue
15*> Instanz eines Elements, initialisiert es
16*> dann und hängt es in der Liste hinter den
17*> übergebenen Vorgänger.
18*>-------------------------------------------
19 method-id.  new.
20 linkage Section.
21 01  lnkVorgaenger    object reference.
22 01  lnkText          pic x(80).
23 01  lnkInstanz       object reference.
24 procedure division using lnkVorgaenger lnkText
25                     returning lnkInstanz.
26     invoke super "new" returning lnkInstanz
27     invoke lnkInstanz "init" using lnkText
28     if not lnkVorgaenger = null
29         invoke lnkVorgaenger "setNachfolger"
30             using lnkInstanz
31     end-if
32     exit method.
33 end method new.
```

```
34*>---------------------------------------------
35
36 end factory.
37
38 object.
39 working-storage section.
40 *>  Ein Element repräsentiert eine 80 Byte lange
41 *>  Zeichenkette.
42 01  einText          pic x(80).
43
44 *>  Da die Elemente als Liste organisiert sind,
45 *>  merkt sich jedes Element genau einen
46 *>  Nachfolger. Damit dieser von außen direkt
47 *>  abgefragt werden kann, wird dieses Attribut
48 *>  als Property definiert.
49 01  naechstesElement object reference EinElement
50                      property no set.
51
52*>---------------------------------------------
53*> Über diese Methode werden alle Attribute
54*> initialisiert
55*>---------------------------------------------
56 method-id.  init .
57 linkage Section.
58 01  lnkText          pic x(80).
59 procedure division using lnkText.
60     move lnkText to einText
61     set naechstesElement to null
62     exit method.
63 end method init.
64*>---------------------------------------------
65
66*>---------------------------------------------
67*> Durchwandert die Liste, bis das Element ge-
68*> funden wurde, zu dem der Index passt, und
69*> gibt dann dessen Text zurück.
70*>---------------------------------------------
71 method-id.  getText .
72 local-storage section.
73 01  lsIndex          pic 9(5).
74 linkage Section.
75 01  lnkIndex         pic 9(5).
76 01  lnkText          pic x(80).
77 procedure division using lnkIndex
78                      returning lnkText.
79     move lnkIndex to lsIndex
```

```
80     if lsIndex > 0
81        subtract 1 from lsIndex
82     end-if
83
84     if lsIndex = 0
85        move einText to lnkText
86     else
87        if not naechstesElement = null
88           invoke naechstesElement "getText"
89              using lsIndex
90              returning lnkText
91        end-if
92     end-if
93     exit method.
94  end method getText.
95*>---------------------------------------------
96
97*>---------------------------------------------
98*> Wenn dieses Element der Vorgänger für ein
99*> anderes Element ist, dann wird dies über den
100*> Aufruf dieser Methode gesteuert.
101*>---------------------------------------------
102 method-id. setNachfolger.
103 local-storage Section.
104 linkage Section.
105 01 lnkNachfolger   object reference EinElement.
106 procedure division using lnkNachfolger.
107     set naechstesElement to lnkNachfolger
108     exit method.
109 end method setNachfolger.
110*>---------------------------------------------
111
112*>---------------------------------------------
113*  Da die Elemente als Liste organisiert sind,
114*  müssen zunächst alle abhängigen Elemente
115*  freigegeben werden, bevor dieses Element sich
116*  selbst zerstört.
117*>---------------------------------------------
118 method-id. finalize.
119 local-storage Section.
120 linkage Section.
121 01 lnkInstanz     object reference.
122 procedure division returning lnkInstanz.
123     if not naechstesElement = null
124        invoke naechstesElement "finalize"
125           returning naechstesElement
```

```
126    end-if
127    invoke super "finalize"
128        returning lnkInstanz
129    exit method.
130 end method finalize.
131*>---------------------------------------------
132
133
133*>
134 METHOD-ID. GET PROPERTY NAECHSTESELEMENT.
135 DATA DIVISION.
136 LINKAGE SECTION.
137 01 LS1 OBJECT REFERENCE EINELEMENT.
138 PROCEDURE DIVISION RETURNING LS1.
139    SET LS1 TO NAECHSTESELEMENT
140    EXIT METHOD.
141 END METHOD.
142 end object.
143
144 end class EinElement.
```

Listing 22.10: EinElement

Hinweis: Die Property-Methode für `naechstesElement` in Listing 22.10 wurde nicht vom Anwendungs-entwickler geschrieben, sondern vom Compiler generiert.

Programmlisting der Klasse »DynVektor«

```
 1$set repository (update on)
 2
 3 identification division.
 4 class-id. DynVektor as "dynvektor"
 5        inherits from base.
 6
 7 repository.
 8    class base as "base"
 9    class einElement as "einelement"
10    property naechstesElement
11    .
12
13 factory.
14 working-storage section.
15
16*>---------------------------------------------
17*  Konstruktor erzeugt zunächst eine neue Instanz
18*  und ruft danach die Methode "init" auf, um
19*  sie zu initialisieren.
20*>---------------------------------------------
```

```
21 method-id.  new  override.
22 linkage Section.
23 01  instanz            object reference.
24 procedure division returning instanz.
25     invoke super "new" returning instanz
26     invoke instanz "init"
27     exit method.
28 end method new.
29*>---------------------------------------------
30
31 end factory.
32
33 object.
34 working-storage section.
35 *>  In laenge wird gespeichert, wie viele
36 *>  Elemente sich in diesem dynamischen Vektor
37 *>  augenblicklich befinden.
38 01  laenge          pic 9(5) property no set.
39
40 *>  Die einzelnen Elemente sind als verkettete
41 *>  Liste organisiert, wobei "daten" auf das
42 *>  erste und "letzterEintrag" auf das aktuell
43 *>  letzte Element der Liste verweisen.
44 01  daten           object reference EinElement.
45 01  letzterEintrag  object reference EinElement.
46
47*>---------------------------------------------
48*> Diese Methode initialisiert alle Attribute.
49*>---------------------------------------------
50 method-id.  init .
51 linkage Section.
52 procedure division.
53     move 0 to laenge
54     set daten to null
55     set letzterEintrag to null
56     exit method.
57 end method init.
58*>---------------------------------------------
59
60*>---------------------------------------------
61*> Mit dieser Methode wird die Liste von
62*> Elementen erweitert. Bei Erfolg liefert sie
63*> die Anzahl der jetzt in der Liste hängenden
64*> Elemente zurück, ansonsten 0.
65*>---------------------------------------------
66 method-id.  addElement.
```

```
 67 local-storage section.
 68 01  lsElement        object reference EinElement.
 69 linkage Section.
 70 01  neuesElement     pic x(80).
 71 01  anzahl           pic 9(5).
 72 procedure division using by reference neuesElement
 73                       returning anzahl.
 74     *> 1.) Testen, ob der Vektor eventuell voll ist.
 75     if laenge = 99999
 76        move 0 to anzahl
 77        exit method
 78     end-if
 79
 80     *> 2.) Neues Element erzeugen und an das
 81     *>       Ende der Datenliste hängen.
 82     invoke einElement "new" using
 83        letzterEintrag neuesElement
 84        returning lsElement
 85
 86     *> 3.) Wenn das das erste Element war, muss
 87     *>       ich es mir merken.
 88     if daten = null
 89        set daten to lsElement
 90     end-if
 91
 92     *> 4.) Letzten Eintrag merken und laenge um
 93     *>       1 erhoehen.
 94     set letzterEintrag to lsElement
 95     add 1 to laenge
 96     exit method.
 97 end method addElement.
 98*>----------------------------------------------
 99
100*>----------------------------------------------
101*> Um ein Element entsprechend seinem Index
102*> aus dem dynamischen Vektor zu lesen, kann
103*> diese Methode benutzt werden.
104*>----------------------------------------------
105 method-id.  getElement .
106 linkage Section.
107 01  lnkIndex         pic 9(5).
108 01  lnkText          pic x(80).
109 procedure division using lnkIndex
110                       returning lnkText.
111     if lnkIndex > 0 and <= laenge
112        invoke daten "getText" using lnkIndex
```

```
113                returning lnkText
114     else
115         move "Ungültiger Index" to lnkText
116     end-if
117     exit method.
118 end method getElement.
119*>----------------------------------------------
120
121*>----------------------------------------------
122*> Will man eine Liste aller Elemente dieser
123*> Liste anzeigen, ist diese Methode geeignet.
124*> Sie durchwandert die einzelnen Elemente, indem
125*> sie die Property "naechstesElement" auswertet.
126*>----------------------------------------------
127 method-id.  listAllElements .
128 01  lsElement        object reference EinElement.
129 01  lsIndex          pic 9(5) value 0.
130 01  lsText           pic x(80).
131 01  lsDummy          pic x.
132 linkage Section.
133 procedure division.
134     display space at line 1 col 1
135     display "Liste aller Elemente"
136
137     set lsElement to daten
138     perform until lsElement = null
139         invoke lsElement "getText" using
140             lsIndex
141             returning lsText
142         display lsText
143
144         set lsElement to
145             naechstesElement of lsElement
146     end-perform
147     accept lsdummy
148     display space at line 1 col 1
149     exit method.
150 end method listAllElements.
151*>----------------------------------------------
152
153*>----------------------------------------------
154*> Soll die Liste freigegeben werden, so müssen
155*> sich zunächst alle Elemente freigeben.
156*>----------------------------------------------
157 method-id.  finalize .
158 linkage Section.
```

```
159 01  lnkInstanz       object reference.
160 procedure division returning lnkInstanz.
161     if not daten = null
162         invoke daten "finalize"
163             returning daten
164     end-if
165     invoke super "finalize"
166         returning lnkInstanz
167     exit method.
168 end method finalize.
169*>-------------------------------------------
170
171*>
172 METHOD-ID. GET PROPERTY LAENGE.
173 DATA DIVISION.
174 LINKAGE SECTION.
175 01 LS1 PICTURE 9(5).
176 PROCEDURE DIVISION RETURNING LS1.
177     MOVE LAENGE    TO LS1
178     EXIT METHOD.
179 END METHOD.
180 end object.
181
182 end class DynVektor.
```

Listing 22.11: DynVektor

Hinweis: Die Property-Methode für `laenge` in Listing 22.11 wurde nicht vom Anwendungsentwickler geschrieben, sondern vom Compiler generiert.

Programmlisting für das eigentliche Hauptprogramm:

```
1 identification division.
2 program-id. erfassen.
3
4 repository.
5     class DynVektor as "dynvektor"
6     property laenge
7     .
8
9 working-storage section.
10 01  einVektor        object reference DynVektor.
11 01  aktLaenge        pic 9(5).
12 01  eingabeIndex     pic zzzz9.
13 01  aktIndex         pic 9(5).
14 01  einElement       pic x(80).
15 01  auswahl          pic 9.
16
```

```
17 procedure division.
18 maske.
19     display spaces at line 1 col 1
20
21     invoke DynVektor "new"
22         returning einVektor
23
24     perform with test after until auswahl = 9
25
26         display "Bitte wählen Sie"
27             at line 2 col 1
28         display "1-Neuer Eintrag"
29             at line 3 col 1
30         display "2-Eintrag anzeigen"
31             at line 4 col 1
32         display "3-Alles anzeigen"
33             at line 5 col 1
34         display "9-Programmende"
35             at line 6 col 1
36
37         accept auswahl at line 6 col 1
38
39         evaluate auswahl
40         when 1   perform neuerEintrag
41         when 2   perform eintragAnzeigen
42         when 3   perform allesAnzeigen
43         end-evaluate
44
45     end-perform
46
47     invoke einVektor "finalize"
48         returning einVektor
49
50     stop run.
51
52 neuerEintrag.
53     move space to einElement
54     display "Bitte Daten eingeben"
55         at line 10 col 1
56     accept einElement at line 11 col 1
57
58     invoke einVektor "addElement" using
59         einElement
60         returning aktLaenge
61     .
62
```

```
63 eintragAnzeigen.
64     display "Bitte Index eingeben"
65         at line 15 col 1
66     accept eingabeIndex at line 16 col 1
67     move eingabeIndex to aktIndex
68     set aktLaenge to laenge of einVektor
69     if aktIndex = 0 or > aktLaenge
70         move "Index ungültig" to einElement
71     else
72         invoke einVektor "getElement" using
73             aktIndex
74             returning einElement
75     end-if
76     display einElement at line 17 col 1
77     .
78 allesAnzeigen.
79     invoke einVektor "listAllElements"
80     .
```

Listing 22.12: Erfassen

23

Definition und Aufruf von Methoden, Instanzenbildung

23.1 Vorbemerkung

Dieses Kapitel beschäftigt sich mit der Syntax der Methodenprogrammierung und zeigt die Unterschiede zwischen Klassenmethoden und Objektmethoden auf. Zu einem objektorientierten System gehört aber auch das Prinzip der Vererbung, bei dem Methoden mit Hilfe abgeleiteter Klassen überladen werden. Diesem Thema wurde ein eigenes Kapitel gewidmet.

Der Begriff »Methode« taucht erst in der objektorientierten Programmierung auf und beschreibt ein Stück Quellcode, mit dem ein Teilproblem einer komplexen Anwendung gelöst werden soll. An eine Methode werden oftmals Parameter übergeben, die diese in geeigneter Form verarbeitet und eventuell ein Ergebnis für den Aufrufer zurückliefert. Es fällt auf, dass diese Beschreibung aber auch auf »Module« und »Funktionen« zutrifft, weshalb es zunächst sinnvoll ist, die einzelnen Begriffe voneinander zu unterscheiden.

23.2 Methoden, Module und Funktionen

Methoden unterscheiden sich von Modulen und Funktionen dadurch, dass sie immer in eine objektorientierte Klasse eingebunden sind. Methoden wirken stets auf Attribute dieser Klasse und verändern somit permanent deren Zustand. Module und Funktionen können dagegen nur auf ihre Parameter einwirken und aus ihnen heraus Ergebnisse produzieren.

Um die Unterschiede deutlich aufzuzeigen, soll ein simples Problem zunächst mit Hilfe eines Moduls, dann mittels einer Funktion und letztendlich mit Hilfe einer Methode gelöst werden. Gegeben sei ein Tagesdatum in der Form TT.MM.JJJJ, das um eine bestimmte Anzahl Tage erhöht werden soll. Ist die Anzahl Tage negativ, wird das Datum entsprechend reduziert. Die hierbei geforderte Fachlichkeit ist nicht trivial, für das Beispiel aber unerheblich, weshalb nicht weiter darauf eingegangen wird. Vielmehr konzentrieren sich die folgenden Listings auf die unterschiedlich implementierten Schnittstellen.

Module

Die klassischste Form, das beschriebene Problem in COBOL zu lösen, besteht darin, ein entsprechendes Modul zu programmieren, an das alle notwendigen Parameter übergeben werden. Ein Modul verfügt über eine PROGRAM-ID und wird eigenständig übersetzt. Als klassisches Unterprogramm verfügt es über eine LINKAGE SECTION. Um nun auf ein bestehendes Datum eine bestimmte Anzahl Tage zu addieren, ist es notwendig, sowohl das Datum als auch die Anzahl Tage an das Modul zu übergeben. Das Ergebnis wird in dem übergebenen Datum abgestellt, wodurch es dem rufenden Programm zur Verfügung steht. Hier macht man sich die Tatsache zu nutze, dass in COBOL alle Parameter standardmäßig BY REFERENCE übergeben werden.

```
 1 identification division.
 2 program-id. Datumsmodul.
 3
 4 data division.
 5
 6 linkage section.
 7 01  einDatum.
 8     05  tt          pic 99.
 9     05  mm          pic 99.
10     05  jjjj        pic 9999.
11 01  anzahlTage      pic s9(5).
12
13 procedure division using einDatum
14                          anzahlTage.
15     *> Hier steht die durchaus nicht
16     *> triviale Logik, um das Datum zu
17     *> verändern, wobei das Ergebnis
18     *> direkt in die Felder tt, mm und
19     *> jjjj von einDatum geschrieben
20     *> wird.
21
22     exit program.
```

Listing 23.1: Klassisches COBOL-Modul

Module werden in COBOL über die Anweisung CALL aufgerufen, bei dessen USING-Klausel die Ein- und Ausgabeparameter übergeben werden.

```
 1 identification division.
 2 program-id. ModulAufrufen.
 3
 4 data division.
 5 working-storage section.
 6
 7 01  datum.
 8     05  tt          pic 99.
 9     05  mm          pic 99.
10     05  jjjj        pic 9999.
11
12 01  tage            pic s9(5).
13
14 procedure division.
15
```

```
16    *> Der Aufruf des Datumsmoduls erfolgt
17    *> innerhalb der PROCEDURE DIVISION mit
18    *> Hilfe der CALL-Anweisung.
19
20    call "Datumsmodul" using datum tage
21
22    *> Hier kann das veränderte Datum
23    *> weiter verarbeitet werden.
```

Listing 23.2: Beispiel für einen klassischen Modulaufruf

Funktionen

Funktionen unterscheiden sich von Modulen dadurch, dass sie praktisch immer genau ein Ergebnis zurückliefern. Wie Module auch erhalten Funktionen Parameter, die aufgrund der Tatsache, dass man diese in COBOL ebenfalls BY REFERENCE übergeben kann, auch aus einer Funktion heraus geändert werden können. Dies ist jedoch kein guter Stil und kann aufgrund der dadurch erzielbaren Nebeneffekte zu sehr unübersichtlichen Programmen führen. COBOL-Funktionen sollten daher ihre Parameter stets BY VALUE, also in Kopie erwarten.

Der wesentliche Unterschied zwischen einer COBOL-Funktion und einem COBOL-Modul liegt also zunächst in der Art der Parameterübergabe. Da Funktionen aber immer stellvertretend für ihren Rückgabewert stehen, können sie, anders als Module, innerhalb beliebiger COBOL-Anweisungen aufgerufen werden. Überall dort, wo die Verwendung einer Variablen des Typs, den eine Funktion zurückliefert, erlaubt ist, kann auch die Funktion aufgerufen werden, die den entsprechenden Wert erst ermittelt.

```
1$set repository(update on)
2 identification division.
3 function-id. Datumsfunktion.
4
5 data division.
6
7 linkage section.
8 01  einDatum.
9     05  tt            pic 99.
10    05  mm            pic 99.
11    05  jjjj          pic 9999.
12 01  anzahlTage        pic s9(5).
13 01  ergDatum.
14    05  erg-tt        pic 99.
15    05  erg-mm        pic 99.
16    05  erg-jjjj      pic 9999.
17 procedure division using by value einDatum
18                            anzahlTage
19                    returning ergDatum.
20    *> Hier steht die durchaus nicht
21    *> triviale Logik, um das Datum zu
22    *> verändern, wobei das Ergebnis
23    *> allerdings in eine eigene
```

```
24    *> Struktur (ergDatum) geschrieben
25    *> wird. Das übergebene Datum
26    *> einDatum bleibt unverändert!
27
28    exit function.
```

Listing 23.3: Beispiel für eine COBOL-Funktion

Damit ein rufendes Programm weiß, welche Parameter eine Funktion erwartet und wie der Typ des Rück-gabewertes der Funktion aussieht, erzeugt der Hersteller MicroFocus beispielsweise eine Repositorydatei beim Übersetzen der Funktion, wozu jedoch die Direktive REPOSITORY(UPDATE ON) gesetzt werden muss. Im rufenden Programm muss die Funktion im REPOSITORY-Paragraphen deklariert werden.

```
 1 identification division.
 2 program-id. FunktionAufrufen.
 3
 4 repository.
 5     function Datumsfunktion.
 6
 7 data division.
 8 working-storage section.
 9
10 01  datum.
11     05  tt           pic 99.
12     05  mm           pic 99.
13     05  jjjj         pic 9999.
14
15 01  tage             pic s9(5).
16
17 01  neuesDatum.
18     05  tt           pic 99.
19     05  mm           pic 99.
20     05  jjjj         pic 9999.
21
22 procedure division.
23
24     *> Der Aufruf der Datumsfunktion erfolgt
25     *> innerhalb einer gewöhnlichen COBOL-
26     *> Anweisung.
27
28     move Datumsfunktion(datum tage)
29         to neuesDatum
30
31     *> Hier kann das neue Datum
32     *> weiter verarbeitet werden.
```

Listing 23.4: Aufruf einer COBOL-Funktion

Methoden

Methoden sind, wie bereits erläutert, immer an Klassen und Objekte gebunden und verändern deren Attribute. Um das gestellte Problem der Datumsberechnung objektorientiert zu lösen, wird man eine eigene Klasse Datum einführen, deren Attribute für ein konkretes Datum stehen. Damit ist man in der Lage, gleichzeitig beliebig viele Instanzen dieser Klasse zu halten und mit jedem Datum eigene Berechnungen durchzuführen. Im Gegensatz zur modularen oder funktionsorientierten Programmierung liegt das Datum selbst stets in der erzeugten Instanz und nicht mehr in der WORKING-STORAGE SECTION des rufenden Programms. Dort wird lediglich die Referenz auf die Datumsinstanz gehalten. Somit muss an die Methode zur Datumsberechnung nur noch die Anzahl Tage übergeben werden, um die sich die Instanz verändern soll, während an ein Modul oder an eine Funktion stets auch das zu manipulierende Datum selbst übergeben werden muss.

Der Leser sei auf das Kapitel zu den Grundlagen objektorientierter Programmierung verwiesen, in dem diese Art der Programmierung weiter erläutert wird. Hier soll es lediglich um die technische Umsetzung gehen.

```
 1$set repository(update on)
 2 identification division.
 3 class-id. Datumsklasse as "datumsklasse"
 4          inherits from base.
 5
 6 repository.
 7     class base as "base"
 8     .
 9
10 factory.
11 working-storage section.
12
13*>----------------------------------------------
14 method-id. "new" .
15 local-storage Section.
16 linkage Section.
17 01  tt                 pic 99.
18 01  mm                 pic 99.
19 01  jjjj               pic 9999.
20 01  instanz            object reference.
21 procedure division using tt mm jjjj
22                 returning instanz.
23     invoke super "new" returning instanz
24     invoke instanz "init" using tt mm jjjj
25     exit method.
26 end method "new".
27*>----------------------------------------------
28
29 end factory.
30
31
32 object.
```

```
33 working-storage section.
34 01  einDatum.
35     05  tt              pic 99.
36     05  mm              pic 99.
37     05  jjjj            pic 9999.
38
39*>-------------------------------------------
40 method-id. "init" .
41 local-storage Section.
42 linkage Section.
43 01  tt                  pic 99.
44 01  mm                  pic 99.
45 01  jjjj                pic 9999.
46 procedure division using tt mm jjjj.
47     move tt   to tt   in einDatum
48     move mm   to mm   in einDatum
49     move jjjj to jjjj in einDatum
50     exit method.
51 end method "init".
52*>-------------------------------------------
53
54
55*>-------------------------------------------
56 method-id. "TageAddieren" .
57 local-storage Section.
58 linkage Section.
59 01  anzahlTage          pic s9(5).
60 procedure division using anzahlTage.
61
62     *> Hier steht die durchaus nicht
63     *> triviale Logik, um das Datum zu
64     *> verändern, wobei das Ergebnis
65     *> direkt in die Felder tt, mm und
66     *> jjjj von einDatum geschrieben
67     *> wird.
68
69     exit method.
70 end method "TageAddieren".
71*>-------------------------------------------
72
73
74 end object.
75
76 end class Datumsklasse.
```

Listing 23.5: Eine Datumsklasse in COBOL

Programmiert man eine Datumsklasse, so wird ihr Konstruktor (in Methode new) ein konkretes Datum erwarten, mit dem es die erzeugte Instanz initialisiert. Danach können dann Methoden für die Manipulation, den Vergleich und die Abfrage des Datums aufgerufen werden. Hier wird auch am ehesten der Vorteil der objektorientierten Programmierung deutlich. Während man für die unterschiedlichsten Funktionalitäten eines Datums immer neue Module oder Funktionen schreiben muss, fasst man diese in eine Klasse zusammen und stellt sie mit Hilfe einzelner Methoden zur Verfügung. Die Funktionalitäten werden geordnet und an entsprechender Stelle konzentriert.

```
1$set repository(checking on)
2 identification division.
3 program-id. MethodeAufrufen.
4
5 repository.
6     class Datumsklasse as "datumsklasse"
7     .
8
9 data division.
10 working-storage section.
11
12 01  einDatum           object reference.
13 01  tage               pic s9(5).
14
15 procedure division.
16
17     *> Zunächst wird eine Instanz der Datums-
18     *> klasse erzeugt, mit der dann weiter-
19     *> gearbeitet werden kann. Das konkrete
20     *> Datum, mit dem die Instanz initialisiert
21     *> werden soll, wird aus einer Datei oder
22     *> Datenbank gelesen.
23     invoke Datumsklasse "new" using by content
24         15 03 2005
25           returning einDatum
26
27     *> Bei Bedarf kann dann die Methode
28     *> "TageAddieren" aufgerufen werden, die die
29     *> Instanz entsprechend manipuliert. Dabei
30     *> muss lediglich noch die Anzahl Tage
31     *> übergeben werden, um die sich das Datum
32     *> ändern soll.
33     invoke einDatum "TageAddieren" using tage
```

Listing 23.6: Verwendung der Datumsklasse

23.3 Unterschied zwischen Klassen- und Objektmethoden

Eine Klasse in COBOL besteht aus einem FACTORY-Teil und einem OBJECT-Teil. Beide Teile können sowohl Daten als auch Methoden beinhalten. Alle Methoden der FACTORY werden als Klassenmethoden, alle innerhalb von OBJECT als Objektmethoden bezeichnet.

Syntaktisch unterscheiden sich Klassen- und Objektmethoden nicht. Lediglich ihre Wirkungsweise auf die Klasse beziehungsweise die Instanz selbst differenziert sie. So können Klassenmethoden auch nur auf Attribute zugreifen, die innerhalb der FACTORY definiert wurden. Attribute aus OBJECT sind ihnen verwehrt. Umgekehrt gilt dasselbe.

Wenn man geklärt hat, wann und in wie vielen Ausprägungen die Attribute existieren, auf die die Methoden sich beziehen können, hat man auch den wesentlichen Unterschied beider Methodenarten gefunden.

Die Attribute der FACTORY bestehen während der gesamten Programmlaufzeit genau einmal. Es handelt sich um statische Variablen, die innerhalb ihrer FACTORY sichtbar sind. Vergleicht man sie mit Variablen klassischer COBOL-Module, so findet man kaum Unterschiede. Die PROGRAM-ID eines Moduls verfügt über den Zusatz IS INITIAL, was bei jedem CALL-Aufruf dazu führt, dass die Variablen dieses Moduls neu initialisiert, also mit VALUE vorbelegt werden. So etwas ist für Attribute einer Klasse nicht vorgesehen. Jede Klassenmethode, die ein Klassenattribut ändert, hinterlässt diese Änderung für den nächsten Aufrufer.

Attribute innerhalb der FACTORY findet man in der objektorientierten Programmierung jedoch relativ selten, da sie Daten repräsentieren, die für alle Instanzen einer Klasse gleichsam gelten sollen. Das könnte der Name einer gemeinsamen Log-Datei oder Ähnliches sein. Daten, die mit der eigentlichen Fachlichkeit einer Klasse eher selten etwas zu tun haben. Entsprechend selten findet man auch Klassenmethoden. Wenn überhaupt, dienen sie als Konstruktoren, um Instanzen zu erzeugen. Auf die Besonderheit von Konstruktoren wird später in diesem Kapitel noch genauer eingegangen.

Die Attribute von OBJECT repräsentieren eine Instanz der Klasse und existieren daher genau so oft, wie aktuell Instanzen der Klasse gebildet wurden. Die Objektmethoden manipulieren die Objektattribute und stellen die Schnittstelle, die Funktionalität der Instanz dar. Es wird kaum sinnvolle Klassen geben, die ohne Objektattribute auskommen und daher auch kaum Klassen ohne Objektmethoden. Aufrufbar ist eine Objektmethode aber erst, nachdem eine Instanz erzeugt wurde. Da man gleichzeitig beliebig viele Instanzen derselben Klasse erzeugen kann, ist es beim Aufruf einer Objektmethode immer notwendig, die Referenz auf die gewünschte Instanz mitzugeben. Klassenmethoden können dagegen unabhängig von Instanzen verwendet werden, weshalb bei ihrem Aufruf der Name der Klasse als zusätzliche Information erforderlich ist, da verschiedene Klassen über gleichnamige Klassenmethoden verfügen können.

```
 1 identification division.
 2 class-id. SchematischeKlasse
 3     as "schematischeklasse"
 4     inherits from base.
 5
 6 repository.
 7     class base as "base"
 8     .
 9
10 factory.
11 working-storage section.
12 01  einKlassenattribut      pic x.
13
14*>-----------------------------------------------
```

```
15 method-id. eineKlassenmethode.
16 local-storage Section.
17 linkage Section.
18 procedure division.
19    move space to einKlassenattribut
20    exit method.
21 end method eineKlassenmethode.
22*>-------------------------------------------
23
24 end factory.
25
26 object.
27 working-storage section.
28 01  einObjektattribut        pic x.
29
30
31*>-------------------------------------------
32 method-id. eineObjektmethode.
33 local-storage Section.
34 linkage Section.
35 procedure division.
36    move space to einObjektattribut
37    exit method.
38 end method eineObjektmethode.
39*>-------------------------------------------
40
41 end object.
42
43 end class SchematischeKlasse.
```

Listing 23.7: Schematische Darstellung von Klassen- und Objektmethoden

23.4 Syntax der Methodendefinition

Jede Methode beginnt im Gegensatz zu einem Modul oder einer Funktion mit einer METHOD-ID, die einer optionalen IDENTIFICATION DIVISION folgt.

$$
\underline{\text{METHOD-ID}}. \left\{ \begin{array}{l} \text{Methodenname-1} \left[\underline{\text{AS}} \text{ Literal-1}\right] \\ \left\{\begin{array}{l}\underline{\text{GET}}\\\underline{\text{SET}}\end{array}\right\} \underline{\text{PROPERTY}} \text{ Propertyname-1} \end{array} \right\} \left[\underline{\text{OVERRIDE}}\right]\left[\text{IS } \underline{\text{FINAL}}\right] .
$$

Abbildung 23.1: Methodendefinition

Methodenname

`Methodenname-1` ist der Name der Methode, der innerhalb von `FACTORY` oder `OBJECT` dieser Klasse eindeutig sein muss. Soll die Methode nach außen einen anderen Namen bekommen, kann dieser über den AS-Zusatz in Form einer Zeichenkette angegeben werden. Aber auch dieser Name muss innerhalb der entsprechenden Methodenarten dieser Klasse eindeutig bleiben. Es ist zwar möglich, innerhalb einer Klasse eine Klassenmethode und eine Objektmethode mit demselben Namen zu versehen, übersichtlich scheint dies jedoch nicht.

PROPERTY

Es ist möglich, einzelne Attribute als Properties der Klasse zu deklarieren. Der Compiler erzeugt dann eventuell automatisch entsprechende *getter-* und *setter-*Methoden, um das Attribut abzufragen, beziehungsweise zu setzen. Sollen solche Methoden überladen werden, muss anstelle des Methodennamens der Zusatz `GET PROPERTY` beziehungsweise `SET PROPERTY` angegeben werden, der dann von dem Namen des entsprechenden Attributs gefolgt wird. Ein zugehöriges Beispiel findet sich in dem Kapitel über die Definition von Klassen, Objekten, Attributen und Properties.

OVERRIDE

Wenn in einer abgeleiteten Klasse eine geerbte Methode überschrieben werden soll, so muss dies durch den Zusatz `OVERRIDE` explizit angegeben werden. Dies soll vor versehentlichem Überladen von Methoden schützen, da der Compiler immer dann eine Fehlermeldung produzieren muss, wenn in einer abgeleiteten Klasse eine Methode mit identischem Namen programmiert wird, wie es sie bereits in einer ihrer Basisklassen gibt, ohne `OVERRIDE` angegeben zu haben.

IS FINAL

Nicht nur ganze Klassen, sondern auch einzelne Methoden können als `FINAL` deklariert werden. In einem solchen Fall kann die Methode dann nicht mehr von einer abgeleiteten Klasse aus überladen werden.

END METHOD

Jede Methode endet mit der Angabe `END METHOD`, optional gefolgt von dem in der `METHOD-ID` angegebenen `Methodenname-1`. Nur Propertymethoden enden ausschließlich mit `END METHOD`.

OPTIONS-Paragraph

```
OPTIONS.

[ ARITHMETIC IS { NATIVE
                  STANDARD } ]

[ ENTRY-CONVENTION IS Konventionsname-1 ] .
```

Abbildung 23.2: OPTIONS-Paragraph

ARITHMETIC

Hier kann festgelegt werden, nach welchen Regeln arithmetische Ausdrücke vom Compiler gebildet werden. Die Angabe `NATIVE`, bei der es sich um die Defaulteinstellung handelt, bedeutet, dass die Regeln vom Hersteller des Compilers aufgestellt werden. `STANDARD` bestimmt dagegen, dass die Berechnungen nach den vom COBOL-Standard vorgegebenen Regeln zu erfolgen haben. Diese rechnen stets mit einem internen Zwischenergebnisfeld mit einer Genauigkeit von 32 Stellen. Alle Zwischenergebnisse werden auf diese 32 Stellen exakt ermittelt, eine eventuelle Rundung des Ergebnisses findet aber maximal am Ende der Berechnung statt, wenn der Programmierer dies durch den ROUNDED-Zusatz explizit wünscht.

ENTRY-CONVENTION

Obwohl in der Syntax aufgeführt, ist die Angabe dieser Klausel für Methoden nicht erlaubt. Sie kann maximal für eine ganze Klasse bestimmt werden und findet sich daher eigentlich nur in der CLASS-ID.

23.5 Was eine Methode nicht enthalten darf

Betrachtet man die Syntax der METHOD-ID, so sind dort Einträge für die ENVIRONMENT DIVISION, die DATA DIVISION und die PROCEDURE DIVISION vorgesehen. Allerdings sind nicht alle Angaben, die diese Programmteile enthalten könnten, für eine Methode erlaubt. Keinerlei Einschränkungen gibt es in der PROCEDURE DIVISION, alle anderen Einschränkungen sind nachfolgend aufgezählt.

Einschränkungen in der ENVIRONMENT DIVISION

In einer Methode dürfen weder eine CONFIGURATION SECTION noch eine INPUT-OUTPUT SECTION definiert werden. Alle anderen Angaben der ENVIRONMENT DIVISION sind erlaubt.

Einschränkungen in der DATA DIVISION

Programmiert man eine Methode, muss man innerhalb der DATA DIVISION auf die FILE SECTION, die WORKING-STORAGE SECTION, die REPORT SECTION und die SCREEN SECTION verzichten. Erlaubt sind eigentlich nur LOCAL-STORAGE SECTION, die an die Stelle der WORKING-STORAGE SECTION tritt, und die LINKAGE SECTION.

23.6 Datenfelder in Methoden

Wie bereits im vorhergehenden Abschnitt dargestellt, darf man in der DATA DIVISION einer Methode nur die LOCAL-STORAGE SECTION und die LINKAGE SECTION programmieren. Auf die Bedeutung beider SECTIONs wurde bereits im Kapitel über externe Unterprogramme eingegangen. Wie dort beschrieben, sind alle Felder der LOCAL-STORAGE SECTION dynamische Felder. Sie werden erst bei Methodeneintritt im Speicher angelegt und leben nur so lange, bis die Methode wieder durch EXIT METHOD (explizit oder implizit) verlassen wurde. Die Felder werden jedes Mal entsprechend ihrer VALUE-Klausel vorbelegt. Programmiert man eine LOCAL-STORAGE SECTION in einem klassischen COBOL-Programm und versieht man die PROGRAM-ID mit dem Zusatz RECURSIVE, dann kann sich dieses Programm rekursiv aufrufen. Ein solcher Zusatz ist bei Methoden nicht erforderlich, da für diese immer ein rekursiver Aufruf erlaubt ist.

```
1 method-id. summe.
2 local-storage section.
3 01  lsZahl              pic 9(5).
4 01  lsSumme             pic 9(10) value 0.
5 linkage section.
6 01  lnkZahl             pic 9(5).
7 01  lnkErgebnis         pic 9(10).
8 procedure division using lnkZahl
9                 returning lnkergebnis.
```

```
10      if lnkZahl > 0
11          compute lsZahl = lnkZahl - 1
12          invoke self "summe" using lsZahl
13              returning lsSumme
14          add lnkZahl to lsSumme
15      end-if
16      move lsSumme to lnkErgebnis
17      exit method
18 end method summe.
```

Listing 23.8: Beispiel für einen rekursiven Methodenaufruf

Die Methode summe aus dem Listing 23.8 ermittelt die Summe aller ganzen Zahlen von 0 bis n, indem sie sich so lange rekursiv aufruft, bis die übergebene Zahl nicht mehr größer 0 ist. Um dies zu erreichen, reduziert sie die jeweils erhaltene Zahl für den jeweils neuen Aufruf um 1. Wird von vorneherein eine negative Zahl oder die Zahl 0 übergeben, liefert die Methode 0 zurück. Sicherlich, das gestellte Problem hätte viel einfacher in einer Schleife programmiert werden können, aber gerade weil die iterative Lösung so einfach ist, lässt sich die rekursive Variante einfacher verstehen. Damit sich eine Methode auf sich selbst beziehen kann, wird nach INVOKE das Schlüsselwort SELF geschrieben. Dabei handelt es sich um eine vom Compiler zur Verfügung gestellte Referenz auf die eigene Instanz. Die Bedeutung von SELF wird in dem Kapitel über das Überschreiben von Methoden ausführlich erklärt.

23.7 Syntax des Methodenaufrufs

Mit Hilfe der INVOKE-Anweisung wird eine Methode einer objektorientierten Klasse oder einer daraus entstandenen Instanz aufgerufen. Ansonsten ist sie der CALL-Anweisung recht ähnlich.

```
INVOKE  {Klassenname-1} {Bezeichner-2}
        {Bezeichner-1 } {Literal-1  }


        ┌                                                    ┐
        │         [BY REFERENCE] {Bezeichner-3}             │
        │                        {OMITTED    }              │
        │                                                    │
        │                        {arithmetischer-Ausdruck-1} │
        │ USING   [BY CONTENT  ] {boolscher-Ausdruck-1    }  │ ...
        │                        {Bezeichner-5            }  │
        │                        {Literal-2               }  │
        │                                                    │
        │                        {arithmetischer-Ausdruck-1} │
        │         [BY VALUE    ] {Bezeichner-5            }  │
        └                        {Literal-2               }  ┘

        [RETURNING Bezeichner-4]
```

Abbildung 23.3: INVOKE-Anweisung

Klassenname-1

Damit ist eine objektorientierte Klasse gemeint, die in der REPOSITORY-Angabe der ENVIRONMENT DIVI-SION benannt werden muss. Die Klasse selbst ist ein eigenständiges COBOL-Programm, das nicht mit einer PROGRAM-ID, sondern mit einer CLASS-ID beginnen muss und über verschiedene Methoden verfügt.

Bezieht man sich, wie in diesem Fall, auf eine Klasse, wird die durch Bezeichner-2 oder Literal-1 angegebene Klassenmethode aufgerufen. Solche existieren stets unabhängig von einer konkreten Instanz und dienen üblicherweise dazu, neue Instanzen der angesprochenen Klasse zu erzeugen.

Bezeichner-1

Die an dieser Stelle verwendete Variable muss vom Typ OBJECT REFERENCE und vorher mit einer gültigen Referenz auf eine existierende Instanz oder eine Klasse belegt worden sein. Sie bestimmt, welche der Instanzen angerufen werden soll.

Enthält Bezeichner-1 eine Referenz auf eine Klasse, so ist dies eine spezielle Form, um eine Klassenmethode aufzurufen.

Bezeichner-2 oder Literal-1

Jede Klasse besteht aus mehreren Methoden. Mit Bezeichner-2 oder Literal-1 wird bestimmt, welche dieser Methoden aufgerufen werden soll.

USING

Fast jede Methode ist auf die Übergabe von Daten angewiesen, um beispielsweise zu wissen, für welchen Kunden eine Bestellung vorliegt oder welcher Lieferschein gedruckt werden soll. Die Liste der zu übergebenden Datenfelder wird durch die USING-Angabe festgelegt. Sie müssen in derselben Reihenfolge übergeben werden, wie sie die zu rufende Methode erwartet.

BY REFERENCE

Wird keine weitere Angabe gemacht, dann übergibt COBOL alle Parameter grundsätzlich BY REFE-RENCE. Da hier die Adresse einer Variablen weitergereicht wird, ist die gerufene Methode in der Lage, deren Inhalt direkt zu manipulieren. Wird also eine Variable BY REFERENCE übergeben und BY REFERENCE übernommen und ändert die Methode den Inhalt dieser Variablen, so wirkt sich das für das rufende Programm aus.

Wird anstelle eines konkreten Wertes OMITTED angegeben, muss der entsprechende Parameter in der zu rufenden Methode mit OPTIONAL beschrieben sein. Die Angabe bedeutet, dass bei diesem Aufruf kein Parameterwert übergeben werden soll.

Die Angabe BY REFERENCE bezieht sich auf alle Variablen, die nun folgen, bis eine andere Angabe gemacht wird.

BY CONTENT

Alle Variablen, Literale oder Ausdrücke, die dieser Angabe folgen, werden in Kopie an die Methode übergeben. Unabhängig davon, wie die Methode den Parameter erwartet, ändert die Methode seinen Wert, so hat dies keine Auswirkung auf das rufende Programm. Die Angabe ist nicht erlaubt, wenn sich die INVOKE-Anweisung auf eine universelle OBJECT REFERENCE-Variable bezieht.

Die Angabe BY CONTENT bezieht sich auf alle Variablen, Literale oder Ausdrücke, die nun folgen, bis eine andere Angabe gemacht wird.

BY VALUE

Auch hier wird eine Kopie des angegebenen Wertes an die gerufene Methode übergeben, die diesen auch BY VALUE erwarten muss. Die Angabe ist nicht erlaubt, wenn sich die INVOKE-Anweisung auf eine universelle OBJECT REFERENCE-Variable bezieht.

Die Angabe BY VALUE bezieht sich auf alle Variablen, Literale oder Ausdrücke, die nun folgen, bis eine andere Angabe gemacht wird.

RETURNING

Fast alle Methoden liefern genau ein Ergebnis an das rufende Programm zurück. Um dies auszudrücken, befindet sich in der USING-Klausel der Methode der Zusatz RETURNING, bei dem nur ein Datenfeld angegeben werden kann. Entsprechend ist es notwendig, auch beim Aufruf den RETURNING-Zusatz mit entsprechendem Feld zu benutzen.

Inline method invocation

COBOL erlaubt auch eine verkürzte Schreibweise, um eine Methode aufzurufen. Voraussetzung ist aber, dass entweder eine Klassenmethode aufgerufen wird oder die OBJECT REFERENCE-Variable, die beim Aufruf verwendet wird, für eine bestimmte Klasse definiert wurde und dass der Methodenaufruf Teil einer anderen, normalen COBOL-Anweisung ist. Außerdem muss die gerufene Methode mit RETURNING ein Ergebnis zurückliefern.

```
 ⎧Klassenname-1⎫                 ⎡ ⎧arithmetischer-Ausdruck-1⎫        ⎤
 ⎨            ⎬ :: Literal-1     ⎢ ⎪boolscher-Ausdruck-1     ⎪        ⎥
 ⎩Bezeichner-1⎭                  ⎢ ⎨Bezeichner-2             ⎬ ... )  ⎥
                                 ⎢ ⎪Literal-2                ⎪        ⎥
                                 ⎣ ⎩OMITTED                  ⎭        ⎦
```

Abbildung 23.4: Syntax der `inline method invocation`

Klassenname-1

Will man auf diese Art eine Klassenmethode aufrufen, beispielsweise einen Konstruktor, kann man das Ergebnis mit der SET-Anweisung gleich der entsprechenden OBJECT REFERENCE-Variablen zuweisen.

```
    set Instanzvariable to Klassenname::"new"
```

Listing 23.9: Inline-Aufruf einer Klassenmethode

Bezeichner-1

Soll eine Objektmethode gerufen werden, darf es sich bei Bezeichner-1 nicht um eine allgemeine OBJECT REFERENCE-Variable handeln.

```
    working-storage section.
    01  Instanz           object reference math.
    01  Zahl1             pic 9(4) value 1.
    01  Zahl2             pic 9(4) value 2.
    01  Erg               pic 9(4).
    procedure division.
        set instanz to Math::"new"
        move instanz::"summe"(Zahl1 Zahl2) to Erg
```

Listing 23.10: Inline-Aufruf einer Objektmethode

Parameter

Müssen Parameter an die Methode übergeben werden, schließt man diese in ein Paar runde Klammern ein und schreibt sie unmittelbar hinter den Methodennamen. Es ist Aufgabe des Compilerherstellers, dafür zu sorgen, die übergebenen Parameter entsprechend dem Typ und der Länge der erwarteten Parameter zu konvertieren, da beim Aufruf ja auch die Angabe von Literalen erlaubt ist. MicroFocus benötigt dazu die Direktive REPOSITORY(UPDATE ON) in der Klasse, deren Methoden auf diese Art aufgerufen werden sollen.

Beispiel

In Listing 23.11 ist eine Klasse math programmiert, die über sehr simple Methoden verfügt, um zwei Zahlen zu addieren, beziehungsweise um die kleinere oder größere von zwei Zahlen zu ermitteln. Das Programm aus Listing 23.12 verwendet diese Methoden inline.

```
 1$set  repository(update on checking on)
 2 identification division.
 3 class-id. math as "math"
 4           inherits from base.
 5
 6 repository.
 7    class base as "base"
 8    .
 9
10 factory.
11 working-storage section.
12
13 end factory.
14
15 object.
16 working-storage section.
17
18*>-----------------------------------------------
19 method-id. "summe".
20 linkage Section.
21 01  a                 pic 9(4).
22 01  b                 pic 9(4).
23 01  erg               pic 9(4).
24 procedure division using a b
25                 returning erg.
26    compute erg = a + b
27    exit method.
28 end method "summe".
29*>-----------------------------------------------
30
31*>-----------------------------------------------
32 method-id. "minimum".
33 linkage Section.
34 01  a                 pic 9(4).
```

```
35 01  b                     pic 9(4).
36 01  erg                   pic 9(4).
37 procedure division using a b
38                  returning erg.
39    if a < b
40       move a to erg
41    else
42       move b to erg
43    end-if
44    exit method.
45 end method "minimum".
46*>-----------------------------------------------
47
48*>-----------------------------------------------
49 method-id. "maximum".
50 linkage Section.
51 01  a                     pic 9(4).
52 01  b                     pic 9(4).
53 01  erg                   pic 9(4).
54 procedure division using a b
55                  returning erg.
56    if a > b
57       move a to erg
58    else
59       move b to erg
60    end-if
61    exit method.
62 end method "maximum".
63*>-----------------------------------------------
64
65 end object.
66
67 end class math.
```

Listing 23.11: Die Klasse math

```
 1$set repository(checking on)
 2 identification division.
 3 program-id. mathTest.
 4 repository.
 5    class math as "math"
 6    .
 7 working-storage section.
 8 01  Instanz              object reference math.
 9 01  Zahl1                pic 9(4) value 1.
10 01  Zahl2                pic 9(4) value 2.
11 01  Zahl3                pic 9(4) value 3.
```

```
12 01  Zahl4           pic 9(4) value 4.
13 01  Erg             pic 9(4).
14 procedure division.
15
16     set instanz to math::"new"
17
18     move instanz::"summe"(
19         instanz::"summe"(Zahl1 Zahl2)
20         instanz::"summe"(Zahl3 Zahl4)) to Erg
21     display "Summe:    " Erg
22
23     move instanz::"minimum"(
24         instanz::"minimum"(Zahl1 Zahl2)
25         instanz::"minimum"(Zahl3 Zahl4)) to Erg
26     display "Minimum: " Erg
27
28     move instanz::"maximum"(
29         instanz::"maximum"(Zahl1 Zahl2)
30         instanz::"maximum"(Zahl3 Zahl4)) to Erg
31     display "Maximum: " Erg
32
33     stop run.
```

Listing 23.12: Beispiel für `inline method invocation`

23.8 Konstruktoren, Erzeugen von Instanzen

Konstruktoren sind Klassenmethoden, die es sich zur Aufgabe gemacht haben, Instanzen zu erzeugen. In der Klasse BASE, von der alle COBOL-Klassen direkt oder indirekt abgeleitet sein müssen, gibt es nur einen einzigen Konstruktor mit dem Namen new, der keine Parameter erwartet und eine Instanz in Form einer OBJECT REFERENCE-Variablen zurückliefert. Da Konstruktoren in COBOL vererbt werden, besitzt quasi jede Klasse eine new-Methode.

Oft ist ein solcher Konstruktor aber nicht ausreichend, weil eine Klasse zum Beispiel Parameter benötigt, um sinnvolle Instanzen bilden zu können. In diesem Kapitel wurde bereits eine simple Datumsklasse vorgestellt, die in ihrem Konstruktor Angaben über den Tag, das Monat und das Jahr erwartete, mit denen sie sich initialisieren soll. Sobald eine Klasse eine eigene Klassenmethode new implementiert, hat sie den parameterlosen Konstruktor von BASE überladen und kann nun nur noch durch den neuen Konstruktor erzeugt werden. Es ist aber unbedingt notwendig, dass der neue Konstruktor explizit den Konstruktor seiner Basisklasse aufruft, damit auch diese sich ordentlich initialisieren kann. Dies erreicht man in vorliegendem Beispiel durch den Aufruf von `invoke super "new" returning instanzvariable`. Die Referenz SUPER bezieht sich auf die Basisklasse. Danach ist man mit Hilfe der erhaltenen Instanzvariablen in der Lage, eine geeignete Methode zum Initialisieren der eigenen Instanz aufzurufen. Dem Überladen von Methoden ist ein eigenes Kapitel gewidmet, das sich noch viel ausführlicher mit dieser Thematik beschäftigt.

In Listing sind noch einmal der Konstruktor und die Initialisierungsmethode aus dem Datumsbeispiel abgedruckt.

Es ist durchaus denkbar, dass eine Klasse über mehrere verschiedene Konstruktoren verfügt, weil sie sich auf unterschiedliche Weise erzeugen lässt. In einem solchen Fall programmiert man mehrere Konstruktoren mit unterschiedlichen Namen, weil nirgends festgelegt ist, dass ein Konstruktor in COBOL immer new heißen muss. Je sprechender die Konstruktoren sind, desto besser. Grundsätzlich sind sie aber alle nach demselben Muster aufgebaut.

```
                        :
                        :
10 factory.
11 working-storage section.
12
13*>------------------------------------------------
14 method-id. "new" .
15 local-storage Section.
16 linkage Section.
17 01  tt                     pic 99.
18 01  mm                     pic 99.
19 01  jjjj                   pic 9999.
20 01  instanz                object reference.
21 procedure division using tt mm jjjj
22                   returning instanz.
23     invoke super "new" returning instanz
24     invoke instanz "init" using tt mm jjjj
25     exit method.
26 end method "new".
27*>------------------------------------------------
28
29 end factory.
30
31
32 object.
33 working-storage section.
34 01  einDatum.
35     05  tt                 pic 99.
36     05  mm                 pic 99.
37     05  jjjj               pic 9999.
38
39*>------------------------------------------------
40 method-id. "init" .
41 local-storage Section.
42 linkage Section.
43 01  tt                     pic 99.
44 01  mm                     pic 99.
45 01  jjjj                   pic 9999.
46 procedure division using tt mm jjjj.
47     move tt   to tt   in einDatum
48     move mm   to mm   in einDatum
49     move jjjj to jjjj in einDatum
50     exit method.
```

```
51 end method "init".
52*>---------------------------------------------
                         :
                         :
```

Listing 23.13: Beispiel für einen überladenen Konstruktor

Singleton Patterns

Eine besondere Variante von Konstruktor liegt immer dann vor, wenn aus einem bestimmten Grund nur eine einzige Instanz aus einer Klasse erzeugt werden darf. In einer Anwendung mit grafischer Oberfläche gibt es zum Beispiel nur einen einzigen Eventhandler oder es kann maximal die Position der einzigen Maus abgefragt werden. Singleton Patterns schreibt vor, dass, egal wie oft der Konstruktor auch aufgerufen wird, immer dieselbe Referenz auf die einzige Instanz zurückgeliefert wird.

Erreichen kann man dies, indem man ein Klassenattribut als OBJECT REFERENCE-Variable vom Typ der eigenen Klasse anlegt und im Konstruktor überprüft, ob dieses Attribut bereits gefüllt ist. Wenn nein, wird eine neue Instanz angelegt und die Referenz in dem Attribut gespeichert, ansonsten gleich der Inhalt des Attributs zurückgeliefert. Verantwortungsvolle Entwickler werden, solange die Garbage Collection für COBOL noch nicht implementiert ist, die Methode finalize aufrufen, sobald sie keine Verwendung für eine bestimmte Instanz mehr haben. Bei einer Klasse, von der es nur eine Instanz geben darf und diese an unterschiedliche Aufrufer weitergegeben wurde, scheint es gefährlich zu sein, die Instanz tatsächlich freizugeben. Und tatsächlich muss man sich überlegen, ob es nicht besser ist, die finalize-Methode derart zu überladen, dass sie einfach nichts macht.

```
 1 identification division.
 2 class-id. Singleton as "singleton"
 3          inherits from base.
 4
 5 repository.
 6     class base as "base"
 7     .
 8
 9 factory.
10 working-storage section.
11 01  einzigeInstanz  object reference Singleton.
12
13*>---------------------------------------------
14*> Um dafür zu sorgen, dass nur eine Instanz
15*> dieser Klasse erzeugt werden kann, wurde
16*> der Standardkonstruktor überladen und liefert
17*> immer den Inhalt des Attributs einzigeInstanz
18*> zurück.
19*>---------------------------------------------
20 method-id. new  override.
21 linkage Section.
22 01  lnkInstanz      object reference Singleton.
23 procedure division returning lnkInstanz.
24     if einzigeInstanz = null
25         invoke super "new"
```

```
26          returning einzigeInstanz
27     end-if
28     set lnkInstanz to einzigeInstanz
29     exit method.
30 end method new.
31*>---------------------------------------------
32
33 end factory.
34
35 object.
36 working-storage section.
37
38*>---------------------------------------------
39*> Damit die von dieser Klasse verwaltete
40*> Instanz nicht aus Versehen freigegeben werden
41*> kann, wurde die finalize-Methode überladen,
42*> um nichts zu tun.
43*>---------------------------------------------
44 method-id. finalize override.
45 linkage Section.
46 01   lnkInstanz      object reference Singleton.
47 procedure division returning lnkInstanz.
48
49     exit method.
50 end method finalize.
51*>---------------------------------------------
52
53 end object.
54
55 end class Singleton.
```

Listing 23.14: Beispiel für Singleton Pattern

23.9 Gegenseitige Methodenaufrufe

Eine Methode soll möglichst immer nur eine kleine Teilaufgabe lösen. Das ist auch der Grund dafür, dass im Allgemeinen sehr kleine Methoden gefordert sind, bei denen es sich kaum lohnt, sie in SECTIONs oder Paragraphen aufzuteilen. Eine Methode umfasst weit weniger Logik als ein klassisches COBOL-Modul. Ist es dann für eine Methode notwendig, mehrere Einzelschritte auszuführen, soll sie entsprechende Methoden für jeden einzelnen Schritt benutzen. Damit dies möglich ist, verfügt jede Instanz über eine Referenz auf sich selbst (übrigens auch jede Klasse). Diese Referenz steht über das Schlüsselwort SELF zur Verfügung. Um also eine Methode der eigenen Klasse zu benutzen, kann man sie mit INVOKE SELF "Methodenname" aufrufen. Befinden wir uns dabei in einer Hierarchie von abgeleiteten Klassen und wurde die betreffende Methode überladen, so ist sichergestellt, dass stets die innerhalb der Klassenhierarchie am weitesten unten stehende Version der Methode aufgerufen wird, wenn man davon ausgeht, dass Basisklassen innerhalb der Hierarchie immer oben und abgeleitete Klassen immer unten stehen. Dieses Thema wird in dem Kapitel über das Überladen von Methoden noch ausführlicher vorgestellt.

Nehmen Sie als Beispiel an, dass Sie eine Klasse programmieren wollen, die Datensätze aus einer sequenziellen Datei liest. Eine solche Klasse wird über Methoden wie `oeffnen`, `schliessen` und `lesen` verfügen. Um den Umgang mit der Datei sicherer zu gestalten, sollte es möglich sein, die `oeffnen`-Methode so oft aufrufen zu können, wie man will. Sie sollte selbst wissen, ob die Datei geöffnet ist, und in diesem Fall einfach nichts tun. Noch besser ist es, wenn sich der Benutzer dieser Klasse gar nicht darum kümmern muss, ob die Datei geöffnet ist. Er ruft einfach `lesen` auf und will wissen, ob er noch einen Datensatz lesen konnte oder nicht. Über eine Methode `getDaten` kann er sich dann den soeben gelesenen Inhalt abholen. Spätestens wenn die Instanz der Dateiklasse freigegeben wird, sorgt die Klasse selbst dafür, dass die zugehörige Datei geschlossen wird.

Wie von jeder anderen Klasse auch, kann man beliebig viele Instanzen gleichzeitig von der Dateiklasse erzeugen, um beispielsweise parallel aus mehreren Eingabedateien zu lesen. Es ist sogar möglich, mehrere Instanzen für dieselbe Datei anzulegen, die jeweils ihre eigenen Dateipositionen verwalten, also unabhängig voneinander verarbeitet werden können.

```cobol
 1$set repository(update on)
 2 identification division.
 3 class-id. Datei as "datei"
 4          inherits from base.
 5
 6 repository.
 7     class base as "base"
 8       .
 9
10 factory.
11 working-storage section.
12
13*>----------------------------------------------
14 method-id. "new" override.
15 linkage Section.
16 01  lnkDateiname            pic x(256).
17 01  lnkInstanz             object reference.
18 procedure division using lnkDateiname
19                returning lnkInstanz.
20     invoke super "new" returning lnkInstanz
21     invoke lnkInstanz "setDateiname" using
22         lnkDateiname
23     exit method.
24 end method "new".
25*>----------------------------------------------
26
27 end factory.
28
29 object.
30 environment division.
31 input-output section.
32 file-control.
33     select Eingabedatei assign to Dateiname
34         organization is line sequential
```

```
35          file status is Dateistatus.
36 data division.
37 file section.
38 fd  Eingabedatei.
39 01  Datensatz              pic x(256).
40 working-storage section.
41 01  Dateiname              pic x(256).
42 01  Dateistatus            pic xx.
43     88  DateiOk            value "00" thru "09".
44 01                         pic 9 value 0.
45     88  DateiOffen         value 1 false 0.
46
47*>-----------------------------------------------
48 method-id. "setDateiname".
49 linkage Section.
50 01  lnkDateiname           pic x(256).
51 procedure division using lnkDateiname.
52     *> Falls die Datei bereits geöffnet ist,
53     *> muss sie jetzt geschlossen werden:
54     invoke self "schliessen"
55     *> Dann kann der neue Dateiname gesetzt
56     *> werden:
57     move lnkDateiname to Dateiname
58     exit method.
59 end method "setDateiname".
60*>-----------------------------------------------
61
62*>-----------------------------------------------
63 method-id. "oeffnen".
64 linkage Section.
65 01  lnkBool                pic 9.
66 procedure division returning lnkBool.
67     if not DateiOffen
68         open input Eingabedatei
69         if DateiOk
70             set DateiOffen to true
71             move 1 to lnkBool
72         else
73             move 0 to lnkBool
74     else
75         move 1 to lnkBool
76     end-if
77     exit method.
78 end method "oeffnen".
79*>-----------------------------------------------
80
```

```
81*>----------------------------------------------
82 method-id. "schliessen".
83 linkage Section.
84 procedure division.
85     if DateiOffen
86         close Eingabedatei
87     end-if
88     exit method.
89 end method "schliessen".
90*>----------------------------------------------
91
92*>----------------------------------------------
93 method-id. "lesen".
94 linkage Section.
95 01  lnkBool              pic 9.
96 procedure division returning lnkBool.
97     invoke self "oeffnen" returning lnkBool
98     if not lnkBool = 0
99         read Eingabedatei
100        if DateiOk
101            move 1 to lnkBool
102        else
103            move 0 to lnkBool
104        end-if
105    end-if
106    exit method.
107 end method "lesen".
108*>----------------------------------------------
109
110*>----------------------------------------------
111 method-id. "getDaten".
112 linkage Section.
113 01  lnkDaten             pic x(256).
114 procedure division returning lnkDaten.
115    move Datensatz to lnkDaten
116    exit method.
117 end method "getDaten".
118*>----------------------------------------------
119
120*>----------------------------------------------
121 method-id. "finalize".
122 linkage Section.
123 01  lnkInstanz           object reference.
124 procedure division returning lnkInstanz.
125    invoke self "schliessen"
126    invoke super "finalize"
127        returning lnkInstanz
```

```
128     exit method.
129 end method "finalize".
130*>-----------------------------------------------
131
132 end object.
133
134 end class Datei.
```

Listing 23.15: Eine allgemeine Klasse für sequenzielle Dateien

```
 1 identification division.
 2 program-id. Dateiverarbeitung.
 3 repository.
 4     class Datei as "datei"
 5     .
 6 working-storage section.
 7 01  eineDatei                object reference Datei.
 8 01  Datensatz                pic x(256).
 9 procedure division.
10     invoke Datei "new" using by content
11         "c:\autoexec.bat"
12         returning eineDatei
13     perform until eineDatei::"lesen" = 0
14         invoke eineDatei "getDaten"
15             returning Datensatz
16         display Datensatz(1:80)
17     end-perform
18     invoke eineDatei "finalize"
19         returning eineDatei
20     stop run.
```

Listing 23.16: Beispiel für die Verwendung der Dateiklasse

23.10 Programmbeispiel: Simple Tree Map

Aufgabenstellung

Es soll eine Klasse mit dem Namen SimpleTreeMap geschrieben werden, die in der Lage ist, beliebige Instanzen beliebiger Klassen über einen Schlüsselwert zu verwalten. Dabei soll es sich um ein Feld vom Typ PIC X(80) handeln. Zu jedem Schlüsselwert gibt es genau einen Eintrag in Form einer OBJECT REFERENCE-Variablen. Die zu implementierende Methode put stellt dies sicher. Sollte für einen Schlüsselwert bereits ein Eintrag vorhanden sein, wird dieser mit finalize freigegeben und durch die neue Instanz ersetzt. Die ebenfalls zu implementierende Methode get liefert zu dem übergebenen Schlüsselwert den gefundenen Eintrag beziehungsweise den Wert NULL, wenn ein solcher nicht gefunden werden kann. Die Methode getAllKeys soll schließlich eine Instanz der Klasse DynVektor aus dem Kapitel über die Definition von Klassen und Attributen zurückliefern, die alle Schlüsselwerte der SimpleTreeMap in aufsteigender Reihenfolge enthalten soll. Aus diesem Grund werden die Schlüsselwerte in Form eines binären Baumes organisiert.

Programmlisting

```
 1$set repository(update on)
 2
 3 identification division.
 4 class-id. SimpleTreeMap as "simpletreemap"
 5          inherits from base.
 6
 7 repository.
 8     class base as "base"
 9     class DynVektor as "dynvektor"
10     .
11
12 factory.
13 working-storage section.
14
15 end factory.
16
17 object.
18 working-storage section.
19 01  Schluesselwert          pic x(80).
20 01  Eintrag                 object reference.
21 01  LinkerZweig             object reference.
22 01  RechterZweig            object reference.
23
24*>---------------------------------------------
25 method-id. "put" .
26 local-storage Section.
27 linkage Section.
28 01  lnkSchluesselwert       pic x(80).
29 01  lnkEintrag              object reference.
30 procedure division using lnkSchluesselwert
31                          lnkEintrag.
32    *> Wenn ich selbst ein leerer Knoten bin,
33    *> dann ist die Suche beendet und ich kann
34    *> den Eintrag übernehmen.
35    if Eintrag = null
36       move lnkSchluesselwert to Schluesselwert
37       set Eintrag to lnkEintrag
38       exit method
39    end-if
40    *> Gibt es bereits einen Eintrag für den
41    *> Schluesselwert ?
42    if lnkSchluesselwert = Schluesselwert
43       *> Dann wird der alte Eintrag freigegeben
44       *> und durch den neuen ersetzt.
45       invoke Eintrag "finalize"
```

```
46                  returning Eintrag
47          set Eintrag to lnkEintrag
48          exit method
49      end-if
50      *> Ist der neue Wert wertmäßig kleiner als
51      *> mein eigener, wird er in meinen linken
52      *> Zweig gehängt.
53      if lnkSchluesselwert < Schluesselwert
54          if LinkerZweig = null
55              invoke SimpleTreeMap "new"
56                  returning LinkerZweig
57          end-if
58          invoke LinkerZweig "put" using
59              lnkSchluesselwert lnkEintrag
60          exit method
61      end-if
62      *> Ansonsten gehört der neue Eintrag in
63      *> jedem Fall in meinen rechten Zweig.
64      if RechterZweig = null
65          invoke SimpleTreeMap "new"
66              returning RechterZweig
67      end-if
68      invoke RechterZweig "put" using
69          lnkSchluesselwert lnkEintrag
70      exit method.
71 end method "put".
72 *>---------------------------------------------
73
74 *>---------------------------------------------
75 method-id. "get" .
76 local-storage Section.
77 linkage Section.
78 01  lnkSchluesselwert        pic x(80).
79 01  lnkEintrag               object reference.
80 procedure division using lnkSchluesselwert
81                  returning lnkEintrag.
82      set lnkEintrag to null
83      *> Bin ich der gesuchte Eintrag?
84      if lnkSchluesselwert = Schluesselwert
85          set lnkEintrag to Eintrag
86          exit method
87      end-if
88      *> Wenn der gesuchte Schlüssel wertmäßig
89      *> kleiner ist als meiner, dann ist er
90      *> in meinem linken Zweig zu finden.
91      if lnkSchluesselwert < Schluesselwert
```

```
 92        if not LinkerZweig = null
 93           invoke LinkerZweig "get" using
 94              lnkSchluesselwert
 95              returning lnkEintrag
 96        end-if
 97        exit method
 98     end-if
 99     *> Ansonsten muss der gesuchte Wert in
100     *> meinem rechten Zweig zu finden sein.
101     if not RechterZweig = null
102        invoke RechterZweig "get" using
103           lnkSchluesselwert
104           returning lnkEintrag
105     end-if
106     exit method.
107 end method "get".
108*>------------------------------------------------
109
110*>------------------------------------------------
111 method-id. "getAllKeys" .
112 local-storage Section.
113 01  lsAnzahl              pic 9(5).
114 linkage Section.
115 01  lnkDynVektor          object reference.
116 procedure division using lnkDynVektor.
117     *> Zunächst müssen alle Elemente meines
118     *> linken Zweiges in den Vektor:
119     if not LinkerZweig = null
120        invoke LinkerZweig "getAllKeys" using
121           lnkDynVektor
122     end-if
123     *> Dann kommt mein eigener Eintrag dran:
124     if not Eintrag = null
125        invoke lnkDynVektor "addElement" using
126           Schluesselwert
127           returning lsAnzahl
128     end-if
129     *> Schließlich müssen noch alle Elemente
130     *> meines rechten Zweiges abgestellt werden:
131     if not RechterZweig = null
132        invoke RechterZweig "getAllKeys" using
133           lnkDynVektor
134     end-if
135     exit method.
136 end method "getAllKeys".
137*>------------------------------------------------
```

```
138
139*>-------------------------------------------
140 method-id. "finalize" .
141 local-storage Section.
142 linkage Section.
143 01  lnkInstanz                 object reference.
144 procedure division returning lnkInstanz.
145      *> Zunächst muss ich meinen linken Zweig
146      *> freigeben:
147      if not LinkerZweig = null
148          invoke LinkerZweig "finalize"
149              returning LinkerZweig
150      end-if
151      *> Dann gebe ich meinen rechten Zweig frei:
152      if not RechterZweig = null
153          invoke RechterZweig "finalize"
154              returning RechterZweig
155      end-if
156      *> Und schließlich mich selbst:
157      if not Eintrag = null
158          invoke Eintrag "finalize"
159              returning Eintrag
160      end-if
161      invoke super "finalize" returning lnkInstanz
162      exit method.
163 end method "finalize".
164*>-------------------------------------------
165
166 end object.
167
168 end class SimpleTreeMap.
```

Listing 23.17: Die Klasse SimpleTreeMap

23.11 Programmbeispiel: Gruppenwechsel durch Instanzenbildung

Aufgabenstellung

Die Bauteile aus der Datei BAUTEILE.EIN sollen aufsummiert und angezeigt werden. Pro Artikel ist ein Datensatz gespeichert, der aus jeweils drei Bauteilen besteht. Aus diesem Grund lässt sich die Eingabedatei nicht nach Bauteilen sortieren, um sie für einen klassischen Gruppenwechsel zu benutzen.

Die Bauteile sollen mit Hilfe der Klasse SimpleTreeMap verwaltet werden. Dazu ist eine entsprechende Klasse Bauteil zu entwickeln.

Aufbau der Datei »BAUTEILE.EIN«

Anzahl Stellen	Feldverwendung
5	Artikelnummer
10	Bezeichnung des ersten Bauteils
5	Menge des ersten Bauteils
10	Bezeichnung des zweiten Bauteils
5	Menge des zweiten Bauteils
10	Bezeichnung des dritten Bauteils
5	Menge des dritten Bauteils

Tabelle 23.1: Aufbau der Eingabedatei

Programmlisting (Klasse »bauteil«)

```
 1$set repository(update on)
 2 identification division.
 3
 4 class-id. Bauteil as "bauteil"
 5          inherits from base.
 6
 7 repository.
 8     class base as "base"
 9     .
10
11 factory.
12 working-storage section.
13
14*>----------------------------------------------
15 method-id. "new" override.
16 local-storage Section.
17 linkage Section.
18 01  lnkBezeichnung      pic x(10).
19 01  lnkInstanz          object reference.
20 procedure division using lnkBezeichnung
21                 returning lnkInstanz.
22     invoke super "new" returning lnkInstanz
23     invoke lnkInstanz "init" using lnkBezeichnung
24     exit method.
25 end method "new".
26*>----------------------------------------------
27
28 end factory.
29
30 object.
31 working-storage section.
```

```
32 01  Bezeichnung        pic x(10).
33 01  Menge              pic 9(10).
34
35*>-----------------------------------------------
36 method-id. "init" .
37 local-storage Section.
38 linkage Section.
39 01  lnkBezeichnung     pic x(10).
40 procedure division using lnkBezeichnung.
41     move lnkBezeichnung to Bezeichnung
42     move 0 to menge
43     exit method.
44 end method "init".
45*>-----------------------------------------------
46
47*>-----------------------------------------------
48 method-id. "addMenge" .
49 local-storage Section.
50 linkage Section.
51 01  lnkMenge           pic 9(5).
52 procedure division using lnkMenge.
53     add lnkMenge to Menge
54     exit method.
55 end method "addMenge".
56*>-----------------------------------------------
57
58*>-----------------------------------------------
59 method-id. "getBezeichnung" .
60 local-storage Section.
61 linkage Section.
62 01  lnkBezeichnung     pic x(10).
63 procedure division returning lnkBezeichnung.
64     move Bezeichnung to lnkBezeichnung
65     exit method.
66 end method "getBezeichnung".
67*>-----------------------------------------------
68
69*>-----------------------------------------------
70 method-id. "getMenge" .
71 local-storage Section.
72 linkage Section.
73 01  lnkMenge           pic 9(10).
74 procedure division returning lnkMenge.
75     move Menge to lnkMenge
76     exit method.
77 end method "getMenge".
```

```
78*>----------------------------------------------
79
80 end object.
81
82 end class Bauteil.
```

Listing 23.18: Die Klasse bauteil

Programmlisting (Hauptprogramm)

```
 1 identification division.
 2 program-id. Gruppenwechsel.
 3 environment division.
 4 configuration section.
 5 repository.
 6     class Bauteil as "bauteil"
 7     class SimpleTreeMap as "simpletreemap"
 8     class DynVektor as "dynvektor"
 9     property laenge
10     .
11 input-output section.
12 file-control.
13     select Eingabe assign to "Bauteile.ein"
14         organization is line sequential
15         file status is EingabeStatus.
16 data division.
17 file section.
18 fd  Eingabe.
19 01  Eingabesatz.
20     05  Artikelnummer  pic 9(5).
21     05  Bauteile       occurs 3.
22         10  Bezeichnung pic x(10).
23         10  Menge      pic 9(5).
24 working-storage section.
25 01  EingabeStatus      pic xx.
26     88  EingabeOk      value "00" thru "09".
27 01  eineTreeMap        object reference.
28 01  einDynVektor       object reference DynVektor.
29 01  Schluessel         pic x(80).
30 01  einBauteil         object reference Bauteil.
31 01  i                  pic 9(5).
32 01  gesMenge           pic 9(10).
33 01  ausgabeMenge       pic z(9)9.
34 procedure division.
35 daten-einlesen.
36     open input eingabe
37     if EingabeOK
38         invoke SimpleTreeMap "new"
```

```
39              returning eineTreeMap
40          read eingabe
41          perform until not EingabeOk
42              perform bauteil-aufnehmen
43                  varying i from 1 by 1 until i > 3
44              read eingabe
45          end-perform
46          close eingabe
47          perform bauteile-auflisten
48          invoke eineTreeMap "finalize"
49              returning eineTreeMap
50      end-if
51      stop run.
52  bauteil-aufnehmen.
53      *> Ist das Bauteil bereits in der Liste ?
54      move Bezeichnung(i) to Schluessel
55      invoke eineTreeMap "get" using Schluessel
56          returning einBauteil
57      if einBauteil = null
58          *> Dann muss das Bauteil aufgenommen werden.
59          invoke Bauteil "new" using Bezeichnung(i)
60              returning einBauteil
61          invoke eineTreeMap "put" using
62              Schluessel einBauteil
63      end-if
64      *> Jetzt kann die Menge addiert werden.
65      invoke einBauteil "addMenge" using Menge(i)
66          .
67  bauteile-auflisten.
68      *> Dadurch, dass alle Bauteile in der
69      *> SimpleTreeMap sortiert vorliegen, ist ein
70      *> klassischer Gruppenwechsel nicht notwendig.
71      invoke DynVektor "new" returning einDynVektor
72      invoke eineTreeMap "getAllKeys" using
73          einDynVektor
74      perform varying i from 1 by 1
75              until i > laenge of einDynVektor
76          invoke einDynVektor "getElement" using i
77              returning Schluessel
78          invoke eineTreeMap "get" using Schluessel
79              returning einBauteil
80          if not einBauteil = null
81              invoke einBauteil "getMenge"
82                  returning gesMenge
83              move gesMenge to ausgabeMenge
84              display Schluessel(1:10) ausgabeMenge
```

```
85          end-if
86      end-perform
87      invoke einDynVektor "finalize"
88          returning einDynVektor
89      .
```

Listing 23.19: Das Programm Gruppenwechsel

Testdaten »BAUTEILE.EIN«

```
71273Schrauben 00345Klemmen   00023Nägel     00012
91734Dübel     00003Nieten    00001Platinen  00021
72893Stecker   00002Dioden    00017Schalter  00003
91273Chip HPQ3 00001Schrauben 00007Klemmen   00012
91276Nägel     00029Dübel     00029Nieten     00003
12732Platinen  00001Stecker   00002Dioden    00008
92373Schalter  00009Chip HPQ3 00001Schrauben 00001
```

Listing 23.20: Inhalt der Testdatei

Bildschirmausgabe

```
Chip HPQ3        2
Dioden          25
Dübel           32
Klemmen         35
Nieten           4
Nägel           41
Platinen        22
Schalter        12
Schrauben      353
Stecker          4
```

Listing 23.21: Bildschirmausgabe

24

Beziehungen zwischen Klassen (Assoziation, Aggregation)

24.1 Vorbemerkung

Die einzelnen Klassen eines objektorientierten Systems stehen in vielfachen Beziehungen zueinander. Man kann sie grob in Verwendungsbeziehungen und Bestandteilsbeziehungen unterteilen, denen sich dieses Kapitel widmet. Beziehungen aufgrund von Vererbungen werden in einem folgenden Kapitel behandelt.

24.2 Assoziation

Assoziative Beziehungen sind Verwendungsbeziehungen, in denen eine Instanz einer Klasse eine oder mehrere Instanzen einer anderen Klasse bei Bedarf verwendet, wobei die Verwendung durchaus gegenseitig sein kann. Die Dauer solcher Beziehungen ist auf das Notwendige beschränkt, was bedeutet, dass eine Instanz Beziehungen noch zu Lebzeiten aufgeben und wieder erneut eingehen kann. Als Beispiel für eine solche Beziehung wurde in diesem Buch bereits auf die Verwendung einer oder mehrerer Adressen durch einen Partner hingewiesen. Um eine Instanz der Klasse `Partner` zu erzeugen, ist es nicht unbedingt notwendig, sofort auch alle seine Adressen zu laden. Dies geschieht vielmehr erst dann, wenn sie auch tatsächlich benötigt werden. Konnte die richtige Anschrift gefunden und auf dem Brief angedruckt werden, macht es Sinn, die Referenz auf die Adresse zu löschen und diese wieder freizugeben.

Versteht man die Adresse als eigene Klasse, so wird man feststellen, dass durchaus mehrere Partner eine Beziehung mit ein und derselben Adresse haben können. Man stelle sich eine Familie vor, deren Mitglieder einzeln bei einem Versandhaus bestellen. Erzeugt man dann eine Instanz der Klasse `Adresse`, kann es von Interesse sein, welche unserer Partner über sie zu erreichen sind. Hat man beide Partner gleichzeitig im Zugriff, muss man darauf achten, dass sie letztlich auf ein und dieselbe Instanz der Klasse `Adresse` verweisen. Ändern sich die Daten der Adresse, muss diese Änderung für beide Partner gelten. Zieht einer der Partner um, löst er seine Beziehung zu seiner bisherigen Adresse und referenziert ab sofort eine neue. Die assoziative Beziehung zwischen Partner und Adresse ist noch einmal in Abbildung 24.1 dargestellt.

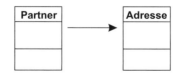

Abbildung 24.1: Ein Partner benutzt eine Adresse.

Beziehungen dieser Art müssen durch den Anwendungsprogrammierer quasi von Hand hergestellt werden. Er kontrolliert, wann eine derartige Beziehung entsteht und für welchen Zeitraum sie im Speicher gehalten werden soll. Es gibt keine spezielle Syntax, mit der man derartige Beziehungen dem Compiler erklären könnte. Sie sind für die Laufzeitumgebung eines Programms unerheblich, da sie rein auf einer fachlichen und keiner technischen Beziehung beruhen.

Um die Beziehung aus Abbildung 24.1 zu realisieren, genügt es, in der Klasse Partner eine Referenzvariable auf die Klasse Adresse aufzunehmen, wenn man vereinfachend davon ausgeht, dass ein Partner jeweils nur mit einer Adresse verknüpft ist.

```
identification division.
class-id. Partner as "partner".


factory.
    class Adresse as "adresse".


working-storage section.


end factory.


object.
working-storage section.
...
01  objAdresse         object reference Adresse.


end object.


end class Partner.
```

Listing 24.1: Klasse Partner mit Referenz auf Adresse

Erst wenn die Daten der Adresse wirklich gebraucht werden, wird eine entsprechende Instanz erstellt. Das Beispiel aus Listing 24.2 zeigt, dass die Methode getAdresse zunächst prüft, ob dies notwendig ist oder ob die aktuelle Instanz die Referenz bereits hält.

```
identification division.
class-id. Partner as "partner".


factory.
    class Adresse as "adresse".


working-storage section.


end factory.


object.
working-storage section.
...
01  objAdresse         object reference Adresse.
```

```
method-id. "getAdresse".
linkage section.
01  lnkAdresse            object reference.
procedure division returning lnkAdresse.
    if objAdresse = null
        invoke Adresse "new"
            using ...
            returning objAdresse
    end-if
    set lnkAdresse to objAdresse
    exit method.
end method "getAdresse".


end object.


end class Partner.
```

Listing 24.2: Partner erzeugt Adressinstanz.

Ebenso dynamisch, wie eine solche Beziehung aufgebaut wurde, kann sie auch jederzeit wieder freigegeben werden. Man sollte sich an dieser Stelle noch einmal vor Augen führen, dass die Beziehung zwischen einem Partner und seiner Adresse aus fachlicher Sicht natürlich länger besteht, eventuell über viele Jahre hinweg. Bei den Betrachtungen in diesem Kapitel geht es lediglich um die Frage, für welchen Zeitraum sie auch technisch im Hauptspeicher der Anwendung gehalten werden muss. Es ist nun mal nicht möglich, immer alle Partner mit all ihren Adressen im Hauptspeicher parat zu haben.

Spätestens wenn die Partnerinstanz von der Anwendung freigegeben wird, ist es notwendig, auch die technische Referenz auf die Adresse zurückzugeben, damit diese ebenfalls aus dem Speicher entfernt werden kann. Laut Spezifikation verfügt COBOL über einen Garbage Collector, der diese Aufgabe übernimmt. Sollte ein Compilerhersteller diesen noch nicht anbieten, muss die Referenz von Hand gelöscht werden.

```
identification division.
class-id. Partner as "partner".

factory.
    class Adresse as "adresse".

working-storage section.

end factory.


object.
working-storage section.
...
01  objAdresse            object reference Adresse.

method-id. "finalize".
linkage section.
01  lnkInstanz            object reference.
procedure division returning lnkInstanz.
```

```
      *> Zunächst müssen alle gehaltenen
      *> Referenzen freigegeben werden:
      if not objAdresse = null
          invoke objAdresse "finalize"
              returning objAdresse
      end-if
      invoke super "finalize"
          returning lnkInstanz
      exit method.
  end method "finalize".


  end object.


  end class Partner.
```

Listing 24.3: Freigeben einer assoziativen Beziehung

Assoziative Klasse

Viele Beziehungen definieren sich über zusätzliche Informationen, die beispielsweise etwas über die Art oder den Typ der konkreten Beziehung aussagen. Es ist durchaus interessant zu wissen, welche Adresse das ist, auf die der Partner verweist. Wenn es das System zulässt, dass er mehrere Adressen haben kann, sind solche Informationen umso wichtiger. Man muss zwischen Privatadresse und Büroadresse unterscheiden können. Ein anderes Beispiel ist eine Bestellung und die durch sie bestellten Artikel. Hier ist es notwendig zu verwalten, wie viel von einem Artikel bestellt wurde und zu welchem Preis.

Es bietet sich an, die Beziehung selbst in Form einer Klasse abzubilden, da diese beliebig viele Attribute haben kann, um die Beziehung weiter zu klassifizieren. Im Beispiel mit der Bestellung und den Artikeln ließe sich eine Klasse `BestellterArtikel` denken, die in ihren Attributen die Bestellmenge und den Bestellpreis hält. Außerdem referenziert sie die eigentliche `Artikel`-Klasse, um Informationen wie Artikelbezeichnung und Ähnliches im Zugriff zu haben. Eine solche Beziehungsklasse wird *assoziative Klasse* genannt und ist in Abbildung 24.2 dargestellt. Obwohl die Grafik den Eindruck vermittelt, dass die Klasse `Bestellung` eine direkte Referenz auf `Artikel` hält, was fachlich gesehen auch richtig ist, muss sie dennoch technisch so umgesetzt werden, dass von der Klasse `Bestellung` aus nur Referenzen auf `BestellterArtikel` bestehen. Letztere referenzieren dann den tatsächlich bestellten `Artikel`.

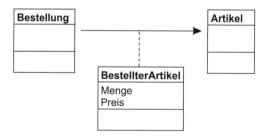

Abbildung 24.2: Assoziative Klasse `BestellterArtikel`

```
  identification division.
  class-id. BestellterArtikel as "bestellterartikel"
              inherits from base.
```

```
repository.
    class base as "base"
    class Artikelklasse as "artikel"
    .

factory.
working-storage section.

end factory.

object.
working-storage section.
01  Menge           pic 9(5)V99.
01  Preis           pic 9(5)V99.
01  Artikel         object reference Artikelklasse.

end object.

end class BestellterArtikel.
```

Listing 24.4: Rahmen der Klasse `BestellterArtikel`

Zur Frage nach dem Zeitpunkt der technischen Instanzerzeugung einer assoziativen Klasse gibt es nichts Neues zu sagen. Auch diese Beziehung ist assoziativ und daher nur für den Zeitraum ihrer tatsächlichen Verwendung relevant.

Auflösen von gegenseitigen oder gleichzeitigen Beziehungen

Ist eine assoziative Beziehung bidirektional angelegt, hat man stets das Problem, entweder beide an der Beziehung beteiligten Instanzen freigeben zu müssen oder keine von ihnen freigeben zu können. Alle assoziativen Beziehungen können grundsätzlich bidirektional sein, sich also gegenseitig referenzieren. Hält beispielsweise eine Instanz der `KlasseA` eine Referenz auf eine Instanz der `KlasseB` und umgekehrt, dann ist es eigentlich nicht möglich, eine der beiden Referenzen freizugeben, weil dann jeweils die andere Klasse eine ungültige Referenz benutzen würde. Das Problem stellt sich nicht nur bei gegenseitigen, sondern auch bei gleichzeitigen Beziehungen. Wenn zwei unabhängige Instanzen der `KlasseX` dieselben Instanzen der `KlasseY` halten, so darf keine `KlasseX`-Instanz ihre `KlasseY`-Instanz explizit freigeben.

Um ein solches Problem zu lösen, ist es notwendig, eine Kontrolleinheit zu schaffen, die über alle Instanzen wacht und sie nur dann freigibt, wenn sie von niemandem mehr referenziert werden. In COBOL, wie in anderen objektorientierten Sprachen, ist dies der Garbage Collector.

Das Beispiel aus Abbildung 24.3 zeigt, wie sich die Instanzen der Klassen `Klasse1` und `Klasse2` gegenseitig referenzieren, während Instanzen der `Klasse2` gleichzeitig von weiteren Klassen gehalten werden können. In diesem Stadium kann keine Instanz freigegeben werden.

Sobald eine Instanz durch keine Referenz mehr angesprochen wird, darf sie freigegeben werden. Dadurch werden auch all diejenigen Referenzen gelöscht, die durch die jeweilige Instanz gehalten wurden. Das Beispiel aus Abbildung 24.4 zeigt, wie ein Garbage Collector in so einem Fall vorgehen darf.

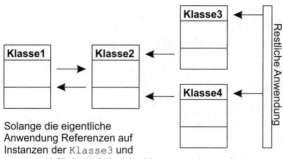

Solange die eigentliche Anwendung Referenzen auf Instanzen der `Klasse3` und `Klasse4` hält, kann keine der hier angegebenen Instanzen freigegeben werden.

Abbildung 24.3: Arbeitsweise eines Garbage Collectors

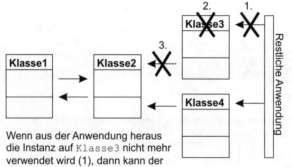

Wenn aus der Anwendung heraus die Instanz auf `Klasse3` nicht mehr verwendet wird (1), dann kann der Garbage Collector die Instanz der `Klasse3` freigeben (2), wodurch auch eine Referenz auf `Klasse2` verschwindet (3). Die restlichen Instanzen müssen gehalten werden.

Abbildung 24.4: Arbeitsweise eines Garbage Collectors

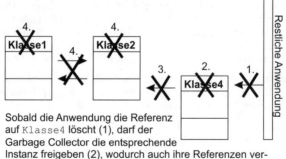

Sobald die Anwendung die Referenz auf `Klasse4` löscht (1), darf der Garbage Collector die entsprechende Instanz freigeben (2), wodurch auch ihre Referenzen verschwinden (3). Da sich dann die Instanzen der `Klasse1` und `Klasse2` nur noch gegenseitig halten, gibt der Garbage Collector auch diese Ringreferenz frei (4).

Abbildung 24.5: Arbeitsweise eines Garbage Collectors

Durch das Löschen einer einzigen Referenz kann es zu einer massenhaften Freigabe von Instanzen kommen. Abbildung 24.5 veranschaulicht einen solchen Fall. Halten sich zwei Instanzen gegenseitig, so spricht man von einem *Instanzenring*. Ein Garbage Collector muss einen solchen erkennen können, um in dem Moment alle Instanzen, die an dem Ring beteiligt sind, freizugeben, wenn keine einzige Instanz mehr von außen gehalten wird. Solche Ringreferenzen können von indirekter Natur sein, wenn beispielsweise eine Instanz der KlasseA auf eine Instanz der KlasseB verweist, die ihrerseits eine Instanz der KlasseC referenziert. Sobald letztere wieder auf die bereits erwähnte Instanz der KlasseA zeigt, ist eine indirekte Ringreferenz entstanden.

Gegenseitige und gleichzeitige Beziehungen sind durchaus üblich. Am Anfang dieses Kapitels wurde bereits erwähnt, dass es sein kann, dass zwei verschiedene Partner an derselben Adresse wohnen. Um diesen Sachverhalt korrekt darzustellen, müssen beide Instanzen der Klasse Partner auf dieselbe Instanz der Klasse Adresse verweisen. Ein Beispiel dafür könnte ein geladener Versicherungsvertrag sein, bei dem der Ehegatte der Beitragszahler und die Ehefrau die Begünstigte ist, und beide an derselben Adresse wohnen. Wenn der Sachbearbeiter nun feststellt, dass man sich bei der Eingabe der Straße vertippt hat, darf es keine Rolle spielen, über welchen Partner er die Adresskorrektur vornimmt.

Fachlich lässt sich die Tatsache, dass zwei Partner an derselben Adresse wohnen, leicht darstellen. In beiden Datenbeständen wird einfach dieselbe Adressnummer gespeichert. Technisch ist das nicht so einfach. Die Instanz des Ehegatten hat mit der Instanz der Ehefrau nichts zu tun. Beide besitzen eine eigene Referenzvariable auf eine Adresse und beide werden sie unabhängig voneinander füllen. Es ist daher sinnvoll, alle Instanzen fachlicher Klassen wie Partner, Adresse, Versicherung usw. in entsprechenden Fachklassenpools zu verwalten, aus denen sich die eigentliche Anwendung bedient. Moderne Client-Server-Architekturen wie beispielsweise Applikationsserver verwenden eine derartige Technik, um sicherzustellen, dass eine fachliche Instanz auch wirklich nur einmal im System gehalten wird.

Geht man davon aus, dass alle Adressen aus einem Adresspool beschafft werden können, so ist sichergestellt, dass sowohl der Ehemann als auch die Ehefrau in vorliegendem Beispiel dieselbe Adressinstanz bekommen.

Unter einem Adresspool kann man eine Klasse verstehen, die in der Lage ist, beliebig viele Instanzen der Klasse Adresse zu halten und diese nach ihren Primärschlüsselwerten, den Adressnummern, zu unterscheiden. Jeder, der eine Instanz von Adresse benötigt, wendet sich an den Pool und bekommt von ihm die entsprechende Referenz geliefert. Befand sich die Adresse bisher noch nicht im Pool, wird die Instanz vom Pool neu angelegt und verwaltet. So weit, so einfach. Es stellt sich die Frage, wann der Pool eine verwaltete Adresse wieder freigeben darf, woher er wissen soll, dass er der Einzige ist, der noch eine Referenz auf sie hält.

Damit ein Fachklassenpool die verwalteten Instanzen bei Bedarf wieder freigeben kann, macht es Sinn, die eigentliche Fachklasse in zwei verschiedene Klassen aufzuteilen. Aus einer Adresse könnte eine Klasse Adresse und eine weitere mit dem Namen AdressDaten entstehen. Letztere repräsentiert alle persistenten Informationen der Fachklasse, also all diejenigen, die letztlich in einer Datei oder einer Datenbank gespeichert werden sollen. Tatsächlich verwaltet der Adresspool nur Referenzen auf Instanzen der Klasse AdressDaten. Aus der Anwendung heraus werden dann lediglich Instanzen der Klasse Adresse erzeugt, die sich selbst an den Adresspool wendet, um eine Referenz auf die zu ihr gehörenden AdressDaten zu bekommen. Sobald die Anwendung die Adresse nicht mehr benötigt, gibt sie die Instanz frei; entweder durch den Garbage Collector oder durch den Anwendungsentwickler, wenn der Garbage Collector noch nicht implementiert ist. Der Destruktor der Klasse Adresse, also die Methode finalize, teilt dann dem Adresspool mit, dass sich die Anzahl der Referenzen auf die AdressDaten um eins verringert. Werden keine weiteren Referenzen mehr gehalten, kann der Fachklassenpool die verwaltete Instanz freigeben.

Am Ende dieses Kapitels findet sich ein komplexes Beispiel, das mit Fachklassenpools arbeitet.

24.3 Aggregation

Aggregative Beziehungen bezeichnet man als Bestandteilsbeziehungen. Sie zeichnen sich dadurch aus, dass hier die Instanz einer Klasse aus einer oder mehreren Instanzen einer oder mehrerer anderer Klassen besteht. Es entsteht ein Aggregat, das ohne seine Bestandteile nicht existieren kann. Wenn man von einem Motor alle Teile entfernt, so bleibt nichts übrig. Auch eine Bestellung ohne bestellte Artikel scheint wenig Sinn zu machen.

COBOL bietet keinerlei syntaktische Mittel an, um ein Aggregat zu definieren. Ähnlich wie bei der Aggregation handelt es sich hier auch nur um eine fachliche Verbindung verschiedener Klassen. Es ist also auch hier Aufgabe des Anwendungsentwicklers, die Beziehungen zu einem geeigneten Zeitpunkt herzustellen.

Wenn man sagt, dass ein Aggregat ohne seine Teile nicht bestehen kann, so müssen die Beziehungen, die das Aggregat ausmachen, in dem Moment hergestellt werden, in dem auch das Aggregat selbst als Instanz erzeugt wird. Praktisch im Konstruktor, beziehungsweise in einer entsprechenden Initialisierungsmethode innerhalb von OBJECT, müssen alle Referenzvariablen des Aggregats versorgt werden. Sobald also eine Bestellung aufgrund der gespeicherten Daten im Hauptspeicher abgebildet werden soll, müssten auch alle bestellten Artikel gelesen und als Instanz angelegt werden. Die Aussagen sind deswegen konjunktiv, weil der tatsächliche Zeitpunkt der Verknüpfung in den Händen des Anwendungsentwicklers liegt und es immer Gründe geben kann, zwar fachlich ein Aggregat zu designen, aus technischen Gegebenheiten aber die abhängigen Daten erst dann zu lesen, wenn sie auch wirklich benötigt werden.

Neben dem Zeitpunkt der Entstehung der Beziehung gibt es noch einen weiteren, ganz wesentlichen Unterschied zwischen einer Aggregation und einem Aggregat: Bei einem Aggregat sind die Beziehungen immer einseitig, nie gegenseitig. Besteht eine Instanz der KlasseA aus Instanzen der KlasseB, dann kann es nicht sein, dass die Instanzen der KlasseB wiederum aus Instanzen der KlasseA bestehen. Eine derartige gegenseitige Beziehung wäre endlos rekursiv und ließe sich niemals abbilden.

Auflösen von Aggregatbeziehungen

Das Auflösen von Aggregatbeziehungen erscheint auf den ersten Blick nicht so kompliziert wie bei assoziativen Beziehungen, da es hier keine gegenseitigen Beziehungen geben kann. Dennoch besteht aber die Möglichkeit der gleichzeitigen Beziehung, sobald zwei Aggregate dasselbe Teil referenzieren. Sicherlich, jeder Motor besteht aus Zylindern, aber jeder Motor hat seine eigenen Zylinder. Bei solchen Aggregaten scheint eine gleichzeitige Beziehung unmöglich. Versteht man aber eine Bestellung als Aggregat aus bestellten Artikeln, so werden spätestens diese in unterschiedlichen Bestellungen auf die jeweils selben Artikel verweisen.

Auch bei Aggregaten macht die Verwendung von Fachklassenpools Sinn. Das Aggregat unterscheidet sich von der assoziativen Beziehung hauptsächlich dadurch, dass es sich um eine Bestandteilsbeziehung und nicht einfach nur um eine Verwendungsbeziehung handelt.

24.4 Programmbeispiel: Assoziation und Fachklassenpool

Aufgabenstellung

Es soll eine Anwendung entstehen, in der verschiedenen Partnern jeweils eine Adresse zugewiesen werden kann, es aber jederzeit möglich ist, dass zwei oder mehr Partner dieselbe Adresse verwenden. Ebenso soll es möglich sein, von unterschiedlichen Anwendungsteilen aus gleichzeitig auf immer denselben Partner verweisen zu können.

Zu diesem Zweck wird eine zentrale Klasse mit dem Namen Fachklasse geschaffen, von der alle fachlichen Klassen abgeleitet werden. Partner und Adresse sind solch abgeleitete Klassen. Im Konstruktor von Fachklasse wird ein passender Fachklassenpool angesprochen, der eine Referenz auf die jeweilige Dateninstanz liefert, die er verwaltet. Die entsprechenden Datenklassen sollen PartnerDaten und AdressDaten heißen, von denen pro Partner beziehungsweise pro Adresse immer nur eine Instanz entsteht. Wird die Partner- oder Adresse-Instanz freigegeben, meldet sich diese quasi beim Fachklassenpool ab. Werden keine Referenzen mehr auf eine Instanz von PartnerDaten oder AdressDaten gehalten, gibt der Fachklassenpool diese frei.

Pro Fachklasse wird ein eigener Pool angelegt, der aus der parametrisierten Klasse Pool entsteht. Dabei verwaltet die Klasse PartnerPool alle PartnerDaten-Instanzen und AdressPool alle AdressDaten-Instanzen. Die Verwaltung selbst erfolgt mit Hilfe einer einfach verketteten Liste aus Instanzen der Klasse PoolEintrag, die pro verwalteter Datenklasse eine Liste der verknüpften Fachklassen hält.

Klassendiagramm

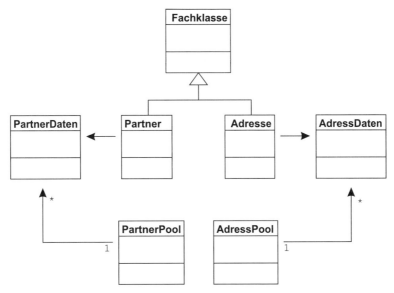

Abbildung 24.6: Klassendiagramm

Programmlisting

Die Klasse Fachklasse dient als Basisklasse aller fachlichen Klassen wie Partner oder Adresse, die in einem Fachklassenpool verwaltet werden sollen. Die dafür notwendige Logik ist in dieser Basisklasse programmiert.

```
1 identification division.
2 class-id. Fachklasse as "fachklasse"
3           inherits from base.
4
5 repository.
6     class base as "base"
7     .
8
```

```
 9 factory.
10 working-storage section.
11
12*>------------------------------------------------
13*> Der Konstruktor erwartet eine Referenz auf
14*> den Fachklassenpool, der die Dateninstanzen
15*> der abgeleiteten Fachklasse verwaltet. Es muss
16*> sich also um eine Referenz auf eine Klasse
17*> handeln.
18*> Da alle Fachklassenpools so designt sind, dass
19*> es stets nur eine Instanz von ihnen geben kann
20*> (Singleton Patterns), wird über "new" zunächst
21*> die entsprechende Instanz besorgt.
22*> Kann aus dem Fachklassenpool keine Dateninstanz
23*> geholt werden, weil beispielsweise keine Daten
24*> zu dem übergebenen PrimaryKey gefunden werden
25*> konnten, wird von diesem Konstruktor NULL
26*> als Ergebnis geliefert.
27*>------------------------------------------------
28 method-id. "new" override.
29 local-storage section.
30 01  lsPoolinstanz        object reference.
31 01  lsDateninstanz       object reference.
32 linkage section.
33 01  lnkPK                pic x.
34 01  PoolKlasse           object reference.
35 01  lnkInstanz           object reference.
36 procedure division using lnkPK PoolKlasse
37                   returning lnkInstanz.
38    set lnkInstanz to null
39    invoke Poolklasse "new"
40        returning lsPoolinstanz
41    if not lsPoolinstanz = null
42        invoke super "new" returning lnkInstanz
43        invoke lsPoolinstanz "getDateninstanz"
44            using lnkPK lnkInstanz
45            returning lsDateninstanz
46    end-if
47    if lsDateninstanz = null
48        invoke lnkInstanz "finalize"
49            returning lnkInstanz
50    else
51        invoke lnkInstanz "init"
52            using lsDateninstanz
53    end-if
54    exit method.
```

```
55 end method "new".
56*>---------------------------------------------
57
58 end factory.
59
60 object.
61 working-storage section.
62
63*>---------------------------------------------
64*> Im Destruktor wird ebenfalls eine Referenz
65*> auf die Klasse erwartet, die als Fachklassen-
66*> pool dient. Sobald eine Instanz einer
67*> Fachklasse freigegeben wird, muss sie sich
68*> bei ihrer Poolklasse abmelden, damit diese
69*> weiß, wie viel Referenzen es noch auf die
70*> zugehörige Dateninstanz gibt.
71*>---------------------------------------------
72 method-id. "finalize" override.
73 local-storage section.
74 01  lsPoolinstanz      object reference.
75 linkage section.
76 01  PoolKlasse         object reference.
77 01  lnkInstanz         object reference.
78 procedure division using PoolKlasse
79                   returning lnkInstanz.
80    invoke Poolklasse "new"
81         returning lsPoolinstanz
82    invoke lsPoolinstanz "finalizeFachinstanz"
83       using self
84    invoke super "finalize"
85         returning lnkInstanz
86    exit method.
87 end method "finalize".
88*>---------------------------------------------
89
90 end object.
91
92 end class Fachklasse.
```

Listing 24.5: Die Klasse Fachklasse

Die Klasse Partner ist von Fachklasse abgeleitet und stellt eine konkrete Fachklasse dar. Sie wird beim Erzeugen einer Instanz mit der zugehörigen PartnerDaten-Instanz verknüpft, die die eigentlichen Attribute verwaltet.

```
1 identification division.
2 class-id. Partner as "partner"
3           inherits from Fachklasse.
```

```
 4
 5 repository.
 6     class Fachklasse as "fachklasse"
 7     class Pool as "pool"
 8     class PartnerDaten as "partnerdaten"
 9     class PartnerPool as "partnerpool"
10         expands Pool using PartnerDaten
11         .
12
13 factory.
14 working-storage section.
15
16*>-------------------------------------------
17*> Die Klasse Partner ist von Fachklasse abge-
18*> leitet, muss also den Konstruktor von Fach-
19*> klasse mit den notwendigen Informationen ver-
20*> sorgen.
21*> Dazu übergibt sie, neben dem Primärschlüssel
22*> des zu ladenden Partners, eine Referenz auf
23*> den Fachklassenpool, hier PartnerPool.
24*>-------------------------------------------
25 method-id. "new" override.
26 linkage section.
27 01  lnkPartnerNr        pic 9(5).
28 01  lnkInstanz         object reference.
29 procedure division using lnkPartnerNr
30                  returning lnkInstanz.
31     invoke super "new" using
32         lnkPartnerNr PartnerPool
33         returning lnkInstanz
34     exit method.
35 end method "new".
36*>-------------------------------------------
37
38 end factory.
39
40 object.
41 working-storage section.
42 01  PartnerDaten       object reference.
43
44*>-------------------------------------------
45*> Die Methode init wird vom Konstruktor der
46*> Fachklasse aufgerufen, um die aktuelle Partner-
47*> instanz mit ihren PartnerDaten zu verknüpfen,
48*> die sie vorher aus der Klasse PartnerPool erhalten
49*> hat.
```

```
50*>-----------------------------------------
51 method-id. "init".
52 linkage section.
53 01  lnkPartnerDaten     object reference.
54 procedure division using lnkPartnerDaten.
55     set PartnerDaten to lnkPartnerDaten
56     exit method.
57 end method "init".
58*>-----------------------------------------
59
60*>-----------------------------------------
61*> Um eine Instanz einer Fachklasse identifizieren
62*> zu können, muss sie unbedingt über eine Methode
63*> mit dem Namen getPK verfügen, die den Primär-
64*> schlüssel der aktuellen Instanz zurückliefert.
65*>-----------------------------------------
66 method-id. "getPK".
67 linkage section.
68 01  lnkNr           pic 9(5).
69 procedure division returning lnkNr.
70     invoke PartnerDaten "getNr"
71         returning lnkNr
72     exit method.
73 end method "getPK".
74*>-----------------------------------------
75
76*>-----------------------------------------
77*> Alle get-Methoden werden an die Datenklasse
78*> weitergereicht, da nur diese die aktuellen
79*> Daten vorliegen hat.
80*>-----------------------------------------
81 method-id. "getName".
82 linkage section.
83 01  lnkName         pic x(20).
84 procedure division returning lnkName.
85     invoke PartnerDaten "getName"
86         returning lnkName
87     exit method.
88 end method "getName".
89*>-----------------------------------------
90
91*>-----------------------------------------
92*> Eine vernünftig programmierte set-Methode sollte
93*> den erhaltenen Parameter nicht ungesehen an die
94*> Datenklasse weiterreichen, sondern vielmehr
95*> dafür sorgen, dass nur plausible Daten abgestellt
```

```
 96*> werden.
 97*>---------------------------------------------
 98 method-id. "setName".
 99 linkage section.
100 01  lnkName              pic x(20).
101 procedure division using lnkName.
102     invoke PartnerDaten "setName"
103         using lnkName
104     exit method.
105 end method "setName".
106*>---------------------------------------------
107
108*>---------------------------------------------
109*> Alle get-Methoden werden an die Datenklasse
110*> weitergereicht, da nur diese die aktuellen
111*> Daten vorliegen hat.
112*>---------------------------------------------
113 method-id. "getVorname".
114 linkage section.
115 01  lnkVorname           pic x(20).
116 procedure division returning lnkVorname.
117     invoke PartnerDaten "getVorname"
118         returning lnkVorname
119     exit method.
120 end method "getVorname".
121*>---------------------------------------------
122
123*>---------------------------------------------
124*> Eine vernünftig programmierte set-Methode sollte
125*> den erhaltenen Parameter nicht ungesehen an die
126*> Datenklasse weiterreichen, sondern vielmehr
127*> dafür sorgen, dass nur plausible Daten abgestellt
128*> werden.
129*>---------------------------------------------
130 method-id. "setVorname".
131 linkage section.
132 01  lnkVorname           pic x(20).
133 procedure division using lnkVorname.
134     invoke PartnerDaten "setVorname"
135         using lnkVorname
136     exit method.
137 end method "setVorname".
138*>---------------------------------------------
139
140*>---------------------------------------------
141*> Jeder Partner kann in diesem Beispiel mit genau
```

```
142*> einer Adresse verknüpft sein. Die entsprechende
143*> get-Methode aus der Klasse PartnerDaten wird
144*> eine Instanz der Klasse Adresse erzeugen und
145*> die Referenz darauf zurückliefern. Adresse ist
146*> ebenfalls eine Fachklasse und verfügt über einen
147*> eigenen Fachklassenpool. Dadurch ist sicher-
148*> gestellt, dass unterschiedliche Partner, die
149*> alle an derselben Adresse wohnen, letztlich
150*> dieselbe AdressDaten-Instanz referenzieren.
151*>---------------------------------------------
152 method-id. "getAdresse".
153 linkage section.
154 01  lnkAdresse          object reference.
155 procedure division returning lnkAdresse.
156     invoke PartnerDaten "getAdresse"
157         returning lnkAdresse
158     exit method.
159 end method "getAdresse".
160*>---------------------------------------------
161
162*>---------------------------------------------
163*> Durch diese Methode ändert sich die Verknüpfung
164*> in den PartnerDaten zu der Adresse.
165*>---------------------------------------------
166 method-id. "setAdresse".
167 linkage section.
168 01  lnkAdresse          object reference.
169 procedure division using lnkAdresse.
170     invoke PartnerDaten "setAdresse"
171         using lnkAdresse
172     exit method.
173 end method "setAdresse".
174*>---------------------------------------------
175
176*>---------------------------------------------
177*> Hat man die Daten einer Fachklasse geändert,
178*> kann man sie durch den Aufruf der Methode
179*> save in die Datei zurückschreiben.
180*>---------------------------------------------
181 method-id. "save".
182 linkage section.
183 01  lnkBool             binary-short.
184 procedure division returning lnkBool.
185     invoke PartnerDaten "save"
186         returning lnkBool
187     exit method.
```

```
188 end method "save".
189*>----------------------------------------------
190
191*>----------------------------------------------
192*> Die Methode delete sorgt dafür, dass der
193*> aktuelle Datensatz aus der Datei gelöscht
194*> wird. Die Instanz der Fachklasse und der
195*> Datenklasse bleibt jedoch erhalten, so dass
196*> die Daten doch wieder gespeichert werden
197*> könnten.
198*>----------------------------------------------
199 method-id. "delete".
200 linkage section.
201 01  lnkBool            binary-short.
202 procedure division returning lnkBool.
203     invoke PartnerDaten "delete"
204         returning lnkBool
205     exit method.
206 end method "delete".
207*>----------------------------------------------
208
209*>----------------------------------------------
210*> Die Methode finalize von Fachklasse, von
211*> der diese Klasse abgeleitet ist, erwartet
212*> eine Referenz auf den Fachklassenpool, über
213*> den die Dateninstanzen dieser Fachklasse
214*> verwaltet werden, um sich bei dieser
215*> abzumelden.
216*>----------------------------------------------
217 method-id. "finalize" override.
218 local-storage section.
219 linkage section.
220 01  lnkInstanz         object reference.
221 procedure division returning lnkInstanz.
222     invoke super "finalize" using PartnerPool
223         returning lnkInstanz
224     exit method.
225 end method "finalize".
226*>----------------------------------------------
227
228 end object.
229
230 end class Partner.
```

Listing 24.6: Die Klasse PARTNER

Die Fachklasse Adresse ist die zweite Fachklasse in diesem Beispiel. Jeder Partner kann mit einer Adresse verknüpft werden. Da auch die Klasse Adresse aus einem Fachklassenpool geholt wird, ist sichergestellt, dass alle Partner, die auf dieselbe Adresse verweisen, auch dieselbe Instanz dieser Fachklasse bekommen, da all diese Adresse-Instanzen auf dieselbe Instanz der Datenklasse AdressDaten verweisen. Alle Fachklassen werden nach einem ähnlichen Muster aufgebaut, was die Programmierung erheblich erleichtert.

```
 1 identification division.
 2 class-id. Adresse as "adresse"
 3              inherits from Fachklasse.
 4
 5 repository.
 6     class Fachklasse as "fachklasse"
 7     class Pool as "pool"
 8     class AdressDaten as "adressdaten"
 9     class AdressPool as "adresspool"
10         expands Pool using AdressDaten
11     .
12
13 factory.
14 working-storage section.
15
16*>-------------------------------------------
17*> Die Klasse Adresse ist von Fachklasse abge-
18*> leitet, muss also den Konstruktor von Fach-
19*> klasse mit den notwendigen Informationen ver-
20*> sorgen.
21*> Dazu übergibt sie, neben dem Primärschlüssel
22*> der zu ladenden Adresse, eine Referenz auf
23*> den Fachklassenpool, hier AdressPool.
24*>-------------------------------------------
25 method-id. "new" override.
26 linkage section.
27 01  lnkAdressNr        pic 9(5).
28 01  lnkInstanz         object reference.
29 procedure division using lnkAdressNr
30                    returning lnkInstanz.
31     invoke super "new" using
32         lnkAdressNr AdressPool
33         returning lnkInstanz
34     exit method.
35 end method "new".
36*>-------------------------------------------
37
38 end factory.
39
40 object.
```

```
41 working-storage section.
42 01  AdressDaten          object reference.
43
44*>-----------------------------------------------
45*> Die Methode init wird vom Konstruktor der
46*> Fachklasse aufgerufen, um die aktuelle Adress-
47*> instanz mit ihren AdressDaten zu verknüpfen,
48*> die sie vorher aus der Klasse AdressPool erhalten
49*> hat.
50*>-----------------------------------------------
51 method-id. "init".
52 linkage section.
53 01  lnkAdressDaten       object reference.
54 procedure division using lnkAdressDaten.
55     set AdressDaten to lnkAdressDaten
56     exit method.
57 end method "init".
58*>-----------------------------------------------
59
60*>-----------------------------------------------
61*> Um eine Instanz einer Fachklasse identifizieren
62*> zu können, muss sie unbedingt über eine Methode
63*> mit dem Namen getPK verfügen, die den Primär-
64*> schlüssel der aktuellen Instanz zurückliefert.
65*>-----------------------------------------------
66 method-id. "getPK".
67 linkage section.
68 01  lnkNr                pic 9(5).
69 procedure division returning lnkNr.
70     invoke AdressDaten "getNr"
71         returning lnkNr
72     exit method.
73 end method "getPK".
74*>-----------------------------------------------
75
76*>-----------------------------------------------
77*> Alle get-Methoden werden an die Datenklasse
78*> weitergereicht, da nur diese die aktuellen
79*> Daten vorliegen hat.
80*>-----------------------------------------------
81 method-id. "getPLZ".
82 linkage section.
83 01  lnkPLZ               pic 9(5).
84 procedure division returning lnkPLZ.
85     invoke AdressDaten "getPLZ"
86         returning lnkPLZ
87     exit method.
```

```
 88 end method "getPLZ".
 89*>---------------------------------------------
 90
 91*>---------------------------------------------
 92*> Eine vernünftig programmierte set-Methode sollte
 93*> den erhaltenen Parameter nicht ungesehen an die
 94*> Datenklasse weiterreichen, sondern vielmehr
 95*> dafür sorgen, dass nur plausible Daten abgestellt
 96*> werden.
 97*>---------------------------------------------
 98 method-id. "setPLZ".
 99 linkage section.
100 01  lnkPLZ              pic 9(5).
101 procedure division using lnkPLZ.
102     invoke AdressDaten "setPLZ"
103         using lnkPLZ
104     exit method.
105 end method "setPLZ".
106*>---------------------------------------------
107
108*>---------------------------------------------
109*> Alle get-Methoden werden an die Datenklasse
110*> weitergereicht, da nur diese die aktuellen
111*> Daten vorliegen hat.
112*>---------------------------------------------
113 method-id. "getStrasse".
114 linkage section.
115 01  lnkStrasse          pic x(20).
116 procedure division returning lnkStrasse.
117     invoke AdressDaten "getStrasse"
118         returning lnkStrasse
119     exit method.
120 end method "getStrasse".
121*>---------------------------------------------
122
123*>---------------------------------------------
124*> Eine vernünftig programmierte set-Methode sollte
125*> den erhaltenen Parameter nicht ungesehen an die
126*> Datenklasse weiterreichen, sondern vielmehr
127*> dafür sorgen, dass nur plausible Daten abgestellt
128*> werden.
129*>---------------------------------------------
130 method-id. "setStrasse".
131 linkage section.
132 01  lnkStrasse          pic x(20).
133 procedure division using lnkStrasse.
134     invoke AdressDaten "setStrasse"
```

```
135        using lnkStrasse
136    exit method.
137 end method "setStrasse".
138*>-------------------------------------------------
139
140*>-------------------------------------------------
141*> Alle get-Methoden werden an die Datenklasse
142*> weitergereicht, da nur diese die aktuellen
143*> Daten vorliegen hat.
144*>-------------------------------------------------
145 method-id. "getOrt".
146 linkage section.
147 01  lnkOrt              pic x(20).
148 procedure division returning lnkOrt.
149    invoke AdressDaten "getOrt"
150        returning lnkOrt
151    exit method.
152 end method "getOrt".
153*>-------------------------------------------------
154
155*>-------------------------------------------------
156*> Eine vernünftig programmierte set-Methode sollte
157*> den erhaltenen Parameter nicht ungesehen an die
158*> Datenklasse weiterreichen, sondern vielmehr
159*> dafür sorgen, dass nur plausible Daten abgestellt
160*> werden.
161*>-------------------------------------------------
162 method-id. "setOrt".
163 linkage section.
164 01  lnkOrt              pic x(20).
165 procedure division using lnkOrt.
166    invoke AdressDaten "setOrt"
167        using lnkOrt
168    exit method.
169 end method "setOrt".
170*>-------------------------------------------------
171
172*>-------------------------------------------------
173*> Hat man die Daten einer Fachklasse geändert,
174*> kann man sie durch den Aufruf der Methode
175*> save in die Datei zurückschreiben.
176*>-------------------------------------------------
177 method-id. "save".
178 linkage section.
179 01  lnkBool             binary-short.
180 procedure division returning lnkBool.
181    invoke AdressDaten "save"
```

```
182        returning lnkBool
183    exit method.
184 end method "save".
185*>-----------------------------------------
186
187*>-----------------------------------------
188*> Die Methode delete sorgt dafür, dass der
189*> aktuelle Datensatz aus der Datei gelöscht
190*> wird. Die Instanz der Fachklasse und der
191*> Datenklasse bleibt jedoch erhalten, so dass
192*> die Daten doch wieder gespeichert werden
193*> könnten.
194*>-----------------------------------------
195 method-id. "delete".
196 linkage section.
197 01  lnkBool            binary-short.
198 procedure division returning lnkBool.
199     invoke AdressDaten "delete"
200        returning lnkBool
201     exit method.
202 end method "delete".
203*>-----------------------------------------
204
205*>-----------------------------------------
206*> Die Methode finalize von Fachklasse, von
207*> der diese Klasse abgeleitet ist, erwartet
208*> eine Referenz auf den Fachklassenpool, über
209*> den die Dateninstanzen dieser Fachklasse
210*> verwaltet werden, um sich bei dieser
211*> abzumelden.
212*>-----------------------------------------
213 method-id. "finalize" override.
214 local-storage section.
215 linkage section.
216 01  lnkInstanz         object reference.
217 procedure division returning lnkInstanz.
218     invoke super "finalize" using AdressPool
219        returning lnkInstanz
220     exit method.
221 end method "finalize".
222*>-----------------------------------------
223
224 end object.
225
226 end class Adresse.
```

Listing 24.7: Die Klasse Adresse

Die eigentlichen Partnerinformationen, die von dem Fachklassenpool `PartnerPool` verwaltet werden, befinden sich in Instanzen der Klasse `PartnerDaten`. Sie stellt die Verbindung zwischen den Attributen und der `Partner`-Datei her. Die Datei wird daher im FACTORY-Teil der Klasse angelegt und kann über entsprechende Klassenmethoden verarbeitet werden. Alle Instanzen der Klasse `Partner`, die sich auf denselben `Partner` beziehen, besitzen eine Referenz auf dieselbe Instanz der Klasse `PartnerDaten`. Werden diese über eine Partnerreferenz geändert, ändern sich die Informationen auch für alle anderen Partnerreferenzen.

```
 1 identification division.
 2 class-id. PartnerDaten as "partnerdaten"
 3            inherits from base.
 4
 5 repository.
 6      class base as "base"
 7      class Adresse as "adresse"
 8      .
 9
10 factory.
11 environment division.
12 input-output section.
13 file-control.
14      select PartnerDatei assign to "partner.dat"
15          organization is indexed
16          access dynamic
17          record key is PartnerNr
18          file status is PartnerStat.
19 data division.
20 file section.
21 fd  PartnerDatei.
22 01  PartnerSatz.
23      05  PartnerNr        pic 9(5).
24      05  PartnerName      pic x(20).
25      05  PartnerVorname   pic x(20).
26      05  AdressNr         pic 9(5).
27
28 working-storage section.
29 01  PartnerStat          pic xx.
30      88  PartnerOk        value "00" thru "09".
31 01                       pic 9 value 0.
32      88  DateiGeoeffnet   value 1.
33
34*>-----------------------------------------------
35*> Eine Datenklasse stellt die Verbindung zwischen
36*> einer bestimmten Instanz und der Datei her, in
37*> der die persistenten Attribute der Instanz
38*> gespeichert werden sollen.
39*> Im Konstruktor wird daher versucht, die Datei
40*> zu öffnen. Gelingt dies nicht, wird eine
```

```
41*> NULL-Referenz geliefert.
42*>---------------------------------------------
43 method-id. "new" override.
44 linkage section.
45 01  lnkPartnerNr        pic 9(5).
46 01  lnkInstanz          object reference.
47 procedure division using lnkPartnerNr
48               returning lnkInstanz.
49     if not DateiGeoeffnet
50        open i-o PartnerDatei
51        if PartnerOk
52           set DateiGeoeffnet to true
53        else
54           display "Error OPEN Partner:"
55                   PartnerStat
56           set lnkInstanz to null
57           exit method
58        end-if
59     end-if
60
61     invoke super "new" returning lnkInstanz
62     invoke lnkInstanz "init" using lnkPartnerNr
63     exit method.
64 end method "new".
65*>---------------------------------------------
66
67*>---------------------------------------------
68*> Die Methode read liest einen Satz aus der
69*> Datei und liefert den Erfolg über eine
70*> binary-short-Variable zurück. Wenn diese einen
71*> Wert ungleich null enthält, konnte der Satz
72*> gelesen und die übergebenen Parameter
73*> entsprechend gefüllt werden.
74*>---------------------------------------------
75 method-id. "read".
76 linkage section.
77 01  lnkPartnerNr        pic 9(5).
78 01  lnkPartnerName      pic x(20).
79 01  lnkPartnerVorname   pic x(20).
80 01  lnkAdressNr         pic 9(5).
81 01  lnkBool             binary-short.
82 procedure division using lnkPartnerNr
83                          lnkPartnerName
84                          lnkPartnerVorname
85                          lnkAdressNr
86               returning lnkBool.
```

```
 87     move lnkPartnerNr to PartnerNr
 88     read PartnerDatei
 89     if PartnerOk
 90         move 1 to lnkBool
 91         move PartnerName to lnkPartnerName
 92         move PartnerVorname to lnkPartnerVorname
 93         move AdressNr to lnkAdressNr
 94     else
 95         move 0 to lnkBool
 96     end-if
 97     exit method.
 98 end method "read".
 99*>-------------------------------------------------
100
101*>-------------------------------------------------
102*> Die Methode write schreibt einen Satz in die
103*> Datei und liefert den Erfolg über eine
104*> binary-short-Variable zurück. Wenn diese einen
105*> Wert ungleich null enthält, konnte der Satz
106*> geschrieben werden.
107*>-------------------------------------------------
108 method-id. "write".
109 linkage section.
110 01  lnkPartnerNr        pic 9(5).
111 01  lnkPartnerName      pic x(20).
112 01  lnkPartnerVorname   pic x(20).
113 01  lnkAdressNr         pic 9(5).
114 01  lnkBool             binary-short.
115 procedure division using lnkPartnerNr
116                           lnkPartnerName
117                           lnkPartnerVorname
118                           lnkAdressNr
119             returning lnkBool.
120     move lnkPartnerNr to PartnerNr
121     move lnkPartnerName to PartnerName
122     move lnkPartnerVorname to PartnerVorname
123     move lnkAdressNr to AdressNr
124     write PartnerSatz
125     if PartnerOk
126         move 1 to lnkBool
127     else
128         move 0 to lnkBool
129     end-if
130     exit method.
131 end method "write".
132*>-------------------------------------------------
```

```
133
134*>------------------------------------------------
135*> Die Methode rewrite ersetzt einen Satz in der
136*> Datei und liefert den Erfolg über eine
137*> binary-short-Variable zurück. Wenn diese einen
138*> Wert ungleich null enthält, konnte der Satz
139*> geändert werden.
140*>------------------------------------------------
141 method-id. "rewrite".
142 linkage section.
143 01  lnkPartnerNr         pic 9(5).
144 01  lnkPartnerName       pic x(20).
145 01  lnkPartnerVorname    pic x(20).
146 01  lnkAdressNr          pic 9(5).
147 01  lnkBool              binary-short.
148 procedure division using lnkPartnerNr
149                          lnkPartnerName
150                          lnkPartnerVorname
151                          lnkAdressNr
152             returning lnkBool.
153     move lnkPartnerNr to PartnerNr
154     move lnkPartnerName to PartnerName
155     move lnkPartnerVorname to PartnerVorname
156     move lnkAdressNr to AdressNr
157     rewrite PartnerSatz
158     if PartnerOk
159         move 1 to lnkBool
160     else
161         move 0 to lnkBool
162     end-if
163     exit method.
164 end method "rewrite".
165*>------------------------------------------------
166
167*>------------------------------------------------
168*> Die Methode delete löscht einen Satz aus der
169*> Datei und liefert den Erfolg über eine
170*> binary-short-Variable zurück. Wenn diese einen
171*> Wert ungleich null enthält, konnte der Satz
172*> gelöscht werden.
173*>------------------------------------------------
174 method-id. "delete".
175 linkage section.
176 01  lnkPartnerNr         pic 9(5).
177 01  lnkBool              binary-short.
178 procedure division using lnkPartnerNr
```

```
179                returning lnkBool.
180     move lnkPartnerNr to PartnerNr
181     delete PartnerDatei
182     if PartnerOk
183         move 1 to lnkBool
184     else
185         move 0 to lnkBool
186     end-if
187     exit method.
188 end method "delete".
189*>----------------------------------------------
190
191 end factory.
192
193 object.
194 working-storage section.
195 01   objPartnerNr        pic 9(5) value 0.
196 01   objPartnerName      pic x(20) value space.
197 01   objPartnerVorname   pic x(20) value space.
198 01   objAdressNr         pic 9(5) value 0.
199 01                       pic 9 value 0.
200      88  inDatei         value 1 false 0.
201
202*>----------------------------------------------
203*> Bei der Initialisierung einer Datenklasse
204*> werden die zugehörigen Informationen aus
205*> der Datei gelesen. Können diese dort nicht
206*> gefunden werden, weil es sich um eine
207*> Neuanlage handelt, bleibt der interne
208*> Schalter inDatei auf FALSE.
209*>----------------------------------------------
210 method-id. "init".
211 local-storage section.
212 01   lsBool              binary-short.
213 linkage section.
214 01   lnkPartnerNr    pic 9(5).
215 procedure division using lnkPartnerNr.
216     move lnkPartnerNr to objPartnerNr
217     invoke selfclass "read" using
218             objPartnerNr
219             objPartnerName
220             objPartnerVorname
221             objAdressNr
222         returning lsBool
223     if not lsBool = 0
224         set inDatei to true
```

```
225     end-if
226     exit method.
227 end method "init".
228*>---------------------------------------------
229
230*>---------------------------------------------
231*> Jede Datenklasse muss über eine Methode
232*> mit dem Namen "gleich" verfügen, damit der
233*> Fachklassenpool feststellen kann, ob es sich
234*> um die gesuchte Dateninstanz handelt.
235*>---------------------------------------------
236 method-id. "gleich".
237 linkage section.
238 01  lnkNr               pic 9(5).
239 01  lnkBool             binary-short.
240 procedure division using lnkNr
241                 returning lnkBool.
242     if lnkNr = objPartnerNr
243         move 1 to lnkBool
244     else
245         move 0 to lnkBool
246     end-if
247     exit method.
248 end method "gleich".
249*>---------------------------------------------
250
251*>---------------------------------------------
252 method-id. "getNr".
253 linkage section.
254 01  lnkNr               pic 9(5).
255 procedure division returning lnkNr.
256     move objPartnerNr to lnkNr
257     exit method.
258 end method "getNr".
259*>---------------------------------------------
260
261*>---------------------------------------------
262 method-id. "getName".
263 linkage section.
264 01  lnkName             pic x(20).
265 procedure division returning lnkName.
266     move objPartnerName to lnkName
267     exit method.
268 end method "getName".
269*>---------------------------------------------
270
```

```
271*>-----------------------------------------------
272 method-id. "setName".
273 linkage section.
274 01  lnkName              pic x(20).
275 procedure division using lnkName.
276     move lnkName to objPartnerName
277     exit method.
278 end method "setName".
279*>-----------------------------------------------
280
281*>-----------------------------------------------
282 method-id. "getVorname".
283 linkage section.
284 01  lnkVorname           pic x(20).
285 procedure division returning lnkVorname.
286     move objPartnerVorname to lnkVorname
287     exit method.
288 end method "getVorname".
289*>-----------------------------------------------
290
291*>-----------------------------------------------
292 method-id. "setVorname".
293 linkage section.
294 01  lnkVorname           pic x(20).
295 procedure division using lnkVorname.
296     move lnkVorname to objPartnerVorname
297     exit method.
298 end method "setVorname".
299*>-----------------------------------------------
300
301*>-----------------------------------------------
302*> Die Adresse wird geliefert, indem die Daten-
303*> klasse versucht, eine Instanz der Fachklasse
304*> Adresse zu erzeugen, die über einen eigenen
305*> Fachklassenpool verwaltet wird.
306*>-----------------------------------------------
307 method-id. "getAdresse".
308 linkage section.
309 01  lnkAdresse           object reference.
310 procedure division returning lnkAdresse.
311     invoke Adresse "new" using objAdressNr
312         returning lnkAdresse
313     exit method.
314 end method "getAdresse".
315*>-----------------------------------------------
316
```

```
317*>-----------------------------------------------
318*> Einem Partner wird eine neue Adresse zugewiesen,
319*> indem die Adressnummer im Partnersatz geändert
320*> wird.
321*>-----------------------------------------------
322 method-id. "setAdresse".
323 linkage section.
324 01 lnkAdresse         object reference.
325 procedure division using lnkAdresse.
326     if lnkAdresse = null
327         move 0 to objAdressNr
328     else
329         invoke lnkAdresse "getPK"
330             returning objAdressNr
331     end-if
332     exit method.
333 end method "setAdresse".
334*>-----------------------------------------------
335
336*>-----------------------------------------------
337*> Je nachdem, ob sich die Daten bereits in der
338*> Datei befinden oder nicht, ruft die save-Methode
339*> die Klassenmethode rewrite oder write auf.
340*> Der Erfolg der Operation wird über eine
341*> binary-short-Variable zurückgemeldet. Hat sie
342*> einen Wert ungleich null, konnten die Daten
343*> gespeichert werden.
344*>-----------------------------------------------
345 method-id. "save".
346 linkage section.
347 01 lnkBool           binary-short.
348 procedure division returning lnkBool.
349     if inDatei
350         invoke selfclass "rewrite" using
351             objPartnerNr
352             objPartnerName
353             objPartnerVorname
354             objAdressNr
355         returning lnkBool
356     else
357         invoke selfclass "write" using
358             objPartnerNr
359             objPartnerName
360             objPartnerVorname
361             objAdressNr
362         returning lnkBool
```

```
363         if not lnkBool = 0
364             set inDatei to true
365         end-if
366     end-if
367     exit method.
368 end method "save".
369*>-----------------------------------------------
370
371*>-----------------------------------------------
372*> Nachdem der Datensatz gelöscht wurde, muss
373*> sich die Dateninstanz merken, dass sich kein
374*> zugehöriger Satz mehr in der Datei befindet.
375*>-----------------------------------------------
376 method-id. "delete".
377 linkage section.
378 01  lnkBool            binary-short.
379 procedure division returning lnkBool.
380     invoke selfclass "delete" using
381         objPartnerNr
382     returning lnkBool
383     set inDatei to false
384     exit method.
385 end method "delete".
386*>-----------------------------------------------
387
388 end object.
389
390 end class PartnerDaten.
```

Listing 24.8: Die Klasse `PartnerDaten`

Die Datenklasse AdressDaten ähnelt in ihrem Aufbau der Klasse PartnerDaten. Beide werden nach dem immer gleichen Muster erstellt.

```
 1 identification division.
 2 class-id. AdressDaten as "adressdaten"
 3           inherits from base.
 4
 5 repository.
 6     class base as "base"
 7         .
 8
 9 factory.
10 environment division.
11 input-output section.
12 file-control.
13     select AdressDatei assign to "adressen.dat"
14         organization is indexed
```

```
15          access dynamic
16          record key is AdressNr
17          file status is AdressStat.
18 data division.
19 file section.
20 fd  AdressDatei.
21 01  AdressSatz.
22      05  AdressNr        pic 9(5).
23      05  AdressPLZ       pic 9(5).
24      05  AdressStrasse   pic x(20).
25      05  AdressOrt       pic x(20).
26
27 working-storage section.
28 01  AdressStat          pic xx.
29      88  AdresseOk       value "00" thru "09".
30 01                      pic 9 value 0.
31      88  DateiGeoeffnet  value 1.
32
33*>-----------------------------------------------
34*> Eine Datenklasse stellt die Verbindung zwischen
35*> einer bestimmten Instanz und der Datei her, in
36*> der die persistenten Attribute der Instanz
37*> gespeichert werden sollen.
38*> Im Konstruktor wird daher versucht, die Datei
39*> zu öffnen. Gelingt dies nicht, wird eine
40*> NULL-Referenz geliefert.
41*>-----------------------------------------------
42 method-id. "new" override.
43 linkage section.
44 01  lnkAdressNr         pic 9(5).
45 01  lnkInstanz          object reference.
46 procedure division using lnkAdressNr
47                returning lnkInstanz.
48     if not DateiGeoeffnet
49         open i-o AdressDatei
50         if AdresseOk
51             set DateiGeoeffnet to true
52         else
53             display "Error OPEN Adresse:"
54                 AdressStat
55             set lnkInstanz to null
56             exit method
57         end-if
58     end-if
59
60     invoke super "new" returning lnkInstanz
```

```
61      invoke lnkInstanz "init" using lnkAdressNr
62      exit method.
63 end method "new".
64*>-------------------------------------------------
65
66*>-------------------------------------------------
67*> Die Methode read liest einen Satz aus der
68*> Datei und liefert den Erfolg über eine
69*> binary-short-Variable zurück. Wenn diese einen
70*> Wert ungleich null enthält, konnte der Satz
71*> gelesen und die übergebenen Parameter
72*> entsprechend gefüllt werden.
73*>-------------------------------------------------
74 method-id. "read".
75 linkage section.
76 01 lnkAdressNr         pic 9(5).
77 01 lnkAdressPLZ        pic 9(5).
78 01 lnkAdressStrasse    pic x(20).
79 01 lnkAdressOrt        pic x(20).
80 01 lnkBool             binary-short.
81 procedure division using lnkAdressNr
82                           lnkAdressPLZ
83                           lnkAdressStrasse
84                           lnkAdressOrt
85              returning lnkBool.
86      move lnkAdressNr to AdressNr
87      read AdressDatei
88      if AdresseOk
89          move 1 to lnkBool
90          move AdressPLZ to lnkAdressPLZ
91          move AdressStrasse to lnkAdressStrasse
92          move AdressOrt to lnkAdressOrt
93      else
94          move 0 to lnkBool
95      end-if
96      exit method.
97 end method "read".
98*>-------------------------------------------------
99
100*>-------------------------------------------------
101*> Die Methode write schreibt einen Satz in die
102*> Datei und liefert den Erfolg über eine
103*> binary-short-Variable zurück. Wenn diese einen
104*> Wert ungleich null enthält, konnte der Satz
105*> geschrieben werden.
106*>-------------------------------------------------
```

```
107 method-id. "write".
108 linkage section.
109 01  lnkAdressNr        pic 9(5).
110 01  lnkAdressPLZ       pic 9(5).
111 01  lnkAdressStrasse   pic x(20).
112 01  lnkAdressOrt       pic x(20).
113 01  lnkBool            binary-short.
114 procedure division using lnkAdressNr
115                          lnkAdressPLZ
116                          lnkAdressStrasse
117                          lnkAdressOrt
118            returning lnkBool.
119     move lnkAdressNr to AdressNr
120     move lnkAdressPLZ to AdressPLZ
121     move lnkAdressStrasse to AdressStrasse
122     move lnkAdressOrt to AdressOrt
123     write AdressSatz
124     if AdresseOk
125         move 1 to lnkBool
126     else
127         move 0 to lnkBool
128     end-if
129     exit method.
130 end method "write".
131*>---------------------------------------------
132
133*>---------------------------------------------
134*> Die Methode rewrite ersetzt einen Satz in der
135*> Datei und liefert den Erfolg über eine
136*> binary-short-Variable zurück. Wenn diese einen
137*> Wert ungleich null enthält, konnte der Satz
138*> geändert werden.
139*>---------------------------------------------
140 method-id. "rewrite".
141 linkage section.
142 01  lnkAdressNr        pic 9(5).
143 01  lnkAdressPLZ       pic 9(5).
144 01  lnkAdressStrasse   pic x(20).
145 01  lnkAdressOrt       pic x(20).
146 01  lnkBool            binary-short.
147 procedure division using lnkAdressNr
148                          lnkAdressPLZ
149                          lnkAdressStrasse
150                          lnkAdressOrt
151            returning lnkBool.
152     move lnkAdressNr to AdressNr
```

```
153    move lnkAdressPLZ to AdressPLZ
154    move lnkAdressStrasse to AdressStrasse
155    move lnkAdressOrt to AdressOrt
156    rewrite AdressSatz
157    if AdresseOk
158        move 1 to lnkBool
159    else
160        move 0 to lnkBool
161    end-if
162    exit method.
163 end method "rewrite".
164*>-----------------------------------------------
165
166*>-----------------------------------------------
167*> Die Methode delete löscht einen Satz aus der
168*> Datei und liefert den Erfolg über eine
169*> binary-short-Variable zurück. Wenn diese einen
170*> Wert ungleich null enthält, konnte der Satz
171*> gelöscht werden.
172*>-----------------------------------------------
173 method-id. "delete".
174 linkage section.
175 01  lnkAdressNr          pic 9(5).
176 01  lnkBool              binary-short.
177 procedure division using lnkAdressNr
178                   returning lnkBool.
179    move lnkAdressNr to AdressNr
180    delete AdressDatei
181    if AdresseOk
182        move 1 to lnkBool
183    else
184        move 0 to lnkBool
185    end-if
186    exit method.
187 end method "delete".
188*>-----------------------------------------------
189
190 end factory.
191
192 object.
193 working-storage section.
194 01  objAdressNr          pic 9(5) value 0.
195 01  objAdressPLZ         pic 9(5).
196 01  objAdressStrasse     pic x(20).
197 01  objAdressOrt         pic x(20).
198 01                       pic 9 value 0.
```

```
199     88  inDatei            value 1 false 0.
200
201*>-----------------------------------------------
202*> Bei der Initialisierung einer Datenklasse
203*> werden die zugehörigen Informationen aus
204*> der Datei gelesen. Können diese dort nicht
205*> gefunden werden, weil es sich um eine
206*> Neuanlage handelt, bleibt der interne
207*> Schalter inDatei auf FALSE.
208*>-----------------------------------------------
209 method-id. "init".
210 local-storage section.
211 01  lsBool             binary-short.
212 linkage section.
213 01  lnkAdressNr        pic 9(5).
214 procedure division using lnkAdressNr.
215     move lnkAdressNr to objAdressNr
216     invoke selfclass "read" using
217             objAdressNr
218             objAdressPLZ
219             objAdressStrasse
220             objAdressOrt
221         returning lsBool
222     if not lsBool = 0
223         set inDatei to true
224     end-if
225     exit method.
226 end method "init".
227*>-----------------------------------------------
228
229*>-----------------------------------------------
230*> Jede Datenklasse muss über eine Methode
231*> mit dem Namen "gleich" verfügen, damit der
232*> Fachklassenpool feststellen kann, ob es sich
233*> um die gesuchte Dateninstanz handelt.
234*>-----------------------------------------------
235 method-id. "gleich".
236 linkage section.
237 01  lnkNr              pic 9(5).
238 01  lnkBool            binary-short.
239 procedure division using lnkNr
240                 returning lnkBool.
241     if lnkNr = objAdressNr
242         move 1 to lnkBool
243     else
244         move 0 to lnkBool
```

```
245     end-if
246     exit method.
247 end method "gleich".
248*>-----------------------------------------------
249
250*>-----------------------------------------------
251 method-id. "getNr".
252 linkage section.
253 01  lnkNr               pic 9(5).
254 procedure division returning lnkNr.
255     move objAdressNr to lnkNr
256     exit method.
257 end method "getNr".
258*>-----------------------------------------------
259
260*>-----------------------------------------------
261 method-id. "getPLZ".
262 linkage section.
263 01  lnkPLZ              pic 9(5).
264 procedure division returning lnkPLZ.
265     move objAdressPLZ to lnkPLZ
266     exit method.
267 end method "getPLZ".
268*>-----------------------------------------------
269
270*>-----------------------------------------------
271 method-id. "setPLZ".
272 linkage section.
273 01  lnkPLZ              pic 9(5).
274 procedure division using lnkPLZ.
275     move lnkPLZ to objAdressPLZ
276     exit method.
277 end method "setPLZ".
278*>-----------------------------------------------
279
280*>-----------------------------------------------
281 method-id. "getStrasse".
282 linkage section.
283 01  lnkStrasse          pic x(20).
284 procedure division returning lnkStrasse.
285     move objAdressStrasse to lnkStrasse
286     exit method.
287 end method "getStrasse".
288*>-----------------------------------------------
289
290*>-----------------------------------------------
```

```
291 method-id. "setStrasse".
292 linkage section.
293 01  lnkStrasse          pic x(20).
294 procedure division using lnkStrasse.
295     move lnkstrasse to objAdressStrasse
296     exit method.
297 end method "setStrasse".
298*>-----------------------------------------------
299
300*>-----------------------------------------------
301 method-id. "getOrt".
302 linkage section.
303 01  lnkOrt              pic x(20).
304 procedure division returning lnkOrt.
305     move objAdressOrt to lnkOrt
306     exit method.
307 end method "getOrt".
308*>-----------------------------------------------
309
310*>-----------------------------------------------
311 method-id. "setOrt".
312 linkage section.
313 01  lnkOrt              pic x(20).
314 procedure division using lnkOrt.
315     move lnkOrt to objAdressOrt
316     exit method.
317 end method "setOrt".
318*>-----------------------------------------------
319
320*>-----------------------------------------------
321*> Je nachdem, ob sich die Daten bereits in der
322*> Datei befinden oder nicht, ruft die save-Methode
323*> die Klassenmethode rewrite oder write auf.
324*> Der Erfolg der Operation wird über eine
325*> binary-short-Variable zurückgemeldet. Hat sie
326*> einen Wert ungleich null, konnten die Daten
327*> gespeichert werden.
328*>-----------------------------------------------
329 method-id. "save".
330 linkage section.
331 01  lnkBool             binary-short.
332 procedure division returning lnkBool.
333     if inDatei
334         invoke selfclass "rewrite" using
335             objAdressNr
336             objAdressPLZ
```

```
337              objAdressStrasse
338              objAdressOrt
339          returning lnkBool
340      else
341          invoke selfclass "write" using
342              objAdressNr
343              objAdressPLZ
344              objAdressStrasse
345              objAdressOrt
346          returning lnkBool
347          if not lnkBool = 0
348              set inDatei to true
349          end-if
350      end-if
351      exit method.
352 end method "save".
353*>----------------------------------------------
354
355*>----------------------------------------------
356*> Nachdem der Datensatz gelöscht wurde, muss
357*> sich die Dateninstanz merken, dass sich kein
358*> zugehöriger Satz mehr in der Datei befindet.
359*>----------------------------------------------
360 method-id. "delete".
361 linkage section.
362 01  lnkBool              binary-short.
363 procedure division returning lnkBool.
364      invoke selfclass "delete" using
365          objAdressNr
366      returning lnkBool
367      set inDatei to false
368      exit method.
369 end method "delete".
370*>----------------------------------------------
371
372 end object.
373
374 end class AdressDaten.
```

Listing 24.9: Die Klasse AdressDaten

Jeder Fachklassenpool ist in seiner Programmierung identisch. Er verwaltet mit Hilfe von Instanzen der Klasse `PoolEintrag` eine verkettete Liste von Datenklassen und Fachklassen, wobei es letztlich egal ist, worum es sich bei der konkreten Datenklasse oder Fachklasse handelt. Aus diesem Grund bietet es sich in COBOL an, eine parametrisierte Klasse mit dem Namen `Pool` zu schreiben, aus der dann nach Bedarf beliebige Fachklassenpools für beliebige Datenklassen gebildet werden können. Die Klasse `Pool` ist quasi die Vorlage für alle Fachklassenpools. Im Anschluss an diese Klasse ist eine kleine COBOL-Datei abgedruckt, mit deren Hilfe unter MicroFocus die eigentlichen Fachklassenpools `PartnerPool` und `AdressPool` erzeugt werden.

```
 4$set repository (update on)
 5
 6 identification division.
 7 class-id. Pool as "pool"
 8          inherits from base
 9          using Datenklasse.
10
11 repository.
12     class base as "base"
13     class Datenklasse
14     class PoolEintrag as "pooleintrag"
15     .
16
17 factory.
18 working-storage section.
19 01  einPool            object reference.
20
21*>------------------------------------------
22*> Während der gesamten Laufzeit der Anwendung
23*> muss sichergestellt sein, dass es von jedem
24*> Fachklassenpool immer nur eine Instanz gibt.
25*> Diese Instanz wird daher in dem Klassen-
26*> attribut einPool verwaltet. Sobald dort ein
27*> Wert ungleich NULL steht, also bereits eine
28*> Instanz erzeugt wurde, wird diese bei jedem
29*> weiteren Konstruktoraufruf zurückgeliefert.
30*>------------------------------------------
31 method-id. "new" override.
32 linkage section.
33 01 lnkInstanz         object reference.
34 procedure division returning lnkInstanz.
35     if einPool = null
36         invoke super "new"
37             returning einPool
38     end-if
39     set lnkInstanz to einPool
40     exit method.
41 end method "new".
42*>------------------------------------------
43
44 end factory.
45
46 object.
47 working-storage section.
48 01  ersterPoolEintrag  object reference.
49
```

```
50*>-----------------------------------------------
51*> Diese Methode durchsucht die einfach
52*> verkettete Liste aus Pooleinträgen nach der
53*> Dateninstanz, die dem übergebenen Primär-
54*> schlüssel entspricht.
55*> Da in COBOL alle Parameter by reference über-
56*> geben werden, ist die tatsächliche Ausprägung
57*> des Primärschlüssels für diese Methode nicht
58*> wichtig, da sie den Wert lediglich durchreicht.
59*>-----------------------------------------------
60 method-id. "getDateninstanz".
61 local-storage section.
62 01  lsPoolInstanz       object reference.
63 linkage section.
64 01  lnkPK               pic x.
65 01  lnkFachinstanz      object reference.
66 01  lnkDateninstanz     object reference.
67 procedure division using lnkPK lnkFachinstanz
68              returning lnkDateninstanz.
69    if ersterPoolEintrag = null
70        invoke PoolEintrag "new"
71              returning ersterPoolEintrag
72    end-if
73
74    invoke ersterPoolEintrag "getPoolEintrag"
75        using lnkPK
76        returning lsPoolInstanz
77
78    if lsPoolInstanz = null
79        invoke Datenklasse "new" using lnkPK
80              returning lnkDateninstanz
81        invoke ersterPoolEintrag
82           "addDateninstanz"
83           using lnkDateninstanz
84           returning lsPoolInstanz
85    else
86        invoke lsPoolInstanz "getDateninstanz"
87              returning lnkDateninstanz
88    end-if
89
90    invoke lsPoolInstanz "addFachinstanz"
91        using lnkFachinstanz
92
93    exit method.
94 end method "getDateninstanz".
95*>-----------------------------------------------
```

```
 96
 97*>------------------------------------------------
 98*> Die Methode getAnzEinträge dient eigentlich
 99*> nur dazu, kontrollieren zu können, ob die
100*> verkettete Liste aus PoolEinträgen noch
101*> korrekt ist.
102*>------------------------------------------------
103 method-id. "getAnzEinträge".
104 linkage section.
105 01  lnkAnzDateninstanzen    pic 9(5).
106 01  lnkAnzFachinstanzen     pic 9(5).
107 procedure division using lnkAnzDateninstanzen
108                            lnkAnzFachinstanzen.
109     move 0 to lnkAnzDateninstanzen
110              lnkAnzFachinstanzen
111     if not ersterPoolEintrag = null
112         invoke ersterPoolEintrag
113            "getAnzeinträge" using
114            lnkAnzDateninstanzen
115            lnkAnzFachinstanzen
116     end-if
117     exit method.
118 end method "getAnzEinträge".
119*>------------------------------------------------
120
121*>------------------------------------------------
122*> Sobald eine Fachinstanz freigegeben wird,
123*> meldet sie sich bei ihrem Fachklassenpool
124*> über die Methode finalizeFachinstanz ab.
125*> Ihre Referenz wird aus der verketteten Liste
126*> aus PoolEinträgen gelöscht. Danach wird
127*> über den Aufruf der Methode removeDateninstanzen
128*> festgestellt, ob es überhaupt noch eine
129*> Referenz auf die verwaltete Dateninstanz gibt.
130*> Wenn nicht, wird auch diese in der Methode
131*> removeDateninstanzen freigegeben.
132*>------------------------------------------------
133 method-id. "finalizeFachinstanz".
134 local-storage section.
135 01  lsPK              pic x.
136 01  lsPoolInstanz     object reference.
137 linkage section.
138 01  lnkInstanz        object reference.
139 procedure division using lnkInstanz.
140     invoke lnkInstanz "getPK"
141         returning lsPK
```

```
142
143     if not ersterPoolEintrag = null
144         invoke ersterPoolEintrag "getPoolEintrag"
145             using lsPK
146             returning lsPoolInstanz
147         if not lsPoolInstanz = null
148             invoke lsPoolInstanz
149                 "removeFachinstanz"
150                 using lnkInstanz
151                 returning lsPoolInstanz
152         end-if
153         invoke ersterPoolEintrag
154             "removeDateninstanzen"
155             returning ersterPoolEintrag
156     end-if
157
158     exit method.
159 end method "finalizeFachinstanz".
160*>----------------------------------------------
161
162*>----------------------------------------------
163*> Da es immer eine Instanz eines Fachklassen-
164*> pools geben muss (siehe Konstruktor), muss
165*> sichergestellt sein, dass dieser nicht
166*> freigegeben werden kann. Die überladene
167*> Methode finalize setzt daher lediglich den
168*> übergebenen Parameter auf NULL, ohne sich
169*> selbst über den Aufruf SUPER "finalize"
170*> wirklich freizugeben.
171*>----------------------------------------------
172 method-id. "finalize" override.
173 linkage section.
174 01  lnkInstanz          object reference.
175 procedure division returning lnkInstanz.
176     set lnkInstanz to null
177     exit method.
178 end method "finalize".
179*>----------------------------------------------
180
181 end object.
182
183 end class Pool.
```

Listing 24.10: Die parametrisierte Klasse Pool

Um die notwendigen konkreten Fachklassenpools für Partner und Adresse zu erzeugen, wird bei Micro-Focus anstelle der Poolklasse selbst das in Listing 24.11 angegebene Programm übersetzt.

```
1$set actual-params(partnerpool partnerdaten)
2
3 copy "pool.cbl".
4
5$set actual-params(adresspool adressdaten)
6
7 copy "pool.cbl".
```

Listing 24.11: Hilfsprogramm zum Erzeugen von PartnerPool und AdressPool

Jeder Fachklassenpool verwaltet seine Dateninstanzen und Fachinstanzen mit Hilfe der Klasse PoolEintrag, die sich als einfach verkettete Liste organisiert. Jeder Eintrag in der Liste repräsentiert eine Dateninstanz. Da der Fachklassenpool ebenfalls wissen muss, welche Fachinstanzen auf welche Dateninstanzen referenzieren, wird zusätzlich pro Dateninstanz eine eigene verkettete Liste aus Instanzen der Klasse PoolEintrag angelegt, in dem sich alle Fachklassenreferenzen gemerkt werden. Damit wäre ein Fachklassenpool in der Lage, alle bezogenen Fachklassen aktiv über eine Datenänderung zu informieren. Ein nicht zu unterschätzendes Feature, das in vorliegendem Beispiel nicht genutzt wird.

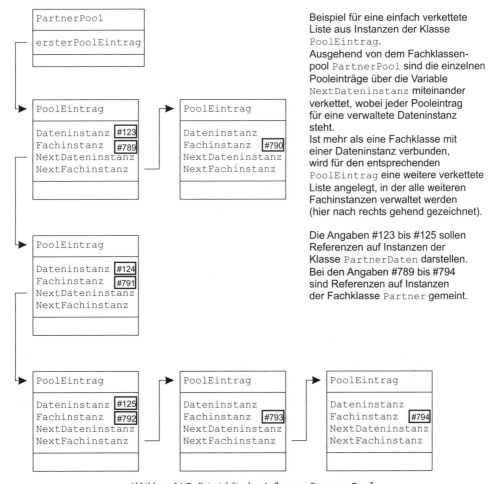

Beispiel für eine einfach verkettete Liste aus Instanzen der Klasse PoolEintrag.
Ausgehend von dem Fachklassenpool PartnerPool sind die einzelnen Pooleinträge über die Variable NextDateninstanz miteinander verkettet, wobei jeder Pooleintrag für eine verwaltete Dateninstanz steht.
Ist mehr als eine Fachklasse mit einer Dateninstanz verbunden, wird für den entsprechenden PoolEintrag eine weitere verkettete Liste angelegt, in der alle weiteren Fachinstanzen verwaltet werden (hier nach rechts gehend gezeichnet).

Die Angaben #123 bis #125 sollen Referenzen auf Instanzen der Klasse PartnerDaten darstellen. Bei den Angaben #789 bis #794 sind Referenzen auf Instanzen der Fachklasse Partner gemeint.

Abbildung 24.7: Beispiel für den Aufbau von PartnerPool

Die Abbildung 24.7 zeigt am Beispiel der Klasse PartnerPool, wie dieser mit Hilfe der Instanzen der Klasse PoolEintrag aufgebaut sein kann.

```
 1 identification division.
 2 class-id. PoolEintrag as "pooleintrag"
 3           inherits from base.
 4
 5 repository.
 6     class base as "base"
 7     .
 8
 9 factory.
10 working-storage section.
11
12 end factory.
13
14 object.
15 working-storage section.
16 01  Dateninstanz        object reference.
17 01  Fachinstanz         object reference.
18
19 01  NextDateninstanz    object reference.
20 01  NextFachinstanz     object reference.
21
22*>-----------------------------------------------
23*> Die Klasse PoolEintrag verwaltet eine
24*> verkettete Liste aus weiteren Instanzen dieser
25*> Klasse.
26*> Die Methode getPoolEintrag durchwandert
27*> diese Liste und vergleicht jede Dateninstanz,
28*> ob sie dem gesuchten Wert entspricht. Dazu
29*> ruft sie die Methode "gleich" der Dateninstanz
30*> auf, die einen booleschen Wert zurückliefert.
31*> Handelt es sich um die gesuchte Dateninstanz,
32*> wird die Referenz des entsprechenden PoolEintrags
33*> geliefert.
34*>-----------------------------------------------
35 method-id. "getPoolEintrag".
36 local-storage section.
37 01  lsBool              binary-short.
38 linkage section.
39 01  lnkSchluessel       pic x.
40 01  lnkInstanz          object reference.
41 procedure division using lnkSchluessel
42              returning lnkInstanz.
43     set lnkInstanz to null
44     *> Bin ich selbst die gesuchte Instanz?
```

```
45     if not Dateninstanz = null
46         invoke Dateninstanz "gleich" using
47             lnkSchluessel
48         returning lsBool
49         if not lsBool = 0
50             set lnkInstanz to self
51             exit method
52         end-if
53     end-if
54     *> Eventuell Nachfolger fragen
55     if not NextDateninstanz = null
56         invoke NextDateninstanz
57             "getDateninstanz" using
58             lnkSchluessel
59         returning lnkInstanz
60     end-if
61     exit method.
62 end method "getPoolEintrag".
63*>----------------------------------------------
64
65*>----------------------------------------------
66 method-id. "getDateninstanz".
67 linkage section.
68 01  lnkInstanz          object reference.
69 procedure division returning lnkInstanz.
70     set lnkInstanz to Dateninstanz
71     exit method.
72 end method "getDateninstanz".
73*>----------------------------------------------
74
75*>----------------------------------------------
76*> Die Methode addDateninstanz sucht den ersten
77*> PoolEintrag, der noch keine Referenz auf
78*> eine Dateninstanz hält, um diesen dann
79*> entsprechend zu verknüpfen.
80*> Sollten alle PoolEinträge mit einer
81*> Dateninstanz verbunden sein, wird am Ende
82*> der Liste ein neuer Pooleintrag angehängt.
83*>----------------------------------------------
84 method-id. "addDateninstanz".
85 linkage section.
86 01  lnkInstanz          object reference.
87 01  lnkPooleintrag      object reference.
88 procedure division using lnkInstanz
89                returning lnkPoolEintrag.
90     if Dateninstanz = null
```

```
 91          set Dateninstanz to lnkInstanz
 92          set lnkPoolEintrag to self
 93          exit method
 94       end-if
 95       if NextDateninstanz = null
 96          invoke PoolEintrag "new"
 97              returning NextDateninstanz
 98       end-if
 99       invoke NextDateninstanz "addDateninstanz"
100          using lnkInstanz
101          returning lnkPoolEintrag
102       exit method.
103 end method "addDateninstanz".
104*>-----------------------------------------------
105
106*>-----------------------------------------------
107*> Wenn eine neue Instanz einer Fachklasse
108*> mit einer Dateninstanz verbunden wird, dann
109*> wird die Referenz auf die Fachklasse mit
110*> Hilfe der Methode addFachinstanz zu der
111*> Liste der bereits bestehenden Fachklassen
112*> hinzugefügt.
113*>-----------------------------------------------
114 method-id. "addFachinstanz".
115 linkage section.
116 01  lnkInstanz          object reference.
117 procedure division using lnkInstanz.
118       if Fachinstanz = null
119          set Fachinstanz to lnkInstanz
120          exit method
121       end-if
122       if NextFachinstanz = null
123          invoke PoolEintrag "new"
124              returning NextFachinstanz
125       end-if
126       invoke NextFachinstanz "addFachinstanz"
127          using lnkInstanz
128       exit method.
129 end method "addFachinstanz".
130*>-----------------------------------------------
131
132*>-----------------------------------------------
133*> Wird eine Fachinstanz freigegeben, so meldet
134*> sie sich bei ihrem Fachklassenpool ab. Dieser
135*> ruft dazu die Methode removeFachinstanz
136*> des Pooleintrages auf, der die zugehörige
```

```
137*> Dateninstanz verwaltet. In der Liste der
138*> zugehörigen Fachinstanzen wird die freizugebende
139*> gesucht und gelöscht.
140*>----------------------------------------------
141 method-id. "removeFachinstanz".
142 local-storage section.
143 01  lsDummy              object reference.
144 linkage section.
145 01  lnkFachinstanz       object reference.
146 01  lnkPoolEintrag       object reference.
147 procedure division using lnkFachinstanz
148              returning lnkPoolEintrag.
149    *> Halte ich die gesuchte Fachinstanz?
150    if Fachinstanz = lnkFachinstanz
151       *> Halte ich auch eine Dateninstanz?
152       if Dateninstanz = null
153          *> Nein: Dann darf ich mich freigeben
154          set lnkPoolEintrag to nextFachinstanz
155          invoke self "finalize"
156              returning lsDummy
157       else
158          set Fachinstanz to null
159          set lnkPoolEintrag to self
160       end-if
161       exit method
162    end-if
163
164    if not NextFachinstanz = null
165       invoke NextFachinstanz "removeFachinstanz"
166          using lnkFachinstanz
167          returning NextFachinstanz
168    end-if
169    exit method.
170 end method "removeFachinstanz".
171*>----------------------------------------------
172
173*>----------------------------------------------
174*> Nachdem eine oder mehrere Fachinstanzen aus
175*> der verketteten Liste gelöscht wurden,
176*> untersucht die Methode removeDateninstanzen
177*> alle verwalteten Dateninstanzen auf die Anzahl
178*> der mit ihr verknüpften Fachinstanzen. Kann
179*> keine mehr gefunden werden, wird die verwaltete
180*> Dateninstanz und der PoolEintrag freigegeben.
181*> Diese Methode reorganisiert den Klassenpool
182*> und kann zu jeder Zeit aufgerufen werden.
```

```cobol
183*>-----------------------------------------------
184 method-id. "removeDateninstanzen".
185 local-storage section.
186 01  lsDummy            object reference.
187 linkage section.
188 01  lnkPoolEintrag     object reference.
189 procedure division returning lnkPoolEintrag.
190     if not NextDateninstanz = null
191         invoke NextDateninstanz
192             "removeDateninstanzen"
193             returning NextDateninstanz
194     end-if
195
196     if Fachinstanz = null
197         and NextFachinstanz = null
198         invoke Dateninstanz "finalize"
199             returning Dateninstanz
200         set lnkPoolEintrag to NextDateninstanz
201         invoke self "finalize"
202             returning lsDummy
203     else
204         set lnkPoolEintrag to self
205     end-if
206     exit method.
207 end method "removeDateninstanzen".
208*>-----------------------------------------------
209
210*>-----------------------------------------------
211*> Die Methode getAnzEinträge dient eigentlich
212*> nur dazu, zu überprüfen, ob die Liste aus
213*> PoolEinträgen noch korrekt ist.
214*>-----------------------------------------------
215 method-id. "getAnzEinträge".
216 linkage section.
217 01  lnkAnzDateninstanzen    pic 9(5).
218 01  lnkAnzFachinstanzen     pic 9(5).
219 procedure division using lnkAnzDateninstanzen
220                          lnkAnzFachinstanzen.
221     if not Dateninstanz = null
222         add 1 to lnkAnzDateninstanzen
223     end-if
224     if not Fachinstanz = null
225         add 1 to lnkAnzFachinstanzen
226     end-if
227
228     if not NextDateninstanz = null
```

```
229              invoke NextDateninstanz "getAnzEinträge"
230                  using lnkAnzDateninstanzen
231                        lnkAnzFachinstanzen
232        end-if
233        if not NextFachinstanz = null
234            invoke NextFachinstanz "getAnzEinträge"
235                using lnkAnzDateninstanzen
236                      lnkAnzFachinstanzen
237        end-if
238        exit method.
239 end method "getAnzEinträge".
240*>-----------------------------------------------
241
242 end object.
243
244 end class PoolEintrag.
```

Listing 24.12: Die Klasse PoolEintrag

Mit Hilfe des Programms PoolTest wird das Anlegen zweier Partner getestet, die beide auf dieselbe Adresse verweisen sollen. Nachdem die Daten gespeichert wurden, werden beide Partner erneut in den Speicher geladen und über einen von ihnen die Adresse inhaltlich geändert. Zur Kontrolle werden danach die Adressdaten des anderen Partners angezeigt, bei denen sich die Änderung ausgewirkt haben muss. Nachdem alle Fachinstanzen freigegeben wurden, werden die Fachklassenpools PartnerPool und AdressPool auf die Anzahl der von ihnen verwalteten Instanzen hin untersucht, wobei keiner von ihnen noch irgendwelche Instanzen halten darf.

```
 1 identification division.
 2 program-id. PoolTest.
 3 repository.
 4     class Partner as "partner"
 5     class Adresse as "adresse"
 6     class Pool as "pool"
 7     class PartnerDaten as "partnerdaten"
 8     class AdressDaten as "adressdaten"
 9     class PartnerPool as "partnerpool"
10         expands Pool using PartnerDaten
11     class AdressPool as "adresspool"
12         expands Pool using AdressDaten
13     .
14 working-storage section.
15 01  PartnerNr          pic 9(5).
16 01  PartnerVorname     pic x(20).
17 01  PartnerName        pic x(20).
18 01  einPartnerPool     object reference.
19 01  AdressNr           pic 9(5).
20 01  AdressPLZ          pic 9(5).
21 01  AdressStrasse      pic x(20).
```

```
22 01  adressOrt          pic x(20).
23 01  einAdressPool      object reference.
24 01  Partner1           object reference.
25 01  Partner2           object reference.
26 01  Adresse1           object reference.
27 01  AdressePartner1    object reference.
28 01  AdressePartner2    object reference.
29 01  AnzDateninstanzen  pic 9(5).
30 01  AnzFachinstanzen   pic 9(5).
31 01  wsBool             binary-short.
32 procedure division.
33
34     *> Instanz von PartnerPool besorgen:
35     invoke PartnerPool "new"
36         returning einPartnerPool
37
38     *> Instanz von AdressPool besorgen:
39     invoke AdressPool "new"
40         returning einAdressPool
41
42     *> Ersten Partner anlegen:
43     move 100 to PartnerNr
44     invoke Partner "new"
45         using PartnerNr
46         returning Partner1
47     move "Anton" to PartnerVorname
48     move "Meyer" to PartnerName
49     invoke Partner1 "setVorname" using
50         PartnerVorname
51     invoke Partner1 "setName" using
52         PartnerName
53     invoke Partner1 "save"
54         returning wsBool
55     if wsBool = 0
56         display "Fehler beim Speichern"
57     else
58         display "Anton Meyer gespeichert"
59     end-if
60
61     *> Zweiten Partner anlegen:
62     move 101 to PartnerNr
63     invoke Partner "new"
64         using PartnerNr
65         returning Partner2
66     move "Georg" to PartnerVorname
67     move "Huber" to PartnerName
```

```
68    invoke Partner2 "setVorname" using
69        PartnerVorname
70    invoke Partner2 "setName" using
71        PartnerName
72    invoke Partner2 "save"
73        returning wsBool
74    if wsBool = 0
75        display "Fehler beim Speichern"
76    else
77        display "Georg Huber gespeichert"
78    end-if
79
80    *> Eine Adresse anlegen:
81    move 500 to AdressNr
82    invoke Adresse "new"
83        using AdressNr
84        returning Adresse1
85    move 12345 to AdressPLZ
86    move "Hauptstrasse" to AdressStrasse
87    move "Kleindorf" to AdressOrt
88    invoke Adresse1 "setPLZ" using
89        AdressPLZ
90    invoke Adresse1 "setStrasse" using
91        AdressStrasse
92    invoke Adresse1 "setOrt" using
93        AdressOrt
94    invoke Adresse1 "save"
95        returning wsBool
96    if wsBool = 0
97        display "Fehler beim Speichern"
98    else
99        display "Adresse gespeichert"
100   end-if
101
102   *> Beide Partner sollen an derselben
103   *> Adresse wohnen:
104   invoke Partner1 "setAdresse" using
105       Adresse1
106   invoke Partner2 "setadresse" using
107       Adresse1
108   invoke Partner1 "save"
109       returning wsBool
110   if wsBool = 0
111       display "Fehler beim Speichern"
112   else
113       display "Adresse Meyer gespeichert"
```

```
114     end-if
115     invoke Partner2 "save"
116         returning wsBool
117     if wsBool = 0
118         display "Fehler beim Speichern"
119     else
120         display "Adresse Huber gespeichert"
121     end-if
122
123     *> Die Adresse wird nicht mehr benötigt:
124     invoke Adresse1 "finalize"
125         returning Adresse1
126
127     *> Der Ortsname war falsch geschrieben und
128     *> soll sich ändern. Um zu testen, ob beide
129     *> Partner tatsächlich auf dieselbe
130     *> Adresse zeigen, werden zunächst beide
131     *> nach ihren Adressen gefragt. Geliefert
132     *> werden zwei Instanzen der Klasse Adresse,
133     *> die jeweils dieselbe AdressDaten-
134     *> Instanz im Bauch haben. Ändert man den
135     *> Ortsnamen über die Adresse von Partner1,
136     *> so hat sich der Name auch für Partner2
137     *> geändert.
138     invoke Partner1 "getAdresse"
139         returning AdressePartner1
140     invoke Partner2 "getAdresse"
141         returning AdressePartner2
142     move "Neustadt" to AdressOrt
143     invoke AdressePartner1 "setOrt"
144         using AdressOrt
145     display "Partner1 wohnt in " AdressOrt
146     move space to AdressOrt
147     invoke AdressePArtner2 "getOrt"
148         returning AdressOrt
149     display "Partner2 wohnt in " AdressOrt
150
151     *> Beide Adressen und beide Partner werden
152     *> freigegeben:
153     invoke AdressePartner1 "finalize"
154         returning AdressePartner1
155     invoke AdressePartner2 "finalize"
156         returning AdressePartner2
157     invoke Partner1 "finalize"
158         returning Partner1
159     invoke Partner2 "finalize"
```

```
160          returning Partner2
161
162      *> Im PartnerPool dürfen keine Einträge
163      *> mehr vorhanden sein:
164      invoke einPartnerPool "getAnzEinträge"
165          using AnzDateninstanzen
166                AnzFachinstanzen
167      display "Einträge im PartnerPool:"
168      display "Dateninstanzen:" AnzDateninstanzen
169      display "Fachinstanzen :" AnzFachinstanzen
170
171      *> Auch der AdressPool muss leer sein:
172      invoke einAdressPool "getAnzEinträge"
173          using AnzDateninstanzen
174                AnzFachinstanzen
175      display "Einträge im AdressPool:"
176      display "Dateninstanzen:" AnzDateninstanzen
177      display "Fachinstanzen :" AnzFachinstanzen
178
179      stop run.
```

Listing 24.13: Das Programm PoolTest

Bildschirmausgabe

```
Anton Meyer gespeichert
Georg Huber gespeichert
Adresse gespeichert
Adresse Meyer gespeichert
Adresse Huber gespeichert
Partner1 wohnt in Neustadt
Partner2 wohnt in Neustadt
Einträge im PartnerPool:
Dateninstanzen:00000
Fachinstanzen :00000
Einträge im AdressPool:
Dateninstanzen:00000
Fachinstanzen :00000
```

Listing 24.14: Bildschirmausgabe

Einfach- und Mehrfachvererbung (Messagerouting)

25.1 Vorbemerkung

In einem vorangehenden Kapitel wurde bereits über die Beziehungen berichtet, die objektorientierte Klassen untereinander haben können. Dort wurden Assoziation (Verwendungsbeziehung) und Aggregation (Bestandteilsbeziehung) ausführlich behandelt. Es gibt aber noch eine viel engere Beziehungsform, die zwei oder mehr Klassen eingehen können. Die Rede ist von der Vererbung, auch Generalisierung genannt. Hier ist es jetzt nicht so, dass die eine Klasse die andere bei Gelegenheit benutzt oder aus ihr im Sinne eines Aggregats besteht, vielmehr ist hier eine neu entstehende Klasse eine Weiterentwicklung einer bereits vorhandenen, wobei alle Eigenschaften der alten Klasse in der neuen Klasse aufgehen. Diese Eigenschaft objektorientierter Systeme wird oft mit der Evolution verglichen, bei der ein neues Lebewesen aus einem bekannten hervorgeht. Dabei ist es wichtig zu beachten, dass das neue Lebewesen für sich alleine lebensfähig ist und von außen betrachtet eine in sich geschlossene Einheit darstellt. Nur wenn man sehr genau hinschaut, wird man Parallelen mit dem Wesen entdecken, aus dem es entstanden ist.

Klassen eines objektorientierten Systems, die durch Vererbung entstehen, werden als vollständig eigenständige Klassen betrachtet, die über alle Methoden verfügen, die sie selbst definieren und die sie geerbt haben. Ob es sich bei der einen oder anderen Methode um eine geerbte Methode handelt, kann ihr nicht angesehen werden. Geerbte Methoden werden immer genau so behandelt wie Methoden, die in der Klasse selbst programmiert wurden.

25.2 Vererbungsbeziehungen

Ein wichtiges Ziel in der objektorientierten Programmierung ist die Modularisierung, die Verteilung der Programmlogik auf wiederverwendbare Einheiten. Funktionalitäten sollen nur einmal an einer Stelle programmiert und dann von verschiedenen Stellen aus verwendet werden. Man möchte um jeden Preis vermeiden, in zig Modulen immer wieder dieselben Anweisungsfolgen vorzufinden. Sind sie fehlerhaft oder müssen aufgrund neuer Rahmenbedingungen angepasst werden, steht man immer wieder vor dem Problem, alle Module anpassen zu müssen, in denen sich die entsprechende Fachlichkeit befindet. Wenn ein Entwickler ein neues Programm schreiben soll, so sieht er erst einmal nach, ob es nicht schon ein ähnliches Programm gibt, und wenn er ein solches findet, dann kopiert er es und ändert die notwendigen Stellen so ab, dass sein Problem gelöst ist. Tatsächlich ist dieses Vorgehen in der Realität stark verbreitet und es wird mit dem Argument verteidigt, dass die Budgets für die Anwendungsentwicklung immer enger werden und man daher immer schneller und billiger zu Lösungen kommen muss. Aber es ist genau dieses Vorgehen, was es später so unendlich teuer macht, Systeme zu warten und Fehler zu beseitigen.

Ideal ist eine Kombination aus Kopieren von Quellcode und Modularisieren von Anwendungen. Eine simple, aber in der Praxis schwer durchzuhaltende Möglichkeit, so etwas in COBOL zu realisieren, könnte darin bestehen, eine bestimmte Fachlogik mit Hilfe von COPY-Anweisungen in diejenigen Programme kopieren zu lassen, die über die Logik verfügen sollen. Zu jeder solchen fachlichen Einheit könnte man sich zwei Sourcen vorstellen, einen für die notwendigen Datendefinitionen und einen für die Anweisungen. So könnten Grundfunktionalitäten, die man beispielsweise für den Abschluss einer Versicherung braucht, solchen Programmen zugänglich gemacht werden, die sich bereits mit einer bestimmten Versicherungsart wie Personenversicherungen oder Sachversicherungen beschäftigen. Aber auch die Definitionen dieser Programme müssten wieder anderen zur Verfügung gestellt werden, die sich mit ganz konkreten Versicherungsverträgen beschäftigen, wie beispielsweise eine Personenunfall-, Lebens- oder Haftpflichtversicherung.

Wie eine solche Modularisierung bei gleichzeitigem Kopieren aussehen kann, zeigt Abbildung 25.1. Man erhält eine Menge von COPY-Strecken, die für sich alleine nicht ablauffähig sind. Um ein tatsächliches Programm zu erstellen, bedarf es einer ansonsten weitgehend leeren Hülle, die nur noch eine COPY-Strecke für die Datendefinition und eine weitere für die Programmlogik zu einem echten COBOL-Programm zusammenfasst. Wie ein solches Programm für eine Lebensversicherung aussehen kann, sieht man in Listing 25.1.

```
identification division.
program-id. Lebensversicherung.
data division.
    copy lebedata.cpy.
procedure division.
    copy lebeproc.cpy.
```

Listing 25.1: Konkrete Lebensversicherung

Vergleicht man das Listing und die Abbildung, so stellt man fest, dass das Programm über die Datenstrukturen VersDaten, PersDaten und LebenDaten, sowie über die Paragraphen (in der Praxis würde man eher SECTIONs benutzen) police-drucken, beitrag-berechnen, pers-anlegen, pers-aendern, vertragsdauer und endalter-berechnen verfügt. Es ist ein durchaus umfangreiches Programm entstanden, das für sich übersetzt und ausgeführt werden kann. Dabei fällt auf, dass es überwiegend Dienste anbietet, die man für die Verwaltung einer Lebensversicherung erwartet. Was dagegen fehlt, ist eine Art Ablaufsteuerung, ein Stück Quellcode, der die einzelnen Paragraphen in sinnvoller Reihenfolge aufruft. Diese Aufgabe obliegt der eigentlichen Anwendung, die die notwendigen Paragraphen des Moduls Lebensversicherung verwenden muss. Da es technisch nicht möglich ist, Paragraphen eines fremden Programms direkt aufzurufen, wäre es notwendig, das Programm aus Listing 25.1 um eine geeignete CALL-Schnittstelle zu erweitern, die zum einen alle notwendigen Parameter übernimmt und zum anderen den jeweils gewünschten Paragraphen ansteuert.

Wenn man eine Anwendung so aufbaut, wie das hier geschildert wurde, dann hat man es tatsächlich erreicht, Funktionalitäten nur einmal zu programmieren und sie überall dort zur Verfügung zu stellen, wo sie gebraucht werden. Ändert sich jetzt etwas an der Logik von police-drucken, so müsste nur der Inhalt einer COPY-Strecke angepasst, das Gesamtprojekt allerdings neu übersetzt werden. Dennoch wäre es ein Schritt in die richtige Richtung.

Es ist nicht Ziel dieses Kapitels, die angedeutete Technik wirklich zu realisieren, da sie, wie schon erwähnt, in der Praxis wohl nur schwer durchzuhalten sein wird. Gerade die notwendige CALL-Schnittstelle stellt eine große Herausforderung dar.

Ein ganz anderer Ansatz wäre es, eigenständige Programme wie Versicherung, PersonenVers, Sach-Vers, Unfall, Leben und SachHaftpflicht zu schreiben, die sich dann gegenseitig mittels CALL aufrufen. Das hätte dann aber den Nachteil, dass auch die Programme Leben und Personen über eine Schnittstelle police-drucken verfügen müssten, die künstlich herzustellen ist, da ansonsten keine Policen der entsprechenden Versicherungen, angereichert um die Versicherungsdaten, gedruckt werden könnten. Die Verbindung von Modulen durch CALL-Anweisungen entspricht der Programmierung von

Verwendungsbeziehungen in objektorientierten Systemen, auf die bereits ein anderes Kapitel eingegangen ist. Die Technik der Modularisierung durch Kopieren entspricht dagegen in weiten Teilen der Programmierung von Vererbungen, um die es in diesem Kapitel geht.

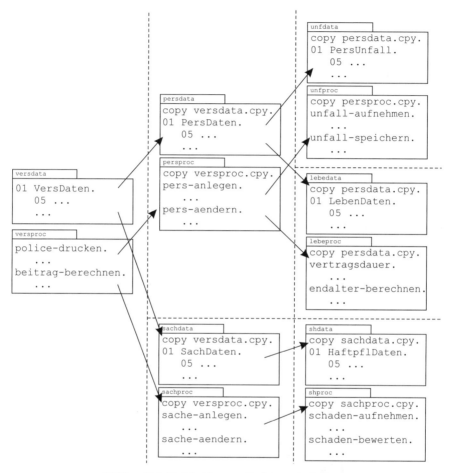

Abbildung 25.1: Modularisieren von Funktionen durch Kopieren

In einem objektorientierten System würden die hier einzeln aufgeführten Bausteine Versicherung, PersonenVers, SachVers und so weiter mit Hilfe eigener Klassen abgebildet werden, wobei PersonenVers ebenso von Versicherung abgeleitet werden würde wie SachVers. Abgeleitet sein heißt, eine Vererbungsbeziehung zu definieren. Wenn PersonenVers von Versicherung abgeleitet ist, so erbt PersonenVers alle Attribute und Methoden, die in Versicherung programmiert wurden, so, als wären sie direkt in PersonenVers angelegt worden. Das Ganze stellt sich so dar, als ob die Dinge nach PersonenVers kopiert worden wären, ohne dass dies jedoch tatsächlich der Fall ist. Ändert sich eine Methode innerhalb von Versicherung, so genügt es, diese eine Klasse zu übersetzen, obwohl sich die Änderung auf alle abgeleiteten Klassen auswirkt. Um dies zu leisten, muss COBOL von der Vererbungsbeziehung wissen, weshalb es für ihre Definition innerhalb der CLASS-ID eine eigene Syntax gibt.

```
[IDENTIFICATION DIVISION.]

CLASS-ID. Klassenname1 [AS Literal-1][IS FINAL]

    [INHERITS FROM {Klassenname2} ...]

    [USING {Parametername1} ...].

[options-paragraph]

[environment-division]

[factory-definition]

[object-definition]

END CLASS Klassenname-1.
```

Abbildung 25.2: Syntax der CLASS-ID

Durch den Zusatz INHERITS FROM werden all diejenigen Klassen benannt, von denen die aktuelle Klasse abgeleitet werden soll. Jede abhängige Klasse definiert also, aus welchen Basisklassen sie besteht. Da in COBOL an dieser Stelle mehrere Basisklassen angegeben werden können, erlaubt COBOL das Design von Anwendungen mit Mehrfachvererbung, auf dessen Besonderheiten später noch eingegangen wird.

Die Syntax der Klassendefinition wurde bereits in einem eigenen Kapitel ausführlich behandelt.

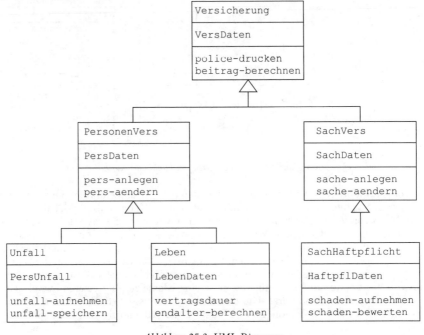

Abbildung 25.3: UML-Diagramm

Das UML-(Unified Modeling Language)Diagramm aus Abbildung 25.3 nimmt noch einmal das bereits vorgestellte Beispiel aus der Versicherungswirtschaft auf und stellt dar, wie die einzelnen Klassen hierarchisch korrekt abgebildet werden würden. Gerade diese Darstellungsform sorgt allerdings dafür, dass OO-Neulinge immer den Eindruck haben, dass jede Klasse immer nur über ihre eigenen Methoden verfügen würde, da es sich um die technische Abbildung einzelner Klassen handelt. Für die Anwendung muss man verstehen, dass alle Attribute und Methoden von Versicherung in PersonenVers und SachVers und somit auch in Unfall, Leben und SachHaftpflicht vorkommen.

In Listing 25.1 wurde gezeigt, wie ein konkretes Programm Lebensversicherung erstellt werden müsste. Listing 25.2 zeigt, was in der objektorientierten Variante zu programmieren wäre, um die Klasse Leben zu erzeugen.

```
 1 identification division.
 2 class-id. Leben as "leben"
 3         inherits from PersonenVers.
 4
 5 repository.
 6     class PersonenVers as "personenvers"
 7     .
 8
 9 factory.
10 working-storage section.
11
12 end factory.
13
14 object.
15 working-storage section.
16 01  LebenDaten.
17     05  ...
18     ...
19
20*>---------------------------------------------
21 method-id. "vertragsdauer" .
22 local-storage Section.
23 linkage Section.
24 procedure division.
25     exit method.
26 end method "vertragsdauer".
27*>---------------------------------------------
28
29*>---------------------------------------------
30 method-id. "endalter-berechnen" .
31 local-storage Section.
32 linkage Section.
33 procedure division.
34     exit method.
35 end method "endalter-berechnen".
36*>---------------------------------------------
37
```

```
38   end object.
39
40   end class Leben.
```

Listing 25.2: Die Klasse Leben

In Zeile 3 wird definiert, dass die Klasse Leben von der Klasse PersonenVers abgeleitet ist. Allein durch diesen Hinweis stellt COBOL zur Laufzeit sicher, dass die Klasse Leben über alle Methoden und damit auch über alle Attribute der Klasse PersonenVers verfügen wird, die ihrerseits Attribute und Methoden von Versicherung geerbt hat, die sie nun, neben ihren eigenen, an Leben weiterreicht.

In Zeile 16 ist schematisch die Definition der Attribute der Klasse Leben dargestellt, auf die die Methoden vertragsdauer und endalter-berechnen direkt zugreifen können. Obwohl die Klasse Leben auch die Attribute von PersonenVers erbt, bleiben diese für die Methoden der Klasse Leben unsichtbar. In anderen objektorientierten Sprachen würde man sagen, dass alle Attribute einer COBOL-Klasse immer privat sind, also nur für die Methoden der Klasse sichtbar, in der sie auch definiert wurden.

Es folgt die Programmierung der Methoden vertragsdauer und endalter-berechnen, die hier ohne jegliche Logik abgedruckt sind. Natürlich würden sie eigene Datenfelder definieren und in der PROCE-DURE DIVISION die notwendigen Anweisungen stehen, die die jeweilige Methode braucht.

25.3 Vererben von Konstruktoren und Klassenmethoden

Konstruktoren und Klassenmethoden sind solche Methoden, die innerhalb der FACTORY einer COBOL-Klasse programmiert wurden. Im Grunde unterscheiden sich Konstruktoren von Klassenmethoden nur dadurch, dass in ihnen Instanzen erzeugt werden, während alle anderen Methoden dieser Gattung, die man eher selten antrifft, allgemeine Dienste für die gesamte Klasse zur Verfügung stellen.

Nehmen Sie an, in der Klasse Versicherung gibt es einen Konstruktor mit dem Namen new, der als Parameter die Versicherungsscheinnummer erwartet, und eine Methode anzKonstruktoraufrufe, die mitteilt, wie oft schon der Konstruktor aufgerufen wurde (wozu man das auch immer wissen will). Wenn man davon jetzt eine Klasse PersonenVers ableitet, dann erhält man die Abbildung 25.4.

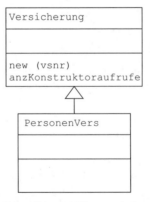

Abbildung 25.4: Basisklasse mit Klassenmethode und Konstruktor

Stellt sich nun die Frage, welche dieser Methoden nach Person vererbt werden. Die Antwort ist ganz einfach: Person erbt beide. Ein Programm, das ausschließlich die Klasse Person verwendet, kann diese Methoden aus den bereits genannten Gründen direkt verwenden.

```cobol
 1 identification division.
 2 class-id. Versicherung as "versicherung"
 3            inherits from base.
 4
 5 repository.
 6     class base as "base"
 7     .
 8
 9 factory.
10 working-storage section.
11 01  Anzahl            binary-long value 0.
12
13*>----------------------------------------------
14 method-id. "new" override.
15 local-storage Section.
16 linkage Section.
17 01  lnkVSNR           pic 9(10).
18 01  lnkInstanz        object reference.
19 procedure division using lnkVSNR
20                returning lnkInstanz.
21     invoke super "new" returning lnkInstanz
22     invoke lnkInstanz "setVSNR" using lnkVSNR
23     add 1 to Anzahl
24     exit method.
25 end method "new".
26*>----------------------------------------------
27
28*>----------------------------------------------
29 method-id. "anzKonstruktoraufrufe".
30 local-storage Section.
31 linkage Section.
32 01  lnkAnzahl         binary-long.
33 procedure division returning lnkAnzahl.
34     move Anzahl to lnkAnzahl
35     exit method.
36 end method "anzKonstruktoraufrufe".
37*>----------------------------------------------
38
39 end factory.
40
41 object.
42 working-storage section.
43 01  VSNR              pic 9(10).
44
```

```
45*>-------------------------------------------------
46 method-id. "setVSNR" .
47 local-storage Section.
48 linkage Section.
49 01   lnkVSNR              pic 9(10).
50 procedure division using lnkVSNR.
51     move lnkVSNR to VSNR
52     exit method.
53 end method "setVSNR".
54*>-------------------------------------------------
55
56 end object.
57
58 end class Versicherung.
```

Listing 25.3: Die Klasse Versicherung

```
 1 identification division.
 2 class-id. PersonenVers as "personenvers"
 3            inherits from Versicherung.
 4
 5 repository.
 6     class Versicherung as "versicherung"
 7         .
 8
 9 factory.
10 working-storage section.
11
12 end factory.
13
14 object.
15 working-storage section.
16
17 end object.
18
19 end class PersonenVers.
```

Listing 25.4: Die abgeleitete Klasse PersonenVers

```
 1 program-id. testprog.
 2 repository.
 3     class PersonenVers as "personenvers"
 4         .
 5 working-storage section.
 6 01   anzahl              binary-long.
 7 01   vsnr                pic 9(10).
 8 01   instanz             object reference.
 9 procedure division.
```

```
10      invoke PersonenVers "new" using vsnr
11         returning instanz
12
13      invoke PersonenVers "anzKonstruktoraufrufe"
14         returning anzahl.
```

Listing 25.5: Verwendung der Klasse Person

Daraus folgt für den COBOL-Entwickler, dass jede Klasse alle Konstruktoren ihrer Basisklassen erbt und somit also auch über all diese Konstruktoren erzeugt werden kann. In der Klasse BASE, die Teil des Standards ist, findet sich nur ein einziger Konstruktor, der den Namen new hat und über RETURNING eine Variable vom Typ OBJECT REFERENCE zurückliefert. In dieser Variablen wird eine Referenz auf die soeben erzeugte Instanz abgestellt. Da in COBOL alle Klassen direkt oder indirekt von BASE abgeleitet sein müssen, beinhalten auch alle Klassen diesen Konstruktor. Konstruktoren können, wie alle anderen Methoden auch, von abgeleiteten Klassen überladen werden. Um dieses Thema wird sich ein eigenes Kapitel ausführlich bemühen. In vorliegendem Beispiel hat die Klasse Versicherung dies getan. Da sich in COBOL die Signatur einer Methode ausschließlich aus dem Methodennamen ergibt, verfügt die Klasse Versicherung lediglich über einen einzigen Konstruktor, der als zusätzliche Angabe die Versicherungsscheinnummer erwartet. Da die Klasse PersonenVers keinen eigenen Konstruktor programmiert, verwendet auch sie den ihrer Basisklasse.

Nun könnte es aber sein, dass der Entwickler von PersonenVers die Klasse um einen zusätzlichen Konstruktor erweitert, beispielsweise einen mit dem Namen fromFile. Dann gäbe es tatsächlich zwei Möglichkeiten, eine Instanz von PersonenVers zu erzeugen, wobei die Variante über new völlig an der Klasse vorbeigeht.

Die Aufgabe eines Konstruktors besteht üblicherweise darin, die entstandene Instanz sauber zu initialisieren und es wird nur wenige Klassen geben, die ohne eine solche spezielle Initialisierung auskommen. Da COBOL Konstruktoren vererbt, obliegt es dem Anwendungsentwickler, diese in der abgeleiteten Klasse sinnvoll zu überladen und die notwendigen Parameter an den Konstruktor seiner Basisklasse weiterzureichen.

25.4 Vererben von Attributen

Wenn man davon ausgeht, dass eine abgeleitete Klasse alle Methoden ihrer Basisklassen erbt, dann muss sie zwangsläufig auch alle Attribute ihrer übergeordneten Klassen erben, weil diese von den geerbten Methoden verwendet werden. Wie in allen anderen objektorientierten Sprachen auch, erbt eine Klasse in COBOL alle Methoden und Attribute all ihrer Basisklassen.

Bleibt die Frage, wie sie geerbt werden. Verschiedene objektorientierte Sprachen unterscheiden hinsichtlich der Sichtbarkeit ihrer Elemente im Wesentlichen die Attribute private, protected und public. Alles was mit private deklariert wird, ist nur innerhalb der Klasse sichtbar, in der das Element angelegt wurde. Sie sind vor einem Zugriff von außen geschützt. Auch das Attribut protected bietet einen solchen Schutz, erlaubt es aber abgeleiteten Klassen, direkt auf solche Elemente zuzugreifen. Definiert man ein Attribut oder eine Methode als public, so ist grundsätzlich jedem ein direkter Zugriff erlaubt, was in Bezug auf Attribute einen wesentlichen Verstoß gegen die Grundideen objektorientierter Programmierung darstellt.

In COBOL ist die Sichtbarkeit der einzelnen Elemente genau festgelegt. Alle Attribute sind private und alle Methoden sind public, und es gibt keine Möglichkeit, abweichende Definitionen vorzunehmen. Jede Methode, die in einer Klasse programmiert wird, kann grundsätzlich von jedem benutzt werden. Attribute sind nur in der Klasse sichtbar, in der sie angelegt sind. Will eine abgeleitete Klasse auf die Attribute einer Basisklasse direkt zugreifen, muss sie dazu eine Methode ihrer Basisklasse bemühen, die dann aber auch allen anderen zur Verfügung steht. Diese Tatsache könnte einen Anwendungsentwickler dazu bewegen, für jedes Attribut eine get- und eine set-Methode zu implementieren, die den Inhalt des jeweiligen Attributes bereitwillig nach außen geben beziehungsweise beliebige Werte akzeptieren. Das kommt aber einem Öffentlichmachen aller Attribute gleich und sollte daher in jedem Fall vermieden werden.

Eine Klasse repräsentiert sich durch ihre Attribute und es ist Aufgabe der Klasse dafür zu sorgen, dass eben diese Attribute stets gültige Inhalte haben. Dies lässt sich aber nur gewährleisten, wenn sichergestellt ist, dass auch nur die Methoden der Klasse auf die Attribute zugreifen können. In anderen objektorientierten Sprachen, die das Sichtbarkeitsattribut protected unterstützen, findet man immer wieder den Hinweis, man solle vorsichtig mit dieser Definition umgehen. Dennoch lassen sich Situationen finden, in denen es sinnvoll erscheint, wenn eine abgeleitete Klasse direkten Zugriff auf ein Attribut hat. Ändert sich beispielsweise die Plausibilität eines Attributs für eine abgeleitete Klasse, weil diese eine zusätzliche Ausprägung zulässt, so müsste die abgeleitete Klasse lediglich die Methode zur Plausibilisierung eben dieses Attributs überladen und den zusätzlichen Wert zulassen. Aber auch in COBOL lassen sich solche Anforderungen sehr elegant lösen, indem man das Setzen eines Attributs und seine inhaltliche Prüfung auf zwei Methoden verteilt. Verfügt eine Klasse über genügend Attribute, wird man eh dazu übergehen, eine zentrale Methode zu schaffen, über die gleichzeitig mehrere Attribute geändert werden können. Diese ist dann aber dafür verantwortlich, erst einmal für jedes Attribut zu prüfen, ob es auch plausibel ist, bevor sie es übernimmt. In der abgeleiteten Klasse überlädt man die entsprechende Prüfmethode und liefert true zurück, wenn das Attribut den zusätzlich erlaubten Wertebereich beinhaltet. Ansonsten überlässt man die Prüfung der geerbten Methode aus der Basisklasse, die man dazu explizit aufruft.

```
method-id. "checkVSNR" override.
local-storage Section.
linkage Section.
01  lnkVSNR            PIC 9(10).
01  lnkBool            binary-short.
procedure division using lnkVSNR
              returning lnkBool.
    *> Ab jetzt ist auch der Nummernkreis 5000000000
    *> erlaubt.
    if lnkVSNR(1:1) = "5"
        move 1 to lnkBool
    else
        invoke super "checkVSNR" using lnkVSNR
            returning lnkBool
    end-if
    exit method.
end method "checkVSNR".
```

Listing 25.6: Erweiterte Prüfung für das Attribut VSNR

25.5 Vererben von Objektmethoden

Hinsichtlich dem Vererben von Objektmethoden gibt es an dieser Stelle nichts Neues zu sagen, da sie sich in diesem Aspekt genau so verhalten wie Klassenmethoden. Alle Methoden sind öffentlich und daher von jedem verwendbar, auch von abgeleiteten Klassen.

Wird eine Methode von einer abgeleiteten Klasse überladen, so kann von außen nur noch die überladene Variante benutzt werden. Die ursprüngliche Methode kann nur noch innerhalb der abgeleiteten Klasse benutzt werden. Betrachtet man das Beispiel mit der überladenen Methode checkVSNR aus dem vorhergehenden Abschnitt, so kann über eine Instanz der abgeleiteten Klasse nur noch die neue Variante dieser Methode benutzt werden, und nur innerhalb dieser macht es Sinn, die Originalversion mit Hilfe von super aufzurufen. Dem Überladen von Methoden ist ein eigenes Kapitel gewidmet.

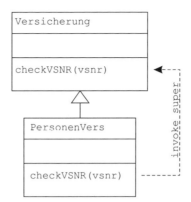

Abbildung 25.5: Überladen einer Objektmethode

Dasselbe Verhalten trifft man übrigens auch bei Klassenmethoden an.

25.6 Aspekte der Mehrfachvererbung, Messagerouting

Wenn für eine Instanz oder eine Klasse eine Methode aufgerufen wird, dann sagt man, dass dieser eine Nachricht zugerufen wird, die von einer geeigneten Methode behandelt werden muss. Da nicht immer die Klasse, auf die die Nachricht angewendet wird, auch tatsächlich die Methode implementiert, muss die hereinkommende Nachricht auf einem fest definierten Weg innerhalb der Klassenhierarchie weitergereicht werden, bis die gesuchte Methode schließlich gefunden werden kann. Dieser Vorgang wird *Messagerouting* genannt.

Man kann in COBOL Variablen für Objektreferenzen auf zwei verschiedene Arten definieren. Zum einen in Form einer universell verwendbaren Variablen in der Form OBJECT REFERENCE, die dann zur Laufzeit Referenzen beliebiger Klassen aufnehmen kann. Zum anderen, indem man bei der Definition genau vorgibt, von welchem Typ die Referenzen sein müssen, die sich in einer solchen Variablen speichern lassen. Dies erreicht man, indem man den Namen der Klasse der Definition hinzufügt. In einer Variablen vom Typ OBJECT REFERENCE PersonenVers lassen sich nur Referenzen auf Instanzen speichern, die entweder direkt vom Typ PersonenVers oder zuweisungskompatibel zu diesem Typ sind. Dazu gehören auch Instanzen von Klassen, die von PersonenVers abgeleitet sind.

Verwendet man universelle Referenzen, so ist es dem COBOL-Compiler natürlich nicht möglich, bei der Übersetzung eines Programms zu prüfen, ob die angesprochene Instanz tatsächlich über die genannte Methode verfügt, die Nachricht also auch verstehen wird. Sollte dies nicht der Fall sein, produziert das Laufzeitsystem eine entsprechende Fehlermeldung. COBOL gewinnt durch diese Tatsache erheblich an Flexibilität, ist in gewisser Weise aber auch fehleranfälliger. In jedem Fall muss aber eine aufgerufene Methode zur Laufzeit gesucht werden, womit wir wieder beim Thema Messagerouting angekommen sind.

In Systemen mit Einfachvererbung ist das Messagerouting relativ trivial. Kann eine Methode in einer Klasse nicht gefunden werden, wird die Nachricht einfach an die Basisklasse weiter delegiert. Dies wiederholt sich so lange, bis die Methode gefunden wird. Die Nachricht gilt dann als zugestellt und es findet keine weitere Suche mehr statt. Das ist auch der Grund dafür, dass eine überladene Methode niemals direkt aufgerufen werden kann. Da in der Klassenhierarchie immer von unten nach oben gesucht wird, wenn man davon ausgeht, dass die abgeleiteten Klassen unten und die Basisklassen oben stehen, wird zwangsläufig diejenige Methode als Erstes gefunden, die eine Methode ihrer Basisklasse überladen hat.

Durch jede INVOKE-Anweisung wird das Messagerouting neu gestartet.

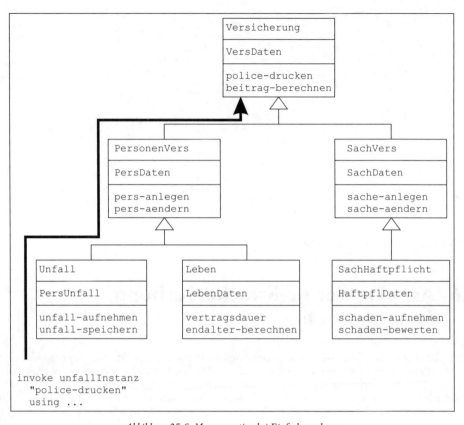

Abbildung 25.6: Messagerouting bei Einfachvererbung

Sobald eine Klasse von mehr als einer Basisklasse abgeleitet ist, muss sich das System entscheiden, welcher Basisklassenzweig als erster, als zweiter und so weiter nach der Methode durchsucht werden soll. Hier gilt in COBOL, dass die Basisklassen in der Reihenfolge angerufen werden, in der sie bei der INHERITS FROM-Klausel der CLASS-ID genannt wurden. Damit kann der Anwendungsentwickler sehr genau steuern, wie sich das Messagerouting verhalten soll. Auch hier gilt, dass die Nachricht zugestellt wurde, sobald die passende Methode in einem der Zweige gefunden werden konnte.

Systeme mit Mehrfachvererbung können sehr schnell sehr unübersichtlich werden und es muss in jedem Einzelfall geprüft werden, ob die mehrfach definierte Vererbung aus fachlicher Sicht korrekt ist. Andere objektorientierte Sprachen wie beispielsweise JAVA, von der in diesem Buch noch die Rede sein wird, lassen gar keine Mehrfachvererbung zu. Sollte es also Systeme geben, die ohne Mehrfachvererbung nicht korrekt implementiert werden könnten, ließen sich diese in JAVA nicht programmieren. Leitet man eine Klasse von einer bestehenden ab, so entsteht ein neuer Gegenstand im System, der eine Variante des bisher Bestehenden beschreibt. Es lässt sich schwer vorstellen, wie zwei völlig unterschiedliche Gegenstände zu einem neuen verschmelzen sollen. Wenn so etwas passiert, dann handelt es sich häufig um ein Aggregat, das aus unterschiedlichen Gegenständen besteht, die bei genauer Betrachtung auch alleine identifiziert werden können.

Einen Zwang zur Mehrfachvererbung aus fachlicher Sicht kann man ausschließen. Lediglich technische Gründe können dazu führen, eine neue Fachklasse zum einen von ihrer (einzigen) fachlichen Basisklasse und gleichzeitig von einer technisch orientierten Klasse abzuleiten, damit die neue Klasse über bestimmte technische Möglichkeiten verfügt. Fachlich gesehen bleibt es dann bei einer Einfachvererbung. Das Programmbeispiel am Ende dieses Kapitels verdeutlicht dies.

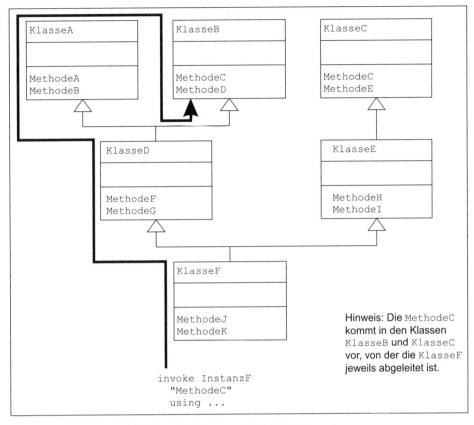

Abbildung 25.7: Messagerouting bei Mehrfachvererbung

25.7 Wiederholte Vererbung

Eine große Gefahr bei der Mehrfachvererbung liegt darin, dass ein Element innerhalb der Klassenhierarchie mehrfach, also wiederholt geerbt wird. Das ist immer dann der Fall, wenn eine neue Klasse von zwei Basisklassen abgeleitet wird, die ihrerseits von ein und derselben Basisklasse abstammen. Nicht genug, dass man alle Methoden dieser Superklasse zweimal erbt, auch alle dort verwalteten Attribute müssten doppelt vorliegen und es kann eine ziemliche Herausforderung darstellen, diese synchron zu halten.

In COBOL gilt, dass das Laufzeitsystem dafür sorgt, dass wiederholt geerbte Klassen dennoch nur einmal innerhalb der Klassenhierarchie vorkommen. Es ist gleichgültig, über welchen Weg man eine Methode der wiederholt geerbten Klasse aufruft, da sie immer mit denselben Attributen hantiert. Dies vereinfacht das Problem der wiederholten Vererbung erheblich und baut vielen Fehlern vor, die bei anderen Programmiersprachen mit Mehrfachvererbung tägliches Brot sind.

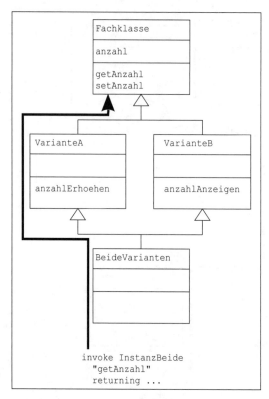

Abbildung 25.8: Messagerouting bei wiederholter Vererbung

Welchen Weg das Messagerouting nimmt, spielt für die wiederholt geerbten Methoden keine Rolle. Wichtig ist in COBOL lediglich die Tatsache, dass das Attribut `anzahl` pro Instanz der Klasse `BeideVarianten` nur einmal existiert. Das abgedruckte Beispiel macht dies deutlich.

```
 1 identification division.
 2 class-id. Fachklasse as "fachklasse"
 3           inherits from base.
 4
 5 repository.
 6     class base as "base"
 7       .
 8
 9 factory.
10 working-storage section.
11
12 end factory.
13
14 object.
15 working-storage section.
16 01  anzahl             binary-short value 0.
17
```

```
18*>--------------------------------------------------
19 method-id. "getAnzahl" .
20 local-storage Section.
21 linkage Section.
22 01  lnkAnzahl            binary-short.
23 procedure division returning lnkAnzahl.
24     move anzahl to lnkAnzahl
25     exit method.
26 end method "getAnzahl".
27*>----------------------------------------------
28
29*>----------------------------------------------
30 method-id. "setAnzahl" .
31 local-storage Section.
32 linkage Section.
33 01  lnkAnzahl            binary-short.
34 procedure division using lnkAnzahl.
35     move lnkAnzahl to anzahl
36     exit method.
37 end method "setAnzahl".
38*>----------------------------------------------
39
40 end object.
41
42 end class Fachklasse.
```

Listing 25.7: Die Klasse Fachklasse

Die Klasse mit dem sinnfreien Namen Fachklasse definiert in Zeile 16 ein Attribut mit dem Namen anzahl, das beim Anlegen einer neuen Instanz mit dem Wert 0 initialisiert wird. Genau um dieses Attribut
wird es später gehen, wenn aufgrund einer wiederholten Vererbung eben dieses Attribut geprüft wird, ob
es dank COBOL doch nur einmal im Hauptspeicher angelegt wird.

```
 1 identification division.
 2 class-id. VarianteA as "variantea"
 3            inherits from Fachklasse.
 4
 5 repository.
 6     class Fachklasse as "fachklasse"
 7     .
 8
 9 factory.
10 working-storage section.
11
12 end factory.
13
14 object.
15 working-storage section.
```

```
16
17*>-------------------------------------------------
18 method-id. "anzahlErhoehen" .
19 local-storage section.
20 01  lsAnzahl                binary-short.
21 linkage Section.
22 01  lnkWert                 binary-short.
23 procedure division using lnkWert.
24     invoke self "getAnzahl"
25         returning lsAnzahl
26     add lnkWert to lsAnzahl
27     invoke self "setAnzahl" using lsAnzahl
28     exit method.
29 end method "anzahlErhoehen".
30*>-------------------------------------------------
31
32 end object.
33
34 end class VarianteA.
```

Listing 25.8: Die Klasse VarianteA

Die Klasse mit dem ebenso bedeutungslosen Namen VarianteA ist von Fachklasse abgeleitet und addiert über ihre Methode anzahlErhoehen einen zu übergebenden Wert auf das Attribut anzahl der Fachklasse. Da abgeleitete Klassen nicht direkt auf geerbte Attribute zugreifen können, müssen auch sie geeignete Methoden aufrufen, um an den Wert zu kommen. Dabei ist es durchaus normal und richtig, dass die abgeleitete Klasse eine dafür geerbte Methode wie getAnzahl mit SELF aufruft, denn es ist ja ihre eigene Methode.

```
 1 identification division.
 2 class-id. VarianteB as "varianteb"
 3           inherits from Fachklasse.
 4
 5 repository.
 6     class Fachklasse as "fachklasse"
 7     .
 8
 9 factory.
10 working-storage section.
11
12 end factory.
13
14 object.
15 working-storage section.
16
17*>-------------------------------------------------
18 method-id. "anzahlAnzeigen" .
19 local-storage Section.
20 01  lsAnzahl                binary-short.
```

```
21 linkage Section.
22 procedure division.
23     invoke self "getAnzahl"
24         returning lsAnzahl
25     display "Anzahl: " lsAnzahl
26     exit method.
27 end method "anzahlAnzeigen".
28*>-------------------------------------------------
29
30 end object.
31
32 end class VarianteB.
```

Listing 25.9: Die Klasse VarianteB

Auch der Name der Klasse VarianteB lässt viel Raum für Interpretationen. Für das Beispiel wichtig ist hier nur die Methode anzahlAnzeigen, die sich aus ihrer Basisklasse den Inhalt des Attributs anzahl geben lässt, um es danach anzuzeigen. Es greift dank COBOL auf das physisch selbe Attribut zu wie schon die Methode anzahlErhoehen der Klasse VarianteA.

```
 1 identification division.
 2 class-id. BeideVarianten as "beidevarianten"
 3           inherits from VarianteA, VarianteB.
 4
 5 repository.
 6     class VarianteA as "variantea"
 7     class VarianteB as "varianteb"
 8     .
 9
10 factory.
11 working-storage section.
12
13 end factory.
14
15 object.
16 working-storage section.
17
18 end object.
19
20 end class BeideVarianten.
```

Listing 25.10: Die Klasse BeideVarianten

Um das Beispiel komplett zu machen, benötigen wir noch eine Klasse, die sich sowohl von VarianteA als auch von VarianteB ableitet. Die Klasse BeideVarianten erreicht dies in Zeile 3 durch die Angabe INHERITS FROM VARIANTEA, VARIANTEB. Sie erbt alle Methoden ihrer Basisklassen und auch all deren Attribute. Es ist für das Beispiel nicht notwendig, dass diese Klasse weitere Methoden definiert.

```
 1 program-id. Variantentest.
 2 repository.
```

```
 3     class BeideVarianten as "beidevarianten"
 4       .
 5 working-storage section.
 6 01  wert              binary-short.
 7 01  InstanzBeide      object reference.
 8 procedure division.
 9     invoke BeideVarianten "new"
10         returning instanzBeide
11     move 10 to wert
12     invoke InstanzBeide "anzahlErhoehen"
13         using wert
14     invoke InstanzBeide "anzahlAnzeigen"
```

Listing 25.11: Das Testprogramm Variantentest

Ein passendes Testprogramm ist schnell geschrieben. Zunächst erzeugt es in Zeile 9 eine Instanz der Klasse BeideVarianten. Der Inhalt des Attributs anzahl ist jetzt null. In Zeile 12 ruft es dann die Methode anzahlErhoehen auf, wodurch der Attributwert auf 10 gesetzt wird. Der Aufruf der Methode anzahlAnzeigen in Zeile 14 gibt schließlich den Text Anzahl: +00010 auf dem Bildschirm aus, wodurch der Beweis erbracht ist, dass wiederholt geerbte Attribute zur Laufzeit pro Instanz nur einmal vorhanden sind.

25.8 Konstruktoraufrufe bei Mehrfachvererbung

Ein nicht zu unterschätzendes Problem tritt in einem System mit Mehrfachvererbung auf, wenn die Basisklassen, von denen eine neue Klasse abgeleitet wird, über unterschiedliche Konstruktoren verfügen, weil sie sich unterschiedlich initialisieren müssen. Verfügt eine abgeleitete Klasse über zwei Basisklassen und wurde überall der Konstruktor new überladen, so ruft der Konstruktor der abgeleiteten Klasse mit INVOKE SUPER "new" lediglich den Basisklassenkonstruktor der Klasse auf, die als erste in der INHERITS FROM-Klausel genannt wurde. Der Konstruktor der zweiten Klasse kommt nicht zum Zug.

Damit ein Konstruktor die soeben erstellte Instanz sauber initialisieren kann, muss sie eine Objektmethode aufrufen und ihr die notwendigen Parameter übergeben. Der Name einer solchen Methode könnte sich aus dem Präfix init und dem eigentlichen Klassennamen ergeben. Die Klassen aus der Abbildung 25.9 würden dann über die Methoden initKlasseA für KlasseA, initKlasseB für KlasseB und so weiter verfügen. Die jeweiligen Konstruktoren rufen die init-Methoden ihrer Instanzen auf. Jetzt kann auch der Konstruktor der KlasseD die Methode initKlasseC explizit verwenden, um auch diesen Zweig zu initialisieren. Dennoch bleibt ein fahler Beigeschmack, der Sie überlegen lassen sollte, ob Sie nicht auch ohne Mehrfachvererbung auskommen.

25.9 Programmbeispiel: Schrauben und Nägel

Aufgabenstellung

In einer Liste sollen alle Schrauben und Nägel angedruckt werden, die zu einer Kommission zusammenzufassen sind. Das Unternehmen unterscheidet kurze und lange Schrauben sowie Stahlnägel und hat für jede Variante eine eigene Klasse definiert. Unabhängig von ihren fachlichen Daten müssen alle diese Klassen in der Lage sein, sich einheitlich auf einem externen Medium darzustellen. Aus diesem Grund wurde eine technische Klasse mit dem Namen Anzeige eingeführt, von der sich alle Klassen zusätzlich ableiten sollen.

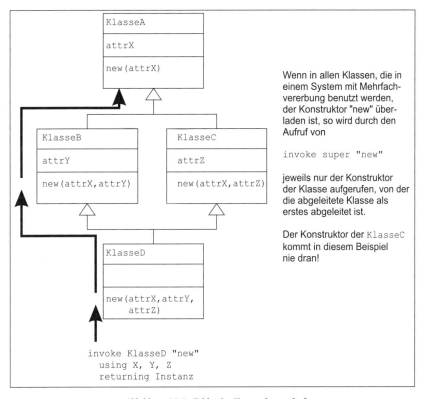

Abbildung 25.9: Fehlender Konstruktoraufruf

Um das Programm zu testen, wurde eine entsprechende Testdatei mit dem Namen TESTDATEI.DAT geschaffen, die über drei verschiedene Satzarten verfügt.

Aufbau der Testdatei

Datensätze für kurze Schrauben

Anz. Stellen	Feldverwendung
15	Kennung »Kurze Schraube«
10	Bezeichnung
5	Länge

Tabelle 25.1: Satzaufbau »Kurze Schraube«

Datensätze für lange Schrauben

Anz. Stellen	Feldverwendung
15	Kennung »Lange Schraube«
10	Bezeichnung
5	Gewicht in Gramm

Tabelle 25.2: Satzaufbau »Lange Schraube«

Datensätze für Stahlnägel

Anz. Stellen	Feldverwendung
15	Kennung »Stahlnagel«
5	Nummer

Tabelle 25.3: Satzaufbau »Stahlnagel«

Klassendiagramm

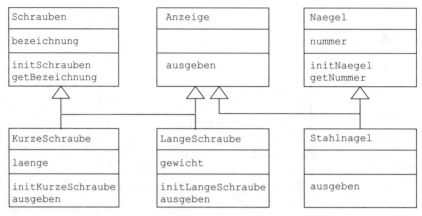

Abbildung 25.10: Klassendiagramm

Programmlisting Klasse »Schrauben«

```
 1 identification division.
 2 class-id. Schrauben as "schrauben"
 3         inherits from base.
 4
 5 repository.
 6     class base as "base"
 7     .
 8
 9 factory.
10 working-storage section.
11
12*>-------------------------------------------------
13 method-id. "new" override.
14 linkage Section.
15 01  lnkBezeichnung      pic x(10).
16 01  lnkInstanz          object reference.
17 procedure division using lnkBezeichnung
18              returning lnkInstanz.
19     invoke super "new"
20         returning lnkInstanz
```

```
21      invoke lnkInstanz "initSchrauben"
22          using lnkBezeichnung
23      exit method.
24 end method "new".
25*>----------------------------------------------
26
27 end factory.
28
29 object.
30 working-storage section.
31 01  bezeichnung         pic x(10).
32
33*>----------------------------------------------
34 method-id. "initSchrauben" .
35 local-storage Section.
36 linkage Section.
37 01  lnkBezeichnung      pic x(10).
38 procedure division using lnkBezeichnung.
39      move lnkBezeichnung to bezeichnung
40      exit method.
41 end method "initSchrauben".
42*>----------------------------------------------
43
44*>----------------------------------------------
45 method-id. "getBezeichnung" .
46 local-storage Section.
47 linkage Section.
48 01  lnkBezeichnung      pic x(10).
49 procedure division returning lnkBezeichnung.
50      move bezeichnung to lnkBezeichnung
51      exit method.
52 end method "getBezeichnung".
53*>----------------------------------------------
54
55 end object.
56
57 end class Schrauben.
```

Listing 25.12: Die Klasse Schrauben

Programmlisting Klasse »Naegel«

```
1 identification division.
2 class-id. Naegel as "naegel"
3           inherits from base.
4
5 repository.
6     class base as "base"
```

```
 7    .
 8
 9 factory.
10 working-storage section.
11
12*>-----------------------------------------------
13 method-id. "new" override.
14 linkage Section.
15 01  lnkNummer          pic 9(5).
16 01  lnkInstanz         object reference.
17 procedure division using lnkNummer
18                  returning lnkInstanz.
19     invoke super "new"
20         returning lnkInstanz
21     invoke lnkInstanz "initNaegel"
22         using lnkNummer
23     exit method.
24 end method "new".
25*>-----------------------------------------------
26
27 end factory.
28
29 object.
30 working-storage section.
31 01  nummer             pic 9(5).
32
33*>-----------------------------------------------
34 method-id. "initNaegel" .
35 local-storage Section.
36 linkage Section.
37 01  lnkNummer          pic 9(5).
38 procedure division using lnkNummer.
39     move lnkNummer to nummer
40     exit method.
41 end method "initNaegel".
42*>-----------------------------------------------
43
44*>-----------------------------------------------
45 method-id. "getNummer" .
46 local-storage Section.
47 linkage Section.
48 01  lnkNummer          pic 9(5).
49 procedure division returning lnkNummer.
50     move nummer to lnkNummer
51     exit method.
52 end method "getNummer".
```

```
53*>-------------------------------------------
54
55 end object.
56
57 end class Naegel.
```

Listing 25.13: Die Klasse Naegel

Programmlistig Klasse »Anzeige«

```
 1 identification division.
 2 class-id. Anzeige as "anzeige"
 3           inherits from base.
 4
 5 repository.
 6     class base as "base"
 7     .
 8
 9 factory.
10 working-storage section.
11
12 end factory.
13
14 object.
15 working-storage section.
16
17*>-------------------------------------------
18 method-id. "ausgeben".
19 01   lsUhrzeit.
20     05   stunde          pic 99.
21     05   minute          pic 99.
22     05   sekunde         pic 99.
23 linkage Section.
24 01   lnkText             pic x(80).
25 procedure division using lnkText.
26     accept lsUhrzeit from time
27     display "[" stunde ":" minute ":" sekunde "]"
28         lnkText(1:70)
29     exit method.
30 end method "ausgeben".
31*>-------------------------------------------
32
33 end object.
34
35 end class Anzeige.
```

Listing 25.14: Die Klasse Anzeige

Programmlisting Klasse »KurzeSchraube«

```cobol
 1 identification division.
 2 class-id. KurzeSchraube as "kurzeschraube"
 3            inherits from Anzeige, Schrauben.
 4
 5 repository.
 6     class Schrauben as "schrauben"
 7     class Anzeige as "anzeige"
 8     .
 9
10 factory.
11 working-storage section.
12
13*>----------------------------------------------
14 method-id. "new" override.
15 linkage Section.
16 01  lnkBezeichnung       pic x(10).
17 01  lnkLaenge            pic 9(5).
18 01  lnkInstanz           object reference.
19 procedure division using lnkBezeichnung
20                           lnkLaenge
21                 returning lnkInstanz.
22     invoke super "new"
23         returning lnkInstanz
24     invoke lnkInstanz "initSchrauben"
25         using lnkBezeichnung
26     invoke lnkInstanz "initKurzeSchraube"
27         using lnkLaenge
28     exit method.
29 end method "new".
30*>----------------------------------------------
31
32 end factory.
33
34 object.
35 working-storage section.
36 01  laenge           pic 9(5).
37
38*>----------------------------------------------
39 method-id. "initKurzeSchraube" .
40 local-storage Section.
41 linkage Section.
42 01  lnkLaenge        pic 9(5).
43 procedure division using lnkLaenge.
44     move lnkLaenge to laenge
45     exit method.
```

```
46 end method "initKurzeSchraube".
47*>---------------------------------------------
48
49*>---------------------------------------------
50 method-id. "ausgeben" .
51 local-storage Section.
52 01  lsBezeichnung        pic x(10).
53 01  lsText               pic x(80).
54 linkage Section.
55 procedure division.
56      invoke self "getBezeichnung"
57           returning lsBezeichnung
58      move space to lsText
59      string "Kurze Schraube Länge:"
60             laenge
61             " Name:"
62             lsBezeichnung
63             delimited by size
64             into lsText
65      invoke super "ausgeben" using lsText
66      exit method.
67 end method "ausgeben".
68*>---------------------------------------------
69
70 end object.
71
72 end class KurzeSchraube.
```

Listing 25.15: Die Klasse KurzeSchraube

Programmlisting Klasse »LangeSchraube«

```
 1 identification division.
 2 class-id. LangeSchraube as "langeschraube"
 3              inherits from Anzeige, Schrauben.
 4
 5 repository.
 6     class Schrauben as "schrauben"
 7     class Anzeige as "anzeige"
 8     .
 9
10 factory.
11 working-storage section.
12
13*>---------------------------------------------
14 method-id. "new" override.
15 linkage Section.
16 01  lnkBezeichnung       pic x(10).
```

```
17 01  lnkGewicht            pic 9(5).
18 01  lnkInstanz            object reference.
19 procedure division using lnkBezeichnung
20                            lnkGewicht
21              returning lnkInstanz.
22     invoke super "new"
23         returning lnkInstanz
24     invoke lnkInstanz "initSchrauben"
25         using lnkBezeichnung
26     invoke lnkInstanz "initLangeSchraube"
27         using lnkGewicht
28     exit method.
29 end method "new".
30*>--------------------------------------------
31
32 end factory.
33
34 object.
35 working-storage section.
36 01  gewicht              pic 9(5).
37
38*>--------------------------------------------
39 method-id. "initLangeSchraube" .
40 local-storage Section.
41 linkage Section.
42 01  lnkGewicht            pic 9(5).
43 procedure division using lnkGewicht.
44     move lnkGewicht to gewicht
45     exit method.
46 end method "initLangeSchraube".
47*>--------------------------------------------
48
49*>--------------------------------------------
50 method-id. "ausgeben" .
51 local-storage Section.
52 01  lsBezeichnung        pic x(10).
53 01  lsText               pic x(80).
54 linkage Section.
55 procedure division.
56     invoke self "getBezeichnung"
57         returning lsBezeichnung
58     move space to lsText
59     string "Lange Schraube Gewicht:"
60          gewicht
61          " Gramm, Name:"
62          lsBezeichnung
```

```
63              delimited by size
64              into lsText
65      invoke super "ausgeben" using lsText
66      exit method.
67 end method "ausgeben".
68*>----------------------------------------------
69
70 end object.
71
72 end class LangeSchraube.
```

Listing 25.16: Die Klasse LangeSchraube

Programmlisting Klasse »Stahlnagel«

```
 1 identification division.
 2 class-id. Stahlnagel as "stahlnagel"
 3          inherits from Anzeige, Naegel.
 4
 5 repository.
 6      class Naegel as "naegel"
 7      class Anzeige as "anzeige"
 8      .
 9
10 factory.
11 working-storage section.
12
13 end factory.
14
15 object.
16 working-storage section.
17
18*>----------------------------------------------
19 method-id. "ausgeben" .
20 local-storage Section.
21 01   lsNummer          pic 9(5).
22 01   lsText            pic x(80).
23 linkage Section.
24 procedure division.
25      invoke self "getNummer"
26          returning lsNummer
27      move space to lsText
28      string "Stahlnagel #"
29              lsNummer
30              delimited by size
31              into lsText
32      invoke super "ausgeben" using lsText
33      exit method.
```

```
34 end method "ausgeben".
35*>----------------------------------------------
36
37 end object.
38
39 end class Stahlnagel.
```

Listing 25.17: Die Klasse Stahlnagel

Programmlisting des Hauptprogramms

```
 1 program-id. SchraubenUndNaegel.
 2 environment division.
 3 repository.
 4     class KurzeSchraube as "kurzeschraube"
 5     class LangeSchraube as "langeschraube"
 6     class Stahlnagel   as "stahlnagel"
 7     .
 8
 9 input-output section.
10 file-control.
11     select Testdaten assign to "Testdaten.dat"
12         organization is line sequential
13         file status is test-stat.
14
15 data division.
16 file section.
17 fd  Testdaten.
18 01  Testsatz.
19     05  Kennung       pic x(15).
20     05                pic x(65).
21 01  StahlnagelDaten.
22     05                pic x(15).
23     05  Nummer        pic 9(5).
24 01  KurzeSchraubeDaten.
25     05                pic x(15).
26     05  Bezeichnung   pic x(10).
27     05  Laenge        pic 9(5).
28 01  LangeSchraubeDaten.
29     05                pic x(15).
30     05                pic x(10).
31     05  Gewicht       pic 9(5).
32
33 working-storage section.
34 01  test-stat        pic xx.
35     88 test-ok       value "00" thru "09".
36 01  Tabelle.
37     05  SchraubeOderNagel   occurs 50
```

```
38                          object reference value null.
39 01  i                    pic 99.
40
41 procedure division.
42 daten-einlesen.
43    open input Testdaten
44    if not test-ok
45       display "Fehler bei open " test-stat
46       stop run
47    end-if
48
49    read Testdaten
50    perform varying i from 1 by 1 until i > 50
51                          or not test-ok
52       evaluate Kennung
53       when "Stahlnagel"
54          invoke Stahlnagel "new" using
55             Nummer
56             returning SchraubeOderNagel(i)
57       when "Kurze Schraube"
58          invoke KurzeSchraube "new" using
59             Bezeichnung Laenge
60             returning SchraubeOderNagel(i)
61       when "Lange Schraube"
62          invoke LangeSchraube "new" using
63             Bezeichnung Gewicht
64             returning SchraubeOderNagel(i)
65       end-evaluate
66       read Testdaten
67    end-perform
68    close Testdaten
69    .
70 daten-anzeigen.
71    perform varying i from 1 by 1 until i > 50
72                  or SchraubeOderNagel(i) = null
73       invoke SchraubeOderNagel(i) "ausgeben"
74    end-perform
75    .
76 instanzen-freigeben.
77    perform varying i from 1 by 1 until i > 50
78                  or SchraubeOderNagel(i) = null
79       invoke SchraubeOderNagel(i) "finalize"
80          returning SchraubeOderNagel(i)
81    end-perform
82    .
```

Listing 25.18: Hauptprogramm

Inhalt der Datei »Testdaten.dat«

```
Stahlnagel      12345
Kurze Schraube QAG057    01723
Lange Schraube 55T68     00022
Stahlnagel      82763
Kurze Schraube LIWN9217  02884
Lange Schraube 55T69     00198
Stahlnagel      81263
Kurze Schraube KLOOO5    00912
Lange Schraube 55T70     00923
Stahlnagel      92738
Kurze Schraube QAG058    00927
Lange Schraube 55T71     00012
```

Listing 25.19: Testdaten

Bildschirmausgabe

```
[16:17:19]Stahlnagel #12345
[16:17:19]Kurze Schraube Länge:01723 Name:QAG057
[16:17:19]Lange Schraube Gewicht:00022 Gramm, Name:55T68
[16:17:19]Stahlnagel #82763
[16:17:19]Kurze Schraube Länge:02884 Name:LIWN9217
[16:17:19]Lange Schraube Gewicht:00198 Gramm, Name:55T69
[16:17:19]Stahlnagel #81263
[16:17:19]Kurze Schraube Länge:00912 Name:KLOOO5
[16:17:19]Lange Schraube Gewicht:00923 Gramm, Name:55T70
[16:17:19]Stahlnagel #92738
[16:17:19]Kurze Schraube Länge:00927 Name:QAG058
[16:17:19]Lange Schraube Gewicht:00012 Gramm, Name:55T71
```

Listing 25.20: Bildschirmausgabe

26

Methoden überladen (SELF, SUPER)

26.1 Vorbemerkung

In einem objektorientierten System ist es an der Tagesordnung, dass neu hinzukommende Klassen bereits bestehende um Funktionalitäten erweitern, indem sie sich von ihnen ableiten. Oft genug ändert sich dadurch aber auch die eine oder andere Funktionalität, muss dafür gesorgt werden, dass eine geerbte Methode anders abgearbeitet wird als bisher. Um dies zu erreichen, überlädt die abgeleitete Klasse diese Methode, indem sie eine eigene Methode definiert, die denselben Namen wie die aus der Basisklasse trägt. Um diesen Vorgang zu dokumentieren und um zu verhindern, dass eine geerbte Methode versehentlich überladen wird, muss das Schlüsselwort OVERRIDE an den Namen der neuen Methode in der abgeleiteten Klasse angehängt werden, wie es die Syntax der METHOD-ID fordert.

```
[IDENTIFICATION DIVISION.]

              ⎧ Methodenname-1 [AS Literal-1] ⎫
METHOD-ID.    ⎨ ⎧GET⎫                          ⎬ [OVERRIDE][IS FINAL] .
              ⎩ ⎩SET⎭  PROPERTY Propertyname-1 ⎭

[options-paragraph]

[environment-division]

[data-division]

[procedure-division]

END METHOD [Methodenname-1] .
```

Abbildung 26.1: Syntax der METHOD-ID

Auf die Bedeutung der einzelnen Angaben der METHOD-ID wurde bereits in einem früheren Kapitel ausführlich eingegangen.

Eine Methode kann auch verhindern, dass sie durch andere Klassen überschrieben wird, indem sie den Zusatz IS FINAL definiert. Dann muss sie sich aber schon sehr sicher sein, dass es in Zukunft keine Konstellation mehr geben kann, die dazu zwingt, für eine neue Klasse das Verhalten dieser Methode anzugleichen.

Wurde eine Methode überladen, so kann es sein, dass die neue Methode die gesamte Logik alleine definiert, also nicht mehr auf die bisher bestehende Methode angewiesen ist. Oft findet man aber Implementierungen, in denen die neuen Methoden die von ihnen überladenen weiterhin verwenden und somit die Gesamtlogik lediglich erweitern. Wie eine überladene Methode aufgerufen werden muss, zeigt dieses Kapitel.

```cobol
class-id. Basisklasse as "basisklasse"
          inherits from base.
repository.
    class base as "base".

factory.
working-storage section.
end factory.

object.
working-storage section.

method-id. "displayName".
procedure division.
    display "Basisklasse"
    exit method.
end method "displayName".

end object.
end class Basisklasse.


*>------------------------------------

class-id. AbgeleiteteKlasse
          inherits from Basisklasse.
repository.
    class Basisklasse as "basisklasse".

factory.
working-storage section.
end factory.

object.
working-storage section.

method-id. "displayName" override.
procedure division.
    display "AbgeleiteteKlasse"
    exit method.
```

```
  end method "displayName".

  end object.
  end class AbgeleiteteKlasse.
```

Listing 26.1: Beispiel für das Überladen einer Methode

In Listing 26.1 wird die Methode displayName von der abgeleiteten Klasse überladen.

26.2 Aufruf einer Objektmethode über SELF

Ist eine Klasse von einer anderen abgeleitet, so erbt sie alle Methoden ihrer Basisklasse und für den Anwendungsentwickler stellt es sich so dar, als wären all diese Methoden in der abgeleiteten Klasse selbst programmiert worden.

Eine Methode soll nach Möglichkeit immer nur einen kleinen Schritt innerhalb der Anwendung ausführen. Man ist stets bestrebt, die Methoden inhaltlich so klein wie möglich zu halten. Daher kommt es häufig vor, dass eine Methode einer Klasse eine andere Methode der eigenen Klasse aufruft, um die geforderte Funktion auszuführen. Dabei spielt es keine Rolle, ob die andere Methode geerbt oder selbst programmiert wurde.

Definiert man innerhalb von OBJECT eine Datei, so steht diese jeder Instanz, die später aus der Klasse erzeugt wird, exklusiv zur Verfügung. Damit muss sich aber auch jede Instanz selbst darum kümmern, die Datei zu öffnen, zu schließen und ihre Datensätze zu verarbeiten. Vor allem sollten diese Tätigkeiten von der Klasse selbst durchgeführt und nicht an den Benutzer der Klasse delegiert werden. Dieser ist nur an Datensätzen interessiert und nicht daran, die Datei erst zu öffnen.

Eine geeignete Klasse wird daher eigene Methoden für das Öffnen, das Lesen, das Schreiben und so weiter anbieten, die sich dann bei Bedarf gegenseitig aufrufen.

Abbildung 26.2: Syntax der INVOKE-Anweisung

Die INVOKE-Anweisung verlangt nach dem Schlüsselwort INVOKE einen Klassennamen oder einen Bezeichner vom Typ OBJECT REFERENCE, um zu wissen, für welche Klasse beziehungsweise welche Instanz die Methode aufgerufen werden soll. Daher verfügt jede Klasse und jede Instanz über eine Referenz auf sich selbst, die vom COBOL-Laufzeitsystem verwaltet wird. Diese Referenz ist über das Schlüsselwort SELF zu erreichen. Will also eine Methode einer Klasse eine eigene Methode aufrufen, so kann sie das über die Anweisung INVOKE SELF "NameDerMethode".

Worauf bezieht sich nun SELF aber ganz genau? Solange man nur eine einzelne Klasse betrachtet, ist die Sache klar. SELF bezieht sich auf die eigene Instanz.

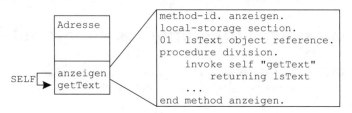

Abbildung 26.3: SELF bei nur einer Klasse

In dem Beispiel aus Abbildung 26.3 wird die Methode getText über SELF von der Methode anzeigen aus aufgerufen. So weit, so einfach. Was ist aber, wenn Monate später eine neue Klasse eMail eingefügt wird, die sich von Adresse ableitet und ausgerechnet die Methode getText überlädt? Eine E-Mail-Adresse sieht schließlich anders aus als eine klassische. Dazu muss man bedenken, dass die Klasse Adresse nicht zwangsläufig neu übersetzt werden muss.

Nun kommt es ganz darauf an, von welcher Klasse eine Instanz erzeugt wird. Ist es Adresse, so ändert sich nichts, weil die Klasse wieder für sich alleine betrachtet werden muss. Wird dagegen eine Instanz von eMail erzeugt, dann bezieht sich SELF auf eben diese Klasse, und wann immer eine Methode für diese Instanz über SELF aufgerufen wird, wird mit der Suche nach der Methode in der Klasse eMail begonnen. Abbildung 26.4 zeigt dies sehr deutlich.

Daraus folgt, dass sich an den Parametern und an dem Typ des eventuell vorhandenen Rückgabewertes (RETURNING-Zusatz der USAGE-Klausel) beim Überladen einer Methode nichts ändern darf. Würde die Methode getText der Klasse eMail aus vorliegendem Beispiel einen zusätzlichen Parameter erwarten oder etwas anderes zurückliefern, so würde dies beim Aufruf über SELF aus anzeigen heraus unweigerlich zu einem Laufzeitfehler führen.

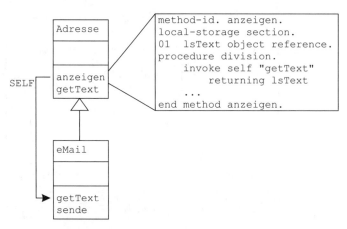

Abbildung 26.4: SELF bei einer überschriebenen Methode

Tatsächlich definieren auch andere objektorientierte Sprachen wie beispielsweise JAVA, dass eine Methode nur dann überladen werden kann, wenn die neue Methode in der abgeleiteten Klasse denselben Namen, dieselbe Art und Anzahl von Parametern und denselben Rückgabetyp besitzt wie die Methode, die überladen werden soll.

Wird die Methode getText der Klasse eMail von außen, also über eine Referenz auf eine Instanz dieser Klasse, aufgerufen, so ist stets getText von eMail gemeint. Der Verwender der Klasse eMail hat keine Möglichkeit, an eMail vorbei die Methode getText von Adresse direkt aufzurufen. Das würde auch keinen Sinn machen, denn es gab einen triftigen Grund, der den Entwickler von eMail dazu bewogen hat, die Methode zu überladen.

26.3 Aufruf einer Klassenmethode über SELF

Für die Arbeitsweise von SELF ist es nicht relevant, ob es sich um eine Objektmethode oder eine Klassenmethode handelt, die die INVOKE SELF-Anweisung beinhaltet. Ihre Arbeitsweise ist grundsätzlich gleich.

Wird aus einer Klassenmethode heraus eine andere Methode über den Bezug SELF aufgerufen, so wird mit der Suche nach der entsprechenden Klassenmethode wieder bei der Klasse begonnen, über die der ursprüngliche Aufruf gestartet wurde. Abbildung 26.5 macht dies deutlich.

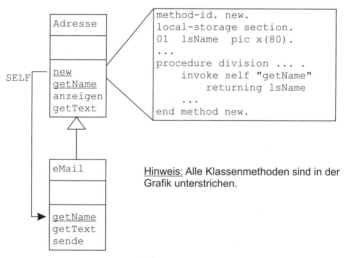

Abbildung 26.5: SELF bei Klassenmethoden

SELF kann immer nur aus einer Methode heraus benutzt werden. Handelt es sich dabei um eine Objektmethode, so wird die zu rufende Methode ausschließlich innerhalb der Objektmethoden der aktuellen Instanz gesucht. Ist es eine Klassenmethode, die SELF verwendet, so wird das Ziel nur bei den Klassenmethoden vermutet.

Es ist nicht möglich, sich mit SELF von einer Objektmethode auf eine Klassenmethode zu beziehen oder umgekehrt. Ist dies doch einmal erforderlich, so braucht sich die Objektmethode bei der INVOKE-Anweisung einfach nur auf den Klassennamen der Klasse zu beziehen, für die sie die Methode aufrufen will. Für eine Klassenmethode sind Objektmethoden nur dann zugänglich, wenn sie in den Besitz einer gültigen Referenz auf eine Instanz dieser Klasse gelangt, genauso wie alle anderen, die eine Objektmethode aufrufen wollen, auch. Eine solche Konstellation findet sich immer dann, wenn ein Konstruktor programmiert oder überladen wird, wie das Beispiel in Listing 26.2 zeigt.

```
      factory.

      method-id. "new" override.
      linkage Section.
      01  lnkBezeichnung       pic x(10).
      01  lnkInstanz           object reference.
      procedure division using lnkBezeichnung
                     returning lnkInstanz.
          invoke super "new"
              returning lnkInstanz
          *> Aufruf einer Objektmethode:
          invoke lnkInstanz "initInstanz"
              using lnkBezeichnung
          exit method.
      end method "new".
```

Listing 26.2: Aufruf einer Objektmethode aus einer Klassenmethode

26.4 Aufruf einer Objektmethode über SUPER

Jede Instanz und jede Klasse hat über das Schlüsselwort SUPER eine Referenz auf ihre unmittelbaren Basisklassen. Wird eine Methode mit INVOKE SUPER aufgerufen, so wird mit der Suche nach dieser Methode in den Basisklassen der Klasse begonnen, die die rufende Methode beinhaltet. Damit wird es möglich, dass eine überladende Methode die ursprünglich von einer Basisklasse geerbte Originalmethode aufruft.

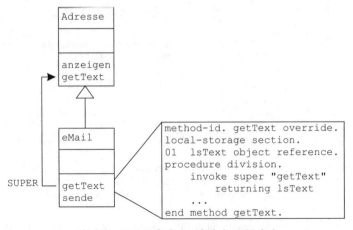

Abbildung 26.6: Aufruf einer überladenen Methode

In dem Beispiel aus Abbildung 26.6 ruft die Methode getText der Klasse eMail die von ihr überladene Methode aus der Klasse Adresse auf. Dabei spielt es keine Rolle, ob diese Methode bereits in Adresse oder erst in einer der Basisklassen von Adresse gefunden werden kann. Wichtig ist nur, dass mit der Suche nach der Methode in Adresse begonnen wird.

Hätte die Methode eMail::getText anstelle von INVOKE SUPER "getText" die Anweisung INVOKE SELF "getText" benutzt, so hätte sie sich selbst rekursiv aufgerufen, was in einem objektorientierten System jederzeit möglich, aber nicht immer gewollt ist.

Der Aufruf von SUPER sollte nur dann verwendet werden, wenn es wirklich darum geht, eine überladene Methode zu rufen, niemals dazu, sich auf geerbte Methoden zu beziehen. In dem Beispiel aus Abbildung 26.6 definiert die Klasse Adresse eine Methode mit dem Namen anzeigen. Sollte die Methode sende diese Funktionalität benötigen, so könnte sie sie über die Anweisung INVOKE SUPER "anzeigen" abfordern. Tatsächlich würde sie ihr Ziel erreichen und der Methodenaufruf wohl auch schneller gehen (unmessbar zwar, aber dennoch schneller), weil im Gegensatz zu INVOKE SELF "anzeigen" nicht erst unnötigerweise in der Klasse eMail nach der Methode gesucht werden müsste. Das Ganze hat aber dennoch einen entscheidenden Nachteil und kann zu schwer auffindbaren Fehlern führen. Sollte es später einmal eine weitere Klasse geben, die von eMail abgeleitet ist und sollte eben diese Klasse die Methode anzeigen überladen, so könnte die neue Variante aus eMail::sende heraus nie gefunden werden. SUPER sollte nur dann benutzt werden, wenn es nicht anders geht, wenn es durch die Verwendung von SELF zu einer nicht gewünschten Rekursion käme. In allen anderen Fällen ist SELF die richtige Wahl.

In einem System mit Mehrfachvererbung durchsucht SUPER die Basisklassen in der Reihenfolge, in der sie bei der INHERITS FROM-Klausel der CLASS-ID angegeben wurden. Soll dieses Verhalten geändert und die Methode nur in einer ganz bestimmten Basisklasse gesucht werden, so kann die Angabe SUPER um den Namen der gewünschten Basisklasse erweitert werden, wie aus der Syntax von SUPER ersichtlich ist. Bei dem Klassennamen vor dem Wort SUPER muss es sich aber immer um eine der Klassen handeln, die in der INHERITS FROM-Klausel derjenigen Klasse aufgelistet sind, zu der die rufende Methode gehört. Es ist nicht möglich, eine oder mehrere Klassen innerhalb der Hierarchie zu überspringen.

```
[ Klassenname-1 OF ] SUPER
```

Abbildung 26.7: Syntax von SUPER

In Abbildung 26.8 wird gezeigt, wie sich die Methode getText auf die gleichnamige Methode aus der zweiten Basisklasse mit dem Namen URL bezieht.

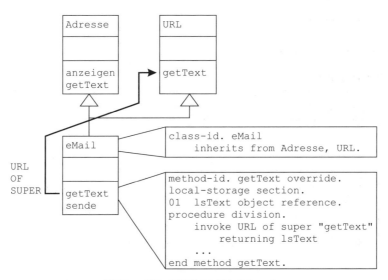

Abbildung 26.8: SUPER bei Mehrfachvererbung

Was nicht möglich ist, ist, bei mehreren Basisklassen nur eine einzelne von der Suche auszuschließen. Entweder werden alle Basisklassen in der beschriebenen Reihenfolge durchsucht oder nur eine einzige.

26.5 Aufruf einer Klassenmethode über SUPER

Ähnlich wie schon bei SELF spielt es für SUPER keine Rolle, ob es sich bei der rufenden Methode um eine Klassenmethode oder um eine Objektmethode handelt. In beiden Fällen wird immer innerhalb der unmittelbaren Basisklassen mit der Suche nach der zu rufenden Methode begonnen. Weiterhin gilt, dass von einer Klassenmethode aus mit SUPER immer nur Klassenmethoden und von Objektmethoden aus nur Objektmethoden aufgerufen werden können. Die Grenze zwischen FACTORY und OBJECT kann in keiner Richtung überschritten werden.

26.6 Programmbeispiel: Einheitliche Listen drucken

Aufgabenstellung

Das Drucken von Listen soll vereinheitlicht werden, weil sich die grundlegenden Abläufe sehr stark ähneln. Für den physischen Zugriff auf die Druckdatei soll dazu eine Klasse mit dem Namen PhysischeListe geschaffen werden, auf die alle anderen Listenklassen aufbauen. Die wichtigsten Teilschritte des eigentlichen Ausdrucks finden sich in Form einzelner Methoden in einer von PhysischeListe abgeleiteten Klasse mit dem Namen LogischeListe. Vor allem der eigentliche Druckvorgang wird in einer Methode dieser Klasse komplett abgehandelt, so dass man sich bei künftigen Implementierungen darum nicht mehr kümmern muss. Eigentlich wäre diese Klasse für sich bereits lauffähig, würde aber eine leere Liste ohne Überschriften drucken. Um eine konkrete Druckliste zu erzeugen, werden weitere Klassen von LogischeListe abgeleitet, die alle für sie relevanten Methoden überladen und so mit Funktionalität ausstatten.

Das Beispiel zeigt anhand einer einfach gehaltenen Implementierung sehr schön die Vorteile objektorientierter Programmierung, wenn es um Vererbung und das Überladen von Methoden geht.

Als konkrete Listen werden eine einfache Liste und eine Summenliste gedruckt. Entsprechend wurden zwei neue Klassen implementiert, die sich jeweils von LogischeListe ableiten.

Die Daten für beide Listen befinden sich in einer Eingabedatei mit dem Namen EINGABE.EIN.

Aufbau der Eingabedatei

Anz. Stellen	Feldverwendung
5	Nummer
20	Artikelbezeichnung
5	Menge
3VK 2NK	Preis

Tabelle 26.1: Aufbau der Eingabedatei

Die Datei ist aufsteigend nach Artikeln sortiert.

Klassendiagramm

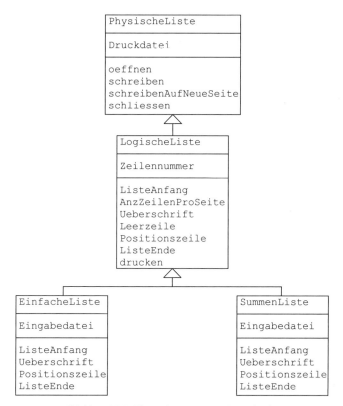

Abbildung 26.9: Klassendiagramm zum Listendrucken

Programmlisting Klasse »PhysischeListe«

```
 1 identification division.
 2 class-id. PhysischeListe as "physischeliste"
 3          inherits from base.
 4
 5 repository.
 6     class base as "base"
 7     .
 8
 9 factory.
10 working-storage section.
11
12 end factory.
13
14 object.
15*> Die Druckdatei wird innerhalb von OBJECT
16*> definiert, wodurch jede Instanz einer
```

```
17*> abgeleiteten Klasse über eine eigene
18*> Druckdatei verfügt.
19 file-control.
20     select druckdatei assign to "ausgabe"
21         organization is line sequential
22         file status is druck-stat.
23 file section.
24 fd  druckdatei.
25 01  drucksatz           pic x(80).
26 working-storage section.
27 01  druck-stat          pic xx.
28     88  druck-ok        value "00" thru "09".
29
30*>-------------------------------------------------
31*> Mit dieser Methode wird die Druckdatei
32*> geöffnet. Sollte es dabei zu einem Fehler
33*> kommen, liefert die Variable lnkBool den
34*> Wert 0 zurück, ansonsten 1.
35*>-------------------------------------------------
36 method-id. "oeffnen" .
37 local-storage Section.
38 linkage Section.
39 01  lnkBool             binary-short.
40 procedure division returning lnkBool.
41     open extend druckdatei
42     if druck-ok
43         move 1 to lnkBool
44     else
45         move 0 to lnkBool
46     end-if
47     exit method.
48 end method "oeffnen".
49*>-------------------------------------------------
50
51*>-------------------------------------------------
52*> Um eine Zeile in die Druckdatei zu schreiben,
53*> wird diese Methode verwendet. Sie meldet
54*> den Erfolg mit Hilfe der booleschen Variablen
55*> lnkBool.
56*>-------------------------------------------------
57 method-id. "schreiben" .
58 local-storage Section.
59 linkage Section.
60 01  lnkZeile            pic x(80).
61 01  lnkBool             binary-short.
62 procedure division using lnkZeile
```

```
63                     returning lnkBool.
64      write drucksatz from lnkZeile after 1
65      if druck-ok
66          move 1 to lnkBool
67      else
68          move 0 to lnkBool
69      end-if
70      exit method.
71 end method "schreiben".
72*>----------------------------------------------
73
74*>----------------------------------------------
75*> Im Unterschied zur Methode schreiben gibt
76*> diese Methode die Druckzeile am Anfang einer
77*> neuen Seite aus. Auch sie liefert das
78*> Ergebnis in Form einer booleschen Variablen
79*> zurück.
80*>----------------------------------------------
81 method-id. "schreibenAufNeueSeite" .
82 local-storage Section.
83 linkage Section.
84 01  lnkZeile          pic x(80).
85 01  lnkBool           binary-short.
86 procedure division using lnkZeile
87                     returning lnkBool.
88      write drucksatz from lnkZeile after page
89      if druck-ok
90          move 1 to lnkBool
91      else
92          move 0 to lnkBool
93      end-if
94      exit method.
95 end method "schreibenAufNeueSeite".
96*>----------------------------------------------
97
98*>----------------------------------------------
99*> Wenn die Liste komplett gedruckt ist, kann
100*> sie mit Hilfe dieser Methode geschlossen
101*> werden.
102*>----------------------------------------------
103 method-id. "schliessen" .
104 local-storage Section.
105 linkage Section.
106 01  lnkBool           binary-short.
107 procedure division returning lnkBool.
108     close druckdatei
```

```
109    if druck-ok
110        move 1 to lnkBool
111    else
112        move 0 to lnkBool
113    end-if
114    exit method.
115 end method "schliessen".
116*>-------------------------------------------
117
118 end object.
119
120 end class PhysischeListe.
```

Listing 26.3: Die Klasse PhysischeListe

Programmlisting Klasse »LogischeListe«

```
1 identification division.
2 class-id. LogischeListe as "logischeliste"
3            inherits from PhysischeListe.
4
5 repository.
6     class PhysischeListe as "physischeliste"
7     .
8
9 factory.
10 working-storage section.
11
12 end factory.
13
14 object.
15 working-storage section.
16 01  Zeilennummer       binary-long value 0.
17
18*>-------------------------------------------
19*> Wenn die Methode drucke mit ihrer Ausgabe
20*> beginnt, ruft sie zunächst ListeAnfang auf,
21*> damit eine abgeleitete Liste sich initiali-
22*> sieren kann. Der Erfolg wird über eine
23*> boolesche Variable zurückgeliefert. Gibt
24*> die Methode den Wert 0 zurück, wird der
25*> Druckvorgang abgebrochen.
26*>-------------------------------------------
27 method-id. "ListeAnfang" .
28 local-storage Section.
29 linkage Section.
30 01  lnkBool            binary-short.
31 procedure division returning lnkBool.
```

```
32      move 1 to lnkBool
33      exit method.
34 end method "ListeAnfang".
35*>-------------------------------------------------
36
37*>-------------------------------------------------
38*> Bei einer Standardliste werden pro Seite
39*> 60 Zeilen gedruckt. Soll dies für eine
40*> spezielle Liste anders sein, kann sie diese
41*> Methode überladen und einen anderen Wert
42*> liefern.
43*>-------------------------------------------------
44 method-id. "AnzZeilenProSeite".
45 local-storage Section.
46 linkage Section.
47 01  lnkAnzZeilen          binary-short.
48 procedure division returning lnkAnzZeilen.
49      move 60 to lnkAnzZeilen
50      exit method.
51 end method "AnzZeilenProSeite".
52*>-------------------------------------------------
53
54*>-------------------------------------------------
55*> Immer dann, wenn die Methode drucke feststellt,
56*> dass eine neue Seite begonnen wurde, ruft
57*> sie diese Methode auf. Sie muss zurückliefern,
58*> wie viele Zeilen sie tatsächlich ausgegeben hat.
59*>-------------------------------------------------
60 method-id. "Ueberschrift".
61 local-storage Section.
62 linkage Section.
63 01  lnkAnzZeilen          binary-short.
64 procedure division returning lnkAnzZeilen.
65      move 0 to lnkAnzZeilen
66      exit method.
67 end method "Ueberschrift".
68*>-------------------------------------------------
69
70*>-------------------------------------------------
71*> Soll eine leere Zeile gedruckt werden, kann
72*> diese Methode verwenden werden, die ihren
73*> Erfolg mit Hilfe einer booleschen Variablen
74*> meldet.
75*>-------------------------------------------------
76 method-id. "Leerzeile" .
77 local-storage Section.
```

```
78 01  lsLeerzeile          pic x(80) value space.
79 linkage Section.
80 01  lnkBool               binary-short.
81 procedure division returning lnkBool.
82     invoke self "schreiben" using lsLeerzeile
83         returning lnkBool
84     exit method.
85 end method "Leerzeile".
86*>----------------------------------------------
87
88*>----------------------------------------------
89*> Die eigentlichen Nutzdaten der Liste werden
90*> über die Methode Positionszeile gedruckt.
91*> Die konkrete Liste ist für den Aufbau der
92*> Positionszeile(n) selbst verantwortlich und
93*> muss zurückliefern, wie viele Zeilen
94*> tatsächlich gedruckt wurden.
95*> Wenn diese Methode als Anzahl gedruckter
96*> Zeilen den Wert 0 liefert, so bedeutet dies,
97*> dass die Liste zu Ende ist.
98*>----------------------------------------------
99 method-id. "Positionszeile" .
100 local-storage Section.
101 linkage Section.
102 01  lnkAnzZeilen         binary-short.
103 procedure division returning lnkAnzZeilen.
104     move 0 to lnkAnzZeilen
105     exit method.
106 end method "Positionszeile".
107*>----------------------------------------------
108
109*>----------------------------------------------
110*> Nachdem die gesamte Liste gedruckt wurde,
111*> wird die Methode ListeEnde aufgerufen, um
112*> der konkreten Liste das Aufräumen zu
113*> ermöglichen.
114*>----------------------------------------------
115 method-id. "ListeEnde" .
116 local-storage Section.
117 linkage Section.
118 procedure division.
119     exit method.
120 end method "ListeEnde".
121*>----------------------------------------------
122
123*>----------------------------------------------
```

```
124*> Die eigentliche Arbeit wird von der Methode
125*> drucken erledigt. Sie versucht zunächst,
126*> die Druckdatei zu öffnen, und stellt dann fest,
127*> wie viele Zeilen pro Seite für die konkrete
128*> Liste auszugeben sind. Danach werden die
129*> vorbereitenden Methoden ListeAnfang und
130*> Ueberschrift ausgeführt, bevor dann die erste
131*> Positionszeile gedruckt wird.
132*> Das Drucken der Liste ist dann zu Ende, wenn
133*> die Methode Positionszeile den Wert 0
134*> zurückliefert. Innerhalb der Schleife
135*> wird stets kontrolliert, ob das Seitenende
136*> erreicht ist, und dann das erneute Drucken der
137*> Überschrift eingefügt.
138*>---------------------------------------------
139 method-id. "drucken" .
140 local-storage Section.
141 01  lsAnzZeilenProSeite binary-short.
142 01  lsAktZeilen         binary-short.
143 linkage Section.
144 01  lnkBool             binary-short.
145 procedure division returning lnkBool.
146     invoke self "oeffnen"
147         returning lnkBool
148     if lnkBool = 0
149         display "Fehler bei OPEN Druckdatei"
150         exit method
151     end-if
152
153     invoke self "AnzZeilenProSeite"
154         returning lsAnzZeilenProSeite
155
156     invoke self "ListeAnfang"
157         returning lnkBool
158     if lnkBool = 0
159         exit method
160     end-if
161
162     invoke self "Ueberschrift"
163         returning lsAktZeilen
164     add lsAktZeilen to Zeilennummer
165     invoke self "Positionszeile"
166         returning lsAktZeilen
167     add lsAktZeilen to Zeilennummer
168     perform until lsAktZeilen = 0
169         if Zeilennummer >= lsAnzZeilenProSeite
```

```
170              move 0 to Zeilennummer
171              invoke self "Ueberschrift"
172                  returning lsAktZeilen
173              add lsAktZeilen to Zeilennummer
174          end-if
175          invoke self "Positionszeile"
176              returning lsAktZeilen
177          add lsAktZeilen to Zeilennummer
178      end-perform
179      invoke self "ListeEnde"
180
181      invoke self "schliessen"
182          returning lnkBool
183      exit method.
184 end method "drucken".
185*>---------------------------------------------
186
187 end object.
188
189 end class LogischeListe.
```

Listing 26.4: Die Klasse LogischeListe

Programmlisting Klasse »EinfacheListe«

```
 1 identification division.
 2 class-id. EinfacheListe as "einfacheliste"
 3            inherits from LogischeListe.
 4
 5 special-names.
 6    decimal-point is comma.
 7 repository.
 8    class LogischeListe as "logischeliste"
 9        .
10
11 factory.
12 working-storage section.
13
14 end factory.
15
16 object.
17 file-control.
18    select eingabedatei assign to "eingabe.ein"
19        organization is line sequential
20        file status is eingabe-stat.
21 file section.
22 fd   eingabedatei.
23 01   eingabesatz.
```

```
24      05   nummer          pic 9(5).
25      05   artikel         pic x(20).
26      05   menge           pic 9(5).
27      05   preis           pic 999v99.
28 working-storage section.
29 01  eingabe-stat          pic xx.
30      88   eingabe-ok      value "00" thru "09".
31
32*>---------------------------------------------
33*> Die Methode ListeAnfang wurde überladen,
34*> um am Anfang die Eingabedatei zu öffnen.
35*> Sollte dies nicht gelingen, liefert die
36*> Methode den Wert 0 (FALSE) zurück und das
37*> Drucken wird abgebrochen.
38*>---------------------------------------------
39 method-id. "ListeAnfang" override.
40 local-storage Section.
41 linkage Section.
42 01  lnkBool               binary-short.
43 procedure division returning lnkBool.
44      open input eingabedatei
45      if not eingabe-ok
46          display "Fehler OPEN Eingabedatei"
47          move 0 to lnkBool
48      else
49          move 1 to lnkBool
50      end-if
51      exit method.
52 end method "ListeAnfang".
53*>---------------------------------------------
54
55*>---------------------------------------------
56*> Für eine konkrete Liste ist es natürlich
57*> notwendig, eine geeignete Überschrift anzu-
58*> drucken, weshalb auch diese Methode über-
59*> laden wurde.
60*>---------------------------------------------
61 method-id. "Ueberschrift" override.
62 local-storage Section.
63 01  lsUeberschrift.
64      05                   pic x(5)  value "Nr.".
65      05                   pic x     value space.
66      05                   pic x(20) value "Artikel".
67      05                   pic x     value space.
68      05                   pic x(5)  value "Menge".
69      05                   pic x     value space.
```

```
70     05                  pic x(6)  value " Preis".
71 01  lsText              pic x(80).
72 01  lsBool              binary-short.
73 linkage Section.
74 01  lnkAnzZeilen        binary-short.
75 procedure division returning lnkAnzZeilen.
76     move 0 to lnkAnzZeilen
77     move lsUeberschrift to lsText
78     invoke self "schreibenAufNeueSeite"
79         using lsText
80         returning lsBool
81     if not lsBool = 0
82         add 1 to lnkAnzZeilen
83     end-if
84
85     move all "-" to lsUeberschrift
86     move lsUeberschrift to lsText
87     invoke self "schreiben"
88         using lsText
89         returning lsBool
90     if not lsBool = 0
91         add 1 to lnkAnzZeilen
92     end-if
93
94     invoke self "Leerzeile"
95         returning lsBool
96     if not lsBool = 0
97         add 1 to lnkAnzZeilen
98     end-if
99     exit method.
100 end method "Ueberschrift".
101*>-----------------------------------------------
102
103*>-----------------------------------------------
104*> Für jede neue Zeile wird diese Methode
105*> aufgerufen, liest den nächsten Satz und
106*> druckt ihn aus. Bei Listenende liefert sie
107*> 0 für die Anzahl der gedruckten Zeilen.
108*>-----------------------------------------------
109 method-id. "Positionszeile" override.
110 local-storage Section.
111 01  lsDruckzeile.
112     05  lsNummer        pic z(4)9.
113     05                  pic x       value space.
114     05  lsArtikel       pic x(20).
115     05                  pic x       value space.
```

```
116     05  lsMenge         pic z(4)9.
117     05                  pic x      value space.
118     05  lsPreis         pic zz9,99.
119 01  lsText              pic x(80).
120 01  lsBool              binary-short.
121 linkage Section.
122 01  lnkAnzZeilen        binary-short.
123 procedure division returning lnkAnzZeilen.
124     move 0 to lnkAnzZeilen
125     read eingabedatei
126     if eingabe-ok
127         move nummer  to lsNummer
128         move artikel to lsArtikel
129         move menge   to lsMenge
130         move preis   to lsPreis
131         move lsDruckzeile to lsText
132         invoke self "schreiben" using lsText
133             returning lsBool
134         if not lsBool = 0
135             add 1 to lnkAnzZeilen
136         end-if
137     end-if
138     exit method.
139 end method "Positionszeile".
140*>------------------------------------------------
141
142*>------------------------------------------------
143*> Um die Eingabedatei wieder schließen zu
144*> können, wurde auch die Methode ListeEnde
145*> überladen.
146*>------------------------------------------------
147 method-id. "ListeEnde" override.
148 local-storage Section.
149 linkage Section.
150 procedure division.
151     close eingabedatei
152     exit method.
153 end method "ListeEnde".
154*>------------------------------------------------
155
156 end object.
157
158 end class EinfacheListe.
```

Listing 26.5: Die Klasse EinfacheListe

Programmlisting Klasse »SummenListe«

```
 1 identification division.
 2 class-id. SummenListe as "summenliste"
 3           inherits from LogischeListe.
 4
 5 special-names.
 6     decimal-point is comma.
 7 repository.
 8     class LogischeListe as "logischeliste"
 9     .
10
11 factory.
12 working-storage section.
13
14 end factory.
15
16 object.
17 file-control.
18     select eingabedatei assign to "eingabe.ein"
19         organization is line sequential
20         file status is eingabe-stat.
21 file section.
22 fd   eingabedatei.
23 01   eingabesatz.
24     05   nummer          pic 9(5).
25     05   artikel         pic x(20).
26     05   menge           pic 9(5).
27     05   preis           pic 999v99.
28 working-storage section.
29 01   eingabe-stat        pic xx.
30     88   eingabe-ok      value "00" thru "09".
31 01   AktuellerArtikel    pic 9(5)     value 0.
32 01   Artikelsumme        pic 9(6)v99 value 0.
33 01   Gesamtsumme         pic 9(8)v99 value 0.
34
35*>----------------------------------------------
36*> Die Methode ListeAnfang wurde überladen,
37*> um am Anfang die Eingabedatei zu öffnen.
38*> Sollte dies nicht gelingen, liefert die
39*> Methode den Wert 0 (FALSE) zurück und das
40*> Drucken wird abgebrochen.
41*>----------------------------------------------
42 method-id. "ListeAnfang" override.
43 local-storage Section.
44 linkage Section.
45 01   lnkBool             binary-short.
```

```
46 procedure division returning lnkBool.
47    open input eingabedatei
48    if not eingabe-ok
49       display "Fehler OPEN Eingabedatei"
50       move 0 to lnkBool
51    else
52       move 1 to lnkBool
53    end-if
54    exit method.
55 end method "ListeAnfang".
56*>----------------------------------------------
57
58*>----------------------------------------------
59*> Für eine konkrete Liste ist es natürlich
60*> notwendig, eine geeignete Überschrift anzu-
61*> drucken, weshalb auch diese Methode über-
62*> laden wurde.
63*>----------------------------------------------
64 method-id. "Ueberschrift" override.
65 local-storage Section.
66 01  lsUeberschrift.
67     05             pic x(5)  value "Nr.".
68     05             pic x     value space.
69     05             pic x(20) value "Artikel".
70     05             pic x     value space.
71     05             pic x(5)  value "Menge".
72     05             pic x     value space.
73     05             pic x(6)  value " Preis".
74     05             pic x     value space.
75     05             pic x(10) value "      Summe".
76 01  lsText         pic x(80).
77 01  lsBool         binary-short.
78 linkage Section.
79 01  lnkAnzZeilen       binary-short.
80 procedure division returning lnkAnzZeilen.
81     move 0 to lnkAnzZeilen
82     move lsUeberschrift to lsText
83     invoke self "schreibenAufNeueSeite"
84        using lsText
85        returning lsBool
86     if not lsBool = 0
87        add 1 to lnkAnzZeilen
88     end-if
89
90     move all "-" to lsUeberschrift
91     move lsUeberschrift to lsText
```

```
 92      invoke self "schreiben"
 93          using lsText
 94          returning lsBool
 95      if not lsBool = 0
 96          add 1 to lnkAnzZeilen
 97      end-if
 98
 99      invoke self "Leerzeile"
100          returning lsBool
101      if not lsBool = 0
102          add 1 to lnkAnzZeilen
103      end-if
104      exit method.
105 end method "Ueberschrift".
106*>----------------------------------------------
107
108*>----------------------------------------------
109*> Die Methode Positionszeile ist etwas komplexer,
110*> weil festgestellt werden muss, ob ein neuer
111*> Artikel gelesen wurde. Wenn ja, ist zunächst
112*> noch die Summe des vorhergehenden Artikels
113*> auszudrucken. Auch am Ende der Liste darf
114*> die Summe des letzten Artikels und natürlich
115*> die Gesamtsumme nicht vergessen werden.
116*>----------------------------------------------
117 method-id. "Positionszeile" override.
118 local-storage Section.
119 01  lsDruckzeile.
120     05   lsNummer       pic z(4)9.
121     05                  pic x      value space.
122     05   lsArtikel      pic x(20).
123     05                  pic x      value space.
124     05   lsMenge        pic z(4)9.
125     05                  pic x      value space.
126     05   lsPreis        pic zz9,99.
127     05                  pic x      value space.
128     05   lsDEinzel      pic zzz.zz9,99.
129 01  lsSummenzeile.
130     05   lsSumText      pic x(37)  value space.
131     05   lsSumme        pic zz.zzz.zz9,99.
132 01  lsText             pic x(80).
133 01  lsEinzelsumme      pic 9(6)v99.
134 01  lsBool             binary-short.
135 linkage Section.
136 01  lnkAnzZeilen       binary-short.
137 procedure division returning lnkAnzZeilen.
```

```
138    move 0 to lnkAnzZeilen
139    read eingabedatei
140    if eingabe-ok
141        *> Wurde ein neuer Artikel gelesen ?
142        if not AktuellerArtikel = 0 and
143            not AktuellerArtikel = nummer
144            move Artikelsumme to lsSumme
145            move 0 to Artikelsumme
146            move lsSummenzeile to lsText
147            invoke self "schreiben" using lsText
148                returning lsBool
149            if not lsBool = 0
150                add 1 to lnkAnzZeilen
151            end-if
152            invoke self "Leerzeile"
153                returning lsBool
154            if not lsBool = 0
155                add 1 to lnkAnzZeilen
156            end-if
157        end-if
158
159        move nummer  to AktuellerArtikel
160        move nummer  to lsNummer
161        move artikel to lsArtikel
162        move menge   to lsMenge
163        move preis   to lsPreis
164        compute lsEinzelsumme = menge * preis
165        add lsEinzelsumme to Artikelsumme
166                          Gesamtsumme
167        move lsEinzelsumme to lsDEinzel
168        move lsDruckzeile to lsText
169        invoke self "schreiben" using lsText
170            returning lsBool
171        if not lsBool = 0
172            add 1 to lnkAnzZeilen
173        end-if
174    else
175        *> Summe für letzten Artikel ausgeben:
176        if not AktuellerArtikel = 0
177            move Artikelsumme to lsSumme
178            move lsSummenzeile to lsText
179            invoke self "schreiben" using lsText
180                returning lsBool
181            invoke self "Leerzeile"
182                returning lsBool
183            move Gesamtsumme to lsSumme
```

```
184              move "Gesamtsumme" to lsSumText
185              move lsSummenzeile to lsText
186              invoke self "schreiben" using lsText
187                    returning lsBool
188          end-if
189      end-if
190      exit method.
191 end method "Positionszeile".
192*>--------------------------------------------
193
194*>--------------------------------------------
195*> Um die Eingabedatei wieder schließen zu
196*> können, wurde auch die Methode ListeEnde
197*> überladen.
198*>--------------------------------------------
199 method-id. "ListeEnde" override.
200 local-storage Section.
201 linkage Section.
202 procedure division.
203      close eingabedatei
204      exit method.
205 end method "ListeEnde".
206*>--------------------------------------------
207
208 end object.
209
210 end class SummenListe.
```

Listing 26.6: Die Klasse SummenListe

Programmlisting Hauptprogramm »ListenDrucken«

```
1 program-id. ListenDrucken.
2 repository.
3      class EinfacheListe as "einfacheliste"
4      class SummenListe as "summenliste"
5          .
6 working-storage section.
7 01   instanz              object reference.
8 01   wsBool               binary-short.
9 procedure division.
10     *> Zunächst wird eine Instanz einer
11     *> einfachen Liste erzeugt und
12     *> ausgedruckt:
13     invoke EinfacheListe "new"
14          returning instanz
15     invoke instanz "drucken"
16          returning wsBool
```

```
17    invoke instanz "finalize"
18        returning instanz
19
20    *> Danach folgt die Ausgabe der
21    *> Summenliste.
22    invoke SummenListe "new"
23        returning instanz
24    invoke instanz "drucken"
25        returning wsBool
26    invoke instanz "finalize"
27        returning instanz
28    stop run.
```

Listing 26.7: Das Hauptprogramm ListenDrucken

Inhalt der Eingabedatei »EINGABE.EIN«

```
00101Schraube links  #15  0004400978
00101Schraube links  #15  0082700878
00101Schraube links  #15  0009200778
00101Schraube links  #15  0014400666
00102Schraube mittel X10  0001300078
00102Schraube mittel X10  0008200079
00102Schraube mittel X10  0018300087
00102Schraube mittel X10  0009800123
00103Nagel    lang         0192800012
00103Nagel    lang         0127300013
00103Nagel    lang         7625600014
00103Nagel    lang         3412500053
00103Nagel    lang         9823600017
00103Nagel    lang         0016700024
00103Nagel    lang         0037600011
00103Nagel    lang         0016200006
00103Nagel    lang         0002600012
00103Nagel    lang         0000700012
00103Nagel    lang         0002600012
```

Listing 26.8: Inhalt der Eingabedatei

Ausgedruckte Listen

```
Nr.  Artikel            Menge  Preis
-------------------------------------

 101 Schraube links #15    44  9,78
 101 Schraube links #15   827  8,78
 101 Schraube links #15    92  7,78
 101 Schraube links #15   144  6,66
 102 Schraube mittel X10   13  0,78
```

```
102 Schraube mittel X10      82   0,79
102 Schraube mittel X10     183   0,87
102 Schraube mittel X10      98   1,23
103 Nagel lang             1928   0,12
103 Nagel lang             1273   0,13
103 Nagel lang            76256   0,14
103 Nagel lang            34125   0,53
103 Nagel lang            98236   0,17
103 Nagel lang              167   0,24
103 Nagel lang              376   0,11
103 Nagel lang              162   0,06
103 Nagel lang               26   0,12
103 Nagel lang                7   0,12
103 Nagel lang               26   0,12
```

Listing 26.9: Ausgabe der einfachen Liste

```
Nr.   Artikel            Menge   Preis      Summe
-------------------------------------------------

101 Schraube links #15     44    9,78     430,32
101 Schraube links #15    827    8,78   7.261,06
101 Schraube links #15     92    7,78     715,76
101 Schraube links #15    144    6,66     959,04
                                         9.366,18

102 Schraube mittel X10    13    0,78      10,14
102 Schraube mittel X10    82    0,79      64,78
102 Schraube mittel X10   183    0,87     159,21
102 Schraube mittel X10    98    1,23     120,54
                                          354,67

103 Nagel lang           1928    0,12     231,36
103 Nagel lang           1273    0,13     165,49
103 Nagel lang          76256    0,14  10.675,84
103 Nagel lang          34125    0,53  18.086,25
103 Nagel lang          98236    0,17  16.700,12
103 Nagel lang            167    0,24      40,08
103 Nagel lang            376    0,11      41,36
103 Nagel lang            162    0,06       9,72
103 Nagel lang             26    0,12       3,12
103 Nagel lang              7    0,12       0,84
103 Nagel lang             26    0,12       3,12
                                       45.957,30

Gesamtsumme                            55.678,15
```

Listing 26.10: Ausgabe der Summenliste

27

Prototypdefinition

27.1 Vorbemerkung

Eine komplexe Anwendung besteht aus einer Vielzahl von Programmen, Funktionen und Klassen, die jeweils in ein eigenes Stück Quellcode geschrieben und getrennt voneinander übersetzt werden. Diese einzelnen Module unterhalten aber eine Vielzahl von Beziehungen zueinander, indem sie sich ständig gegenseitig aufrufen.

Dabei obliegt es der Aufmerksamkeit des Entwicklers, immer exakt die Art und Anzahl von Parametern an das gerufene Modul zu übergeben, die von diesem erwartet werden. Fehler, die aufgrund der Tatsache passieren, dass ein übergebenes Datenfeld zu kurz war, lassen sich oft nur schwer finden und beseitigen. Muss die Schnittstelle eines Moduls geändert werden, so ist es oft mühsam, alle Stellen innerhalb der Gesamtanwendung zu finden, von denen aus das entsprechende Modul aufgerufen wird.

Im COBOL-Standard ist daher die Möglichkeit vorgesehen, so genannte Prototypen von Programmen und Funktionen zu definieren, die dann mit Hilfe der COPY-Anweisung noch vor dem Anfang eines rufenden Programms in dessen Quellcodedatei eingebunden werden können. Wird das rufende Programm dann übersetzt, interpretiert der Compiler den Prototyp eines zu rufenden Moduls und kann so überprüfen, ob alle Parameter korrekt definiert worden sind.

Es lassen sich beliebig viele Prototypdefinitionen in einer Textdatei zusammenfassen, die dann in jedes Programm, das einzelne Module daraus benutzt, eingebunden werden kann. Macht man es jedem Entwickler zur Pflicht, den Prototyp seines Programms in diese Textdatei aufzunehmen und sie gleichzeitig ganz am Anfang seines Programms mit COPY einzubinden, so ist es so gut wie nicht mehr möglich, Fehler der beschriebenen Art zu produzieren. Sollte die Definition des Prototyps mit der des Programms nicht mehr übereinstimmen, so kann dies der Compiler aufgrund der Tatsache erkennen, dass der Entwickler durch Einbindung der Textdatei auch die eigene Prototypdefinition angezogen hat.

Zu einer Prototypdefinition gehören aber nicht nur der Name und die Parameter eines Moduls, sondern auch seine Aufrufkonventionen, die von denen von COBOL abweichen können. Es ist dann Aufgabe des COBOL-Compilers, dafür zu sorgen, dass die entsprechenden Bausteine auch immer in der Form gerufen werden, wie sie es verlangen. Aus diesem Grund macht es Sinn, auch solche Programme und Funktionen mit ihrem Prototyp zu definieren, die gar nicht in COBOL geschrieben sind.

Kauft man Software von Drittanbietern ein, so sollte dieser Prototypdefinitionen von allen Programmen und Funktionen liefern, die als Schnittstelle seines Systems verwendet werden können. Handelt es sich um eine objektorientiert geschriebene Software, so liefert er Interfaces, die es dem Kunden ermöglichen, selbst geschriebene Klassen in das gekaufte System zu integrieren.

Bei dem Hersteller MicroFocus kann man über die Compilerdirektive REPOSITORY(UPDATE ON) dafür sorgen, dass alle relevanten Schnittstelleninformationen zu einzelnen Modulen in entsprechende Repositorydateien geschrieben werden, die der Compiler auswertet und so auf Fehler hinsichtlich der Parameterbestückung aufmerksam macht.

27.2 Programmprototypen

Über die Angabe der PROGRAM-ID wird bestimmt, ob es sich bei nachfolgendem Code um eine Prototypdefinition handelt oder nicht. Dafür verantwortlich ist das Format 2 der PROGRAM-ID-Definition.

```
[IDENTIFICATION DIVISION.]

PROGRAM-ID. Programmprototypname [AS Literal-1] IS PROTOTYPE.
```

Abbildung 27.1: PROGRAMM-ID Format 2

Wird Literal-1 angegeben, so handelt es sich dabei um den physischen Prototypnamen, unter dem er im System bekannt ist. Ansonsten wird angenommen, dass der logische Programmprototypname auch der physische ist.

Die Angabe IS PROTOTYPE legt unmissverständlich fest, dass es sich hierbei nicht um das tatsächliche Programm, sondern lediglich um die Definition eines Prototyps eines Programms gleichen Namens handelt.

Neben der PROGRAM-ID enthält ein Prototyp lediglich die Angaben, die für den Aufruf des Programms, also die Definition seiner Schnittstelle erforderlich sind. Dazu gehört insbesondere die LINKAGE SECTION und die PROCEDURE DIVISION nebst USING-Klausel, insofern das Programm Parameter erwartet. Aber auch das Fehlen der USING-Klausel ist eine wichtige Information, weshalb es sich lohnt, für alle Module eine Prototypdefinition vorzunehmen.

Sollte das Modul nach anderen Regeln aufgerufen werden müssen, als es in COBOL Standard ist, so gehört auch die Definition der entsprechenden CALL-CONVENTION zum Umfang der Prototypbeschreibung.

```
program-id. DatumPruefen is prototype.
linkage section.
01  lnkDatum.
    05  tt              pic 99.
    05  mm              pic 99.
    05  jjjj            pic 9999.
01  lnkErg              binary-short.
procedure division using lnkDatum lnkErg.
end program DatumPruefen.
```

Listing 27.1: Prototyp einer Datumsroutine

Innerhalb des Prototyps befindet sich keinerlei Anwendungslogik, da aus einer solchen Definition auch niemals ein lauffähiges COBOL-Programm erstellt wird. Vielmehr dient die Definition lediglich dem Compiler, der die Einhaltung der Schnittstellendefinition überprüfen möchte.

Wenn man davon ausgeht, dass sich die Prototypdefinition aus Listing 27.1 in einer Datei mit dem Namen DATPRF.PRO befindet, dann lässt sie sich wie in Listing 27.2 gezeigt verwenden.

```
copy "datprf.pro".


program-id. haupt.
working-storage section.
01  datum          pic x(8).
01  erg            binary-short.
linkage section.
procedure division.


    call "DatumPruefen" using datum erg
```

Listing 27.2: Mögliches Hauptprogramm

Sollte nun die Variable DATUM kürzer als 8 Stellen oder das Ergebnisfeld ERG nicht vom Typ BINARY-SHORT sein, liefert der Compiler eine entsprechende Fehlermeldung.

Dadurch, dass die Prototypdefinition mit der Angabe END PROGRAM Prototypname enden muss, ist es jederzeit möglich, beliebig viele Prototypen in einer Datei zu definieren. Es ist daher durchaus sinnvoll, diese in Gruppen zusammenzufassen, damit nicht für jedes gerufene Modul eine eigene COPY-Anweisung im Hauptprogramm notwendig wird. Da es für das Laufzeitverhalten eines Programms keine Rolle spielt, wie viel Prototypdefinitionen der Compiler für die Übersetzung lernen musste, lassen sich Prototypgruppen zu Obergruppen zusammenfassen.

Wichtig ist, dass die Prototypdefinition noch vor der IDENTIFICATION DIVISION des Hauptprogramms in den Quellcode eingebunden werden muss. Bei diesem, auch aus anderen Programmiersprachen bekannten Verfahren, ist es dann natürlich jederzeit möglich, mehrere COPY-Anweisungen an den Anfang des Quellcodes zu stellen.

```
program-id. DatumPruefen is prototype.
linkage section.
01  lnkDatum.
    05  tt             pic 99.
    05  mm             pic 99.
    05  jjjj           pic 9999.
01  lnkErg             binary-short.
procedure division using lnkDatum
                         lnkErg.
end program DatumPruefen.


program-id. DatumRechnen is prototype.
linkage section.
01  lnkDatum.
    05  tt             pic 99.
    05  mm             pic 99.
    05  jjjj           pic 9999.
01  lnkAnzTage         binary-short.
01  lnkErg             pic x(8).
procedure division using lnkDatum lnkanzTage
```

```
                         lnkErg.
end program DatumRechnen.


program-id. DatumVergl is prototype.
linkage section.
01  lnkDatum1.
    05  tt              pic 99.
    05  mm              pic 99.
    05  jjjj            pic 9999.
01  lnkDatum2.
    05  tt              pic 99.
    05  mm              pic 99.
    05  jjjj            pic 9999.
01  lnkErg              binary-short.
procedure division using lnkDatum1 lnkDatum2
                         lnkErg.

end program DatumVergl.
```

Listing 27.3: Datei aus mehreren Prototypdefinitionen

27.3 Funktionsprototypen

Nicht nur für Programme können Prototypen definiert werden, sondern auch für Funktionen. Auch hier ist das Format 2 der FUNCTION-ID für die Definition erforderlich.

```
[IDENTIFICATION DIVISION.]

FUNCTION-ID. Funktionsprototypname [AS Literal-1] IS PROTOTYPE.
```

Abbildung 27.2: FUNCTION-ID Format 2

Mit Literal-1 wird auch hier wieder der physische Name des Funktionsmoduls erklärt, falls dieser vom logischen Funktionsprototypnamen abweicht. Bei Systemen mit verkürzten Dateinamen kommt dies durchaus vor.

Die Angabe IS PROTOTYPE zeigt, dass es sich hier lediglich um den Prototyp einer Funktion handelt, aus-programmierte Logik wird man hier vergeblich suchen.

Da Funktionen anders als normale externe Unterprogramme nicht über eine eigene CALL-Anweisung, sondern immer aus einer beliebigen COBOL-Anweisung heraus aufgerufen werden, benötigt der COBOL-Compiler mehr Informationen über Funktionen als über externe Unterprogramme. Er muss standardmäßig ein Repository anlegen, in dem er alle Informationen über selbst programmierte Funktionen hinterlegt; allein dadurch wird er in die Lage versetzt, den ordnungsgemäßen Aufruf der Funktionen zu überprüfen. Aber auch dieses Repository entsteht aus den Schnittstelleninformationen der einzelnen Funktionen, weshalb es auch hier sinnvoll ist, entsprechende Prototypdefinitionen anzulegen.

Listing 27.4 zeigt das in diesem Kapitel bereits vorgestellte Modul `DatumPruefen` als Funktionsprototyp, was natürlich voraussetzt, dass diese Funktionalität auch als Funktion implementiert wurde.

```
$set repository"update on"
function-id. DatumPruefen is prototype.
linkage section.
01   lnkDatum            pic x(8).
01   lnkErg              binary-short.
procedure division using lnkDatum
              returning lnkErg.
end program DatumPruefen.
```

Listing 27.4: Prototyp der Funktion `DatumPruefen`

Soll die Funktion in einem Hauptprogramm verwendet werden, kann die Prototypdefinition ebenfalls am Anfang des Quellcodes eingebunden werden, auch wenn ein Hersteller wie MicroFocus die Konsistenz des Funktionsaufrufs bereits aus dem Repository prüft.

```
copy "DatumPruefen.cbl".

program-id. haupt.
repository.
    function DatumPruefen.
working-storage section.
01   datum          pic x(8).
01   erg            binary-short.
linkage section.
procedure division.

    move DatumPruefen ( datum ) to erg
    .
```

Listing 27.5: Hauptprogramm für den Aufruf der Funktion `DatumPruefen`

27.4 Methodenprototypen

Auch für objektorientiert programmierte Klassen sind Definitionen von Prototypen sinnvoll. Diese beziehen sich dann auf die einzelnen Methoden einer Klasse, da diese die Schnittstelle der Klasse darstellen.

Aus diesem Grund ist es möglich, so genannte Interfaces zu definieren, in denen dann alle Methoden mit ihren jeweiligen Parametern aufgelistet sind. Solche Interfaces sind aber weit mehr als nur eine einfache Prototypdefinition. Vielmehr haben sie den Rang eigener Klassentypen und erweitern so das Spektrum der zur Verfügung stehenden Bausteine einer objektorientierten Entwicklung.

Da Interfaces eine ganz besondere Bedeutung zukommt, wurde ihnen ein eigenes Kapitel gewidmet.

28

Interfaces

28.1 Vorbemerkung

Untersucht man verschiedene objektorientierte Programmiersprachen, so findet man dort häufig entweder die Möglichkeit der Mehrfachvererbung oder das Arbeiten mit Interfaces vor. Nur selten beherrscht eine Sprache beides, wie das bei COBOL der Fall ist.

Was diese beiden Techniken miteinander gemeinsam haben und vor allem, worin sie sich unterscheiden, soll in diesem Kapitel untersucht werden.

28.2 Interfaces kontra Mehrfachvererbung

Sowohl mit Hilfe von Interfaces als auch mit Hilfe der Mehrfachvererbung soll eine bestehende Fachklasse um bestimmte Funktionalitäten, in Form von Methoden, erweitert werden. Im Fall der Mehrfachvererbung wird dies dadurch erreicht, dass eine Fachklasse mehr als eine Basisklasse hat und somit Methoden aus mehr als einer Klasse erbt. Als Beispiel soll noch einmal das aus dem Kapitel über Mehrfachvererbung bekannte Klassendiagramm in Abbildung 28.1 dienen, in dem beispielsweise die Fachklasse Kurze-Schraube sowohl von Schrauben als auch von Anzeige abgeleitet ist.

In dieser klassischen Form der Mehrfachvererbung, die man bei Programmiersprachen, die keine Interfaces unterstützen, häufig antrifft, ist die Fachklasse einerseits sauber von genau einer ebenfalls fachlichen Basisklasse abgeleitet, erbt aber auch Methoden von einer oder sogar mehreren technischen Klassen, die mit der eigentlichen Fachlichkeit nichts zu tun haben. Dadurch werden zwei Dinge erreicht. Zum Ersten verfügt die Fachklasse zusätzlich über eine gewisse Menge rein technischer Funktionalitäten, um beispielsweise ihren Inhalt, wie in vorliegendem Beispiel, auf einem beliebigen Medium ausgeben zu können. Zum Zweiten wird die Fachklasse zuweisungskompatibel zu der technischen Klasse Anzeige. Wie bereits in den vorangegangenen Kapiteln erklärt, bedeutet dies, dass in vorliegendem Beispiel eine Instanz der Klasse KurzeSchraube, LangeSchraube oder Stahlnagel auch an eine solche Methode übergeben werden kann, die eigentlich eine Instanz der Klasse Anzeige erwartet. Sobald sich eine Fachklasse von einer technischen Klasse ableitet, ist sichergestellt, dass sie über alle Methoden der technischen Klasse verfügt, wodurch es möglich sein muss, Instanzen der Fachklasse überall dort stellvertretend zu benutzen, wo eigentlich (nur) eine Instanz der technischen Klasse erwartet wird.

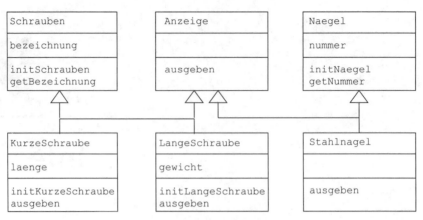

Abbildung 28.1: Mehrfachvererbung

Durchdenkt man das Beispiel jedoch bis zu seinem Ende, so muss man sich fragen, ob es der Fachklasse wirklich genügt, eine Methode ausgeben von einer technischen Klasse wie Anzeige zu erben. Sicher, sie ist zuweisungskompatibel zu Anzeige, aber was kann die Methode ausgeben von Anzeige schon präsentieren? Die einzige Klasse, die Informationen über die fachlichen Attribute hat, ist die Fachklasse selbst. Damit eine vernünftige Ausgabe zu Stande kommt, ist es notwendig, dass die Fachklasse die geerbte Methode überlädt. Aus dem Kapitel über das Messagerouting wissen Sie, dass COBOL tatsächlich die überladene Methode der Fachklasse ausführen wird, wenn sie an eine Methode übergeben wird, die schon mit einer Instanz der technischen Klasse zufrieden wäre. In Listing 28.1 ist eine solche Methode dargestellt.

```
identification division.
class-id. Drucksystem as "drucksystem"
          inherits from Base.

repository.
    class Base as "base"
    class Anzeige as "anzeige"
    .

factory.
working-storage section.

end factory.

object.
working-storage section.

*>--------------------------------------------
*> Diese Methode erwartet eine Instanz einer
*> Klasse vom Typ Anzeige. Dies kann nun ent-
*> weder eine Instanz der Klasse Anzeige selbst
*> oder eine Instanz einer von Anzeige abge-
*> leiteten Klasse sein.
```

```
*> Um den eigentlichen Druckvorgang zu starten,
*> wird die Methode ausgeben aufgerufen.
*> Auch wenn an diese Methode die Instanz einer
*> von Anzeige abgeleiteten Klasse übergeben wird,
*> so behält diese Instanz ihre Identität, und
*> wenn sie die geerbte Methode ausgeben überladen
*> hat, so wird auch tatsächlich die überladene
*> Version ausgeführt.
*>-------------------------------------------
 method-id. "drucken" .
 local-storage Section.
 linkage Section.
 01  lnkInstanz       object reference Anzeige.
 procedure division using lnkInstanz.
     invoke lnkInstanz "ausgeben"
     exit method.
 end method "drucken".
*>-------------------------------------------


 end object.


 end class Drucksystem.
```

Listing 28.1: Methode für die Übergabe einer technischen Instanz

Wenn man keine Interfaces hat, so wird die Mehrfachvererbung häufig, wie hier gezeigt, benutzt, um Fachklassen auch unabhängig von ihrer eigentlichen Fachlichkeit einsetzen zu können. Die Methoden der technischen Klassen sind dann aber häufig abstrakt deklariert, was bedeutet, dass sie nicht implementiert wurden, also über keinerlei Logik verfügen. Damit ist es dann auch nicht möglich, Instanzen derart technischer Klassen zu erzeugen. Wie auch? Letztlich können sie nur zusammen mit einer konkreten, fachlichen Klasse wirken. Leitet sich dann eine Fachklasse von einer abstrakten, technischen Klasse ab, so erbt sie zwar deren Methoden, ist aber verpflichtet, sie zu überladen und mit konkreter Logik auszustatten. Tut sie dies nicht, lässt sich auch keine Instanz der Fachklasse erzeugen. Erst dann, wenn alle Methoden konkret vorliegen, und nicht abstrakt, lässt sich eine Klasse benutzen.

COBOL kennt weder abstrakte Methoden noch abstrakte Klassen. Dies ist auch gar nicht notwendig, da eine abstrakte Klasse in COBOL durch ein Interface repräsentiert wird.

Ein Interface ähnelt sehr stark einer gewöhnlichen Klasse mit mehreren Methoden. Im Gegensatz zu einer Klasse liegen die Methoden eines Interfaces jedoch nur als Prototypen vor, verfügen also über keinerlei Logik. Eine Fachklasse muss sich nun nicht mehr künstlich von einer oder mehreren technischen Klassen ableiten, sondern implementiert beliebig viele Interfaces. Damit verpflichtet sie sich, alle Methoden all dieser Interfaces konkret zu implementieren, da sich die Fachklasse ansonsten nicht übersetzen lässt. Genauso wie bei der Vererbung ist also auch hier sichergestellt, dass die Fachklasse über alle durch das Interface geforderten technischen Methoden verfügt. Da Interfaces von ihrem Typ wie Klassen betrachtet werden, muss an der Methode drucken aus Listing 28.1 nichts geändert werden, wenn es sich bei der vermeintlichen Klasse Anzeige tatsächlich nur um ein Interface handelt.

Eine Fachklasse ist zuweisungskompatibel zu allen Klassen, von denen sie direkt oder indirekt abgeleitet ist, und zu allen Interfaces, die sie selbst oder eine ihrer Basisklassen implementiert hat. In Listing 28.2 ist das Interface Anzeige abgedruckt.

```
interface-id. Anzeige as "anzeige"
             .

*>-----------------------------------------
method-id.  ausgeben .
linkage Section.
procedure division.
end method ausgeben.
*>-----------------------------------------

end interface Anzeige.
```

Listing 28.2: Das Interface Anzeige

Durch die Implementierung eines Interfaces wird zwar keine Funktionalität geerbt, diese muss durch die implementierende Klasse vielmehr selbst zur Verfügung gestellt werden, es entstehen aber dieselben Mechanismen hinsichtlich Zuweisungskompatibilität und Verwendbarkeit wie bei der Mehrfachvererbung.

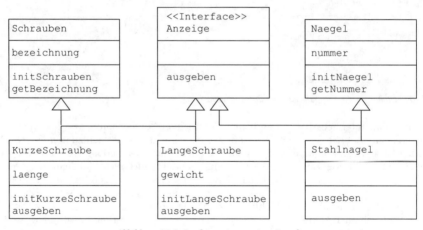

Abbildung 28.2: Implementierung eines Interfaces

Auch das Klassendiagramm muss kaum geändert werden, wie Abbildung 28.2 zeigt.

Moderne Sprachen wie JAVA kennen keine Mehrfachvererbung, dafür aber Interfaces, wodurch alle Probleme, die durch falsch eingesetzte Mehrfachvererbung entstehen können, elegant umgangen werden. Dem COBOL-Programmierer bleibt es selbst überlassen, auf welche der beiden Techniken er setzt oder ob er sie sogar vermischt. Es bleibt zu raten, Mehrfachvererbung nur dann einzusetzen, wenn es wirklich nicht anders geht, und es geht immer anders.

28.3 Aufbau eines Interfaces

Ein Interface beginnt zunächst wie eine gewöhnliche Klasse, jedoch mit dem Unterschied, dass es keine CLASS-ID, sondern eine INTERFACE-ID besitzt.

```
[IDENTIFICATION DIVISION.]

INTERFACE-ID. Interfacename1 [ AS Literal-1 ]

    [ INHERITS FROM { Interfacename2 } ...]

    [ USING { Parametername1 } ... ] .

[options-paragraph]

[environment-division]

[procedure-division]


END INTERFACE Interfacename-1.
```

Abbildung 28.3: INTERFACE-ID

Wenn der logische Name des Interfaces von seinem physischen abweicht, dann kann der tatsächliche Name durch Literal-1 angegeben werden. Wie in diesem Buch bereits mehrfach erwähnt, kann dies auf einem Großrechnersystem durchaus hilfreich sein, da dort die maximale Anzahl der Zeichen, die einem Dateinamen zur Verfügung stehen, begrenzt ist.

Interfaces können von anderen Interfaces abgeleitet werden. Auch eine Mehrfachvererbung von Interfaces ist möglich. Damit erbt dann auch dieses Interface alle Methoden seiner Basisinterfaces, und eine implementierende Klasse ist gezwungen, die Summe all dieser Methoden vorzuhalten.

Sollte ein Interface ein und dieselbe Methode von mehreren Interfaces erben, so muss die Signatur dieser Methode stets identisch sein. Sie muss also immer dieselbe Anzahl und dieselben Typen von Parametern erwarten. Auch der Rückgabewert und alle weiteren für den Methodenaufruf relevanten Daten müssen übereinstimmen. Eine implementierende Klasse muss eine solche mehrfach geerbte Methode nur einmal implementieren. Es darf also durchaus Überschneidungen innerhalb der Methoden verschiedener Interfaces geben.

Interfaces lassen sich – wie Klassen – auch parametrisieren. Auf parametrisierte Klassen wurde bereits in dem Kapitel über die Definition von Klassen eingegangen. Es entstehen dann so viele unterschiedliche Ausprägungen des parametrisierten Interfaces, wie es mit unterschiedlichen Parametern konkretisiert wurde. Hinsichtlich der Zuweisungskompatibilität unterscheiden sich auch zwei konkrete Implementierungen eines parametrisierbaren Interfaces voneinander, wenn sie mit unterschiedlichen Parametertypen erstellt worden sind. Es entstehen also zwei unterschiedliche Typen, die nicht kompatibel sind.

OPTIONS

Unmittelbar auf den INTERFACE-ID-Eintrag kann die OPTIONS-Angabe folgen. Sie definiert, nach welchen Regeln arithmetische Ausdrücke aufgelöst und nach welcher Technik die Methoden dieses Interfaces aufgerufen werden sollen.

```
OPTIONS.

 [ ARITHMETIC IS { NATIVE
                   STANDARD } ]

 [ ENTRY-CONVENTION IS Konventionsname-1 ] .
```

Abbildung 28.4: OPTIONS-Angabe

ARITHMETIC

Hier kann festgelegt werden, nach welchen Regeln arithmetische Ausdrücke vom Compiler gebildet werden. Die Angabe NATIVE, bei der es sich um die Defaulteinstellung handelt, bedeutet, dass die Regeln vom Hersteller des Compilers aufgestellt werden. STANDARD bestimmt dagegen, dass die Berechnungen nach den vom COBOL-Standard vorgegebenen Regeln zu erfolgen haben. Diese rechnen stets mit einem internen Zwischenergebnisfeld mit einer Genauigkeit von 32 Stellen. Alle Zwischenergebnisse werden auf diese 32 Stellen exakt ermittelt, eine eventuelle Rundung des Ergebnisses findet aber maximal am Ende der Berechnung statt, wenn der Programmierer dies durch den ROUNDED-Zusatz explizit wünscht.

ENTRY-CONVENTION

Hier kann festgelegt werden, nach welchen Konventionen die Methoden dieses Interfaces technisch aufgerufen werden sollen. Damit ist beispielsweise gemeint, ob die Parameter von links nach rechts oder von rechts nach links auf den Stack gelegt werden sollen und ob das rufende oder das gerufene Modul den Stack wieder bereinigt. Verschiedene Programmiersprachen wenden hier unterschiedliche Techniken an und um mit diesen in beiden Richtungen kommunizieren zu können, ist COBOL in der Lage, sich mit unterschiedlichen Techniken rufen zu lassen. Welche Technik standardmäßig benutzt wird, ist herstellerabhängig, weshalb an dieser Stelle auf die Systemliteratur verwiesen wird.

REPOSITORY

Sollten sich die Parameter der Methoden dieses Interfaces auf andere Klassen oder Interfaces beziehen, so müssen diese wie üblich innerhalb der REPOSITORY-Angabe der ENVIRONMENT DIVISION deklariert werden. Die relevanten Angaben sind in Abbildung 28.5 dargestellt.

```
REPOSITORY.

  [ { class-specifier     } ...  . ]
    { interface-specifier }



class-specifier:

    CLASS Klassenname-1 [ AS Literal-1 ]

      [ EXPANDS Klassennam-2 USING { Klassenname-3   } ... ]
                                    { Interfacename-1 }

interface-specifier:

    INTERFACE Interfacename-2 [ AS Literal-2 ]

      [ EXPANDS Interfacename-3 USING { Klassenname-4   } ... ]
                                       { Interfacename-4 }
```

Abbildung 28.5: Relevante REPOSITORY-Angaben

PROCEDURE DIVISION

Die PROCEDURE DIVISION eines Interfaces wird nicht wirklich ausprogrammiert. Sie enthält vielmehr einen oder mehrere Prototypen von Methoden, die durch dieses Interface gefordert werden. Im Gegensatz zu einer konkreten Methode besteht ein Methodenprototyp lediglich aus dem Namen der Methode, der ausprogrammierten LINKAGE SECTION und der Überschrift PROCEDURE DIVISION mit ihrem optionalen USING- und RETURNING-Zusatz. Außerdem wird die Methode mit der Angabe END METHOD Methodenname beendet. Es finden sich weder eine WORKING-STORAGE SECTION noch eine LOCAL-STORAGE SECTION noch irgendwelche Anweisungen innerhalb der PROCEDURE DIVISION.

Abbildung 28.6 zeigt die mögliche METHOD-ID eines Methodenprototyps. Es fällt auf, dass die Angaben OVERRIDE und IS FINAL fehlen. Tatsächlich dürfen diese für eine Methode eines Interfaces nicht verwendet werden. Sie machen dort auch keinen Sinn. Nur die implementierende Klasse kann entscheiden, ob die konkrete Ausformulierung einer Methode, die durch ein Interface gefordert wird, eine eventuell selbst geerbte Methode überschreibt oder nicht. Auch die Frage, ob die Methode FINAL sein soll, kann letztlich nur die implementierende Klasse entscheiden.

$$
\underline{\text{METHOD-ID}}. \left\{ \begin{array}{l} \text{Methodenname-1} \left[\underline{\text{AS}} \text{ Literal-1} \right] \\ \left\{ \begin{array}{l} \underline{\text{GET}} \\ \underline{\text{SET}} \end{array} \right\} \underline{\text{PROPERTY}} \text{ Propertyname-1} \end{array} \right\} .
$$

Abbildung 28.6: METHOD-ID eines Methodenprototyps

In Listing 28.3 ist ein Beispiel für ein komplettes Interface abgedruckt, das sinnvoll von solchen Klassen implementiert werden kann, die eine beliebige Menge von Instanzen verwalten. Dazu gehören verkettete Listen, binäre Bäume oder auch dynamische Vektoren. Alles Klassen, die in den vorangegangenen Kapiteln bereits vorgestellt wurden. Um solche Mengen zu durchlaufen, bedient man sich eines so genannten Iterators. Dabei handelt es sich um eine Klasse, die genau weiß, wie die Menge organisiert ist und wie sie sich durch sie bewegen muss. Dem Benutzer des Iterators werden dabei die Methoden hasNext und getNext zur Verfügung gestellt, über die er zum einen erfahren kann, ob es noch weitere Objekte innerhalb der Menge gibt, und er zum anderen Zugriff auf das aktuelle Objekt bekommt. Die Frage, wie der Iterator technisch implementiert ist, bleibt dem Verwender völlig transparent. Es ist lediglich notwendig, dass die Iteratorklasse das Interface Iterator implementiert, damit sie für den Benutzer verwendbar ist.

```
    interface-id. Iterator as "iterator".

    *>------------------------------------------------
    *> Die Methode hasNext soll einen Wert ungleich
    *> 0 zurückliefern, wenn innerhalb der Menge
    *> noch ein weiteres Objekt enthalten ist.
    *> Ansonsten ist der Rückgabewert gleich 0.
    *>------------------------------------------------
    method-id. hasNext.
    linkage Section.
    01  lnkBool              binary-short.
    procedure division returning lnkBool.
    end method hasNext.
    *>------------------------------------------------


    *>------------------------------------------------
    *> Die Methode getNext soll das aktuelle Objekt
    *> aus der Menge zurückliefern und den Iterator
    *> auf das nächste Objekt positionieren.
    *>------------------------------------------------
```

```
method-id. getNext.
linkage Section.
01  lnkInstanz          object reference.
procedure division returning lnkInstanz.
end method getNext.
*>----------------------------------------------


end interface Iterator.
```

Listing 28.3: Das Interface Iterator

In vielen objektorientierten Systemen findet man Iteratoren für mengenorientierte Klassen. Obwohl es sich bei ihnen für jede Organisationsform einer Menge um immer wieder andere Klassen handelt, implementieren sie alle dasselbe Interface und lassen sich daher alle identisch verwenden.

28.4 OBJECT-Interfaces

Damit eine Klasse ein Interface implementieren kann, hat sie die Möglichkeit, dieses entweder in der OBJECT- oder in der FACTORY-Angabe anzuziehen. Auf Letzteres wird im nächsten Abschnitt weiter eingegangen.

```
[IDENTIFICATION DIVISION.]

OBJECT. [ IMPLEMENTS {Interfacename-1 } ...  . ]

[options-paragraph]

[environment-division]

[data-division]

[procedure-division]

END OBJECT.
```

Abbildung 28.7: OBJECT

Über den IMPLEMENTS-Zusatz lassen sich mehrere Interfaces auf einmal angeben und die Klasse verpflichtet sich, alle in diesen Interfaces enthaltenen Methoden vorzusehen. Gleichzeitig wird die Klasse, wie schon erwähnt, zuweisungskompatibel zu all diesen Interfaces.

Dadurch, dass die Interfaces mit Hilfe der OBJECT-Angabe implementiert werden, handelt es sich gänzlich um Objektmethoden, die immer an eine konkrete Instanz der Klasse gebunden sind.

Listing 28.4 zeigt das Schema einer Klasse mit dem Namen Liste, die das Interface Iterator implementiert. Neben den beiden Methoden hasNext und getNext könnte die Klasse über weitere Methoden verfügen. Diese wären dem Benutzer einer Instanz dieser Klasse jedoch nicht zugänglich, wenn er sie als Instanz von Iterator betrachtet. Alle zusätzlichen Methoden wären dadurch privat.

```
class-id. Liste as "liste"
          inherits from base.
```

```
repository.
    class base as "base"
    interface Iterator as "iterator"
    .


factory.
working-storage section.

end factory.

object. implements iterator.
working-storage section.

*>------------------------------------------------
method-id. hasNext.
linkage Section.
01 lnkBool            binary-short.
procedure division returning lnkBool.
    *> Hier steht der Quellcode für die
    *> Ausführung der Methode.
    move 0 to lnkBool
    exit method.
end method hasNext.
*>------------------------------------------------


*>------------------------------------------------
method-id. getNext.
linkage Section.
01 lnkInstanz          object reference.
procedure division returning lnkInstanz.
    *> Hier steht der Quellcode für die
    *> Ausführung der Methode.
    set lnkInstanz to null
    exit method.
end method getNext.
*>------------------------------------------------


end object.

end class Liste.
```

Listing 28.4: Fachklasse, die ein Interface implementiert

28.5 FACTORY-Interfaces

Eine COBOL-Klasse kann ein Interface auch innerhalb der FACTORY implementieren. Bei allen Methoden, die dann programmiert werden müssen, handelt es sich um Klassenmethoden. Dadurch wird es möglich, dafür zu sorgen, dass unterschiedliche Fachklassen über immer dieselben technischen Konstruktoren erzeugt werden können.

```
[IDENTIFICATION DIVISION.]

FACTORY. [ IMPLEMENTS {Interfacename-1 } ...  . ]

[options-paragraph]

[environment-division]

[data-division]

[procedure-division]

END FACTORY.
```

Abbildung 28.8: FACTORY

Wie schon bei der OBJECT-Angabe werden auch hier über den IMPLEMENTS-Zusatz ein oder mehrere Interfaces benannt, die dann als Klassenmethoden zur Verfügung gestellt werden müssen.

Kauft man objektorientiert geschriebene Software von einem Drittanbieter, so möchte man diese häufig mit selbst geschriebenen Klassen erweitern. Aus diesem Grund wird man eigene Klassen von im System bestehenden ableiten, um deren Funktionalität zu erweitern. Soll die Integration jedoch so weit gehen, dass das fertige Fremdsystem Instanzen der eigenen Klassen erzeugen und deren Methoden aufrufen soll, so wird der Hersteller fordern, dass die zusätzlichen Klassen sowohl in ihrer FACTORY als auch in ihrem OBJECT bestimmte Interfaces implementieren. Damit ist sichergestellt, dass die fremden Klassen über einen ganz bestimmten Konstruktor und über ganz bestimmte Objektmethoden verfügen. Das Einzige, was das fertige System dann noch braucht, ist eine Referenz auf die Fremdklasse, um daraus Instanzen erzeugen zu können. Da solche Referenzen – wie bekannt – einfache OBJECT REFERENCE-Variablen sind, lassen sie sich bei Systemstart leicht übergeben.

Dafür zu sorgen, dass ein fertiges System Instanzen nachträglich eingebrachter Klassen erzeugen kann, dürfte wohl die Hauptanwendung für Interfaces sein, die über die FACTORY implementiert werden.

28.6 Parametrisierbare Interfaces

Sollen die Methoden, die über ein Interface gefordert werden, hinsichtlich ihrer Parametertypen flexibel gestaltet werden, kann man parametrisierbare Interfaces benutzen. Wie bei parametrisierbaren Klassen auch, erhalten sie bei ihrer INTERFACE-ID einen oder mehrere Parameter, die als Platzhalter innerhalb des Interfaces verwendet werden können. Benötigt man dann ein Interface für einen konkreten Typ, übersetzt man es mit einer entsprechenden Compilerdirektive, über die der Platzhalter mit einem konkreten Typ versorgt wird. Dabei ist es durchaus möglich, dass ein Interface mehrere Parameter hat, die dann alle gemeinsam für jede neue Version konkretisiert werden müssen.

Möchte man beispielsweise erreichen, dass das aus diesem Kapitel bereits bekannte Interface `Iterator` für Objekte ganz bestimmten Typs erweitert wird, könnte man es – wie in Listing 28.5 gezeigt – abändern. Die Methode `getNext` liefert nun Instanzen eines ganz bestimmten, noch nicht näher spezifizierten Typs.

```
interface-id. Iterator as "iterator"
              using para1.


repository.
     class para1.


*>----------------------------------------------
*> Die Methode hasNext soll einen Wert ungleich
*> 0 zurückliefern, wenn innerhalb der Menge
*> noch ein weiteres Objekt enthalten ist.
*> Ansonsten ist der Rückgabewert gleich 0.
*>----------------------------------------------
method-id. hasNext.
linkage Section.
01 lnkBool              binary-short.
procedure division returning lnkBool.
end method hasNext.
*>----------------------------------------------


*>----------------------------------------------
*> Die Methode getNext soll das aktuelle Objekt
*> aus der Menge zurückliefern und den Iterator
*> auf das nächste Objekt positionieren.
*>----------------------------------------------
method-id. getNext.
linkage Section.
01 lnkInstanz           object reference para1.
procedure division returning lnkInstanz.
end method getNext.
*>----------------------------------------------


end interface Iterator.
```

Listing 28.5: Parametrisiertes Interface

Um bei dem Hersteller MicroFocus beispielsweise zwei konkrete Ausprägungen dieses Interfaces für die Klassen `Fahrzeuge` und `Personen` zu erzeugen, würde es genügen, das Programm aus Listing 28.6 zu übersetzen.

```
$set repository(update on)

$set actual-params(FahrzeugIter Fahrzeuge)
copy "iterator.cbl".
```

```
$set actual-params(PersonIter Personen)
copy "iterator.cbl".
```

Listing 28.6: Erzeugen konkreter Interfaces

Fehlt nur noch die Verwendung parametrisierter Interfaces. Wie bei parametrisierten Klassen, muss das über die EXPANDS-Angabe von REPOSITORY erfolgen. Um dies zu verdeutlichen, wurde in Listing 28.7 die Klasse Liste derart geändert, dass sie jetzt das konkrete Interface FahrzeugIter implementiert. Bei der Verwendung der externen Klassen- und Interfacenamen muss man sehr genau auf Groß/Kleinschreibung achten.

```
class-id. Liste as "liste"
          inherits from base.

repository.
    class base as "base"
    class Fahrzeuge as "Fahrzeuge"
    interface Iterator as "iterator"
    interface FahrzeugIter as "FahrzeugIter"
        expands Iterator using Fahrzeuge
        .

factory.
working-storage section.

end factory.

object. implements FahrzeugIter.
working-storage section.

*>------------------------------------------------
method-id. hasNext.
linkage Section.
01 lnkBool              binary-short.
procedure division returning lnkBool.
    *> Hier steht der Quellcode für die
    *> Ausführung der Methode.
    move 0 to lnkBool
    exit method.
end method hasNext.
*>------------------------------------------------

*>------------------------------------------------
method-id. getNext.
linkage Section.
01 lnkInstanz      object reference Fahrzeuge.
procedure division returning lnkInstanz.
    *> Hier steht der Quellcode für die
```

```
        *> Ausführung der Methode.
        set lnkInstanz to null
        exit method.
    end method getNext.
    *>-----------------------------------------------

    end object.

    end class Liste.
```

Listing 28.7: Implementation von `FahrzeugIter`

28.7 Programmbeispiel: Iterator

Aufgabenstellung

Um die Verwendung von Interfaces zu verdeutlichen, soll das aus dem Kapitel über die Definition und den Aufruf von Methoden bekannte Beispiel mit der Klasse `SimpleTreeMap` umgeschrieben werden. Diese Klasse wird einen Iterator zur Verfügung stellen, mit dessen Hilfe man sich innerhalb der Map bewegen kann.

Ein Iterator lässt sich unabhängig von der technischen Realisierung der Menge verwenden, auf die er wirkt. Über die Methoden `hasNext` und `getNext` erlaubt er es einer Anwendung auf einfachste Weise, ein Element nach dem anderen verarbeiten zu können, ohne Rücksicht auf die interne Organisation der Menge nehmen zu müssen. Es lassen sich Mengen denken, die als einfache Tabellen organisiert sind. Die zugehörige Implementierung eines Iterators muss sich dann nur den jeweils aktuellen Index merken und kann so Aussagen darüber treffen, ob sich noch weitere Elemente in der Menge befinden oder nicht. Auch der Zugriff auf das aktuelle Element gestaltet sich recht einfach. Mengen können aber auch in Form von verketteten Listen organisiert sein. Hier muss der Iterator prüfen, ob das aktuelle Element eine Referenz auf einen Nachfolger hat, um dann sagen zu können, ob es noch weitere Einträge in der Liste gibt. Der Iterator hält hier eine Referenz auf das gerade aktuelle Element der Liste. Aufwendiger wird ein Iterator, wenn er sich durch einen binären Baum bewegen soll, also der Organisationsform, die in der Klasse `SimpleTreeMap` vorliegt.

Ein binärer Baum wird normalerweise rekursiv durchlaufen, wobei für jeden Knoten immer wieder neu folgende Logik angewendet wird:

❏ Zunächst werden alle Elemente ausgegeben, die links unter dem aktuellen Knoten hängen, da sie wertmäßig kleiner sind.

❏ Danach muss der Knoten selbst verarbeitet werden.

❏ Zuletzt bekommen dann alle Elemente, die rechts unter dem aktuellen Knoten hängen, die Steuerung.

Abbildung 28.9 zeigt, wie ein klassischer binärer Baum durchlaufen werden muss. Wendet man obige Regeln rekursiv auf jeden Knoten des Baumes an, so erhält man das gewünschte Ergebnis.

Ein Iterator soll bei jedem Aufruf jedoch immer nur einen Knoten aus dem Baum liefern. Dazu könnte er zwar jedes Mal den kompletten Baum nach dem gezeigten Muster rekursiv durchwandern, bis er auf den logisch nächsten Knoten stößt, dies ist aber bei einem umfangreichen Baum nicht sehr effizient. Er sollte vielmehr in der Lage sein, sich von einem beliebigen Knoten aus innerhalb des Baumes vorwärts zu bewegen. Dazu muss zunächst jeder Knoten seinen Parent (übergeordneten Knoten) kennen, um sich innerhalb des Baumes auch nach oben bewegen zu können. Außerdem statten wir jeden Knoten mit der Methode `getNext` aus, an die der Parameter `lnkFrom` zu übergeben ist. Dieser Parameter gibt an, von wo aus wir uns auf den Knoten beziehen.

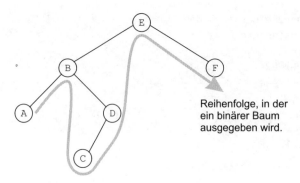

Abbildung 28.9: Durchlaufen eines binären Baumes

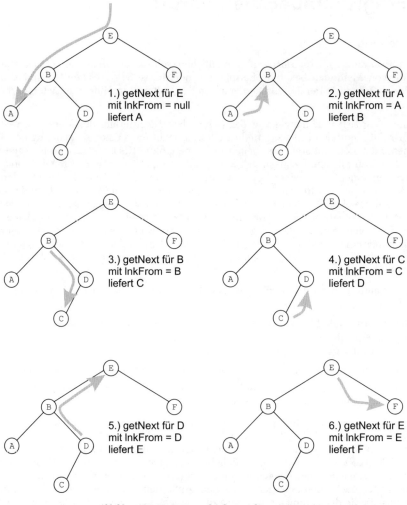

Abbildung 28.10: Iterieren durch einen binären Baum

❏ Ist der Parameter lnkFrom gleich null, dann soll das bedeuten, dass wir uns von oben auf den Knoten beziehen. Der Baum soll also nach links unten durchwandert werden. Jeder Knoten, der einen linken Unterknoten besitzt, ruft die Methode getNext mit lnkFrom gleich null für diesen auf. Besitzt er einen solchen Unterknoten nicht, so ist er der logisch nächste. Wendet man dies für den Knoten E aus Abbildung 28.9 an, so erhält man den Knoten A als Ergebnis.

❏ Enthält der Parameter lnkFrom eine Referenz auf den Knoten, für den auch die Methode getNext aufgerufen wird, so bedeutet dies, dass dieser Knoten verarbeitet wurde und nach dem nächsten Knoten in seinem rechten Unterbaum zu suchen ist. Dazu wird die Methode getNext für den ersten Unterknoten im rechten Baum aufgerufen und als Parameter lnkFrom der Wert null übergeben. Schließlich braucht man aus dem rechten Unterzweig das am weitesten links unten stehende Element. Ist kein rechter Unterbaum vorhanden, wird sein Parent mit der weiteren Suche beauftragt. Ruft man also in vorliegendem Beispiel für den Knoten A die Methode getNext auf und übergibt dieser eine Referenz auf Knoten A, so würde diese in ihrem rechten Unterbaum nach dem nächsten Knoten suchen. Da ein solcher nicht vorhanden ist, gibt Knoten A die Steuerung an Knoten B weiter, wodurch der hier als nächster beschriebene Fall eintritt.

❏ Ist die Referenz, die in lnkFrom gespeichert ist, identisch mit der Referenz auf den linken Unterbaum eines Knotens, so sagt dies, dass der linke Zweig des Knotens komplett verarbeitet wurde und der gerufene Knoten der nächste ist. Führt man das Beispiel fort, so würde Knoten A die Methode getNext für Knoten B aufrufen und ihr eine Referenz auf Knoten A übergeben. Der Knoten B erkennt, dass er von seinem linken Unterbaum aus gerufen wird, und liefert eine Referenz auf sich selbst zurück, da er der nächste Knoten ist.

❏ Die letzte Möglichkeit besteht darin, dass es sich bei dem Parameter lnkFrom um eine Referenz auf den rechten Unterknoten handelt. In diesem Fall ist der aktuelle Zweig komplett abgearbeitet und die Steuerung geht an den Parentknoten weiter. Der Unterknoten ruft also die Methode getNext bei seinem Parent auf. Damit dieser weiß, von wo er gerufen wird, übergibt der Unterknoten in dem Parameter lnkFrom stets eine Referenz auf sich selbst.

Programmlisting (Interface Iterator)

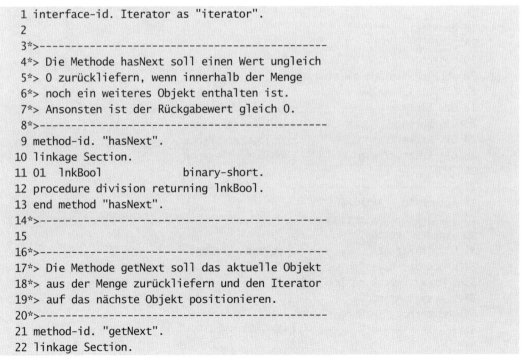

```
 1 interface-id. Iterator as "iterator".
 2
 3*>----------------------------------------------
 4*> Die Methode hasNext soll einen Wert ungleich
 5*> 0 zurückliefern, wenn innerhalb der Menge
 6*> noch ein weiteres Objekt enthalten ist.
 7*> Ansonsten ist der Rückgabewert gleich 0.
 8*>----------------------------------------------
 9 method-id. "hasNext".
10 linkage Section.
11 01 lnkBool              binary-short.
12 procedure division returning lnkBool.
13 end method "hasNext".
14*>----------------------------------------------
15
16*>----------------------------------------------
17*> Die Methode getNext soll das aktuelle Objekt
18*> aus der Menge zurückliefern und den Iterator
19*> auf das nächste Objekt positionieren.
20*>----------------------------------------------
21 method-id. "getNext".
22 linkage Section.
```

```
23 01  lnkInstanz            object reference.
24 procedure division returning lnkInstanz.
25 end method "getNext".
26*>-----------------------------------------------
27
28 end interface Iterator.
```

Listing 28.8: Das Interface Iterator

Programmlisting Klasse (SimpleTreeMap)

```
 1$set repository(update on)
 2
 3 identification division.
 4 class-id. SimpleTreeMap as "simpletreemap"
 5          inherits from base.
 6
 7 repository.
 8     class base as "base"
 9     interface Iterator as "iterator"
10     class SimpleTreeMapIterator
11         as "simpletreemapiterator"
12     .
13
14 factory.
15 working-storage section.
16
17 end factory.
18
19 object.
20 working-storage section.
21 01  Schluesselwert          pic x(80).
22 01  Eintrag                 object reference.
23 01  Parent                  object reference.
24 01  LinkerZweig             object reference.
25 01  RechterZweig            object reference.
26
27*>-----------------------------------------------
28 method-id. "setParent" .
29 local-storage Section.
30 linkage Section.
31 01  lnkParent               object reference.
32 procedure division using lnkParent.
33     set Parent to lnkParent
34     exit method.
35 end method "setParent".
36*>-----------------------------------------------
37
```

```
38*>----------------------------------------------
39 method-id. "put" .
40 local-storage Section.
41 linkage Section.
42 01  lnkSchluesselwert      pic x(80).
43 01  lnkEintrag            object reference.
44 procedure division using lnkSchluesselwert
45                          lnkEintrag.
46     *> Wenn ich selbst ein leerer Knoten bin,
47     *> dann ist die Suche beendet und ich kann
48     *> den Eintrag übernehmen.
49     if Eintrag = null
50         move lnkSchluesselwert to Schluesselwert
51         set Eintrag to lnkEintrag
52         exit method
53     end-if
54     *> Gibt es bereits einen Eintrag für den
55     *> Schluesselwert ?
56     if lnkSchluesselwert = Schluesselwert
57         *> Dann wird der alte Eintrag freigegeben
58         *> und durch den neuen ersetzt.
59         invoke Eintrag "finalize"
60             returning Eintrag
61         set Eintrag to lnkEintrag
62         exit method
63     end-if
64     *> Ist der neue Wert wertmäßig kleiner als
65     *> mein eigener, wird er in meinen linken
66     *> Zweig gehängt.
67     if lnkSchluesselwert < Schluesselwert
68         if LinkerZweig = null
69             invoke SimpleTreeMap "new"
70                 returning LinkerZweig
71             invoke LinkerZweig "setParent"
72                 using self
73         end-if
74         invoke LinkerZweig "put" using
75             lnkSchluesselwert lnkEintrag
76         exit method
77     end-if
78     *> Ansonsten gehört der neue Eintrag in
79     *> jedem Fall in meinen rechten Zweig.
80     if RechterZweig = null
81         invoke SimpleTreeMap "new"
82             returning RechterZweig
83             invoke RechterZweig "setParent"
```

```
84                    using self
85      end-if
86      invoke RechterZweig "put" using
87           lnkSchluesselwert lnkEintrag
88      exit method.
89 end method "put".
90*>-------------------------------------------------
91
92*>-------------------------------------------------
93 method-id. "get" .
94 local-storage Section.
95 linkage Section.
96 01  lnkSchluesselwert        pic x(80).
97 01  lnkEintrag               object reference.
98 procedure division using lnkSchluesselwert
99                    returning lnkEintrag.
100     set lnkEintrag to null
101     *> Bin ich der gesuchte Eintrag?
102     if lnkSchluesselwert = Schluesselwert
103         set lnkEintrag to Eintrag
104         exit method
105     end-if
106     *> Wenn der gesuchte Schlüssel wertmäßig
107     *> kleiner ist als meiner, dann ist er
108     *> in meinem linken Zweig zu finden.
109     if lnkSchluesselwert < Schluesselwert
110         if not LinkerZweig = null
111             invoke LinkerZweig "get" using
112                  lnkSchluesselwert
113                  returning lnkEintrag
114         end-if
115         exit method
116     end-if
117     *> Ansonsten muss der gesuchte Wert in
118     *> meinem rechten Zweig zu finden sein.
119     if not RechterZweig = null
120         invoke RechterZweig "get" using
121              lnkSchluesselwert
122              returning lnkEintrag
123     end-if
124     exit method.
125 end method "get".
126*>-------------------------------------------------
127
128*>-------------------------------------------------
129 method-id. "getNext".
```

```
130 local-storage Section.
131 01  lsFrom              object reference.
132 linkage Section.
133 01  lnkFrom             object reference.
134 01  lnkNext             object reference.
135 procedure division using lnkFrom
136                 returning lnkNext.
137     *> Es gibt insgesamt vier Möglichkeiten,
138     *> die der Wert lnkFrom haben kann. Je
139     *> nach Inhalt kann entschieden werden,
140     *> welcher Knoten der nächste ist.
141
142     *> 1.) lnkFrom ist NULL
143     if lnkFrom = null
144         *> Das bedeutet, dass tiefer in den Baum
145         *> abgestiegen werden soll. Dazu wird die
146         *> Nachricht getNext an den linken Zweig
147         *> weitergereicht. Sollte ein solcher
148         *> nicht vorhanden sein, entspricht die
149         *> aktuelle Instanz dem nächsten Knoten.
150         if LinkerZweig = null
151             set lnkNext to self
152         else
153             invoke LinkerZweig "getNext"
154                 using lnkFrom
155                 returning lnkNext
156         end-if
157         exit method
158     end-if
159
160     *> 2.) lnkFrom ist SELF
161     if lnkFrom = self
162         *> In diesem Fall wurde der aktuelle
163         *> Knoten bereits verarbeitet. Der nächste
164         *> befindet sich also in seinem
165         *> rechten Zweig, der bis zu seinem am
166         *> weitesten links stehenden Element
167         *> durchsucht werden muss. Daher wird als
168         *> lnkFrom der Wert null übergeben.
169         *> Sollte kein rechter Zweig existieren,
170         *> so wird die Suche an den Parent dieses
171         *> Knotens weitergegeben. Sollte der
172         *> Knoten keinen Parent haben, wurde der
173         *> Baum komplett verarbeitet.
174         if RechterZweig = null
175             if Parent = null
```

```
176              set lnkNext to null
177          else
178              set lsFrom to self
179              invoke Parent "getNext"
180                  using lsFrom
181                  returning lnkNext
182          end-if
183      else
184          set lsFrom to null
185          invoke RechterZweig "getNext"
186              using lsFrom
187              returning lnkNext
188      end-if
189      exit method
190  end-if
191
192  *> 3.) lnkFrom ist LinkerZweig
193  if lnkFrom = LinkerZweig
194      *> Wenn dieser Knoten von seinem linken
195      *> Unterknoten aus aufgerufen wird,
196      *> dann ist dieser Knoten stets der
197      *> nächste im Baum.
198      set lnkNext to self
199      exit method
200  end-if
201
202  *> 4.) lnkFrom ist RechterZweig
203  if lnkFrom = RechterZweig
204      *> Wenn dieser Knoten von seinem rechten
205      *> Unterknoten aus aufgerufen wird,
206      *> dann ist er komplett abgearbeitet
207      *> und die Suche nach einem Nachfolger
208      *> wird an den Parent übergeben. Sollte
209      *> ein solcher nicht existieren, ist
210      *> der Baum komplett durchlaufen.
211      if Parent = null
212          set lnkNext to null
213      else
214          set lsFrom to self
215          invoke Parent "getNext"
216              using lsFrom
217              returning lnkNext
218      end-if
219      exit method
220  end-if
221
```

```
222      *> Wenn keiner der vier Fälle zutrifft,
223      *> dann liegt ein schwerwiegender Fehler
224      *> vor.
225      display "Fehlerhafte Referenz lnkFrom "
226          "in SimpleTreeMap::getNext"
227      set lnkNext to null
228
229      exit method.
230 end method "getNext".
231*>-------------------------------------------
232
233*>-------------------------------------------
234*> Die Methode getIterator liefert eine Instanz
235*> der Klasse simpleTreeMapIterator zurück,
236*> die das Interface Iterator implementiert.
237*> Daher kann der Rückgabewert auch eine
238*> Objektreferenz vom Typ Iterator sein.
239*> Durch diesen Ansatz ist es möglich, gleich-
240*> zeitig mehrere Iteratoren auf dieselbe
241*> Menge zu erzeugen, die diese unabhängig von-
242*> einander durchlaufen.
243*>-------------------------------------------
244 method-id. "getIterator".
245 local-storage Section.
246 01  lsFrom         object reference.
247 01  lsErsterKnoten object reference.
248 linkage Section.
249 01  lnkIterator    object reference Iterator.
250 procedure division returning lnkIterator.
251      *> Zunächst muss der erste Knoten
252      *> beschafft werden.
253      set lsFrom to null
254      invoke self "getNext" using lsFrom
255          returning lsErsterKnoten
256      *> Mit ihm kann man dann einen Iterator
257      *> erzeugen.
258      invoke SimpleTreeMapIterator "new"
259          using lsErsterKnoten
260          returning lnkIterator
261      exit method.
262 end method "getIterator".
263*>-------------------------------------------
264
265*>-------------------------------------------
266 method-id. "getEintrag" .
267 local-storage Section.
```

```
268 linkage Section.
269 01  lnkEintrag                object reference.
270 procedure division returning lnkEintrag.
271     set lnkEintrag to Eintrag
272     exit method.
273 end method "getEintrag".
274*>-------------------------------------------------
275
276*>-------------------------------------------------
277 method-id. "finalize" .
278 local-storage Section.
279 linkage Section.
280 01  lnkInstanz                object reference.
281 procedure division returning lnkInstanz.
282     *> Zunächst muss ich meinen linken Zweig
283     *> freigeben:
284     if not LinkerZweig = null
285         invoke LinkerZweig "finalize"
286             returning LinkerZweig
287     end-if
288     *> Dann gebe ich meinen rechten Zweig frei:
289     if not RechterZweig = null
290         invoke RechterZweig "finalize"
291             returning RechterZweig
292     end-if
293     *> Und schließlich mich selbst:
294     if not Eintrag = null
295         invoke Eintrag "finalize"
296             returning Eintrag
297     end-if
298     invoke super "finalize" returning lnkInstanz
299     exit method.
300 end method "finalize".
301*>-------------------------------------------------
302
303 end object.
304
305 end class SimpleTreeMap.
```

Listing 28.9: Die Klasse SimpleTreeMap

Programmlisting (Klasse »SimpleTreeMapIterator«)

```
1 identification division.
2 class-id. SimpleTreeMapIterator
3               as "simpletreemapiterator"
4         inherits from base.
5
```

```
 6 repository.
 7    class base as "base"
 8    interface Iterator as "iterator"
 9    .
10
11 factory.
12 working-storage section.
13
14*>------------------------------------------------
15 method-id. "new" override.
16 linkage Section.
17 01  lnkErsterKnoten    object reference.
18 01  lnkInstanz         object reference.
19 procedure division using lnkErsterKnoten
20                 returning lnkInstanz.
21    invoke super "new" returning lnkInstanz
22    invoke lnkInstanz "init"
23        using lnkErsterKnoten
24    exit method.
25 end method "new".
26*>------------------------------------------------
27
28 end factory.
29
30 object. implements Iterator.
31 working-storage section.
32 01  naechsterKnoten    object reference.
33
34*>------------------------------------------------
35 method-id. "init".
36 linkage Section.
37 01  lnkErsterKnoten    object reference.
38 procedure division using lnkErsterKnoten.
39    set naechsterKnoten to lnkErsterKnoten
40    exit method.
41 end method "init".
42*>------------------------------------------------
43
44*>------------------------------------------------
45*> Die Methode hasNext soll einen Wert ungleich
46*> 0 zurückliefern, wenn innerhalb der Menge
47*> noch ein weiteres Objekt enthalten ist.
48*> Ansonsten ist der Rückgabewert gleich 0.
49*>------------------------------------------------
50 method-id. "hasNext".
51 linkage Section.
```

```
52 01  lnkBool               binary-short.
53 procedure division returning lnkBool.
54     if naechsterKnoten = null
55         move 0 to lnkBool
56     else
57         move 1 to lnkBool
58     end-if
59     exit method.
60 end method "hasNext".
61*>-----------------------------------------------
62
63*>-----------------------------------------------
64*> Die Methode getNext soll das aktuelle Objekt
65*> aus der Menge zurückliefern und den Iterator
66*> auf das nächste Objekt positionieren.
67*>-----------------------------------------------
68 method-id. "getNext".
69 linkage Section.
70 01  lnkInstanz          object reference.
71 procedure division returning lnkInstanz.
72     set lnkInstanz to null
73
74     if not naechsterKnoten = null
75         invoke naechsterKnoten "getEintrag"
76             returning lnkInstanz
77
78         invoke naechsterKnoten "getNext"
79             using naechsterKnoten
80             returning naechsterKnoten
81     end-if
82     exit method.
83 end method "getNext".
84*>-----------------------------------------------
85
86 end object.
87
88 end class SimpleTreeMapIterator.
```

Listing 28.10: Die Klasse SimpleTreeMapIterator

28.8 Programmbeispiel: Durchlaufen einer Menge mit einem Iterator

Aufgabenstellung

Das Beispiel »Gruppenwechsel durch Instanzenbildung« aus dem Kapitel über die Definition und den Aufruf von Methoden soll noch einmal aufgegriffen werden. Dabei geht es darum, unsortierte Eingabedaten aus einer Datei mit dem Namen BAUTEILE.EIN zu lesen und eine Liste über alle verwendeten Bauteile zu erstellen. Da es vorkommt, dass ein Bauteil in mehreren Datensätzen zu finden ist, soll mit Hilfe einer SimpleTreeMap eine Menge von Bauteilen verwaltet werden. Nachdem alle Bauteile gelesen wurden, sind sie mit Hilfe eines Iterators am Bildschirm anzuzeigen.

Die Datei ist wie folgt aufgebaut, wobei jeder Datensatz drei Bauteile beinhaltet.

Aufbau der Datei »BAUTEILE.EIN«

Anzahl Stellen	Feldverwendung
5	Artikelnummer
10	Bezeichnung des ersten Bauteils
5	Menge des ersten Bauteils
10	Bezeichnung des zweiten Bauteils
5	Menge des zweiten Bauteils
10	Bezeichnung des dritten Bauteils
5	Menge des dritten Bauteils

Tabelle 28.1: Aufbau der Eingabedatei

Programmlisting (Klasse »Bauteil«)

```
 1$set repository(update on)
 2 identification division.
 3
 4 class-id. Bauteil as "bauteil"
 5         inherits from base.
 6
 7 repository.
 8     class base as "base"
 9     .
10
11 factory.
12 working-storage section.
13
14*>-----------------------------------------------
15 method-id. "new" override.
16 local-storage Section.
17 linkage Section.
18 01  lnkBezeichnung      pic x(10).
```

```
19 01  lnkInstanz           object reference.
20 procedure division using lnkBezeichnung
21                 returning lnkInstanz.
22     invoke super "new" returning lnkInstanz
23     invoke lnkInstanz "init" using lnkBezeichnung
24     exit method.
25 end method "new".
26*>-----------------------------------------------
27
28 end factory.
29
30 object.
31 working-storage section.
32 01  Bezeichnung          pic x(10).
33 01  Menge                pic 9(10).
34
35*>-----------------------------------------------
36 method-id. "init" .
37 local-storage Section.
38 linkage Section.
39 01  lnkBezeichnung       pic x(10).
40 procedure division using lnkBezeichnung.
41     move lnkBezeichnung to Bezeichnung
42     move 0 to menge
43     exit method.
44 end method "init".
45*>-----------------------------------------------
46
47*>-----------------------------------------------
48 method-id. "addMenge" .
49 local-storage Section.
50 linkage Section.
51 01  lnkMenge             pic 9(5).
52 procedure division using lnkMenge.
53     add lnkMenge to Menge
54     exit method.
55 end method "addMenge".
56*>-----------------------------------------------
57
58*>-----------------------------------------------
59 method-id. "getBezeichnung" .
60 local-storage Section.
61 linkage Section.
62 01  lnkBezeichnung       pic x(10).
63 procedure division returning lnkBezeichnung.
64     move Bezeichnung to lnkBezeichnung
```

```
65      exit method.
66 end method "getBezeichnung".
67*>---------------------------------------------
68
69*>---------------------------------------------
70 method-id. "getMenge" .
71 local-storage Section.
72 linkage Section.
73 01  lnkMenge           pic 9(10).
74 procedure division returning lnkMenge.
75      move Menge to lnkMenge
76      exit method.
77 end method "getMenge".
78*>---------------------------------------------
79
80 end object.
81
82 end class Bauteil.
```

Listing 28.11: Die Klasse Bauteil

Programmlisting (Hauptprogramm)

```
 1 identification division.
 2 program-id. Gruppenwechsel2.
 3 environment division.
 4 configuration section.
 5 repository.
 6     class Bauteil as "bauteil"
 7     class SimpleTreeMap as "simpletreemap"
 8     interface Iterator as "iterator"
 9     .
10 input-output section.
11 file-control.
12     select Eingabe assign to "Bauteile.ein"
13         organization is line sequential
14         file status is EingabeStatus.
15 data division.
16 file section.
17 fd  Eingabe.
18 01  Eingabesatz.
19     05  Artikelnummer   pic 9(5).
20     05  Bauteile        occurs 3.
21         10  Bezeichnung pic x(10).
22         10  Menge       pic 9(5).
23 working-storage section.
24 01  EingabeStatus       pic xx.
25     88  EingabeOk       value "00" thru "09".
```

```
26 01  eineTreeMap          object reference.
27 01  einIterator          object reference Iterator.
28 01  weitereBauteile      binary-short.
29 01  Schluessel           pic x(80).
30 01  einBauteil           object reference Bauteil.
31 01  i                    pic 9(5).
32 01  gesMenge             pic 9(10).
33 01  ausgabeMenge         pic z(9)9.
34 procedure division.
35 daten-einlesen.
36     open input eingabe
37     if EingabeOK
38        invoke SimpleTreeMap "new"
39            returning eineTreeMap
40        read eingabe
41        perform until not EingabeOk
42            perform bauteil-aufnehmen
43                varying i from 1 by 1 until i > 3
44            read eingabe
45        end-perform
46        close eingabe
47        perform bauteile-auflisten
48        invoke eineTreeMap "finalize"
49            returning eineTreeMap
50     end-if
51     stop run.
52 bauteil-aufnehmen.
53     *> Ist das Bauteil bereits in der Liste?
54     move Bezeichnung(i) to Schluessel
55     invoke eineTreeMap "get" using Schluessel
56         returning einBauteil
57     if einBauteil = null
58        *> Dann muss das Bauteil aufgenommen werden.
59        invoke Bauteil "new" using Bezeichnung(i)
60            returning einBauteil
61        invoke eineTreeMap "put" using
62            Schluessel einBauteil
63     end-if
64     *> Jetzt kann die Menge addiert werden.
65     invoke einBauteil "addMenge" using Menge(i)
66     .
67 bauteile-auflisten.
68     *> Dadurch, dass alle Bauteile in der
69     *> SimpleTreeMap sortiert vorliegen, ist ein
70     *> klassischer Gruppenwechsel nicht notwendig.
71     invoke eineTreeMap "getIterator"
72         returning einIterator
```

```
73        invoke einIterator "hasNext"
74            returning weitereBauteile
75        perform until weitereBauteile = 0
76            invoke einIterator "getNext"
77                returning einBauteil
78            if not einBauteil = null
79                invoke einBauteil "getMenge"
80                    returning gesMenge
81                move gesMenge to ausgabeMenge
82                invoke einBauteil "getBezeichnung"
83                    returning Schluessel
84                display Schluessel(1:10) ausgabeMenge
85            end-if
86            *> Befinden sich weitere Elemente in
87            *> der Menge?
88            invoke einIterator "hasNext"
89                returning weitereBauteile
90        end-perform
91        invoke einIterator "finalize"
92            returning einIterator
93        .
```

Listing 28.12: Das Programm Gruppenwechsel2

Testdaten »BAUTEILE.EIN«

```
71273Schrauben 00345Klemmen   00023Nägel     00012
91734Dübel     00003Nieten    00001Platinen  00021
72893Stecker   00002Dioden    00017Schalter  00003
91273Chip HPQ3 00001Schrauben 00007Klemmen   00012
91276Nägel     00029Dübel     00029Nieten    00003
12732Platinen  00001Stecker   00002Dioden    00008
92373Schalter  00009Chip HPQ3 00001Schrauben 00001
```

Listing 28.13: Inhalt der Testdatei

Bildschirmausgabe

```
Chip HPQ3         2
Dioden           25
Dübel            32
Klemmen          35
Nieten            4
Nägel            41
Platinen         22
Schalter         12
Schrauben       353
Stecker           4
```

Listing 28.14: Bildschirmausgabe

29

SORT-MERGE-Modul

29.1 Vorbemerkung

Das SORT–MERGE-Modul wurde hier nach den allgemeinen Regeln der ANSI STANDARD COBOL-Sprache implementiert. Dieses Modul erlaubt die Sortierung oder die Mischung einer bzw. mehrerer Dateien.

Das Sortieren einer Datei bedeutet, dass die Datensätze dieser Datei in eine aufsteigende oder absteigende Reihenfolge eines oder mehrerer Schlüssel (Ordnungsbegriff) gebracht werden. Das Sortieren kann mit Hilfe der SORT-Anweisung eingeleitet werden.

Das Mischen erfordert mehrere Dateien, die jeweils in sich selbst sortiert sind. Dabei sollen diese Dateien in einer aufsteigenden bzw. absteigenden Reihenfolge ihrer Schlüssel in einer Datei gemischt werden. Nach ANSI85 dürfen nur sequenzielle Dateien im SORT–MERGE-Modul verwendet werden. Die Implementierung von MicroFocus erlaubt jedoch die Verwendung einer Datei mit beliebiger Organisationsform (sequenziell, relativ oder Index-sequenziell). Der Zugriffsmodus muss in jedem Fall sequenziell sein (ACCESS MODE SEQUENTIAL).

Für die Definition einer Sortierdatei ist eine SELECT-Klausel in der ENVIRONMENT DIVISION und eine SD-Stufenbezeichnung in der FILE SECTION notwendig.

29.2 Die SELECT-Klausel für Sortierdateien

```
SELECT [OPTIONAL] Sortierdateiname

        ⎧     ⎧externer-Dateiname⎫          ⎫
  ASSIGN ⎨ TO  ⎨Literal-1         ⎬ ... [USING Datenname-1]⎬
        ⎨     ⎩                  ⎭          ⎬
        ⎩ USING Datenname-1                 ⎭

  [[ORGANIZATION IS] SEQUENTIAL] .
```

Abbildung 29.1: SELECT-Klausel für Sortierdateien

Erläuterung

Mit Hilfe der SELECT-Klausel wird der Sortierdatei ein Name gegeben. Auf diesen Namen bezieht sich dann eine SORT- bzw. MERGE-Anweisung. Die Sortierdatei gilt als Arbeitsdatei, die die unsortierten Datensätze für die Dauer des Sortiervorganges aufnimmt.

Beispiel 1:

```
ENVIRONMENT DIVISION.
INPUT-OUTPUT SECTION.
FILE-CONTROL.
    SELECT VERTRETER ASSIGN TO "VERT.DAT".
```

Listing 29.1: Definition einer SORT-Datei

29.3 Die SD-Stufenbezeichnung

```
SD Sortierdateiname

  [        { CONTAINS Ganzzahl-3 CHARACTERS                                } ]
  [        { IS VARYING IN SIZE [ [FROM Ganzzahl-4] [TO Ganzzahl-5]        } ]
  [ RECORD {     CHARACTERS]                                               } ] .
  [        {   [ DEPENDING ON Bezeichner-1 ]                               } ]
  [        { CONTAINS Ganzzahl-6 TO Ganzzahl-7 CHARACTERS                  } ]
```

Abbildung 29.2: SD-Klausel

Erläuterung

Die SD-Stufenbezeichnung wird für die Definition des Datensatzes der Sortierdatei verwendet.

Die Datensatzbeschreibung der Sortierdatei muss mindestens die Sortierschlüssel als untergeordnete Datenfelder beinhalten.

Alle Klauseln haben die gleichen Bedeutungen wie bei sequenziellen Dateien.

Beispiel 2:

```
DATA DIVISION.
FILE SECTION.
SD  VERTRETER.
01  SORT-SATZ.
    05 S-NACHNAME           PIC X(25).
    05 S-VORNAME            PIC X(25).
    05 SONSTIGES            PIC X(230).
```

Listing 29.2: Datensatzbeschreibung einer SORT-Datei

29.4 SORT-Anweisung

Wirkung

Die SORT-Anweisung leitet den Sortiervorgang einer Datei ein.

```
SORT Dateiname-1 { ON { ASCENDING  } KEY { Datenname-1 } ... } ...
                       { DESCENDING }

   [ WITH DUPLICATES IN ORDER ]

   [                    { IS Alphabetname-1 [Alphabetname-2]      } ]
   [ COLLATING SEQUENCE {{| FOR ALPHANUMERIC IS Alphabetname-1 |} } ]
   [                    { | FOR NATIONAL IS Alphabetname-2     |  } ]

   { INPUT PROCEDURE IS Prozedurname-1 [ { THROUGH } Prozedurname-2 ] }
   {                                     { THRU    }                  }
   { USING {Dateiname-2} ...                                          }

   { OUTPUT PROCEDURE IS Prozedurname-3 [ { THROUGH } Prozedurname-4 ] }
   {                                      { THRU    }                  }
   { GIVING {Dateiname-3 } ...                                         }
```

Abbildung 29.3: SORT-Anweisung

```
Format 2 (Tabellen):

   SORT Bezeichner-2 [ ON { ASCENDING  } KEY [Bezeichner-1] ... ] ...
                          { DESCENDING }

      [ WITH DUPLICATES IN ORDER ]

      [                    { IS Alphabetname-1 [Alphabetname-2]      } ]
      [ COLLATING SEQUENCE {{| FOR ALPHANUMERIC IS Alphabetname-1 |} } ]
      [                    { | FOR NATIONAL IS Alphabetname-2     |  } ]
```

Abbildung 29.4: SORT-Anweisung für Tabellen

Erläuterung

Der in der SORT-Anweisung anzugebende Sortierdateiname muss der Name einer SD-Datei sein.

ASCENDING/DESCENDING KEY

Der ASCENDING/DESCENDING-Zusatz muss benutzt werden, um die notwendigen Schlüsselfelder, nach denen eine Datei sortiert werden soll, anzugeben. Diese Schlüsselfelder müssen Bestandteil des Sortier-datensatzes sein. Dabei spielt die verwendete Reihenfolge der Schlüsselfelder eine wesentliche Rolle bei der Festlegung der Sortier-Rangordnung zwischen den verschiedenen Schlüsseln, denn der erste angege-bene Schlüssel hat den ersten Rang, der zweite Schlüssel den zweiten Rang usw.

ASCENDING sortiert die Datei aufsteigend und DESCENDING sortiert sie absteigend nach den angegebenen Schlüsseln. Es können bis zu 12 Schlüsselfelder, wahlweise aufsteigend und/oder absteigend, verwendet werden.

Automatische E/A-Operationen

Wenn eine Datei sortiert werden soll, muss festgelegt werden, wie die unsortierten Datensätze in die Sortierdatei gelangen und wie sie nach dem Sortieren in eine Ausgabedatei übertragen werden sollen.

Der USING-Zusatz gibt an, welche Datei bzw. Dateien sortiert werden sollen (Eingabe für den Sortiervorgang). In diesem Fall übernimmt das SORT-Programm das Öffnen, das vollständige Lesen und das Schließen der Eingabedatei automatisch. Die Eingabedatei darf dabei zu diesem Zeltpunkt nicht geöffnet sein. Wurde die Sortierdatei mit variabler Satzlänge beschrieben, so muss darauf geachtet werden, dass die Satzlänge der USING-Dateien die minimale Länge des Sortiersatzes nicht unterschreitet bzw. die maximale Länge nicht überschreitet.

Der GIVING-Zusatz bestimmt, wohin die sortierten Datensätze gelangen sollen (Ausgabedatei für den Sortiervorgang). Auch hier übernimmt das SORT-Programm das Öffnen, die vollständige Ausgabe und das Schließen der Ausgabedatei automatisch. Sollen die sortierten Datensätze mit GIVING in einer Indexsequenziellen Datei ausgegeben werden, so muss der Satzschlüssel für diese Datei (RECORD KEY) identisch mit dem ersten Sortierschlüssel (Datenname-1) dieser SORT-Anweisung sein.

Beispiel 3:

Hier soll eine Vertreterdatei V-UNSORTIERT aufsteigend nach den Schlüsselfeldern S-NACHNAME und S-VORNAME sortiert werden. Die sortierten Datensätze gelangen anschließend in die Datei V-SORTIERT.

```
PROCEDURE DIVISION.


    SORT VERTRETER
        ON ASCENDING KEY S-NACHNAME S-VORNAME
        USING V-UNSORTIERT GIVING V-SORTIERT.
```

Listing 29.3: Beispiel 3

INPUT PROCEDURE

Der INPUT PROCEDURE-Zusatz kann als Alternative für den USING-Zusatz verwendet werden. Dabei können Sie bestimmen, welche Datensätze aus der Eingabedatei in die Sortierdatei gelangen sollen. Mit INPUT PROCEDURE wird der Name eines Kapitels angegeben, in dem die sonst vom SORT-Programm automatisch ausgeführten Operationen selbst codiert werden müssen. Die Übergabe der unsortierten Datensätze an die Sortierdatei erfolgt nun in diesem Kapitel und kann mit Hilfe der RELEASE-Anweisung abgewickelt werden.

OUTPUT PROCEDURE

Ähnlich wie mit INPUT PROCEDURE können Sie mit OUTPUT PROCEDURE ein Kapitel für die Ausgabe der sortierten Datensätze codieren. Auch hier haben Sie die Möglichkeit zu bestimmen, wo die Datensätze ausgegeben werden sollen, ob sie in eine oder mehrere Dateien übertragen werden usw.

Die RETURN-Anweisung kann dabei verwendet werden, um einen Satz aus der Sortierdatei zu lesen.

COLLATING SEQUENCE

Der COLLATING SEQUENCE-Zusatz kann verwendet werden, um für den Sortiervorgang eine bestimmte Sortierfolge zu benutzen (siehe auch SPECIAL-NAMES-Paragraph).

WITH DUPLICATES IN ORDER

Wenn in einem Sortiervorgang mehrere Sätze mit gleicher Sortierordnung (gleicher Inhalt in allen Sortierschlüsseln) vorkommen, so ist die Reihenfolge der Sätze nach dem Sortieren undefinierbar. Dies gilt jedenfalls, solange der Zusatz WITH DUPLICATES IN ORDER nicht verwendet wird. Mit der Spezifikation dieses Zusatzes bestimmen Sie dann, dass solche Sätze so angeordnet werden sollen, wie sie aus der Eingabedatei eingelesen worden sind bzw. nach der Reihenfolge der Eingabedateien in der SORT-Anweisung.

Zu Format 2

Diese Anweisung wird nach dem gleichen Prinzip wie Format 1 verwendet; sie sortiert jedoch Tabellen und keine Dateien.

Beispiel:

```
WORKING-STORAGE SECTION.

01  TABELLE.
    05  JAHRE          OCCURS 10 INDEXED BY JAHR-IND.
        10 MONATE      OCCURS 12 INDEXED BY MONAT-IND.
           15 UMSATZ   PIC 9(5).

PROCEDURE DIVISION.

    SET JAHR-IND TO 5
    SORT MONATE DESCENDING KEY UMSATZ
```

Listing 29.4: Sortieren einer Tabelle

Sortiert alle 12 Monate vom fünften Jahr (laut SET-Anweisung).

29.5 RELEASE-Anweisung

Wirkung

Die RELEASE-Anweisung wird verwendet, um einen Datensatz an eine Sortierdatei zu übergeben.

$$\text{RELEASE Satzname-1} \left[\text{FROM} \begin{cases} \text{Bezeichner-1} \\ \text{Literal-1} \end{cases} \right]$$

Abbildung 29.5: RELEASE-Anweisung

Erläuterung

Die RELEASE-Anweisung entspricht in ihrer Funktion der WRITE-Anweisung, sie wird jedoch nur zum Schreiben von Datensätzen in einer SD-Datei verwendet. Deshalb darf auch der Sortierdatensatzname nur der Name eines Satzes sein, der mit einer SD-Datei verbunden ist.

Die RELEASE-Anweisung kann nur in einer Eingabeprozedur (INPUT PROCEDURE) verwendet werden, die im Zusammenhang mit einer SORT-Anweisung ausgeführt werden soll.

29.6 RETURN-Anweisung

Wirkung

Die RETURN-Anweisung liest einen Datensatz aus der Sortierdatei.

```
RETURN Dateiname-1 RECORD [ INTO Bezeichner-1]
    AT END unbedingte-Anweisung-1
    [ NOT AT END unbedingte-Anweisung-2 ]
    [ END-RETURN ]
```

Abbildung 29.6: RETURN-Anweisung

Erläuterung

Die RETURN-Anweisung entspricht in ihrer Funktion der READ-Anweisung; sie wird jedoch nur zum Lesen von Datensätzen aus einer SD-Datei verwendet.

Die RETURN-Anweisung kann nur in einer Eingabeprozedur (INPUT PROCEDURE) verwendet werden, die im Zusammenhang mit einer SORT- oder MERGE-Anweisung ausgeführt werden soll.

Der AT END-Zusatz kann dabei verwendet werden, um festzustellen, dass das Ende der Sortierdatei erreicht ist. Wird das Dateiende festgestellt, so wird die unbedingte Anweisung-1 ausgeführt, und das Programm setzt sich nach END-RETURN fort.

Der Zusatz NOT AT END spezifiziert die unbedingte Anweisung-2, die dann ausgeführt wird, wenn das Dateiende bei der Ausführung einer RETURN-Anweisung nicht festgestellt wird.

END-RETURN kennzeichnet das Ende der RETURN-Anweisung samt allen darin enthaltenen Zusätzen und Anweisungen.

Siehe hierzu das zweite Programmbeispiel in diesem Kapitel.

29.7 MERGE-Anweisung

Wirkung

Die MERGE-Anweisung wird verwendet, um mehrere Eingabedateien zu mischen.

Erläuterung

Die MERGE-Anweisung entspricht hinsichtlich ihrer Syntax im Wesentlichen der SORT-Anweisung.

Es kann jedoch hier keine INPUT PROCEDURE benutzt werden, da die MERGE-Anweisung eine eigene Logik für die Übernahme der Datensätze aus mehreren Eingabedateien hat. Die Sätze einer jeden Datei müssen innerhalb der jeweiligen Datei sortiert sein.

Siehe hierzu das dritte Programmbeispiel in diesem Kapitel.

```
MERGE Dateiname-1 { ON { ASCENDING  } KEY { Datenname-1 } ... } ...
                       { DESCENDING }

  [                    { IS Alphabetname-1 [Alphabetname-2]              } ]
  [ COLLATING SEQUENCE { { FOR ALPHANUMERIC IS Alphabetname-1 }          } ]
  [                    { { FOR NATIONAL IS Alphabetname-2     }          } ]

  USING Dateiname-2 { Dateiname-3 } ...

  { OUTPUT PROCEDURE IS Prozedurname-1 [ { THROUGH } Prozedurname-2 ] }
  {                                    [ { THRU    }                ] }
  {                                                                   }
  { GIVING { Dateiname-4 } ...                                        }
```

Abbildung 29.7: MERGE-Anweisung

29.8 Programmbeispiel: DEMO24: Sortierprogramm

Aufgabenstellung

Die Bankendatei BANKEN.EIN soll mit Hilfe des SORT-MERGE-Moduls alphabetisch nach Banknamen aufsteigend sortiert und in einer Datei mit dem Namen BANKEN.SOR ausgegeben werden. Die Datei BANKEN.SOR hat den gleichen Aufbau wie die Datei BANKEN.EIN.

Aufbau der Bankendatei »BANKEN.EIN«

Anz. Stellen	Feldverwendung
8	Bankleitzahl
2	Leer
25	Bankname
2	Leer
15	Ort

Tabelle 29.1: Aufbau der Eingabedatei

Programmlisting

```
 IDENTIFICATION DIVISION.
 PROGRAM-ID.          DEMO24-SORTIER-PROGRAMM.
 AUTHOR.              R. HABIB.
 DATE-WRITTEN.
 DATE-COMPILED.
*************************************************
* PROGRAMMFUNKTION:                             *
*                                               *
* DAS PROGRAMM BENUTZT DAS SORT-MERGE-MODUL, UM *
* DIE EINGABE-DATEI "BANKEN.EIN" ALPHABETISCH   *
```

```
11* NACH BANKENNAMEN ZU SORTIEREN.                      *
12*                                                     *
13*****************************************************
14 ENVIRONMENT DIVISION.
15 CONFIGURATION SECTION.
16 SOURCE-COMPUTER.   IBM-PC.
17 OBJECT-COMPUTER.   IBM-PC.
18 SPECIAL-NAMES.
19 INPUT-OUTPUT SECTION.
20 FILE-CONTROL.
21     SELECT EINGABE-DATEI ASSIGN TO "BANKEN.EIN",
22             ORGANIZATION IS LINE SEQUENTIAL.
23
24     SELECT SORTIER-DATEI ASSIGN TO "ARBEIT.DAT".
25
26     SELECT AUSGABE-DATEI ASSIGN TO "BANKEN.SOR"
27             ORGANIZATION IS LINE SEQUENTIAL.
28*--------------------------------------------------*
29 DATA DIVISION.
30 FILE SECTION.
31 FD  EINGABE-DATEI.
32 01  E-SATZ              PIC X(52).
33
34 SD  SORTIER-DATEI.
35 01  S-SATZ.
36     05 S-BANKLEITZAHL   PIC 9(8).
37     05 FILLER           PIC XX.
38     05 S-BANKNAME       PIC X(25).
39     05 FILLER           PIC XX.
40     05 S-ORT            PIC X(15).
41
42 FD  AUSGABE-DATEI.
43 01  A-SATZ              PIC X(52).
44*--------------------------------------------------*
45 WORKING-STORAGE SECTION.
46*--------------------------------------------------*
47 PROCEDURE DIVISION.
48 PROGRAMM-STEUERUNG SECTION.
49 PR-1000.
50     PERFORM SORTIEREN.
51 PR-9999.
52     STOP RUN.
53*--------------------------------------------------*
54 SORTIEREN SECTION.
55 SOR-1000.
56     SORT  SORTIER-DATEI,
```

```
57          ON ASCENDING KEY S-BANKNAME,
58          USING  EINGABE-DATEI,
59          GIVING AUSGABE-DATEI.
60 SOR-9999.
61     EXIT.
62
```

Listing 29.5: DEMO24: Sortierprogramm

Testdaten »BANKEN.EIN« (noch unsortiert)

30087030	Kreissparkasse	München
20030077	DSK-Bank	München
80060050	Banco di Sicilia	München
45560011	Thurn und Taxis Bank	München
60050010	Commerzbank	München
54060044	Deutsche Bank	München
45030066	Raiffeisenbank	München
77730067	Volksbank	München
45530088	Dresdner Bank	München
99933374	KKB-Bank	München

Listing 29.6: Testdaten

Inhalt der Datei »BANKEN.SOR« (bereits sortiert)

80060050	Banco di Sicilia	München
60050010	Commerzbank	München
20030077	DSK-Bank	München
54060044	Deutsche Bank	München
45530088	Dresdner Bank	München
99933374	KKB-Bank	München
30087030	Kreissparkasse	München
45030066	Raiffeisenbank	München
45560011	Thurn und Taxis Bank	München
77730067	Volksbank	München

Listing 29.7: Ausgabedaten

29.9 Programmbeispiel: DEMO25: Stichwortverzeichnis

Aufgabenstellung

Mit Hilfe der folgenden Dateien soll ein Stichwortverzeichnis erstellt werden. Die erste Datei ALPHA.EIN enthält genau 26 Sätze mit jeweils einem Byte zur Aufnahme eines Buchstabens des Alphabetes.

Die zweite Datei WORTE.EIN ist unsortiert und enthält die Stichwörter des Verzeichnisses. Jeder Satz dieser Datei hat eine Länge von 40 Byte und enthält ein Stichwort, gefolgt von der Seitennummer.

Es ist darauf zu achten, dass Klein- und Großbuchstaben bezüglich ihrer Sortierordnung gleich behandelt werden.

Programmlisting

```
 1 IDENTIFICATION DIVISION.
 2 PROGRAM-ID.          DEMO25-STICHWORTVERZEICHNIS.
 3 AUTHOR.              R. HABIB.
 4 DATE-WRITTEN.
 5 DATE-COMPILED.
 6***************************************************
 7* PROGRAMMFUNKTION:                              *
 8*                                                *
 9* DIESES PROGRAMM LIEST MIT HILFE DES SORT-MERGE-*
10* MODULS ZWEI EINGABE-DATEIEN  UND ERSTELLT EIN  *
11* SORTIERTES STICHWORTVERZEICHNIS.               *
12*                                                *
13***************************************************
14 ENVIRONMENT DIVISION.
15 CONFIGURATION SECTION.
16 SOURCE-COMPUTER.  IBM-PC.
17 OBJECT-COMPUTER.  IBM-PC.
18 SPECIAL-NAMES.
19    GROSS-GLEICH-KLEIN IS
20        " "  "!"   "#"    "$"
21       "%"  "&"   "("    ")"      "*"
22       "+"  "-"   "."    "/"      "0"
23       "1"  "2"   "3"    "4"      "5"
24       "6"  "7"   "8"    "9"      ":"
25       ";"  "<"   "="    ">"      "?"
26
27        "A" ALSO "a",  "B" ALSO "b",
28        "C" ALSO "c",  "D" ALSO "d",
29        "E" ALSO "e",  "F" ALSO "f",
30        "G" ALSO "g",  "H" ALSO "h",
31        "I" ALSO "i",  "J" ALSO "j",
32        "K" ALSO "k",  "L" ALSO "l",
33        "M" ALSO "m",  "N" ALSO "n",
34        "O" ALSO "o",  "P" ALSO "p",
35        "Q" ALSO "q",  "R" ALSO "r",
36        "S" ALSO "s",  "T" ALSO "t",
37        "U" ALSO "u",  "V" ALSO "v",
38        "W" ALSO "w",  "X" ALSO "x",
39        "Y" ALSO "y",  "Z" ALSO "z".
40
41 INPUT-OUTPUT SECTION.
42 FILE-CONTROL.
```

```
43      SELECT ALPHA         ASSIGN TO "ALPHA.EIN",
44            ORGANIZATION IS LINE SEQUENTIAL.
45
46      SELECT STICHWORTE    ASSIGN TO "WORTE.EIN"
47            ORGANIZATION IS LINE SEQUENTIAL.
48
49      SELECT SORTIER-DATEI ASSIGN TO "ARBEIT.DAT".
50
51      SELECT AUSGABE-DATEI ASSIGN TO "STICHWO.VER"
52            ORGANIZATION IS LINE SEQUENTIAL.
53*-------------------------------------------------*
54 DATA DIVISION.
55 FILE SECTION.
56 FD  ALPHA.
57 01  E-SATZ             PIC X(40).
58
59 FD  STICHWORTE.
60 01  W-SATZ             PIC X(40).
61
62 SD  SORTIER-DATEI.
63 01  S-SATZ.
64     05 S-STICHWORT-SEITE  PIC X(40).
65
66 FD  AUSGABE-DATEI.
67 01  A-SATZ             PIC X(40).
68*-------------------------------------------------*
69 WORKING-STORAGE SECTION.
70 01  UEBERSCHRIFT-1.
71     05 FILLER          PIC X(30) VALUE
72     "STICHWORTVERZEICHNIS".
73 01  ZEILEN-ZAEHLER     PIC 99 VALUE 43.
74 01  SCHALTER           PIC 9  VALUE 0.
75 88  DATEI-ENDE         VALUE 1.
76*-------------------------------------------------*
77 PROCEDURE DIVISION.
78 PROGRAMM-STEUERUNG SECTION.
79 PR-1000.
80     PERFORM SORTIEREN.
81 PR-9999.
82     STOP RUN.
83*-------------------------------------------------*
84 SORTIEREN SECTION.
85 SOR-1000.
86     SORT SORTIER-DATEI,
87         ON ASCENDING KEY S-STICHWORT-SEITE,
88         COLLATING SEQUENCE IS GROSS-GLEICH-KLEIN
```

```
89              USING  ALPHA, STICHWORTE,
90              OUTPUT PROCEDURE AUSGABETEIL.
91 SOR-9999.
92     EXIT.
93*-------------------------------------------------*
94 AUSGABETEIL SECTION.
95 AUS-1000.
96     OPEN OUTPUT AUSGABE-DATEI.
97     WRITE A-SATZ FROM UEBERSCHRIFT-1 AFTER PAGE.
98     PERFORM LESEN.
99     PERFORM DRUCKEN UNTIL DATEI-ENDE.
100    CLOSE AUSGABE-DATEI.
101 AUS-9999.
102    EXIT.
103*-------------------------------------------------*
104 LESEN SECTION.
105 LES-1000.
106    RETURN SORTIER-DATEI AT
107                        END MOVE 1 TO SCHALTER.
108 LES-9999.
109    EXIT.
110*-------------------------------------------------*
111 DRUCKEN SECTION.
112 DR-1000.
113    IF ZEILEN-ZAEHLER > 42
114       MOVE 0 TO ZEILEN-ZAEHLER,
115       MOVE SPACE TO A-SATZ,
116       WRITE A-SATZ AFTER PAGE.
117
118    WRITE A-SATZ FROM S-SATZ AFTER 1.
119    ADD  1 TO ZEILEN-ZAEHLER.
120    PERFORM LESEN.
121 DR-9999.
122    EXIT.
```

Listing 29.8: DEMO25: Stichwortverzeichnis

29.10 Programmbeispiel: DEMO24: Mischprogramm

Aufgabenstellung

Mit Hilfe des SORT-MERGE-Moduls soll aus den drei Datenbeständen VERT1.EIN, VERT2.EIN und VERT3.EIN ein einziger Bestand, der aufsteigend nach Vertreternamen und Vornamen sortiert ist, erstellt werden.

Jeder der drei Bestände ist in sich nach Vertreternamen und Vornamen aufsteigend sortiert.

Aufbau der 3 Bestände

Anz. Stellen	Feldverwendung
15	Vertretername
15	Vorname
4	Leer
6	Umsatz

Tabelle 29.2: Aufbau der Eingabedateien

Programmlisting

```
 1 IDENTIFICATION DIVISION.
 2 PROGRAM-ID.          DEMO26-MISCH-PROGRAMM.
 3 AUTHOR.              R. HABIB.
 4 DATE-WRITTEN.
 5 DATE-COMPILED.
 6***************************************************
 7* PROGRAMMFUNKTION:                              *
 8*                                                *
 9* DAS PROGRAMM LIEST MIT HILFE DES SORT-MERGE-   *
10* MODULS DREI SORTIERTE EINGABE-DATEIEN.         *
11* ANSCHLIESSEND WERDEN DIE DATEIEN IN SORTIERTER *
12* REIHENFOLGE NACH VERTRETERNAME UND VORNAME     *
13* IN EINER DATEI GEMISCHT.                       *
14*                                                *
15***************************************************
16 ENVIRONMENT DIVISION.
17 CONFIGURATION SECTION.
18 SOURCE-COMPUTER.  IBM-PC.
19 OBJECT-COMPUTER.  IBM-PC.
20 SPECIAL-NAMES.
21 INPUT-OUTPUT SECTION.
22 FILE-CONTROL.
23     SELECT VERTRETER1   ASSIGN TO "VERT1.EIN",
24             ORGANIZATION IS LINE SEQUENTIAL.
25
26     SELECT VERTRETER2   ASSIGN TO "VERT2.EIN",
27             ORGANIZATION IS LINE SEQUENTIAL.
28
29     SELECT VERTRETER3   ASSIGN TO "VERT3.EIN",
30             ORGANIZATION IS LINE SEQUENTIAL.
31
32     SELECT MISCH-DATEI  ASSIGN TO "ARBEIT.DAT".
33
34     SELECT VERTRETER-NEU ASSIGN TO "VERT.NEU"
```

```
35                  ORGANIZATION IS LINE SEQUENTIAL.
36*-------------------------------------------------*
37 DATA DIVISION.
38 FILE SECTION.
39 FD   VERTRETER1.
40 01   V1-SATZ               PIC X(40).
41
42 FD   VERTRETER2.
43 01   V2-SATZ               PIC X(40).
44
45 FD   VERTRETER3.
46 01   V3-SATZ               PIC X(40).
47
48 SD   MISCH-DATEI.
49 01   S-SATZ.
50       05 S-VERTNAME        PIC X(15).
51       05 S-VORNAME         PIC X(15).
52       05 FILLER            PIC X(4).
53       05 S-UMSATZ          PIC 9(6).
54
55 FD   VERTRETER-NEU.
56 01   A-SATZ               PIC X(40).
57*-------------------------------------------------*
58 WORKING-STORAGE SECTION.
59*-------------------------------------------------*
60 PROCEDURE DIVISION.
61 PROGRAMM-STEUERUNG SECTION.
62 PR-1000.
63      PERFORM MISCHEN.
64 PR-9999.
65      STOP RUN.
66*-------------------------------------------------*
67 MISCHEN SECTION.
68 MI-1000.
69     MERGE MISCH-DATEI,
70            ON ASCENDING KEY S-VERTNAME S-VORNAME,
71
72            USING  VERTRETER1,
73                    VERTRETER2,
74                    VERTRETER3,
75
76            GIVING VERTRETER-NEU.
77 MI-9999.
78     EXIT.
```

Listing 29.9: DEMO26: Mischprogramm

Testdaten »VERT1.EIN«

HOLZER	ANTON	234460
KROLL	OTTO	276760
RIEGER	LANZ	450060

Listing 29.10: Testdaten VERT1

Testdaten »VERT2.EIN«

HENNIG	RAINER	222250
RIEGER	KARL	100500
ZETTL	HEINZ	558900

Listing 29.11: Testdaten VERT2

Testdaten »VERT3.EIN«

LANG	HERBERT	666000
MÜLLER	RUDOLF	398760

Listing 29.12: Testdaten VERT3

Inhalt der neuen Datei »VERT.NEU«

HENNIG	RAINER	222250
HOLZER	ANTON	234460
KROLL	OTTO	276760
LANG	HERBERT	666000
MÜLLER	RUDOLF	398760
RIEGER	KARL	100500
RIEGER	LANZ	450060
ZETTL	HEINZ	558900

Listing 29.13: Ausgabedatei

30

Intrinsic-Funktionen

30.1 Vorbemerkung

Wachsende Anforderungen an die Software-Entwicklung und die immer komplexer werdenden Aufgaben in Wirtschaft und Administration waren Anlass dafür, die Programmiersprache COBOL um einige Funktionen zu erweitern. Daher wurde der COBOL-Standard ANSI85 um ein weiteres Modul `Intrinsic Functions` erweitert. Es handelt sich dabei um Funktionen für verschiedene Aufgaben, z.B. um mathematische Werte zu ermitteln, um das Datum aufzubereiten, und einige Funktionen zur Zeichenkettenverarbeitung. Die folgende Tabelle zeigt in alphabetischer Reihenfolge diese Funktionen im Überblick.

30.2 Liste aller Funktionen

ABS	ACOS	ANNUITY	ASIN
ATAN	CHAR	CHAR-NATIONAL	COS
CURENT-DATE	DATE-OF-INTEGER	DATE-TO-YYYYMMDD	DAY-OF-INTEGER
DAY-TO-YYYYDDD	DISPLAY-OF	E	EXP
EXP10	FACTORIAL	FRACTION-PART	INTEGER
INTEGER-OF-DATE	INTEGER-OF-DAY	INTEGER-PART	LENGTH
LOG	LOG10	LOWER-CASE	MAX
MEAN	MEDIAN	MIDRANGE	MIN
MOD	NATIONAL-OF	NUMVAL	NUMVAL-C
ORD	ORD-MAX	ORD-MIN	PI
PRESENT-VALUE	RANDOM	RANGE	REM
REVERSE	SIGN	SIN	SQRT
STANDARD-DEVIATION	SUM	TAN	UPPER-CASE
VARIANCE	WHEN-COMPILED	YEAR-TO-YYYY	

Tabelle 30.1: Liste aller `Intrinsic Functions`

30.3 Zeichen- und Zeichenkettenfunktionen

CHAR-Funktion

Wirkung

Liefert ein alphanumerisches Zeichen, dessen Positionswert in der verwendeten Codetabelle (ASCII/EB-CDI) dem Wert des angegebenen Arguments entspricht.

```
FUNCTION CHAR ( Argument-1 )
```

Abbildung 30.1: CHAR-Funktion

Erläuterung

Das Argument muss numerisch, größer als 0 und kleiner bzw. gleich der Anzahl der Stellen im verwendeten Code sein.

Durch die Verwendung der ALPHABET-Klausel im SPECIAL-NAMES-Paragraphen kann es sein, dass mehrere Zeichen der gleichen Position in der Codetabelle zugeordnet wurden. In diesem Fall liefert die CHAR-Funktion das zuerst zugeordnete Zeichen laut ALPHABET-Klausel.

Es ist dabei zu beachten, dass die als Argument anzugebende Position das Zählen mit null beginnt.

Beispiel 1:

```
WORKING-STORAGE SECTION.

01 ZEICHEN            PIC X.

PROCEDURE DIVISION.

    MOVE FUNCTION CHAR(50) TO ZEICHEN
```

Listing 30.1: Beispiel zur CHAR-Funktion

Unter Verwendung des ASCII-Codes liefert dieser Aufruf das Zeichen »1«.

LENGTH-Funktion

Wirkung

Liefert die Länge eines Feldes bzw. einer Datengruppe.

```
FUNCTION LENGTH ( Argument-1 )
```

Abbildung 30.2: LENGTH-Funktion

Erläuterung

Ist das Argument bzw. eines seiner untergeordneten Datenfelder eine mit OCCURS DEPENDING ON beschriebene Tabelle, so wird die aktuelle Anzahl der Elemente aus dem DEPENDING ON-Feld zur Ermittlung der gesamten Argumentlänge herangezogen.

Beispiel 1:

```
WORKING-STORAGE SECTION.

01  TAB.
    05 ANZ                  PIC 9(3) VALUE 50.
    05 ELEMENT              PIC X(5) OCCURS 1 TO 100
                            DEPENDING ON ANZ.
01  LAENGE                  PIC 999.

PROCEDURE DIVISION.

    COMPUTE LAENGE = FUNCTION LENGTH (TAB)
```

Listing 30.2: Beispiel zur LENGTH-Funktion

Die LENGTH-Funktion liefert in diesem Beispiel die Länge 253.

LOWER-CASE-Funktion

Wirkung

Liefert als Ergebnis das angegebene Argument nach seiner Umwandlung von Groß- in Kleinbuchstaben.

```
FUNCTION LOWER-CASE ( Argument-1 )
```

Abbildung 30.3: LOWER-CASE-Funktion

Erläuterung

Diese Funktion darf nur alphabetische oder alphanumerische Argumente benutzen.

Beispiel 1:

```
WORKING-STORAGE SECTION.

01 FELD          PIC X(12) VALUE "AbCLMN123?!!".

PROCEDURE DIVISION.

    MOVE FUNCTION LOWER-CASE (FELD) TO FELD
```

Listing 30.3: Beispiel zur LOWER-CASE-Funktion

Die LOWER-CASE-Funktion wandelt den Inhalt des Feldes in die Zeichenkette abclmn123?!! um.

NUMVAL-Funktion

Wirkung

Liefert den numerischen Wert einer Zeichenkette, die als Argument angegeben wird.

```
FUNCTION NUMVAL ( Argument-1 )
```

Abbildung 30.4: NUMVAL-Funktion

Erläuterung

Das Argument kann ein alphanumerisches Literal bzw. ein alphanumerisches Datenfeld sein und maximal 31 beliebige Ziffern, einen dezimalen Punkt bzw. Komma und ein Vorzeichen beinhalten.

Beispiel 1:

Im folgenden Beispiel wird nach einer durch eine ACCEPT-Anweisung erfolgten Eingabe mit den numerischen Werten aus Kapital und Zinssatz gerechnet.

```
WORKING-STORAGE SECTION.

01  KAPITAL               PIC +zzzzzz,zz.
01  ZINSSATZ              PIC    **.**.
01  ZINSBETRAG            PIC 9(6)V99.

PROCEDURE DIVISION.

    ACCEPT KAPITAL
    ACCEPT ZINSSATZ
    COMPUTE ZINSBETRAG = FUNCTION NUMVAL(KAPITAL) *
                         FUNCTION NUMVAL(ZINSSATZ) /
                         100
    END-COMPUTE
```

Listing 30.4: Beispiel zur NUMVAL-Funktion

NUMVAL-C-Funktion

Wirkung

Liefert den numerischen Wert einer Zeichenkette, die als Argument angegeben wird und zusätzlich das Währungssymbol.

```
FUNCTION NUMVAL-C ( Argument-1 [ LOCALE [locale-name-1]] [ ANYCASE ] )
                                 Argument-2
```

Abbildung 30.5: NUMVAL-C-Funktion

Erläuterung

Diese Funktion hat die gleichen Regeln wie bei NUMVAL, jedoch darf die Zeichenkette auch ein Währungssymbol beinhalten.

Beispiel 1:

```
WORKING-STORAGE SECTION.

01  WERT                PIC $$$$$.$$.
01  WERT-NUM            PIC 99999.99.

PROCEDURE DIVISION.

    COMPUTE WERT-NUM = FUNCTION NUMVAL-C(WERT)
```

Listing 30.5: Beispiel zur NUMVAL-C-Funktion

ORD-Funktion

Wirkung

Liefert die Position des angegebenen Arguments aus der COLLATING SEQUENCE des Programms.

```
FUNCTION ORD ( Argument-1 )
```

Abbildung 30.6: ORD-Funktion

Erläuterung

In Anlehnung an die CHAR-Funktion stellt die ORD-Funktion die Umkehrung der CHAR-Funktion dar.

Das Argument darf nur aus einem einzigen Zeichen bestehen. Die kleinste Position, die hierfür geliefert wird, ist 1.

Beispiel 1:

```
WORKING-STORAGE SECTION.

01  ASCII-POSITION      PIC 999.

PROCEDURE DIVISION.

    MOVE FUNCTION ORD("?") TO ASCII-POSITION
```

Listing 30.6: Beispiel zur ORD-Funktion

Unter Verwendung des ASCII-Codes als COLLATING SEQUENCE für dieses Programm liefert dieser Aufruf den Wert 64 als Position für das Zeichen »?«.

REVERSE-Funktion

Wirkung

Die REVERSE-Funktion liefert eine invertierte Zeichenkette aus dem angegebenen Argument.

```
FUNCTION REVERSE ( Argument-1 )
```

Abbildung 30.7: REVERSE-Funktion

Erläuterung

Beim Invertieren einer Zeichenkette wird das letzte Zeichen eines Datenfeldes zum ersten und das erste zum letzten Zeichen etc.

Diese Funktion gilt nur für alphabetische oder alphanumerische Datenfelder.

Beispiel 1:

```
WORKING-STORAGE SECTION.

01  NACHNAME              PIC X(10).
01  ZAEHLER               PIC 9(3) VALUE ZERO.

PROCEDURE DIVISION.

    MOVE FUNCTION REVERSE (NACHNAME) TO NACHNAME
    INSPECT NACHNAME TALLYING ZAEHLER FOR LEADING SPACE
```

Listing 30.7: Beispiel zur REVERSE-Funktion

In diesem Beispiel wird die Anzahl der Leerzeichen am Anfang des Datenfeldes gezählt. Listing 30.8 zeigt den Ablauf.

```
Inhalt von Nachname (vor MOVE)    : "BERGER    "
Inhalt von Nachname (nach MOVE)   : "    REGREB"
Inhalt von Zaehler  (nach INSPECT): 004
```

Listing 30.8: Ablauf des Beispiels

Als Alternative für die vorherigen Anweisungen kann auch die INSPECT-Anweisung codiert werden.

```
    INSPECT FUNCTION REVERSE(NACHNAME)
        TALLYING ZAEHLER FOR LEADING SPACE
```

Listing 30.9: Alternative mit INSPECT-Anweisung

UPPER-CASE-Funktion

Wirkung

Liefert als Ergebnis das angegebene Argument nach seiner Umwandlung von Klein- in Großbuchstaben.

```
FUNCTION UPPER-CASE ( Argument-1 )
```

Abbildung 30.8: UPPER-CASE-Funktion

Erläuterung

Diese Funktion darf nur alphabetische oder alphanumerische Argumente benutzen.

Beispiel 1:

```
WORKING-STORAGE SECTION.

01  MB          PIC X(30) VALUE "cobol/2 Workbench".

PROCEDURE DIVISION.

    MOVE FUNCTION UPPER-CASE (MB) TO MB
```

Listing 30.10: Beispiel zur UPPER-CASE-Funktion

Die UPPER-CASE-Funktion wandelt den Inhalt des Feldes MB in die Zeichenkette COBOL/2 WORKBENCH um.

30.4 Arithmetische Funktionen

FACTORIAL-Funktion

Wirkung

Die FACTORIAL-Funktion liefert die Fakultät einer Zahl.

```
FUNCTION FACTORIAL ( Argument-1 )
```

Abbildung 30.9: FACTORIAL-Funktion

Erläuterung

Als Argument-1 muss eine Ganzzahl >= 0 verwendet werden. Ist das Argument = 0, so ist die zugehörige Fakultät = 1.

Beispiel 1:

```
WORKING-STORAGE SECTION.

01  WERT                    PIC 999 VALUE 5.

PROCEDURE DIVISION.

    MOVE FUNCTION FACTORIAL(WERT) TO RECHENFELD
```

Listing 30.11: Beispiel für die FACTORIAL-Funktion

Liefert 120 im RECHENFELD als Fakultät von 5.

INTEGER-Funktion

Wirkung

Die INTEGER-Funktion liefert die größte Ganzzahl, die kleiner als oder gleich Argument-1 ist.

```
FUNCTION INTEGER ( Argument-1 )
```

Abbildung 30.10: INTEGER-Funktion

Erläuterung

Diese Funktion wird hauptsächlich zum Abrunden einer Variablen auf eine Ganzzahl verwendet; dabei dürfen nur numerische Variablen benutzt werden.

Beispiel 1:

```
WORKING-STORAGE SECTION.

01  BETRAG                  PIC -99.99.

PROCEDURE DIVISION.

    COMPUTE BETRAG = FUNCTION INTEGER (94.12)
    *> Inhalt von Betrag: +9400
```

Listing 30.12: Beispiel 1 für die INTEGER-Funktion

Beispiel 2:

```
WORKING-STORAGE SECTION.

01  BETRAG                  PIC -99.99.

PROCEDURE DIVISION.
```

```
COMPUTE BETRAG = FUNCTION INTEGER (-94.12)
*> Inhalt von Betrag: -9500
```

Listing 30.13: Beispiel 2 für die INTEGER-Funktion

INTEGER-PART-Funktion

Wirkung

Die INTEGER-PART-Funktion liefert den ganzzahligen Teil aus einem numerischen Datenfeld.

```
FUNCTION INTEGER-PART ( Argument-1 )
```

Abbildung 30.11: INTEGER-PART-Funktion

Erläuterung

Der ganzzahlige Teil eines Feldes besteht lediglich aus dessen Vorkommastellen ohne jegliches Auf- bzw. Abrunden und aus dem zur Zahl gehörenden Vorzeichen.

Beispiel 1:

```
WORKING-STORAGE SECTION.

01 A                    PIC 9(3)V9(2) VALUE 93.49.

PROCEDURE DIVISION.

    COMPUTE A = FUNCTION INTEGER-PART(A)
    *> Inhalt von A: 09300
```

Listing 30.14: Beispiel 1 zur INTEGER-PART-Funktion

Beispiel 2:

```
WORKING-STORAGE SECTION.

01 B                    PIC S9(3)V9(2) VALUE -12,33.

PROCEDURE DIVISION.

    COMPUTE B = FUNCTION INTEGER-PART(B)
    *> Inhalt von B: 01200-
```

Listing 30.15: Beispiel 2 zur INTEGER-PART-Funktion

MAX-Funktion

Wirkung

Die MAX-Funktion liefert den größten Wert aus einer Reihe angegebener Argumente.

```
FUNCTION MAX ( {Argument-1} ... )
```

Abbildung 30.12: MAX-Funktion

Erläuterung

Diese Funktion kann mit Argumenten verschiedener Datenklassen benutzt werden. In einem Aufruf müssen jedoch alle Argumente die gleiche Datenklasse besitzen.

Enthalten zwei oder mehrere Argumente den größten Wert, so wird der Inhalt des am weitesten links angegebenen Arguments mit diesem Wert zurückgeliefert.

Beispiel 1:

```
WORKING-STORAGE SECTION.

01   MAXIMUM            PIC -9(03),9(2).
01   A1                 PIC 9(03) VALUE 100.
01   A2                 PIC 9(03) VALUE 500.


PROCEDURE DIVISION.

    COMPUTE MAXIMUM = FUNCTION MAX (90 A1 -50 A2)
    DISPLAY MAXIMUM
```

Listing 30.16: Beispiel zur MAX-Funktion

Liefert den Wert 500 vom Feld A2.

MIN-Funktion

Wirkung

Die MIN-Funktion liefert den kleinsten Wert aus einer Reihe angegebener Argumente.

```
FUNCTION MIN ( {Argument-1} ... )
```

Abbildung 30.13: MIN-Funktion

Erläuterung

Diese Funktion kann mit Argumenten verschiedener Datenklassen benutzt werden. In einem Aufruf müssen jedoch alle Argumente die gleiche Datenklasse besitzen.

Enthalten zwei oder mehrere Argumente den kleinsten Wert, so wird der Inhalt des am weitesten links angegebenen Arguments mit diesem Wert zurückgeliefert.

Beispiel 1:

```
WORKING-STORAGE SECTION.

01  MINIMUM              PIC -9(03),9(2).
01  A1                   PIC 9(03) VALUE 100.
01  A2                   PIC 9(03) VALUE 500.


PROCEDURE DIVISION.

    COMPUTE MINIMUM = FUNCTION MIN (90 a1 -50 a2)
    DISPLAY MINIMUM
```

Listing 30.17: Beispiel 1 zur MIN-Funktion

Liefert den Wert -50 aus dem Literal.

Beispiel 2:

```
PROCEDURE DIVISION.

    COMPUTE MINIMUM = FUNCTION MIN
               (FUNCTION INTEGER(-30.7) 90 a1 -70 a2)
    DISPLAY MINIMUM
```

Listing 30.18: Beispiel 2 zur MIN-Funktion

Liefert den Wert -70 aus dem Literal.

MOD-Funktion

Wirkung

Die MOD-Funktion liefert den Divisionsrest, der bei der Division von `Argument-1` durch `Argument-2` entsteht.

```
FUNCTION MOD ( Argument-1 Argument-2 )
```

Abbildung 30.14: MOD-Funktion

Erläuterung

Beide Argumente müssen numerische ganzzahlige Datenfelder sein. `Argument-2` muss einen Wert ungleich null aufweisen. Es ist ferner zu beachten, dass der Divisionsrest, der hierbei entsteht, nicht vergleichbar ist mit dem Divisionsrest, der durch eine DIVIDE-Anweisung mit dem REMAINDER-Zusatz entsteht. Ursache dafür ist die Arbeitsweise der MOD-Funktion nach folgender Formel:

```
Divisionsrest-Arg-1
   - (Arg-2 * FUNCTION INTEGER(Arg-1 / Arg-2))
```

Beispiel 1:

```
    COMPUTE REST - FUNCTION MOD(1987 -4) + 0
    *> ergibt REST = -1
```

Listing 30.19: Beispiel zur MOD-Funktion

Das lässt sich wie folgt erklären:

```
REST=Arg-1 -(Arg-2 * FUNCTION INTEGER(Arg-1 / Arg-2))
REST= 1987 -(-4    * FUNCTION INTEGER(1987 / -4      ))
REST= 1987 -(-4    * FUNCTION INTEGER( -496,75       ))
REST= 1987 -(-4    *            -497                  )
REST= 1987 -(1988                                    )
REST= -1
```

Listing 30.20: Ablauf der MOD-Funktion

Bei einer DIVIDE-REMAINDER-Anweisung wird jedoch der Wert +3 geliefert.

```
    DIVIDE 1987 BY -4 GIVING QUOTIENT REMAINDER REST
```

ORD-MAX-Funktion

Wirkung

Liefert die Nummer des größten Arguments aus einer Reihe angegebener Argumente.

```
FUNCTION ORD-MAX ( { Argument-1 } ... )
```

Abbildung 30.15: ORD-MAX-Funktion

Erläuterung

Intern vergleicht die ORD-MAX-Funktion die angegebenen Argumente nach den Regeln der IF-Anweisung und stellt damit das größte Argument fest.

Nach ANSI85 dürfen entweder nur numerische oder nur nicht-numerische Argumente verwendet werden. MicroFocus erlaubt jedoch das Mischen beider Datenkategorien.

Ist der größte Wert in mehreren Argumenten vorhanden, so wird die Nummer des beim Lesen von links zuerst zutreffenden Arguments geliefert.

Beispiel 1:

```
WORKING-STORAGE SECTION.

01  A              PIC 999 VALUE 100.
01  B              PIC 999 VALUE 40.
01  C              PIC 999V99 VALUE 99.99.
01  FELDNR         PIC 9.


PROCEDURE DIVISION.

    COMPUTE FELDNR = FUNCTION ORD-MAX (A B C)
```

Listing 30.21: Beispiel 1 zur ORD-MAX-Funktion

In der vorliegenden COMPUTE-Anweisung liefert die ORD-MAX-Funktion den Wert 1 als Nummer des größten Arguments (Feld A).

Die Verwendung von ALL

Beispiel 2:

```
WORKING-STORAGE SECTION.

01  TAB.
    05  UMSATZ     PIC 9(5)V99 PACKED-DECIMAL OCCURS 12.
01  ELEMENTNR      PIC 9.

PROCEDURE DIVISION.

    COMPUTE ELEMENTNR = FUNCTION ORD-MAX (UMSATZ(ALL))
    DISPLAY UMSATZ(ELEMENTNR)
```

Listing 30.22: Beispiel 2 zur ORD-MAX-Funktion

In diesem Beispiel wird das größte UMSATZ-Element ausgegeben. ALL ersetzt in diesem Fall die Angabe aller 12 Indizes für die Umsatz-Tabelle.

ORD-MIN-Funktion

Wirkung

Liefert die Nummer des kleinsten Arguments aus einer Reihe angegebener Argumente.

```
FUNCTION ORD-MIN ( { Argument-1 } ... )
```

Abbildung 30.16: ORD-MIN-Funktion

Erläuterung

Intern vergleicht die ORD-MIN-Funktion die angegebenen Argumente nach den Regeln der IF-Anweisung und stellt damit das kleinste Argument fest.

Ist der kleinste Wert in mehreren Argumenten vorhanden, so wird die Nummer des zuerst von links gelesenen zutreffenden Arguments geliefert.

Beispiel 1:

```
WORKING-STORAGE SECTION.


01  A            PIC 999 VALUE 100.
01  B            PIC 999 VALUE 40.
01  C            PIC 999V99 VALUE 99.99.
01  FELDNR       PIC 9.


PROCEDURE DIVISION.


    COMPUTE FELDNR =   FUNCTION ORD-MIN (A B C)
```

Listing 30.23: Beispiel zur ORD-MIN-Funktion

In der vorliegenden COMPUTE-Anweisung liefert die ORD-MIN-Funktion den Wert 2 als Nummer des kleinsten Arguments (Feld B).

RANDOM-Funktion

Wirkung

Die RANDOM-Funktion liefert eine Zufallszahl.

$$\underline{\text{FUNCTION RANDOM}} \ \left[(\ \left[\text{Argument-1} \right] \ ) \right]$$

Abbildung 30.17: RANDOM-Funktion

Erläuterung

RANDOM liefert als Zufallszahl einen Wert größer oder gleich null und kleiner als 1. Wird ein Argument verwendet, so muss dieses größer oder gleich null sein.

Beispiel 1:

```
WORKING-STORAGE SECTION.

01  ZUFALLSZAHL            PIC 9(02).9(5).

PROCEDURE DIVISION.

    COMPUTE ZUFALLSZAHL = FUNCTION RANDOM(20)
    DISPLAY ZUFALLSZAHL
```

Listing 30.24: Beispiel 1 zur RANDOM-Funktion

Liefert beispielsweise 00,58934.

Beispiel 2:

```
PROCEDURE DIVISION.

    COMPUTE ZUFALLSZAHL = FUNCTION RANDOM
    DISPLAY ZUFALLSZAHL
```

Listing 30.25: Beispiel 2 zur RANDOM-Funktion

Liefert z.B. 00,66856.

RANGE-Funktion

Wirkung

Die RANGE-Funktion liefert die Differenz zwischen dem größten und kleinsten Wert aus einer Reihe von Argumenten (Spannweite).

```
FUNCTION RANGE ( {Argument-1} ... )
```

Abbildung 30.18: RANGE-Funktion

Erläuterung

Alle Argumente müssen numerisch definiert sein.

Beispiel 1:

```
WORKING-STORAGE SECTION.

01  SPANNWEITE      PIC 9(03),9(2).
01  A1              PIC 9(03) VALUE 100.
01  A2              PIC 9(03) VALUE 500.

PROCEDURE DIVISION.

    COMPUTE SPANNWEITE = FUNCTION RANGE(90 A1 -50 A2)
    DISPLAY SPANNWEITE
```

Listing 30.26: Beispiel zur RANGE-Funktion

Liefert den Wert 550,00 als Differenz von 500 und -50.

REM-Funktion

Wirkung

Die REM-Funktion liefert den Divisionsrest im Sinne der DIVIDE REMAINDER-Anweisung.

```
FUNCTION REM ( Argument-1 Argument-2 )
```

Abbildung 30.19: REM-Funktion

Erläuterung

Alle Argumente müssen numerisch definiert sein.

Beispiel 1:

```
COMPUTE REST = FUNCTION REM(1987 -4) + 0
```

Listing 30.27: Beispiel zur REM-Funktion

Ergibt REST = +3.

Das erklärt sich wie folgt:

```
REST =
  Arg-1 - (Arg-2 * FUNCTION INTEGER-PART(Arg-1 / Arg-2))
REST =
  1987 - ( -4 * FUNCTION INTEGER-PART(1987 / -4  ))
REST =
  1987 - ( -4 * FUNCTION INTEGER-PART( -496,75  ))
REST =
  1987 - ( -4 *          -496                    )
REST =
  1987 - (   1984                                )
REST = +3
```

Listing 30.28: Ablauf der REM-Funktion

SQRT-Funktion

Wirkung

Die SQRT-Funktion liefert die quadratische Wurzel einer Variablen.

```
FUNCTION SQRT ( Argument-1 )
```

Abbildung 30.20: SQRT-Funktion

Erläuterung

Als Argument darf nur ein numerisches Datenfeld verwendet werden, dessen Inhalt gleich oder größer null sein muss.

Beispiel 1:

```
WORKING-STORAGE SECTION.
```

```
01  QWURZEL          PIC 9(2).

PROCEDURE DIVISION.

    MOVE FUNCTION SQRT(81) TO QWURZEL
    *> Inhalt von QWURZEL: 09
```

Listing 30.29: Beispiel zur SQRT-Funktion

SUM-Funktion

Wirkung

Die SUM-Funktion liefert die Summe aller angegebenen Argumente.

FUNCTION SUM ({Argument-1} ...)

Abbildung 30.21: SUM-Funktion

Erläuterung

Als Argumente können beliebige numerische Datenfelder benutzt werden; auch die Summe aller Elemente einer Tabelle kann mit einem Aufruf ermittelt werden.

Beispiel 1:

```
WORKING-STORAGE SECTION.

01  GESAMTUMSATZ          PIC 9(03),9(2).
01  TAB                   VALUE '102030405060'.
    05  UMSATZ            PIC 9(2) OCCURS 6.

PROCEDURE DIVISION.

    COMPUTE GESAMTUMSATZ = FUNCTION SUM(UMSATZ(ALL))
    DISPLAY GESAMTUMSATZ
```

Tabelle 30.2: Beispiel zur SUM-Funktion

Liefert den Wert 210 als Summe der Tabelle TAB.

30.5 Datumsfunktionen

Einige der Intrinsic-Funktionen befassen sich mit Datumsaufbereitung und Datumsumrechnung in verschiedenen Formaten. Grundlegend dafür sind zwei verschiedene Schreibweisen für das Datum: der julianische Kalender (Format: JJJJTTT) und der gregorianische Kalender (Format: JJMMTT). Für bestimmte Aufgaben benötigt man die Anzahl der zwischen zwei Daten vergangenen Tage; hierzu wurden verschiedene Funktionen vorgesehen, die die Anzahl der Tage ausgehend von einem bestimmten Datum bis zum angegebenen Datum berechnen. Als Ausgangsdatum hat man dabei den l. Januar 1601 festgelegt. Bei der Berechnung werden selbstverständlich Schaltjahre berücksichtigt.

CURRENT-DATE-Funktion

Wirkung

Die CURRENT-DATE-Funktion liefert Systeminformationen wie Tagesdatum, Uhrzeit usw. in einer Zeichenkette mit einer Länge von 21 Byte.

```
FUNCTION CURRENT-DATE
```

Abbildung 30.22: CURRENT-DATE-Funktion

Erläuterung

Die zu liefernden Informationen sind zum Teil systemabhängig. Wird die Feststellung der Abweichung von der mitteleuropäischen Zeit nicht vom System unterstützt, so liefert diese Funktion in den letzten drei Feldern den Wert 00000 zurück. Die Struktur der Zeichenkette wird im nachfolgenden Beispiel gezeigt.

Beispiel 1:

```
WORKING-STORAGE SECTION.

01  DATUM.
        05  JAHR                    PIC 9(4).
        05  MONAT                   PIC 9(2).
        05  TAG                     PIC 9(2).
        05  STUNDE                  PIC 9(2).
        05  MINUTE                  PIC 9(2).
        05  SEKUNDE                 PIC 9(2).
        05  HUNDERTSTELSEKUNDE      PIC 9(2).
        05  MEZ-ABWEICHUNG-KZ       PIC X(1).
        05  MEZ-STUNDE              PIC 9(2).
        05  MEZ-MINUTE              PIC 9(2).


PROCEDURE DIVISION.

    MOVE FUNCTION CURRENT-DATE TO DATUM
```

Listing 30.30: Beispiel zur CURRENT-DATE-Funktion

Das Feld MEZ-ABWEICHUNG-KZ kann beinhalten:

❏ Das Zeichen »0«: Keine Systemunterstützung für die Abweichung von MEZ.

❏ Das Zeichen »-«: Abweichung von MEZ um die in den zwei letzten Feldern angezeigte Zeit zurück.

❏ Das Zeichen »+«: Abweichung von MEZ um die in den zwei letzten Feldern angezeigte Zeit nach vorn.

DATE-OF-INTEGER-Funktion

Wirkung

Die DATE-OF-INTEGER-Funktion liefert aus einer Anzahl von Tagen (Argument-1) das Tagesdatum im gregorianischen Kalenderformat.

```
FUNCTION DATE-OF-INTEGER ( Argument-1 )
```

Abbildung 30.23: DATE-OF-INTEGER-Funktion

Erläuterung

Als Argument-1 wird eine Anzahl von Tagen ausgehend vom 1. Januar 1601 angegeben. Der zurückgelieferte Wert ist das Tagesdatum im gregorianischen Format (JJJJMMTT).

Beispiel 1:

```
WORKING-STORAGE SECTION.

01  GRE-DATUM               PIC 9(8).

PROCEDURE DIVISION.

    COMPUTE GRE-DATUM = FUNCTION DATE-OF-INTEGER (365)
    DISPLAY GRE-DATUM
```

Listing 30.31: Beispiel zur DATE-OF-INTEGER-Funktion

Liefert bei der Ausgabe: 16011231 als 31. Dezember 1601.

DAY-OF-INTEGER-Funktion

Wirkung

Die DAY-OF-INTEGER-Funktion liefert aus einer Anzahl von Tagen (Argument-1) das Tagesdatum im julianischen Kalenderformat.

```
FUNCTION DAY-OF-INTEGER ( Argument-1 )
```

Abbildung 30.24: DAY-OF-INTEGER-Funktion

Erläuterung

Als Argument-1 wird eine Anzahl von Tagen ausgehend vom 1. Januar 1601 angegeben. Der zurückgelieferte Wert ist das Tagesdatum im julianischen Format (JJJJTTT).

Beispiel 1:

```
WORKING-STORAGE SECTION.

01  JUL-DATUM                    PIC 9(7).

PROCEDURE DIVISION.

    COMPUTE JUL-DATUM = FUNCTION DAY-OF-INTEGER (730)
    DISPLAY JUL-DATUM
```

Listing 30.32: Beispiel zur DAY-OF-INTEGER-Funktion

Liefert bei der Ausgabe: 1602365 als 365. Tag im Jahre 1602.

INTEGER-OF-DATE-Funktion

Wirkung

Die INTEGER-OF-DATE-Funktion liefert die Anzahl der Tage, die zwischen einem im gregorianischen Kalenderformat angegebenen Datum und dem 1.1.1601 liegen.

```
FUNCTION INTEGER-OF-DATE ( Argument-1 )
```

Abbildung 30.25: INTEGER-OF-DATE-Funktion

Erläuterung

Argument-1 muss im Format (JJJJMMTT) angegeben werden; die Anzahl der Tage wird zum 1. Januar 1601 zurückgerechnet.

Beispiel 1:

```
WORKING-STORAGE SECTION.

01  TAGE                        PIC 9(6).

PROCEDURE DIVISION.

    COMPUTE TAGE = FUNCTION INTEGER-OF-DATE(16021231)
    DISPLAY TAGE
```

Listing 30.33: Beispiel 1 für die INTEGER-OF-DATE-Funktion

Liefert den Wert 730 als Anzahl der Tage zwischen dem 1. Januar 1601 und dem 31. Dezember 1602.

Beispiel 2:

Das Beispiel zeigt, wie man die Anzahl der vergangenen Tage zwischen einem ALTDATUM und dem Tagesdatum ermittelt.

```
WORKING-STORAGE SECTION.

01   DATUM-A.
     05  T-JAHR              PIC 9(2) VALUE 19.
     05  T-DATUM             PIC 9(6).
01   DATUM REDEFINES DATUM-A  PIC 9(8).
01   ALTDATUM                PIC 9(8) VALUE 19910203.
01   TAGE                    PIC 9(6).


PROCEDURE DIVISION.

     ACCEPT T-DATUM FROM DATE
     COMPUTE TAGE = FUNCTION INTEGER-OF-DATE (DATUM)
                    FUNCTION INTEGER-OF-DATE(ALTDATUM)
     DISPLAY TAGE
```

Listing 30.34: Beispiel 2 für die INTEGER-OF-DATE-Funktion

Wird dieses Programm am 4. März 1992 ausgeführt, erhält man den Wert 395 als Anzahl der Tage zwischen dem 3. Februar 1991 und dem 4. März 1992.

INTEGER-OF-DAY-Funktion

Wirkung

Die INTEGER-OF-DAY-Funktion liefert die Anzahl der Tage aus einem im julianischen Kalenderformat angegebenen Datum.

```
FUNCTION INTEGER-OF-DAY ( Argument-1 )
```

Abbildung 30.26: INTEGER-OF-DAY-Funktion

Erläuterung

Argument-1 muss im Format (JJJJTTT) angegeben werden; die Anzahl der Tage wird zum 1. Januar 1601 zurückgerechnet.

Beispiel 1:

```
WORKING-STORAGE SECTION.

01   TAGE                    PIC 9(6).

PROCEDURE DIVISION.

     COMPUTE TAGE = FUNCTION INTEGER-OF-DAY(1602001)
     DISPLAY TAGE
```

Listing 30.35: Beispiel für die INTEGER-OF-DAY-Funktion

Liefert den Wert 366 als Anzahl der Tage zwischen dem 1. Januar 1601 und dem 1. Tag im Jahre 1602.

WHEN-COMPILED-Funktion

Wirkung

Die WHEN-COMPILED-Funktion liefert die Uhrzeit und das Tagesdatum der Programmübersetzung.

```
FUNCTION WHEN-COMPILED
```

Abbildung 30.27: WHEN-COMPILED-Funktion

Erläuterung

Zur Aufnahme des WHEN-COMPILED-Datums muss eine Struktur verwendet werden. Die durch WHEN-COMPILED gelieferte Information liegt in der folgenden Struktur und entspricht somit dem Aufbau der CURRENT-DATE-Struktur:

```
01  CURRENT-DATE-STRUKTUR.
    05  JJJJ PIC 9(4). *> Jahr
    05  MM   PIC 9(2). *> Monat    (01-12)
    05  TT   PIC 9(2). *> Tag      (01-31)
    05  HH   PIC 9(2). *> Stunde   (00-23)
    05  MM   PIC 9(2). *> Minute   (00-59)
    05  SS   PIC 9(2). *> Sekunde  (00-59)
    05  HS   PIC 9(2). *> Hundertstel Sekunde (00-99)
    05  MEZ  PIC X(1). *> Kennzeichen für Mez. (+/-)
    05  HH   PIC 9(2). *> Abweichung von Mez. in Stunden
    05  MM   PIC 9(2). *> Abweichung von Mez. in Minuten
```

Listing 30.36: Aufbau der CURRENT-DATE-Struktur

Beispiel 1:

```
WORKING-STORAGE SECTION.

01  DATUM-ZEIT.
    05  JAHR                PIC 9(4).
    05  MONAT               PIC 9(2).
    05  TAG                 PIC 9(2).
    05  STUNDE              PIC 9(2).
    05  MINUTE              PIC 9(2).
    05  SEKUNDE             PIC 9(2).
    05  HUNDERTSTEL SEKUNDE PIC 9(2).
    05  MITTEL-EURO-ZEIT    PIC X(1).
    05  MEZ-STUNDE          PIC 9(2).
    05  MEZ-MINUTE          PIC 9(2).
```

```
PROCEDURE DIVISION.

    MOVE FUNCTION WHEN-COMPILED TO DATUM-ZEIT
    DISPLAY DATUM-ZEIT
```

Listing 30.37: Beispiel zur WHEN-COMPILED-Funktion

30.6 Statistische Funktionen

MEAN-Funktion

Wirkung

Die MEAN-Funktion liefert den arithmetischen Durchschnitt einer Reihe von Argumenten.

```
FUNCTION MEAN ( { Argument-1 } ... )
```

Abbildung 30.28: MEAN-Funktion

Erläuterung

Als Durchschnitt bezeichnet man das Ergebnis, das bei der Division der Summe aller Argumente durch ihre Anzahl entsteht. Dabei dürfen nur numerische Argumente verwendet werden.

Beispiel 1:

```
WORKING-STORAGE SECTION.

01  SCHNITT               PIC +9(03),9(2).
01  TAB VALUE             '102030405060'.
    05  UMSATZ            PIC 9(2) OCCURS 6.

PROCEDURE DIVISION.

    COMPUTE SCHNITT = FUNCTION MEAN (UMSATZ(ALL))
    DISPLAY SCHNITT
```

Listing 30.38: Beispiel für die MEAN-Funktion

Liefert den Wert 35 als Durchschnitt aller Elemente der Tabelle.

MEDIAN-Funktion

Wirkung

Die MEDIAN-Funktion liefert den Zentralwert aus einer Reihe von Argumenten.

```
FUNCTION MEDIAN ( { Argument-1 } ... )
```

Abbildung 30.29: MEDIAN-Funktion

Erläuterung

Diese Funktion gilt nur für numerische Datenfelder. Bei einer ungeraden Anzahl von Argumenten ist der Zentralwert der Wert des mittleren Arguments, wenn alle intern sortiert sind.

Ist die Anzahl der Argumente gerade, so wird der Durchschnitt der mittleren zwei Argumente als Zentralwert geliefert.

Beispiel 1:

```
WORKING-STORAGE SECTION.

01  A1                      PIC 9(03) VALUE 100.
01  A2                      PIC 9(03) VALUE 500.
01  ZENTRALWERT             PIC 9(03),9(2).

PROCEDURE DIVISION.

    COMPUTE ZENTRALWERT =
            FUNCTION MEDIAN(30 A1 A2 70,30 5)
    DISPLAY ZENTRALWERT
```

Listing 30.39: Beispiel 1 für die MEDIAN-Funktion

Liefert den Wert 70,30 als Zentralwert der Argumente (5, 30, 70.30, 100, 500).

Beispiel 2:

```
WORKING-STORAGE SECTION.

01  TAB2                    VALUE '992233884400'.
    05  ELEM2               PIC 9(2) OCCURS 6.
01  ZENTRALWERT             PIC 9(03),9(2).

PROCEDURE DIVISION.

    COMPUTE ZENTRALWERT = FUNCTION MEDIAN(ELEM2(ALL))
    DISPLAY ZENTRALWERT
```

Listing 30.40: Beispiel 2 für die MEDIAN-Funktion

Liefert den Wert 38,50 als Zentralwert der Argumente (00, 22, 33, 44, 88, 99), errechnet als Durchschnitt der mittleren Argumente 33 und 44.

MIDRANGE-Funktion

Wirkung

Die MIDRANGE-Funktion liefert als Rückgabewert den Durchschnittswert aus den minimalen und maximalen Werten einer Reihe von Argumenten (mittlere Spannweite).

```
FUNCTION MIDRANGE ( {Argument-1} ... )
```

Abbildung 30.30: MIDRANGE-Funktion

Erläuterung

Beispiel 1:

```
WORKING-STORAGE SECTION.

01  SCHNITT              PIC +9(03),9(2).
01  WERTE                PIC 9(12) VALUE 100200300400.
01  TAB REDEFINES WERTE.
    05  UMSATZ           PIC 9(3) OCCURS 4.
01  TAB2 REDEFINES WERTE.
    05  UMS              OCCURS 2.
        10  UMSATZ2      PIC 9(3)   OCCURS 2.


PROCEDURE DIVISION.

    COMPUTE SCHNITT = FUNCTION MIDRANGE (100 500 300)
    *> Inhalt von SCHNITT: +300,00
    *> Entspricht dem Durchschnitt von 100 + 300

    COMPUTE SCHNITT = FUNCTION MIDRANGE (UMSATZ(ALL))
    *> Inhalt von SCHNITT: +250,00
    *> Entspricht dem Durchschnitt von 100 + 400

    COMPUTE SCHNITT = FUNCTION MIDRANGE (UMSATZ2(ALL 2))
    *> Inhalt von SCHNITT: +300,00
    *> Entspricht dem Durchschnitt von 200 + 400

    COMPUTE SCHNITT =
            FUNCTION MIDRANGE (UMSATZ2(ALL ALL))
    *> Inhalt von SCHNITT: +250,00
    *> Entspricht dem Durchschnitt von 100 + 400
```

Listing 30.41: Beispiel für die MIDRANGE-Funktion

STANDARD-DEVIATION-Funktion

Wirkung

Die STANDARD-DEVIATION-Funktion liefert die Standardabweichung.

```
FUNCTION STANDARD-DEVIATION ( {Argument-1} ... )
```

Abbildung 30.31: STANDARD-DEVIATION-Funktion

Erläuterung

Die Standardabweichung wird nach folgendem Algorithmus ermittelt:

Ermittlung des Durchschnitts aller Argumente. Jede Differenz aus Durchschnitt und jeweils einem Argument wird mit 2 potenziert. Die Summe aller Potenzen wird addiert und durch die Anzahl der Argumente dividiert.

Es wird nun die quadratische Wurzel aus dem vorherigen Quotienten ermittelt. Wird nur ein Argument verwendet, so wird die Standardabweichung 0 geliefert.

Beispiel 1:

```
WORKING-STORAGE SECTION.

01  ZIELE                 VALUE '25762'.
    05  ZIEL              PIC 9(1) OCCURS 5.
01  STANDARD-ABWEICHUNG   PIC 9(03),9(2).

PROCEDURE DIVISION.

    COMPUTE STANDARD-ABWEICHUNG =
            FUNCTION STANDARD-DEVIATION (ZIEL(ALL))
    DISPLAY STANDARD-ABWEICHUNG
```

Listing 30.42: Beispiel für die STANDARD-DEVIATION-Funktion

Liefert den Wert 2,05. Der Wert wurde ermittelt wie folgt:

```
2+5+7+6+2 = 22/5 = 4,4 Durchschnitt
4,4 - 2 =  2.4       ** 2 = 5,76
4,4 - 5 = -0,6 - 0,6 ** 2 = 0,36
4,4 - 7 = -2,6 - 2,6 ** 2 = 6,76
4,4 - 6 = -1,6 - 1,6 ** 2 = 2,56
4,4 - 2 =  2,4       ** 2 = 5,76
                     ------
                     21,20 / 5 = 4,24
```

Listing 30.43: Ablauf der STANDARD-DEVIATION-Funktion

Die Quadratwurzel aus $4,24 = 2,05$

VARIANCE-Funktion

Wirkung

Die VARIANCE-Funktion liefert die Varianz einer Reihe von Argumenten.

```
FUNCTION VARIANCE ( { Argument-1 } ... )
```

Abbildung 30.32: VARIANCE-Funktion

Erläuterung

Als Varianz einer Reihe von Argumenten bezeichnet man die Standardabweichung, die mit 2 potenziert worden ist (siehe auch STANDARD-DEVIATION).

Beispiel 1:

```
WORKING-STORAGE SECTION.

01  ZIELE              VALUE '25762'.
    05  ZIEL           PIC 9(1) OCCURS 5.
01  VARIANZ            PIC 9(04),9(2).

PROCEDURE DIVISION.

    COMPUTE VARIANZ = FUNCTION VARIANCE (ZIEL(ALL))
    DISPLAY VARIANZ
```

Listing 30.44: Beispiel für die VARIANCE-Funktion

Liefert als Ergebnis den Wert 4,24.

30.7 Trigonometrische Funktionen

Auch in COBOL wurden innerhalb der Intrinsic-Funktionen einige arithmetische Funktionen zur Abwicklung spezieller Aufgaben aufgenommen. Hierbei handelt es sich um trigonometrische und Arcus-Funktionen (Umkehrfunktionen der trigonometrischen Funktionen). Bei allen diesen Funktionen müssen die verwendeten Argumente numerische Datenfelder sein.

ACOS-Funktion

Wirkung

Die ACOS-Funktion liefert den Arcuskosinus aus Argument-1.

Erläuterung

Argument-1 muss größer gleich -1 und kleiner gleich +1 sein.

```
FUNCTION ACOS ( Argument-1 )
```

Abbildung 30.33: ACOS-Funktion

Beispiel 1:

```
WORKING-STORAGE SECTION.

01  Wert            PIC -9(03),9(6).

PROCEDURE DIVISION.

    COMPUTE WERT = FUNCTION ACOS(-1)
    DISPLAY WERT
    *> Inhalt von WERT:  003,141592
```

Listing 30.45: Beispiel für die ACOS-Funktion

ASIN-Funktion

Wirkung

Die ASIN-Funktion liefert den Arcussinus aus `Argument-1`.

```
FUNCTION ASIN ( Argument-1 )
```

Abbildung 30.34: ASIN-Funktion

Erläuterung

`Argument-1` muss größer gleich -1 und kleiner gleich +1 sein.

Beispiel 1:

```
WORKING-STORAGE SECTION.

01  Wert            PIC -9(03),9(6).

PROCEDURE DIVISION.

    COMPUTE WERT = FUNCTION ASIN(-1)
    DISPLAY WERT
    *> Inhalt von WERT:  001,570796
```

Listing 30.46: Beispiel für die ASIN-Funktion

ATAN-Funktion

Wirkung

Die ATAN-Funktion liefert den Arcustangens aus `Argument-1`.

```
FUNCTION ATAN ( Argument-1 )
```

Abbildung 30.35: ATAN-Funktion

Erläuterung

Der Rückgabewert ist immer größer als -n/2 und kleiner als +p/2.

Beispiel 1:

```
WORKING-STORAGE SECTION.

01  Wert            PIC -9(03),9(6).

PROCEDURE DIVISION.

    COMPUTE WERT = FUNCTION ATAN(1)
    DISPLAY WERT
    *> Inhalt von WERT:  000,785398
```

Listing 30.47: Beispiel für die ATAN-Funktion

COS-Funktion

Wirkung

Die COS-Funktion liefert den Kosinus aus `Argument-1`.

```
FUNCTION COS ( Argument-1 )
```

Abbildung 30.36: COS-Funktion

Erläuterung

Der Rückgabewert ist größer gleich -1 und kleiner gleich +1.

Beispiel 1:

```
WORKING-STORAGE SECTION.

01  Wert            PIC -9(03),9(6).

PROCEDURE DIVISION.
```

```
COMPUTE WERT = FUNCTION COS(1)
DISPLAY WERT
*> Inhalt von WERT:  000,540302
```

Listing 30.48: Beispiel für die COS-Funktion

LOG-Funktion

Wirkung

Die LOG-Funktion liefert den natürlichen Logarithmus (zu Basis e) aus `Argument-1`.

```
FUNCTION LOG ( Argument-1 )
```

Abbildung 30.37: LOG-Funktion

Erläuterung

`Argument-1` muss größer als null sein.

Beispiel 1:

```
WORKING-STORAGE SECTION.

01  Wert            PIC -9(03),9(6).

PROCEDURE DIVISION.

    COMPUTE WERT = FUNCTION LOG(10)
    DISPLAY WERT
    *> Inhalt von WERT:  002,302585
```

Listing 30.49: Beispiel für die LOG-Funktion

LOG10-Funktion

Wirkung

Die LOG10-Funktion liefert den Logarithmus zur Basis 10 aus `Argument-1`.

```
FUNCTION LOG10 ( Argument-1 )
```

Abbildung 30.38: LOG10-Funktion

Erläuterung

`Argument-1` muss größer als null sein.

Beispiel 1:

```
WORKING-STORAGE SECTION.

01  Wert              PIC -9(03),9(6).

PROCEDURE DIVISION.

    COMPUTE WERT = FUNCTION LOG10(1000)
    DISPLAY WERT
    *> Inhalt von WERT:  003,000000
```

Listing 30.50: Beispiel für die LOG10-Funktion

SIN-Funktion

Wirkung

Die SIN-Funktion liefert den Sinus aus `Argument-1`.

```
FUNCTION SIN ( Argument-1 )
```

Abbildung 30.39: SIN-Funktion

Erläuterung

`Argument-1` muss im Bogenmaß angegeben werden. Der Rückgabewert ist immer größer gleich `-1` und kleiner gleich `+1`.

Beispiel 1:

```
WORKING-STORAGE SECTION.

01  Wert              PIC -9(03),9(6).

PROCEDURE DIVISION.

    COMPUTE WERT = FUNCTION SIN(1)
    DISPLAY WERT
    *> Inhalt von WERT:  000,841470
```

Listing 30.51: Beispiel für die SIN-Funktion

TAN-Funktion

Wirkung

Die TAN-Funktion liefert den Tangens aus `Argument-1`.

```
FUNCTION TAN ( Argument-1 )
```

Abbildung 30.40: TAN-Funktion

Erläuterung

Argument-1 muss im Bogenmaß angegeben werden.

Beispiel 1:

```
WORKING-STORAGE SECTION.

01  Wert            PIC -9(03),9(6).

PROCEDURE DIVISION.

    COMPUTE WERT = FUNCTION TAN(1)
    DISPLAY WERT
    *> Inhalt von WERT:  001,557407
```

Listing 30.52: Beispiel für die TAN-Funktion

31

COBOL ruft JAVA

31.1 Vorbemerkung

Unterschiedliche Programmiersprachen haben unterschiedliche Stärken. Außerdem trifft man in der professionellen Software-Entwicklung selten auf die berühmte grüne Wiese, auf der man sein Software-Projekt vollkommen frei, ohne Rücksicht auf bereits bestehende und bewährte Module, neu erstellen kann. Was man viel öfter antrifft, sind Entwickler, die entweder sehr gut COBOL oder sehr gut JAVA oder sehr gut C/C++ oder irgendeine andere Programmiersprache können und allein deswegen der festen Überzeugung sind, dass das anstehende Problem nur in der Programmiersprache gelöst werden kann, die sie zufällig kennen. Selbst wenn bereits Teillösungen in anderen Sprachen vorliegen, müssen diese unbedingt neu geschrieben werden, denn jede andere Programmiersprache ist fremd und unbekannt und nie so gut wie die eigene.

Sobald man auf Personen trifft, die mehr als eine Sprache beherrschen, sieht das Bild ganz anders aus. Wie selbstverständlich wird hier argumentiert, bestehende Bausteine unterschiedlicher Sprachen zu einem neuen Ganzen zu vereinigen, einmal entwickelte Software wiederzuverwenden. Ein in COBOL, JAVA oder C/C++ geschriebener Rechenkern kann heute auf allen relevanten Plattformen laufen, weil es für all diese Plattformen eine Unterstützung für jede dieser Programmiersprachen gibt. Vor wenigen Jahren war es unbedingt notwendig, C/C++-Module von COBOL aus aufzurufen und umgekehrt. Grafische Oberflächen beispielsweise schienen nur auf diesem Weg befriedigend realisierbar. Dank der offenen Struktur von COBOL war eine solche Integration problemlos und vor allem performant möglich.

Heute ist die C/C++-Gemeinde zwar noch sehr stark, ihre Hype-Phase aber längst vorbei. Jetzt blickt man mehr auf JAVA und C# und wer kann wissen, was uns in zehn Jahren erwarten wird?

Dieses Kapitel beschäftigt sich mit der Integration von JAVA in COBOL, zeigt anhand einer konkreten Implementierung von der Firma MicroFocus (NetExpress), wie JAVA-Klassen von COBOL aus verwendet werden können und wie einfach eine solche Integration sein kann. Auch die Firma IBM hat für ihre Großrechneranlagen eine Verbindung von COBOL und JAVA ermöglicht. Ein weiteres Kapitel beschäftigt sich mit dem umgekehrten Weg, von JAVA aus COBOL zu rufen. Es folgen komplexere Beispiele, denen jeweils ein eigenes Kapitel gewidmet ist.

31.2 JAVA-Klassen definieren

Will man von einem COBOL-Programm aus JAVA-Klassen benutzen, so spielt es zunächst keine Rolle, ob es sich um ein klassisches oder um ein objektorientiert geschriebenes COBOL-Programm handelt. In jedem Fall ist es aber notwenig, die zu verwendenden JAVA-Klassen als solche bekannt zu machen.

Alle Klassen, die ein beliebiges COBOL-Programm benutzen will, werden in der REPOSITORY-Klausel der CONFIGURATION SECTION eingeführt. Während der intern vergebene Name beliebig ist, muss der externe Klassenname exakt so gewählt werden, wie er auch in JAVA bekannt ist. Da JAVA auf Groß-/ Kleinschreibung achtet, ist es außerdem notwendig, das COBOL-Programm mit einer entsprechenden Direktive zu übersetzen. Bei MicroFocus heißt diese OOCTRL(-F), was so viel bedeutet wie die Anweisung, Methoden und Klassennamen nicht wie üblich in Kleinbuchstaben zu konvertieren. Damit COBOL außerdem weiß, dass es sich um eine JAVA-Klasse handelt, hat MicroFocus festgelegt, dass der externe Klassenname immer mit $java$ (übrigens nicht Case-sensitiv) beginnen muss.

```
1$set ooctrl(-f)
2$set iso2002
3 environment division.
4 configuration section.
5 repository.
6     class internerName as "$java$NameDerKlasse".
```

Listing 31.1: Einbinden einer JAVA-Klasse

Die Direktive ISO2002 sorgt dafür, dass der MicroFocus-Compiler die neue Schreibweise des ISO-2002-Standards unterstützt. Es ist durchaus sinnvoll, diesen Schalter global für das gesamte Projekt zu setzen, außer, wenn man bereits Klassen mit früheren Sprachversionen des Herstellers geschrieben hat und diese weiter verwenden will.

JAVA-Packages

Um die vielen JAVA-Klassen thematisch zu ordnen, hat sich diese Sprache ein so genanntes Package-Konzept gegeben, worunter zu verstehen ist, dass die einzelnen Klassen auf verschiedene Unterverzeichnisse auf der Festplatte verteilt sind. Will man eine JAVA-Klasse verwenden, ist es daher immer notwendig, sie mit ihrem kompletten Package-Namen anzusprechen, da es innerhalb verschiedener Packages Klassen mit selbem Namen geben kann. So findet sich die Klasse Date sowohl in java.util als auch in java.sql. Die Namen der einzelnen Unterverzeichnisse werden in der Package-Angabe jeweils durch einen Punkt getrennt.

Als fortgeführtes Beispiel wollen wir uns die Verwendung der Klasse java.util.StringTokenizer ansehen. Sie ist in der Lage, eine übergebene Zeichenkette in mehrere einzelne Zeichenketten zu zerlegen, wobei frei konfiguriert werden kann, welche Zeichen für die Aufteilung benutzt werden sollen. Diese JAVA-Klasse kann durchaus mit der COBOL-Anweisung UNSTRING verglichen werden, wobei sie aber immer ein Token nach dem anderen liefert, während UNSTRING die Zeichenkette auf einmal zerlegt. Ein Vorteil von StringTokenizer könnte sein, dass die Menge der produzierten Teilstrings nicht bekannt sein muss.

```
1$set ooctrl(-f)
2$set iso2002
3 environment division.
4 configuration section.
5 repository.
```

```
6      class StringTokenizer as
7             "$java$java.util.StringTokenizer".
```

Listing 31.2: Definition der Klasse StringTokenizer

31.3 Instanzen von JAVA-Klassen erzeugen

Wie in COBOL besitzen auch JAVA-Klassen oft mehrere Methoden, über die sie instanziert werden können, die so genannten Konstruktoren. Während ihre Namen in COBOL beliebig sind, müssen sie in JAVA immer genauso heißen wie die Klasse selbst und sie unterscheiden sich letztlich nur durch die Art und Anzahl ihrer Parameter. In COBOL wird der Konstruktor meist über die Methode new erreicht, weshalb MicroFocus sich veranlasst sah, auch das Konstruieren von JAVA-Klassen über eine Methode dieses Namens abzuwickeln. Es macht die Sache letztlich einfacher, weil nicht zwischen der Erstellung einer COBOL- und einer JAVA-Instanz unterschieden werden muss.

Damit diese Technik funktioniert, ist es erforderlich, dass der COBOL-Compiler für jeden Methodenaufruf zusätzliche Informationen über die Art und Anzahl der übergebenen Parameter erzeugt. Dies erreicht man bei MicroFocus über die Direktive OOCTRL(+P).

In der Dokumentation von JAVA findet man drei verschiedene Konstruktoren für einen StringTokenizer.

```
public StringTokenizer(String str)

public StringTokenizer(String str,
                       String delim)

public StringTokenizer(String str,
                       String delim,
                       boolean returnDelims)
```

Listing 31.3: Die Konstruktoren der Klasse StringTokenizer

Für das vorliegende Beispiel ist der Konstruktor mit zwei Parametern interessant. Er erwartet zunächst die Zeichenkette, deren Inhalt aufgeteilt werden soll, und als Zweites eine Zeichenkette, die die Liste der zu verwendenden Trennzeichen enthält. In JAVA handelt es sich dabei jeweils um Instanzen der Klasse java.lang.String, die grob mit einer alphanumerischen Variablen in COBOL verglichen werden kann. Allerdings nur sehr grob, da es sich in JAVA um eine echte Klasse mit Methoden handelt, und nicht nur um ein einfaches Datenfeld. Außerdem lässt sich der Inhalt einer Instanz von String in JAVA nicht nachträglich ändern. Man bezeichnet solche Klassen in JAVA auch als *immutable*. Soll der Inhalt änderbar sein, verwendet man in JAVA eher die Klasse java.lang.StringBuffer. Da MicroFocus Instanzen beider Klassen mit einfachen alphanumerischen Variablen in COBOL gleichsetzt, ist es besonders leicht, die benötigten Parameter zu übergeben. Sollen diese nicht als Variablen, sondern in Form von Literalen übergeben werden, ist nach dem neuen Sprachgebrauch darauf zu achten, dass diese BY CONTENT übergeben werden.

Als Ergebnis von new bekommt man eine Referenz auf die JAVA-Klasse in Form einer OBJECT REFE-RENCE-Variablen. Wie bei COBOL-Objekten auch werden dann alle weiteren Methodenaufrufe über diese Variable durchgeführt.

```
1$set ooctrl(+p) ooctrl(-f)
2$set iso2002
3 program-id. JavasStringTokenizer.
```

```
 4 environment division.
 5 configuration section.
 6 repository.
 7     class StringTokenizer as
 8          "$java$java.util.StringTokenizer"
 9     .
10
11 data division.
12 local-storage section.
13 01   textzeile      pic x(80) value "a+b*(c-d[)]".
14 01   trennzeichen   pic x(7)  value " ()+-*/".
15 01   tokenizer      object reference.
16 01   mehrTokens     pic 99 comp-5.
17 01   naechstesToken pic x(20) value space.
18
19 procedure division.
20
21     invoke StringTokenizer "new"
22         using textzeile
23               trennzeichen
24         returning tokenizer
```

Listing 31.4: Instanz von `StringTokenizer` *erzeugen*

Damit das COBOL-System zur Laufzeit auf JAVA zugreifen kann, ist es notwendig, dafür zu sorgen, dass die von JAVA mitgelieferte Datei JVM.DLL gefunden werden kann. Sie befindet sich beim JDK 1.3 im Verzeichnis `jdk1.3.1\jre\bin\classic`, beim JDK 1.4 hingegen in `j2sdk1.4.0_02\jre\bin\client` und muss über die PATH-Umgebungsvariable erreichbar sein. Außerdem ist es notwenig, dass das COBOL-Programm, mit dem die Anwendung beginnt, in eine EXE unter Verwendung der Multi-Threaded Runtime-Library gelinkt wird.

31.4 JAVA-Methoden aufrufen

Nachdem eine Instanz einer JAVA-Klasse erzeugt wurde, werden alle restlichen Methoden, wie bei COBOL-Klassen auch, aufgerufen. Sollen Parameter übergeben werden, ist auf die korrekte Definition der COBOL-Variablen zu achten. Fast alle Instanzen, außer `String` und `StringBuffer`, werden mit Hilfe von `OBJECT REFERENCE`-Variablen weitergereicht. Alle anderen Typen, die so genannten JAVA-Basistypen und wenige von MicroFocus definierte Ausnahmen müssen ihrem internen Aufbau entsprechend in COBOL nachgebildet werden.

JAVA-Datentyp	COBOL-Datentyp	Beschreibung
byte	USAGE BINARY-CHAR	1 Byte binär, vorzeichenbehaftet
short	USAGE BINARY-SHORT	2 Byte binär, vorzeichenbehaftet
int	USAGE BINARY-LONG	4 Byte binär, vorzeichenbehaftet
long	USAGE BINARY-DOUBLE	8 Byte binär, vorzeichenbehaftet

Tabelle 31.1: JAVA-Datentypen in COBOL

JAVA-Datentyp	COBOL-Datentyp	Beschreibung
boolean	PIC 99 COMP-5	Der Wert 0 steht für FALSE, jeder andere für TRUE
char	USAGE BINARY-SHORT	Alle Zeichen in JAVA werden durch ein zwei Byte großes UNICODE-Zeichen repräsentiert
float	USAGE FLOAT-SHORT	Fließkommazahl einfacher Genauigkeit
double	USAGE FLOAT-LONG	Fließkommazahl doppelter Genauigkeit
String	PIC X(n)	Alle Instanzen von String werden von MicroFocus auf einfache alphanumerische Variable abgebildet
StringBuffer	PIC X(n)	Auch Instanzen von StringBuffer sind in COBOL einfache Variablen
Object	OBJECT REFERENCE	Klassische Instanzreferenzen sind auch in COBOL bekannt
Object[]	OBJECT REFERENCE JARRAY	Tabellen aus JAVA-Objekten können bei MicroFocus mit Hilfe der COBOL-Klasse JARRAY nachgebildet werden

Tabelle 31.1: JAVA-Datentypen in COBOL (Forts.)

Hat man eine Instanz der Klasse StringTokenizer erzeugt, kann man nacheinander ihre Methoden aufrufen, um die übergebene Zeichenkette zu zerlegen. Folgende Methoden sind für das Beispiel relevant:

public boolean hasMoreTokens() erwartet keine Parameter und liefert in einer booleschen Variablen zurück, ob es noch weitere Teile in der Zeichenkette gibt, die zerlegt werden können.

public String nextToken() erwartet ebenfalls keine Parameter und liefert die nächste Teilzeichenkette zurück. Um das Ergebnis aufzunehmen, kann man in COBOL eine alphanumerische Variable definieren, die groß genug ist. Vor jedem Aufruf dieser Methode sollte man die Zielvariable mit Leerzeichen füllen.

```
1$set ooctrl(+p) ooctrl(-f)
2$set iso2002
3 program-id. JavasStringTokenizer.
4 environment division.
5 configuration section.
6 repository.
7     class StringTokenizer as
8             "$java$java.util.StringTokenizer"
9         .
10
11 data division.
12 local-storage section.
13 01   textzeile      pic x(80) value "a+b*(c-d[)]".
14 01   trennzeichen   pic x(7)  value " ()+-*/".
15 01   tokenizer      object reference.
16 01   mehrTokens     pic 99 comp-5.
17 01   naechstesToken pic x(20) value space.
18
19 procedure division.
20
21     invoke StringTokenizer "new"
22         using textzeile
```

```
23                    trennzeichen
24          returning tokenizer
25
26     invoke tokenizer "hasMoreTokens"
27          returning mehrTokens
28
29     perform until mehrTokens = 0
30
31          move space to naechstesToken
32
33          invoke tokenizer "nextToken"
34               returning naechstesToken
35
36          display naechstesToken
37
38          invoke tokenizer "hasMoreTokens"
39               returning mehrTokens
40     end-perform
41          .
```

Listing 31.5: Komplettes Beispiel zu `StringTokenizer`

Das Beispielprogramm zum `StringTokenizer` gibt am Bildschirm untereinander die Zeichen a, b, c, d, [und] aus.

31.5 JAVA-Klassenmethoden aufrufen

Ähnlich wie in COBOL haben auch JAVA-Klassen Methoden, die nicht an eine konkrete Instanz gebunden sind, sondern jederzeit aufgerufen werden können, vergleichbar mit Funktionen. Aufgabe solcher Methoden ist es oft, Instanzen von Klassen zu erzeugen und ihre Referenzen zu liefern.

Aufgerufen werden solche Klassenmethoden genauso wie in COBOL. In der INVOKE-Anweisung bezieht man sich auf die Klasse, anstatt auf eine konkrete Instanz. Klassenmethoden werden in JAVA stets dadurch angezeigt, dass sie mit dem Schlüsselwort `static` deklariert sind.

Beispiel: Die Klasse `java.text.SimpleDateFormat` verfügt über eine Methode `public static final DateFormat getDateInstance()`, die sie von ihrer Vaterklasse `DateFormat` geerbt hat. Dass es sich hier um eine Klassenmethode handelt, erkennt man an `static`. `Final` bedeutet übrigens, dass diese Methode innerhalb von JAVA nicht mehr überschrieben werden darf. Man bekommt von dieser Methode eine Instanz einer Klasse, die in der Lage ist, eine Zeichenkette als Datum zu interpretieren und bei Erfolg in eine Instanz der Klasse `java.util.Date` umzuwandeln.

```
1$set ooctrl(+p) ooctrl(-f)
2$set iso2002
3 program-id. JavaDate.
4 environment division.
5 configuration section.
6 repository.
7     class jDate as
```

```
 8              "$java$java.util.Date"
 9     class SimpleDateFormat as
10             "$java$java.text.SimpleDateFormat"
11     class ParsePosition as
12             "$java$java.text.ParsePosition"
13     class jString as
14             "$java$java.lang.String"
15     .
16
17 data division.
18 local-storage section.
19 01   dateFormater        object reference.
20 01   parsePos            object reference.
21 01   datum               object reference.
22 01   eingabe             pic x(80).
23 01   eingabeString       object reference.
24 01   ausgabe             pic x(80).
25
26 procedure division.
27
28     *> Nachstehende Anweisung erzeugt eine
29     *> Instanz der Klasse SimpleDateFormat mit
30     *> Hilfe der Klassenmethode "getDateInstance"
31     invoke SimpleDateFormat "getDateInstance"
32         returning dateFormater
33
34     *> Um eine Zeichenkette zu parsen, erwartet
35     *> die entsprechende Methode neben der eigent-
36     *> lichen Zeichenkette eine Instanz der Klasse
37     *> ParsePosition, die angibt, ab welchem
38     *> Zeichen die Zeichenkette interpretiert werden
39     *> soll (beginnt in JAVA bei 0).
40     invoke ParsePosition "new" using by content 0
41         returning parsePos
42
43     *> Die Zeichenkette "1.5.2003" soll in eine
44     *> Instanz der Klasse Date verwandelt werden,
45     *> wozu sie zunächst in einen JAVA-String
46     *> umgewandelt wird:
47     move "1.5.2003" to eingabe
48     invoke jString "new" using eingabe
49         returning eingabeString
50
51     *> Die Methode "parse" erwartet zwei Parameter:
52     *> Den umzuwandelnden String und die Position,
53     *> ab der der String interpretiert werden soll.
```

```
54        *> Bei Erfolg liefert sie eine Instanz der
55        *> Klasse Date, ansonsten null
56     invoke dateFormater "parse" using
57           eingabeString parsePos
58           returning datum
59
60     if datum <> null
61           *> Die Datumsinstanz kann mit der Methode
62           *> "toString" einfach in eine Zeichenkette
63           *> verwandelt werden:
64           move space to ausgabe
65           invoke datum "toString" returning ausgabe
66
67           *> Thu May 01 00:00:00 CEST 2003
68           display ausgabe
69     end-if
```

Listing 31.6: Beispiel für SimpledateFormat

31.6 Zugriff auf öffentliche Attribute

Nicht nur Methoden sind in JAVA öffentlich und können von außen aufgerufen werden. Immer wieder findet man auch Attribute, die in JAVA mit `public` deklariert wurden, wodurch sie einen direkten Zugriff erlauben. Oft handelt es sich dabei um Konstanten, die an verschiedene Methoden übergeben werden können.

Um ein öffentliches Attribut einer JAVA-Klasse verwenden zu können, muss man sich zunächst darüber informieren, ob es sich um ein Klassenattribut oder ein Instanzattribut handelt. Wurde es zusammen mit dem Schlüsselwort `static` angelegt, gehört es zum Kontext der Klasse und der Zugriff ist wie bei Klassenmethoden über den Bezug auf den Klassennamen möglich. Alle anderen öffentlichen Attribute sind an eine Instanz gebunden und können über eine OBJECT REFERENCE auf eine solche Instanz erreicht werden.

Für den lesenden Zugriff auf ein öffentliches Attribut tut MicroFocus so, als hätte die JAVA-Klasse eine Zugriffsmethode der Form get*Attributname* definiert. Wenn also beispielsweise die Klasse java.math.BigDecimal eine öffentliche Konstante ROUND_HALF_UP anbietet, so kann sie über den Methodennamen getROUND_HALF_UP mit Hilfe der INVOKE-Anweisung ausgelesen werden. Da es sich bei dieser Konstanten um eine Klassenkonstante vom Typ `int` handelt, sieht die komplette INVOKE-Anweisung wie dargestellt aus.

```
1$set ooctrl(+p) ooctrl(-f)
2$set iso2002
3 program-id. JavaBigDecimal.
4 environment division.
5 configuration section.
6 repository.
7    class BigDecimal as
8            "$java$java.math.BigDecimal"
9    .
10
```

```
11 data division.
12 local-storage section.
13
14 01   round-half-up         usage binary-long.
15
16 procedure division.
17
18     invoke BigDecimal "getROUND_HALF_UP"
19         returning round-half-up
20
```

Listing 31.7: Zugriff auf eine Klassenkonstante

Handelt es sich bei dem öffentlichen Attribut um eine Variable und nicht um eine Konstante, so kann ihr Inhalt auch verändert werden. In diesem Fall muss eine Methode der Form setAttributname aufgerufen werden, an die der zu setzende Wert über die USING-Klausel zu übergeben ist. Ob es sich um eine Konstante handelt oder nicht, hängt davon ab, ob das Attribut mit Hilfe des JAVA-Schlüsselwortes final deklariert wurde. Wenn ja, dann ist es eine Konstante.

Die Klasse BigDecimal in JAVA erlaubt es, mit einer Dezimalzahl beliebiger Größe und beliebiger Genauigkeit zu rechnen, weit über die Grenzen hinaus, die COBOL vorgeben würde. Die einzelnen Rechenoperationen werden durch geeignete Methoden wie add, subtract, multiply und divide angeboten, die jedoch niemals den Inhalt der BigDecimal-Instanz, auf die sie angewendet werden, ändern, sondern stets eine neue Instanz von BigDecimal zurückliefern. Bei einer Division muss außerdem bestimmt werden, in welcher Form das Ergebnis gerundet werden soll, da es immer so viele Nachkommastellen hat, wie die BigDecimal-Instanz, auf die die Methode divide angewendet wurde. Dazu erwartet diese Methode eine entsprechende Konstante, die von der Klasse BigDecimal gleich zur Verfügung gestellt wird. Mögliche Werte sind hier unter anderem ROUND_UP, um immer aufzurunden, ROUND_DOWN, um immer abzurunden, letztlich um abzuschneiden, oder eben ROUND_HALF_UP, um in unserem Sinne kaufmännisch zu runden. Auch wenn die Anzahl der Nachkommastellen mit Hilfe der Methode setScale geändert werden soll, muss eine Angabe über die Art der Rundung gemacht werden.

```
 1$set ooctrl(+p) ooctrl(-f)
 2$set iso2002
 3 program-id. JavaBigDecimal.
 4 environment division.
 5 configuration section.
 6 repository.
 7     class BigDecimal as
 8             "$java$java.math.BigDecimal"
 9     .
10
11 data division.
12 local-storage section.
13
14 01   round-half-up         usage binary-long.
15 01   grosseZahl            object reference.
16 01   weitereZahl           object reference.
17 01   ergebnis              object reference.
18 01   ausgabe               pic x(80).
19
```

```
20 procedure division.
21
22     *> Zunächst besorgen wir uns den Wert der
23     *> Konstanten ROUND_HALF_UP.
24     invoke BigDecimal "getROUND_HALF_UP"
25         returning round-half-up
26
27     *> Nun erzeugen wir eine große BigDecimal-
28     *> Zahl
29     invoke BigDecimal "new" using
30         by content "12345678901234567890.123456789"
31         returning grosseZahl
32
33     *> Zum Dividieren brauchen wir eine weitere
34     *> BigDecimal-Zahl
35     invoke BigDecimal "new" using
36         by content "2"
37         returning weitereZahl
38
39     *> Die Methode "divide" erwartet zusätzlich
40     *> eine Angabe darüber, wie gerundet werden
41     *> soll. Die entsprechende Konstante wurde
42     *> bei Programmstart gelesen.
43     *> Eine Instanz von BigDecimal ist immutable,
44     *> weshalb wir das Ergebnis der Division in
45     *> Form einer neuen Instanz erhalten.
46     invoke grosseZahl "divide" using
47         weitereZahl
48         round-half-up
49         returning ergebnis
50
51     *> Ergebnis in Zeichenkette umwandeln und
52     *> ausgeben.
53     move space to ausgabe
54     invoke ergebnis "toString"
55         returning ausgabe
56
57     *> 6172839450617283945.061728395
58     display ausgabe
59     .
```

Listing 31.8: Beispiel für BigDecimal

31.7 Garbage Collector

Neben BigDecimal kennt JAVA auch BigInteger, mit der ganzzahlige Werte beliebiger Größe errechnet werden können. Im Gegensatz zu BigDecimal wird das Ergebnis einer Division jedoch immer abgeschnitten. Wie bereits für BigDecimal erwähnt, ändert sich auch für eine BigInteger-Instanz niemals ihr Inhalt. Ist sie einmal erzeugt, bleibt sie quasi konstant. Jede Rechenmethode liefert stets eine neue Instanz. In JAVA ist es üblich und problemlos möglich, die bisherige Instanzreferenz durch die neue zu überschreiben, da der Garbage Collector von JAVA erkennt, dass es auf die ursprüngliche BigInteger-Instanz jetzt keine Referenz mehr gibt, und er diese somit freigibt.

Leider kennt die aktuelle Implementierung von MicroFocus noch keinen Garbage Collector, obwohl der ISO-Standard einen solchen vorsieht. Es ist daher in COBOL notwendig, jede nicht mehr benötigte Instanz durch Aufruf der Methode finalize (und damit ist die COBOL-Methode finalize gemeint) explizit freizugeben. Sobald in COBOL eine JAVA-Instanz erzeugt wird, hält das COBOL-System diese Referenz, und der Garbage Collector von JAVA ist nicht in der Lage, die JAVA-Instanz freizugeben. Erst durch die COBOL-Methode finalize löscht COBOL die Referenz.

Auch alle JAVA-Klassen verfügen über eine Methode finalize, die aber im Gegensatz zu ihrer COBOL-Schwester keinen Rückgabewert hat. Da COBOL anhand der Signatur einer Methode erkennt, welche es aufrufen soll, ist es notwendig, den Rückgabewert von finalize abzuholen, weil ansonsten versehentlich die JAVA-Methode finalize gerufen wird.

Wie man ordentlich mit Instanzen umgeht, können Sie dem Beispiel zu BigInteger entnehmen, das die Fakultät aus 40 berechnet und den Wert 815915283247897734345611269596115894272000000000 ausgibt.

```
1$set ooctrl(+p) ooctrl(-f)
2$set iso2002
3 program-id. JavaBigInteger.
4 environment division.
5 configuration section.
6 repository.
7     class BigInteger as
8             "$java$java.math.BigInteger"
9         .
10
11 data division.
12 local-storage section.
13
14 01  grosseZahl        object reference.
15 01  multiplikator     object reference.
16 01  schrittweite      object reference.
17 01  tempErg           object reference.
18 01  ausgabe           pic x(80).
19
20 procedure division.
21
22     *> In der Variablen grosseZahl soll die
23     *> Fakultät von 40 errechnet werden.
24     invoke BigInteger "new" using
25         by content "1"
```

```
26        returning grosseZahl
27
28     *> In jedem Schleifendurchlauf erhöht sich der
29     *> Multiplikator später um 1.
30     invoke BigInteger "new" using
31        by content "1"
32        returning multiplikator
33
34     *> Die Instanz-Schrittweite legt fest, um
35     *> welchen Wert sich der Multiplikand bei
36     *> jedem Schleifendurchlauf erhöht.
37     invoke BigInteger "new" using
38        by content "1"
39        returning schrittweite
40
41   perform 40 times
42
43        *> Multiplikation durchführen und in einer
44        *> temporären Hilfsvariablen speichern:
45        invoke grosseZahl "multiply" using
46           multiplikator
47           returning tempErg
48
49        *> Nun kann die ursprüngliche Instanz
50        *> freigegeben und durch die neue ersetzt
51        *> werden.
52        invoke grosseZahl "finalize"
53           returning grosseZahl
54        set grosseZahl to tempErg
55
56        *> Multiplikator erhöhen.
57        invoke multiplikator "add" using
58           schrittweite
59           returning tempErg
60
61        *> Multiplikator freigeben und durch neuen
62        *> ersetzen.
63        invoke multiplikator "finalize"
64           returning multiplikator
65        set multiplikator to tempErg
66
67   end-perform
68
69   move space to ausgabe
70   invoke grosseZahl "toString"
71      returning ausgabe
```

```
72
73  *> 8159152832478977343456112695961158942720000000000
74      display "40!: " ausgabe
75
76      *> Alle Instanzen freigeben, was beim Programm-
77      *> ende nicht mehr so wichtig ist.
78      invoke grosseZahl "finalize"
79          returning grosseZahl
80      invoke multiplikator "finalize"
81          returning multiplikator
82      invoke schrittweite "finalize"
83          returning schrittweite
84      .
```

Listing 31.9: Beispiel zu BigInteger

31.8 JAVA-Exceptions behandeln

Wenn es beim Aufruf einer JAVA-Methode zu einem Fehler kommt, dann dokumentiert JAVA dies, indem eine Exception ausgelöst wird, die der Benutzer der Methode abfangen und behandeln muss. Ignoriert er die Ausnahme, hat das im Allgemeinen das Ende des Programms zur Folge.

MicroFocus bildet das Exception-Handling von JAVA auf das eigene, mit Hilfe der COBOL-Klasse ExceptionManager implementierte Exception-Handling ab. Das bedeutet, dass der Entwickler nicht zwischen eigenen und »fremden« Exceptions unterscheiden muss.

Um eine Exception zu behandeln, ist es notwendig, der Klasse ExceptionManager mitzuteilen, welche Methode beziehungsweise welcher Entrypoint aufgerufen werden soll, wenn es bei einer bestimmten Klasse oder einer konkreten Instanz zu einer Ausnahme kommt. Die von MicroFocus geschaffenen Klassen CallBack und EntryCallBack können benutzt werden, um auf eben diese Methode oder diesen Entrypoint zu verweisen.

```
$set ooctrl(+p) ooctrl(-f)
$set iso2002
 program-id. JavaExceptions.
 environment division.
 configuration section.
 repository.
     class CallBack as "callback"
     .


 data division.
 local-storage section.
 01  lsInstanz              object reference.
 01  lsCallBack            object reference.


 procedure division.
```

```
*> Erzeugt ein CallBack für die Methode
*> "Fehlerbehandlung" des Objektes lsInstanz.
invoke CallBack new using
    lsInstanz z"Fehlerbehandlung"
    returning lsCallBack
```

Listing 31.10: Beispiel für eine CallBack-Instanz

```
$set ooctrl(+p) ooctrl(-f)
$set iso2002
 program-id. JavaExceptions.
 environment division.
 configuration section.
 repository.
     class EntryCallBack as "entrycll"
         .


 data division.
 local-storage section.
 01  lsInstanz              object reference.
 01  lsCallBack             object reference.


 procedure division.

     *> Erzeugt ein CallBack für den Entry
     *> "Fehlerbehandlung" des eigenen Programms.
     invoke EntryCallBack new using
         z"Fehlerbehandlung"
         returning lsCallBack
```

Listing 31.11: Beispiel für eine EntryCallBack-Instanz

Nachdem man eine entsprechende CallBack-Instanz erzeugt hat, registriert man sie bei der Klasse ExceptionManager zusammen mit einer Referenz auf die Klasse JavaExceptionManager. Löst dann eine von COBOL aufgerufene JAVA-Methode eine Ausnahme aus, wird die durch das registrierte Call-Back angesprochene Methode beziehungsweise der Entrypoint aufgerufen. Dabei werden drei Parameter übergeben: Eine Instanz der Klasse JavaExceptionManager, ein vier Byte langer binärer Fehlercode und eine Instanz der COBOL-Klasse OrderedCollection, die weitere Fehlerinformationen beinhaltet. Wurde eine Exception auf diese Art aufgefangen, gilt sie als behandelt und es wird anschließend mit der nächsten Anweisung fortgesetzt, die der fehlerverursachenden folgt.

```
1$set ooctrl(+p) ooctrl(-f)
2$set iso2002
3 program-id. JavaExceptions.
4 environment division.
5 configuration section.
6 repository.
7     class Integer as
8             "$java$java.lang.Integer"
```

```
 9      class javaString as
10             "$java$java.lang.String"
11
12      class JavaExceptionManager as "javaexpt"
13      class ExceptionManager as "exptnmgr"
14      class CallBack as "callback"
15      class EntryCallBack as "entrycll"
16      .
17
18 data division.
19 local-storage section.
20
21 01  lsCallBack              object reference.
22 01  eineInteger            object reference.
23 01  einString              object reference.
24 01  einZeichen             pic s9(4) comp.
25 01  ausgabe                pic x(80).
26
27 01  laenge                 usage binary-long.
28 01  i                      usage binary-long.
29 01  beschreibung           object reference.
30
31 linkage section.
32
33 01  lnkException           object reference.
34 01  lnkFehlercode          pic x(4) comp-5.
35 01  lnkFehlerliste         object reference.
36
37 procedure division.
38
39      *> Damit der ExceptionManager von COBOL weiß,
40      *> welche Methode oder welchen Entry er beim
41      *> Auftreten eines Fehlers aufrufen soll,
42      *> ist es notwendig, eine Instanz der
43      *> COBOL-Klasse CallBack (für Methoden) oder
44      *> EntryCallBack (für Entrie) zu erzeugen.
45      invoke EntryCallBack "new" using z"Fehler"
46          returning lsCallBack
47
48      *> Das erzeugte CallBack muss beim COBOL-
49      *> ExceptionManager registriert werden.
50      *> Dabei wird festgelegt, auf welche
51      *> Exceptions er hören soll. In vorliegendem
52      *> Beispiel also auf alle Exceptions der
53      *> Klasse JavaExceptionManager
54      invoke ExceptionManager "register" using
```

```
55          JavaExceptionManager
56          lsCallBack
57
58      set eineInteger to null
59
60      *> Wenn man versucht, eine Instanz der Klasse
61      *> Integer aus einer nicht numerischen Zeichen-
62      *> kette zu erzeugen, wird eine Exception
63      *> ausgelöst
64      invoke Integer "new" using
65          by content "abc123"
66          returning eineInteger
67
68      if eineInteger <> null
69          *> Nur wenn eine Instanz erzeugt werden
70          *> konnte, kann man entsprechende Methoden
71          *> aufrufen.
72          move space to ausgabe
73          invoke eineInteger "toString"
74              returning ausgabe
75          display ausgabe
76      end-if
77
78      *> Hier wird ein kurzer String erzeugt.
79      invoke javaString "new" using
80          by content "Ein kurzer String"
81          returning einString
82
83      *> Ruft man die Methode "charAt" mit einem
84      *> ungültigen Index auf, so wird ebenfalls
85      *> eine Exception ausgelöst.
86      move 80 to i
87      invoke einString "charAt" using i
88          returning einZeichen
89
90      stop run.
91
92
93  *> Das Entry "Fehler" nimmt in diesem Beispiel
94  *> alle Exceptions auf. Ihm werden folgende
95  *> Parameter übergeben:
96  *> lnkException       Referenz auf die Klasse
97  *>                    JavaExceptionManager
98  *> lnkFehlercode      Ein 4 Byte großer Fehlercode
99  *> lnkFehlerliste     Referenz auf eine Instanz
100 *>                    der Klasse OrderedCollection,
```

```
101 *>                    die weitere Fehlerhinweise
102 *>                    enthält
103 entry "Fehler" using lnkException
104                       lnkFehlercode
105                       lnkFehlerliste
106          .
107     display "Fehler #" lnkFehlercode " aufgetreten"
108
109     invoke lnkException "display"
110     display " "
111
112     *> In nachfolgender Schleife wird die gesamte
113     *> Fehlerliste abgearbeitet und angezeigt.
114     invoke lnkFehlerliste "size" returning laenge
115     perform varying i from 1 by 1 until i > laenge
116         invoke lnkFehlerliste "at" using i
117             returning beschreibung
118         invoke beschreibung "display"
119         display " "
120     end-perform
121
122     *> Nachdem eine Exception auf diese Art
123     *> "behandelt" wurde, geht es im Programm nach
124     *> der Stelle weiter, die den Fehler produziert
125     *> hat.
126     .
```

Listing 31.12: JAVA-Exception behandeln

```
Fehler #0000065538 aufgetreten
the class javaexceptionmanager
Error calling (Ljava/lang/String;)V constructor for instance of class java/lang/
Integer

Fehler #0000065537 aufgetreten
the class javaexceptionmanager
String index out of range: 80
```

Listing 31.13: Ausgabe behandelter JAVA-Exceptions

31.9 Programmbeispiel DATUM-BERECHNEN

Aufgabenstellung

Der Benutzer soll ein beliebiges Tagesdatum eingeben und damit Berechnungen durchführen können. Das Programm erlaubt sowohl die Addition von Tagen als auch Monaten und Jahren. Durch die Addition negativer Werte kann eine Subtraktion durchgeführt werden. Alle Berechnungen werden mit Hilfe der

JAVA-Klasse java.util.GregorianCalendar durchgeführt, die durch die COBOL-Klasse Kalender gekapselt werden soll. Die JAVA-Klasse berücksichtigt dabei sogar, dass nach dem 04.10.1582 der 15.10.1582 kam.

Das Hauptprogramm DatumBerechnen muss unter Zuhilfenahme der Multi-Threaded Runtime-Library zu einer EXE übersetzt werden. Außerdem muss die Datei JVM.DLL von JAVA über die PATH-Umgebungsvariable erreichbar sein. Sie befindet sich beim JDK 1.3 im Verzeichnis jdk1.3.1\jre\bin\ classic, beim JDK 1.4 hingegen in j2sdk1.4.0_02\jre\bin\client.

Programmlisting

```
 1 $set iso2002  ooctrl(+p-f)
 2 identification division.
 3 program-id. datum-berechnen.
 4
 5 environment division.
 6 configuration section.
 7 repository.
 8     class Kalender as "kalender"
 9
10     class SimpleDateFormat as
11             "$java$java.text.SimpleDateFormat"
12     class javaDate as
13             "$java$java.util.Date"
14     .
15
16 data division.
17 working-storage section.
18
19 01  eingabeDatum            pic x(10).
20 01  dateFormater            object reference.
21 01  jDatum                  object reference.
22 01  cobolKalender           object reference.
23 01  anzahl                  pic -----9.
24 01  javaInt                 usage binary-long.
25 01  auswahl                 pic 9.
26
27 procedure division.
28
29     *> Bildschirm löschen
30     display space at line 1 col 1
31
32     *> Der DateFormater wird für die Umwandlung
33     *> der Benutzereingabe in ein Datum gebraucht.
34     invoke SimpleDateFormat "getDateInstance"
35         returning dateFormater
36
37     perform with test after until jDatum <> null
38
```

```
39        *> Der Anwender soll das Anfangsdatum so
40        *> lange eingeben, bis daraus eine
41        *> gültige Date-Instanz gebildet werden
42        *> konnte.
43        display "Anfangsdatum:" at line 02 col 10
44        accept eingabeDatum at line 02 col 25
45
46        invoke dateFormater "parse" using
47             eingabeDatum
48             returning jDatum
49
50    end-perform
51
52    *> Jetzt kann der COBOL-Kalender erzeugt werden.
53    invoke Kalender "new" using jDatum
54         returning cobolKalender
55
56    *> Es ist ein guter Stil, Instanzen so früh wie
57    *> möglich freizugeben.
58    invoke dateFormater "finalize"
59         returning dateFormater
60    invoke jDatum "finalize"
61         returning jDatum
62
63    perform with test after until auswahl = 9
64
65        display "Bitte auswählen:" at line 04 col 10
66        display "1=Tage 2=Monate 3=Jahre addieren"
67            at line 05 col 10
68        display "9=Programmende" at line 06 col 10
69
70        accept auswahl at line 06 col 30
71
72        if auswahl >= 1 and <= 3
73            display "Anzahl:" at line 08 col 10
74            accept anzahl at line 08 col 20
75            move anzahl to javaInt
76        end-if
77
78        evaluate auswahl
79            when 1
80                invoke cobolKalender "TageAddieren"
81                    using javaInt
82                invoke cobolKalender "DatumAnzeigen"
83            when 2
84                invoke cobolKalender "MonateAddieren"
```

```
85                    using javaInt
86              invoke cobolKalender "DatumAnzeigen"
87          when 3
88              invoke cobolKalender "JahreAddieren"
89                    using javaInt
90              invoke cobolKalender "DatumAnzeigen"
91      end-evaluate
92
93    end-perform
94
95    invoke cobolKalender "finalize"
96        returning cobolKalender
97      .
```

Listing 31.14: Hauptprogramm DatumBerechnen

```
 1$set  ooctrl(+p) ooctrl(-f)
 2$set  iso2002
 3 identification division.
 4 class-id. Kalender as "kalender"
 5     inherits from base
 6       .
 7 repository.
 8     class base as "base"
 9
10     class GregorianCalendar as
11             "$java$java.util.GregorianCalendar"
12     .
13
14 factory.
15 working-storage section.
16
17*>-------------------------------------------------
18*> Erzeugt eine neue Instanz von Kalender,
19*> wenn eine Instanz von java.util.Date
20*> übergeben wurde.
21*>-------------------------------------------------
22 method-id.  new  override.
23 linkage Section.
24 01 javaDate              object reference.
25 01 instanz               object reference.
26
27 procedure division using by reference javaDate
28                    returning instanz.
29     if javaDate <> null
30         invoke super "new" returning instanz
31         invoke instanz "init" using javaDate
```

```
32      else
33          set instanz to null
34      end-if
35      exit method.
36 end method new.
37*>----------------------------------------------
38
39 end factory.
40
41
42 object.
43
44 working-storage section.
45
46 01   javaKalender           object reference.
47 01   TAG                    usage binary-long.
48 01   MONAT                  usage binary-long.
49 01   JAHR                   usage binary-long.
50 01   TAG_IM_MONAT           usage binary-long.
51 01   WOCHENTAG              usage binary-long.
52
53*>----------------------------------------------
54*> Erzeugt eine neue Instanz von GregorianCalendar
55*> und setzt ihn auf das übergebene Datum.
56*> Außerdem liest es die Konstanten für die
57*> Berechung von Tagen, Monaten und Jahren aus.
58*>----------------------------------------------
59 method-id. "init" .
60 local-storage Section.
61 linkage Section.
62 01 javaDate                object reference.
63 procedure division using by reference javaDate.
64
65      invoke GregorianCalendar "new"
66          returning javaKalender
67      invoke javaKalender "setTime"
68          using javaDate
69
70      invoke GregorianCalendar "getDATE"
71          returning TAG
72      invoke GregorianCalendar "getMONTH"
73          returning MONAT
74      invoke GregorianCalendar "getYEAR"
75          returning JAHR
76      invoke GregorianCalendar "getDAY_OF_MONTH"
77          returning TAG_IM_MONAT
```

```
78    invoke GregorianCalendar "getDAY_OF_WEEK"
79        returning WOCHENTAG
80
81    exit method.
82 end method "init".
83*>------------------------------------------------
84
85
86*>------------------------------------------------
87*> Zeigt das aktuell verwaltete Datum an. Dabei
88*> ist zu berücksichtigen, dass der Wertebereich
89*> für Monat von 1 bis 11 reicht, für eine
90*> ordentliche Anzeige also um 1 erhöht werden
91*> muss. Außerdem ist der erste Tag der Woche
92*> der Sonntag.
93*>------------------------------------------------
94 method-id. "DatumAnzeigen" .
95 local-storage Section.
96 01  javaInt                usage binary-long.
97 01  ausgabe                pic zzzz9.
98
99 linkage Section.
100 procedure division.
101
102    invoke javaKalender "get" using JAHR
103        returning javaInt
104    move javaInt to ausgabe
105    display "Jahr    : " at line 10 col 10
106           ausgabe         at line 10 col 21
107
108    invoke javaKalender "get" using MONAT
109        returning javaInt
110    add 1 to javaInt
111    move javaInt to ausgabe
112    display "Monat   : " at line 11 col 10
113           ausgabe         at line 11 col 21
114
115    invoke javaKalender "get" using TAG_IM_MONAT
116        returning javaInt
117    move javaInt to ausgabe
118    display "Tag     : " at line 12 col 10
119           ausgabe         at line 12 col 21
120
121    invoke javaKalender "get" using WOCHENTAG
122        returning javaInt
123    display "Wochentag: " at line 13 col 10
```

```
124
125     evaluate javaInt
126         when 1
127             display "Sonntag   " at line 13 col 21
128         when 2
129             display "Montag    " at line 13 col 21
130         when 3
131             display "Dienstag  " at line 13 col 21
132         when 4
133             display "Mittwoch  " at line 13 col 21
134         when 5
135             display "Donnerstag" at line 13 col 21
136         when 6
137             display "Freitag   " at line 13 col 21
138         when 7
139             display "Samstag   " at line 13 col 21
140     end-evaluate
141
142     exit method.
143 end method "DatumAnzeigen".
144*>---------------------------------------------
145
146
147*>---------------------------------------------
148*> Damit der javaKalender weiß, was er addieren
149*> soll, muss ihm als erster Parameter der Wert
150*> für TAG übergeben werden.
151*>---------------------------------------------
152 method-id. "TageAddieren" .
153 local-storage Section.
154 linkage Section.
155 01 anzahl                usage binary-long.
156 procedure division using by reference anzahl.
157
158     invoke javaKalender "add" using
159         TAG anzahl
160
161     exit method.
162 end method "TageAddieren".
163*>---------------------------------------------
164
165
166*>---------------------------------------------
167*> Damit der javaKalender weiß, was er addieren
168*> soll, muss ihm als erster Parameter der Wert
169*> für MONAT übergeben werden.
```

```
170*>----------------------------------------------
171 method-id. "MonateAddieren" .
172 local-storage Section.
173 linkage Section.
174 01 anzahl                    usage binary-long.
175 procedure division using by reference anzahl.
176
177     invoke javaKalender "add" using
178         MONAT anzahl
179
180     exit method.
181 end method "MonateAddieren".
182*>----------------------------------------------
183
184
185*>----------------------------------------------
186*> Damit der javaKalender weiß, was er addieren
187*> soll, muss ihm als erster Parameter der Wert
188*> für JAHR übergeben werden.
189*>----------------------------------------------
190 method-id. "JahreAddieren" .
191 local-storage Section.
192 linkage Section.
193 01 anzahl                    usage binary-long.
194 procedure division using by reference anzahl.
195
196     invoke javaKalender "add" using
197         JAHR anzahl
198
199     exit method.
200 end method "JahreAddieren".
201*>----------------------------------------------
202
203
204*>----------------------------------------------
205*> Zunächst wird der JAVA Kalender und dann die
206*> eigene Instanz freigegeben.
207*>----------------------------------------------
208 method-id. "finalize" .
209 local-storage Section.
210 linkage Section.
211 01 instanz                   object reference.
212
213 procedure division returning instanz.
214
215     invoke javaKalender "finalize"
```

```
216          returning javaKalender
217
218      invoke super "finalize"
219          returning instanz
220
221      exit method.
222 end method "finalize".
223*>---------------------------------------------
224
225
226 end object.
227
228 end class Kalender.
```

Listing 31.15: Die Klasse Kalender

32

JAVA ruft COBOL

32.1 Vorbemerkung

Das vorliegende Kapitel will sich mit der Aufgabe beschäftigen, bestehende COBOL-Module oder objektorientierte COBOL-Klassen von JAVA aus aufzurufen. Der umgekehrte Weg wurde bereits in einem eigenen Kapitel behandelt. In einer fertigen Anwendung stehen somit alle Variationsmöglichkeiten einer JAVA/COBOL-Integration zur Verfügung. Eine JAVA-Anwendung kann COBOL-Module oder -Klassen verwenden, die ihrerseits JAVA-Klassen benutzen, oder eine COBOL-Anwendung ruft JAVA, was wiederum COBOL ruft. Letztendlich soll es keine Rolle mehr spielen, in welcher Sprache eine bestimmte Funktionalität programmiert wurde.

Auch alle Beispiele dieses Kapitels wurden mit dem Produkt NetExpress der Firma MicroFocus entwickelt, mit dem sich neben COBOL- auch JAVA-Programme schreiben und übersetzen lassen. Notwendig ist dazu zunächst das JAVA 2 SDK von der Firma SUN, das sich kostenlos aus dem Internet downloaden lässt (http://java.sun.com/). Von selber Stelle bekommen Sie auch die sehr umfangreiche Dokumentation, die eigenständig heruntergeladen werden muss. Die Firma SUN bietet JAVA in drei verschiedenen Konfigurationen: J2ME steht für die Micro Edition und dient für die Programmierung von Kleingeräten wie Handys und PDAs. J2SE ist die Standard-Edition und für die Entwicklung komplexer JAVA-Anwendungen geeignet. Unter J2EE wird die Enterprise-Edition verstanden und diese dient für die Entwicklung von auf Application-Server basierenden Systemen. Es ist lediglich eine Erweiterung der Standard-Edition.

Das SDK wird als ausführbares Programm geliefert. Um es zu installieren, müssen Sie das Programm ausführen. Wichtig für die spätere Arbeit ist, dass die Umgebungsvariable PATH auf das »bin«-Verzeichnis der JAVA-Installation zeigt, da NetExpress ansonsten den JAVA-Compiler nicht finden kann. Die Dokumentation bekommt man als ZIP-Datei, die in das »docs«-Verzeichnis der JAVA-Installation entpackt werden sollte.

Um ein JAVA-Programm in NetExpress zu schreiben, erzeugt man eine neue Programmdatei und speichert sie mit der Erweiterung ».java« ab. Es ist zwar bequem, aber nicht notwendig, mit der Entwicklungsumgebung von MicroFocus zu arbeiten. Die JAVA-Entwickler im Haus werden eventuell ihre eigenen Tools verwenden. Es ist lediglich nötig, dass die Umgebungsvariable CLASSPATH auf das Verzeichnis zeigt, unter dem sich am Ende alle übersetzten JAVA-Klassen befinden.

32.2 Entwicklung eines einfachen JAVA-Programms

Leser, die sich noch nicht mit der Programmiersprache JAVA beschäftigt haben, finden im Internet (siehe Einleitung) ein Kapitel mit einer Kurzeinführung in diese Programmiersprache. In diesem Kapitel wird gezeigt, wie ein COBOL Programm von JAVA aus aufgerufen wird und setzt daher Grundkenntnisse in JAVA voraus.

CALL BY VALUE

Werden Parameter an eine Methode übergeben, so geschieht dies in COBOL grundsätzlich durch einen CALL BY REFERENCE, solange nichts anderes gesagt wird. Das hat dann zur Folge, dass, wenn die gerufene Methode den Inhalt eines Parameters ändert, sich diese Änderung auch auf die rufende Methode auswirkt.

Anders in JAVA: Hier gibt es lediglich einen CALL BY VALUE. Egal, was die gerufene Methode mit dem übergebenen Parameter anstellt, der Parameter selbst bleibt für die rufende Methode unverändert.

Nun stellt sich die Frage, was passiert, wenn eine Referenz auf eine Instanz an eine Methode übergeben wird und diese Inhalte dieser Instanz ändert, indem sie entsprechende Methoden dazu aufruft. Beispiel: Sie erzeugen eine Instanz der Klasse Date und übergeben diese an eine Methode, die die Jahreszahl dieser Date-Instanz erhöht. Sobald in die rufende Methode zurückverzweigt wird, bleibt das Datum verändert, wirkt sich die Änderung also für die rufende Methode aus. Ist dies nun auch ein CALL BY REFERENCE? Natürlich nicht! Übergibt man in COBOL eine Referenz auf eine Date-Instanz in Form einer OBJECT REFERENCE-Variablen an eine Methode, dann hat diese natürlich auch die Möglichkeit, deren Jahreszahl zu verändern. Zusätzlich könnte sie aber auch den Inhalt der OBJECT REFERENCE-Variablen ändern, was sich ebenfalls auf die rufende Methode auswirkt.

Man kann also festhalten, dass es im Unterschied zu COBOL in JAVA keine Rolle spielt, ob man den Inhalt einer übergebenen Referenzvariablen ändert oder nicht. Eine solche Änderung wirkt sich niemals auf die rufende Methode aus, da JAVA lediglich einen CALL BY VALUE kennt, die Referenz in der Variablen also in Kopie übergeben wird.

32.3 JAVA-Wrapper-Klassen für COBOL

Im Gegensatz zu COBOL ist JAVA nicht in der Lage, eine COBOL-Klasse direkt aufzurufen. Vielmehr ist es notwendig, die COBOL-Klasse mit einer JAVA-Hülle zu versehen, deren Methoden dann für JAVA aufrufbar sind.

MicroFocus liefert für die Programmierung solcher JAVA-Hüllen eine kleine Klassenbibliothek, die sich in der Datei mfcobol.jar befindet und über die CLASSPATH-Umgebungsvariable von JAVA aus gefunden werden muss. Im Package com.microfocus.cobol befinden sich die beiden Klassen RuntimeObject und RuntimeSystem. Die zu schreibende JAVA-Wrapper-Klasse muss von einer dieser beiden Klassen abgeleitet sein. Sie unterscheiden sich darin, dass RuntimeObject eine Instanz der zugehörigen COBOL-Klasse erzeugt, wenn in JAVA eine Instanz der Wrapper-Klasse angelegt wird, und diese so lange hält, bis die JAVA-Klasse durch den Garbage Collector von JAVA freigegeben wird. Die Klasse RuntimeSystem dagegen erzeugt für jeden Methodenaufruf eine neue Instanz der COBOL-Klasse und gibt sie am Ende der Methode sofort wieder frei.

Will man also echte Instanzen von COBOL-Klassen in JAVA halten, muss man die JAVA-Wrapper-Klasse von com.microfocus.cobol.RuntimeObject ableiten.

In diesem Kapitel soll die COBOL-Klasse `Addierer` für JAVA zugänglich gemacht werden, die zunächst nichts anderes macht, als einen beliebigen Wert auf einen als Attribut verwalteten Wert zu addieren. Die abgedruckten Beispiele werden Schritt um Schritt erweitert.

```java
import com.microfocus.cobol.*;

public class Addierer extends RuntimeObject
{
}
```

Listing 32.1: JAVA-Wrapper-Klasse – Schritt 1

Wenn man sich die Dokumentation zu `RuntimeObject` ansieht, so fällt auf, dass sie lediglich über einen parameterlosen Standardkonstruktor verfügt. Das ist in gewisser Weise auch sinnvoll, da MicroFocus nicht wissen kann, mit welchen Parametern eine selbst entwickelte COBOL-Klasse initialisiert werden muss. Ähnlich der in JAVA bekannten JAVA Beans (auf die in diesem Buch nicht weiter eingegangen werden soll), wird also zunächst eine Instanz der COBOL-Klasse ohne Parameter erzeugt, um diese dann in einem zweiten Schritt, über eine oder mehrere geeignete Objektmethoden, zu initialisieren. Die COBOL-Klasse muss daher nicht von `base`, sondern von `javabase` abgeleitet sein. In ihr macht es keinen Sinn, den COBOL-Konstruktor `new` zu überladen.

```cobol
1$set ooctrl(+p) ooctrl(-f)
2 identification division.
3 class-id. Addierer as "Addierer"
4          inherits from javabase.
5 repository.
6     class javabase as "javabase"
7     .
8
9 factory.
10 working-storage section.
11
12 end factory.
13
14 object.
15 working-storage section.
16 01  aktuellerWert          usage binary-long.
17
18*>---------------------------------------------
19 method-id. "init" .
20 local-storage Section.
21 linkage Section.
22 01  anfangsWert             usage binary-long.
23 procedure division using by reference anfangsWert.
24     display "Addierer::init"
25     move anfangsWert to aktuellerWert
26     exit method.
27 end method "init".
28*>---------------------------------------------
```

```
29
30 end object.
31
32 end class Addierer.
```

Listing 32.2: COBOL-Klasse – Schritt 1

Bevor man aber mit dem Erzeugen von Instanzen beginnen kann, ist es zunächst notwendig, dass JAVA die übersetzte COBOL-Klasse lädt. Dazu muss die COBOL-Klasse in eine DLL übersetzt werden. Sie können auch mehrere COBOL-Klassen in einer DLL zusammenfassen. Wichtig ist, dass die DLL mit der `multi threaded shared Runtime Library` als dynamische Bibliothek angelegt wird. Entsprechende Einstellungen werden unter NetExpress bei den so genannten *Build Settings* für eine DLL vorgenommen. Diese DLL muss sich entweder im Hauptverzeichnis der Anwendung befinden oder über die JAVA-Property `java.library.path` erreichbar sein. Eine solche Property kann beim Aufruf von JAVA in der Kommandozeile mit `-Djava.library.path=Verzeichnis` gesetzt werden.

Jede JAVA-Klasse kann über einen oder mehrere statische Initialisierer verfügen. Dabei handelt es sich um ein Stück Quellcode, der außerhalb von Methoden steht, jedoch von dem Wort `static` und einem Paar geschweifter Klammern umschlossen wird. Wenn JAVA eine Klasse das erste Mal benutzt, ruft es zunächst einmalig alle diese statischen Initialisierer auf. Es ist daher der richtige Platz, die COBOL-DLL zu laden.

MicroFocus hält eine Methode mit dem Namen `cobloadclass` vor, die drei Parameter erwartet und damit in der Lage ist, die COBOL-Klasse anzuziehen. Der erste Parameter ist der Name der DLL ohne Erweiterung. Unter UNIX müsste man den Namen einer shared Library angeben, die nicht zwangsläufig auf DLL endet. Der zweite Parameter ist der Name der COBOL-Klasse, die sich in der DLL befindet. Als Letztes ist es noch notwendig, den kompletten Namen der JAVA-Wrapper-Klasse zu übergeben. Komplett meint inklusive Packagename.

```java
import com.microfocus.cobol.*;

public class Addierer extends RuntimeObject
{

  static private String javaClassName = "Addierer";
  static
  {
    cobloadclass("Addierer",    // Name der DLL
                 "Addierer",    // Name der COBOL-Klasse
                 javaClassName  // Name der JAVA-Klasse
               );
  }
}
```

Listing 32.3: JAVA-Wrapper-Klasse – Schritt 2

Die JAVA-Wrapper-Klasse kann nun, wie in JAVA üblich, über verschiedene Konstruktoren verfügen, die alle notwendigen Parameter sammeln und an die `init`-Methode der COBOL-Klasse übergeben. Um eine COBOL-Methode aufzurufen, bietet MicroFocus gleich mehrere Varianten der Methode `cobinvoke` an, die alle als ersten Parameter den Namen der COBOL-Methode und als zweiten Parameter eine JAVA-Tabelle aus `Object` erwarten, in der für jeden Parameter der zu rufenden Methode ein Element gespeichert ist.

```java
boolean cobinvoke_boolean(String method, Object[] para);
byte    cobinvoke_byte(String method, Object[] para);
```

```
char     cobinvoke_char(String method, Object[] para);
double   cobinvoke_double(String method, Object[] para);
float    cobinvoke_float(String method, Object[] para);
int      cobinvoke_int(String method, Object[] para);
long     cobinvoke_long(String method, Object[] para);
boolean cobinvoke_boolean(String method, Object[] para);
Object   cobinvoke_object(String method, Object[] para);
short    cobinvoke_short(String method, Object[] para);
void     cobinvoke_void(String method, Object[] para);
```

Listing 32.4: Varianten der cobinvoke-Methode

Je nach Rückgabewert der COBOL-Methode, muss eine andere `cobinvoke`-Methode zu deren Aufruf benutzt werden. Alle diese Methoden werfen zwei Exceptions: `java.lang.Exception`, wenn die gerufene COBOL-Methode eine Exeption auslöst, und `com.microfocus.cobol.CobolException` für Fehlermeldungen von COBOL selbst. Beide müssen entweder von der rufenden Methode behandelt oder weitergeleitet werden. Letzteres erreicht man, indem man hinter den JAVA-Methodenkopf `throws CobolException, Exception` schreibt.

Da alle Klassen in JAVA direkt oder indirekt von `Object` abgeleitet sind, macht es Sinn, als Parameter eine Tabelle aus Referenzen auf diesen Basistyp zu erwarten. Lediglich die primitiven Datentypen, wie `int`, können dadurch nicht direkt übergeben werden. Vielmehr ist es notwendig, sie für die Übergabe in eine Instanz einer geeigneten Klasse zu verwandeln. Für den primitiven Datentyp `int` steht in JAVA beispielsweise die Klasse `Integer` zur Verfügung. Welche JAVA-Klassen zu welchem Typ gehören, zeigt die Tabelle 32.1.

Datentyp	JAVA-Klasse
byte	java.lang.Byte
short	java.lang.Short
int	java.lang.Integer
long	java.lang.Long
double	java.lang.Double
float	java.lang.Float
boolean	java.lang.Boolean
char	java.lang.Character
void	java.lang.Void

Tabelle 32.1: JAVA-Klassen für primitive Datentypen

Auch wenn nur ein Parameter zu übergeben ist, muss eine Tabelle aus `Object` erzeugt werden. Nun ist alles bereit, um die JAVA-Wrapper-Klasse mit zwei unterschiedlichen Konstruktoren zu versehen, die letztlich die COBOL-Methode `init` aufrufen.

```
import com.microfocus.cobol.*;

public class Addierer extends RuntimeObject
{

    static private String javaClassName = "Addierer";
```

```
  static
  {
    cobloadclass("Addierer",    // Name der DLL
                 "Addierer",    // Name der COBOL-Klasse
                 javaClassName  // Name der JAVA-Klasse
                );
  }

  public Addierer()
  throws CobolException, Exception
  {
    this(0);
  }

  public Addierer(int anfangsWert)
  throws CobolException, Exception
  {
    Object params[] = { new Integer(anfangsWert) };

    cobinvoke_void("init", params);
  }
}
```

Listing 32.5: JAVA-Wrapper-Klasse – Schritt 3

Sobald eine JAVA-Klasse keinen Zugriff auf eine erzeugte Instanz mehr hat, gibt der Garbage Collector diese frei. Dazu ruft er unmittelbar vorher die Methode finalize für die entsprechende Instanz auf. Tatsächlich ist durch die Implementierung von MicroFocus sichergestellt, dass nun auch die zugehörige COBOL-Instanz freigegeben wird, ohne jedoch wie bei Klassen, die von base abgeleitet sind, die COBOL-Methode finalize aufzurufen. Müssen also Aufräumarbeiten in der COBOL-Klasse durchgeführt werden, macht es Sinn, die finalize-Methode in der JAVA-Wrapper-Klasse zu überladen und eine eigene, parameterlose Methode finalize von COBOL aufzurufen. Aber Vorsicht: Die überladene JAVA-Methode finalize muss am Ende mit super.finalize() die Originalmethode von Micro-Focus rufen, weil sonst die COBOL-Klasse doch nicht freigegeben wird!

```
import com.microfocus.cobol.*;

public class Addierer extends RuntimeObject
{

  static private String javaClassName = "Addierer";
  static
  {
    cobloadclass("Addierer",    // Name der DLL
                 "Addierer",    // Name der COBOL-Klasse
                 javaClassName  // Name der JAVA-Klasse
                );
  }
```

```
public Addierer()
throws CobolException, Exception
{
  this(0);
}

public Addierer(int anfangsWert)
throws CobolException, Exception
{
  Object params[] = { new Integer(anfangsWert) };

  cobinvoke_void("init", params);
}

public int addieren(int wert)
throws CobolException, Exception
{
  Object params[] = { new Integer(wert) };

  return cobinvoke_int("addieren", params);
}

public void finalize() throws Throwable
{
  cobinvoke_void("finalize", null);
  super.finalize();
}
}
```

Listing 32.6: Die komplette JAVA-Wrapper-Klasse

Damit unterliegen die COBOL-Klassen dem Instanzmanagement von JAVA, was ihre Verwendung innerhalb von JAVA sehr angenehm macht.

```
1$set ooctrl(+p) ooctrl(-f)
2 identification division.
3 class-id. Addierer as "Addierer"
4          inherits from javabase.
5 repository.
6    class javabase as "javabase"
7    .
8
9 factory.
10 working-storage section.
11
12 end factory.
13
14 object.
```

```
15 working-storage section.
16 01  aktuellerWert              usage binary-long.
17
18*>------------------------------------------------
19 method-id. "init" .
20 local-storage Section.
21 linkage Section.
22 01  anfangsWert                usage binary-long.
23 procedure division using by reference anfangsWert.
24     display "Addierer::init"
25     move anfangsWert to aktuellerWert
26     exit method.
27 end method "init".
28*>------------------------------------------------
29
30*>------------------------------------------------
31 method-id. "addieren" .
32 local-storage Section.
33 linkage Section.
34 01  wert                       usage binary-long.
35 01  erg                        usage binary-long.
36
37 procedure division using by reference wert
38                         returning erg.
39     display "Addierer::addieren"
40     add wert to aktuellerWert
41     move aktuellerWert to erg
42     exit method.
43 end method "addieren".
44*>------------------------------------------------
45
46*>------------------------------------------------
47 method-id. "finalize".
48 local-storage Section.
49 linkage Section.
50 procedure division.
51     display "Addierer::finalize"
52     exit method.
53 end method "finalize".
54*>------------------------------------------------
55
56 end object.
57
58 end class Addierer.
```

Listing 32.7: Die komplette COBOL-Klasse

Ein einfaches JAVA-Programm, das die Klasse `Addierer` verwendet, ist als Beispiel abgedruckt. Es erzeugt in einer Schleife nacheinander 20.000 Instanzen dieser Klasse, initialisiert sie mit zufälligen Werten und führt jeweils eine kleine Addition aus. Nachdem die Anwendung eine Zeit lang gelaufen ist, wird der Garbage Collector aktiv und gibt einzelne Instanzen frei, was aufgrund der Bildschirmausgaben mitverfolgt werden kann.

```java
import java.util.*;

public class Main
{
  public static void main(String[] args)
  {
    Random r = new Random();

    try
    {
      for(int i=0; i < 20000; i++)
      {
        int a = r.nextInt() % 10000;
        int b = r.nextInt() % 10000;

        Addierer add = new Addierer(a);

        int erg = add.addieren(b);

        System.out.println("Die Summe von " + a +
            " + " + b + " ist " + erg);
      }
    }
    catch(Exception e)
    {
      e.printStackTrace();
    }
  }
}
```

Listing 32.8: Verwendung für die Klasse `Addierer`

CALL BY REFERENCE

Auf eine Besonderheit bei der Implementierung von MicroFocus muss noch hingewiesen werden. Die Methode `addieren` der COBOL-Klasse bekam in vorliegendem Beispiel den Parameter `wert` sogar ausdrücklich `by reference` übergeben, was man in COBOL nicht hätte hinschreiben müssen. Was passiert nun, wenn die Methode den Inhalt dieses Parameters ändert? In COBOL ist die Sache klar: Der Wert des Parameters würde sich für die rufende Methode ändern. In JAVA jedoch nicht, da dort jeder Parameter »by `value`« übergeben wird, wie in diesem Kapitel bereits erläutert. Die JAVA-Methode gibt an COBOL zwar eine Instanz der Klasse `Integer` weiter, JAVA lässt es aber nicht zu, den Inhalt einer solchen Instanz nachträglich zu ändern. Es gibt keine einzige entsprechende Methode. Dennoch will MicroFocus an dieser Stelle das Verhalten von COBOL für JAVA nachbilden und ersetzt die als Parameter in der Tabelle zusammengefassten Objekte durch neue Instanzen ihrer jeweiligen Klassen, wenn sich ihr Wert geändert hat. Wie man auf den geänderten Wert zugreifen könnte, zeigt Listing 32.9.

```java
public int addieren(int wert)
throws CobolException, Exception
{
  Object params[] = { new Integer(wert) };

  int erg = cobinvoke_int("addieren", params);

  Integer neuerWert = (Integer) params[0];
  if(neuerWert.intValue() != wert)
  {
      System.out.println("Der Wert hat sich geändert");
  }

  return erg;
}
```

Listing 32.9: Zugriff auf veränderte Eingangsparameter

33

XML

33.1 Vorbemerkung

Kaum ein anderes Dateiformat für den Austausch von Informationen zwischen unterschiedlichen Anwendungen und über Unternehmensgrenzen hinweg hat sich so schnell und so stark durchgesetzt wie XML. Die Abkürzung steht für *extensible Markup Language*, also für eine erweiterbare Beschreibungssprache. Sie wurde vom World Wide Web Consortium (W3C) entwickelt und ist standardisiert. Praktisch jeder muss heute in der Lage sein, XML-Dateien zu erzeugen, und, was viel schwieriger ist, sie zu lesen. Immer mehr Firmen liefern elektronische Daten im XML-Format.

Wie bereits erwähnt, lassen sich XML-Dateien sehr einfach erstellen, weil es sich um reine Textdateien handelt. Komplizierter ist es dagegen, sie zu interpretieren, weil es keine festen Satzformate gibt, sondern die XML-Datei eher wie ein Quellcode zu sehen ist, der durch einen geeigneten Parser in seine einzelnen Bestandteile (Tokens) zerlegt werden muss. Dieses Kapitel beschäftigt sich zunächst mit den Grundlagen von XML und zeigt danach drei verschiedene Wege auf, wie eine XML-Datei von einem COBOL-Programm gelesen und interpretiert werden kann.

33.2 Aufbau einer XML-Datei

In einer XML-Datei werden Daten zusammen mit ihren Abhängigkeiten in hierarchischer Form abgespeichert. Die einzelnen Elemente sind mit Namen versehen, die in ein Paar spitze Klammern eingeschlossen sind. Das Ende eines Elements wird wiederum durch seinen Namen in spitzen Klammern mit vorangestelltem Schrägstrich gekennzeichnet. Diese Begrenzer werden *Tags* genannt. Ein Beispiel für eine solche Datei findet sich in Listing 33.1.

```
<?xml version="1.0" encoding="iso-8859-1"?>
<BESTELLUNG>
  <KUNDE>
    <KDNR>1234</KDNR>
    <KNAME>Max Muster</KNAME>
    <KSTR>Krumme Gasse 5</KSTR>
    <KPLZ>91234</KPLZ>
```

```
            <KORT>Dorfhausen</KORT>
        </KUNDE>
        <BESTELLINFO>
            <BESTELLDATUM>05.03.2003</BESTELLDATUM>
            <LIEFERDATUM>01.04.2003</LIEFERDATUM>
        </BESTELLINFO>
        <ARTIKELLISTE>
            <ARTIKEL>
                <ARTNR FARBE="15">7654</ARTNR>
                <MENGE>10</MENGE>
                <BEZEICHNUNG>Telefonhörer</BEZEICHNUNG>
                <EINZELPREIS>2,68</EINZELPREIS>
            </ARTIKEL>
            <ARTIKEL>
                <ARTNR FARBE="28">4382</ARTNR>
                <MENGE>23</MENGE>
                <BEZEICHNUNG>Wählscheiben</BEZEICHNUNG>
                <EINZELPREIS>0,45</EINZELPREIS>
            </ARTIKEL>
            <ARTIKEL>
                <ARTNR>9243</ARTNR>
                <MENGE>17</MENGE>
                <BEZEICHNUNG>Lautsprecher klein</BEZEICHNUNG>
                <EINZELPREIS>1,49</EINZELPREIS>
            </ARTIKEL>
            <ARTIKEL>
                <ARTNR FARBE="15">7534</ARTNR>
                <MENGE>10</MENGE>
                <BEZEICHNUNG>Telefonkabel</BEZEICHNUNG>
                <EINZELPREIS>0,70</EINZELPREIS>
            </ARTIKEL>
        </ARTIKELLISTE>
    </BESTELLUNG>
```

Listing 33.1: Beispiel einer XML-Datei

Eine XML-Datei beginnt typischerweise mit der Processing Instruction `<?xml ?>`, die angibt, dass es sich um eine XML-Datei handelt. Sie enthält zwei Attribute, die Versionsnummer (`version="1.0"`) und den Zeichensatz (`encoding="ISO-8859-1"`), in dem sie geschrieben wurde. Wird kein Zeichensatz angegeben, gilt UTF-8 als Default. In der Tabelle 33.1 sind alle möglichen Zeichensätze aufgelistet.

ISO-Norm	Zeichensatz
UTF-8	Internationaler Zeichensatz (8-Bit)
UTF-16	Internationaler Zeichensatz (16-Bit)

Tabelle 33.1: Tabelle der möglichen Zeichensätze

ISO-Norm	Zeichensatz
ISO-8859-1	ASCII plus Zeichen für westeuropäische Sprachen einschließlich Albanisch, Afrikaans, Baskisch, Katalanisch, Dänisch, Deutsch, Holländisch, Englisch, Färöisch, Finnisch, Flämisch, Französisch, Galizisch, Isländisch, Irisch, Italienisch, Norwegisch, Portugiesisch, Schottisch, Spanisch und Schwedisch (Latin-1)
ISO-8859-2	ASCII plus Zeichen für zentral- und osteuropäische Sprachen einschließlich Deutsch, Englisch, Kroatisch, Polnisch, Rumänisch, Slowakisch, Slowenisch, Sorbisch, Tschechisch und Ungarisch (Latin-2)
ISO-8859-3	ASCII plus Zeichen für Deutsch, Englisch, Esperanto, Galizisch und Maltesisch (Latin-3)
ISO-8859-4	ASCII plus Zeichen für die baltischen Sprachen Lettisch und Litauisch sowie Deutsch, Grönländisch und Lappländisch (Latin-4), durch ISO-8859-10, Latin-6 abgelöst
ISO-8859-5	ASCII plus kyrillische Zeichen für Bulgarisch, Mazedonisch, Russisch, Serbisch, Ukrainisch und Weißrussisch
ISO-8859-6	ASCII plus Arabisch
ISO-8859-7	ASCII plus Griechisch
ISO-8859-8	ASCII plus Hebräisch
ISO-8859-9	Latin-1, aber die isländischen Zeichen sind durch türkische Zeichen ersetzt (Latin-5)
ISO-8859-10	ASCII plus Zeichen für die nordischen Sprachen Isländisch, Litauisch, Inuit (Grönländisches Eskimo), Non-Skolt-Sami (Lappländisch) (Latin-6)
ISO-8859-11	ASCII plus Thai
ISO-8859-12	Dieser Zeichensatz wird eventuell für ASCII plus Devanagari (Hindi, Sanskrit usw.) verwendet werden, aber bis jetzt liegen noch keine Vorschläge vor.
ISO-8859-13	ASCII plus Zeichen des baltischen Raums, insbesondere des Lettischen (Latin-7)
ISO-8859-14	ASCII plus Gälisch und Walisisch (Latin-8)
ISO-8859-15	Im Wesentlichen wie Latin-1, aber mit dem Eurozeichen und bisher fehlenden finnischen und französischen Zeichen (Latin-9)

Tabelle 33.1: Tabelle der möglichen Zeichensätze (Forts.)

Die eigentlichen Daten werden dann, wie bereits beschrieben, durch benannte Tags dargestellt, die entweder direkten Text oder weitere Tags beinhalten können. In jeder XML-Datei muss es ein Tag geben, das alle anderen umklammert. In dem angedruckten Beispiel ist dies <BESTELLUNG>...</BESTELLUNG>. Wichtig ist, dass es zu jedem öffnenden Tag auch ein schließendes gibt und dass sich beide innerhalb der Hierarchie an derselben Stelle befinden. Die Bestellung aus Listing 33.1 besteht aus den drei Teilen KUNDE, BESTELLINFO und ARTIKELLISTE. Letzterer unterteilt sich noch einmal in eine Menge von ARTIKEL-Tags, die die jeweils bestellten Artikel darstellen sollen. Die Tatsache, dass es gleichgültig ist, wie oft das Artikelelement in der XML-Datei wiederholt wird, macht diese Art der Informationsbeschreibung sehr flexibel. Außerdem hat sie den großen Vorteil, dass sie für Menschen leicht lesbar ist. Um eine XML-Datei von einem Computer verarbeiten zu lassen, ist es allerdings nicht notwendig, dass jedes Tag immer in einer eigenen Zeile steht. Ganz im Gegenteil. Häufig fehlen Zeilenumbrüche jeglicher Art und das Beispiel aus Listing 33.1 sieht dann aus wie in Listing 33.2.

```
<?xml version="1.0" encoding="iso-8859-1"?><BESTELLUNG><KUNDE><KDNR>1234
</KDNR><KNAME>Max Muster</KNAME><KSTR>Krumme Gasse 5</KSTR><KPLZ>91234
</KPLZ><KORT>Dorfhausen</KORT></KUNDE><BESTELLINFO><BESTELLDATUM>05.03.2003
</BESTELLDATUM><LIEFERDATUM>01.04.2003</LIEFERDATUM></BESTELLINFO><ARTIKELLISTE>
<ARTIKEL><ARTNR FARBE="15">7654</ARTNR><MENGE>10</MENGE><BEZEICHNUNG>Telefonhörer
</BEZEICHNUNG><EINZELPREIS>2,68</EINZELPREIS></ARTIKEL><ARTIKEL>
<ARTNR FARBE="28">4382</ARTNR><MENGE>23</MENGE><BEZEICHNUNG>Wählscheiben
```

```
</BEZEICHNUNG><EINZELPREIS>0,45</EINZELPREIS></ARTIKEL><ARTIKEL><ARTNR>9243
</ARTNR><MENGE>17</MENGE><BEZEICHNUNG>Lautsprecher klein</BEZEICHNUNG>
<EINZELPREIS>1,49</EINZELPREIS></ARTIKEL><ARTIKEL><ARTNR FARBE="15">7534</ARTNR>
<MENGE>10</MENGE><BEZEICHNUNG>Telefonkabel</BEZEICHNUNG><EINZELPREIS>0,70
</EINZELPREIS></ARTIKEL></ARTIKELLISTE></BESTELLUNG>
```

Listing 33.2: Gültige XML-Datei ohne Zeilenumbrüche

Neben reinen Informationen können Tags aber auch zusätzliche Attribute tragen. Ein Beispiel dafür ist die Artikelnummer mit dem Attribut Farbe. Das Tag <ARTNR FARBE="15">7654</ARTNR> bestimmt, dass der Artikel 7654 in der Farbe 15 geliefert werden soll. Attribute wie Tags können optional sein und müssen daher nicht immer angegeben werden. Wie die Syntax einer bestimmten XML-Datei aussieht, wird durch eine weitere Datei, der so genannten *DTD* bestimmt, die im nächsten Abschnitt erklärt wird.

Tags können auch leer sein. Damit drückt man aus, dass man nicht etwa eine Information vergessen hat, sondern dass sie tatsächlich keinen Wert beinhalten soll. Fehlt beispielsweise das Bestelldatum, so kann dies durch die Angabe <BESTELLDATUM></BESTELLDATUM> oder kürzer <BESTELLDATUM/> angegeben werden.

Auch Kommentare lassen sich in XML-Dateien einfügen. Sie beginnen stets mit <!-- und enden mit -->. Außerdem dürfen sie sich über mehrere Zeilen erstrecken.

```
<!-- Kundeninformationen -->
<KUNDE>
  <KDNR>1234</KDNR>
  <KNAME>Max Muster</KNAME>
  <KSTR>Krumme Gasse 5</KSTR>
  <KPLZ>91234</KPLZ>
  <KORT>Dorfhausen</KORT>
</KUNDE>
<!-- Bestellinformationen -->
<BESTELLINFO>
  <BESTELLDATUM>05.03.2003</BESTELLDATUM>
  <LIEFERDATUM>01.04.2003</LIEFERDATUM>
</BESTELLINFO>
```

Listing 33.3: Ausschnitt einer XML-Datei mit Kommentar

Verschiedene Zeichen, wie beispielsweise das Kleiner-Zeichen, haben in XML eine besondere Bedeutung. Soll ein solches Zeichen in einem Text verwendet werden, muss es durch eine besondere Schreibweise dargestellt werden. Aus einem Kleiner-Zeichen wird dann < und aus dem Größer-Zeichen >. In der Tabelle 33.2 sind alle Sonderzeichen aufgeführt, die das betreffen kann.

Sonderzeichen	Zeichen
&	&
<	<
>	>
"	"
'	'

Tabelle 33.2: Mögliche Entity-Referenzen

Oft steht man aber auch vor dem Problem, dass ein Tag einen längeren Text aufnehmen soll und dessen Zeilenumbrüche und Leerzeichen erhalten bleiben müssen. Ein XML-Parser vereinzelt beim Lesen eine Kette von Leerzeichen zu einem einzelnen und ignoriert jegliche Zeilenumbrüche. Aus diesem Grund wurden die so genannten *CDATA-Abschnitte* eingeführt. Die Syntax eines solchen Abschnitts sieht immer wie folgt aus:

```
<![CDATA[ Beliebiger Inhalt ]]>
```

Oft wird das abschließende]> in eine eigene Zeile geschrieben:

```
<![CDATA[ Beliebiger Inhalt ]
]>
```

Ist man sich beispielsweise nicht sicher, ob die einzelnen Kundenangaben irgendwelche speziellen Zeichen beinhalten, die dann eigentlich durch Sonderzeichen ersetzt werden müssten, kann man die einzelnen Informationen grundsätzlich immer in einen CDATA-Abschnitt einbetten. In einem solchen Abschnitt dürfen dann auch Zeichen wie < oder & verwendet werden, ohne dass man sie durch < oder & ersetzen muss.

```
<!-- Kundeninformationen -->
<KUNDE>
  <KDNR><![CDATA[1234]]></KDNR>
  <KNAME><![CDATA[Max Muster & Co.]]></KNAME>
  <KSTR><![CDATA[Krumme Gasse <5>]]></KSTR>
  <KPLZ><![CDATA[91234]]></KPLZ>
  <KORT><![CDATA[Dorfhausen]]></KORT>
</KUNDE>
```

Listing 33.4: XML-Datei mit CDATA-Abschnitten

33.3 DTD

Mit Hilfe der Document Type Definition (DTD) kann der syntaktische Aufbau einer XML-Datei beschrieben werden. Sie dient als Vertrag zwischen dem Versender und dem Empfänger einer XML-Datei über deren Aufbau und ermöglicht es, Inhalte programmgesteuert zu interpretieren. Außerdem ist es möglich, die erhaltene XML-Datei zunächst daraufhin zu untersuchen, ob sie insgesamt syntaktisch korrekt ist.

Zu einer XML-Datei muss es nicht zwangsläufig auch eine DTD geben, aber bei größeren Dateien und immer dann, wenn man Informationen mit anderen Firmen oder Behörden austauschen will, empfiehlt sich deren Erstellung.

Eine mögliche DTD-Datei für das Beispiel aus Listing 33.1 ist in Listing 33.5 dargestellt.

```
<?xml version="1.0" encoding="iso-8859-1" ?>
<!ELEMENT BESTELLUNG ( KUNDE, BESTELLINFO, ARTIKELLISTE ) >
<!ELEMENT KUNDE ( KDNR, KNAME, KSTR, KPLZ, KORT ) >
<!ELEMENT BESTELLINFO ( BESTELLDATUM, LIEFERDATUM ) >
<!ELEMENT ARTIKELLISTE ( ARTIKEL+ ) >
<!ELEMENT ARTIKEL ( ARTNR, MENGE, BEZEICHNUNG, EINZELPREIS ) >
<!ELEMENT KDNR ( #PCDATA ) >
<!ELEMENT KNAME ( #PCDATA ) >
```

```
<!ELEMENT KSTR ( #PCDATA ) >
<!ELEMENT KPLZ ( #PCDATA ) >
<!ELEMENT KORT ( #PCDATA ) >
<!ELEMENT BESTELLDATUM ( #PCDATA ) >
<!ELEMENT LIEFERDATUM ( #PCDATA ) >
<!ELEMENT ARTNR ( #PCDATA ) >
<!ATTLIST ARTNR FARBE NMTOKEN #IMPLIED >
<!ELEMENT MENGE ( #PCDATA ) >
<!ELEMENT BEZEICHNUNG ( #PCDATA ) >
<!ELEMENT EINZELPREIS ( #PCDATA ) >
```

Listing 33.5: Beispiel für eine DTD-Datei

Die Elementdeklaration

Durch eine Elementdeklaration wird ein einzelnes Element mit seinem Namen und seinem möglichen Inhalt definiert. Es beginnt mit <!ELEMENT und wird dann vom Namen des Elements und dem möglichen Inhalt gefolgt. Die Definition endet mit der geschlossenen spitzen Klammer. Groß- und Kleinschreibung spielen eine wichtige Rolle. Um den Inhalt zu beschreiben, sind verschiedene Schlüsselwörter möglich. Verwendet man ANY, so deutet dies darauf hin, dass der Inhalt nicht weiter beschrieben werden kann und somit alles als Inhalt zugelassen ist. Eine andere Variante ist EMPTY. Hiermit wird genau bestimmt, dass ein Tag keinen Inhalt haben darf. Die Angabe (#PCDATA) verweist darauf, dass das Tag nur geparste Zeichendaten beinhalten darf. PCDATA ist die Abkürzung für Parsed Character DATA. Ein solches Element darf vor allem keine weiteren Unterelemente enthalten, sie können also innerhalb der Hierarchie nicht weiter unterteilt werden.

Inhaltsmodelle

Besteht ein Tag aus bestimmten weiteren Tags, so kann das mit Hilfe eines Inhaltsmodells beschrieben werden. In seiner einfachsten Form besteht es aus einer Aneinanderreihung der möglichen Unter-Tags, die dann in der XML-Datei genau in dieser Reihenfolge auftauchen müssen. Beispiele für einfache Inhaltsmodelle sind die Elemente BESTELLUNG, KUNDE und BESTELLINFO aus Listing 33.5

```
<!ELEMENT KUNDE ( KDNR, KNAME, KSTR, KPLZ, KORT ) >
```

Listing 33.6: Beispiel für ein einfaches Inhaltsmodell

Besteht ein Element aus zwei oder mehreren alternativen Unter-Tags, so müssen diese durch einen senkrechten Strich (|) voneinander getrennt werden. Im XML-Dokument darf dann jeweils nur eine der aufgeführten Alternativen erscheinen.

```
<!ELEMENT FARBE ( ROT | BLAU | GRUEN | SCHWARZ ) >
```

Listing 33.7: Inhaltsmodell mit Alternativen

Häufigkeit von Elementen

In einem Inhaltsmodell kann auch angegeben werden, wie oft ein Tag vorkommen darf. Dazu gibt es drei Möglichkeiten. Schreibt man hinter ein Element ein Fragezeichen (?), dann bedeutet dies, dass das Element einmal oder keinmal vorkommen darf. Es ist quasi optional. Markiert man ein Element mit einem Stern (*), so darf es keinmal, einmal oder beliebig oft erscheinen. Schließlich kann durch ein angehängtes Pluszeichen (+) bestimmt werden, dass ein Element zwar beliebig oft angegeben werden darf, dass es aber mindestens einmal vorhanden sein muss. Die Definition der Artikelliste bestimmt, dass sie aus mindestens einem Artikel bestehen muss.

```
<!ELEMENT ARTIKELLISTE ( ARTIKEL+ ) >
```

Listing 33.8: Artikelliste mit mindestens einem Artikel

Man kann die Angaben auch mischen. So bedeutet ((ROT | BLAU)*, GRUEN), dass zunächst beliebig viele ROT- und BLAU-Elemente angegeben werden können, bis sie dann von einem GRUEN-Element gefolgt werden.

Attributdeklarationen

Einzelnen Tags können eine Reihe von Attributen zugeordnet werden, die dann, je nach Definition, auch unbedingt erscheinen müssen oder nicht. Eine Attributdeklaration sollte möglichst nahe bei der Definition des eigentlichen Elementes stehen, zu dem sie gehört. Sie hat im Allgemeinen folgende Syntax:

```
<!ATTLIST elementname attributname attributtyp standardwert>
```

In Listing 33.5 wurde für das Element ARTNR bestimmt, dass es über ein Attribut FARBE verfügen kann.

```
<!ELEMENT ARTNR ( #PCDATA ) >
<!ATTLIST ARTNR FARBE CDATA #IMPLIED >
```

Listing 33.9: Attributdeklaration

Soll ein Element über mehrere Attribute verfügen, so kann man entweder mehrere ATTLIST-Definitionen schreiben oder die Elemente Attributname, Attributtyp und Standardwert innerhalb einer ATT-LIST-Definition wiederholt anwenden.

Anstelle des Standardwertes kann auch festgelegt werden, ob ein Attribut überhaupt angegeben werden muss oder nicht. Das Schlüsselwort #REQUIRED legt zum Beispiel fest, dass das entsprechende Attribut immer anzugeben ist. #IMPLIED meint, dass das Attribut optional ist und mit #FIXED kann ein bestimmter Vorgabewert erzwungen werden. Eine solche Angabe lautet dann beispielsweise #FIXED "true".

Für den Attributtyp findet man häufig CDATA, was auf einen beliebigen Inhalt hinweist. Daneben sind noch Angaben wie ID, IDREF, IDREFS, NMTOKEN, NMTOKENS, ENTITY, ENTITIES und NOTATION möglich, auf die hier nicht weiter eingegangen werden soll. Auch so genannte Aufzählungsattribute sollen hier nicht behandelt werden.

Interne und externe DTDs

Eine DTD-Beschreibung kann entweder direkt in ein XML-Dokument aufgenommen werden oder als eigenständige Datei vorliegen. In jedem Fall ist eine entsprechende DOCTYPE-Angabe am Anfang der XML-Datei notwendig. Für interne DTDs hat diese die Form:

```
<!DOCTYPE wurzelelement [ dtd-beschreibung ]>
```

Ein Beispiel für eine XML-Datei mit interner DTD findet sich in Listing 33.10.

```
<?xml version="1.0" encoding="iso-8859-1"?>
<!DOCTYPE BESTELLUNG [
  <!ELEMENT BESTELLUNG ( KUNDE, BESTELLINFO,
```

```
    ARTIKELLISTE ) >
  <!ELEMENT KUNDE ( KDNR, KNAME, KSTR, KPLZ, KORT ) >
  <!ELEMENT BESTELLINFO ( BESTELLDATUM, LIEFERDATUM ) >
  <!ELEMENT ARTIKELLISTE ( ARTIKEL+ ) >
  <!ELEMENT ARTIKEL ( ARTNR, MENGE, BEZEICHNUNG,
    EINZELPREIS ) >
  <!ELEMENT KDNR ( #PCDATA ) >
  <!ELEMENT KNAME ( #PCDATA ) >
  <!ELEMENT KSTR ( #PCDATA ) >
  <!ELEMENT KPLZ ( #PCDATA ) >
  <!ELEMENT KORT ( #PCDATA ) >
  <!ELEMENT BESTELLDATUM ( #PCDATA ) >
  <!ELEMENT LIEFERDATUM ( #PCDATA ) >
  <!ELEMENT ARTNR ( #PCDATA ) >
  <!ATTLIST ARTNR FARBE NMTOKEN #IMPLIED >
  <!ELEMENT MENGE ( #PCDATA ) >
  <!ELEMENT BEZEICHNUNG ( #PCDATA ) >
  <!ELEMENT EINZELPREIS ( #PCDATA ) >
]>
<BESTELLUNG>
  <!-- Kundeninformationen -->
  <KUNDE>
    <KDNR><![CDATA[1234]]></KDNR>
    <KNAME><![CDATA[Max Muster & Co.]]></KNAME>
    <KSTR><![CDATA[Krumme Gasse <5>]]></KSTR>
    <KPLZ><![CDATA[91234]]></KPLZ>
    <KORT><![CDATA[Dorfhausen]]></KORT>
  </KUNDE>
  <!-- Bestellinformationen -->
  <BESTELLINFO>
    <BESTELLDATUM>05.03.2003</BESTELLDATUM>
    <LIEFERDATUM>01.04.2003</LIEFERDATUM>
  </BESTELLINFO>
  <ARTIKELLISTE>
    <ARTIKEL>
      <ARTNR FARBE="15">7654</ARTNR>
      <MENGE>10</MENGE>
      <BEZEICHNUNG>Telefonhörer</BEZEICHNUNG>
      <EINZELPREIS>2,68</EINZELPREIS>
    </ARTIKEL>
    <ARTIKEL>
      <ARTNR FARBE="28">4382</ARTNR>
      <MENGE>23</MENGE>
      <BEZEICHNUNG>Wählscheiben</BEZEICHNUNG>
      <EINZELPREIS>0,45</EINZELPREIS>
    </ARTIKEL>
```

```
        <ARTIKEL>
          <ARTNR>9243</ARTNR>
          <MENGE>17</MENGE>
          <BEZEICHNUNG>Lautsprecher klein</BEZEICHNUNG>
          <EINZELPREIS>1,49</EINZELPREIS>
        </ARTIKEL>
        <ARTIKEL>
          <ARTNR FARBE="15">7534</ARTNR>
          <MENGE>10</MENGE>
          <BEZEICHNUNG>Telefonkabel</BEZEICHNUNG>
          <EINZELPREIS>0,70</EINZELPREIS>
        </ARTIKEL>
      </ARTIKELLISTE>
    </BESTELLUNG>
```

Listing 33.10: XML-Datei mit interner DTD

Liegt die DTD-Beschreibung als eigenständige Datei vor, so muss in der DOCTYPE-Angabe auf sie verwiesen werden. Dies erfolgt durch die Angabe von

```
<!DOCTYPE BESTELLUNG SYSTEM "url_der_dtd">
```

wobei mit url_der_dtd der absolute oder relative Dateiname der DTD gemeint ist. Befinden sich XML- und DTD-Datei im selben Verzeichnis, so genügt es, hier den Namen der DTD-Datei anzugeben.

Das Schlüsselwort SYSTEM wird für private DTDs verwendet, auf die nur der Autor selbst oder ein bestimmter Personenkreis zugreifen kann. Soll eine DTD aber einer breiten Öffentlichkeit zugänglich gemacht werden, wird das Schlüsselwort SYSTEM durch PUBLIC ersetzt. Die allgemeine Syntax einer öffentlichen DTD lautet:

```
<!DOCTYPE wurzelelement PUBLIC "dtd_name" "dtd_url">
```

Öffentliche DTD-Namen unterliegen einigen Konventionen. Im Allgemeinen haben sie folgenden Aufbau:

```
Reg_typ//Eigentümer//DTD_Beschreibung//Sprache
```

Der Registrierungstyp (Reg_typ) kann zwei verschiedene Werte annehmen. Falls der Eigentümer bei der ISO 9070 registriert ist, beginnt der Name der öffentlichen DTD mit einem Pluszeichen (+). Ist er dagegen nicht registriert, beginnt er mit einem Minuszeichen (-). Die Angaben für Eigentümer und die DTD-Beschreibung sind beliebig. Als Sprachangabe kennzeichnet DE, dass die DTD in Deutsch geschrieben ist. Die dtd_url benennt dann schließlich die Adresse im Internet, an der sie zu finden ist.

33.4 DOM- und SAX-Parser

In den vorangegangenen Abschnitten wurden die grundlegenden Elemente einer XML-Datei und einer optionalen DTD-Beschreibung erläutert. Bevor Sie nun daran gehen, eine XML-Datei in einem Programm zu verarbeiten, müssen Sie sich mit zwei Begriffen beschäftigen, die im Zusammenhang mit XML-Parsern immer wieder genannt werden. Dabei handelt es sich um DOM (Document Object Model) und SAX (Simple API for XML). Von einem DOM-Parser spricht man immer dann, wenn eine XML-Datei komplett in den Hauptspeicher eingelesen werden und dann interpretiert werden soll. Ein solcher Parser kann daher nur dann verwendet werden, wenn wirklich sicher ist, dass auch die gesamte XML-Datei in den Hauptspeicher passt. Bei einem SAX-Parser wird eine XML-Datei dagegen Element für Element gelesen und die Anwendung jeweils über den Beginn und das Ende eines solchen Elements informiert. Zwar spielt hier die Größe einer XML-Datei keine Rolle, aber das Programm, das sie verarbeiten soll, gestaltet sich schwieriger.

In diesem Kapitel werden insgesamt drei Möglichkeiten vorgestellt, wie eine XML-Datei verarbeitet werden kann. Im ersten Beispiel wird ein eigener SAX-Parser in COBOL entwickelt, der auf die JAVA-Klassenbibliothek XERCES aufsetzt, die im Internet frei erhältlich ist. Das zweite Beispiel behandelt die COBOL-Anweisung XML PARSE, die als Spracherweiterung von der Firma IBM in ihrem Enterprise COBOL eingeführt wurde und die auch MicroFocus unterstützt. Sie erwartet zwar, dass die XML-Datei komplett im Hauptspeicher vorliegt, arbeitet sie dann aber wie ein SAX-Parser ab. Als Drittes wird auf eine Erweiterung von MicroFocus eingegangen, die es erlaubt, XML-Dateien wie gewöhnliche Dateien zu lesen, wobei es dem Entwickler überlassen bleibt, ob er sie als Ganzes oder Stück für Stück einliest. Bei diesem Ansatz ist er auch in der Lage, die XML-Datei inhaltlich zu verändern.

33.5 SAX-Parser selbst programmieren

Die wohl flexibelste Möglichkeit, XML-Dateien selbst zu parsen, besteht darin, einen eigenen Parser zu schreiben. Da das aber durchaus sehr aufwendig werden kann, bedient man sich im Allgemeinen fertiger Bibliotheken, die kostenlos im Internet erhältlich sind. Die wohl am meisten verwendete Bibliothek trägt den Namen XERCES und ist frei im Internet unter http://xml.apache.org zu finden. Dabei handelt es sich um eine Sammlung von JAVA-Klassen, die sowohl einen fertigen DOM- als auch SAX-Parser beinhalten. Da sowohl MicroFocus für den PC als auch die Firma IBM für den Großrechner eine JAVA-Integration für COBOL anbietet, ist es nicht weiter schwierig, diese Klassenbibliothek von COBOL aus zu verwenden. In diesem Zusammenhang wird auf die beiden Kapitel *COBOL ruft JAVA* und *JAVA ruft COBOL* aus diesem Buch verwiesen, in denen die technischen Grundlagen für das hier vorgestellte Beispiel erläutert werden.

Neben der Bibliothek xerces.jar wird noch eine zweite mit dem Namen xml4j.jar benötigt, die Sie ebenfalls unter http://www.alphaworks.ibm.com/tech/xml4j erhalten. Es ist unbedingt notwendig, dass Sie diese beiden Bibliotheken in die CLASSPATH-Umgebungsvariable für JAVA einbinden, damit sie verwendet werden können. Auch der COBOL-Compiler von MicroFocus muss beide im Zugriff haben. Im base\bin-Verzeichnis der NetExpress-Installation befindet sich bereits xerces.jar. Daher macht es Sinn, auch xml4j.jar dorthin zu kopieren.

Um mit einem SAX-Parser arbeiten zu können, genügt es, eine Instanz der JAVA-Klasse org.apache.xerces.parsers.SAXParser zu erzeugen. An den Konstruktor müssen keine weiteren Parameter übergeben werden. Dieser SAX-Parser liest später die XML-Datei Element für Element ein und ruft bei einem so genannten *Content-Handler* bestimmte Methoden auf, sobald er beispielsweise den Anfang oder das Ende des Dokuments, den Anfang oder das Ende eines Elements gefunden oder den Inhalt eines Tags gelesen hat. Bei einem Content-Handler handelt es sich um eine beliebige Klasse, die das JAVA-Interface org.xml.sax.ContentHandler implementiert hat. In Listing 33.11 ist dieses Interface abgedruckt. Es ist also notwendig, eine COBOL-Klasse zu schreiben, die all diese Methoden implementiert. Damit sie von JAVA gerufen werden kann, muss weiterhin eine JAVA-Wrapper-Klasse für die COBOL-Klasse entstehen.

```
package org.xml.sax;

// Imports
import java.lang.String;
import org.xml.sax.SAXException;
import org.xml.sax.Attributes;
```

```
import org.xml.sax.Locator;

public abstract interface ContentHandler {

  // Methods
  void characters(char[] p0, int p1, int p2)
    throws SAXException;
  void endDocument()
    throws SAXException;
  void endElement(String p0, String p1, String p2)
    throws SAXException;
  void endPrefixMapping(String p0)
    throws SAXException;
  void ignorableWhitespace(char[] p0, int p1, int p2)
    throws SAXException;
  void processingInstruction(String p0, String p1)
    throws SAXException;
  void setDocumentLocator(Locator p0);
  void skippedEntity(String p0)
    throws SAXException;
  void startDocument()
    throws SAXException;
  void startElement(String p0, String p1, String p2,
                    Attributes p3)
    throws SAXException;
  void startPrefixMapping(String p0, String p1)
    throws SAXException;
}
```

Listing 33.11: Das JAVA-Interface »ContentHandler«

Die beiden wohl wichtigsten Methoden des Content-Handlers sind startElement und character. An startElement werden insgesamt vier Parameter übergeben, mit der Zeichenkette namespaceURI der aktuell verwendete Namespace der XML-Datei, mit localName der Name des aktuell gefundenen Tags ohne Namespace, mit rawName der aktuelle Tag-Name mit Namespace und mit atts eine Liste aller Attribute, die zu dem aktuellen Tag definiert sind. In Listing 33.12 ist ein Beispiel für die Implementierung dieser Methode abgedruckt. Dabei müssen Sie beachten, dass das Ende einer Zeichenkette, die an COBOL übergeben wird, immer durch ein Nullbyte (x"00") repräsentiert wird, und es daher notwendig ist, den restlichen Feldinhalt selbst mit Leerzeichen zu füllen. Außerdem beginnt die Liste der Attribute, wie in JAVA üblich, beim Index 0.

```
method-id. "startElement".
local-storage section.
01  lsLocalName          pic x(32) value space.
01  lsLength             binary-long.
01  lsIndex              binary-long.
01  lsValue              pic x(32) value space.
linkage Section.
01  namespaceURI         pic x(32).
```

```cobol
01  localName           pic x(32).
01  rawName             pic x(32).
01  atts                object reference.
procedure division using namespaceURI
                          localName
                          rawName
                          atts.
    unstring localName
        delimited by x"00"
        into lsLocalName
    display " Element " lsLocalName

    invoke atts "getLength"
        returning lsLength
    perform varying lsIndex from 0 by 1
                until lsIndex >= lsLength
        invoke atts "getLocalName"
            using lsIndex
            returning lsLocalName
        inspect lsLocalName
            replacing characters by space
            after x"00"
        invoke atts "getValue"
            using lsIndex
            returning lsValue
        inspect lsValue
            replacing characters by space
            after x"00"
        display "    " lsLocalName "="
            lsValue
    end-perform
    exit method.
end method "startElement".
```

Listing 33.12: Die Methode startElement

An die Methode characters wird schließlich die Zeichenkette übergeben, die den Inhalt des aktuellen Tags repräsentiert. Die JAVA-Methode erhält dabei eine Tabelle aus char-Feldern, die Sie noch innerhalb der Wrapper-Klasse in einen String verwandeln sollten, um sie dann in COBOL einfacher verarbeiten zu können.

```cobol
method-id. "characters" .
local-storage section.
01  lsChars             pic x(32) value space.
linkage Section.
01  chars               pic x(32).
01  chStart             binary-long.
01  chEnd               binary-long.
```

```
procedure division using chars
                      chStart
                      chEnd.
    unstring chars
        delimited by x"00"
        into lsChars
    display "    Inhalt: " lsChars
    exit method.
end method "characters".
```

Listing 33.13: Die Methode characters

Ein Beispiel für die Implementierung der Methode characters findet sich in Listing 33.13. Die dazugehörige JAVA-Methode steht in Listing 33.14.

```
public void characters(char[] chars,
                       int chStart,
                       int chEnd)
throws SAXException
{
    // Parameter für COBOL erzeugen
    String  inhalt = new String(chars, chStart, chEnd);
    Integer param2 = new Integer(chStart);
    Integer param3 = new Integer(chEnd);
    Object[] params = {inhalt, param2, param3};
    try
    {
        cobinvoke_void ("characters", params);
    }
    catch(Exception ex)
    {
        throw new SAXException(ex.getMessage());
    }
}
```

Listing 33.14: Die JAVA-Methode characters

Wenn man mit der Entwicklungsumgebung von MicroFocus eine COBOL-Klasse erstellt, die auch von JAVA aus verwendbar sein soll, so generiert dieses Tool gleichzeitig auch die benötigte JAVA-Wrapper-Klasse und hält sie beim Hinzufügen einer neuen Methode auch immer aktuell. Für das vorliegende Beispiel muss diese Wrapper-Klasse jedoch von Hand modifiziert werden, weil sie zum einen das Interface org.xml.sax.ContentHandler implementieren muss, und zum anderen die dort geforderten Methoden entweder keine Exceptions auslösen oder maximal eine SAXException. Wie am Beispiel der Methode chracters in Listing 33.14 zu sehen ist, fängt man daher innerhalb der Methode alle möglichen Ausnahmen auf und generiert daraus dann eine SAXException. Bei Methoden, die laut Interface keine Exceptions auslösen, greift man selbst zu einer RuntimeException, wie im Listing der Wrapper-Klasse schön zu sehen ist.

```
1$set ooctrl(+p) ooctrl(-f)
2 identification division.
3 class-id. contentHandler as "contenthandler"
```

```
 4           inherits from javabase.
 5 repository.
 6    class javabase as "javabase"
 7    .
 8
 9 factory.
10 working-storage section.
11
12 end factory.
13
14 object.
15 working-storage section.
16
17*>----------------------------------------------
18 method-id. "startDocument".
19 linkage Section.
20 procedure division.
21    display "[START]"
22    exit method.
23 end method "startDocument".
24*>----------------------------------------------
25
26*>----------------------------------------------
27 method-id. "endDocument".
28 linkage Section.
29 procedure division.
30    display "[END]"
31    exit method.
32 end method "endDocument".
33*>----------------------------------------------
34
35*>----------------------------------------------
36 method-id. "startElement".
37 local-storage section.
38 01  lsLocalName        pic x(32) value space.
39 01  lsLength           binary-long.
40 01  lsIndex            binary-long.
41 01  lsValue            pic x(32) value space.
42 linkage Section.
43 01  namespaceURI       pic x(32).
44 01  localName          pic x(32).
45 01  rawName            pic x(32).
46 01  atts               object reference.
47 procedure division using namespaceURI
48                           localName
49                           rawName
```

```
50                         atts.
51     unstring localName
52         delimited by x"00"
53         into lsLocalName
54     display "  Element " lsLocalName
55
56     invoke atts "getLength"
57         returning lsLength
58     perform varying lsIndex from 0 by 1
59                 until lsIndex >= lsLength
60         invoke atts "getLocalName"
61             using lsIndex
62             returning lsLocalName
63         inspect lsLocalName
64             replacing characters by space
65             after x"00"
66         invoke atts "getValue"
67             using lsIndex
68             returning lsValue
69         inspect lsValue
70             replacing characters by space
71             after x"00"
72         display "     " lsLocalName "="
73             lsValue
74     end-perform
75     exit method.
76 end method "startElement".
77*>------------------------------------------------
78
79*>------------------------------------------------
80 method-id. "endElement".
81 linkage Section.
82 01   namespaceURI        pic x(32).
83 01   localName           pic x(32).
84 01   rawName             pic x(32).
85 procedure division using namespaceURI
86                           localName
87                           rawName.
88     exit method.
89 end method "endElement".
90*>------------------------------------------------
91
92*>------------------------------------------------
93 method-id. "characters" .
94 local-storage section.
95 01   lsChars             pic x(32) value space.
```

```
 96 linkage Section.
 97 01  chars            pic x(32).
 98 01  chStart          binary-long.
 99 01  chEnd            binary-long.
100 procedure division using chars
101                         chStart
102                         chEnd.
103     unstring chars
104         delimited by x"00"
105         into lsChars
106     display "    Inhalt: " lsChars
107     exit method.
108 end method "characters".
109*>--------------------------------------------
110
111*>--------------------------------------------
112 method-id. "setDocumentLocator" .
113 linkage Section.
114 01  locator          object reference.
115 procedure division using locator.
116     exit method.
117 end method "setDocumentLocator".
118*>--------------------------------------------
119
120*>--------------------------------------------
121 method-id. "processingInstruction" .
122 linkage Section.
123 01  target           pic x(32).
124 01  xmlData          pic x(32).
125 procedure division using target
126                         xmlData.
127     exit method.
128 end method "processingInstruction".
129*>--------------------------------------------
130
131*>--------------------------------------------
132 method-id. "startPrefixMapping" .
133 linkage Section.
134 01  prefix           pic x(32).
135 01  uri              pic x(32).
136 procedure division using prefix
137                         uri.
138     exit method.
139 end method "startPrefixMapping".
140*>--------------------------------------------
141
```

```
142*>----------------------------------------------
143 method-id. "endPrefixMapping" .
144 linkage Section.
145 01  prefix            pic x(32).
146 procedure division using prefix.
147     exit method.
148 end method "endPrefixMapping".
149*>----------------------------------------------
150
151*>----------------------------------------------
152 method-id. "ignorableWhitespace" .
153 linkage Section.
154 01  chars            pic x(32).
155 01  chStart          binary-long.
156 01  chEnd            binary-long.
157 procedure division using chars
158                           chStart
159                           chEnd.
160     exit method.
161 end method "ignorableWhitespace".
162*>----------------------------------------------
163
164*>----------------------------------------------
165 method-id. "skippedEntity" .
166 linkage Section.
167 01  entityName       pic x(32).
168 procedure division using entityName.
169     exit method.
170 end method "skippedEntity".
171*>----------------------------------------------
172
173 end object.
174
175 end class contentHandler.
```

Listing 33.15: Der COBOL-contentHandler

Die COBOL-Klasse contentHandler ist in Listing 33.15 abgedruckt und muss in eine multi-threaded, shared Runtime-Library als DLL übersetzt werden. Damit die DLL später auch gefunden werden kann, sollte sie sich im Hauptverzeichnis der Anwendung befinden.

```java
import com.microfocus.cobol.*;
import org.xml.sax.*;

public class contenthandler
    extends com.microfocus.cobol.RuntimeObject
    implements org.xml.sax.ContentHandler
{
```

```
static private String javaClassName =
                      "contenthandler";
static
{
    // DLL laden
    cobloadclass ("contenthandler",
                 "contenthandler",
                 javaClassName);
}

public void startDocument()
throws SAXException
{
    // Parameter für COBOL erzeugen
    Object[] params = {};
    try
    {
        cobinvoke_void ("startDocument", params);
    }
    catch(Exception ex)
    {
        throw new SAXException(ex.getMessage());
    }
}

public void endDocument()
throws SAXException
{
    // Parameter für COBOL erzeugen
    Object[] params = {};
    try
    {
        cobinvoke_void ("endDocument", params);
    }
    catch(Exception ex)
    {
        throw new SAXException(ex.getMessage());
    }
}

public void startElement (String namespaceURI,
                          String localName,
                          String rawName,
                          Attributes atts)
throws SAXException
{
```

```
    // Parameter für COBOL erzeugen
    Object[] params = {namespaceURI, localName,
                       rawName, atts};
    try
    {
        cobinvoke_void ("startElement", params);
    }
    catch(Exception ex)
    {
        throw new SAXException(ex.getMessage());
    }
}

public void endElement(String namespaceURI,
                       String localName,
                       String rawName)
throws SAXException
{
    // Parameter für COBOL erzeugen
    Object[] params = {namespaceURI, localName,
                       rawName};
    try
    {
        cobinvoke_void ("endElement", params);
    }
    catch(Exception ex)
    {
        throw new SAXException(ex.getMessage());
    }
}

public void characters(char[] chars,
                       int chStart,
                       int chEnd)
throws SAXException
{
    // Parameter für COBOL erzeugen
    String inhalt = new String(chars, chStart,
                               chEnd);
    Integer param2 = new Integer(chStart);
    Integer param3 = new Integer(chEnd);
    Object[] params = {inhalt, param2, param3};
    try
    {
        cobinvoke_void ("characters", params);
    }
```

```
        catch(Exception ex)
        {
            throw new SAXException(ex.getMessage());
        }
    }

    public void setDocumentLocator(Locator locator)
    {
        // Parameter für COBOL erzeugen
        Object[] params = {locator};
        try
        {
            cobinvoke_void ("setDocumentLocator", params);
        }
        catch(Exception ex)
        {
            throw new RuntimeException(ex.getMessage());
        }
    }

    public void processingInstruction(String target,
                                      String xmlData)
    throws SAXException
    {
        // Parameter für COBOL erzeugen
        Object[] params = {target, xmlData};
        try
        {
            cobinvoke_void ("processingInstruction",
                            params);
        }
        catch(Exception ex)
        {
            throw new SAXException(ex.getMessage());
        }
    }

    public void startPrefixMapping(String prefix,
                                   String uri)
    {
        // Parameter für COBOL erzeugen
        Object[] params = {prefix, uri};
        try
        {
            cobinvoke_void ("startPrefixMapping", params);
        }
```

```
        catch(Exception ex)
        {
            throw new RuntimeException(ex.getMessage());
        }
}

public void endPrefixMapping(String prefix)
{
    // Parameter für COBOL erzeugen
    Object[] params = {prefix};
    try
    {
        cobinvoke_void ("endPrefixMapping", params);
    }
    catch(Exception ex)
    {
        throw new RuntimeException(ex.getMessage());
    }
}

public void ignorableWhitespace(char[] chars,
                                int chStart,
                                int chEnd)
throws SAXException
{
    // Parameter für COBOL erzeugen
    String  inhalt = new String(chars, chStart,
                                chEnd);
    Integer param2 = new Integer(chStart);
    Integer param3 = new Integer(chEnd);
    Object[] params = {inhalt, param2, param3};
    try
    {
        cobinvoke_void ("ignorableWhitespace",
                        params);
    }
    catch(Exception ex)
    {
        throw new SAXException(ex.getMessage());
    }
}

public void skippedEntity(String entityName)
{
    // Parameter für COBOL erzeugen
    Object[] params = {entityName};
```

```
        try
        {
            cobinvoke_void ("skippedEntity", params);
        }
        catch(Exception ex)
        {
            throw new RuntimeException(ex.getMessage());
        }
    }
}
```

Listing 33.16: Die JAVA-Wrapper-Klasse

Die JAVA-Wrapper-Klasse aus Listing 33.16 wird mit dem JAVA-Compiler übersetzt, und da sie zu keinem Package gehört, findet sie sich später ebenfalls im Hauptverzeichnis der Anwendung. Verwendet man den JAVA-Compiler außerhalb der Entwicklungsumgebung von MicroFocus, muss die Bibliothek mfcobol.jar über die Umgebungsvariable CLASSPATH aufzufinden sein.

Schließlich fehlt nur noch ein Hauptprogramm, das den Parser erzeugt, ihn mit dem Content-Handler verbindet und den eigentlichen Parsevorgang startet. Ein solches ist in Listing 33.17 abgedruckt und ausführlich dokumentiert. Es muss in eine EXE-Datei übersetzt werden, die ebenfalls multi-threaded und zusammen mit der shared Runtime-Library gelinkt ist.

```
 1$set ooctrl(-f)  ooctrl(+p)
 2 program-id. saxparser.
 3 repository.
 4     class JavaSaxParser as
 5         "$java$org.apache.xerces.parsers.SAXParser"
 6     class contentHandler as "$java$contenthandler"
 7     class JavaExceptionManager as "javaexpt"
 8     class ExceptionManager as "exptnmgr"
 9     class EntryCallback as "entrycll"
10     .
11 data division.
12 working-storage section.
13 01  wsCallback         object reference.
14 01  einParser          object reference.
15 01  einContentHandler  object reference.
16 linkage section.
17 01  lnkException        object reference.
18 procedure division.
19     *> Da es bei der Benutzung des Xerces-Parsers
20     *> zu verschiedenen Exceptions kommen kann,
21     *> wird hier zunächst ein Exception-Handler
22     *> für COBOL eingerichtet, der dann im
23     *> Fehlerfall das Entry "JavaException"
24     *> aufruft, das Programm aber weiter laufen
25     *> lässt.
26     invoke EntryCallback "new"
```

```
27          using z"JavaException"
28          returning wsCallback
29      invoke ExceptionManager "register"
30          using JavaExceptionManager
31              wsCallback
32      *> Als Nächstes wird eine Instanz des SAX-
33      *> Parsers erzeugt.
34      display "SaxParser erzeugen..."
35      invoke JavaSaxParser "new"
36          returning einParser
37      display "SaxParser erzeugt."
38      *> Ein Content-Handler ist eine Klasse, die
39      *> das Java-Interface org.xml.sax.ContentHandler
40      *> implementiert. Zu diesem Zweck wurde die
41      *> Java-Wrapper-Klasse contenthandler ge-
42      *> schrieben, die die eigentlichen Methoden-
43      *> aufrufe an die COBOL-Klasse ContentHandler
44      *> weiterreicht. An dieser Stelle wird eine
45      *> Instanz der Java-Wrapper-Klasse erzeugt
46      *> und an den SAX-Parser als Content-Handler
47      *> übergeben.
48      display "Content-Handler erzeugen..."
49      invoke contentHandler "new"
50          returning einContentHandler
51      display "Content-Handler erzeugt."
52      display "Content-Handler setzen..."
53      invoke einParser "setContentHandler"
54          using einContentHandler
55      display "Content-Handler gesetzt."
56      *> Schließlich kann mit dem Parsen begonnen
57      *> werden.
58      display "XML parsen..."
59      invoke einParser "parse"
60          using "Bestellung.xml"
61      display "XML geparst."
62      *> Vor Programmende sollten noch alle
63      *> selbst erzeugten Instanzen freigegeben
64      *> werden.
65      invoke einParser "finalize"
66          returning einParser
67      invoke einContentHandler "finalize"
68          returning einContentHandler
69
70      stop run.
71
72 entry "JavaException" using lnkException.
```

```
73      *> Wenn dieser Programmteil ausgeführt wird,
74      *> ist es zu einem Fehler gekommen.
75      display "Fehler während der Verarbeitung"
76      exit program
77      .
```

Listing 33.17: Hauptprogramm SaxParser

Wenden Sie das COBOL-Programm SaxParser auf die bereits gezeigte XML-Datei Bestellung.xml an, so erhalten Sie die Bildschirmausgaben aus Listing 33.18.

```
SaxParser erzeugen...
SaxParser erzeugt.
Content-Handler erzeugen...
Content-Handler erzeugt.
Content-Handler setzen...
Content-Handler gesetzt.
XML parsen...
[START]
  Element BESTELLUNG
  Element KUNDE
  Element KDNR
    Inhalt: 1234
  Element KNAME
    Inhalt: Max Muster & Co.
  Element KSTR
    Inhalt: Krumme Gasse <5>
  Element KPLZ
    Inhalt: 91234
  Element KORT
    Inhalt: Dorfhausen
  Element BESTELLINFO
  Element BESTELLDATUM
    Inhalt: 05.03.2003
  Element LIEFERDATUM
    Inhalt: 01.04.2003
  Element ARTIKELLISTE
  Element ARTIKEL
  Element ARTNR
    FARBE                    =15
    Inhalt: 7654
  Element MENGE
    Inhalt: 10
  Element BEZEICHNUNG
    Inhalt: Telefonhörer
  Element EINZELPREIS
    Inhalt: 2,68
  Element ARTIKEL
```

```
    Element ARTNR
        FARBE                                    =28
        Inhalt: 4382
    Element MENGE
        Inhalt: 23
    Element BEZEICHNUNG
        Inhalt: Wählscheiben
    Element EINZELPREIS
        Inhalt: 0,45
    Element ARTIKEL
    Element ARTNR
        Inhalt: 9243
    Element MENGE
        Inhalt: 17
    Element BEZEICHNUNG
        Inhalt: Lautsprecher klein
    Element EINZELPREIS
        Inhalt: 1,49
    Element ARTIKEL
    Element ARTNR
        FARBE                                    =15
        Inhalt: 7534
    Element MENGE
        Inhalt: 10
    Element BEZEICHNUNG
        Inhalt: Telefonkabel
    Element EINZELPREIS
        Inhalt: 0,70
[END]
XML geparst.
```

Listing 33.18: Bildschirmausgabe

33.6 IBM-Erweiterung XML PARSE

Die Firma IBM hat ihren Enterprise-COBOL-Compiler für z/OS und OS/390 um die Anweisung XML PARSE erweitert, mit der man ganze XML-Dateien oder nur Ausschnitte daraus parsen kann. Erfreulicherweise bietet auch die Firma MicroFocus in ihrem Compiler diese Anweisung an.

Der zu interpretierende Text muss sich in einer Variablen des COBOL-Programms befinden. Passt die gesamte XML-Datei dort nicht hinein, ist es Aufgabe des Anwendungsentwicklers, immer ein geschlossenes Element aus der eigentlichen XML-Datei zu lesen und in der Variablen abzustellen. Nehmen Sie als Beispiel die XML-Datei aus Listing 33.1, so würde es genügen, der XML PARSE-Anweisung in einer Schleife jeweils nur die Daten zwischen <ARTIKEL> und </ARTIKEL> zur Verfügung zu stellen.

Bezeichner-1

Bezeichner-1 ist eine alphanumerische Variable vom Typ USAGE DISPLAY oder USAGE NATIONAL. Sie enthält entweder die komplette XML-Datei oder einen abgeschlossenen Ausschnitt daraus.

```
XML PARSE Bezeichner-1

   PROCESSING PROCEDURE IS

      Prozedurname-1 [ { THROUGH  }  Prozedurname-2 ]
                       { THRU     }

   [ ON EXCEPTION unbedingte-Anweisung-1 ]

   [ NOT ON EXCEPTION unbedingte-Anweisung-2 ]

   [ END-XML ]
```

Abbildung 33.1: XML PARSE-Anweisung

PROCESSING PROCEDURE

Hier kann ein Paragraph oder eine SECTION angegeben werden, die dann mehrmals von der XML PARSE-Anweisung aufgerufen wird, sobald eines der folgenden Ereignisse eingetreten ist:

❏ Der XML-Parser beginnt mit seiner Arbeit.
❏ Ein Fragment der XML-Datei wurde gefunden.
❏ Ein Fehler ist aufgetreten.
❏ Der XML-Parser beendet seine Arbeit.

XML-EVENT, XML-TEXT, XML-NTEXT

Der eingebaute XML-Parser zerlegt den Inhalt von Bezeichner-1 und ruft für jedes gefundene Fragment die angegebene Prozedur auf. Dabei teilt er mit Hilfe des Sonderregisters XML-EVENT mit, um welches Fragment es sich handelt. Mögliche Inhalte von XML-EVENT sind START-OF-DOCUMENT, START-OF-ELEMENT oder CONTENT-CHARACTERS. Je nach Event finden sich in den Sonderregistern XML-TEXT bzw. XML-NTEXT weitergehende Informationen.

XML-EVENT ist eine vom Compiler vorgegebene Variable und kann daher nicht als eigenes Datenfeld definiert werden. Ebenso XML-TEXT und XML-NTEXT. XML-EVENT ist als PIC X(30)-Variable angelegt.

Handelt es sich bei der zu zerlegenden XML-Datei um eine mit nationalem Zeichensatz, so werden die Inhalte des aktuellen Fragments in das Register XML-NTEXT geschrieben, ansonsten nach XML-TEXT. Sowohl XML-TEXT als auch XML-NTEXT haben eine variable Länge von 0 bis 16.777.215 Byte, wodurch in XML-NTEXT maximal 8.388.607 Zeichen stehen können.

Inhalt von **XML-EVENT**	Inhalt von **XML-TEXT bzw. XML-NTEXT**
ATTRIBUTE-NATIONAL-CHARACTER	Unabhängig vom Typ des XML-Dokuments, der durch Bezeichner-1 in der PARSE-Anweisung spezifiziert wurde, ist XML-TEXT leer und XML-NTEXT enthält den einzelnen nationalen Buchstaben, der mit der (numerischen) Buchstabenreferenz übereinstimmt.
COMMENT	Der gelesene Kommentar zwischen den Zeichen <!-- und -->
CONTENT-CHARACTER	Der einzelne Buchstabe, übereinstimmend mit der vordefinierten Entity-Referenz als Elementinhalt
CONTENT-CHARACTERS	Der Inhalt eines Elements zwischen Start- und Ende-Tag.
CONTENT-NATIONAL-CHARACTER	Unabhängig vom Typ des XML-Dokuments, der durch Bezeichner-1 in der PARSE-Anweisung spezifiziert wurde, ist XML-TEXT leer und XML-NTEXT enthält den einzelnen nationalen Buchstaben, der mit der (numerischen) Buchstabenreferenz übereinstimmt.

Tabelle 33.3: Inhalte von XML-EVENT und XML-TEXT bzw. XML-NTEXT

Inhalt von XML-EVENT	Inhalt von XML-TEXT bzw. XML-NTEXT
DOCUMENT-TYPE-DECLARATION	Die komplette Dokumenttypbeschreibung inklusive <!DOCTYPE und >
ENCODING-DECLARATION	Inhalt der Encoding-Angabe
END-OF-CDATA-SECTION	Immer]]>
END-OF-DOCUMENT	Leer
END-OF-ELEMENT	Der Name des Ende-Tags (Elementname)
EXCEPTION	Der Teil des Dokuments, der bisher fehlerfrei verarbeitet werden konnte
PROCESSING-INSTRUCTION-DATA	Inhalt der Processing Instruction
PROCESSING-INSTRUCTION-TARGET	Der Name der Processing Instruction
STANDALONE-DECLARATION	Der Inhalt einer alleine stehenden XML-Deklaration
START-OF-CDATA-SECTION	Immer <![CDATA[
START-OF-DOCUMENT	Das gesamte Dokument
START-OF-ELEMENT	Der Name des Start-Tags (Elementname)
UNKNOWN-REFERENCE-IN-CONTENT	Der Referenzname
UNKNOWN-REFERENCE-IN-ATTRIBUTE	Der Referenzname
VERSION-INFORMATION	Versionsnummer der XML-Deklaration

Tabelle 33.3: Inhalte von XML-EVENT und XML-TEXT bzw. XML-NTEXT (Forts.)

XML-CODE

Über das Spezialregister XML-CODE kann zwischen dem COBOL-Programm und dem internen XML-Parser kommuniziert werden. Es ist als internes Feld vom Typ PIC S9(9) BINARY definiert und wird vor jedem Aufruf der Prozedur neu gesetzt. Bei allen Events, außer EXCEPTION, beinhaltet es den Wert 0. Jeder Wert ungleich 0 weist also auf einen Fehler hin. Das Feld kann auch vom COBOL-Programm sinnvoll gesetzt werden:

❑ Auf den Wert –1, um dem XML-Parser mitzuteilen, dass er die Verarbeitung einstellen soll, ohne eine Exception auszulösen. Für die Anwendung sieht es so aus, als wäre das normale Ende der Verarbeitung erreicht.

❑ Auf den Wert 0, nachdem ein Fehler aufgetreten ist, um dem XML-Parser mitzuteilen, dass er dennoch weiterarbeiten soll. Das Ergebnis dieser weiteren Verarbeitung bleibt undefiniert.

Beispiel

In Listing 33.19 ist ein COBOL-Programm abgedruckt, das die XML-Datei aus Listing 33.1 zunächst in eine interne Tabelle einliest. Sollte die XML-Datei keine ordentlichen Zeilenumbrüche haben, so würde sie 80-Zeichen-weise gelesen und in der Tabelle rekonstruiert werden. Da die Tabelle über EINGABE-XML als ein Feld angesprochen werden kann, stellen fehlende Zeilenumbrüche kein Problem dar. Das Programm gibt alle Artikel aus, die gefunden wurden. Ebenso wird am Ende die Gesamtsumme der Bestellung angedruckt.

Innerhalb der Prozedur XML-VERARBEITEN werden zwar alle möglichen Inhalte von XML-EVENT abgefragt, letztlich wird aber nur bei CONTENT-CHARACTERS, END-OF-ELEMENT und START-OF-ELEMENT reagiert.

```
1 program-id. xmlparse.
2 environment division.
3 configuration section.
4 special-names.
```

```
 5     decimal-point is comma.
 6 input-output section.
 7 file-control.
 8     select xml-datei assign to "Bestellung.xml"
 9          organization line sequential
10          file status xml-status.
11 data division.
12 file section.
13 fd  xml-datei.
14 01  xml-satz              pic x(80).
15 working-storage section.
16 01  eingabe-xml.
17     05  eine-zeile        pic x(80) occurs 100.
18 01  xml-status            pic xx.
19     88  xml-ok            value "00" thru "09".
20 01  i                     binary-short.
21 01  akt-element           pic x(20).
22 01  akt-artikel           pic x(20).
23 01  akt-menge             pic 9(5).
24 01  akt-preis             pic 9(5)v99.
25 01  ges-summe             pic 9(8)v99.
26 01  ausgabe.
27     05  aus-text          pic x(20).
28     05  aus-menge         pic zz.zz9b.
29     05  aus-preis         pic zz.zz9,99b.
30     05  aus-gespreis      pic zz.zzz.zz9,99.
31 procedure division.
32 datei-einlesen.
33     move space to eingabe-xml
34     open input xml-datei
35     if xml-ok
36         read xml-datei
37         perform varying i from 1 by 1 until
38                         i > 100 or not xml-ok
39             move xml-satz to eine-zeile(i)
40             read xml-datei
41         end-perform
42         if xml-ok
43             display "Die XML Datei konnte "
44                     "nicht komplett gelesen "
45                     "werden."
46             stop run
47         end-if
48         close xml-datei
49     else
50         display "Fehler bei OPEN " xml-status
51         stop run
```

```
52     end-if
53     .
54 xml-parsen.
55     move 0 to ges-summe
56     xml parse eingabe-xml
57         processing procedure is xml-verarbeiten
58         on exception
59             display "Fehler bei XML-Parsen"
60     end-xml
61     move space to ausgabe
62     move "Gesamtsumme" to aus-text
63     move ges-summe to aus-gespreis
64     display ausgabe
65     stop run
66     .
67 xml-verarbeiten.
68     evaluate xml-event
69         when "ATTRIBUTE-CHARACTER"
70             continue
71         when "ATTRIBUTE-CHARACTERS"
72             continue
73         when "ATTRIBUTE-NAME"
74             continue
75         when "ATTRIBUTE-NATIONAL-CHARACTER"
76             continue
77         when "COMMENT"
78             continue
79         when "CONTENT-CHARACTER"
80             continue
81         when "CONTENT-CHARACTERS"
82             evaluate akt-element
83                 when "MENGE"
84                     move function numval(xml-text)
85                         to akt-menge
86                 when "BEZEICHNUNG"
87                     move xml-text to akt-artikel
88                 when "EINZELPREIS"
89                     move function numval(xml-text)
90                         to akt-preis
91             end-evaluate
92         when "CONTENT-NATIONAL-CHARACTER"
93             continue
94         when "DOCUMENT-TYPE-DECLARATION"
95             continue
96         when "ENCODING-DECLARATION"
97             continue
98         when "END-OF-CDATA-SECTION"
```

```
 99              continue
100        when "END-OF-DOCUMENT"
101              continue
102        when "END-OF-ELEMENT"
103            if xml-text = "ARTIKEL"
104                move akt-artikel to aus-text
105                move akt-menge to aus-menge
106                move akt-preis to aus-preis
107                compute aus-gespreis =
108                    akt-menge * akt-preis
109                display ausgabe
110
111                compute ges-summe = ges-summe +
112                    akt-menge * akt-preis
113            end-if
114            move space to akt-element
115        when "EXCEPTION"
116            continue
117        when "PROCESSING-INSTRUCTION-DATA"
118            continue
119        when "PROCESSING-INSTRUCTION-TARGET"
120            continue
121        when "STANDALONE-DECLARATION"
122            continue
123        when "START-OF-CDATA-SECTION"
124            continue
125        when "START-OF-DOCUMENT"
126            continue
127        when "START-OF-ELEMENT"
128            move xml-text to akt-element
129        when "UNKNOWN-REFERENCE-IN-CONTENT"
130            continue
131        when "UNKNOWN-REFERENCE-IN-ATTRIBUTE"
132            continue
133        when "VERSION-INFORMATION"
134            continue
135        when other
136            display "Unbekannter Event "
137                xml-event
138    end-evaluate
139    .
```

Listing 33.19: XmlParse

Telefonhörer	10	2,68	26,80
Wählscheiben	23	0,45	10,35
Lautsprecher klein	17	1,49	25,33

Telefonkabel	10	0,70	7,00
Gesamtsumme			69,48

Listing 33.20: Bildschirmausgabe

33.7 MicroFocus-Erweiterung XML-enabled COBOL

Auch die Firma MicroFocus hat den Umfang ihres COBOL-Compilers erweitert, um es dem Anwendungsentwickler zu ermöglichen, eine XML-Datei zu verarbeiten oder aber auch zu erzeugen. Der Ansatz von MicroFocus geht dabei davon aus, dass es sich bei der XML-Datei um eine Datei im klassischen Sinne handelt, wobei die zugehörige Datensatzbeschreibung bestimmt, welcher Teil einer XML-Datei jeweils gelesen wird.

SELECT-Klausel

Die XML-Datei wird zunächst mit einer leicht abgewandelten SELECT-Klausel innerhalb der ENVIRONMENT DIVISION definiert.

```
SELECT Dateiname-1 ASSIGN TO
       ⎧ Literal-1                              ⎫
       ⎪ Bezeichner-1                           ⎪
       ⎨ ADDRESS OF Bezeichner-2                ⎬
       ⎩ Pointername-1 LENGTH IS Bezeichner-3   ⎭

       ORGANIZATION IS XML

       DOCUMENT-TYPE IS [ EXTERNAL ] ⎧ Literal-2      ⎫
                                     ⎩ Bezeichner-4   ⎭

       FILE STATUS IS Bezichner-5
```

Abbildung 33.2: SELECT-Klausel für XML-Dateien

ORGANIZATION IS XML

Anhand der Organisationsform XML erkennt MicroFocus, dass es sich um eine XML-Datei handeln soll.

DOCUMENT-TYPE

Bestimmt den Namen der internen oder externen XML-Schemadatei, mit der der Aufbau der XML-Datei beschrieben werden kann. Liegt eine solche Datei nicht vor, bleibt das Feld leer. Die DOCUMENT-TYPE-Angabe ist aber unbedingt erforderlich.

XD-Klausel

Die Datensatzbeschreibung erfolgt innerhalb der DATA DIVISION mit Hilfe einer XD-Klausel. Diese unterscheidet sich grundsätzlich nicht von der FD-Klausel einer normalen Datei, jedoch können zu jedem Feld besondere Zusätze definiert werden.

COUNT IN-Datenfeld

Mit dieser Angabe wird automatisch eine Variable mit dem angegebenen Namen definiert, die vom Typ PIC S9(9) COMP-5 ist. Kann ein Element in der XML-Datei unmittelbar hintereinander mehrfach vorkommen, macht es Sinn, in der Datensatzbeschreibung eine Tabelle für dieses Element zu definieren. Das bei der COUNT IN-Angabe genannte Datenfeld wird dann zur Laufzeit mit der Anzahl der tatsächlich gelesenen Elementmenge gefüllt. Sollte die Tabelle nicht ausreichen, können die restlichen Elemente mit Hilfe der START- und READ NEXT-Anweisung nachgelesen werden.

IDENTIFIED BY Literal oder Datenfeld

Diese Angabe ist wichtig, weil sie für jedes einzelne Element der Datensatzbeschreibung festlegt, zu welchem Element der XML-Datei es gehört. Wird die Zugehörigkeit über ein Literal bestimmt, so ist diese Variable für Elemente dieser Art reserviert. Verwendet man dagegen ein Datenfeld bei der IDENTIFIED-Angabe, so kann die zugehörige Datensatzstruktur für alle möglichen Elemente einer XML-Datei benutzt werden. In dem angegebenen Datenfeld findet sich nach einem READ der Name des gelesenen XML-Elements.

IS ATTRIBUTE

Damit wird bestimmt, dass es sich bei dem aktuellen Element um ein XML-Attribut handeln soll.

NAMESPACE IS Literal oder Datenfeld

Definiert den aktuellen Namespace des Elementes oder einer ganzen Gruppe.

IS PROCESSING-INSTRUCTION

Das Datenfeld, das mit dieser Angabe versehen ist, beinhaltet eine Processing Instruction.

Beispiel

Die XML-Datei aus Listing 33.1 könnte wie in Listing 33.21 beschrieben werden.

```
file section.
xd  xml-datei.
01  bestellung
    identified by "BESTELLUNG".
    05  kunde
        identified by "KUNDE".
        10  kdnr                pic x(10)
            identified by "KDNR".
        10  kname               pic x(25)
            identified by "KNAME".
        10  kstr                pic x(25)
            identified by "KSTR".
        10  kplz                pic x(5)
            identified by "KPLZ".
        10  kort                pic x(25)
            identified by "KORT".
    05  bestellinfo
        identified by "BESTELLINFO".
        10  bestelldatum        pic x(10)
            identified by "BESTELLDATUM".
```

```
        10  lieferdatum              pic x(10)
            identified by "LIEFERDATUM".
    05  artikelliste
        identified by "ARTIKELLISTE".
        10  artikel                  occurs 100
            identified by "ARTIKEL"
            count in artikel-count.
            15  artnrtag
                identified by "ARTNR".
                20  artnr            pic x(5).
                20  farbe            pic x(5)
                    identified by "FARBE"
                    is attribute.
            15  menge                pic x(5)
                identified by "MENGE".
            15  bezeichnung          pic x(25)
                identified by "BEZEICHNUNG".
            15  einzelpreis          pic x(10)
                identified by "EINZELPREIS".
```

Listing 33.21: Datensatzbeschreibung für eine XML-Datei

OPEN-Anweisung

Die OPEN-Anweisung für XML-Dateien unterscheidet sich kaum von der klassischer Dateien. Lediglich der Modus EXTEND und die Möglichkeit, gleichzeitig mehrere Dateien zu öffnen, fehlen.

Abbildung 33.3: OPEN-Anweisung für XML-Dateien

Dateiname-1 ist der Name der XML-Datei aus der SELECT-Klausel. INPUT öffnet die Datei lesend, OUT-PUT schreibend und mit I-O kann sie verändert werden. Die Arbeitsweise entspricht dabei exakt der sequenzieller Dateien, weshalb an dieser Stelle auch auf das entsprechende Kapitel verwiesen wird.

READ-Anweisung

Mit Hilfe der Anweisung READ werden so viele Daten wie möglich aus der XML-Datei in die Datensatzstruktur gelesen. Bei Elementen, die mehrfach vorkommen, bleibt es dem COBOL-Programmierer überlassen, ob er für diese eine Tabelle definiert oder nicht. Wenn nicht, so wird lediglich das erste Element aus der XML-Datei gelesen und abgestellt. Mit Hilfe der Anweisung START und READ NEXT können dann die fehlenden Elemente nachgelesen werden.

```
READ Dateiname-1

    [NEXT RECORD KEY IS Datenname-1]
```

Abbildung 33.4: READ-Anweisung für XML-Dateien

Sollen wie beschrieben Teile der Struktur nachgelesen werden, so muss der Zusatz NEXT KEY IS Name-DesElements verwendet werden.

WRITE-Anweisung

Wie bei anderen sequenziellen Dateien auch, kann mit Hilfe der WRITE-Anweisung eine XML-Datei erstellt werden.

```
WRITE Satzname

  ┌         ┌ ┌ ALL ┐ Bezeichner-1            ┐ ┐
  │ KEY IS  │ │ PROCESSING-INSTRUCTION │ │ Bezeichner-2 │ │
  │         └ │ PLAIN-TEXT              │ │ Literal-1    │ │
  └         └                           ┘ ┘               ┘
```

Abbildung 33.5: WRITE-Anweisung für XML-Dateien

Satzname ist der Name des Datensatzes auf Stufennummer 01 aus der zugehörigen XD-Klausel, der geschrieben werden soll.

Die KEY IS-Angabe kann verwendet werden, wenn nicht die gesamte Satzstruktur, sondern nur ein Element daraus geschrieben werden soll. Um in vorliegendem Beispiel mehrere Artikel in die XML-Datei zu übertragen, muss der Zusatz KEY IS ARTIKEL verwendet werden.

Je nach Größe der XML-Datei kann diese komplett in der Datensatzstruktur abgebildet und dann mit Hilfe einer einzigen WRITE-Anweisung weggeschrieben werden. Ist sie zu groß, müssen die einzelnen Elemente beziehungsweise Elementgruppen nacheinander mit KEY IS ausgegeben werden.

REWRITE-Anweisung

Mit Hilfe der REWRITE-Anweisung kann lediglich die interne Darstellung der gesamten XML-Struktur oder eines einzelnen Elementes geändert werden. Dies bedeutet, dass es zu keiner echten I/O-Operation kommt. Die XML-Datei auf dem Datenträger bleibt unverändert.

```
REWRITE Satzname

    KEY IS Bezeichner-1
```

Abbildung 33.6: REWRITE-Anweisung für XML-Dateien

Satzname ist der Name des Datensatzes auf Stufennummer 01 aus der zugehörigen XD-Klausel, der geschrieben werden soll.

DELETE-Anweisung

Die Anweisung DELETE löscht das angegebene Element aus der internen Darstellung der Satzstruktur, lässt die eigentliche XML-Datei aber unverändert.

```
DELETE Satzname RECORD

    KEY IS Bezeichner-1
```

Abbildung 33.7: DELETE-Anweisung für XML-Dateien

CLOSE-Anweisung

Mit der CLOSE-Anweisung wird die XML-Datei am Ende wieder geschlossen.

```
CLOSE Dateiname-1
```

Abbildung 33.8: CLOSE-Anweisung für XML-Dateien

33.8 Programmbeispiel: XML-Datei mit MicroFocus-Erweiterungen lesen

Aufgabenstellung

Die XML-Datei aus Listing 33.1 soll mit Hilfe eines COBOL-Programms verarbeitet werden, das die Spracherweiterungen von MicroFocus benutzt. Am Bildschirm soll ausgegeben werden, welcher Kunde die Bestellung aufgegeben hat und um welche Artikel es sich im Einzelnen handelt. Dabei kann man davon ausgehen, dass maximal 100 Artikel pro Bestellung vorliegen. Außerdem soll die Gesamtsumme der Bestellung ermittelt und ebenfalls ausgegeben werden.

Die Spracherweiterungen von MicroFocus beruhen auf einem Vorübersetzer mit dem Namen PREXML. Daher muss folgende Zeile am Anfang des COBOL-Programms eingebunden werden (die Angabe o(foo.pp) bestimmt dabei den Namen der Ausgabedatei des Vorübersetzers und kann daher frei gewählt werden):

```
$set preprocess(prexml) o(foo.pp) endp
```

Die DTD der XML-Datei

```
<?xml version="1.0" encoding="iso-8859-1" ?>
<!ELEMENT BESTELLUNG ( KUNDE, BESTELLINFO, ARTIKELLISTE ) >
<!ELEMENT KUNDE ( KDNR, KNAME, KSTR, KPLZ, KORT ) >
<!ELEMENT BESTELLINFO ( BESTELLDATUM, LIEFERDATUM ) >
<!ELEMENT ARTIKELLISTE ( ARTIKEL+ ) >
<!ELEMENT ARTIKEL ( ARTNR, MENGE, BEZEICHNUNG, EINZELPREIS ) >
<!ELEMENT KDNR ( #PCDATA ) >
```

```
<!ELEMENT KNAME ( #PCDATA ) >
<!ELEMENT KSTR ( #PCDATA ) >
<!ELEMENT KPLZ ( #PCDATA ) >
<!ELEMENT KORT ( #PCDATA ) >
<!ELEMENT BESTELLDATUM ( #PCDATA ) >
<!ELEMENT LIEFERDATUM ( #PCDATA ) >
<!ELEMENT ARTNR ( #PCDATA ) >
<!ATTLIST ARTNR FARBE NMTOKEN #IMPLIED >
<!ELEMENT MENGE ( #PCDATA ) >
<!ELEMENT BEZEICHNUNG ( #PCDATA ) >
<!ELEMENT EINZELPREIS ( #PCDATA ) >
```

Listing 33.22: DTD der zu verarbeitenden XML-Datei

Programmlisting

```
1$set preprocess(prexml) o(foo.pp) endp
2 program-id. xmlfile.
3 environment division.
4 configuration section.
5 special-names.
6     decimal-point is comma.
7 input-output section.
8 file-control.
9     select xml-datei assign to "Bestellung.xml"
10        organization is xml
11        document-type is external doc-type
12        file status is xml-status.
13 data division.
14 file section.
15 xd  xml-datei.
16 01  bestellung
17     identified by "BESTELLUNG".
18     05  kunde
19         identified by "KUNDE".
20         10  kdnr            pic x(10)
21             identified by "KDNR".
22         10  kname           pic x(25)
23             identified by "KNAME".
24         10  kstr            pic x(25)
25             identified by "KSTR".
26         10  kplz            pic x(5)
27             identified by "KPLZ".
28         10  kort            pic x(25)
29             identified by "KORT".
30     05  bestellinfo
31         identified by "BESTELLINFO".
32         10  bestelldatum    pic x(10)
```

```
33                identified by "BESTELLDATUM".
34        10  lieferdatum            pic x(10)
35                identified by "LIEFERDATUM".
36     05  artikelliste
37            identified by "ARTIKELLISTE".
38        10  artikel                 occurs 100
39                identified by "ARTIKEL"
40                count in artikel-count.
41           15  artnrtag
42                identified by "ARTNR".
43               20  artnr         pic x(5).
44               20  farbe         pic x(5)
45                    identified by "FARBE"
46                    is attribute.
47           15  menge            pic x(5)
48                identified by "MENGE".
49           15  bezeichnung      pic x(25)
50                identified by "BEZEICHNUNG".
51           15  einzelpreis      pic x(10)
52                identified by "EINZELPREIS".
53 working-storage section.
54 01  doc-type          pic x(256).
55 01  xml-status        pic xx.
56     88  xml-ok        value "00" thru "09".
57 01  i                 binary-short.
58 01  akt-menge         pic 9(5).
59 01  akt-preis         pic 9(5)v99.
60 01  ges-summe         pic 9(8)v99.
61 01  ausgabe.
62     05  aus-text      pic x(20).
63     05  aus-menge     pic zz.zz9b.
64     05  aus-preis     pic zz.zz9,99b.
65     05  aus-gespreis  pic zz.zzz.zz9,99.
66 procedure division.
67 datei-einlesen.
68     open input xml-datei
69     if xml-ok
70         read xml-datei
71         close xml-datei
72     else
73         display "Fehler bei OPEN " xml-status
74         stop run
75     end-if
76     .
77 bestellung-ausgeben.
78     display "B e s t e l l u n g"
```

```
79      display space
80      display kname
81      display kstr
82      display kplz space kort
83      display space
84      display "Kundennummer: " kdnr
85      display space
86      display "Bestellte Artikel:"
87      display space
88      move 0 to ges-summe
89      perform varying i from 1 by 1 until
90                          i > artikel-count
91         move function numval(menge(i))
92             to akt-menge
93         move function numval(einzelpreis(i))
94             to akt-preis
95
96         move bezeichnung(i) to aus-text
97         move akt-menge to aus-menge
98         move akt-preis to aus-preis
99         compute aus-gespreis =
100            akt-menge * akt-preis
101        display ausgabe
102
103        compute ges-summe = ges-summe +
104            akt-menge * akt-preis
105     end-perform
106
107     move "Gesamtsumme" to ausgabe
108     move ges-summe to aus-gespreis
109     display space
110     display ausgabe
```

Listing 33.23: XmlFile

Bildschirmausgabe

```
B e s t e l l u n g

Max Muster & Co.
Krumme Gasse 5
91234 Dorfhausen

Kundennummer: 1234

Bestellte Artikel:

Telefonhörer            10      2,68        26,80
```

```
Wählscheiben           23    0,45      10,35
Lautsprecher klein     17    1,49      25,33
Telefonkabel           10    0,70       7,00

Gesamtsumme                            69,48
```

Listing 33.24: Bildschirmausgabe

34

Web Services

34.1 Vorbemerkung

Serverbasierte Anwendungen gewinnen seit geraumer Zeit immer mehr an Popularität. Gab es in der Vergangenheit einen Trend hin zu reinen Client-Anwendungen, so genannten *Fat-Client-Systemen*, geht man heute wieder zurück zu der Philosophie, die eigentliche Anwendungslogik zentral auf einem Server vorzuhalten, während sich die Clients immer mehr nur noch um die reine Präsentation der Anwendungsdaten kümmern sollen.

Solche Clients sind oft mit aufwendigen grafischen Benutzeroberflächen versehen und nutzen damit die Ressourcen ihrer PC-Systeme, auf denen sie laufen, reichlich aus. Dabei gibt es immer wieder Streit zwischen den Entwicklern, wie viel Logik in den Client gehört und was reine Serveraufgaben sind. Ein beliebtes Streitobjekt sind hierbei die notwendigen Plausibilisierungen. Soll man Daten an den Server schicken, wenn diese nicht korrekt sind? Wenn man diese Frage mit nein beantwortet, muss man sich auf der anderen Seite fragen, ob es wirklich gut ist, die Logik, die für die Durchführung der Plausibilisierung notwendig ist, in jedem Client vorzuhalten und sie so auf viele Rechner im Unternehmen oder bei den Kunden zu verteilen. Was ist, wenn sich die Plausibilitäten ändern?

Technische Plausibilitäten wie die Frage, ob der Inhalt eines numerischen Feldes auch wirklich numerisch ist oder ob es sich bei einem Datum auch wirklich um ein solches handelt, gehören mit Sicherheit zur Logik eines Clients. Fachliche Plausibilitäten dagegen sollten im Server vorgehalten werden, um so dem Verteilungsproblem zu entgehen.

In diesem Kapitel wird eine viel diskutierte Form von Serveranwendungen beschrieben, die so genannten *Web Services*. Zunächst soll geklärt werden, was ein Web Service überhaupt ist und wie eine Architektur aussehen muss, um ihn zu betreiben. Danach werden wichtige Begriffe im Zusammenhang mit diesem Thema erklärt, um am Ende an Hand eines konkreten Beispiels zu zeigen, wie die Firma MicroFocus den COBOL-Anwendungsentwickler bei der Programmierung und dem Betrieb von Web Services unterstützt.

34.2 Technische Grundlagen

Bei einem Web Service handelt es sich um ein Programm, das auf einem Server läuft und auf das mit Hilfe von Clients remote zugegriffen werden kann. Letztendlich steckt hinter einem Web Service nichts anderes als der aktuellste Versuch, Funktionalitäten (Module) über das Internet oder andere Netzwerke anderen Programmen zur Verfügung zu stellen. Erreicht wird dies über einen ganz normalen Remote Procedure

Call (RPC). In diesem Szenario gibt es einen entfernten Client, der über eine vermeintlich simple CALL-Anweisung ein bestehendes Modul aufruft, ihm Parameter übergibt und ein oder mehrere Ergebnisse erwartet. In Wirklichkeit befindet sich das Modul aber auf einem ganz anderen Rechner und es muss eine Kommunikation zwischen Client und Server aufgebaut werden. Wie eine solche Verbindung schematisch aussieht, zeigt Abbildung 34.1.

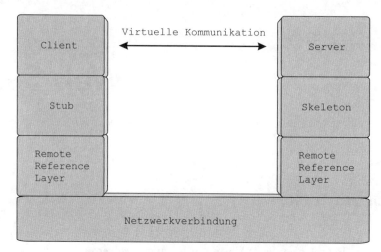

Abbildung 34.1: Verbindung zwischen Client und Server

Eine direkte Kommunikation zwischen Client und Server ist nur virtuell vorhanden. Real ruft der Client eine Funktion eines Stub-Programms auf, an das er die Parameter übergibt. Dieses Stub-Programm, auch *Proxy* (Stellvertreter) genannt, weiß, über welches Protokoll die Kommunikation ablaufen soll, verpackt die Parameter entsprechend und schickt sie auf die Reise. Auf dem Server nimmt ein Skeleton (das Gegenstück zum Stub) den Aufruf entgegen, packt die Parameter aus und ruft damit die eigentliche Funktion im Server auf. Diese merkt nicht, dass der Aufruf remote erfolgt ist. Das Ergebnis des Serverprozesses wird dann in umgekehrter Richtung an den Client zurückgegeben.

Im Falle eines Web Service erfolgt die Kommunikation über HTTP und die eigentliche Nachricht ist eine simple XML-Datei (SOAP). Ein Web-Service-Provider stellt einen Dienst zur Verfügung, den ein Service Consumer benutzen will. Bisher mussten beide Parteien voneinander wissen, sich auf ein gemeinsames Protokoll einigen und genau klären, welche Parameter in welcher Form ausgetauscht werden sollen. Bei einem Web Service beschreibt der Provider seinen Dienst in einer Registry in standardisierter Form (WSDL). Ein interessierter Consumer durchsucht diese Registry und findet alles, was er für den Aufruf des Dienstes benötigt. Dieser Vorgang ist in Abbildung 34.2 dargestellt.

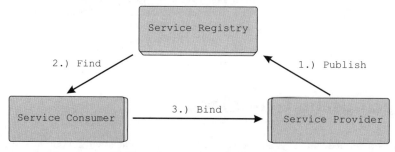

Abbildung 34.2: Dienste zur Verfügung stellen

Damit wird die Verbindungsaufnahme zwischen Client und Server erheblich erleichtert, auch wenn sich beide Parteien nicht persönlich kennen. Inhalt eines Web Service ist daher auch häufig eine Funktion, mit deren Hilfe neue Kunden auf das eigene Unternehmen aufmerksam gemacht werden sollen. Ein Beispiel dafür könnte ein Beitragsrechner für eine KFZ-Versicherung sein. Man kann sich vorstellen, dass ein Makler verschiedene Service Registries nach solchen Diensten durchsucht, um seinen Kunden das beste Angebot machen zu können. Eine andere Möglichkeit ist es, eine Lagerbestandsabfrage mit dem jeweils aktuellsten Preis einer Ware ins Web zu stellen. Kunden (auch Neukunden) können sich so jederzeit darüber informieren, ob eine Ware lieferbar ist und was sie kostet.

34.3 SOAP

Bei SOAP handelt es sich um eine Spezifikation für den Aufbau von Nachrichten, über die man mit einem Web Service kommuniziert. SOAP steht für Simple Object Access Protocol. Als XML-Datei enthält sie in strukturierter Form alle notwendigen Angaben über den aufzurufenden Service, seinen Namen, seine Parameter und seine exakten Parametertypen. Auch die Antwort, die ein Web Service zurückschickt, liegt als SOAP-Message vor.

Eine Beschreibung dieses Standards würde den Umfang dieses Buches sprengen. Außerdem ist es in einer toolgestützten Umgebung nicht notwendig, SOAP-Nachrichten von Hand zu erstellen. Im Allgemeinen genügt es, zu wissen, was mit SOAP gemeint ist.

34.4 WSDL

Ein WSDL-Dokument beschreibt die externen Schnittstellen der Web Services ebenfalls wieder mit Hilfe von XML. Hinter dem Namen WSDL versteckt sich Web Service Definition Language. Damit hat man eine standardisierte Plattform geschaffen, über die ein Web-Service-Provider einen interessierten Consumer darüber informieren kann, wie seine Services aufzurufen sind. Pro WSDL-Datei können beliebig viele Services beschrieben werden.

MicroFocus wertet diese Beschreibungsdatei aus und generiert ein voll funktionstüchtiges Client-Programm für die Kommunikation mit dem Service. Konkret besorgt man sich die WSDL-Datei eines Dienstanbieters aus dem Internet und lässt sich dann die für den Aufruf notwendigen COBOL-Programme erstellen. Neben dem Stub für den rein technischen Aufruf generiert MicroFocus eine einfache, zeichengesteuerte Anwendung, die alle notwendigen Parameter abfragt, den Service aufruft und danach das Ergebnis präsentiert.

Um selbst einen Service anzubieten, interpretiert MicroFocus die Schnittstellen eines COBOL-Programms und erzeugt daraus die WSDL-Datei, die für den Aufruf des Moduls als Web Service notwendig ist. Damit ist es also genauso einfach möglich, selbst Dienste ins Netz zu stellen.

34.5 UDDI

Eine WSDL-Datei wird benutzt, um einem Interessenten mitzuteilen, welche Services ein Anbieter bereitstellt und wie diese aufzurufen sind. Bleibt die Frage, wie ein potenzieller Kunde an diese WSDL-Datei kommen soll. Für diesen Zweck stehen so genannte *Service Registries* zur Verfügung, in denen sich ein Anbieter vorstellen und auf seine Services verweisen kann. Eine solche Registry finden Sie beispielsweise unter der Adresse http://www.xmethods.com/ im Internet.

Um dort als Service Provider seine Dienste anzumelden, benötigt man eine weitere standardisierte XML-Datei, eine so genannte *UDDI*. Die Abkürzung steht für *Universal Description, Discovery and Integration*. Auch der Aufbau dieser Datei ist standardisiert. Sie müssen also nicht für jede Registry, in der Sie sich präsentieren möchten, Ihre Dienste immer wieder neu beschreiben, sondern nutzen immer dieselbe UDDI-XML-Datei. Lediglich beim Anmeldeprozedere und bei den Konditionen unterscheiden sich die Registry-Betreiber, zu denen beispielsweise auch die Firma IBM gehört. Sie ist im Internet unter `http://www-3.ibm.com/services/uddi/` zu finden.

34.6 Benutzen eines Web Service

Auf der bereits genannten Internetseite `http://www.xmethods.com/` finden Sie eine ganze Reihe von Services, die von unterschiedlichsten Firmen und Organisationen angeboten werden. So gibt es beispielsweise einen ganz einfachen Service, mit dessen Hilfe Sie Temperaturen von Celsius in Fahrenheit und umgekehrt umrechnen lassen können. Klicken Sie auf diesen Eintrag, bekommen Sie neben allen möglichen Informationen über den Anbieter auch einen Link auf die zu dem Service gehörende WSDL-Datei, die Sie sich am besten auf den eigenen Rechner herunterladen. Sie ist Ausgangspunkt für die Client-Erstellung und als beliebiges Beispiel in Listing 34.1 abgedruckt. Dabei wurden zu lange Zeilen durch die Angabe von drei Punkten zugunsten einer besseren Lesbarkeit gekürzt und der eine oder andere Kommentar eingefügt.

```xml
<?xml version="1.0"?>
<definitions xmlns:SOAP-ENV="http://schemas.xmlsoap...
    xmlns:xsd="http://www.w3.org/2001/XMLSchema"
    xmlns:xsi="http://www.w3.org/2001/XMLSchema-insta...
    xmlns:SOAP-ENC="http://schemas.xmlsoap.org/soap/e...
    xmlns:si="http://soapinterop.org/xsd"
    xmlns:tns="http://mywebservices.fr.st/"
    xmlns:soap="http://schemas.xmlsoap.org/wsdl/soap/"
    xmlns:wsdl="http://schemas.xmlsoap.org/wsdl/"
    xmlns="http://schemas.xmlsoap.org/wsdl/"
    targetNamespace="http://mywebservices.fr.st/">

<!-- Hier folgt die Definition der vier Nachrichten,
     mit denen die beiden Web Services
     Celsius2Fahrenheit und Fahrenheit2Celsius
     kommunizieren. Es wird je eine Nachricht für
     den Service-Aufruf und eine für das Service-
     Ergebnis benötigt. Wichtiger Bestandteil der
     Definition sind die Angaben über die Parameter
     und Parametertypen (part name, part type). -->

<message name="Celsius2FarenheitRequest">
  <part name="CelsiusValue" type="xsd:float" />
</message>

<message name="Celsius2FarenheitResponse">
  <part name="FarenheitValue" type="xsd:float" />
</message>
```

```
<message name="Farenheit2CelsiusRequest">
  <part name="FarenheitValue" type="xsd:float" />
</message>

<message name="Farenheit2CelsiusResponse">
  <part name="CelsiusValue" type="xsd:float" />
</message>

<portType name="TemperatureConversionPortType">

  <!-- Definition des Web Service Celsius2Fahrenheit
       mit seiner zugehörigen Eingabe- und Ausgabe-
       Nachricht. -->

  <operation name="Celsius2Farenheit">
    <input message="tns:Celsius2FarenheitRequest"/>
    <output message="tns:Celsius2FarenheitResponse"/>
  </operation>

  <!-- Definition des Web Service Fahrenheit2Celsius
       mit seiner zugehörigen Eingabe- und Ausgabe-
       Nachricht. -->

  <operation name="Farenheit2Celsius">
    <input message="tns:Farenheit2CelsiusRequest"/>
    <output message="tns:Farenheit2CelsiusResponse"/>
  </operation>

</portType>

<!-- Nun folgen Angaben darüber, unter welcher Adresse
     die Services zu finden sind, wie sie aufgerufen
     werden müssen und wie die Nachrichten zu
     codieren sind. -->

<binding name="TemperatureConversionBinding"
         type="tns:TemperatureConversionPortType">
  <soap:binding
    style="rpc"
    transport="http://schemas.xmlsoap.org/soap/h...

  <operation name="Celsius2Farenheit">
    <soap:operation
      soapAction="http://mywebservices.free.fr/...
      style="rpc"/>
```

```
        <input>
          <soap:body
            use="encoded"
            namespace="http://mywebservices.fr.st/"
            encodingStyle="http://schemas.xmlsoap.o...
        </input>
        <output>
          <soap:body
            use="encoded"
            namespace="http://mywebservices.fr.st/"
            encodingStyle="http://schemas.xmlsoap.o...
        </output>
      </operation>

      <operation name="Farenheit2Celsius">
        <soap:operation
          soapAction="http://mywebservices.free.fr/...
          style="rpc"/>
        <input>
          <soap:body
            use="encoded"
            namespace="http://mywebservices.fr.st/"
            encodingStyle="http://schemas.xmlsoap.o...
        </input>
        <output>
          <soap:body
            use="encoded"
            namespace="http://mywebservices.fr.st/"
            encodingStyle="http://schemas.xmlsoap.o...
        </output>
      </operation>
    </binding>

    <service name="TemperatureConversion">
      <port name="TemperatureConversionPort"
        binding="tns:TemperatureConversionBinding">
        <soap:address
          location="http://mywebservices.free.fr/serv...
      </port>
    </service>
  </definitions>
```

Listing 34.1: Beispiel einer WSDL-Datei für zwei Services

Mit dem Tool NetExpress von MicroFocus können Sie sich zu dieser WSDL-Datei einen Client generieren lassen, der dann aus insgesamt drei Sourcen besteht. Zunächst wird eine COPY-Strecke erzeugt, in der alle notwendigen Parameter der einzelnen Services enthalten sind. Sie ist, für eine bessere Lesbarkeit leicht aufbereitet, in Listing 34.2 abgedruckt.

```
 1*Operation: name="Celsius2Farenheit"
 2 01 Celsius2Farenheit-parms.
 3*   Input
 4     03 input-parms.
 5*      Field: name="CelsiusValue" type="float"
 6        05 CelsiusValue    comp-1.
 7*   Output
 8     03 output-parms.
 9*      Field: name="FarenheitValue" type="float"
10        05 FarenheitValue comp-1.
11
12*Operation: name="Farenheit2Celsius"
13 01 Farenheit2Celsius-parms.
14*   Input
15     03 input-parms.
16*      Field: name="FarenheitValue" type="float"
17        05 FarenheitValue comp-1.
18*   Output
19     03 output-parms.
20*      Field: name="CelsiusValue" type="float"
21        05 CelsiusValue    comp-1.
```

Listing 34.2: COPY-Strecke für die Dienste `Celsius2Fahrenheit` *und* `Fahrenheit2Celsius`

Um den Web Service von COBOL aus aufrufen zu können, benötigt der Client, wie erwähnt, einen Stub, der die Nachricht verpackt und auf die Reise schickt. In vorliegendem Beispiel heißt dieser Stub **Temperature-proxy.cbl** und findet sich in Listing 34.3. Da es sich um einen generierten Code handelt, wurde auch er aufbereitet und mit dem einen oder anderen Kommentar versehen.

```
 1$set intlevel(6)
 2 identification division.
 3 program-id. "Temperature-proxy".
 4 environment division.
 5 data division.
 6 working-storage section.
 7*> Definition der Ein- und Ausgabeparameter.
 8 01 wsc-CelsiusValue-01    comp-1.
 9 01 wsc-FarenheitValue-01 comp-1.
10
11*> Definition des Service-Namens und der
12*> Adresse, unter der er zu erreichen ist.
13 01 wsc-srvc-name      pic x(22) value
14           z"TemperatureConversion".
15 01 wsc-srvc-namespace pic x(28) value
16           z"http://mywebservices.fr.st/".
17 01 wsc-srvc-address   pic x(52) value
18              "http://mywebservices.free.fr/" &
19              z"server/Temperature.php".
```

```
20
21*> Durch das Setzen des nachstehenden
22*> PROCEDURE-POINTERS werden die von MicroFocus
23*> für den eigentlichen Aufruf benötigten
24*> Bibliotheken geladen.
25 01 wsc-proc-ptr        usage procedure-pointer.
26
27*> Nachfolgende Zeiger werden später mit den
28*> Adressen der zu übergebenden Parameter
29*> gefüllt.
30 01 wsc-ptr-args.
31    03 wsc-ptr-arg      usage pointer
32                        occurs 2 times.
33
34*> In der Variablen WSC-RET-CODE steht nach dem
35*> Aufruf des Web Service ein Returncode, der
36*> Auskunft darüber gibt, ob es zu einem Fehler
37*> gekommen ist.
38 01 wsc-ret-code        pic 9(9) usage comp-5.
39
40*> In nachstehender Struktur hinterlegt
41*> MicroFocus Informationen über die Anzahl und
42*> den Typ der einzelnen Parameter, die an den
43*> jeweiligen Service übergeben werden müssen.
44*> Die Zeilen wurden zugunsten der besseren
45*> Lesbarkeit durch Angabe von drei Punkten (...)
46*> gekürzt.
47 01 wsc-idt.
48    03 filler pic x(16) value x"4D6963726F20466F63...
49    03 filler pic x(16) value x"6C20496E7465726661...
50    03 filler pic x(16) value x"6E6974696F6E20426C...
51    03 filler pic x(16) value x"01000000536174204A...
52    03 filler pic x(16) value x"373A35343A35382032...
53    03 filler pic x(16) value x"00800000018A000002...
54    03 filler pic x(16) value x"000000000000000000...
55    03 filler pic x(16) value x"000000000000000000...
56    03 filler pic x(16) value x"000002FA000000AA00...
57    03 filler pic x(16) value x"00000000000000000...
58    03 filler pic x(16) value x"00000000000000000...
59    03 filler pic x(16) value x"0308000000C2000000...
60    03 filler pic x(16) value x"0000000000EE000101...
61    03 filler pic x(16) value x"00000000000000003...
62    03 filler pic x(16) value x"000400100100000040...
63    03 filler pic x(16) value x"000000020100000000...
64    03 filler pic x(16) value x"0000000003DC000000...
65    03 filler pic x(16) value x"010000004000000000...
```

```
66     03 filler pic x(16) value x"031A00000132000000...
67     03 filler pic x(16) value x"00000000015E000101...
68     03 filler pic x(16) value x"000000000000000003...
69     03 filler pic x(16) value x"000400100100000040...
70     03 filler pic x(16) value x"000000020100000001...
71     03 filler pic x(16) value x"000000000400000000...
72     03 filler pic x(16) value x"010000004000000000...
73     03 filler pic x(16) value x"000000000246000003...
74     03 filler pic x(16) value x"000000000000000000...
75     03 filler pic x(16) value x"000000000018000100...
76     03 filler pic x(16) value x"020200000000000001...
77     03 filler pic x(16) value x"0000000001E6000003...
78     03 filler pic x(16) value x"000000000000000000...
79     03 filler pic x(16) value x"034B00000000000000...
80     03 filler pic x(16) value x"000000000000010000...
81     03 filler pic x(16) value x"000000000000000002...
82     03 filler pic x(16) value x"000000000000000000...
83     03 filler pic x(16) value x"00FA0000036A000000...
84     03 filler pic x(16) value x"000001000000000000...
85     03 filler pic x(16) value x"011A00000000000000...
86     03 filler pic x(16) value x"027200000000000000...
87     03 filler pic x(16) value x"0000000002B6000000...
88     03 filler pic x(16) value x"000000000000000002...
89     03 filler pic x(16) value x"000000000000000000...
90     03 filler pic x(16) value x"013E0000039D000000...
91     03 filler pic x(16) value x"000001000000000000...
92     03 filler pic x(16) value x"02C200000000000000...
93     03 filler pic x(16) value x"03AF00810000000000...
94     03 filler pic x(16) value x"00000000016A000003...
95     03 filler pic x(16) value x"000000020000010000...
96     03 filler pic x(16) value x"617475726531320043...
97     03 filler pic x(16) value x"466172656E68656974...
98     03 filler pic x(16) value x"6569743243656C7369...
99     03 filler pic x(16) value x"69757332466172656E...
100    03 filler pic x(16) value x"6C7369757357356616C75...
101    03 filler pic x(16) value x"757356616C75652D30...
102    03 filler pic x(16) value x"6865697456616C7565...
103    03 filler pic x(16) value x"65697456616C75652D...
104    03 filler pic x(16) value x"6E6865697743243656C...
105    03 filler pic x(16) value x"72656E686569745661...
106    03 filler pic x(16) value x"656E6865697456616C...
107    03 filler pic x(16) value x"656C7369757357356616C...
108    03 filler pic x(16) value x"69757357356616C75652D...
109    03 filler pic x(16) value x"69757357356616C75652D...
110    03 filler pic x(16) value x"6E6865697456616C75...
111    03 filler pic x(16) value x"72656E686569745661...
112    03 filler pic x(16) value x"43656C736975757356616C...
```

```
113
114 linkage section.
115*copy "Temperature-copy.cpy".
116*Operation: name="Celsius2Farenheit"
117 01 Celsius2Farenheit-parms.
118*   Input
119     03 input-parms.
120*      Field: name="CelsiusValue" type="float"
121         05 CelsiusValue    comp-1.
122*   Output
123     03 output-parms.
124*      Field: name="FarenheitValue" type="float"
125         05 FarenheitValue comp-1.
126
127*Operation: name="Farenheit2Celsius"
128 01 Farenheit2Celsius-parms.
129*   Input
130     03 input-parms.
131*      Field: name="FarenheitValue" type="float"
132         05 FarenheitValue comp-1.
133*   Output
134     03 output-parms.
135*      Field: name="CelsiusValue" type="float"
136         05 CelsiusValue    comp-1.
137 procedure division.
138     exit program.
139
140*> Programmeinsprungspunkt für den Service
141*> Celsius2Fahrenheit.
142 entry "Celsius2Farenheit"
143     using Celsius2Farenheit-parms.
144
145     *> Eingabeparameter abholen:
146     move CelsiusValue of
147         input-parms of
148         Celsius2Farenheit-parms
149       to wsc-CelsiusValue-01
150
151     *> Damit wird die benötigte DLL
152     *> angezogen:
153     set wsc-proc-ptr to entry "nxwscrun"
154
155     *> Adressen der Ein- und Ausgabe-
156     *> Parameter ermitteln:
157     set wsc-ptr-arg (1)
158         to address of wsc-CelsiusValue-01
```

```
159     set wsc-ptr-arg (2)
160         to address of wsc-FarenheitValue-01
161
162     *> Aufruf einer Routine, die die SOAP-
163     *> Nachricht generiert und den Service
164     *> aufruft:
165     call "InvokeService" using
166         value 2 0 1 1
167         reference
168         wsc-idt
169         wsc-ptr-args
170         wsc-srvc-name
171         wsc-srvc-namespace
172         wsc-srvc-address
173         z"Celsius2Farenheit"
174         z"http://mywebservices.fr.st/"
175         z"http://mywebservices.free.fr/server/Tempe...
176         z"http://mywebservices.fr.st/"
177         returning wsc-ret-code
178
179
180     if wsc-ret-code = 0
181         *> Wenn es zu keinem Fehler gekommen
182         *> ist, wird der Ausgabeparameter
183         *> mit dem Ergebnis versorgt:
184         move wsc-FarenheitValue-01
185             to FarenheitValue of
186                 output-parms of
187                 Celsius2Farenheit-parms
188     end-if
189
190     exit program returning wsc-ret-code.
191
192*> Programmeinsprungspunkt für den Service
193*> Fahrenheit2Celsius.
194 entry "Farenheit2Celsius"
195         using Farenheit2Celsius-parms.
196
197     *> Eingabeparameter abholen:
198     move FarenheitValue of
199         input-parms of
200         Farenheit2Celsius-parms
201       to wsc-FarenheitValue-01
202
203     *> Damit wird die benötigte DLL
204     *> angezogen:
```

```
205    set wsc-proc-ptr to entry "nxwscrun"
206
207    *> Adressen der Ein- und Ausgabe-
208    *> parameter ermitteln:
209    set wsc-ptr-arg (1)
210        to address of wsc-FarenheitValue-01
211    set wsc-ptr-arg (2)
212        to address of wsc-CelsiusValue-01
213
214    *> Aufruf einer Routine, die die SOAP-
215    *> Nachricht generiert und den Service
216    *> aufruft:
217    call "InvokeService" using
218        value 2 0 1 1
219        reference
220        wsc-idt
221        wsc-ptr-args
222        wsc-srvc-name
223        wsc-srvc-namespace
224        wsc-srvc-address
225        z"Farenheit2Celsius"
226        z"http://mywebservices.fr.st/"
227        z"http://mywebservices.free.fr/server/Tempe...
228        z"http://mywebservices.fr.st/"
229        returning wsc-ret-code
230
231    if wsc-ret-code - 0
232        *> Wenn es zu keinem Fehler gekommen
233        *> ist, wird der Ausgabeparameter
234        *> mit dem Ergebnis versorgt:
235        move wsc-CelsiusValue-01
236            to CelsiusValue of
237                output-parms of
238                Farenheit2Celsius-parms
239    end-if
240
241    exit program returning wsc-ret-code.
```

Listing 34.3: Generierter Stub für beide Services

Das generierte Stub-Programm kann nun von jeder COBOL-Anwendung aus mit einem einfachen CALL aufgerufen werden. Wie ein solcher Aufruf aussehen kann, stellt MicroFocus in dem zweiten generierten Programm mit dem Namen `Temperature-app.cbl` dar. Auch dieses ist generiert und wurde nachträglich mit einigen Kommentaren versorgt.

```
1$set intlevel(6)
2 identification division.
3 program-id. "Temperature-app".
```

```
 4 environment division.
 5 data division.
 6 working-storage section.
 7 01 wsc-proc-ptr      usage procedure-pointer.
 8 01 wsc-op-num        pic 99 usage comp-5 value 1.
 9 01 wsc-ret-code      pic 9999 usage comp-5.
10*copy "Temperature-copy.cpy".
11*Operation: name="Celsius2Farenheit"
12 01 Celsius2Farenheit-parms.
13*    Input
14    03 input-parms.
15*      Field: name="CelsiusValue" type="float"
16      05 CelsiusValue   comp-1.
17*    Output
18    03 output-parms.
19*      Field: name="FarenheitValue" type="float"
20      05 FarenheitValue comp-1.
21
22*Operation: name="Farenheit2Celsius"
23 01 Farenheit2Celsius-parms.
24*    Input
25    03 input-parms.
26*      Field: name="FarenheitValue" type="float"
27      05 FarenheitValue comp-1.
28*    Output
29    03 output-parms.
30*      Field: name="CelsiusValue" type="float"
31      05 CelsiusValue   comp-1.
32 procedure division.
33    *> Da in der WSDL-Datei zwei Services gefunden
34    *> wurden, wird hier zunächst abgefragt,
35    *> welcher aufgerufen werden soll:
36    display "Operation ("
37            "1 = Celsius2Farenheit, "
38            "2 = Farenheit2Celsius): "
39       no advancing
40    accept  wsc-op-num
41
42    *> Mit dem Setzen von nachstehendem
43    *> PROCEDURE-POINTER wird das Unterprogramm
44    *> Temperature-proxy geladen, das über die
45    *> beiden Programmeinsprungpunkte
46    *> Celsius2Fahrenheit und Fahrenheit2Celsius
47    *> verfügt.
48    set wsc-proc-ptr to entry "Temperature-proxy"
49
```

```
50    evaluate wsc-op-num
51       when 1
52          perform wsc-op-1
53       when 2
54          perform wsc-op-2
55       when other
56          display "Invalid operation"
57    end-evaluate
58
59    stop run.
60
61 wsc-op-1.
62    *> Eingabe der Parameter für die Umrechnung
63    *> von Celsius nach Fahrenheit:
64    display "CelsiusValue: "
65       no advancing
66    accept  CelsiusValue of
67             input-parms of
68             Celsius2Farenheit-parms
69
70    *> Aufruf des generierten Stubs:
71    call "Celsius2Farenheit"
72       using Celsius2Farenheit-parms
73       returning wsc-ret-code
74
75    if wsc-ret-code not = 0
76       perform wsc-process-error
77    else
78       *> Ausgabe des Ergebnisses:
79       display "FarenheitValue: "
80          no advancing
81       display FarenheitValue of
82             output-parms of
83             Celsius2Farenheit-parms
84    end-if
85
86    exit.
87
88 wsc-op-2.
89    *> Eingabe der Parameter für die Umrechnung
90    *> von Fahrenheit nach Celsius:
91    display "FarenheitValue: "
92       no advancing
93    accept  FarenheitValue of
94             input-parms of
95             Farenheit2Celsius-parms
```

```
 96
 97    *> Aufruf des generierten Stubs:
 98    call "Farenheit2Celsius"
 99       using Farenheit2Celsius-parms
100       returning wsc-ret-code
101
102    if wsc-ret-code not = 0
103       perform wsc-process-error
104    else
105       *> Ausgabe des Ergebnisses:
106       display "CelsiusValue: "
107          no advancing
108       display CelsiusValue of
109             output-parms of
110             Farenheit2Celsius-parms
111    end-if
112
113    exit.
114
115 wsc-process-error.
116    display "Error " wsc-ret-code
117    exit.
```

Listing 34.4: Beispiel für einen Client

Das Beispiel zeigt, wie einfach es ist, einen Web Service zu benutzen, nachdem der erforderliche Stub aus der WSDL-Datei erzeugt wurde.

34.7 Einen Web Service anbieten

Um einen eigenen Web Service anzubieten, sind zwei Dinge erforderlich. Zum Ersten benötigt man einen Server, der das COBOL-Programm hostet, auf das als Web Service zugegriffen werden soll. Zum Zweiten muss man eine WSDL-Datei erstellen, damit ein Interessent einen Client für den Aufruf schreiben kann.

Als Server bietet die Firma MicroFocus ihren so genannten Enterprise-Server an, den sie beispielsweise zusammen mit ihrem Produkt NetExpress ausliefert. Dieser ist mit Hilfe eines Browsers unter der Adresse `http://localhost:86/` zu finden und muss zunächst gestartet werden. Dazu bietet er auf eben genannter Webseite in der Spalte CURRENT STATUS einen Button mit der Aufschrift START an. Der Enterprise Server Console Daemon wird in einem eigenen Fenster gestartet und protokolliert, ob der Startversuch erfolgreich war. Um die Anzeige des Enterprise-Servers im Browser zu aktualisieren, verfügt dieser über einen eigenen Button mit der Aufschrift REFRESH, der zu diesem Zweck benutzt werden muss.

Um anhand eines Beispiels zu zeigen, wie ein eigener Web Service bereitgestellt werden kann, soll ein kleines COBOL-Programm geschrieben werden, das den Inhalt einer Index-sequenziellen Datei ausliest. Hintergrund der Anwendung soll sein, dass ein potenzieller Kunde über diesen Service anfragen kann, ob ein bestimmtes Produkt (verschiedene Parfüme) am Lager ist und was es aktuell kostet. Der Aufbau dieser Datei ist in Tabelle 34.1 beschrieben.

Anz. Stellen	Feldverwendung
5	Artikelnummer
25	Artikelbezeichnung
3V2	Artikelpreis
5	Lagermenge

Tabelle 34.1: Aufbau der Datei BESTAND.DAT

```
P0145Vanessa              0129400176
P0743Kim                  0170000379
P0777Silvia               0396000000
```

Listing 34.5: Inhalt der Datei BESTAND.DAT

Neben den reinen Produktdaten soll außerdem noch ein allgemeiner Text zurückgegeben werden, der aussagt, ob das Produkt lieferbar ist oder nicht.

Das COBOL-Programm, das als Web Service dienen soll, ist in Listing 34.6 abgedruckt.

```
1 program-id. BestAbfrage.
2 environment division.
3 configuration section.
4 special-names.
5     decimal-point is comma.
6 input-output section.
7 file-control.
8     select bestand assign to "bestand.dat"
9         organization is indexed
10        access mode dynamic
11        record key is art-nr
12        file status is beststat.
13 data division.
14 file section.
15 fd    bestand.
16 01    bestsatz.
17     05   art-nr          pic x(5).
18     05   art-bez         pic x(25).
19     05   art-preis       pic 9(3)v99.
20     05   art-lagermenge  pic 9(5).
21 working-storage section.
22 01    beststat            pic xx.
23     88   best-ok         value "00" thru "09".
24 linkage section.
25 01    lnk-art-nr          pic x(5).
26 01    lnk-allg-text       pic x(25).
27 01    lnk-art-bez         pic x(25).
28 01    lnk-art-preis       pic zz9,99.
29 01    lnk-art-menge       pic z(4)9.
```

```
30 procedure division using lnk-art-nr lnk-allg-text
31     lnk-art-bez lnk-art-preis lnk-art-menge.
32 ausgabefelder-initialisieren.
33     initialize lnk-allg-text    lnk-art-bez
34                lnk-art-preis    lnk-art-menge
35     .
36 datei-oeffnen.
37     open input bestand
38     if not best-ok
39         move "Fehler bei OPEN" to lnk-allg-text
40         exit program
41     end-if
42     .
43 satz-lesen.
44     move lnk-art-nr to art-nr
45     read bestand
46     if not best-ok
47         move "Artikel nicht gefunden" to
48             lnk-allg-text
49         close bestand
50         exit program
51     end-if
52     .
53 datenfelder-fuellen.
54     if art-lagermenge > 0
55         move "Der Artikel ist lieferbar" to
56             lnk-allg-text
57     else
58         move "Artikel nicht am Lager" to
59             lnk-allg-text
60     end-if
61     move art-bez to lnk-art-bez
62     move art-preis to lnk-art-preis
63     move art-lagermenge to lnk-art-menge
64     .
65 programm-beenden.
66     close bestand
67     exit program
68     .
```

Listing 34.6: Der Web Service Bestandsabfrage

Um einen Web Service zu erstellen, ist es zunächst notwendig, alle serverseitigen Komponenten zu erzeugen. Dafür bietet MicroFocus ein Programm mit dem Namen Interface Mapper an, der die LINKAGE SECTION eines COBOL-Programms analysiert und die dazu passenden Schnittstellenprogramme erzeugt. Unter NetExpress starten Sie dieses Programm über das Menü File – New und die Option Service Interface. Hier bekommen Sie unter anderem die Auswahl, ein Mapping für einen COBOL-Web-Service zu erstellen. Sie werden gefragt, in welchem Projekt der Service angelegt werden soll, wie das

COBOL-Programm heißt, um das es geht, und wie der Service nach außen genannt werden soll. In diesem Beispiel wurde als Servicename BestandAbfragen gewählt.

Sobald Sie alle Angaben gemacht haben, interpretiert das Tool die LINKAGE SECTION des COBOL-Programms und bietet in einer Dialogbox unter der Bezeichnung INTERFACE FIELDS alle Felder, die dort gefunden wurden, sowohl als Eingabe- als auch als Ausgabeparameter an. Hier muss der Entwickler definieren, welche Felder in welcher Form tatsächlich benutzt werden sollen. Die notwendigen Angaben sind in Tabelle 34.2 aufgeführt.

Field Name	Direction	Type
lnk_art_nr_in	Input	String
lnk_allg_text_out	Output	String
lnk_art_bez_out	Output	String
lnk_art_preis_out	Output	String
lnk_art_menge_out	Output	String

Tabelle 34.2: Interface-Mapping für den Web Service BestandAbfragen

Bevor der Web Service auf den Enterprise-Server übertragen werden kann, muss innerhalb des Interface-Mapping-Tools mit der rechten Maustaste auf den Service BESTANDABFRAGEN geklickt und unter der Option SETTINGS folgende Angaben gemacht werden. Zunächst ist der Name des Servers anzugeben, auf dem der Service laufen soll. Über den Button CHANGE bietet MicroFocus eine Liste aller erreichbaren Server an, von denen der gewünschte auszuwählen ist. In vorliegendem Beispiel handelt es sich um den Server ESDEMO. Als Nächstes muss die Adresse spezifiziert werden, unter der der Service im Internet zu erreichen sein soll. MicroFocus schlägt standardmäßig die Adresse http://tempuri.org/BestandAbfragen vor, die für dieses Beispiel übernommen wurde. Unter der Überschrift APPLICATION FILES muss schließlich noch eine Liste aller Komponenten erstellt werden, die gemeinsam im Server installiert werden sollen. Dazu wählt man die Option LEGACY APPLICATION NEEDS DEPLOYING und nimmt in die Liste alle Dateien aus Tabelle 34.3 auf.

Name der Komponente	Verwendung
BestAbfrage.int	Dabei handelt es sich um das übersetzte COBOL-Programm, das als Web Service fungieren soll.
BestAbfrage.idy	Diese Datei ist eigentlich nicht notwendig, ermöglicht es aber, den Web Service in einer DEBUG-Session zu benutzen.
Bestand.dat	Datenbestand der Index-sequenziellen Datei, auf die der Web Service zugreifen soll. Soll die Datei nicht mit installiert werden, muss das Programm mit einer absoluten Pfadangabe auf sie zugreifen können.
Bestand.idx	Indexbestand der Index-sequenziellen Datei, der nur dann mit installiert werden muss, wenn sich auch der Datenbestand auf dem Server befindet.

Tabelle 34.3: Liste der zu installierenden Komponenten

Die Dialogbox kann beendet und der Service installiert (deployed) werden. Dazu klicken Sie im Interface-Mapping-Tool erneut mit der rechten Maustaste auf den Service mit dem Namen BESTANDABFRAGEN und wählen die Option DEPLOY. Über eine entsprechende Dialogbox werden Sie über den Erfolg oder Misserfolg des Installationsvorgangs unterrichtet.

Wollen Sie einen Web Service erneut installieren, weil Sie ihn inhaltlich verändert haben, so ist es zunächst notwendig, ihn auf dem Enterprise-Server zu löschen. Wie bereits erwähnt, können Sie die Administrationsseite des Servers über einen Browser unter der Adresse http://localhost:86/ erreichen. Dort lassen Sie sich die Details zu allen installierten Services anzeigen und können dann den gewünschten über den Button DELETE entfernen.

Als Ergebnis der Installation wird unter anderem die WSDL-Datei `BestandAbfragen.wsdl` erzeugt, die dazu dient, den Service in einer Registry zu beschreiben, und die die notwendigen Informationen liefert, einen entsprechenden Client zu erstellen, der den Service aufruft.

Die generierte Datei ist in Listing 34.7 abgedruckt, wobei zu lange Zeilen durch die Angabe von drei Punkten (...) gekürzt wurden.

```xml
<?xml version="1.0" encoding="UTF-8" standalone="no" ?>
<definitions name="BestandAbfragen"
  targetNamespace="http://tempuri.org/BestandAbfragen"
  xmlns="http://schemas.xmlsoap.org/wsdl/"
  xmlns:soap="http://schemas.xmlsoap.org/wsdl/soap/"
  xmlns:tns="http://tempuri.org/BestandAbfragen"
  xmlns:wsdl="http://schemas.xmlsoap.org/wsdl/"
  xmlns:xs="http://www.w3.org/2001/XMLSchema">

  <types>
    <schema
       targetNamespace="http://tempuri.org/BestandAbfr...
       xmlns="http://www.w3.org/2001/XMLSchema"
       xmlns:SOAP-ENC="http://schemas.xmlsoap.org/soap...
  </types>

  <message name="BESTABFRAGEInput">
    <part name="lnk_art_nr_in" type="xs:string"/>
  </message>

  <message name="BESTABFRAGEOutput">
    <part name="lnk_allg_text_out" type="xs:string"/>
    <part name="lnk_art_bez_out" type="xs:string"/>
    <part name="lnk_art_preis_out" type="xs:string"/>
    <part name="lnk_art_menge_out" type="xs:string"/>
  </message>

  <portType name="BestandAbfragen">
    <operation name="BESTABFRAGE">
      <input message="tns:BESTABFRAGEInput"/>
      <output message="tns:BESTABFRAGEOutput"/>
    </operation>
  </portType>

  <binding name="BestandAbfragen"
           type="tns:BestandAbfragen">
    <soap:binding
       style="rpc"
       transport="http://schemas.xmlsoap.org/soap/http"/>
    <operation name="BESTABFRAGE">
      <soap:operation/>
```

```
            <input>
              <soap:body
                encodingStyle="http://schemas.xmlsoap.org/s...
                namespace="http://tempuri.org/BestandAbfragen"
                use="encoded"/>
            </input>
            <output>
              <soap:body
                encodingStyle="http://schemas.xmlsoap.org/s...
                namespace="http://tempuri.org/BestandAbfragen"
                use="encoded"/>
            </output>
        </operation>
      </binding>

      <service name="BestandAbfragen">
        <port binding="tns:BestandAbfragen"
              name="BestandAbfragen">
          <soap:address location="http://localhost:9003"/>
        </port>
      </service>

    </definitions>
```

Listing 34.7: Generierte WSDL-Datei für den Service BestandAbfragen

Wie bereits im vorangegangenen Kapitel beschrieben, lassen sich aus der aktuellen WSDL-Datei sowohl ein Stub-Programm als auch ein einfacher Client generieren. Ein möglicher Dialogablauf findet sich in Listing 34.8.

```
Operation: BESTABFRAGE
lnk_art_nr_in: P0777
lnk_allg_text_out: Artikel nicht am Lager

lnk_art_bez_out: Silvia

lnk_art_preis_out:  39,60

lnk_art_menge_out:     0
```

Listing 34.8: Aufruf des Web Service BestandAbfragen

35

COBOL und
Application Server (EJB)

35.1 Vorbemerkung

Wie schon bei dem Kapitel über die Web Services ausgeführt, kommt serverbasierten Programmen wieder mehr Bedeutung zu. Die momentan modernste Plattform für solche Anwendungen stellen die so genannten Application Server dar, die von unterschiedlichen Herstellern angeboten werden und von denen jeder die EJB-Spezifikation der Firma SUN Microsystems unterstützt.

Alle diese Application Server basieren auf der Programmiersprache JAVA und sind selbst überwiegend oder ausschließlich in JAVA programmiert. Auch COBOL-Programme kamen bisher sehr häufig auf Servern wie MVS, CICS oder IMS/DC-Systemen zum Einsatz, und es war schon immer eine Stärke von COBOL, sich in neue Umgebungen integrieren zu können. Je mehr neue Anwendungen auf der Basis von Application Servern entstehen werden, um so lauter werden die Fragen an COBOL werden, ob und wie sich bewährte Module in diese neue Welt einbinden lassen.

Im Rahmen dieses Buches wurde das Thema *COBOL ruft JAVA* und umgekehrt bereits ausführlich behandelt. Auch die Firma IBM ermöglicht es ihrem Enterprise-COBOL-Compiler, für ihre Host-Systeme JAVA-Klassen zu benutzen und sich von ihnen aufrufen zu lassen. Daher liegt es nahe, COBOL über diesen Weg in einen Application Server zu integrieren.

Dieses Kapitel vermittelt zunächst ein grundlegendes Wissen über Application Server und behandelt danach sehr ausführlich die unterschiedlichen Bausteine (Session und Entity Beans), aus denen EJB-Anwendungen gebaut werden. Zu jeder Bausteinart wird ein COBOL-Programm gezeigt, das als entsprechendes Bean im Application Server benutzt werden kann.

35.2 J2EE

Die Abkürzung J2EE steht für *JAVA 2 Enterprise Edition*. JAVA gibt es in insgesamt drei verschiedenen Konfigurationen mit den Bezeichnungen J2ME, J2SE und schließlich J2EE. In all diesen Versionen ist die komplette Programmiersprache JAVA enthalten, die allerdings nur über sehr wenige Anweisungen verfügt. Die Unterschiede zwischen den Konfigurationen liegen in den Klassenbibliotheken, die jeweils enthalten sind.

In der kleinsten Konfiguration J2ME (Micro Edition) sind nur die wichtigsten Klassen enthalten, die für einen Betrieb von einfachen JAVA-Anwendungen notwendig sind. Daher können diese auf Kleingeräten wie Handys oder PDAs laufen. Interessanterweise ist beispielsweise alles Notwendige enthalten, damit man sich von solchen Programmen aus als Client an einem Application Server anmelden kann.

Die mittlere Konfiguration J2SE (Standard Edition) ist im Allgemeinen diejenige, von der man spricht, wenn man JAVA sagt. Sie ist es, die sich kostenlos von der Homepage der Firma SUN herunterladen lässt und mit der die überwiegende Menge aller JAVA-Programme geschrieben wird. Neben der Unterstützung aufwendiger, grafischer Oberflächen bietet sie auch alles, was für die Entwicklung von serverbasierten Anwendungen notwendig ist, solange sich diese nicht an die EJB-Spezifikation von SUN halten müssen.

Die Enterprise Edition bietet eigentlich nur verhältnismäßig wenig zusätzliche Klassenbibliotheken, die die Standard Edition erweitern. Sie werden üblicherweise von Hersteller des Application Servers mitgeliefert.

35.3 Enterprise JAVA Beans

Im Rahmen von Application-Server-Anwendungen wird immer wieder die Abkürzung EJB verwendet, die ausgesprochen für Enterprise JAVA Beans steht. Damit sind normale JAVA-Programme gemeint, die eine ganz bestimmte Schnittstelle bieten, um als EJBs verwendet werden zu können.

Was man in COBOL als ein Modul bezeichnet, nennt man in der JAVA-Welt Bean. Um zu einem Enterprise JAVA Bean zu werden, muss die JAVA-Klasse mindestens über eine ganz bestimmte Menge exakt vorgegebener Methoden mit genau definierten Parametern verfügen. In der EJB-Spezifikation werden verschiedene Typen von EJBs unterschieden, die im Folgenden noch ausführlich erklärt werden. Je nachdem, zu welchem Typ ein Bean gehören soll, muss es unterschiedliche Methoden vorhalten.

Um nun ein COBOL-Programm als vollwertiges Enterprise JAVA Bean benutzen zu können, implementiert man eine objektorientierte COBOL-Klasse, die genau über die Methoden verfügt, die durch die EJB-Spezifikation für den entsprechenden Beantyp gefordert werden. Damit sie für JAVA aufrufbar wird, schreibt man eine zusätzliche JAVA-Wrapper-Klasse, wie dies bereits im Kapitel *JAVA ruft COBOL* erklärt wurde.

Was dann in der COBOL-Klasse passiert, bleibt dem Entwickler überlassen. So ist es beispielsweise kein Problem, aus einer COBOL-Methode heraus mit Hilfe der CALL-Anweisung ein klassisches COBOL-Programm aufzurufen, zum Beispiel einen Rechenkern, der auf allen Plattformen identisch sein soll und daher dem Single-Source-Prinzip folgt.

Alle COBOL-Module müssen in eine dynamische Bibliothek, eine so genannte *DLL* gebunden werden, die vom Application Server aus erreichbar sein muss. Da JAVA sehr viel mit Threads arbeitet, muss sie unbedingt multithreadingfähig sein, also mit der entsprechenden Runtimebibliothek verbunden werden. In der Entwicklungsumgebung von MicroFocus finden sich entsprechende Optionen für den Bau einer solchen DLL.

35.4 Application Server

Um eine EJB-Anwendung betreiben zu können, ist neben JAVA auch ein Application Server notwendig, der als eigenständige Software beschafft, installiert und konfiguriert werden muss. Solche Application Server gibt es von unterschiedlichsten Herstellern, und sie unterscheiden sich ganz erheblich in ihrer Leistungsfähigkeit und vor allem in ihrem Preis. Zu den wohl wichtigsten Produkten gehören der Application Server WebSphere von der Firma IBM, WebLogic von der Firma BEA und Sun ONE von der Firma Sun Microsystems. Aber auch andere Firmen bieten Application Server an. Um ihre Software so nennen zu dürfen, müssen sie sie von der Firma SUN zertifizieren lassen. Damit ist gewährleistet, dass eine einmal geschriebene, EJB-konforme Application-Server-Anwendung auf jedem dieser Server betrieben werden kann, ohne dass irgendwelche Änderungen am Quellcode notwendig wären.

Auch die Open-Source-Gemeinde hat sich dem Thema Application Server angenommen und ein Produkt mit dem Namen JBoss entwickelt. Dabei handelt es sich um einen voll funktionstüchtigen Server, dem jedoch die Zertifizierung fehlt. Dafür kann er kostenlos unter `http://www.jboss.org` bezogen werden. Alle Beispiele in diesem Kapitel wurden unter JBoss getestet, weil er sich ideal dazu eignet, erste Erfahrungen mit dieser Technologie zu sammeln, ohne gleich größere Investitionen tätigen zu müssen. Außerdem lässt er sich sehr leicht installieren und konfigurieren und alle Ergebnisse sind auf alle anderen Application Server eins zu eins übertragbar.

Ein Application Server ist ein eigenes Stück Software, der in seinem Inneren im Wesentlichen aus zwei Containern besteht. Neben einem Web-Container, der hauptsächlich für die Aufnahme von HTML-Seiten und die Abarbeitung von JAVA Server Pages gedacht ist, findet sich auch ein EJB-Container, in dem die einzelnen Enterprise JAVA Beans abgearbeitet werden, sich also die eigentliche Anwendung befindet. Nachdem man JBoss installiert hat, stehen drei vorkonfigurierte EJB-Container zur Verfügung, die sich alle im Unterverzeichnis `server` befinden und mit `minimal`, `default` und `all` bezeichnet sind. Für alle Ausführungen innerhalb dieses Kapitels genügt der `default`-Container, weshalb dieser auch verwendet werden sollte. Zusätzlich zu diesen beiden Containern muss jeder Application Server eine bestimmte Menge an Services zur Verfügung stellen, die von den Beans aus benutzt werden können. Dazu gehören beispielsweise:

❑ das Thread- und Prozessmanagement

❑ die Unterstützung von Clustering und Lastverteilung

❑ die Ausfallsicherheit

❑ ein Namens- und Verzeichnisdienst, um Komponenten auffinden zu können

❑ eine Zugriffsmöglichkeit auf und das Pooling von Betriebssystemressourcen

❑ die Bereitstellung von Transaktionsschutz

❑ eine JDBC-Schnittstelle zu Datenbanken

❑ die Unterstützung von JMS für den Zugriff auf Queues

❑ die Unterstützung von JAVA Mail für den Versand von E-Mails

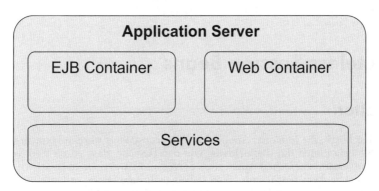

Abbildung 35.1: Aufbau eines Application Servers

Damit eine Anwendung im EJB-Container ablaufen kann, muss sie dort installiert werden. Dieser Vorgang wird *Deployment* genannt, wodurch die einzelnen Bausteine der Anwendung, die einzelnen Beans, dem Application Server bekannt gemacht werden. Dazu dienen zwei XML-Dateien, die zusammen mit der eigentlichen Anwendung übertragen werden. Bei diesen XML-Dateien handelt es sich um die so genannten *Deployment Descriptoren* der standardisierten `ejb-jar.xml`-Datei und mindestens einer herstellerspezifischen, zusätzlichen XML-Datei. Im Falle von JBoss trägt diese den Namen `jboss.xml` und enthält spezielle Informationen für den Server. Die Inhalte dieser Dateien werden zu jedem Beispiel erklärt.

Wie bereits erwähnt, unterteilen sich die Enterprise JAVA Beans in verschiedene Arten, die in Abbildung 35.2 dargestellt sind.

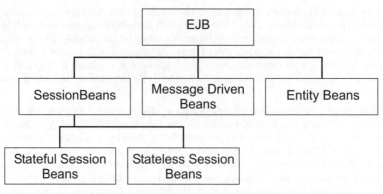

Abbildung 35.2: Unterschiedliche Bean-Arten

Die Session Beans beinhalten die eigentliche Anwendungslogik und sind typischerweise mit einem Client verbunden. Sie unterteilen sich in Stateful und Stateless Session Beans, je nachdem, ob sie den aktuellen Status einer Anwendung speichern können oder nicht. Auch die Message Driven Beans gehören zu den Session Beans, beinhalten also ebenfalls Anwendungslogik, sind aber nicht mit einem Benutzer, sondern mit einer Nachrichten-Queue verbunden und werden über hereinkommende Nachrichten gestartet. Die Entity Beans dienen dem Zugriff auf die Datenhaltung, worunter im Allgemeinen eine Datenbank verstanden wird. Sie sollen die Anwendungsdaten, die durch die Session Beans erzeugt werden, speichern, beziehungsweise sie den Session Beans zur Verfügung stellen.

Zu den Aufgaben der Session Beans gehört auch die Bereitstellung von Transaktionsschutz, den dann die Entity Beans benutzen.

Im Rahmen dieses Buches kann nur sehr allgemein auf das Thema Application Server eingegangen werden. Ziel ist es hier, den COBOL-Entwickler in die Lage zu versetzen, sich mit einem EJB-Entwickler zu unterhalten und zu wissen, womit dieser sich beschäftigt.

35.5 Stateless Session Beans

Eigenschaften

Die einfachsten Beans, die in einem Application Server installiert werden können, sind die Stateless Session Beans. Sie bekommen ihre Bezeichnung von der Tatsache, dass sie nicht in der Lage sind, den Zustand einer Konversation zwischen Application Server und Anwender zu speichern. Mit anderen Worten heißt das, sie haben kein Gedächtnis. Eine beliebige Instanz eines zustandslosen Session Beans steht einem Benutzer für genau einen Methodenaufruf zur Verfügung und kann danach für den nächsten Benutzer wieder verwendet werden. Es macht daher keinen Sinn, sich in den Attributen dieser Instanz irgendwelche Informationen über den vorhergehenden Aufruf zu halten. Sobald der erste Client eine Methode eines zustandslosen Session Beans aufruft, erzeugt der Application Server eine Instanz der zugehörigen Klasse, führt den Methodenaufruf durch und hebt sich danach die Instanz in einem Pool auf. Dieser Pool wird üblicherweise so groß, dass alle Clients, die gleichzeitig eine entsprechende Methode aufrufen, versorgt werden können. Es ist also nicht notwendig, für jeden angemeldeten Client eine eigene Instanz eines zustandslosen Session Beans zu halten, weil diese auf mehrere Clients verteilt werden können.

Einsatzgebiete

In einer Anwendung, in der viele User gleichzeitig überwiegend nur einfache Abfragen und Berechnungen durchführen, ist der Einsatz von zustandslosen Session Beans am besten geeignet, weil sie extrem ressourcenschonend sind. Sobald es aber notwendig wird, sich von einem Methodenaufruf zum nächsten irgendwelche Informationen zu speichern, sind sie eher weniger geeignet. In anderen Serversystemen wie CICS oder IMS/DC gibt es Techniken, userbezogene Daten zwischen zwei Aufrufen weiterzureichen, diese gibt es bei Application Servern nicht, außer man speichert sie in einer Datenbank ab. Was macht man aber dann mit den dort liegenden Informationen, wenn sich ein Benutzer, beispielsweise ein Server im Internet, nicht mehr meldet? Auch die Idee, temporäre Daten in einfache Dateien zu speichern, macht wenig Sinn, da es in einem Cluster, bei dem mehrere Application Server auf unterschiedlichen Rechnern zusammengeschaltet sind, nicht sicher ist, auf welcher Maschine der nächste Methodenaufruf stattfinden wird.

Methoden der Bean-Klasse

Damit ein COBOL-Programm zu einem zustandslosen Session Bean wird, muss es eine Reihe von Methoden implementieren, über die es vom Application Server gesteuert wird. Alle unbedingt notwendigen Methoden sind im Folgenden aufgeführt. Darüber hinaus wird es natürlich noch eine oder mehrere Businessmethoden vorhalten, in denen die eigentliche Anwendungslogik steckt.

ejbCreate

Jedes Bean muss über einen parameterlosen Standardkonstruktor verfügen, da der Application Server über diesen die eigentliche Instanz erzeugt, die nach ihrem Gebrauch nicht zwangsweise wieder freigegeben, sondern vielmehr in einem eigens eingerichteten Pool für weitere Methodenaufrufe vorgehalten wird.

Nachdem der Application Server eine Instanz eines zustandslosen Session Beans erzeugt und es mit einem Session-Context versorgt hat (siehe Methode `setSessionContext`), ruft er die Methode `ejbCreate` auf, die im Fall von zustandslosen Session Beans keine Parameter erwarten darf. Ab jetzt steht das Bean für Methodenaufrufe zur Verfügung und die `ejbCreate`-Methode wird für diese Instanz kein zweites Mal mehr aufgerufen.

Die Methode hat keinen Rückgabewert.

Sollte die `ejbCreate`-Methode auf ein Problem stoßen, durch das sich das Bean nicht ordentlich initialisieren lässt, kann es eine `EJBException` auslösen, wodurch der Vorgang abgebrochen und es beim Benutzer zu einer Fehlermeldung kommen wird.

ejbRemove

Diese Methode erwartet keine Parameter und wird vom Application Server aufgerufen, wenn die Bean-Instanz freigegeben werden soll. Bei zustandslosen Session Beans ist dies jedoch nur dann der Fall, wenn der Application Server in seinem Pool über genügend Instanzen dieser Bean-Art verfügt und somit keine weiteren mehr benötigt.

Auch die `ejbRemove`-Methode kann eine `EJBException` auslösen, wenn sie auf ein Problem stößt.

Die Methode hat keinen Rückgabewert.

setSessionContext

Unmittelbar nachdem die Instanz des zustandslosen Session Beans erzeugt wurde, ruft der Application Server die Methode `setSessionContext` auf und übergibt ihr als Parameter eine Instanz der Klasse `SessionContext`. Aufgabe der Methode ist es, diesen Session-Context zu speichern. Über ihn hat eine Bean-Instanz später Zugriff auf ihre Umgebung im EJB-Container. So kann sie sich beispielsweise eine Referenz auf ihr Home- oder Local-Home-Interface besorgen oder überprüfen, ob die aktuelle Transaktion zu diesem Zeitpunkt durch ein `Commit` oder ein `Rollback` beendet werden soll. Durch den Aufruf der Methode `setRollbackOnly` kann sie auch ein `Rollback` erzwingen.

Erst nachdem diese Methode gelaufen ist, wird vom Application Server die Methode `ejbCreate` aufgerufen.

Sollte es zu einem Problem kommen, kann die Methode eine `EJBException` auslösen.

Die Methode hat keinen Rückgabewert.

ejbPassivate

Diese Methode erwartet keine Parameter und ist eigentlich nur für zustandsbehaftete Session Beans relevant. Da alle Session Beans jedoch dieselbe Schnittstelle implementieren, müssen auch zustandslose Session Beans über diese Methode verfügen, die üblicherweise als leere Methode programmiert wird.

Die Methode hat keinen Rückgabewert.

ejbActivate

Auch `ejbActivate` erwartet keine Parameter und ist eigentlich nur für zustandsbehaftete Session Beans relevant, muss aber dennoch implementiert werden.

Die Methode hat keinen Rückgabewert.

Allgemeine Businessmethoden

Die eigentliche Funktionalität des zustandslosen Session Beans wird über zusätzliche Methoden zur Verfügung gestellt, die keinen weiteren Namenskonventionen folgen müssen. Auch hinsichtlich ihrer Parameterleisten und ihrer Rückgabewerte sind sie völlig frei.

Methoden des Home-Interfaces

Neben der eigentlichen Bean-Klasse muss jedes zustandslose Session Bean noch zwei Interfaces vorhalten, aus denen der Application Server konkrete Klassen ableiten wird. Dabei handelt es sich um das Home- und das Remote-Interface. Wenn Sie sich noch einmal die Arbeitsweise eines Application Servers vor Augen halten, wird deren Bedeutung klar. Das Bean-Objekt liegt ausschließlich im Server vor und wird dort abgearbeitet. Ein Client, der außerhalb des Servers liegt, hat keinen direkten Zugriff auf das Bean, sondern kommuniziert mit einer Stub-Klasse. Im Falle eines Applikation Servers gibt es jedoch nicht nur eine, sondern zwei Stub-Klassen, die sich die Aufgaben teilen. Sie werden aus dem Home- und aus dem Remote-Interface der Bean-Klasse gebildet.

Im Home-Interface befinden sich alle Methoden, über die der Client eine Verbindung mit dem zustandslosen Session Bean herstellen kann.

create

Als einzige Methode im Home-Interface eines zustandslosen Session Beans findet sich die parameterlose Methode `create`. Sie wird vom Client aufgerufen, um eine Referenz auf das Remote-Interface des Session Beans zu bekommen, über das die Businessmethoden des Beans erreicht werden können.

Der Rückgabewert der `create`-Methode ist daher auch eine Instanz einer Klasse, die das zugehörige Remote-Interface implementiert hat.

Da es beim Remote-Aufruf der Methoden des Application Servers zu Fehlern kommen kann, löst diese Methode zusätzlich eine `RemoteException` aus.

Methoden des Remote-Interfaces

Das zweite Interface, das zu jeder Bean-Klasse erstellt werden muss, ist das Remote-Interface. Sobald ein Client Zugriff auf eine Klasse hat, die dieses Interface implementiert, ist er in der Lage, die eigentlichen Funktionen des zustandslosen Session Beans zu benutzen.

Allgemeine Businessmethoden

Jede fachliche Funktion, die einem Client zur Verfügung gestellt werden soll, muss im Remote-Interface deklariert werden. Wie alle Interfacemethoden lösen auch sie zusätzlich `RemoteExceptions` aus.

Local-Home-Interface

Ein Client muss im Sinne eines Application Servers nicht zwangsweise ein Programm sein, das sich außerhalb des Servers befindet. Auch dann, wenn ein Session Bean ein anderes benutzen möchte, spricht man von einem Client. Befinden sich Client und Bean im selben Hauptspeicher, so kann man sich den zusätzlichen Aufwand eines Remote-Aufrufs sparen. Das zustandslose Bean muss dann über ein Local-Home- und ein Local-Interface verfügen. Es ist auch möglich, dass ein Bean alle vier Interfaces besitzt.

Das Local-Home-Interface entspricht in seiner Bedeutung exakt dem Home-Interface, wird aber anstelle von `EJBHome` von `EJBLocalHome` abgeleitet.

Local-Interface

Für die so genannte *Local-Client-View*, also einer Architektur, in der sich Client und Bean im selben Hauptspeicher befinden, übernimmt das Local-Interface die Aufgaben des Remote-Interface, ist aber nicht von `EJBObject`, sondern von `EJBLocalObject` abgeleitet.

Programmbeispiel: Addierer

Es soll ein simples, zustandsloses Session Bean erstellt werden, das über eine Methode mit den Namen `addiere` verfügen soll, die zwei Zahlen erwartet und ihre Summe als Ergebnis zurückliefert.

COBOL-Programm

Das entsprechende COBOL-Programm ist in Listing 35.1 abgedruckt. Es implementiert alle notwendigen Methoden der Bean-Klasse und darüber hinaus noch die eigentliche Businessmethode.

```
 1 $set ooctrl(+p) ooctrl(-f)
 2 identification division.
 3 class-id. AddiererBean as "AddiererBean"
 4            inherits from javabase.
 5
 6 repository.
 7     class javabase as "javabase"
 8     .
 9
10 factory.
11 working-storage section.
12
13 end factory.
14
15 object.
16 working-storage section.
17 01  SessionContext      object reference.
18
```

```
19*>-----------------------------------------------
20 method-id.  ejbCreate .
21 linkage Section.
22 procedure division.
23     display "AddiererBean::ejbCreate"
24     exit method.
25 end method ejbCreate.
26*>-----------------------------------------------
27
28*>-----------------------------------------------
29 method-id.  ejbRemove .
30 linkage Section.
31 procedure division.
32     display "AddiererBean::ejbRemove"
33     exit method.
34 end method ejbRemove.
35*>-----------------------------------------------
36
37*>-----------------------------------------------
38 method-id.  ejbPassivate .
39 linkage Section.
40 procedure division.
41     display "AddiererBean::ejbPassivate"
42     exit method.
43 end method ejbPassivate.
44*>-----------------------------------------------
45
46*>-----------------------------------------------
47 method-id.  ejbActivate .
48 linkage Section.
49 procedure division.
50     display "AddiererBean::ejbActivate"
51     exit method.
52 end method ejbActivate.
53*>-----------------------------------------------
54
55*>-----------------------------------------------
56 method-id.  setSessionContext .
57 linkage Section.
58 01  ctx                 object reference.
59 procedure division using by reference ctx.
60     display "AddiererBean::setSessionContext"
61     set SessionContext to ctx
62     exit method.
63 end method setSessionContext.
64*>-----------------------------------------------
65
```

```
66*>------------------------------------------------
67 method-id.  addiere .
68 linkage Section.
69 01  a                      binary-long.
70 01  b                      binary-long.
71 01  erg                    binary-long.
72 procedure division using by reference a
73                           by reference b
74                           returning erg.
75     display "AddiererBean::addiere"
76     compute erg = a + b
77     exit method.
78 end method addiere.
79*>------------------------------------------------
80
81 end object.
82
83 end class AddiererBean.
```

Listing 35.1: COBOL-Klasse des zustandslosen Session Beans

JAVA-Programm

Damit die COBOL-Klasse vom Application Server aufgerufen werden kann, ist es notwendig, eine JAVA-Wrapper-Klasse zu programmieren, die die Aufrufe weiterleitet. Die COBOL-Klasse wird dabei in eine DLL übersetzt, die im Initialisierungsbereich der JAVA-Klasse einmalig angezogen wird.

```
package de.cobol;

import com.microfocus.cobol.*;
import javax.ejb.*;

public class AddiererBean
    extends com.microfocus.cobol.RuntimeObject
    implements SessionBean
{
  static
  {
    // AddiererBean.DLL laden:
    cobloadclass ("AddiererBean",
                  "AddiererBean",
                  "de.cobol.AddiererBean");
  }

  public void ejbCreate()
  throws EJBException
  {
    try
```

```
  {
    Object[] params = {};
    cobinvoke_void ("ejbCreate", params);
  }
  catch(Exception ex)
  {
    throw new EJBException(ex.getMessage());
  }
}

public void ejbRemove()
throws EJBException
{
  try
  {
    Object[] params = {};
    cobinvoke_void ("ejbRemove", params);
  }
  catch(Exception ex)
  {
    throw new EJBException(ex.getMessage());
  }
}

public void ejbPassivate()
throws EJBException
{
  try
  {
    Object[] params = {};
    cobinvoke_void ("ejbPassivate", params);
  }
  catch(Exception ex)
  {
    throw new EJBException(ex.getMessage());
  }
}

public void ejbActivate()
throws EJBException
{
  try
  {
    Object[] params = {};
    cobinvoke_void ("ejbActivate", params);
  }
```

```
      catch(Exception ex)
      {
        throw new EJBException(ex.getMessage());
      }
    }

    public void setSessionContext(SessionContext ctx)
    throws EJBException
    {
      try
      {
        Object[] params = {ctx};
        cobinvoke_void ("setSessionContext", params);
      }
      catch(Exception ex)
      {
        throw new EJBException(ex.getMessage());
      }
    }

    public int addiere(int a, int b)
    throws EJBException
    {
      try
      {
        // Parameters are passed to COBOL in an array
        Integer param1 = new Integer(a);
        Integer param2 = new Integer(b);
        Object[] params = {param1, param2};
        return (cobinvoke_int ("addiere", params));
      }
      catch(Exception ex)
      {
        throw new EJBException(ex.getMessage());
      }
    }
  }
```

Listing 35.2: JAVA-Wrapper-Klasse

Home-Interface

Der Application Server generiert aus dem Home-Interface eine der beiden Stub-Klassen, die an den Client übertragen werden. Es genügt daher, es als reines JAVA-Interface zu programmieren.

```
package de.cobol;

import java.rmi.*;
```

```
import javax.ejb.*;

public interface AddiererHome extends EJBHome
{
  public Addierer create()
    throws RemoteException, CreateException;
}
```

Listing 35.3: Home-Interface des Addierer-Beans

Remote-Interface

Auch das Remote-Interface muss nur in JAVA angelegt werden, da der Application Server daraus die zweite Stub-Klasse für den Client erzeugt.

```
package de.cobol;

import java.rmi.*;
import javax.ejb.*;

public interface Addierer extends EJBObject
{
  public int addiere(int a, int b)
    throws RemoteException;
}
```

Listing 35.4: Remote-Interface des Addierer-Beans

Programme übersetzen

Das COBOL-Programm wird in eine DLL übersetzt, die unbedingt multithreadingfähig sein muss. In der Entwicklungsumgebung NetExpress von MicroFocus kann man in den Build-Settings der DLL entsprechende Angaben machen. Sie muss weiterhin mit der Shared-Runtime-Library dynamisch gebunden werden.

Die JAVA-Programme können ebenfalls von NetExpress heraus, aber auch von Hand mit dem JAVA-Compiler übersetzt werden. Wichtig dabei ist, dass die Bibliothek `jboss-j2ee.jar` über die Umgebungsvariable CLASSPATH zu erreichen ist, da sie die zusätzlichen Bibliotheken für die Enterprise Edition von JAVA beinhaltet. Sie befindet sich im Unterverzeichnis `client` der JBoss-Installation. Wird ein anderer Application Server für das Beispiel verwendet, muss seine entsprechende Bibliothek herangezogen werden. Wenn alles übersetzt werden konnte, dann sind im Unterverzeichnis `de\cobol` die Programme `Addierer.class`, `AddiererBean.class` und `AddiererHome.class` entstanden.

Deployment Descriptoren

Jedes Bean, das in einem Application Server installiert werden soll, muss mit Hilfe der Deployment Descriptoren erklärt werden. Dabei handelt es sich um mindestens zwei XML-Dateien, von denen eine standardisiert ist. Die andere enthält Application-Server-spezifische Angaben und unterscheidet sich daher auch von Hersteller zu Hersteller.

Die standardisierte XML-Datei `ejb-jar.xml` ist in Listing 35.5 abgedruckt und enthält alle notwendigen Angaben über das zustandslose Session Bean `Addierer`. Neben dem Namen des Beans müssen die Klassen angegeben werden, die das Home- und das Remote-Interface und die eigentliche Bean-Klasse beinhalten. Sollte das Bean zusätzlich über ein Local-Home- und ein Local-Interface verfügen, müssen auch diese genannt sein. Über den `session-type` wird definiert, dass es sich um ein zustandsloses Session Bean handelt. Die Angabe `Container` beim `transaction-type` besagt, dass sich der Application Server um das Transaktionsmanagement des Beans kümmern soll. Dazu wurde im Abschnitt `assembly-descrip-tor` bestimmt, dass alle Methoden des Addierer-Beans Transaktionsschutz benötigen (Transaktionsattribut `Required`).

```xml
<?xml version="1.0" encoding="UTF-8"?>

<!DOCTYPE ejb-jar PUBLIC
"-//Sun Microsystems, Inc.//DTD Enterprise JavaBeans 2.0//EN"
"http://java.sun.com/dtd/ejb-jar_2_0.dtd">

<ejb-jar>
   <enterprise-beans>
      <session>
         <ejb-name>Addierer</ejb-name>

         <home>de.cobol.AddiererHome</home>
         <remote>de.cobol.Addierer</remote>
         <ejb-class>de.cobol.AddiererBean</ejb-class>

         <session-type>Stateless</session-type>
         <transaction-type>Container</transaction-type>
      </session>
   </enterprise-beans>

   <assembly-descriptor>
      <container-transaction>
         <method>
            <ejb-name>Addierer</ejb-name>
            <method-name>*</method-name>
         </method>
         <trans-attribute>Required</trans-attribute>
      </container-transaction>
   </assembly-descriptor>

</ejb-jar>
```

Listing 35.5: `ejb-jar.xml`

Für den Application Server JBoss muss ein zusätzlicher Descriptor mit dem Namen `jboss.xml` angelegt werden, der in Listing 35.6 abgedruckt ist. Wichtigste Angabe hier ist der JNDI-Name, über den das Bean später für den Client über den Namensservice erreichbar sein wird. In vorliegendem Beispiel lautet dieser `ejb/Addierer`.

```xml
<?xml version="1.0" encoding="UTF-8"?>

<!DOCTYPE jboss PUBLIC
   "-//JBoss//DTD JBOSS 3.0//EN"
   "http://www.jboss.org/j2ee/dtd/jboss_3_0.dtd">
```

```
<jboss>
    <enterprise-beans>
        <session>
            <ejb-name>Addierer</ejb-name>
            <jndi-name>ejb/Addierer</jndi-name>
        </session>
    </enterprise-beans>
</jboss>
```

Listing 35.6: jboss.xml

Anwendung installieren

Nachdem man alle Klassen übersetzt und die Deployment Descriptoren geschrieben hat, kann man damit beginnen, die Anwendung in den Application Server zu installieren.

Im Fall der DLL, die aus der COBOL-Klasse entstanden ist, ist die Sache ganz einfach. Man muss sie nur in das bin-Verzeichnis der JBoss-Installation kopieren, da der Application Server später aus diesem gestartet wird. Alternativ kann sie aber auch in ein Verzeichnis gelegt werden, das über die PATH-Umgebungsvariable zu erreichen ist. Übersetzt man das COBOL-Programm neu, ist es nicht nur notwendig, die jeweils aktuelle DLL in das Verzeichnis zu legen, sondern es muss auch der Application Server neu gestartet werden, weil er jede DLL nur einmal heranzieht und zur Laufzeit nicht mitbekommt, dass sie sich geändert hat.

Die JAVA-Klassen müssen zusammen mit den Deployment Descriptoren in ein JAVA-Archiv zusammengepackt werden. Letztlich handelt es sich dabei um eine ZIP-Datei, in der zu jedem Eintrag die Verzeichnisstruktur mitgespeichert wird. Während sich die JAVA-Klassen in einem Verzeichnis entsprechend ihrer package-Angabe befinden müssen, ist für die Deployment Descriptoren wichtig, dass sie in einem Unterverzeichnis mit dem Namen META-INF abgelegt sind. Am besten öffnen Sie eine MS-DOS-Eingabeaufforderung und legen sich ein Verzeichnis mit der in Abbildung 35.3 dargestellten Unterstruktur an, gefüllt mit den ebenfalls angegebenen Dateien.

Abbildung 35.3: Verzeichnisstruktur für JAVA-Archivdatei

Aus diesem Verzeichnis heraus startet man das JAVA-Programm jar, das sich im bin-Verzeichnis der JAVA-Installation befindet. Gibt man keine weiteren Optionen mit, erhält man eine Ausgabe wie in Listing 35.7, womit die möglichen Aufrufparameter beschrieben werden.

```
Syntax: jar {ctxu}[vfmOM] [JAR-Datei] [Manifest-Datei] [-C dir] Dateien ...
Optionen:
    -c  neues Archiv erstellen
    -t  Inhaltsverzeichnis für Archiv auflisten
```

```
      -x  benannte (oder alle) Dateien aus dem Archiv
          extrahieren
      -u  vorhandenes Archiv aktualisieren
      -v  ausführliche Ausgabe für Standardausgabe
          generieren
      -f  Namen der Archivdatei angeben
      -m  Manifestinformationen aus angegebener Manifest-
          Datei einbeziehen
      -0  nur speichern; keine ZIP-Komprimierung verwenden
      -M  keine Manifest-Datei für die Einträge erstellen
      -i  Indexinformationen für die angegebenen JAR-
          Dateien generieren
      -C  ins angegebene Verzeichnis wechseln und folgende
          Datei einbeziehen
```

Listing 35.7: Mögliche Parameter von `jar`

Um das notwendige Archiv zu erstellen, ist also das Kommando

```
jar -cvf0 addierer.jar de META-INF
```

erforderlich. Gibt man anstelle konkreter Dateinamen nur Verzeichnisnamen an, werden alle Dateien aus den Verzeichnissen in das Archiv übernommen.

Um die eigentliche Anwendung in den Application Server zu installieren, kopiert man die erzeugte `jar`-Datei in das Verzeichnis `server\default\deploy` der JBoss-Installation. Wenn der Application Server läuft, stellt er nach kurzer Zeit fest, dass sich ein neues Archiv in diesem Verzeichnis befindet, und installiert seinen Inhalt automatisch. Auch wenn man ein vorhandenes Archiv überschreibt, bemerkt der Application Server dies und ersetzt alle bisherigen Beans zur Laufzeit durch die neuen.

Starten von JBoss

Um den Application Server JBoss zu starten, genügt es, die Batchdatei `run` aus dem `bin`-Verzeichnis der JBoss-Installation aufzurufen. Da für die Ausführung der COBOL-Module aber auch das COBOL-Runtime-system erreichbar sein muss, ist darauf zu achten, dass alle für COBOL zusätzlich notwendigen Angaben gemacht wurden. Die Firma MicroFocus bietet bei ihrer NetExpress-Installation eine eigene Eingabeaufforderung mit dem Namen `Net Express Command Prompt` an, in der diese Einstellungen vorhanden sind. Am besten rufen Sie sie auf und wechseln dann in das `bin`-Verzeichnis von JBoss.

Stoppen von JBoss

Ebenfalls im `bin`-Verzeichnis der JBoss-Installation befindet sich eine Batchdatei mit dem Namen `shutdown`, an die die Option `-S` übergeben werden muss, um den Application Server zu stoppen.

Notwendiger Client

Um das zustandslose Session Bean zu testen, kann ein JAVA-Client geschrieben werden, wie er in Listing 35.8 angegeben ist. Die Bedeutung der einzelnen Programmzeilen ist entsprechend dokumentiert.

```
package de.cobol;

import javax.ejb.*;
import javax.naming.*;
import javax.rmi.PortableRemoteObject;
```

```
import java.util.*;

public class AddiererClient
{
  public static void main(String[] args)
  throws Exception
  {
    // Zunächst muss eine Hashtable mit JBoss-spezifischen
    // Angaben zusammengestellt werden, die Auskunft
    // darüber geben, wie der Application Server zu
    // erreichen ist.
    Hashtable env = new Hashtable();

    env.put(Context.INITIAL_CONTEXT_FACTORY,
        "org.jnp.interfaces.NamingContextFactory");

    env.put(Context.URL_PKG_PREFIXES,
        "org.jboss.naming:org.jnp.interfaces");

    env.put(Context.PROVIDER_URL,
        "localhost");

    // Um Zugriff auf das Home-Interface des Beans zu
    // bekommen, wird zunächst eine Instanz der
    // Klasse InitialContext erzeugt, mit deren Hilfe
    // der Namensdienst des Servers abgefragt werden
    // kann. An die Methode lookup wird dann der
    // JNDI-Name des gesuchten Beans übergeben und
    // bei Erfolg eine Referenz auf eine Klasse
    // zurückgegeben, die das Home-Interface des
    // Beans implementiert.
    InitialContext ctx = new InitialContext(env);
    Object o = ctx.lookup("ejb/Addierer");

    // Da es sich um eine Remote-Klasse handelt, ist
    // es notwendig, die erhaltene Referenz über die
    // Methode narrow der Klasse PortableRemoteObject
    // in eine Referenz auf die lokale Klasse
    // AddiererHome zu konvertieren.
    AddiererHome home = (AddiererHome)
        PortableRemoteObject.narrow(o, AddiererHome.class);

    try
    {
      // Sobald man das Home-Interface im Zugriff hat,
      // kann man über die Methode create an das
      // zugehörige Remote-Interface des Beans gelangen.
```

```
            // Darüber ist es dann möglich, die einzelnen
            // Businessmethoden aufzurufen.
            Addierer add = home.create();
            int erg = add.addiere(123, 321);
            System.out.println("123 + 321 = " + erg);

            // Benötigt man das Bean nicht mehr, gibt man
            // die Referenz über die Methode remove an
            // den Application Server zurück.
            add.remove();
        }
        catch(CreateException ex)
        {
            ex.printStackTrace();
        }
      }
    }
}
```

Listing 35.8: JAVA-Client

Um den Client zu starten, ist es wichtig, dass im Falle von JBoss die Bibliothek `jbossall-client.jar` über die Umgebungsvariable CLASSPATH zu erreichen ist. Sie befindet sich im `client`-Verzeichnis der JBoss-Installation. Danach kann das Programm einfach über die Anweisung

```
java de.cobol.AddiererClient
```

gestartet werden.

35.6 Stateful Session Beans

Eigenschaften

Im Gegensatz zu den zustandslosen Session Beans besitzen die zustandsbehafteten Beans ein Gedächtnis, was bedeutet, dass sie sich zwischen zwei Methodenaufrufen userbezogene Informationen merken können. Dies wird einfach dadurch bewerkstelligt, dass sie, wie normale Klassen, Attribute besitzen, in denen die entsprechenden Werte gespeichert werden. Das bedeutet dann natürlich zwangsläufig, dass für jeden User eine eigene Instanz eines zustandsbehafteten Session Beans erzeugt und gehalten werden muss. Der Lebenszyklus dieser Beans ist daher viel enger mit der Logik der Clients verbunden, die sie benutzen.

Da für jeden aktiven User eine eigene Instanz vorzuhalten ist, benötigen zustandsbehaftete Beans viel mehr Ressourcen als zustandslose. Ein Application Server muss daher mit dem Problem kämpfen, eventuell nicht genug Hauptspeicher zu haben, um alle notwendigen Instanzen halten zu können. Aus diesem Grund lassen sich zustandsbehaftete Beans passivieren und aktivieren, also aus dem Hauptspeicher aus- und bei Bedarf wieder einlagern. Wenn man aber davon ausgeht, dass heute ein mittlerer Server über mindestens ein Gigabyte Hauptspeicher verfügt, müssen sich schon sehr viele User anmelden, um dem Application Server Probleme zu bereiten.

Auch in COBOL lassen sich zustandsbehaftete Beans schreiben. Man muss aber beachten, dass das COBOL-Laufzeitsystem diese üblicherweise nicht aus- und wieder einlagert.

Einsatzgebiete

Wenn Sie es mit einer überschaubaren Menge an Usern zu tun haben, ein paar hundert, und wenn diese eine eher längerfristige Anwendung bedienen sollen, in der es wichtig ist, den Status der Konversation mit dem Benutzer zu halten, dann sind zustandsbehaftete Beans die richtige Wahl.

Die serverseitige Instanz wird so lange gehalten, wie der Client sie benötigt. Meldet er sich über den Aufruf der Methode remove ab, wird auch das zustandsbehaftete Bean freigegeben. Auch wenn ein Client sich nicht ordentlich abmeldet, weil es etwa zu einer technischen Störung kam oder es sich um einen Internetbenutzer handelt, der weitergesurft ist, wird die Bean-Instanz nach einem im Application Server konfigurierten Zeitraum automatisch zerstört. Damit kann man je nach Bean, an das sich ein User anmeldet, steuern, ob sein Timeout länger oder kürzer sein soll.

Mit zustandsbehafteten Beans lassen sich erheblich leichter komplexe Anwendungen bauen als mit zustandslosen. Sie stellen auch den größten Gewinn gegenüber älteren Serversystemen wie CICS oder IMS/DC dar, weshalb sie in keiner Anwendung fehlen sollten. Dennoch bleibt der Anwendungsentwickler gehalten, schonend mit Ressourcen wie Hauptspeicher und CPU-Zeit umzugehen.

Methoden der Bean-Klasse

Wie schon bei den zustandslosen Beans müssen auch zustandsbehaftete bestimmte Methoden vorhalten, um als solche von einem Application Server verwendet werden zu können. Die Schnittstellen beider Bean-Arten entsprechen sich exakt, die einzelnen Methoden haben aber durchaus andere Wirkungen. Auch das zustandsbehaftete Bean bietet über die geforderte Mindestmenge hinaus weitere Methoden an, die wieder die eigentliche Funktionalität des Beans darstellen sollen.

ejbCreate

Auch jedes zustandsbehaftete Session Bean muss über einen parameterlosen Konstruktor verfügen, da der Application Server über dessen Aufruf die technische Instanz des Beans erzeugt. Anders als die zustandslosen Beans können zustandsbehaftete Session Beans über mehrere ejbCreate-Methoden verfügen, die sich dann in der Art und/oder der Anzahl ihrer Parameter unterscheiden müssen. Die ejbCreate-Methode dient hier quasi als Ersatz für einen Konstruktor und die Bean-Instanz kann sich über die Parameter dieser Methode initialisieren.

Der Aufruf von ejbCreate erfolgt auch hier erst, nachdem der Application Server die eben erzeugte Instanz mit einem Session-Context versehen hat. Dazu ruft er vorher die Methode setSessionContext auf.

Keine ejbCreate-Methode, die für ein zustandsbehaftetes Bean programmiert wird, hat keinen Rückgabewert.

Sollte es während der Initialisierung zu einem Fehler kommen, kann die Methode eine EJBException auslösen, wodurch der Vorgang abgebrochen wird und es beim Benutzer zu einer Fehlermeldung kommt. Der Client könnte in einem solchen Fall dann doch keine Verbindung zu einem Bean im Application Server herstellen.

ejbRemove

Diese Methode erwartet keine Parameter und es gibt sie auch pro zustandsbehaftetem Bean nur ein einziges Mal. Sobald sich ein Client ordentlich abmeldet, ruft er die Methode remove am Remote-Interface des Beans auf. Der Application Server nimmt diese Anforderung entgegen und leitet sie an die ejbRemove-Methode des Beans weiter, bevor er die Bean-Instanz tatsächlich freigibt.

Anders als zustandslose Beans werden zustandsbehaftete nicht für andere User aufgehoben und wieder verwendet.

Sollte ein zustandsbehaftetes Session Bean aufgrund eines Timeouts freigegeben werden, wird die ejbRemove-Methode jedoch nicht aufgerufen!

Auch die ejbRemove-Methode kann eine EJBException auslösen, wenn sie auf ein Problem stößt.

Die Methode hat keinen Rückgabewert.

setSessionContext

Unmittelbar nachdem die Instanz des zustandsbehafteten Session Beans erzeugt wurde, ruft der Application Server die Methode setSessionContext auf und übergibt ihr als Parameter eine Instanz der Klasse SessionContext. Aufgabe der Methode ist es, diesen Session-Context zu speichern. Über ihn hat eine Bean-Instanz später Zugriff auf seine Umgebung im EJB-Container. So kann sie sich beispielsweise eine Referenz auf ihr Home- oder Local-Home-Interface besorgen oder überprüfen, ob die aktuelle Transaktion zu diesem Zeitpunkt durch ein Commit oder ein Rollback beendet werden soll. Durch den Aufruf der Methode setRollbackOnly kann sie auch ein Rollback erzwingen.

Erst nachdem diese Methode gelaufen ist, wird vom Application Server die Methode ejbCreate mit den entsprechenden Parametern aufgerufen.

Sollte es zu einem Problem kommen, kann die Methode eine EJBException auslösen.

Die Methode hat keinen Rückgabewert.

ejbPassivate

Diese Methode wird vom EJB-Container aufgerufen, bevor er ein zustandsbehaftetes Session Bean passiviert, also auslagert. Für den JAVA-Entwickler ist es dabei wichtig, seine Bean-Instanz in einen passivierbaren Zustand zu bringen. Das bedeutet, dass alle Referenzen, die er hält, serialisierbar sein müssen, sich also in eine Datei schreiben lassen.

Ist das zustandsbehaftete Bean in COBOL geschrieben, so ist es Aufgabe des COBOL-Entwicklers, dafür zu sorgen, eventuell nicht mehr benötigte Hauptspeicherbereiche freizugeben. Es ist aber keine gute Idee, aktuelle Daten etwa in eine Datei auszulagern, da im Falle eines Timeouts ein passiviertes Bean direkt vom Application Server gelöscht wird, ohne es vorher wieder zu aktivieren oder ejbRemove aufzurufen. Die ausgelagerten Daten würden daher den Lebenszyklus des Beans überdauern.

Die Methode hat keinen Rückgabewert und kann bei einem Problem eine EJBException auslösen.

ejbActivate

Die Methode ejbActivate ist das Gegenstück zu ejbPassivate und wird aufgerufen, unmittelbar nachdem der Application Server ein passiviertes Bean wieder in den Hauptspeicher geholt hat.

Die Methode wird dazu benutzt, zusätzliche Ressourcen wieder zu reservieren, die bei der vorangegangenen Passivierung freigegeben wurden.

Das in COBOL geschriebene zustandsbehaftete Session Bean kann hier Speicherbereiche wieder anfordern, die es für seine Bearbeitung benötigt. Auch eventuelle Dateien, die bei der Passivierung geschlossen wurden, können hier wieder geöffnet werden.

Sollte es zu einem Problem kommen, kann die Methode dies durch Auslösen einer EJBException bekannt machen. Die Bean-Instanz ist dann natürlich nicht mehr verwendbar.

Auch diese Methode hat keinen Rückgabewert.

Allgemeine Businessmethoden

Die eigentliche Funktionalität des zustandsbehafteten Session Beans wird über zusätzliche Methoden zur Verfügung gestellt, die keinen weiteren Namenskonventionen folgen müssen. Auch hinsichtlich ihrer Parameterleisten und ihrer Rückgabewerte sind sie völlig frei. Die Programmierung dieser Methoden unterscheidet sich von denen zustandsloser Beans dadurch, dass sie jederzeit erzielte Ergebnisse in Attributen speichern dürfen. Wie bereits erwähnt, sind zustandsbehaftete Beans stets an einzelne User gebunden.

Methoden des Home-Interfaces

Genau wie bei zustandslosen Session Beans müssen auch für zustandsbehaftete zusätzliche Interfaces geschaffen werden, die dem Application Server als Vorlage für die Generierung der Stub-Klassen dienen, über die ein Client mit dem Bean interagieren kann.

Auch im Home-Interface eines zustandsbehafteten Session Beans befinden sich alle Methoden, über die der Client eine Verbindung mit dem Bean herstellen kann.

create

Für jede `ejbCreate`-Methode der Bean-Klasse muss eine passende `create`-Methode in das Home-Interface aufgenommen werden. Sie müssen über dieselbe Anzahl an Parametern verfügen und die Typen der Parameter müssen sich exakt entsprechen. Macht man hier einen Fehler, so kann dies frühestens beim Installieren der Anwendung im Application Server festgestellt werden. Es gibt sogar manche, die dies erst zur Laufzeit bemerken. Die entsprechende `create`-Methode wird vom Client aufgerufen, um eine Referenz auf das Remote-Interface des Session Beans zu bekommen, über das die Businessmethoden des Beans erreicht werden können.

Der Rückgabewert der `create`-Methode ist daher auch eine Instanz einer Klasse, die das zugehörige Remote-Interface implementiert hat.

Da es beim Remote-Aufruf der Methoden des Application Servers zu Fehlern kommen kann, lösen diese Methoden zusätzlich eine `RemoteException` aus.

Methoden des Remote-Interfaces

Das zweite Interface, das zu jeder Bean-Klasse erstellt werden muss, ist das Remote-Interface. Sobald ein Client Zugriff auf eine Klasse hat, die dieses Interface implementiert, ist er in der Lage, die eigentlichen Funktionen des zustandsbehafteten Session Beans zu benutzen.

Allgemeine Businessmethoden

Jede fachliche Funktion, die einem Client zur Verfügung gestellt werden soll, muss im Remote-Interface deklariert werden. Wie alle Interfacemethoden lösen auch sie zusätzlich `RemoteExceptions` aus.

Local-Home-Interface

Ein Client muss im Sinne eines Application Servers nicht zwangsweise ein Programm sein, das sich außerhalb des Servers befindet. Auch dann, wenn ein Session Bean ein anderes benutzen möchte, spricht man von einem Client. Befinden sich Client und Bean im selben Hauptspeicher, so kann man sich den zusätzlichen Aufwand eines Remote-Aufrufs sparen. Das zustandsbehaftete Bean muss dann über ein Local-Home- und ein Local-Interface verfügen. Es ist auch möglich, dass ein Bean alle vier Interfaces besitzt.

Das Local-Home-Interface entspricht in seiner Bedeutung exakt dem Home-Interface, wird aber anstelle von `EJBHome` von `EJBLocalHome` abgeleitet.

Local-Interface

Für die so genannte Local-Client-View, also einer Architektur, in der Client und Bean sich im selben Hauptspeicher befinden, übernimmt das Local-Interface die Aufgaben des Remote-Interface, ist aber nicht von `EJBObject`, sondern von `EJBLocalObject` abgeleitet.

Programmbeispiel: Summierer

Um die Arbeitsweise eines zustandsbehafteten Session Beans zu zeigen, soll ein COBOL-Programm geschrieben werden, das als Attribut eine aktuelle Summe verwaltet. Über die Methode summiere ist es einem Client möglich, diesen Wert beliebig zu erhöhen. Die Methode liefert die jeweils aktuelle Summe als Ergebnis zurück.

Mit dem Client, der am Ende dieses Abschnitts vorgestellt wird, werden zwei Instanzen dieses zustandsbehafteten Beans erzeugt und ihre Summen unabhängig voneinander gebildet. Damit lässt sich sehr schön zeigen, dass zustandsbehaftete Beans userabhängig sind.

COBOL-Programm

Das entsprechende COBOL-Programm ist in Listing 35.9 abgedruckt. Es implementiert alle notwendigen Methoden der Bean-Klasse und darüber hinaus noch die eigentliche Businessmethode.

```
 1$set ooctrl(+p) ooctrl(-f)
 2 identification division.
 3 class-id. SummiererBean as "SummiererBean"
 4          inherits from javabase.
 5
 6 repository.
 7    class javabase as "javabase"
 8    .
 9
10 factory.
11 working-storage section.
12
13 end factory.
14
15 object.
16 working-storage section.
17 01  SessionContext      object reference.
18 01  summe               binary-long value 0.
19
20*>-----------------------------------------------
21 method-id. ejbCreate .
22 linkage Section.
23 procedure division.
24    display "SummiererBean::ejbCreate"
25    exit method.
26 end method ejbCreate.
27*>-----------------------------------------------
28
29*>-----------------------------------------------
30 method-id. ejbRemove .
31 linkage Section.
32 procedure division.
33    display "SummiererBean::ejbRemove"
```

```
34     exit method.
35 end method ejbRemove.
36*>-----------------------------------------------
37
38*>-----------------------------------------------
39 method-id.  ejbPassivate .
40 linkage Section.
41 procedure division.
42     display "SummiererBean::ejbPassivate"
43     exit method.
44 end method ejbPassivate.
45*>-----------------------------------------------
46
47*>-----------------------------------------------
48 method-id.  ejbActivate .
49 linkage Section.
50 procedure division.
51     display "SummiererBean::ejbActivate"
52     exit method.
53 end method ejbActivate.
54*>-----------------------------------------------
55
56*>-----------------------------------------------
57 method-id.  setSessionContext .
58 linkage Section.
59 01  ctx                  object reference.
60 procedure division using by reference ctx.
61     display "SummiererBean::setSessionContext"
62     set SessionContext to ctx
63     exit method.
64 end method setSessionContext.
65*>-----------------------------------------------
66
67*>-----------------------------------------------
68 method-id.  summiere .
69 linkage Section.
70 01  a                binary-long.
71 01  erg              binary-long.
72 procedure division using by reference a
73                      returning erg.
74     compute summe = summe + a
75     move summe to erg
76     exit method.
77 end method summiere.
78*>-----------------------------------------------
79
```

```
80 end object.
81
82 end class SummiererBean.
```
Listing 35.9: COBOL-Klasse des zustandsbehafteten Session Beans

JAVA-Programm

Damit die COBOL-Klasse vom Application Server aufgerufen werden kann, ist es auch hier notwendig, eine JAVA-Wrapper-Klasse zu programmieren, die die Aufrufe weiterleitet. Die COBOL-Klasse wird dabei in eine DLL übersetzt, die im Initialisierungsbereich der JAVA-Klasse einmalig angezogen wird. Im vorliegenden Beispiel befindet sich die COBOL-Klasse in der Datei AddiererBean.DLL, die im Abschnitt über zustandslose Session Beans angelegt wurde.

```java
package de.cobol;

import com.microfocus.cobol.*;

import javax.ejb.*;

public class SummiererBean
    extends com.microfocus.cobol.RuntimeObject
    implements SessionBean
{

  static
  {
    // Laden der Datei AddiererBean.DLL:
    cobloadclass ("AddiererBean",
                  "SummiererBean",
                  "de.cobol.SummiererBean");
  }

  public void ejbCreate()
  throws EJBException
  {
    try
    {
      Object[] params = {};
      cobinvoke_void ("ejbCreate", params);
    }
    catch(Exception ex)
    {
      throw new EJBException(ex.getMessage());
    }
  }

  public void ejbRemove()
  throws EJBException
```

```
{
  try
  {
    Object[] params = {};
    cobinvoke_void ("ejbRemove", params);
  }
  catch(Exception ex)
  {
    throw new EJBException(ex.getMessage());
  }
}

public void ejbPassivate()
throws EJBException
{
  try
  {
    Object[] params = {};
    cobinvoke_void ("ejbPassivate", params);
  }
  catch(Exception ex)
  {
    throw new EJBException(ex.getMessage());
  }
}

public void ejbActivate()
throws EJBException
{
  try
  {
    Object[] params = {};
    cobinvoke_void ("ejbActivate", params);
  }
  catch(Exception ex)
  {
    throw new EJBException(ex.getMessage());
  }
}

public void setSessionContext(SessionContext ctx)
throws EJBException
{
  try
  {
    Object[] params = {ctx};
```

```
      cobinvoke_void ("setSessionContext", params);
    }
    catch(Exception ex)
    {
      throw new EJBException(ex.getMessage());
    }
  }


  public int summiere(int a)
  throws EJBException
  {
    try
    {
      Integer param1 = new Integer(a);
      Object[] params = {param1};
      return (cobinvoke_int ("summiere", params));
    }
    catch(Exception ex)
    {
      throw new EJBException(ex.getMessage());
    }
  }
}
```

Listing 35.10: JAVA-Wrapper-Klasse

Home-Interface

Auch für ein zustandsbehaftetes Session Bean genügt es, das Home-Interface als reines JAVA-Programm zu erstellen.

```
package de.cobol;

import java.rmi.*;
import javax.ejb.*;

public interface SummiererHome extends EJBHome
{
  public Summierer create()
    throws RemoteException, CreateException;
}
```

Listing 35.11: Home-Interface des Summierer-Beans

Remote-Interface

Auch das Remote-Interface muss nur in JAVA angelegt werden, da der Application Server daraus die zweite Stub-Klasse für den Client erzeugt.

```
package de.cobol;
```

```
import java.rmi.*;
import javax.ejb.*;

public interface Summierer extends EJBObject
{
  public int summiere(int a)
    throws RemoteException;
}
```

Listing 35.12: Remote-Interface des Summierer-Beans

Programme übersetzen

Das COBOL-Programm für das zustandsbehaftete Session Bean wird in eine DLL übersetzt, die multi-threadingfähig und zusammen mit der Shared-Runtime-Library dynamisch gebunden sein muss.

Auch für die JAVA-Programme gilt dasselbe wie bei zustandslosen Beans. Für ihre Übersetzung ist es wichtig, dass der JAVA-Compiler auf die Bibliothek `jboss-j2ee.jar` zugreifen kann, die sich im Unterverzeichnis `client` der JBoss-Installation befindet.

Konnte alles übersetzt werden, sind im Unterverzeichnis `de\cobol` die Programme `Summierer.class`, `SummiererBean.class` und `SummiererHome.class` entstanden.

Deployment Descriptoren

Die Deployment Descriptoren für zustandsbehaftete Beans unterscheiden sich von denen der zustandslosen nur dadurch, dass sie in ihrer `session-type`-Angabe den Wert `Stateful` tragen.

In Listing 35.13 ist der standardisierte Deployment Descriptor `ejb-jar.xml` angedruckt, der sowohl alle Angaben für das zustandslose Bean `Addierer` als auch für das zustandsbehaftete Bean `Summierer` beinhaltet.

```
<?xml version="1.0" encoding="UTF-8"?>

<!DOCTYPE ejb-jar PUBLIC
"-//Sun Microsystems, Inc.//DTD Enterprise JavaBeans 2.0//EN"
"http://java.sun.com/dtd/ejb-jar_2_0.dtd">

<ejb-jar>
   <enterprise-beans>
      <session>
         <ejb-name>Addierer</ejb-name>

         <home>de.cobol.AddiererHome</home>
         <remote>de.cobol.Addierer</remote>
         <ejb-class>de.cobol.AddiererBean</ejb-class>

         <session-type>Stateless</session-type>
         <transaction-type>Container</transaction-type>
      </session>
      <session>
         <ejb-name>Summierer</ejb-name>
```

```
                <home>de.cobol.SummiererHome</home>
                <remote>de.cobol.Summierer</remote>
                <ejb-class>de.cobol.SummiererBean</ejb-class>

                <session-type>Stateful</session-type>
                <transaction-type>Container</transaction-type>
            </session>
        </enterprise-beans>

        <assembly-descriptor>
            <container-transaction>
                <method>
                    <ejb-name>Addierer</ejb-name>
                    <method-name>*</method-name>
                </method>
                <method>
                    <ejb-name>Summierer</ejb-name>
                    <method-name>*</method-name>
                </method>
                <trans-attribute>Required</trans-attribute>
            </container-transaction>
        </assembly-descriptor>

    </ejb-jar>
```

Listing 35.13: `ejb-jar.xml`

Der für den Application Server JBoss zusätzlich notwendige Descriptor mit dem Namen `jboss.xml` ist in Listing 35.14 enthalten und definiert den JNDI-Namen für das zustandsbehaftete Bean, in diesem Beispiel `ejb/Summierer`. Auch hier wird das Beispiel aus dem vorangegangen Abschnitt fortgesetzt.

```
<?xml version="1.0" encoding="UTF-8"?>

<!DOCTYPE jboss PUBLIC
    "-//JBoss//DTD JBOSS 3.0//EN"
    "http://www.jboss.org/j2ee/dtd/jboss_3_0.dtd">

<jboss>
    <enterprise-beans>
        <session>
            <ejb-name>Addierer</ejb-name>
            <jndi-name>ejb/Addierer</jndi-name>
        </session>
        <session>
            <ejb-name>Summierer</ejb-name>
            <jndi-name>ejb/Summierer</jndi-name>
        </session>
```

```
   </enterprise-beans>
</jboss>
```

Listing 35.14: `jboss.xml`

Anwendung installieren

Die neu erstellte DLL muss in das `bin`-Verzeichnis des Application Servers JBoss kopiert und dieser danach neu gestartet werden.

Die entstandenen JAVA-Klassen müssen wieder zu einem JAVA-Archiv zusammen mit den erweiterten Deployment Descriptoren gebunden werden. Einzelheiten dazu sind in dem Abschnitt über zustandslose Session Beans zu finden.

Das entsprechende Kommando lautet auch hier

```
jar -cvf0 addierer.jar de META-INF
```

wenn man davon ausgeht, dass sich die Summiererklassen ebenfalls im Unterverzeichnis `de\cobol` und die Deployment Descriptoren in `META-INF` befinden. In dem entstanden Archiv `addierer.jar` sollten sich nun sowohl die Addierer- als auch die Summiererklassen befinden.

Um die eigentliche Anwendung in den Application Server zu installieren, kopiert man die erzeugte `jar`-Datei in das Verzeichnis `server\default\deploy` der JBoss-Installation. Wenn der Application Server läuft, so stellt er nach kurzer Zeit fest, dass sich ein neues Archiv in diesem Verzeichnis befindet, und installiert seinen Inhalt automatisch. Auch wenn man ein vorhandenes Archiv überschreibt, bemerkt der Application Server dies und ersetzt alle bisherigen Beans zur Laufzeit durch die neuen.

Starten von JBoss

Siehe zustandslose Session Beans.

Stoppen von JBoss

Siehe zustandslose Session Beans.

Beispielclient

Wie bereits am Anfang des Abschnitts erwähnt, sollen dieses Mal zwei Session Beans erzeugt werden, um zu zeigen, dass es sich tatsächlich um zwei verschiedene Instanzen handelt.

```
package de.cobol;

import javax.ejb.*;
import javax.naming.*;
import javax.rmi.PortableRemoteObject;
import java.util.*;

public class SummiererClient
{
  public static void main(String[] args) throws Exception
  {
    // Zunächst muss eine Hashtable mit JBoss-spezifischen
    // Angaben zusammengestellt werden, die Auskunft
    // darüber geben, wie der Application Server zu
    // erreichen ist.
```

```
Hashtable env = new Hashtable();

env.put(Context.INITIAL_CONTEXT_FACTORY,
   "org.jnp.interfaces.NamingContextFactory");

env.put(Context.URL_PKG_PREFIXES,
   "org.jboss.naming:org.jnp.interfaces");

env.put(Context.PROVIDER_URL,
   "localhost");

// Um Zugriff auf das Home-Interface des Beans zu
// bekommen, wird zunächst eine Instanz der
// Klasse InitialContext erzeugt, mit deren Hilfe
// der Namensdienst des Servers abgefragt werden
// kann. An die Methode lookup wird dann der
// JNDI-Name des gesuchten Beans übergeben und
// bei Erfolg eine Referenz auf eine Klasse
// zurückgegeben, die das Home-Interface des
// Beans implementiert.
InitialContext ctx = new InitialContext(env);
Object o = ctx.lookup("ejb/Summierer");

// Da es sich um eine Remote-Klasse handelt, ist
// es notwendig, die erhaltene Referenz über die
// Methode narrow der Klasse PortableRemoteObject
// in eine Referenz auf die lokale Klasse
// SummiererHome zu konvertieren.
SummiererHome home = (SummiererHome)
   PortableRemoteObject.narrow(o, SummiererHome.class);

try
{
   // Sobald man das Home-Interface im Zugriff hat,
   // kann man über die Methode create an das
   // zugehörige Remote-Interface des Beans gelangen.
   // Darüber ist es dann möglich, die einzelnen
   // Businessmethoden aufzurufen.
   // Jedes create an einem zustandsbehafteten
   // Session Bean führt zu einem ejbCreate im
   // Application Server
   Summierer summ1 = home.create();
   Summierer summ2 = home.create();

   // In nachfolgender Schleife werden beide
   // Beans unabhängig voneinander verändert.
```

```
        for(int i=0;i < 10;i++)
        {
            int erg;

            erg = summ1.summiere(3);
            System.out.println("summ1 = " + erg);

            erg = summ2.summiere(4);
            System.out.println("summ2 = " + erg);
        }

        // Durch den Aufruf nachfolgender remove-Methoden
        // werden die einzelnen Bean-Instanzen am Server
        // wieder freigegeben.
        summ1.remove();
        summ2.remove();
    }
    catch(CreateException ex)
    {
        ex.printStackTrace();
    }
  }
}
```

Listing 35.15: JAVA-Client

Um den Client zu starten, ist es wichtig, dass im Falle von JBoss die Bibliothek `jbossall-client.jar` über die Umgebungsvariable CLASSPATH zu erreichen ist. Sie befindet sich im `client`-Verzeichnis der JBoss-Installation. Danach kann das Programm einfach über die Anweisung

```
java de.cobol.SummiererClient
```

gestartet werden. Das Beispiel erzeugt eine Bildschirmausgabe wie in Listing 35.16.

```
summ1 = 3
summ2 = 4
summ1 = 6
summ2 = 8
summ1 = 9
summ2 = 12
summ1 = 12
summ2 = 16
summ1 = 15
summ2 = 20
summ1 = 18
summ2 = 24
summ1 = 21
summ2 = 28
summ1 = 24
```

```
summ2 = 32
summ1 = 27
summ2 = 36
summ1 = 30
summ2 = 40
```

Listing 35.16: Bildschirmausgabe

35.7 Message Driven Beans

Eigenschaften

Im Gegensatz zu den anderen Session Beans sind Message Driven Beans nicht direkt mit einem Client verbunden. Aus diesem Grund haben sie auch kein Home- oder Remote-Interface, weil keine Stub-Klassen generiert werden müssen. Message Driven Beans laufen ausschließlich im Application Server und werden über hereinkommende Nachrichten angestoßen, die über ein Queue-System verschickt werden.

Mit Hilfe des JMS (JAVA Message Service) können solche Queue-Systeme an JAVA angebunden werden. Alle nennenswerten Hersteller bieten eine solche Integration an, unterscheiden sich jedoch in ihrer Leistungsfähigkeit. Eine JMS-Anbindung ist durchaus mit einer Datenbankanbindung über JDBC zu vergleichen, bei der der jeweilige Anbieter entsprechende Treiber zur Verfügung stellt.

Durch den Einsatz des JMS spielt es für den JAVA-Entwickler kaum eine Rolle, welches tatsächliche Queue-System später mit dem Application Server verbunden ist. Erst bei der Konfiguration des Application Servers wird festgelegt, ob beispielsweise mit SonicMQ oder MQSeries gearbeitet werden soll.

Im JMS wird zwischen *Queues* und *Topics* unterschieden. Ein entsprechender Eintrag im Deployment Descriptor regelt, um welche Art es sich handelt. Der wesentliche Unterschied zwischen einer Queue und einem Topic ist, dass bei einer Queue eine Nachricht nach der anderen an jeweils nur eine Instanz eines Message Driven Beans verschickt wird, während bei einem Topic alle Nachrichten an alle registrierten Listener zugestellt wird. Für einen Application Server ist das jedoch kein wirklicher Unterschied, da er dafür sorgen muss, dass die Aufrufe an den Bean-Instanzen serialisiert werden müssen. Damit erhält jede Instanz eine einzelne Nachricht und jede Bean-Instanz läuft parallel zur anderen. Im Weiteren beschränkt sich dieser Abschnitt daher auf die allgemeine Bezeichnung Queue.

Einsatzgebiete

Immer wenn es darum geht, asynchrone oder parallele Prozesse zu starten, bietet sich der Einsatz von Queue-gesteuerten Systemen an. Mit viel Aufwand lässt sich auch eine synchrone Verarbeitung aufbauen, in diesem Fall muss aber der Client auf eine Antwort von dem beteiligten Queue-System warten, weshalb sich hier eher zustandslose oder zustandsbehaftete Session Beans anbieten.

Ist der Application Server beispielsweise mit einer Großrechnerqueue verbunden, so könnte man ein Message Driven Bean dadurch anstarten, dass man auf dem Host eine Nachricht in die Queue abstellt. Auch in die entgegengesetzte Richtung kann eine Kommunikation aufgebaut werden, der JAVA-Client muss dann aber direkt mit dem JMS programmieren, da Message Driven Beans nur für den Empfang einer Nachricht ausgelegt sind.

Auch unter bereits etablierten Server-Systemen wie CICS findet man eine solche Technik, die so genannten *ATI TD* Queues (Automatic Transaction Initiation Transient Data Queues). Hier kann ein Schwellenwert festgelegt werden, der bestimmt, wie viele Nachrichten in einer Queue angekommen sein müssen, bevor die zugeordnete Transaktion abgearbeitet wird. Ein solcher Schwellenwert ist bei Application Servern unbekannt. Auch bei IMS/DC können Batchprogramme (BMP) über Queues angestoßen werden.

Die Verarbeitung der hereinkommenden Nachrichten erfolgt parallel, das heißt, es ist nicht sichergestellt, in welcher Reihenfolge sie verarbeitet werden. Das Beispiel am Ende dieses Abschnitts wird das verdeutlichen, indem der Client zehn nummerierte Nachrichten verschickt und das Message Driven Bean auf dem Server ausgeben wird, welche Nachricht es gerade erhalten hat. Auch die Frage, wie viele Instanzen des Message Driven Beans der Server verwendet, um die anstehenden Nachrichten zu verarbeiten, bleibt ganz alleine dem Application Server überlassen, wobei einige Hersteller mehr und andere weniger Konfigurationsmöglichkeiten bieten.

Methoden der Bean-Klasse

Auch ein Message Driven Bean muss eine ganz bestimmte Menge an Methoden implementieren, um als solches genutzt werden zu können. Diese Bean-Art ist aber die mit den wenigsten Methoden, weil es ja keinen direkten Client gibt, der mit ihnen verbunden ist, und es daher auch keinen Sinn macht, eigene Businessmethoden anzubieten.

ejbCreate

Auch Message Driven Beans müssen über einen parameterlosen Standardkonstruktor verfügen, da auch sie technisch über diesen erzeugt werden. Wie bei zustandslosen Session Beans behält der Application Server diese Instanz und legt sie in einen eigens dafür geschaffenen Pool ab. Sobald an der zugeordneten Queue eine weitere Nachricht ankommt, kann er das Bean aus dem Pool sofort für deren Verarbeitung benutzen.

Nachdem der Application Server eine Instanz eines Message Driven Beans erzeugt und es mit einem Message Driven Context versorgt hat (siehe Methode `setMessageDrivenContext`), ruft er die Methode `ejbCreate` auf, die im Fall von Message Driven Beans keine Parameter erwarten darf. Ab jetzt steht das Bean für hereinkommende Nachrichten zur Verfügung und die `ejbCreate`-Methode wird für diese Instanz kein zweites Mal mehr aufgerufen.

Die Methode hat keinen Rückgabewert.

Sollte die `ejbCreate`-Methode auf ein Problem stoßen, durch das sich das Bean nicht ordentlich initialisieren lässt, kann es eine `EJBException` auslösen, wodurch der Vorgang abgebrochen wird.

ejbRemove

Diese Methode erwartet keine Parameter und wird vom Application Server aufgerufen, wenn die Bean-Instanz freigegeben werden soll. Wie bei zustandslosen Session Beans ist dies jedoch nur dann der Fall, wenn der Application Server in seinem Pool über genügend Instanzen dieser Bean-Art verfügt und somit keine weiteren mehr benötigt.

Auch die `ejbRemove`-Methode kann eine `EJBException` auslösen, wenn sie auf ein Problem stößt.

Die Methode hat keinen Rückgabewert.

setMessageDrivenContext

Unmittelbar nachdem die Instanz des Message Driven Beans erzeugt wurde, ruft der Application Server die Methode `setMessageDrivenContext` auf und übergibt ihr als Parameter eine Instanz der Klasse `MessageDrivenContext`. Aufgabe der Methode ist es, diesen Session-Context zu speichern. Auch hier hat die Bean-Instanz Zugriff auf ihre Umgebung im EJB-Container. Da sie jedoch kein Home-Interface besitzt, kann sie ein solches natürlich auch nicht anfordern. Was aber möglich ist, ist die Abfrage, ob die aktuelle Transaktion durch ein `Commit` oder ein `Rollback` beendet werden soll, beziehungsweise kann sie durch den Aufruf der Methode `setRollbackOnly` dafür sorgen, dass sie in jedem Fall mit einem `Rollback` endet.

Erst nachdem diese Methode gelaufen ist, wird vom Application Server die Methode `ejbCreate` aufgerufen.

Sollte es zu einem Problem kommen, kann die Methode eine `EJBException` auslösen.

Die Methode hat keinen Rückgabewert.

onMessage

Die von außen erreichbare Anwendungslogik eines Message Driven Beans liegt ausschließlich in der Methode onMessage, die vom Application Server aufgerufen wird, wenn in der zugeordneten Queue eine Nachricht angekommen ist. Diese wird auch als Parameter an die Methode übergeben.

Die Methode darf keine Exceptions auslösen. Kommt es dennoch zu einer RuntimeException, wird die Bean-Instanz freigegeben und für die nächste Nachricht durch eine neue ersetzt.

Es macht keinen Sinn, sich in den Attributen eines Message Driven Beans irgendwelche Informationen zu speichern. Sie entsprechen in dieser Hinsicht zustandslosen Beans, die ebenfalls kein Gedächtnis haben.

Mit dem Ende der Methode onMessage gilt die Nachricht als zugestellt.

Methoden des Home-Interfaces

Wie bereits erläutert, besitzen Message Driven Beans kein Home-Interface, weil es auch keinen Client gibt, der einen direkten Zugriff auf das Bean bekommt. Es ist nicht notwendig, irgendwelche Stub-Klassen zu generieren.

Methoden des Remote-Interfaces

Auch ein Remote-Inetrface gibt es für Message Driven Beans nicht, weshalb auch hier nichts zu programmieren ist.

Local-Home-Interface

Gibt es für Message Driven Beans nicht.

Local-Interface

Ebenfalls bei Message Driven Beans nicht vorhanden.

Programmbeispiel: Nachricht

Um die Arbeitsweise von Message Driven Beans zu erläutern, soll ein einfaches COBOL-Programm geschrieben werden, das alle erhaltenen Nachrichten auf der Konsole ausgibt. Damit lässt sich sehr schön die Parallelität der Verarbeitung zeigen, weil die Ausgaben in zufälliger Reihenfolge entstehen, obwohl ein Client sie in geordneter Folge versendet.

COBOL-Programm

Das entsprechende COBOL-Programm ist in Listing 35.17 abgedruckt. Es implementiert alle notwendigen Methoden, vor allem onMessage.

```
1$set ooctrl(+p) ooctrl(-f)
2 identification division.
3 class-id. Nachricht as "Nachricht"
4          inherits from javabase.
5
6 repository.
```

```
 7     class javabase as "javabase"
 8     .
 9
10 factory.
11 working-storage section.
12
13 end factory.
14
15 object.
16 working-storage section.
17 01  MessageContext      object reference.
18
19*>----------------------------------------------
20 method-id.  setMessageDrivenContext .
21 linkage Section.
22 01  ctx                 object reference.
23 procedure division using by reference ctx.
24     display "Nachricht::setMessageDrivenContext"
25     set Messagecontext to ctx
26     exit method.
27 end method setMessageDrivenContext.
28*>----------------------------------------------
29
30*>----------------------------------------------
31 method-id. ejbCreate .
32 linkage Section.
33 procedure division.
34     display "Nachricht::ejbCreate"
35     exit method.
36 end method ejbCreate.
37*>----------------------------------------------
38
39*>----------------------------------------------
40 method-id. ejbRemove .
41 linkage Section.
42 procedure division.
43     display "Nachricht::ejbRemove"
44     exit method.
45 end method ejbRemove.
46*>----------------------------------------------
47
48*>----------------------------------------------
49 method-id. onMessage .
50 local-storage section.
51 01  lsNachricht         pic x(256).
52 linkage Section.
53 01  msg                 object reference.
```

```
54 procedure division using by reference msg.
55     display "Nachricht::onMessage"
56     move space to lsNachricht
57     invoke msg "getText"
58         returning lsNachricht
59     display "Empfangen:" lsNachricht(1:65)
60     exit method.
61 end method onMessage.
62*>----------------------------------------------
63
64 end object.
65
66 end class Nachricht.
```

Listing 35.17: COBOL-Klasse des Message Driven Beans

JAVA-Programm

Damit das Message Driven COBOL Bean vom Application Server aufgerufen werden kann, ist es auch hier notwendig, eine JAVA-Wrapper-Klasse zu programmieren, die die Aufrufe weiterleitet. Die COBOL-Klasse wird dabei in eine DLL übersetzt, die im Initialisierungsbereich der JAVA-Klasse einmalig herangezogen wird. Im vorliegenden Beispiel befindet sich die COBOL-Klasse in der Datei Addierer-Bean.DLL, die im Abschnitt über zustandslose Session Beans angelegt wurde.

```
package de.cobol;

import com.microfocus.cobol.*;
import javax.ejb.*;
import javax.jms.*;

public class Nachricht
    extends com.microfocus.cobol.RuntimeObject
    implements MessageDrivenBean, MessageListener
{
  static
  {
    cobloadclass ("AddiererBean",
                  "Nachricht",
                  "de.cobol.Nachricht");
  }

  public void setMessageDrivenContext(
                          MessageDrivenContext ctx)
  throws EJBException
  {
    try
    {
      Object[] params = {ctx};
      cobinvoke_void("setMessageDrivenContext", params);
```

```
      }
      catch(Exception ex)
      {
        throw new EJBException(ex.getMessage());
      }
    }

    public void ejbCreate()
    {
      try
      {
        Object[] params = {};
        cobinvoke_void ("ejbCreate", params);
      }
      catch(Exception ex)
      {
        throw new EJBException(ex.getMessage());
      }
    }

    public void ejbRemove()
    {
      try
      {
        Object[] params = {};
        cobinvoke_void ("ejbRemove", params);
      }
      catch(Exception ex)
      {
        throw new EJBException(ex.getMessage());
      }
    }

    public void onMessage(Message msg)
    {
      try
      {
        Object[] params = {msg};
        cobinvoke_void ("onMessage", params);
      }
      catch(Exception ex)
      {
        throw new EJBException(ex.getMessage());
      }
    }
}
```

Listing 35.18: JAVA-Wrapper-Klasse

Programme übersetzen

Auch das COBOL-Programm für das Message Driven Bean wird in eine DLL übersetzt, die multithreadingfähig und zusammen mit der Shared-Runtime-Library dynamisch gebunden sein muss.

Für die JAVA-Programme gilt dasselbe wie bei zustandslosen Beans. Für ihre Übersetzung ist es wichtig, dass der JAVA-Compiler auf die Bibliothek jboss-j2ee.jar zugreifen kann, die sich im Unterverzeichnis client der JBoss-Installation befindet.

Konnte alles übersetzt werden, befindet sich im Unterverzeichnis de\cobol das Programm Nachricht. class.

Deployment Descriptoren

Die Deployment Descriptoren für Message Driven Beans sind viel einfacher als die der anderen Session Beans, weil sie keinerlei Angaben über Home- oder Remote-Klassen beinhalten. Auch hier kann über transaction-type bestimmt werden, ob sich der Application Server oder das Bean um Transaktionsschutz kümmern soll. Außerdem muss über destination-type angegeben werden, ob das Message Driven Bean mit einer Queue oder einem Topic verbunden ist.

In Listing 35.19 ist der standardisierte Deployment Descriptor ejb-jar.xml angedruckt, der zusätzlich alle Angaben für das zustandslose Bean Addierer als auch für das zustandsbehaftete Bean Summierer beinhaltet.

```xml
<?xml version="1.0" encoding="UTF-8"?>

<!DOCTYPE ejb-jar PUBLIC
"-//Sun Microsystems, Inc.//DTD Enterprise JavaBeans 2.0//EN"
"http://java.sun.com/dtd/ejb-jar_2_0.dtd">

<ejb-jar>
    <enterprise-beans>
        <session>
            <ejb-name>Addierer</ejb-name>

            <home>de.cobol.AddiererHome</home>
            <remote>de.cobol.Addierer</remote>
            <ejb-class>de.cobol.AddiererBean</ejb-class>

            <session-type>Stateless</session-type>
            <transaction-type>Container</transaction-type>
        </session>
        <session>
            <ejb-name>Summierer</ejb-name>

            <home>de.cobol.SummiererHome</home>
            <remote>de.cobol.Summierer</remote>
            <ejb-class>de.cobol.SummiererBean</ejb-class>

            <session-type>Stateful</session-type>
            <transaction-type>Container</transaction-type>
        </session>
```

```
        <message-driven>
          <ejb-name>Nachricht</ejb-name>
          <ejb-class>de.cobol.Nachricht</ejb-class>
          <transaction-type>Container</transaction-type>
          <message-driven-destination>
            <destination-type>javax.jms.Queue
            </destination-type>
          </message-driven-destination>
        </message-driven>
      </enterprise-beans>

      <assembly-descriptor>
        <container-transaction>
          <method>
            <ejb-name>Addierer</ejb-name>
            <method-name>*</method-name>
          </method>
          <method>
            <ejb-name>Summierer</ejb-name>
            <method-name>*</method-name>
          </method>
          <method>
            <ejb-name>Nachricht</ejb-name>
            <method-name>*</method-name>
          </method>
          <trans-attribute>Required</trans-attribute>
        </container-transaction>
      </assembly-descriptor>

  </ejb-jar>
```

Listing 35.19: `ejb-jar.xml`

Für den Application Server JBoss muss wieder zusätzlich ein Descriptor mit dem Namen `jboss.xml` gepflegt werden, der in Listing 35.20 enthalten ist und in dem der JNDI-Name der Queue steht, mit der das Message Driven Bean verbunden sein soll. Er lautet in diesem Beispiel `queue/A`, eine Queue, die in der Standardinstallation von JBoss bereits enthalten ist. Auch hier wird das Beispiel aus den vorangegangenen Abschnitten fortgesetzt.

```
<?xml version="1.0" encoding="UTF-8"?>

<!DOCTYPE jboss PUBLIC
    "-//JBoss//DTD JBOSS 3.0//EN"
    "http://www.jboss.org/j2ee/dtd/jboss_3_0.dtd">

<jboss>
  <enterprise-beans>
    <session>
```

```
            <ejb-name>Addierer</ejb-name>
            <jndi-name>ejb/Addierer</jndi-name>
        </session>
        <session>
            <ejb-name>Summierer</ejb-name>
            <jndi-name>ejb/Summierer</jndi-name>
        </session>
        <message-driven>
            <ejb-name>Nachricht</ejb-name>
            <destination-jndi-name>queue/A
            </destination-jndi-name>
        </message-driven>
    </enterprise-beans>
</jboss>
```

Listing 35.20: `jboss.xml`

Anwendung installieren

Die neu erstellte DLL muss in das `bin`-Verzeichnis des Application Servers JBoss kopiert und dieser danach neu gestartet werden.

Die entstandene JAVA-Klasse gehört wieder in ein JAVA-Archiv, zusammen mit den erweiterten Deployment Descriptoren. Einzelheiten dazu sind in dem Abschnitt über zustandslose Session Beans zu finden.

Das entsprechende Kommando lautet auch hier

```
jar -cvf0 addierer.jar de META-INF,
```

wenn man davon ausgeht, dass sich die Nachrichtenklasse im Unterverzeichnis `de\cobol` und die Deployment Descriptoren in `META-INF` befinden. In dem entstandenen Archiv `addierer.jar` sollten sich nun sowohl die Addierer-, Summierer- als auch die Nachrichtenklasse befinden.

Um die eigentliche Anwendung in den Application Server zu installieren, kopiert man die erzeugte `jar`-Datei in das Verzeichnis `server\default\deploy` der JBoss-Installation. Wenn der Application Server läuft, so stellt er nach kurzer Zeit fest, dass sich ein neues Archiv in diesem Verzeichnis befindet, und installiert seinen Inhalt automatisch. Auch wenn man ein vorhandenes Archiv überschreibt, bemerkt der Application Server dies und ersetzt alle bisherigen Beans zur Laufzeit durch die neuen.

Starten von JBoss

Siehe zustandslose Session Beans.

Stoppen von JBoss

Siehe zustandslose Session Beans.

Beispielclient

Der Beispielclient baut eine Verbindung mit der Queue auf dem Application Server auf und sendet ihr insgesamt zehn Nachrichten zu, die in ihrem Text eine laufende Nummer enthalten. Außerdem gibt er auf der Konsole aus, welche Nachricht er gerade versendet hat.

```
package de.cobol;

import javax.ejb.*;
```

```
import javax.naming.*;
import javax.jms.*;
import java.util.*;

public class NachrichtClient
{
  public static void main(String[] args) throws Exception
  {
    // Zunächst muss eine Hashtable mit JBoss-spezifischen
    // Angaben zusammengestellt werden, die Auskunft
    // darüber geben, wie der Application Server zu
    // erreichen ist.
    Hashtable env = new Hashtable();

    env.put(Context.INITIAL_CONTEXT_FACTORY,
        "org.jnp.interfaces.NamingContextFactory");

    env.put(Context.URL_PKG_PREFIXES,
        "org.jboss.naming:org.jnp.interfaces");

    env.put(Context.PROVIDER_URL,
        "localhost");

    // Um eine Verbindung zu der Queue zu
    // bekommen, wird zunächst eine Instanz der
    // Klasse InitialContext erzeugt, mit deren Hilfe
    // der Namensdienst des Servers abgefragt werden
    // kann. An die Methode lookup wird dann der
    // JNDI-Name der gewünschten Queue übergeben und
    // bei Erfolg eine Instanz der Klasse
    // QueueConnection Factory zurückgegeben.
    InitialContext ctx = new InitialContext(env);
    QueueConnectionFactory qcf = (QueueConnectionFactory)
        ctx.lookup("ConnectionFactory");

    // Ein weiterer Aufruf der Methode lookup dient
    // dazu, Zugriff auf die eigentliche Queue zu
    // erhalten.
    Queue queue = (Queue) ctx.lookup("queue/A");

    // Über die QueueConnectionFactory kann
    // schließlich eine QueueConnection erzeugt
    // werden.
    QueueConnection qc = qcf.createQueueConnection();

    // Aus der QueueConnection ergibt sich die
```

```
// QueueSession, der in diesem Beispiel
// mitgeteilt wird, dass sie keine Transaktionen
// aufbauen soll.
QueueSession qs =
   qc.createQueueSession(false,
                            Session.AUTO_ACKNOWLEDGE);

// Über die QueueSession kann zum Versenden von
// Nachrichten ein QueueSender generiert werden,
// indem die QueueSession mit der eigentlichen
// Queue verbunden wird.
QueueSender qsend = qs.createSender(queue);

// In einer Schleife werden nacheinander 10
// Nachrichten verschickt.
for(int i=1; i <= 10; i++)
{
  TextMessage textMsg = qs.createTextMessage();
  String text = "Das ist Nachricht #" + i;
  textMsg.setText(text);
  qsend.send(textMsg);
  System.out.println("Gesendet:" + text);
}

// Am Ende werden die Verbindungen mit der
// Queue, der QueueSession und der
// QueueConnection wieder freigegeben.
qsend.close();
qs.close();
qc.close();
  }
}
```

Listing 35.21: JAVA-Client

Um den Client zu starten, ist es wichtig, dass im Falle von JBoss die Bibliothek `jbossall-client.jar` über die Umgebungsvariable CLASSPATH zu erreichen ist. Sie befindet sich im `client`-Verzeichnis der JBoss-Installation. Danach kann das Programm einfach über die Anweisung

```
java de.cobol.NachrichtClient
```

gestartet werden. Das Beispiel erzeugt eine Bildschirmausgabe wie in Listing 35.22.

```
Gesendet:Das ist Nachricht #1
Gesendet:Das ist Nachricht #2
Gesendet:Das ist Nachricht #3
Gesendet:Das ist Nachricht #4
Gesendet:Das ist Nachricht #5
```

```
Gesendet:Das ist Nachricht #6
Gesendet:Das ist Nachricht #7
Gesendet:Das ist Nachricht #8
Gesendet:Das ist Nachricht #9
Gesendet:Das ist Nachricht #10
```

Listing 35.22: Bildschirmausgabe des Clients

Die serverseitigen Ausgaben finden sich in Listing 35.23.

```
Nachricht::onMessage
Empfangen:Das ist Nachricht #1
Nachricht::onMessage
Empfangen:Das ist Nachricht #2
Nachricht::onMessage
Empfangen:Das ist Nachricht #4
Nachricht::onMessage
Empfangen:Das ist Nachricht #7
Nachricht::onMessage
Empfangen:Das ist Nachricht #9
Nachricht::onMessage
Empfangen:Das ist Nachricht #8
Nachricht::onMessage
Empfangen:Das ist Nachricht #10
Nachricht::onMessage
Empfangen:Das ist Nachricht #3
Nachricht::onMessage
Empfangen:Das ist Nachricht #6
Nachricht::onMessage
Empfangen:Das ist Nachricht #5
```

Listing 35.23: Serverausgaben

35.8 Entity Beans

Eigenschaften

Entity Beans kommen ganz andere Aufgaben zu als Session Beans oder Message Driven Beans. Sie enthalten üblicherweise keinerlei Logik, sondern dienen als Schnittstelle zwischen der Anwendungslogik und den verarbeiteten Daten, die in Datenbanken oder anderen Datenhaltungssystemen gespeichert sind. Eine Instanz eines Entity Beans steht also immer stellvertretend für eine Row aus einer Datenbank oder, wie in diesem Beispiel, für einen Satz aus einer ISAM-Datei.

Ein Entity Bean hat eine Identität, solange es mit einem konkreten Datensatz verbunden ist. Diese Identität wird durch den Primärschlüssel ausgedrückt, der zu den aktuell verwalteten Daten gehört. Während der Lebensdauer eines Entity Beans kann sich seine Identität mehrmals ändern. Der Application Server legt aktuell nicht benötigte Entity-Bean-Instanzen in einem Pool ab und verwendet sie für andere Datensätze neu. Daher macht es keinen Sinn, sich neben den Datensatzfeldern weitere Informationen in einem Entity Bean zu speichern.

Man unterscheidet zwei wesentliche Arten von Entity Beans. Zum einen gibt es die so genannten *Container-Managed-Persistence Beans*, bei denen der Application Server die Zugriffe auf das eigentliche Datenhaltungssystem übernimmt. Üblicherweise sind das Datenbanken, Sie können aber auch ISAM-Dateien über entsprechende ODBC-Treiber anbinden. Die andere Gruppe stellen die so genannten *Bean-Managed-Persistence (BMP) Beans* dar. Sie haben zwar dieselbe Schnittstelle wie die CMP-Beans, müssen aber komplett vom Anwendungsentwickler ausprogrammiert werden. Damit wird es möglich, beliebige Datenhaltungssysteme an Application Server zu binden. Dieser Abschnitt wird sich ausschließlich mit BMP Entity Beans beschäftigen.

Einsatzgebiete

Immer dann, wenn eine Application-Server-Anwendung auf persistente – also dauerhafte – Daten zugreifen muss und sie eventuell auch verändert, kommen Entity Beans ins Spiel. Man will in jedem Fall verhindern, dass die Zugriffe auf die Datenstrukturen direkt aus den Session Beans heraus erfolgen. Diese sollen vielmehr die standardisierten Schnittstellen der Entity Beans benutzen, die ihrerseits wissen, wie auf die Daten physisch zugegriffen werden muss.

Damit wird die Datenhaltungsschicht endlich von der Anwendungsschicht getrennt, wie es von der Software-Architektur eigentlich schon immer gefordert wird.

In einer typischen Anwendung hat niemals ein Client direkten Zugriff auf Entity Beans. Vielmehr sind es die Session Beans und die Message Driven Beans, die sie benutzen. Um aber das Beispiel am Ende dieses Abschnitts so einfach wie möglich zu halten, wurde dieser Anspruch ignoriert.

Methoden der Bean-Klasse

Auch ein Entity Bean hat die Aufgabe, eine bestimmte Schnittstelle zu implementieren. Sie ist die Bean-Klasse mit den meisten Methoden, von denen einige bereits bekannt sind, sich dann aber doch wieder etwas anders verhalten.

ejbCreate

Über diese Methode wird ein neuer Datensatz in eine Datenbank oder eine Datei eingefügt und eine Entity-Bean-Instanz mit ihm verbunden. Bei den anderen Bean-Arten dient sie lediglich dem Verbindungsaufbau mit dem Bean.

Ein Entity Bean kann mehrere `ejbCreate`-Methoden besitzen, die sich dann durch die Art und/oder Anzahl ihrer Parameter unterscheiden. In jedem Fall müssen aber genügend Parameter übergeben werden, damit sich eine Zeile in die Datenbank oder Datei schreiben lässt. Eine `ejbCreate`-Methode ohne Parameter dürfte es daher kaum geben. Mindestens die Informationen des zugehörigen Primärschlüssels müssen an `ejbCreate` übergeben werden.

Der Aufruf von `ejbCreate` erfolgt auch hier erst, nachdem der Application Server die neu erzeugte oder aus dem Pool übernommene Instanz mit einem Entity-Context versehen hat. Dazu ruft er vorher die Methode `setEntityContext` auf.

Eine `ejbCreate`-Methode eines Entity Beans hat, im Gegensatz zu allen anderen Bean-Arten, einen Rückgabewert, und zwar den Primärschlüssel des zugehörigen Datensatzes. Handelt es sich um einen zusammengesetzten Schlüssel, so muss eine eigene Klasse programmiert werden, die als Attribute die Bestandteile des Schlüssels in sich trägt. Es ist dann eine Instanz dieser Klasse zurückzugeben.

Sollte es beim Schreiben des neuen Satzes zu einem Fehler kommen, kann die Methode eine `Create Exception` auslösen, wodurch der Vorgang abgebrochen wird und es beim Benutzer zu einer Fehlermeldung kommt. Damit wird beispielsweise signalisiert, dass es bereits einen Satz mit entsprechendem Primärschlüssel gibt.

Es ist Aufgabe des Entwicklers, im Falle von BMP Entity Beans in dieser Methode dafür zu sorgen, dass ein neuer Datensatz in das Datenhaltungssystem gespeichert wird.

ejbPostCreate

Passend zu jeder `ejbCreate`-Methode muss ein Entity Bean zusätzlich eine `ejbPostCreate`-Methode vorhalten. Passend heißt, dass sie über dieselbe Parameterleiste verfügt. Sie wird aufgerufen, wenn die zugehörige `ejbCreate`-Methode erfolgreich gelaufen ist, und kann dazu verwendet werden, notwendige weitere Initialisierungen durchzuführen.

Im Fall von BMP Entity Beans werden spätestens hier die Attribute der Instanz mit den Daten des angelegten Datensatzes versorgt.

ejbRemove

Wenn ein Client ein Session Bean nicht mehr benötigt, so ruft er die Methode `remove` auf, um dies dem Application Server mitzuteilen. Im Fall von zustandsbehafteten Beans führt dies dann auch zum Aufruf von `ejbRemove`.

Im Prinzip ist das bei einem Entity Bean genauso, nur bedeutet `remove` hier, dass der zugehörige Satz aus der Datenbank oder Datei gelöscht werden soll! Wenn also ein Client einen Datensatz nicht mehr benötigt, so benutzt er ihn einfach nicht mehr. Nur wenn er ihn wirklich löschen will, benutzt er die Methode `remove`.

Inhalt der `ejbRemove`-Methode eines BMP Entity Beans ist also das Löschen des Satzes aus dem Datenhaltungssystem.

Sollte es beim Löschen zu einem Fehler kommen, löst diese Methode eine `RemoveException` aus.

ejbFindByPrimaryKey

Oft sollen nicht neue Sätze angelegt, sondern bestehende gesucht und benutzt werden. Zu diesem Zweck muss jedes Entity Bean über die Methode `findByPrimaryKey` verfügen, an die der Primärschlüssel des gesuchten Satzes übergeben wird und deren Aufgabe darin besteht, zu überprüfen, ob es einen zugehörigen Satz auch wirklich gibt.

Der Rückgabewert dieser Methode ist ebenfalls wieder der Primärschlüssel, der zur Suche bereits an sie übergeben wurde. Damit dokumentiert sie das Vorhandensein eines entsprechenden Satzes.

Kann die Methode keinen solchen Satz finden, löst sie eine `FinderException` beziehungsweise eine davon abgeleitete `ObjectNotFoundException` aus, um dies mitzuteilen. Eine `FinderException` sollte eher bei technischen Problemen benutzt werden.

ejbFind...

Mit einem Entity Bean kann aber nicht nur nach einem ganz bestimmten Satz, sondern auch nach einer Gruppe von Datensätzen gesucht werden, die alle einem bestimmten Suchkriterium genügen. Die Namen all dieser Methoden beginnen immer mit `ejbFind` und werden dann möglichst sprechend weitergeführt. Sollen Kunden beispielsweise nach Postleitzahl gefunden werden, so wird man die Methode `ejbFindBy-Plz` nennen, während durch `ejbFindBySaldo` die Gruppe derjenigen gefunden werden kann, die einen bestimmten Betrag auf ihrem Konto haben.

Alle diese Methoden liefern als Ergebnis wahlweise eine Instanz der Klasse `java.util.Enumeration` oder moderner `java.util.Collection` zurück. In beiden Fällen handelt es sich um Klassen, die beliebige Mengen von Instanzen aufnehmen können. Die Finder-Methoden müssen nun eine Menge aller Primärschlüssel der Datensätze liefern, die dem Suchkriterium entsprechen. Selbst wenn nur ein einziger Treffer erzielt wird, wird sein Primärschlüssel über diesen Weg nach außen geliefert. Kann nichts gefunden werden, muss sogar eine leere Menge als Ergebnis zur Verfügung gestellt werden. Dazu erzeugt man eine Instanz von `Enumeration` oder `Collection` und gibt diese zurück, ohne vorher etwas dort abgestellt zu haben.

Nur bei technischen Problemen lösen die Finder-Methoden eine `FinderException` aus.

Es kann so viele verschiedene Finder-Methoden geben, wie es unterschiedliche Wege zu den Daten geben soll.

setEntityContext

Über den Entity-Context kann ein Entity Bean auf seine Umgebung im EJB-Container zugreifen. Wie bei den Session Beans kann auch ein Entity Bean auf sein Home- oder Local-Home-Interface zugreifen. Außerdem kann es überprüfen, ob die aktuelle Transaktion zu diesem Zeitpunkt durch ein `Commit` oder ein `Rollback` enden soll. Durch Aufruf der Methode `setRollbackOnly` kann es auch ein `Rollback` erzwingen. Der Entity-Context stellt aber über die Methode `getPrimaryKey` noch eine ganz spezielle Funktionalität zur Verfügung. Damit ist ein Bean später in der Lage, sich auf seine aktuelle Identität zu beziehen. Das wird in der Methode `ejbLoad` noch wichtig.

In der Methode `setEntityContext` ist es lediglich notwendig, sich die übergebene Instanz der Klasse `EntityContext` in den Attributen der Klasse zu merken, damit dann später die anderen Methoden der Klasse, wie oben beschrieben, von ihm Gebrauch machen können.

unsetEntityContext

Es wurde bereits erwähnt, dass ein Entity Bean während seines Lebens seine Identität häufiger wechselt. Spätestens wenn es aus dem Pool entfernt werden soll, weil es nicht mehr benötigt wird, ruft der Application Server noch die Methode `unsetEntityContext` auf, damit das Bean seine Referenz auf den Entity-Context wieder löschen kann.

ejbLoad

Aufgabe dieser Methode ist es, die Daten, die von diesem Entity Bean verwaltet werden sollen, aus der Datenbank oder der Datei zu lesen. Dazu ruft sie die Methode `getPrimaryKey` des Entity-Context dieses Beans auf, um den Primärschlüssel des zugehörigen Satzes zu erhalten. Konnte dieser erfolgreich gelesen werden, speichert die `ejbLoad`-Methode alle gelesenen Datenfelder in geeigneten Attributen der Instanz.

Sollte es beim Lesen zu einem Problem kommen, löst die Methode eine `EJBException` aus.

Die Methode hat weder Parameter noch einen Rückgabewert.

ejbStore

Bei dieser Methode handelt es sich praktisch um das Gegenstück zu `ejbLoad`. Immer wenn der Application Server meint, dass die Inhalte der Attribute dieser Bean-Instanz nicht mehr mit dem Inhalt der Datenbank oder Datei übereinstimmen, ruft er diese Methode auf, deren einzige Aufgabe es ist, den vorhandenen Datensatz im Datenhaltungssystem zu aktualisieren.

Sollte es zu einem Problem kommen, löst diese Methode eine `EJBException` aus.

Auch diese Methode hat weder Parameter noch einen Rückgabewert.

ejbPassivate

Diese Methode wird aufgerufen, wenn die Bean-Instanz zurück in den Pool gelegt werden soll. Sie besitzt danach keine Identität mehr. Sie ist dazu gedacht, dem Bean die Möglichkeit zu geben, eventuelle Ressourcen wieder freizugeben.

Die Methode hat weder Parameter noch einen Rückgabewert.

ejbActivate

Dabei handelt es sich um das exakte Gegenstück zu `ejbPassivate`. Sie wird aufgerufen, nachdem ein Bean aus dem Pool genommen oder neu erzeugt und ihm eine Identität zugewiesen wurde.

Auch diese Methode hat weder Parameter noch einen Rückgabewert.

ejbHome...

Zusätzlich kann ein Entity Bean über eine oder mehrere Home-Methoden verfügen, die aber nur allgemeine Funktionen die ganze Datenbanktabelle oder die ganze Datei betreffend beinhalten können, da sie nie zusammen mit einer Bean-Identität aufgerufen werden.

Ihre Namen beginnen stets mit ejbHome und sollten dann möglichst sprechend fortgeführt werden.

Allgemeine Businessmethoden

Ein Entity Bean soll keine eigene Logik beinhalten, muss es den Session Beans aber ermöglichen, die verwalteten Attribute, also die einzelnen Datenfelder eines Datensatzes, lesen und verändern zu können. Dazu bieten sie meist je Attribut eine getAttributname- und eine setAttributname-Methode an, letztere jedoch nicht für Merkmale, die zum Primärschlüssel des Satzes gehören. Diese dürfen sich nicht ändern. Es sind aber auch Methoden wie getAllAttributes und setAllAttributes denkbar. Letztlich bleibt es dem Bean-Entwickler überlassen, sinnvolle Schnittstellen zu schaffen.

Methoden des Home-Interfaces

Auch bei den Entity Beans hat das Home-Interface die Aufgabe, eine Verbindung zu einer konkreten Bean-Instanz herzustellen. Der Application Server generiert daraus eine Stub-Klasse, die dem Client zur Verfügung gestellt wird, wie schon bei den Session Beans.

create

Für jede ejbCreate-Methode der Bean-Klasse muss eine passende create-Methode in das Home-Interface aufgenommen werden. Sie müssen über dieselbe Anzahl an Parametern verfügen und die Typen der Parameter müssen sich exakt entsprechen. Die entsprechende create-Methode wird vom Client aufgerufen, um einen neuen Datensatz in das Datenhaltungssystem einzufügen und eine Referenz auf das Remote-Interface des zugehörigen Entity Beans zu bekommen.

Der Rückgabewert aller create-Methoden ist eine Instanz einer Klasse, die das zugehörige Remote-Interface implementiert hat.

Da es beim Remote-Aufruf der Methoden des Application Servers zu Fehlern kommen kann, lösen diese Methoden zusätzlich eine RemoteException aus.

findByPrimaryKey

Da jedes Entity Bean über diese Methode verfügen muss, ist sie auch im Home-Interface Pflicht. Ihre Parameter müssen exakt der der Bean-Methode entsprechen, der Rückgabewert ist aber auch hier eine Referenz auf das Remote-Interface.

Neben einer FinderException kann diese Methode auch eine RemoteException auslösen.

find...

Zu jedem zusätzlichen Finder, der in der Bean-Klasse programmiert wurde, muss es auch eine Find-Methode im Home-Interface geben, deren restlicher Name zu den Methoden der Bean-Klasse kompatibel sein muss. In diesem Beispiel also findByPlz und findBySaldo.

Der Rückgabetyp muss ebenfalls dem der zugehörigen Bean-Methode entsprechen, also entweder eine Enumeration oder Collection sein. Die Menge wird aber zur Laufzeit aus lauter Referenzen auf Remote-Interfaces bestehen, mit denen der Client sich auf die einzelnen Beans beziehen kann. Während also beispielsweise die Methode ejbFindByPlz eine Collection aus Primärschlüsseln an den Application Server liefert, gibt dieser über die Methode findByPlz eine Collection aus Instanzen von Klassen zurück, die das Remote-Interface implementiert haben, damit der Client direkt die zugehörigen Businessmethoden aufrufen kann.

Auch diese Methoden lösen neben einer `FinderException` eine `RemoteException` aus.

Sonstige Home-Methoden

Wurden in der Bean-Klasse Methoden mit dem Namen `ejbHome...` programmiert, so müssen diese mit ihrem restlichen Namen und der passenden Parameterleiste auch im Home-Interface erscheinen, weil sie sonst von einem Client nicht genutzt werden können. Heißt eine solche Methode beispielsweise `ejbHomeGetCount`, so trägt sie im Home-Interface den Namen `getCount` und wirft zusätzlich eine `RemoteException`.

Methoden des Remote-Interfaces

Das zweite Interface, das auch zu jedem Entity Bean erstellt werden muss, ist das Remote-Interface. Sobald ein Client Zugriff auf eine Klasse hat, die dieses Interface implementiert, ist er in der Lage, die zusätzlichen Methoden des Entity Beans zu benutzen, um an den Inhalt der Datenfelder zu kommen und diese zu ändern.

Allgemeine Businessmethoden

Jede Methode, die einem Client zur Verfügung gestellt werden soll, muss im Remote-Interface deklariert werden. Wie alle Interfacemethoden lösen auch sie zusätzlich `RemoteExceptions` aus.

Ihre Namen, Parameter und Rückgabewerte entsprechen exakt den Methoden der Bean-Klasse.

Local-Home-Interface

Auch Entity Beans können über ein Local-Home-Interface verfügen, wenn sie von Clients aus genutzt werden sollen, die sich im selben Hauptspeicher wie das Bean befinden. Anfangs wurde erwähnt, dass Entity Beans nur von Session Beans oder Message Driven Beans verwendet werden sollen, dennoch macht es Sinn, sie mit einem Remote-Interface auszustatten, weil sich in einem Cluster aus mehreren Application Servern das Session Bean und das Entity Bean nicht im selben Hauptspeicher befinden müssen.

Über lokale Interfaces ist es überdies möglich, dem Application Server Zusammenhänge zwischen Entity Beans zu erläutern, die er dann auch selbstständig auflöst. So kann beispielsweise erklärt werden, dass ein Personen-Entity-Bean eine Beziehung mit mehreren Adresse-Entity-Beans unterhalten kann und über welches Merkmal dies realisiert ist. Lädt ein Client dann eine Person, kann er sich auch gleich die zugehörigen Adressen geben lassen. Auf diese Eigenschaft von Application Servern soll aber im Rahmen dieses Buches nicht weiter eingegangen werden.

Local-Interface

Wurde für ein Entity Bean ein Local-Home-Interface definiert, so muss es auch ein Local-Interface haben. Dieses übernimmt dann die Aufgaben des Remote-Interfaces.

Programmbeispiel: Datei

In diesem Beispiel soll der Zugriff auf eine Index-sequenzielle Datei als Entity Bean realisiert werden. Die Datei wird innerhalb von `OBJECT` definiert und wird für jeden Zugriff geöffnet und danach wieder geschlossen. Dies ist nicht unbedingt notwendig, macht das Beispiel aber einfacher. Außerdem wird gezeigt, wie mit technischen und fachlichen Problemen innerhalb der Methoden umgegangen werden kann.

Der zugehörige Client greift direkt auf das Entity Bean zu, was, wie erwähnt, eher untypisch ist. Besser wäre es, wenn der Client ein Session Bean benutzt und dieses dann das Entity Bean. Aus Sicht des Entity Beans wäre dann das Session Bean der Client.

COBOL-Programm

Das zugehörige COBOL-Programm ist in Listing 35.24 abgedruckt. Um in den Methoden eine JAVA-Exception auszulösen, wird die COBOL-Klasse `javasup` benutzt, die aus dem Hause MicroFocus stammt.

```
 1$set ooctrl(+p) ooctrl(-f)
 2 identification division.
 3 class-id. DateiBean as "DateiBean"
 4           inherits from javabase.
 5
 6 repository.
 7     class javabase as "javabase"
 8     class javasup as "javasup"
 9     class Integer as "$java$java.lang.Integer"
10     .
11
12 factory.
13 working-storage section.
14
15 end factory.
16
17*>------------------------------------------------
18 object.
19
20 input-output section.
21 file-control.
22     select optional isamdatei
23         assign to "c:\datei.dat"
24         organization is indexed
25         access mode dynamic
26         record key is nummer-key
27         file status is datei-stat.
28
29 file section.
30 fd  isamdatei.
31 01  datensatz.
32     05  nummer-key.
33         10  nummer      binary-long.
34     05  wert            binary-long.
35
36*>------------------------------------------------
37 working-storage section.
38 01  datei-stat          pic xx.
39     88  datei-ok        value "00" thru "09".
40 01  wsNummer            binary-long value 0.
41 01  wsWert              binary-long value 0.
42 01  EntityContext       object reference.
```

```
43
44*>-------------------------------------------------
45 method-id.  ejbCreate .
46 local-storage section.
47 01  rc                    binary-long.
48 linkage Section.
49 01  lnkNummer             binary-long.
50 01  lnkWert               binary-long.
51 01  pk                    object reference.
52 procedure division using by reference lnkNummer
53                     by reference lnkWert
54                     returning pk.
55    display "DateiBean::ejbCreate"
56    open i-o isamdatei
57    if not datei-ok
58       invoke javasup "throwNewException"
59          using z"javax.ejb.CreateException"
60          z"Fehler bei OPEN"
61          returning rc
62       exit method
63    end-if
64
65    move lnkNummer to nummer
66    move lnkwert to wert
67    write datensatz
68    if not datei-ok
69       close isamdatei
70       invoke javasup "throwNewException"
71          using z"javax.ejb.CreateException"
72          z"Fehler bei WRITE"
73          returning rc
74       exit method
75    end-if
76
77    close isamdatei
78    invoke Integer "new" using lnkNummer
79        returning pk
80    exit method.
81 end method ejbCreate.
82*>-------------------------------------------------
83
84*>-------------------------------------------------
85 method-id.  ejbPostCreate .
86 linkage Section.
87 01  lnkNummer             binary-long.
88 01  lnkWert               binary-long.
```

```
 89 procedure division using by reference lnkNummer
 90                     by reference lnkWert.
 91     display "DateiBean::ejbPostCreate"
 92     move lnkNummer to wsNummer
 93     move lnkWert   to wsWert
 94     exit method.
 95 end method ejbPostCreate.
 96*>----------------------------------------------
 97
 98*>----------------------------------------------
 99 method-id.  ejbFindByPrimaryKey .
100 local-storage section.
101 01  rc                  binary-long.
102 linkage Section.
103 01  lnkNummer           binary-long.
104 01  pk                  object reference.
105 procedure division using by reference lnkNummer
106                     returning pk.
107     display "DateiBean::ejbFindByPrimaryKey"
108     open i-o isamdatei
109     if not datei-ok
110        invoke javasup "throwNewException"
111            using z"javax.ejb.FinderException"
112            z"Fehler bei OPEN"
113            returning rc
114        exit method
115     end-if
116
117     move lnkNummer to nummer
118     read isamdatei
119     if not datei-ok
120        close isamdatei
121        invoke javasup "throwNewException" using
122            z"javax.ejb.ObjectNotFoundException"
123            z"Fehler bei READ"
124            returning rc
125        exit method
126     end-if
127
128     close isamdatei
129     invoke Integer "new" using lnkNummer
130         returning pk
131     exit method.
132 end method ejbFindByPrimaryKey.
133*>----------------------------------------------
134
```

```
135*>------------------------------------------------
136 method-id. ejbActivate .
137 linkage Section.
138 procedure division.
139    display "DateiBean::ejbActivate"
140    exit method.
141 end method ejbActivate.
142*>------------------------------------------------
143
144*>------------------------------------------------
145 method-id. ejbPassivate .
146 linkage Section.
147 procedure division.
148    display "DateiBean::ejbPassivate"
149    exit method.
150 end method ejbPassivate.
151*>------------------------------------------------
152
153*>------------------------------------------------
154 method-id. setEntityContext .
155 linkage Section.
156 01 ctx                  object reference.
157 procedure division using by reference ctx.
158    display "DateiBean::setEntityContext"
159    set EntityContext to ctx
160    exit method.
161 end method setEntityContext.
162*>------------------------------------------------
163
164*>------------------------------------------------
165 method-id. unsetEntityContext .
166 linkage Section.
167 procedure division.
168    display "DateiBean::unsetEntityContext"
169    set EntityContext to null
170    exit method.
171 end method unsetEntityContext.
172*>------------------------------------------------
173
174*>------------------------------------------------
175 method-id. ejbLoad .
176 local-storage section.
177 01 rc                   binary-long.
178 01 pk                   object reference.
179 01 lsNummer             binary-long.
180 linkage Section.
```

```
181 procedure division.
182     display "DateiBean::ejbLoad"
183     invoke EntityContext "getPrimaryKey"
184         returning pk
185     invoke pk "intValue"
186         returning lsNummer
187
188     open i-o isamdatei
189     if not datei-ok
190         invoke javasup "throwNewException"
191             using z"javax.ejb.EJBException"
192             z"Fehler bei OPEN"
193             returning rc
194         exit method
195     end-if
196
197     move lsNummer to nummer
198     read isamdatei
199     if not datei-ok
200         close isamdatei
201         invoke javasup "throwNewException"
202             using z"javax.ejb.EJBException"
203             z"Fehler bei READ"
204             returning rc
205         exit method
206     end-if
207
208     move nummer to wsNummer
209     move wert   to wsWert
210
211     close isamdatei
212     exit method.
213 end method ejbLoad.
214*>------------------------------------------------
215
216*>------------------------------------------------
217 method-id.  ejbStore .
218 local-storage section.
219 01  rc                    binary-long.
220 linkage Section.
221 procedure division.
222     display "DateiBean::ejbStore"
223     open i-o isamdatei
224     if not datei-ok
225         invoke javasup "throwNewException"
226             using z"javax.ejb.EJBException"
```

```
227              z"Fehler bei OPEN"
228              returning rc
229        exit method
230     end-if
231
232     move wsNummer to nummer
233     move wsWert   to wert
234
235     rewrite datensatz
236     if not datei-ok
237        close isamdatei
238        invoke javasup "throwNewException"
239              using z"javax.ejb.EJBException"
240              z"Fehler bei REWRITE"
241              returning rc
242        exit method
243     end-if
244
245     close isamdatei
246     exit method.
247 end method ejbStore.
248*>----------------------------------------------
249
250*>----------------------------------------------
251 method-id.  ejbRemove .
252 local-storage section.
253 01  rc               binary-long.
254 linkage Section.
255 procedure division.
256     display "DateiBean::ejbRemove"
257     open i-o isamdatei
258     if not datei-ok
259        invoke javasup "throwNewException"
260              using z"javax.ejb.EJBException"
261              z"Fehler bei OPEN"
262              returning rc
263        exit method
264     end-if
265
266     move wsNummer to nummer
267
268     delete isamdatei
269     if not datei-ok
270        close isamdatei
271        invoke javasup "throwNewException"
272              using z"javax.ejb.EJBException"
```

```
273                z"Fehler bei DELETE"
274                returning rc
275           exit method
276       end-if
277
278       close isamdatei
279       exit method.
280 end method ejbRemove.
281*>------------------------------------------------
282
283*>------------------------------------------------
284 method-id.  getWert .
285 linkage Section.
286 01  lnkWert              object reference.
287 procedure division returning lnkWert.
288       display "DateiBean::getWert"
289       invoke Integer "new" using wsWert
290           returning lnkWert
291       exit method.
292 end method getWert.
293*>------------------------------------------------
294
295*>------------------------------------------------
296 method-id. setWert .
297 linkage Section.
298 01  lnkWert              binary-long.
299 procedure division using by reference lnkWert.
300       display "DateiBean::setWert"
301       move lnkWert to wsWert
302       exit method.
303 end method setWert.
304*>------------------------------------------------
305
306 end object.
307
308 end class DateiBean.
```

Listing 35.24: COBOL-Klasse des Entity Beans

JAVA-Programm

Auch für ein Entity Bean muss eine JAVA-Wrapper-Klasse geschrieben werden, die die einzelnen Methodenaufrufe weiterleitet. Sie hat zunächst die Aufgabe, die DLL mit der COBOL-Klasse zu laden.

```
package de.cobol;

import com.microfocus.cobol.*;
import javax.ejb.*;
```

```
public class DateiBean
  extends com.microfocus.cobol.RuntimeObject
  implements EntityBean
{
  static
  {
    cobloadclass ("AddiererBean",
                  "DateiBean",
                  "de.cobol.DateiBean");
  }

  public Integer ejbCreate(Integer nummer, Integer wert)
  throws CreateException
  {
    try
    {
      Object[] params = {nummer, wert};
      return (Integer) cobinvoke_object("ejbCreate",
                                          params);
    }
    catch(Exception ex)
    {
      throw new CreateException(ex.getMessage());
    }
  }

  public void ejbPostCreate(Integer nummer,
                            Integer wert)
  throws EJBException
  {
    try
    {
      Object[] params = {nummer, wert};
      cobinvoke_void ("ejbPostCreate", params);
    }
    catch(Exception ex)
    {
      throw new EJBException(ex.getMessage());
    }
  }

  public Integer ejbFindByPrimaryKey(Integer nummer)
  throws FinderException
  {
    try
    {
      Object[] params = {nummer};
```

```
    return (Integer)
            cobinvoke_object("ejbFindByPrimaryKey",
                                    params);
  }
  catch(Exception ex)
  {
    throw new FinderException(ex.getMessage());
  }
}

public void ejbActivate()
throws EJBException
{
  try
  {
    Object[] params = {};
    cobinvoke_void ("ejbActivate", params);
  }
  catch(Exception ex)
  {
    throw new EJBException(ex.getMessage());
  }
}

public void ejbPassivate()
throws EJBException
{
  try
  {
    Object[] params = {};
    cobinvoke_void ("ejbPassivate", params);
  }
  catch(Exception ex)
  {
    throw new EJBException(ex.getMessage());
  }
}

public void setEntityContext(EntityContext ctx)
throws EJBException
{
  try
  {
    Object[] params = {ctx};
    cobinvoke_void ("setEntityContext", params);
  }
  catch(Exception ex)
```

```
        {
          throw new EJBException(ex.getMessage());
        }
    }


    public void unsetEntityContext()
    throws EJBException
    {
      try
        {
          Object[] params = {};
          cobinvoke_void ("unsetEntityContext", params);
        }
      catch(Exception ex)
        {
          throw new EJBException(ex.getMessage());
        }
    }

    public void ejbLoad()
    throws EJBException
    {
      try
        {
          Object[] params = {};
          cobinvoke_void ("ejbLoad", params);
        }
      catch(Exception ex)
        {
          throw new EJBException(ex.getMessage());
        }
    }


    public void ejbStore()
    throws EJBException
    {
      try
        {
          Object[] params = {};
          cobinvoke_void ("ejbStore", params);
        }
      catch(Exception ex)
        {
          throw new EJBException(ex.getMessage());
        }
    }
```

```
public void ejbRemove()
throws RemoveException
{
  try
  {
    Object[] params = {};
    cobinvoke_void ("ejbRemove", params);
  }
  catch(Exception ex)
  {
    throw new RemoveException(ex.getMessage());
  }
}

public Integer getWert() throws EJBException
{
  try
  {
    Object[] params = {};
    return (Integer) cobinvoke_object("getWert",
                                      params);
  }
  catch(Exception ex)
  {
    throw new EJBException(ex.getMessage());
  }
}

public void setWert(Integer wert)
throws EJBException
{
  try
  {
    Object[] params = {wert};
    cobinvoke_void ("setWert", params);
  }
  catch(Exception ex)
  {
    throw new EJBException(ex.getMessage());
  }
}
}
```

Listing 35.25: JAVA-Wrapper-Klasse

Home-Interface

Das Home-Interface des Entity Beans muss lediglich in JAVA geschrieben sein.

```
package de.cobol;

import javax.ejb.*;
import java.rmi.*;

public interface DateiHome extends EJBHome
{
  public Datei create(Integer nummer, Integer wert)
    throws CreateException, RemoteException;

  public Datei findByPrimaryKey(Integer nummer)
    throws FinderException, RemoteException;
}
```

Listing 35.26: Home-Interface des Datei-Beans

Remote-Interface

Das Remote-Interface zum Entity Bean findet sich in Listing 35.27.

```
package de.cobol;

import java.rmi.*;
import javax.ejb.*;

public interface Datei extends EJBObject
{
  public Integer getWert()
    throws RemoteException;

  public void setWert(Integer wert)
    throws RemoteException;
}
```

Listing 35.27: Remote-Interface des Datei-Beans

Programme übersetzen

Auch das in COBOL geschriebene Entity Bean wird in eine DLL übersetzt, die multithreadingfähig und zusammen mit der Shared-Runtime-Library dynamisch gebunden sein muss.

Für die Übersetzung der JAVA-Programme ist es auch hier wichtig, dass der JAVA-Compiler auf die Bibliothek `jboss-j2ee.jar` zugreifen kann, die sich im Unterverzeichnis `client` der JBoss-Installation befindet.

Konnte alles übersetzt werden, sind im Unterverzeichnis `de\cobol` die Programme `Datei.class`, `DateiBean.class` und `DateiHome.class` entstanden.

Deployment Descriptoren

Im standardisierten Deployment Descriptor eines Entity Beans muss neben seinen zugehörigen Klassen angegeben werden, ob es sich um ein CMP Bean (Container-Managed-Persistence) oder ein BMP Bean (Bean-Managed-Persistence) handelt. Erreicht wird dies durch den Eintrag `persistence-type`. Außerdem muss der Name der Klasse angegeben werden, die den Primärschlüssel repräsentiert.

In Listing 35.28 ist der standardisierte Deployment Descriptor `ejb-jar.xml` abgedruckt, der nun alle in diesem Kapitel vorgestellten Beans beinhaltet, von denen aber auch jedes einzelne lauffähig ist.

```xml
<?xml version="1.0" encoding="UTF-8"?>

<!DOCTYPE ejb-jar PUBLIC
"-//Sun Microsystems, Inc.//DTD Enterprise JavaBeans 2.0//EN"
"http://java.sun.com/dtd/ejb-jar_2_0.dtd">

<ejb-jar>
    <enterprise-beans>
        <session>
            <ejb-name>Addierer</ejb-name>

            <home>de.cobol.AddiererHome</home>
            <remote>de.cobol.Addierer</remote>
            <ejb-class>de.cobol.AddiererBean</ejb-class>

            <session-type>Stateless</session-type>
            <transaction-type>Container</transaction-type>
        </session>
        <session>
            <ejb-name>Summierer</ejb-name>

            <home>de.cobol.SummiererHome</home>
            <remote>de.cobol.Summierer</remote>
            <ejb-class>de.cobol.SummiererBean</ejb-class>

            <session-type>Stateful</session-type>
            <transaction-type>Container</transaction-type>
        </session>
        <message-driven>
          <ejb-name>Nachricht</ejb-name>
          <ejb-class>de.cobol.Nachricht</ejb-class>
          <transaction-type>Container</transaction-type>
          <message-driven-destination>
            <destination-type>javax.jms.Queue
            </destination-type>
          </message-driven-destination>
        </message-driven>
        <entity>
            <ejb-name>Datei</ejb-name>
            <home>de.cobol.DateiHome</home>
            <remote>de.cobol.Datei</remote>
            <ejb-class>de.cobol.DateiBean</ejb-class>

            <persistence-type>Bean</persistence-type>
```

```
            <prim-key-class>java.lang.Integer</prim-key-class>
            <reentrant>False</reentrant>
        </entity>
    </enterprise-beans>

    <assembly-descriptor>
        <container-transaction>
            <method>
                <ejb-name>Addierer</ejb-name>
                <method-name>*</method-name>
            </method>
            <method>
                <ejb-name>Summierer</ejb-name>
                <method-name>*</method-name>
            </method>
            <method>
                <ejb-name>Nachricht</ejb-name>
                <method-name>*</method-name>
            </method>
            <method>
                <ejb-name>Datei</ejb-name>
                <method-name>*</method-name>
            </method>
            <trans-attribute>Required</trans-attribute>
        </container-transaction>
    </assembly-descriptor>

</ejb-jar>
```

Listing 35.28: `ejb-jar.xml`

Für ein BMP Entity Bean genügt es, in dem Application-Server-spezifischen Deployment Descriptor `jboss.xml` den JNDI-Namen des Beans zu definieren. Für CMP Entity Beans sind hier weit mehr Angaben notwendig, die sinnvoll beim jeweiligen Hersteller des Servers nachgelesen werden können.

```
<?xml version="1.0" encoding="UTF-8"?>

<!DOCTYPE jboss PUBLIC
    "-//JBoss//DTD JBOSS 3.0//EN"
    "http://www.jboss.org/j2ee/dtd/jboss_3_0.dtd">

<jboss>
    <enterprise-beans>
        <session>
            <ejb-name>Addierer</ejb-name>
            <jndi-name>ejb/Addierer</jndi-name>
        </session>
        <session>
```

```
            <ejb-name>Summierer</ejb-name>
            <jndi-name>ejb/Summierer</jndi-name>
        </session>
        <message-driven>
            <ejb-name>Nachricht</ejb-name>
            <destination-jndi-name>queue/A
            </destination-jndi-name>
        </message-driven>
        <entity>
            <ejb-name>Datei</ejb-name>
            <jndi-name>ejb/Datei</jndi-name>
        </entity>
    </enterprise-beans>
</jboss>
```

Listing 35.29: `jboss.cml`

Anwendung installieren

Die neu erstellte DLL muss in das `bin`-Verzeichnis des Application Servers JBoss kopiert und dieser danach neu gestartet werden.

Die entstandenen JAVA-Klassen müssen wieder zu einem JAVA-Archiv zusammen mit den erweiterten Deployment Descriptoren gebunden werden. Einzelheiten dazu sind in dem Abschnitt über zustandslose Session Beans zu finden.

Das entsprechende Kommando lautet auch hier

```
jar -cvf0 addierer.jar de META-INF,
```

wenn man davon ausgeht, dass sich die Dateiklassen erneut im Unterverzeichnis `de\cobol` und die Deployment Descriptoren in META-INF befinden. In dem entstanden Archiv `addierer.jar` sollten sich nun alle Beans aus diesem Kapitel finden.

Um die eigentliche Anwendung in den Application Server zu installieren, kopiert man die erzeugte `jar`-Datei in das Verzeichnis `server\default\deploy` der JBoss-Installation. Wenn der Application Server läuft, so stellt er nach kurzer Zeit fest, dass sich ein neues Archiv in diesem Verzeichnis befindet, und installiert seinen Inhalt automatisch. Auch wenn man ein vorhandenes Archiv überschreibt, bemerkt der Application Server dies und ersetzt alle bisherigen Beans zur Laufzeit durch die neuen.

Starten von JBoss

Siehe zustandslose Session Beans.

Stoppen von JBoss

Siehe zustandslose Session Beans.

Beispielclient

Der Beispielclient löscht zunächst einen Datensatz mit der Nummer 100 und gibt den Erfolg auf dem Bildschirm aus. Danach legt er ihn neu an, verändert einen seiner Werte, überprüft dies und gibt den geänderten Wert wieder aus.

```
package de.cobol;
```

```
import javax.ejb.*;
import javax.naming.*;
import javax.rmi.PortableRemoteObject;
import java.util.*;

public class DateiClient
{
  public static void main(String[] args) throws Exception
  {
    // Zunächst muss eine Hashtable mit JBoss-spezifischen
    // Angaben zusammengestellt werden, die Auskunft
    // darüber geben, wie der Application Server zu
    // erreichen ist.
    Hashtable env = new Hashtable();

    env.put(Context.INITIAL_CONTEXT_FACTORY,
        "org.jnp.interfaces.NamingContextFactory");

    env.put(Context.URL_PKG_PREFIXES,
        "org.jboss.naming:org.jnp.interfaces");

    env.put(Context.PROVIDER_URL,
        "localhost");

    // Um Zugriff auf das Home-Interface des Beans zu
    // bekommen, wird zunächst eine Instanz der
    // Klasse InitialContext erzeugt, mit deren Hilfe
    // der Namensdienst des Servers abgefragt werden
    // kann. An die Methode lookup wird dann der
    // JNDI-Name des gesuchten Beans übergeben und
    // bei Erfolg eine Referenz auf eine Klasse
    // zurückgegeben, die das Home-Interface des
    // Beans implementiert.
    InitialContext ctx = new InitialContext(env);
    Object o = ctx.lookup("ejb/Datei");

    // Da es sich um eine Remote-Klasse handelt, ist
    // es notwendig, die erhaltene Referenz über die
    // Methode narrow der Klasse PortableRemoteObject
    // in eine Referenz auf die lokale Klasse
    // DateiHome zu konvertieren.
    DateiHome home = (DateiHome)
        PortableRemoteObject.narrow(o, DateiHome.class);

    try
    {
```

```
        // Über die remove-Methode des Home-Interfaces
        // wird zunächst der Datensatz 100 gelöscht.
        // Diese Methode wird an DateiHome von
        // EJBHome vererbt.
        home.remove(new Integer(100));
        System.out.println("Datensatz 100 gelöscht.");
      }
      catch(RemoveException ex)
      {
        System.out.println("Datensatz 100 nicht gelöscht.");
      }


      try
      {
        // Nachfolgende create-Methode legt einen
        // neuen Datensatz an.
        Datei satz100 = home.create(new Integer(100),
                                    new Integer(200));
        System.out.println("Datensatz 100 angelegt.");

        satz100.setWert(new Integer(300));
        Integer wert = satz100.getWert();
        System.out.println("Aktueller Wert: " + wert);

        // Hier darf am Ende nicht die remove-
        // Methode aufgerufen werden, weil diese den
        // Datensatz in der Datei löschen würde!
      }
      catch(Exception ex)
      {
        ex.printStackTrace();
      }
    }
  }
```

Listing 35.30: JAVA-Client

Um auch diesen Client zu starten, ist es wichtig, dass im Falle von JBoss die Bibliothek `jbossall-client.jar` über die Umgebungsvariable CLASSPATH zu erreichen ist. Sie befindet sich im `client`-Verzeichnis der JBoss-Installation. Danach kann das Programm einfach über die Anweisung

```
java de.cobol.DateiClient
```

gestartet werden.

Übungen

A.1 Übungen zu Kapitel 1

Übung 1: Nennen Sie die vier Teile eines COBOL-Programms und beschreiben Sie kurz jeweils den Verwendungszweck!

Übung 2: Müssen alle vier Teile angegeben werden?

Übung 3: Können die vier Teile in beliebiger Reihenfolge angegeben werden?

Übung 4: Wie nennen sich die PROCEDURE DIVISION-Angaben?

Übung 5: Aus welchen Wortarten setzen sich Anweisungen in der PROCEDURE DIVISION zusammen?

Übung 6: Was verstehen Sie unter einem reservierten COBOL-Wort?

Übung 7: Was ist ein Programmiererwort?

Übung 8: Kennzeichnen Sie, ob die nachfolgenden Programmiererwörter falsch oder richtig sind!

```
Programmiererwort      falsch   richtig
---------------------------------------
a) MENGEN                O         O
b) LAGER-                O         O
c) LESEN-999             O         O
d) NETTO BEITRAG         O         O
e) LAGER/MENGE           O         O
f) DIVIDE                O         O
g) DIVIDE-50             O         O
h) 348978                O         O
i) 100-FELDER            O         O
j) ABCDE                 O         O
```

Übung 9: Kennzeichnen Sie, ob die folgenden Literale numerisch, nicht numerisch oder ungültig sind!

Literal	numerisch	nicht numerisch	ungültig
a) 1999.0	O	O	O
b) "+ 14 % Mwst"	O	O	O
c) Soll	O	O	O
d) 765.99-	O	O	O
e) + 678	O	O	O
f) -945.9 EURO	O	O	O
g) -000	O	O	O
h) ""	O	O	O
i) ""Sonderrabatt""	O	O	O
j) "'Sonderrabatt'"	O	O	O

Übung 10: Das Feld ZEILE ist 13 Stellen lang. Welchen Inhalt weist dieses auf, wenn die figurative Konstante ALL "*===" dorthin übertragen wird?

A.2   Übungen zu Kapitel 2

Übung 1: Definieren Sie die IDENTIFICATION DIVISION eines COBOL Programms mit dem Namen B-BERECH, das den Beitrag rekursiv errechnen soll!

Übung 2: Worin unterscheiden sich die Datenfelder der WORKING-STORAGE SECTION von denen der LOCAL-STORAGE SECTION?

Übung 3: Was bewirkt der Zusatz WITH DEBUGGING MODE der SOURCE-COMPUTER Angabe?

A.3   Übungen zu Kapitel 3

Übung 1: Ergänzen Sie die folgende Tabelle, wenn der Inhalt des Feldes A zu Feld B übertragen wird, und berücksichtigen Sie dabei, dass die DECIMAL-POINT IS COMMA-Klausel angegeben ist!

```
MOVE A TO B.

A
PIC        Inhalt    PIC           Inhalt
-----------------------------------------------
999V99     56789     ZZ9,99
999V99     00000     $$$,$$
9(4)V99              $$$$,99        ___$,00
9(5)V99              $ZZ.ZZZ,ZZ    $___123,40
999V99     00060                   __,600
S9(5)V99   +0003456                ___+34,56
S999V99              ZZZ,99+        ___,46-
9(6)V99    00034567  $***.**9,99
S999V99    -00040    **9,99BDB

(_ = Leerzeichen)
```

Übung 2: Wie viele Bytes werden durch die folgenden Definitionen jeweils reserviert?

```
a)   01   SALDO        PIC   9999V99   COMP-3.
b)   01   GEHALT       PIC   9(5)V99   COMP-3.
c)   01   ANZAHL       PIC   S9        COMP.
d)   01   UEBERTRAG    PIC   S9(9)V99  COMP.
e)   01   KONTONUMMER  PIC   S9(7)     COMP.
f)   01   ENDSUMME     PIC   9999V99   DISPLAY.
```

Übung 3: Definieren Sie die folgenden Datenfelder:

a) Ein numerisches Feld UMSATZ mit dem gepackten Inhalt 896,54.

b) Ein numerisches Feld WERT zur Aufnahme eines negativen oder positiven Betrages bis zu fünf Stellen im entpackten Format.

c) Ein numerisches Feld SUMME zur Aufnahme einer Summe bis zu 18 Stellen im binären Format.

d) Ein alphanumerisches Feld SATZ in der Länge von 80 Bytes mit einer unterbrochenen Linie als Inhalt.

Übung 4: Geben Sie den Inhalt der folgenden Datenfelder in hexadezimaler Schreibweise an!

```
a)   01   SALDO        PIC   9999V99   COMP-3  VALUE 23.
b)   01   GEHALT       PIC   9(5)V99   COMP-3  VALUE 3000.
c)   01   ANZAHL       PIC   S9        COMP    VALUE 4.
d)   01   UEBERTRAG    PIC   S9(9)     COMP    VALUE 32.
e)   01   KONTONUMMER  PIC   S9(7)     COMP    VALUE 128.
f)   01   ENDSUMME     PIC   9999V99   DISPLAY VALUE 7,9.
```

A.4   Übungen zu Kapitel 4

Übung 1: Beschreiben Sie die folgende Satzstruktur mit Hilfe der Stufennummern 01 bis 49, und ermitteln Sie die gesamte Länge, die dafür benötigt wird! Alle Datennamen sollen das Präfix AN- aufweisen.

		Angebot-Satz						
NR	FIL-LER	DATUM		RABATTSATZ	ZAHL-ART	VERSAND-ART	MENGE
		JJ	MM				
5 Stellen entpackt	8 Stellen alphanumerisch	2 Stellen entpackt	2 Stellen entpackt	2 Nachkommastellen, 2 Vorkommastellen, gepackt	1 Stelle entpackt	1 Stelle entpackt	6 Stellen binär

Übung 2: Redefinieren Sie das folgende Feld so, dass in der ersten Redefinition WERT-HUNDERTSTEL der Inhalt des Feldes als ein Hundertstel und in der zweiten Redefinition WERT-TAUSENDSTEL als ein Tausendstel angesehen werden kann.

```
01   WERT              PIC S9(6).
```

A.5   Übungen zu Kapitel 5

Übung 1: Vertauschen Sie die Feldinhalte von NAME und VORNAME!

```
01  NAME         PIC X(20).
01  VORNAME      PIC X(20).
```

Übung 2: Das Tagesdatum liegt in der Form »JJMMTT« im Feld T-DATUM.

```
01  T-DATUM.
    05 JJ        PIC 99.
    05 MM        PIC 99.
    05 TT        PIC 99.
```

Codieren Sie die notwendigen Anweisungen und Definitionen, um das Tagesdatum in der Form »TT-MM-20JJ« aufzubereiten!

Übung 3: Übertragen Sie die letzte Ziffer aus dem Feld KONTONUMMER in das Feld PRUEF-ZIFFER!

```
01 KONTONUMMER PIC 9(8).
01 PRUEFZIFFER PIC 9.
```

A.6   Übungen zu Kapitel 6

Übung 1: Bitte programmieren Sie den abgebildeten Bildschirmdialog mit Hilfe lauter einzelner DISPLAY und ACCEPT Anweisungen, wobei es sich bei den eingerahmten Feldern um die Eingabefelder handelt. Definieren Sie auch die Eingabefelder, und bereiten Sie alles vor, damit mit den Eingaben auch wirklich gerechnet werden kann.

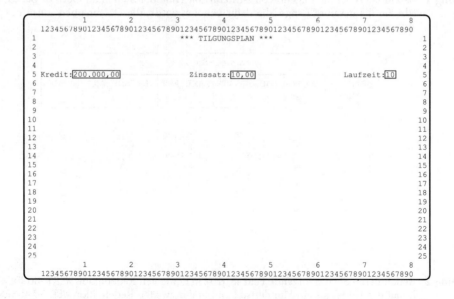

A.7 Übungen zu Kapitel 7

Übung 1: In welchem Format liefert die Anweisung ACCEPT HEUTE FROM DATE das aktuelle Tagesdatum und wie groß muss die Variable HEUTE definiert werden?

Übung 2: Wie lautet die korrekte COBOL Anweisung, um in das Feld TAG der nachstehenden Struktur die Nummer des aktuellen Tages innerhalb eines Jahres zu bekommen?

```
01   DATUM.
     05   JAHR    PIC 9999.
     05   TAG     PIC 999.
```

Übung 3: Mit welcher Anweisung kann die Ausführung eines Programms jederzeit beendet werden?

A.8 Übungen zu Kapitel 8

Übung 1: Der Einkommensbetrag ist für den Fall, dass ein Restbetrag auftritt, auf die nächste durch 54 restlos teilbare Zahl abzurunden.

```
01 EINKOMMENSBETRAG         PIC 9(5)V99.

01 REST                     PIC 9(5).
01 QUOT                     PIC 9(5).
```

Übung 2: Berechnen Sie 15% Nutzungskosten aus dem Feld BETRAG!

```
01 BETRAG            PIC 9(5)V99.
01 NUTZUNGSKOSTEN    PIC 9(4)V99.
```

Übung 3: Codieren Sie für die folgenden arithmetischen Ausdrücke jeweils eine COMPUTE-Anweisung!

```
Z = A + B / C - D
b) X = M * ( A / B ) - N * (F - 5)
```

A.9 Übungen zu Kapitel 9

Übung 1: Bitte programmieren Sie den abgedruckten Programmablaufplan in COBOL, indem Sie ausschließlich die GO TO Anweisung verwenden!

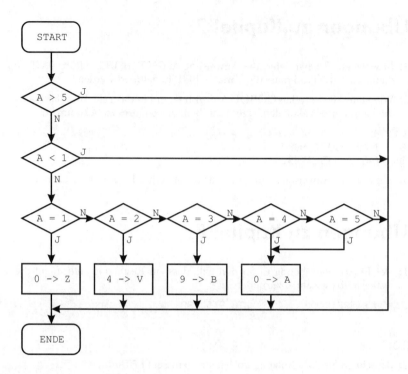

A.10 Übungen zu Kapitel 10

Übung 1: Wie oft wird das Unterprogramm RECHNEN in den folgenden Fällen ausgeführt?

```
a)  PERFORM RECHNEN
        VARYING A FROM 1 BY 1 UNTIL A > 30.
b)  PERFORM RECHNEN
        VARYING A FROM 1 BY 1 UNTIL A = 30.
c)  PERFORM RECHNEN
        VARYING A FROM 1 BY 1 UNTIL A < 30.
d)  PERFORM RECHNEN
        VARYING A FROM 1 BY 1 UNTIL A NOT < 30.
e)  PERFORM RECHNEN
        VARYING A FROM 1 BY 10 UNTIL A > 30.
f)  PERFORM RECHNEN
        VARYING A FROM 10 BY 1 UNTIL A > 30.
g)  PERFORM RECHNEN
        VARYING A FROM 1 BY 1 UNTIL A > 5
        AFTER B FROM 1 BY 1 UNTIL B > 3.
```

Übung 2: Welche Werte werden durch die folgende DISPLAY-Anweisung angezeigt?

```
PERFORM RECHNEN VARYING X FROM 1 BY 5 UNTIL X > 303
                AFTER Y FROM 1 BY 3 UNTIL Y > 90.
DISPLAY X, Y.
```

Übung 3: Das Unterprogramm EINGABE soll so lange ausgeführt werden, bis das Feld NAME einen beliebigen Wert ungleich Leerzeichen und das Feld UMSATZ einen beliebigen Wert ungleich null enthält!

Übung 4: Codieren Sie mit Hilfe einer PERFORM-Anweisung die folgenden Struktogramme!

a)

b)

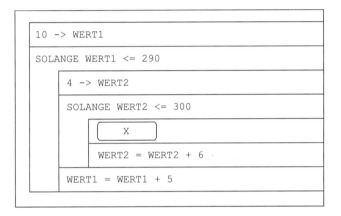

A.11 Übungen zu Kapitel 11

Übung 1: Codieren Sie die folgenden Struktogrammausschnitte!

a)

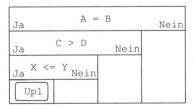

b)

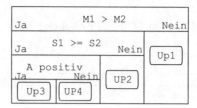

c)

```
┌─────────────────────────────────────────────────────────────────┐
│ Ja                    K-SALDO-KZ = "S"                      Nein │
├──────────────────────────┬──────────────────────────────────────┤
│ K-SALDO -> A-SOLL        │                                      │
├──────────────────────────┤        K-SALDO-KZ = "H"              │
│ ZERO -> A-HABEN          │ Ja                            Nein    │
├──────────────────────────┼──────────────────────────────────────┤
│ SOLL-SUMME =             │ K-SALDO -> A-HABEN                   │
│    SOLL-SUMME +          ├──────────────────────────────────────┤
│    K-SALDO               │ ZERO -> A-SOLL                      │
│                          ├──────────────────────────────────────┤
│                          │ HABEN-SUMME =                       │
│                          │ HABEN-SUMME +                       │
│                          │ K-SALDO                             │
├──────────────────────────┴──────────────────────────────────────┤
│ AUSGABE-ZEILE DRUCKEN                                           │
└─────────────────────────────────────────────────────────────────┘
```

A.12 Übungen zu Kapitel 12

Übung 1: Die abgedruckte Textdatei VORGABE.CPY soll so in ein COBOL Programm eingebunden werden, dass alle Felder, die mit IN- beginnen jetzt mit OUT- anfangen und die Struktur IN-FIELDS jetzt AUSGABEFELDER heißt. Bitte definieren Sie die entsprechende COPY-Anweisung!

```
*> INHALT VON VORGABE.CPY
01  IN-FIELDS.
    05  FILLER          PIC X(5).
    05  IN-DATE         PIC 9(6).
    05  DAY-IN-MONTH    PIC 99.
    05  INTER-DAY       PIC X.
    05  IN-MONTH        PIC X.
```

Übung 2: Was bewirkt die SUPPRESS Angabe bei der COPY-Anweisung?

A.13 Übungen zu Kapitel 13

Übung 1: Was bewirkt der Zusatz OPTIONAL in der SELECT Klausel?

Übung 2: In welchem Modus muss eine sequentielle Datei geöffnet werden, um Datensätze an ihr Ende anzuhängen?

Übung 3: Bitte schreiben Sie ein komplettes COBOL Programm, um für den Datensatz mit der Nummer 17 in der sequentiellen Datei INFO das Feld KENNZEICHEN auf "X" zu setzen! Jeder Datensatz besteht aus dem fünfstellig numerischen Feld NUMMER und dem ein Zeichen großen Feld KENNZEICHEN.

A.14 Übungen zu Kapitel 14

Übung 1: Was bedeutet es für ein Datenfeld, wenn es in der CALL-Anweisung entweder BY REFERENCE, BY CONTENT oder BY VALUE übergeben wird und welche Angabe ist der Defaultwert?

Übung 2: Mit welcher Anweisung muss ein externes Unterprogramm beendet werden, damit ein Rücksprung in das rufende Programm stattfindet?

Übung 3: Was bewirkt die EXTERNAL Klausel bei der Definition eines Datenfeldes?

Übung 4: Was bewirkt der Zusatz COMMON bei der PROGRAM-ID?

Übung 5: Was bewirkt der Zusatz INITIAL bei der PROGRAM-ID?

A.15 Übungen zu Kapitel 15

Übung 1: Über welchen Zusatz muss die PROCEDURE DIVISION einer Funktion immer verfügen?

Übung 2: Ist es möglich, in einer Quellcodedatei mehrere Funktionen zu programmieren, und wenn ja, was ist dabei zu beachten?

Übung 3: Welches Problem könnte entstehen, wenn die Datenfelder einer Funktion ausschließlich in der WORKING-STORAGE SECTION angelegt werden?

Übung 4: Die Funktion AUSGABE erwartet drei Parameter. Als erster Parameter soll ihr das Ergebnis der Funktion MITTELWERT übergeben werden, die selbst keine Parameter erwartet. Der zweite Parameter ist der Inhalt der Variablen TEXTE. Der dritte Parameter soll bei diesem Aufruf weggelassen werden. Wie muss der Aufruf der Funktion AUSGABE aussehen?

A.16 Übungen zu Kapitel 16

Übung 1: Definieren Sie eine Tabelle für die folgenden Datenstrukturen!

a) Jedes Element ist zehn Stellen lang und alphanumerisch zu definieren.

D-TAB								
D 1	D 2	D 3	D 4	D 5			D 19	D 20

b) B = Elementname der ersten Dimension, C = Elementname der zweiten Dimension, sechs Stellen lang, numerisch und gepackt.

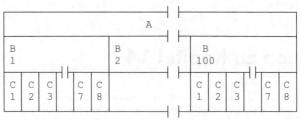

c) Y = Elementname der ersten Dimension, A = Datenfeld innerhalb der ersten Dimension, vier Stellen lang, alphanumerisch, Z = Elementname der zweiten Dimension, drei Stellen lang und numerisch.

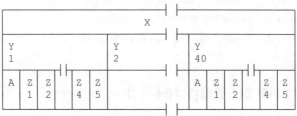

Übung 2: Setzen Sie die Elemente der folgenden Tabelle auf null!

```
01  SUMMEN-TAB.
    05 SUMME          PIC 9(5)V99 COMP-3 OCCURS 230
                      INDEXED BY S-IND.
```

Übung 3: Ermitteln Sie den Durchschnitt aus den Werten der ersten 30 Elemente und speichern Sie ihn im letzten Element der folgenden Tabelle!

```
01  WERTE.
    05 WERT     PIC 9(5) OCCURS 50 INDEXED BY I.
```

A.17 Übungen zu Kapitel 17

Übung 1: Bitte ermitteln Sie, wie oft das Zeichen "*" in der Variablen AUSGABE vorkommt!

Übung 2: Jedes Zeichen in der Variablen PARA, das nach dem ersten Doppelpunkt steht, soll gelöscht werden.

Übung 3: Die Inhalte der Datenfelder FELD-A, FELD-B und FELD-C sollen aneinandergehängt und in die Variable ERG gespeichert werden.

Übung 4: Eine XML-Datei soll verarbeitet werden. Die gelesenen Informationen liegen dabei immer in der Form "<TAG-NAME>TAG-WERT</TAG-NAME>" vor und befinden sich bei jedem Schleifendurchlauf in der Variablen XML-EINGABE-TEXT. Bitte programmieren Sie die notwendigen COBOL Anweisungen, um den Wert von TAG-NAME in die Variable TAG-NAME und den Wert von TAG-WERT in die Variable TAG-WERT zu speichern!

A.18 Übungen zu Kapitel 18

Übung 1: Welche Ergebnisse liefern nachstehende Anweisungen?

```
a) b-not b"1101"
b) b"1101" b-and b"1010"
c) b"1101" b-or  b"1010"
d) b"1101" b-xor b"1010
```

Übung 2: Die Variable ZAHL ist vom Typ BINARY-SHORT. Bitte schreiben Sie die notwendigen COBOL Anweisungen, um alle Bits in dieser Variablen um eine Stelle nach links zu verschieben!

Übung 3: Das dritte Bit von rechts in der Variablen ZAHL soll eingeschaltet werden.

Übung 4: Welches Ergebnis liefert nachstehende COMPUTE-Anweisung?

```
compute erg = b-not b"10101"
              b-and b"01011"
              b-or  b"11001"
              b-xor b"11010"
```

B

Lösungen

B.1   Lösungen zu Kapitel 1

Lösung 1: Die vier Teile sind: IDENTIFICATION DIVISION (Programm-Identifikation), ENVIRONMENT DIVISION (Hardware-Umgebung), DATA DIVISION (Datenbeschreibung) und PROCEDURE DIVISION (Verarbeitungsanweisungen).

Lösung 2: DIVISIONs, die keine Eintragungen haben, können weggelassen werden.

Lösung 3: Nein. Eine feste Reihenfolge ist vorgeschrieben.

Lösung 4: Anweisungen.

Lösung 5: Aus COBOL- und Programmiererwörtern.

Lösung 6: Ein Wort, das im COBOL-Sprachvorrat existiert und das dem Compiler eine bestimmte Aktion mitteilt.

Lösung 7: Ein Wort, das der Programmierer selbst festlegen kann, um z.B. eine Datendefinition vorzunehmen.

Lösung 8: a) Richtig. b) Falsch, der Bindestrich darf nicht am Ende sein. c) Richtig. d) Falsch, Leerzeichen innerhalb des Wortes sind verboten. e) Falsch. Schrägstrich darf nicht verwendet werden. f) Falsch. DIVIDE ist ein reserviertes COBOL-Wort. g) Richtig, denn jede Modifizierung an einem reservierten Wort verwandelt dieses in ein Programmiererwort. h) Richtig, aber nur als Kapitel- oder Paragraphenname wegen des fehlenden Alphabet-Zeichens. i) Richtig. j) Richtig, aber nicht empfohlen, da dieses keine Aussage über den Verwendungszweck trifft.

Lösung 9: a) Numerisch. b) Nicht numerisch. c) Ungültig, nicht in Anführungszeichen eingeschlossen. d) Ungültig, das Vorzeichen darf nicht am Ende sein. e) Ungültig, ein Leerzeichen im Literal ist verboten. f) Ungültig, die Zeichen »EURO« sind nicht numerisch. g) Numerisch, eine Null wird immer positiv betrachtet. h) Ungültig, das Literal muss mindestens ein Zeichen enthalten. i) Ungültig, das Anführungszeichen muss mittels QUOTE übertragen oder verdoppelt werden. j) Nicht numerisch.

Lösung 10: Der Inhalt ist: "*===*===*===*".

B.2 Lösungen zu Kapitel 2

Lösung 1:

```
IDENTIFICATION DIVISION.
PROGRAM-ID. B-BERECH RECURSIVE.
```

Lösung 2: Bei den Feldern der WORKING-STORAGE SECTION handelt es sich um statische Felder, von denen es während der gesamten Programmlaufzeit nur ein einziges Exemplar gibt, während die Felder der LOCAL-STORAGE SECTION bei jedem Programmaufruf erzeugt und nach Verlassen des Programms mit Hilfe von EXIT PROGRAM oder GOBACK wieder zerstört werden.

Mit Hilfe der Datenfelder der LOCAL-STORAGE SECTION lassen sich rekursive COBOL Programme schreiben.

Lösung 3: Es werden auch alle Zeilen übersetzt, die in Spalte 7 den Buchstaben D tragen beziehungsweise mit der Zeichenfolge >>D beginnen.

B.3 Lösungen zu Kapitel 3

Lösung 1:

```
A                       B
PIC      Inhalt         PIC            Inhalt
------------------------------------------------
999V99    56789         ZZ9,99         567,89
999V99    00000         $$$,$$         _____
9(4)V99   000000        $$$$,99        ___$,00
9(5)V99   0012340       $ZZ.ZZZ,ZZ     $___123,40
999V99    00060         ZZ,ZZZ         __,600
S9(5)V99  +0003456      ++++++,99      ___+34,56
S999V99   -00046        ZZZ,99+        ___,46-
9(6)V99   00034567      $***.**9,99    $****345,67
S999V99   -00040        **9,99BDB      **0,40_DB

( _ = Leerzeichen)
```

Lösung 2: a) 4 Bytes. b) 4 Bytes. c) 1 Byte. d) 5 Bytes. e) 4 Bytes. f) 6 Bytes.

Lösung 3:

```
a)  01 UMSATZ    PIC 999V99 VALUE 896,54 COMP-3.
b)  01 WERT      PIC S9(5).
c)  01 SUMME     PIC S9(18) COMP.
d)  01 SATZ      PIC X(80) VALUE ALL "- ".
```

Lösung 4: a) "0002300F" Hex. b) "0300000F" Hex. c) "04" Hex. d) "00000020" Hex. e) "00000080" Hex. f) "303030373930" Hex.

B.4 Lösungen zu Kapitel 4

Lösung 1:

```
Satzstruktur                          Feldlänge in Bytes
01   ANGEBOT-SATZ.
     05 AN-NR          PIC 9(5).                5
     05 FILLER         PIC X(8).                8
     05 AN-DATUM.
        10 AN-JJ       PIC 99.                  2
        10 AN-MM       PIC 99.                  2
     05 AN-RABATTSATZ  PIC 99V99 COMP-3.        3
     05 AN-ZAHL-ART    PIC 9.                   1
     05 AN-VERSAND-ART PIC 9.                   1
     05 AN-MENGE       PIC 9(6)  COMP.          3
                   Gesamte Länge  ----->       25
```

Lösung 2:

```
01  WERT                       PIC  S9(6).
01  WERT-HUNDERTSTEL REDEFINES WERT PIC  S9(4)V99.
01  WERT-TAUSENDSTEL REDEFINES WERT PIC  S999V999.
```

B.5 Lösungen zu Kapitel 5

Lösung 1:

```
WORKING-STORAGE SECTION.
01  HILF          PIC X(20).


PROCEDURE DIVISION.


    MOVE NAME      TO HILF.
    MOVE VORNAME   TO NAME.
    MOVE HILF      TO VORNAME.
```

Lösung 2:

```
WORKING-STORAGE SECTION.
01  D-DATUM.
    05 TT        PIC 99.
    05 FILLER    PIC X    VALUE "-".
    05 MM        PIC 99.
    05 FILLER    PIC XXX VALUE "-20".
    05 JJ        PIC 99.
```

```
PROCEDURE DIVISION.

    MOVE CORR T-DATUM TO D-DATUM.
```

Lösung 3:

```
MOVE KONTONUMMER TO PRUEFZIFFER.
```

B.6   Lösungen zu Kapitel 6

Lösung 1:

```
 1 IDENTIFICATION DIVISION.
 2 PROGRAM-ID. DIALOG.
 3 CONFIGURATION SECTION.
 4 SPECIAL-NAMES.
 5     DECIMAL-POINT IS COMMA.
 6 DATA DIVISION.
 7 WORKING-STORAGE SECTION.
 8 01   KREDIT              PIC ZZZ.ZZ9,99.
 9 01   ZINSSATZ            PIC Z9,99.
10 01   LAUFZEIT            PIC Z9.
11 01   R-KREDIT            PIC 9(6)V99.
12 01   R-ZINSSATZ          PIC 99V99.
13 01   R-LAUFZEIT          PIC 99.
14 PROCEDURE DIVISION.
15 ANZEIGE.
16     DISPLAY SPACE AT LINE 01 COL 01
17     DISPLAY "*** TILGUNGSPLAN ***"
18         AT LINE 01 COL 31
19     DISPLAY "Kredit:"
20         AT LINE 05 COL 01
21     DISPLAY "Zinssatz:"
22         AT LINE 05 COL 33
23     DISPLAY "Laufzeit:"
24         AT LINE 05 COL 66.
25 EINGABE.
26     ACCEPT KREDIT   AT LINE 05 COL 08
27     ACCEPT ZINSSATZ AT LINE 05 COL 42
28     ACCEPT LAUFZEIT AT LINE 05 COL 75
29     MOVE KREDIT   TO R-KREDIT
30     MOVE ZINSSATZ TO R-ZINSSATZ
31     MOVE LAUFZEIT TO R-LAUFZEIT.
```

B.7 Lösungen zu Kapitel 7

Lösung 1: Das Tagesdatum wird in der Form »JJMMTT« geliefert und die Zielvariable muss daher sechs Byte groß sein.

Lösung 2: ACCEPT DATUM FROM DAY YYYYDDD.

Lösung 3: STOP RUN.

B.8 Lösungen zu Kapitel 8

Lösung 1:

```
DIVIDE EINKOMMENSBETRAG BY 54 GIVING QUOT
        REMAINDER REST.

IF REST NOT = ZERO
        SUBTRACT REST FROM EINKOMMENSBETRAG.
```

Lösung 2:

```
COMPUTE NUTZUNGSKOSTEN = BETRAG * 15 / 100.
```

Lösung 3:

```
a) COMPUTE Z = A + B / C - D
b) COMPUTE X = M * A / B - N * (F-5)
```

B.9 Lösungen zu Kapitel 9

Lösung 1:

```
PROCEDURE DIVISION.
PGM-START.
    GO TO A-1 A-2 A-3 A-4 A-4
        DEPENDING ON A.
    GO TO ENDE.
A-1.
    MOVE 0 TO Z
    GO TO ENDE.
A-2.
    MOVE 4 TO V
    GO TO ENDE.
A-3.
    MOVE 9 TO B
```

```
      GO TO ENDE.
A-4.
      MOVE 0 TO A.
ENDE.
      STOP RUN.
```

B.10 Lösungen zu Kapitel 10

Lösung 1: a) 30 mal. b) 29 mal. c) Nie. d) 29 mal. e) 3 mal. f) 21 mal. g) 15 mal.

Lösung 2:

```
x = 306
y = 1
```

Lösung 3:

```
PERFORM EINGABE UNTIL NAME NOT = SPACE AND
                      UMSATZ NOT = ZERO.
```

Lösung 4:

a)

```
PERFORM ANZEIGE
    VARYING WERT1 FROM 10 BY 20 UNTIL WERT1 > 500.
```

b)

```
PERFORM X VARYING WERT1 FROM 10 BY 5
                  UNTIL WERT1 > 290
          AFTER WERT2 FROM 4 BY 6
                  UNTIL WERT2 > 300.
```

B.11 Lösungen zu Kapitel 11

Lösung 1:

a)

```
IF A = B IF C > D IF X NOT > Y THEN PERFORM UP1.
```

oder

```
IF A = B AND C > D AND X NOT > Y THEN PERFORM UP1.
```

b)

```
IF M1 > M2
    IF S1 >= S2
        IF A POSITIVE
            PERFORM UP3
        ELSE
            PERFORM UP4
        END-IF
    ELSE
        PERFORM UP2
    END-IF
ELSE
    PERFORM UP1
END-IF
```

c)

```
IF K-SALDO-KZ = "S"
    MOVE K-SALDO TO A-SOLL
    MOVE ZERO     TO A-HABEN
    ADD   K-SALDO TO SOLL-SUMME
ELSE
    IF K-SALDO-KZ = "H"
        MOVE K-SALDO TO A-HABEN
        MOVE ZERO     TO A-SOLL
        ADD   K-SALDO TO HABEN-SUMME
    END-IF
END-IF
WRITE AUSGABE-ZEILE
```

B.12 Lösungen zu Kapitel 12

Lösung 1:

```
COPY "VORGABE.CPY"
    REPLACING ==IN-FIELDS== BY ==AUSGABEFELDER==
      LEADING ==IN-==        BY ==OUT-==
    .
```

Lösung 2: Der Inhalt der durch COPY eingebundenen Textdatei wird im Übersetzungsprotokoll nicht angedruckt.

B.13 Lösungen zu Kapitel 13

Lösung 1: Eine Datei, die mit OPTIONAL beschrieben ist, kann auch dann mit INPUT oder I-O geöffnet werden, wenn sie nicht vorhanden ist.

Lösung 2: Sie muss mit OPEN EXTEND geöffnet werden.

Lösung 3:

```
 1 IDENTIFICATION DIVISION.
 2 PROGRAM-ID. DIALOG.
 3 ENVIRONMENT DIVISION.
 4 INPUT-OUTPUT SECTION.
 5 FILE-CONTROL.
 6     SELECT OPTIONAL INFO ASSIGN TO "INFO"
 7         ORGANIZATION SEQUENTIAL
 8         FILE STATUS INFO-STAT.
 9 DATA DIVISION.
10 FILE SECTION.
11 FD   INFO.
12 01   INFOSATZ.
13     05  NUMMER        PIC 9(5).
14     05  KENNZEICHEN   PIC X.
15 WORKING-STORAGE SECTION.
16 01   INFO-STAT        PIC XX.
17     88  INFO-OK         VALUE "00" THRU "09".
18 PROCEDURE DIVISION.
19     OPEN I-O INFO
20     IF INFO-OK
21         READ INFO
22         PERFORM UNTIL NOT INFO-OK
23             IF NUMMER = 17
24                 MOVE "X" TO KENNZEICHEN
25                 REWRITE INFOSATZ
26                 EXIT PERFORM
27             END-IF
28             READ INFO
29         END-PERFORM
30         CLOSE INFO
31     END-IF
32     .
```

B.14 Lösungen zu Kapitel 14

Lösung 1: Wird ein Datenfeld BY REFERENCE übergeben, kann es vom Unterprogramm dauerhaft geändert werden. Im Falle von BY CONTENT und BY VALUE ist dies nicht möglich, da jeweils nur eine Kopie des Datenfeldes übergeben wird.

Die Angabe BY REFERENCE ist der Standardwert.

Lösung 2: Mit EXIT PROGRAM oder GOBACK.

Lösung 3: Ein mit EXTERNAL definiertes Datenfeld muss nicht an ein externes Unterprogramm übergeben, sondern kann dort direkt genutzt werden, wenn im Unterprogramm ebenfalls ein entsprechendes Feld mit dieser Angabe programmiert ist.

Lösung 4: Indirekt geschachtelte COBOL Programme können nur von dem sie unmittelbar umgebenden Programm aus aufgerufen werden, außer wenn sie mit der COMMON-Klausel beschrieben sind. Selbiges gilt für COBOL-Programme, die auf gleicher Ebene untereinander definiert wurden.

Lösung 5: Dadurch werden alle Felder der WORKING-STORAGE SECTION bei jedem Programmaufruf auf ihre mit VALUE angegebenen Anfangswerte zurückgesetzt.

B.15 Lösungen zu Kapitel 15

Lösung 1: Über die RETURNING-Angabe.

Lösung 2: Es ist möglich. Jede Funktion, außer der letzten, muss dabei mit END FUNCTION beendet werden.

Lösung 3: Ein direkt oder indirekt rekursiver Funktionsaufruf wäre nicht möglich.

Lösung 4: AUSGABE(MITTELWERT() TEXTE OMITTED).

B.16 Lösungen zu Kapitel 16

Lösung 1:

a)

```
01  D-TAB.
    05 D          PIC X(10)  OCCURS 20.
```

b)

```
01  A.
    05  B         OCCURS 100.
        10 C      OCCURS 8 PIC 9(6) COMP-3.
```

c)

```
01  X.
    05  Y         OCCURS 40.
```

```
        10 A        PIC X(4).
        10 Z        PIC 9(3) OCCURS 5.
```

Lösung 2:

```
PERFORM VARYING S-IND FROM 1 BY 1
            UNTIL S-IND > 230
    MOVE ZERO TO SUMME (S-IND)
END-PERFORM.
```

Lösung 3:

```
MOVE ZERO TO WERT (50).
PERFORM VARYING I FROM 1 BY 1 UNTIL I > 30
    ADD WERT (I) TO WERT (50)
END-PERFORM
COMPUTE WERT (50) = WERT (50) / 30.
```

B.17 Lösungen zu Kapitel 17

Lösung 1:

```
INSPECT AUSGABE
   TALLYING ANZ FOR ALL "*"
```

Lösung 2:

```
INSPECT PARA
   REPLACING CHARACTERS BY SPACE
   AFTER INITIAL ":"
```

Lösung 3:

```
MOVE SPACE TO ERG
STRING FELD-A FELD-B FELD-C INTO ERG
```

Lösung 4:

```
UNSTRING XML-EINGABE-TEXT
   DELIMITED BY "<" OR ">"
   INTO DUMMY TAG-NAME TAG-WERT
```

B.18 Lösungen zu Kapitel 18

Lösung 1:

a) b"0010"
b) b"1000"
c) b"1111"
d) b"0111"

Lösung 2: MULTIPLY ZAHL BY 2.

Lösung 3: COMPUTE ZAHL = ZAHL B-OR "0100".

Lösung 4: b"01011".

C

Testhilfe

C.1 Vorbemerkung

Die COBOL-Sprache verfügt über eine Testeinrichtung, die es dem Benutzer erlaubt, das Programm auf verschiedene Weise zu überwachen.

C.2 Schalter zur Umwandlungszeit

```
SOURCE-COMPUTER. [computername-1][WITH DEBUGGING MODE] .
```

Abbildung C.1: DEBUGGING MODE-*Klausel*

Erläuterung

Zeitweise werden Anweisungen und Datendefinitionen zum Testen des Programms benötigt. Die Ergebnisse dieser Anweisungen sind aber nicht immer erwünscht, insbesondere nachdem das Programm als fehlerfrei überprüft worden ist. In solchen Fällen können diese Anweisungen und Datendefinitionen als Testhilfezeilen markiert werden, das heißt, es wird ein D in Spalte 7 jeder Zeile eingetragen, beziehungsweise eine Zeile mit >>D begonnen.

Wenn die Klausel DEBUGGING MODE nun angegeben wird, werden Testhilfezeilen wie jede andere Zeile des Programms normal übersetzt. Daten und Anweisungen dieser Testhilfezeilen sind somit Bestandteil des Objektprogramms. Wird diese Klausel weggelassen, so werden alle Testhilfezeilen als Kommentarzeilen betrachtet und nicht übersetzt.

Mit dieser Klausel ist nun dem Benutzer ein Mittel gegeben, das Programm einmal unter Einschließung der Klausel DEBUGGING MODE zu übersetzen bzw. ohne diese Klausel erneut zu übersetzen, um die Wirkung der Testhilfezeilen auszuschließen.

Eine Testhilfezeile kann an jeder Stelle des Programms nach SOURCE-COMPUTER vorkommen.

Beispiel:

```
      ENVIRONMENT DIVISION.
      CONFIGURATION SECTION.
      SOURCE-COMPUTER. IBM-PC   WITH DEBUGGING MODE.
      OBJECT-COMPUTER. IBM-PC.
      SPECIAL-NAMES.
     *-------------------------------------------------*
      DATA DIVISION.
      WORKING-STORAGE SECTION.
      01  AUSGABE-ZEILE.
          05 FILLER          PIC X(6) VALUE SPACE.
          05 A-VON           PIC BZ9.
          05 FILLER          PIC X VALUE "-".
          05 A-BIS           PIC 99.
          05 FILLER          PIC X(6) VALUE SPACE.
     D01  GESAMT-ANZAHL      PIC 9(4)    VALUE 0.
             .
             .
     *-------------------------------------------------*
      PROCEDURE DIVISION.
             .
             .
     D    SET G-IND TO 1
     D    SEARCH GRUPPE VARYING G-IND,
     D        AT END ADD 1 TO ANZAHL (9)
     D        WHEN EINW-ALTER NOT < VON-ALTER (G-IND)
     D            AND        NOT > BIS-ALTER (G-IND)
     D          ADD 1 TO ANZAHL (G-IND)
     D    END-SEARCH
          ADD 1 TO  GESAMT-ANZAHL.
          PERFORM LESEN.
      VER-9999.
          EXIT.
```

Listing C.1: COBOL-Programm mit Debug-Zeilen

D

Einführung in NetExpress

D.1 Vorbemerkung

Die Firma MicroFocus liefert heutzutage moderne Entwicklungsumgebungen (IDE) für die Programmierung von COBOL Anwendungen aus. Das aktuellste Produkt in dieser Reihe ist NetExpress, das in unterschiedlichen Konfigurationen erhältlich ist. In diesem Kapitel wird die grundlegende Arbeit mit diesem Tool erklärt.

D.2 Funktionsumfang

Zu NetExpress gehören neben einem Editor und einem Debugger noch eine ganze Reihe weiterer Features, die es dem COBOL Programmierer erlauben, moderne und sichere Anwendungen zu schreiben. Die einzelnen Konfigurationen können sich jedoch unterscheiden, so dass nicht jede NetExpress Installation zwangsläufig über alle diese Zusätze verfügt. Vor dem Kauf einer NetExpress-Lizenz ist es daher ratsam, sich vom Hersteller Auskunft über den Lieferumfang geben zu lassen.

Nachfolgende Aufzählung gibt einen Überblick über die möglichen Bestandteile einer NetExpress Installation:

❏ Die eigentliche Entwicklungsumgebung besteht aus einem grafischen Editor, einem Compiler und einem grafischen Debugger, mit denen das COBOL Programm geschrieben, übersetzt und getestet werden kann.

❏ Umfangreiche Anwendungen können in einem Projekt zusammengefasst werden. Damit wird es möglich, alle COBOL Programme, an denen sich etwas geändert hat, durch einen einzigen Mausklick übersetzen zu lassen. NetExpress erkennt selbständig die Zusammenhänge zwischen den einzelnen Quellcodedateien und weiß somit stets, welche Bausteine neu compiliert werden müssen.

❏ Mit Hilfe sogenannter Data Tools lassen sich COBOL ISAM Dateien wie normale Textdateien ansehen und bearbeiten.

❏ Für die Entwicklung von serverbasierenden Programmen wie Web Services, EJB oder COM Anwendungen, kann das Interface Mapping Toolkit genutzt werden, das aus den folgenden Komponenten besteht:

  ❏ Mit dem Mapping Wizard lassen sich neue Services designen.

❑ Der Interface Mapper dient dazu, der Entwicklungsumgebung mitzuteilen, welche Daten ein Service erwartet und welche Ergebnisse er liefert. Dabei bezieht man sich stets auf die Felder aus der LINKAGE SECTION des entsprechenden COBOL-Programms.

❑ Ein unabhängiges Deployment Tool dient schließlich dazu, den entsprechenden Service in seine Zielumgebung zu installieren.

❑ Über eine erweiterte COBOL Syntax wird diese Sprache in die Lage versetzt, XML Dateien lesen und schreiben zu können. Eigenständige Tools wie der CBL2XML Wizard generieren die dazu notwendige Syntax aus einer COBOL Datendefinition heraus.

❑ Der mitgelieferte Enterprise Server dient sowohl für die Ausführung von Web Services als auch von EJB Anwendungen.

❑ Mit dem enthaltenen Dialog System lassen sich einfache grafische Oberflächen sehr schnell und mit wenig Aufwand erstellen.

❑ Mit PVCS steht ein Versionskontrollsystem zur Verfügung, das es erlaubt, die Quellcodedateien eines Projektes zentral abzulegen und zu kontrollieren, welcher Entwickler woran arbeitet. Außerdem lässt sich nachvollziehen, welche Änderungen von den verschiedenen Programmierern in den einzelnen Programmen vorgenommen wurden.

❑ Für die Unterstützung bei der Programmierung relationaler Datenbanken wie DB2 stehen die SQL Option und der OpenESQL Assistent zur Verfügung.

❑ CGI basierte Web Anwendungen lassen sich mit Hilfe des Internet Application Wizards auf einfache Weise erstellen. Auch für die Generierung der dazu notwendigen HTML Seiten gibt es diverse Tools.

❑ Um objektorientierte COBOL Programme bequemer schreiben zu können, wurde ebenfalls ein entsprechender Wizard in NetExpress aufgenommen. Er übernimmt auch die meiste Arbeit bei der COBOL und JAVA Integration, indem er dafür sorgt, dass die einzelnen Methodenschnittstellen zwischen beiden Sprachen zusammen passen.

D.3 Projektverwaltung

Um ein neues Projekt zu erstellen wählt man aus dem »File« Menü die Option »New« und wählt aus der angezeigten Liste »Project« aus. Es ist in jedem Fall ratsam, eine neue Anwendung immer in ein Projekt zu packen, weil dann auch NetExpress weiß, aus welchen Bausteinen es besteht und somit sicherstellen kann, dass alle notwendigen Programme zu jeder Zeit aktuell übersetzt vorliegen. Auch für den Entwickler wird der Umgang mit den einzelnen Sourcen einfacher.

Ein neues Projekt kann entweder als leeres Projekt oder aus bereits bestehenden COBOL Programmen angelegt werden. Zu jedem Projekt gehört ein Projektverzeichnis, und für den Fall, dass man ein neues Projekt aus bereits vorhandenen Sourcen zusammenstellen will, fragt NetExpress nach, ob diese Sourcen in das Projektverzeichnis kopiert werden sollen. Dies ist zwar nicht unbedingt notwendig, im Allgemeinen aber zu empfehlen.

Für jedes Projekt entsteht eine eigenständige Datei mit der Erweiterung .APP, in der alle notwendigen Projektinformationen abgelegt sind. Sie trägt ansonsten den Namen des Projekts und muss regelmäßig mitgesichert werden. Will man ein bestehendes Projekt öffnen, so sucht man über das Menü »File - Open« nach der entsprechenden APP Datei.

In NetExpress werden die Dateien, die zu dem aktuellen Projekt gehören, auf zwei Arten präsentiert. Auf der linken Seite findet man den Projektbaum, in dem alle Module enthalten sind, die von NetExpress überwacht und bei Bedarf übersetzt werden sollen. Hier wird auch angegeben, ob ein Programm als INT, GNT oder OBJ Modul erzeugt werden soll, und welche Teile zu einer DLL oder EXE gehören. Der Projektbaum bestimmt letztlich, wie die auszuliefernde Anwendung aussieht. Mit der rechten Maustaste kann man auf einzelne Programme klicken und die erforderlichen Einstellungen vornehmen.

Übersetzt man ein COBOL Programm in ein INT Modul, so wird ein Plattform unabhängiger Bytecode erzeugt, der mit jedem MicroFocus Interpreter abgearbeitet werden kann. Ein GNT Modul enthält dagegen Assembleranweisungen und muss für die entsprechende Zielplattform generiert werden. Auch ein OBJ Modul enthält einen solchen Code, muss aber zusätzlich mit Hilfe eines Linkers in eine EXE oder DLL eingebunden werden, damit es ablaufen kann. Alle dafür notwendigen Arbeiten übernimmt NetExpress selbt.

Auf der rechten Seite werden Programme, Copystrecken und andere Sourcen aufgelistet, mit denen der Anwendungsentwickler arbeitet. Dieser Bereich wird Source Pool genannt, weil nicht jedes hier gelistete Programm auch wirklich übersetzt werden soll. Klickt man mit der rechten Maustaste in diesen Bereich, bekommt man unter anderem die Option »Add File to Source Pool« angeboten, mit der sich die vorhandene Liste erweitern lässt. Soll ein neues Programm in das Projekt aufgenommen werden, so empfiehlt es sich, dieses zunächst in den Source Pool zu holen. Klickt man das Programm dann mit der linken Maustaste an und zieht es in den Projektbaum, lässt sich angeben, welches Format das zu erzeugende Modul haben soll.

MicroFocus unterscheidet zwischen zwei Formen der Compilierung: DEBUG und RELEASE. Entsprechend werden die generierten Module in ein Unterverzeichnis des Projektverzeichnisses übersetzt, das entweder DEBUG oder RELEASE heißt. Der Projektbaum kann für beide Varianten unterschiedlich zusammengestellt werden, was im Allgemeinen aber nicht notwendig ist.

Die einzelnen Projekteigenschaften können über das »Project« Menü bestimmt werden. Dort findet man auch die Möglichkeit, das gesamte Projekt zu übersetzen (»Rebuild All«) oder zu aktualisieren (»Rebuild«).

D.4   Der Editor

Mit einem Doppelklick auf ein Programm im Projektbaum, im Source Pool oder über das Menü »File - Open« gelangt man in den Editor. Anhand der Erweiterung des Dateinamens erkennt dieser, um welche Art von Quellcode es sich handelt und richtet entsprechende Spaltenbegrenzungen ein. Über das Menü »Options - Edit« kann man selbst bestimmen, welche Erweiterungen für welchen Dateityp stehen und welche Ränder der Editor vorgeben soll. In diesem Dialog findet man unter »DOS Compatibility« auch die Möglichkeit auszuwählen, ob der Quellcode mit Hilfe des ANSI oder des DOS/OEM Zeichensatzes geschrieben werden soll. Handelt es sich um ein COBOL Programm für eine MS-DOS Eingabeaufforderung, so sollte letzterer Zeichensatz gewählt werden.

Der Editor bedient sich ansonsten recht intuitiv. Mit Hilfe der üblichen Tastenkombinationen lassen sich Textpassagen in und aus der Zwischenablage kopieren. Eine interessante Option bietet der unter »Options - Customize IDE« erreichbare Dialog. Unter dem Stichwort »Keyboard Configuration« lässt sich hier einstellen, dass alle Tastenkombinationen der früheren MicroFocus Produkte wie der Workbench auch in NetExpress gelten sollen. Dazu muss lediglich das mitgelieferte Schema mit dem Namen MF.KEY geladen werden.

Um mehrere Zeilen mit der Maus zu markieren, drückt man einfach die linke Maustaste in der ersten Zeile und zieht die Maus nach unten. Selbiges kann man auch über die Tastatur erreichen, indem man die Shift-Taste gedrückt hält, während man mit der Pfeil-Nach-Unten-Taste den zu markierenden Bereich bestimmt. Beginnt man die Markierung jedoch damit, dass man den Cursor bei gedrückter Shift-Taste nach rechts oder links bewegt, kann man einzelne Spalten markieren, die sich auch über mehrere Zeilen erstrecken dürfen.

Eine ebenfalls sehr nützliche Funktion verbirgt sich hinter dem Menüpunkt »Window - New Window«. Damit wird das aktuelle Editorfenster aufgeteilt und man kann nun in zwei unabhängigen Fenstern ein und den selben Source zeitgleich editieren. Jede Änderung in dem einen Fenster wirkt sich sofort auch auf das zweite Fenster aus, da man lediglich zwei Sichten auf eine Quellcodedatei hat. Bei umfangreichen COBOL Programmen kann man sich so beispielsweise in dem einen Fenster auf die WORKING-STORAGE SECTION und in dem anderen Fenster in die PROCEDURE DIVISION positionieren. Man kann über diese Menüoption auch drei oder noch mehr Sichten auf das Programm öffnen.

D.5 Der Compiler

Über den Compiler selbst lässt sich wenig schreiben. Er wird über das »Project« Menü, das »Rebuild« oder »Compile« Icon aufgerufen und protokolliert im unteren Teil von NetExpress seine Arbeit. Mit Rebuild wird stets das gesamte Projekt aktualisiert, mit Compile lediglich das aktuelle Programm übersetzt.

Sollte der Compiler Fehler finden, so listet er sie auf und über einen Doppelklick auf die Fehlermeldung positioniert sich der Editor automatisch auf die entsprechende Stelle im Quellcode.

Die einzelnen Compiler Direktiven, die für das gesamte Projekt gelten sollen, werden bei den Projekteigenschaften unter »Project - Properties« definiert.

D.6 Der Debugger

Ist das Programm fertig geschrieben und übersetzt, kann es ausgeführt werden. NetExpress unterscheidet hier zwischen den Optionen »Step« und »Run«. Sie stehen über das Menü »Animate« oder einem entsprechenden Icon aus der Toolleiste zur Verfügung. Mit »Run« wird das Programm zunächst ohne Debugger gestartet und läuft selbständig ab, bis es eventuell auf einen Breakpoint trifft. Dann hält es an und der Debugger wird eingeblendet. Startet man das Programm dagegen im »Step« Modus erscheint sofort der Debugger.

Innerhalb des Debuggers wird die aktuelle Zeile stets farblich hervorgehoben. Dabei handelt es sich um diejenige Zeile, die als nächste ausgeführt werden würde, wenn der Entwickler die Tastenkombination Strg-S drückt oder die Option »Step« aus dem »Animate« Menü wählt. Alternativ steht auch hier wieder das Icon aus der Toolleiste zur Verfügung. Einzelne COBOL Anweisungen können aber auch übersprungen werden. Dazu gibt es im »Animate« Menü die Optionen »Skip Statement«, mit der die aktuelle Anweisung übersprungen wird, »Skip Return«, mit der die aktuelle Prozedur, die beispielsweise mit PERFORM aufgerufen wurde, beendet wird und »Skip to Cursor«, mit der ein beliebiges Statement als nächste Anweisung festgelegt werden kann.

Um den Testablauf zu steuern, lassen sich an allen Zeilen, die COBOL Anweisungen enthalten, Haltepunkte anbringen. Sobald ein solcher Breakpoint während der Programmausführung erreicht wird, hält der Interpreter an, und der Debugger wird aufgerufen. Einfache Breakpoints lassen sich mit einem Klick mit der rechten Maustaste in der entsprechenden Zeile anbringen. Um einen erweiterten Breakpoint zu setzen, positioniert man zunächst den Cursor in der gewünschten Zeile und wählt dann die Menüoption »Animate - Breakpoint - Set Advanced«. Es stehen drei verschiedene Breakpointtypen zur Auswahl. Neben »Normal« lässt sich hier auch »Do Statement« wählen, was es ermöglicht, in einem zusätzlichen Textfeld eine fast beliebige COBOL Anweisung einzutragen. Diese gehört dann zwar nicht zum eigentlichen Programm, wird vom Debugger aber jedes Mal ausgeführt, bevor die Anweisung drankommt, auf die der Breakpoint gesetzt wurde. Damit kann man beispielsweise zusätzliche Bildschirmausgaben tätigen oder etwa notwendige Berechnungen oder Initialisierungen durchführen, die man eventuell erst später in den eigentlichen Quellcode übernehmen will. Der dritte Breakpointtyp ist der sogenannte »Conditional-Breakpoint«. Wählt man diesen aus, lässt sich eine beliebige Bedingung formulieren, die dann jedes Mal überprüft wird, wenn die entsprechende Zeile abgearbeitet werden soll. Ist die Bedingung dann zur Laufzeit erfüllt, hält der Debugger an. Damit kann bestimmt werden, bei welcher Datenkonstellation getestet werden soll, und das Programm muss nicht mühsam von Hand durchlaufen werden, bis eine solche eingetreten ist.

Will man den aktuellen Inhalt einer Variablen erfragen, genügt es, mit der Maus auf die Variable zu zeigen. Nach kurzer Zeit erscheint ein Tooltip, der Auskunft über den Feldinhalt gibt. Drückt man dagegen die rechte Maustaste über einem Datenfeld und wählt man aus den angezeigten Kontextmenü die Option »Examine«, erscheint ein eigener Dialog, der das Feld mit seinem Inhalt anzeigt. Besonders bei Datengruppen und Tabellen ist das interessant, weil man sich in diesem Dialog auch auf die einzelnen Elemente dieser Felder beziehen kann. Will man die Variable längerfristig beobachten, kann man sie sich über den Button »Monitor« oder »Add to list« entweder in einem eigenen Fenster oder in einer Liste zusammen mit anderen Variablen ablegen lassen. Immer wenn sich der Inhalt später ändert, wird dies farblich hervorgehoben.

Innerhalb des »Examine« Dialogs hat man aber auch die Möglichkeit, den aktuellen Feldinhalt zu ändern, um so den Testablauf künstlich zu manipulieren. Außerdem kann man zwischen der hexadezimalen und textualen Darstellung hin und her schalten.

Herbert Schildt, Joe O'Neil

Java 2 Ge-Packt

Herbert Schildt, weltweit führender Autor von Fachbüchern für Programmierer, und Joe O'Neill erläutern in dieser Referenz präzise und verständlich die wichtigsten Eigenschaften von Java 2 – alle Schlüsselwörter sowie Operatoren, Kommandos, Methoden, Klassen und Schnittstellen, die am häufigsten eingesetzten Bestandteile der Java 2 API-Bibliothek sowie deren Klassen und Methoden, die der Programmierer täglich benötigt.

Nun brauchen Sie sich nicht mehr die genaue Syntax jedes Java-Elementes zu merken – alles, was Sie bei der täglichen Programmierung brauchen, finden Sie in dieser handlichen und praktisch aufgebauten Referenz!

Herbert Schildt

Java 2 Ent-Packt

Alles, was Sie zur Programmierung in Java brauchen, finden Sie in dieser "ent-packten" Referenz. Sie dient als hilfreiche Ressource für alle speziellen Fragen zu Java 2. Sie finden umfangreiche Erläuterungen der gesamten Java-Syntax, Befehle, Funktionen und Klassenbibliotheken.

Zahlreiche Tipps für effizienteres und produktives Programmieren sowie viele Beispiele aus erfahrener Hand machen dieses Werk zu einem unverzichtbaren Begleiter für alle Java-Programmierer. Das Buch wird abgerundet mit einigen leistungsfähigen Java-Applets, wie z.B. ein Multiuser Network Game (Scrabblet). Sie dienen als erweiterte Beispiele, um zu zeigen, wie Java angewendet werden kann.

Herbert Schildt ist ein weltweit führender Autor von Fachbüchern zur Programmierung.

ISBN: 3-8266-0716-3
www.mitp.de

ISBN 3-8266-0716-3
www.mitp.de

Stichwortverzeichnis

J

K

L

**Alfred Nussbaumer,
Dr. August Mistlbacher**

XML GE-PACKT

Eine wirklich praktische Referenz: Alles, was man für die Arbeit mit XML (Extensible Markup Language) benötigt, zum gezielten Nachschlagen, detailliert erläutert und mit Beispielen praxisnah ergänzt. XML erobert mehr und mehr Bereiche der Softwareentwicklung und umfasst dabei eine Reihe von Themenbereichen, die die Komponenten dieses Buchs bilden. XML-GE-PACKT zeigt unter anderem die Syntax von XML, erklärt Namensräume und befasst sich mit der praktischen Anwendung von DTD, CSS, XLST, Xpath, XSL-FO, Xlink, Xpointer, DOM, SAX und "Schema".

Jeder dieser wichtigen Themenbereiche bildet eine eigene Referenz. Diese problemorientierte Struktur erlaubt dem Leser einen schnellen, effektiven Zugriff auf die Informationen und Lösungen, die er für seinen Projektfortschritt benötigt.

**Alfred Nussbaumer,
Dr. August Mistlbacher**

XML Ent-Packt

Dieses Buch bietet einen umfassenden Überblick über die Grundlagen von XML. Alle Elemente und Attribute von XML, CSS, XSL, XSLT und einiger wichtiger Anwendungen werden in zahlreichen Beispielen erläutert. Die Referenzen zu diesen Themen machen dieses Werk zu einem unentbehrlichen Ratgeber für XML-Einsteiger und erfahrene Programmierer, die sich rasch in das Thema XML einarbeiten müssen.

ISBN 3-8266-0884-4
www.mitp.de

ISBN 3-8266-0690-6
www.mitp.de

ISBN 3-8266-0989-1
www.mitp.de

Olaf Neuendorf

Windows Multithreading

Multithreading ermöglicht es, sehr effiziente Programme zu schreiben, die die Ressourcen der CPU maximal ausnutzen. Es bezeichnet die Vorgehensweise, in einer Anwendung mehrere Aufgaben parallel zu bearbeiten. Hierbei werden verschiedene Teile eines Programms separat, unabhängig voneinander und gleichzeitig ausgeführt. Sinnvoll eingesetzt, steigern parallele Threads die Produktivität eines Programms. Dies ist wichtig für alle Programme, bei denen die Performance eine große Rolle spielt.

Multithreading bedeutet allerdings für den Programmierer, sich mit einer Reihe von spezifischen Herausforderungen auseinanderzusetzen. Dieses Buch richtet sich an den erfahrenen Softwareentwickler. Es stellt systematisch die typischen Aufgaben der Softwareentwicklung unter dem Aspekt des Multithreadings unter Windows dar. Dies wird anhand der Sprachen C++ und C#, deren bestehenden Bibliotheken und Einsatzmöglichkeiten erläutert. Insbesondere werden bisherige C++-Programmmierer die neuen Möglichkeiten des .NET Frameworks und die zusätzlichen Vorteile von C# für diesen Themenbereich kennen lernen.

Unterschiedliche Problemstellungen und Aufgaben werden anhand von Entwurfsmustern erläutert, so dass eine flexible Anwendung der Beispiele für den eigenen praktischen Einsatz möglich ist. Die einzelnen Themen werden in abgeschlossenen Kapiteln abgehandelt, wodurch sich dieses Buch ebenfalls als Nachschlagewerk eignet.